U0876982

花随人圣庵摭忆

上

黄濬 著
李吉奎 整理

中華書局

图书在版编目(CIP)数据

花随人圣庵摭忆/黄濬著;李吉奎整理. —北京:中华书局,2013.8(2024.5重印)
ISBN 978-7-101-09533-3

Ⅰ.花… Ⅱ.①黄…②李… Ⅲ.中国历史-民国-笔记 Ⅳ.K258.066

中国版本图书馆 CIP 数据核字(2013)第 164985 号

书　　名	花随人圣庵摭忆(全二册)
著　　者	黄　濬
整 理 者	李吉奎
封面题签	九　喜
责任编辑	欧阳红
责任印制	陈丽娜
出版发行	中华书局 (北京市丰台区太平桥西里 38 号　100073) http://www.zhbc.com.cn E-mail:zhbc@zhbc.com.cn
印　　刷	三河市中晟雅豪印务有限公司
版　　次	2013 年 8 月第 1 版 2024 年 5 月第 3 次印刷
规　　格	开本/850×1168 毫米　1/32 印张 33⅝　插页 4　字数 730 千字
印　　数	2501-2800 册
国际书号	ISBN 978-7-101-09533-3
定　　价	238.00 元

目录

花随人圣庵摭忆补篇

整理说明

《花随人圣庵摭忆》乃民国时期出版之笔记资料，原稿最初连载于《中央时事周报》，续刊于《学海》，起迄于 1934 年至 1937 年间。积时既久，汇成巨帙。该书出于福建侯官(今福州)黄濬之手，素被学界所重视。

黄濬，字秋岳，又称哲维，室名花随人圣庵，生于清光绪十六年庚寅(1890 或 1891)。据高拜石《古春风楼琐记》，黄濬本籍台湾，其父黄彦鸿，字芸淑，光绪十四年戊子科举人，十六年庚寅科进士，签分户部主事，供职北京。光绪二十一年(1895)乙未台湾沦日后，遂久居都下，将籍贯改为福建。黄濬十七岁毕业于京师大学堂译学馆，授举人，七品京官。尝留学日本早稻田大学。入民国，任北京政府陆军部承政厅秘书科科员，交通部法规编纂员，交通部秘书，财政部佥事、秘书、参事。受林森等人赏识，1932 年 8 月，任南京国民政府行政院秘书，荐至地位仅次于秘书长之简任级机要秘书，得与闻密勿。1937 年 8 月，以通日寇，与其子黄晟俱伏法白门。

黄濬与梁鸿志(众异)均为石遗室陈衍得意弟子。史载，黄濬其人“才气横溢，诗工尤深”，知名当世。且肆力于骈体文，“能集清代之大成”。其诗为孙雄选入《四朝诗史》。据称汪国垣(辟疆)将之列名《光宣诗坛点将录》，谓其作之佳者“有杜、韩之骨干，兼苏、黄之诙诡”。但《汪辟疆文集》(上海古籍出版社,1988 年版)所收之“点将录”(合校本)则未见载。钱仲联在《梦苕庵论集》所刊《近百年诗坛点将录》中,收百零单八将,与上揭汪说颇有异同,所列“军中走报机密步军头领四员”,均系“寄斧钺于诗史之中者”,为郑□□(孝胥)、汪□□(精卫)、梁□□(鸿志)及“地贼星白日鼠白胜黄□”,盖即黄濬。汪国垣《近人诗评》复引《青鹤》杂志(撰者不详)所载三十二家,内有黄濬一家,谓“黄秋岳如凝妆中妇,仪态万方”。此种点评虽属游戏兴到之作,但亦可见黄濬实负诗名,《石遗室诗话》连篇累牍为之揄扬,良非无据。黄濬曾立白门诗社,有《聆风簃诗》等刊世,而以所著《花随人圣庵摭忆》(以下略称《摭忆》)影响最大。其斋何由立名,不详。李慈铭之斋名有“桃花圣解庵”者,《摭忆》对李之生平及日记记述颇多,或系依傍其义①。

有关《摭忆》成书经过,黄氏友人瞿兑之在该书序中曾说明原委,略谓,黄氏生前,将编定之“二巨帙”邮瞿;瞿“乃稍纠其笔误数处,并志所疑于眉端”。此稿随为天津孔某借阅。黄伏法后,孔某关河转徙,但仍守信将原稿退瞿,还付黄家。黄家乃于北平付印,并乞瞿氏作序。序写于昭阳协洽之年(即癸未,1943 年)。序中未明言该书付印包含多少条目,亦未言印刷情形。初版仅印百部,未广流传,且非全编。上个世纪 60 年代,香港龙门书店高伯雨据

---

① 据广州胡文辉先生索隐,宋代曾觌《蓦山溪·坤宁殿得旨次韵赋照水梅花》词,有“花随人圣,须信世无双”句;王安石《寓言三首》之一,“若见桃花生圣解,不疑还自有疑心”。清代李慈铭别号桃花圣解庵,有《桃花圣解庵乐府》,其《越缦堂日记》中部分又名为《桃花圣解庵日记》。李氏在日记中称,“爰取东坡(胡按:此似将王安石误记作苏轼)‘若见桃花生圣解’之语以名其庵”云。咏桃咏梅,实“辞近而有异”也(见胡文辉著《陈寅恪诗笺释》【增订本】,2013 年,广东人民出版社)。今按,黄书之名《花随人圣庵摭忆》者,似以取义曾觌词为长。

1943年初版影印。该二书版本相同，仅收至1936年12月为止，全目347条。黄氏友人林熙称，在黄被诛后，“很怀念这部笔记，深恐年深日久渐被消灭，而不知北平已有单行本也，因耗重资请人入某大学图书馆检出《中央时事周报》，以一年之力钞为八大册。未经印入单行本那部分文字，曾于1966年刊于《大华半月刊》，今又印单行本，名曰《补篇》云”。此即1970年1月16日由香港大华出版社印行之《花随人圣庵摭忆补篇》，全书凡84则。1978年，台北九思出版社出版影印本全书《摭忆》（包括增印《摭忆》补篇）。1983年，上海书店出版社重印《摭忆》（包括补篇），对原本若干讹误予以订正，并请专家为全书新编条目，标明页码，以便检索。此乃中国大陆出版该书之第一种全本。1998年，该出版社又据原版缩印，将之收入《民国史料笔记丛刊》。1999年，山西古籍出版社、山西教育出版社推出《民国笔记小说大观》第四辑，《摭忆》作为其中之一种予以刊印。此为内地出版之全本第二种。山西版《导言》中记述：“这次整理，我们参考上海古籍书店1983年的影印本，尽可能改正了原书中的一些讹错。主要的工作是把原书的标点改作现行的标点，增加了原书未曾使用的书名号、顿号、分号等，使眉目更为清晰。另给每则记事加了序号和标题，便于读者检索、抽阅。”至目前为止，《摭忆》一书出版情况，大致如此。

中华书局现将《摭忆》列为《史料笔记丛刊》之一种，重行整理。此次整理，在1998年上海版与1999年山西版基础上进行，充分汲纳上列二版之整理成果。虽说学术乃公器，撷取众家，承前启后，继往开来，乃事理之常态；然因利乘便，掠人之美，未敢自掩，允宜言谢。

此次整理主要有五个方面。一、对上列二版标题，除援用外，分别予以调整或重拟。二、对内文校勘，作订正或增补。三、对段落偏长或完全不分段各篇，适当分段。四、原书各篇所提及人物，因未使用原名，而分别使用字、号、斋名、里籍或谥号者，为一般读者所不易晓，本版为之稍作注释。所有各项注释，均附于页下。五、个别字（通假或不常用字）予以径改，以适通行。本版整理虽欲求尽善，实有未能，不足之处，尚祈读者批评指正。

黄濬少年入京，自谓居北京三十年，熟习北方风土人情。既入世，同权宦显要、前辈名公相接席，周旋唱和，殆无虚日。耳食既多，目见亦广，对清代民国之史事掌故与人物轶事，详为记述，或加考订，或予议评。推而及之，远及上古，旁涉海外，于军国大政、宫廷秘史、财政金融、人际交往、旅游山水、生产环保乃至社会万象，林林总总，匪特内容丰富、议有见地，且文字生动，委婉传神，足称洋洋大观。说者谓，其“所据资料，除杂采时人文集、笔记、日记、书札、公牍、密电以及有关的一些外国人著述外，亦多本人亲自经历和目睹耳闻者”，故有裨史事，良可征引；“瞿兑之推重该书谓‘与夫交游踪迹，盛衰离合，议论酬答，性情好尚，而一时政教风俗之轮廓，亦显然如绘画之毕呈’，伦比洪迈之《容斋随笔》，确非谀词”。《摭忆》一书作为笔记史料之价值，于兹可见。

然而，正是此一黄濬，在《摭忆》中撰文《说奸细》，高喊反奸防谍，义正辞严，不旋踵而成为抗战开始后遭镇压之第一号汉奸。世事之不可逆料与荒谬，竟有如此者！黄濬与日寇勾结始于何时，未见相关资料。丁亥（1947）十月，汪国垣《题梁鸿志〈爰居阁诗续〉卷首》称：“又程穆庵语余云：乙丙之间，众异游杭州，秋岳亦来。一日，集湖滨楼外楼，谈笑甚洽。众异忽熟视秋岳曰：‘君定不免。’黄虽惊，然以为戏言。众异更申言者再。座客忽诘之曰：‘君既精相法，盍自言其休咎乎？’梁对镜久之，叹曰：‘我亦不免。’此抗战前一二年事，穆庵所亲见亲闻者。不谓逾年黄果以通敌死国法，又十一年梁亦被极刑。姑布子卿之术果足征乎？亦异事也。”（案程康号穆庵，程千帆之父，湖南宁乡人）究竟是精于相术抑彼此情晓，人亡无证，要之，征兆已露，信非虚言。

时经事纬，人其为梭；点染丹青，绘事后素。黄濬曾以“仪态万方”之诗作，活跃于文坛艺苑，复以连篇“摭忆”，引起学界之重视，名声地位，厕居上流。然而，终因通敌叛国，父子陈尸，岂止令名不终，为世人所不齿，且其汉奸恶谥，亦将历万劫而不洗[①]。中国文学史上之黄濬，非关本篇，姑置勿论。自《摭忆》一书行世以来，除非常岁月，学界之评价，实无大异，率皆持人书分论主张，即不以人废言。刊印初版之黄澄怀、瞿兑之，以及居港之林熙，或为黄氏同怀，或为其生前旧雨，尚有某种亲情故谊在（即此辈亦是《摭忆》成书之功臣），而与黄濬毫无关系者，若郑逸梅、邓云乡诸先生，亦高度评价该书之文史价值，促成重新刊印。上世纪60年代，旅美房兆楹教授（美国恒慕义所编《清代名人传略》之主要撰稿人），对香港龙门书店老板周康燮“竭力推荐”此书，谓“它的史料价值很高，而且在近五十年来用文言写的笔记中，堪称首屈一指，实在值得予以翻印，供给学术工作者参考”，因而周氏决定影印发行，此即《摭忆》第二版（龙门版）之所由来。

中国大陆学者，陈寅恪先生当是最早肯定《摭忆》史料价值之

---

① 1937年“七七”事变后，“八一三”淞沪抗战前，南京国民政府拟封锁江阴水域，以堵击长江日本军舰；事泄，多数被逃逸。事后查出，泄密者为黄濬（行政院秘书）及其子黄晟（外交部职员）。以罪无可逭，8月26日，黄氏父子二人并其他十六人以汉奸罪被杀。对于黄案，说者或有质疑，以为黄氏向日本提供情报固然是事实，但封江计划他处亦泄，当局诛杀黄氏父子，有泄愤塞责、转移视线之嫌，遂使黄氏“死背恶名”云。

一人。陈著《寒柳堂未定稿》记述：日本投降，“重返清华园，始得读秋岳之书，深赏其旸台山看杏花诗‘绝艳似怜前度意，繁枝留待后来人’之句，感赋一律”；又谓“秋岳坐汉奸罪死，世人皆曰可杀。然今日取其书观之，则援引广博，论断精确，近来谈清代掌故诸著作中，实为上品，未可以人废言也”。洎夫晚岁，在《寒柳堂未定稿·补》中，陈先生弟子刘适（石泉）引黄萱函称：“陈师对于黄秋岳的摭忆备极赞赏，他说：‘秋岳虽坐汉奸罪死，不当以人废言。’”迨陈于晚岁拟《寒柳堂未定稿》一书时，收入此诗，题目定为《丁亥春日阅花随人圣庵笔记深赏其游旸台山看杏花诗因题一律（一九四七年春）》。约二十年间，他无改故常，坚持人书分论之初衷。事同此理，此次作为笔记资料整理、出版，意亦不外乎此。

检校既竟，行将付梓，爰缀数行于卷端，以作说明。开卷有疑，读是书者，参比分际，条酌异编，当有所取舍焉。

李吉奎

二〇〇八年元旦于中山大学

二〇一二年十一月订

二〇一三年十一月再订

序

哲维黄君，尝以抽豪之暇撰为《花随人圣庵摭忆》，逐条刊登杂志，阅时既久，积成二巨帙，邮达于余。余乃稍纠其笔误数处，并志所疑于眉端。适友人孔君方居天津，急欲索阅，遂转付焉。哲维既闻余有所订正，驰书促孔君还寄南中。因循月馀，军兴，而哲维骤被独柳之祸，孔君关河转徙。私窃惊怛，以为秣陵追答，永成虚愿矣。不意孔君耿耿夙诺，闻变，仍贻书属所亲，从故居中检出此二帙，丐余还付其家。片羽之珍，几失而复得。荏苒数年，世变未艾，其家乃谋印行，以永其传。且以余有此一段因缘，畀余雠校，且督为序其事。

呜乎！哲维瑰才照世，中道陨蹶，非所及料。区区随笔之作，固不足引重，然即此已略窥其怀抱寄托，与夫交游踪迹，盛衰离合，议论酬答，性情好尚，而一时政教风俗之轮廓，亦显然如绘画之毕呈。所谓明乎得失之迹，达于事变而怀其旧俗者，非与？求之于古，盖容斋洪氏之伦也。

碧血千年，陈根屡易，英英神理，如在目前，不得从容互相赏析，呜乎，伤已！

昭阳协洽重三日，兑之书于燕都

一　北京西黄寺

居北都日久，旦夕所摭拾萦忆者，多为燕市故实。比年颇闻北平当宁（宁，音 zhù），甚知修饰坛庙宫观，以致游客，独未闻有修葺东西黄寺者。盖黄寺在安定门北郊，沦为营舍已久矣。光绪三十二年曾往游，及今犹忆其梗概，两黄寺以西黄寺为尤弘敞。考西黄寺，清雍正元年因喀尔喀哲布尊丹巴胡图克图四十九旗扎萨克及王贝勒贝子之请，乃铸像建寺，乾隆三十六年再修。寺中有楼，仿乌斯藏式为之，凡八十一间，雾阁云窗，屈曲相通。《天咫偶闻》载："乾隆时，闻班禅将入朝，诏仿西藏布达剌式建此。既至，日居于上，饮食湢浴，不在平地。楼上正中为卧室，锦荐厚半尺许，陈设炫目，杂七宝为之。楼有御座，蒙以龙袱。金银佛像若干躯，富丽为诸寺冠。"今楼已颓圮。其毁也，实为咸丰十年英法联军入京之役。当时联军驻兵此寺，楼上宝器，掠取一空。盖八十年前，欧军纪律至坏，不止焚掠圆明园之为酷也。

二　京师清净化城

欧军多有纪律弛坏、行为残酷者，至庚子犹然。余以庚子后年馀至北都，都人士犹缕言各国军纪优劣状，大抵日军最严，俄军最弛，众说所同。圆明园一役，虽在东方美术文化史上为巨创，然发踪指示有人，勾结剽掠有人，犹可说也。若黄寺清净化城雕刻诸佛像，一一皆为枪所击损，则又何说？清净化城者，乾隆时后藏班禅之瘗地。乾隆四十五年七月，后藏班禅额尔德尼第三世罗卜藏丹巴尔伊什入觐，驻锡西黄寺。《天咫偶闻》载："班禅来朝，驻达赖庙，王公卿士往问道者，颔之而已。时达天和尚方卓锡于贤良寺，亦往问讯，与之参证，班禅极折服之。达归，明日遣人盘餐馈之，堆作塔形。班禅见之大惊，自知不得复返矣。未几入寂，遗命留葬京师。诏建塔于此，赐名清净化城。"

按震在庭①此条微误。班禅三世卒于乾隆四十五年十一月癸未，其骸骨焚而归葬于西藏，衣钵则藏于清净化城中。清净化城为西藏式之塔，其作风与印度相似，惟塔顶为穹窿状，与印度相反。顶为螺旋形，共十三层。塔以铜钮结顶。塔之下，以八角石基承之。周围雕刻精致，皆班禅生死情状，初剃度时攘异端护法教之事迹。余见时已多为联军所毁，今别此寺垂三十年，未知所毁隳，又作何状也？

三　弈术与政术

杜诗"闻道长安似弈棋，百年世事不胜悲"，以弈喻世事，自古已然。尝谓世事如弈者，其始环文楸旁观，争欲对局，殆可十馀辈；日长人倦，飞边打劫，最后对弈者不过两人。用智角才，久之，又必有一人推枰而起矣。或问弈术，有答云"稳、冷、狠"三字。按此三字实政术，非止弈技也。抑此三字亦有所本。某笔记（偶忘其名）载有清晚年，有某太史者，为某相国馆宾，以相国力，得入清秘堂，

① 震钧，字在廷，一作在庭，号涉江道人，满洲瓜尔佳氏。汉姓名唐晏。光绪举人。曾任江苏江都知县。入江宁将军铁良幕。江宁八旗学堂总办。又执教京师大学堂。有《天咫偶闻》、《国朝书人辑略》。

京察一等，出守大郡，常语友人曰：“居官要诀，惟稳、冷、狠三字。”友人徐曰：“其如别有三字不能兼顾何？”曰：“何也？”曰：“君、亲、民也。”太史愠甚，而无如之何。按此语亦自未尽确，稳、冷、狠是手段，与君、亲、民之顾否，可不相涉，但如清季牧民之官，则大半不顾君亲民耳。就弈技言，能稳、冷、狠者易胜。由三字本与政术相通，易代之际，兴废无常，故诗人托喻于弈者殊多。钱牧斋集中，有前后观棋绝句若干首。皆隐指时事。余因推论牧斋为人，殆绝有心计，于稳、冷、狠三者，皆颇有得，其晚节自隳亦在此。相传牧斋宴客，杜茶村居上坐，伶人爨演垓下之战。牧斋索诗，茶村援笔立书曰：“年少当筵意气新，楚歌楚舞不胜情。八千子弟封侯去，只有虞兮不负心。”牧斋为之怃然。茶村所讽固当，然牧斋虽降清，实不忘故国，且颇为延平及二张阴相策应，以事不成，又习于稳冷，故不能出以慷慨耳。洪北江所谓“山上蘼芜时感泣，息夫人胜夏王姬”，恕论，亦核论也。笔至此，有问：近年名人，有足称稳、冷、狠者乎？余以为此三字袁项城足以当之。顾项城于冷字实欠工夫，不必追溯洪宪故事，即就于晦若（式枚）嘲袁之［浣溪沙］言，已信而可征。晦若词云：“顿足捶胸哭钝初，装腔作势骂施愚。可怜跑坏阮忠枢。　包办杀人洪述祖，闭门立宪李家驹。算来总统是区区。”其状袁布置张皇之态可掬，是不能安于冷，宜其终败也。（晦若于袁交本甚厚，辛亥后居青岛，袁屡招不至。袁任以参政，于复书不就，书首称“慰庭四兄大人”，末又别附数行，有云：“封题是官样文字，自应从同，函是平日私交，不敢改二十馀年布衣之旧。”按袁馈于四百元，于覆函外加一封，书“大总统钧启”，内附小封，则书“慰庭四兄”也。）

四　京西二石经山

北都西畿，山名石经者凡二：一为小山，自阜成门出八里庄，望戒台翠微间，蓊蔚参差，介处其隩者是。山一名石景，峙于浑河旁，其大不如华不注，而金阁寺踞其巅，寺壁嵌石经，故以此名。山麓河水湍急，然济河必于斯，则以铁缅亘两岸，渡者捉索撑篙以达。余数游戒坛，道皆出是间，舟次望浑河上游，万山腾沓回抱，峰巅斜日辉映松隙，光景绝奇。旧有诗云，"石景山头落日赭，扁舟铁索桑干下。仆夫乱流竞千喧，迎面众峰勒奔马"云云，盖写西望之景物也。癸亥九月三十日，曾一登金阁寺绝顶，有绝句云：

青山如幕裹河声，窈窕秋原十里明。

欲掷积哀人境外，当头落日尚峥嵘。

窈窕句是写东望之状，山虽不高而西负群嶂，东瞰蓟郊，气象殊胜，尤宜于斜日。南来三载，每过金山昆山，皆触念石经山之暮色也。

一为大山，在涿州云居寺侧，一名白带山。余昔自房山返途，以骑南行二十馀里至此，盘桓兼日。考此山藏石经累数千方，著录于图志者至夥，自隋迄辽，各有写补，工作瑰异，甲于寰中。山峦秀抱，若有紫气。云居则水木蓊蔚，清溪白杨，暧然窈远。余来时方逢急雨，入寺泉声濊濊，而禅房花木，端妍无比，敷席一晌，尘妄并释。既夕雨霁，月出东山，松杉影地，钟梵乍阒；夜光如银，鸣玉绕阶，歌吟微和，真水晶净域也。石经山诸洞，世虽传自南岳慧思大师弟子静琬法师所凿，实亦非一人之力。志称石经山洞凡七，传为七龙所穿，说固荒怪，而《隋图经》称“智泉寺僧静琬，见白带山有石室，遂发心书经十二部刊石为碑”云云，是石室实在静琬以前，或远为石器时代所遗，特“摩四壁以写经，又取方石别更摩写，藏诸室内，每一室满，即以石塞门，铁固之”，则由琬导其始，自隋以来千年间，众沙门之宏作耳。余登山时，六洞皆锢，独雷音洞纵辟，后以清人谢振定游记对校，知当时雷音洞亦启。惟谢记又称，明初邑令强启之，版溢不可复位置，乃别辟一小洞庋之，董思翁题为“宝藏洞”。是石经有第八洞，今已不可寻。

余游石经山之次年，春游大工探杏花，徐森玉言：“石经山洞中《妙法莲华经》诸石，为京兆尹刘某檄知事索若干方去，将以鬻于东人，驼以北行。”余归审事确，亟为言于当局，止之。传闻端陶斋督直时，石经已取二方，其后日本亦重价购得其二。以千载龙象大力，仅而得成之工作，国家不知宝惜，官府又从而劫夺之，事之可叹，无逾于此！余游迄今，又十馀年，上方燬题诸山，迭为变兵地匪窟，事虽稍定，未知存毁几何。曩有长歌纪游，中有云，“创原大业逮贞观，涅槃经始完雕镌。砻磨方石锢以铁，缒凿甘井岩为穿。祖堂五代踵将作，佛力所向无至坚”云云，皆纪实。末又有云，“众生已在瞋恚窟，孰发龙藏消冤愆。袈裟变白度不远，文字刊落言无诠”云云。及今重思之，殆亦将成纪实矣。

五　做官与演戏

清乾隆间，江西巡抚国泰，与藩司于某，同演《长生殿》，国饰玉环，于饰明皇。于念堂属不敢尽情嘲媟，国庄容责于曰：“在官言官，在戏言戏。苟非应有尽有，则戏之精神不出。”此事久传为笑谈。然国泰寥寥数语，却是艺人正论，惜其忘却本分耳。假令国泰能如其言，在官言官，处处尽责，则以馀暇登场，庸何伤！抑更进言之，假令在官言官，又焉有馀暇演戏耶？惟在官言官，在戏言戏，此理相通，抑亦相类。赵㧑叔[①]《章安杂记》中，有一节云：

官场如戏场，以相似也，然相似而不同。戏有脚色，脚色有生、旦、净、丑。戏有曲，曲有南、北。曲以外有梆子，有二簧，有西皮。昆曲则依旧法有高腔，吾越又有乱谈。戏目则如《八义》、《千忠》，正也；《西游记》、《封神榜》，幻也；最下有《花鼓》、《嫖院》、《过关》、《打扛》，馀也。馀者，天地必有此段事，不在多，不可无。如厌粱肉者，偶得蔬菜，亦觉清绝。终日正衣冠坐堂皇，偶入私室，更亵服，登榻假寐，亦觉快意。故观戏者，点戏者，唱戏者，皆取乐之以缀景，极热闹极悲极乐之间，杂以谈笑，令人意舒。若令终日演戏脚色尽取丑，丑为之主，而生、旦、净类，皆附丑戏，戏不唱曲惟取诨，丑之诨，常也，净亦能诨者，乃并生、旦而亦使诨，非不知诨难，则诨而愈厌。唱戏者所不愿为，点戏者或未之知，然而戏台之下，观者且千百人，合千百人属目之地，竟令净、丑科诨终日，不惟终日，且穷日穷年为之不已，则从古无此戏也。来闽日观戏，颇悟不同之故，因记之。

㧑叔此文殊妙，并生、旦亦使诨数语，尤刻且悲，非只言闽戏也。《章安杂记》乃抄本，未刻，故录之。

---

① 赵之谦，字㧑叔，号悲庵，浙江会稽（今绍兴）人。咸丰举人。历署江西鄱阳、奉新、南城知县，总纂《江西通志》。工书画，精篆刻。诗文俱佳。有《悲庵居士诗剩》、《二金蝶堂印谱》等书刊世。

六　宝竹坡纳妓弃官

北居累二十馀年，晚近十载，几于无一旬不涉足西山昆湖者，故所得诗独多。比见石遗[1]先生诗话，称余《游西山诗》殆如樊榭之于西湖，过誉良不敢承。然余颇信所作视近贤中以西山诗名之竹坡侍郎（宝廷），当能别出蹊径。竹坡晚年隐于西山，所作以五言古诗为夥。余则谓今日之西山，已不纯宜于古体，盖光景常新，非深入浅出之句法，不能毕肖。五言诗自陶、韦以还，写景者无虑万数，号为清微澹远，而字法意境，易涉雷同也。竹坡当日以直谏名天下，厥后朝局变，亟以纳江山船妓案自污，遂弃官入山，贫病以死。满洲敦礼臣（崇）所著《芸窗琐记》言，竹坡被议后，自为诗曰：

江浙衡文眼界宽，两番携妓入长安。

微臣好色原天性，只爱蛾眉不爱官。

此诗世所不传。竹坡门生如太夷、石遗，挚友如弢老，皆未尝为余言及。今考两番携妓者，第一次为癸酉典浙试事。李莼客日记中，言其买一船妓，吴人所谓花蒲鞋头船娘，入都时，别由水程至潞河，及由京以车亲迎之，则船人俱杳然矣。据此则第一番携妓，未尝入长安也。莼客与当时四谏张篑斋（佩纶）、宝竹坡（廷）、陈弢庵（宝琛）、邓铁香（承修）皆不睦，盖莼客本不满于李高阳一系者，故

---

[1] 陈衍，字叔伊，号石遗，福州人。光绪举人。曾入台湾巡抚刘铭传、湖广总督张之洞幕，学部主事，京师大学堂教习。入民国，先后任厦门大学、无锡国学专修学校教授。有《石遗室诗集》、《石遗室文集》、《陈衍诗论合集》等著作刊行。

竹坡此案,《越缦堂日记》中丑诋之。曾孟朴《孽海花》中所引“宗室八旗名士草,江山九姓美人麻”两句,实有此事。以吾所闻,此诗即莼客所作,今全诗载《越缦堂日记》三十九册中。

七 论斜阳暮景之佳者

前记石景山斜阳,弥恋光景,比数过润州,每逢落日,因复抒说之。“向晚意不适,驱车登古原。夕阳无限好,只是近黄昏”。此唐人之咏斜阳,北方高原之斜阳也。“休去倚危阑,斜阳正在烟柳断肠处”。此宋人之咏斜阳,咏南方江国之斜阳也。斜阳,自以在小山、在江国者为尤胜。乐游原之斜阳,名于汉唐者,正以为小阜四敞,有园亭其上也,观《西京杂记》及杜诗可知。因此,悟凡小山完完,有楼观参差林木蔽亏其巅者,皆宜于斜阳。石景山以适如斯状,故斜阳特奇丽。若润州之金、焦,则既为山原,又临江水,既有烟柳,又有楼台,其尤宜于斜阳也固矣。东坡《金山诗》“山僧苦留看落日”,此犹为江上之斜阳。近散原、苍虬并有《车过镇江看落日》之作,又有诗云,“金焦于我岂有私,每过常看斜阳好”云云,此皆远玩小山之斜阳。十馀年前冒鹤亭榷镇江,余有诗寄之,中有二句云:“断肠烟柳正斜阳,一角飞甍过北固。”正取稼轩词意以写之。顾其时余实仅见烟柳之斜阳,未尝登北固,如坡公之留金山看落日也。今年重九前二日,始以日暮登临北固,一揽斯胜,遂有长诗。起句“多景楼头看落日,江山意态清秋出”,五六句“断霞只拥焦山青,北望濛濛云水一”者,皆纪实语。至若车次所见之弥天烟柳,虽无斜阳掩映,其苍凉意境故常在。今秋余车过镇江,有感于渚莲凋谢,曾和白石[惜红衣]一词,起云:“曳柳惊秋,层阴替日,晚蝉无力。望里嵯峨，楼台自金碧。残妆镜浦，应惯见、鸥边羁客。”此皆特状暮景，谓虽层阴替日，而自有危阑肠断之意也。若纯特状落日者，余颇以李易安之“落日镕金，暮云合璧，人在何处”为佳，镕金句易，合璧思奇，接以人在何处，便有悠然惘然之意，宜刘须溪、张叔夏辈之折服此词也。

八　俞恪士《西溪》诗

老杜诗，咏月咏雨皆绝胜，咏斜阳者不多；然“绝壁过云开锦绣”，此中有斜阳在，真杰句也。郑谷夕阳诗亦平常，起云“夕阳秋更好”，却是实言。秋江芦雪，得斜照更佳。古人咏此，皆片词只句，其长言侔揣者，余甚喜俞恪士丈[①]《西溪》一诗。诗云：

西溪暝烟送归客，艇子落湖风猎猎。
芦花浅白夕阳紫，要从雁背分颜色。
颓云掠霞没山脚，一角秋光幻金碧。
欲暝不暝天从容，疑雨疑晴我萧瑟。
忆看君山元气中，沧波一逝各成翁。
请将今日西湖影，写入生平云梦胸。

丈此诗盖和散原翁者。乙卯丈在北都时，数为社集。南归后，闻每作诗，脑必痛，故不恒作。余以己未春至西湖俞庄，去丈归道山，才旬日也。

---

① 俞明震，字恪士，号觚庵，浙江山阴（今绍兴）人。光绪进士。官刑部主事，甘肃提学使。工诗，有《觚庵诗存》。

九　国人不爱惜古建筑

吾国虽以旧邦著于世界，然大建筑物，除长城外，鲜能保全，以殿宇廨舍率用木材故也。然吾国都会公私宇舍，不尽以荒而圮，其毁之亦尤力，殆亦世界所寡有。吾友杨千里常为余言洛阳，谓昔人之经营，殆由一瓦一木始，以迄于名园砥道，莫不殚精竭虑。其后之毁隳，亦自名园砥道，以迄于一瓦一木，莫不使为灰尘。故今日之洛阳，弥望尘埃而已。其言绝可悲。试考有史垂三千馀年，而国中名都之有宫殿者，今止馀北平一城。开封宋宫，止馀龙亭。金陵明宫，止馀东西华门。泱泱大邦，重基杰构，所留遗后世者，大抵皆为荒烟蔓草，此非为铲除封建思想，直以自襮吾族破坏力之特伟。此习不革，何以自全于悠久哉！究之，吾国哲人所垂训者，何莫非以因为创。其所以每经大乱，一切文物即荡然无存者，类皆以民间教学两失之故，但知毁廓，以申怨毒，而不悟已成之结构，皆为国宝。相习成风，视为固然。易代之际，始勇于破坏。抑知每经大乱一度，民失教养者愈众，后者之学识，未必遽逾于前，所形于建筑者，则已必逊于前。延陵季子游于晋曰："吾入其都，新室恶而故室美，新墙卑而故墙高，吾是以知其民力之屈。"顾亭林云："予见天下州之为唐旧治者，其城郭必皆宽广，街道必皆正直；宋以后所置，时弥近者制弥陋。"两贤所言，已成古今通例。以吾论之，末季制置，必苟简于盛时；夫苟与简，未有能成大业者，此实关全民族之气运，亦即全民族心思才力之所表现，非细故也。二十年来，圆明园故址文础雕栏，暨于山石（中有艮岳之遗），为豪强攫取略尽。瞿兑之常言，京城道上，常见大车曳宫殿木材花石而过，不知所往。因举元遗山《癸巳五月三日北渡》诗“虏掠几何君莫问，大船浑载汴京来”，与吴梅村“易饼市中金殿瓦，换鱼江上孝陵柴”，谓为同一沉痛。余则谓，不有所废，其何以兴，废者可痛而非可痛。以殚力美艺之作，而悉供苟简涂附焉，若兴者悉如斯，乃真可痛者耳。

一〇 姚茫父论脸谱

剧中所谓花面者，以采钩脸，谓之脸谱，由来已远。兰陵王、狄武襄面具两故事，皆其祖也。姚茫父（华）[①]尝语余，最喜钩脸，常入剧场台后偷观，谓头脸与手笔相迎相纵，如书谱所谓“智巧兼优，心手双畅”，其言甚妙。茫父辛亥与余同曹邮司，其后常与师曾相过从，物化亦六七年，晚年画渐进，而余箧中所藏君画止馀一幅。君尝言，绘画与面具展转相师。六朝及隋唐造像、石刻所画伽蓝像，又唐高昌壁画残纸伽蓝像，皆与面具相近，不过面具更雄厚而已。今剧场率去面具，而用钩脸。盖宋元古剧，上场人但舞蹈表情，其歌辞皆坐场人之职，如今日本能乐，而弋腔接腔，犹其遗意。今日神鬼诸戏，戴画具皆不歌，亦可见也。自上场人连歌并舞，则面具不适，以面具后有衔枚，不便出腔故也。钩脸既兴，绘画之施，以渐采入。缀玉轩藏有脸谱，考是明末，亦有清初者，洵不如今钩脸之美。北京伶工钱金福，钩脸为时所称，实曾受故画家陈阜民之指点。阜民清季为理藩院吏员，汰吏之后，日以窘促，遂贫死。此阜民所自述者。茫父曾得其所绘脸谱数纸，但写大略，意态俱足。蒙

---

① 姚华，字一鄂，号重光，晚号茫父，别署莲华庵主。祖籍江西，寄籍贵州贵阳。民二国会议员。精研金石、书画、昆曲。

古王塔旺布理甲拉，亦善为之。又古器物中有饕餮形，于吉金古玉多见之，往往杂诸变化，一形而具数观，最与面具、钩脸相似，以此为最古之渊源，决然可信。而今海西人所讲求之图案，中土所谓花纹者，其术至与面具钩脸吻合，亦尝采中土古器物以益之，皆以一形具数观为美，茫父至为赋以张之。实则此寥寥数言，已能深发其秘也。

一一　北京五塔寺

北平为游览区之议，五六年来，时萦吾耳。库储不给，以势度之，必不能遽有成就。然林苑居室，能有人实之，旦夕除芟，稍加修饰，亦可苟完。至于大建筑物之修缮，余意不必定以宫殿坛庙为限，累朝掌故，多属于僧窗，一松一石，每有佳话，浮屠幢塔，所系尤弘。铭字体势，刊泐月日之外，营造作风，更足供鉴别。余前记清净化城之塔，为西藏式，其作风与印度相似，然平市尚有五塔寺，乃纯为印度作风，不可不知也。

正觉寺在西直门外农事试验场之西，明永乐年间，为印度高僧板的达建，初名大真觉寺，后有浮图五，故俗呼为五塔寺。英人Bushell氏所著《中国美术》(Chinese Art)卷上“建筑篇”，叙其建筑史颇详。今据戴岳译本录之于下：

> 五塔寺，在北京城西，明永乐时仿印度之伽耶山寺而建者也。(按《佛国记》：“佛初得道，在摩伽陀国伽耶山寺。”后因就其地建塔以纪念之。)斯时有印度高僧名板的达者，来游中国，至北京，谒见明帝，呈金佛五躯，及金刚宝座规式。金刚宝座者，印度人纪念释迦得道处所建之寺名也。其寺久已荒芜，近日英人复修葺之，焕然一新。板的达呈贡之金刚宝座，即此寺

旧日之雏形，帝见而嘉异之，因诏封板的达为大国师，赉以金印，建寺居之，赐名真觉寺，乃就元人之旧寺改建者也。又诏准中印度式，建宝座五，以供佛像。

此述五塔源流，视明孙国敉《燕都游览志》、刘侗《帝京景物略》所记尤详。考《顺天府志》"寺院门"，称寺大殿五楹，后为金刚宝塔，塔后殿五楹，塔院东为行殿，清乾隆廿六年重修。余以辛酉三月探海棠于极乐寺之国花堂，因访正觉寺遗址。至则殿宇悉圮，仅馀五塔与金刚宝座而已。金刚宝座，高五丈，以石为之，藏级于壁，左右蜗旋而上，顶为平台，上列五塔，中置五佛，塔高二丈馀，以中央者为最高。塔刻梵佛，梵字，梵华，梵宝，备极精美庄严。宝座周围，浮雕小佛像无数。层层相因，俱此五佛法相，其刻花雕砌，纯为印度作风。据明《成化御制碑》称："其丈尺规矩与中印度之宝座无以异。"可知此宝座之构造及雕刻，咸仿伽耶山寺无疑。余周历谛视，知壁间之级已梗塞不通，而石塔巍巍，犹倚天耀日。自英人此书播布，欧美人士来观斯塔者甚夥，皆以为有世界宗教艺术上之价值。辛酉迄今，又十馀年，未知官中有人修葺及此否？寺与极乐寺邻。极乐寺海棠，清初有盛名，渔洋、竹垞所常觞咏，文酒游赏之地，每形于诗歌。近闻海棠已补种成林。顾咫尺间震旦、天竺艺术宗教交通之瑰迹，乃惘然纵其颓圮，殆亦文字之习，中人至深，附庸风雅，轻而易举，而真实之美艺，或非久惰之民性所喜欤？

一二　名人墓冢之存废

因谈极乐寺，而忆明李西涯之墓，即在寺之国花堂。南北相对，则为王文敬之墓。钱西湄诗所谓"李文正对王文敬，千古兴亡两墓门”是也。西涯墓，初无知之者，翁覃溪、法梧门始觅得之。翁、法各有诗，存集中。往岁湖南京官，于文正生日，例有公祭，民国后此典亦废。吾国史例，承平则修墓祭扫，乱离则发冢取物。史册所纪，古人大坟高冢，殆无不被掘者。近七八年，北方发冢之风尤盛，昨晨读报，则姚广孝墓又被掘。西涯终属文人，或能以酸儒标举之故，而得免暴露耶？然迩来南方又盛倡修墓之议，二三文人，尤致力焉。冒鹤亭①前既觅得河东君坟，其后居京，又数祭杜茶村墓，常于酒座历数其访求名墓事，同人戏称以“上墓专家”。鹤亭比修志粤中，若闻姚大师墓被发，当大嗟叹，安得使历蓟郊，一慰累累之幽宫哉！余则谓发墓摸金，固当科罪；修坟题咏，亦止增掌故。时至今日，国内地上之建筑物，既多就荒残，有关艺术之皿物考证，终当遍于地下求之，如日人在高丽乐浪所发古墓，有关秦汉史迹至宏，是其一例。假令国力稍充，土地之征用更繁，上为田为路，而下为隧，百年之间，其事可必。其时墓地，当别有章制，今之所谓“上墓专家”，将益为他年谈古抚掌之资，又可信也。

一三　陈仁先咏落日诗

前谈斜阳，举陈仁先“金焦于我岂有私，每过常逢夕阳好”句，后检《苍虬阁诗》，是乙卯秋所作者也。仁先别有《次治芗观落日诗》五首，第一首言西山落日，第二首言海中落日，第三首则言金焦落日，

---

① 冒广生，字鹤亭，号疚斋。蒙古族。江苏如皋人。光绪举人。曾参加变法活动。中华人民共和国成立后任上海文物保管委员会顾问。诗文词曲均有极高造诣。有《小三吾亭诗集》、《小三吾亭词》及《冒鹤亭词曲集》。

其云“江山第一区，夕阳万古绮。云水合空明，晃漾千翠紫”者，即东坡“微风万顷靴纹细，断霞半天鱼尾赤”之观也。第四首之“下界气空濛，回光生暮紫。孤行青冥中，风雷旋不止。呼吸万星躔，如海纳众水。何者为坤舆，微尘一黑子”；第五首之“太行何高高，尘寰失秀绮。我数乘飞车，侧度千岭紫。闻君观落日，立马井关止。独见天下脊，俯视衣带水。一线走金蛇，绝倒龙门子。天风一裴回，回荡九万里。缬眼射寒光，太古雪不圮。云幻两三峰，全晋作旖旎。禹力不到处，金轮下无底”，皆酷肖今日乘飞机观落日情况。其实言井陉斜阳，但造句极用力，遂似翔空俯瞰者。前记恪士丈《西溪》夕阳诗，仁先同游，亦有诗，所谓“落日千峰横紫翠，中流一叶在虚空”者是。又伯严丈游西溪，见水草蔓延，土人呼为革命草，因入咏，详《散原精舍诗》自注。余谓革命草可对寄生虫，亦可对断肠花。以皆西溪故实，因连类记之。

一四 曾国藩观微杜渐

邵翼如[①]先生近以所著《人鉴通义》见示，中言及曾文正相人事。按文正用人，不止相其貌。旧传文正在安庆时，有乡人某来投，朴讷谨厚，将试以事矣，一日共饭，饭有秕，某除之而后食，文正熟视之。饭后，奕既，令支应备数十金为赆。某大骇，浼文正表弟叩其故。文正曰：“某家赤贫，且初作客，去秕而食，宁其素耶！吾恐其见异思迁，故遣之。”按此与五代时高彦休《唐阙史》述河南尹郑瀚与侄孙共食蒸饼，其侄去皮而后食，瀚大怒，以其弃者自尽食之，揖拜宾闼，赠五缣而遣之，事绝相似。古人观微杜渐之严，盖

① 邵元冲，字翼如，浙江绍兴人。中国国民党重要干部。死于“西安事变”。

如此。

一五　雍和宫四门专学

近人论政，渐主专家各治其事之议，此实砭时要义。盖乱甚则皂隶化为侯王，从其善者言之，固为草野奋兴，铲除阶级；而从其不善者言，天下纷纷，皆欲为治人者，而不乐为被治者。实际长于劳力者，未必擅于劳心，今之贩卖苏俄学说者，其表面若必使田间邪许之流，咸居政地，抑岂知吾国之病，病在人民什九失学。夫不学何以临民？无专家治事，何以缮民之生？在昔史册，固有泗上亭长、皇觉寺僧之勃兴，然南面为王则可，使为牧令治事，恐必偾其职矣。故养成多量专家，乃为救时良策。考专家之选，不必远言“四科”，或征于《周礼》，即瞿昙之教，亦俨有若今日各专其科之大学。予居北方久，就所知雍和宫内容，即其例也。雍和宫喇嘛，向分四学，曰天文学，曰祈祷学，曰讲经学，曰医学，分隶四殿，以研究之。每学各有经典，文字不能相通，故始入某学，终身不能迁也。此种学制，为雍和宫喇嘛所特有，兹更分述之。甲、参尼特殿，此殿本为堪布所掌（堪布，喇嘛教掌教之一），有教师喇嘛一人（下列三殿同），专司讲授一切经典。乙、温度孙殿，此殿为研究一切秘密经咒及祈祷仪式，世人注意之欢喜佛，有一部分即在此殿。丙、扎宁阿殿，此殿专研究天文、气象、数理之学，往年并出历书一册，以与钦天监历书参较，民二时尚出书，以后徒具名而已。丁、额木奇殿，此殿专研习内外科医学及割治手术，为一般僧侣诊疗之用。观此可知专科各治其事之风，即印藏教徒，数百年前已深知其利，盖与欧洲习尚，亦夙相近矣。

一六　“稀叭”秘教

考雍和宫，本额尔哥叭派（即黄教）喇嘛之中心，各殿所供奉偶像，除一般喇嘛所崇奉者外，更有教祖宗喀巴高踞殿中。然“稀叭”秘教之欢喜佛，亦灿然具陈于温度孙等殿中。宗喀巴号称改革喇嘛教者，乃彼派中心之雍和宫，亦带有“稀叭”秘教色彩，亦一怪事也。又考“稀叭”教之起源，在西历七一四年，约当天宝初，西藏王玑尔孙惕安时代，有北印度乌仗那之僧侣，散汰拉噶希塔，及巴突马散摩叭都者，赍陀罗尼秘密修法至西藏，始传“稀叭”派之秘教。此教偶像多作罗刹变相，及拥抱猥亵状，女神牡牛合体状，盖为密宗之支流也。

一七　雍和宫大佛像

雍和宫佛像，除常人所注意之“欢喜佛”外，尚有二事可纪者：一为后殿万福阁之迈达拉佛，一为法轮殿中之能仁寂默（即释迦牟尼）也。迈达拉佛，即来日降生之佛，高五丈五尺许，系独木雕成，为北平第一大佛像。大佛胸前，旧有大朝珠，长三丈有奇，重二百馀斤，每球圆径三寸许，凡百八枚，系乾隆官窑紫色宝料制成；原悬于胸前，清宣宗见之，以其质重，乃易以木质者，今此物已藏于库。迈达拉，度即弥勒一音之转，以经言来日降生者，为弥勒佛也。能仁寂默雕像，高尺馀，乾隆十年西藏郡王颇罗鼐所进，奉旨供奉于法轮殿中，亦殊有历史价值。此皆言整理旧都文物所不可不知者。雍和宫今残毁已甚，予数过其地，地邻国子监，俱为燕京胜迹。忆与叔雍[①]同游，予有诗云：

儒佛平分夹苑墙，密宗演揲说荒唐。

众生今日无遮甚，不用天花作道场。

盖为世游雍和宫率谈欢喜佛者作也。以今日都会之舞茵灯榭，沉酣万态，若区区西来变相，若《元史》之演揲儿者，宜为五陵少年所乐道，而或犹以为不足者矣。

一八　清末朝政紊乱

《苍虬阁诗》[②]有一绝句云：

徒快恩仇浅者为，自甘貜醢亦堪悲。

重来马厂回车地，何处刑天第八师。

此为丁巳复辟作。第一句言段与张勋不协，故兴兵讨张，马厂为第八师驻屯地，段誓师于此，其时第八师长为李长泰。苍虬为主复辟者，故用《山海经》刑天与帝争神事。然复辟之役，张勋败绩，则孰为被刑之刑天，后之笺诗者，宜有疑词也。其实此诗太豁露，殊可不必存。夫今言国事者，此亦一是非，彼亦一是非，本可不必强为画一。但平心论之，国事败坏，由于清季朝政昏谬，则为不可辩之事实。种因悠久，陆续获果，至今未已。二三遗老，犹欲戴此一姓，而不肯蔽以误民之辜，亦太昧昧矣。余以光绪二十八年至北京，时大创初复，而朝中百事乖弛，可知那拉氏了无悔心。其时报章杂志，大半敢言

① 赵尊岳，字叔雍，赵凤昌之子，江苏武进人。

② 《苍虬阁诗》，十卷，陈曾寿撰。曾寿字仁先，湖北蕲水人。光绪进士。其人家学渊源，诗才挺拔，其诗严密有度，出语凄婉。

朝政，率只叙述事实，不加以月旦，而庸昏之态已自可掬。此种揭橥，与海内人心向背至有关系。今举是年报章所载数事，亦可供掌故之旧闻也。一为王病山侍御乃徵劾瞿子玖尚书事，报载云：

王折既上，太后见之甚怒，论曰："此无他，不过我所用之人总不好。"将立召侍御入对。时某相在侧，因言"御史妄劾人，固极可恨，惟政府事极繁重，诚恐不免疏忽之虞。奴才与共事诸臣，惟有有则改之，无则加勉，以息众谤而对圣明"云云。太后乃已。越日，宴见，太后复提及王乃徵事，某相曰："御史参劾政府，此亦无怪，连上数封奏，则今年炭敬便多收数份，不忧无度岁赀矣。"太后大笑，然犹深恶王不已。

按某相未知何人，为病山开脱数语，自极巧宦之能，亦见用心之苦。然从政体政制言，已绝无是非刑赏之准鹄，且可见贿赂之公行也。下有一节云：

某侍御前劾某尚书，内有两事：一为正阳门内东棋盘街路东官厅后边，有方地一区，界连美国兵房，本未划入使馆界内，去年美人曾照会跸路工程处，请将该地辟为花园，准许中外人民游览。盖恐溲溺污秽之气，瓯脱之地，必更加甚也。其时陈夔龙在局，扬言我但能办跸路，不管交涉。其后美人言之于外部，外部不答。美人以为中国已弃此地，乃于周围树以木栅，圈作操场。一为兵部街、工部街两处道路，亦不在使馆界内。前经英使照会外部，请将此道修治，外部日久不复。于是英人越界代修，既修之后，不准中国车马行走。此二事原属细微，但外部似此颟顸，更何能办理他事。讵王相（文韶）某日到署，传集丞参以下各官，谓："本署公事，外间从何得知？此必本署有人泄漏，必须查究。"某君对曰："本署中人未必有心泄漏，且泄漏者必不自认。况本署不言，而洋人能言之，外国报纸能言之，此事恐难查究。"王相曰："果能认真查究，必有头绪。"某君复曰："非但此事难查，即本署所办交涉，既名交涉，断断不能秘密。现在各国互相猜忌，公事愈形棘手，似不如明白宣布，转可彼此了然，免致误会也。"王相曰："总当处处谨慎。"于是各官诺诺而退。

按所纪若实，则今美国兵营与瑞金大楼相对之地，应非使馆保卫界矣。所叙经过，确为当日办理外交情形，颟顸可耻。以余所知，十年前之政府犹有此习，外人函商办法，稍涉难题，率置不复。及其怒而自取，反瞠然无词。呜乎！诵宋人"客至怕谈辽左事"之词，而叹国人皆一丘之貉，勿谓不相及也。一为李莲英侄得优差事，报云："李总管莲英之犹子，有分户部者，到部即得帮稿优差。此差有办十馀年而尚难得者。缘荣中堂叮嘱再四，谓：'李乱后甚苦，此次其侄辈捐官，出于老佛爷见怜赏给捐款银两，实不能与寻常纳捐同日语也。'"

呜乎！壬寅至今，不过三十馀年，太平谁致乱为谁，耳闻眼见为君说矣。夫君以国为市，以民为醢，彰彰若此，孰为刑天，又更何必费词耶？

一九　宝竹坡自劾去官

前记宝竹坡自劾事，引《越缦堂日记》[1]所载诗。顷忆此联，有

---

① 《越缦堂日记》，正编 51 册，日记补 13 册，原由商务印书馆石印。北京燕山出版社刊行《荀学斋日记》，是为该日记之补。日记系咸光间三十馀年事，举凡历史事件、朝野掌故、时事要闻，学术考镜，林林总总，蔚为大观。撰者李慈铭，字莼客，浙江会稽(今绍兴)人。光绪庚辰进士。官至监察御史。生平著作甚多，以日记著称。

作“宗室一家名士草”者，以《竹坡诗集》曾自署“宗室一家草”也。此较八旗句胜，以草字较有着落。竹坡所纳妾，名檀香。是为光绪壬午年，竹坡年四十三岁。其自劾附片中有云“奴才以直言事朝廷，屡蒙恩眷，他人有罪则言之，已有罪则不言，何以为直”等语。孟朴《孽海花》所据，当系莼客所记，上说当亦孟朴所知，暇当驰札询之。

二〇　赛金花往事

孟朴近为赛金花事，在沪报有谈话甚详，想笔砚正自多暇。其实如傅彩云者，何足辨证？鹤亭言：“况夔笙旧与彩云自命甚昵，愿载笔为传。彩云漫诺之。夔笙一夕具纸笔，造妆阁，首询身世，已自十问答二。又据《孽海花》，叩以阿福事，则色然报以白眼，曰：‘瞎说八道。’”夫欲从老妓口中征其往事，而又期为信史，此诚天下之书痴。夔笙已极痴矣。近人乃不信孟朴所述，而反欲征于彩云，辄询以洪文卿与下堂事，则其痴与不晓事，盖不让前辈也。

二一　旸台山赏花

国中花时讨春最胜之地，以余所知所见，以旧都旸台山之杏花为最。连塍漫谷，三四十万株，亘可二十馀里。李拔可谓日本热海樱花以外，此为第二，非夸词也。山有大觉寺，在万花中。其侧四宜堂，玉兰二株，颀然特盛，甲于北方。余以甲子春一游，有“青山如浪绣成堆”一诗，恨不尽侔色揣称之能事。《咏玉兰诗》起四语云:“空山幽居人,亭亭白玉帔。倚天妙明光,照彻十方地。”又有云:“瑶台真倾城,绣谷更旁侍。”皆极言玉兰花光之欲压群杏也。《四宜堂夜坐》一律,则颇惬心,诗云:

花光满院夕难阴,唯有松杉转法音。
浮世暗怜泉响急,古怀长指月痕深。
千春瞥过聊敷榻,八院孤存又布金。
可待汀茫呼傅叟,结茅同入董公林。

寺本为金章宗之清水院,八院之仅存者。傅叟,谓沅叔年丈也。乙丑冬归里,碧栖丈极喜此诗,尤叹花光句为绝妙,实则亦只拾眼前胜景,但非亲历者不知耳。甲子后,余客江南,追北归索居,始以庚午清明后三日再至。花已烂漫,故有“绝艳似怜前度意,繁枝犹待后游人”之句,盖极倦于前游也。辛未清明决再游。黎明,大风,驱车犯尘埃而行。过青龙桥,越红山口、西北望、黑龙潭、白家疃、温泉、周家巷,抵北安河村,凡行七刻。至山麓,风已稍戢。亟入寺,则玉兰怒开,玉色亭立,有倚天照海之概。方丈供素食甚嘉,遂觅舆,穿杏丛,出入涧坂,抵金仙庵。庵殊荒寂,古松三五,背岩而立,泉水淙淙有声,徘徊久之。告舆夫曰:“诣消债寺。”舆夫仰面指前峰,曰:“在是,不四里至矣。”乃行。甫里许,绝谷崩崖,蹊路几断,樵径不盈尺。不得已,步行,陟降百十次,披榛莽,数息,始登鹫峰,又不得已越墙入。寺新归吾友林斐成,榜曰“鹫峰山庄”。楼台耸峙,高扼胜地;而下极幽窈,绝壁如斧削,松柏倒挂,藤蔓穿护,阴阴乎不见日。崖著三五杏花,萧森中有逸致。地高风峭,不久留。园丁告余,斐成迟于秀峰寺。乃下山入寺。观轩前一松郁蟠半亩,绝可爱,日景已斜,穿杏林归。北山之杏皆方蓓蕾,南枝则已尽放,更十馀日,碧桃数百树可盛开，若较杏花，则渺乎小矣。兹行得绝句四，今附录之：

青山似识看花人，为障风沙勒好春。
一色锦屏三十里，先生未信是长贫。

一院花光旧有诗，赏音词客逝多时。
九仙山下辛夷雪，溅泪还应忆故枝。

遗迹金仙话大辽，潭身松臂对嶕峣。
披榛未笑舆夫绐，政为中年试脚腰。

劈取苍岩贮一庵，逾垣狂客诧幽探。
由来灵窟中如砺，避世何须问北南。

鹫峰峭而奥，登陟既毕，忽有避兵之思，遂发于咏叹也。是岁闻弢老后三日往游，花犹极盛，有“好花挨过几番风”之句。散释语余，寺之玉兰，实非玉兰，亦非木笔辛夷，殆为曼陀罗花。语特雅妙，惜乏左证。再来江南忽忽三载，今春常和“清真法曲献仙音”以寄探杏之忆。南中非无花国，杭州超山之梅，南京太平门外之桃，皆称盛一方，要恐不足敌此耳。

二二　晋祠之泉

十二年前，吾乡江叔海[①]先生居晋祠时，翊云兄以晋祠照片及

① 江瀚，字叔海，别号石翁山民，福建长汀人。其子庸，字翊云，又作逸云，别号澹堂阁主，著《趋庭随笔》等书。

诗词之类，裒印一帙见贻。余报以一诗，并寄柬叔海先生，中二联云："想拓凉亭临碧玉，更闻横舍俟安车。白亭旧筑应骖靳，顾怪前踪欠揭橥。"白亭者，宣统庚戌叔海先生在洛阳伊阙，因白傅游址建亭，名之以白，余曾寄题一诗者也。余初颇谓亭林久客并州，晋祠必有顾之题咏，故诗中云尔。前岁沅叔丈招赏海棠，偶与叔海先生谈，知亭林与晋祠所涉甚鲜，非阙不录也。

考晋祠之名，当年实专属于唐叔虞祠，唐太宗《晋祠铭》所谓"惟神诞灵周室，降德酆都"者是也。《水经注》："昔智伯之遏晋水以灌晋阳，其川上溯，后人踵其遗迹，蓄以为沼。沼西际山枕水，有唐叔虞祠。"《元和郡县志》："晋祠一名王祠，周唐叔虞祠也。"是盖翦桐颁土之始基，以崇德报功者。郦道元以为是智伯遏水灌晋阳之遗沼，此说虽古，不知何据。川虽上溯，诚足为沼，然设无泉源，沼不自活。按朱竹垞《游晋祠记》云："晋祠者，唐叔虞之祠也，在太原县西南八里。其曰汾东王、曰兴安王者，历代之封号也。祠南向，其西崇山蔽亏，山下有圣母庙东向，水从堂下出，经祠前。又西南有泉曰难老，合流分注于沟浍之下，溉田千顷。《山海经》所云'悬瓮之山，晋水出焉'是也。水流会于汾，地卑于祠数丈，《诗》云'彼汾沮洳'是也。"据此则晋祠之泉，乃晋水所导源，而非智伯决水以后始有之沼也，明矣。今日晋祠之名，殆综合周围名胜之总称，而唐叔虞祠则呼为唐叔祠也。叔海先生所居，名为难老别庄。难老者，泉名也。《水经注》称"祠南有难老、善利二泉，水大旱不涸，隆冬不冻，溉田百余顷，又有泉出祠下曰滴沥泉，潴为晋泽"者是也。郦注此三十七字，唯全祖望本有之。晋祠水最有名，太白诗："时时出向城西曲，晋祠流水如碧玉。"自后咏晋祠水者，皆称碧玉。而令狐楚《不到晋祠三十年》一诗中，所谓"泉声自昔锵寒玉"者，乃无人拾用矣。然叔海先生亦为余言，碧玉之名至佳且切，胜于寒玉也。又“难老”二字，见于《诗经》，而《魏都赋》云“温泉毖涌而自浪，华清荡邪而难老”，是“难老”二字，亦可借用于华清矣。

二三 冬至今昔谈

陆放翁诗：“十月江南未拥炉，飞蝇扰扰莫嫌渠。细看岂是坚牢物，付与清霜为扫除。”此自为讥世之作，然江南之迟寒多蝇，从兹可见。放翁盖尝历梁、益，故以十月未拥炉为言，若江南人，则固习之矣。此与少游《宿金山诗》“十月不寒如晚秋”，皆可证宋时江南气候，亦正如此。今日南部之寒，大半在古历十二月后，尤以春寒为剧，所谓如越兵之来也。北部之寒，以旧都为准言，则当以大寒节前、冬至后为最。每岁新历元晨，什九皆冰雪冱途。及旧春厂肆既开，则风转微融，故所谓耶稣降生马槽之日，户外罔不奇寒，此北部之冬候一常例也。十馀年前，偶以新历岁除，涉足析津，寓欧人旅邸，睹中外贵游舞蹈酣嬉之盛，忽为诗云：

高馆张灯炫夕光，严风不动夜来妆。
稳围珠衱飘烟细，半袒金诃滴粉凉。
世事久输胡舞乐，春盘又见众雏忙。
谁知执辔交衢外，忍尽鼍更几遍霜。

此诗极为观槿所赏，传之时人，其实了无新语，但尔时甚悯风雪中之御者耳。比来江表，观租界中舞抱狂欢，岁除尤甚。而租界外，号为通都大邑，抚摩欧俗，汲汲唯恐不及，习俗中人，恐未易譬解，但室中人，正不念环其外者，皆冻死骨也。考古人最重冬至，不论豆粥、黍糕、荐雁、服貂之典，且如《易通卦验》云：“冬至之始，人主与群臣左右纵乐五日，天下之众，亦家家纵乐五日，为迎日至之礼。”此尤足表昔人至日之盛。今者云物不殊，黄口少年，已鲜能辨何谓长至者。假使告以冬至后三日，例值圣诞节，必矍然以喜。冬至之名，将幸托耶稣以存。喜者何？喜其将有词以纵欢而已。因念闭关之日，大率力田苦读，岁时伏腊，糕酒相存问，其为欢常若有馀。今日国与国竞，百年积弱久废之后，遂使神州数万里，匮乏不能自生，傀儡顾影，每忘逢辰之乐。即少年之为乐，亦常苦不足。寒灯回念，层冰峨峨，正不知当以何愿力超此劫也！

二四　溜冰与冰床

江南春寒，非能剧于北地也，御寒之具，南不如北。旧都冬日长晴，明窗负暄，广场冰戏，皆是一乐。不必言党帐羊羔，已足使陶谷爽然自失。考溜冰之戏，导源最远，初民游牧，朔方荒迥，履冰为嬉，何所不有，特不收史乘耳。后苑冰戏，始见于《宋史》，又不详其制。二十年间，此风日甚，男女蹑利屣，回翔泽腹，故是习劳敏事之助。视锦幄围春，袒裼屡舞者，有裨实多。然余观吾族旧习，似怯于踏冰，而以乘橇为便。此自士大夫儒缓之风，犹之车骑舆服皆有志，而未尝有弘奖著屦急足者也。冰橇，俗称冰床，晚俗呼为拖床，并冰字亦去之，以北人习于此，但举拖为名。古人呼为凌床，见江邻几《杂志》，则甚雅驯，今后恐无知者。沈存中《笔谈》：“信安、沧京之间，挽车者衣苇裤，冬月作小床，冰上拽之，谓之凌床。”苇裤之名尤新，盖缚草加于袴上，草中虚，能藏热也。《倚晴阁杂抄》：“明时积水潭，尝有好事者，连十馀床，携榼篮酒具，铺氍毹其上，轰饮冰凌中。”此则为贵游豪举。清制，西苑门内，有冰床，为王大臣设，床甚华美，如绿呢车箱，行绝驶。清高宗《腊日诗》："破腊风光日日新，曲池凝玉净无尘。不知待渡霜华冷，暖坐冰床过玉津。"即言此事。

鼎革后，液池易为官府，乘床待渡，尝之已屡，及今思之，始觉可入随笔也。迁都以来，官府再易为公园。因记二十年腊月，祭任公于快雪堂毕，余独自北海子冰上徐步，直出瀛台。天已垂暮，冱寒沉阴，踽踽然，远望西山，近眺琼岛，黮黤无色，百感上心。有《柬印昆》诗，所谓"不雪西山亦黯然"，所谓"忧生我正涉冰川"，皆纪实也。南中更岁，但有苦雨，呵手记此，诵彊村[高阳台]"虚堂冰雪凌兢甚，怕过时春不归来。最无聊，照取吴霜，婪尾深杯"，真有愁深酒浅之叹。

二五 《三十年来燕京琐录》订误

友生数督责余，谓何不记政闻？余谢不能，谓近事民所具瞻，且多不复省忆也。一昨从人假得一卷书，题为《三十年来燕京琐录》，署为"习庵漫笔"。习庵，不知谁某，所言有异于向壁虚造者，意必南人，久客燕市者。虽间有随俗雌黄，而采辑略备，疑此君或友朋中人，聊为之考订数事。其言袁世凯戊戌曾护理直隶总督，似误。袁未尝护荣禄之直督也。言袁至津以兵备道胡燏棻之介，得谒李鸿藻者，亦有误。袁谒李高阳，实许筠庵应骙为介也。言唐绍仪由六国饭店，乘人力车至麻线胡同，予车夫以钞票五元，事有误。唐予车夫以银币一，彼时京师皆用银票，以两计，未尝有五元钞也。唐畀车夫一元，其时众已大骇异。言袁世凯再出，盛宣怀主之甚力，则大误。力主召袁者，载沣也；盛与载泽皆不以为然。及闻旨将下，盛谒载涛于军谘府。盛年已七十馀，平日喘息甚剧，须两人夹扶之，是日盛马车至府门下，犹两仆掖之。及上楼，挥肱去仆，危梯健步，见载涛，屈膝乞赐放归，涛允为言，宣怀始顿首谢，下楼时，颜尽赤。盖袁入京，而盛先数日南行，识者谓盛不行，必及于祸。两人久相厄，断无主之甚力之说也。言赵秉钧来历不明，事却甚确。赵自言不详父母姓氏，幼盖被人贩鬻者。其未到津前，尝为河南典史。言王闿运介袁世凯于周妈曰："此袁甲三大人之四孙公子也。"大谬。湘绮耄而未昏，久涉官幕，岂有知为总统，而倚老揶揄之理。余见湘绮虽迟，而以此征于其及门诸君，亦言绝无其事也。所考订止于此，其后有言近人事数十则，纵有谬误，亦不复绳墨，以违余所自戒者。

二六　文字学术随世俱变

文字学术，随世俱变，有不可挽者。今人所治之学，所读之书，与前数十年皆大异，故欲求昔日之学术文章，不易得，亦不必得。必欲执古而病今，颠也。有昔日骈俪声律典故之苛细，物极终当反之。今日之语体文大行，此自为不可争之趋势。由白话，而大众语，而左行书，而提倡写别字，皆亦势所必至，不必诟，亦不必争。使其能自存，能致用，则自甚善，虽欲毁之不可得；使其不能自存，则终必有折衷之一日。散释为余盛诋提倡书别字者，余笑谓："若欲提倡别字，至少须先识字，若不识字，别字将无所用。能识字，已大佳，先生何奢责焉？"因思文笔之途，各有其美，学者就所爱憎品第，质言之则可，欲沕为教条，正须仔细。两都、二京之赋，固不必教人学步，必诟为死气，亦恐不能。递降而言，词曲一道，门殊户别。晚近王静庵《人间词话》陈义绝高，宋词自白石以下，皆致不满。二十馀年前，刊于《国粹学报》，余读之觉极精辟，而隘处疑必有流弊。及适之为文学史，旨在推行国语，排斥用典，理所固然，而于“疏影”、“暗香”二词，诋为“不成东西”，似先输静庵之我见，而倍为卤莽，贻误后生，良非浅鲜。静庵所举隔与不隔之义虽精，然须知不隔者，仅为毕篇之精粹，即清真亦不能首首皆如“叶上初阳干宿雨”也。况谓所谓隔者，亦有造句之别裁，本非隔乎。至于“暗香”二词之工力，非此短札所能细论。龙榆生为余言，静庵先生老年深悔少作，惜未睹其晚稿也。又近人言诗咸主如白傅之作，老妪都解。其实白诗在今日，承学之士亦未必都解之。山谷在宋诗中，号为奥衍。然吾闻赣州昔有清音班，七八人坐唱，丝竹咸备，颇类苏州之滩簧，但不唱土风，说时事。其唱《张公百忍图》剧，道白有“母慈家人肥，女慧男垂绅”二语。又唱《邓伯道》剧，道白有“能与贫人共年谷，自有明月生蚌胎”，及“万卷藏书宜子弟，十年树木长风烟”，又某剧道白，有“盖世功名棋一局，藏山文字纸千张”，皆山谷句。度必昔年西江通人所指授，浸播成口头禅，可知诗语以习见故，闻者自觉其浅，固不必皆需俚言别字，然后诩为通俗也。

二七　践卓翁与天苏阁

林畏庐晚年，自署践卓翁，践卓之义，众皆莫解。久乃知先生民国初元以北大教席事，与教育次长董恂士鸿祎迕，大怒。践卓者，践董卓也。董卓者，恂士也。此真匪夷所思。又徐仲可署所居为“天苏阁”，亦莫详取义。比闻夏吷庵言，徐先生以为女子以苏州而天足者为美，故曰“天苏”，此尤想入非非矣。

二八　赛金花事传闻不实

比见南北报纸数纪赛金花事，大率拙滞可笑。独刘半农所为传记，余未及见，半农今已化去，见亦无从质之。其所作大抵征于赛之口述，恐未可据为信史。庚子至今，才三十馀年，耳闻眼见，说之可凭者不少，乃使老妓自言其遭际，其必为所爱者讳可知，执笔时毋乃过勇耶？但樊山《后彩云曲》，所述仪鸾殿火，瓦德西裸抱赛穿窗出云云，余尝叩之樊翁，亦仅得之传说。若瓦、赛跨马并遨，略无顾忌，则众所共知。瓦归国后，卒不得志，云亦缘此事。樊曲中又以李师师檐溜濯足拟赛，亦不伦。师师声价舄弈，百倍过之，身侍道君，晚遭国变，所谓"檀板一声双泪落，无人知是李师师"者，盖其沦落亦倍甚，故所言所遭，有足纪者。赛虽流落江湖，其初衣食温足，樊山作此曲时，赛正逾中年，其后又两嫁两出。余癸丑九月在沪，觞座见之，记其帜名为"赛寓"，其时不止河山依然，抑且门巷如故，焉可与东京亡后之李师师相拟乎？又《金銮琐记》中有一诗云：

蜂狂蝶浪乱官仪，妖孽天生此夏姬。

铁面丹心骢马使，飞符驱逐出京师①。

按此诗拟赛于夏姬，则年齿身世，尤不侔矣。而事实亦大误。立山所眷口袋底名妓，名绿柔，杀之者载澜，非庄王也。由此可见咫尺间事，犹易传讹，矧文笔故实之比附乎？惟樊山在辛壬间必有

---

① 原注云：赛金花傅彩云，户部尚书杨立山昵之，庄王妒甚，使拳匪诬杀之。彩云下处，京朝官车马云集，实天生一夏姬也。城南弟恶之，巡城时递解彩云回苏。

感联军入京，故落笔时易涉想及于金兵之陷汴梁。而晚清士大夫皆匿怨于那拉氏，故于女宠秽乱宫闱，特倍为诟责，此则论诗论世者所当知耳。

二九　《金銮琐记》咏庚子诗并注

《金銮琐记》为珠岩叟高树所撰。全书计有绝句一百三十首，所咏皆为庚子以还，清季之京朝掌故，缀以小注，足资取证。其有关拳乱者，兹录数首：

祸国殃民唤奈何，阉门纳贿进銮坡。
他年编辑奸臣传，开卷惟君笑语多①。

又云：

八十高年徐太师，伧言俚语信偏痴。
谁言避炮猩红染，瞽说无根豫席之②。

又云：

学守程朱数十年，正容庄论坐经筵。
退朝演说阴门阵，四座生徒亦粲然③。

又云：

八卦由来属太阴，肉屏风下阵云深。

---

① 注云：刚毅由粤抚入京祝太后寿，献各国大小金银钱于李阉，约计千馀元，全球略备，无一雷同，大得阉欢心，遂为太后宠任。其人不学无术，语多可笑。

② 注云：瞎叟豫师言，樊教主以妇女猩红染额，炮不能中。徐相信之。豫师字席之。

③ 注云：徐相素讲程朱理学，在经筵教大阿哥，退朝招各翰林演说阴门阵。盖闻豫瞎之言樊教主割教民妇阴，列阴门阵，以御枪炮云。樊实无其事。

何时玄女传兵法，欲访青州张翰林[①]。

又云：

涿鹿回车草奏笺，婵娟深得相公怜。

百人惨戮称遭劫，酷吏心肠铁石坚[②]。

又云：

西库围攻计妙哉，佛门子弟是奇才。

龙刀一柄经全部，函请神僧下五台[③]。

又云：

何人枢府语哓哓，舌作秦腔嗓韵高。

甘为权奸作奴隶，伯珪声大莫敖骄[④]。

又云：

殿上咆哮起立愆，端王气焰已熏天。

至尊手挽臣衣袖，伪说臣将御袖牵[⑤]。

又云：

---

① 注云：徐荫轩相国传见翰林，黄石荪往，遇山东张翰林，曰："东交民巷及西什库洋人，使妇女赤体围绕，以御枪炮。"闻者皆匿笑，荫老信之。

② 注云：刑部尚书赵舒翘，为刚毅所保荐，极博刚之欢心。刚命往涿州察视团匪，密约入京，回京言团匪甚忠义，刚大悦，团匪亦蜂拥至，日以禁洋为事。城外良民老幼男女，将近百人，团匪诬以白莲教，杀之于菜市，舒翘不救，但言劫数而已。

③ 注云：尚书启秀，函请五台山僧普净来京，攻西什库教堂。僧言关圣降神附其身，携青龙刀一柄，《春秋》一部，骑赤兔马往攻，入阵便中炮亡，惟马逃归。

④ 注云：到军机画稿，闻有大声争论者，问舒拉何人？对曰："赵大人与王中堂抬杠（抬杠，北方谚语。杠者讧之讹）。"赵怒吼如雷，王声细如女子。我问："刚相不调停耶？"对："刚中堂笑于旁，若甚快意。"噫，赵舒翘倚刚毅势，遂呵王相若此。

⑤ 注云：庚子秋召见臣工，皇上泣曰："围攻使署，大启兵端，朕一身不足惜，如宗社何？如太后何？如天下臣民何？"命许景澄跪近前，曰："汝见外洋有此等事否？"以手揽许袖而泣。端王起而咆哮曰："许景澄，汝拉皇上衣袖何为？"许曰："是皇上拉臣袖。"皇上闻之，即释手。

伏弢束甲卧雕鞍，巷口居民不许看。

闻道前军藏大帅，低头骑马渡桑干①。

又云：

明明狂寇似黄巾，竟说中兴好义民。

诵罢新诗忙避乱，短衣负担出城闉②。

又云：

战败伪将战胜传，破城尚说水门穿。

佞臣自古言多诳，菌作青芝鹑作鸾③。

又云：

佩符习咒羽林郎，红锦缠腰入未央。

谁把干戈作儿戏，六街都唱小秦王④。

又云：

六龙西幸入秦关，为问鸾舆几日还。

误国已同韩侂胄，漫言风节似文山⑤。

又云：

八国联军将入都，少年幕府胜孙吴。

---

① 注云：仪鸾殿见外国公使，董福祥立殿下，大吼曰："我不怕洋人。"及败逃，狼狈乃如此。

② 注云：拳匪为太后、李阉所主张，此名士作诗颂美，盖作热梦。名士楚人，向山人诵所作颂扬团匪诗，山人曰："联军已入城，尚不知耶?"乃短衣负担遁出京城。

③ 注云：某侍御崇奉团匪，每战败捏报战胜。洋兵攻入内城，出示云："教民穿水门入，已打退。"

④ 注云：非端王不至大乱如此。

⑤ 注云：崇文山信奉团匪，所取字有玷文信国。

席前借箸真奇策，恨不洋街一旦屠[①]。

按上诗皆不佳，而所注今日俨成史料，故甄录之。观其记赵舒翘与王文韶争论事，此君盖是小军机，此节所言或可信。至云刚毅得用，由于献李莲英各国币样，则恐捃拾之谈。以疏逖曹司，虽厕身枢近，未必深审权禁交结之情伪也。言徐、董、刚、赵之腐执迂谬，则皆确。读者未可轻易忽过，以此辈不第不学无术，且含有民族劣性之举例。余弥悲吾民泰半失学，或食古不化，此曹谬解，至今未已也。

三〇 宋广窑琴

故宫珍物，近有谩藏之纠，信否虽未可知，而夥颐法器，自为后世所不可再得者。盖清代诸主多好货，往往纵令满洲大吏搜括，囊橐充牣，则举而籍没之，名若惩贪，实则假手，故内府所收，冠于历代。又自革命以还，旧日巧艺名工，以进御为业者，已日少；眼前事物，若瓷、绣、纸、墨之属，质料亦已非故。由是以言，清宫所藏，匪特空前，抑且绝后，其为宝宜也。其量既多，品类自不尽纯，赝造尤数见不鲜。又御府鉴定，亦非无讹，往往有逊于今日专家考订者。友人郑君颖孙，以音乐名，曩示余以宋广窑琴照片，故宫物也。言琴质至佳。后数月，余游景阳宫，得睹此琴，渊渊宝器，信为异物，惟清高宗旧题为瓷琴。近北平郭世五君，则考定为宋广窑沙胎，非瓷。郭记云：

① 注云：团匪设幕府于景运门内外，凡谄附李阉与端、刚者，争往充幕僚。有年少某部郎，所献皆屠灭东交民巷之策。

其为器也，象制中程，修短合度。胎骨毕露，其质紫沙。徽中有文，填以白泑。维轸与足，悉皆白玉为之。龙池之中，有铭曰："维沙陶瓦，制从鸿濛。鸢飞鱼跃，为歌南风。"前述其制，后言其用也。凤沼之内，则题"修身理性"四字，盖用《琴操序》语。字作秦篆，深雕而罩以薄泑。其色月白，极晶莹澄澈之致。意者泑本周身，或以不尽平匀，或以滑不宜指，初以琴面砻治，浸淫遂及全体，观于临岳之下，馀泑微存，自是明证。审其制作，沙质而瓷泑，以指扣之，声如瓦缶，在宋惟广窑制器如此，他窑则否。间尝历览前代官私图籍，于匋瓷之器，其辨未严，故督瓷之官，说瓷之作，概蒙匋名，品目鉴别，遂易淆乱。究之，匋始古初，厥后精进为瓷，其别在骨，而不在泑。匋骨为土，土之用随在可资。瓷骨则采石制泥而成，产地有定。以质辨之，二者迥异。至于广窑沙胎，是又别出于匋瓷之外者。考广窑之设，始于南宋，在粤之阳江，以其地不毓瓷质，而特产紫沙，故制器即用作胎。泑仿钧窑月白，俗因名之曰沙钧。昔人未尝细审，往往称之为瓷，御制诗于是琴目为宋瓷，盖沿旧称，弗深考耳。

又云："埏埴之难，工作之巧，千百年未必能得一二。南宋至今数百年，仅存此器，不可谓非旷代之宝也。"

郭君昔为项城庶务司，精鉴别，尤长瓷器，景德镇之洪宪瓷，即郭君监烧。今居北平，自设工厂烧瓷，盖好古而有力者。其所交福开森君，故苍梧关伯珩，连平颜韵伯，皆余友生，博雅富收藏，其门客能文字者亦有之，故其记精审如此。而昔日所谓宸题御览之不可尽信者，亦于此可见一端也。

三一 钧 窑

因记广窑琴事，而忆及钧窑。钧窑，此书作均窑，近日欧人最尚之。前两年见欧人精印《中国瓷器》一书，五彩烂然，注释烦冗，知外人致力于华瓷至深。

考钧窑，产于河南禹州。项子京《瓷器图谱》，原刻难致，今所见者，多作瓷鼎瓷灯之属。瓷质不厚，周身纯作玫瑰紫，或茄皮紫，并不杂以雨过天青色。曩见武英殿有玻璃罩，列盘碗五件，周身纯作紫色，即系此类。碗底露胎处，并不敷芝麻酱泑，仅露黄褐色，胎骨上偶洒二三泑点，以示非磨底之证。至于近代所宝贵之花盆连渣斗、鼓钉洗等，青紫相间，芝麻酱底，并缀号码者，皆为粗物，故瓷质亦特厚。光绪初叶，乐亭刘氏极豪侈，饲猫犬饭盆悉用钧窑，取其质厚不易损。海王村商人有以贱值得之者。彼时内府钧窑花盆内，亦不过种三文一棵之六月菊，绝无宝贵意。曾不二十年，以欧人最重此瓷，腾涨至万金以上。识者云更二十年，钧窑恐将绝迹于国中矣。

三二 北京悟善社

敬天事鬼，初民所同。时至今日，宇宙之谜，其倏昧不可知者盖寡。而我国以闭关既久，民久失学，儒训无传，遂犹有佞祷之风，可哀孰甚。旧京十二三年前，有悟善社之设，其颛愚侈诞，不可殚述。使稍进者，叶名琛、义和团之事，不难复见，斯实政海之枝闻，寒窗记之，兼资喁噱。嘉善[①]既失阁揆，郁郁不自聊，乃与江宇澄共创悟善社。于香花坛坫之外，益以师弟受传，又益以君臣封爵，又益以员司铨选，俨然一内阁也。所谓孚佑帝君，为吕洞宾，又称纯阳祖师，盖主判者。达官贵人，一时雨聚，各颁法号。江号慧济，钱之号与鱼玄机同。日将昃，嘉善则到坛治公，其奔走左右治事，有参议、司长以迄科长之名，文移签判，杂遝幽明，钱、江顾而乐之。

聂宪藩者，聂士成之子，方为卫戍。一日诣坛问其父死后状，士成以力战八国联军死于八里台者。于是乩以忠臣之后，赐座赐酒，言士成天爵尊荣，已侪关、岳、杨令公、杨椒山之列。乩判数十字，首言"子欲见令先令公乎"，中称令先令公者三四。不知令公之称，郭子仪、赵普皆以官中书令，故得呼此，杨业有此称，则稗官妄以拟于汾阳。聂士成官止提督，追赠宫保，清无中书令，何来斯名乎？

夏用卿丈（同龢）为戊戌状元，诣叩，乩则盛称"小罗学道谓三十年才消受状元二字"。又言"子资质纯美，又与我同出身，当与慧真同看待也"。盖世传吕岩为两榜进士，故欲以进士出身自荣，不知夏乃状元，当言赐进士及第也。姚姬传桐城古文家，降坛称姚仙，文文山称文大帝，甚至西洋亚里士多德亦来临，称曰亚仙，则与张效坤妾同名矣。柳仙者，小说所云洞宾之徒，武剧《蟠桃会》中绿脸绿发者是，号为宏教真人。代宣玉皇上帝批奖吕岩及悟善社之词曰："据奏已悉，准予立案。仍仰该帝爵力行劝诱，务广上天爱育黎元之至意。天道无亲，爵禄无常，惟有德有惠者得之。钦此。"盖杂仿前清民国

---

① 钱能训，字幹臣，浙江嘉善人。光绪丙戌进士。此处指 1919 年 6 月 13 日钱氏罢国务总理职一事。

诏令体为之，其不学无术，不堪作伪类如此。

此皆不足奇，最奇且可笑者，为此社将隳时事。陆闰生（宗舆）亦社员之一，拥金最多，社之主者（时嘉善已殁）涎之，于是刺取陆阴事若干，俟其匍匐时，乩忽震怒，大诟责之。陆初惶骇，已而言须责手心若干下，于是众皆跪为代请，乩固不许，陆哀求不应，已蓄愠矣；继言若欲蠲免掌责，须纳金若干万，陆闻言大怒，一跃而起，绣垫掀腾，香灯乱落，大声疾呼曰："假的！假的！"一时跄踉而散，闻者皆为捧腹。若斯之事，皆彰彰在人耳目间。国将亡，听于神，北政府之必亡，即此琐琐，已可预决。抑旧日士夫，其心目中所萦踞者，不外科名迷信，与夫长官呼诺之荣，稍失意便颓茶无状，于是借径鬼神，而一抒其欲焉。此其为毒深入而广种，触处可见，以失学至是之民，乃欲奋空拳以侥幸图存，世上岂有幸事哉？

因忆去年旱灾未作时，余适有莫干山之役，西湖方有佛事，车中客满，相识者或以为诣灵隐。余有二诗纪游，其一诗后半云：

车人怪我蹑吴越，问讯梵会疑相从。
馀杭故是山水窟，沃土倍功由力作。
郑渠翟陂久不修，北国硗旱谁当尤。
会稽竹箭今尚遒，慎勿佞祷教民偷。

谓虽沃土犹当力作，不当如中原水利久废之易旱也。至于佞祷之风，初视若私人之事，实则教民偷，如上纪悟善社种种，皆苟偷一念之演变，不可不慎也已。

三三　人名妙对

前录《金銮琐记》数诗，近知即泸县高蔚然侍御作。侍御名树，曾为军机章京，余所臆测赵舒翘与王夔石争议事，不谬。其记赛金花事，有“城南弟恶之，递解彩云回苏”。所谓城南弟者，其弟枏也，当作澂南，枏之字也，亦为给事中。光绪末年，乔茂轩（树枏）为学部左丞，与高氏兄弟皆为蜀人宦于京师者。或为联云“茂老并吞双御史”，以乔之名，适奄有二高之名也。对云“辅翁颠倒一中堂”，辅翁谓孟庆荣，时为学部右丞，而荣庆适以协办大学士掌学部，孟之名，倒读之，即为荣华卿之名。此联妙相绾合，一时传诵，纕蘅为余言之。蔚然先生年逾八十，化去不久。

三四　盛唐之治与衰世反思

昆山顾氏躬察郡国，谓天下州郡为唐旧治者，城郭必宽广，街道必正直，余前已摭其言。记十岁至漳州，相传龙溪县大堂宋所建也，雄敞袤深，至今犹忆其状。则宋之制置，亦自远逾于今。非徒古人用心挚，规模远，材用亦必硕长。忆此衙庙，柱栋皆累数丈。及其后北居，值正阳门楼毁，陈玉苍丈方监修①，所运梁木，其稍伟者，皆自南洋求致，心知国之产木，若蜀若闽，菁华略尽矣。然亭林之称唐抑宋，说自不诬。

余尝以为吾族有史以来，武功文物，当以有唐为极轨。唐之武功文物，当以开元为极盛。过是，则盈而昃矣。后此不可知，宋若明制度材力皆视唐相去远甚。史册典章，以及诗文稗记，可资证吾说者无虑千百，尝欲穷年殚力，一一申述，或泐为专论，卒卒未能

① 陈璧，字玉苍，晚号苏斋，福建闽县（今福州）人。光绪举人。1901 年 8 月，补授顺天府尹，并会办五城事宜。监修正阳门城楼事，即此任内。

也。今姑约言之。

开元郅治，由于贞观创始之弘，中更武、韦，皆止宫闱秽乱，而海宇乂安。金轮尤英明，《唐书》故多贬词，未可尽信。及玄宗初政，姚、宋为相，突厥默啜授首，奚、契丹内附，自西域以暨辽东，郡县斥堠相连，海南番舶辐辏，广州群夷杂居。观关中昆仑奴之多，景教庙宇且建于洛阳，可知声教包蓄之广。至于艺文制作，咸有令才，营造之风既盛，下逮林木牧畜，皆极蔚繁，至今志乘诗赋，班然可考。史称开元“赋役宽平，刑罚清省，百姓富庶”。此十二字虽仅括大略，而从范阳变起中原久不知兵观之，则可见承平之日久。从虞永兴书翦卖馨卿一字得麻一斗，鹤口一字得铜砚一枚，房村一字得芋千头，及乡村以胡绢半尺买鱼肉无数观之，益可见物价之贱。故知盛唐之盛，实为有史吾族之光。天宝乱后，凌夷殆千年。北宋虽缛饰汴洛，而燕云已失，物力亦隤。明政最弛，享年二百，鲜足称者。虽异族之有清，康熙一朝，号称极治，日本全辑为《康熙大帝》一书以纪之，而观于中原关洛水利林木之未尽修，则可知视开元相去尚远。前日大寒，晨窗呵冻，偶写王摩诘《山中与裴迪秀才书》，辄念唐时蓝田、灞水之景物，未知今日何若？其言“村墟夜舂，与疏钟相间”，则人烟稠集；其言“草木蔓发，白鸥矫翼，露湿青皋，麦陇朝雊”，则品汇繁庶。今日终南之阿，岂有是乎？关之东西黄尘涨天，村落旷绝，居民僿野，岁不患河则灾旱。盖一千年间，异姓凭陵，西北之与东南，文质相去已日以殊。百年以内，滨江海诸省，受欧渐之文明，尤腾绝奢侈，与内地隔若霄壤。年来数闻农村破产之声，抑岂知黄炎故都，农村之敝固已久乎？盖吾国昔日区别四民，读书知理者唯士一途。士之呫哔者，非周秦六经，即马班两史。其脑中所萦忆者，多中古以上事迹，其所濡触者，却为现代之物华。

日溺于近，而心驰于古，于唐以后政治社会盛衰递嬗之迹，百举俱废之由，反昧昧然。故一旦受侮发愤，欲刺取吾国固有长技，侈举与西欧对峙者，率皆墟墓简策间言。

去秋虎城杨君于酒次为余言，年前邂逅一老儒，闻杨为陕人，则大喜，坚欲订游阿房宫之约。告以阿房毁已久，则曰，固知之，然必有遗址可寻。盖其所臆想者，犹以阿房与圆明园等视。余敢断言，国人幸而知书识字，其见解如此老儒者不可数计，此皆泥古昧今者之过。然泥古者，岂只此等事？昔赵元昊据夏，其地东临河，西至玉门，南临萧关，北控大漠，四传有祚二百馀载。亭林谓其以“区区之地，能垂久若此者，岂非以天下之势恒在西北，边塞阻险，受敌一面，虽中才亦足自保”。西夏，即今宁夏，孰能阻险？孰能自存？稍留心时势者，必共知之。友人王契璋，新自甘、宁两省归，为言其地方瘠荒状，与江表悬绝，间有一二水木丰饶者，亦不足相补。是亭林旧说，亦未可泥信。夫立国之术，要在平均敷设，不限于方隅。亭林言天下大势恒在西北，史书具昭，固赫然不诬。而晋、隋以来，国之财富与望族，其大半已迁在江南，宋以后尤甚。不用东南，不足以奔走天下，其理亦昭昭矣。

余所尤悲者，顾氏所谓“鱼盐谷粟布帛丝絮之饶，商贾百工技艺之众，陂塘堤堰畊屯种植之宜”，以称江南，誉为“扬一益二”者，今则以天时人事与夫外侮内忧之亟，将一扫之。江表如此，他夫何言！神州数万方里，儳然不敢言必可自存。此余欲述盛唐之盛，而睊睊然自叹其亦无殊于墟墓简策间言也。虽然，不知废兴由远之原，施政者将不易得变革损益之术，更无从求平均敷设之理。夫不言平均敷设，不足以救国，此则余欲今后书琐言记佚事者，因类会通，以古鉴今之微意，故不辞拖沓，说之如此。

三五　金陵僧道

金陵旧时某寺有一僧，具密行。狄平子言，此僧殊自晦，无人知之，然每剃头时，但闻刀口作声，必有一舍利随声而落。又闻，杨仁山居金陵时，某寺有舍利，郭松林及陈松生（曾劼刚之妹婿）与杨各以发引之，陈、杨咸牵缀，郭屡引终不起，佥云，其战功高，杀孽亦重也。按舍利之说，莫盛于唐，而《尚书故实》记李抱真焚僧集金帛事，云"别求所谓舍利者数十粒"云云，则舍利之真伪，不辩自明。李抱真与郭松林皆名将而不佞佛者，可纪也。然湘淮宿将，晚年穷无复之，入道逃禅者，何可胜数。袁珏生丈昔为言，尝与宝沈堪游南京，至燕子矶三台洞，遇一道者，癯骨疏髯，貌至沉肃，操湘乡音，已而审为曾忠襄旧部，积功至专阃，姓成名自元，缘事隐此，沈堪泚笔记于壁间。袁丈游时，逮今已十四年，不知此道者尚存否？

三六　北京觉生寺华严钟

比读上海报，云佛教居士林将铸一巨钟，凡二万馀斤，欲悬之九华山峰颠，撞之可声闻百里，不久将蒇事。吾因之忆及北平觉生寺之华严钟，其形制瑰特，视报所记近人拟造者，尤突过之。觉生寺，在德胜门外七里曾家庄，雍正十一年建，盖岁时祈雨处也。寺有楼高五丈，上圆下方，四面皆窗，后有旋梯，左升右降，钟悬于中，久旱则击之。钟于明嘉靖间悬于西直门外万寿寺，后言者谓京城白虎方，不宜有金声，乃移钟卧于地。至乾隆八年，始移置此寺，自是遂为祈雨典物。钟铸于明永乐间（见《燕都游览志》、《帝京景物略》），其尺度重量，各书所载不同。《燕邸纪闻》称"钟径丈有四尺，长丈五尺"，《长安客话》"钟径丈二"。吾友汉阳周退舟（贞亮）君，尝以绳度之。据云："径布帛尺一丈四尺，连上悬及纽共长布帛尺二丈一尺六寸，除上悬及纽，长亦不下一丈八尺。"此为实地所测度，极可信也。至其重量，《燕都纪闻》谓"八万七千斤"，亦有谓八万四千斤者，此则难得其实。若能审其厚几许，并以算术求之，当可得。吾意，重当不及此数。钟上遍铸《华严经》文，字径四分，内外皆满。《帝京景物略》载："文皇铸大铜钟，内外书《华严经》八十一卷，铣于间书《金刚般若》三十二卷。"《春明梦馀录》："万寿寺钟，内外书《华严经》八十一卷，名曰华严钟。"是钟以华严名，其为文皇所铸无疑。至书经文者，据各书所载，则为沈度（度字民则，《明史》有传）。度以工书为成祖所赏，此钟出其手，亦可谓功德不朽。至钟楼建筑宏伟，支架奇妙，历二百三十馀年毫无倾陊之迹，则居士林诸居士所宜取法也。自清季祈雨之典废，北平人至一闻其声而不可得，仅于每岁正月初一日起，开庙半月，供人观览。前岁寺中驻兵失慎，颇有毁失，幸钟楼未殃及。余十年间两至兹寺，有四绝句纪之。忆有"西来今日声闻寂，特地鲸铿可是难"之句，即言久不闻有撞钟者。殿前广庭，一松绝奇，余诗所谓"恨渠托命归萧寺，不向西山补卧龙"者是，比则闻已毁且槁矣。九华，为皖江名山，去秣陵非遥，假使海上诸檀越宏愿且就者，维舟青阳，遥眺九子，必有霜天鞺鞳之奇，甚企望之。

三七　闻黄晦闻丧忆交游

旧京书来，吾宗晦闻化去，年当在六十外，与周印昆（大烈）之殁，俱为深足嗟惜者。君节概亮洁，其诗亦如之。昔年余数过瞿庵兄弟所居四印斋，屡遇君，忆诸贞壮北居时，亦与之最相稔，颇见其缘情之作。贞壮诗出入晚唐盛宋，君则致力宛陵、后山至深，笔极刚峭，晚年始多为五言古体，取径大谢。尝寄余数叶新诗，悉横行铅字，盖其校中授课时所印。北都公园，静穆明瑟，朋侪中有长日浇茗聚坐之者，晦闻亦其一也。尝命余写扇，余亦乞之。忆为余书箑上有一诗，特阙一字，此为恒人写扇，所不尝觏者，故可掇入笔记。晦闻此诗题云《立秋日园坐得句欲寄赠某君未果，姑存吾诗》。诗云：

□君有书未暇读，乃复奔走豪率间。

廿年交谊我不道，异日相求嗟莫还[①]。

集林暝雀朝飞失，出谷秋根壁立间。

踪迹各殊老俱至，可怜衰草满江山。

晦闻此诗，不知其手定《蒹葭楼诗》曾收入否[②]？其题中园坐，即言公园之茗坐也。

三八　杭州超山梅花

余八龄里居，僦法海寺街何家。记广除之西，老梅一株，高五六丈，大合抱，花时光直过粉墙。及今思之，觉宋人以“层玉峨峨”咏此花者，为不谬。北居三十年，中或南行，虽不值花时，亦未尝不

---

① 自注：击鼓诗义。

② 黄节，字晦闻，广东顺德人。北京大学教授。该诗在《蒹葭楼自定诗稿原本》（1998年，广东人民出版社）中，置于吊王静庵沉湖诗之后，标题中字用“持赠”（非“寄赠”）。

忆萼绿仙人也。丁巳入杭州，于嘉兴道中，匆匆见一树，斜枝极胜，遂有绝句云：

入越穿吴总为春，水边初见玉精神。
劳生休索南枝笑，输与鸳湖系缆人。

盖久别则易欢于所遘。后于孤山苏文忠公祠墙角，睹一本透骨红，甚古艳，余《西湖诗》所谓“苔枝五百年，赪骨莹玉肤”者是，今此梅已不可见。后游无锡梅园，园新成，梅皆拱把，殊以稚且密为病。有《鼋头渚》一诗，起四句云：“梅园插梅如插篱，横枝周立形蹰踶。具区仙人意闵之，浮空掷翠莹双眉。”实致此意。亦由少时心目中所忆者，唯有虬干高花，故疑今见者之委琐也。其后畏庐先生数为余言超山梅花之胜，云今日香雪海之名当属是，出所为记示余。此情忽然十年。去春闻超山寺僧新戕于盗，寺半烬，惊蛰后遂从杭州往游。车过临平，苍烟欲合，道旁花已杂得数丛，意大悦，谓当与旸台之杏媲丽。及抵寺门，花方盛开，然迥非大觉花光之浩博。宋梅一树，绕以石阑，其奇崛逋峭状，殆不如幼时所见故乡之花也。徘徊林中久之。涧翠压枝，松篁浮动，暗香相袭，自是清寒旷妙之致，此则南方溪谷春姿，异于北方者也。归宿湖上。翌晨更诣灵峰寻梅，迎门三五株，酣红当称兹游之最。余有七诗，以放翁“中有万斛江南愁”句为韵。其后众异有二古体诗，余并次其韵，述超山寺僧被盗。兹事世所习知，不具录。既返南京，偶发箧，则林记墨拓具在，急取再读，乃知余游所见者限于前山，而花悉在后山，且当以舟游，且当以一二日从容上下揽赏。今录畏庐记与跋于下，以为再游之券。记云：

夏容伯同声，嗜古士也，隐于栖溪。余与陈吉士、高欶桐买舟访之，约寻梅于超山。由溪上，易小舟，循浅濑，至超山之北，沿岸已见梅花。里许遵陆，至香海楼，观宋梅，梅身半枯，侧立水次，古干诘屈，苔蟠其身，齿齿作鳞甲，年久苔色幻为铜青；旁列十馀树，容伯言皆明产也。景物凄黯，无可纪，余索然将返。容伯导余过唐玉潜祠下，花乃大盛，纵横交纠，玉雪一色。步武高下，沿梅得径，远馥林麓，近偃陂陁，丛芥积缟，弥满山谷，几四里，始出梅窝。阴松列队，下闻溪声，余乘船已停濑上矣。余以步，船人以水路尽，适相值也。是晚仍归栖溪。迟明，复以小舟绕出山南。山南之花，益多于山北，野水古木，渺滆滞翳，小径歧出为八九道，抵梅而尽。至乾元观，观所谓水洞者，潭水清洌，怪石怒起水上，水附壁而止。石状豁开，阴绿惨淡，石脉直接旱洞。旱洞居观右偏，三十三级及洞口，深窈沉黑，中有风水荡击之声。同游陈寄湖元概兄弟爇菅入，不竟洞而出。潭之右偏，镌“海云洞”三大字，宋赵清献笔也。寻丁西轩父子石像，已剥落，诗碣犹隐隐可读。容伯饭余观中，余举觞太息，以生平所见梅花，咸不如此之多且盛也。容伯言：“冬雪霁后，花益奇丽，过于西溪。”然西溪余两至，均失梅候，今但作“超山梅花记”，一寄容伯，一寄余友陈寿慈于福州，寿慈亦嗜梅者也。林纾记。

跋云：

成此记后十年，歒桐卒。更十二年，吉士病废，亦卒于京师。张公绶章合诸同志以书来，索余记，以香海楼新修，将镌斯文于壁间，然尚未知吉士之已逝也。寻郭春榆来言，塘西人将祀吉士于香海楼，以吉士宰仁和有惠政，塘西，其所治也。呜呼！老友林迪臣太守葬孤山矣，今复祠吉士于斯楼，浙西父老人士醇厚之风，足令人感涕也。今夏余来游圣湖，并赴西台吊乡人谢皋羽，惜容伯已逝，且超山非梅候，故不至。重违张公雅意，姑以丑劣之书，听之镌石。辛酉夏四月闽县林纾附识。

此记石刻，余游时未之见。大抵梅花可别为二，闽粤古梅，累数十尺，柯干铁色者，极可赏，然不易得群生。其漫野千万树，如烟如海者，则乡人资种以为利，若斯之梅，不易得真态。故宋人称梅，率以野生者为美，所谓“竹外一枝斜更好”，所谓“但梦想一枝潇洒，黄昏斜照水”者，皆节取其倾斜照映之致也。陈吉士名希贤，曾知仁和县，有惠政，塘栖河流，陈所疏凿。超山有今日，唯陈之赐，故祀于祠，朋辈为作《超山遗爱图》，李拔可诗最佳，盖去年事。又吴昌硕葬超山梅花中。建宋梅亭者周梦坡，亦已捐馆。离超山不远，临平安隐寺，云有唐梅，邵潭秋有诗，余未之见。

三九　盗贼对文化之残毁

世论中原凋瘵，辄叹异族凭陵，吾前举盛唐之治，为吾族张目，亦此旨也。然夷考旧史，入寇中国之异族，破隳焚掠极酷者，实不甚多。若拓跋魏，若辽、金，以及满清，皆有所建设。蒙古虽甚暴，而其后亦多创置。记余所见瞿兑之[①]《读书日札》有云：“宋人胸次浅隘，一切建置，皆不能规模远大。读范石湖《揽辔录》，可见其一睹金源文物，惊羡形于词色，不啻藩使之入上都。元代诸帝，尽力于文化事业，气魄尤为雄伟。大都制作，超轶前朝，迥非南方诸城

① 瞿兑之，名宣颖，室名兑园。鸿禨子。湖南长沙人。复旦大学毕业。历任国务院秘书、国史编纂处处长，国民政府内政部秘书等职。曾任教南开大学、辅仁大学等校。

可比，又可于《马可波罗游记》仿佛得之。今日中国精完之城邑，仅有北京，而北京之所以有此风格，乃自辽、金、元诸代承袭而来，异族帝王有造于中国如此，关心中国文化者，不可不知此盛衰起伏之迹。”其言殊鞭辟有识。余则谓残毁文化最力者，实为国中盗贼。且如关洛文物，荡扫之者，黄巢、朱温以降，群盗如毛。三百年间，闯、献之后，不久又有川陕教匪，不久又有回乱、捻匪，以暨于白狼与诸军阀之争，焚斲洗荡，驯成今日之状。故国之不强，文化之不振，未可概罪于异族也。而其大原，在于民之失学与不得其养。烧山伐木，日斫其材实，造成饥旱盗贼，相率俱尽矣。虽曰盗贼亦是人民，但其摽掠之狂既煽，则当以病态论，不可不勇于治疗也。言及治贼，因触及吾国军旅中有养匪之恶习。远者不具论，近如咸同时湘中诸将领，行军即有一秘诀，平日以奋勇临阵为口头禅，不论胜败，皆张皇贼势，盖利则益显其功高，不利亦可稍从末减。防务亦有一秘诀，平日好谈要隘，某处堵截，某处接应，兵分而力弱，胜不可恃，败亦可以自解，谓我方鏖战于此，而缺漏者乃在彼，并谓贼众吾寡，防不胜防矣。此皆见之当时之书牍者。同治二年二月杭州克复，李世贤、汪海洋走皖赣之交，浙军奏报残众逸出，不过数千人。而赣将席宝田声言强寇且八九万，曾文正、沈文肃据以上闻，左文襄滋不悦。后江宁平，幼主真王洪福，由城缺走广德，而文正奏称逸出仅六七百人，沿途追杀殆尽。然洪福固在，文襄力诋江南军，意似谓馀氛犹炽，以报东门之役，文正滋不悦。洪福又由湖州走赣，赣军谓浙防玩忽，且追论及原始纵寇之人，于是又以文襄诋江南军者诋浙军，而并及于曾忠襄。投巇抵隙，互相责难，无非欲藉贼势以自重，掠功于己，委过于人。盖以官术而施之军中，虽名臣不免。故同治不足言中兴，与晚清之终亡，可由是而决。

横观数千年间，祖宗虽丰于创造，子孙尤勇于破除。唐以后，外族虽暴，犹有经营，吾族乃并长驾远驭之规模亦无之。四海愈困穷，愈怨嗟，相斫相倾轧，盗贼不除，建置愈趋苟简。此诚今后所痛自缮治而先事革心之急务也。吾非好为深刻之谈，又非欲以琐言牵引及于军国。昔颜之推有言："学者贵能博闻，郡国、山川、官位、姓族、衣服、饮食、器皿、制度，皆欲根寻得其原本。"夫欲根寻原本，则引绳批根，乃不能不申论及兹。当知洛阳宫殿何以化为烽？当时金谷园有涧有竹，何以今日夷为平地？以及山何以多童？江湖何以日淤浅？其因莫不缅然相属。杜牧《华清宫诗》"一千年际会，三万里农桑"，《竹庄诗话》讥为伶优之语。抑岂知万里农桑，乃诚开元郅治之左证，而唐以后之荡然不复，乃实在秕政自生之盗贼乎？

四〇　阜成门外磨盘松

前忆觉生寺松，因而兼忆及磨盘松，则并忆丁闇公（传靖）[①]矣。闇公初过从在民国二年之寒山社集，亡何，有同学章君，持其友人所为《冲冠怒传奇》求余索樊山翁题。隔夜樊山题一长歌见示，又告余："闇公昔有《沧桑艳传奇》亦言吴三桂陈圆圆事，子见之否？"余唯唯。其后与闇公同官殆十年，至相得，常以文字之责转求其代。其为人讷然萧然，美须髯，谙近代掌故，能为陈其年、王仲瞿之骈文，尤工七言诗。闇公之殁，去今殆七八年。夏蔚如（仁虎）言：闇公前一日殁于北都，蔚如方自南京来，止于天津，途遇闇公，

① 丁传靖，字修甫，号闇公，江苏丹徒人。光绪副贡。国史馆纂修。

立谈良久，初不知其已死。其事绝可怪，或时日舛，记忆误也。旧都多古松，如报国寺松、戒台寺松、慈恩寺松，皆见于诗文载记者，而阜成门外又有磨盘松一株，高不逾五六尺，树干卧地，群枝纠结，如盘著地，如团风方翥。往岁闇公有《记磨盘松》一文，其遗集，余未之见，录此文，非唯传松也。记云：

去年成澹庵告余，阜成门外有古松，屡访不得。今年初夏，鼓兴再访，得之。松在阜成门外偏北半里许，其地似人家坟园，土人呼为磨盘松，高不过五六尺。树身卧地，屈曲盘挐，如古藤之纠结，倘舒而直之，约可五六丈。树顶上可坐数人，想黄山所谓蒲团松，亦不过如是，洵奇物也。京师有名之松，皆见纪载，此独阙如，殆以生长旷野，无园墅名迹之依附，遂无人品题。吾想其地或本低洼，后来积土高过树腰，今所见者，皆树之顶。否则树木甚巨时，为风吹倒，后来即据地盘曲而生。计其年，极少亦在前明。松本难长，屈则更难。常松芽春夏间，长几及尺，然后放针，此则新芽极短，针已金绿，且隔年之针多枯瘁。盖根本屈曲，木性不能条达，计一年所增，不过一寸，以五丈计之，已五百年矣。余斋有松，出土不及一尺，即折而横出，纵横约六七尺，每年新针亦葱蒨，及秋则渐减苍翠，亦以木曲之故，况此树盘屈至数丈耶。松旁多杂树环绕，远观不见姿态，必宜删除。数尺之外，荒冢累累，虽有力者，亦难以建筑园圃。谓宜于附近构一小庵，令僧主之，而松之四周，则以短垣护之，俾郊外又增一名迹。惜今之守土者，未暇及此也。

闇公此文之成，度在甲子、乙丑间，以文中所举成澹庵(多禄)，先闇公卒也。闇公未尝买宅，僦西城八旗旧贵人家，亭榭阴翳，花木扶疏，记中所云余斋者即指此。澹庵一字竹山，吉林人，自有园在燕都西城，旷爽宜月，甲子月当头夕，竹山觞余于园，志庵丈、闇公并在。使今日再得北游，殆不能辨门巷。酒垆虽在，挝策无从，悲夫！

四一 袁崇焕里居

晦闻《蒹葭楼诗》中，有《清明谒袁督师墓》一诗，袁墓在旧都广东义园。《明史》载崇焕为广东东莞人，终清代粤中名士数为祭扫。余曾与瘿公一至，其后又尝寻夕照寺壁画，再过之。晦闻诗有云：

> 当年和议岂得已，盖欲以暇营锦中。
>
> 收拾散亡计恢复，肘腋之患除文龙。

此为督师表忠，状心事如绘，立言固应尔也。然督师之功罪是非，迄无定论。余曾见盛京清内府所藏老档，皆满文细字，徐东海重金请人译出，中有袁崇焕投降全档，与降书原文，观其文义经过，似非伪降，否则清之反间计耳。惜睹此译文时，未暇录出。晦闻此诗末云：

> 谁令丹垩蚀风雨，乃请庙飨为迎逢。
>
> 援唐宗姓祀李耳，希宋濮议跻欧公。
>
> 时流无耻可足道，于公不啻莛撞钟。

盖有所讽。按此诗作于丙辰，为民国五年，袁氏正称帝，其时有东莞邑人某上书言，东莞之袁与项城之袁为一宗，而为之谶曰："杀袁者清，灭清者袁。"袁按谱虽心知其非，而不明斥。当时袁将改元，群下议年号，佥思绾合洪武，于有洪宪、宪武之拟称，盖利用思明覆清之心理，故于尊袁通谱之谀词，亦乐闻之，晦闻诗，直发其覆矣。

然袁督师相传非东莞人，说亦有本。十年前，桂人陈长曾为文考证，文云：

> 前明督师袁崇焕里居，史传所载，纷纭其说。《明史》本传则谓袁为广东之东莞人，《广西通志》则又谓广西之平南人，其实袁乃广西之藤县人也。据吾邑《藤县志》所载"袁督师崇焕事略"中，有"乡先正袁督师者，藤县太平乡白马村人也。讳崇焕，字元素，其先东莞人。父子鹏，游西江，过藤，慕白马山川之胜，遂卜居焉。兄弟三人，次崇灿，季崇煜，督师其长也"云云。并录袁督师诗二首，其一为《南还别友》，曰："慷慨同仇日，间关百战时。功高明主眷，心苦后人知。"二为《与诸将游海岛》，曰"荣华我已如庄梦，忠愤人将谓杞忧"二句。是督师之为藤人，殊凿凿有据。且吾邑白马村，犹有袁督师故居遗迹。其父子鹏公墓，在白马村南，形如犁头，故乡人呼曰犁头山，山为砂石所筑。相传督师久客不归，老母念子心切，信阴阳家言，谓筑土厌之，可使之返，不谓督师竟以是罹祸。又吾邑何寿谦先生游京师，入圣庙，见《历朝进士题名碑》，云袁督师为明万历四十七年三甲第三十名进士，下镌广西藤县人云。是袁督师之为藤县人，抑无疑义矣。

陈记如此，是东莞本为原籍，旧日两广一家，袁即为藤县人，亦可葬广东园地，此不足深辩。忆丙辰旧历三月三日，适为清明，瘿公、㝢闇兄弟，以上巳清明不易得，约石遗师、晦闻、宰平及余修禊于坝河。坝河者，大通河也，俗呼二闸。饭既而往，北地春寒，柳未稊，但有白凫掠舟，沿流直至明某公主园寝，归各有诗纪之。晦闻亦有诗，今其集次于《谒袁墓》诗前。忆尔日泛舟归已晡，则谒袁墓必在辰巳之顷，晦闻必与癯庵偕往也。笔及此，因叹为诗家作郑笺，是大难事。诗人临文各有比讽，使典记闻，自谓了了，或臆谓兹事朋辈已习知，不须注记，抑知时过境迁，所写当前光景，同游所忆，或已模糊，若皮里阳秋，岂可不须诠释乎？笺诗之难如此，注史可知。更百十年，世上谂袁崇焕之名者，恐必不多，又何暇问其为广东广西人耶？

四二　顾横波

南京有顾楼街，相传即顾横波之眉楼旧地。曩有茶楼榜一联云："泪海成桑，如此江山奈何帝；眉楼话茗，无多风月可怜人。"此民国二三年事，盖有以易代之感，托喻于弘光也。陈伯严丈曾言之，鹤亭亦于酒座述及，今已不复见，亦不知何人作。《板桥杂记·顾媚传》："横波归龚芝麓，为亚妻。其元配童氏，受明两封孺人，龚官大宗伯，童居合肥，不肯随官，且曰：'我两受明封，以后本朝恩典让顾太太可也。'"

按《世说新语·贤媛篇》注引王隐《晋书》，言贾充后妻郭槐谓："刊定律令，佐命之功，我有其分，李那得与我并？"李谓贾前妻李婉，时犹在。龚顾事与此何其酷类。

四三　古服饰杂用胡俗

近顷西俗东渐，国人争弃绫罗缎锦，崇短衣革履，而江浙丝业，扫地以尽。兹事固有可议，顾习尚中人，孰能返之？且自古习俗，无能囿于一隅一族者。吾国中种种旧俗，皆由兼并包蓄而成。即如今之服饰，众皆知为清制，清亡而服制不改，他日即改，亦断无返于有明之宽博者。其他各事，罔不如此。盖此泱泱数万里之神州，有史以来，其迎新纳异，杂糅众俗，飙转豹变，初无一日之息。前乎此者，一切如是，后乎此者，其飙转豹变，必别开生面，创铸瑰异，亦一切皆如是。小儒拘墟，哆口张目，固绝无遏止之术也。

余前所标举吾族郅治之盛唐，其含纳西俗，奄有众长，尤不胜缕述，故蔚为吾史之光。由是而言，凡一民族苟能濯磨自强者，文治武功之柄，由我运之；至于艺文器皿，正须开关延敌，敌且溃而镕于我。苟国自不振，则虽日夜訑訑然拒人，人且斩关而进矣。吾今即以服制言之。世有俗儒，不第鄙夷西服，且甚憎满俗之左衽，而歆想古衣冠，抑岂知近古服制，早已杂用胡俗。王静庵著有《胡服考》，述之最详。晋以来，惠文冠，具带履靴，上褶下袴。隋以后，弥趋窄小，此风已数百年。盖由于战术变更，车战易为骑战，故不得不然。唐代法服，尤参戎狄之制。长安胡人杂居，刘肃《新语》"尹伊判谓，胡着汉帽，汉着胡帽"，可为贞观初长安汉人已行胡帽之证。《新唐书》载，太宗子承乾，使户奴数十百人，习音学胡人，椎髻，剪彩为舞衣，寻橦跳剑，鼓鞞声通昼夜不绝。又好突厥言及所服，选貌类胡者，被以羊裘，辫发，五人建一落，张毡舍，造五狼头纛，分戟为阵，系旛旗，设穹庐自居，使诸郎敛羊以烹，抽佩刀割肉相啖。今考贞观五年，突厥平，从温彦博议，移其族类数千家入居长安，承乾之好突厥言突厥服，必为此辈所化。《旧唐书·舆服志》云：

> 武德、贞观之时，宫人骑马者，依齐、隋旧制，多著羃䍦，虽发自戎夷，而全身障蔽，不欲途路窥之，王公之家，亦用此制。永徽之后，皆用帷帽，拖裙到颈，渐为浅露。寻下敕禁断，初虽暂息，旋又复旧。咸亨二年，又下敕曰："百官家口，咸预士流，

至于衢路之间，岂可全无障蔽。比来多著帷帽，遂弃羃䍦，曾不乘车，别坐檐子，递相仿效，浸成风俗，过为轻率，深失礼容。前者已令渐改，如闻犹未止息。又命妇朝谒，或将驰驾车，既入禁门，有亏肃敬。此并乖于仪式，理须禁断。自今以后，勿使更然。"则天之后，帷帽大行，羃䍦渐息。中宗即位，宫禁宽弛，公私妇人，无复羃䍦之制。开元初，从驾宫人骑马者，皆著胡帽，靓妆露面，无复障蔽，士庶之家，又相仿效，帷帽之制，绝不行用。俄又露髻驰骋，或有著丈夫衣服靴衫，而尊卑内外，斯一贯矣。

按羃䍦，见《吐谷浑传》。帷帽，制如席帽，《事物原始》："帷帽创于唐代永徽中，拖裙及颈。今世士人，往往用皂纱全幅缀于油帽，或毡笠之前，以障风尘，为远行之服，盖本于此。"近日出土之唐代陶俑，有一种女俑即戴之。陶俑中，亦数有胡帽，并有着折襟外衣鞠靴者。唐代法服，有六合靴，可从日本正仓院征之。而德人勒柯克在高昌所发见壁画，有大帽披，殆即羃䍦也。此自为土耳其、波斯之风，其后流传损益。至于史称"太常乐尚胡曲，贵人御馔，尽供胡食，士女皆竞衣胡服"，可知朝廷之衮裳冠带虽遵采礼经，而坊巷阛阓，则各从时尚。

又如靴，本戎服，长勒尤为军戎通服，北齐全用长勒，诚为胡羯之制。赵宋初，沿旧制，改用袜履，其后复改用靴，以黑革为之，则亦胡俗。宋建隆四年，范质与礼官议，袴褶制度先儒无说，惟开元有之。此亦是胡服盛于盛唐，流沿成俗之证。晚近诗人，多用司马温公深衣故事，其实深衣古礼，非宋制。温公衣深衣，正是其泥古处。《闻见录》："司马温公依《礼记》作深衣，间幅巾缙带，每出，朝服乘马，用皮匣贮深衣随其后，入独乐园则衣之。尝谓康节曰：'先生亦可衣此乎?'康节曰:'某为今人,当服今时之衣。'温公叹其言合理。"此事绝可为谈资。温公虽好古,而以皮匣贮深衣随行,则不唯取便,亦近时矣。康节之言,诚为通儒名论,本是今人,何为古服?温公能知其合理,故是贤者。吾尝推康节之说,以为今日急务,乃在如何为今人,如何使古国存于今时。

至于外俗之渐,从史乘观之,唐以前,西域道通,故中亚诸国,乃至罗马之俗,由此道而输来。宋以后,西道梗于西夏,其时海道已通,观泉州极盛于宋,蒲寿庚势力之足以倾国,可知新俗之至,以东南当其冲。至于今日,吾国地虽博大,西北人文地力,皆以芜废而渐衰。东南数省,依然为新潮日夜荡摩之一角。但使吾民缮知立德,有以自充其力,勿使良产美制,卷地荡然,则终可求得瑰异之境界。泥守无益,亦不可能也。

四四　甲子直奉之战纪事诗

读晦闻《甲子中秋》诗:

云意深阴失月明,始知兵气满秋城。
十年北客唯伤乱,双柝南街不断声。

觉旧时光景,黯然在眼前。是岁奉与直战于山海关,吴子玉来居四照堂,闾巷咸有肃杀之气。中秋夜,云影森沉无月,居者皆极难为怀。余亦有一诗云:

年时愁对月凄清,视此梦梦惬我生。
收影山河荒战气,卷帘儿女怯商声。
也知皎洁情常在,便恐高寒梦不成。
抚事剩征坡老说,直应万里共阴晴。

末用东坡诗“尝闻此宵月，万里同阴晴”说，即《使燕录》所纪东坡述海贾语也。越十有二日，瘿公殁，余与宰平视其殡于法源寺，余亦有诗哭之云：

凄风黯日共禅关，真叹弥天戢一棺。
乱世才人馀固疾，衰时高义在伶官。
修名自殉终何预，后死相哀恐未阑。
欲过士龙谈往梦，秋虫瓦屋助悲酸。

晦闻诗[①]尤高亢不忍卒读，翻纸怅触，今日宣南一流并尽矣。

四五　歌者琴雪芳

因忆中秋之月，而话元夜之月。前四五年，旧日歌者琴雪芳，殁于南中，讯至旧都，方当始春。李散释[②]为[浣溪沙]寄意，四十二字中，须括琴雪芳马回回六字，邵次公、邵伯絅、向仲坚及余皆有和作，今更不省记矣。其岁元夕，明月如画，而六街阒然。余有《和散释元夕诗》云：

中酒心情不更春，孤行唯有月华亲。
相逢遥夜弦如诉，可奈多忧句亦贫。
埋照分当填笔冢，踏歌梦倘见灯轮。
莺花韦杜年年少，却望城南共怆神。

---

① 黄节《哭瘿公》诗：论诗畴昔本寻常，今日回头辄可伤。十载郡斋相过地，数竿檐竹已成行。老逢国乱君先免，溘至秋分（君逝日秋分）露更苍。莫说平生康济愿，区区文字恐流亡。

② 李宣倜，字释堪、散释，号苏堂。福建闽侯人。曾留学日本。工诗，精研戏曲。有《苏堂诗拾》、《评京剧诗稿》。

盖散释原诗，实隐悼惜琴娘，道及城南歌宴之盛也。或问灯轮故事，按唐张说《十五日夜御前口号踏歌辞》，有“西域灯轮千影合，东华金阙万重开”之句。张鷟《朝野佥载》云：“睿宗先天二年正月十五十六夜，于京师安福门外作灯轮，高二十丈，衣以锦绮，饰以金玉，燃五万灯，簇簇如花树。”又云：“妙简长安、万年少女妇千馀人，衣服花钗媚子亦称是，于灯轮下踏歌三日夜，欢乐之极未始有之。”灯轮，亦是西域流传入长安之灯彩。琴娘姓马，回人，故扯挦此典。昨翻废历，又将元夜，旧事如烟，尺波如电，窥帷月色，只增忉怛。政当泯灭意根，使不复生忆，斯为佳耳。

四六　北京玉泉山

方春花开，游无锡者多。客言，惠泉山颇肖北都之玉泉山，余谓此言诚是。北都宫苑，稍有名之构筑，皆摹仿江南胜地，金元已然，康乾两朝尤刻意仿求。今即以玉泉山言，故为金章宗芙蓉殿，康熙十九年建静明园，旧有十六景，第十曰“玉峰塔影”，盖即仿惠山之塔作。今玉峰塔已圮，可登者曰妙高塔，燕都附郭塔之可登者，独此而已。玉泉非徒以塔名，若澄照洞、资生洞、伏魔洞、华岩洞，皆可玩。华岩洞石刻佛像，尤有名。而高水湖、裂帛湖，则泉流所汇，可以泛小舟，掬水以饮，视太湖虽迥殊大小，亦颇不易得。石遗室旧有记云：

> 山袤广不一里，峻不越百丈，合礅磐砠崔嵬而成，然其趾，滥泉、泛泉，洪纤错出，绝有力，如川之至。渟数小麋，以泻于外，有清纯皇帝垣以为静明园者也，揭橥泉上，曰“天下第一”。相传衡诸中泠、惠山诸泉，容积等，而重量逾之，当日品泉之法

盖以此。山巅标一白塔，旁近二小塔，亭馆寥寥，荫以栝柏榆柳之属而已。余以为山水之胜，犹文字也，能者各有所以表著，而独至为难。京西戒坛以松，潭柘、龙王潭以水，狮子窝、秘魔崖以红叶，此山则燕都水脉所发轫，有远到之量焉。《诗》曰“相其阴阳，观其流泉”；又曰“秩秩斯干，幽幽南山”，吾独为斯泉诵之矣。

老人此记，作于甲寅重阳前二日，盖亦为登高往。以玉泉山登高诗言，弢庵先生《乙卯秋登妙高塔》一律最佳，诗云：

偷闲豫了登高债，思旧来寻酹水盟。
垂暮犹凌孤塔迥，无尘能浣水泉清。
离宫树石馀王气，绝岛风涛有战声。
地下故人应见念，忧危今日自承平。

盖光绪初年，弢老曾与张篑斋、宝竹坡为登高之会，故诗中有思旧语。绝岛战声，则指日本方取胶州，与德军战也。余游玉泉山最数，无过己未至癸亥五年间。九日必山游，几无不小憩玉泉者。所作古近体诗，累七八首，记有两律，可资追忆。一曰：

孤策凌秋意可哀，冲风鬓袂对徘徊。
山馀龙气郁相枕，河挟雁声时一来。
酩酊已怜天共醉，苍茫终恨世无才。
平生独往何曾悔，却为幽花首重回。

则登塔之作也。一曰：

飙馆沉阴黯有霜，妙高残塔屹相望。
规摹杰构思全盛，荡伏寒涛赴下方。
入世瓠尊聊一泛，及秋荷镜恐无光。
哀时微意谁能会，细马红妆尔许狂。

则泛舟之作也。诗中各有本事，规摹句，即谓玉泉之竹垆山房仿惠山而作，事见志乘。余意，学步者或不止竹垆山房。若玉泉之与惠泉，丰碑垂泐，斤斤然争天下第一之品题，抑其小者。拔可《玉泉诗》云“争墩出天语，气压吴儿懔”，殆为惠泉鸣其不平欤？顾余以为，昔李卫公居洛，犹日饮惠山泉，后以僧允躬言，昊天寺井水重量相若，始以为代。然则使惠泉永擅第一之名，调水之符，势必日夜相属，而常郡差徭苦矣。以第一泉名奉之燕京，抑江南之幸也。其重量相若，大抵含质相近，此不足为品第甲乙之证，近人已甚明之矣。

四七　西湖桃花妙境

无锡昔以泉名，今则以梅花、桃花著，讨春者，多先及之。继此则南京太平门之桃花亦有名。北方游者，多言杏花、丁香之美，实则樱桃花亦至丽。西山迤北，有一地名黑石沟，夹涧皆樱桃花，蒙密十馀里，世自不知耳。常人游览，必言西湖，西湖以梅名，而桃亦胜。明末时，苏白二堤，夹道种植桃柳，二三月间，柳叶桃花，游人阗塞。岁月既多，桃皆合抱，行其下者，枝叶扶疏，漏下月光，碎如残雪。清人张岱《陶庵梦忆》以为，向言断桥残雪，或言月影也。其时人争艳赏。

明钱塘高濂以为，桃花妙境，其趣有六：其一，在晓烟初破，霞彩映红，微露轻匀，风姿潇洒，若美人初起，娇怯新妆。其二，明月浮花，影笼香雾，色态嫣然，夜容芳润，若美人步月，丰致幽闲。其三，夕阳在山，红影花艳，酣春力倦，妩媚不胜，若美人微醉，风度羞涩。其四，细雨湿花，粉容红腻，鲜洁华滋，色更芳润，若美人浴罢，暖艳融酥。其五，高烧庭燎，把酒看花，瓣影红绡，争妍弄色，若美人晚装，容冶波俏。其六，花事将阑，残红零落，辞条未脱，半落半留，若美人病怯，铅华消灭。六者惟真赏者得之。近日堤上桃花已不多，然致此境，亦非难事。梅、桃、杏皆有实可资为利，但有实之桃，或不宜于夹堤种之耳。江南水国，随地宜花，若有司谋以景物徕游客，亦不必限于西湖也。

四八　胡　饼

前摭论唐代所受纳西来习尚，引及《旧唐书》称："贵人御馔，尽供胡食。"所谓胡食之种类，可于慧琳之《一切经音义》见之。《一切经音义》卷三十七"陀罗尼集"第十二"释䭔䬿"云："此油饼，本是胡食，中国效之，微有改变，所以近代亦有此名。诸儒随意制字，元无正体，未知孰是。胡食者，即饆饠、烧饼、胡饼、搭纳等是。"考汉魏以来，胡食即已行于中国，至唐最盛。安史之乱，玄宗西幸，至咸阳集贤宫，无可果腹，亦以胡饼充饥。《通鉴·玄宗纪》云："日向中，上犹未食，杨国忠自市胡饼以献。"胡三省注曰："胡饼，今之蒸饼。"高似孙曰："胡饼，言以胡麻著之也。"崔鸿《前赵录》："石虎讳胡，改胡饼曰麻饼。"《缃素杂记》曰："有鬻胡饼者，不晓名之所谓，易其名曰炉饼，以为胡人所啖，故曰胡饼也。"是胡饼可名麻饼，亦曰炉饼。《清异录》云："汤悦逢士人于驿舍，士人揖食，其中一物是炉饼，各五事，细味之，馅料互不同，以问士人，叹曰：此五福饼也。"是胡饼亦著馅。唐代长安盛行此饼，日本僧圆仁《求法巡礼行记》曰："开成六年正月六日，立春，命赐胡饼、寺粥。时行胡饼，俗家皆然。”此种胡饼，疑系西域各国常食，或近今日之烧饼。

今考唐代烧饼，与今日不同。唐代烧饼，不著胡麻。《齐民要术》有作烧饼法，云：“面一斗，羊肉二斤，葱白一合，豉汁及盐，熬令熟，炙之，面当令起。”唐代作烧饼法，与贾氏所云当不相远。慧琳所释之䬳䬸，据日本《古典全集·和名类聚钞》，作䬳飳，音部斗，亦作餢飳，谓为油煎饼。考《齐民要术》，记餢鍮作法云：“盘水中浸剂，于漆盘背上，水作者省脂，亦得十日软，然久停则坚。干剂于腕上手挽作，勿著勃入，脂浮出，即急翻，以杖周正之，但任其起，勿刺令穿，熟，乃出之，一面白，一面赤，轮缘亦赤软而可爱，久停亦不坚。若待熟始翻，杖刺作孔者，泄其润气，坚硬不好。法须瓮盛，湿布盖口，则常有润泽，甚佳，任意所便，滑而且美。”此种油煎饼，闻日本至今尚有，可知西来胡食流布之广。《资暇录》述饆饠之得名云：毕罗者，蕃中毕氏罗氏好食此味，今字从食，非也。《唐语林》亦载之。近日人桑原骘藏考隋唐来华之西人，谓安国西百余里有毕国，其人常至中土贸易，疑所谓饆饠者，因其来自毕国等地，因以为名。慧琳所谓“诸儒随意制字，元无正体”是也。杨慎云：“《集韵》：‘饆饠，修食也。’按小说，唐宰相有樱笋厨，食之精者，有樱桃、饆饠。今北人呼为波波，南人讹为磨磨。”《青箱杂记》亦谓饼一名饆饠。北方有所谓波波者，今俗书作饽饽，即此。唐代长安有专售饆饠之毕罗店，一在东市，一在长兴里，俱见《续酉阳杂俎》。唐代卖饆饠，亦以斤计，唯中置蒜，以较今北方之饽饽以甜者为多似不同；但满洲饽饽，著葱肉作馅者犹有之。若书作波波，殆无人能晓。

以上皆为《一切经音义》所言胡食之分别考证。于此所当详辩者，胡饼之名，实非唐代始自西域输入。《三辅决录》："赵岐避难至北海，于市中贩胡饼。"是汉已有之。即谓《决录》出后人手，而《晋书》称王羲之独坦腹东床啮胡饼，神色自若，是晋已有之。故胡饼由西来，臆测当在汉班超通西域时，惜缺左证。而余更以为今日市上油煎之饼饵，一大半源皆西来，至我族旧有之饼，则以汤煮或蒸者为多。《释名》："饼，并也，溲麦面使合并也。"崔寔《四民月令》："立秋日，食煮饼及水溲饼。"《汉书·百官表》："少府属有汤官，主饼饵。"是皆煮汤作饼者。若《晋书》载何曾尊豪累世，蒸饼上不作十字不食。及《柳氏旧闻》载，唐玄宗食，俎有羊臂臑，太子割，馀污漫刃，以饼洁之，上熟视不怿，肃宗徐举饼啖之。皆是蒸饼，故能以之拭刃，盖甚软也。《水浒传》所言武大卖炊饼，度是《齐民要术》之餢飳，所谓发酵使面轻高浮起，炊之，贾公彦以为起胶饼。由是可知凡蒸炊煮属，皆是中国旧法，西域唯有牛羊，得水惟艰，故多用油煎也。琐琐记此，亦足见盛唐文物，所涵蓄流被者至远。更百十年，吾侪食前方丈所见者，其制品源流，殆必奄杂东西，无能根究矣。

四九　明代有两顾亭林

晦闻晚年说亭林诗，未竟稿而殁。亭林诗，苍凉悲健，于杜最得其骨。晦闻诗，以七律为尤工，婉约清坚，一唱三叹，其后渐入汉魏。又说曹家父子诗，观其《重关篇》咏失辽事，杂入杜、韩、长吉、飞卿，又甚似柳子厚《古东门行》。盖由宋追唐，故于亭林为近。不唯以明诗为己任，有慕于昆山之节概也。年前见报端有撰亭林考者，言而不详，晦闻所笺何若，余未之见。

今杂述一二琐闻，以佐谈亭林者。明末盖有两顾亭林，《花村谈往》中有“古玩致祸”一则云：万历末年，娄东有一白定炉，下足微损，乡村老媪，佛前供养。偶有觅古者，一金易之，则为拂拭，碾去损处，锦袭以藏，售云间大收藏家顾亭林，得四十金。亭林又售董宗伯，价已翔至百二十金。此亭林，在昆山先生之前。又学者多以为亭林先生节概甚高，必岩岩不可近。记旧阅某笔记云：亭林先生居家，喜布衣，寸丝不上身。著《音学五书》时，《诗本音》卷二稿再为鼠啮，先生再为誊录，毫无愠意。有劝先生翻瓦倒壁，一尽其类者，则可免如许憎厌。先生曰：“鼠啮我稿，实勉我也。不然好好搁置，我岂肯五易其稿哉？”此自先生解嘲之言，然亦可见其量恢然，且乐于执笔也。

五〇　学界三闻人致袁世凯书

叔章[①]招饮，壁间有湘绮手书诗屏四，皆金陵公宴之作。盖以匋斋之招，光绪三十四年，复客江表。数诗皆纯宗选体，而《赠曾岳崧（纪寿）》一首，特奡健斩截可喜。湘绮重来北都，余得诣从，不过四五见，以杨皙子之介，见贻数诗，今亦张之壁上。初来时，道阶上人以法源寺丁香盛开，为延湘绮及杨悍五等，殆百馀人，皆海内文

① 方叔章，长沙人，湘中名士。广交游，熟掌故。1906年禹之谟发动长沙各校学生公葬陈天华、姚宏业二烈士时，为之提供家有之岳麓山外围天马山巅地块（据《林一厂日记》1944年7月31日）。1949年长沙和平解放，颇有游说之功（事详2009年5月5日《羊城晚报》）。

人。宴集既，为《饯春图》，人各赋诗。余亦有二绝句，中以检讨称湘绮，从其清季所赐官也。湘绮有叙，短而隽，言咸丰末年居肃顺幕事及同治中兴，凡三段。此序瘿公录入《庸言报诗文选》中，世多见者。翌年筹安会兴，湘绮以儒林耆望，委官归里，亦在被派劝进之列，士议颇致訾謷。其实湘绮终始玩世不恭，何尝有心劝进？其上袁书，余幸有一稿，录之。笺云："近闻伏阙上书，劝进不啻万人。窃读汉语记有云：'代汉者当涂高。'汉谓汉族；当涂高，即谓元首也。又明谶云：'终有异人自楚归。'项城，即楚故邑也，其应在公。历数如此，人事如彼，当决不决，危于积薪。伏愿速定大计，默运渊衷，勿诿过于邦交，勿挠情于偏论。"按此笺名为劝进，乃援谶纬童谣，其释当涂高代汉，语气支离，隐以曹操况袁，至汉以后史书如海，独引刘基《烧饼歌》，其为玩弄项城可知。当时不获罪，幸也，而顾以为劝进乎？湘绮八十馀，白发鬖鬖无几，犹著小辫，世多讥袁以俳优蓄湘绮，余则以为湘绮心目中，亦未尝不以沐猴而冠视项城也。湘绮早年游侠，晚殊颓唐，至民国三年，已八十三四，扶持须人，自难以太炎、任公之行动责之，其立身本末，亦各不相同也。

太炎先生初来燕京，极受礼遇，及后锢于钱粮胡同路北之某家花园，任看管者，陆建章也。其始尚居寓所，有卫兵四人。一日太炎乘间出门，留书与陆，卒为卫士追回，其书云："朗斋足下：入都三月，劳君护视。余本光复前驱，中华民国，由我创造，不忍其覆亡，故入都相视耳。迩来观察所及，天之所坏，不可支也。余亦倦于从事，又迫岁寒，闲居读书，宜就温暖，数日内当往青岛，与都人士断绝往来。望传语卫兵，劳苦相谢。"此书陆以呈袁，一笑置之，遂移禁钱粮胡同矣。至任公先生于帝制时，间关脱险，事详其集中。时袁以参政羁縻之，任公濒行，犹留一辞呈，盖防袁穷追，欲以放洋语，塞赴滇之疑也。呈词亦极讽刺，其文云："比觉百脉偾张，头目为眩，外强中干，而方剂屡易。冬行春令，则疠疫将兴。偶缘用药之偏，遂失养生之主。默审阴邪内闭，灾沴环攻，风寒中而自知，长夜忧而不寐。计非澄心收摄，屏绝诸缘，未易复元，恐将束手。查美洲各属，气候温和，宜于营卫，兹拟即日放洋，择地休养。"云云。袁始大怒，终乃笑曰："卓如只会要笔杆耳。"其实袁亦无法追寻，只能强颜笑也。

五一　北京法源寺

因忆湘绮，而忆及法源寺，北平城中古刹之巨擘也，所涵藏瑰迹至多，不可无述。寺为唐代之悯忠寺，贞观十九年，太宗为征辽阵亡将士所建。其地为唐代幽州镇城之东南隅，子城东门之东也。按唐幽州，其址半在金城之西部，金展其南，元拓其东北，明缩其北，而复其南。寺经此变迁，昔限于城外，今则被围入外城内西部。旧有东西砖塔，高可十丈，据文维简《塞北事实》，称为安禄山、史思明所建。元延纳《金台集》，有《题双塔寺》诗云：

安史开元日，千金构塔基。世尊宁有妄，天道自无私。

宝铎游丝罥，铜轮碧藓滋。停骖指遗迹，含愤立多时。

寺中又有高阁，明孙承泽《春明梦馀录》云，阁乃李匡威所建。唐谚"悯忠高阁，去天一握"，亦可见其高矣。久圮，遗址亦不可考。此寺自唐贞观建后，历经宋、辽、金、元、明、清，直至现代，迭罹变故，迄无替绝。正统二年内侍宋文毅等募资重修，英宗敕改为崇福寺，寺中有明正统《重建崇福禅寺碑》。崇祯七年，僧德修重建，复称悯忠寺，有《重修悯忠寺碑》。清雍正十一年世宗重修，赐额为法源寺，有清世宗《御制法源寺碑》，今名所由来也。寺中存留之唐、辽、金、明、清五朝碑刻石幢甚多，如唐采师伦《重藏舍利记碑》等，最著名者凡二十一方。殿宇崇宏，花木丛杂，尤以丁香为有名。山门之内，宋柏环植，鼓楼后有唐松一株，古雅如画，天王殿右有唐槐一株。二门之内，则皆丁香，玉雪数百株，间以紫色者，庭东尤盛。广庭中为重台，登视则星攒玉粲，花颖毕见。每岁花时，旧京士夫率于此宴赏。前述湘绮赏春，在民国四年，其后四月，率有小集。忆印度诗哲泰戈尔来京，正暮春花时，北京佛化青年会为复举一赏花会，任公、宗孟、志摩皆预焉。

寺中藏关于佛教名物甚夥。不记丁卯或戊辰，王书衡、傅沅叔丈、邓寿遐及余等，为方丈延宴，商开释迦文佛二千九百五十年佛诞大会，展览所藏经典法物。当时人所注目者，为佛牙二枚，长及四寸，宽约寸许，其质类石。寺僧云，此乃西域番僧所供奉于清皇室者，后由清室送寺供养云。人类中固绝无此巨牙，即佛号称丈六金身，亦绝无生此巨牙之理。考宋刘昌诗《芦浦笔记》，有记佛牙一则，称："《四明图经》载昌国县九峰山吉祥院有辟支佛牙一枚，长四寸，阔一寸，舍利缀满，乃建炎初给事中黄龟年所施。窃计之，人长五尺，两牙不能半寸，今一牙长四寸，上下相合，必倍之，则佛须身长八丈，方能容八寸之牙。常闻佛号丈六金身，此乃五倍，恐无是理，黄给事何自得之，而信之，而施之耶？世有赵凤，必能验其为真伪而斧之矣。"观此，可知宋时吉祥院之佛牙，与今法源寺之佛牙，大小相同，则末代阇黎假托如出一律。此物由来已久，寺僧所云由清室送来供养，决然可信。

又五印度中有贝多树，以南印度产者为最佳，其叶可裁为纸，用以写经，所谓贝叶经者是。寺中藏有此经，宽寸许，长尺馀，为缅甸字、锡兰文，其叶颇粗厚。《一切经音义》谓“叶粗厚，不如多罗树叶白净细好”，信然。此外有菩提叶漆书《心经》一卷。按菩提树，为常绿亚乔木，多产于粤东，高二丈馀，叶卵形，端甚长，花隐于花托中，实圆，质坚不朽，可作念珠。此卷叶质极薄，细筋如丝。《广东新语》谓其叶霏微荡漾，比于纱縠，观此益信。书法极工细，不类漆书。其馀如隋人写经手卷，清乾隆时心诚和尚刺血书《楞严经》全部，赵子昂金书《观音普门品》小册，黄山谷书《金刚经》拓本，清质亲王书《四十二章经》册叶，及明清大藏，孔有德刊本大藏，皆有名。至佛像，雕塑外，以画像为最，如吴道子绘之真武像，唐人绘之水陆画像，元人之三大士像，明恭嘉皇后绘之水陆像，及裕亲王之水陆像。水陆像者，为超度水陆群生而作，其中有十法界业。十法界者，为一佛像，二菩萨像，三缘觉像，四罗汉像，五天王像，六人像，七修罗像，八畜生像，九饿鬼像，十地狱像。寺中诸本，以吾所观，以唐人及五代本为最佳，绘影穷形，曲尽其妙。又如明万历之五彩瓶，纪年钟，饕餮文方壶，雷纹百乳壶，云文蟠凤鼎，文徵明山水直条，钱维臣山水册页，高其佩指画扇面，李三畏火绘山水直幅，郎世宁花鸟屏，皆佳。

余之琐述法源寺不觉词费者，以旧都方日言整理古迹，而梵宫琳宇所蕴藏文艺之品最多，毁隳盗卖亦最甚。近十年间，不知何如？因念南京寺观于古最多，经乱后能尚存，存者能如法源寺之完好者，殆绝不可得。闻三台洞附近，有静海寺，极衺敞，是三宝太监郑和舟中遇风发愿所修者，今已废为杂居及警察廨所。洪武二十年，迁宝公函于鸡鸣寺，别敕修灵谷，号为天下第一丛林，僧房如藏经数、殿舍尺寸，视海内寺宇，宏侈皆过之，而今存无二三，他更何言者！当时寺观，实擅建筑、种植、收藏三者之盛。物为公有，重以信仰大法，又加以戒律护持，故能久存。今僧寺之宏且好者，各省皆有之，余记此，乃欲使后此言保存文化者，共思护惜之方也。

五二 壶卢器

南居涔历岁时，不特旧都春灯厂肆，百足追怀，即琐物亦有足记者。忆北方称壶卢者有二，以竹啸缀于鸽尾上谓之壶卢，又谓之筲子，凡鸽市皆有售，《燕京岁时记》中，并载其名称。壶卢有大小之分，筲子有三联、五联、十三星、十一眼、双筲、截口、众星捧月之别。此种筲子，缀于鸽尾上，当盘旋之际，响彻云霄，五音咸备，殊可悦耳。又冬月贮养聒聒儿之器，亦曰壶卢。为瓠瓜所制者，当结实之初，斫木范其形，镌以各种花纹，纳瓠于其中；及成熟时，方圆大小，自成一器，奇巧能夺天工。陈旧者尤为朴雅，以紫润坚厚者为上，价亦不赀。《西清笔记》卷二云："葫芦器，康熙间始为之，瓶盘杯碗之属，无所不有，阳文花鸟题字，俱极清朗，不假人力。其法于葫芦生后，造器模包其外，渐成渐满，遂成器形。然数千百中，仅成一二，完好者最难得。尝见一方砚匣工致平整，承盖处四面吻合，良工所制，独逊其能。"此为壶卢器，则较饲养聒聒儿者，尤为精美也。

五三 余寿平书调谭组庵

前记于晦若致函袁慰廷封面书法，顷又忆一事。余寿平（诚格)为湖南巡抚,到任未逾月,而武昌起义。谭组庵时以谘议局事至京师,甫归湘未久,旦进谒,余亟拱手称大都督。盖其时黎宋卿已推为鄂军都督,余逆知湘之人望属谭,故预称之。九月一日,湘事起,余奉其父遁,焦某悬赏千金购其头。余逃至安庆,浼朱家宝为代奏,而身走沪,号为遗老。既而与书组庵,略言:"到湘月馀,自问无开罪湘人处,家中财物,乃多遗失,民军举动,固如是乎?"又言:"湖南财政极困难,龙砚仙身当其局,以今视昔,抑又何如?"函面大书"中华民国湘军都督翰林院谭大人"。组庵得书,登一广告于《长沙日报》,曰:"余寿屏君鉴:财物悉封存府中,毫无遗失,请派妥员来领。湘都督谭延闿白。"此封函题颇与于函肖,然于函犹谬为恭敬,余书则显为调侃,异时并可入《嗢噱录》也。

五四　怀陈弢庵

弢庵[①]先生,以今年惊蛰前一日逝于旧都,年八十八矣。老成人渐尽,辄有灵光忽颓之叹。散释近以事北归,先生尚屡询余何以不来,散释因申余请乞书,亟言必为之。因言,今年腕力衰,前日为人书一中堂觉惫甚。然犹健饮啖,健谈,旧历元日,尚为诗,有"蛰坏〔坯〕[②]欲动身滋耄"之句。而上元后,骤患肺炎,遂不起。先生为同治七年进士,光绪初,与张篑斋(佩纶)、宝竹坡(廷)、邓铁香(承修)号为四谏,以直言风节声于天下。又与张孝达(之洞)、黄漱

① 陈宝琛,字伯潜,号弢庵,福建闽县(今福州)人。同治进士。宣统太傅。工书画,刊《澄秋馆印存》、《沧趣楼集》。

② 错字、别字、衍字(文)、文字颠倒,改正处加〔 〕,以下同。

兰（体芳）辈号为清流，盖皆为高阳李文正公之羽翼也。先后典学甘肃、江西，而江西得士尤盛。陈散原（三立）、朱艾卿（益藩）皆所得士。既拜会办南洋军务之命，与南洋大臣曾沅浦（国荃）议事不合，会以丁艰归，遂居乡不出，垂三十年。营听水斋于鼓山，而所居螺江，有沧趣楼，故海内称听水翁，或称沧趣老人。听水斋，在鼓山灵源洞下，绝壑谽谺中贮一斋，泉石奇复，余曾两过之。沧趣楼，则面隔江尚干乡之方山，五峰插天，折叠如云屏，廉悍过于匡庐五老，然尚未若其方广岩所营之听水第二斋，幽潭怪石，密竹参天，面对百丈飞瀑之为尤胜也。

那拉后既殁，始重召为礼部侍郎，则南皮之力。南皮临终遗折，实先生手定，事见《苍虬阁诗》。已而有毓庆宫行走之旨。辛亥拜山西巡抚，未行，而革命军兴，遂居北京、天津，以迄今日。近人但称为清室太傅，状貌恂恂，而未知六十年前，此老固踔厉风发，朝中目为清流党魁也。《沧趣楼诗》，谨严精密，属词使事，罔不铢两悉称。其《感春》及《落花》诗，尤驰诵一世。然先生尝语余，其得力实在陆务观，此恐为谦词。其字则早学山谷，晚参诚悬、小欧，六七十所作最精，八十五后，则有老态。记先生七十初筵，有贻寿诗者，中二语云“新篇谢客应争席，细草涪翁愈逼真”，此一联真知言也。生平爱惜其诗，字斟句酌，不肯付梓，其门人南丰赵声伯（世骏）工书，能作逸少黄庭及褚河南体，一时称最。尝从容致请，欲乞诗稿，书以剞劂，如林鹿原书渔洋山人诗事，先生卒未许，声伯旋殁，世以为憾事。

先生曾祖望坡尚书，祖弼夫方伯，四世皆有显名。其同怀弟仲勉太姻丈（宝瑨）少先生一岁，前年殁于里，年八十五。先生哭之恸，曾书二绝句见示，题为“太夷来书，引后村《惠州弟哀诗》及注语，并示近作‘残年况味今参透，只是生离死别忙’之句，寄答二绝”，诗云：

凌寒双竹倏中分，转自裁哀释主廑。
废乐故非缘阿万，十年丝竹几曾闻。

残年如客让先归，少待黄泉有见时。
岁岁相望艰一面，尽将死别当生离。

此诗首用谢公为弟万丧辍乐事，而先生自辛亥后未尝听剧，故云。其第二诗，则尤沉痛。是年春，散原翁八十生日，先生寄以一诗，并写以寄余。诗云：

平生相许后凋松，投老匡山第几峰。
见早至今思曲突，梦清特地省闻钟。
真源忠孝吾犹敬，馀事诗文世所宗。
五十年来彭蠡月，可能重照两龙钟。

此诗海内称传其佳，抑岂知其佳处，乃在无一句无着落。后七句谂二陈者多知之，首句似虚而实。盖翁为光绪初年先生典试江右所亲拔士，其试题则为“岁寒然后知松柏之后凋也”，故首句意实双关。散原是年春尚居庐山，冬始北行，耄年师弟，犹得欢聚者又一年有馀。北书昨来，言翁病癃闭时作，久戒绝篇章，然今日殆不能无沉泉之咏矣。

五五　南北督署媪与鹤

河北，明为北直隶，以别于江南之南直隶。清既都北京，直隶遂存其一。晚清始有南北洋大臣之制。南洋大臣始于曾忠襄，世称九帅，即前记与陈弢庵不合者。弢老二十一岁成进士，会办南洋时不过三十馀，而曾已六十馀，嚄唶宿将，故轻谈兵之文士也。北洋，则始于合肥李文忠。北洋大臣，例兼直隶总督，褎然为疆吏之首行，设行署于天津，以就近辖海军。一昨客自津沽来，为言督署一琐事。合肥督直时，有献双鹤者，豢之署中，其种佳，故禄亦厚，每月鹤俸为二百元，饲豢粮料皆在内。自文忠以迄于民国之李景林，咸仍其旧。以四十年计，鹤俸当为九万六千金矣。及褚玉璞督直，乃杀其雌者而烹之，鹤老，其肉有毒，褚之兵士食而死者七八人，故其雄者获存。客言，雄鹤羽毛轮囷，视常鹤加倍，时亦能褵褷而舞。近年俸减其八九，独立无群。天津词流，闻而哀之，社集以此命题，作者八九人，杨味云、林子有皆有词。是实北洋行署之轶闻，世嘲煮鹤，今乃亲见之。

方叔章因言南京督署一琐事。曾文正初督江南时，有一乳媪自湘来，及文正移直，以此媪荐于马新贻，及文正再来，薨于任，此媪始终在署，由代理者以至李文忠。及曾忠襄督两江归，始挈此媪返湘。以一佣妇历事制府凡四五任，亦可纪者。叔章盖闻之于曾氏云。

五六　胡饼与胡乐

前说胡饼，以为油煎者其源皆由于西域。近翻宋耐得翁《都城纪胜》，觉吾说幸未谬。《都城纪胜》“食店”节云：“如酪面，亦只后市街卖酥贺家一分，每个五百贯，以新样油饼两枚，夹而食之，此北食也。”按“北食”及“新样油饼”，当即为慧琳所释之“䭔䬿”，以其后出，故曰新样。《纪胜》又言：猪胰胡饼，自中兴以来只东京脏三家一分,每夜在太平坊巷口。此则新出之胡饼,以其用猪胰,或非回纥食品也。又言:小儿戏剧糖果,如打娇惜、虾须、糖宜娘、打秋千、稠饧之类。据此,则今日街上筛锣吹糖之业,其源已古。其云打娇惜,疑即《水浒》宋江打婆惜之说,度为尔时瓦舍勾栏相沿传播之事,在南宋时已演为戏剧也。其记"齁茶"一则,是今日上海茶馆讲理之俗所本,江南有此俗,盖已久矣。

又余去岁观沪上之工部局乐队,谱奏《北平胡同交响曲》,以旧都市声编为乐曲,闻者叹美。考《都城纪胜》载:"叫声,自京师起撰,因市井诸色歌吟卖物之声,采合宫调而成也。"是古人制乐,亦荟采闾巷讴吟之声,但国乐复音,视欧西为少耳。因忆欧阳公问东坡,听琴诗以何为最?坡举韩退之听颖师琴诗,欧阳公以为然,既而云,是听琵琶诗。此言殊有理,盖琵琶后出,所摹收之音,视琴为复杂。由此更悟古人乐器所弹调子,大率摹取日常所闻无量声音,而诗人咏歌,却称弦中高低疾徐,何者肖何音,自香山、退之、宛陵、东坡、山谷,作琴琵琶诗,皆举若干譬词,抑岂知此两者,固辗转相师乎?考琵琶亦西来乐器,《释名》已言琵琶为胡中马上所鼓,傅元《琵琶赋序》言为汉送乌孙公主马上所作,度必是乌孙乐器。唐太宗平高昌,得其乐部,遂制十部乐。所谓十部者,燕乐、清乐、西凉、天竺、高丽、龟兹、安国、疏勒、高昌、康国是也。十部中,复分为坐立二部,其乐器,皆以琵琶为主。乐工若米嘉荣,子米和郎,曹保,保子曹善才,善才子纲,今人皆考定为米国或婆罗门人。与曹纲同时之裴神符,亦考为疏勒人。然则唐以后所传较繁之乐器,皆参杂西域,吾族之古乐,果皆病于单音畸形,不如西来之完美也。

五七　沧趣老人感事诗

沧趣老人当光绪初年在京朝时，既与高阳[①]善，故与高阳不惬者，若翁，若潘，皆忌其才。李莼客《越缦堂日记》数诋沧趣，亦由此。而沧趣亦有“鹃声满耳”句，不慊于常熟。考沧趣之《感春》四律，作于光绪乙未中日和议成时，其一云：

一春无日可开眉，未及飞红已暗悲。
雨甚犹思吹笛验，风来始悔树幡迟。
蜂衙撩乱声无准，鸟使逡巡事可知。
输却玉尘三万斛，天公不语对枯棋。

三四句，言冒昧主战，一败涂地，实毫无把握也。五句言台谏及各衙门争和议，亦空言而已。六句言初派张荫桓、邵友濂议和，日人不接待，改派李鸿章，以全权大臣赴马关媾和，迟迟不行。七八句则言赔款二百兆，德宗与主战枢臣坐视此局全输耳。

其二云：

阿母叹〔欢〕娱众女狂，十年养就满庭芳。
谁知绿怨红啼景，便在莺歌燕舞场。
处处凤楼劳剪采，声声羯鼓促传觞。
可怜买尽西园醉，赢得嘉辰一断肠。

此首言，孝钦太后以海军经费浪用诸建颐和园与诸娱乐之事。是

① 高阳，指李鸿藻。鸿藻字寄云，号兰孙（兰生），直隶高阳人。咸丰进士。授编修，为载淳师。历官内阁学士，户部侍郎，军机大臣，左副都御史，兵部尚书，协办大学士，总署大臣，礼、吏二部尚书。

年适六旬寿辰，当大庆贺，以战事败衄而罢。

其三云：

倚天照海倏成空，脆薄原知不耐风。
忍见化萍随柳絮，倘因集蓼毖桃虫。
一场蝶梦谁真觉，满耳鹃声恐未终。
若倚桔槔事浇灌，绿阴涕泣种花翁。

此首言，海军告熸，末联言，北洋枉学许多机器制造，付诸一掷而已。六句言翁同龢以南人作相也。

其四云：

北胜南强较去留，泪波直注海东头。
槐柯梦短殊多事，花槛春移不自由。
从此路迷渔父棹，可无人坠石家楼。
故林好在烦珍护，莫再飘摇断送休。

首联言，俄、德、法三国代争已失之辽南，而移祸于割台也。三句言，台抚唐景崧自立民主国，仅数日而已。四句言，李经方充割台使，在舰中定约签字。此四诗，盛为人传诵。其后屡议刊稿，屡删屡辍，异日集中不知存录之否？老人曾以诗旨告于石遗先生，为录入《诗话》中。余计此诗，去今已四十年，固不妨为作郑笺，以资传信也。

沧趣作《感春》诗后十八年，壬子，又作《落花》诗，仍用前韵，今忆而并录之。其一云：

楼台风日似年时，茵溷相怜等此悲。
著地可应愁踏损，寻春已是恨来迟。
繁华自忏三生业，衰谢难酬一顾知。
岂独汉宫寒食感，满城何限事如棋。

其二云：

痴蜂冶蝶太猖狂，未替灵修惜众芳。
本意阴晴容养艳，那知风雨趣收场。
昨宵秉烛方张乐，隔院飞英已命觞。
油幕锦幡竟何用，空枝斜照百回肠。

其三云：

生灭原知色即空，眼看倾国付东风。
惊回绮梦憎啼鸟，罥入情丝奈网虫。
雨里罗衾寒不耐，春阑金缕曲方终。
返生香岂人间有，除奏通明问碧翁。

其四云：

流水前溪去不留，馀香骀荡碧池头。
燕衔鱼唼宁相厚，泥污苔遮各有由。
委蜕大难求净土，伤心况是近高楼。
庇根枝叶繇来重，长夏阴成可小休。

此四诗亦有本事，先生未尝详述其寓意。以余测之，大抵皆为哀清亡之作，自憾身世，以及洵、涛擅权行乐，项城移国，隆裕晏驾之类。其后十馀年，又有《后落花》四诗，则言晚近事，亦用前韵，今不具录。

五八　南京王荆公墓与宅

报载，麒麟门外发见荆公墓。考其地望，虽与志乘及《清波杂志》所载不符，然志称“安石三莅江宁，卜居钟山，子姓兄弟多著籍焉”，今观报称，金子堰北，姓王者数十家，尚有家谱，则或有可信处。此墓即不为荆公，亦当为其子姓兄弟者。元丰七年，荆公引病，奏乞以住宅为寺，有旨赐名报宁，既而疾愈，税城中屋以居，不复别造。报宁，即半山寺也。明太祖都金陵，宫囿在城之东北隅，跨接钟阜，公墓地望，当在孝陵及宫苑之间。凡经始陵囿，士庶坟冢例当芟平，以志公功德，始得旨迁葬。荆公墓，在南宋虽为时人所敬（南渡后，士大夫自金陵来，恒问上荆公墓否），而元兵南侵，易国百年，后起清议，诟公甚力，其未必如宝志之得易地，理有固然。前两年，冒鹤亭主此说尤力。然假令明初王族有人，先期徙半山之墓于麒麟门外，亦非不可能也。

荆公于治平三年乞分司于江宁居住，至熙宁七年，以观文殿大学士知江宁府，九年以使相再镇金陵，元丰元年，食观使禄居钟山，自是居金陵者十年，以元祐元年四月薨。其与此地缘法相悦，居处流连，既已如是。宋以来千馀年，言咏金陵歌诗，无能出公右者。若使佳城无恙，铭碣可征，所欣获者，岂唯故迹。

予尝爱诵公《寄蔡氏女子》诗，所谓“建业东郭，望城西堠，千嶂承宇，百泉绕霤”，以为文字之美，或逾山川。及读公《示蔡卞》诗，“今年钟山南，随分作园囿。凿池沟吾庐，碧水寒可漱。沟西雇丁壮，担土为培塿”，知当时公宅必引泉绕阶除间，故有“百泉绕霤”语，疑即宅后谢公墩之泉流也。谢公墩今虽在，而谢公所筑土山无可征。按《丹阳记》：“晋太傅谢安，旧隐会稽东山，筑此象之，无岩石，故谓土山，有林木台观娱游之所，安就帝请朝中贤士子侄亲属会土山。”又《谢安传》：“土山游集，肴馔亦屡费百金。”是土山为建康附郭宴游之皋，殆近似咸京之乐游原，今已不可见其遗构。荆公《游土山》诗：“定林瞰土山，近乃在眉睫。”是定林寺与土山相近。今紫金山附近，胜迹星罗棋布，独不闻有访定林者。予读杨诚斋《游定林寺》诗：“钟山已在万山深，更过钟山入定林。穿尽松杉行尽石，一庵犹隔白云岑。”是定林当在钟山外。考定林有上下二寺，上寺旧基，在钟山应潮井后，宋元嘉十六年禅师竺法秀造。下寺初建于元嘉元年，其后宋乾道间，僧善鉴重建，在宝公塔西北。又考宝志之墓塔，原在东麓独龙冈玩珠峰前，梁天监十三年冬造。下定林寺在其西北，则约当今孝陵西后红门外地。以孝陵形势考之，定林与荆公墓，当并在圈入之内。孝陵昔年木皆合抱，咸丰癸丑后，濯濯如也，定林，今更无论矣。诚斋访定林诗，似由山之东阿取径而西，故弥觉深迥，与由朝阳门东出者不同。但宋时城小于今日，今中山门附近之冈阜，皆古人所谓万山之列。荆公诗“独龙冈畔第三峰，路转山回翠几重”，可见昔人到蒋山寺（即今明孝陵）山路之如何曲折也。

宋城小于今之证甚多，最浅明者，荆公舍宅为寺后，筑第于白下门外，去城七里，去蒋山亦七里，是宋旧城去山约十四里也。荆公税城中之屋，李璧注云：“今江宁县治后，废惠民药局，其地即公城中所税之宅。”按清江宁县署沿明之旧，为宋东南佳丽楼故址，在今银作坊。若宋之江宁县治何在，则不可复识也。

按近有识南京古迹者，以谢公之土山，强指即为今城东之谢公墩，既援沈约《郊居赋》，而辄揣言土山其地与半山寺相当，羌无确据，真讹传也。不悟定林与土山相距至近，荆公眉睫之言可证。而定林与半山寺相去殊远，半山即报宁寺，即荆公故宅。至谢公墩，虽旧传冶城亦有此名，然宋以来，称谢公墩，皆指报宁寺后之一堆石。荆公“我屋公墩在眼中”句，及李雁湖亲至其地注，证据甚明。岂有谢公之土山若即是谢公墩，荆公近在屋后而不知之乎？又别费千百字，为《游土山诗》乎？矧今谢公墩，石甚硗确，绝非垒土成，其上又绝无馀地或基址，可以盛建台观。况自来咏金陵古迹，土山与谢公墩，皆明明析为二地，未容以臆牵合傅会。若校以荆公《登土山》诗，扶惫远陟，呼鞍马以两騾挟而登，远眺秦淮广流，乃如容一艓者，再引证以定林眉睫语，理想远近中之土山，当在今孝陵附近吴王山诸冈之南，或尚在其南。以旧志言，土山在上元县南三十里也。

五九　唐宋人咏李花诗句

荆公《寄蔡氏女子》诗二首，茂密悱恻，千古雄文。《西清诗话》："元丰中，王文公在金陵，东坡自黄北迁，日与公游，尽论古昔文字，又以近制示坡。坡云：'若积李兮缟夜，崇桃兮炫昼，自屈宋没，旷千馀年，无复《离骚》句法，乃今见之。'公曰：'若非子瞻见谀，自负亦如此，然未尝与俗子道也。'"观此可知昔贤推挹之精，缟夜二句，诚未为人道过。

方春野色，莫若桃李花，《石遗室诗话》称："少陵诗喜说桃花，昌黎、荆公诗喜说李花。殆以桃花经日经雨皆色褪不红，一望成林时，不如李花之鲜白夺目。所以少陵之爱桃花，亦在深红间浅红时。余作《法源寺丁香》诗，所谓'昌黎半山总爱李，爱其缟色天不晡'也。"老人此论，阐发自无遗蕴。昌黎咏李花，至云"独绕百匝至日斜"，又以"玉枝霜葩"、"缟裙练帨"拟之，其状秾李之秾，可谓十分著力。而北宋后申论此说者，已有杨诚斋。诚斋有《读退之李花诗》，其序云："桃李岁岁同时并开，而退之有'花不见桃惟见李'之句，殊不可解。因晚登碧落堂，望隔江，桃皆暗而李独明，乃悟其妙，盖炫昼缟夜云。"诚斋此序，不唯言昌黎，且征及荆公诗矣。而予更有进者，义山《李花》诗"自明无月夜，强笑欲风天"，此十字，凝情切响，体物入微，亦何减韩、王乎？

六〇　鬼子母与九子母杂考

惊蛰后三日，偶值休沐，复游招隐竹林，因至焦山。见定慧寺枯木堂前，辛夷花盛开，此树枯而复华，堂所由命名也。辛夷玉光颀颀，别有倚天照海之概，与炫昼缟夜者又不相同。忆去年在灵峰寺，见一树茂绝，欲以花时来观，今又蹉跎过矣。于焦山见《鬼母揭钵图》，笔墨精细。考鬼母，即鬼子母，内典所载，事迹繁多，音译为诃利底。揭钵事，出北魏昙曜所译《杂宝藏经》。经云：

> 鬼子母者，是老鬼神王般阇迦妻，有子一万，皆有大力士之力。其最小子，名嫔伽罗。此鬼子母，凶妖暴虐，杀人儿子以自啖食，人民患之，仰告世尊。世尊尔时即取其子嫔伽罗，盛着钵底。时鬼子母周遍天下，七日之中，推求不得，愁忧懊恼。传闻他言，云佛世尊，有一切智，即至佛所，问儿所在。时佛答言："汝有万子，唯失一子，何故苦恼愁忧，而推觅耶？世间人民，或有一子，或五三子，而汝杀害。"鬼子母白佛言："我今若得嫔伽罗者，终更不杀世人之子。"佛即使鬼子母见嫔伽罗于钵下，尽其神力，不能得取，还求于佛。佛言："汝今若能受三归五戒，尽寿不杀，当还汝子。"鬼子母即如佛敕，受于三归，以及五戒，受持已讫，即还其子。

此即揭钵之由来。鬼子母，梁以来，又作九子母，又作九子魔，皆一音之转。考九子母者，别是吾国旧日神话。屈原《天问》："女岐无合，夫焉取九子。"王逸注："女岐，神女，无夫而生九子也。"《汉书·成帝纪》："元帝在太子宫，生甲观画堂。"师古注引应劭曰："画堂，画九子母，或云即女岐也。"此自为秦汉以上旧传说。楚辞九子，隐指九星,故屈原以入《天问》。《史记·天官书》索隐引宋均曰:"属后宫场,故得兼子,子必九者,取尾有九星也。"九子母,古殆言九星之神,以其兼子,属于后宫,故画壁以为螽斯之兆。又《列女传》:"鲁九子之母,号为母师。"应劭所言画堂,今虽不可见,以理揆之,非女岐,即母师。或云母女篆形近,岐师音韵通,殆二而一者,此容可信,而必非印度之诃利底,则可断言。

复考《佛说鬼子母经》、《杂宝藏经》、《诸天传》、《根本说一切有部毗奈耶杂事》、《西域记》、《法苑珠林》,皆作鬼子母,不作九子母。唯《荆楚岁时记》始作九子母神。推想魏晋以后,佛法大兴,柯利帝神话流行中国,鹊巢鸠居,殊源而合流,遂以有子一万食人子之神,而变为九子且主求嗣之神矣。因记《揭钵图》,琐琐论之如此。近日寰球棣通,众说郛合,学者往往执末以揣本,类此考据者甚多。吾尝闻有欧西汉学家,考定孔子为日耳曼人,固不独有坚持墨翟之为黑种者也。

六一　晚清汉大臣之挤轧

淮南彭孙贻《客舍偶闻》一帙,顺德李芍农侍郎(文田)注之。所记康熙初年满人互相挤轧之状,历历如绘。其自叙曰:"客长安,见贵游接席,必屏人趣膝良久,人不闻,须臾广坐,寒暄而已。征以道上所闻,唯唯谢勿知。廷有大事,卿寺台省集禁门,其中自有主者,群公画赤一而退,咸喏喏。议更置大吏,冢宰不得闻。有所调发,司马不知。群公优游无事,日置酒从容,诸小臣相聚博弈连晨夕,或达旦,失朝会,始以病告。当事亦不问,以是闻甚希。然时时游于酒人豪士间,抵掌谭世事,无所讳。突梯者,又姑妄言之,足以新人听，虽多耳食，征其实，亦十得五六，云云。”语甚悲痛。其写官僚积习，至今犹有生动之状。尝谓有清一代，开国时满大臣互相挤轧，而汉大臣新进，兢兢业业，奉公守法，康乾诸主辄利用之，以成大业。及晚清同光以来，则汉大臣互相龉龁，而满大臣骄奢宴乐，呆不知事，宫闱亦相扼，以速其亡。盖宦途未有不相挤者，特视为何如人，愚者譬如担夫争道，智者则击毂偾车矣。试以晚清言，曾文正见扼于祁文端，微肃顺左右之，几不能成功，是一例。曾氏兄弟，与左文襄、沈文肃交恶，虽无大影响，亦是一例。

光绪初叶，帝后两党交哄，而李高阳与翁常熟交恶，其终也，促成中日甲午之战，所关于国运者甚大。当时高阳、常熟阴相扼，而合肥李文忠居外，其时有言文忠有异心者，旨令常熟密查，复奏李鸿章心实无他，事见宋芸子诗自注。其后翁力主战，李欲格之，不能。不可战而战，所失倍甚。前录陈伯潜《感春》诗，即可见高阳一系之微词。当时朝中名士，前一辈清流，若张孝达、张绳庵等，皆与高阳善。而稍后进者，若张季直、沈子培，则与常熟善。其分野，可于《越缦堂日记》等书见之。而南皮受常熟之扼为最甚。《广雅堂诗集》，《送同年翁仲渊殿撰从尊甫药房先生出塞》一首，下有文襄自注："药房先生在诏狱时，余两次入狱省视之。录此诗，以见余与翁氏分谊不浅。后来叔平相国一意倾陷，仅免于死，不亚奇章之于赞皇，此等孽缘，不可解也。”五十九字，叙述昭晰。

常熟之扼南皮，予所闻，南皮在光绪中叶，已有入军机议，翁持不可，其后广东报销一案，亦翁核驳，外此则不能知。此自注五十九字，乃南皮晚年自加，幕府有劝其删去，南皮执不可。此事居张幕者，若王司直、许溯伊皆深知之。其后又有《过张绳庵宅》四诗，末诗二句“知有卫公精爽在，可能示梦儆令狐”，令狐亦指常熟也。然至宣统初，南皮入军机，年七十余，则亦躬遘党争，而化为调停者。集中有《新旧》一绝句，云“门户都忘薪胆事，调停头白范纯仁”，是其证也。其《绝笔》诗前一首《读宋史》诗，“南人不相宋家传”一绝，则为有感于满人排汉之作。《绝笔》诗“君民末世自乖离”，则有感于津浦路某案。君民，或改为君臣，非也。南皮殁，汪衮甫挽以一联云：“匡时头白调停策，绝笔心伤讽谕诗。”极为时人称诵，盖即檃括此二诗大意。呜呼！以卧薪尝胆之时，而犹亟为分门别户之计，读南皮《新旧》一诗者，真叹《客舍偶闻》所述满人互相挤轧，犹为承平馀暇之事也。

六二　张南皮热衷仕宦

客或叩予以广雅《过张绳庵宅》诗卫公梦儆令狐之出处。按此典盖有二说。《唐书·李德裕传》：德裕既殁，见梦令狐绹曰：“公幸哀我，使我归葬。”绹语其子滈，滈曰：“执政皆其憾，可乎？”既夕又梦，绹惧曰：“卫公精爽可畏，不言祸将及。”白于帝，得以丧还。此一说也。李词甚哀，无所谓儆。《南部新书》：唐咸通中，令狐绹尝梦李德裕诉云：“吾获罪先朝，过亦非大，已得请于帝矣。子方持衡柄，诚为吾请，俾穷荒孤骨得归葬洛阳，斯无恨矣。”他日令狐率同列上奏，懿宗允纳，卒获归葬。此一说，语意稍雄特，南皮所采者，当为此条。考此诗，南皮在南京作，绳庵宅，为侯府，即今日之立法院。又考《畿辅先哲传·张佩纶传》，光绪二十一年，携家居金陵，卜居青溪之西，闭门却扫，以著书自娱，二十九年卒。绳庵直隶丰润人，丰润、南皮，皆在津沽附近，故首诗有“北望乡关海气昏”之句。广雅以光绪三十年甲辰，奉命来江宁议事，绳庵殁已一年，尚未归葬，故用梦儆令狐，隶事可谓精切，且隐指执政皆其憾。

盖光绪初年之四谏及清流，议论风生，封事剀切，久为西朝所不满。四谏中，宝竹坡最知几，故亟以纳妓自劾，实求免也。陈弢庵以内阁学士拜会办南洋军务之命，亦宫中强委以兵事，欲入以罪，会陈丁艰归，其后卒以荐徐延旭、唐炯案降五级。张绳庵则最不幸，以书生典兵，甲申马江之败，身名俱裂矣。识者谓微中法一役，绳庵亦不能独免。推西后积憾清流之心，说盖可信。其得独免者，南皮一人而已。故稍后梁任公作《清议报》、《新民丛报》，诟南皮迎合宦术甚工，其言亦非无所见。吾读广雅诗，亦觉其时有口是心非处。南皮诗最佳者绝句，纯学王荆公。其《吊袁爽秋》诗："江西魔派不堪吟，北宋清奇是雅音。双井半山今一手，伤哉斜日广陵琴。"其尊荆公甚至。然其集乃再三标言非难临川，既有《学术》一诗自注云："二十年来，都下经学讲公羊，文章讲龚定庵，经论讲王安石，皆余出都以后风气也，遂有今日，伤哉！"又《金陵杂诗·老备瞿晌》一首，又有《非荆公》诗一首，皆显然不肯认此法乳者。细求其故，殆由于南皮先曾保康梁，为之延誉甚力，及戊戌变起，乃亟亟印《劝学篇》以自明。任公时著《大政治家王安石》一书，南皮则亟诋之，吟咏之不足，又躬自注释，以明其宗尚正大。此中矫揉，皆为逢迎西后，正为自全之一念驱使之。今观其诗，晚年诸绝句实宗北宋，尤学半山[①]，岂可讳乎？惟《非荆公》一诗，或别有所指，而《杂诗》中"惠卿虽败惇京寿"句，亦必非正面诃斥，度亦阴指朝局也。予闻南皮诗寓讽者甚多，其《读史绝句》中《李商隐》一诗，闻为诟梁节庵之作。诗云："芙蕖雾夕乐新知，牛李裴回史有词；未卜郎君行

---

① 半山，指王安石。

马贵，后贤应笑义山痴。”此盖有恨节庵为端陶斋运动湖广总督。义山《漫成》诗“雾夕咏芙蕖，何郎得意初”，南皮于此著新知二字，即言梁与端新相结纳。牛李裴回，用《旧唐书》义山为王茂元从事事。末二句，则言勿以结新知为可恃，后来将不为其子所重视，即用令狐楚卒令狐绹恶李义山背恩事。此说甚可信，节庵欲为陶斋营谋事，为南皮所知，还鄂后，对梁礼遇殊薄，节庵惭沮，求幕府缓颊，久之始已。其幕府今尚有存者，言当年南皮仕宦之热中，历历可征。然南皮究为书生，究存老辈风度，晚入军机后，西后既殁，即力主起用沧趣，集中如《过张绳庵宅》、《拜宝竹坡墓》诸诗，皆甚敦气类。所惜者，急于仕宦，不肯引绳批根，直论政治崩坏之本原，欲结宫掖之恩知，不惜诟人以利己。晚清有言，“李合肥开目而卧（言一切了然，但办不动），张南皮闭目而奔”，言其心知当维新，而一切懵然，不知所以为新也，殆近之矣。

六三　梁节庵陈弢庵与张南皮书

属笔竟，纕蘅[①]出示所藏梁节庵、陈弢庵与南皮书札两巨帙，其有裨予之载记不少，真绝妙史材也。节庵一笺云：

> 比闻公伤悼不已，敬念无既。（旁注云：断断不可如此，忧能伤人，况涕泣乎？）今思一排遣之法：长素健谈，可以终日相对，计每日午后案牍少清，早饭共食，使之发挥中西之学、近时士夫之论，使人心开。苏卿遗札，检之凄然，亲知若此，何况明

① 曹经沅，字纕蘅，四川绵阳人。曾先后在北京政府、南京国民政府任职。以诗名世。

公。然已判幽明，悼惜何益，尚乞放怀。鼎芬向编有师友遗诗，现拟请玉叔将江柳二诗钞付入集，以存其人。（旁注云：并加数语，叙其生平。）壶公前辈左右。鼎芬顿首。

又一笺云：

长素于世俗应酬，全不理会，不必区区于招饮。鼎芬亦可先道尊意与近事，渠必乐从，如可行，今日先办。或欲闻禅理，兼约礼卿，使之各树一义，粲花妙论，人人解颐。连日皆如此，康蒯二子，深相契合，两宾相对，可以释忧。比中弢病苦，鼎芬忙苦，此举可支五日，五日之后，中弢可愈，鼎芬卷可少清，便能接续矣。尚书足下。鼎芬顿首。

此两笺是当时南皮延重康长素之铁证，而节庵居间尤力。首笺中所言盖南皮之丧其长孙，次笺则并言蒯礼卿及黄仲弢也。陈弢庵一笺云：

达公前辈执事：匆匆出都，遂阔音问。晋阳新政，四海所瞻，公之勤劳，亦已至矣。（中略）去国半年，时局略异，少农罢政，庶子掌台，举措如斯，方惜公与丹公[①]不即柄用。更生乃忽自污，以快谗慝，令人愤懑欲死。谴责固所应得，然其数年来忠谠之言，隐裨朝局，亦中外所知也，当不为一眚所掩。既不蒙曲宥，若久于废弃，恐亦难餍人心。侍与之同年，踪迹又密，欲论其事，则涉阿好党护之嫌，望微言轻，亦恐难回天听。阅钞后，彷徨数昼夜矣，公能为大局一言乎？在渠疏野之性，弃官如屣，方且愎而不悔也。（下略）手此敬问兴居，不尽百

---

① 阎敬铭，字丹初，陕西朝邑（今大荔）人。道光进士。历官山东巡抚、户部尚书、军机大臣。1885年，因反对重修圆明园，被革职留任。以善理财著称。

一。侍宝琛顿首。二月十二日。袁州试院。

弢老此笺，盖为竹坡自劾而发。竹坡既革职，意求南皮疏为之复官也。更生者，刘向之字，以比竹坡，言同姓之直臣也。南皮时任山西巡抚，弢庵则江西学政，录此以为当时清流相惜气类之一证。他札夥颐，以不涉上述事，不为具录。

六四　明孝陵传为疑冢

明太祖营孝陵徙志公塔，别建灵谷，既自为记矣，而其后传说甚多，崇祯间张岱《陶庵梦忆》尤恢诡，其言云：

钟山上有云气，浮浮冉冉，红紫间之，人言王气，龙蜕藏焉。明太祖与刘诚意、徐中山、汤东瓯定寝穴，各志其处，藏袖中，三人合，穴遂定。门左有孙权墓，请徙。太祖曰："孙权亦是好汉子，留他守门。"及开藏，下为梁志公和尚塔，真身不坏，指爪绕身数匝，军士举之不起。太祖亲礼之，许以金棺银椁，庄田三百六十，奉香火，舁灵谷寺，塔之。今寺僧数千人，日食一庄田焉。陵寝定，闭外羡，人不及知。所见者，门三，飨殿一，寝殿一，后山苍莽而已。壬午七月，朱兆宣薄太常，中元祭期，岱观之。飨殿深穆，暖阁去殿三尺，黄龙幔幔之。列二交椅，褥以黄锦，孔雀翎织正面龙，甚华重。席地以毡，走其上，必去舄轻趾，稍咳，内侍辄叱曰："莫惊驾。"近阁下一座，稍前为碽妃，是成祖生母。成祖生，孝慈皇后衽为己子，事甚秘。再下东西列四十六席，或坐或否。祭品极简陋，朱红木簋，木壶，木酒樽，甚粗朴，簋中肉止三斤，粉一铗，黍数粒，东瓜汤一瓯而已。暖阁上一几，陈小铜炉一，小筯瓶二，杯棬二。下一大几，陈太牢一、少牢一而已。他祭或不同，岱所见如是。先祭一日，太常官属开牺牲所中门，导之鼓乐旗帜，牛羊出，龙袱盖之，函宰割所，以四索缚牛蹄。太常官属至牛正面立，太常官属朝牲揖，揖未起，而牛头已入燖所，燖已，舁至飨殿。次日五鼓，魏国至，主祀，太常官属不随班，侍立飨殿上，祀毕，牛羊已腐臭不堪闻矣。平常日进二膳，亦魏国陪祀，日必至之。戊寅，岱寓鹫峰寺，有言孝陵上黑气一股冲入牛斗，百有余日矣，岱夜起视见之。自是流贼猖獗，处处告警。壬午，朱成国与王应华奉敕修陵，木枯三百年者尽出为薪，发根，隧其下数丈，识者谓为伤地脉泄王气，今果有甲申之变，则寸斩应华，亦不足赎也。孝陵玉食二百八十二年，今岁清明，乃遂不得一盂麦饭，思之哽咽。

按此节自中元祭以下度皆纪实，末则遗民怨思，托于眚气之说也。唯定穴及祭志公事，不知何所据。其言陵寝定，闭外羡，人不及知，则必事实。明祖多猜好杀，故其自营幽宫，必极诡秘。旧志，御座案左朱匣中藏石龟，昂头曳尾，至咸丰癸丑乱始亡。此龟度为厌胜物。而世人所传太祖实葬朝天宫之说，亦非无因。光绪间，盖有浚朝天宫前河道，见圹中铁絙悬朱棺者。证以全谢山《从朝天宫谒孝陵》诗“钟阜衣冠是与非”，及“嗣孙底事学曹丕”之句，是明清以来早有此传闻。其最可疑者，洪武末年，重修天庆观，改为朝天宫，敕百官朝贺及谒陵，皆先习仪，迄明一代谒朝天宫者，其礼节与陵陛享祀无异，殆为预谋藏蜕之计。而孝陵宝城之封闭，匆促深邃，无从窥其隧道，斯亦益使后人有疑冢之疑也。

六五　古今红色之义

今日衢路，率以红色为危险标识，非红色为危险色也，以其色鲜明，入人眼帘，渥然而丹，易于认辨。然吾国古昔恒以红色为无事之象征，不独吉庆用大红，即旗帜之纯赤色，亦往往为无事之一象，如“旃”是。考《说文》七篇上：㫃部，旃，旗曲柄也。所以旃表士众，从㫃，丹声。《周礼》曰：通帛为旃，或从亶，作旜。《释名·释兵》云：通帛为旃，旃战也，战战恭己而已，通以赤色为之，无文采，三孤所建，象无事也。旃何以象无事？殆取其纯色耀目，主文明之祥，为吉征，故无事。旃为纯色者，《周礼·春官·司常》云：司常掌九旗之物，名各有属，以待国事。日月为常，交龙为旂，通帛为旃，杂帛为物，熊虎为旗，鸟隼为旟，龟蛇为旐，全羽为旞，析羽为旌。郑注云：通帛为大赤，从周正色，无饰。杂帛者，以帛素饰其侧，白，殷之正色。全羽，析羽，皆五采，系之旞旌之上，所谓注旄于干首也。凡九旗之帛，皆用绛。《司常》又云：孤卿建旜。郑注：孤卿不画，言奉王之政教而已。《尔雅·释天》云：因章曰旃。《左传》僖二十八年疏引孙炎注云：因其缯色以为旗章，不画之。综合经传及注家之说，旃从丹声，盖即以声为义。《说文》五篇下丹部云：丹，巴越之赤石也，旃之制以大赤，故字从丹声。郑君云九旗之帛皆用绛，《说文》绛训大赤，则九旗皆赤，而旃受义于丹者，以常交日月，旂画交龙，旗画熊虎，旟画鸟隼，旐画龟蛇，而旃则不画。物以素帛饰侧，旞旌以五采注旄，而旃则不以他色为饰。又考《周礼·春官·巾车》云：建大赤以朝。郑注云：大赤，九旗之通帛。大赤之色，在红为最深色，有熛怒奋扬之义。汉以火德王，当红，故有赤伏之符。

自汉以后，五德谶纬之说不复用，而国人恒以汉自相称吾族，则今日国旗之尚红，固其志也。按古人称赤，称朱，不常称红。红字汉人多作女红或功字解。然《论语》已言，红紫不以为亵服，吾意此即古已重视红色之明征也已。

六六 《谈陈弢庵》订误

沧趣之殁，士林悼惜。近见一士在《国闻周报》为《谈陈弢庵》一文，大体无舛，唯有数小讹字，聊于此订正，以当邮笺。其举张绳庵挽陈母联，周公瑾三字，当作孙伯符，盖伯符小于公瑾也。陈即以丁内艰由会办南洋军务归里，荐唐徐降五级之谴，在丁艰后。其举《赠陈三立》诗首句亦误，检《【国闻】[①]周报》之"采风录"便知。《哭竹坡》诗，隆寒渴葬，皆事实，竹坡殁于十二月，贫甚，几于无以为殓。丰润充军后，陈有一诗寄之，所谓"东坡饮啖想平安"者，亦极沉挚。又予前举沧趣《落花》诗，原题为《落花和逊敏斋主人韵》，逊敏斋者，载泽也。其实为自步《感春》前韵，陈晚年弥谨慎，不欲自明。其第四首，"流水前溪去不留"一诗，王静庵最爱之，为人书于扇头，而未注为弢老作。未几，王自沉于昆明湖，此诗即纷传为静庵作，以中有"委蜕大难求净土"句，近于蓄念投湖也。已而报端有人又言为李义山诗，尤可噱。弢老与门人谈及此事，有"淄渑莫辨"之语，此则本为以讹传讹无须自明者耳。

六七 南京张佩纶旧宅沿革

前述广雅堂《过张绳庵宅》诗，已言其为今立法院。张诗第三

① 增补佚文或脱字加【 】表示，以下同。

首，“凭谁江国伴潜夫，对抚髯龙入画图。怜汝支离经六代，此心应为主人枯。”自注：“宅有六朝栝两株。”此栝至今犹存，前年往观，邵翼如、张默君伉俪为予言，此树考定为枞，因有“美枞堂”新榜。予按今立法院地名侯府，侯府者，清靖逆侯张勇之府也。府即此园，其由张侯以至于张绳庵，沿革亦有足纪者。考《白下琐言》：张侯府在大中桥襄府巷内，盖前明襄国公故府，今桐城刘氏赁居之。侯讳勇，康熙间以征三藩功封侯世袭。又考张绳庵《涧于集》书牍卷六《复陈弢庵阁部》笺：

> 日内拟迁李氏试馆，亦非可久居者。馆之前巷，有一废园，颇多旧树，侍规为隐遁地，索价颇昂，力不能办。近屋主以讼累归桐城，或可典出，能僦之，虽非入山深处，较可远市避嚣。

又《复张楚宝观察》笺：

> 检原券，刘买此屋在嘉庆十二年，所谓安园者，非刘家之新榜，乃章氏之旧题也。章亦桐城人，署券之星斋名维极，其父淮树备兵(攀桂)购此园以奉太夫人，故名安园。存斋《嫁鹤词》云“随园山瘦稻粱稀，争及安园饮啄肥”者，此也。淮树雄于财，晚耽声伎，兼持戒律，守京口，与禹公习。后居金陵，时与禹卿及子才、惜抱共游宴。所谓松山馆，以松名，有伎名芝者居之。秋桐轩，以桐名，有妾名凤者居之。斋榜出澹墨探花，皆藏娇之金屋，何关刘氏祖芬。淮以嘉庆八年示寂，十年卜葬，十二年子孙即售屋还乡，刘氏并冒其园馆之名而有之。惜抱《重过章氏故宅》诗，所谓“门频画采迎新主，室有披缁就法王。重到西园苔径绿，春风犹舞旧垂杨”。绝不云屋归同邑刘氏者，以刘非雅士，即乡先生亦不欲挂诸简端耳。

又《复陈弢庵阁部》笺云：

或云此园即丁仲容桧亭遗址，无书可证，而为张靖逆袭侯宗仁废第，则确有可凭。张之夫人高远芬能诗，惜箧中无之。如尊处有丁之《双桧亭集》、高之《红雪轩集》，可以寄假否？

绳庵此三笺，俱可宝，惜弢老复笺未之见。严范孙注广雅诗，于金陵古迹，不甚灼知，遂驰书询教育厅长胡家祺，问以五松园是否即今侯府？胡报书，于五松园沿革引《白下琐言》；于侯府一节，答云：至侯府乃安园故址，《待征录》，安园在义直巷，本吴逆家人薛秉所造，后为靖逆侯张勇子宗仁第宅，园基宏敞，栝树三四株亦古秀，云云。考绳庵乃范老之师，而严注不征《涧于书牍》，殆偶未检及。丁仲容名复，元人，晚侨居金陵。假使丁之遗址，薛之造园，两说皆可信，则元明之间尚有数百年，未审第宅属于何人？予尝以询于柳君翼谋，亦不能有更进于此之考证矣。

六八　陈弢庵与晚清名士

安园归于绳庵后，名驯鸥园，亦称鸥园。陈弢庵有《过驯鸥园留别仲昭》一诗云：

及身不相就，失君还自来。轩窗积尘土，一一为我开。
撑胸郁梁栋，吐地成楼台。委蜕等一寄，遑知华屋哀。
牡丹正向阑，红白香作堆。留慰迟暮眼，识君殷勤栽。
欲行见遗容，悄然重徘徊。交期安足道，悼此旷世才。

按此为光绪二十九年弢老闻绳庵之丧，自闽来吊之时所作，度是濒行之诗，故尔沉痛。按清流中以张绳庵为最风厉，南皮虽与绳庵、弢庵善，然南皮惟上条陈言时务，与张、陈专事抨击者不同，故官运殊佳。张、陈各外简会办后被谪，绳庵偾师，负谤最甚。传闻丰润、南皮晚年颇有违言。南皮移督两江时，以绳庵适寓江宁，夙为西后所嫉，与之往还，惧失欢西朝，不与往还，又失故人之谊。乃阴讽绳庵移居苏州，绳庵大怒，谓："我一失职闲居之人，何至并南京亦不许我住耶？"其后闻南皮又使人先容，微服往访，至于相对痛哭。此事弢老时已有所闻，故绳庵之殁，特千里唁之。南皮时督鄂，闻弢老至宁，要约其游庐山，而弢老自言吾为吊丧来，非游山也，谢不往。今广雅堂诗，有题云《江行望庐山约陈伯潜游不至》，是此事也。故知弢老与二张之交，尤厚绳庵，至与南皮，晚年始弥沆瀣。丰润《涧于集》刻成，弢老为序，中有云："其一身之升沉荣悴，实为人才消长、国运隆替所系。"或以为斯言近于过阿所好，然以予所知，光宣朝局之变迁，与所谓清流党之兴替殊有关。

盖同治末年，大乱初夷，群有致治之望，其时柄政者为李高阳及恭邸，而清流实隐佐之。未几，常熟继起，佐常熟者，亦为后起之名士，盛伯熙、文芸阁、王可庄、丁叔衡、张季直等是。而黄漱兰之公子仲弢先生，素不慊于绳庵，亦亲常熟。亡何，伯熙遂首攻恭邸、高阳，朝局始变。清流毁于甲申，而常熟一流，则毁于甲午。此十年间，朝中识字人相率并尽，留者无几。中更戊戌，诛贬更甚，一任满人颟顸，遂有庚子之役。由庚子至辛亥，则项城与亲贵之时代矣。而始终深恶诸名士者，则那拉后一人也。故自直声奋发之四谏，戊戌变政之六君子，从容就义之袁许，以暨于号召革命之张季直、汤蛰仙，其中主张有绝相背驰者，殊途同归，皆为西后所切齿，终身不复尚用有气节有智识之士人，卒以断送满清三百年之天下。

吾人历溯当时读书人言论思想，逐渐倾向之痕迹，而叹古今史迹皆可作如是观，不止光宣之局为然。但就清末三十余年间一小段落言，张绳庵之敢言，与其被谪之因果，则于政局良为有关，弢老之序所云，固亦自成片段也。伯熙晚颇自悔发难，故集中删去诸疏。南皮《过伯熙宅》诗："密国文章冠北燕，西亭博雅万珠船。不知有意还无意，遗稿曾无奏一篇。"即言此事。当时清流虽推重高阳，而殊无党魁之崇戴。绳庵《涧于集》中，《伯潜舟中同宿》诗"神仙李郭原无党"，即言清流非有党援，此说自可信。吾友晚读先生，近贻予一书，亦言此事。其肯相匡益处，尤可感。书如下：

大著《花随人圣庵摭忆》，纪太傅师事，文笔轩翥。《感春》四诗，诂义特确。《落花》四诗，则独以数语括之，岂有所不欲详者在耶？文中言师与高阳关系，一云皆文正羽翼；一云既与高阳善，而若翁若潘皆忌其才，《越缦堂日记》屡诋沧趣，皆由于此。此似皆沿历来之传说，而未及为之纠正也。去岁弟回旧都，侍师谈，偶及此事，师为语甚详，曾于拙著缀佚中，笔而藏之，兹撮其要，以告足下。

师自言，生平谒文正仅二次：一，通籍后以年家子修谒；一，武英殿成书，其时文正总裁，师为总纂，例得奖叙，师携折谒文正力辞。自此之外，则皆僚属例见，未尝私谒。然文正则绝爱重师。一日师病，张晓帆中丞趋视，先过文正。文正闻师病，喟然曰："正士今无几人，而羸弱如此，若国家元气何？"敦属晓帆道意。师愈，亦未报谒也。晚近纂修《清史【稿】》文正传，为新城王晋卿先生当笔，中有文正"值军机时，张之洞、陈宝琛昕夕过从"之语。师见之，曰："君传质实，惟此二语，则稍失考。当时与文正常过从者，为二张，文襄与篑斋也。二君于文正，或为戚属，或为前后辈，谊不能自远，若某则修谒之时盖稀。"观于师言，足知师于当时军机王大臣，皆有不著形迹之意，言官自重，义固如是也。至翁与师是否忌才，弟未及知，未敢断定。若潘，则与师亦年家，且属师弟，亦极爱重师，其言论颇见当时于拙著缀佚中，皆闻之师者。越缦日记其所以诋师者，类为名士结习，未必全由于翁、潘，以事属纤琐，不欲见诸笔墨，以存忠厚。兄述作足以传后，故敢以师所诤于新城者奉谂，以存师之真。

予报以一笺云：

承惠示甚感，复以所闻于弢老者见告，教匡之赐，逾于百城矣。当于下期刊载，以质当世。唯私意，弢老虽自言于高阳无私交，而气类相援引则必有之。羽翼之称，本异昵附，似无碍也。吴县忌才，此说昔闻已疑之，弢老尚有怀潘诗，今当如示订正。但吴县老而媕婀，比于常熟，亦未必力助清流。由今追论，弢老与文襄同官庶子时，即翁潘亦服其敢言，如李三顺一案，松禅日记犹叹称张陈封事，其后则难言矣。在弢自言，自必群而不党，若后人载笔，只能略辨渭泾。沧趣之于光绪初年朝局，其分野何属，似未能脱高阳二张之范围也。至如细析之，则文襄晚与篑斋未尽䜣合．弢老与文襄亦有不苟同者，若盛伯熙、王忍庵[①]与张陈趋向各异，又不胜缕举矣。最繁复者社会，最不可信者人事之情伪，涉及政治或文学，则歧而又歧。此中消息至微，记事者仅得其轮廓耳。若弟之拉杂随记，信今尚未可能，矧敢言传后乎？幸兄之亮我而不吝教也。

晚读述所闻于弢老，故极翔实。予笺则仅言执笔随想捃拾，但求朱紫不谬耳。百年之后，或亦得备史料，故并录之。

---

① 忍庵，即王可庄。

六九　昆明湖与瓮山

惠山泉，陆竟陵品为第二，予前论玉泉次第，或疑有以惠泉为第一之讹。按此说良不足凭，讹又何伤。陆品以庐山谷帘泉为第一，黄山谷辄疑为误书，刘伯刍以扬子江水为第一，李秀卿以扬子江南零泉为第七，此皆昔人以意为之。清高宗坚夺谷帘，以与玉泉，其意固在于压惠山。观竹垆山房诸胜，摹肖苏常，如恐不及，其歆爱江南，固跃然可睹也。玉泉与惠泉孰胜，正自难言。而北都之昆明湖与南都之玄武湖，亦有可提挈并论者。予前年南游杂诗，中有一绝云：

> 天遣钟山压后湖，龙蟠气势瓮山无。
>
> 为言树木如名节，乱后林峦奈尔疏。

盖言钟山之在玄武湖，远逾于瓮山之在昆明湖，特病树少耳。若昆明与瓮山相映发者，实系于人力营造者为多，不止十年树木之功也。然瓮山佳处，厥在后山，而非在前山之万寿山排云殿。予客燕都垂三十年，晚近靡岁不探西山，每泛昆明湖，亦未尝不作后山之游。掉一舟，沿港诣谐趣园，水石明瑟，荇藻可数，仰视则槐柳松栝，连阴蔽霄，深敻罔极。时见断崖旧洞，桥岸参差，金碧崩绝，幽禽偶哢，真胜境也。十五年乙丑春将南行，复游昆明，舟入后山，望岸上桃花已谢，野凫三五，探首惊避，怃然有作。诗云：

> 离宫每岁看花人，今日来迟过尽春。
>
> 病树前头行自念，明漪绝底复相亲。
>
> 只应花见承平日，剩与鸥商去住身。
>
> 头白船郎水天话，寂寥为尔共沾巾。

既南归，碧栖丈见而喜之，密圈细批，谓为情文交至，浓挚中有旷阒之境。后四年，再泛舟昆湖，为鹤亭、众异诵之，亦谓病树句最胜。实则花见承平，鸥商去住，皆纪当前之一念，而船郎闲话，亦是纪实，湖舟摇橹者悉是壮夫，唯有一司舵是白头阿监，能言慈禧故事。己巳夏数往游，又有二诗，云：

雨后昆湖潋潋青，西山一逻当南屏。
我来亦挟红衣伴，只恨晚钟无处听。

每岁湖游爱后山，扁舟今许雨中还。
四围松栝碧相瞰，几莳芰荷玉自攀。

皆有本事。考瓮山之名甚旧，明王嘉谟记称："西山有瓮山焉，纯卢土，中多杏楠榆柳之属，余尝游其间，其南岩若洞而圮者，一樵人曰，此少鬲仙室也"云云。按万寿山今犹多杏楠榆柳，其西南堤外有一小山，果树尤多。余昔尝探之，舟人告余，谓有蛇穴居，不可近也。南岩若洞而圮者，今度已为颐和园之石洞矣。山所以名瓮者，记云：山麓魁然而大凹而秀者，瓮之属也，因凿之，得石瓮一，倍于常瓮，华虫雕凿不可辨，中有物数十种，父老悉携以去，置瓮山西，因为谶曰："石瓮徙，贫帝里。"嘉靖初记，瓮不知所存。按此瓮度是昔时辽金或元宫室陈列之一。今团城之玉瓮，亦其一种，石质如碔砆属。记元宫法物，有酒樽酒瓮等等，石瓮倘亦其遗欤？李东阳记云："西湖方十数里，有山趾其涯，曰瓮山，其寺曰圆静寺，左田右湖。"则今日登众香界者，下视平畴，依然此景。由山之东麓上景福阁，附近环坡皆种丁香，花时来游，辄徘徊不忍去。其尤别有会心者，登山玩花，每于树隙远见平湖，水光如黛，使襟抱一豁，旋生浩渺之思。予在民国十年，奉直方战时，郊垒如云，独来此看花。有二绝句云：

独来寂寞行宫地，怅望苍茫斗将辰。

只有湖波知我恨，远从木杪送行人。

其二云：

念乱忧生每自哀，强携残笑看池台。

乐农轩畔丁香雪，一日须看一万回。

乐农轩即在景福门下，稍迤西，折入后山，则两行松栝，一径萧森，愈入愈胜矣。《石瓮记》虽述瓮山之由来，而殊不叙风景。其后半段则言燕都故俗，颇足补旧闻，今附录之。

(上略)夫幽蓟，马四足，可当中人之产；枣栗千子，可食数口；蔬百畦，可当五帛。相思桃李，芳实杂遝，屯军日夜织作，纯缘轻縠，薰燧丹绿，则天下之沃饶也。弘治以后，外戚边臣，都公卿之右，握兵席宠，气势炎炎，世禄者为之役，则武断乡里。都人以军为美，幕郊而居，屋相比也。又谨事上，时时馈食，有所制，无所争，吏慑于主者不敢问，则世臣富。世宗慨然求治，破去烦挛，法令日新，民莫之式，于是文武奉法，利害一切公之于下，加以求仙采补异好奇珍之络绎，则商贾重，鹾商外摄府贾，内赢杂贾，痘食奄人，他之，即竹木之场，陶冶之技，亦富千室。及至隆庆，所好靡靡矣。于是奸人之雄，习刀笔，观时变，其言曰：所谓富者，岂守子母钱而日为愚也，祸且立至，故不如求百倍之利。乃鲜衣怒马以交于贵人，倚凭则高如青云，接趋则污如沟染，已而暱〔昵〕则挟之，怨则箝之，刎颈托于非类，千金转于片言，风扇波流，无复纲纪，其势斯极，乃今不无少变矣。说者曰，帝里侈，是未见天成之豪丽，宣洪之清泰也。曩者，燕市屋楼观，重缕连铃，贵人造佛寺，渴泉飞山，佛身纯金，七宝鋈渥。中人燕享，水陆毕殚，后轩美人曳缟紬，秣陵之轂，均于中单，秀水机杼，不藉而靡。少年日夜歌吹，东西乐部。倡家楼阁通天，乳煎镂蛤，冬果春蔬，弃之如遗，赏赐动以千计。三正元会酺乐，灯火奥若连山，状于六鳌，生花舞鸟，闭机其中，举火树者万万计，荆扬估船，日夜集于大市。而今安有之？衣文之巧，日变日俭，故有屋设而寡坚黑，伎者，或改而市矣。元夕寥寥数人行，少年博具，数钱而摊，司空召商，具五刑，泥首号哭，家立破败。四方异味日至，物价翔踊，器更狭椭，转效他方，贾者日夜心计，市魁大奸其迹堇堇，则何以称也。夫财通物富，美名也，逋之于不可知，变之于不可继，岂石瓮之为乎？且以为诞也。

此文叙北都当明时已有衰盛菀枯之区别。中叶最盛，晚则凋敝矣，所述外戚大贾贵人乐部倡家灯火之状，予于清末，犹仿佛见之。其后迁都，迭有兵乱，所谓“元夕寥寥数人行”，其冷落之状，晚近亦如亲见之。读此文，辄叹国中都市，古今兴衰代谢之状，不甚相远。（开国时政治清明，赋税薄，故工商盛。末叶政治腐暗，赋税愈重，社会经济愈衰落，农村都市皆凋残矣。明清两朝，北京之几度衰盛皆由此，故曰不甚相远。）唯此后飙轮再转，则不知当作何世？经行废苑，容与湖舟，皆有重见劫灰之惘惘一念也已。

七〇　周霭甫《阅〈红楼梦〉笔记》

侯府之为安园、鸥园，其沿革固已了然。至若云安园有关于《红楼梦》，世人乍闻之，必将瞠目而哗。顾斯说由来，实凿然可据。浙人吴君伯迁，淹雅富收藏，所居署为万华庵。其家传有《阅〈红楼梦〉笔记》一巨册，为其乡前辈周松霭先生手书原本。笔述井井，总题为《阅〈红楼梦〉笔记》，内分红楼梦评例、约评若干种，下署“海昌黍谷居士周春松霭甫著”。原文近数万言，不能具录，今录其弁首一节如下：

> 乾隆庚戌秋，杨畹耕语余云，雁隅以重价购钞本两部，一为《石头记》八十回，一为《红楼梦》一百二十回，微有异同，爱不忍释手，监临省试，必携带入闱，闽中传为佳话。时始闻《红楼梦》之名，而未得见也。壬子冬，知吴门坊间已开雕矣，兹苕贾以新刻本来，方阅其全。相传此书为纳兰太傅而作，余细观之，乃知非纳兰太傅，而叙金陵张侯家事也。忆少时见《爵秩便览》，江宁有一等侯张谦，上元县人。癸亥甲子间，余读书家塾，听父老谈张侯事，虽不能尽记，约略与此书相符，然总不敢臆断。再证以《曝书亭集》、《池北偶谈》、《江南通志》、《随园诗话》、《张侯行述》诸书，遂决其无疑矣。按靖逆襄壮侯勇，长子恪定侯云翼，幼子宁国府知府云翰，此宁国、荣国之名所由起也。襄壮祖籍辽左，父通，流寓洋县，既贵，迁于长安，恪定开阃云间，复移家金陵，遂占籍焉。其曰代善者，即恪定之子宗仁也。由孝廉官中翰，袭侯十年，结客好施，废家赀百万而卒。其曰史太君者，即宗仁妻高氏也，建昌太守琦女，能诗，有《红雪轩集》。宗仁在时，预埋三十万于后园，交其子谦，方得袭爵。其曰林如海者，即曹雪芹之父楝亭也。楝亭名寅，字子清，号荔轩，满洲人，官江宁织造，四任巡盐。曹则何以廋词曰林？盖曹本作𣍘，与林并为双木，作者于张字曰挂弓，显而易见。于林字曰双木，隐而难知也。嗟夫！贾假甄真，镜花水月，本不必求其人以实之，但此书以双玉为关键，若不溯二姓之源流，又焉知作者之命意乎？故特详书之，庶使将来阅《红

楼梦》者，有所考信云。甲寅中元日黍谷居士记。贾雨村者，张鸣钧也，浙江乌程人，康熙乙未科，官至顺天府尹而罢，首章明云雨村湖州人，且鸣钧先曾褫职，亦复正合。此书以雨村开场，后来又被包勇痛骂，乃《红楼梦》中最著眼之人。十月望日又记。

考周先生为海盐人，字芚兮，号松霭，晚号黍谷居士，乾隆间进士，官岑溪知县，潜心著述，四部七略，靡不浏览，有《海昌胜览》、《松霭遗书》等。此文中之庚戌，是乾隆五十五年，壬子，是五十七年，甲寅，则五十九年也。松霭作此时，《红楼梦》始行世，上距康熙不及百年，故所云决然有可信者。盖笔证具存，为史料之最上选，而以比较同时之人，言同时之事，其近得真相，又远过于三百年后之摸索拟议。

以予所知，晚近红学大师，无过孑民先生及适之。适之考证，尤博且精，惜此绝佳材料，乃未得寓目，不可谓非憾事也。然就周记而言，今日适之所考曹楝亭云云，不但无碍，更可互相阐明。盖小说家言，往往有两三层根据，而皆未可刻舟求剑。《红楼梦》之根据，必有绝对为楝亭家事者，亦必有张侯家事者，此说殆最持平。

周氏“约评”中，尚有数节可采者。一云：“钱竹汀宫詹云，金陵张侯故宅，近年已为章攀桂所买，章曾任江苏道员。”又一云：“李纨，为李守中女。按李廷枢，字守中，江宁人，顺治丁亥进士，官翰林。然宫裁必非守中女，或曾孙女耳。究之，总是半真半假，悟此方可阅此书。”又一云：“赵嬷嬷对凤姐说，贾府在姑苏扬州监造海船，修理海塘旧活，正为松江提督时事。凤姐云，我们王府里，也预备过一次，盖为王新命而言。按王新命潼川人，官至总督。”右三节中，第一节，章攀桂，即安园之由来，已详前笔。后两节，确否不可知，要可备一说。而以半真半假读此书之一语，尤为破的。盖自来释《红楼楼》者，多病于拘泥文义，不知数百万言之小说，所影射者，决不止一人一事也。周先生能知此书半真半假，则其见解既高，言《红楼楼》属于张侯家事，度其耳目闻见，必有相当范围可信，惜未为条举耳。

予意，张曹两家，当为戚串，两家故事，康乾间江南士夫咸能道之，故周于童时即饫闻各说。若使适之得见此手写稿，必可平添许多强有力之材料。又曹之《楝亭图》凡四大卷，禹之鼎等画，姜宸英等题，此物有人质于吾友张伯驹[①]家，亦红学一珍秘，适之亦惜未见之。吴君闻久作旧都寓公，此稿或犹存北地也。

七一　王旭庄与张绳庵绝交始末

予前言清流尽于甲申者，始于谏臣悉外放为三会办，终于滥保唐炯、徐延旭一案。其时马江败后，中法议和，朝士切齿于张绳庵，而盛伯熙、王可庄兄弟亦然。伯熙陈奏法事，力诋用人之非，王旭庄切责张绳庵，谓其举措乖张，与之绝交，张则揭发及于黄仲弢，谓为伯熙主谋，终之张绳庵谪贬塞外。朝局一变，佥谓甲申一役，乃张佩纶之罪，非战之罪，沉迷偾张，而有甲午之役。

及今平情而论，西后久恶清流，故使书生典戎，以速其败，中法

---

① 张伯驹，字丛碧，河南项城人。民国时期经营南京等处盐业银行。1949 年以后，曾经任燕京大学名誉艺术导师。1956 年，将陆机“平复帖”等八件国宝捐献国家。著《丛碧词》、《洪宪纪事诗注》、《素月楼联语》，主编《春游社琐谈》。有关《楝亭夜话图》下落，见丛碧《楝亭夜话图》一文，刊于《春游社琐谈》(1998 年，北京出版社)。

之不敌，张等固不能辞职责，而其实何能尽以咎张？盈廷交谪，同类相残，适足为西后所快。其后甲午常熟主战，何尝不蹈篑斋之辙，特其溃决者愈大，个人之罪谤愈小耳。余昨觅得旭庄与绳庵绝交书，一时意气断断，若不并立，实皆为人所卖，隔靴搔痒。贤者勇于相责，而无远识，良可叹息。王书云：

> 前闻越南北宁失守，由于徐某调度乖方。两次走访，拟请吾丈以徒采虚声贻误大局自请议处，惜未得面谭。继思吾丈见理素明，再同事诸君子，亦必有见及此者，以致迟迟未达左右。顷在小帆处晤安兄，谈及法人已索偿兵费二千余万，不胜骇异，回寓又闻太原沦陷，唐、徐拿问。尚惜未明发谕旨，不足以昭赫怒，而振军心也。吾丈志识迥越恒流，迩来破格兼官，受恩不可谓不厚。窃谓今日夷务，与吾丈所以自处，均有势难自止者，拟一以声罪致讨，布告中外，一以荐举失人，自请罢斥，时局或有转机。吾丈虽滥保匪人，前此不免訾议，尚可告无罪于后世。倘与朝局一同隐忍，夷患固不可收拾，吾丈亦无以自立。某谬附故交，又复长承教益，故敢以古谊责备贤者，如谓所见大谬，即以此纸为绝交书可也。

此书词气赫然，绳庵若无所逃罪者。绳庵复书云：

> 承以古谊相勖，感佩无似。鄙人筹算三月，而山西、北宁、太原以次沦陷，罪何可逭，分应罢斥，正不在误保徐、唐也。水师火器，与伯潜三年前所沥陈者，至今全未虞备，而贸然出师，实中兵家之忌，此时琴轩出关，将为何人，勇在何处，枪炮子药，由何省应付，不此之务，而遽欲以明诏声罪致讨，恐徒为法人索兵费确证耳。鄙人怨家甚多，不患无人弹劾；此事终难补救，亦不患鄙人不去；今日身在局中，不肯劾他人以自解，亦何

必自劾以为人解？要之出处进退，承教有素，当不至有乖于义耳。绝交与否，听之中散。

两书相较，吾人宁谓水师火器未备贸然出师云云，为近于事实也。至于仲弢与绳庵之隙，以予所闻，由于其父漱兰先生极佩服绳庵，有所作必就正。仲弢则不以为然，后与伯熙等别树一帜。若谓奏疏皆其主谋，则亦未必。张既疑黄，黄贻书数千言抗辩，且揭其狡饰，此书后为南皮切劝，始毁其稿，然尚有抄存者。同光同时名士，今尚有存者，言及此公案，犹各不相让。

夜起[①]前数年有一诗云："丰润当年气属天，荷戈一去甲申年。名流正有人微叹，转觉王家伯仲贤。"即指此事。意袒王可庄兄弟，谓张绳庵气焰过大。弢老见此诗大不怿，屡斥其非。而夜起最近挽弢诗犹及之，有"石交惟篑斋，极口为论辩"，及"何至抑忍庵，相轻意殊褊"等句。忍庵即可庄，为弢老之妹婿。可见当年争持之烈，至今印象犹深刻。其实是非功罪，两成陈迹，后此恐亦无作此等议论之人，故录存两书，以识清流尽于甲申之内幕，亦可见彼时外交军事失败后，朝士所切责者，乃在此而不在彼也。

七二　张南皮手札丛稿

南皮手札丛稿一帙，缬蘅所藏者。首页是诗稿，晚年在京师作之绝句，《食陶菜》、《哀旧》、《道路》、《长安》、《学术》、《此日足可惜》凡六题，诗并已刊集中。唯《食陶菜》一首，原自注名曰陶菜，上有"广和居"三字，后以墨钩去。第五页，是两联诗钟，烧鸭嵌第一字，

① 郑孝胥，字太夷，号夜起，又号苏龛（堪）。斋名海藏楼。福建闽侯人。

诗云："烧仍不尽香山饱，鸭岂能言鲁望谐。"又云："烧指群迷韩愈表，鸭头残字右军书。"下自注：右军有《鸭头丸帖》。此两联亦寻常，首联差胜。后有黄仲弢为拟致许竹筼、袁爽秋、樊云门、王廉生函稿，是仲弢手书，南皮涂改，皆庚子拳变时，致书此数人于京师乞其详告者。其附笺云："再前奉高密相公复电，言至痛切，愤恨无极。惟其中尚多未尽之词。自肇事至今，内间秘密宗旨，兵事曲折情形，务恳详悉示我。其有关重要者，请速用密码翻好，付原差至保定电发，以便早得闻知。洞又启。"此附笺所称高密相公者，荣禄也。荣字仲华，汉高密侯邓禹、亦字仲华，故称荣为高密相公也。另有致乔茂轩、甘少南、王弢甫书，亦是仲弢手书稿。其后有手书电稿十余通，则系甲申中法之战，致李合肥、曾沅浦、张幼樵、何小宋及陈伯潜者，皆言法人谋台湾，及粤军援闽诸事。中有上总理衙门一电，敷陈战略，颇足资考镜。此纸云：

> 总署。密且。闻法又图台，此中国之利也。即有窜扰，内地不惊，一；土人颇强，兵食足用，二；瘴热崎岖，主利客否，三；非战无策，军民并力，四。法虽增兵大举，断不能深入全台，钝兵久留，数月必困，外兵援闽，势有不及，敌注台则闽解，他海口亦纾矣。拟请速敕刘督办设法，诱之怒之，优旨悬赏，激厉军民，力战固守，能使敌牵留于台，即以为功。昔郑成功逐荷兰，乃台能胜夷证据。前旨洵出奇牵制之策，此或是困敌之方。遵旨再陈，请代奏。通州电宜速接至京，彩服期宜否？之洞肃敬。

此电开端"密且"二字者，在今日当作且密，清时以密码记号放在密字下也。所陈以台湾诱法之策，今日自不必批评，亏他想出二百余年前郑成功逐荷兰之古典，当时皆以法夷英夷，犹是二百余年前之荷兰红夷也。号称通达时务者,不过如此。试思法国以何理由,肯注全力于台湾,而不侵内地乎?策略与人情相远矣。又按南皮此电有云,“非战无策,军民并力,四”,与上载王旭庄致张绳庵书,“声罪致讨布告中外”云云,同为主战论者。用知吾国名流,不拘何派别,自古及今,一遇夷侮,皆为主战论。可惜“将为何人,勇在何处,枪炮子药由何省应付”之言,必待马江败后之张佩纶,始肯形诸笔墨耳。甚矣,名流之不好谈准备也!

七三 庚子湖北贡品

南皮手稿有一笺似是疏中之附片原稿,今录全文如下:

窃查鄂省每年冬间,督抚向有贡品,此次自当循旧备办。惟例贡品物,只系相沿旧式,窃念关中地气高寒,两宫宵旰忧劳,服御所需,或有未备,兹谨于例贡之外,赍呈天生野术两种,以备宫廷颐养葆和益寿之需。历代史鉴、名臣奏议、文集,以及有关治道之书十二种,以供万几馀暇,考览古今之用。并服食所需,陕省罕有各物十四种,藉申芹曝之忱。派湖北候补知州英勋,赍赴行在呈进,仰恳俯赐赏收。除例贡另行具折恭进外,臣等谨合词奏陈,伏祈云云。

考《广雅堂诗集》纪恩诗十五首中,第三首,“敢道滹沱麦饭香,臣惭仓卒帝难忘”,下有自注,述西幸在陕时,湖北贡品丰足济用。此诗与附片所述,即系一事。附片系庚子所上,纪恩诗则癸卯入觐作。意南皮当时必选那拉后喜御之日用物品进贡,故大博欢心,事隔四五年,尚于召见时述之。当时所云,陕省罕有之物十四种,不知原单为何物，度必汉口、上海采办者，故曰丰足经〔济〕用也。

七四　康熙谕天主教传教士

比日学人，致力于东西交通史料者颇多。良以国史旧制，近于自夸，前人懵于大地实情，侈然自尊，故不足怪。今日西人考古史学者，取材日益完备，援发旧籍，以证欧亚贯连之迹，固学术界盛业也。

曩在故宫，见文献部乐寿堂陈列康熙朝谕西洋人谕旨一道，似是内阁所拟，经清圣祖朱笔删改者。此案为天主教徒传教史上一大事，欧史言之綦详，中国史则仅留此数种史迹而已。考天主教入华时，于祀天、敬孔二事，即有争论。龙华民等以为异端，利玛窦以为非异端，后两派讼于罗马教廷。一七〇四年，教王格勒门第十一择龙议，立"禁约"七条，并派主教多罗使中国，申明此旨。清圣祖大不怿，以不准传教抵制之。至是久居中国深通汉学之西洋人，乃请教廷收回成命。一七一〇年后，交议仍如原案。一七一五年后，派主教嘉乐使中国，重申此项"禁约"，嘉乐以康熙五十九年十一月抵京，此谕西洋人，即康熙未见嘉乐前，特召见在京之西洋人，告以应付嘉乐之法也。原件云：

康熙五十九年十一月十八日，上召西洋人苏霖、白晋、巴多明、穆敬远、戴进贤、严嘉乐、麦大成、倪天爵、汤尚贤、雷孝思、冯秉正、马国贤、费隐、罗怀忠、安泰、徐茂盛、张安多、殷弘绪，至乾清宫西暖阁。上面谕："尔西洋人自利玛窦到中国，二百余年，并无贪淫邪乱，无非修道，平安无事，未犯中国法度。自西洋人航海九万里之遥者，为情愿效力。朕因轸念远人，俯垂矜恤，以示中华帝王不分内外，使尔等各献其长，出入禁庭，曲赐优容致意。尔等所行之教，与中国毫无损益，即尔等去留，亦无关涉。因自多罗来时，误听教下阎当，不通文理，妄诞议论。若本人略通中国文章道理，亦为可恕。伊不但不知文理，即目不识丁，如何轻论中国理义之是非！即如以天为物，不可敬天；譬如上表谢恩，必称皇帝陛下阶下等语；又如遇御座，无不趋跄起敬，总是敬君之心，随处皆然。若以陛下为阶下，座位为工匠所造，怠忽可乎？中国敬天，亦是此意。若依阎当之论，必当呼天主之名，方是为敬，甚悖于中国敬天之意。据尔集西洋人修道起意，原为以灵魂归依天主，所以苦持终身，为灵魂永远之事。中国供神主，乃是人子思念父母养育，譬如幼雏物类，其母若殒，亦必呼号数日者，思其亲也。况人为万物之灵，自然诚动于中，形于外也。即尔等修道之人，倘父母有变，亦自哀恸，倘置之不问，即不如物类矣，又何足与较量中国敬孔子乎？圣人以五常百行之大道，君臣父子之大伦，垂教万世，使人知亲上敬长之大道，此至能〔圣〕先师之所应尊应敬也。尔西洋人亦有圣人，因其行事可法，所以敬重。多罗、阎当等知识甚浅，何足言天，何知尊圣。前多罗来，俱是听教下无赖妄说之小人，以致颠倒是非，坏尔等大事。今尔教主差使臣来京请安谢恩，倘问及尔等行教之事，尔众人公同答应：'中国行教俱遵利玛窦规矩，皇上深知，历有年所。况尔今来上表请皇上安，谢皇上爱育西人之重恩，并无别事。汝若有言，汝当启奏皇上，我等不能应对。'尔等不可各出已见，妄自应答，又致紊乱是非。各应凛遵，为此特谕。"

考此上谕中，西洋人多供职内廷，其中如白晋、费隐、雷孝思、麦大成、汤尚贤、冯秉正等，则曾派往各省测绘舆图。穆敬远，则雍正初与于阿其那塞思黑之狱。戴进贤则乾隆初与修《灵台仪象志》。罗怀忠以医名。冯秉正、殷弘绪有汉文著述多种，此事陈援庵考证甚详[①]。别有嘉乐携来教王《禁约》译本，闻亦陈列乐寿堂，予未之见。援庵疑此谕旨中有不可解者，笔意有讹误，不知当时满中书票拟之谕旨，大率如此，即康熙朱批亦非尽通顺，所谓《东华录》、《清史》乃几经儒臣润色而成，若此谕旨正是初稿，且当时不以入史，故存其真也。宗教威严，今日行将随科学之发明渐就衰替，回瞻旧哄，同成陈迹。唯其中理论有足见东西思想根本之不同者，就其相异者而言，虽谓至今犹留枘凿竞辩之根荄可也。

七五　王可庄与张南皮书

王可庄先生（仁堪），以光绪丁丑状元，出知镇江苏州府，惠政流传，前所述与张篑斋绝交书之旭庄先生（仁东）即其弟。王氏昆仲，在光绪初年继武清流，有直声盛名，昨睹其与南皮一书，虽寻常笺候，而所言已多关故实，书法尤茂密。笺云：

壶公前辈大人座下：午节得电，并蒙厚赐，百务匆促，乃未裁谢，愧汗，愧汗。都门淫潦，屋壁皆颓，同人惟莲生、仲弢住屋未漏。敝居六十馀间，几无片席干处，修葺墙宇，整比书帖，近始复旧。东弟湿疾生疖，缠绵月许日，秋爽始能出户。鄙人

① 见陈垣（援庵）《教王禁约及康熙谕西洋人跋》，1925 年 11 月 18 日撰，影印折子本。

拙于肆应，遂无刻暇矣。《苏斋图》乃长乐初家物，价不少让，已为他人购去。昨于厂肆，得万季野先生《明史稿》本，惜有残缺。略校《明史》，多不同处，只“儒林”、“文苑”两门，万本多出列传几及百篇，姓名不见《明史》附传者且四十人。与莲生争购，书贾益复居奇，故为价甚昂也。前月始见雪城诸君光复之谕，山东刘侍御（即劾文芸阁者）疏论此事，谓一劾一举，无两是之理，疏上留中。刘意不平，或谓刘曰：“君疏再发，岂非三是耶？”刘亦一笑。台北越石，以煤矿包给洋人，邸眷大衰。前数日有密谕，召张蓉轩，张不肯就，故处分特致革留。夹袋人才，搜索及于此公，何其窘耶？小合肥以洋债自媒，既得倭使，遂改债约，小人伎俩，虽复可恨，然未始非国家之福。

宫中饲蚕，南北海隙地，来岁悉种桑田，慈圣每膳后自觅桑秧，出地甫寸许，以彩旗标识之，中官分段司其灌溉，槁死，或为麋鹿践食，辄鞭之。彩旗高下弥漫林阜间，而中官望之，咸蹙频也。中元北海放灯，以红绿纸翦花若叶，粘木片，插短烛，翌晨入直，醉纸泪蜡，拍浮水面。苑内火车路，以数十人牵挽之，若冰床然。两宫出入，多乘东洋小车，制如沪上，惟黄幄朱轮耳。蚕市口洋楼，发银六十万，不用内府，交总署监修，大约一切陈设器具皆要洋式。耳闻目见，殊非好气象。涉笔偶及，千万付丙，防《申报》传刻，闻者不免解体，不独守温树之戒也。鄂中矿务奚似，便中幸示数行。手此奉布，敬请台安，顺贺秋禧，诸惟垂察不备。晚生堪谨启。

此书不署年月日，予所考定，必为光绪十六年庚寅所作。其证有三：一、为书中称都门淫潦屋壁皆颓等语。按庚寅夏，北京大雨，绵延四十馀日，城内各市巷水深二三尺至七八尺不等，永定河漫芦沟桥，水至永定门。又水壅顺治门不能开，牵出象坊二象，以鼻拽之。与嘉庆十三年、光绪十九年之雨，同为北都三大水灾。二、为书中台北越石，指刘勤肃公铭传。考刘省三为台湾巡抚，至光绪十七年辛卯二月以病免，此书必庚寅作，尔时刘犹抚台也。三、为书中小合肥，指李经方。考《清史稿·德宗纪》，光绪十六年七月癸巳派道员李经方充出使日本大臣。此书称其既得倭使，遂改责约，则作书时至早亦在七月杪，观有秋爽语，或竟至八月初，证以四十馀日之雨，修葺墙宇，整比书帖，自当延至秋间也。由斯以观，王作书之年月，当无疑义。《苏斋图》之收藏者长乐初，当是长善，容续考。此图为陈弢庵所得，弢老又以赠南皮，其后又以李霨画，从张君立易归之，去可庄先生之殁已久矣。

其称刘铭传邸眷大衰，此邸字指礼邸。始盛伯熙攻恭邸、高阳，黜出军机，今考十六年军机大臣之首列为礼亲王世铎也。雪城，即王秉恩雪澄。李伯行，当时群以小合肥呼之。其时朝士皆反对合肥，尤鄙言洋务，出使外国，几为朝官所不齿，吾乡罗稷臣丰禄为出使英国大臣，于外交界负盛名。其丧归里，卞宝第为总督，佯语藩县司道，问罗丰禄为何如人，群知卞意，答以不知，故延宴阖城文武，不许往吊。此皆其时轻视使节之一证。而庚寅、辛卯间，正常熟一系柄国之时，合肥极不得志，李经方为日本驸马等谣所由起也。

宫中饲蚕地，在今北海之东偏，别有缭垣。蚕市口之洋楼，度即西苑之海宴楼，今名居仁堂，在春耦斋后。金息侯之《清后外传》，称光绪十五年增葺西苑，当即指此。其时士大夫闻建洋楼，皆蹙频太息，虽近固执，然那拉后之淫侈土木，不知图治，朝政日非，所谓殊非好气象者，亦自为事实。此笺友人戴亮集所藏，盖前岁新以贱价得之者。春夜无俚，偶拾所知为注释，居然连纸。惟万氏《明史稿》尚存否？当驰书以讯王家群仲也。

七六　王玉峰三弦绝技

明沈德符《敝帚斋馀谈》，记京师有李近楼者，幼以瞽废，遂专心琵琶，其声能以一人兼数人，以一音兼数音。尝作八尼僧修佛事，经呗鼓钹笙箫之属，无不并奏，酷似其声，老稚高下，曲尽其妙，又不杂以男音，一时推为绝技。不意逊清季岁，京师又有瞽者王玉峰，亦以三弦作诸声，并能度昆黄各曲，生旦净丑，锣鼓弦索，乐声歌声齐作，皆能各尽其妙，了了不爽。尤神者，则作西洋军乐铜鼓声，喇叭声，惟肖惟妙，又间以士卒之步伐声，枪声，马声，听之历历，尤酷似西人之兵操，几忘其出于三弦也。王故已二十年，闻颇有人能效其艺，然终逊其精。

予于音学非所谙，以理度之，必心手娴熟，以弦为声带，故能作众音。然人人皆有声带，顾引喉发音，不能同时并发，若《聊斋》所纪口技者，则以三弦代声带，不尤难乎？

故友人刘天华，半农之弟，留学西洋，专攻音乐，博淹东西乐器，予曾聆其提琴诸作，皆绝妙，但亦不能如玉峰三弦发音之复杂。盖治科学者，有一定之原理原则，而吾国人虽不谙定理，但练习久之，得心应手，自成绝艺，亦暗与科学原则吻合，所谓经验也。

七七　黄石斋赵㧑叔论书警语

黄石斋①有论书卷子，是居凫图时随意所书，考其年月，为崇祯七年甲戌。首节云：

> 作书是学问中第七八乘事，切勿以此关心。王逸少品格在茂弘、安石之间，为雅好临池，声实俱掩。余素不喜此业，只谓钓弋馀能，少贱所鄙，投壶骑射，反非所宜，若使心手馀闲，不妨旁及。赵松雪身为宗藩，希荣索虏，特以书画，邀价艺林。后生少年，进取不高，往往以是脍炙前哲，犹循五鼎以啜残羹，入闾门而悬苴屦也。余自归山来，作书不逮往时，而泛应益众，犹君山之笛，安道之琴，时时不拒耳。然自是著述意倦，讲论期疏，风日气调，笔砚具在，屡致及之，似有波澜。每遇败素恶楮，罗列当前，泼墨涂鸦，真为市朝之挞。又自古俊流，笔墨所存，皆可垂训。如右军《乐毅论》、《周府君碑》，颜鲁公《坐位帖》，尚有意义可寻，其馀悠悠，岂可传播。去年曾得一帖，极是佳本，入手便临子敬《洛神》、右军《曹娥》，至十数帖，甚无要紧。何尝见刀剑窗几，圣迹神铭，留至今日？近来子弟，间有雅好，只求标题，不办法意，间谭法意，不寻文义，虽把笔握管，俯仰可观，而身心有何干涉？某廷试时，亦常竭力守规，剜心墨矩，撤榜之后，阁中寻卷，全篇之中，分为数段，或亦嗜痂以文义见私，大约风尘，何关出处？人读书先

① 黄道周，字幼平，号石斋，明福建漳浦人。天启壬戌进士。学问宏博，工书画。与郑芝龙等拥唐王抗清，兵败被俘，不屈死。

> 要问他所学，次要定他所志何志，然后渊澜经史，波及百氏。如写字画绢，乃鸿都小生，孟浪所为，岂宜以此溷于长者？必不得已，如今日新诗初成，抑如曩时长篇间就，倩手无人，滥草杂读，笔精墨良，值于几案，如逢山水，时重游之耳。雅尚之伦，便当寻其意义，别其体况，安能阉然含计腐毫，与梁鹄、皇象之俦，比骊齐辙乎！老大人著些子清课，便与孩子一般，学问人著些子伎俩，便与工匠无别。然就此中有可别人入道处，亦不妨闲说一番，正是遇小物时，通得大路也。

其言真鞭辟近里，予每诵之，辄怃然自失。予不工书，而颇嗜之。忆九岁时，先君教予悬腕作擘窠大字，其后读书漳州，晨起临池，凡六寒暑。自入校庠，此事遂废。二十以后，尘俗鞅掌，平生所能，而无一称意者，不止学书一事也。性好博观，耽览帖迹，颇粗识其理。窃以为自馆阁书体一出，而字大变，变之为优为劣，于古固不易言，今后更无专治此道者，亦不必言矣。然古今书体，清代为一鸿沟，自为定论。石斋书法，实掩华亭，观其论断若此，信非董鬼之乡愿可比。近来沈寐叟晚年全得力于此，学人所共知也。

赵㧑叔书入能品，而其论书亦甚精。王志庵年丈，旧藏㧑叔手写《章安杂记》，中有一节，即论馆阁体书，其言似浅实深。略云："古人书争，今人书让，至馆阁体书，则让之极矣。古人于一字，上下左右，笔画不均平，有增减，有疏密。增减者，斟盈酌虚，裒多益寡，人事也。疏密者，一贵一贱，一贫一富，一强一弱，一内一外，各安其分，而不相杂，天道也。能斟酌裒益不相杂，其理为让，而用在争，人不知为争也。今必排字如算子，令不得疏密；必律字无破体，令不得增减，不惟此，即一字中亦不得疏密，上下左右笔画不均平，反取排挤为安置，务迁就为调停。"亦非深知近世字书之敝，不能作此警语。今日馆阁书已亡，而以墨以颖书者，亦行将淘汰。夜窗执笔，偶忆黄、赵此两节语，皆世间不恒觏者，录之以告知者，且欲以告学人，今日作书，已是第七八十乘事矣。

七八　光绪甲午翰詹大考

缪艺风①上南皮一书，纕蘅昨以见示，楷法端整，用粉红罗纹笺，恪守翰苑后辈规矩也。书云：

夫子大人函丈：前肃芜缄，谅登签室。辰维崇勋式焕，懋祉增绥，沛嘉澍于荆南，序臻夏长；迓纶云于阙北，泽被春恒。铃阁翘瞻，襞轩曷既。受业时乖运蹇，计无复之，只有归耕一途，犹可苟全性命。第自遭寇难，生计毫无，奔走卅年，一廛未卜，不能不图馆谷，以为饘粥之需。仰恳夫子大人悯其穷途，赐以末席，效趋承于左右，藉报答于涓埃。而衰病之馀，性灵日退，枯肠难索，采笔已还，不敢希席上之珍，但免作沟中之瘠而已。受业之开罪徐掌院也，因《儒林》等五传，奏派受业与谭叔裕总办。徐太无学术，又坚愎自是，硬交纪大奎、方东树入儒林，受业等两人，恐为清议所鄙，力持不肯，属有谗人交构其间，遂固结而不可解。此次入都，撰文旧缺不派，庆典不派，会典馆潘文勤索之于前，翁尚书索之于后，允而不派，京察不能不列一等，考语平常，以致不能记名。掌院例不阅大考卷，忽

① 缪荃孙，字筱珊（小山），以艺风堂名室。江苏江阴人。光绪进士。学问渊博，著述繁富，尤精于金石碑帖、版本目录。曾任翰林院编修、清史馆总纂，历主南菁、钟山等书院，创办江南图书馆、京师图书馆。

特旨命之复阅,业已拆封,恩怨易辨。受业卷初列二等,因一讹字,改置三等之首,亦可以已矣。徐一见大喜,谓非置四等不可,翁尚书再四挽救,置三等倒第四名,夺俸两年。徐尚以为未快也。深仇宿怨,为之下者,不亦难乎?现拟收拾图书,提携细弱,午节前后,航海而南,趋叩崇阶,面聆训诲。杂事数则附呈。手笺祗肃,敬请钧安,伏维垂鉴。受业缪荃孙谨启。

此书所述与徐桐龃龉甚详,缫衡以柳翼谋为艺风先生弟子,今春复属为跋。翼谋援翁文恭、叶缘督两家日记、张篑斋《涧于书牍》以证之,爬梳源流,瞭若导川矣。今并录之。柳跋云:

缫衡同年检视艺风师上张文襄书,中述甲午大考事,属为题记。按《翁文恭日记》:"甲午三月廿六日,翰詹大考,实到二百零六人,赋题'水火金木土谷',以'九功之德皆可歌也'为韵,论题'书贞观政要于屏风',诗题'杨柳共春旗一色',得'林'字,七言八韵。阅大考卷,昆冈、孙毓汶、孙家鼐、陈学棻、志锐、王文锦、李端棻、龙湛霖、徐会澧、梁仲衡。廿八日奉派复看大考卷,张之万、徐相及臣龢。发下卷二百零八本,礼邸、孙毓汶传旨细看,除第一及另束五本毋动外,馀皆可动(**诒按:第一即文芸阁**[①]**,未试即预定者也**)。有顷,奏事太监文德兴传旨如前,并云在上书房当差者,可酌提前。廿九日阅至巳正,粗毕,请荫老写奏片清单讫,遵旨改定三卷,拟改后者二卷,拟改前者一卷,三等末廿名重排定。未初递上,二刻许发,于清单拟改前者,上朱笔著即列入一等末。正折传旨依议,遂

① 文廷式,字芸阁、道希,晚号纯常子。江西萍乡人。光绪庚寅榜眼,授翰林院编修。文氏三代居粤,故与粤人交密。有诗词名。今人编其著作为《文廷式集》。

与青老定三等后数十名，皆脱字出韵涂改者，请军机章京二人写名单名次，签重粘一过，余等一手经理，申正二刻始毕。”

张篑斋《涧于集·书牍五》“致王廉生太史”：“阅大考之信，弟意阁下当列高等，及芸阁寄晦若一单，竟屏置三等十八，意极沮闷，幸月朔得电复，知圣人藻鉴，拔置前茅。（**诒按：此即翁记移前一卷列入一等末之事，并可知翁等未复阅时，文芸阁已详知名次，告知津幕。**）缪小山何以由三等之前，抑置榜后，岂风闻竟入天听耶（**此语不知何指**）？记是兄之房师，不至改官否，均祈密示。”

叶缘督日记：“甲午三月廿八日，闻大考前列，喧传一等五人，道希、佩鹤、伯揆、戴鸿慈、陈兆文，咏春在二等前列，蔚若、颖芝皆二等。即往蒿隐处观全单，余与屺怀、韶臣、建霞、小山、礼卿、子封、蔚庭皆三等，子献四等。四月初一日，至凤石处，见大考全单，南皮、东海、常熟复阅后，廉生由三等擢至一等末，筱珊以题中错一字，与陈雨杉同移榜尾。初八日大考，宣旨，道希、佩鹤、伯揆得学士，其馀转坊阶有差，三等后三十名皆罚俸，四等第一罚俸四年，第二改官内阁。丙申八月廿八日，夏闰枝来述，筱珊因与掌院争纪慎斋入《儒林》，大考为所中伤，日前接见同署诸君，昌言不讳。丁酉九月三十日，补撰《儒林·纪大奎传》一首，东海相国之意也。大奎从邵子先天入手，阐明良知，亦不攻朱学，又旁涉二氏术数，疑龙撼龙诸说，其学颇不纯。东海师初以属筱珊，不允，致龃龉，余不能却，即此愧吾友矣。”

综三书所述，以证师札，盖东海抑之，虽虞山不能为力，卒之徐以袒庇拳匪不保其终。叶虽勉撰《纪大奎传》，后仍附《循吏传》。一时轩轾，于纪无加，于师亦无所损。第可备修史故实，故详摭之，以为谈故之助云。乙亥春二月柳诒徵识于盋山陶风楼。

按翼谋此跋，翔实该洽，予又何加？艺风自兹嵚崎江表，著述弥宏，名实不第无损，而乖戾执拗之徐荫轩，师事大师兄，日诵《太上感应篇》，榜革严范孙等门籍，卒肇庚子之祸，身后论定，正为庸妄。故此一层公案，固不烦再为绎考。唯文道希上结主知，先审名次，于此又得一确证。予亦又得一创见，以为南皮癸卯入京时，有《读史绝句》四首，其第四首《张孝祥》，正为文道希作。诗云：

射策高科命意差，金杯劝酒颤宫花。

斜阳宫柳伤心后，仅得词场一作家。

此诗第一句，即指文道希大考第一事。案毕沅《续通鉴》卷一百三十，绍兴二十四年三月，帝御射殿，策试正奏名进士，策问诸生以师友之渊源，志所欣慕，行何修而无伪，心何治而克诚，进张孝祥为第一。以拟德宗预定文为第一，可谓工切。第二句，用《能改斋漫录》，张孝祥知潭州，诵至“金杯酒，宫花颤”，其头自为摇动一节。案“金杯酒，君王劝”，此陈济翁[蓦山溪]词。以喻文受德宗特知，几于金杯劝酒，而又以潭州妓坐之事，影喻文不自检点。末二句，乍观其意，似云稼轩以后，仅有于湖。而不知“斜阳正在烟柳断肠处”句，为寿皇所大不怿，正言德宗因此案而卒酿宫掖之变，伤心之极，所换得者，仅云起轩一卷词耳。文词固晚清作家也。道希以甲辰八月二十四日卒于萍乡，南皮此诗，则前一年作，道希必不及见。

又考王壬秋日记：“光绪二十年四月十八日，大考单，第一即‘闾面’也，实为可笑。此人必革，第一例不善终也。”亦指此事。文以“闾阎”误书作“闾面”事世所知。湘绮援信俗传，谓大考第一必不善终，后卒如其言。道希以光绪二十二年丙申二月十七日，为杨崇伊[①]所参，永远革职，驱逐出京，湘绮度必抚掌称验。而不知文以新进勾结妃侍，猎得高科，取非其道，又处帝后猜忌之际，其取祸被谤宜也，何关于第一必不善终之俗谶乎？

七九　文道希被逐始末

文道希革职驱逐一事，实为戊戌政变之先声，当时帝后龃龉中一大公案也。由今观之，德宗必挫，事机之危，了然有数，惜当时衮衮诸公熟视无睹耳。

考《翁文恭公日记》："光绪二十二年二月十七日，杨崇伊参文廷式折呈慈览，发下，永革驱逐。杨弹文与内监文姓结为兄弟，又闻前发黑龙江之太监王有、闻得兴，均就地正法，闻即杨折所谓文姓者也。上年有奏事中官文德兴者，揽权纳贿，久矣，打四十，发打牲乌喇。闻有'私看封奏，干预政事'语，盖慈圣所定也。又闻昨有太监寇万才者，戮于市，或曰上封事，或曰盗库，未得其详也。"松禅此记，于寇连材，笔误作万才，当日已知其罪为上封事，则亦可见得讯之早。考连材事，与道希事颇有关连。那拉后之杖瑾珍二妃，在乙未十月，而逐道希毙连材，则相去不过三阅月。今节举近人笔记言二事，以见大凡。《【清代】野史》云：初珍妃聪慧得上心，幼时读书家中，江西文廷式为之师，颇通文史。廷式以庚寅第二人及第，妃屡为上道之。甲午大考翰詹，上手廷式卷授阅卷大臣，拔置第一，擢侍

① 杨崇伊，字莘伯，江苏常熟人。光绪进士，编修。监察御史。戊戌后任汉中道。

读学士，充日讲官。辽东事急，廷式合朝臣联衔上疏，请起恭亲王主军国事。太后素不喜恭王所为，上力请而用之，内监或构蜚语，谮妃干预外廷事，太后怒杖之，囚三所，仅通饮食，妃兄礼部侍郎志锐，谪乌里雅苏台。上由是悒悒寡欢。

又考寇连材，直隶昌平州人也，年十五，以阉入宫事西后，为梳头房太监，甚见亲爱，举凡西后室内会计，皆使掌之。少长，见西后所行者多淫纵事，屡次几谏，西后以其少而贱，不以为意，惟呵斥之而已，亦不加罪。已而为奏事处太监一年馀，复为西后会计房太监。乙未十月，西后杖瑾珍二妃，蓄志废立，日逼德宗为樗蒲戏，又给鸦片烟具，劝德宗吸之；而别令太监李莲英，及内务府人员，在外廷肆其谣言，称德宗之失德，以为废立地步；又将大兴土木，修圆明园，以纵娱乐。连材大忧之，日夕皱眉，如醉如痴，诸内侍以为病狂。丙申二月初十日，晨起，西后方垂帐卧，连材则流涕长跪榻前。西后揭帐，叱问何故，连材哭曰："国危至此，老佛爷即不为祖宗天下计，独不自为计乎？何忍更纵游乐生内变也。"西后以为狂，叱之去。连材乃请假五日，归诀其父母兄弟，出其所记宫中事一册，授之弟，还宫，则分所蓄与小珰。至十五日，乃上一折，凡十条：一请太后勿揽政权，归政皇上。二请勿修圆明园，以幽皇上。其馀数条，言者不甚了了，大率皆人之不敢开口言者。最奇者末一条，言皇上今尚无子嗣，请择天下之贤者，立为皇太子，效尧舜之事。其言虽不经，然皆自其心中忠诚所发，盖不顾死生利害而言之者也。书既上，西后震怒，召而责之曰："汝之折，汝所自为乎？抑受人指使乎？"连材曰："奴才所自为也。"西后命背诵其词一遍，无甚舛。西后曰："本朝成例，内监有言事者，斩！汝知之乎？"连材曰："知之。奴才若惧死，则不上折也。"于是命囚之于内务府慎刑司，十七日移交刑部，命处斩，越日遂有驱逐文廷式出都之事。连材不甚识字，所上折中之字体多错误讹夺云。同时有王四者，亦西后梳头房太监，以附德宗，发往军台。又有闻古廷者，德宗之内侍，本为贡士，雅好文学，甚忠于德宗，为西后所忌，发往宁古塔，旋杀之。丙申二月，御史杨崇伊劾文廷式疏中，谓廷式私通内侍联为兄弟，即此人也，崇伊盖误以闻为文云。合两事观之，南皮之"斜阳烟柳伤心后"即指珍妃被杖。松禅日记之疑闻德兴者，亦可恍然矣。

以予所闻，道希被革出于那拉后授意，其时后与帝不相容，已如水火，道希在当日，则于外交内政，已极有主张。叶缘督日记：光绪二十年九月八日，道希、木斋约赴谢公祠，议联衔奏阻疑议，及邀英人助顺。又道希主稿，请联英、德以拒日。此可见常熟一系当日之政策。又某笔记载：德宗戆直，上书房总师傅翁同龢亦频以民间疾苦外交之事诱勉德宗。德宗常言："我不能为亡国之君。"语侵慈禧，而废立之说兴焉。时坤宫与德宗弗睦，频以谗间达慈禧，故事机益迫。甲午清兵溃，军舰被掳，吴大澂、魏光焘督师关外，刘坤一督师关内，李鸿章议约多损失，几定约焉。翰林学士文廷式，习闻宫中诸事，知内忧外患交乘，国将覆，往见坤一，请力争约款。坤一未会意，谓弱国无权利可言。廷式请屏左右，以废立之说相告，且谓宫中蓄谋久，荣禄以疆臣督兵将不应恫之，慈禧有所作，每询疆臣等意思若何，是宫中滋忌者疆臣，疆臣资高负宿望者今惟君，某知争约必不成，俾内廷因龂龂争约，知废立之难实行，则曲突徙薪之效见焉。坤一属廷式代起草，而废立之谋以止。据此，道希为德宗谋不为不忠，从权应变不为不智，西后必去之心，已跃然愈急。论者乃以大考通关节事，并诬其才，非知言也。

大抵清流党以后，所谓名士，意气皆凌厉无前，前之张绳庵以此遭忌，后之文芸阁亦然。王湘绮所以恨“闾面”者，以与芸阁有违言故。考王日记：“光绪十三年五月七日，文廷式道溪来约会谈，至则已出游矣。与长者期，约而不信，未必自知其非也。”又“光绪十四年三月二十日，重伯会文道溪召星海、陈伯严、罗顺孙饮啖。重伯言文道溪无礼，众皆不然之，未知何如也。陈子浚来言，文以余言彼与醇王倡和，疑其讥己，故盛气相凌，则余戏谑之过，谈中其隐故耳”。是王之憾文，亦在其盛气凌人也。

八〇　珍妃之死

庚子七月，都城陷，珍妃为那拉后令总管崔阉以毡裹投于井，其事绝凄惨。朱彊村、王幼遐所为《庚子落叶词》，皆纪此事。八国联军入京，日本军守宫门，纪律甚严，宫人乃出妃尸于井，浅葬于京西田村。以予所闻，珍妃初得罪之由，实不胜太监婪索，奔诉那拉后，太监恨之，因悉举发鲁伯阳等事，以有乙未十月之谴。考《翁文恭公日记》：“光绪二十年十月二十九日，太后召见枢臣于仪鸾殿，次及宫闱事，谓瑾、珍二妃有祈请干预事，降为贵人。臣再请缓办，不允。是日上未在坐，因请问上知之否，谕云：皇帝意正尔。次日上语及昨事，意极坦坦。又次日，太后谕及二妃，语极多，谓种种骄纵，肆无忌惮，因及珍位下内监高万拔诸多不法，若再审问，恐兴大狱，于政体有伤，应交内务府扑杀之。即写懿旨交办。”事势昭昭如此，而道希犹效忠孱主，必待逾春遭谴始行，见几不亦晚乎？然予又闻某公言：当时前之松禅、道希以及后之长素、任公等，皆明知德宗必无幸，欲竭天下豪杰力，一与那拉氏搏耳，非不知不敌，乃知其不可而为之。揆以诸贤当时，皆少年盛气，理或然也。

八一　杨莘伯专劾附光绪帝诸臣

予前言杨莘伯之劾文道希，由于内廷授意者。或疑未尽然，盖以道希以与梁节庵关系，受旧日道学者之掊击，又以结纳内官遭后党之嫉，其时满廷皆忌厌新党者，不必西朝授意而后发难也。然杨之党后专劾附德宗者，传闻线索有所自，实凿然可征。叶缘督日记[①]，光绪二十四年八月初六日，政局全翻，发难者仍杨侍御也。并闻先商王、廖两枢臣，皆不敢发，复赴津与荣中堂定策，其折系由庆邸递入。据此，则杨又为戊戌政变之急先锋，与荣禄、奕劻勾结之状，历历如绘。

八二　周霭甫《红楼梦》评语

前记侯府为张侯故第，因忆周松霭先生有《红楼梦》乃张侯暨曹楝亭家事之说，为撮周氏笔记之序，以质于世。比见报章，有谓予主张此说者；实则予仅举发此一段故事，俾知乾隆末年，读《红楼梦》者有此推测而已。此书所拟肖讽刺者，必不止一家一事。忆昔人有言其阐易理者，又有言其阐金丹大道者，与近有言其阐种族大义者，皆冥心戛造，羌无左证，起雪芹于九地，想亦瞠然，不特浅陋如予，莫能有一词之赞也。上月适之南来，谈及兹事，适之为言松霭清乾嘉间名儒，著有《杜诗双声叠韵考》，又知周序中所举一为八

---

① 指叶昌炽《缘督庐日记》。该日记起于1870年，迄1916年。除记时政掌故，日常交际外，旁及学术，尤精于金石、文字、音韵，考证详博，见解独到。

十回，一为一百二十回，因询周作序年月，予告以为乾隆五十九年。适之谓："此说信矣。非乾隆末年，不能见此百廿回之本也。"惜周稿非予物，不获出以相证，因告适之以藏主姓名，此物度尚存北平。嗣忆箧中尚摘抄有周评若干则，今悉曝之，以供谈红学者之研究。松霭先生原评有云："新正闭户不拜年，粗阅此书一过，元旦起，初三日午后毕。时从卢抱经学士借《十三经注疏考证》，约望后即寄还，缘急于考证此书，无闲圈点也。"

又有云："看《红楼梦》，有不可缺者二，就二者之中，通官话京腔尚易，谙文献典故尤难。倘十二钗册，十三灯谜，中秋即景联句，及一切从姓氏上着想处全不理会，非但辜负作者之苦心，且何以异于市井之看小说者乎？一笑。乙卯正月初四日。"

又有云："黛玉二字，未详其义，或云即碧玉之别，盖取偷嫁汝南之意，恐未必然。按香山《咏新柳》云：'须教碧玉羞眉黛，莫与红桃作麹尘。'此黛玉二字之所本也。我闻柳敬亭本姓曹，曹既可为柳，又可为林，此皆作者触手生姿，笔端狡狯耳。"

又有云："此书曹雪芹所作，而开卷似依托宝玉，盖为点出自己姓名地步也。曹雪芹三字既点之后，便非复宝玉口吻矣。"

又有云："林如海，即曹楝亭。按楝亭非科甲出身，由通政使出差外任，此曰探花者，假也；曰兰台寺大夫者，真也。书中半真半假，往往如此。汉时兰台令史，主章奏。"

又有云："雨村授应天府，仍南京旧名，亦半真半假。下仿此。"

又有云："'白玉为堂金作马'，金马暗用张骞故事。'阿房宫，三百里，住不下金陵一个史'。按阿房宫下可以建五丈旗，隐语高也，高氏旗籍，故云住不下金陵。"

又有云："十二钗册多作隐语，有象形，有会意，有假借，而指事绝少，是在灵敏能猜也。若此处一差，则全书皆不可解矣。可见书贵善读，即稗官小说，莫不皆然，而况于经史子集哉。今略详其大概如后。金陵十二钗，又副册，第一晴雯，第二袭人，副册第一香菱，正册第一林黛玉、薛宝钗，然曹字《说文》作𣍘，乃两株枯木，上悬一围玉带之象，不可真认为双木林也。第二元春，第三史太君，案放风筝者，高也，大海者，渤海也，史太君本不在十二金钗之列，然借以点湘云之姓，不可误认探春。第四史湘云，第五妙玉，第六迎春，第七惜春，第八凤姐，案诗中'一从二令三人木'句，盖二令冷也，人木休也，人从月从也，三字借用成句而已。第九巧姐，第十李纨，第十一鸳鸯，第十二秦可卿。"

又有云："袁简斋云：'大观园即余之随园。'此老善于欺人，愚未深信。"

又有云："灯谜儿，宝钗'镂檀镌梓一层层'，余拟猜纸鸢。第三句虽是半天风雨过，暗藏高字。宝玉'天上人间两渺茫'，拟猜纸鸢之带风筝者。黛玉'騄駬何劳缚紫绳'，拟猜走马灯。至薛小妹怀古灯谜十首，第一《赤壁怀古》，拟猜走马灯之用战舰水操者，内'徒留【名】姓载空舟'，暗藏曹字。第二《交阯怀古》，拟猜喇叭，末句'铁笛无烦说子房'，暗藏张字。第三《钟山怀古》，拟猜肉。第四《淮阴怀古》，拟猜兔。第五《广陵怀古》，拟猜箫。第六《桃叶渡怀古》，拟猜团扇。第七《青冢怀古》，拟猜枇杷。第八《马嵬怀古》，拟猜杨妃冠子白芍药。第九《蒲东寺怀古》，拟猜骰子。第十《梅花馆怀古》，拟猜秋牡丹。新正无事试为一猜，当日大家所猜皆不是的，恐我所猜亦未必是也，安得起诸美人而问之。"

又有云："如今兄弟，又自为曹唐再世了。唐诗人不少，而独及尧宾，可见往者之姓曹矣。"

又有云："湘、黛中秋联句，著书者多寓深意。如'争饼嘲黄发，分瓜笑绿媛'，争饼用高少逸事，见《唐书·高元裕传》。分瓜二字，本段成式戏高侍御诗。绿媛二字未知何本，观此联但用高姓事，则史之为高，明矣。此明明说老太太'分曹争一令'借点曹字。'骰彩红成点，传花鼓滥喧'，六博分曹，说骰子，暗点曹字。传花事用南卓《羯鼓录》，参玉溪句，又暗点高字，所以黛玉称好也。'宝婺情孤洁'，逗出宝字，所谓景中情也。'药催云兔捣，人向广寒奔'，药催一联使事无迹；'犯斗邀牛女，乘槎访帝孙'，犯斗乘槎又藏张字。吁，天下阅《红楼梦》者，俗人与《金瓶梅》一例，仍为导淫之书，能论其文笔之若何，已属难得，然亦究归于痴人说梦耳。试问此《中秋夜即景联句》，谁作郑笺者乎？盖此书每于姓氏上着意，作者又长于隐语度词，各处变换，极其巧妙，不可不知。"

又有云："南韶道张小姐欲与宝玉说亲，案南韶道张韶美，陕西武功县人，捐班。"

又有云："蘅芜庆生辰，鸳鸯于行令时戏对宝玉说：'这教做张敞画眉。'明明白白说张侯家事。"

又有云："两次看册，前后照应，至册中有个好像林字，便非真林字矣，此参活句。又见图上隐隐有个放风筝的人儿，余益信放风筝之非实事，所谓象形而兼会意，不过点高氏之姓也。"

又跋云："余作此记成，以示俞子秉渊，亦以为确指张侯家事。翌日即集古作歌一首题之，包括全书，颇为剪绡蕃锦之巧，因录存于此。诗有云：金陵自昔擅繁华，况是通侯阀阅家。画戟东南开甲第，朱轮朝暮遇香车"云云。诗长不具录。

按周先生评中，亦有头巾气，亦有望文生义处，然以去雪芹才数十年之人，有此手稿，故是极强有力之资料也。

八三　恽南田与瓯香馆

洪北江《外家纪闻》:“瓯香馆,为颖若字启宸从舅氏宅中临溪小筑。恽南田居士贫时,常赁居之,故所作书画,多署瓯香馆。余幼时曾于外祖父乱书帙中,得南田居士《乞米帖》,今尚存,字仿褚河南,古秀入骨,故世传南田三绝”云云。据此,则瓯香馆并非南田所自有。近人江浦陈亮伯撰《匋雅》,谓馆名瓯香,是甄香(瓯是香瓷)非香茶,殆未必然。《乞米帖》,可与雅宜山人《借银券》并传,惜未得见。北江外家姓赵氏,是瓯香馆实赵家轩榜也。

八四　宜兴砂壶源流

因谈瓯为香瓷,而忆及近有友人询予以宜兴瓷源流者。案宜兴壶,始于供春,光大于时大彬,益昌于陈曼生,而供春其法又实传自金沙寺僧。考许次纾《茶疏》、张岱《陶庵梦忆》、陈贞慧《秋园杂佩》诸书,皆言而未详,即徐喈凤《宜兴县志》、于琨《重修常州府志》,亦未精博。言之较全者,当以《桃溪客语》为最。《客语》云:

> 阳羡瓷壶,自明季始盛,上者至于金玉等价,百馀年来,名辈既尽,时工所制率粗俗不雅,或涂以丹黄,无一可入清玩者。夷考古来名手,其姓氏尚可指数,如金沙寺僧(不知其名)、供春、董翰(号后溪)、赵梁(梁亦作良)、元畅(或作袁锡)、时朋(亦作鹏)及子大彬(号少山)、李养心(字茂林)及子仲芳、徐士衡(字友泉)、欧正春、邵文金、文银、蒋时英(字伯葵)、陈田卿、信卿、闵贤(字鲁生)、陈光甫、陈仲美、沈士良(字君用)、邵盖、

周后溪、陈俊卿、周季山、陈和之、陈挺生、承云从、沈君盛、陈辰(字共之)、徐令音、项真(字不损,嘉兴人,诸生)、沈子澈,并胜国名手。至其品类,则有若龙蛋、印方、云雷、螭罌、汉瓶、僧帽、提梁、卣、苦节君、扇面方、芦席方、诰宝、圆珠、美人肩、西子乳、束腰菱花、平肩莲子、合菊、荷花、芝兰、竹节、橄榄、六方、冬瓜段、分蕉、蝉翼柄、云索耳、番象鼻、鲨鱼皮、天鸡、篆珥、海棠、香合、鹦鸲、螺杯、葵花、茶洗、仿古花樽、棋花垆、十锦杯,等等。大都炫奇争胜,各有擅场,姑举其什一耳。

又周树《台阳百咏》注:“金沙寺僧,久而逸其名矣。闻之陶家云,僧闲静有致,习与陶缸瓮者处,抟其细土,加以澄练,捏筑为胎,规而圆之,刳使中空,踵传口,柄盖的,附陶穴烧成,人遂传用。又云供春,学宪吴颐山家僮也。颐山读书金沙寺中,春给使之暇,窃仿老僧心匠,亦淘细土,抟坯茶匙穴中,指掠内外,指螺纹隐起可按,胎必累按,故腹半尚现节腠,视以辨真。今传世者,栗色暗暗如古金铁,敦庞周正,允称神明垂则矣。世以其龚姓,亦书为龚春。”又考《五石瓠》云:“宜兴砂壶创于吴氏之仆曰供春,乃久而有名,人称龚春,其弟子所制更工,声闻益广,京口谈长益为之作传。”今案周树《台阳百咏》注云:“台湾人茗皆自煮,必先以手嗅其香,最重供春小壶。供春者,吴颐山家婢名,制宜兴茶壶者,或作龚春者误。一具用之数十年,则值金一笏。”周高起曰:“供春,人皆证为龚春,予于吴冏卿家见大彬所仿,则刻供春二字,足折聚讼云。”吴骞云:“颐山名仕,字克学,宜兴人,正德甲戌进士,以提学副使擢四川参政。供春实颐山家童,而周系曰青衣,或以为婢,并误,今不从之。”荟以上诸说,供春之本源已厘然可见。

至时大彬,号少山,或陶土,或杂砂,诸款具足,诸土色亦具足，不务妍媚，而朴雅坚栗，妙不可思。初目仿供春得手，喜作大壶，后游娄东，闻陈眉公与琅琊、太原诸公品茶试茶之论，乃作小壶。几案有一具，生人闲远之思，前后诸名家，并不能及，遂于陶人标大雅之遗，擅空群之目。今考张燕昌《阳羡陶说》云："先府君性嗜茶，所购茶具皆极精。尝得时大彬小壶，如菱花八角，侧有款字。府君云，壶制之妙，即一盖可验，试随手合上，举之能吸起全壶，所见黄元吉、沈鹭雍锡壶亦如是，陈鸣远便不能到此。既以赠一方外，事在小子未生以前，迄今五十馀年，犹珍藏无恙也。予以先人手泽所存，每欲绘图勒石记其事，未果也。"又考陈鳣《松砚斋随笔》云："客耕武原，见茗壶一于倪氏六十四砚斋，底有铭曰'一杯清茗，可沁诗脾。大彬'，凡十字。其制朴而雅，砂质温润，色如猪肝，其盖虽不能翕起全壶，然以手拨之，则不能动，始知名下无虚士也。既手摹其图，复系以诗云。"

至陈曼生壶源流，则考《前尘梦影录》云："陈曼生司马（鸿寿）在嘉庆年间，官荆溪宰。适有良工杨彭年，善制砂壶，创为捏嘴，不用模子，虽随意制成，亦有天然之致，一门眷属，并工此技。曼生为之题其居曰阿曼陀室，并画十八壶式与之。其壶铭，皆幕中友如江听香、高爽泉、郭频伽、查梅史所作，亦有曼生自为之者。铭字须乘泥半干时，用竹刀刻就，然后上火。双款则倩幕中精于奏刀者，加意镌成。若寻常贻人之壶，每器只二百四十文，加工者值须三倍。"越卅年，上海瞿子冶（应绍）欲烧砂壶，倩邓符生至阳羡监造，子冶善兰竹，有诗书画三绝之称。符生则善篆隶，所制虽不逮曼壶，然留传不多，市中亦以之居奇。

又考《耕研田斋笔记》云："宜兴素产砂壶，制作精巧，储大柄后，传人特少。曼生作宰是邑，公余之暇，辨别砂质，创制新样，并自制铭镌句，人称为曼生壶，俾工人杨大鹏之名远近著闻，刻锡亦佳。”今案储大柄，显系时大彬之讹，杨匠之名亦误。彭年弟宝年，技亦精，子晋称其一门眷属并工此技，不虚也。又按唐陶山先生亦尝仿古制茗壶，吴槎客有诗赠之，此在陈曼生前，而人无知之者。宜兴今为江浙孔道，车憩阳羡者辄就买茶壶，而宜壶虽名天下，百年来鲜新手名制，故特详之，以劝陶工。

八五　国人摧残林木无度

予尝谓，国之将兴，或其地将盛者，树木必苍蔚郁葱，反是则否。以人类社会之习惯言之，所谓都会山林，咸必以林木繁殖为处之中心，童山硗土，殆无气象可言。又尝戏谓当易孟子之言为“所谓故国者，非有世臣之谓也，有乔木之谓也”，以为乔木之于人国，或尤甚于世臣。今日国势陵夷至此，林木摧剥，殆为一因。盖我国形势，以西北为始基，而今日西北以开辟甚早，林木斩伐已尽，山原裸露，土壤干燥，平日减少蒸发水量，雨季则易成水灾，页岩剥夺，表土过薄，不宜于种植，并不宜于居住，灾荒稠叠，国力以颓，此实彰明较著之事实也。

近见西人述此事者，咸云，中国北部昔日森林面积广大，至今摧残殆尽。如山西省府之案卷所载，晋东平原县一带，原有森林，又据县志记述，太原之西北两方，亦有大面积林木，久居山西之老者，犹忆及昔日省中森林，较今日为多。《马哥波罗游记》中，述及由西行三日之路程，即有苍郁之森林，今已荡然无存。陕西北部榆林县附近，发现沙丘自西北移来，覆没良田，如沙漠之南移，其势日甚一日，未可忽视之。又云山中居民春季干燥之时，纵火焚山，相连无际，旅行几阻于途中，二日之内，不见天日。据村人告曰，焚山之意，在使草木生长弥旺。但以意忖之，乃在阻止根株萌蘖，长成树木。盖深山运搬艰难，大材反不若丛枝领草之易于背负。又云，登山而望秦岭之东南西三面，山坡均已荒废，既无森林，复不见散生树木，如人之剃发者然。予每读兹类记载，辄为怆伤。

以欧人调查，皆谓北部摧残森林之方法虽属简单，但其效率至大。第一步砍伐绵整之林，可怪者，平原中需木至殷，而山中砍伐极不合度，残留干高，而树梢或弃置或焚之，甚至听其自行腐烂，此盖山中赖驴力运输，费用过大，而政府又无保护森林之法令之所致。又有云，中国历史悠久，人口昌盛，沿河有限之沃土，不足维持生活，故森林之摧残，已历长久，不可胜用之材木，以人民目前急需，与个人无度之贪欲，今乃不可复得云云。予前记旧京正阳门建城楼，求木于南洋，已知蜀、闽、赣、浙大木已尽。

夫内地固不必论，以松漠边境言，今日亦非昔比。考朔方昔有方千余里之大松林，《五代史》四夷附录引胡峤《陷虏记》云："自上京去四十里，至真珠塞，始食菜。明日东行，地势渐高，而望平地松林，郁然数十里，遂入平川。"按辽之上京临潢府，即所谓青城。胡峤望见之松林，自当指阿鲁科尔沁部或巴西村部之西部一带而言。据《辽史·太宗纪》，所谓"天显七年十二月丁巳，狩，驻跸平地松林"之语，可知又西喇木伦河之上源地方，亦有松林。《北口三厅志》载元白挺《续潢雅》十诗之一云："滦水薪巨松，童山八百里。世莫奚超勇，惆怅度易水。（注云：取松煤于滦阳，即上都，去上都二百里，即古松林千里，其大十围，居人薪之，将八百里也。）"此可见元代平地松林，犹延长至于上都（即今多伦诺尔东北二百里之处）。

元王浑《中堂事记》云:“二十八日己丑,饭新桓州,未刻扈从銮驾入开平府。盖龙飞之地,岁丙辰始建都城,龙冈蟠其阴,滦水经其阳,四山拱卫,佳气葱郁。东北不十里,有大松林,异鸟群集。”开平府,即指上都,位于其东十里之大松林,或指平地松林之西南端。综合上举数事,所谓平地松林,当指自札鲁特部之西,乌珠穆沁部之东,西南延长至多伦诺尔附近,胡峤所望见者,与潢水上源者辽主田猎之地,皆不过此大松林之一部而已。此松林之广大,观《契丹国志》卷首所附之地图,有松林数千里。元袁桷《松林行》:“阴阴松林八百里,昔日相传为界趾。”又《方舆纪要·直隶篇》云:“平地松林在临潢西,即千里松林。”皆可证明。此松林往昔虽郁郁蔽天,然后人移住滥伐,迄今已多成童山。今闻惟西喇木伦河之上流库康屯一百里之间,犹见松林繁茂,沿其上源南岸,渐为沙丘,荒寒可叹。此仅举内蒙与河北之近境,其摧残已若此,西北之流沙,蔽障没城,又不俟再言矣。

又以金陵言,陆放翁《入蜀记》载:“晨至钟山道林真觉大师塔焚香,塔在太平兴国寺上,宝公所葬也。塔中金铜宝公像,有铭在其膺,盖王文公守金陵时所作。僧言古像取入东都启圣院,祖宗时每有祈祷,启圣及此塔皆设道场,考之信然。塔西南有小轩曰‘木末’,其下皆大松,鬅甲夭矫如蛟龙,往往数百年物。木末,盖后人取文公诗‘木末北山云甫甫’之句名之。《建康志》谓公自命此名,非也。”此盖明孝陵未建时定林及宝公塔之状况,今则大松夭矫,已无一存,不特宋松无存,即明时灵谷寺号称五里松,今又何所见者。于此可叹一国兴废之由,不独为山川惜。因念晦闻昔有诗云:“到此不无林木叹,士夫名节独寻常。”盖为旧京公园数百株古柏作,而寄感逾深;抑孰知林木与名节,今日皆为难觏者乎?

八六　再谈珍妃之死

那拉后之杀珍妃，其时联军已入城，四野传烽，九衢喋血，而于烟尘霾蔽、万众仓皇中，龙楼凤陛，乃有老妇豺心，权珰助虐。至今想象，晦冥号厉，宛转蛾眉之状，真帝王家末路孽冤。若播之管弦，固亦一惊心惨剧也。珍妃死状，今可征者，唯有景善之《庚子日记》[①]，记称："二十一日，文年告予，老佛寅时即起，只睡一个时辰耳。匆匆装饰，穿一蓝布衣服，如乡间农妇，盖太后先预备者，梳一汉头，此太后生平第一次也。太后曰：'谁料今天到这样地步？'用三辆平常骡车，带进宫中，车夫亦无官帽。妃嫔等皆于三点半钟齐集。太后先下一谕，此刻一人不令随行。珍妃向与太后反对者，此时亦随众来集，胆敢进言于太后，谓皇帝应该留京。太后不发一言，立即大声谓太监曰：'把她扔在井里去。'皇帝哀痛已极，跪下恳求。太后怒曰：'起来，这不是讲情的时候，让他就死罢，好惩戒那不孝的孩子们，并教那鸱枭看看，他到羽毛丰满的时候，就啄他母的眼睛。'李莲英等遂将珍妃推于宁寿宫外之大井中。皇帝怨愤之极，至于战栗。"

此段所记，揆情斟理，皆必甚可信。珍妃幽废已久，那拉后易服欲逃际，未必遽记及之。乃妃挺身言帝当留京，则一刹那间，乙未之案，戊戌之案，怨妒惊忿，并凑而燃，阴机动矣。故妃之死，自在发言之不择时，然尔时戎马崩腾，间不容发，妃若不言，又安可得

① 《景善日记》，根据中外学者考定，系英人白克浩司(Sir Edmund Backhovse)所伪造。

也。所惜者，那拉后神志未昏（考景善日记亦言，当此危急之时，唯老佛一人心神不乱，指挥一切）。若使稍瞀乱，或从妃言，则西后逃后，帝与珍妃留京，此局必大有可观。景善为载澜之师，曾为内务府大臣，记中之文年，即当时内务府大臣，每日入值，盖可以灼知宫中事者，故自可信。其后二十七年十一月，以"随扈不及，殉难宫中"八字追赠皇贵妃，则皆以此掩世人耳目。记清末某笔记有云：惟妃坠井，乃内监崔某意，西后且云："予向言遭乱莫如死，非必死珍妃，乃予一言，崔遽坠之井，予见崔辄怦怦然，乃黜革之。"时宫中见鬼，故为此言云云，尤为事后之饰词，或畏鬼之曲说。盖妃之死，全在帝当留京一言，此语含意义至多，故后必死之也。

又案故宫于十九年五月，曾于《周刊》中，特出珍妃专号，其照片洵罕觏，而文字叙述，终恨疏短。其传略，即采《清史稿》原文，既嫌过简，后仅录《百炼庵谈故》一节。于近人歌咏所举者，只朱彊村[声声慢]等三阕，李希圣《湘妃》一首，曾重伯《落叶》十二首，亦嫌太少。以予所知，王病山（乃徵）《落叶》七律四首，李孟符（岳瑞）《无题》八首之第二首，王半塘《庚子秋词》乙卷，调寄[渔歌子]，范肯堂《庚子秋题娄贤妃所书屏翰二字》七律一首，恽薇孙（毓鼎）《金井一叶落》五律一首，吴䌹斋《清宫词》"赵家姊妹共承恩"一首，其中托词寓讽，率指兹事。即郑叔问[1][杨柳枝]词"雨洗风梳碧可怜。秋凉犹咽五更蝉。谁家残月沧波苑，夜夜渔灯网碎钿"一首，盖亦庚子秋伤时讽事，有感于此也。至文道希，为珍妃之受业师，挽词虽不敢作，而歌以当哭，必有异于他人者。今考其集中，《落

[1] 郑文焯，字叔问，号小坡，晚号大鹤山人。广东南海人（一作汉军旗人）。清亡，侨居吴下。有《樵风乐府》、《词源斠律》等书刊世。

花》八诗，皆为兹事作。如“华表鹤归犹仿佛，木门燕啄自逶迤”；如“愁绝更无天可寄，恨深才信海能填。铜仙热泪销磨尽，况感西风落叶蝉”；如“有情湖畔三生石，无用楼东十斛珠”；如“月缺尚应怜顾兔，云深何处觅青鸾”，备极沉痛。又《拟古宫词》二十四首，前十二首均叙景仁宫事，由授读内廷以至被幽堕井种种俱全，可当珍妃一部小传读。后十二首，虽咏颐和园及西苑琐事，而亦有萦忆及者。如云“画省高才四十年，暗将明德起居编。独怜批尽三千牍，一卷研神记不传”等皆是。其词中寄意者，如[满江红]之“簪素柰，歌黄竹”。又如[忆旧游]庚子八月咏秋雁之“天远无消息，问谁裁尺帛，寄与青冥。遥想横汾箫鼓，兰菊尚芳馨”。[念奴娇]之“闻说太液波翻，旧时驰道，一片青青麦。翠羽明珰飘泊尽，何况落红狼藉”。咸可谓此中有伤心语，甄录均未及。又以半塘及彊村[金明池]咏扇子湖荷花指为讽此事，细玩词意，却似未尽然。本来文人比兴，论定最难。吾人所举，亦嫌挂漏，但既叙抉此题，阙略过多，毕竟有憾。专号后刊《宫中人语》四则，叙称为“本院得诸旧宫监及白头宫女之口”。计旧宫监唐冠卿言二则，白姓宫女言一则，刘姓宫女言一则。案此等口述材料，须分别观之。太监宫女学识皆中人以下，平日奔走给事，趋奉颜色，伺察隐微，必有见闻独到处。至政治上进退刑赏之由来，或变起仓皇加膝坠渊之心事，则决非彼辈所知。况世人心目中，佥以为椒房阿监必深谙内事，例相叩质，彼亦决不肯诿为不知，于是粉饰过甚之词，什必七八，此皆辨别史料者所当知也。大抵所言关于平日者多可信。如言德宗与隆裕感情日劣，隆裕之妒珍妃，唐、白两人言皆同，情理事实，皆厘然可见。刘女言：珍妃照片，乃光绪二十一年二十二年之间所照，所着衣服，长袍为洋粉色，背心为月白镶宽边，乃光绪二十一年最时髦装束，系于宫中另做者，珍妃每早于慈禧前请安毕，即回景仁宫，任意装束，并摄取各种姿式，此像则于南海所照云云，皆必可信者。至临难情形，则言各殊。白言："入井前一夕，慈禧尚召妃朝见，谓：'现今江山已失大半，皆汝所致，吾必令汝死。'妃愤曰：'随便办好了。'"唐监则言："闻珍妃至，请安毕，并祝老祖宗吉祥。后曰：'现在还成话么？义和拳捣乱，洋人进京，怎么办呢？'继语音渐微，哝哝莫辨，忽闻大声曰：'我们娘儿跳井吧！'妃哭求恩典，且云未犯重大的罪名。后曰：'不管有无罪名，难道留我们遭洋人毒手么？你先下去，我也下去。'妃叩首哀恳，旋闻后呼玉桂。桂谓妃曰：'请主儿遵旨吧！'妃曰：'汝何亦逼迫我耶？'桂曰：'主儿下去，我还下去呢！'妃怒曰：'汝不配。'忽闻后疾呼曰：'把他扔下去吧！'遂有挣扭之声，继而砰然一响，想珍妃已坠井矣。"唐此段言，绘声绘影，如目击者，而与白言已相迕刺。但故宫附注，白姓宫女，曾侍珍妃，惟于珍妃在南海被责后，即为慈禧逐出，则庚子坠井之变，白何由知之？唐言纵较近似，而既自称仅为属垣之耳，前后终成揣摩。退一步言，事事属实，而殿上哝哝之语，亦莫能辨。以予意度之，所谓请帝留京者，殆尽在此哝哝数语中，其谈话非极中后之怒，极有筋力者，后不致决心了之，故终以景善记中言为可凭也。妃被禁为钟粹宫后北三所寿药房，窘辱备至。死后，那拉后追封为神，又梦妃扼其喉，尽肿，因设神位祀之。推妃入宁寿宫井者为崔玉桂，此皆北都旧人所习闻者。

八七　文芸阁《闻尘偶记》有裨史事

缪艺风《云自在龛笔记》载："康熙间俄罗斯进贡，圣祖谕曰：

'外藩朝贡,虽属盛事,恐传至后世,未必不因此反生事端。总之,中国安宁,则外衅不作,当以培养元气为根本。'又谕曰:'岛国互市广东,百年后必为中国之患。'"案此节若刊除文饰之辞,质言之,即康熙已知中国来日必困于外患。清代三百年基业,实奠于康熙一朝。日本治史学者,至泐为《康熙大帝》一书,以纪其盛,帝之见解,固应有独到处。唯康熙已知来日必有外患,而以为只须中国自强,则外衅不作,此即所谓自立自强,自求充实之主张也。同治时,胡文忠望见江中小火轮行驶如飞,忽吐血晕倒;其后曾文正、李文忠、沈文肃等,皆主张派员留学,设厂制械,斯咸见于科学能力之伟大,欲急起力追,冀直从物质方面补救,此有类于近人揭橥造船救国、设厂救国之主张也。清德宗"赐康有为手敕"云:"朕惟时局艰难,非变法不足以救中国,非去守旧衰朽之大臣,而用通达英勇之士,不能变法。"此则以为救中国之第一步,必须从制度与人才上著眼,即所谓变更组织与贤能政府之主张也。三者实为一事,不自强无外交可言,即亦无御侮可言,故充实力量,是一开篇概论,其应设厂造船,以及变制用贤,则皆充实之各种步骤也。不幸昔人往往各执一端,而硁硁相责难,旧日名士清流,尤以为只须有兵,便可挞伐,修私德,便可不劳而治,从我之言,如此如此,便可富强。当日朝士与合肥相水火,迂谬者不必论,明通者亦往往看不清事实与理论之差别,道德与科学之分野,各是其是,致热心者由发愤至于怨悱,至于谩骂。其始公私不分,后则由救国而至于兴狱相斫,由自立而至拳匪仇外。吾人横览同光间之公私笔牍,求一始终明达条畅、洞知大势之议论,殆未易多觏,惟徐郭筠仙等一二人而已。若就当日笔记中求之,则私室放言,或犹有一二中的者,如文芸阁之《闻尘偶记》,中间即有极精切者,今迻录十节如下。

其一云："甲乙之间，事变至繁。和议成后，一年以来，渐皆复旧，所稍异者，南城赁屋之价，不致太昂，各衙门团拜之戏，或有不举而已。其谋差事、求京察者，则纷纷扰扰，无异昔时也。"按此言人心玩愒也。

其二云："和议既成，举国争言洋务，请开铁路者有之，请练洋操者有之，请设陆军学堂、水师学堂者亦有之。其兴利之法，则或言银行，或言邮政，或请设商店〔局〕，或请设商务大臣。诸人非必无见，诸说亦多可行，然天时人事，则犹有所待也。"按此意言，非德宗亲政，则西后无意行之，行亦无补。

其三云："中国人心，至是纷纷欲旧邦新命矣。乃英使欧格讷濒行告恭邸曰：'中国若再不改行新政，吾数年后来，不见此国矣。'德前使巴兰德来告枢廷诸臣曰：'中国败衄不可危，既和之后，玩时愒日，乃可危，是促各国分裂中国也。'当时闻之者亦颇惊〔警〕心，旬日以后，泄沓如故。呜呼！天祸中国，祖伊之告，乃出敌人，吾辈于何逃责耶！"按此可见彼时英、德等国之期望，与觇国者之忠言。当时瓜分之说甚盛，英、德智者皆不愿有此事，以促国际纷争，皆甚愿中国变法自强，故督责綦切。德宗戊戌之变政，西后庚子之仇外，其动机皆在此。

其四云："德使升科语人云：'中国此时，又急急置船购械，此吾德国所愿，然中国有船而无驾驶之人，有炮而无教习之人，不知费息借之金钱，办此无益之废铁，果何谓也。'箴砭切至，足以悚愧。"按此言真是当头棒喝，不谋自立，而购外货谓可救国者，视此。

其五云："凡督抚条陈电达总署者，总署或奏或不奏，或改易字句而后奏，悉由王大臣一二人主之，馀虽同事，不敢过问也。李穆门（彝宾）员外尝告余云，闽督谭钟麟电请以兵船游弋海面，署台湾抚唐景崧请派战船扰日本海边，此两电五六月到京，迄今九月，上竟未之见也。类此者甚多。专擅之弊，前古所未有也。”按此可见晚清蒙蔽之习，但此两电，主张极平常，或有意留中耳。

其六云：“电报既设，而兵事则利人而害己；海军既创，而将士则背国而降敌。设一厂则贪官蠹吏窟宅其中，行一政则奸宦猾商败坏于后。积数千年之弊，非真见本源者，未见言荡涤也；合数十国之长，非真知大体者，未易言挹注也。补苴苟且，尚不足支旦夕，又况从而剥裂毁坏之哉！”

其七云：“台湾既割，举国遂讳言‘台湾’二字。刘铭传卒，特旨予恤，而不正言其官为前台湾巡抚。不知票拟诸臣，果何所用心也。”按割台遂讳言台，是国人恶习。

其八云：“刘永福弃台而遁，终身之名，一朝而败，时论惜之。然较唐景崧之携巨赀内渡，而犹欺人以贫窭者尚胜一筹。台境沦胥，致命之士不见一人，而仗节死义者，乃平日之商贾庶民也。”

其九云：“刘永福既逃之后，有士人简大度者尚与倭人数战，其事未详。俟他日访诸台人，当为补录，以继刘献廷之记郑氏也。”

其十云：“积百年之力，挫折天下之廉耻；殚数世之心，消磨天下之志气；拱手以俟他人，势所必至矣。国初禁立社，禁学会，又多明故阉党之所定，如冯铨、刘正宗辈皆是也。人才不振，夫何责焉！”

以上所言，皆至今可诵。

八八 《景善日记》记内廷事

景善之遇至酷。联军入城时，已七十八岁，为其子所弑。其子又杀人，旋为英军枪毙。阖家先已殉难，书籍珍玩，尽入外兵手，日记一残帙，为英人所得，今未详藏于私家抑图书馆。国中所见者，从英文译出，大致度未失原意。唯原书载景善死于七月二十一夜，而二十一日之事，已记及之，似其死期，当略后一二日，否则二十一之事，即述文年之言，不能走笔详悉如是也。景善为都统桂顺之子，端王、澜公皆其弟子，曾亲见咸丰庚申之役，故于外军入城不甚致怖，又不以拳匪为然，不意其遘家祸也。其日记必可信，以仁和王文勤（文韶）家书证之可见。文勤家书中一节云：

> 二十日早，本宅喜雀胡同一带炮声尤甚，炮子如雨下。忽传天安门及西长安门已经失守，然不能得真消息。我在直宿未归。禁门已闭，不得出入。至二十一日早七下钟，我坐小轿进内，始知两宫已于黎明出城矣。我上日（即二十日）共召见五次，至亥刻见面，仅刚、赵二人，太后云："只剩你等三人在此，其馀均各回家，舍我母子二人不管，你三人务须随扈同行。"并谕我云："汝年纪太大，尚要吃辛苦，我心不安，汝可随后赶来。刚赵二人素能骑马，务必随驾同行"等谕。我复奏"臣必赶来"，皇上亦云"汝必要来"云云。至夜半见面，犹说不即走，岂知甫及天明，两宫已仓猝出宫，狼狈情形，不堪言状，两宫均便衣与庶民一样。

勘以《景善日记》，云：

> 二十日下午五钟，通州陷，洋兵将至京。今日召见军机五次于宁寿宫，老佛将避往张家口。申时，澜公匆匆入宫，不俟通报，呼曰："老佛，洋鬼子来了！"刚毅随至，言有兵一大队，驻扎天坛附近。太后曰："恐怕是我们的回勇，从甘肃来的。"刚毅曰："不是，是外国鬼子。请老佛即刻出走，不然他们就要来

杀了。"夜半复召见军机，惟刚毅、赵舒翘、王文韶三人在前，老佛曰："他们到哪里去了？想都跑回家去了，丢下我们母子不管。无论有什么事，你们三人必要跟随我走。"又谓王文韶曰："你年纪太大了，我不忍叫你受此辛苦，你随后赶来罢。"又谓刚毅、赵舒翘曰："你们俩会骑马，应该随我走，沿路照顾，一刻也不能离开。"王文韶答曰："臣当尽力赶上。"皇帝忽若惊醒，谓王曰："是的，你总快快尽力赶上罢。"两宫究于何时离宫，则予不甚清悉。此时荣禄正极力收集军队，不及入见。

可知二十夜召见三大臣，及德宗曾说一句话之情形，皆如出一辙。德宗自戊戌后不多说话，故每发言必为臣下所注意。其对文勤言"汝必要来"，颇有独恋恋于较明白之汉人意，凄怨之心如掬。又宫廷事，汉人虽官尚侍，非留心刺探不能知。若满人官内务府者，则逐日言动皆备详之，向来如此。故《景善日记》能言当日内廷事，亦不足为奇也。

八九　严几道欧战诗

几道[①]先生化去，倏逾十年，每忆麈谈，辄滋涕泪。先生于予最厚，夜灯娓娓，穷研人天。晚年将归，忽赠二诗，有云"皇天容老眼，看尔著先鞭"，见集中。霜鬓江南，深惭期许矣。何叙甫（遂）欧战时奉令观战欧陆，归出纪念册，乞先生题诗，得口号绝句，近叙甫

① 严复，字又陵、几道，晚号瘉壄老人。福州人。早年毕业福州船政学堂，留学英国。返国后，曾长期担任天津北洋水师学堂总教习。主张变法。翻译《天演论》、《原富》等多种西方著作。入民国，曾长京师大学堂（旋改北京大学）。有多卷本《严复集》刊世。

以此诗示石遗先生，今并录之。其一云：

太息春秋无义战，群雄何苦自相残。
欧洲三百年科学，尽作驱禽食肉看[①]。

其二云：

汰弱存强亦不能，可怜横草尽飞腾。
十年生聚谈何易，遍选丁男作射弸[②]。

其三云：

洄漩螺艇指潜渊，突兀奇肱上九天。
长炮扶摇三百里，更看绿气坠飞鸢[③]。

其四云：

牛女中间出大星，天公如唤世人醒。
三千万众膏原野，可是耶稣欲现形[④]。

其五云：

由来爱国说男儿，权利纷争总祸基。

---

① 自注云：战时公法，徒虚语耳。甲寅欧战以来，利器极杀人之能事，皆所得于科学者也。孟子曰，率鸟兽以食人，非是谓欤？

② 自注云：德之言兵者，以战为进化之大具，谓可汰弱存强，顾于事适得其反。

③ 自注云：自有潜艇，而海战之术一变；又以飞车，而陆战之术亦一变；炮之远者及三百里外，而绿气、火气诸毒机，其杀剧于火器，益进弥厉，况夫其未有艾耶？

④ 自注云：本年阳历六月一日，有新星现于牛女之分，光芒焕发，过于一等星。此自挽近星学家言之，固若无与于人事也，而其所以异者，独见于此时而已。四年苦战，死伤总数逾三千万，宗教家用其书之《默示录》语，疑世界乃近末日，抑救主有复临之机。此自人心乱极思治，其然，岂其然欤？天道固远，然地球等八行星为太阳系，不得谓其不相关。自哈雷彗星几坏地球而不果，嗣是革命共产思潮流行全球，间以欧战，安知非彗星戾气所感动耶？

为忆人弓人得语，奈何煮豆亦燃萁。①

先生此五诗不收集中，度是随笔所书，自不留稿。欧战至今已二十年，弥天杀机，又勃勃垂发，使先生犹在者，睹此烈火奔洪，众生同尽，正不知如何悲悯也。先生博学通识，潇洒自喜，归国始治学，而至老矻矻终年，手不释卷，非近日学生所及。予挽以二诗，有云："瀛海九州看辙遍，沧江一卧恨归迟。"憾其不早归，以有洪宪之强污也。又有云："雍容辩囿标天演，斟酌谟觞（借用）讫夜分。太息少年终喜谤，译林谁策导河勋。"言其气度渊渊，喜为长夜谈。其没时已里居，南北军阀方拥兵相讧，学校少年，土苴前辈，更无称述其老学之辉光也，一代才人，奄忽如斯，可为扼腕。今案先生第五诗注中，似亦并隐刺当时国中连兵相残之武夫也。又先生溺好文字，而不惮屡改，丹黄涂乙，次第井然，予所藏手稿数通皆如此。狄平子《平等阁诗话》载其《哭林暾谷》五言排律，与《石遗室诗话》所载者迥不相同，由三十二韵改为二十四韵，词句亦弥炼饬。予所见前辈虚心问学，殆无逾先生者矣。

九〇　左宗棠郭嵩焘关系始末

吾友丁在君②，素不刻意鉴藏，一昨过之，案上忽有装潢尺牍，

---

① 自注云：自爱国之说兴，而种族之争弥烈，今之欧战，其结果也。英有看护妇，名迦维勒者，在比，扶裹创夷，虽仇敌不歧视。嗣缘英俘之逃，以嫌疑被法。临命，告监者曰："吾有一语，烦告人间。"监者问何语。则曰："爱国爱国一言，殊未足以增进人道也。"语已，受枪而死。夫爱国之义，发源于私，诚不足以增进人道。然彼之相为屠戮者，犹以种族异耳，顾同种并化之中，独以予夺奋虐，此真百喙无以自解者矣。

② 丁文江，字在君，江苏泰兴人。著名地质学家。曾任中央研究院总干事。

乃为郭筠仙致丁雨生手书，凡四通，皆抚粤时作。玉池人品书法，照耀一代，书中所言，亦可供史料，亟假抄得之。四书次序，疑有颠倒，今录其一，其中有憾于左文襄者，以资考镜。书云：

雨生仁兄大人阁下：昨呈一函，想蒙赐鉴。弟于子美、少铭两军门，望之至殷，约之至夙，意谓贼势西窜，此军必由粤境跟追，早属惠潮道张寿泉储峙军食，以徯其至，并妥为迎护照料。嗣接段小湖信，言须粤中公牍，以定行止，即星夜具咨移之，另专足赍信往迎，前后三辈，军米及支应委员，亦已早抵潮州。忽闻左帅有奏调此军北剿捻逆之信，又以一书与左帅，辨证得失，请仍由潮州进发。各函均未达览。得小湖廿六日厦门回信，美帅已前赴上海，铭帅亦旦夕行矣。此军自初奉派援闽，鄙人即决计邀其赴粤，初以分军为请，继以便道入粤为期，始终不得一望见其麾节，真非意想所及。左帅会江浙各军入闽剿贼，仍假苏军之力，数千里浮海转战，一收廓清之功，由闽达粤，比邻相接，而迫以浮海南归，竟以朝命督之，若惟恐其一入粤境，使此贼速了者，竟莫测其所以用心。而前后具报军情，随时咨报，独此一节，隐秘为之，至今未一咨示折稿，尤使人念之茫然。省城相距过远，一切无所闻，李星衢近在咫尺，坐视此军之去，漠然不以为意。处功名之地，君子之所甚难，自古然也。粤军精悍能战，将弁亦多佳者，而苦于积习太深，纪纲法度，一切废弛，公亦当能知其详。郑、林两军，先后挫衄，伤亡奔溃，尚待招集。卓军移驻兴宁，遂至一散而归，省垣亦不相过问。此时所恃，一不知兵之督办，一无纪律之方军，恐难遽以澄清责之。小湖谓粤事急，此军仍可复来，此所不敢以请于伯帅者，特以私商之阁下，求赐酌画，如小湖之议，尚属可行，再以上达于伯帅。筱翁委员来粤迎致此军，日昨始赴潮州。左帅此举，辜数省之望，遗累无穷，深所不解。手此敬请勋安，即乞复示一一。愚弟嵩焘顿首。六月初八日灯下。

按此书为同治四年乙丑所作。考三年甲子，筠仙虽已抚粤，其时六月金陵始下，冬间汀州始告警，与书中所言情形不符。四年，左宗棠既就闽浙总督任，以蒋益澧护巡抚，增调王德榜军至闽，三月江苏军郭松林来会师，太平军弃漳州，出大埔，五月进攻永定。李世贤、汪海洋屡败，宗棠进屯漳州，蹑之武平，于是李、汪窜广东之镇平。筠仙作此书，正粤境吃紧之时也。书中子美、少铭两军门者，郭松林，字子美，湘之湘潭人；杨鼎勋，字少铭，四川华阳人。此两军奉命援闽，而文襄不欲令其入粤。盖文襄与筠仙仇隙至深，欲孤其势，促其行。未几，筠仙卒罢去，文襄以其亲信蒋益澧代郭抚粤，于是始使康国器、关镇平两军入粤剿追。此实文襄褊隘处，筠仙终身憾之，宜也。丁雨生（日昌）时佐李文忠幕，为上海道，书中伯帅，即文忠，同治三年六月封一等伯爵。筱翁者，李瀚章字筱荃，是年方为湖南巡抚。四书皆《养知书屋文集》所不载，此笺对文襄尤愤然不平，可知当时左所以扼郭甚烈。予始颇疑筠仙右曾文正，故文襄忮之。嗣闻方叔章谈，左、郭隙末之由，乃以同治三年，湘阴文庙忽产灵芝，是年郭筠仙拜广东巡抚之命，而七月左文襄以功封一等恪靖伯。筠仙之弟意城致书其兄，谓文庙产芝，殆吾家之祥，盖戏词也。左闻之大不怿，谓湘阴果有祥瑞，亦为吾封爵故，何预郭家事乎？乃以千金延周荇农（寿昌）侍郎为《瑞芝颂》，称述左之功德，今文襄集中犹载《谢周荇农书》，即此事。文襄意终不释，复致书筠仙让之，往返相稽，以兹小故浸成大郄。又考朱克敬[①]《瞑庵杂识》：

骆文忠公秉章巡抚湖南时，左宗棠为幕客，颇见信用，将吏多忌之。会秉章劾治总兵樊燮，樊疑左所为，诉于京师，事下总督，总督先入蜚语，遣官逮宗棠，期必至。宗棠惧辱，托应礼部试，入都。总督诇知之，密奏左宗棠潜身入都，营谋脱罪，请敕步军统领访擒送鄂。时郭嵩焘直南书房，上召入问左宗棠何如人，曰："有才，肯任事。"上曰："何不理于人口？"对曰："性刚且疾恶。"上曰："向尝召之，奈何不至？"嵩焘曰："左宗棠非求官者，若皇上有意驱策之，当不敢辞难。"上颔之。会大理寺卿潘祖荫亦疏言，方今之势，天下不可一日无湖南，湖南不可一日无左宗棠，上意益解。宗棠至襄阳，遇嵩焘南归，言事已解。胡林翼亦遣人追留，乃更就林翼于松滋。至则曾国藩已先在，相见悲喜。明日有旨寄曾国藩，问左宗棠胜何任，国藩奏："宗棠刚明耐苦，可大用。"上乃授宗棠太常寺卿，督兵浙江。初骆秉章疏辨宗棠无罪，上谕有"劣幕把持"之语，或署左门曰"钦加劣幕衔帮办湖南巡抚左公馆"，及闽浙平，而谤者誉矣。

朱记此事甚翔实。欲逮左者，即官文，而为左首辩护者，实筠仙也。又按《清史稿·左宗棠》称："同里郭嵩焘，官编脩，一日文宗召问：'若识举人左宗棠乎？何久不出也？年几何矣，过此精力已衰。汝可为书谕吾意，当及时出，为吾办贼。'林翼闻而喜曰：'梦卜敻求，

---

① 朱克敬，字香荪，号瞑庵，又号餐霞翁，甘肃皋兰人。援例捐官，补龙山典史。与郭嵩焘相契。关心国事，见不从流。工诗文。著《瞑庵诗录》、《瞑庵杂识》等书，自辑为《挹秀山房丛书》刊世。

时至矣。’”又按《郭嵩焘传》：“初毛鸿宾督粤，事皆决于幕僚徐灏，瑞麟继至，灏益横。嵩焘衔之，上疏论军情数误，劾逐灏，并自请罢斥。事下左宗棠，宗棠言其迹近负气，被诃责。左郭本姻家，宗棠先厄于官文，罪不测，嵩焘为求解肃顺，并言于同列潘祖荫，白无他，始获免，至是宗棠竟不为疏辨。嵩焘念事皆由督抚同城所误，逾岁解职。”合上二节，与朱记参观，左郭交情离合始末，大致可见。及光绪十年，文襄视师福建，先期便道返里，筠仙时已乞退家居，文襄年已七十三，清晨衣冠诣其门，请见，筠仙固辞不得，久之，始出见。文襄顿首，称老哥，述往事，深自引罪，再三谢。筠仙为留一饭而别，竟不答拜。文襄旋卒于闽，而筠仙卒于光绪十七年，年亦七十四。然其晚年别成《自序》一文，于左无怨词。盖左郭之争，左曲而郭直，故左终引谢，而筠仙于逼其解组，毕生怏怏也。郭函中之方军为方耀，字照轩。

九一　左宗棠郭嵩焘关系续篇

郭筠仙《自序》，有单行本，不附《养知书屋集》内。一昨胡子靖先生（元倓）出示所藏筠仙《荔湾话别图》，及《自序》残稿，合装一册，综考玉池老人事迹者，真当视为鸿宝矣。《荔湾话别图》，为筠仙去粤之祖筵，自陈兰甫以下，湘粤名流凡数十人，今题字人存者，唯散原先生一人而已。丁雨生时亦返粤，图末有二诗，丁诗云：

暂抛簪笏遂登临，领略风光各浅深。
病眼看花原似雾，闲云出岫本无心。
巢痕尚记谈温树，归计依然载郁林。
欲举离觞倍惆怅，未能去后卜晴阴。

苍茫白塔耸平芜，前尽西樵后海珠。

岭外名山无泰华，古来游屐有韩苏。

诸公等是萍浮水[①]，未老先愁雪染须[②]。

记取鹓鸾向台阁，野塘仍忆白鸥无[③]。

录此，以与在君所藏郭致丁札相印证。《自序》残稿，可甄录者云：

（上阙，皆言粤东政事废弛云云）鄙人到任后，营办数月，次第皆与添设，无敢滋事者。潮州距省太远，久成化外，不敢率意经营，直至张寿荃署潮州道，始以任之。其时汪海洋大股已由漳州窜近粤边，军情紧迫。左文襄知潮州厘捐之少，而不知潮州开办之独迟。寿荃因言，潮州绅民可以顺道而不可强制，但邀允准，陆续皆可增加，贼势方急，而与绅商相持，此危道也。文襄不察事理，不究情势，用其铺张诡变之情，使朝廷耳目全蔽，以枉鄙人之志事，其言诬，其心亦太酷矣。非得丁雨生急力为我解说，稍自宽譬，几无复性命之存矣。所谓去粤又绝朋友之伦，是矣。

故事，粮道库无储款，而漕折银两，积存库储亦数十万，洋人入城以后，括取无遗，而粮库存无岁储，遂委为荆棘矣。吾为设筹饷局，令粮道郭毓六司之，凡新设之沙田捐、房捐、船捐，应领于经费者，仍归藩司主持，其不领于经费，及诸罚款，始入此库。两年中，月饷遇有短乏，即取给此库，以备支放。迨潮州平，仍积存二百馀万，资遣卓、方二镇营，动逾百万，而

---

① 原注：王少鹤、何白英、吴子登诸君皆寓公也。

② 原注：座中皆年长而日昌须发皆白。

③ 跋云：筠仙宪台乞假将归，邀同王少鹤太常、何白英观察、吴子登太史、陈兰甫学博、古樵明府游荔湾话别，日昌病新起，得陪雅集，赋呈述怀。

吾不及与闻矣。往在胡文忠营，闻公言："天下糜烂，岂能安坐而事礼让？当以吾一身任天下之谤，但得军饷稍给，吾身有何顾惜？"每举以告左文襄，为文忠悲之，亦自意文襄于嵩焘在粤筹饷情形，亦能知其节要。不谓文襄蓄意攘夺此席，畀之蒋君，举数年所得之功效，悉数诬蔑，以恣其排觝，乃使区区勉求自尽之实，终无能一白之朝廷。呜乎，抑可〔何〕酷也！（下略）

此节筠仙自摅痛愤，所述甚详。册后有柳翼谋今春一跋，引据详确，今并录之。柳跋云：

耐庵先生过陶风楼，出视《荔湾话别图》，及玉池老人《自序》残稿，属为详跋。诒徵按，左郭二公隙末，缘闽粤饷事，左公龛定粤境，郭公不能尽副左公之求，左公以平生雅故，数诒书诮让，比蒋芗泉代郭，郭尤憾左之夺其位，畀所私，按之诸公书疏，可以得其颠末。陶风楼藏郭公致曾文正公书，有曰："左君在漳州，初拜督办三省军务之命，合广东督抚而并倾之。其言曰：'天下安，注意相；天下危，注意将。今之所谓将者，督抚是也。广东军务方兴，诸事废弛，必得李某任两广总督，蒋某任广东巡抚，方能望有起色。'其后两保，皆以便言之。都门言朝廷疑子文不任疆事，以太冲求之甚坚，不得已应之。蒋君幕友言左函录寄折稿，蒋大喜，即日刊刻广东巡抚封条，以必得为期。此两保，皆交通左君幕府吴、夏诸公赞成之，折稿皆私寄蒋，鄙人未见及也。最后一折，直谓'广东军务专以骗饷为事，毫无筹画。臣驻军大埔，距潮郡为近，询问潮州厘捐每年仅得三万，以潮州之富饶，使果办理得法，每月当不止三万。就潮州一处论之，广东厘捐，办理不善，大概可知。非得蒋某经理，万不能有补益，请饬蒋某前赴广东办理军务，兼筹军饷’。此折尤为丧心病狂，盖以瑞君一书相构，肆其淫诬，并潮郡情形亦颠倒以济其说，前后两折稿，所在有之，公岂未及见耶？（诒按：此两折文襄集未载。）鄙人致憾左君，又非徒以其相倾也，乃在事前无端之陵藉，与事后无穷之推宕。如此两折之排挤，而曰实未劾及鄙人者，犹其羞恶之良所发端，规以自解而已，于义无害也。而必多方诬及鄙人春间致筱荃一书，盛称蒋君功德，以为非鄙人所敢望，人皆以为笑。吾谓左君之服膺蒋君，宜也。所不可解者，左为浙抚，蒋为浙藩也，朝夕与处，又用其力，克服一省城、四府城、十余县，非惟没其功，又摧折之，辱詈之，蒋君屡致鄙人书，深怀怨怼。已而左为闽督，相距二千里，漳州一保，乃遂信之之深如此。蒋君至广东，为鄙人言：‘生平受左君挫折至多，始则相与争胜，继乃一力周旋之，不论其信否。其赴闽也，定浙饷每月二十万，供给年余之久，皆以每月十二日起解，未尝一日后期，安得而不保我？’即蒋君所言观之，左君之前后矛盾，轻重失伦，居心果何等也。阮公甚感左君相待之厚，枉书亦略及之，岂知其为心之私哉。粤中使者至其营十余辈，每见必呼贱名而诟之，且言：‘归语而抚，放贼入粤者，乃渠亲家。贼至闽，我赴闽剿办，今又赴粤剿办，汝抚知之否？’昨赴岳州，闻吴退庵在左君营，终日诟公，兼及鄙人。举以询之南屏，南屏云，退庵言在营日两食，与左君同席，未尝一饭忘公，动至狂诟。其于鄙人，似尚从末减。吾谓：‘左君豪杰，惟曾公始足当一诟，我岂惟不受其诟，正当反诟之。左君之诟曾公，以怨报德，我则直讨有罪耳。’公与解释旧嫌，以济公家之急，此盛德事也。附会左君，以咎鄙人，则过矣。左君曰：‘吾未尝相倾，彼罪自应逐耳。’公亦曰：‘左君未尝相倾，汝罪自应逐耳。’是知燕之当伐，而不悟伐燕而取之者，齐也。所谓知其一，而不知其二者也。霞兄疑鄙人性褊，多与左君较量，复书云：‘莲池大师道已成，或问大师亦动心否？应曰：佗无所动心，惟闻放榜不自持耳。’盖以应举被逐而逃于佛者也。鄙人亦惟恶闻左君之名，疑公之断斯狱也，未得其允，谨钞录全案附呈，以备处断。其于左君之凶横，亦可略得其梗概，并求一告之阮公。”其愤懑之情，几于倾筐倒箧而出。顾曾文正复书，则以诙谐出之（见《曾集》）。有云：“接五月惠书，敬承一切。其谓左公竭力倾公，鄙人虽未见折稿，而路人皆已知之，不才岂故疑之。其谓鄙人附会左公以咎公，则又似汪钝翁私造典故，而不察于事理之实也。左公之朝夕诟詈鄙人，盖亦粗闻一二，然使朝夕以诟詈答之，则素拙于口而钝于辩，终亦处于不胜之势，故以不诟不詈不见不闻不生不灭之法处之，其不胜也差同，而平日则心差闲而口差逸耳。年来精力日颓，畏暑特甚，虽公牍最要之件，浏览不及什一，辄已弃去。即贺禀谀颂之尤美者，略观数语，一笑置之。故有告以詈吾之事者，亦但闻其绪，不令竟其语也。”合两书观之，二公之意量自见。又左文襄集载《丙寅答郭公书》有曰：“粤东吏治军事玩愒粉饰，与同治三年之闽无以异，代为忧之。阁下力图振作，而才不副其志，又不能得人为辅，徒于事前诿过，事后弥缝，何益之有？生平惟知曾侯、李伯及胡文忠而已，以阿好之故，并欲侪我于曾、李之列，于不佞生平志行，若无所窥，而但以强目之，何其不达之甚也。”又曰：“平生好过虑，于密友前言无不尽，屡以此见忤曾侯，兹复以此犯严威，极知狂谬，然鄙怀如此，亦不敢有所隐匿。但使阁下稍垂察纳，早为区处，勿使我言之幸而中，则所愿毕矣。因忠而愤，以直而亢，知我罪我，听之而已。”平亭此一段公案，又宜合两造之词衡之，耐公以为何如？乙亥春二月柳诒徵谨识。

翼谋为金陵学人弁冕，主盋山图书馆，收藏考证，左右逢源，所裨于史学非浅，不止摭拾闻见，吮墨自悦如予者。睹君长跋，辄有屠门得隽之乐也。柳跋中所录郭书中之吴退庵为南屏之弟，霞兄即刘霞仙。

九二 左宗棠恃功使气

左文襄气矜之隆，一时将帅，莫之与京，郭筠仙为力相扬扢之人，而与之郄嫌终身，他无论矣。总督陕甘时，与吾乡林欧斋先生(寿图)亦相牴牾，卒以筹饷不力，劾欧斋去职。相传林于左素不满，左以诸葛自命，尝署为“老亮”。一日公宴，坐中有言某事者，左诩其先见之明，掀髯大笑曰：“此诸葛之所以为亮也。”无何，某事失机，欧斋戏易其词嘲曰：“此诸葛之所以为诸也。”(诸音叶猪，文襄甚肥，材官谓其满腹燕窝鱼翅故事，即其腹甚皤之证。)文襄闻之深憾，遂摭事去之，此与其去郭筠仙由于瑞芝之细事相类。今考欧斋集中《高将军歌》，末三句云：“一生谨慎诸葛君，纶巾羽扇信轶群，胡为杀我高将军？”自注云：“高、王两提督为文襄二健将，赖以平闽歼寇于粤之嘉应州者。高军门西征，为部下所戕。文襄素以诸葛自命，常署曰老亮，故诗云然。高名连陞。”其不满左处可见。《忆昔行》云：“备胡未久帐移师，北征孤愤摅臣甫”二句，下自注云：“宫保左公移师征捻，余策捻必踏冰北窜，请于北山口筑围，左公不应，捻竟由此逸去，惊扰畿辅。”《馈粮叹》中有云：

“不见官兵，乃见贼兵。官兵畏死，汝安得生。生无二三死八九，走报大营逢使酒；申诉未终撞玉斗，昔有萧何今愧否?”皆极愤懑。与江都史绳之(念祖)《复程伯宇书》所云：“嗟夫，幸仆笔拙目短，不足准古证今，以报足下之命。不然，将历考其羁縻之失，而追录其倾覆拙钝之由，曲述其遁饰之隐，屠戮之虐，搜括罗织之苛，使九边泣血之声，千里暴骨之惨状，一旦而毕呈于足下之前，亦足下之所不忍闻也。足下乃谓仆之西行，可以有为乎？昔者颜子将之卫，请于夫子，夫子曰：嘻，若殆往而刑耳。仆虽不敏，独不惧死于暴人之前乎？(中略)甘肃僻处天西，风气朴僿，士人仅知帖括，兴兵十余年，未有能著一书以述攻战之迹者。文襄持节西征，又极力牢笼士大夫，结其欢心，使不持异议，故竟无一人能发其骄愎粉饰之情状。”可相印证。盖文襄平定西域之绩略，皆不彻底，肃州之战且大败，与文正殆不可并论。史笺中谓文襄极力牢笼士大夫结其欢心云云，所谓士大夫指王壬秋、周荇农、吴子儁(观礼)辈。吴之《圭庵诗》中，所述陈文襄事亦甚多，皆隐其词。

光绪庚辰、辛巳间，文襄入军机，旋不安其位，出督两江。其所以不安之由，近人某笔记谓文忠主张召左，以使知枢垣办事之难；左入京后，果大苦，诸臣颇侮弄之，左顾此则失彼，举端不能竟委。而薛叔耘《庸庵笔记》谓：李相上《复陈海防事宜》一疏，时适文襄在关外奉召将至，恭邸及李高阳协揆以事关重大，静俟文襄至乃议之。文襄每展阅一叶，因海防之事，而递及西陲之事，自誉措施之妙不容口，几忘为议此折者，甚至拍案大笑，声震旁室。明日复阅一叶，则复如此。枢廷诸公，始尚勉强酬答，继皆支颐欲卧，然因此散值稍晚，诸公并厌苦之，凡半月尚未阅毕。恭邸恶其喧聒，命章京藏之，文襄亦不问云云。似皆止述其粗豪莽拙之状，未足为其失败之真因。子偁与陈弢庵先生交厚，闻弢老言：《圭庵集》中《冢妇篇》、《小姑叹》二诗，皆言文襄入枢府受沈文定[①]阴挤事。沈为宛平人，原籍吴江，由山西巡抚入为军机，极得西后信任。吴之《小姑叹》中有云："事事承母命，处处蒙人怜。深潭不见底，柔蕤故为妍。"皆状文定之柔媚深婉。文襄以粗才当之，故不必显相排斥，而时以难题裸露其短，自不能久也。文襄所亲文士，子偁以外，若王湘绮及邓保之（绎），皆颇为文襄张目。文襄对外主战，甲申之役，文襄即主战者，今《清史稿》左传，称其廪廪向敌，士论于此益附之。盖当光绪初年，郭筠仙通达大势，而被诟为媚外。李文忠始终持重，不欲启衅，而谤为汉奸。文襄好为大言，自命通畅戎机，惜不及见甲午之役，一试其身手也。大抵文襄忠耿有馀，深沉不足，喜谀恶谏，使气恃功，贤者之过，殆为定论。

九三　郭嵩焘以外交能手自负

郭筠仙以外交能手自负，尝自谓七百年来所无，屡形于楮墨。其《与龙皞臣书》称："自南宋以来，控御狄夷之道，绝于天下者七百余年。老朽不才，直欲目空古人，非直当世之不足与议而已。"《与李文忠书》亦有类此语，其涵负可见。当时伊犁乱事，左主用兵，筠仙自伦敦致书李文忠，有云："经国者务筹久远，主兵者惟取进攻，是以弃地之议，不能出之将帅也。"又有云："与其含胡悬宕，以生其

---

① 沈桂芬，卒谥文定。今按，沈桂芬于同治六年丁卯（1867）十月，由晋抚调署礼右，学习入值，光绪六年庚辰十二月三十日（1881 年 1 月 29 日）以军机大臣、兵部尚书卒于任。左宗棠于光绪七年辛巳（1881）正月二十九日（2 月 27 日）以东阁大学士第一次入值。沈左二人并未同值枢垣。沈阴挤之事，甚为可疑。

戎心，莫如明与定约，画疆分界，可保数十年之安。”又有云：“兵者，末也，各种创制，皆立国之本也。”又有云：“伦敦募兵之法，皆先使读书，通知兵法，而后入选，遣医士相其血脉胆气筋骨坚强，而后教之跳跃，次第尽枪炮技艺之能事，乃编入伍，其根底厚矣。此岂中国所能行者？”此书中又主张裁厘金，肯说实话，皆极大胆深识。又筠仙颇推许沈文肃，今观其与文肃一书，中言外交应付之术，在筠仙盖卑之无甚高论者，然由今观之，已极鞭辟近里。今摘一段如下：

> 窃论今时办理洋务，一曰求制胜之术。其大本大原之处，不敢遽言也。稍清理其节目，以求所以自立，涂饰一时耳目，固亦有乘机立断之方，有循序渐进之略，期之三年五年，以达数十年之久，吾曹心力犹及为之。然非有力求振兴之资，震荡昭苏，扩充积累，终亦无济。二曰了事。一切政教风俗，皆不敢言变更，而苟幸一时之无事，则所以了事之方，熟思而审处之，勤求而力行之，亦迫不容缓矣。其大要亦有三，分别功过，以为用人之程；讨论得失，以为制事之准；熟览中外情势，以为应付之方。如是而后可与言了事。三曰敷衍。事至而不暇深求其理，物来而不及逆制其萌，几于坐困矣，如是，则且随宜敷衍。然而情伪利病之间，缓急轻重之势，稍有不明，则愈敷衍而愈至坐困。所谓敷衍者，审事以处之，度情以应之，使无求逞而已，非待召衅启侮，陵轹要挟，而后与言敷衍也。嵩焘于是三者，亦常勉行之，而勉言之，自谓有效矣。而挤排缘于所昵，诟辱积于盈廷，必使其志事倾毁无馀而后已。

筠仙此段分三层，步步递降，而步步都有求己之办法，洵非彼时高谈以夷制夷者所可比。今日所当韦佩也。更考甲申中法之役，筠仙之主张如何？《养知书屋集》卷十二致李伯相一书，正言此事。其中有云：

越法之争，事经数变，而所处愈难。及今与议，方之去秋疏陈时，其难不啻百倍。然与其征兵转饷以从危，曷若豫探其情而发其覆，以理持之？孙子曰："未战而庙算胜者，得算多也。"故曰不战而屈人之兵，又曰知己知彼。法人之意在通商，而我必迫之使出于战，是无算也。彼发兵万五千人，军伍器械，备具于平日，而用兵之费，动至数百千万，取给不穷。今欲悉索敝赋，召募无业游食之民，以与相持，是不知彼也。用兵三十馀年，聚而为勇，散而为盗，蔓延天下，隐患方深。重以水旱频仍，吏治媮敝，盗贼满野，民不聊生。而于是时急开边衅，募勇以资防堵，旷日逾时，而耗敝不可支矣。幸而得解，旋募而旋散之，所募之勇，游荡无所归，乘饥困之民以逞，是导乱也，其弊又坐于不知己。其精微者不敢言，略言其粗者，则亦岌岌无自立之势矣。

又有云：

闻诸人言，枢府以滇督擐甲厉兵，而粤督处之泰然，数有訾议，是以属中堂以专征之任。又述京师议论，所以属之中堂，仍以议和，非求战也。其意若以为中堂专主和者。天下大事坏败决裂，皆坐无识。诚不意办理洋务五[二?]十年，士大夫所见，终止于是，可慨也！要知天下大计，岂能听诸无识之一二人，颠倒迷惑，而不一疏理其节目，条议其得失，务定诸任事之初，以求无悔于后。审量枢府之意，非必乐出于战，正坐南宋以来，以战为名高，有所蔽而不悟耳。伏乞中堂定计于事先，无俟其敝而始求补救之术。以滇事任之滇督，檄粤兵且无出关，专务保疆自固，揭法人之隐，正名通商，先为朝廷解其惑，函告法国公使，俾相就会议，达观昭旷之外，坦然以诚相喻。外间知洋务者稍优于京师，皆知以战为不宜，较南宋时议论固稍异矣，正不必枢府主战者之果为名高也。

此二节前论当战而不可战之理由，知彼知己，信皆洞澈。后论本问题非和与战之谓，当直接与法谈判。使当时能用郭言，则何至有马江之败，亦不至有割越之辱矣。又考《清史稿·郭嵩焘传》称："嵩焘虽家居，然颇关心君国，朝鲜乱作，法越衅开，皆有所论列。逮马江败，恭亲王奕䜣等去位，言路持政府益亟，嵩焘独忧之。尝言宋以来士夫好名，致误人家国事，托攘外美名，图不次峻擢，洎事任属，变故兴，迁就仓皇，周章失厝，生心害政，莫斯为甚。疏传于外，时议咸斥之。及庚子祸作，其言始大验，而嵩焘已前十年卒矣。"此与两书可相发明。其时号称主持清议者，皆奋臂争斥筠仙，台官劾筠仙，世皆以为敢言。及今固不必论，而尔时积非成是，所劫持所煽动者，中伤于国家于社会者，其损失已不可以数量计。闻筠仙晚年家居长沙，力主中国当亟办火车、轮船、电报三事，长沙人士皆目笑腹诽，不与往来。李文忠欲以招商局事属筠仙，筠仙亦以扬子江通航，锐力自任。其友朱禹田（朱菊尊之父）以诸生起家，营商致富百万，筠仙欲托其任航局，集众赀，乃衣冠亲诣朱门三次，朱卒不为助。文忠不得已，乃以委盛宣怀。筠仙自英伦归，习体育操演诸式，湘人诮以为打洋拳，谤者四起。筠仙亦愤极，其《复姚彦嘉书》言："士大夫语及洋人，则大憾。见洋人机器，所以致富强，则益憾。独于洋烟，甘心吸嗜。"可谓痛哭流涕道之矣！筠仙集复曾沅浦一书，极言左文襄伊犁一役，侈然主战，一念务名之私，贻害天下。而后数年致彭刚直一书，论中法之役，亦盛言恪靖全不一考求应付之策。今不具录，录其平心静气之言，可以为后世法者，以见其真。筠仙使英，为刘锡鸿所倾轧，本集及传皆详之。筠仙自是一代通人，集中可录之言甚多。闲尝语人，近日书坊喜檃括名人言论事迹为一小册子，而不知括举郭筠仙，亦犹盛相提倡明人小品文字，而不知翻印萧伯玉之春浮园日记、游记也。

九四　京西戒坛寺

筠仙集中有《戒坛记》，甚崛强，初夏读之，使人神王。忆民国四年乙卯三月，春城花事方盛，日与石甫、瘿公相过从，适潘若海自沪至，约游戒坛、潭柘，予诺之。及期大雨如注，以为必不果行，高卧加巳始起，而瘿、若二人竟发。瘿以予之失约，恚且诮，归寄诗三首，其末云："最怜蹇步黄夫子，怅望苍崖失此行。"复盛述西山雨景之美，花事之盛。予嗒然逊谢，报以二诗，其次章云："曾闻潭柘海棠树，檐外高枝锦样夸。侥幸精蓝容托命，移根终叹洛阳花。"盖潭柘海棠高数丈，倚天艳绝，而其时沈雨人数招予玩所得邯郸道上某寺之牡丹，意雅不善其所为，以为移根非所以爱花也。及庚申游戒坛、潭柘，而弱庵已殁，行时深秋，由翠微山麓，乘笋将而南，过石景山，逾浑河，及马鞍山麓。夕阳在树，柿叶殷红，山容横紫，如置身画中。遥望极乐峰，如一老人负天特立，愈近则愈碧，不可仰视。其巅有庵，即极乐洞，素壁板扉，位于危岚绝顶，若白眼之下窥者。予诗所谓"昨从千崖底，入望舌已挢。负天一青嶂，素壁炯双瞭"者，盖记实也。戒坛者，浮屠受戒之地，凡大丛林多有之，而以万寿寺为最。此山为鹅头祖师所开，而寺则唐武德五年所建，坛则辽清宁间僧法均所建，历代修葺极勤，故其宏侈甲于寰中。清晨遍历殿宇，夙闻戒坛以松名，出就长廊，抚挲龙鳞，僧人历举其名，又言莲花松离此极远，活动松则槁死久矣。松隙望浑河如练，浮光下界，峰雄殿壮，回合阴森。余《戒坛》七言古诗中，所谓“龙蛇偃蹇列天仗，铃铎涌动摩神穹”者，犹恨未能状其伟绝。寺经光绪十七年恭邸重修，故恭邸后人溥心畬弟兄避地是间。壁间多伶人题名，则西山梵宇之所习见。涛园先生《游戒坛》诗最有名，中云：“吊古咨嗟活动相，向人仿佛虬髯状。强胡且试弩末手，宫装犹见内家样。”自注云：“德军官与恭邸小王子校射。”按此小王子，当即心畬、叔明兄弟。其后有二句云：“上方僧设贤王供，粉壁伶写旗亭唱。”即言供恭邸神位，及诸伶题名也。涛园最服膺玉池老人笔墨，盖犹可见文肃与筠仙之交谊。今先录筠仙记如下，以为印证。郭记云：

> 度罗睺岭而南，山峻削，沙石赪黝相间。折径斜险，稍逶而西，有峰峣然离立众表，马鞍山也。望戒坛当山坳，北达狮子岩，缭曲盘郁，若隐若见，出入高下，取径焉。又西，极乐峰益奇峭。明如幻律师说法为戒坛。左右多古木，坛外数武白果松一本，高七八丈，九干相纠结，寺僧名之九龙松。其右毘卢千佛阁，松栝林立，尤奇者，活动松樛枝交重，荫垂一墀，横盘如龙，引其一枝，旁俱动摇，如靡天风，苍阴猗移，波涛自荡。余笑以为戒坛怪特，于松尤胜，自馀无取乎尔。寺僧超尘进曰：“人亦有怪特，若吾石山僧者，岂愿见乎？”乃导余上毘卢阁，阁半接木为飞桥，达山南麓，一净室，有僧披发绕肩三匝，敝衣不袜，貌狞恶，独坐一榻，一高足案，庋诸经说十馀事，以手导客坐。问之年，立五指以对，而左右指火毁其四，秃且尽，

两臂然炬百数十，焦腊可辨。超尘言其里居，故长安市上石工也，三十五六时入某寺为僧，所师僧死，守塔三年，遂蓄发，忽立戒，戒不语，十年矣。初不知书，渐通文字，能诵经，其静极慧生者欤？夫佛氏之说，断情欲，外形骸生死，谓之坚忍，为有不能忍于心而忍之者也。然指，蓄发，不语言，何为者乎？非有迫之而有诱之，强伏其心，以雠伤其肢体，甚哉愚也。而惟用其愚，强固不可动摇，乃使其心澹然泊然，无役于体肤，无营于寝处，无所为而为，其难不少馁焉。吾儒之为道也易矣，而流荡以失所归，抑何多也。是游也，既睹诸松之奇，又得是僧焉。孰谓京师之大，坚强傀特，伏一世而无所为者，独在是山间哉！

按筠仙此记，乃由潭柘至戒坛者，故度罗睺岭。记中所述活动松，光绪中已毁，故最可宝。予游时毘卢阁尚好，而飞桥已不见，苦行僧亦久怛化矣。戒坛松诗，以陈仁先为最奇崛，有七古两首，皆雄迈相匹。玉池此记，亦伟称其景。陈诗有云："未穷山源见山骨，磊砢称意数十松。惜哉神物一先化，蟠际冥漠无由踪。"亦言活动松已死。记与诗相去约在四十年间，他时志燕都故实，当掎摭及之，以见活动松存毁之前后。予辛未夏再至戒坛，松列依然，坛堿不改，而雄深状似不及初来时。至今追忆庚申秋之游，薄暮入寺，秋阴云海万象峨峨之概，犹萦梦中也。

九五　光绪帝欲留京办交涉

前记珍妃事，引《景善日记》，妃称帝当留京一语，友辈或有以为疑。按当时德宗实欲留京，与妃意䜣合，在当时不失为一策，则无可疑。㦤瘿公既为《庚子国变记》，酬鸣又为《书后》一篇，有云：

忆扈从某官云，西后自出险，恒语侍臣云："吾不意乃为帝笑。"至太原，帝稍发舒，一日召载漪、刚毅痛呵，欲正其罪。西后曰："我先发，敌将更要其重者。"帝曰："论国法，彼罪不赦，乌论敌如何。"漪等颡亟稽。时王文韶同入，西后曰："王文韶老臣，更事久，且帝所信，尔意谓何？"文韶知旨，婉解之。帝退，犹闻咨嗟声。漪等出，步犹栗栗也。未几刚毅恚而死，已定议再西，帝尤愤。抵潼关，帝云："我能往，寇奚不能？即入蜀，无益。太后老，宜避西安。朕拟独归，否则兵不解，祸终及之。"西后以下，咸相顾有难色，顾无以折帝辞，会晚而罢。翌晨，乃闻扈从士嘈杂戒行，声炮，驾竟西矣。帝首途，泪犹溢目也。

又新城王晋卿先生所序王小航述《德宗遗事》，第七节云：

太后之将奔也，皇上求之曰："无须出走。外人皆友邦，其兵来讨拳匪，对我国家非有恶意。臣请自往东交民巷，向各国使臣面谈，必无事矣。"太后不许。上还宫，著朝服，欲自赴使馆。小阉奔告太后，太后自来，命褫去朝服，仅留一洋布衫，严禁出户。旋即牵连出狩矣。

又第九节云：

驻跸太原多日，上仍求独归议和，太后及诸臣坚持不放。其实是时早归，赔款之数可少，而外人所索保险之各种条件，皆可因倚赖圣明而无须提出。公论昭然，怀愍徽钦之祸，万万不容拟议。其理至显，而诸人因识见腐陋，不知此者十之九，明知而佯为不知者十之一，则为太后、荣、王、岑诸人也。时岑幕中有张鸣岐者，年少锐敏，力劝奉皇上回京，收此大功，岑词穷而不语。

此两书所记皆同。大抵清之亡虽有多因，而那拉氏实一力成之。牝晨专恣，帝后相仇，光绪中叶以后，一切政潮皆为此事。西后以其侄女为德宗后，即以箝之。德宗遂恶后而与珍妃谋，终德宗之身，虽迭受凌辱，中犹倔强。故西后弥留时，隆裕与崔玉桂等遂有先置帝于死地之必要。此一段因果相乘，亦事势有必然者。按德宗之非善终，戊申以来，世皆疑之，顾莫得左证，近日私家记乘迭出，旁证见闻，此事乃七八可信，当别详之。王小航(照)杂事诗一本，皆述德宗轶事，迩别有辑其注单行者。即上述之《德宗遗事》，其记珍妃事，与诸说稍有不同，今附录之。《德宗遗事》第六节云：

> 外兵逼京，太后将奔，先命诸阉掷珍妃井中。诸阉皆不敢行，二总管崔玉贵曰："都是松小子，看我去。"于是玉贵拉珍妃赴井口，珍妃跪地，求一见老佛爷之面而死。玉贵曰："没那些说的。"一脚踢之入井，又下以石。辛丑回銮后，上始知之，惟悬妃之旧帐于密室，不时徘徊帐前饮泣而已。

按王言珍妃死前未尝见西后，及德宗辛丑始知妃死，与各家说及宫监口述皆不符，又无左证以自圆之，良有臆测之嫌。唯崔玉贵之凶悍，与德宗之凄恋，则于兹可见众口所同。异时有效陈鸿之传长恨者，或可别备一故实也。(按瘿公撰《国变记》，以湘乡李亦元之日记为蓝本。民元二间瘿晨起访友，午后必涉足歌场，夜九时以后，始兀坐撰笔记，至二时始休，引证浩博，而语皆有本原。酬鸣是当时朋辈所署笔名，未忆为何人，度是恽薇孙、麦孺博、陈翼牟、章曼仙之流，仓卒不可考矣。)

九六　龚定庵李莼客皆不工楷书且喜骂人

缪艺风《说龚定庵》云：

己丑，龚卷落王中丞(植)房，阅头场第三篇，以为怪，笑不可遏。隔房温平叔侍郎闻之，索其卷阅，曰："此浙江卷，必龚定庵也，性喜骂。如不荐，骂必甚，不如荐之。"王荐而得隽。揭晓日，人问其房师，龚大哈，曰："实稀奇，乃无名小卒王植也。"王后闻之，怨温曰："依汝言，荐矣，中矣，而仍不免骂，奈何？"

按此与李莼客事绝相似。莼客出吾乡林赞虞[①]先生门，考《越缦堂日记》第三十四册《荀学斋日记集》上云：

光绪六年庚辰四月十三日晨，敦夫出闱，知余卷在林编修绍年房，初不知所谓，以问其乡人陈编修琇莹，陈君力赞之；犹不信，更质之钱辛伯，辛伯谓通场无此卷，始请陈君代拟评语，呈荐于翁尚书，尚书大喜。廿五六日，即以次三艺发刻，本中高魁，后以景尚书取本房一卷作元，乃置第十九名。既翁尚书欲以余卷束榜，始置一百名，而仍刻入闱墨，意别有在也。王益吾在闱中，见余首场及五场，即决为余作，辛伯亦以为然。填榜时，两君及敦夫、汝翼营企之甚，甫填十余名，益吾即出告外收掌官，先取墨卷视之，知为余书，亟入语敦夫，共以欣然。下午谒房师，送贽银八两，门茶九千。又记，五月十七日，送房师林编修卷格价廿四金，编修固让，作书与之，乃受。

---

① 林绍年，字赞虞，福建闽县(今福州)人。同治进士。历编修、滇抚署督、桂抚。入值军机，度支部右侍郎、豫抚，改仓场侍郎。

莼客此日记，虽非如定庵之骂，然“初不知所谓”五字，自夸亦已甚矣。予闻莼客之中式，陈芸敏实力主之，日记所言非诬，而莼客亦循例谒林公，称老师，不失礼。其后某日造谒，赞老谆劝之曰：“贤契学问虽佳，而字殊欹斜，恐朝殿考差，尚须努力。”莼客唯唯，退则大诟，遂久不通问。及赞老以直谏忤西后意，谪云南昭通府，声名动天下，莼客大叹服，亟进谒，致慰饯，执弟子礼甚恭，此与定庵又大异也。龚李皆浙人，皆喜骂，皆不工楷书。艺风述龚事又称：“龚补中书，考差，先君问徐星伯先生：‘定庵如得差，所取必异人。’星伯先生曰：‘定庵不能作小楷，断断不得。如其夫人与考，则可望矣。’”盖颉云夫人有书名也。此亦如莼客不工楷。盖有清三百年，名士以不能作楷书湮没终身者，不可胜道也。

九七　汉赀郎与清捐官

莼客集中与人书及日记，数以“赀郎”自况，盖未得进士前，先捐得部曹。《孽海花》中所记，李保安寺街寓所门榜一联：“保安寺街藏书三万卷，户部员外补缺一千年。”盖事实也。按捐纳得官，而以汉之赀郎自称，实微有不类。考《汉书·张释之传》：“以訾为骑郎。”苏林曰：“雇钱，若出谷也。”如淳曰：“汉注赀五百万，得为常侍郎。”师古曰：“如说是也。”《司马相如传》云：“以訾为郎。”訾读与赀同，赀，财也，以家财多，得拜为郎也。又按景帝【后】二年诏曰：“今訾算十以上乃得官，廉士算不必众，有市籍不得官，无訾又不得官，朕甚愍之。訾算四得官，无令廉士久失职，贪夫长利。”此即所谓以赀多得为郎也。武帝始令吏人入谷补官郎，至六百石，入财得补郎。释之为郎在文帝时，相如为郎在景帝时，其非入钱谷买官，明矣。卖官卖爵，又是二事。汉初有卖爵令，自公士至彻侯二十级，本沿秦制。武帝时始官爵并卖，卜式以入财超拜中郎，赐爵左庶长。左庶长，乃武帝新令，《食货志》所谓令民得买爵，请置赏官，名曰武功爵之第十级也。武功爵凡十一级，式以数入财得拜第十级爵，又如新令赏官，故又超拜中郎。言超者，以入财谷补郎至六百石，而中郎比二千石也。黄霸武帝末以待诏入钱赏官，补传郎谒者，亦武帝新令，故沈钦韩谓霸由武功爵补官。由此言之，以赀非纳粟入财之比。又按陆放翁《老学庵笔记》云，汉人入仕有以赀为郎，司马相如、张释之是也。有入钱入谷，赏以官者，卜式、黄霸是也。入钱，则今买官之类，以赀则非也。

莼客以捐班目为赀郎，恐失翔实。赀郎之性质，殆与清末资政院有纳税多额之议员相类。今日捐纳之风已革，亦无敢以资产阶级自命者，此名词殆成广陵散矣。又考捐官之例，所以迎合国人热官幸进之心理，亦为昔时君主筹款之良法。清康熙初年，削平三藩之财源，几胥视此。缪艺风《云自在龛笔记》云："十三年三藩之变，至二十年平定，八年之中，征兵转饷，日昃不遑。内有两事，一举鸿博科，开一朝文学之路，一开捐输例，启天下幸进之门。捐输之开，在军饷浩繁，点金乏术之时，计臣不得已而及此，岂知遂为一朝之秕政哉！自闽、滇、二广用兵，始开捐纳之例，初犹经户部斟酌，不至过滥；其后陕西赈荒出塞运饷等事，则渐泛滥矣。商人巴某等，初捐即补知府，言官论之，因革去。其后于振甲为运饷都统，则不由户部及九卿集议，径移吏部铨补。于是佥事方面，显官亦在捐纳之列，初任即得补，不惟知府。后左都御史张鹏翮疏言州县守令教职，捐纳冗滥，九卿集议，遂欲通改佐贰等官。王文简公士祯时为户部侍郎，谓诸公曰：'朝廷不可失大信于天下，已往可弗论，但当慎之于将来耳。'众以为然。"但当时有识者已深知其非,陆清献《三鱼堂日记》:"近来捐纳之例,不但当为朝廷惜官,且当为朝廷惜人。大凡富贵之人,以勤厚起家,往往多忠厚诚朴之子,岂非朝廷之良民善众乎。若欲奖其急公,加以散秩可也。今不问能否而官之,所谓未能操刀而使割也,及其偾事,不能不以刑罚随之,是奖之者适所以害之也。"清献"奖之者,适所以害之"一语,甚痛切。呜呼!今日社会,说及前清捐官之例,鲜不笑为恶政,抑岂知集赀之法,奖之适所以害之者,又岂徒捐输之一途哉?

九八　郭嵩焘论办洋务

郭筠仙于咸丰间,在京师,一日诣陈子鹤(孚恩)尚书处,适有客数人在座谈洋务,一意主战,筠仙笑曰:"洋务一办便了,必与言战,终无了期。"闻者默然。顷之,客散,陈引筠仙至僻处告曰:"适言洋务不战易了,一战便不能了,其言至有理,我能会其意,然不可公言之,以招人指摘。"筠仙记此事于《自序》中,而称"予不能用其言而心感之"。按此虽小节,亦可见子鹤涉世之深,于吾国社会揣摩之透。但此即是国人最大病痛,盖明知其不可战而不敢不言战,发言公廷,与议论私室,截然不同,此非咸同之际为然,至今恐尚尔也。筠仙《自序》中有二节,均关外交史料者,今移录之,以见当时侃侃不阿之概,兼可为外交官之鉴。

其一云:"遣使驻扎西洋,发端自嵩焘,距今十馀年,所以遣使之意,当时讫无知者。西洋之通使,专为修好,处理寻常交涉事件,遇有辨争疑难,别遣使任之,为事有从违,即荣辱系焉,公使终年驻扎,恐难以相处也。是以遣使尽人能任之。国家办理洋务,从不一审求通知洋务之人，颠倒迷误，多生事端，独于遣使，珍重拣择，所谓本末俱失者也。当初遣使时，廷臣皆视此为大辱，李子和制使、冯展云学使正言切论，以阻其行。嵩焘答言：'数万里程途，逊而不任，更有艰巨，谁与任之？'沈文定公常称嵩焘在西洋处办事件，皆极妥善，不知所处办者，本皆易了之事，不足言劳，皆恃见理稍明，常以数语定议，不至多费唇舌。凡见以为难者，皆不知洋务者也。"

其二云："在伦敦时，接某君书，极口诋斥倭人，其言略近理，不如刘锡鸿之狂悖，而见解正同。因为诸随员言，'某议论见量如此，必贻误国家。'复书痛戒之，略言：'吾辈奉使海外，委曲以通和好，富郑公所谓主忧臣辱，正今日之事也。务一切细心体察，究知所以为利病得失，苟利于国，仿而行之，否则置之。一存薄视慢侮之心，动作议论，必有不能适宜者，非奉命出使之旨也。'某复书陈谢，而仍以意气自负。吾于某之使日本，某之使俄，皆预忧之。于日本之扰琉球，法人之扰越南，皆深究其情事，推明其利病，以求所以处置之法，陈奏至于再四，一为京师议论所持，茫然莫知所处。士大夫之嚣，肇始南宋时，由来亦久矣。"

筠仙此二节，皆极详密，第一节言当时应与各国通好，不当闭关自大。而清时始办外交，皆使亲贵及宰辅管理之，此辈皆颠倒迷误者，不正其根本，而徒恃出外之公使，又何能补救。第二节尤切直。序中出使日本之某，殆指许钤身[①]，出使俄国之某，则指崇厚

① 此指未确。按光绪元年(1875)七月，诏命以原广东巡抚、兵部侍郎郭嵩焘为出使英国大臣，原直隶候补道许钤身为副使。郭于二年十二月(1877年2月)抵任。许则未行(以刘锡鸿补)。二年八月，调任出使日本大臣，并以翰林院侍讲何如璋为副使，均未行。同年十二月授何正使。何于光绪三年十一月(1877年12月)抵任。许钤身奉令而未出使。郭氏《自序》中以与崇厚使俄(1878年抵任)及刘锡鸿相提并论者，显系另有其人。此与郭氏通函者，似系何如璋。

也。其言“苟利于国，仿而行之，否者置之，一存薄视慢侮之心，动作议论，必有不能适宜者”。此数语即言外交须纯以国家为重，而不能一任个人之爱憎，诚当书绅。盖当日中国尚非积弱，当日外交，亦非难办，患在以虚憍轻侮之气临之，绝不肯如日本当年之忍辱师法，力图自强，徒知今日战法，明日战日，一败再败，国力士气逐渐澌尽，以成进退维谷万劫相寻之局。予之称道筠仙，正非为不战论者张目，乃欲彰此明白人，使知当日能采其言，不一味胡涂者，则今日决不至若斯之困顿也。抑古称立言、知人、论世三者，皆至难，能知立言者之身与世，始能知言，后人师前人之言，亦非借以自掩。使筠仙生于今日者，未知所言何如？然当日事势，若有如筠仙者数辈，或差可省每下愈况之戮辱。今日以理言，国人当每人皆如筠仙之洞达大势，纵如是者，其能挽救与否，尚不可必，则世实为之也，故曰“虽有智慧，不如乘势”。

九九　僧夏解

恢台之夏，行将炙人，天边赵盾，赫赫可畏。词流下笔，往往于兹袭用结夏、坐夏者。案僧夏之夏，非作暑解。考《翻译名义集》引《西域记》云：“印度僧徒，依佛圣教，坐两安居，或前三月，或后三月，前三月当此从五月十六日至八月十五日，后三月当此从六月十六日至九月十五日。前代译经律者，或云坐夏，或云坐腊。”是此夏，与腊同义，即作年解。证以《南部新书》：“道士杜义回心求愿为僧，敕赐三十夏腊。以其乍入清流，须居下位，苟赐虚腊，则顿为老成。”两说并符。而黄梨洲别有结夏之释，其《金石要例》引《因话录》云：“释氏结夏，随其身之轻重，以蜡为其人，解夏之后，将本身验于蜡人，轻则为妄想耗其气血。故为塔铭，书僧腊若干，世寿若干，今作伏腊之腊，失其义矣。”按伏腊与夏，同为纪时，唐时译文，正用此意，犹诗词中之几秋几霜。僧腊，即僧夏，作伏腊解未必为失义也。若诠释作及夏而制蜡人，既出夏而验之，则斯夏字始如本义。然当夏不易结蜡，故以从作年解为是。

一〇〇　清德宗死因之谜

清德宗之非令终，当戊申十月，已有此传说。盖西后与帝一生相厄，而帝毕竟先后一日而殂，天下无此巧事也。当时群疑满腹，而事无左证。其所以使众且疑且信之由，则以德宗卧病已久，而医者佥断其不起，事理所趋，一若德宗之死，势所必至，西后之死，转出意外者。其实德宗正坐西后暴病，遂益趣其先死，此则纯为累年之利害与恩怨，宫中府中，皆必须先死德宗也。当时后党之魁，内为隆裕，外为项城，二者始终握大权，噤众口，故虽易代，亦无人为此孱主鸣冤。迨至民国十年后，故宫易主，项城势力亦渐尽，私家笔记间出，宫女太监亦能道之，事实始渐露。王小航《杂咏》中《德宗遗事》云：

> 袁世凯入军机，每日与太后宫进奉赏赐，使命往来交错于道，崔玉贵更为小德张介绍于袁。小德张，隆裕宫之太监首领也。三十四年夏秋之交，太后病既笃，又令太医日以皇上脉案示中外。开方进药，上从来未饮一口，已视为习惯之具文。(原注，下均同。当日江侍御春霖向李侍御浚言曰：皇上知防毒，彼辈无能为。岂料彼辈之用意，不在于方药中置毒哉。)其前岁，肃王曾谓余曰：“我所编练之消防队，操演军械，无异正

式军队。以救火为名，实为遇有缓急保护皇上也。”至是余自保定来，提及前话，谓：“倘至探得太后病不能起之日，王爷即可带消防队入南海子，拥护皇上入升正殿，召见大臣，谁敢不应。若待太后已死，恐落后手矣。”王曰：“不先见旨意，不能入宫，我朝规制，我等亲藩较异姓大臣更加严厉，错走一步，便是死罪。”余曰：“太后未死，那得降旨？”王曰：“无法。”余曰：“不冒险，恐不济事。”王曰：“天下事不是冒险可以成的，你冒险曾冒到刑部监里去，中何用来？”余扼腕回保定。又百余日而大变酿成，清运实终矣。（家必自毁，国必自伐，所谓自作孽，不可活也。）

又云：

隆裕自甲午以前，即不礼皇上，虽年节亦无虚文，十五六年中皆然。上崩之数日前，隆裕奉太后命，以侍疾来守寝宫。（是时崔玉贵反告假出宫，小德张之名尚微，人不注意也。）上既崩，隆裕仍守床畔，直至奉移乾清宫大殓后，始离去，赴太后宫。太后已不能语，承嗣兼祧之事，问诸他人始知之。自上崩至奉移大殓，亲王大臣以至介弟，无一人揭视圣容者，君臣大礼，盖如是之肃也。吾闻南斋翰林谭君，及内伶教师田际云，皆言前二日尚见皇上步游水滨，证以他友所闻，亦大概如是。昔穆宗之以疡崩也，尚杀内监五人，此则元公负扆，休休有容，粉饰太平，足光史册，虽有南、董，无所用其直矣。

小航此言，大致不谬，绎此似德宗之死，死于隆裕之手者。按恽薇孙（毓鼎）《崇陵传信录》云：

十月初十日，上率百僚晨贺太后万寿，起居注官应侍班，先集于来薰风门外。上步行自南海来，入德昌门。门罅未阖，侍班官窥见上正扶阉肩，以两足起落作势，舒筋骨，为拜跪计。须臾，忽奉懿旨，皇帝卧病在床，免率百官行礼，辍侍班，上闻之大恸。时太后病泄泻数日矣，有谮上者，谓帝闻太后病有喜色。太后怒曰："我不能先尔死。"十六日，尚书溥良自东陵复命，直隶提学使傅增湘陛辞，太后就上于瀛台，犹召二臣入见，数语而退。太后神殊惫，上天颜黯淡。十八日庆亲王奕劻奉太后命往普陀峪视寿宫，二十一日始返命，或曰有意出之。十九日禁门增兵卫，讥出入，伺察非常，诸奄出东华门净发，昌言驾崩矣。次日寂无闻，午后传宫中教养醇王监国之谕。二十一日皇后始省上于寝宫，不知何时气绝矣，哭而出，奔告太后，长叹而已。

据此，西后既发毒语，云我不能先尔死，则德宗之死，似又在西后前二日，又似西后命内监死之者，谮之之人，度是隆裕、崔玉贵之流。盖从恽记之诸阉昌言驾崩矣一语，可知德宗之命早系于诸阉手，西后与隆裕之意，欲何时了之皆可，固不必问出于何人手也。其时朝野，皆疑西后与项城及隆裕诸阉合谋鸩德宗，予意项城未必预此事，隆裕诸阉足矣。英人濮兰德所著之《慈禧外纪》一书，颇为西后张目者，其中述及此事，亦可相证发。今节录之：

皇帝宾天之情形，及其得病之由，外间无从知其详，此事亦与其他诸秘密事，皆埋藏于李莲英及其亲信小监之脑中。即北京满汉诸大臣，亦言人人殊，关于太后及皇帝同时相继宾天，各持一说，互相矛盾。然欲考查其真相者，亦非无线索之可寻。日处忧危之域之皇帝，若一旦得以总揽大权，其必为彼李莲英辈所不利，固一定之势也。且当时颐和园中深密之计划，或尚有为太后所不知者，亦意中之事。太后之所以不知者，盖当时诸人以为太后将先皇帝而薨，故不得不密为布置，此乃东方历史中之特别情形也。据目击当时情形者论之，此或亦理势之所有，然欲搜求其确据，处处相合，则极不易也。下所记载，乃由两大臣所陈述，一满人，一汉人，皆当时在朝者。其所言大概与较可信任之报纸所载相合，此等报纸所载，亦由官场中传出也。吾等皆收存之。然此最大之疑案，终莫能明，或此同时宾天之事实出于天然之巧合，亦未可定也。但言者又云：闻之于太后亲信之侍从，谓皇帝宾天之后，太后闻之，不但不悲愁，而反有安心之状。

此段匣剑帷灯，弥极深刻，虽力言最大疑案终莫能明，而其明盖如镜也。清社久屋，德宗顺受全归与否，更不足辩。传后之史，例必以事证为凭，故此秘将长此终古。抑古之专制宫闱类此之事至多，正不必引为诧也。

一〇一　光绪帝选后不能自主

光绪十三年冬，西后为德宗选后，在体和殿，召备选之各大臣小女进内，依次排立，与选者五人，首列那拉氏，都督桂祥女，慈禧之侄女也（即隆裕）。次为江西巡抚德馨之二女，末列为礼部左侍郎长叙之二女（即珍妃姊妹）。当时太后上坐，德宗侍立，荣寿固伦公主及福晋、命妇立于座后。前设小长桌一，上置镶玉如意一柄，红绣花荷包二对，为定选证物。（清例，选后中者，以如意予之。选妃中者，以荷包予之。）西后手指诸女语德宗曰："皇帝，谁堪中选，汝自裁之，合意者即授以如意可也。"言时，即将如意授与德宗。德宗对曰："此大事当由皇爸爸主之。（据宫监谓，当时称谓如此。）子臣不能自主。"太后坚令其自选，德宗乃持如意趋德馨女前，方欲授之。太后大声曰："皇帝！"并以口暗示其首列者（即慈禧侄女），德宗愕然，既乃悟其意，不得已乃将如意授其侄女焉。太后以德宗意在德氏女，即选入妃嫔，亦必有夺宠之忧，遂不容其续选，匆匆命公主各授荷包一对与末列二女，此珍妃姊妹之所以获选也。嗣后德宗偏宠珍妃，与隆裕感情日恶，其端实肇于此。以上皆宫监唐冠卿所言，盖深知内事者，其人至今或尚存也。

庚子拳匪时守西陵贝子奕谟，告逃难西陵之齐令辰曰："我有两语，赅括十年之事：因夫妻反目而母子不和，因母子不和而载漪谋篡。"谟贝子为清宣宗胞侄，其言如此，合上宫监言观之，晚清宫廷之内幕可以概见。清之当亡，固有必然。而其演于外者，为新旧之争，和战之争；郁于内者，为夫妻之衅，母子之衅；此四者，庶可以赅之矣。（戊申袁项城之被放，为监国之载沣兄弟借此逐之，以便揽权，非翻戊戌旧案也。杨叔峤之子不知其隐，亟取德宗赐其父密诏，上书求雪冤，隆裕执不可，其始终憾德宗之情可见。）

一〇二　京西潭柘寺

前记戒坛，因忆及潭柘。北方游者，率二寺并举，然戒坛位山半，以殿宇胜，以松胜，潭柘则居釜底，以泉胜，以山门胜。予昔从戒坛往，绝罗睺岭，群山童秃险恶，及岫云寺，则曲邃森沉，众木蔽亏，杂鸟犹飞，秋阴如幂，心神为顿豁。昔人称潭柘以一培塿当群山心，九峰扆而立焉。志所谓老柘美竹者乌有矣，而两殿鸱工绝，则金元故物也。寺后故有龙潭，今甃为池，而其支委尚阔，泉走崖壁间，声甚怒。予诗云："端扆九峰朝帝树，鸣阶一水肖龙泓。"言寺僧引泉绕阶，颇似杭之龙井。潭柘，古之柘树千章虽无存者，而银杏两株，其高拏云。清高宗题称树生康熙初，至乾隆初，复生其一，后两者合抱为一，以为爱新觉罗家之瑞，夙有帝王树之称也。山门之修纡窈霭，予所见舍灵隐外，无其匹。

其后游鼓山涌泉寺，亦甚爱其山门，故有一诗云："一径松风引磬音，寺门端似岫云深。年来可惜魁梧尽，只遣龙孙细细吟。"谓鼓山老松渐尽，唯代以丛竹耳。予以为凡寺之胜，多在山门，后见苍虬阁《游元墓圣恩寺》诗："青山为屏为辅佐，参天柏涌金刚座。从来寺好在山门，夷叔片言真道破。"则知解人所见尽同。既而思之，山门之佳，端在林木，凡以树胜者，易于为曲折。

今日灵隐山门固不恶，然古昔树木之美，当倍蓰之。考《西村十记》载："度洪春桥，见苍松夹路，大皆连抱，而高或百尺，依依如人立道旁，肩摩武接，或拱或揖。自此至灵隐三天竺，不间他族，上则枝鬣偃蹇，下则石甃夷洁，雨不沾衣，土不涂足。每风自山顶下，则龙凤飞舞，翱翔霄汉，涛鼓籁鸣，淙铮铿訇，响应山谷，如聆广乐于洞庭之野也。"今日又那可见此。

忆予十五龄，就诸老为诗社，题为《万松金阙图》，每梦想南宋宫苑之盛。宋故宫即今杭州之凤凰山，所谓万松、九里松等，今悉不可睹其仿佛。吾友许昂若(宝驹)，迩出示所为随笔，其记西湖古木云："父老相传太平天国之役，与清军相持于钱塘江上游，柴木之来源既阻，军民悉就地取材，以供烧燃，湖上材木，遂如春蚕之蚀叶，垂垂以尽，迄今百年，犹未能恢复也。惟我家安巢别墅，在三台山麓，对门数十丈而遥，垅头有古木一株，高百丈，锐上丰下，隆然如佛塔，其下为逊清显宦茔墓，曾禁樵采，而历劫仅存者，沧桑几阅，殆如鲁殿灵光。”昂若此记，翔隽可备史料。盖世事日新，建造毁坏皆日烈，长林丰木，愈可宝也。

又忆涛园《潭柘》绝句云：“松阴中著一亭闲，扪腹逍遥散步还。五月行人不知暑，拖棉带夹听潺潺。”仲夏诵之，辄有凉意。樊山和之云：“潭柘开眸莹水光，戒坛袒臂受松凉。西山更比西湖好，终古仙乡在帝乡。”则微嫌清而不切。潭柘虽以泉胜，然非开眸即有水光者。因忆樊山甚以绝句自负，民国初年间予数诣谈，一日出示《中秋前一夕》两绝句，其一云：“玉水残荷叶叶鸣，凤城一夕雨连明。连昌约略无多柳，第一难禁是此声。”石遗先生录入《诗话》，而连昌讹刊作建昌。盖樊作乃取张叔夏[月下笛]词入诗也。樊山告予，此首意在惓怀故宫，时隆裕尚拥幼帝居禁城，故自喜用张词而弥有味。隆裕乃步武西后，以覆清社，樊亦非每事托为遗老者，聊以寄孤儿寡妇之哀矜而已。然樊翁之绝句，实较古体为佳。将殁前一年，独游崇效寺，有绝句殆二十首，感怆南皮旧游，甚有风神，属予及书衡年丈、纕蘅和之。予念翁已八十五，生平不作感伤语，此诗独以凄婉胜，恐非佳兆。不久果逝。是年三月，纕蘅以前一年《春游杂诗》，乞予题二绝句，其二云：“樊叟联吟十八年，枣花感旧最清妍。重来若补浇红宴，地下伤春定惘然。”即指此事。樊《和涛园潭柘》绝句，又有云：“一别西山岁几周，庞公妻子劝清游。何当赁取金灯院，红叶林边住一秋。”翁虽作斯语，晚近十年，实未尝一游。因叹师友山水，与光景乐事，皆一逝不可再逢。夏夜甚念西山逭暑之趣，复念沈、樊诸老次第皆尽，时事崩腾万变，后兹殆不易有山游赋诗之乐。执笔怅然，不自觉其词费也。

一〇三　懿珍两妃各劝其主上留京

清之亡，自当以那拉后为首功。其残忍酷妒，奢骄褊很，诸恶德俱备，才亦足以济之，屡谋废立，虽不敢行，然先弑慈安，继摧光绪，胆力福命，皆过于雉、曌矣。

予前谈文道希，因而谈及珍妃致死之前后。妃固死于后手，然若谓壹如德宗珍妃之意，即可以不亡，亦为过论。珍妃得宠，即出卖差缺，鲁伯阳一案，是其显例，使其得志，未必有以逾西后也。珍妃于庚子临难时，言帝当留京，此亦可作两种看法，深言之，欲图变政，浅言之，则冀脱西后绊，挟帝以自重耳。且帝留京之语，乃为妃嫔昵帝者所恒言。当英法联军之役，西后方为贵妃，文宗出奔热河，西后乃力主帝当留京，与珍妃如出一辙，谓非宫中妇寺遇变时必有之议论，不可得也。今撮举前此西后言与后此珍妃言相印证，可见历史事实宛成对耦，而际遇不同，后来菀枯遂若霄壤，亦所谓有幸有不幸。吴柳堂[①]《罔极篇》中记咸丰庚申事，云："庚申七月，自慈亲得病起，五六日间，即传夷人已到海口，所有内外一切章奏，概不发钞，以致讹言四起，人心惶惑，然犹未移徙也。时皇上方病，闻警拟狩北方，懿贵妃与僧王不可，且谓洋人必不得入京。"此懿贵妃即那拉氏，后来庚子时挟帝西奔之慈禧也。又一节云：

> 初七日，我军与夷兵战于齐化门外。我军马队在前，且

---

① 吴可读，字柳堂，甘肃皋兰人。道光庚戌进士。授刑部主事，历官至河南道监察御史，以言事夺职。光绪初，起为吏部主事。具疏请为同治立嗣，然后自裁。其人性颖悟，工文词。倜傥恣肆，才气纵横。有《携雪堂集》。

均系蒙古马兵，并未打过仗，一闻夷人枪炮，一齐跑回，将步队冲散，自相践踏，我兵遂溃。夷人逼近城边。先是，亲王及御前诸公屡劝圣驾出巡，圣意颇以为善，但格于二三老成，并在朝交章劝止，故有并无出巡之旨，且明降谕旨，有能杀贼立功，立见赐赏等语，故人人皆以为出巡之举已中止矣。初八日早，闻齐化门外接仗失利之报，圣驾仓皇北巡，随行王公大臣皆狼狈莫可名状，若有数十万夷兵在后追及者。然其实夷人此时尚远，园中毫无警报，不知如何如此举动？当皇上之将行也，贵妃力阻，言"皇上在京可以镇慑一切，圣驾若行，则恐宗庙无主，恐为夷人踏毁。昔周室东迁，天子蒙尘，永为后世之羞。今若遽弃京城而去，辱莫甚焉"。

据此，则当时懿妃所主帝当留京之理由，视后来珍妃尤堂皇而详切。后又有一节云：

有御史某上奏，言奸人荧惑帝听，仓皇北狩，弃宗庙人民于不顾，以致沦陷于夷，请速回銮，云云。自初间起，日日闻得与夷换和约未成，或由恭邸不肯出见，或因夷人所说难进，总未定局，居民愈觉不安。初六日，英夷来照会，云我国太无礼，致将伊国人虐死五人，索赔银五十万两。适俄夷亦来照会云，闻得夷人索赔五十万金，伊愿说合，令我们少赔。恭邸以此事即使说合，亦不过少十万八万，又承俄国一大人情矣，随托言已许不能复改谕之。俄夷又来照会云，既已许赔五十万，自不必说，惟英国焚烧园亭，伊亦愿赔一百万两，前索二百万，减去一百万，只需一百万便了事矣。恭邸答应，于初九日送去银五十万两。是时夷人所添十六条，无一不从者。当事者惟求其退兵，无一敢驳回，于是夷人大笑中国太无人矣。呜呼，尚忍言哉！尚忍言哉！懿贵妃闻恭王与洋人和，深以为耻，劝帝再开衅端。会帝病危，不愿离热河，于是报复之议遂寝矣。

末段数言，则知那拉氏在彼时不但主张帝当留，且当留而力战。一可见其仇外之心理，早伏庚子之祸机；二可见其于当时之国力，实不甚了了，徒知报仇，而不肯细察原因，比较力量。此处却与德宗珍妃不同。德宗非必甚明，然至少已知国力不如人，不应战而应留以讲理。使珍妃留京之策得行，则与当年那拉后留文宗之结果，必当大异也。呜呼，唯尔时不当战而战，其终也所贻于国家民族者，乃为后来之当战而不能战。夫至当战而不能战，则其痛苦，宁能量计！溯而言之，假使咸、同、光、宣以来，稍有明白算盘，早知不如人而自愧奋，十年教养，十年生聚，则今日又何至如是？由今言之，那拉后之昏悍，士大夫议论之梼昧，愈当永为炯鉴，正不能以颂其复仇二字，掩其愚暗之贻戚也。记此节竟，为之掩卷三叹。

一〇四　郭嵩焘劝僧王循理而后战

柳堂之《罔极篇》，实记其母殁于围城事，其原本与《慈禧外纪》重译者，有详略之不同。盖柳堂叙及西后为懿贵妃时弄权专擅处，后来皆删去也。其叙英法联军入北京事，廷议之不定，民心之悲愤，军队之溃败，皆可为叹惋。当时唯恭王留京任和议，而懿贵妃尚自热河传诏，欲杀英使巴夏礼，危迫间，庙堂之主张矛盾至此，与谏官及民间但知痛恨夷人者正同。上下交谪，其对全局绝无贯彻理解，尤可哀也。当时英法联军入京焚掠，士论激昂，十人而九皆主战，固不俟言。战事亦非不出力，科尔沁僧王于己未防天津海口，且击败两国兵船，甚自豪。郭筠仙《自序》中记此时僧王事云：

> 科尔沁僧亲王办理天津海防，回京度岁，一日在朝房就询嵩焘："东豫捻匪，天津海防，二者办理孰宜？"答言："捻匪腹心之患，办理一日有一日之功。洋人以通商为义，当讲求应付之方，不当与称兵。海防无功可言，无效可纪，不宜任。"僧邸默然。其后至天津，有所匡益，必蒙驳斥，至于上说帖一十有七次。大致以为，今时意在狙击，苟欲击之，必先自循理，循理而胜，保无后患，循理而败，亦不至于有悔。为画数策，终不能用。其后官江苏粮道，崇地山官保遣知州黄惠连持普鲁斯和约至上海互换，天津与旧相识。一日过谈及僧王，惠连言，僧王于嵩焘咨嗟叹息，钦若神明。惊问其故，曰："北塘溃败，诸军尽散。惠连探知僧王沿边趋永平府，徒步追从之，衣履尽失，每过一县，得银二三两，充旅食。出古北口，见僧邸立营处，寥寥数百人，幕府随员无一留者，乃告护卫通报。僧王闻即趋出，见惠连，问曰：'何为狼狈至此？'遂大笑，呼左右，速命水与澡洗，即时送具衣履靴帽，并银二百两，连发使速之。因上谒，僧王见即问曰：'翰林郭君，去岁从吾，吾愧无以对之。其初击洋人，人皆歌颂，独力争以为不可。其后炮石如雨之中，无肯来营者，又独渠一人驰至。见利不趋，见难不避，天下安有此人？吾深愧当时之不能相察也'。"

观此可知郭筠仙当时上说帖至十七次，所言度皆当时人不欲闻者，及僧王败后，始念及之。而筠仙亦非绝不主战者，但云"今时意在狙击，苟欲击之，必先自循理；循理而胜，保无后患，循理而败，亦不至于有悔"三十三字而已。所谓理者，即对于任何事件，其本末是非，彼此情势，须绝对了然，然后蹈正义以行之。不揣本而齐末，徒知效韩亡后之博浪椎，以相狙击。岂知韩亡后之狙击，乃循理而不悔者，韩未亡，而凡事皆但如博浪椎，则无益而又害之矣。柳堂在当时尚为明白人，观其《罔极篇》末语，忠愤如画。然吾人虽服吴之忠愤，而尤惜未睹郭之十七说帖作何语也。

一〇五　金山南移成陆

金焦二山，昔皆在江心，世所知也。金山今移在南岸，离江日远，曩读《广雅堂诗·金山观东坡玉带歌》："欲访中泠桑田改，紫金浮玉成陆海。"南皮此诗，光绪十六年作，至今已四十六年，时金山已登陆。是桑田之改，约在咸同之交。今考光绪《金山志》卷一"金山河"一节下云："咸丰初，金山尚在江心，非舟楫不济。至三年，发逆窜踞镇城，统兵督剿者，为江苏巡抚长白吉勇烈公，大营扎诈输冈。而金山之上游，为簰湾镇，有商遗木簰无算，贼掳得，顺流下，放塞山南江面，屯贼于上。因在山巅，筑极高瞭楼，凡营中动息皆见。公患之，募壮士，夜使由水登山焚楼，一面派兵击簰上屯贼，火发贼歼，围得合，而簰未去。簰既阻溜，山南淤积日甚，至同治初，沙方涨与山连，而西南之长山五洲诸山水发，向由便民河东注出江者，复在涨沙刷成港道。初止由山之西金山寺前入江，后前署两江总督安徽巡抚归安沈公秉成观察常镇时，以由山南而山东，有水漕一线，为山水过盛伤泄而成，亦因而开之，始有金山河之名，而分东西两口焉。然山水本可借以刷淤，分则力衰，于是停愈易，塞愈速，涨愈甚，虽屡经续浚，夏秋尚通舟楫，至春冬褰裳可涉，而山则宛在滩中，去江滨且百馀丈矣。"

此节于河所以淤，江所以北徙，山所以上南岸，言之綦详。匪惟地势变迁，实亦人事演成，水利不修，实其总因。

又考卷十八薛书常《中泠泉辨》云："幼读潘次耕《中泠泉记》，及所述取泉之法，心焉向之。比官吴中，而金山毁于兵，昔在江心，今则屹然立南岸矣，同治己巳捧檄来修江天寺"云云。又考曾文正《求阙斋日记》，同治乙丑，过镇江，金山已在南岸。是同治初年，山已上岸。又考善化瞿元霖《苏常日记》："咸丰七年腊月十九日，循江至金山，向在江中，今可舁而至也。"此则咸丰初山尚未尽渐陆之证。又考《王祭酒年谱》①卷下第六十一页云："余昔读唐人诗'树影中流见，钟声两岸闻'，知山在江中。而《通鉴长编》言，金兀术至金山，为宋韩世忠狙击，卒乘马逃去，以为必史氏记载之误。后读东坡《游金山》诗，有'中泠南畔石磐陀'之句，窃疑山何以在南畔，不喻其解。迨廿馀岁过之，见山特立江中，可证唐诗不诬。后三十年，视学江苏，闻江日北徙，山日南徙，瓜洲傍岸地常坍于水，有至里馀者，颇悟东坡诗旨。归里二十年，闻山逼近南岸矣。因是推知北宋时，山必已在南畔，迥异唐时。至宋金交战，山愈近南岸，与今日同，故兀术乘马登山，而韩王得以邀击之也。诗文之有关系如此。"按王廉生此记，可谓读书有间，但若谓宋绍兴间金山曾成陆地，则恐不尽然。考北宋时，金山固在江心，东坡、少游等诗可据。

南宋时，亦莫不然。放翁之《入蜀记》，作于乾道六年，去蕲王、兀术之战，才三十馀年。今考陆记六月二十五日云："（上略）是晚

---

① 指李孺、王崇焕撰辑《王文敏公年谱》（广文书局印行）。文敏为庚子事变后清廷对国子监祭酒、京师团练大臣、福山王懿荣（廉生）之追谥。

欲出江，舟人辞以潮不应，遂宿江口（此盖由镇江欲往金山）。二十六日，五鼓发船，是日舟人始伐鼓，遂游金山，登玉鉴堂、妙高台，皆穷极壮丽，非昔比。玉鉴，盖取苏仪甫诗云：'僧于玉鉴光中坐，客踏金鳌背上行。'仪甫果终于翰苑，当时以为诗谶。新作寺门亦甚雄。翟耆年伯寿篆额。然门乃不可泊舟，凡至寺中者，皆由雄跨阁。长老宝印言，旧额仁宗皇帝御书飞白，张之则风波汹涌，蛟龙出没，遂藏之寺阁，今不复存矣。印住山近十年，兴造皆其力。寺有两塔，本曾子宣丞相用西府俸所建，以荐其先者。政和中寺为神霄宫，道士乃去塔上相轮而屋之，谓之郁罗霄台。至是五十馀年，印始复为塔，且增饰之，工尚未毕。山绝顶有吞海亭，取气吞巨海之意，登望尤胜。每北使来聘，例延至此亭烹茶。金山与焦山相望，皆名蓝，每争雄长。焦山旧有吸江亭，最为佳处，故此名吞海以胜之，可笑也。夜风水薄船，鞺鞳有声。二十七日留金山，极凉冷，印老言蜀中梁山军鹭鸶，为天下第一。二十八日，夙兴，观日出江中，天水皆赤，真伟观也。因登雄跨阁，观二岛，左曰鹘山，旧传有栖鹘，今无有。曰云根岛，皆特起不附山，俗谓之郭璞墓。奉使金国起居郎范至能至山，遣人相召，食于玉鉴堂。至能名成大，圣政所同官，相别八年，今借资政殿大学士提举万寿观侍读，为金国祈请使云。午间过瓜洲，江平如镜，舟中望金山，楼观重复，尤为巨丽。中流风雷大作，电影腾掣，止在江面，去舟才丈馀，急系缆。俄而开霁，遂至瓜洲。自到京口无蚊，是夜蚊多，始复设幮。二十九日，泊瓜洲，天气澄爽，南望京口月观、甘露寺、水府庙，皆至近，金山尤近，可辨人眉目也。然江不可横绝，放舟稍西，乃能达，故渡者皆迟回久之。舟人以帆弊，往姑苏买帆，是日方至，两日间阅往来渡者无虑千人，大抵多军人也。夜观金山塔灯。"以上皆放翁所记，由江口登船伐鼓游金山，则山之在中央可见。神霄宫至郁罗霄台之间，凡五十馀年，未言山之滨陆，则其形势未有变动可见。尤当注意者，泊船瓜洲，望金山尤近，至于可辨人眉目，则金山不几于较近于北岸乎？唯中有门乃不可泊舟一语，不知为功令所禁，抑以沙浅不得泊，颇有疑问。所可断言者，金山在南宋时，绝无如今日之俨为陆地，而今日金山南迁，殆或为有扬子以来之创局。廉生所疑兀术乘马逃归，以理揣之，但有浮桥或浅滩，马皆可渡，不必山之连属于岸也。"

今日江水闻日仍北徙，扬州一带地又日坍，南岸沙洲增涨未已，则来日成陆海者，恐不止金山。而当时木簰之阻溜，与沈秉成之误凿金山河，一念疏忽，遂使千古名胜永永改观矣。凡事将毕也巨，于此可验。又可见吾国水利林政，久久不修，积千百年之颓废，足以使山崩川竭，膏沃成墟，民族衰亡，固不第一二名胜之易地已也。江南向有童谣云："打马上金山，丹阳作战场。"同治间，此言皆验。以予所见，非谣之能验，水利林政之不修，不止此二三事也。必政治之大本先坏，而其末流，可使山川形胜盛者为衰，所包孕者，灾荒兵燹皆是，作战场，亦其一也。试观放翁《入蜀记》，可知南宋之金山吞海亭，实为彼时之迎宾馆，渡江者大半皆军人一语，是当日淮水已成边戍之事势，此种变迁，何啻金山之成陆乎？

一〇六　瓯脱释义

近日国与国间之纷争，平亭之术，有所谓中立地带，或书为中立区者，此制导源盖甚古，即所谓瓯脱也。或疑瓯脱乃境上斥堠之室，非指弃地，此说诚是。然弃地亦非真弃之，乃故弃之，以设瓯脱耳。故转注瓯脱为中立地带，义自可通。案《史记·匈奴传》云："东胡王愈骄，西侵。与匈奴间，中有弃地，莫居千余里，各居其边为瓯脱。东胡使谓冒顿曰：匈奴所与我界瓯脱外弃地，匈奴莫能至也，吾欲有之。"《索隐》注瓯脱云："服虔云，作土室以伺汉人。"然绎《史记》文意，则瓯脱既置于匈奴、东胡间，是敌国互相窥伺彼此动静之设备，不可专训为窥伺汉人之处甚明。所谓弃地千馀里，位置今虽不明，然匈奴、东胡间有兴安岭，连亘南北，则呼为瓯脱之土室，必布于此山脉之左右无疑。

又考两敌国之间，置空地以杜纠纷，古今皆然。秦汉之际，中国与箕子朝鲜，亦用瓯脱制。《史记·朝鲜传》云："朝鲜王满者，故燕人也。自始全燕时，尝略属真番、朝鲜，为置吏，筑鄣塞。秦灭燕，属辽东外徼。汉兴，为其远难守，修复辽东故塞，至浿水为界，属燕。"又："燕王卢绾反，入匈奴；满亡命，聚党千馀人，魋结夷服，而东走出塞，渡浿水，居秦故空地上下鄣，稍役属真番、朝鲜、蛮夷及故燕、齐亡命者，王之，都王险。"是也。据此可知，全燕时，依浿水即鸭绿江南之山脉，筑鄣塞以为燕与朝鲜之界，此形势迄秦无改。迨汉承秦后，一统天下，以鄣塞绝远，防守不易，故修复辽东故塞，更以浿水为与朝鲜之界。自此河以南，至于燕之鄣塞，其间地域放弃为空地，此空地，即汉与朝鲜间之中立地带也。又案清初尚以鸭绿、豆满二江左右为间旷地，盖当三四百年前，白山黑水间，边徼旷绝，非兵力所能控，故仍用瓯脱制，以策万全。岂知陵夷至今，此制几于复施于榆塞，而欲与莱因、但泽相仿耶？大抵瓯脱宜于林木山峦河流，虽旷隔而犹得相窥伺者。至如西部之流沙戈壁，以及西伯利亚之荒原，天然阻绝，虽欲设瓯脱亦有所不能也。

一〇七　陈弢庵《围炉话别图》题诗

吴柳堂晚与陈弢庵友善。当时弢老以翰林官都中，数与柳堂及吴圭庵、张幼樵辈为扶鸾之戏，临坛者为乾隆间诗人吴企晋泰来，吴诗署“净名轩”，后所谓净名社是也。今观其《赠柳堂二十韵》诗，有云“乾坤双泪眼，铁石一儒冠”，可见柳堂风节。又有云：“道心娱白石，噩梦到青銮。杜宇三春雨，苍梧一夕澜。出山非小草，不死是猗兰。”则直隐括到柳堂之尸谏矣。篑斋家有《围炉话别图》，盖同治末年柳堂谪归时同人所作，其后民国初年，弢老题一七言古诗，极沉郁顿挫，句中杂有小注，多关掌故，今备录之，并加笺释，以见本末。诗云：

侍御席稿争失刑，一斥归卧兰山陉。
当年廷议孰主者，斫伐直木新发硎。
宁期再出殉龙驭，秦良卫史公所型。
同时四谏接踵起，欲挽清渭澄浊泾。
哓哓牖户及未雨，纲纪之正先朝廷。
角弓翩反局一变，窜谪流散随春星。
忌医廿载药笼尽，疾亟永命尊豨苓。
抱薪止沸国卒斩，骚魂九死谁能瞑。
我交侍御恨已晚，衰涕犹为同宗零。
谈诗说鬼再寒暑，廋语谓踏田盘青。
张侯居庐更叹逝，摊卷百感鳏鳏醒。
蓟祠既成次故宅，去后犹往馀风萤。
横街每过辄掩袂，矧对遗墨凭精灵。

黄童死孝骨早朽，肯念桑海吾伶仃。

藏书掠遍独脱此，呵护无亦关冥冥。

长言追记慰明发，永宝手泽扬馀馨。

弢老于“当年”二句下，自注云：“廷议成禄罪名，疏稿已具，醇贤亲王后至，袖一稿，以牵合天时刺听朝政，请谴言者，众愕然。某君奋笔署奏，曰：‘王爷大，中堂小，我从王爷。’遂以上。于通政凌辰、王理少家璧疏争不得。”按成禄满人，为乌鲁木齐提督，诬民为逆，击杀多人，虚饰胜状，为左文襄所劾。柳堂继陈其罪，有可斩者十，不可缓者五。寻逮问，谳上，论斩，廷臣请改监候。柳堂大愤，复疏争，有“请斩成禄以谢甘民，再斩臣以谢成禄”语。成禄夙有宫中之援，柳堂疏上，穆宗大怒，谓“吴可读欺负我”，大哭。醇王遂排众议，罪柳堂。弢老诗注所云，盖事实也。注中奋笔署奏之某君，指刑部尚书桑春荣。王家璧虽疏争不得，而当时穆宗年幼暴怒，非要吴脑袋不可，原旨斩立决，刑部大理寺都察院十三堂官皆画诺，独家璧不肯，柳堂因此改流。家璧鄂人，字孝凤。“宁期”二句，言光绪五年穆宗奉安惠陵，柳堂自请随赴襄礼，还次蓟州，宿废寺自缢，未绝，仰药死。于怀中得遗疏，请为穆宗立嗣事，故曰“秦良卫史”也。四谏，即清流党，以光绪初年始盛。案四谏究为何人，其说不一。昔闻张篑斋、宝竹坡、陈弢庵、邓铁香为四谏，而近人《红柳庵诗话》则云：“同治中，文襄与竹坡侍郎、张幼樵副宪、黄漱兰通政同官禁苑，以敢谏称，时谓四谏。”似此则南皮在内。但考南皮《寿黄漱兰》诗，“四谏荣名冠翰林”，《拜竹坡墓》诗，“翰苑犹传四谏风”，若已身在四谏之列，似不便以此标榜。准之弢老诗“同时四谏接踵起”，揆其意亦必谦言不在此内。大抵四谏之名，原比拟宋之欧、余、王、蔡，说本不一，亦不必定指何人也。

"角弓"至"骚魂"六句，词意俱沉痛。"衰涕"句，言吴圭庵[1]先逝，故曰同宗。"谈诗说鬼"，即指净名乩坛事。"廋语"句，弢老自注云："侍御以初元起废，丁丑夏间即相过从，诗孙记为戊寅，误矣。其挽圭庵联云：'是国家有用人，君不长年我偏寿；为亲朋辄作恶，别犹难遣死何堪。'圭庵盖已谒假而病作也。侍御死之前，尝语人将游盘山，故其上陵不归，家人犹疑在田盘也。"绎此，似何诗孙先有一记题于图上。"蓟祠"，言蓟州柳堂有祠。"故宅"、"横街"，谓柳堂故宅在南横街，仿杨椒山故宅例，以祠柳堂，门前有匾额。"黄童"句，自注云："卷中有陶楼、再同父子题作。"言黄彭年及子国瑾题词，国瑾以忧卒也。箦斋藏书，被兵掠尽，此卷幸存，仲昭为箦斋子，故收句云尔。弢老此诗，盖刻意之作，不独为柳堂，亦为箦斋。其云"一斥归卧兰山陉"者，柳堂甘肃皋兰人，先以刑部主事遭忧去，主讲兰山书院，及成禄案，镌三级，归又主讲兰山也。

一〇八　吴柳堂《请免外国使臣跪拜疏》

柳堂于劾成禄案前，尚有一疏，极为时传诵者，则请免外国使臣之跪拜也。考清代西洋使者来华，行拜跪礼与否，久为一问题。欧洲各国来使，皆抗议用拜跪礼，而廷臣例必与争。当乾隆五十七年，英国正使马戛尔尼来华要求通商之时，吾国循例插以旗，曰"英国进贡船"，觐见时，循例使叩头。马戛尔尼深虑以小节妨其所企，于八月十日觐清高宗于万树园幄次，行拜跪礼。陈康祺《郎潜纪

---

① 吴观礼，字子俊，号圭庵，浙江杭州人。同治进士，编修。后充四川乡试副考官。有《圭庵文集》、《圭庵诗集》、《使蜀日记》及《读鉴随录》。

闻》记兹事云：“乾隆癸丑，西洋英咭唎国使当引对，自陈不习拜跪，强之，止屈一膝，及至殿上，不觉双跪俯伏。故管侍御《韫山堂诗》有‘一到殿廷齐膝地，天威能使万心降’之句。”观此，可知当时士大夫心理，皆以为西洋人瞻对天威，本可屈膝，而所以办不到者，乃纯为通商衙门[①]之不谙前事。如是理论，虽经鸦片战争，及英法联军之役，皆不能悟。及穆宗亲政，此事遂廷争弥烈。今节录柳堂原折如下：

窃自各国使臣赍呈国书请觐以来，诸臣会议，初则争以见与不见，继又争以跪拜与不跪拜，相持不决，近半年矣。臣窃与二三同志小臣妄言，此何大事，而直举国纷纷若是乎？孟子曰：“君子于禽兽何择？”各国之主，由各国之臣民废置如弈棋，此臣所闻也。其在京者，出门时妇人前行，或乘轿，男子为之执役，步行在后，此臣所见也。观其条约，无虑数十，几近万言，问有一语述及亲亲尊贤，国之九经否？曰，无有也。问有一字道及礼义廉耻，国之四维否？曰，无有也。不过曰某项有利、某项于中国亦有利，以利自处，而又以利诱中国。彼本不知仁义礼智信为何物，而我必欲其率五常之性；彼本不知君臣父子夫妇昆弟朋友为何事，而我必欲其强行五伦之礼：是犹聚犬马羊豕于一堂，而令其舞蹈扬尘也。然则即得其一跪一拜，岂足为朝廷荣？即任其不跪不拜，亦岂为朝廷辱？而议者之意，则以为必须如此郑重再四而后允，则彼将曰：中国于此等小事，尚不肯轻以我与，则事有大于此者，更无望矣。于是要求无已之心，自此而遂息。则我之势尊，而彼之势屈。

---

① 乾隆时中国尚无通商衙门。接待西洋（俄罗斯除外）使臣，由礼部主持。

臣愚以为，我之尊自若也，不因彼之尊而我始尊也。彼之不屈自若也，不因我之屈之而彼即屈也。彼窥见我所重在跪拜，而忌在不跪拜，所畏在用兵，则常增吾所重，益吾所忌，而示我所畏。盖我之势一弱，彼计无施而不可。臣闻各国往来文移，所进表章，有如许妖魔鬼怪，不知何物某皇某帝，竟与我皇上并列矣，诸臣不彼之耻，而耻此乎？前岁俄夷由伊犁而入新疆，自东而南而西，包中国一万余里，创千古外夷入中国未有之局，其措置甚大，其处心积虑甚深甚毒，诸臣不彼之虑，而虑此乎？诸臣以为各国不从中国礼节，即足为中国羞，而臣以为各国若从中国礼节，更足为中国害。

自古国家大局，时与势两者而已。度吾时未可与争，势未可与校，则当别求吾自强之道，而暂行吾权宜之计。昔子贡问政，孔子告以足兵足食民信；迨子贡两以不得已而请去，孔子曰去兵，又曰去食。圣贤谋人家国，动出万全，断无卤莽从事之理。去之云者，平时必有一番经济作用，成竹早已在胸，并非直至不得已而始仓皇失措，出此束手无策语也。此事诸臣于初议，即应权其轻重，外审之彼，内揆之己，度其事可以一争，吾力又能争，虽小事亦不可许，争之必得而后已。若预料吾时事必不能争，而其事又不足以争，则急宜占以先著，于许其进见时，不俟彼启齿，一并慨然许以代为奏请皇上免其行吾中国跪拜礼，并不曾轻假彼以名器，亦不致稍示我以单弱，岂不光明正大，夷夏凛然！乃始则沾沾于一见，既无以善于其前；继则斤斤于跪拜，又无以持于其后；终以为人挟制，无一不俯首而从。犹之与人也，出纳之吝，谓之有司，是犯四恶之所屏也，是蹈昔日津门办理夷务诸臣之覆辙也。

观此可知同治间，皇帝见不见各公使，尚成一问题，不止拜跪一端也。吴折所言，今日阅之，必有失笑目为迂妄者。其实柳堂乃一极明白人，折中扼要语，如云“自古国家大局，时与势两者而已。度吾时未可与争，势未可与校，则当别求吾自强之道，而暂行吾权宜之计”一段，所云“圣贤谋人家国，动出万全，断无卤莽从事”，所云“若预料吾时事必不能争，而其事又不足与争，则急宜占以先着”，皆极洞澈果决。其前半段以禽兽妖魔鬼怪比况夷狄，力斥各国，以尊皇帝云云，乃从来吾国之论调，庚子前尤甚，苟不如是措词，必被人诟为媚外卖国。如郭筠仙言“西洋立国，本末兼资，其君民上下同心一力，以求所以自立”云云（见《自序》），当时莫不詈为丧心病狂。必如柳堂之说，外国皆无九经四维，方稍觉得痛快。此殆为四千年独立自尊所贻之结习。予尝疑吾国之不易进步，多受挫辱，皆正坐此。以明知其非如此，而必以虚骄傲慢之言方能取容于社会，则此社会乃为麻木好伪者也。

柳堂之折，当时外人见之皆不以为异，而称美“出于正直无私之吴可读侍御”，此自为柳堂人格清白之所感映。而英人濮兰德评此折，于称叹柳堂外，又云：“中国人之思想，不征之于事实，随意构造，令人奇异。”此殆指折上半段所举各国现状而言。总之，轻蔑仇视，自欺欺人，不合逻辑之言论，当别具一账，终食其报。而柳堂之真意，乃极明达，亦无可掩。

一〇九　吴柳堂《诀儿书》及载沣赴德谢罪

柳堂尸谏，当时震骇一世。今日天泽之义，已不复存，立储之争，更无足论，然其笃信忠之一义，视死如归，实所难能。邻邦日本，今犹时见此种以死守节之士，良由所受于吾国经义之感格特深，不能不谓为东方民族之美德也。柳堂临命时，有《诀儿书》，其中平易切实语不少，今具录之：

吾儿之桓知之：尔闻信切不可惊惶过戚，致阖家大小受惊。尔母已老，尔妇又少，三孙更幼小可怜，尔须缓缓告知，言我已死得其所，不必以轻生为忧。我家谱自前明始迁祖以来，三百载椒房之亲，二百年耕读之家，十八代忠厚之泽，七十岁清白之身。我少好游荡，作狎邪游，然从无疑我大节之有亏者。故同乡及两书院及门诸子，至今犹愿我主讲席。我以先皇帝奉安有期，故昨年左爵相聘书两来不就者，原以待今日也。

我自廿四岁乡荐以后，即束身自爱，及入官后，更不敢妄为。每览史书内忠孝节义，辄不禁感叹羡慕。对友朋言时事，合以古人情形，时或歌哭欲起舞，不能自已。故于先皇宾天时，即拟就一折，欲由都察院呈进。彼时已以此身置之度外，嗣因一契友见之，劝其不必以被罪之臣，又复冒昧，且折中援引近时情事，未尽确实，故留以有待。今不及待矣，甘心以死，自践前日心中所言，以全毕生忠爱之忱，并非因数年被人诬谤而然。

尔见此信后，不过来蓟州东至三十里之马伸桥三心〔义〕庙内，周老道即知我死葬处所。我已托周老道买一棺木，里用沥青，我衣冠已齐全，嘱其将靴底皮掌割去，即于彼处买一块地，埋我于惠陵左近，岂不远胜于家中茔地？况尔祖父、祖母，已有尔二叔埋于墓下，不必需我归于先茔也。此坟地自葬尔祖后，尔二叔以家务不能承担，于咸丰九年自裁于京师宅中，今我又因国家大事而亡，人必以为此地不祥，我岂信此等俗说者！尔必以为不可不扶柩而旋，只将我出京时所照小像，到家中画全，以此作古来衣冠之葬亦可，何必定移柩数千里外，所费不少。尔见信后，如朝廷以我为妄言，加以重罪，【亦】断无圣明之世，罪及我妻孥之理，尔可速即向通家，或有可通挪之处，即行拼凑出京，沿途只好托钵而回，万万不可逗留都中，又为尔父惹风波也。

我最恨尔多言口快，自今以来，只可痛改痛忍。人对尔言尔父忠，尔并不可言不忠；人对尔言尔父直，尔并不可言不直。马援《诫侄》、王昶《诫子》二书，不可不熟读。尔母幼时为武世家小姐，为尔外祖父母所最怜。自到我家，替我孝养尔祖父母，贤名久播于我里，不过随我未曾受用荣富。今已年老，又只有尔一人，尔姊已殁，尔妹又不在面前，尔必好好奉侍回家。尔姊夫、妹夫处，替我问好。再祖遗薄田数亩，全赖尔二叔三叔把守，尔父无力焉，不惟无力，而且有破费处，尔能体我心，将此全让于尔两弟。我亦知尔必不能学古人，即如我乡曹熙堂太守分家，倘可难得，家有大小，处置则一也。尤望尔三弟兄永远同居，更佳更佳。尔妇亦系旧家女，颇知大理。告知尔妇，家中弟兄，全在妇女调和。我记得吾乡铁绍裘观察遗我善书内，有一妇人以死猪假作死尸，辗转感动其夫，仍与其弟和美者。此妇乃大英雄手段，岂敢望于尔妇？只时时化导尔妇，明于家务，人必能见听也。三小孙要紧，不及复见矣，书至此泪下，搁笔逾时矣！我所带四十余两，除蓟州贤牧伯令周老道置办我棺木、葬地外，所馀我已尽数送与周老道。尔到蓟州时，先谒见州主贤伯，我已函托矣。尔到三义庙，可再从优给与压惊钱。归京后，俟我事已定，朝廷查办后，总以速速出京为要。东和处我欠京钱四百千，数十年交好，不可累他生意，可以还清，以全始终。尔初当大事，必然手忙脚乱。要知我之一死，固不敢必朝廷作何处置，然自问此心，可以不愧。君子论是非可否，不计祸福利害，尔又何必过为忧虑乎？

张香涛先生、幼樵并安圃前均致候，想如前时聚谈时不可得矣，可胜感叹！到家即去见湘阴爵相，爵相虽待我不终，然亦离间诬谤使然，无怪其然，而知己之感，耿耿在心。尔可为请爵相安，必不令尔无啖饭处所也。吾乡亲友，并素所拖累，不及一一作札。老娘娘并徐姑娘，可极力周全为是。尔岳父前致意，伊女为我生三孙，乃我家大功臣。至于为人，则在自立，不可靠人，丈人在则可，丈人殁则不可。尔妹夫处，我在则可靠我，死则不可专靠，尔姊夫处亦然。速速起程出京，速速起程回家，速，速，速，速，速，速！尚有许多未尽事宜，不能细记，缘时有限不及也！

此书可笺处甚多。如云"左爵相聘书两来"，可见文襄牢笼士大夫之处。而后又称"待我不终"，则可见文襄与人易于隙末。其称"数年来被人诬谤"云云，不知何事，度是成禄一案之馀波。其言"家中全在妇女调和"，则大家庭之格言。其称"少好作狎邪游"，则与胡咏芝同，其不自讳饰又足多也。

吴柳堂疏免外使拜跪，事在同治初，其时语气内已恭而外尚侈。乃不及三十年，庚子之役，清廷遣醇王载沣赴德谢罪，而德皇威廉第二要求载沣行拜跪礼。柳堂疏中所云"聚犬马羊豕于一堂，而令其舞蹈扬尘"者，转瞬间外人亦以此施于满清，事之可哀，何过于是！虽以再三哀求获免，而已喧腾中外。今录载沣原电以证之，电为光绪辛丑八月所发者。沣即后为摄政王，革命后，犹时偕所眷日临茶园观剧，十馀年不衰，北都人士咸尝见之。电云：

前接啸枢电，相机因应，并示折中，仰见周密，欣有遵依。十四德皇停止礼节后，遣来朝车提督礼官，俱未撤回，察其动静，似有挽回之机。因与荫昌、李希德等再四筹维，命荫昌用德文信致赓音泰，婉商外部，以跪礼我国万难应允，于德既无所取，更与两国体面大有相关，作为出自沣意，恳请德皇宽免。一面又与驻巴在尔艾领事面商，或将此意由沣备函径达外部，托其先为代通消息。复于十八晚面命吕使赶回德京设法接办，十九吕回后，接啸电，亦即转电吕，命其照示，再与外部切商。旋于廿申，据艾领事来称，顷得外部电，命询"王爷何时起身，以速为宜，我皇必见，跪礼必免，递书只带荫昌一人，余在别殿伺候"等语。当晚复接吕回电云："德皇六号出巡，现据外部大司员云，王爷前来，德皇必见，事有转机"云云。据以上各情，事已挽回。但为时甚迫，沣未敢稍涉拘泥，赶即于十一钟时令该国来接各官备车前往，二十一三时到坡思丹，德皇又遣朝车并头等提督接沣等，均至旧皇宫居住，供应优渥。随商定次日进见，并送故德后花圈礼节。二十二巳刻，亲至故德后墓，如礼。十二时复遣朝车提督迎至新行宫，沣随带荫昌进见内殿，递书宣读颂词，张翼六人在外殿侍立。礼成，德皇遣马队送归旧行宫。两时德皇亲来答拜，意极殷勤，坐谈良久，并命备舟车游览哈芳湖孔雀岛。二十三早看操，午后仍至新行宫，进见德皇，并留多在柏林居住，看各厂院，又面属前赴丹西会晤亨利亲王，看其水师。沣未便拂命，现拟见德后后，即赴柏林，另住客寓。所有一切均赖国家鸿福，俱臻妥协，堪慰宸念。祈代奏。

电中所云“优渥”“殷勤”“鸿福”者，皆谢罪时之创巨痛深至哀大耻也。英人濮兰德《慈禧外纪》述此事，以为德皇所以允不必用拜跪礼者，乃“迟疑多日，卒迫于中国向来外交拖延忍耐之手段而让步”。与载沣电中“恳请德皇宽免”一句，恰相辉映。濮氏又云：“至于京中官僚，见和局已成，危险已过，遂以为复睹太平，立忘前此畏惧之心，故态复萌，一切卑鄙嬉乐之象，又如往日矣。从各种方面，皆可察见此等现象。至后来修订商约之时，尤为显见，足以证明吾人之定评。此定评乃数年前一在北京之英国代表所指出者，其言曰：此类人毫不讲情理，若恐惧之则事事屈服矣。”其所以诮晚清者，其冷酷于此可见。前清所以屡挫者，乃为先倨傲自大，而后卑屈。凡事不中理，鲜不失败，抑躬自薄而厚责于人，一遇强梁，尤无不败也。

一一〇　清代大臣被毒之事至多

前记柳堂请免外使拜跪一节，曾忆及管韫山咏马尔嘎尼觐清高宗行跪拜礼绝句。今忆及管韫山之卒，实为和珅所毒，管大言欲劾和珅，故亟杀之，见姚椿《书管侍御〈唐诗选〉后》。因忆清代类此之事至多，文芸阁《闻尘偶记》云：“包慎伯《艺舟双楫》言，陆副都锡熊以忧卒。潘文恭《宰辅编年录》，言大学士于敏中以冬卒。（陈兰甫京卿师亦言于文襄之卒用翟方进故事）纪文达小说，载仲永檀之死为张得天所毒。余金《熙朝新语》载管世铭之死，为和珅私党所毒。近时杜文正之死，亦有是言。其馀尚有可指数者，士大夫之祸，或为人罗织，或自蹈愆尤，或暗触机关，或独持正论，伊古已然，而后世弥深戒惧者也。(汤文正之死,或云被毒于明珠也。)"又云:"乾隆间曹来殷学士仁虎,文望甚著,其死也,亦有谓以他故自尽者,考之尚未得其故,姑记于此。"又云:"林文忠之死,世并言广东伍氏毒之。琦善之死也,或云知前敌战败,知治军无状,致于严谴,仓卒自尽也。"予按林文忠公之殁,世传广东之十三行贿人毒之。而于敏中之殁,则清高宗预赐以《陀罗经》被,于喻意,亟服毒自尽也。

一一一　王湘绮论道咸以来事

陈仲恂出示《王志》[①]一册。湘绮此书,二十馀年前已从友人处浏览。今所见者,后有雷君飞鹏一跋,疏举湘绮已刊未刊著述至详。《王志》尚有续四卷,又《道咸以来所见录》若干卷。此两书惜皆未刊,所蕴藏者必尚多也。此书下卷论诗文者,已为晦闻甄入《国粹学报》。上卷论学之外,间有记掌故述时事者,以"论时事答陈复心问"末条言庚子北京拳变者,最为迂阔。盖是年湘绮居长沙,于拳变之由来,宫廷之积郄,王公之昏纵,强吏之用意,皆不甚了了,仍一秉其轻视夷务之心理。其中有云:"通商本不必战,则不成和。弃燕暗得上策,无所用战。"此二语尤可笑。湘绮之意,诸夷意求通商,故本不必与之战,不知庚子之役,围馆杀使,下谕与各国宣战,非道咸间五口通商之比也。湘绮于上节明言"宛平非可都之地,便令夷国据有燕地,于我形势亦无所损",故曰"弃燕暗得上策"。于尔时情势,及全国地形,皆不肯考求,此诚可见彼时学者对

① 指王闿运所撰《湘军志》。

于国事主张之一斑，亦缘湘绮于咸丰末即出都，久不谂朝政，遨游诸帅间，倨傲自大，故有此奇论也。然其他各节，记湘淮各将帅逸事，自有可信者在。如论道咸以来事，其一云：

曾侯始起由穆鹤舫，大用自肃豫庭，皆世所诋訾者。其扼之，由祁、倭两文端，皆时所宗敬者。胡文忠得行其志，内有文孔修主之，直以典试同罪后俱起用，极力为之道地。文亦穆党，赞成大功，因公济私，殆有天意。李少荃平生服事翁二铭，于曾蔑如也，后为翁叔平所排，至兴大狱，欲致之死，先议铁路，扼颃关口，李失计不敢出一言，赖张香涛陵空构虚，翁乃仓皇出走。然日本之役，李虽幸免，而名败莫赎矣。余尝诮之："君推崇翁二铭过曾涤生，颠倒是非，故其子以此报。"李但笑不答也。世上恩仇，皆有冥数，初非身所自主也。

其二云：

骆文忠以清鉴收盛名，时谓中兴功臣皆所拔用，与余亦有知誉之雅，然皆非其本旨也。湖南空虚，万事不办，曾侍郎独力治军，不惟不助之，反多方以扼之，官士承旨，视曾军如土寇。其用左郎中，由张石卿移交，待之同胥吏，白事不为起，见必垂手侍立。余尝面诮之。刘霞仙出幕藩司，见辄龃龉。凡事皆主于杨重雅，侈然自大，垂拱仰成，则其所长也。江南底平，严受庵书抵曾侯，以为当推功骆公，听远者不审如此。曾以语余，相为笑叹。又世皆言左由曾荐，当密寄问曾时，曾复奏，左未能当一面，恭王违众用之。李在军中不见知，常发愤觖望，后以沅浦、俊臣俱辞避，李乃自请行，非曾意也。

此条惜不使郭筠仙见之。其三云：

记曰："大臣法，小臣廉。"大臣不贵廉也。能守法立法，无不廉者。道光末，穆相最为贪黩，其门生劳文毅迁宁道，入见，临别馈五十金，穆辞不受，云："汝官不及此，再入则可送矣。"当时非陛见人员，无由谒军机也。其后肃相受浙藩馈亦止五十金，转以赠余。同治以后，府道州县皆得见政府，初遗百金，后乃千万辇赂，近廿年遂至三五十万，以多相夸。故余诗云："夸名徇权利，昔闻顺与彰。牧守空候门，鱼暁上高堂。奈何当涂客，斗酒博伊凉。"言招权纳贿，亦有老成典型也。

其四云：

《诗·北山》十二"或"，写亡国之臣有此十二种。道光末大乱将兴，封疆大臣，不知叫号。程晴峰治防衡州，黎樾乔渡岭访之，盛陈兵势，问其方略，程但笑不答。黎因言："今零桂空虚，何以待寇?"程微哂曰："办防只能如此矣，四哥岂别有办法耶?"黎失对而退。及寇围长沙，罗文僖主防练，城中人士就行辕策战守，半日罢议。所亲私问罗："今计将何从?"罗笑曰："群麻雀嘴喳喳，我总没听他。"赛相至湘潭，梯而入，徐仲绅代之，留潭七日不进，时议以为不相逼，得大臣体。当时从容养度如此。至曾涤公必折节下士，入迫求助，骆相犹甚恶之，其后乃力言求材，而又有翁、康二事矣。

此四节俱近事实，虽微杂以爱憎，而不失之远，且特有语妙。第一节言曾文正大用由于肃顺，此言世多知者。其时湘绮正居肃幕，或正藉其力。倭仁、祁寯藻皆深忌曾文正，倭以理学名臣自命，而特锢蔽后进。文忠欲派员出洋，且使部曹咸习西学，倭力沮之。盖当时讲宋学者，一不喜更张，二不用新进，三凡稍有才气声光者，皆黜之，其不用曾者亦坐此。言李文忠视曾蔑如，亦可信。盖曾、李路数各别，文正成名早殁，合肥于身后崇之，以示渊源耳。言骆文忠侈然自大，垂拱仰成，及左非由于曾荐，揆于先后事实皆合。言道咸间贿赂始行，虽以穆彰阿、肃顺之贪，于外省人员皆只数十金，亦可信。证以光绪中年孙毓汶等受馈只百金，可见其层次之递进。湘绮所云近年遂至三五十万者，指光绪之末年，李莲英等用事之市价也。末段尤妙，湘绮本功名策略之士，好为奇计，故对于程晴峰、罗文僖等之麻木不仁，既深诮之，而对于后来自己无办法，而亟言求材，叫号惨惨，亦不以为然。盖糊涂固不可，抢攘亦不宜也。

一一二　曾左赋性各异

予颇疑曾文正为一极深沉有心术之人，性毗阴柔，实师黄老。而左文襄则为阳刚，好大言出奇计之人，但粗豪耳。两人赋性绝不同，故不易䜣合。然两人皆非效愚忠于满清者。记日本某君作《清史》，谓左文襄始曾以策干洪秀全，不用，缒城遁去，此说理盖可信。骆秉章实糊涂不能用左，观其几为樊燮所构可见。曾文正以侍郎归湘，目击清政大坏，吏贪民困，宫闱昏暗，初不意能救其亡也。观其《讨粤匪檄》，绝不言忠君之义，开篇即言："粤匪自处于安富尊荣，而视我两湖三江被胁之人，曾犬豕牛马之不若。"又云："举中国数千年礼义人伦诗书典则，一旦扫地荡尽。"又云："无庙不焚，无像不灭。"其文中纯着笔于"孔孟人伦之隐痛，上下神祇被辱之憾"两点，是即文正极狡狯处。故湘军之兴，乃集儒生农夫，为自卫而战也。文正晚年惟恐功高被清廷所诛，故极谨慎小心，求自免而已。文襄好边功，稍骄蹇，非遇西后之奸雄，牢笼优礼，殆将不终。此两人皆不勾结宫廷王公太监，稍存书生本色。李文忠则好结内援，宦术深矣。曾、左本非为世受清恩而战，而一时谬号为中兴，上下交侈，益促满人之昏瞶骄逸，不数十年清社以斩，宜哉。

至王壬秋，本为一跅弛之才，且有帝王思想，尝以“万方有罪，罪在朕躬，日旰君勤，君无戏言”等语，入于日记中。又尝劝曾文正革清命，两人促膝密谈，及王去，曾之材官入视，满案皆以指蘸茶书一“妄”字，盖文正畏祸，不敢也。使湘绮稍后数十年生，必一革命党无疑。又曾、左交情晚疏，《湘绮日记》有云：“季高方踞百尺楼，余何从攀谈。”又云：“夜过涤丈，谈家事，及修好左季丈事。涤有恨于季，重视季也。季名望远不及涤，唯当优容之，故余为季言甚力，正所以为涤也。此隙起于李次青、刘霞仙，而李、刘晚共背曾，可为慨然。”此可见湘绮调停之论。

一一三 《湘绮楼日记》之奇文昵语

湘绮玩世不恭，是其本色。其初肃顺极倾倒之，欲结为异姓兄弟。湘绮已诺，而严正基贻书劝之，乃止。其日记中有云：“偶谈司马长卿、卓文君事，念司马良史，而载奔女，何可以垂教？此乃史公欲为古今女子一开奇局，使皆能自拔耳。”在光绪四年，已发如许解放女子之议论，可见其平日主张。其在成都尊经书院山长时，侍之已有罗妪，始言其为贞节孝妇，后罗忽嫁其仆苏彬。光绪五年十二月二日记云：“夜寝甚适，罗氏侍也。”十四日云：“遣苏彬上岸，余卧与罗妇谈，苏彬已还船，余未知也。”其通脱可想。所昵者从其日记考之，有金妪、湛妪、狐妪、周妪、房妪，而房、周尤久。周即世所传之周妈也。其光绪二十五年五月四日日记云：“房妪劳困，鼾于卧侧，余避入内。坐未定，外报幹将军来，披衣出迎，方与妪话。若早一刻，直入卧内，有可观也。柳下煦入怀之女，《毛传》以为避嫌之不审，余则审矣。”二十八年二月二十二日记云：“晨未起，房妪怨怒，请死。庄子所不能治，乃以孔子门内治法治之。房妪非可云恩，正所谓怨，怨近不孙之女小耳。业已养之，因而恩之，又家长之一法。”九月十六日云：“周妪欲教其子，而力不制，乃借助于回纥，遂成大乱。先请余勿问，既乱亦不能问矣。好用计者，自弊，所伤甚多。余闵默久之，无良策也。李少荃所云‘妇女不可共事’者已。终日不怡。”二十九年五月二十一日云：“周妪多心，疑我厌之，反以言挟我，余但笑而已。臧武仲要君，卒以自奔。智计不可过用，此妪亦殊不可量，郑詹类也。后之人将多求于汝，则奈之何？然近今大臣殊无此廉耻，余但取其力疾从公而已，安能斗智？然自喜善用人，能得其死力。”宣统三年八月二十六日记云：“周妪酣卧不起，自往唤之，亦不醒，如慈禧遇李莲英，无如何也。”奇文昵语，皆可喷饭。

前清末年，赏翰林院检讨时，湘绮有一联云：“愧无齿录称前辈，喜与牙科步后尘。”一时称绝，盖徐景文新成牙科进士也。又民国元年湘绮生日，忽著朝珠、补褂、红帽，延宴宾客。谭组庵方为都督，诣之，庄语谓之曰：“清既亡矣，先生何事服此？”时组庵适衣西装，湘绮执袂曰：“我与汝穿的都是外国衣服。”相与哄堂一笑。徐仲可《康居笔记》叙此事，不知即组庵也。

一一四　黄晦闻寿张孟劬五十诗

昨见晦闻为张孟劬五十作一诗云：

相看百岁到中年，子有文章且更贤。
甲历可从修史得，癸尊能助晋觞妍。

北来我为留称祝，上寿天将与静便。

如此春江复相别，沧波无尽各悠然。

此诗集中不载①，盖癸亥所作，末二语，自擅胜场。

一一五　西太后骫法滥刑

前记吴柳堂劾成禄，清穆宗欲杀之，赖王家璧力持不可而免，可见尔时对于法犹知尊重。我国旧日虽无司法独立之名词，然自皋陶“宥过无大，刑故无小”，泐训垂远；张释之“廷尉天下之平”一言，汉文终为折服。相沿以来，世之于法，谓为国法，君之法，祖宗之法，自非昏嚣，莫敢坏之。其一切条文成例，尤相传为宪章，其骫法滥刑者，必末世也。清代故事，凡死刑必三法司全堂画诺，缺一押，即不得缮奏，故王家璧得凭此以救柳堂。当时西后虽已垂帘，尚未敢遽乱刑纪。

至光绪五年，西后遣阉赴太平湖之旧醇王府。凡阉人出入，例由旁门，不得由正门，值日护军依例阻之，阉恃势用武，护军不让。阉归告西后，谓护军殴骂。时西后在病中，遣人请慈安太后临其宫，哭诉被人欺侮，谓“不杀此护军，则妹不愿复活”。慈安怜而允之，立交刑部，并面谕兼南书房行走之刑部尚书潘祖荫必拟以斩立决，时论大哗。右庶子张之洞、左庶子陈宝琛，疏力争之。祖荫到署传旨，讯得实情，护军无罪。秋审处坐办四员，提调四员，皆选自各司，最精于法律者也（时刑署中有八大圣人之称）。同谓交部即

① 黄节《蒹葭楼自定诗稿原本》卷二收此诗，题为《寿张孟劬五十》，第三句作“癸尊能佐晋觞妍”。

应依法，倘太后必欲杀之，则自杀之耳，本部不敢与闻。祖荫尚正直，即以司官之言复奏。慈安转告西后，乃大怒，力疾召见祖荫，斥其无良心，泼辣哭叫，捶床村骂。祖荫回署，对司官痛哭，于是曲法拟流。自是阉人携带他人，随意出入，概无门禁。迨慈安殁后，则刑部一听宫中嗾使。

光绪二十九年，湖南沈北山荩[①]，原字渔溪，入狱。时在夜半，宫中传出片纸，天未明而沈已碎尸。其明年王照入狱，即居沈之屋，粉墙有黑紫晕迹，高至四五尺，沈血所溅也。狱卒为王言，夜半有官来，遵太后传谕，就狱中杖毙，令狱吏以病死报。沈体极壮，群杖交下，偏身伤折，久不死，连系两三点钟，气始绝。小航曾以入《方家园纪事诗》注。而其后精卫先生被逮入北狱时，有一狱卒尝为述沈事，叹息言曰："彼亦一铁汉也。当被捕时，老佛爷本欲即杀之，万寿在迩，乃命杖死。行刑官宣读时，彼面不变色，但曰：'请快些了事。'于是乱杖交下，骨折肉溃，流血满地，气犹未绝，呼曰：'这样不得了的，把我堵住罢。'于是裂其衣幅，塞口鼻及谷道，再杖始绝"云云。精卫先生近为予言之，弥叹其壮烈。而沈在北京被捕时，章太炎方在上海狱中，有诗曰："不见沈生久，江湖知隐沦。萧萧悲壮士，今在易京门。"末云："中阴应待我，南北几新坟。"语甚沉雄，亦称沈之壮烈也。

一一六　北京狱卒谈数十年来狱事

精卫先生居北京狱中可二年，时时就狱卒，得闻数十年来轶

① 沈荩，原名克诚，字愚溪。湖南善化（今长沙）人。未见用"北山"名号。

事，曾杂见于《南社诗话》。比语予，所闻字字实录，出自狱卒之口，质俚无粉饰，较之文人作史尤为可信。今举数节如下：

一云：有老狱卒刘一鸣者，戊戌政变时，曾看守谭嗣同等六人。其言曰：谭在狱中，意气自若，终日绕行室中，拾取地上煤屑，就粉墙作书，问何为，笑曰："作诗耳。"可惜刘不文，不然可为之笔录，必不止"望门投止思张俭"一绝而已也。林旭美秀如处子，在狱中时时作微笑。康广仁则以头撞壁，痛哭失声曰："天哪！哥子的事，要兄弟来承当。"林闻哭，尤笑不可仰。既而传呼提犯人出监，康知将受刑，哭更甚。刘光第曾在刑部，习故事，慰之曰："此乃提审，非就刑，毋哭。"既而牵自西角门出，刘知故事，缚赴市曹处斩者始出西角门，乃大愕。既而骂曰："未提审，未定罪，即杀头耶？何昏愦乃尔。"同死者尚有杨深秀、杨锐，无所闻。惟此四人一歌、一笑、一哭、一詈，殊相映成趣。

又云：刑部狱舍分两种，一为普通监，一为官监。普通监，阴湿凶秽，甚于豕牢。官监则有种种，其最上者，客厅、书室、寝室及厨皆备，无异大逆旅也。专制君王喜怒不测，其大臣往往朝列廊庙，而夕投囹圄者。亦有缚赴市曹，而临时赦免，倚畀如故者。相传雍正时有工部郎中李恭直者，以事系狱，为狱卒所侮辱，既而时释，旋迁刑部郎中，管狱，捋摭诸狱卒以毛细事，痛杖之，每日杖十馀人，有杖毙者。狱卒既经此次惩创，咸有戒心，对于犯官，大都伺候惟谨。犯官有予以赂金者，且屈膝谢赏，口称"大人高升"焉。故犯官入狱，惟患无钱，钱多则居处适意，直如家中。最豪侈者，为淮军诸将叶志超、龚照屿等，以甲午战败，丧师辱国，拿交刑部治罪，一被斩，一系狱中，至庚子联军入京，始乘乱逃出。狱卒为言，其在狱中时，放纵邪僻，实骇人听闻。初入狱时，赂狱中上下逾万金，自管狱郎中以下，皆成感恩知己，每食，席前方丈，辄以馂馀犒普通监诸囚。其尤可骇者，家中侍妾八人，轮流至狱中当夕，稍不如意，辄加以鞭挞，凡分三等，最轻者自执鞭条挞之；较重者褫下裳，笞其臀；最重者，裸而反接，令马弁以马鞭挞之。狱囚每闻妇人哭号声，辄动色相告，曰："龚大人生气，打姨太太了。"其荒谬有如此者。

又云：庚子之役，尚书徐用仪、侍郎许景澄、太常卿袁昶以直言被杀，世所称"三忠"也。徐已年老，就戮时，昏不知人。许惨默无声。惟袁意气慷慨，将赴市曹时，跪听诏旨毕，起立受缚。故事，三品以上以红色丝线为缧绁。袁忽慨然曰："死亦好，省得看见洋人打进京城。"监斩官徐承煜，大学士徐桐之子也，闻而呵曰："你想洋人打进京城吗？"袁大怒，目光如炬，詈曰："你两父子，把中国害透了，狗一样东西，还敢詈我！"徐亦怒詈曰："快些拉出去，宰了他。"袁曰："哼！我死得很痛快的，你们将来死得连一只老鼠都不如。"狱卒听者，面无人色。盖以前犯官皆俯首受戮，未闻有作如许激烈语者也。其后联军破城时，徐承煜以保宗全家为请，迫其父自缢，旋亦伏诛。临刑时辗转不肯受刃，就地作十数滚，斯真鼠子之不若矣。

又云：内务府总管大臣立山，家巨富，下狱时携金叶百馀叠，令狱卒报消息，每一报，辄给以金一叶。最后报至，已饬提犯人立山出监，立探衣囊出丹红一小块，纳口中，提者未至，已气绝矣。闻是鹤顶红。

又云：赛金花曾系女监，管狱郎中某设盛筵款之，酒酣令作歌，赛金花辞以不可，乃娓娓作清谭。某语人，此为一生最得意事。刑部司员来探望赛金花者踵趾相接，有主事某，洪钧之门人也，一见屈膝请安，口称师母，赛金花亦为之赧然。按末段呼赛为师母者，必奚落之词，非有感激于洪文卿也。

一一七　卖友者终生负咎

沈渔溪下狱时，予忆周松孙先生（景涛）一日为予言，刑部迩来有"四美具"之称，文官、武将、名士、美人备矣。意谓王之春、苏元春、沈荩、赛金花也。先生时官刑曹，述四人事綦详，惜不能悉追记。渔溪时任报业，告密陷之者，为滇人吴某[1]，渔溪之挚友也。原官翰林院侍讲，因案褫革，卖友之后，西后为之开复原官，而士论薄之，终不得志。及民国七八年间，龙济光居北方时，吴某易名，为龙之咨议，未几病殁。闻友人言，吴临终时，忽欠伸批颊，若与人格拒状，乃大呼曰："沈渔溪来寻某甲，我非某甲，乃某乙。"盖自称新名，冀以晦其旧名也。鬼神之说虽不科学，而其怀惭负咎已久，将死时心理瞀乱，不觉自揭其私，则亦为科学所必有也。

一一八　王湘绮郭筠仙记梦

幽冥梦幻，皆缘错觉，吾国前此述梦说鬼之文字綦夥，若别作一种小品文章读之，茶馀酒后，抚掌醒目，固亦大佳。蛰云近作《寒碧簃琐谈》，专言鬼怪，亦袁子才《新齐谐》、李文石《燃犀录》之流亚。中有一节云：

王湘绮跅弛不羁，晚年犹风趣。一日谭某访之，适樱桃花

---

① 此人系吴式钊，字楚生，云南保山人。甲午翰林，官检讨。以事诖误去职。以沈荩案，开复原官。事详章士钊《疏〈黄帝魂〉》（刊《辛亥革命回忆录》第一辑）。

盛开，邀登楼共赏，楼中棐几，置《周礼》一帙。谭曰："君近日常读经耶？"王笑曰："此周妈所读也。"周妈者，王所狎佣妇，相传为笑。王自云有二异梦：年十八时，梦二青衣女童，引登一楼，绝巨丽，楼上先有女道士，年皆四五十许，相迎慰劳，惘然坐对。其一笑曰："姊不复忆耶？"出一红帖相示，文字朗然，顿悟为其旧居之所。对窗有一大龛，青帐交垂，欲就偃息，二人交手压帐云："不可启。"俄下梯，惊觉。又五十岁，忽梦登楼，一垂发女子携小儿卧帐中，案上残烛荧然，香篆未烬。仿佛却步，其人已醒，婴儿不复见。女乃自请荐枕，惊其盛年，辞以既老。女敛容曰："君自入世缘，夙修堕矣，妾来与君调坎兑，正情性，非有他也。"闻语悚然，凄感顿悟。

状湘绮辗转之思，颇曲折。忆郭筠仙《自序》中，亦有记梦一则云：

生平有最奇异之梦境。丁巳、戊午之交，官京师，供职史馆，读《圣祖实录》，以不及生其时为私憾。尝论康熙、雍正、乾隆三朝，当国朝极盛时，上有圣明之君，美恶是非鉴别分明，无从掩饰，但能勉力供职，朝廷皆能辨之。然雍正、乾隆时，人才奋兴，各举其志，或稍拂朝廷意旨，立蒙谴责，多不及申辨，惟圣祖曲意陶成，期使人人输写其心意，而贤者有以自达，为之思慕无穷。自是三梦圣祖，或召对，或扈从在途，梦中惟沉吟咏叹圣量之宏，其后入直南斋，举以语治贝勒，治贝勒因问所梦圣祖作何形状，答言："西湖见圣祖御容阔大，与梦中全别，长面瘦削，白须长六七寸。"治贝勒击节曰："君所见真圣祖也。往年见圣祖御容，良如君所谓阔大者，后奉旨承修奉天太庙工程，请见圣祖御容，瘦削多须，正如君所梦，盖晚年御容如此。君岂曾历圣祖朝之旧臣耶？"思慕所结，通之梦寐，自信非偶然也。

筠仙此梦之由来，自为史馆读《圣祖实录》以生不及时为憾，因而幻为梦思。质言之，筠仙于清代诸帝独许康熙，而其用世之志，累受谗谤挫折，故思得一明君以自效，与湘绮自负于女色有异禀者不同。一则涉想帷房，一则瞻怀殿陛，日之所思，夜则成梦，岂不信哉？

一一九　郑叔问记鼻烟壶

鼻烟来自中亚细亚，盖波斯、阿拉伯之风尚，传入吾国甚早，其后乃由东而复西。若鼻烟壶之制，则吾国特工，磁玉绘饰，穷极巧丽，不能不谓为美术也。藏壶之风，以北都最盛，《儿女英雄传》说部中言，侍卫相示烟壶，所述良不妄。八旗贵家，恒以此竞夸。近年袁珏生丈及邵伯䌹，皆有文字，为壶专述。前此则赵㧑叔有《勇庐闲诘》一书，被收入《仰视千七百鹤斋丛书》中。北海郑叔问先生（文焯）于此道亦行家，曾手批《勇庐闲诘》书眉若干条，于鼻烟与烟壶之珍秘极有阐发。今撮举七节，以见旧日审美制器之隐微，与太平时代之习尚掌故。后此数十年，恐渐成广陵散，即言亦无人能喻矣。

郑批其一云：西洋新制，以旧烟酿成油，入新烟，便作酸味。但入鼻则燥，别有异气臭，实损鼻功德也。一薰一莸，知味盖寡。（酸味也节，上栏。）

其二云：凡藏烟，佳质经久，微含燥气，当即密置近体单衣一袋内，三日必回原味，此经验者。昔人善藏者，谓遇烟干，则以新发绿豆芽一二茎插入即润，此不宜南方卑湿之地，鼻选家当慎之。又凡置药物，皆宜近人，日以佩带里衣，夜以密藏卧榻，盖怀袖枕席间，时得人气，即烟壶瓷玉之属，亦藉以涵泳精华，酝酿膏泽。万物人为贵，惟精气感物至神尔。（识款品类节，上栏。）

其三云：辛、勒、袁，皆制壶人姓，未详其名字里贯。近廿年又有扬州新料，色式与前工无小异，亦有精镂叠采，间能乱真，但其雕纹不整，且乏宝光，识者自能辨之。旧制玻璃料壶，腹宽而皮薄，壶口与足皆精致合度，所镂花纹隐起处，能以手爪甲掐之，使不堕。以壶置案水中，轻能自浮，此其微妙，非后作所得混也。一物之微，良工心苦，孰谓奇技必逊泰西耶？（沈豫节，栏上。）

其四云：京城东四牌楼铁狮子胡同，是当时袁家造烟壶之所，同治初，有居人掘得宝料甚多。（沈豫节，栏外。）

其五云：密蜡，近有关东人能伪造，器中亦具物象，如昆虫之属甚多，质柔而疏。多以扣脂合成，拈一虫豸和入，薶地经年，铸以秘药，成器后视之，虫蠕蠕然，宛在其中，惟易剥蚀耳。（玉之属节，上栏。）

其六云：海盐陈氏妃藕如，藏有石涛和尚鼻烟壶一具，乃贝多树子制成者。色苍黝，微紫，体圆，径寸许。腹来空空，背刻石涛小像，并铭云："贝子西藏栽，西方僧带来。纹银二十两，石涛和尚买。"款泐"弟子程鸣"，背刻"松门题，并刻"。松门旧属新城王阮亭诗弟子，丹青超逸，与石溪、石涛辈交契最笃。道济为胜国楚藩后，以书画逃禅，名迹自足千古。当康熙初，始闻鼻功德，即有济胜具，亦足多已。余从陈氏易得，极啬秘之，且赋《天香》一曲纪事。鹤语，丁巳仲冬，又剔红，盖雕漆之类。（木之属节，上栏。）

其七云：烧料及瓷瓶，底有古月香篆文，固足名贵。余见瓶内底足，有浅刻朱文，乾隆年制，或古月轩篆，则尤奇绝，不知如何游刃于其中，刻棘镂尘，不是过也。又云：昔班孟坚谓孝宣之世，正于器械工巧，元、成以来，鲜能及之。余谓本朝雍、乾两朝，所造名物，工妙寡双。迄今垂二百年，内窑精瓷，海西估客每以重金购求一器，比岁流传海外者益夥，其国人至开盛会以赏之。吾中华无保存古物之律，虑神州国粹有限之菁华，将悉为异域之宝。吁，可慨也已！

按大鹤山人所批甚多，此所摭者，不及什一。末节所言，尤慨当以慷，今日悉已大验矣。

一二〇　胜保与苗沛霖往还书札

《清代野记》二卷，署为"梁溪坐观老人"，所言晚清轶闻颇具本末。传作者为桐城张逊先祖翼①。其中"胜保事类记"一则，尤缅然可观，是非亦尚不谬。胜保以咸丰庚申，曾与英法联军战于通州附近之八里桥而胜，时在僧王大败之后，清文宗奖以"忠勇性成，赤心报国"，故始终以八里桥一役及此八字自夸，以误终身，而及刑僇。其实是役亦无关全局，不过胜保特骁悍，肯拼命耳。苗沛霖与胜保特厚，胜就逮次日，苗率所部返皖北而叛，皖豫之交，响应者大小千六百馀寨。胜之部下，附苗近四十万。苗本受太平天国之封为秦王，及降胜保再反，若与张宗儒〔禹〕、任柱等合力北趋，则清之亡可待。乃逗留蒙城，卒为僧格林沁所蹶，凤阳诸生之策略，究不

① 张祖翼，字逊先，号磊庵、局中门外汉。安徽桐城人。寄寓江苏无锡，又号梁溪坐观老人。精金石碑版，喜聚史料。所著除《清代野记》外，尚有《伦敦风土记》、《张文祥刺马案》等。

可恃哉。苗先以团练恣睢江淮，胜保抚之，保擢布政使衔四川川北道，而拜胜为师。比故宫清理军机处档案，得胜、苗往来书札数通，盖当时附折随呈备案者。据云为同治元年胜保为沛霖乞恩免罪时录以进呈。今考《清史稿》，苗沛霖心实叵测，曾国藩、官文、李续宜、袁甲三皆主剿，独胜保主抚。则此函之激勉苗者，宜其请之特重也。胜函云：

雨三贤友足下：仆于夏间将直东土匪剿尽后，即拟率得胜之师振旅而南，便与足下会晤。讵意昊天不吊，我文宗显皇帝龙驭上宾，仆受知遇厚恩，攀从未得，因沥疏恳赴行在，叩谒梓宫。其时载垣、端华、肃顺等擅权用事，紊乱朝纲，仆方欲积虑深思，剪除祸乱，未及南行，此不能遂来之故也。直东馀孽复伺仆北上之隙，勾结捻匪，乘间煽乱，仆又重整旗鼓，申命师徒，大张挞伐，此又不能即来之故也。

现在内患已去，而教匪遗丑业已次第剿除，殄灭殆尽，只馀曹单土捻，独复跳梁，一经大兵进剿，势若摧枯，无难立尽，所不易平者皖事耳。仆受命在身，责无旁贷，自当相机办理，竭力图维。而皖中军事，每接当道来书，辄鳃鳃然以足下为虑。不期午帅张皇入告，激怒朝廷。仆稔知足下之冤，深咎午帅之谬，而已无及；然亦足下之率众固城，多行不义，有以致之。仆念足下为国出力，亦既有年，仆之提拔成全足下至于今日，亦非易事，不忍坐视足下沦于灭亡，现又具折力陈，代白足下心事，仰求恩命，曲予矜全，当可特邀旷典。但目今遍天下之人，异口同声，无不指苗练为口实者。独仆一人，力排众论，事前既称足下之忠，至今犹辨足下之枉，仆之待足下，可谓至矣。而足下又何以仰副仆期许之殷，知遇之厚，为仆扬眉吐气,俾有以谢天下之人乎?足下又何忍甘自暴弃,为天下人所笑乎?来书每言欲报仆之恩,今所以报仆者安在?仆于小阳月内整旅南行,经赴颍州,相见不远。足下究竟如何办理,何以善自为计,亦宜及早审定。特先驰书奉告,即望详复为要。手此,即颂近佳,立盼回音,不一。

苗沛霖复胜保信稿(附《卖宝器赏军论》及《感怀》诗)云:

七月十九日接到师帅手书,并路票一张,且与游戎王金奎面晤,知老师用心无所不至。此刻由淮将贼赶至河北,又驱至淝北。今春三四月间以二万五千人解颍州围,复破颍上县,及五六月间,以五万人深入贼巢,几乎不能保全。兹幸借师帅声威,肃清河北、淝南一带,因缺粮息兵,又兼阴雨,营中日久日长,病者大半,故移营展沟以东,以清后路旅道。至所获捻首,及捻逆所掠之民女,并交于楚师蒋道,而正阳请楚师设关,寿州请楚师守城,已悉禀贵营务处矣。(此处旁注:功之奏与不奏,贼之勾与不勾,凭他。)我军万不缺理于人,而忍受权臣之气者,为受先皇大恩,以顾大局。但骂奸臣之性,生万不能改,竟非此不能报先皇,非此不能对天下后世。夫权奸谋害,动以勾粤逆为词,岂知寿州官勾长毛,生焉能禁百姓不留二毛?而生一已恪遵先皇,天日可表,中外皆知,百折不回,惟此可以不愧我老师,不待获狗逆而后明之也。今临淮既已换人,马抚又闻临任,局势较前大变。生暂候月馀,兹特着方金镛来面聆机宜。现在老师大营未知定所,生将家事安置妥后,俟镛回时,即行前来。肃此敬复,恭请师安。附《卖宝器赏军论》一章,《感怀》一首,恭程〔呈〕哂政。门生苗沛霖顿首谨禀。

后附《卖宝器赏军论》原文云:

起兵八载，身经百战，赤手空空，能驱中原十数万强寇，并生擒巨犯首逆百馀名，非诸弟兄效死力，焉能至此！于是蒙各大宪专折保奏十二次，官居二品，虽与国家无大勤劳，而于地方稍有裨益。及唤夷犯阙，人心思乱，余命途多乖〔舛〕，适值年玉田、刘兰馨阵亡，徐立壮、孙家泰内变，大局崩裂，又出寿州挟官勾捻之奇案，余无可如何，任本地人各逃生路，而自为引咎，皂服待罪，以谢天下。虽遭权奸之忌，亦一己激烈有过，罪又何辞？

而粤逆乘间，遂以币帛伪冠，封王赠女，百端奉承，余惟置之度外。明知身干重咎，每遇佳节，总与先皇守礼，此天下所共知者也。然斯时既为朝廷罪人，焉能复出打贼，如冯妇打虎，为士所笑。无如胜官保来皖，重见天日，迫于义不容辞，古人所谓士为知己者用，为知己者死也。遂于二月初八日，由正阳挥泪兴师，兵机甚顺，解颍州围，破颍上县，战江口，败姜逆，并生擒狗逆伪英王。由是驱兵直入捻巢，从板桥剿至展沟，无日不战，每战皆捷。乃全股捻逆复于五月初九日绝我江口粮道，一共十日，余亲食麦粒，将士之苦，自不必言。我军奋力破贼头营一座，群贼惊溃，粮路复通。而大股贼又集于北面，险战数次，尚未扫除，牛洪、郭明栋、李锦堂三贼圩虽经困牢，亦尚未下。

时值炎天，我弟兄之苦，想先皇当为鉴之。统五万人之众，无一文钱之赏，即千古神手，焉能使士卒用命？况余自毁蓝服，破产起兵以来，毫无所蓄，诸弟兄所共知。惟本年剿匪所得金玉宝器，余存之何用，兹于六月初八日出卖江口集，任军民人等买出，变钱以赏将士，并恤受伤与阵亡者之家属，庶诸弟兄愈奋，早灭大寇，报皇家以安地方，则余所实获者多矣。并望诸弟兄置物议而弗问，专心打贼，使坏我营之事者自为羞死，永不许与奸官争较。但余负性径直，未得手刃奸官之头，剖腹扒心，以祀先皇，是所抱恨者耳。但俟三贼圩破后，息兵造一草人，面书"奸官勾贼误国害民"八字，披心射三箭，铳三枪，举火而焚之，稍除心头之恨。今皇恩既已免罪，余惟清夜引咎，诸弟兄亦宜自责，凡遇明理之官，尊而敬之，慎勿再起风波，有碍公务而累地方。是余之苦衷，不能尽言者也。特此直陈，远近咸知，祈鉴愚忱。革员沛手稿。

附诗有序，序云："壬戌中元节后二日，恭遇文宗显皇帝周年忌辰，因登下蔡西郊里许之大孤堆，对硖石造庵，遵制守礼。追念皇恩，涓埃未报，俯观梓里，水火谁援，对此茫茫，百端交集。有数牧童，从旁环视而笑，因慨然而成长句一章。"诗云："长淮鼓浪壮千秋，硖石双峰耸上游。江左元凶仍负固，中原伟绩赖谁收。近瞻故里热肠断，遥忆先皇血泪收〔流〕。牧竖不知情与事，蚩蚩向我笑无休。淮上孤臣恭记。"按苗函与诗皆所以表忠，故特上呈。胜为满洲镶蓝旗人，虽淫奢骄悍，而能属文，草奏皆自任之。苗则以诸生事争战，其文墨亦不假手他人，故两者皆足著录也。

一二一　李莼客生平善骂

李莼客文中，好用"赀郎"，前已记之。莼客有一札致潘伯寅，附呈《萝庵小志》，潘以其中诋伤友朋者劝其节去。莼客又作一书报潘云：

承示志中宜删一节，具承风义，勉我古贤。刻状虺豺，诚污简牍，当如来旨，即事芟除。但弟与二周，憾深创巨，迹其射影，直可灭宗，固交道之必无，亦士林所仅见，远近同愤，道俗羞称。

弟初以家难频仍，屡试被放，不自揣量，思效明时，二竖遂因之生心，卖人设计，甘言苦口，变乱是非，致违亲弃家，入资自污。二竖乘其便利，为季得官，乃得包藏祸谋，从臾北上，攘肥弃瘠，中道背言。弟上负老亲，下惭乡里，进退无据，出处都非。至庚申之冬，老母知慈尚阻吏铨，时寇氛逼江，越中危甚，衰亲弱弟，犹于苍黄之中鬻田数十，得四百金，将谋寄都。而季尪公肆无良，劫敚以去。老母痛恨逆竖，兼念远人，积忧成疾。京师识与不识，无不骇叹。而叔云洋洋自得，若为不闻，弟犹强与周旋，未遽弃绝。迨今夏五月，叔云忽得重赀，俨然安富。弟适缠灾疾，宛转箦床，连函呼救，深拒不应。延至秋初，乃始投书告绝。此弟与二周之始末也。

呜呼，铜臭司徒，名士所耻，赀郎微末，尤不足言。然弟既已破产为之，便不得不视为性命。而二周鬼蜮百变，毕力挤排，使之生为愍隶，殁为转尸，书生之魂，羞归旧壤，穷人之影，难见天日。近得家书，病亲崎岖兵火之中，犹谆谆以不肖官事为念。弟所以痛心疾首，思食二竖之肉者。弟虽无似，幼承义方，一行一言，伤人是戒，乃至朋友，尤冀保全。若此所为，自绝人理，仇关家世，非仅一身，自恨力强手孱，不能白刃相报，聊因执事垂教，故略及一二而已。

此书断断如此，几疑为不共戴天之仇，后乃知起衅，亦关于“赀郎”。书中之季尪者，季况也，易为恶名，以快意也。叔云者，昀叔也，颠倒谐音，以避诋也。莼客初与祥符周星譼沭人、周星诒季况、周星誉昀叔、同里王星诚平子，结言社于浙中。周为祥符望族，高门名士，既相结纳，各以言之偏旁为名，莼客之原名为“星谟”，与周氏亦有戚谊。昀叔见莼客之局促乡里，劝其入赀为员外郎，莼客从之，斥金托季况为之上兑。时季况方捐同知，知闽之丞缺，有一小花样者可补，赀不足，乃移莼客金以足之，仅为莼客捐双月之候选员外。莼客不知也，贸然入京，欲到部，格于例，不可，乃大困，怨季况甚。书中所云“中道背言，出处都非”云云，皆指此事。莼客既困于京，乃居昀叔寓中，昀叔为之游扬于翁、潘，又荐其教授周相国祖培邸中，由是知名京师。及会稽赵撝叔入京，昀叔亦以荐于潘伯寅，潘嗜金石而厌词章，撝叔大得意。莼客嫉且怒，斥之为“天水妄子”，而与昀叔日恶。又常贷钱于昀叔，数靳不与，遂痛詈之。傅节子以礼常言：“季况既得汀州同知，即以前挪莼客之金付予，使还莼客。予语季况云：‘彼已以《行路难》之诗詈若，若可不还矣。’季况但笑而已。”

莼客生平善骂，与王平子亦有隙。徐铁孙荣守绍兴，试邑童，文题为《巧笑倩兮美目盼兮》，诗题《李郭同舟》，得“舟”字。莼客提比，有“胡天胡帝之容，宜喜宜嗔之面”二句，极自负，谓必获首选。榜出乃次于平子，大詈之。平子亦诟之，谓尔用隐士舟，谬，我但知有孝廉船也。平子得案首时，母病亟，提学将按临而母卒，其父令平子匿丧应试。将及第，莼客为平子作传，亦述及之，盖扬其隐慝以报。读《越缦堂日记》等，见其骂人处多如牛毛。若以其申申之词，谓为必有深仇固恨者，是不知其癖好如是也。

一二二　南宋消暑之法

逭暑之术，近代贵以冷气调节之，计后此必当盛行，而物质生产两落人后之吾国，未必遂有力遍设也。去夏酷热，剑丞饮于沪之都城餐厅，归作《苦热行》，起句云："广堂冷气收炎暑，坐久吾忘日方午。"即言冷气也。后半段云："人生苦热甚苦寒，物力奢豪利非溥。贫家对灶或回温，富家始得盘冰贮。人为巧思构冰室，试问几家能办取。街头入夜万人梦，惟盼一凉天赐与。"发挥遂无遗蕴。末言申江暑夜，居人多就弄夜眠也。实则海壖故非甚热，内地为大陆气候，尤歊炙不易得寐。如西湖，唯夏不宜，蚊多蒸溽，俗称"六月游湖，如销金锅煮鸡子"，信语不诬。或疑杭热如是，南宋何以建都？尔时贵游何以销夏？予案吾国旧日宫廷销暑，固亦不恶。《乾淳岁时记》载：

> 禁中避暑，多御复古、选德等殿及翠寒堂纳凉，长松修竹，浓翠蔽日，层峦奇岫，静窈萦深。寒瀑飞空，下注大池，可十亩，池中红白菡萏万柄。盖园丁以瓦盎别种，分列水底，时易新者，庶几美观。又置茉莉、素馨、建兰、麝香藤、朱槿、玉桂、红蕉、阇婆、薝葡等南花数百盆于广庭，鼓以风轮，清芬满殿。御座两旁，各设金桨数架，积雪如山，纱厨后先，皆悬挂伽兰木、真蜡、龙涎等香珠百馀，蔗浆金碗，珍果玉壶，初不知人间有尘暑也。闻洪景卢学士尝赐对于翠寒堂，当三伏中，身体战栗，不可久立，上问故，笑遣中贵人以北绫半臂赐之。

则境界可想见矣。又记"都人避暑"一则云：

> 六月六日，显应观崔府君诞辰。自东都时，庙食已盛。是

日都人士女骈集炷香，已而灯舟泛湖，为避暑之游。时物则新荔枝、军庭李，二物产闽，奉化项里之杨梅，聚锦园之秀莲新藕、蜜筒甜瓜、椒核枇杷、紫菱、碧芡、来禽、金桃、蜜渍元昌梅、木瓜、豆儿水、荔枝膏、金橘水、团麻饮、芥辣、白醪，凉水冰雪爽口之物。关扑、香囊、画扇、涎花、珠珮，而茉莉为最盛。初出之时，其价甚昂，妇女簇带多至七种，所直数十券，不过供一晌之娱耳。盖入夏则游船不复入里湖，多占蒲深柳密宽凉之地，披襟钓水，月上始还。或好事者则敞大舫，设蕲簟，摊枕取凉，栉发快浴，惟取适意。或留宿湖心，竟夕而归。

上述二者，皆记湖山消暑之乐，伏中思之神爽。惟"寒瀑飞空下注"，及"广庭鼓以风轮"，不知用何机栝。《唐语林》载唐明皇凉殿事与此绝肖，盖其法亦来自西域者。唐都关中与宋都东京、临安，皆在腹地，故盛讲销暑之法。近六七百年，国都皆在北京，旧历六七月适为北方雨季，北地本早凉，盛热则皇帝或幸热河避暑山庄，故未闻凉殿之踵制。然凉棚冰碗，犹推北地第一，则固物力所萃也。

一二三　盆景溯源

盆景，近世咸称日本特工，实则吾国早有之，其导源在北宋末。《吴风录》云：宋朱勔创以花石进媚，建节钺，役夫赐郎官。至今吴中富豪，竞以湖石筑峙奇峰阴洞，凿峭嵌空，为妙绝。下户亦饰小小盆岛为玩。是此风实受花石纲之赐。南宋时中日交通已繁，此业或于是时传播，未可知也。《五石瓠》云：今人以盆盎间树石为玩，长者屈而短之，大者削而约之，或肤寸而结果实，或咫尺而蓄虫鱼，概称“盆景”，元人谓之“些子景”。《姑苏志》云：虎邱人善于盆中植奇花异卉，盘松古梅，置之几案，清雅可爱，谓之“盆景”。顾诒禄《虎邱志》纪盘松云，绳约其枝，盘结作虬龙状，久之遂若天成，高有五六尺，低二三尺，凡剔牙罗松皆然。又《虎阜志》盘桧云：盘桧亦以人工盘结如松，每一本上，其枝屈曲作五六层者胜。以上皆盆景见于著录者。国人未尝无发明，【惟】不肯踵一改良，久之遂甘落人后，非徒此类琐事已也。

一二四　彭玉麟少年寒苦坚忍

十年前，予归里，重游石鼓山，陟大顶峰，观天风海涛亭，曾赋诗纪游，用十贿全韵，中有“气吞海若百，势较日观倍”二句。仓卒襞积，心似记此二语是前人已道者，而未忆得出何诗。去年再翻《广雅堂诗集》，乃省予句实出南皮之《彭刚直公挽诗》“天降江神尊，气吞海若倍”二语也。南皮最推服彭刚直，其督粤时，刚直奉旨防海。南皮于《挽诗》中手注云：“虎门曩为广州前敌，黄埔为次敌。前粤督[①]以淮军守黄埔，以水师提督率粤军守虎门，提督怨之，以致粤淮交恶。公于虎门外沙角、大角二山筑炮台，自督湘军守之，粤、淮两军皆愧服，听指挥无异词矣。”观南皮此注，刚直所以得盛名奏上功者，在于身先士卒，又措置公平也。刚直巡江防海，其姓名极著于妇孺之口，然其少年寒苦坚忍之迹，尤有足述者。

考刚直以嘉庆二十一年生于梁园镇巡检司署，岐嶷颖悟，盼睐

---

① 系指张树声。张于光绪九年六月初十抵粤督任，次年四月二十日，病免；由晋抚张之洞调署(旋实授)。

有威。年十馀，从父还查江。有田百亩，为亲族所干没，反以供养责偿所举债，故无所寄止，僦屋以居，父卒，益困。夺田者惧反覆，则或虐其孤。刚直母王氏，山阴儒家女，闭户戒备，一不与校。弟玉麒，甫数岁，一日偶行田垄间，禾中有人突起，挤之几堕水，俄聚无赖登门叫呼，反责数其不教。于是族人共愤，怒责夺田者，归其田十分之二，及屋一椽，令母子居之。夺田者劫于公义，而怨益甚，日夜伺隙侵辱孤子。王氏召两子泣告曰："此乡不可居，若等皆男子，当远出避祸，努力自立，成人而后相见。"刚直是时年十六，读书已通文义，以母命遂入城居石鼓书院，从诸老生问经义，学诗，习书。诸生以其聪悟勤学，稍稍异之，因与游诸名家贵公孙子间，缊袍敝冠，介然自守，辞气清雅，风采秀隽，未尝有饥寒之叹，城中闻之，欣然愿交焉。然书院课额少，膏火银超等者不足给日食，初学孤生尚无缘得之。乃投协标，充书识，例补马兵，得支月饷，兼试书院，月可得馀钱三四千。迎母至城中，母子复相守。而弟已从贾客远服贾，久不闻消息。贫薄单寒，人所不堪，母子怡然安之，犹以为出水火而履天衢也。

衡州知府高人鉴，以鉴裁自许，一日诣协镇，适刚直送文书稿未及收。协镇入内具衣冠，知府视几下有文字，取视之，问何人所草，对曰营书彭玉麟也。知府曰："此字体奇秀，当大贵，且有功名。"即召至客坐，见之益大喜，语之曰："可时入吾署中。"遂执贽为弟子，知府亲课之如严师，绳摘疵谬，不少假借，然评语辄奖借，每有他日柱石名臣之誉。及当府试，众以为必第一，乃置第十。越日县令告之曰："太守以子名位未可量，不欲其速化也。"学院试，竟黜。明年学使陈坛取附学生员，赏其文，目为国士，而名字大闻于郡县。协将令为子师，即临桂麻维绪，后以乡举官湖南知县，有才名者也。道光末，新宁愚民李沅发为亡命瑶民所胁，称乱，破城步，戕官。大发兵捕讨，征衡州协标。刚直荷枪徒步从行，营中识为彭玉麟。协将见之，呼曰："彭公何不骑？"对曰："方往杀贼，安敢自逸？"协将悚然。言于谷总兵，军中事往往询之。自新宁、靖州越境至贵州、广西边，遇寇下温，败之。军屯开泰，奉檄至桂林，军府总兵以所乘马借之，遣二兵从，道雨，从兵病瘴不能行，单骑度万崖山，至军中。复从战金峰岭，寇散走。擒李沅发，上功总督，见衔名列生员，以为武生，特拔补临武营外委，赏蓝翎。镇将欲为声叙，更请保奖训导，刚直辞以年幼学浅，不堪人师，且效力有日，凯旋侍母，为幸多矣。遂还衡阳。

清泉杨江子春，有典铺在耒阳，值岁荒乱，商旅不能自保，请往经理。至则散钱振饥贫，贷困厄，不责其券息，费缗钱千数，不待请报。众以告子春，子春曰："钱已用，可复还耶？"遂不复问。其后郴、桂陷寇，耒阳土寇蠢动，日夜思劫掠，然过典铺门，辄曰："此尝施惠吾辈，不可掠也。"以此竟从容收赀本还报主家。论者谓彭一贫生，为人司出纳，视其财若己有，放散无所顾虑；子春最谨于财，当其时未必知后当收其报，而无几微吝惜之意，绝不问其出入，皆可谓豪杰人也。刚直在耒阳，见坊市无赖聚积，多谋不逞，知必乱，阴条列奸宄渠魁数十名，请县密捕。县令不能用。渠党颇有知，谋伺其出窘辱之。刚直在营稍习拳棒，恒缚行缠中，置铁尺，以二健儿护前后。一日遇少年，摩肩过，排之不动，反推少年，颠数步外。又尝诣县门，无赖呼噪从之，仅而脱去。

是时曾文正以侍郎治兵衡湘，博求奇士，衡阳常豫仪安荐彭玉麟有胆略可倚任，因劝刚直谒文正。刚直时居母丧未逾年，意不欲出。文正亦居母丧，遣谓曰："乡里藉藉，父子且不相保，能长守丘墓乎?”刚直感奋,遂入军。檄佐陆营。自此三十八年,诸将帅或官或罢,或先亡逝,唯刚直旦夕军中,未尝一日息,亦未尝一日官也。上所述,泰半皆为外间所未尝知,而湘绮为刚直行状皆详及之。其弟玉麒自幼相失,后在江西为船户。刚直已贵,或有告玉麒曰:“新任钦差名彭玉麟,得毋汝兄耶?”玉麒姑往诣谒,兄弟始复相见。事亦具见于行状中。

一二五　彭玉麟论江防书

昆三出示家藏刚直致文肃公函稿,一巨帙,密行小字,笺纸五色相间,可见前辈实事好文之风。按沈文肃与彭刚直,皆同治初名臣中,尤砥砺廉隅,切直果断,见义不稍让者,故相得益彰。今录其一书与文肃论江海防者如下。文肃时为两江总督、南洋大臣,彭则巡阅长江。函云:

幼丹仁兄大人阁下:前月初十日肃布一函,尚未及发,恐大旆乘轮舟东下之速,付驿防展转有误故也。

昨敝处奉密旨,饬同心合力筹办江海防务,知我兄分任南洋事务,则肩荷愈重矣。洋务言防海,防江则军务也。尤须得人相助为理,尤须得经理过军务而有才能者相助为理,始有济耳。否则无地无人才,不谙军务,用之非徒无益已也。何也?议论多而成功或少,成功少则糜经费,议论多则易为摇惑。非身历军务多年,识不卓而论不确;非身历军务而曾经利害,识不透而论多歧。非人才,勿言也;同是人才,而用之不当,与无人才同。甚矣,办大事之难得人也。不得人,则主政者多受累而事不行。得人,则主政者获益而事多济。我公艰巨素任,当以为然也。弟不才，不能知人，廿馀年江上奔驶，独往独来，一手经理，加以秉赋气弱，以此吃暗亏，老来受病日深，职是之故。

屡承赐函，亦言柱躬非昔，实以热血满腔精神心力用过之故。今仔肩愈重，首以得人相助为理，此是第一义工夫。次再讲求治军政、武备各务。恭读此次密谕，有应需帮办大员，准奏候简用。既大员准奏派，而司道有才能足供差遣委用者，亦可奏调。兹有两人焉，皆尊处素所深知可信用者，似宜奏调奏留。前江西粮道段起，已出都，仍归坐补原缺，虽调过台湾，此时似可奏留两江委用。云南迤南道蔡锦青，已出都，须回任，请假回籍省墓，经岑中丞奏留广东筹饷，似可奏调来两江委用。此两君，皆刚健笃实而有辉光，久经战阵，有胆有识，堪为我兄指臂之助，似可信用。可否之处，乞鸿裁酌之。

正修函间，顷接四月廿四日还云，辱蒙绮注殷拳，用深铭感。承示台事得手，剿抚兼施，最得要领，恶者痛剿，良者自易就抚，劳苦功高，敬佩无既。不卜何日交卸东来，以遂大江南北人民之望。弟约厚庵宫保于江西湖口会面，商议长江一切事宜。昨接彼济宁舟次来信，须月底方能到金陵，大约交秋始可到湖口。弟俟晤商后，即行上巡鄂北荆襄一带，沿途羁滞，料理公事，恐须秋暮冬初乃能归我衡阳旧庐。弹指流光，瞬息又是来春下驶时候，明岁荷花生日，当必畅领教益于六朝山色中也。手此专请台安，统祈心照，不尽欲言。弟麟顿首。六月初二日。

再者，长江防务在金陵下游，不在上游。凡御侮须在大门外，一入大门，则我家乃乱，不能自主。况不守大门外，而仅守房门，舍厅堂不顾，其能胜乎？弟于下游江面情形，往来留心较熟，故去年闻台事，受李雨帅所托，代为择要隘请修筑炮台者三处：第一重门，乃江阴鹅鼻嘴（在江南）刘闻沙以下，十圩（在江北）一带。第二重门，乃圌山关南北两岸。第三重，乃焦山、象山、都天庙南北两岸，并江中（即焦山）处。至于乌龙山一隘，已是金陵厅堂，其南北两岸之炮台，不过聊备以壮省垣人民之胆耳。至于下关炮台，则房门卧榻矣。焦山南北两岸刻已筑成，以弟力争始就；而圌山关南北岸，尚未肯筑；江阴鹅鼻嘴炮台已成，而北岸观望羁延，弟再三请之，始动工，而复中止。从来关大门必须两扇，只关一边，又何必关耶？且金陵用兵，而粮饷均须仰赖北岸，扬州盐务所在里下河，各州县出米谷，岂南岸独重，而北岸不重乎？实以诸当道均在南岸，不在北岸，故朝令夕改，昨是今非，议论多而成功少也。将以为省节经费，然有不应修筑处，偏又修筑，想亦别有会心，未可知也。弟昔为局外帮闲之人，何必反客作主，只好听之。今乃奉旨有专责，未便如昔之不管理也。昨极力言江阴北岸十圩一带要修，趁此夏日天长，一工可当两工，须赶紧不宜摇惑迟疑，已函达金陵诸君去矣，不卜能赶修否？我公自必乘轮舟而东，定必由吴淞口、上海一带查阅，而后入江。恳躬亲由江阴南北两岸察看而上，则鸿才卓著，当有定见也。又及。

又密启者，长江水师于八年归标后，以久经战阵之老哨官、老兵勇而不数载败坏者，实提督黄翼升任信中军副将周国兴蒙弊作恶（老哨勇多革去）以坏之也。周乃黄之干儿，参革后旋丁艰，黄复商李雨帅，复使周国兴充当留防水师营官，归督标，不归长江管辖，以遂其私。现驻扎金陵城河。此人面善心恶，狡诈百出，不可留用也。因归督标，统领者制军也，弟与长江提督未便干与故也。黄翼升伪为君子，实真小人，深堪痛恨，不可交也。又及。

再密启者，金陵筹防局，除桂道身历戎行，颇能事外，馀虽经军营保举者，而实未历身艰险，似知兵而实门外汉。赵道亦颇能事（**乃少荃内弟**），但不知其底蕴。至于陆师统领章合才（**一大军**），久于戎行，能战能守，营规肃整。馀则万化林（**两营**）、宋国久（**两营**）亦久于战阵。吴长庆颇能干事，乃少荃中堂亲兵分防于此，乃客兵也。江阴炮台乃其修筑。其馀统领，尚有数军，均未见实效。惟嫌金陵陆军统领多，恐一旦有事调度，不得归画一，误事耳。谨以奉告。

考彭公此书，有极警策语。如“论议论多而成功少”一段，语甚精卓。又如云：“凡御侮须在大门外，一入大门，则我家乃乱，不能自主。况不守大门外，而仅守房门，舍厅堂不顾，其能胜乎？”诚一针见血之谈。可见五十年前言江防者，已不主张以都邑内地为要塞也。有极堪为史料者，如昔人常以彭与杨载福、黄翼升同论为江防人才，观此书言“黄翼升伪为君子，实真小人，深堪痛恨”，则可见黄之品格。函末谆谆以一旦有事，恐调度不得画一为虑，可见老成谋国虑患之深，戒备之夙。若使刚直生于今日，睹此澒洞颠连，正不知如何悲愤也！

一二六　施琅评郑成功战略之失败

缪小山《云自在堪笔记》，所述康熙时诸汉臣相讦相轧事至详，而未言所本。后乃知小山所本，为李榕村日记。《榕村日记》无刊行者，清史馆有抄本。缪所录中，有一段极饶意义者，为：

李光地[①]与施琅语，纵谈及海上顺治十六年攻南京事，李云："当时若海寇不围城池，扬帆直上，天下岌岌乎殆哉。"施笑曰："直前，是矣，请问君何往？从何处而前？"李无以应。移时又促之，云："从何处往前？"李曰："或从江淮，或趋山东，奈何？"施曰："此便大坏。何言之？直前，纵一路无阻，即抵京师，本朝兵势尚强，决一死斗，兵家用所长，不用所短，海寇之陆战，其所短者，计所有不过万人，能以不习陆战之万人，而敌精于陆战之数十万人乎？不过一霎时，便可无噍类矣。试看汉高祖、唐太宗、明太祖，那样谋臣猛将，亦无不顾形势而径前者也。须有一定算计，先有安身处，渐渐再行去。"李爽然自失，曰："然则奈何？"施曰："不顾南京，直取荆襄，以其声威扬帆直过，决无与敌者。彼闭城不出，吾置之不论。彼若通款，与一空札羁縻之。遇小船则毁之，遇大船则带之。有领兵降者，以我兵分配彼兵，散与各将而用之。得了荆襄，呼召滇粤三逆藩，与之连结，摇动江以南，以挠官军，则祸甚于今日矣。"施所见如此，真是枭雄。

按施琅即小说《施公案》中施世纶之父，平台湾破郑成功者。而郑成功于顺治十六年率舟师直溯扬子江，历江阴、镇江，攻南京，为梁化凤御于仪凤门而溃。此节施琅评郑成功战略之失败，极中肯要。可知施实一健者，非侥幸成名。观其议论，与后来彭雪琴御侮须在大门外一段语相表里。当时三藩各怀异志，若成功兵力能

---

① 李光地，字晋卿，号厚庵、榕村，福建安溪人。康熙庚戌进士。历官至内阁大学士。有《榕村全集》。

达上游，则事势正未可料，至少江以南，当别为一国矣。偶因彭刚直之论江防，忆而录之，以为论史之一助。

又时人议论，必谓可惜以施之枭雄，何不助郑而助清，必大昧于民族意识。按此等事后追评，直可勿道。吾侪所当鉴法者，为当时康熙能驾御施琅，始终不疑，即是清朝有二百馀年国祚处。由来世事莫不有成败兴衰，互为倚伏。唯主之者能信贤使能，久而不渝，则必终底于成。反之，举一事，历一险，群疑满腹，众谤漂山，使负责者须避席自明，或数易其位，则恐终底于败矣。

一二七　西山避暑雨中得句

吾国幅员辽广，大陆气候与海洋气候，以及高原沙漠，莫不兼而有之，故同岁并时，北服毳棉，南御絺葛，乃为恒覯之事。即以本部气候，适处温度，号为得中，然江南夏秋最热，而蓟北此时转多凉风，则以北方雨季在七月也。予居燕都三十年，冬夏游骋，靡远弗届。南迁伏日，恒思西山避暑之胜，犹有馀味。蓟之山，东唯田盘，西唯大房，舍此外本无足道。然以七百年王者所宅，物力较丰，山林结构，亦得人工为多。西山当夏而清凉，高明爽垲，既不蒸溽，虽有虫豸，亦不为大害，蚊蚋尤少，此一乐也。西山病在少泉。既夏大雨时行，山洪数发，时或礌硠数壑，日亦涓涓连涧，此二乐也。昆湖西接翠微，轩槛如林，匪惟浮瓜沉李，百物杂陈，即深入麻峪、马鞍、上方诸山，琳宫亦皆宏深豁爽，此三乐也。自议者不以居北控辽为重，凌夷至今，夫复何言。

旧京百事，转眼成陈迹。录梦华胥，行如昔人之忆汴京耳。最忆甲子六月盛雨中，车出西郊，望香山挂瀑如练，予方赁屋大悲寺，故过门不入。而心喜之，有诗，中有“香山蟾蜍峰，云絮幂其首。经过纵铎地，远听众瀑吼。楼台出万柏，石气绕之走”者是。盖以东坡“催诗走群龙”为韵，赋五诗，末咏秘魔山崖奔泉之胜。

翌岁乙丑六月，大雨，为偿前游，决意驱车往香山。出西直门，见高梁堰水已平堤，沿路树如沐，畦间玉蜀黍尽偃水际。过颐和园，始有积潦，车行绝驶，不为阻也。青龙桥以西，光景顿异，暮色既合，峰峰深碧，近望红山口，已没云里。西眺香山，云脚如翦，直覆山腰，蔚蓝间曳以溟蒙雾縠，意其方雨。车过静明园旧门，越桥而西，直对香山，道始深泞。行不二三里，望前车没泥际，颠簸起落，皆可二三尺，轮转愈速，若巨舟入海，受浪而舞。后者见之，挢舌大骇，乃下车而步，步又甚苦，道旁沟水溅溅，中则深泥，其可着足者，宽不过数寸，相石傍柳，仅而得渡，可数里，道少夷，乃复上车，抵宫门已深黑矣。园门池水受泉而鸣，柏香馥郁。同行者六人，皆肩舆上十八盘。天虽黝黑，犹可辨树色。望香山北岭，所谓鬼见愁者，云已尽裹其额。舆夫言：“今日雨已五六次，山顶方雾，迤南磴道已为水坏不能行。”盘道既尽，渐羣渐高，下视壑中树隙，青翠回合，时露星火，颇似潭柘龙潭下眺时也。所居雨香馆，涧泉交霤，屋后复出泉如沸。予与同游者坐廊下，二更风起，云气四合，移灯入室，但闻浪浪之声，不辨为风，为雨，为泉。翌日雨止，北下经芙蓉坪观泉，穿林陟陂，皆得水趣。归见及门李生（漪），方以杖导屋后新泉，决土为渠，引之入涧。予诗有云：“岩窦新泉虢虢鸣，一池侵晓不辞盈。怜渠定向秋来涸，忍睡来听啮石声。”又云：“决去泉声亦一奇，可应泉脉有穷时。导河积石非无愿，未许支祁圣得知。”皆一晌支颐所得也。

丁卯后寂居旧都又五六年。困顿萧戚，不常为山游，而己巳夏雨连旬，犹时为小诗自遣，有云："乌云含雨又趋西，湖水高梁岸与齐。自是故都人意恶，晴鸠不敢出林啼。"又云："捧土何能塞众流，漂残坝麦恐无秋。商羊欲舞焦明出，传语乖龙可少休。"皆斯时作也。又有"将雨园林暗夕阴，避风山鹊动归心"一绝，则为公园遇雨之作。北部多鸦少鹊，独公园多山喜鹊，顽云西起，风声飒然，则山鹊四匿矣。又有："瀁月池头千竹声，雨声还杂水声清。儿时爱雨闲滋味，百度追摹总不成。"则忆儿时读书玉尺山房，极爱池傍丛竹雨声也。又有："宣南梦味廿年中，浩荡街泥几度逢。今日小车还犯雨，长街不见白灯笼。"则言旧京宣武城南酤肆，率备白纸灯笼以送客，自清季后渐绝迹，然无马路处，每雨街泥三尺，犹甚思得此也。是岁连雨，得十馀绝句。盖燕市邸居，遇雨即闭门，寻常夏夕，必拥被，雨则重袷薄棉。久热得凉，容易得句，不似南中皇皇终日，但觉赵盾之可畏也。

一二八　郭嵩焘使英前后致沈葆桢书

昆三见示郭筠仙与文肃公书札一巨轴〔帙〕。皆外间所未尝见，而《养知书屋集》所未尝刊者，真同光间佳史料也。兹甄录数书〔函〕，皆光绪元年筠仙出使英国前后所作者。一函云：

幼丹尚书同年大人阁下：除日奉读赐书，并蒙宠颁炭资，深感懃懃垂注之盛心，眷德勤施，至周以渥，服膺曷已。敬谂履端笃祜，播阊宣猷，伏增祝祷。

嵩焘一官逶迤，自度洋务粗有所见，思稍尽斡旋之力。窃以为控御之方，在去猜嫌之见，而以礼自守，以制其鸮张之气，求因应之宜，而力争先着，以杜其要挟之心。传曰："凡事豫则立。"而与外人相接，理不壮即气不充。京师士大夫务为虚憍，横生议论，不一考求事理，视前二十年之见解无以易也。方见各口通商十六，内达汉江，洋人实绾其利权。沿海机器局及学馆，洋人实司其训课。谓宜视彼所长而效法之，视彼之足为吾利病者，而求所以御之，一切内自毖焉，而引以为耻，未尝不可及时图功。故曰物耻足以振之，国耻足以兴之，殆未易一一为今时士大夫言也。

滇案本易理处，徒为议论所持，濡延至今。倭人近与朝鲜构难，其蓄谋已久，理处较难，而所以自处之道，固有未尽者。租界免厘，为患甚巨，赫总税司议上数万言，通中外筹之，大致合华商与洋商捐税为一例，合各国通商条约为一例，合各口商务、政务及词讼为一例。而析分此三者，疏陈其利病，各为四议，上者不能行，则行其次者。其论甚精，所见亦至深远，然行之不得当，则利在外人，而国家适承其敝。鄙意外而通商各省，内而驻京各国公使，均应知照会议，其间亦尽有各国不愿行者，必俟询谋佥同，而后酌择其可行之，此尤宜及早会商者。滇案或有牴牾，则前者贸然允之，今者又将贸然行之，鄙人所不敢知也。

彼土人才，实胜中国，为能养之而使尽其学，用之而使尽其职也。武穴之煤厂，兴国之铁矿，肇始湖北，为天下倡，近始具奏，喜慰无量。而睹鄂抚分解海防经费一咨，宣述盛意，以北洋方造办兵船，推以与之，廓然昭示大公，而又切当情事，使防海纷纭之议，至今乃有归宿处，斯为明通公溥之量，无愧古之贤者，为之额手称庆。禹生抚闽，岘庄督粤，殆亦沿海一时之盛矣。手肃申谢，敬敂崇安，无任驰仰。嵩焘顿启。正月初十日。

二函云：

幼丹尚书同年大人阁下：天津奉呈一函，谓由上海信局寄上，较为便速。舟次吴淞，奉九月初五日赐书，敬领一是。承示气喘一节，年老气衰，不任烦劳，稍有拂意，气即因之上逆。嵩焘近十年老态已是如此，似未宜以喘论。禹生中丞近亦以病乞退，此皆为国柱石，肩任烦巨，精力又方强，处荣观而心超然。嵩焘乃以老病之身，奔走七万里，自京师士大夫，下及乡里父老，相与痛诋之，更不复以人数，英使且以谢过为辞，陵逼百端，衰年颠沛，乃至此极，公将何以教之？默察天下人心，洋患恐未有已也。黎莼斋刺史意图考究洋务，慨然请行，乃以参赞一席处之，催其迅速来沪，乞公速觅代者，以凭交卸启行。小樵能于数日内至沪为佳，一经开行，则虚此一番奔驰矣，极念之。敬请台安。嵩焘顿启。十月初五夜。

三函云：

幼丹尚书同年大人阁下：领读二月杪赐书，敬知前上各函均达尊览，欣慰无似。承示道躬尚能起应繁剧，国家柱石，天与维持，尤深顶祝。

嵩焘行年六十矣，本以羸病之躯，偃蹇数万里，自问无一可者，其于国事丝毫无补，则固在人意计中也。近有禁止洋烟一疏，允为当今要务，其办法层节，尤有其扼要者，尚待补陈，但得朝廷一意示禁，即亦无难办理耳。圜法至江浙一毁无馀，通官民行使洋钱，使洋商得操其奇赢，以罔市利，至今且百年，而不知所变。计至伦敦，始知其利权一操之国家，南至澳大利洲，东至香港，行用银洋、铜洋，一由其国家颁发，无能作伪者，其立法善矣，而其本原尤在鼓铸之精。乃议由上海设立洋银局，略仿洋圆形色，而易其花样，编列字号，暂时颁行江浙两省；每圆申水四分，稍有搀和，准其更换；归招商局承办，以招商局一切仿用西法，诸事为有条理，不至滋生巧伪；并荐一制造洋银机器之洋商，与唐景星酌议。曾函告合肥伯相，由南北洋主持，果能行之有常，度数十年以后，必可遍及天下，而为利亦巨矣。上海格致书院告成两年，嵩焘曾一往观，仅得一楼，亦不甚宏敞，颇疑其无谓。伦敦博物院所在有之，分门别类，群聚考求，为学问所从出，新奇繁富，穷于思议。其地博物院愿推行其法于中国，新式机器，皆乐运往。得密思盘一书，详言之，初谓房屋当由上海建造，慨然许之。及与会谈，乃知其运置物事，不能计利，所计利者，在估房屋，费二万镑，一切均由承办。以非嵩焘本意，不敢置议，谨将其来函抄上，并抄寄合肥伯相一份，听候酌示办理。喀什噶尔为雅谷刊袭据，各国皆与定约，听从立国，中国不能知也。

近有使者田赛尔德来伦敦，数于公会见之，其人绝魁梧，亦有能名，英人颇引重之，亦派使前往。嵩焘乃据新报所言，一加诘问，至今未接复文，似闻颇难于作答。有暂停遣之议，而颇急思为中国调处，数遣人陈说此义。嵩焘以为无径弃地之理，问以调处之法，亦尚未有端绪也。俄、土交兵，战事方长，而俄人志在兼并，无岁不拓土开疆，可畏之甚。镇江一案，本易理处，无故发回准单，恐又成拖延之势。孙琴西①学问文

① 孙衣言，字琴西，又字邵闻，浙江瑞安人。道光庚戌进士。翰林院侍讲，安庆知府。入曾国藩幕，办理营务。又署理庐凤颍道，署江宁布政使，会同藩司办理江宁报销总局。又署江宁盐巡道，旋实授，迁安徽按察使。有《逊学斋诗文钞》等。

章，一时无两，其在官廑心民事，所见到处卓立不回，不减古人，惟于洋务，直隔数十重烟瘴。自南宋以来七百年，愦愦至今，（**北宋以前，议论行事绝异。**）琴西读书愈多，此种锢蔽亦愈深，无如何也。手此敬请台安。嵩焘敬启。五月十二日。

四函云：

幼丹尚书同年大人阁下：近月凡四奉书，盖其怨郁之气无可陈诉，时一为公发之。又南北洋交涉各国事务，与公使时有连，所陈论一二，大者不敢不以上达。

近得何金寿参案，其诋毁乃益加烈，朝廷一一见之施行，由李兰生从中主持之，故副使刘锡鸿近月鸱张愈甚，直谓蔑视国家制度而取效洋人，是为无君。初闻骇愕，继乃知其与何金寿遥相应和，以图倾轧，灭绝人理，固已久矣。久之，其门人刘和伯始具述其在京师受命李兰生，令相攻揭。其出京一切（**刘云生亦经以告知参赞**）皆未携备，惟携备折件，亦出李兰生之意。刘君语言狂悖矜张，诚知其不知信，此由其热中强很，微窥李兰生意旨，以为朝廷之意固然，是以京师奉旨之日，立时畔异，至是始知其蓄谋之狡且深也。李兰生当国二十年，日思比附人言，以取重名于时，于刘君何责？而嵩焘乃独为诟毁之归，举世皆清我独浊，众人皆醒我独醉，以身之汶汶，受物之察察，公于此将哀之乎，抑笑之乎？刘君为嵩焘所提挈，远适七万里，与同性命，而一意立异树敌，攻击不遗余力，竟不意天地间，有此一种厉气，鬼嗥于室，狐啸于梁，自非万分蹇运，何以遇此！只好竭力求退，于刘君构陷情形亦不能不自明。

谨将折稿一通，录呈台览。数月为禁止洋烟，及建造上海博物院，颇力以自任，今当一同忏除，求得“遁”之上九而筮之矣。敬请台安。年愚弟嵩焘顿启。九月初三日。

此四函皆极可读。一函中所云“控御之方，在去猜嫌之见，而以礼自守”一段，实为言外交者之秘钥。盖中国未尝无讲外交之人才，而“去猜嫌之见”五字最难。当时国人见解，恒以为各国皆日夜协以谋我，而累次败衄之馀，又皆具人为刀俎我为鱼肉之悲。于是虽迫不获已，强颜与异族周旋，心中实日夜猜之嫌之。此种心理，甲申、甲午两役，愈经挫折，怨毒之心愈甚。至庚子，则公然降谕与列国宣战。虽曰妖后昏嚚，实亦举国对外人积蓄猜嫌之潜意识一旦暴发也。筠仙所谓“去猜嫌之见而以礼自守”之义，彼时上下皆未能领会。而筠仙犹恐其以礼自守之说或有流弊，故其下文又曰，“一切内自毖，而引以为耻，未尝不可及时图功，故曰物耻足以振之，国耻足以兴之”。其言盖完全以自己反省，自己充实，为唯一之外交制胜策。惜乎，当时朝士之不足语此也。筠仙于中日争端已见其微，其判断曰：“蓄谋较久，理处较难，而所以自处之道，固有未尽者。”此等敏锐公平之言，至今可为龟鉴。

其第二函，是将出使英伦所发，其中言“以老病之身，奔走七万里，自京师士大夫，下及乡里父老，相与痛诋之，更不复以人数，英使且以谢过为辞，陵逼百端”，其悲愤可想。盖英使馆翻译官马嘉理被戕于云南，即第一函所言之滇案，而筠仙适于此时与许钤身出使英国，故英人目为谢罪。当时大家方极诋各国为夷，深憾其诸役乘胜陵迫，又以各国每藉题要挟，诛求不已，方引以为深仇大敌。如马嘉礼一案，朝士皆以为细事，不应有所要求。对外同仇，几于露刃相向，而筠仙乃盛言各国之富强礼义，欲以坛坫周旋。夫以国耻方殷之时，凡司外交者，殆无不受人重谤，筠仙不过其中之一例耳。

其第三函，是在伦敦所作，争喀什噶尔之失地，是何等缜密忠诚！末段言孙琴西一节，殆琴西亦随众口作谤伤者。

第四函，则直抉刘锡鸿倾陷筠仙之由来，谓出于李高阳之授意。此节以今度之，必皆确可信。刘锡鸿所以陷筠仙之理由，即所谓“蔑视国家制度而取效洋人，是为无君”。刘之理由，即李高阳之理由。而筠仙最受伤之议论，即为第一函中所言，“彼土人才，实胜中国，为能养之而使尽其学，用之而使尽其职也”。筠仙此言，彰明抬高西洋，谓其胜中国，此乃中国士大夫最不服气处。盖一时上下见解，方以为除却大炮、轮船中国不如外国，不得不低头以求，其馀皆是我胜于彼，而何来此昌言媚外、无君无父之人，竟谓外人能养人才尽其学尽其职，是非所谓汉奸乎？于是虽以李高阳之老成，亦不得不主持罗织筠仙矣。

夫自尊固是健德，爱国亦属人情，而彼时号为士大夫者，务为虚憍，横生议论，不一考求事理，专事攻掊异己。日夜詈仇诸外夷，若不共戴天，孰与往来，即诋为汉奸，而于反躬自毖之道，始终不措意。愈凌夷，愈衰弱，愈糊涂，愈失败。读筠仙诸书，悯其志节，哀其逢时不淑，诚不胜掩卷叹嗟也！

一二九　彭雪琴论防日本侵长江

与筠仙同时之彭雪琴，亦三湘名臣也。其对于外侮之见解，亦可于致沈文肃一书中见之。简单质直，异于筠仙之论，而为众人所乐闻。前曾录彭数书，今此札，考其时日，与上录郭札似稍前。文肃以元年督两江，以五年卒于任，刚直卒于十六年，皆不及见甲午之役。而此书言防日本侵长江，即是光绪元年日本构衅台湾番社一案，其时中日已有小龃龉，而此书则必二年春正月所作也。书云：

幼丹仁兄大人阁下：驹光易逝，马齿又加，柏酒椒盘，已更新岁。顷奉客腊二十八日手教并抄件，领悉种切。彼虽小国，而狡猾最甚，前代之患所以深也。推之各夷，皆羊犬之性，得寸思尺。诚如来示："断无人进一步，我退一步，退到无可复退，又将如何处之？"实至论至理。为今之计，只有拼死，赤手空拳从事，以报效我辈为国万分之一之心，即使决裂，亦气数使然。

兹有商酌者，长江炮台均未操习，虽有若无，彼族兵船坚利如飞，无非以智以巧，彼以智来，我以愚应，彼以巧来，我以拙应，即愚拙之计，必须赶急预备。密中筹防，以免临时仓卒，徒手岂真能搏虎耶？非商客大架木排不为功。恳我公密商诸汤小秋观察，转密商诸棉花堤大众木客，尽其排，书断码价，各登簿子，仍重价雇定该排工水手，不动声色，若平时放卖排一样，以大半放泊于江阴炮台鹅鼻嘴之上，一半放泊于焦山左近；再筹木排，泊于五龙山黄天荡近口左右，万不可下五龙山口，总以在炮台上游为度。事急，则拦江使其活轮为死轮，以便我水陆围攻。一面恳我密探该国果来的耗，飞赐示知，于弟当扶疾星夜出江；一面派定轮船一只，在镇江下游，候弟登轮舟，上驶下驶，往来调度策应，决一死战，以报朝廷。所有泊排处，密派各炮台将官，暗为护卫。如果用动其木排，照价归银，如无事不用动其木排，亦必按月赏火食。如全不用其木排，则如天之福，悉归还各木客自行生理。此防江急救上游之愚（下游则听天）而且拙之计也。然彼族甚多，我水陆两军未能分别其轮船，既彼此用兵，难免不玉石俱焚，使各夷类藉口。应恳尊处密拟一公文，俟探该国果来，急飞知上海、九江、汉口各夷轮舟，在上游者飞速出海，在海外者不得入江，庶几保全各不生事之国。俟兵事竣，再准各国入江。否则误伤，玉石俱焚，不得藉口，此乃江上用兵第一要着。一则我先以礼义信知照各夷，日后长江倭族来时，我兵难分玉石，有焚烧彼轮者，不得藉口开衅端也。一则先行阻死各夷轮，不能暗助倭族之力。一则各夷恐长江用兵，只有倭国，而彼不在事各国，未必坐视不理，肯担误生意，或不致肆行决裂，亦未可知也。此不才开诚布公之见，然否，我公酌之。不妨会敝衔饬各关道，转行照会各国领事，先使闻之，凡事宜先立脚跟也。弟左偏麻木，前函奉闻，今尚如故，而春来各旧症不免次第举发，断不以疾辞犬马劳也。果有事，则不才得其所矣。惟木排之事，如果为然，即求密办，否则作罢论。军行以火药、炮子为先，宜急措办。小宋制军到此，于敝处一日在城，两日即行，于富阳度岁。匆匆手此，复请大安，统祈心照，不尽欲言。弟麟顿首。新正三日。

再者，长江调度，俟有尊处的实示知，弟始调度，否则此时恐若辈张皇摇惑人心也。木排用时须联合，先于南北两岸泊之，庶易合龙。其联络之法，必须询之老排工，而敝处不谙，亦求小秋观察密询各商客，重赏之下，必有勇夫，如应用锚犁桩橛，亦必先为筹备，庶用神速。弟以病手，近日心绪恶劣，字句草率，恕之。又及。

此函开口便言，“各夷皆羊犬之性，得寸思尺。诚如来示：断无人进一步，我退一步，退到无可复退，又将如何处之”。盖文肃之言，而刚直引申为犬羊之性，又称为“至论至理”也。此说自在情理中，古今自卫其家国者，无不责我之轻诺，而惧敌之婪求，故文肃、刚直所以忧国者不为谬。唯于此有三者，殆不可不先知。其一，当知退一步进一步者，乃弱昧之果而非其因，不自去其弱昧，虽切齿疾呼，终恐不能不退也。其二，是否各夷皆犬羊之性？而独我为礼义之邦？似宜痛自反省。第三，在光绪元二年以来，人人皆抱各夷犬羊之性得寸思尺之惧，而不肯如郭筠仙之所请“内自毖而引以为耻”。若寸尺寻丈之逼迫不已，六十年来，恐久已不存。而犹枵然得至今日，抑六十年后之士大夫智识，视六十年前进步几何，此则可为叹息也。刚直此书，忠愤之气溢于行间，即筠仙致李少荃《定伊犁事书》之将帅必主进取者。盖当时人议论虽绝不同，而谋国之忠，则贤者莫不相谅。刚直职在守江，不可退而拼死之义，自是正论，正与筠仙求所以御之之义，其轨则一。至刚直书中谋以木排御轮船之策，此属当时之见解，可不必置说矣。

一三〇　吴梅村述黄石斋逸事

前年销暑，数至棉鞋营之鉴园。鉴园者，吴鉴泉（学廉）所营，即《广雅堂诗》之寂园。广雅诗起云：“厥初一瓜庐，蕞尔青溪发。十年三过门，附益成名园。”拔可称此廿字殊佳，盖能纪实者。园临秦淮，在复成桥、大中桥之间，溪面最宽，近挹钟山，备得爽趣。园故多柳朱藤桃竹李梅杏，杂花数百树，蓊郁楼榭间，不见天日。及二十年大水，树木尽病死，然濒河拊槛，犹占溪山最胜处，不第宜于纳凉也。大中桥，本名大忠桥，以黄石斋尽命处得名。予前岁五月将尽，夜饮鉴园，归途月色甚美，赋二诗。其第二诗云：

青溪宜斜阳，龙尾翠峍屼。更宜良夜酒，酹此钟山月。

二桥盈且广，堤柳肖予髪。桥旁大忠亭，昔址久芜没。

永怀螭若翁，全节对残笏。结援走榑桑，延祀踵蛮粤。

沉酣文字海，睥睨生死窟。为之知不可，其志故勃勃。

哀哉吾乡彦，九畹谁衰歇。石城多阴雨，狐鼠付埋搰。

夜深莫悲歌，抗声动凄鹘。

即咏叹石斋也。石斋不特为一代完人，即其才艺亦后所罕睹。其论书予前曾甄录片段，箧中旧尚录清初某先生文集《记漳浦轶事》一文，甚奇崛可喜，录时忘其名，今复布之，于忆及出处者，幸以见告。文曰：

秋日过吴骏公先生，时伏枕语，次及漳浦，叹曰："吾登朝见诸名流，如钱牧斋、陈卧子、夏彝仲，才甚，可窥其迹，惟漳浦吾不能测。时在京邸，尝携榼四器迭饮，先生仅一童，常不糯，剧论深夕，或出白面一瓯，不加签也。室无长物，书才数帙。选宫僚，杨伯祥被命，上章推让，先生疏谢非其任。所注《洪范》四函，函各二帙，先正文夹注，字大如指，楮博八寸，修尺有二寸，并手书杂引经史百氏之言，条原析委，从空几上，三月办此，稿本亦雅洁，稍涂乙句字耳。既廷忤脱狱，谪江右，幕而南。吾适游西湖返棹，冯元飚赴少司马之命，同泊塘栖，忽传福建黄太史至，意为先生也，同舟道觅。果见小舫，幂以席，吾两人登其首，蹲席外，盖舟轻，不可伫足。少司马语其童以名，先生大喜，延谢橐饘，四拜讫，前被杖双股犹作楚。吾两人各坐一横木，先生坐板上，即寝处也。述近况四五语，即极言时事干济，忧危救倾，娓娓不止。吾两人欲少致慰藉，无可著语。

注《易》二帙，云得之羑里。蓬笼局蹐，见衹被外，砚一，笔三四，馀无毫纤。其童挹河水瀹茗。坐久之，绍兴司理陈卧子、湖州司理陈达情俱以门人至，独身入舟语，中夜而别。明日先生遗画相勖。今思之，廉直学行，著人耳目，元辅所不专望者，而先生自视直寻常人，无介词，无杰色。暇辄弈，吾不善弈，先生强之曰：'第随吾下子。'又能绘人物，善分书，遇山水，日策杖数十里不告疲，实未见其挟册洛诵也。闻微时缘树啖松实累日，父觅以归。编蓬为室，置天下书，穴通饮食，三年，出应试，戊午乙榜，天启辛酉联隽，意其学少年得力。噫！以朱云、耿育之戆，以京房、翼奉之奥，以仲舒、刘向之文，曾不得一端名之，殆神人也。"吴先生叙竟，起坐，曰："足下嘐嘐道古，如才学直节，兼至并诣，求之当前，曾几人哉？"予舌挢不能下，归书之烛下。

此是梅村口述石斋逸事，视世所传顾媚纵体入怀逸闻，尤新颖可喜。石斋生当乱世，而坚苦卓绝如此，观其对客便谈时事干济，忧危救倾，可知其意在救亡，故自言学书是第七八乘事。今所传忠端手迹，视为瑰宝者，正非忠端所自宝也。暇辄弈，且嬲人对弈，即是其休养自娱处。盖人生亦不能无以自乐，古人唯以棋消遣，所以活泼心机，今人但知赌与舞耳。鉴园近接河房，夏夜俯数灯船，有谈顾横波事者，因忆及石斋，辄录此文，以为谈助。

一三一　沈爱苍《哀馀皇》诗及引

沈文肃公本杭州人，迁闽凡五世。其字幼丹者，以尊人字丹林也，故文肃长子字丹孙。涛园，为乌石山文肃公祠园名，今世以属于文肃第四子爱苍先生[①]，以爱苍先生斥赀购故许友涛园，以祀其先，故人称之，其集亦署曰《涛园集》。集中有《哀馀皇》[②]一诗，盖为海军作，沉挚顿挫，歌以当哭矣。诗有引，今并录之。《哀馀皇引》云：

> 光绪乙亥，台湾番社事起，先子奉诏视师，勒兵相持数月。日人情见势绌，愿缴营垒军械，作价四十万元，就款。言路腾谤，以为纵敌，先子不为动。师旋，遵旨复陈练兵、筹饷、制械、储材、游学、持久六事，请饬各省合筹，每年四百万金，分解南北洋，计日治海军，期以十年成三大枝，彼时游学者亦艺成而归，制船驾船，不患无人矣。又恐缓不及事，请四百万尽解北洋，先成一军，再谋南洋。盖处心积虑，并日兼程，犹恐失之。嗣北洋徇言官之请，挪海军款济晋振，先子以为大憾，奏请前款仍分解南北，力疾遣学生出洋，监造镇远、定远二铁舰。而先子病遂不起，易箦前夕，命瑜庆就榻前，口授遗疏。先是，日本夷琉球为冲绳县。庶子王先谦疏请伐日本，廷旨饬议，未及复奏。至是，遂言"天下事多坏于因循，但纠因循之弊，至于卤莽，则其祸更烈于因循。日本自台湾归后，君臣上下，早作夜思，其意安在？不可谓非劲敌。而我之船械军实无改于前，冒昧一试，后悔方长。愿皇上以生安之质，躬困勉之学，所谓州来在吴，犹在楚也"。疏入，廷旨促办海军。合肥亦悟，北洋海军权舆于此。而出使大臣李凤苞请废船政，谓制船不如买船，

---

① 沈瑜庆，字爱苍，福建侯官（今福州）人。光绪举人，曾任山东聊城等县知事、贵州巡抚。入民国，曾任国务院总理钱能训秘书。工诗词，有《涛园集》。

② 馀皇，亦作艅艎，船名也。《左传》昭公十七年，"楚师继之，大败吴师，获其乘舟馀皇"。

而已私其居间之利。后希中旨者，又挪海军款办颐和园工程。甲申一挫，甲午再挫，统帅不能军，闽子弟从之，死亡殆尽。无更番之代，犄角之势，专一之权，以至于一蹶不可复振。淮楚贵人，居恒轩眉扼腕曰："闽将不可用，海军难办。"噫！真闽将之不可用耶？抑用闽将者之非其人耶？累累国殇，犹有鬼神，此焉可诬？而今日之淮楚陆军何如乎？是可哀矣！吴公子光曰："丧先王之乘舟，岂惟光之罪，众亦有焉。"长歌当哭，遂以《哀馀皇》名篇。

诗云：

城濮之兆报在郯，会稽已作姑苏地。
或思或纵势则悬，后事之师宜可记。
昔年东渡主伐谋，严部高垒穷措置。
情见势绌不战屈，转以持重腾清议。
铁船横海不敢忘，明耻教战陈六事。
军储四百饷南北，并力无功感尽瘁。
宋人告急譬鞭长，白面书生臣请试。
欲矫因循病卤莽，易箦谏书今在笥。
蓄艾遗言动九重，因以为功宜可嗣。
谁知一举罢珠崖，东败造舟无噍类。
行人之利致连樯，将作大匠成虚位。
子弟河山尽国殇，帅也不才以师弃。
即令淮楚尚冰炭，公卿有党终儿戏。
水犀说与张吾军，馀皇未还晨不寐。
州来在吴犹在楚，寝苦勿忘告军吏。

涛园此诗、引，俱可作史料。海军始议于同治五年丙寅，而六年丁卯，沈文肃以前江西巡抚丁艰居乡，为船政总理，涛园引中首及光绪元年乙亥中日台湾番社之役者，以明中日纠纷之端也。是役文肃不主战，而终许日和，当时谏官已腾谤，以为纵敌，已可见士议之糊涂。盖当年所谓兵船者，只有惠吉、万年清、湄云、伏波等自造船，不过十馀艘，最大者为船政局收买德国之帆船名建威，实不堪战。广东向英国订购之兵船名安澜，与船政自造大雅运船，皆在台湾安平旂后遭风沉没。台湾之役，日司令为西乡从道，带兵三千，由琅乔登岸，文肃以淮军七千人拒之，另调海关某洋员在澎湖操演海军，八阅月，事即了。元年，文肃调督两江。是年冬，文肃以船政法员日意格回国之便，派学生刘步蟾、林泰曾、魏瀚、陈兆翱、陈季同随赴英、法游历，并订办七百五十匹铁胁船一只，即后名威远者也。文肃遗折所言，“天下事多坏于因循，但纠因循而至于卤莽，则祸更烈”，其言十倍沉痛。观其下文数语，则甲申、甲午两役，无改于前，而冒昧一试，已悉在文肃料中。

又按晋省大饥，朝士议提海军款以济之，文肃大不以为然，贻书李合肥争之，谓“国家安危所系，葆桢老病不及见，必为我公异日之悔”。盖所见甚远，老成之言可为嗟念。涛园引中称：“统帅不能军，闽子弟从之。”指甲申之役，副将张成不谙兵法，勒令各船抛锚聚泊，法人递战书于张成，达之何如璋，何如璋秘而不宣。及甲午之役，定远、镇远两舰请购配克虏伯十生快炮十二尊，以备制敌，部议以孝钦太后六十祝嘏用款多，力不逮，驳之。及龚照屿等违命不守旅顺后路等事类也。两役闽人将弁殉难者近千人，甲申役中，福星管带陈英、林森、高胜云，甲午役中刘步蟾、林泰曾等死事尤壮烈，引中所谓“累累国殇，犹有鬼神，此焉可诬”也。呜呼！“州来在吴犹在楚，寝苫勿忘告军吏”，当时少数识者，犹相儆以忧勤惕厉之气象，今安在乎？夫以慈禧奢而悍，朝士之暗而骄，海军不亡于甲午，亦必全覆于庚子，殆无幸免之理。然左、沈诸贤高掌远蹠，积铢累寸之功，必不可没，记此以见秦非无人也。

一三二　严复与海军

严几道以同治十年辛未在船政毕业，被派至建威舰练习，南至星加坡、槟榔屿各口岸，光绪二年丙子，始派赴英国。今考《瘉壄堂诗集·送沈涛园备兵淮扬》四诗，第三诗云："尚忆垂髫十五时，一篇大孝论能奇。"下有自注云："同治丙寅，侯官文肃公开船厂招子弟肄业，试题《大孝终身慕父母》，不肖适丁外艰，成论数百言以进，公见之，置冠其曹。"据此几道以丙寅入学，如是则海军实际在丁卯前已成立矣。中表池滋铿君撰《海军大事记》，几道为作序，今节录之：

> 不佞年十有五，则应募为海军生。当是时马江船司空，草创未就，借城南定光寺为学舍，同学仅百人，学旁行书算，其中晨夜伊毗之声，与梵呗相答，距今五十馀年，当时同学略尽，屈指殆无一二存者。回首前尘，塔影山光，时犹呈现于吾梦寐间也。已而移居马江之后，学堂卒业，旋登建威帆船、扬武轮船为实习，北逾辽渤，东环日本，南暨马来、息叨、吕宋，中间又被檄赴台湾之背旂莱苏澳，咸与绘图以归。最后乃游英之海军大学，返国年廿七八。合肥李文忠公方治海军，设学于天津之东制造局，不佞于其中主督课者，前后二十年。庚子排外祸作，清朝群贵以祖宗三百年社稷为之孤注。迨城下盟成，水师

学堂去不复收。盖至是不佞与海军始告脱离，而年鬓亦垂垂老矣。军中将校，大率非同砚席，即吾生徒。甲申法越、甲午日韩之二役，海军学生为国死绥者殆半。（中略）顾三十年前，曾与总税务司赫德谈燕，赫告予曰："海军之于人国，犹树之有花，必其根干支条坚实繁茂，而与风日水土有相得之宜，而后花见焉，由花而实，树之年寿亦以弥长。今之贵国海军，其不满于吾子之意者众矣，然必当于根本求之，徒苛于海军，未见其益也。"今日政体虽异，然回思赫言，犹足使吾国民与当路者憬然于海军盛衰之故也，乃为牵连记之。

按赫德所告几道者，其言深切明著。盖国家一切根本，自在政治、教育，此而不良，海陆军何有焉？予前所谓海军不熸于甲午，亦必尽于庚子，当时中外有识者殆早知之矣。

一三三　陈迦陵与歌童徐紫云

散释前以心畬所摹《水绘图歌童徐紫云像》属题，为书二绝句云：

地老天荒一甲申，金瓯换得紫云身[①]。

可怜逋发慵眸际，只忆江淹传里人。

金台泪尽梦成痕，一镜华颠意尚温。

摹得轻衫天水碧，岂徒惆怅旧王孙。

按冒巢民征君家歌童紫云与陈迦陵一段公案，世所习知者，只"努力作藁砧模样"一词，及渔洋、芝麓诸诗，钮玉樵《觚賸》一记事

① 原注：郎以甲申生。

而已。近日鹤亭表扬先德，兼辑及《云郎小史》，始毕详其首尾。考玉樵所记云：

其年未遇时，游广陵，冒巢民延致梅花别墅。有童名紫云者，儇丽善歌，令其执役书堂。生一见神移，适墅梅盛开，生偕紫云徘徊于暗香疏影间。巢民见之，佯怒，缚紫云，将加以杖，生彷徨无计，得冒母片言方解。时薄暮，乃长跪门外，启门者曰："陈某有急，求太夫人发一玉音，非蒙许诺，某不起也。"因备言紫云事。顷之，青衣媪出曰："先生休矣，巢民遵奉母命，已不罪云郎，然必得先生咏梅绝句百首，成于今夕，仍送云郎侍左右也。"生大喜，摄衣而回，篝灯濡墨，苦吟达曙，百咏既就，亟书送巢民。巢民读之击节，笑遣云郎。

今按小史云：紫云姓徐，一字九青，又字曼殊。检讨初见征君时，为崇祯己卯，随定生先生应制南都，才十五岁，征君《哭陈太史》诗，所谓"见君刚覆发"也。至顺治丁酉，复于南都再见征君，始订水绘读书之约。以明年戊戌十一月七日至，恰适征君母马恭人生日。检讨《留别冒巢民先生》诗："忆我过如皋，太母正悬帨。"是为戊戌冬也。又云："阿云年十五，姣好立屏际。笑问客何方，横波漾清丽。"由戊戌逆推十五年，知紫云生于甲申矣。紫云既归检讨，随归宜兴，又曾随侍至京师，其后先检讨七年歿，盖康熙乙卯也。

小史又云：《云郎出浴图》，为五琅陈鹄画，横一尺五寸，纵七寸，云舄可三寸许，著水碧衫，支颐坐石上，右置洞箫一，逋发鬖鬖，脸际轻红，星眸慵睇，神情骀宕，若有所思。雍正间为吴青原所得，后以赠金标亭。乾隆间有一摹本，为罗两峰画，陈曼生手录题咏。原图归端午桥。两峰摹本，则余少时在番禺叶兰台师处见之云云。今日心畬所临写者，盖为鹤亭托人所摹罗本。原本为册页，今引为直幅。

图中树石之属，则心畬所增也。心畬为恭忠亲王之孙，名溥儒，鼎革之后，居戒坛十年，博学，工绘事，山水能兼南北宗之胜，松石人物并骎骎入古。今日江以南，恐舍大千、湖帆外，无能过之矣。

一三四　秦淮河与西湖灯船

金陵销夏，夙称秦淮灯船，其实今之秦淮，惟有复成桥侧一里许，差有胜趣，其余了不足观。凡谈游衍之乐者，必知虽小事亦皆系于史迹与地势之盛衰。南京名胜，六朝久成陈迹，南唐遗构，至南宋亦尽，故言南京者，当断自有明为始。而秦淮灯船，亦起于明。溯秦淮灯船之前身，则西湖灯船也。故从全部历史论之，秦淮灯船与西湖灯船，实为兴衰倚伏，互为消长。质言之，即宋与明之迭代也。

考湖船唐时已有之，极盛于宋。南宋之西湖画船，皆华严雅静，夸奇竞好。而都人密约幽期，会龙赛社，乃至贵游要人经营嘱托，大贾豪民买笑百金，无不在焉。日糜金钱无数，故杭谚有“销金锅儿”之号。其时湖中大小船只不下数百，大者约二十馀丈，可容百人，小者长数丈，可容二三十人，皆奇巧打造，雕栏栋，行运平稳，如坐平地。无论何时，常有游人赁假，舟中所须器物，一一毕备，但朝出登舟而饮，暮则径归，不劳馀力，惟支费钱耳。豪家富宅，多自造采莲船，用青布幕撑起，容一二客坐，装饰尤精致。更有贾秋壑府车船，船棚中无人撑驾，但用车辆脚踏而行，其速如飞。明时游船，比宋差小，而槛牖敞豁，便于倚眺。明黄玠诗有“湖水碧于玉，湖船深似家”之语。至清代，而大船抵宋之小船，所谓玻璃窗大船者，长可四五丈，有大红小呢门帘，其中铺设华丽，点缀精工，船中更包酒菜，另有伙食船只随傍而行。道光、咸丰间，西湖中最大之船，不过三四十只，其馀之船名撑摇儿，可容四五十人，此为搭船，自涌金门搭至圣因寺前，往回均钱五文，小划船客坐四五人，船价亦然。以后则船愈小，今日殆绝不见大船矣。南宋湖舫之盛，可证者，为《马哥波罗游记》卷二第七十七章，《行在大城再纪》，中有一节云：

> 在余所至之湖中，供游览用之大小游艇甚众，可载十人、十五人，有二十人不等，长十五步，至二十步，底平幅广，航行甚稳。有欲与妇女或朋辈同游者，可雇湖艇一艘，船中桌椅及其他筵宴应用之具一律齐备，篷顶平坦，舟人立其上，湖水深不过两步，是以一篙容与，任意东西。篷内及内部其他各处，俱绘以悦目之颜色，船窗圆形可以启闭，故湖船缓进时，游客亦可据案眺赏两岸景物也。游湖较陆行为胜，容与船上，全城在望，宫殿、寺院、园囿，以及陂陀间参天乔木，秀丽风物，俱入眼底。而市民一日之事既毕，午后辄约家中妇女，或平康女子，或则泛舟湖上，玩此美景，或则驰车城中，游目六街繁华。

可见当时湖舫之声势。至秦淮灯船，则恰盛于明，西湖船渐以小，秦淮船渐以大。明末，杜于皇作《秦淮灯船歌》，传诵一时，令人想见明季河舫之盛。张岱《陶庵梦忆》云："秦淮河河房，便寓，便交际，便淫冶。房直甚贵，而寓之者无虚日。画船箫鼓，去去来来，周折其间。河房之外，家有露台绮疏，竹帘纱幔，夏月浴罢，露台杂坐，两岸鼓中，茉莉风起，动儿女香甚。女客团扇轻纨，缓鬓倾髻，软媚著人。年年端午，京城士女，填溢看之。好事者集小篷船百十艇，篷上挂羊角灯如联珠，船首尾相衔，有连至十馀艇者，船如烛龙火蜃，屈曲连蜷，蟠委旋折，水火激射。"

戴名世《忧庵集》云："秦淮五月之灯船最擅名，余往见词人之诗歌乐府，所以称美之者甚至。及侨寓秦淮数载，常得见之，然亦无奇者。其船或十馀，少亦有四五，船之两旁，各悬琉璃灯数十，灯或皆一色，船尾置一大鼓，船顶露以白绢，船中凡一二十人两旁列坐，各执丝竹奏之，鼓人击鼓节之。凉棚者，秦淮小舟之名也。是时凉棚无算，来游观者，各集宾客数人赁凉棚，饮酒，随灯船上下。两岸河房皆张灯，帘栊纱窗之间，红妆隐跃。此沿古时承平之习，父老谓其衰减于曩日，已不啻数倍矣。"

曾文正于同治初，力谋恢复河舫之盛，尝自乘画船缀灯八十馀盏，商民灯多者，亦与相若，见《求阙斋日记》。自文正督两江以来，迄前清末年，流风馀韵，犹及于民国十四五年。此五十年间，秦淮灯船皆略可观，连舻如山，歌呼行炙，皆在大船，实非行舟，乃水上架屋也。近十年来，淘汰略尽矣。回观西湖艇子亦日小，盖此十年当另画入一时期，而宋与明西湖与秦淮旧式游宴之乐，当以清亡为一结束关键。匪唯湖与淮之灯船，一切旧事物，莫不以此时为结束关键也。

一三五　甲午战后张之洞往来电稿十二通

近见有谈翁、李之隙者，缅然可观。此自为甲午至戊戌之间一大公案，直关士气与国运之兴衰，非止谈掌故也。予前述常熟与南皮之隙，南皮至于终身憾之。然常熟之扼合肥，其时南皮亦未尝援李以抑翁。相传辛丑和约时，南皮尝力争，合肥诮之曰："香涛作官数十年，犹是书生之见耳。"语为南皮所闻，忿然曰："少荃议和二三次，遂以前辈自居乎？"时人以此二十八字匹俦天成，传为绝对。今日姑不论李张两语，孰为中肯。先考中日战后立于翁李之外，别立一帜之张文襄，尔时究何所主张。拔可尊人次玉先生，甲午之役适在南皮两江幕府任文案，涛园先生则总文案也。拔可家藏其先人手录尔时南皮与各方面往来密电一帙，及今观之，俱为掌故，而翔实珍秘，又为官中所或阙者。其时南皮所自命之干济，于兹具见。亟假录其中密电数通，借以为平亭兹事之助。李册中一电为天津胡云楣[①]致其弟芸台电，旁注：四月初四日到。按此乙未四月也。电云：

和议现待许使复电，夔帅虽奉廷寄，昨到唐山与刘帅会议，大致以外事纷起，未曾道及战事确有把握否？若一经毁约，盛燕两京，能保得住否？请两帅一决。明系难题目，津帅已逊谢不遑，刘帅曾翻案，颇难自圆其说，香帅电奏底稿，痛切已极。兄于二十日亦上禀商办，军务处不置可否，枢译一无担当，时事难望转机，可叹。棻顿首。

二电为台抚唐来电，初六日到。按此台湾巡抚唐薇卿景崧也。电云：

来示法愿阻台，若奏入，恐入间不肯商办。此时闻俄阻辽，已大慰，谁复顾台？乞公速电王星使，密告法、俄、德，一并阻台，不然恐台为英得。倭得台，三国不措意；英得台，则权势偏重，俄、法必忌，故须使三国知之。盖归人保护，不如为人阻止之为妙。且英未必真允保护，仍无补于大局。批约不知展限否，公有闻，祈示。景崧。

---

① 胡燏棻，字芸楣、云楣，安徽泗州人。同治进士。历官庶吉士、天津道、广西按察使。甲午之战，调驻天津办理东征粮台。旋在小站主持新式练兵（定武军）。主张变法。调任芦津铁路督办。授顺天府尹、总署大臣、会办关内外铁路。历刑、礼、邮部侍郎。

三电为唐抚又电，初七到。电云：

顷粤抚转示北洋电，称内外力争，上意动，将废约。十四日后，畿辅可危云。际此一线转机，崧又历陈割地之非。台未失而割，各国将援而索地，尤不可。京师之重，重在皇上，巡幸而出，彼无恫喝，必不力攻，即所以保京师。公言较重，及此回天，一鬆将恐必有变矣。崧叩。

四电为天津侦探委员汪乔年来电，初八到。电云：

和议事，廷臣交劾。上问计岘帅，复奏，有三战必克语。现上意不允和。乔年禀。

五电为南皮致巴黎王钦差，初八丑发。电云：

接总署初七来电，奉旨，张之洞电奏等因，请即遵旨，速赴外部切恳法力阻倭占台湾，相机筹商。昨接阁下冬、江两电，均照录电奏。并请旨即派阁下切托外部，力阻倭占台辽，并探其所欲，许以厚谢。一面暂宕，力托各国展限换约等语。并将台抚电称台民将变，现已聚众哄抚署，戕中军，欲劫留唐抚及军械，割地各激变各情形沥奏。此次奉旨内将来电所言各节商办等语，自系包括恳阻台、恐民变、探所欲许厚谢、托展限四层在内。所谓切实商办者，必须肯用兵力胁倭，方为切实。祈速商速复。闻上意已动，将废约。结援尤要，若翻约而无援，则更可危矣。之洞。

六电为各督抚联衔电。电云：

奏云传闻十四日烟台换约，此举一定，实关大局安危。各国现正商办，有已有办法者，有未得确音者，但有强国出为排解，总可挽回几分。伏恳宸衷务加审慎，迅饬总署使臣，力恳各国切商倭人，展限数旬，停战议约，以便详加斟酌。纵容数旬，各国必有真实情形，彼此交忌，必然相争，庶可因时变通，相机补救。此时恳各国助战则难，恳各国展期则易。若仓卒换约，各国皆归责于我，岂不多树数敌？铸成大错，悔不可追。谨合词吁请，惶悚迫切，请代奏。之洞、宝泉、继洵、德馨、秉衡、景崧、联桂。

按此两江张之洞、闽浙边宝泉、鄂抚谭继洵、赣抚德馨、鲁抚李秉衡、台抚唐景崧、桂抚张联桂合奏者。七电为使法王钦差来电，十三到。按是王之春。电云：

奉旨后偕龚赴外部，据云舆地归不便居功，现虽连合西班牙，正议保台，闻新约批准以后难办云。业已电署请旨，再筹办法。前庚电包括四事，龚不令翻译，言意藉推卸，殊与上不忍弃置台民之意不合。生灵百万，系在我师一人，祈商台抚仍亦激变情形设法，则法可著手，乞转唐。再，事急矣，外部所欲拟即预筹，或可补救，一面令庆开导，乞示遵之。春叩。

八为武昌谭护督来电，十四未刻到。电云：

蒸电悉。审公联衔电奏，展期换约，深中鄙意。顷恽道得其弟祖祁电称，曾奏上动宸听，和约展期，俄法均助我云云，大局冀可挽回。惟念彼所挟者，逼处燕京，必有以破其所挟，庶无他虑。西幸虽经敝处陈及，前接公电，亦云非定计西幸不可。此时若得公会同各疆臣合词吁请，则上意可坚，大局幸甚。展期一节，如未得有确音，可否一再联衔电陈，仍祈卓裁。继洵。

九电为南皮致巴黎龚钦差、王钦差，十三发。按龚为心铭。电云：

急。俄已争回全辽，望见法外部，激切与言，英船已有在台者，若稍迟，则法落后著矣。洞。

十电为天津汪乔年来电，十五申到。电云：

今日烟台换约，中日使者已集，本早俄、德、法驻使臣突告总署，俄廷已与倭言，勿得取奉天地，换约日期可展缓七天等语。相传电伍联转告伊东，候旨再换。伊东忿欲立时回国，伍电相复奏，午后奉旨赶紧互换。顷伊藤来电，又云照议暂停换约，经相电奏，未奉旨。现倭船均回国，俄舰六、法舰、德舰均在烟台。又访闻俄要奉天，法要台湾，德谓赔款，有向该国息借等因，似此纷纷，干戈未已，奈何？乔年禀。

十一电为湖北谭制台〔护督〕来电，十七未到。电云：

铣电，知展期将已办妥，乃为伊东恫愒迫挟，功败垂成，真堪恨叹。公卓见有何斡旋之法？俄、法、德各国，闻日来有动作否？湘省士民公愤，无不愿出死力争之，其如铸成大错何？继洵。

十二电为台抚来电，十七戌到。电云：

法轮无论到否，台民决不让台。请派员入都叩阍，固无聊之想，亦应有之义。兹派姚道文栋入都。窃思公既统筹全局，姚道应否趋谒，请援机关，再行北上，抑毋庸谒？乞示。崧。

此十二电，乃予从李册中百十电间摘录而得。观此自可知当时南皮所以自命翘然于翁李之外者，乃为阻止签订和约俾得运动法人，阻日得台而已。此事从今日论之，其策良楛，固不值剖析。而可慨叹者，吾国彼时外交方针，已不知求己，但思求人。观胡芸楣电，可知彼时枢译（即军机处、总理衙门之简称）之全不肯担当责任，刘坤一主战，而胡电称不能自圆其说，其言“三战必克”，亦是不可不有此言耳。唐薇卿号称力守台湾，其后自称伯理玺天德，而观其电，亦不过主以台与英与法。其他满腔叹恨，而不能有办法者更不必说。盈廷之讼，其势仍不能不取决于合肥。夫战败而不欲和，事势固不可得；言和则又诋为卖国，合肥之处境亦太窘矣。即此观之，南皮之主张亦已昭然，其所以有异于“书生之见”者，又安在耶？

一三六　宋虞廷论和战宜先有自治之策

南皮之诮合肥，以议和；常熟之与合肥争，亦以和战主张不同之故。细考之亦有不同，南皮之忿然作色，乃恨合肥藐视之；而常熟则蓄意与合肥立异，欲以主战相窘，此沈文肃所谓纠因循之弊而至于卤莽也。盖欲言战，必须夙夜经营，如文肃之初创海军时之深识，否则不自揣其力量，未有不以国家为孤注者。唯古今弱国，自处于和战最难。人有恒言，宁为玉碎，勿为瓦全，此盖为个人而发，所谓南八男儿，死则死耳。若秉国成者，似未可以国为玉斗，撞碎以泄愤。而此等军国大事，大半各有理由，各有长短，言于廷者，笔于书者，一及此事，师友也，恩怨也，门户也，无不借此以扬其焰，可以亘百十年争诘不休。例如，南宋亡千年矣，而宋与金之和战，时人犹有引以为辩者。予尝读长洲宋虞廷[①]《乐府馀论》，中有一则，窃以为可谓天下之公言，不特可释宋人之争，并可借作翁李之隙下一定论。虽言词章，实可通于治理。《乐府馀论》云：

---

① 宋翔凤，字虞廷，江苏苏州人，嘉庆举人。官至湖南宝庆府同知。母庄氏为常州人，故翔凤习今文学家法。淹贯群籍，兼工诗词，有《过庭录》、《忆山堂诗录》、《浮溪精舍词》、《乐府馀论》等。

南宋词人系情旧京，凡言归路，言家山，言故国，皆恨中原隔绝，此周公谨氏《绝妙好词》所由选也。公谨生宋之末造，见韩侂胄函首，知恢复非易言，故所选以张于湖为首，以于湖不附和议，而早知恢复之难，不似辛稼轩辈率意轻言，后复自悔也。《宋史·张孝祥传》曰："渡江初，大议惟和战，张浚主复仇，汤思退主秦桧之说，力主和。孝祥出入二人之门，而两持其说，议者惜之。"按孝祥登第，思退为考官，然以策不攻程氏专门之学，高宗亲擢为第一，则非为思退所知也。本传又言，张浚自蜀还朝，荐孝祥赴行在。孝祥既素为汤思退所知，及受浚荐，思退不悦。孝祥入对，乃陈二相当同心戮力，以副陛下恢复之志，且靖康以来，惟和战两言，遗无穷祸，要先立自治之策以应之。复言用才之路太狭，乞博采识度之士，以备缓急之用。上嘉之。按大臣异论，人材路塞，俱非朝廷所以自治，孝祥所陈，可谓知恢复之本计也。传乃谓两持其说，何见之浅也。故北宋之初，未尝不和，由自治有策。南宋之末，未尝不言战，以自治无策。于湖[念奴娇]词云"悠然心会，妙处难与君说"，亦惜朝廷难与畅陈此理也。《庆元党禁》云，嘉泰四年辛弃疾入见，陈用兵之利，乞付之元老大臣，侂胄大喜，遂决意开边。则稼轩先以韩为可倚，后有《书江西造口壁》一词。《鹤林玉露》言"山深闻鹧鸪"之句，谓恢复之事行不得也，则固悔其轻言。然稼轩之情，可谓忠义激发矣。如韩者，欲以蚊负山，而致倾覆。玉津之事，不闻兴公义之悲者，以其本心人，不学无术，乃以国事付之，其丧败又何足惜哉？

此节中所谓"北宋之初，未尝不和，由自治有策。南宋之末，未

尝不言战，以自治无策”，此即最扼要最持平之论。尤以“二相当同心戮力，以副陛下恢复之志”二语，张于湖之特识，千古皎然！盖大家若不同心戮力，则借和战二字，可以遗下无穷祸根。罗氏更深言，“不学无术，乃以国事付之，其丧败又何足惜”，其扬抑之处，亦至切至当。惜乎松禅老人读词不熟，昧于乡先生之绪论，不为清廷立自治之策，而徒以觝排合肥为能事也。

一三七 《闻尘偶记》有关甲午二事

割台之议，当时士大夫反对至烈，各种议论皆有之。文芸阁《闻尘偶记》中，有二小节皆关甲午事，其一云：“弃台之议，定于甲午，不待使者既行，而已知之，特昧者尚不信耳。汉弃珠崖，岂容后人藉口乎？”

其二云：“戊子、己丑以来，京师爱着薄底靴，达官贵人尤尚之，其名曰‘跑得快’。至甲午之乱，满城迁避，为之一空，竟符其谶，此服妖也。”

芸阁当时自为反对合肥者，故言弃台定于甲午，意若谓与日人夙有默契，此说羌无实据，恐未必然。而当时自有此一种传说，则无可疑也。“跑得快”之谶，与宋人说部之“错到底”，若出一辙。国人喜言服妖、童谣之说，以隐指时事，其实此谶，何止应于甲午乎？

一三八 清代高官宠信妖僧

夏日偶翻《茗柯集》目，见有《书山东河工事》一文，初以为言治河者。今岁，河大水为灾，亟索得之，乃书和尚太守事者，与舒铁云[①]《瓶水斋集》之歌诗可相表里。茗柯文云：

嘉庆二年，河决曹州，山东巡抚伊江阿临塞之。伊江阿好佛，其客王先生者，故僧也，曰明心，聚徒京师之广慧寺，诖误士大夫，有司杖而逐之，蓄发养妻子。伊江阿师事之谨。王先生入则以佛家言耸惑巡抚，出则招纳权贿，倾动州县。官吏之奔走巡抚者，争事王先生，河工调发薪刍、夫役之官，非王先生言，不用也。不称意，张目曰："奴敢尔，吾撤汝矣。"其横如此。内阁侍读学士蒋予蒲，王先生广慧寺之徒也，以母忧去官，游于山东，伊江阿延之幕中，相得甚，奏请留视河工，有旨许之。巡抚择良日，筑坛于公馆之左，僧、道士绕坛诵经者数十人，巡抚日再至，蒋学士、王先生从。及坛，蒋学士北面拜，巡抚亦北面拜，王先生冠毗卢冠，加沙偏袒，升坛坐，学士、巡抚立坛下，诵经毕，乃去，如是者数月。河屡塞，辄复决。其明年正月，王先生曰："堤所以不固，是其下有孽龙，吾以法镇之，某日当合龙，速具埽。"巡抚曰："诺。"先期一日，埽具，役夫数百人维埽以须。巡抚至，王先生佛衣冠，手铁长数寸，临决处，呗音诵经咒良久，投铁于河，又诵又投，三投，举手贺曰："龙镇矣。"巡抚合掌曰："如先生言。"明日水大甚，巡抚命下埽，众皆谏，不许，埽下，数百人皆死。居数日，王先生又至，投铁者又三，埽又下，死者又数百人，堤卒不合。张惠言曰：余居江南，辄闻山东河工事，未审。及来京师，杂询之，多目击者。呜呼！佛氏之

① 舒位，字立人，号铁云。顺天大兴人。学者。其经历详《清史列传》与[美]恒慕义《清代名人传略》。

中人至此极者，书其事使来者有所儆焉。

文止此。皋文下有附跋云：“王先生既蓄发，名树勋，以资入待选通判。本扬州人，或曰常州之宜兴人。当其为僧时，故有妻子也。僧号嘿然者，亦其未为僧时号。伊江阿谪戍伊犁，王先生送之戍所，闻其将归谒选云。”皋文此文，嫉之甚矣，而言之不详。度文成时，树勋尚未败。

按北京之广慧寺僧，声气最广，明心为僧，喜赂贵人阍者，刺探阴私，于大庭扬之。翰苑达官列其门下者无算，高安朱文正，亦折节下之。于是以一缁衣，挟气干事，不意为和珅所忌，摭事下之狱。明心以重金赂刑部司官吉伦，议罪末减，勒令蓄发还俗，树勋遂流落江湖间。茗柯此文，殆即言此时事也。后值川楚教匪起，松筠督师武昌，树勋遂走谒之。既相见，树勋语多中意旨，松乃命易服为道士装，留军中。会有某寨踞险以守，闻松率大军至，将就降，树勋乘间说往使受抚，引为己功，松遂奖以官。然犹惧前狱之未竟也，领虚职而已。逾数年，狱事渐寝，树勋亦以积功官知府，补襄阳。清制，知府补官，须引见，树勋始再入京师，虽旧知者，不知其即广慧寺僧也。而树勋仍纵恣，自言通于医，裘马赫奕，日驱车于权要之门。刑部尚书金光悌有子病剧，延树勋往治。金本贪媢，树勋廉知其事，又出其故技以祸福相怵，金骇然，至长跪请命。其事既闻于外，树勋复大言以实之，都市之间，哗传以为笑谈。御史石承藻乃奏劾之，连前狱，讯之得实，因褫职遣戍黑龙江。金以先死得免。其他因案牵涉者，黜降有差。按皋文殁于嘉庆七年壬戌，而王树勋之败，在嘉庆十六七年，此文亦可谓见微烛隐矣。

一三九　曾劼刚《中国先睡后醒论》

曾劼刚辈行后于郭筠仙，而奉使欧洲，实与筠仙同时。筠仙以通晓洋务自负，亦负天下重谤，劼刚则赖有其老世丈先任其谤，得以差全其名，抑亦文正公之门荫也。然文正公以再造元勋，而办理天津教案，受上下之陵轹诋毁，几于不能自存，匪唯弱国外交之不易办，而吾国士大夫愚暗忮刻，好借外患以倾其所仇，尤不乐成全人之有丰功令名，病之中于民族生心害政者至深，更于此等处可见。劼刚之绩略行事，具见其本集暨其日记中，尚有《中国先睡后醒论》一文，乃以英文刊于西报，劼刚使英时所作，当时传诵欧洲，而文集中不载之。光绪初年，沪上有颜咏经与袁竹一译为中文，惜其文字拖沓，为八股所累，词不达意。今夏宾客得之以遗予，绎阅再三，审其为国家宣传之作，即表示尔时之外交方针，其最扼要一段云：

> 窃以天下所经历之灾难固属不少，然一国之难，惟一国自知其从来，而自能专主。大凡国家遇有灾难，固须承当，苟能随时措置，更能遇机会而即取为用，则大幸矣。中国目前所最应整顿者如下数事：一、善处寄居外国之华民。一、申明中国统属藩国之权。一、重修和约，以合堂堂中国之国体。夫寄居外国之华民，屡受凌侮，非独致辱于外邦，兼且遗笑于中国。盖中国不恤其民，致受此困，近日已简钦使查阅情节，据实回奏，望诸国曲体中朝顾恤其民之意，嗣后一例宽待。宽待华民，不特合乎万国公法，亦合乎以善待人之道。至中国管辖藩属，法本妥善，乃近日西洲每垂涎亚洲以至藩属之事，西国屡有违言，而中国已失外藩数国，今决欲鉴察藩国之所为，不任

其私自专主，并且设法照顾保护，俾馀国不被侵蚀。现已钦派大臣往高丽、西藏、新疆经理其事（原文如此。本书第一五八篇《曾劼刚之国家意识》已自我纠正其误说。——整理者），藉以维持大局，后有侵夺该藩属土地或有干预其内政者，中国必视此国为欲与我弃玉帛而事干戈矣。凡国之败于敌，其败易忘，败后另生之牵制及一切遗害则难忘。譬人身受杖击，其痛易忘，被带常常扎紧而所受之痛则难忘。中国道光年间一战之夙怨，久已消释，至战后所立和约未能平允，则其怨难消。盖所立之和约，系中国勉强设立，中间有伤自主之体统，今不能不设法改订。比如咸丰六年间欧洲诸大国与俄国订立和约，其中黑海一条碍俄之体统，随于同治十年在伦敦商酌废去。中国亦必如是。所云有伤体统即通商各口租界一条，暨今不及备载诸事，若此者，却夺中国地主之权，不能置之不问。今拟于第三次十年换约之期，将此数条废去重立，以免后患。夫他国已有似此而贻后患者，即埃及国可证，盖该国事权概在他国之掌握，而地主转难闻问也。窃以更改此条或有难处，中国亦非不知，然此次决当力任其难，以免将来或任更难之事。亚洲之诸国，彼此常存嫉妒，甚有过于欧洲之忌亚洲者。亚洲诸国有同患之情，不应嫉心相视，自宜协力同心，务将与西国一切交接，基于国谊而立之国约，非基于败衄而立之和约。以上所云三事，中国决派钦使分诣诸国往复妥议，必不隐忍不问。第事体重大，其整顿也自不免多延时日，然此一世界，固非将近终穷，太阳又非行尽轨道之圈数，为时尚永，中国尽为国之职分，正可以暇日行之，而无事亟迫也。

原文至此终。兹所节者为最后一段，其所云三事换今日常见之名词言之：一、中国绝对保护外人生命财产，各国亦宜平等保护华侨。二、中国对于各属地边境有绝对之治权及宗主权。三、废除不平等条约是也。文首述外人疑中国将亡，实则中国乃暂时之鼾睡，今且已醒，于是引李合肥经营海军及恭王辅政为证，此即代表一国者应有之声明。盖尔时出使各国者，除郭、曾数人外，皆阘茸无识，遗矢于床、唾痰于案之辈，并此文亦不知作也。嗣有南海何启、三水胡礼垣二人，以曾论过于侧重外交，不言亟革内政，以为本末倒置，为文数千言书后，其说亦甚通，且颇具革命思想。但不知劼刚尔时之地位及外交官应有之词令耳。然观文中，劼刚所注意者，为高丽、新疆、西藏。且云："亚洲之诸国彼此常存嫉妒，甚有过于欧洲之忌亚洲者，亚洲诸国有同患之情，不应嫉心相视。"其注重之方隅，今日舆图或变色而尚不止；或名存而实若亡；其所忧相嫉之邦，今日已俨为寇仇，不自忏改，行为世界燎原之焰，则劼刚外交之识力，固自不亚于玉池老人也。

一四〇　今昔物价

物价涨落，吾国向无专书，近人治经济学者日多，数见杂志报章，钩稽前此某时代之物价，以供言社会经济及财政学者之旁证。兹事颇难，以须从典志及笔记家书下暨小说中求之，古人羞言市物之价，且视为末务也。史书只纪治乱，但举米或肉至贵或至贱者而言，文最简约。元以后稍稍易考，然尚当从法令旁求反证而后得之，例如《元婚礼贡举考·至元聘礼》云："至元八年二月据中书省奏定民间嫁娶婚姻聘财等事，仰遍行诸路照会一体施行。婚姻聘财表里头面诸物在内，并以宝钞为财，以财畜折充者，德君和同不拘此例，品官一品二品五百贯，三品四百贯，四品五品三百贯，六品七品二百贯，八品九品一百二十贯，庶人上户一百贯，中户五十贯，下户三十贯。筵会高下男家为主，品官不过四味，庶人上户中户不过三味，下户不过二味。”

观此可知元代以法令规定嫁娶用度，其限制之严可想，官民尊卑悬绝又可想。其云一二品五百贯者，实际必不止此，其云下户三十贯者，时或不及，然可见彼时生活之约略标准。此犹晚清《勒方锜家书》中云：“曾文正公有四女二子，子娶妇只许用百金，女出嫁只许用二百金。任两江总督时，封侯拜相矣，嫁第四女亦不多用一金也。”可见同治初，嫁娶限以一二百金为用者，虽俭决非不中礼，亦可约略知尔时生活之标准；盖若近日之物价，以相国总督之地位，儿娶妇用金百为不可能也。明人喜为小品文字，故述物价时渐多，如陈舜系《乱离见闻录》曰：“予生万历四十六年，时丁升平，四方乐利，又家海内鱼米之乡，斗米钱二十文，鱼钱一二，槟榔十颗钱二文，柴十束钱一文，斤肉只鸭钱六七文，斗盐三百文。”此则缕述物价，然犹限于日用。至述婚嫁筵席者，如《益都县志》有明知县赵行志《崇俭约规》一篇云：“今约：凡大小会皆二位一桌，每桌前冬春饼子四盒，夏秋果四碗，菜碟四个，案碟四个。大会肉菜九碗，面饭二道，米饭二道。小会肉菜五碗，面饭二道，米饭一道。每桌攒盒一个，每格上用一品，此外小饭小碗与夫燕窝、天花、羊肚、猴头、鹅、鸭俱不用。家中即有馀蓄，亦不许多加一碗，以防渐增。家人一汤一饭但饱而止，或每家人折钱十文亦可。惟官席远客方设独桌，果肴各加五品，其看席五牲之类，俱不必用。若闲常偶会，每桌四人，四面攒坐，即八人攒坐亦可，小菜四碟，每人米面饭各一器。”

清初龚炜《巢林笔谈》：“清河与太原联姻，两家皆贵而赡，其记顺治三年嫁费，会亲十席六色，付庖银五钱七分。盖其时兑钱一千，只须银四钱一分耳，而猪羊鸡鸭甚贱，准以今之钱价，斤不过一二分有奇，他物称是，席之所以易办也。”则详叙食物之价，并说明筵席品数，虽甚俭，而视元时止许二三味，已觉有进无损。唯龚记称银四钱一分，易制钱一千，则并及币价。顾此只是清初币值，至乾隆中叶，约当己丑、庚寅间，则钱价已涨，此可从汪辉祖《病榻梦痕录》[1]述钱币一段中见之。汪时居浙。原文云：

读邸钞，京师每小钱五文，直制钱一文，盖于行使之间寓禁止之权，浙省尚未通行。官非不禁，而民间小钱愈炽，每番银一元直制钱一千七八九十文，市肆交易竟有作一千一百三四十至七八十者，杭州尤甚，银价因之日减。盖钱肆易钱，价无一定，自鹅眼以至制钱凡数等，杂小钱者曰时钱，其稍净者曰乡货钱，纯制钱者曰典钱，以银易钱，相钱议价。钱既参错，用者不便，乃计所易之钱折受番银，故番银之价昂于库银。余年四十几以前，尚无番银之名，有商人自闽粤携回者号称洋钱，市中不甚行也。唯聘婚者取其饰观，酌用无多，价略与市银相等，今钱法不能尽一，而使番银之用广于库银，小钱之利数倍制钱，不知其流安极。番银又称洋钱，名亦不一，曰双柱，曰倭婆，曰三工，曰四工，曰小洁，曰小花，曰大戳，曰烂版，曰苏版，价亦大有低昂，作伪滋起。甚至物所罕见，辄以洋名，陶之

---

① 汪辉祖，字焕曾，号龙庄、归庐，浙江萧山人。充刑名师爷三十四年。乾隆乙卯进士后，任湖南宁远知县，署道州，遭诋夺职。返乡，从事学术。著《佐治药言》、《学治臆说》（述为官之道）。又著《史姓韵编》、《九史同姓名略》、《辽金元三史同姓名录》、《元史本证》、《双节堂庸训》及其死后由其诸子补写之《病榻梦痕馀录》。后由张曜合编为《汪龙庄先生遗书》刊世。

铜胎为洋瓷，髹之填金者为洋漆，松之针小木矮者为洋松，菊之瓣大色黑者为洋菊，以及洋罽、洋锦、洋绮、洋布、洋铜、洋米之类，不可偻指，其价皆视直省土产较昂，毋亦郑声乱雅之弊欤？

汪此文，兑之称其服饰及钱币之变迁最有价值，予读之信然。惟番银入中国甚早，所谓“文为人头，幕为骑马，文为王面，幕为夫人面”，已见《汉书·西域传》。而《后汉书·西域传》，已称“大秦国以金银为钱，银钱十当金钱一”。盖罗马之金币，以及希腊之银钱，当时已由大夏传入中国，至今山西尚有窖藏当时亚力山大东征时之银币，可知尔时流行有相当之广远。至墨西哥之银元等入广东亦甚早。宋代广州番舶司，虽有输入金银币，折直以外，以玩好视之。明马欢《瀛涯胜览》谓，蕃人殷富者多，其买卖交易，皆用中国历代铜钱。马书殆指南洋之荷兰或西班牙人，当时犹以铜钱为主；迨明季及顺、康间，粤中通商，已反客为主，多用番银，至乾隆中则侵入内地矣。汪文中述年四十以前尚无番银者，乃康熙、雍正间番银尚未遍行江浙也。当时物价仍以铜钱为本位，如周荇农《思益堂日札》[①]云：

嘉庆时，民间宴客用四冰盘、两碗，称极腆，惟婚典则用一碗蛏干席。道光四五年间，改用海参席，八九年间，加四小碗果菜十二盘。如古所谓饾饤者，虽宴常客亦用之。后更改用鱼翅席，小碗者八，盘者十六，无所谓冰盘者矣。近年更有用燕窝席，三汤四割，较官馔尤精腆者，春酌设彩觞宴客席更丰，

① 周寿昌，字应甫、荇农，晚号自庵。湖南长沙人。道光进士。累官至内阁学士。与曾国藩交密。能诗词，善散文，于金石史注、画理医药，皆有所见。著《思益堂诗文集》、《思益堂日札》。

一日糜费率二十万钱。诸旧家知事体者尚不然。

周所谓二十万钱，咸丰两〔初〕年湘中钱价，即市上所谓二百吊钱。彼时合银约百馀两，合番银亦百七八十元。所谓彩觞，即演戏，闻叔章言，咸丰初年湘之演戏，约须六十吊钱。若以今时之二百吊折合现洋，则不过五六十元，此则钱价之日落，而未可据为标准也。周所举为素封之日趋于侈者。其自率俭且述家常状态者，可举者，如郭筠仙《自序》云：

自少贫贱，常刻苦自励，衣服饮食不敢逾量。(**中略**)馆辰州，鳝鱼斤三十文，兼为去刺，仆人以十五钱购得鳝丝半斤，食而甘之，遂告仆人："以后勿复为此。"答曰："此其价极廉。"予曰："诚然，然于义有三不可。湘阴鳝鱼贵于肉价，时父母具在，每食必具肉而鳝鱼岁不过一再食，而未有去骨者，我一人之享用，何为独优？顷食此为增内疚，其不可一也。"(**下略**)

观此可知道、咸间湘西鳝鱼价，又可知肉价，斤尚不及三十文也。

近年记物价者，如筠连曾小鲁之尊人次乾先生，有宣统辛亥与民国十四年乙丑之物价佣资比较表一篇，乃专较论此事者。文曰：

昔者辛亥也，今者乙丑九月也，皆以制钱计，铜币一枚合制钱十文。物价之以升计者，米昔六十今六百，苞谷昔三十今四百。以斤(**凡斤皆十六两**)计者，面昔二三十今四百，园麻昔七八十今九百，煤昔一文零一二今八，块昔六十今六百，火酒(**苞谷所酿**)昔四十今七百，桐油昔五十今六百，菜油昔七八十今五百，麦醋昔上等三文，普通一二文，蓰椒昔七八十今六七百(**七星椒一千文**)，红糖昔三四十今五百，糖霜昔八九十今一千，牛肉昔四十八今四百四十，猪肉，曰和身滚昔七十四，曰净肉今七百四十，曰带头今六百四十，鸡昔四十八今六百。以二斤作一斤计者，猪蹄猪头依猪肉价。锄及其他铁器昔九百今一千二百。以两计者，猪油昔一百二十今一千，芝麻油昔十五六今一百四五十，毛尖茶昔五六十今一百五六十，鸦片昔一千四五百今一千七八百，旱烟出金堂什方者昔二百今二千四百，出本县者昔七八十今八九百，水烟（重八钱）昔十六今一百。以件计者，白布（重二十四两）昔七百今七千，猪肠肝猪肚肺昔三百或不及，今依猪肉价，猪脑昔十六今四十，鸭昔一二百今一千，鸡蛋昔四今四十，皮蛋昔十今九十。以二件作一件计者，猪腰昔二十四今二百四十。以数限计若小葱昔五六根一文今三根二文，蒜苗昔二三根一文今一根五六文。以担计者昔三文，今县城中央二十六七远四五十。（以上物价）工资之以月计者，耕种昔八九百今七八千，女佣昔七八百今二千（若计日今二百文）。以日计者，缝工昔八十今九百，女缝工昔四五十今六七百，泥瓦匠昔六十今七百，木匠昔八十今八百，其他小工昔四十今三百。以次计者理发昔二十四（小孩八文或十二）今二百。（以上工资）至于银价，昔之每两易制钱一千五六百，今五十二千。今昔相同者制钱一千文，扣底钱六文，铜圆百枚扣一枚。学正且云，夏日米昂，故物工价资因以腾贵，今米价减半，而物价工资既贵不复贱矣。市屋赁资较昔增至四五倍。学正所言若此，然易地皆然，不甚相远，非筠连一邑若是也。

案曾此文，亦以钱为单位。乙丑至今又十年，物价愈腾踊，财力愈枯竭。海上极少数之豪家，奢侈挥霍，殆为前史所无，中流人士，则欲望如前之下氓，徜徉饮啖于鱼米之乡者，已绝不可得！农民更相率困槁矣。拉杂记此。每念国力有限，而人事不臧，所造之劫未有纪极，不知来日大难之当作何状也？

一四一　伤悼南明旧事诗

偶遘予倩[①]，云："方导演《桃花扇》。"问："是云亭传奇邪？"答云："自制本事耳。"前代逸闻虽极可喜，以服饰傔从制度等皆不易仿，故鲜能演为电影。忆前见日本有演《水浒》林冲事者，虽刻意雄杰，终隔一层，尚古之难如是。记七八年前受缀玉之托，为翻《桃花扇》传奇，易昆为乱，已成提纲至三本而止。此剧描写兴亡，极有足观，惜北伶废颓，配比难得佳材，恐亦不能副其沉痛。其卷末《馀韵》一出，写老赞礼及苏昆山、柳敬亭三人以结束全书者，中有数语云："那些文人名士，都是识时务的俊杰，从三年前已出山去了。"谑而近虐，然在当时确有此情景。犹忆有诗刺诸生应顺治丙戌乡试者云："圣朝特旨试贤良，一队夷齐下首阳。家里安排新雀帽，腹中打点旧文章。当年深自惭周粟，今日幡思吃国粮。非是一朝忽改节，西山蕨薇已精光。"则云亭非无感而然矣。忆李莼客《题扇头李香君小影》诗云：

粉本南朝绝可怜，扇头璧月尚婵娟。
清流何与人间事，花下长翻燕子笺。
倾城一笑太情多，十斛明珠奈若何。
毕竟秀才空嫁与，输他一品顾横波。
秋柳情深大道王，掌中犹见舞时妆。
只怜曲里桃花扇，唐突当年郑妥娘。

颇楚楚可诵。因忆渔洋诸绝句，铺叙秦淮风景，寄慨兴亡，自是出

① 欧阳予倩，湖南浏阳人，剧作家。

色当行。而当时极称其《秋柳》四律。夫以诗言,《秋柳》不及《冶春》诸作,而诸老盛誉,或必有故。考渔洋咏秋柳,在济南明湖北渚亭,而首联即谓云"残照西风白下门",则此诗明是咏明末事,其得名殆即以其有寓意。瘿公曩从其乡人朱聘三假得手录曲阜郑鸿旧注,鸿称生长新城,闻于渔洋后人号秋峰者,自堪传信。今撮录两首,以与云亭传奇相表里,鸿原注云:

娟娟凉露欲为霜,万缕千条拂玉塘。(此指弘光君臣也。自建位南都,嬉娱顾影,已不胜衰象矣。)浦里青荷中妇镜,(马阮诸人岂胜栋梁,所谓持荷作镜也。)江干黄竹女儿箱。(弘光诏选民间美女入内庭,校尉入民家大恣搜索,远近惊皇,朝议婚而暮嫁,或自溺焉。民间少女一空,江干黄竹,滋可怜矣。)空怜板渚随堤水,(弘光自河南失守奔淮庆,转徙淮上,马士英、徐宏基等迎立南都,未及一年而丧灭,板渚之水依然,而沧桑已变矣。)不见琅琊大道王。(古诗云:琅琊复琅琊,大道王。晋元帝以琅琊王陟位,与弘光同都建业,而兴亡殊辙,复闻大道之叹耶。)若过洛阳风景地,含情重问永丰坊。(洛阳为福恭王分封地,李自成陷洛阳,获福恭王常洵,脔割之,勺其血杂鹿肉以食,曰福禄酒。弘光不思讨贼复仇,而荒淫无道,宜其失国也。)

东风作絮糁春衣,太息萧条景物非。(明末诸臣柔媚阘茸,国危无足恃者。大好家居,纤儿日事撞坏,残山剩水,只益喟然耳。)扶荔宫中花事尽,(宫阙园亭一时灰烬,花木宁有幸耶。)灵和殿里昔人稀。(南都君臣,国亡共尽,遗老亦不可复归矣。)相逢南雁皆愁侣,(南都失守而唐王改元隆武于福州,鲁王监国于绍兴,永明王改元永历于肇庆,皆不久沦灭,故言南雁皆愁侣也。)好语西乌莫夜飞。(西乌莫夜飞,言郑成功、李定国辈奋其螳臂,皆不能久持也。)往日风流问枚叔,梁园回首素心违。(梁园指侯朝宗,侯生从史可法军中,有所建议,惜其不用也。)

按瘿公于郑注外,又援据甚博。而石遗先生曾闻南皮言,山东巡抚署为明济南王故宫,《秋柳》为故王作,不知广雅所据何书也?又云:“南雁”实指南中遗老,“西乌”则指亭林,“风流枚叔”,“回首违心”指钱牧斋,则皆说得通,皆不知所本。其实即为《桃花扇》下一正面注脚,已颇不易,况为诗人作郑笺耶?总之,明亡已近三百年,其可歌可泣者,亦唯有读书识字之酸寒能言而识之。江南之龙蟠虎踞,顽山剩水,又焉知有弘光遗恨者?况今日戏剧、电影,皆唯取其通俗相习,如西人之拜金,唯知泛爱,如适裸形之国。更数十年,所谓诗与传奇词曲,皆如手工业,浸成绝响矣!区区训诂,为东塘、阮亭以意逆志,政自不易觅解人,而为今之能人所笑也。

一四二　曾国藩处理天津教案负谤

前记曾劼刚事,因摭及文正天津教案受谤。顷见劼刚日记中有一节云:

> 观近来时势,见得中外交涉事件,有时须看得性命尚在第二层,竟须拼得将声名看得不要紧,方能替国家保全大局。即如天津一案,臣的父亲先臣曾国藩,在保定动身,正是卧病之时,即写了遗嘱,分付家里人,安排将性命不要了。及至到了天津,觉事务重大,非一死所能了事,于是委曲求全,以保和

局。其时京城士大夫骂者颇多，臣父亲引咎自责，寄朋友的信，常写"外惭清议，内疚神明"八字，正是拼却声名以顾大局。其实当时事势，舍曾国藩之所办更无办法。

此段虽为子述父志之言，亦字字切实。天津之案，教堂毁，杀各国教士二十一人，使非文正化大为小，则庚子之祸不旋踵即作矣。当时士大夫既不肯以杀外人为非，亦不公然主战，但以诋毁文正之主和为能。朱克敬著《瞑庵杂识》，亦摭拾传闻，其后郭意城为之签正云："天津教案条，曾文正办理此案，明知必遭时俗指斥，而考之事实，准之情理，势不得不出于此。事外论人，原多任意高下，及至中外交涉，则是非曲直，尤不能适得其平。此则叙述，似但沿世俗之论，未尽合当日情事。"意城此签，视劼刚所记尤为持平。当时唯有郭筠仙兄弟深知外交之窾要，群众谓为夷务者，意城但书为中外交涉，措词中已可见其明白。其称文正办理此案，明知必遭骂，而势不得不出此，可见文正衡量利害得失之慎，其忍辱处，正纯为国家计。及其后甲午、庚子诸役，一味叫嚣隳突者，自树高名，而动以亡国之责箝异己之口者，相去乃不可以道里计。夫亡国之惧，岂不怵惕心目？然当道、咸之间，外人已有疑中国必亡者。劼刚《中国先睡后醒论》中有一节云：

> 国与人无异，人有幼年、壮年、老年、一息待尽之年，国亦有之。欧洲之遽谓中国即一陵夷衰微终至败亡之国，盖彼见中国古所疏凿之洪流巨川，四通八达者，今多湮塞。昔所传金石土木之工，坚致巨丽，今日只存遗迹，剥落损坏，无复完美，且作法多有失传者。中国古昔之盛，与近今之衰，判若霄壤，遂疑中国精力业已消铄殆尽，将近末造，难支他国争胜之势。道光十九年有英国著名之使臣，深知中国之时事及古今之典

> 籍，一时未能或之先者。其言以为："中国虽疆圉广阔，外无异国蚕食，内无土寇鸱张，然其中实有溃败决裂之象，不过略迟而已。予或不应出此言，不妨姑存其说。"其意见如是，而彼时意见相同者，不乏其人。大抵欧洲皆以道光末年为中国危险之时，苟易新君新政，略有缺失，即恐灾害并至，纵使幸而无事，终多变故之迭生。

盖当时觇国者已极为中国危，所谓溃败决裂者，已不能不谓为知微之论。然道光以来，中国虽大乱而未尝亡，所以不亡之理由，正在于别有曾、左、李、沈诸贤，明白而刚强者，力为支柱之。试观文正立了遗嘱，打算将性命不要，是如何勇毅！到了天津，知事势不得不如此，便拼却声名，以顾大局，是如何聪明！当时暗昧者虽一意攻击，而朝野犹有信任不疑使得毕其志业者。有如此肯为国牺牲之人，国自不易亡。及其后不修内政，但知昌言挞伐，而祸变愈深。盖明白人愈少，则国始易亡也。呜呼！由来国之可忧者，初不在于劼刚所引西人之言"异国蚕食，土寇鸱张"之时，而在于其中"实有溃败决裂之象"，其故可深长思矣！

一四三　石濂(大汕)其人

前记和尚太守王树勋事，秋宵无俚，儿辈询出卖风云雷雨出处，因又忆石濂和尚[①]事，此实视明心为伟大，且有关于外交也。考东南各省，与欧洲通商自粤始，其奏许通洋船，立十三行，便中外

---

① 石濂事迹，详见姜伯勤著《石濂大汕与澳门禅史》(1999年，上海学林出版社出版)。

人贸易者，则在清康熙中两广总督吴留村兴祚。而吴未督粤，石濂已私与洋舶通贸易，故粤之通商，石濂为之魁。石濂名大汕，本苏人，徐氏子，幼无行，为画师沈朗倩外嬖。沈以画名于时，石濂亦师其技。龚芝麓一见，大激赏之，遂弃沈而从龚，言者仍以色事。后流转入粤，自称浪觉师，居粤西门外长寿院，不薙发，不诵经，室中不置钟磬瓶钵，好大言，专结纳。又尝至安南，走交趾，以祈雨立验眩其国人，大书榜揭于市曰："出卖风云雷雨。"于是募资修长寿院，粤人、安南人辇金助之。院成，穷极土木，结构壮丽，梁上书"大越国建造"字，以歆安南人。所行益不检，明僮妖倡相征逐。其所以媚事诸贵人者，一以多金，一以擅作秘戏图。浸乃与外舶通，遣其徒众运售货物于海外，名闻京师，虽王公贵族，亦无不称石濂。尝占飞来寺田七千亩，寺僧咸不敢与之讼。石濂既富，乃思以文字缘饰之，于是谋与诸名士游，窃其所作，攘为己有，不得者，饵以金，无何，《离六堂集》刻成。为揄扬者，谓为唐之贯休、齐己，宋之参寥、蜜殊复见于今。又自念为僧必富通梵筴禅悦，乃请人著一书，言《五灯会元》之误，一时名士乐为代笔，盖酬金较丰于鬻文。予闻当时粤屈翁山、梁药亭皆与石濂交，故《离六堂集》多窜入翁山诗。后翁山与石濂相失，致书诘其偷诗，又作《花怪篇》丑诋之。按《花怪篇》，旧刻翁山文尚载之，则可见石濂之狂妄。石濂亦取翁山《军中草》，谓其中有违碍，将以出首，翁山怒，始与绝。不数年，石濂卒为名士所劾治，发难者则潘稼堂也。初潘通籍后，久耳石濂名，晚岁游粤，姑往拜之，瞰其虚实。石濂不知潘之名，相见殊落落，不以时答谒。稼堂怫然，以书斥之，石濂崛强不相下，潘遂举石濂少时无行，及私通洋舶与一切交通隐秘事，又摘所刻《五灯会元正误》内之悖谬语，作《救狂砭语》一卷，刻而播之。又两致书，盛相折辱。石濂昧昧，仍不礼，后纳人言，谓刻书在于索诈。稼堂既去粤，归途遇吴留村之广东按察使任，乃以《救狂砭语》赠吴，面数石濂之过恶。吴纳之，甫莅官，即亲诣长寿院逮治。院中钟表、象牙以暨鸦片之属堆积如山，优伎列屋居，以禅房为窟穴，一时皆籍没入官。留村将置石濂于重典，而营救者众，卒减轻其罪，递解系吴，下狱终其身。

今人所称“出卖风云雷雨”者，实石濂事。然以一髡徒，腾踔显赫至此，又先得风气之先，与欧人交接，享用奢侈，亦足豪矣。夫以淫媒微贱之质，而工心计，善攫取，坐致巨富厚名者，今日海上比比皆是，文人墨客，受厚糈供奔走，亦如之。石濂之所为，宜开山为祖师矣。何物潘稼堂，敢渎视和障，自疏钱神，岂江东名士曩日尚有气骨耶？

一四四　吴兴祚乃干吏之才

捕石濂之吴留村[①]，字伯成，其先本浙之山阴人，中顺治五年进士，时年十七。其明年即选江西萍乡县知县，迁山西大宁县知县，升山东沂州府知府，以事镌级，左补江南无锡县者十三年。有奸人持制府札，立取库金三千两，留村疑之，诘以数语，其人伏罪。乃告之曰：“尔等是极聪明人，故能作此伎俩。若落他人手，立斩矣。虽然，看汝状貌，尚有出息。”乃畀以百金，纵之去。后数年，吴解饷由海道至厦门，忽逢盗劫，已而尽还之。盗过船叩头谢罪曰：

---

① 吴兴祚，字伯成，号留村。汉军正红旗人（原籍浙江山阴），历官至两广总督，康熙间卒。

"公大恩人也。"询之，即前所持札取库金者，今投台湾郑氏矣。由是其人献密计，为内应，将以报吴。时闽浙总督为姚启圣，与吴同乡，商所以破台之法。康熙十五年冬，郑氏亡，姚以吴上闻，特擢福建按察使，旋升两广总督。奏通洋船，立十三行，实开广东繁盛之基，与近世革命史、通商史有关之人也。传留村居官殊清介，两广督卸任归京师，与无锡秦谕德遇于瓜洲，脱粟枯鱼，酸寒相对。谕德曰："贫乃至此乎？"明日，留村告秦曰："适有馈米数十石者，不忧馁矣。"然予读《毛西河词话》中有一则云：

> 端州有时制雕漆屏风，功作精巧，贵重一时，然其概不过两边缘饰，多镂刻名人诗画而已。吴制府独创作三折屏，每开一折，则两折隐于其中，一折垂帘观剧，一折山水人物，其左开一折，凡笔、墨、楮、研、书、画、棋、炉，以及提壶、酒琖、陆博、樗蒲之属，无不毕具，如应用某物，即开某格子，探取而出，外俱以隔扇掩之，其款式悉仿《博古图》制，一望灿然。时予郡诸名士如吕弦绩、宋岸舫、吴伯憩、金雪岫辈，皆朝夕聚其处。有一客新至，忽公希见，且未经治具，作[水调歌头]以嘲之，其词曰："与客每隔座，不过一帏褰。何用连环九垒，八面费雕镌。不是湘山十二，中有洞天福地，一醉几千年。银船并螺盌，总贮石屏间。"公得词大惭，遽加礼谢过。公讳兴祚字伯成，即当世称留村先生者也。

据此，则留村于屏风之微，尚独出心裁，似非俭约者。又传留村无锡县落职，途次遇良王，杖策进谒，立授同知札付。后贵，始终修僚属礼甚恭。王建邸，奉旨天下督抚资助，留村初无献纳，王怪之，及邸成，留村进帘榻古玩诸物，价逾万金，设之庭寝，无不合度，盖豫令人丈量制办者。观此，则吴似为干吏之才，而非必为清官。

以予测之，广东彼时物质伎巧，已得风气之先，留村豪侈，善于应付周济，而不居积私财，殆其终于清贫之故欤？

一四五　屈翁山雨花台衣冠冢案

石濂欲首告屈翁山，事虽不成，而翁山却终罹文字之狱，续有雨花台衣冠冢一案。翁山本为遗民，雨花台衣冠冢，为其依傍望祭之私，初非指斥满洲，又身后先遭戮尸之祸，亦过酷矣。此案清宫藏档甚多，今录高晋一折，可见大略，亦为南京掌故增一谈助。高晋折云：

> 两江总督臣高晋谨奏，为遵旨访查复奏事。窃臣上冬在潘家屯工次，接准廷寄钦奉上谕，因屈大均文内，有雨花台葬衣冠之事，命臣确访其处，即行刨毁，并奉钦发密封一件到臣。当经臣密札江宁藩司闵鹗元，先诣该处查验碑碣，得有确据，即密记看守，俟臣事毕回省亲往验明刨毁，并将遵办缘由恭折奏明在案。嗣臣于十二月回署，据该司禀称，先委明妥教官，以购访碑版为名，传集多识旧闻之绅士，并问雨花台附近僧寺道院，密加访问，该司又亲诣该处上下前后周围履勘，将所有坟冢碑记，及仆卧残碑，逐一洗刷查验，分别标识，并无屈大均衣冠碑冢。臣恐该司查察尚有未周，随即率同在城司道府县，亲诣其处，勘得雨花台在西南山冈，木末亭在东南山冈，两冈相距半里，中间山坳，系属街道，居民稠密，两冈坡上有寺院几处，旧时坟冢，或有隐埋在内。臣即传集老僧老道，细加查问，据称衣冠碑冢，实属罕见稀闻，况雨花台木末亭系名胜之区，山寮梵宇，酒肆茶坊，为游人杂沓之所，如果实有其事，断无不

互相传播，人人共知，岂敢隐匿不报，自取罪戾。臣又于两冈山坎及山坡之下，逐细查勘，凡有碑之坟，均经藩司用石灰标记查看字迹，实无屈大均衣冠墓碑。臣查逆犯屈大均，乃罪大恶极之人，其生前忽而为儒，忽而为道，忽而还俗，形踪诡秘，居心叵测，其死后尸骸，久经粤省刨出剉戮，乃于恶逆经过之地，辄敢虚营狡窟，冀附游魂，实属天理难容，神人共愤。此冢历今百有余年，查无踪迹，或被雷火轰击，划削除根，或被犬豕蹦蹂，灰飞影灭，甚或此等狡狯之徒，掉弄笔墨，伪饰虚词，均未可定。但屈大均从前往来江宁，究在何寺为僧，年远无从根究，除现在一面移咨署两广督臣德保传问屈稔滇等录供咨复究查，一面仍委妥员再加密访，俟得有实据，验明刨毁，另行复奏外，理合先将奉到钦发密封恭缴，并将查勘情形缮折具奏，伏乞皇上睿鉴，谨奏。

雨花台近在咫尺，迩来久无人谈翁山衣冠碑冢矣。假令有好事者一为假筑，或亦为望古怀贤之点缀欤？

一四六　张南皮喜谤前辈

劼刚驻英时，有《与驻英之日本公使谈话》一则云："欧罗巴洲诸国幅员皆不甚广，所以能强盛者，同心一志，以御外侮，得古人合纵之意。中华与日本，皆在亚洲，辅车依倚，唇齿毗连。中华之富庶，日本之自强，皆欧洲之所敬畏也。是宜官民辑睦，沆瀣一气，中华财产足以沾润于东邻，日本兵力足以屏蔽于东海，邦交既固，外患可泯，盖不独通商之利而已。"此言为东亚两民族思之，诚通人之论。而累经顿挫，不特此愿望不易觏逢，既欧陆合纵，亦垂裂矣。

予意曾文正公虽未尝以外交名，而其对合肥所言力主一“诚”字，自是脚踏实地办法。稍后清流党起，锋芒凌厉，已杂以纵横捭阖之谈。南皮于中日战后，力主用法用俄以箝日本，予前所录诸电中可见之。此等外交惯技，弱国行之，未必有效，即效亦别种祸根。而南皮自命，似欲突过湘乡父子。光绪戊申，南皮管理学部，其时尚书为荣庆，字华卿，某日在学部置酒宴南皮，华卿逢迎之曰：“三儒业已从祀，闻外间亦将以曾文正公请矣。”谓顾、黄、王三儒从祀文庙，出南皮所请也。不意南皮作色曰：“曾国藩亦将入文庙乎？吾以为将从祀武庙。”坐间愕然。南皮曰：“天津教案，曾国藩至戮十六人以悦法人。是时德兵已入巴黎，曾国藩尚如此，岂非须祀武庙乎？”按南皮早达，当时士大夫诟骂文正，南皮必亦在内，故垂老无意间犹流露谤词。实则同治初，远东电报未通，德兵入巴黎，文正固未能知。进一步言之，天津教案虽以法为对手，各国皆有人，不速了，纠葛益甚。文正既抱此身殉事之心，宗旨在早了以儆未来，即使其知普鲁士大军灭法，亦未必改方针，此所谓诚也。南皮喜谤前辈，迹其所为，随机应变，旦晚不同。以做官趋炎之术行于外交，视湘乡，瞠然远矣。

一四七　刘岘庄晚年善用幕僚

文芸阁在乙未前，初不满于刘岘庄，其札记云：

> 刘坤一驻山海关，一日讹言日兵至，坤一惧而三徙，其怯谬如此。举国望湘军若岁，至是乃知其不足恃。魏光焘、李光久，能战而后败，则犹差胜于淮军也。

又一节云：

刘坤一治兵既无效，而营求回任之心至亟，内则恭亲王荣禄主之，然上意殊不谓然也。乃遣江苏候补道丁葆元入都，粮台以报销馀款济之，遂得要领。余告李高阳，高阳以为事所必无，不数日而回任之旨下。高阳又谓余曰："汝前所言之事，乃真实语也。丁者何名？信有神通耶？"余曰："非某知之，有门人籍宁波者，言四恒（宁波人在京师开银号者，有恒顺、恒丰等共四家，交通贿赂，人皆信之，故名。）前月已出票，故敢告也。"高阳曰："上终恶之，故于其保荐之人，咸谕毋庸记名。"至戊戌七月，遵旨保举人才，复以丁葆元名列上云。

又一节云：

甲午之秋，神机营出兵，有遇于卢沟桥者，见其前二名皆已留髯，第三名则十一二龄之童子也。馀多衣裩不周，蹲踞道旁，不愿前进。遇之者口占一诗，有"相逢须下海，（京师呼胡为下海，海字疑颌之转音。）此去莫登山"之句。盖兵出防山海关，故借点山海二字云。

皆极不满岘庄者。其后南来，岘庄为两江督，则颇通问矣。然其记四恒出票事不谬，此四庄在当时政界实有潜力，与前门外诸金店稍相低昂。

予所不解者，彼时清流名士，既深知湘淮军以及神机营之不足恃，顾乃张皇求胜，而不肯自求革新，先从根本为缮备。于政治，则但知责备私人，见斯下矣。其实刘岘庄虽非甚清高，而其后已渐算为明白人。庚子夏，那拉后命义和团攻驻京各使馆，端王等字谕各直省大吏，先杀外人侨居内地者。岘庄先奉旨，而秘不宣，乃严檄水陆防营保护外人，违者以军法从事。江苏提督杨金龙亦得密诏，复奉刚毅私书，属其驻师吴淞，专击列国兵舰、商船及各教堂，金龙立率所部移屯吴淞。岘庄闻之大怒，别饬俞统领持令箭往，谕之曰："杨金龙不遵令，可持其头来。"杨始如命撤兵回防，乃大哭，复书刚毅云："刘坤一身任封疆，不保国而保外人，真汉奸也。"刚毅持其书示其友人，皆赞叹以为忠臣语。先是刚毅奉那拉后命，自江南搜刮归，那拉后令刚毅密保将才，刚毅奏曰："江南武员唯有杨金龙，可称古之名将。"后问："能比何人？"刚答："可比古人黄天霸。"后为莞然，反称刚率直不欺。满人不学如刚毅者甚众，加以愚而好自用，刚尝改"瘐死"为"瘐毙"，改"逐北"为"逐比"，此辈居以钧衡之地，责以平章军国，其覆悚可必。然何必责刚毅，杨金龙何尝是满人耶？又吾人亦不必诮刚书别字，本来读书能文与从政原为二事。刚毅不学，固可哂，庚子五月之谕旨，有云"与其苟且图存，同归于尽，何若大张挞伐，一决雌雄？彼恃战力，我恃人心"。为军机章京连某[①]所拟，固汉人且翰林也。以文理言，比"瘐毙"、"逐比"自胜一筹，如此高文，又有何补？顾此等议论，迩又屡闻之。或谓终不能言其无道理，则亦神州运会使然，宁为游、夏不敢赞一词矣。又按刘岘庄后半世，手眼声名俱稍胜者，闻皆幕僚之力。按幕僚之制，近于专家治事，未可厚非。《缁衣》之咏好贤，即如言今日能延聘专家之长官也。

一四八　《三国演义》《说岳传》史证

坊肆近取《三国志〔演义〕》、《水浒》、《说岳》等八九种，汇印小册，颇便于携观。然吾国小说佳者不止此数，揭此行将失彼。其实

---

① 连文冲，浙江钱塘人。光绪庚辰进士。官内阁中书。后任江西赣州知府。

明清小说有甚佳者，而间有叙述床第，近人谓为秽亵，什九删芟，大失其真。他不必言，昔日原刊流布，而俗不加漓。今日之俗，尚几于触处横陈，旧小说又何能尸其咎？涂改迁就，徒见拘墟而已。秋夜偶为儿辈检举《三国》、《说岳》所述事，为之考证史籍，示以出处，戋戋小言，亦自有味，择尤者，汇存之。

读《三国演义》者，多喜言武侯制作木牛流马，演义中又载其广狭尺寸，此皆有所本。考《北堂书钞》引《蒲元别传》，元与诸葛亮牒云："元等辄率雅意，作一木牛，廉仰双辕，人行六尺，牛行四步，人载一岁之粮"云云。今演义载之，不言为蒲元奉武侯意制，又辄言其宛然如真，又言扭转其舌即不能行，此则不明事物，故神其说。予按木牛非象牛，流马更非类马，名以马牛者，取其能运输耳。《古今事物考》云，诸葛亮作木牛流马，木牛即今小车，前有辕者。流马即今独推者。民间谓之江州车子，疑亮之创，始作于江州，当时云然，故后人以为名也。《独醒杂志》云，江乡有一等车，只轮两臂，以一人推之，随所欲运，别以竹为篰，载两旁，束之以绳，几能胜三人之力，登高度险，亦觉稳捷，虽羊肠之路可行。《梦溪笔谈》：信安沧景之间，行人以独轮小车，马鞍蒙之以乘，谓之木马。《九朝野记》：永乐中曾有造木牛流马，行数步而止。《枣林杂俎》：成化二十一年，户部左侍郎隆庆李衡，总督陕西边备，兼理荒政，发廪赈饥，作木牛，可水耕，可山耕，可陆耕，一日可耕三四亩，作木牛图布之。据此，则木牛流马，即是小车。流马之为独轮小车，世所称羊角车，已无疑义。木牛之制，前有辕，虽不详，以李衡用木牛之名，而可水耕陆耕测之，必是东坡所谓踊跃滑汰者。盖剑阁山路，不可方毂，故武侯以独轮小车之类运输。古人称奔走者，皆曰马牛，如秧马儿，何尝是马？至檐前之铁马，更无涉于象形，尤可见命名时之观念。今乃刻舟求之，谓木牛流马之制不传，而孰知独轮车固仍流行南北耶？

又演义有“武侯弹琴退仲达”一回，世人称为空城计，演剧者盛相称播。考《蜀志·诸葛亮传》注，引郭冲条亮五事，其三事云：亮屯于阳平，遣魏延诸军并兵东下，亮唯留万人守城。晋宣帝率二十万众拒亮，而与延军错道，径至前，当亮六十里所。侦候白宣帝，说亮在城中兵少力弱。亮亦知宣帝垂至，已与相逼，欲前赴延军，相去又远，回迹反追，势不相及，将士失色，莫知其计。亮意气自若，敕军中皆卧旗息鼓，不得妄出幕幔，又令大开四城门，扫地却洒。宣帝尝谓亮持重，而猥见势弱，疑其有伏兵，于是引甲北趣山。明日食时，亮谓参佐，拊手大笑曰：“司马懿必谓吾怯，将有强伏，循山走矣。”候逻还白，如亮所言。宣帝后知，深以为恨。按此说裴松之疑其非实，而于事理可能，阳平所馀万人，亦非空城也。

演义又载曹嵩本姓夏侯，为曹腾养子，此说亦具有本原。考《魏志·文帝传》注，引孙盛《魏氏春秋》评文帝幸邺东城门为夏侯惇发哀，云：“在礼，天子哭同姓于宗庙门外。哭于城门，失其所也。”以夏侯为曹同姓，是其一证。又《吴志·大帝传》注引《魏略》，权与周浩书，云：“今子当入侍，而未有妃耦，昔君念之，以为可上连缀宗室，若夏侯氏。”以夏侯宗室同列，是又一证也。

《说岳传》谓内使赍著金字牌，递到尚书省札子。按金牌召岳，已具见纪载。世或以为金字牌，乃专为尚书省递札之用，此则不知其制。《梦溪笔谈》云：“驿传旧有三等，曰步递、马递、急脚递。急脚递最遽，日行四百里，唯军兴则用之。熙宁中又有金字牌急脚递，如古之羽檄也，以木牌朱漆黄金字，光明眩目，过如飞电，望之者无不避路，日行五百馀里。有军前机速处分，则自御前发下，三省枢密院莫得与也。”据此，则金字牌殆高宗亲发，不能尽出自秦桧也。近人考证说部者，至多且详，予今所谈，不过随意掎摭一二星宿，实不足概其全，其中尤以《三国演义》所援据传闻，尤为浩博，惜不暇条求出处耳。

一四九　社会事物由繁变简

人类于习见事物，多忽略不求其本原。居旧京日久，见推独轮车者，随俗呼为手车，固未暇考其为流马之遗制也。如今俗，吉凶庆吊，戚友率以绸缎幛为赠，此风不知始自何时。王元吉《梧溪集》有《红帐奉送朱知事太夫人》诗一首，以寿诗书红帐，度为后人寿帐之祖。盖由屏而幛，由寿文寿诗，而省略至四字，皆由复杂近于简便之一理。李文忠殁于贤良寺，张南皮憾其诮为“书生之见”，不撰挽联，用白布大书一奠字嵌于幛中，由是奠幛益盛行，斯亦简而又简矣。

又今俗以茶敬客，比户皆然，此风似明始然。古人初不好饮茶，尤非家家所饮。《太平御览》引《世说》，晋司徒长史王濛好饮茶，人至辄命饮之，士大夫皆患之，每欲往候，必云“今日有水厄”，是古人不常饮茶之证。然须知古人所谓茶，本有二种，《尔雅》木槚苦荼，郭注树似栀子，冬生叶可煮饮，郭又谓今呼早采者为荼，晚取者为茶。两物实一，盖古人摘两次耳。古称烹茶，盖皆煮之极酽，故有细乳等称，谓茶上浮白沫。茶煮成，又或以盐姜等物点之，其繁琐苦口可想，饭馀消食则可，以之敬宾，势所不能。后人以沸水浇之，清香易办，遂成风俗。此虽琐末，亦可见社会事物由繁变简之一例也。

一五〇　杭州西溪

秋风渐有凉意，颇思为湖游，并忆西溪。考西溪不通西湖，地实在北，或云以西子得名，即若耶溪，吾殊未能详。交芦庵在河渚，视秦亭、法华诸山尤深进。庵有《程松门西溪卜居图》，为樊榭作。又有《戴文节交芦庵图》、《华秋岳西溪图》等。交芦庵额，董香光书。樊榭栗主则在庵右小阁。樊榭纳姬之夕，正当中秋，泛舟溪流，明月初上，故名“月上”，姓实朱氏也。主为何蝯叟所书，不知何人更取樊榭夫人蒋氏补祀之，真刻舟求剑，多事之举。杭堇浦之妻妾三人，又附祀于左龛，则尤多事。堇浦在清初诸名士中，为最有遗行者，不应复忝樊榭之列。记程松门《题卜居图》诗云：“小住西溪第几湾，蟹庄鱼舍鹭鸶滩。扁舟他日来相访，十顷芦花作雪看。”是芦花作雪之景，已累数百年，故至今谈秋雪者，必数西溪也。自交芦庵出，舟行至风木庵，在神仙宫山麓。杭丁氏兄弟[①]庐墓处。联曰：“家藏八千卷，门对七二峰。”丁氏兄弟为西湖中兴元勋，其八千卷楼，为同、光间国中四大藏书家之一，今归江南图书馆。剑丞有诗云：“浙中盛藏书，丁陆名并峙。陆书鬻外国，耻等百城徙。丁书入江南，其事差堪喜。子孙享食报，手泽固未萎。青青墓门树，沄沄西溪水。一庵今复存，丹青非甚侈。湖山穷幽秀，游屐能过此。松竹映源深，樊榭不专美。”以幽秀称西溪，信不谬。西溪水深碧，宜浣，两岸桑柿交阴，溪上弓桥以十数，诚湖山最佳处。丙寅

① 指丁申、丁丙，浙江钱塘人。藏书事详叶昌炽《藏书记事诗·附补正》（1999年，上海古籍出版社出版）。

春，余过沪西，访陈散原丈，又过谭大武家，闻方绘新图，写陈、俞诸诗，藏之西溪。弹指又十年，比亦未暇询瓶斋以西溪图卷也。

一五一　与梁任公论学谈政

忆民国三年，任公先生寓北京前细瓦厂。予一日造谈，谓吾国文字学术中名词至夥，苦无一词典以汇之。予意假定当以字典笔画分部为纲，而以各科学各事类为目，循是以求，当可得若干万千名词。浅言之，即以《玉篇》、《广韵》、《说文》乃至《康熙字典》之方法为总经，以《事类统编》、《渊鉴类函》之方法，吾国之旧职业，更加以现代各科学，条分缕析为细纬，有形绘图，无形诠义，如此网罗，必粗有可观。盖世事日新，读书方法，前后判若霄壤。新旧名词，非专治某学者稍越其阈，殆皆不能索解。故以后研求古籍者，自非恃辞典不为功。又吾国治专门职业者，往往于固有之名，猝不能索得，或依俗称，或别撰新名，或译音代之。若有辞典，分别专科，历疏专名，则今古东西之名词，或皆有会通之可能。前例如“求牛”，若非有辞典，后来者绝不知其出于《周礼》。又如“浮子”，若非曾读《鸡肋编》，绝不知其为钓丝一半间系荻之专名。后例如学建筑者，未必皆知《营造法式》中所载之各种古名，与近百年来各地之俗名，抑与东西各国之通名，孰相符合。若非辞典，殆难一以贯之。国家若肯出力办此，征求若干学者，分别汇求lbrace勠一专书，每岁增益修改，其于承学之士，所裨非浅。任公闻言深悦，明日与予两长笺，条言此事，惜予志而未逮。任公之两书，不记庋杂何处，前数年在君索任公书，竟无法得之。稍后《辞源》、辞典等日出，芜废如予，固唯有服作者之淹通，而衡以心目中所拟者，则似挂一而漏万也。

又记戊午任公居团城时，一日严寒，坐沁香亭中，望液池波欲成冰，大风作浪有声，任公方辞职，叹曰："求去亦何所谓？世事兴衰，大势略定，何人为之，皆不甚相远。"予因譬解，极言史迹皆由人为，非武侯蜀必不能四十年，王猛死苻坚覆且加速。往史不必论，且如前清，假使世宗不立，或竟为允禩辈所得者，允禟、允禩皆亲信欧洲人，当时传教之穆经远等，实为羽翼，允禟等皆通西文，能作书札。而世宗则亲信蒙古喇嘛，故雍正既胜，遂利用喇嘛之导辅，以次成乾隆拓边设藩之弘规。然因顽固迷信之累积，卒成故步自封，而极于庚子义和团诸役，遗毒至今不已。反之，假令允禟等得志，诸西洋传教士等向用，天主教固得早盛，而以智识新锐，或易与西洋文化接近，在初期未必有奄有蒙藏之武功，其终也，或早肇海通之事势，甚或可使全国早成现代化。历史之嬗变虽有极难料者，事视人为，则必可信。欧人觇吾国者谓腐败之基在乾隆中叶，而那拉氏一手促其祚之终。古之所谓政与人存，一言丧邦，皆凿然不爽，安得言何人为之皆不甚相远乎？任公亦极以为是。后十年，戊辰，先生殁，仲策告予，先生不自意其病遂不起也，榻间告儿辈：吾垂老多病，而未了著述夥颐，计唯有使予笔述之。予次年会葬先生诗，所谓："病中数见念，要约共削牍。自惭下方灯，何益秋阳暴。定文吾岂敢，流沫许细读。"即感叹兹言。凉夕追思，落笔犹凄然如复见秋堂坐对时也。

一五二　《新唐书》减字之弊

欧阳公作文，务从简古，世所传逸马杀犬于道之例，诚字简而意赅。然文章之道，繁简因时，有损一字而失其义者，有损一字而失其美者。例如《新唐书·狄仁杰传》，武后召谓曰："朕数梦双陆不胜，何也？"于是仁杰与王方庆俱在，二人同辞对曰："双陆不胜，无子也。"双陆不胜，何以为无子？读书每不得解。及观《云谷杂记》引《狄仁杰家传》云，双陆输者，盖宫中无子也；又引《唐国史补》，亦云宫中无子之象。然后知欧公将"宫中"二字节去。按《双陆谱》云："双陆局率以六为限，其法，左右皆十二路，号曰梁，白黑各十五马，用骰子二，如其采行。白马自右归左，黑马自左归右，以前一梁为门，后六梁为宫，马归梁，谓之入宫，宫中有子则胜，无子则不胜。"观此，则仁杰与方庆之对，当曰："双陆不胜，宫中无子也。"欧公节"宫中"二字，是所谓损一字而失其义者。又《容斋五笔》举数例，谓杨虞卿兄弟恃李宗闵势，为人所奔向，当时为之语曰："欲入举场，先向苏张；苏张尚可，三杨杀我。"《新唐书》减去"先"字。李德裕《赐河北三镇诏》曰："勿为子孙之谋，欲存辅车之势。"《新唐书》减去"欲"字，于文字之姿势及解譬，皆减色，是所谓损一字而失其美者。刘贡父所嘲"欧九不读书"，殆指此类事矣。

一五三　钱塘观潮

予旧有《观潮》诗，中二句云："坐遣横流供众狎，自酬初度傲秋旻。"观槿极用嗟赏。荏苒秋期，母难日忽然百感，辄追记十年前情事，聊自省玩。观潮昔在钱塘，今在海宁。予以丙寅八月十九晨往，舟行小河中，夹岸芦葭杂树，风景宜人。而炎歊不可耐，汗流浃背。既抵江滨，士女骈集喧阗，棚下客十之四五为欧美人，而苍蝇群集，嘬肌肉作奇痛。二时许，潮来，状如天际白虹，瞬息排山而至，神光离合，奇处可谓枚乘之言不虚。而平常处，则颇疑文人墨客悉为江上舟子所笑也。因臆想东坡所谓“夜潮留向月中看”者，乃真能看潮者之言。若今日海宁之潮市，则恐聊存其名。但细思之，古人亦不尽欺我。白乐天诗云：“早潮常落晚潮来，一月周流亦十回。不独光阴朝复暮，杭州老去被潮催。”则杭州之潮，唐时亦狎视之。南宋建都临安，观潮始为帝京景物之一。

考志称于候潮门外观潮，都人自八月十一日起，已有观者，至十六十八日倾城而出，车马纷纷，十八九日为极盛，廿日则稍稀矣。潮来时，吴儿善泅者数百，皆披发文身，手持十幅大彩旗，争先鼓勇，溯迎而上，出没于鲸波万仞中，腾身百变，而旗尾略不沾湿，以此夸能，而豪民贵官争赏银彩。江干上下十馀里间，珠翠罗绮溢目，饮食百物皆倍蓰常时，租赁看幕，虽席地不容闲也。十八日大将军出浙江亭，校阅海军，自庙子头直至六和塔，家家楼屋，尽为贵戚租赁作看位，观操。艨艟数百，于潮未来时下水，展旗打鼓，分列两岸，倏尔黄烟四起，水炮轰震，声如崩山，及功成，鸣锣，则一舸无遗，仅有敌船为火所焚，随波而逝。如此观潮，或稍有新意。逮明代，每岁八月十八日，士女犹云集于开化寺、六和塔以观潮。清雍正、乾隆以后，江流变迁，龛赭间淤为陆地，杭潮始移为海宁。拔可言，唐少川尝主以海宁为国都。使果践其言，则踵事增华，安知不呼为首善之壮观耶？

一五四　人才培植关乎国运

一代之风尚兴衰，肇端至远，而造因甚微，读书论世，政贵穷源竟委。前记清之衰迟，与雍正自残骨肉有关，天主教与喇嘛之竞争，其终也可使东西洋之交通，吾国进化之步骤，同受影响。前既略发其凡，近读乾隆间英使马嘎尔尼《觐见记》，其间亦不少资料，足以表明乾隆间欧洲人在清廷者势力日绌，蒙古喇嘛势力日增，为吾说之左证。盖清至乾隆末年，政治已坏，识者早知其必大乱。潢池寇攘，旧儒眼光，仅谓为满清一姓之兴亡所关，抑岂知每经一大乱，实即使国力愈凋伤，民智愈退步。试翻史册较之，神州炎胄之事迹，累累皆创痍，求其间有三四百年之生聚休息，殆绝不可得。吾族今日之不竞，岂能诿之于天乎？然迹其间拨乱之才，亦相踵俱出，渊源倚伏，殆甚辽远。例如金田之役，由于嘉、道秕政所激成。而二三老辈所以牖成培助曾、左诸人者，亦正在此时。湘军虽起自曾、左，而砥砺贤才，则始自贺耦耕（长龄）、陶文毅、林文忠等相与提倡。耦耕刊《经世文编》一书，魏默深所辑，三湘学人诵习成风，士皆有用世之志，左季高、罗罗山等所由兴起。而左之读书，皆贺回里长书院时所资助。胡文忠为陶文毅之婿，曾文正亦敬事耦耕，而文毅言左文襄之才于林文忠，文忠自两广督交卸，特纡道长沙访左。时文襄尚为举人，文忠于岳麓倾谈竟晓，许为异日济时之才，订交而别。事见文襄年谱。于此皆可见老成诱掖，豪俊景从，两皆难能可贵。其纳交初心，未必便为拨乱计，按之事实，却可谓匡济之储，党援之雅也。

沈涛园有《为沈子培跋林文忠公手札》一长文，末有云："先祖癸巳会试，道出吴门，问文忠：'向物色尺牍人才，今得其人否？'文忠云：'闻湖北藩署书启李君，尝从陶云汀宫保处知其人，词翰为天下第一。前岁托人以千金聘之，已辞馆入都会试，得馆选矣。'所谓李君者，即湘阴李文恭公星沅，时方为孝廉，后代公为钦差大臣，督办广西军务，亦卒于军者也。"此亦为文忠广求气类之一事。

盖乱之将作，必有奇贪至瞶之朝臣，而社会中同时亦必有砥砺志行之奇士，当邪沴溃为沉疴之时，即医师手储刀圭之日，而国之所赖以为国者，亦正需此倚伏之一缕生机耳。然古人虽结合，而非公开，且无缜密条理足以永之。故偶然凑泊，事幸以成，其不相凑泊者，国亦终于不救，如南宋之沦于胡元，即其时志节才能之士，不能凑泊成为风气也。夫拨乱反正之人才，而有待于自然凑泊，则国运之颠危可知。以视近代东西各国戮力于教育，所以整齐民志，诲导新知，使才人绳绳不断，不遗余力者，以古方今，瞠然莫及。人才悬绝，国力亦如之，亦理势所必然。今日之事，故非尚贤尚公，力开风气，不足以救亡，既知之，即当求而行之，尤未可如欧阳公之以人事诿为天命也。

一五五　孔融远启魏晋之风

所谓风尚，肇端尤微，晋尚清谈，史皆言由于魏之何王辈，然吾观东汉末已启种种怪僻之风气。如戴良为后汉逸民，史称其为戴子高之曾孙，而《御览》五九八引戴良《失父零丁》曰：

> 敬白诸君行路者：敢告重罪自为祸，积恶致灾天困我，今月七日失阿爹，念此酷毒可痛伤，当以重币用相偿，请为诸君说事状。我父躯体与众异，脊背伛偻卷如胾，唇吻参差不相值，此其庶形何能备？请重陈其面与目：鸱头鹄颅獦狗喙，眼泪鼻涕相追逐，吻中含纳无齿牙，食不能嚼左右蹉，口似西域□骆驼。请复重陈其形骸：为人虽长甚细才，面目芒苍如死灰，眼眶白陷如羹棓。

按《后汉书·逸民传》，戴良字叔鸾，汝南慎阳人。母卒，兄伯鸾居庐啜粥，非礼不行；良独食肉饮酒，哀至而笑，而二人俱有毁容。良才既高达，而议论尚奇，多骇俗。据此则直似阮籍矣。良父盖早卒者，然父状即丑，何至以鸱、鹄、驼、狗为喻？又按良传，良之曾祖遵字子高，平帝时为侍御史，王莽篡位，辞归乡里。又《艺文类聚》六引应璩《与曹操笺》，"昔汉光武与戴子高有抚麈之好"。又孔融《许颍人士优劣论》，"汝南戴子高亲止千乘万骑，与光武帝共揖于道中"。考戴子高称为关东大侠，宜其子孙通脱无忌也。

又北海品第汝颍人士，而文举本身为人，政恐涉于疏放，远启魏晋之风。如所传曹丕娶甄氏，而融告曹操曰："武王伐纣，以妲己赐周公。"操征乌桓，而融遗书云："大将军远征，萧条海外，昔肃慎不贡楛矢，丁零盗苏武牛羊，可并案也。"此皆谑而虐，极类阮、嵇。其荐祢衡表中称路粹为异才，而建安十三年操欲杀融，乃使路粹枉状奏之，则粹有负矣。今考粹奏云："与白衣祢衡跌荡放言，云父之于子，当有何亲？论其本意，实为情欲发耳。子之于母，亦复奚为？譬如寄物瓶中，出则离矣。今又言，若遭饥馑而父不肖，宁赡活馀人。"此等议论，未必操欲诛融，故为造语，观《意林》引《傅子》云：

> 汉末有管秋阳者，与弟及伴一人避乱俱行，天雨雪，粮绝。谓其弟曰："今不食伴，则三人俱死。"乃与弟共杀之，得粮达舍，后遇赦无罪。此人可谓善士乎？孔文举曰："管秋阳，爱先人遗体，食伴无嫌也。"荀侍中难曰："秋阳贪生杀生，岂不罪也？"文举曰："此伴非会友也。若管仲啖鲍叔，贡禹食王阳，此则不可。向所杀者，犹鸟兽而能言也。今有犬啮一狸，狸啮一鹦鹉，何足怪也。"

则融本自有此怪异主张。史称孔文举，于时英雄特杰，譬诸物类，犹众星之有北辰，百谷之有黍稷，天下莫不属目，可知其誉望之隆。故豫州以北海知世间有刘备为喜，而其后又称其"发辞偏宕，多致乖忤”，而刘彦和亦称“孔融孝廉但谈嘲戏”，可知其偏宕嘲戏云者，正上述二事之类。一世高名，而所开风气，乃只竹林之流，好为大言骇俗者，岂可不深思其流弊耶？

一五六　明代身言即今之口试

晚近考试制中，有口试之制，验其口齿是否伶俐，此制古称“身言”，由来已久。明吏部旧有身言奏事二道，云是太祖所遗，其词至堪发噱。其一云：“后面跪的是午门坐更将军来奏，昨夜二更一点，有钥匙四把递出，当时递进，引来奏知。”其一云：“监察御史臣某人，钦蒙差往浙江等处公干，事完回还复命，臣有题本进奏，本文册送科。”此二道表，每遇考选之日，吏部大堂设高皇帝神牌，注授科者念前一道，注道者念后一道，其词要有节奏容止，以观其小心靖恭。自崇祯临轩策士，兼召对策问，此制遂废。其实召对亦是口试之一种也。

一五七　退谷旧游

旧京寿安山退谷，今为吾友周养庵所有，花木水石，幽好茂美，曩每岁春游必及之。十九年庚午，九日大雪，又二日弢老自津沽来，与鹤亭同游寿安，有诗云：

> 香山只作雪山看，延目晴岚入寿安。
> 卧佛阅人殊未倦，退翁专壑可胜寒。
> 前游如梦承平旧，宿约频移命啸难。
> 犹及残年见岩桧，风林况尚有馀丹。

弢老自注云："曩与壶公、偶斋、篑斋、再同寻得退谷于榛莽中，石罅古桧，前游未及见，相传明季即许大。"据此，则孙北海之退谷[①]，至清季已荒。客座曾再叩弢老，知前游在光绪初年，乃以吴谷人《西山游记》为蓝本，初游为戒坛、潭柘，至寿安之游，则其次也。始觅得退谷时，一片荒烟蔓草，水源头之名亦无知者，视今养庵所经营，盛衰之迹，抑何速也。孙北海有《退谷记》，今节录之。退翁记云：

京西之山，为太行第八陉，自西南蜿蜒而来，近京列为香山诸峰，乃层层东北转，至水源头一涧最深，退谷在焉。后有高岭障之，而卧佛寺及黑门诸刹，环蔽其前，冈阜回合，竹树深蔚，幽人之宫也。水源头两山相夹，小径如线，乱水淙淙。深入数里，有石洞三，旁凿龙头，水喷其口。又前数十武，土台突兀，石兽甚巨，蹲踞台下，相传为金章宗清水院，此其一也。水分二支，一至退谷之旁，伏流地中，至玉泉山复出，昔有人注油水中，玉泉水面皆油也。一支至退谷亭前，引灌谷前花竹。谷口甚狭，乔木荫之，有碣曰退谷；谷中小亭翼然，曰退翁，亭前水可流觞；东上则石门巍然，曰烟霞窟。入则平台，南望万木森森，小房数楹，则为退翁书屋，一榻，一炉，一瘿樽，书数十卷，萧然行脚也。谷之后，高岭峨峨，摄衣而上，为古茔，茔垣之外，有台可憩，茂松蔽之，不见其下。谷之东，则隆教寺，寺门旧在退谷上，移置石门之东，殿供大士像，岁久漫漫，寺僧秋月募善知识缮饰之，境地深邈，可供趺跏。谷之前为莳植花竹之圃，中有

---

① 孙承泽，字耳伯，号北海，又号退谷，清顺天大兴人。易代之际，给事于崇祯、康熙间，以著述繁富称。

僧家，别院养牡丹数百本，石楼孤峙，面面皆花，北望退谷，掩映翠樾中，如悬董巨妙画在阁之壁。谷口外，沿泉东行，皆石壁也，大石一方，上建观音阁。再东则卧佛寺，傍谷入寺，娑罗古树，大可数围，柯干参天，瞿昙酣卧殿上。乱后寺废，香火久断矣。寺门白塔高矗，大松两行拥之，香翠扑人衣裾。

退翁记大致如上，惜过简略。所谓竹树深蔚者，今退谷已无此景，入寿安山二三里，夹道皆童赭，童山少树，即国中近日数见之景物也。北海与梅村同年，故梅村有《退谷歌》，稍后王贻上、朱竹垞皆有诗，可知清初退谷犹甚盛。退谷之荒废，当在嘉、道后。梅村诗虽不佳，但有“中使唤鹰，羽林寻鹿”之句，以上文“此地当入甘泉中”按之，似当时香山一带，为帝者苑囿、巨珰坟墓所在，静明、静宜两围夹峙，寿安山正在其内，故士大夫皆惮于涉足，荒芜乃势所必至。今养庵所营别业，有石桧书屋等，补种杂树，驯养野鹤，更广买附近寺产，招徕累年，俨成武陵溪矣。水源头，夏秋间山洪递作，奔湍极有力，别业门前一小桥，几于岁岁为水所圮。忆甲子岁雨后往游，即不得渡，当时有一小诗云：

谷鸟噪暮碧，驶流有馀清。退翁凄隐地，遗此莹与峥。
我来迷前躅，桥崩石髓横。老蔓缠高屋，是中惟鹤声。
驾言漱寒石，鹤亦随我行。苔气累百尺，上与夕景争。
归途念周侯，书巢无世情。

此诗石遗先生亟称之。命意虽不及储光羲，而颇肖石门文字禅，下揖钟谭，或无愧色。今秋于役北平，又逢养庵酒次，知《寿安山志》尚未刊成，而于水源头规一亭，盖出沅叔年丈之力，因并记之。又北地虽早寒，而九日无觏雪者，唯庚午独尔。忆是岁九日前一夕，纕蘅招集广和居，谋以旦登江亭，翌晨大风雪，不果往。予有一诗纪之,中有云:“夜午忽惊千树白,梦回想象一亭明。”又云:“寂莫旧京馀二老,忍寒肯为主诗盟。”谓坐有樊山翁及柯凤孙先生,皆八十馀。今陈、樊、柯三老皆归道山,广和居亦久闭,朋辈犹时诵予一亭之句,而尺波电逝,胜会不常,清秋凭阑,唯有怅想。比者旧京益沦边塞,居人意兴萧索,匪惟冒雪入寿安,即江亭登高,亦恐吟人无此豪举也。

一五八　曾劼刚之国家意识

旧日服官,皆言忠于朝廷,或效忠皇上,鲜言国家者,盖古昔帝者家天下,不欲臣下于君之外言国,又吾国由来大一统,不知有他国也。明末梨洲、船山诸儒,痛心胡祸,稍申君与国之辨。清网一密,诸说阒然。清末能知世界大势怵心亡国者,郭筠仙之外,唯曾劼刚。劼刚议论中,已大胆以国家为一单位,不复斤斤于“圣清”“我皇上”之习说。如《伦敦复陈俊臣中丞书》云:“此次不振,则吾华永无自强之日,思之愤叹。”其复邵筱村、李香严函,语气并同。《伦敦再致李傅相函》云:“西藏与蒙古同,乃中国之属地,非属国也。”其词皆极明确。可征劼刚实有国家思想。文正之起湘军,非为一姓效忠而战,前已论之,劼刚似甚得乃翁心法。但文正父子虽心病清廷,或不为拘墟之议,却绝无革命之意,晚年尤兢兢自保。世所传《思云馆上梁文》,工匠颂云:“两江总督太细哩,要到南京做皇帝。”乃湘乡土人鄙俚无知之词,非出曾氏兄弟意也。劼刚以三十八岁出使英、法,四十调使俄,四十六岁而颐下鬑鬑,五十殁,则光绪十六年庚寅也。其元配贺,乃耦耕女,此与前述文正景仰耦耕,可作一证。继娶刘霞仙女。光绪十三年回国,刘夫人携归绒织衣袴、线织衣边等，是为近代毛织物入国之始。事皆见《崇德老人自订年谱》[①]。

一五九　马建忠条陈欧洲政事

劼刚日记中，有“记马眉叔条陈”一段。按甲午岁，京曹群诟李文忠为大汉奸，眉叔为小汉奸，今不妨一读眉叔之议论。惠敏《出使日记》云：

> 初八日抵天津，泊舟登岸，至官亭中，与司道出迎者，如冠九年丈、丁乐山、郑一峰、郑玉轩一谈。拜李相，谈极久，并谒文正公祠，行礼。未正，至吴楚公所寓焉。饭后李相来谈，极久。冒雨回红船，阅郭筠仙丈致李相函，及诸钞件。
>
> 有郎中马建忠者，李相派至法国学院讲求学术。其上书略云：“五月下旬，乃政治学院考期，对策八条。第一问，为万国公法，都凡一千八百叶，历来各国交涉兴兵疑案存焉。第二问，为各类条约，论各国通商、译信、电报、铁路、权量、钱币、佃渔、监犯及领事交涉各事。第三问，为各国商例，论商会汇票之所得持信，于以知近今百年西人之富，不专在机器之创兴，而其要领，专在保护商会，善法美政，昭然可举，是以铁路、电线、汽机、矿务，成本至巨，要之以信，不患其众擎不举也。金银有限，而用款无穷，以楮代币，约之以信，而一钱可得数百钱之用也。第四问，为各国外交专论，公使外部密札要函，而后

① 《崇德老人自订年谱》，曾纪芬(1852—1935)撰。纪芬晚号崇德老人，为国藩满女。其夫聂缉椝，历官至苏、浙二省巡抚、兼营工业。

知普之称雄，俄之一统，与夫俄、土之宿怨，英、法之代兴，其故可觇缕而陈也。第五问，为英、美、法三国政术治化之异同，上下相维之道，利弊何如，英能持久而不变，美则不变而多弊，法则屡变而屡坏，其故何在？第六问，为普、比、瑞、奥四国政术治化，普之鲸吞各邦，瑞之联络各部，比为局外之国，奥为新蹶之后，措置庶务，孰为得失？第七问，为各国吏治异同，或为君主，或为民主，或为君民共主之国，其定法、执法、审法之权分而任之，不责于一身，权不相侵，故其政事纲举目张，粲然可观，催科不由长官，墨吏无所逞其欲，罪名定于乡老，酷吏无所舞其文，人人有自立之权，即人人有自爱之意。第八问，为赋税之科则，国债之多少。西国赋税十倍于中华，而民无怨者，国债贷之于民，而民不疑，其故安在？此八条者，考试对策凡三日，其书策不下二十本，策问细目，盖百许条，逐一详对，俱得学师优奖，刊之新报，谓能洞隐烛微，提纲挈领，非徒钻故纸者可比。近日工课稍宽，间至炫奇会游览，四方来巴黎者毂击肩摩，多于平日数倍，但炫奇会陈各国新得之法，令人细玩，会终标奖其最优者，原以激励智谋之士。然炮之有前膛、后膛孰优孰劣，弹之贮棉药、火药何利何弊，附船之铁甲有横直之分，然海之电灯有动静之别，水雷则有拖带激射浮沉之不一，炮垒则有连环犄角重单之不同，均无定论，是军法之无新奇者；煤瘴之伏矿中，无定法可免，真空以助升降，无善述可行，此矿务之犹有憾事也；机织之布，敏捷而不耐久，机压之呢，耐久而不光滑，机纺之绸，价廉而无宝光，此纺织犹待考求也。下至印书、酿酒、农具，大抵皆仿奥、美二国炫奇会之旧式，并未创有新制。至于电线传声，与电报印声，徒骇见闻，究无大益。惟英太子之珠钻玩好，法世家之金石古皿，独辟新奇，乃前此所未见，然此不过夸陈设之精，供游观之乐，以奢靡相矜而已，岂开会本意者？但法人设此会，意不在炫奇，在铺张。盖法战败赔款后，几难复振，近则力讲富强，特设此会，以夸富于外人。有论中国赛会之物，挂一漏万，中华以丝、茶为大宗，而各省所出之绸未见铺陈，各山所产之茶未见罗列，至磁器之不古，顾绣之不精，无一可取，它如农具人物，类同要物，堂堂中国，竟不及日本岛族，岂日本之管会，乃其土人，而中华则委西人之咎乎？此巴黎炫奇会大略也。忠在欧一载，初到之时，以为欧洲各国富强，专在制造之精，兵纪之严。及披其律例，考其文事，而知其讲富者以护商会为本，求强者以得民心为要。护商会而赋税可加，则帑藏自足；得民心则忠爱倍切，而敌忾可期。它如学校建而智士日多，议院立而下情可达，其制造、军旅、水师诸大端，皆其末焉者也。于是以为各国之政，尽善尽美矣。及入政治院听讲，又与其士大夫反复质证，而后知尽信书不如无书之论，为不谬也。英有君主，又有上下议院，似乎政皆从出，不知君主徒事签押，上下议院徒托空谈，而政柄操之首相与二三枢密大臣，遇有难事，即以议院为藉口。美之监国，由民自举，似乎公而无私矣，乃每逢选举之时，贿赂公行，更一监国，则更一番人物，凡所官者，皆其党羽，欲治得乎？法为民主之国，似入官者不由世族矣，不知互为朋比，除智能杰出之士如默耶诸君，苟非族类，而欲得一优差，补一美缺，戛戛乎其难之。诸如此类，不胜枚举。忠思于各国政事，汇为一编，名曰《闻政录》，首曰开财源，二曰厚民生，三曰裕国用，四曰端吏治，五曰广言路，六曰严考试，七曰讲军政，而终之以联邦交。

现已稍有所集，但恨少无所学，每有辞不达意之苦。然忠惟自录其所闻，以上无负中堂栽培，下无虚西人教诲，敢云立说也哉?”

闻建忠年才二十有六，精通法文，而华文函启亦颇通畅，洵英材也。爰取原函，稍为润饰，而录存之。

观眉叔议论乃殊不满英、美、法政制，其所判断如何另是一事。而可叹息者，即京曹所呼之小汉奸，本人却并不满意于外国，此等处正自哭笑不得。又可知京曹风气，凡稍通外国情事者，一遇事变，略当其冲，即被呼为汉奸，此等习惯，由来已久。

一六〇　琉球使臣流寓京师

关于缉捕汉奸，文芸阁《闻尘偶记》中亦有一节云：

甲午之役，有奏请缉奸细者，言其人住南城外羊肉胡同，谢姓。廷寄命给事中唐椿森(尚有满给事，不记其名)缉之。唐至，饬兵役勿遽，先检其来往书札，则琉球遣臣求援于中朝者，流寓京师十二年矣。每岁皆有表文，而总督不为达，其旅费则琉球遗民倾助，间有奏致其旧君，则间关由粤渔船转达，流离琐尾，备极可怜。至是方作函牍，冀中朝之大捷而中山之复国也。唐据实奏闻，始免捕送刑部。此事如稍鲁莽，则含冤者莫可诘矣。唐君字晖庭，广西宣化人，余会试房师。

芸阁所记如是，可知即指名奸细者，鉴别正自不易，尤不可遽以辣手为快。

一六一　朱勔子孙世业园艺

前记盆景，知此风创于宋末，盖花石纲一役之遗也。近阅徐仲可《康居笔记》云：

> 宣统辛亥孟春游虎邱，遇花佣朱经葆，自言远祖为宋之大官，珂目笑之。一日检阅乾隆《虎邱志》，始知为朱勔之裔。志引《元和郡县志》云：郡中人家园林欲栽培花果，编葺竹屏革篱者，非虎邱人不为功。相传宋朱勔以花石纲误国，子孙屏斥，不与四民之列，因业种花，今其遗风也。又引《吴风录》云：朱勔子孙居虎邱之麓，以种艺垒山为业，游于公卿之门，俗呼为花园子，岁时担花鬻于城市。又清沈德潜《过虎邱花衖偶作》诗云："绿水园中路，由来朱勔家。子孙遭众谴，窜伏业栽花。艮岳久成仞，山塘转斗华。可能存隙地，留与种桑麻。"

据此，则朱勔子孙均在矣。然《元和郡县志》所云，亦不全确。朱勔盖本非士族，《云麓漫抄》："朱勔之父朱冲，吴之常卖人。方言，以微细物博易于乡市，自唱曰常卖。一日至虎邱，主僧听其声，甚惊，出视之，延之设茶，语以他日必贵，自是主僧颇周给之。"观此，则朱本是虎邱叫卖什物之小贩，其遭际乃分外事，亦意外事。金兵陷汴，勔败，则子孙复归故乡，以勔创花石纲，工于园艺，其族子弟必因而有经验，故业堆石莳花耳。所谓屏斥，所谓众谴，恐皆追加之词。今艮岳诸石，尚有存于北海琼岛者，玲珑剔透，信出精鉴。

又《铁围山丛谈》载："艮岳阳华门，夹道荔枝八十馀株，当前椰实一株。每召儒臣游览，则一珰执荔枝簿，立石亭下，内使一人宣旨，人各赐若干，于是主者乃对簿按树以分赐，朱销而奏审焉。吾一日偶侍从鲁公入时许，共尝椰实。一小珰登梯，就摘而剖之，诸珰人荔枝二枚，于是大珰梁师成者尽愕然。吾笑而顾之曰：'诸人久饫矣，且饶吾一路。'盖是时群珰多尚文字，妄相慕仰，咸以吾未始得尝故也。语此一事，令人怆怅。"以荔枝、椰树而能植于汴梁，使之结实，其于树艺之术，必大有发明。由此可证《上林》、《西京》诸赋所罗举动植品类，汉苑中亦必皆有之，不第尔时陕西、河南气候或有不同，且豢养种植必有专术，可以推定。朱勔与花石纲，虽皆不足为训，若生于今日，用所长，舍所短，未必非载誉之园艺专家也。

一六二　鸡毛笔

杨惺吾[①]先生工书，其险劲有味处，得鲁公《争坐位》之髓。晚年至北京，予求得一短幅，腕力似病木强，不久先生果下世。然视华阳顾印伯先生，辛壬间数获陪吟集，而未尝丐其一字者，为有墨缘矣。去年忽觏惺老书一手卷，乃录元李泂《庐山游记》，笔极秀拔，神彩生动。以仲鸣新于匡山营精舍，怂恿易得之；并为题两诗，识其颠末。而李泂杨书作李洞，按李洞唐人，即铸金祀岛之李才江。元无李洞，必"泂"之误。考泂，藤州人，字溉之，泰定初除翰林待制，天历初授奎章阁承制学士，《经世大典》，泂所修也。走叩吴

① 杨守敬，谱名开科，榜名恺，更名守敬，字鹏云，号惺吾（星吾、心物），晚号邻苏老人。湖北宜都人。同治壬戌举人。工书法，著名地理学家、版本目录学家、藏书家、金石学家。

霭林，信然。霭林云：《江西省志》及旧《庐山志》，皆讹作“洞”，前年编新志始校正，收其《游记》。然则一字之讹，未可为邻苏老人责。予闻惺老作书，喜用鸡毛笔。光绪中，黄冈笔工吴德元制鸡毛笔极工。宜都自谓书以逸胜，又自谓腕弱与山谷同，鸡毛丰而柔，以柔济柔，转可救其不足。罗田周伯晋，故张南皮门下士，尝以鸡毫献之，南皮大喜，谢以一诗云：

> 古人贵硬笔，刻画等锥印。取材颖与须，刚健生神骏。
> 宣城传散卓，能使少师困。今人矜柔毛，因难乃得顺。
> 墨采常有馀，曼缓藏坚韧。新意缚鸡毦，三钱非鄙吝。
> 盘辟尤如意，得自弋阳郡。芥羽杀馀怒，草翘涵朝润。
> 毫齐力亦齐，马服忘其迅。刷勒无不可，茧栗至径寸。
> 细筋自露锋，丰肌转成韵。万物无刚柔，善役随所运。
> 投笔揩眼花，忘我椎指钝。

按伯晋名锡恩，癸未进士，而南皮又尝以黄州鸡毛笔，课经心书院，取江东洪子东德栫第一。今玩杨书，露锋成韵处，或亦鸡毫所作也。按《潜确类书》：“岭外少兔，以鸡雉毛作笔，亦妙，即苏长公所谓‘三钱鸡毛笔’也。”按东坡《跋资深书》云：“此卷实用三钱买鸡毛笔书。”虽意轻之，然东坡确已用鸡毫。广雅诗字皆师法长公，故有“三钱非鄙吝”语。

一六三　制笔诸说

因话鸡毫笔，而杂忆笔之诸说。友人姚茫父谓兔毫始于思翁，今以羊毫为常，此盖指明清以来柔毫之沿革。考《史记》称蒙恬取中山兔为笔，是兔毫最古。右军书《兰亭序》，用鼠须笔，遒媚劲健，盖硬毫也。《唐书》欧阳通书亚于父，以狸毛为笔，覆以兔毫，此似用兼毫矣。然自右军以鼠须书《兰亭》，后世最重鼠须，蔡君谟为永叔书《集古录序》，欧以鼠须栗尾笔为赠。山谷《诸葛笔》诗“宣城变样蹲鸡距，诸葛名家捋鼠须”，是其明证。至猩猩毛笔，乃变相取新。王隐《笔铭》：“岂其作笔，必兔之毫？调利难秃，亦有鹿毛。”鹿毫盖难秃者，予喜用之。旧都笔工有名李福寿者，制狼毫，被以鹿毛，最耐使，但使字瘦耳。

一六四　姚茫父论笔之起源

茫父于笔之旧制颇有创论，其说谓：

兔毫未兴，则用刚毫，有毫无毫，亦别刚柔，有毫者柔，无毫者刚，故虽刚毫，亦称柔翰，要皆谓之笔，沿秦名也。柔笔之制，盖与纸并兴，而刚笔所施，适于竹帛。秦谓之筆者，楚谓之聿，吴谓之不律，燕谓之弗。本《说文》，笔（筆）于文从竹从聿，聿所以书也。书（書）画（畫）二字皆以聿，则楚语最先最广。聿从𦘒一声，𦘒，手之捷巧也，从丫持巾，⺕手也。予谓𦘒非持巾，乃持个，在聿之前，所以书也。个未成名，故不为文。𦘒训手之巧捷，于谊为事，从又持个，于六书为象事。刚笔之制，有漆笔，用之于漆书，有刻笔，用之于书契。漆笔，予见之吴大澂《古玉图考》一百十三“璠玉二具”说曰，是玉四方而锥首，相传以为漆笔。又曰《父乚角》文有乂字，陈寿卿曰：肘有悬聿，犹后世之橐筆。又吴大澂辑《说文古籀补》，收《聿贝父辛卣》，⺕与《父乚角》文意同。漆笔之可考者如此。刻笔，他无可证，惟以聿从𦘒，𦘒从又持个绎之，⅄当是刻笔，制如木形。《说文古籀补》又收《聿贝父辛觯》,朩乚释为聿,说云:古聿字象手执巾,巾不律也。《古玉图考》一百十三又云:窃疑古之不律,旁有两悬针,惜不得见耳。是吴亦以笔为不律,即谓笔也。巾之为刻笔也,其说如何?夫上古结绳而治,后世圣人易之以书契,结绳之术,利用柔克,体物写状,从心所欲,无不宜也。及易为书契,则利用刚克。规矩未立,方圆异度,方易为切,圆难为周,刻画之时,无所取则,刻笔锐出,耑必有枝,有所规画,立锥以求中,攲枝以取廓,于事捷巧,故文从又,持巾为巾,谓手之捷巧。巾无成名,附箸于聿,逮于名立,则书为聿,聿之用在耑,于耑识之。聿,从聿一声,予谓从聿从一,一即其识,与刃朱同意,非声,或亦声耳。石器之后,易之以金木者,刻笔以金为之,式犹锥形,故今语笔曰毛锥,尚沿古式,而加之形容。古刻笔有枝,以便规画,习之既久,虽无规而自圆。予尝习古文籀篆,作为规形,以渐而适,古今无异,故益练达,乃去旁枝,因传四方锥首之制,今语持笔,犹曰操觚,其遗语也。(陆机《文赋》"或操觚以率尔",注:觚,木之方者,古人用之以书,犹今之简。予谓觚不必简,当谓笔,如《古玉图考》四方锥首之式。操觚,挥翰,搦管,执笔,古今文章所叙,语皆相类。)是以古笔二式,有枝无枝异焉。二式之中,不知几变,惟旁枝锥首,与四方锥首传。而四方锥首,已入漆书之世。予见商遗龟版,上刻文纤颖,犹是刻画。则漆书之作,必当姬周,蘸漆书简,尤省而速,犹作佉庐右行之书,其笔头仿佛可想。不过受笔之地,刚柔异质,其所濡笔,浓淡殊科,中外源流变迁不同,要是古代遗制,可互证也。神州石刻古迹周前不传,正缘刻笔不能巨制。漆书继作，稍便涂饰。坛山四字（吉日癸巳），岐阳十鼓，所以冠冕石文，而世传《岣嵝》禹迹，红崖殷刻，（红崖刻石，在贵州永宁。旧说以为殷高宗，独山莫友芝为潘氏赋诗，以为禹迹。）以笔之沿革校之，未见其然也。由此以言，则刻笔用忄决然无疑。

茫父此说，谓刻笔远在漆书之前，极有思致。惜除窸斋旁有两悬针一语以外，无他确证。予今秋于役旧京，福开森君坚邀观所藏古物，获见首如锥而四方之笔，盖以铜制，非玉为之。福谓此为最古矣，予意亦然。若锥首四方漆笔以前，尚有如忄之刻笔，则其时冶铁之工业必发达。以漆书时代推之，夏商时，铁工未盛，未必每笔必铸附两旁枝，因以为规也。予意古人刻字，例如刻龟片甲骨，皆只用刀，或用如锥之笔。而刻字之刀，殆即削属。刀与削，今虽不易睹，然予按宋张世南《游宦纪闻》称："已丑秋孟，访一亲旧，出示古物数种，皆所未见。一刀长可七八寸，微弯，背之中有细齿如锯，未有环。予退而考诸传记，乃知其为削。《考工记》筑氏为削，长尺博寸，合六而成规，此所以微弯也。郑氏谓之书刀，以灭青削槧，如仲尼作《春秋》笔削是也。萧、曹皆秦刀笔吏，师古曰：刀，所以削书也。古用简牒，皆以刀笔自随。郑氏又谓三分其金，而锡居一，谓之大刀；五分其金，而锡居二，谓之削。如此是刀与削分为二物也。郑氏曰：刃，刀剑之属；削，今之书刀。孔安国曰：赤刀赤刃，削。《少仪》曰：刀却授拊。郑氏曰：颖环也，拊把也。《释名》曰：刀到也，其末曰锋，若锋刺之利也。其本曰环，形似环也。然则直而本环者，刀也；曲而本不环者，削也。予所谓有齿如锯者，（王）《释名》所谓若锋刺之利者，但其本有环，又不可以名之以削，古人制作精微，必有所本，更俟请教于博洽君子也。"按此，则削之制大略可得而言。其云"若锋刺之利"者,实雕刻之用,初似无旁加两针之繁复也。

一六五　姚茫父桂未谷之论墨

由笔而及墨,茫父于此,亦主古用石墨之说。其言曰:

刻画既成,必施采饰,使其显著,则用拂拭,因于聿而饰之。《说文》:"聿,聿饰也,从聿从彡。"予谓色采所以饰之也,故聿,燕谓之弗,弗与拂同。所施采饰为朱为墨,殆不可定。按《说文》墨,"书墨也",意是用墨于文。墨从土,从黑。王筠《句读》曰:"赤之古文烾,从炎土。"墨从黑,篆文叜土者,盖钟氏染羽,由赤入黑,又疑石墨自古有之也。桂馥《义证》,则谓古者漆书之后,皆用石墨以书,《大戴礼》所谓"石墨相著则黑"是也。又顾炎武说,今人谓石炭为墨。桂氏按,《水经注》冰井台,井深十五丈,藏冰及石墨焉,石墨可书,又燃难尽,亦谓之石炭。是知石炭、石墨一物也,有精粗尔。予谓刻笔之书窳,漆笔之书隆,漆书既罢,墨书代行,仍为隆书,虽与刻笔之填墨为窳书,所用不同,而石墨之与刻笔,当随书契并兴,不在漆书后也。石炭今语曰煤,亦曰乌金,顾氏石炭为墨(氏)之说未详也。煤字晚出,惟《吕览·任数》有云:"煤炱入甑中。"注:谓烟尘也。此煤字之始见载籍者。其后烧松取煤,以代石墨,因谓墨为煤。汉尚书令仆丞郎月赐隃麋墨。麋墨,或即一字之假。后世又转以煤名石炭,而与墨异称矣。今日本语犹曰石炭,不谓煤也。欧洲制笔,有以木为表,以铅为里者,译曰铅笔。予询之日本学者,亦云铅之质,石炭也。然则石炭为墨,无古今中外之殊，其取材之同有如此者。

茫父此说，不如未谷[1]之简明。未谷举石墨事最详，《说文义证》卷四十四"墨"字下云：

> 戴延之《西征记》，石墨山北五十里，山多墨，可以书。顾徽《广州记》，怀化邪掘堑，得石墨甚多，精好可写书。《浔阳记》，庐山有石墨，可书。《舆地志》，上洛山有石墨可书。《寰宇记》，虔州赣县上洛山，有石墨可书。《元和志》，寿安县石墨山，在县西南三里，山石如墨，可以书。又云：黟县有墨岭，出墨石。《寰宇记》，黟县墨岭山，岭有穴，中有墨石，软腻，土人取为墨，色碧甚鲜明，可以记文字。又有石墨井，昔人采墨之所。《辍耕录》，上古无墨，竹挺点漆而书，中古方以石磨汁，或云是延安石液。杨慎曰：《魏都赋》"黑井盐池，玄液素滋"。注：邺西高陵，西伯杨城西有黑井，今在彰德府南郭村，井产石墨，可以书。陆士龙《与兄书》云："三台上有曹公石墨数十斤，云烧此复消，可用，然烟中人，不知兄颇见之否？今送二螺，即此物也。"又宜阳县有石墨山，汧阳县有石墨洞，赣县、兴国县上洛山皆产石墨。广东始兴县小溪中，亦产石墨，妇女取以画眉，名画眉石。按古者漆书之后，皆用石墨以书，《大戴礼》所谓"石墨相著则黑"是也。汉以松烟桐煤既盛，故石墨遂湮废，并其名，人亦罕知之。

下文即茫父所引者，不具录。观此，石墨即今之煤，或含煤之土，其质稍软，可以研汁作书者。古人或笵黑土作墨，怀化郡掘堑

① 桂馥，字东卉，号未谷，山东曲阜人。乾隆进士。官云南永平知县。小学名家，又擅杂曲。有《说文义征》、《札朴》、《晚学集》等刊世。

所得者，或即制造之石墨。其质硬者，古则谓之石炭，实即一物。亭林石炭为墨之说，试与陆云《与兄书》对较，甚显易晓。而茫父谓为未详，抑又何也？

一六六　张篑斋咏石炭诗

又忆张篑斋以马江之败，谪戍察哈尔，有《和东坡石炭》两诗并序。序云：

石炭，即今所烧之煤。注家引《汉地志》、隋王邵论、陆游《老学庵笔记》，颇详备矣，余更以《水经注》、《豫章记》及宋人杂著证之，石炭即煤无疑。窃意《说文》无煤字，炭从岸省声，即是石炭。许训烧木馀，乃引申义。史汉纪，窦广国至宜阳，为主入山作炭，岸崩尽压卧者，少君独脱，此即北方取煤，穴山被压，非烧栗薪也。《周礼》掌炭之炭物，郑注谓山泽之农所出，亦不专指木炭。后世专以伐薪所为者谓之炭，而石穴转假炱煤字名之，失其义矣。坡公以石炭冶铁作兵，犀利胜常，形诸篇什。至今日而石炭之用系于军国，谁谓文忠仅诗人哉？余辛巳之冬，尝和此篇，及谪塞上，石炭出察罕者，值昂，臭恶，矿且告竭，乃复续一诗。前章觊复中国治卝[①]之利，后章深慨边方食用之艰，亦庶几杜陵负薪、白傅卖炭云尔。

第一首云：

雷斧击崖臀股断，防风骨节巅项骭。

海国机心凿窍开，怒舰飞车恣畔换。

---

① 卝，kuàng，即矿(礦，古礦)字。卝人，即掌金玉锡石之人。

厚坤富媪蕴阴阳，预鞲鲛龙炉底炭。
坛升黑玉甊有文，沏积青金焰不散。
西北家家足炊爨，周后丱图请传看。
欧冶薛烛亟物色，折兰卢侯斩锐悍。
炎炎火山石可樵[1]，铮铮铁山戈乃锻。
漆身黿面人作劳，何苦獠奴求阿段[2]。

又第二首：

君不见塞南童土樵采断，樵子号寒衣至骭。
方筐拾得马通归，流人翻取名香换。
我观广莫山宛延，上者金银下瑞炭。
单于不知利有孔，但逐水草牛羊散。
土人燃石火风腥，夜气神苗更谁看。
五千山荣杂代貉，莫笑岩顽与石悍。
人居未稠地宝閟，谁迁程卓业冶锻。
鹁鸪斑斑胡桃文，贵官烧木论条段。

按东坡《石炭》诗，乃是元丰元年得于徐州西南之白土镇者，今不知尚有煤矿否？而察哈尔之煤矿，固随地可得，二诗饱满精悍，正可想见篑斋之为人。阿段，虽用杜诗，而杜本用《北史·蛮獠传》语，獠无氏族之别，惟以长幼次第呼之，男呼阿段，女呼阿等，正是条段等第之意也。

① 原注：《水经》漯水下，火山出石炭，火之热同樵炭。
② 原注：今治丱皆用泰西为丱人，故云。

一六七　陈三立甲午请诛李鸿章

前所采拔可①尊人次玉先生在南皮两江督幕中录藏光绪甲午、乙未间中东战役诸电，即南皮、唐薇卿力谋联法保台者。册后尚录其时散原老人自武昌致南皮一电，以马关和约签定，请吁奏诛合肥以谢天下，此电南皮未作复。当时士议偾腾，主此说至多。散老今年八十三，是时年裁四十一，与丁叔雅、谭复生、吴彦复号四公子，风采踔发，物望所归。故其时右铭先生虽开藩直隶，而散老忠愤所迫，不遑顾虑，辄敢以危言劝南皮也。予初未审散老此电命意，故甄录不敢遽及。近读《散原精舍文存》中，自为其尊人右铭先生行状，有云："马关定约，和议成，府君痛哭曰：'无以为国矣。'历疏利害得失，言甚痛。"观此，则对和约之不满，义宁桥梓固一以贯之。行状又言："其时李公鸿章自日本使还，留天津，群谓且复总督任。府君愤不往见，曰：'李公朝抵任，吾夕挂冠去矣。'人或为李公解，府君曰：'勋旧大臣如李公，首当其难，极知不堪战，当投阙沥血自陈，争以死生去就，如是十可七八回圣听。今猥塞责望谤议，举中国之大，宗社之重，悬孤注，戏付一掷，大臣均休戚，所自处宁有是耶？其世所蔽罪李公，吾盖未暇为李公罪矣。'卒不往。"得此一段，不啻兼为散老之电下一注解。

盖义宁父子对合肥之责难，不在于不当和而和，而在于不当战

---

① 李宣龚，字拔可，号观槿，因收藏伊秉绶(墨卿)书法多，故又号墨巢。福州人。光绪甲午举人。曾任县、府。与林旭善。曾与张元济等创办商务印书馆。工诗，有《硕果亭诗集》、续集等。

而战，以合肥之地位，于国力军力知之綦审，明烛其不堪一战，而上迫于毒后仇外之淫威，下劫于书生贪功之高调，忍以国家为孤注，用塞群昏之口，不能以死生争，义宁之责，虽今起合肥于九京，亦无以自解也。信由斯说，则散原当日之愤激自在意中，固卓然可存。原电云："读铣电愈出愈奇，国无可为矣。犹欲明公联合各督抚数人，力请先诛合肥，再图补救，以伸中国之愤，以尽一日之心。局外哀鸣，伏维赐察。三立。"

按散老此电，乙未五月十七日由武昌发，戌刻至江宁者。

一六八 曾国藩居疑谤之地

为君既不易，为臣良独难，乱世为臣之难尤甚。苟非硁硁以一死自明，则当外患内讧交煎之际，诚有跼天蹐地之苦痛。合肥甲午之役，处境虽至逆，然其时固握大柄，冠百僚，视曾文正当年孤军转战时为稍有馀地矣。故右铭先生之言，合肥当悚然汗下。至文正当时初不为朝廷所信，又不能置身事外，进退维谷，实处常人万不能堪之境。咸丰三年十二月文正力陈船炮未备，不能下援，廷谕则云："现在安省待援甚急，若必偏执己见，则太觉迟缓。朕知汝向能激发天良，故特命赴援，以济燃眉。今观汝奏，直以数省军务一身克当，汝问汝之才力能乎？否乎？平时漫自矜诩，以为无出己之右者，及至临事果能尽符其言甚好，若稍涉张皇，岂不贻笑于天下？着设法赶紧赴援，能早一步即得一步之益。汝能自担重任，迥非畏葸者比，言既出诸汝口，必须尽如所言办与朕看。"文正至此复奏则惟有曰："臣自维才智浅薄，惟有愚诚不敢避死而已。至于成败利钝，一无可恃。皇上若遽责臣以成效，则臣惶悚无地，与其将来毫无功绩，受大言欺君之罪，不如此时据实陈明，受畏葸不前之罪。伏乞圣慈垂鉴，怜臣之进退两难，诫臣以敬慎，不遽责臣以成效，臣自当殚竭血诚，不敢妄自矜诩，亦不敢稍涉退缩。"以自己起乡兵转战数省之人，而当年却以平时漫自矜诩等语诮之，此等遭际，真视昭烈之鱼水君臣有如天上！咸丰七年六月，文正沥陈办事艰难仍恳终制一疏，有云：

> 臣未奉有统兵之旨，（中略）大小不足以相维，权位不足以相辖。去年会筹江西军务，偶欲补一千把之缺，必婉商巡抚，请其酌补。其隶九江镇标者，犹须商之总兵。虽居兵部堂官之位，而事权反不如提镇，此一端也。臣办理军务，处处与地方官相交涉，文武僚属大率视臣为客，视本管上司为主，宾主既已歧视，呼应断难灵通。（中略）臣身为客官，职在军旅，于劝捐扰民之事，则职分所得为，于吏治、学额、减漕、豁免诸务，则不敢越俎代谋。纵欲出一恺恻详明之告示，以儆官邪而慰民望，而身非大吏，州县未必奉行，百姓亦终难见信，此一端也。臣前后奉援鄂皖、筹备航炮、肃清江面诸谕旨，皆系接奉廷寄，未经明降谕旨，外间时有讥议，或谓臣系自请出征，不应支领官饷；或谓臣未奉明诏，不应称钦差字样；或谓臣曾经革职，不应专折奏事。臣低首茹叹，但求集事，虽被侮辱而不辞。迄今岁月太久，关防之更换太多，往往疑为伪造，酿成事端。（中略）此外文员之凭，武官之札，皆由督抚转交臣营，常迟久而不到。军中之事贵取信如金石，迅速如风霆，而臣则势有不能，此一端也。

此疏数十年后读之，犹为扼腕！忠而见疑，信而被谤，上之授权不专，则下必到处荆棘。此等处，予尝窃疑唯文正之学养能忍受之，以底于成功；若合肥遇之，恐不能堪。盖合肥晚年所遇，乃外间士大夫之责言，官府之信任则殊深笃，故私谓李之不如曾，正在此等处。曾未尝得君，而能自成大业，李如此得君，而于不堪一战之实情，不能以力回斡，吾宁同于义宁之诤议也。然为臣之难，于此可见，不绌于此，亦必扼于彼。记文正诸疏，以为用人而疑之者告。

一六九　陈右铭风雪募饷

散原有“四公子”之目，而右铭先生则亦尝有“三君子”之目，家风甚似东汉之太邱[①]也。初，先生庚申会试落第，留京师三岁，得交四方隽雅之士，于易佩绅、罗亨奎尤以道义经济相切摩，时称“三君子”。会咸丰北狩，先生条防守六事，上枢府，适当道忧通州仓米为寇掠，骤无所为计，先生曰：“设传驼更运，前明于忠肃成法也。”由是旦夕毕移辇下。一日饮酒楼，遥见圆明园火光，因捶案大哭，尽惊其坐人。时易、罗约南还将湘军，遂归湖南。易以前受骆秉章檄，募千人号果健营，防来凤龙山间，罗副之，遂与先生俱扼次岩塘。石达开率众号十万来犯，死守累月，粮且尽，先生独身间走澧州永顺以募饷。永顺守张修府故儒吏，延见右铭先生风雪中，见其单絮衣，乃取狐裘覆之，先生却曰：“军士冻饥久矣，我何忍独取暖为？”张为流涕，趣召父老输银米济军。得即持去，守益坚；石不得逞，引去。于是果健营之名闻东南。其乞师状与退之书南霁云事相类，又适得贤太守以成其奇侠之行。又可见当时名公巨卿，皆躬历戎行，以磨练志节，其有成就，良非偶然。

---

① 指东汉陈寔、陈纪、陈谌父子。寔为许人，字仲弓，桓帝时为太邱长，父子俱有高名，以此比喻同姓之陈宝箴、三立父子。

一七〇　南宋苏泂《金陵杂感》诗

前记杨惺吾书元李泂《庐山记》事，因忆昔人以泂名者无多。宋有苏召叟亦名泂，其《金陵杂感》二百首绝句，为自来流寓白下歌诗之巨制，【然】寻常谈建康掌故者，率未知之。其诗以眺凭风景抒写性真为主，纪故实却不多。今撮录其中有关文物旧事者，得二十六首，虽只什之一，然其隽妙处，迥非元明以来金陵怀古饾饤堆砌者，所能梦见。苏为山阴人，有《泠然阁集》，与后村最善。予所抄者如下：

玉麟堂下雨丝丝，过了春风一半时。
行到水乡应底事，黄莺飞上杏花枝。

朱雀街头观阙红，角门东畔好春风。
人家一样垂杨柳，种了宫墙自不同。

小小游车四面红，美人花貌映玲珑。
随车更有郎行马，散入钟山十里松。

万钥深深待驾临，府藏戈甲库藏金。
规恢画饼翻成癖，辜负先皇一片心。

南位之南下曲街，画罗窗户隔红梅。
方方丈石平如掌，曾是官家拜斗来。

小小规模似禁中，分明夏禹欲卑宫。
白头官吏知年几，犹指屏风说孝宗。

伯玉文章一世雄，买碑人去更无踪。
欲寻水馆风亭处，只在西门折柳东。

蘼芜涧边春草青，桃叶渡头江水生。
女郎到此歌一曲，不尽今来古往情。

石头城上更高层，与客携壶试一登。
屈曲江流学秦篆，春风应似李阳冰。

四望庭中四望花，青春那属外人家。
中间更着垂垂柳，自倚东风待翠华。

龙光寺里只孤僧，玄武湖如掌样平。
更上鸡笼山上望，一间茅屋晋诸陵。

谢公遗冢尚坡陀，丝竹中年好若何。
亦到旧时携妓处，野人行馌妇行歌。

白石桥边白字碑，康王神道定为谁。
路旁借问无人识，自滴村醪酹藓龟。

青骨标灵尔许奇，翩翩白马去何之。

庙门贴在烟云上，此是江东第一祠。

白日相思可奈何，青春三月已无多。
桃花风急鲤鱼老，独上台城听踏歌。

青漆楼亭制作奇，当时纯不用琉璃。
东昏幸自嗤梁武，不道东昏更可嗤。

临春何在只桑麻，法室丛篁间杏花。
旧日此间同泰寺，曾将龙衮换袈裟。

元帅中军展将旗，军中新刺好男儿。
风云阵法秋毫识，前日兵兴使不知。

缚屋牵牛旋旋归，淮边绿野尽耕犁。
弓刀武备何曾识，只是当初田舍儿。

州衙三面接秦淮，临水朱门一半开。
却是浙中无此意，江鸥飞舞入城来。

潮水萦回御水通，垂杨照影绿茸茸。
天生此地非疏凿，未必钱塘似此中。

一万强人犯海陵，可怜谈笑陷官兵。
张韩刘岳今何在，塞上将军总有名。

多少横尸叠似楼，官人早晚解江头。
淮南已似无聊甚，行到江东划地愁。

城南二里楚江陵，吴帝名为石首城。
如今土坞无青草，笑杀当时何必争。

东门草色绿匆匆，游女行寻郎马踪。
鸡鱼不到吴大帝，签卜争求梁宝公。

小盖高肩翼蔽无，钟山寺里换篮舆。
相逢举止无羞涩，一段风流似上都。

诗中之玉麟堂、朱雀街、角门、宫墙，皆言南唐宫阙之遗址；青漆楼亭，则六朝遗制；元帅淮边等，则言宋之防金也。其“小小游车四面红”一首，“东门草色绿匆匆”一首，“小盖高车翼蔽无”一首，皆可见南宋时士女游钟山、灵谷一逻之盛况。南宋以淮上为边垣，今江苏境内皆金人兵马出没之区，故秦淮尚极荒寒。尔时淮通江，故有江鸥入城之景，而以金陵与“浙中”、“钱塘”、“上都”之临安相挈较也。

一七一　游百洞山

忆乙丑南归，冬十二月将为百洞山青芝寺之游。舟至琯头，以舆行至百洞山。山之名闻之已夙，曩在京时，石遗老人寄示《重修青芝寺记》，中有云：“山一而洞百，其胜可知。去岁读龙先生集，所为文熟于首郡形胜，自台江至海百余里，左右缭绕之山川岛屿，如指诸掌，顾未详青芝，惟诗中有《憩泉》、《定光》、《石室》、《星窝》、《悬星洞》、《猿公岩》、《天路》、《玉蜍》诸绝句，不甚显于世。然读叶台山《青芝诗序》，则云孟溪之上为中峰，岩洞奇绝，去廷尉董公居不数里，鲜有游者，公芟芜刊阻，名胜始出，可与吾邑福庐相伯仲。是兹山赖董公而辟，更赖叶公而传。”心焉好之。董公者，明之董应举也。

余既定日游青芝，先期假得《崇相集》，考其大略。舆抵山阿，仰望青碧无际，累累者皆石也。虽有树皆不逾寻，其石大者数十丈，小者数尺，蹲者，耸者，各极其胜。时方隆冬，石色浓翠可掬，与朔方之童山赭石大异。余所游山皆危峰绝涧，脉络分明，兹山则皆木尔。舆行渐进渐险，寺在其腹，楼外梅花数本方盛开，杂以丛竹，凭栏俯望，江光如练，沙鸟风帆，一一在目，盖青芝徵社同人所新葺。出寺游所谓百洞者，仅得四五洞，导者言山有百洞，非尽人所能入，其呀然奥深者不过十馀，其完好者不过六七，以百洞名，举其成数而已。余所游者，为蝙蝠洞、落星洞、虎洞等，以蝙蝠洞为最大，壁有叶台山题句，盖其读书处。忆余所游北方诸山，若上方山之云水洞，戒坛之观音洞，皆深以数十百步计，泰山之朝阳洞，则仅具其名，西湖诸山之洞，亦与翠微之宝珠洞、石鼓之白云洞相似，视云水洞相去甚远。百洞山之诸洞则皆大石相支撑，三五大石之隙，虚而庨若，便呼为洞。石皆修广魁梧，其旁累或镵之为石级。由甲洞入乙洞，委曲相连，如入复室，各洞皆石壁峭立，上露天光，净好可憩，略无钟乳，亦鲜化石，是兹山之所独也。观天门及三蟾蜍石，略肖其状。虎洞最远，洞外有楼三楹，颇雅饬，僧指一石谓是伏虎，洞名所取义。然余考《崇相集》，明季故有虎，董公亲见猎者殪之，洞或以此名欤？由虎洞下山，已薄暮，山色江光，苍然四合，樵歌渔唱，迢递互答，此景平生不能忘也。兹游得一诗云：

青芝俯江干，戴石别成趣。鸣泉绝无涧，一碧不须树。
我来台山后，百洞恐非故。岩腰有何好，楼楯曲比附。
绕树植梅竹，江国入指顾。双崖障其东，危径即天路。
玉蜍辞望舒，化石伫寒露。其阿蝙蝠洞，磴仄窘余步。
窥天真坐井，静与太古遇。此云最胜处，验取壁题句。
星窝石寻常，虎洞远奔赴。山僧指磊隗，妄状脊与跗。
吾稽崇相集，射生诗自注。山君气已索，遗说传屡误。
坐令草间迹，么黠付狐兔。郭君今再来，为我语姁姁。
寺新僧反蠢，叹息陵谷暮。苍烟遂四合，归棹更洄溯。

石遗先生极称此诗，今秋九日同游祖堂山，车次尚举首四句也。

一七二　梁节庵致杨叔峤二札

亮集示所藏梁节庵与杨叔峤二札。梁髯达后，作书多寥寥数语，笺纸绝精，旁椠某簃某室，笔致疏俊，仅足玩赏而已。此则委婉长言，差资考镜，盖其失意时所作也。第一札云：

钝叔三兄座下：病起曾致书为谢，并有肖岩一函，又前者有三弟一书致上左右，想都察及。月初返山居，扰可庄衙斋一月矣。旋闻二弟逗留海上未发，适亲串来问疾，遂同赴沪料理。二弟前赴山东，昨甫启轮。三弟电来，说二十自粤行，因复少待。自兹吾兄弟三人遂天各一方，家人亦都分散，求如往时团聚不可得，人生有几，能不伤心！次棠与我书，言待一二年后，仇彼者渐去，便回家变卖产业，复将数世坟墓用土培厚，然后携家远行，弟所遭颇相同云。三弟离省过久，非我初意，亦由家中久居，一时迁动不易，故迟迟耳。太邱已交卸，王之春来矣，何以不得山西巡抚，专发牢骚，殆交情不逮胡聘之耶？三弟读书太少，久居武昌不宜，同乡中口舌尤可畏，归后得一外差，尤妙，惜太邱离任，恐不易言。（往与之春周旋数年，未尝食彼一饭，干彼一事，三弟即得差使，亦是南皮、义宁交情，与之春无涉也。）月内仍回海西庐，今年度岁于此。君与伯严捐款未见寄来，盼之至。天寒，珍重千万。伯严同候。鼎芬顿，十月二十一日。

第二札云：

岳州书院讲席，有贤太守为主人，发端自南皮，数书劝行，若足下，若陈公子。江湖漂泊，当代大贤君子殷拳于鼎芬者如是，此举真当光明磊落四字，揆之初愿，亦所欣为。惟病后体气自亏，非若昔者，于接见生徒，讲书论学诸事，均恐延误，无益太守之政教，有乖来学之盛心，不可一也。鼎芬无意于世久矣。往者广雅一席，特以南皮高谊，遂忘鄙陋，为之年余，究亦何补于学子？自前年浮海，日与世远，由兹以往，方欲愈深愈密，无知我姓名者，保遗体之清白，存此身于乱世。若复玷讲席，重与冠裳，非我初心，愧予夙夜。君素爱我，当亦鉴之，不可二也。乙酉迄今七年矣，一书未成。三十已过，前三年则悴于院事，近者以两弟官事，费尽心力，今均有成。以后岁月宽闲，正欲寻讽故书，刊落人事，若使日对数十学子，自待转轻，有违孟子之训，不可三也。君为谋之忠，发言之诚，每展手札，弥用敬佩。鼎芬亦深知亲友之惠，不可久邀，讲席自食其力，事至明顺。然心之于事，先已不亲，勉强为之，定滋疚恨，与其素餐于讲舍，不若传食于亲朋。筹思再四，仍发函粤中，为明年薪火之计。讲学之事，至为烦重，今志在谋食，厥旨已非，不可四也。

私计李瀚章年七十一矣，一二年后，可以得谥赠官，届期当遄返故乡，觅一静处，设馆授徒，为终老之计，此生便欲与官场隔绝，故万万不可为院长耳。君知我有素，死填沟壑，固意中事。昔亭林以游为隐，兹意大佳，实心慕之。此时但恨无腰缠，无健仆，否则将西出嘉峪关谒左文襄祠，北至伯都讷，为次棠祭墓，岂非壮游乎！区区之意，乞委婉代陈于南皮之前，无任翘祷。谨谢，叔峤三兄。鼎芬顿。

缫蘅跋云：

叔峤丈别字钝叔，故友朋书问亦称叔子。节庵先生以言事罢官，读书焦山海西庵，故书中有“今年回庵度岁”之语。余藏节老致叔丈遗札亦有数通，皆寄自海西庵者，想见两贤投分之笃。余《过京口》诗之一云：“梁髯大隐海西庵，蜀客冲寒恣夜谈。触我回车思旧痛，舍人墓草已毵毵。”即咏此事。

缫蘅又自注云：“节老集中有《酬杨三舍人山中雪夜见访》诗。”予按此二札，纸墨笔意皆颇相似，第一札所云“太邱交卸，王之春继之”，此指陈右铭先生任湖北布政使事。考右铭两任湖北布政使，一在光绪十六年庚寅，一在光绪十九年癸巳，此当为庚寅。第二札以“乙酉迄今七年”句及李瀚章督粤考之，必为十七年辛卯所作。其言乙酉者，光绪十一年六月节庵先以编修劾合肥，至是有旨追论诬谤大臣严议降五级，遂放浪江湖，读书焦山。适王可庄守镇江，节庵大喜，有诗“帝命词臣守润州，声名谔谔出时流”云云是也。梁读书为海西庵，遗迹具存，今不复赘。

其第一札中所言王之春，节庵直举其名，似轻视之，此节颇可谈。王之春字爵棠，湖南衡山人，彭刚直所识拔者。相传王以微秩滞粤，刚直莅广州，初不识王，刚直生日例不称觞，属僚以手版致祝而已。是岁不知如何，王羼入幕僚中，递帖庭参，彭见之，大诃诟。已而悔之，念其微官又同乡里，当众折辱，良自惭。次日特过所居谢之，王踉跄迎谈，颇称意，且谓其相貌奇伟必贵，遂荐之南皮，不数年显达矣。又传王微时业木匠，及渐贵，湘人好事者以赋嘲之，中警句云："帖包门第，绳匠胡同。帽儿戴绿，顶子绯红。门前带马之人，新交格老；座上吹牛之客，旧好梅公。"帖包门第者，王自谓为船山后人，船山遗训子孙不许仕清为官，但许为胥役如执帖包奔走之辈，故曰贴包门第。格老者，余诚格。梅公者，陈梅生。综此观之，王当为便黠之暴发官僚，故名士鄙之，节庵数语可以想见也。至第二札中之李瀚章，即合肥之兄，世称李大先生。节庵以劾合肥降官，度必深憾于李氏，故不愿回粤。次棠者，于荫霖字。计节庵自乙酉镌秩，沉滞十七年，至庚子始简武昌遗缺知府。命下之日，大喜，曾作一联云："远追二千石馀规，我辈当如汉吏；恩起十七年废籍，斯人恐误苍生。"下联语气自佳。

又节庵知武昌府时，其夫人曾来视之，节庵衣冠迎于舟次，住署中三日而去，世所传"零落雨中花，旧梦难寻栖凤宅；绸缪天下事，壮心销尽食鱼斋"一联，即是时所作也。

一七三　梁鼎芬与李文田

节庵何以劾合肥？相传顺德李若农侍郎（文田）精子平风鉴，有奇验，且谓节庵寿只二十有七。节庵大怖，问禳之之术，曰："必有非常之厄乃可。”节庵归，闭门草疏，劾李鸿章十可杀。其舅张某①力阻，不可，意谓疏上必遣戍，乃竟镌五级，二十七岁亦无恙。此说流播已久，存之而已。然若农风裁峻整，初不以命相为趋避，在当时清流中主持正论，尤为德宗羽翼。光绪二十一年乙未冬殁。文道希记其事云：

> 李若农侍郎文田，学问赅洽，晚节尤特立不苟，将死语不及私，惟谆谆以朝局为虑，见汪、长二侍郎被黜，时病已笃矣，犹喘息言曰：“吾病死不足惜，但某相国与某宦者朝夕聚集，密谋欲翻朝局，吾亲家某侍郎②亦与其谋，可若何！”不越日卒。故余挽联以“鲁连蹈海，杞妇崩城”拟之，沈子培刑部挽联以“威公泪尽，苌叔心孤”拟之，皆所谓知其深者也。

按汪、长两侍郎被黜事，指乙未长麟、汪鸣銮召见言及宫闱，立即革职一案也。若农相杨莲府（士骧）必至一品，相王文勤（文韶）拜直督，后必入相，且生还乡，皆奇验。然吾又闻石遗老人言，节庵劾合肥折，原系易实甫戏拟，以示节庵，喜而攫为己有。又言节庵夫人龚氏来视节庵，是其署按察使时事。

一七四　陈右铭之谋略

右铭先生盖尝入文正幕府，且曾调停文正与沈文肃之争。散原集中《先君行状》未详及兹事，朱克敬《瞑庵杂识》乃详之。克敬字香

① 指广东番禺张鼎华（字延秋），张维屏（南山）之孙，梁鼎芬之舅父。光绪丁丑进士，官翰林院编修。

② 指户部侍郎、总理衙门大臣、广东南海人张荫桓（樵野）。

荪，以盲于视，故号瞑庵。初不为官，而长于文牍，皋兰籍，久居于湘，于同时曾、左、郭诸公皆至相稔，所言殊有根据。杂识卷四云：

> 曾国藩移军安庆时，与江西巡抚沈葆桢约，厘捐均归大营，有事则分兵回救。既而江西寇四起，曾军益东，葆桢惧救不时至，上疏请留厘金养兵，诏许之。【国】藩疑葆桢卖己，绝不与通，葆桢以书谢，亦不答。会陈右铭游江南，闻之，往见国藩，从容言曰："舟行遇风，舵者、篙者、桨者顿足叫骂，父子兄弟若不相容，须臾风定舟泊，置酒慰劳，欢若平时，甚矣小人喜怒之无常也。"国藩曰："向之诟惧舟之覆，非有私也。舟泊而好，又何疑焉？"右铭曰："然曩者公与沈公之争，亦惧两江之覆耳；今两江已定，而两公之意不释，岂所见不及船人哉？"国藩大笑，即日手书付沈，为朋友如初。

而《行状》中乃详平亭沈文肃与席宝田之争，及得洪福事，亦足补国史之阙。行状云：

> 曾文正公大治兵，用两江总督屯安庆。府君稔曾公命世伟人，又幕府盛招致天下贤士，遂往游。曾公引为上客，喜过望曰："海内奇士也。"幕僚亦争交欢，相引重。李公鸿裔专幕职，尤挟府君得代己，府君雅欲亲战事，谢去，就席公宝田江西军。道彭泽、鄱阳间，饥民连数县，赈者率应故事，势且尽毙；府君恻然，就逆旅斋沐起草，驰书巡抚沈文肃公陈其状，并类及江西政要所关，凡数事，中言"赈而不能活，犹弗赈；活而不能久，犹弗活"。沈公感悟，大发帑全济无算。其时江西为寇冲，蔓延郡县，馀军多观望，独得席公军支拄四应，席公自府君至，累用奇策决胜。然寇方蚁集，势盛，而席公军单，沈公、席公又颇乖隔不相能。每军牍往还，席公辄取抵地曰："吾死此

文法吏矣。”府君笑曰：“沈公贤者，坐不知公耳。”因谒沈公，极陈“席公沉鸷，必能用智略平寇，胜艰巨。明公当开布腹心，席必为尽死。不则席败，大局危，公安所措足乎”？沈公以为然，立增席公五营，遗书披诚相拊慰。自是沈公、席公深相结，卒以歼寇，竟大功。伪幼王洪福瑱之窜闽也，府君度其时日，曰：“我间道疾趋广昌、石城间，宜可获。”席公移军穷昼夜追之，至杨家牌巨岭，会暮，军惫极，前锋植旗山下，士卒皆卧地，席公怒，命斩前锋，于是复起追，向明，岭尽，遂虏福瑱还。府君语人曰：“吾虽臆决幸中，然非席公坚忍用将士死力，福瑱终不可得。席公于用兵，天授也。”

此段极写陈之谋略，席之战功，沈之推诚，与朱瞑庵写文正之豁达，皆极相似。然席之获洪，厥后曾、沈又因以起衅，此则厘捐以后之事，右铭所不能调停，瞑庵所未记也。洪福瑱当作洪福，瑱字，为真王二字之印文，说见王湘绮《湘军志》。

一七五　《商山鸾影》传奇

曩客沪上治新闻业，延况蕙风[①]先生主副刊。夜深，娓娓谈艺甚欢。先生著述夥颐，散见杂志报纸者尤多，今不知已辑而汇存否？其《陈圆圆事辑》，已刊《曲石丛书》中。其后李印泉《陈圆圆事辑续》，庶几粲然略备，予览篇末，则民国五年为同学章君鸿远求樊

① 况周颐(仪)，字夔笙，号玉梅词人，晚号蕙风词隐。广西桂林人。光绪举人。晚清四大词家之一。所著《蕙风词话》、《香海棠馆词话》等多种著作，由陈乃乾汇编为《蕙风丛书》。

山翁题《冲冠怒》传奇一长歌附焉。当时丁闇公实先成《沧桑艳》传奇，事在光绪末年，而翁独为章君作此诗，亦会逢其适耳。几道先生记亦题三绝句，有“卖国新猷见哭庭”云云。然两传奇之前，尚有《商山鸾影》传奇，此见于长沙杨蓬海（恩寿）《词馀丛话》。《丛话》云：

> 嘉庆间，苏州郑生客游滇，春日踏青商山，访圆圆墓不得，崩榛荒葛中，忽迷归路。俄而落照西沉，暮烟笼树，遥望前途，似有人家，思往借宿。至则朱门洞开，玉瑱金铺，俨然王侯第宅。乃使阍者转达，良久而出，导入东厢，为设食，尊酒贰簋，亦极精洁。饭已，有老妪出问：“客操吴音，是何乡贯？”具告之。少顷，妪秉烛而出，肃客登堂，有女子容色绝代，羽服霓裳，如女冠装束，降阶而迎曰：“妾邢氏，薶香地下，百有馀年，时移物换，丘陇就平，念君是妾同乡，有小诗十首求为传播。”因命侍女取诗付郑。其末章曰：“鸳鸯化尽鱼鳞瓦，难觅当年竺落宫。”郑问竺落之义，曰：“竺落皇笳天为十八色界天之一，载在道经，妾旧时所居宫名也。”取翠玉笛一枝以赠，并吟一诗曰：“叹息沧桑易变迁，西郊风雨自年年。感君吊我商山下，冷落平原旧墓田。”遂命送郑出。时东方微明，向之第宅俱无所见，惟四面隐隐若有垣墉，谛视之，则深枝掩映而已。然袖中玉笛故在，视其诗笺，则多年败纸，触手欲腐，墨色亦暗淡，迥非人世之物。郑以幽会荒唐，刻《圆圆遗诗》托诸箕笔，东海刘古山傅会作《商山鸾影》传奇云。

按此说荒唐，自为文人弄笔之狡狯。今考《商山鸾影》，亦无“鸳鸯化尽鱼鳞瓦”两句，“叹息沧桑”一诗却有之，“感君”作“诸君”；“平原旧墓田”作“何曾有墓田”；字句小有不同。杨咸丰时人。

此节况、李两辑皆未及，录之以为谈圆圆遗事之一助。

一七六　扶箕赋诗

竺落皇笳之天，在文词中自为艳僻可摘，此必有人偶翻《道藏》，见而识之，托之箕笔。然扶箕之事，有绝不可解者，予素不信其有灵。民国初元，于北京贾家胡同舅氏春榆先生邸中，蛰云①表兄喜为此，一日降神，予思有以难之，因请赋十二生肖诗，以孙、袁、黎三人为咏。箕盘运笔飒然，顷刻成七言古诗十二句，句隐一生肖，以四句咏一人。今尚记其起两句云："饮河故事君休嗤，望气早有仙吏知。"其末句为"长弓短箭空支离"。书成，众茫然，请示出处，答"长弓短箭骑猪酣战"见《北齐书》，盖寓猪字也。此典虽扶者未尝知之，而箕忽自得，岂非竺落宫之类乎？

按箕俗皆作乩，不知始于古人，以簸箕插一竹箸，令若鲎举，扶而旋之，少须即自动，甚或不扶而大旋不止。《东坡乐府》[少年游]序云："黄之侨人郭氏每岁正月迎紫姑神，以箕为腹，箸为口，画灰盘中，为诗敏捷立成"云云，即指此。予五六岁犹尝见之。自宋以后，浸假而以木之杈丫，下削杙著笔降神，亦名为扶箕，此则制器之进步，去本义稍远。至乩字则后起之名也。

---

① 郭则沄，字蛰云。光绪癸卯进士，福州人。历任编修，浙江温处道。入民国，曾任国务院秘书长。著作甚丰。

一七七 《庭闻录》记僧谛晖事

前谈陈圆圆遗事及于《商山鸾影》。按《商山鸾影》实不足观，浅薄文人所伪托者。然箕诗并序出世盖甚早，嘉庆初，滇中即有刊本，见陈云伯《颐道堂诗》自注，商山者寺之名也。况夔笙《圆圆事辑》曾征引南昌刘健《庭闻录》，此书记圆圆事最翔实，今刊入《豫章丛书》中。然北平尚传有残钞本，为伦哲如[①]所藏，予未尝见，据马夷初所记抄本，自卷五起卷六止，其后有《平南纪略》、《陈圆圆始末》、《商山鸾影》各一篇，则《商山鸾影》之传抄本甚久，于此尤可证。而《庭闻录》卷一"乞师逐寇"至第四"开藩专制"，夷初皆未考证，稍足憾。然其中有一事可录，《庭闻录》卷五第九页云：

> 大任之降康王，则孙旭为之也。旭湖州人，少而机警，稍知书，入武学，中某科武举。耿精忠反，总督姚启圣募士入闽。旭往应募，貌既伟，又有口才，启圣悦之。旭请召某山寇，寇受抚，偕旭至县，县令以宾待之。县有捕役素恨旭，白令曰："旭所招盗，名在捕中有年矣，县牍具在。公今以为礼，为所欺。"令按故牍良然，于是执旭及盗，鞫讯具服，解赴浙省臬司狱。时军务旁午，囚多淹禁，旭与解役私相结。久之移旭还县，出北新关，遂与解役逸，凡七日而至建昌府，诣乐灿军。灿，耿之大帅也，奉耿令寇江西。旭改名为王怀明，自言聚众应义师，

① 伦明，字哲如，广东东莞人。光绪举人。两广方言学堂教务长。入民国，任北京大学等校教授。富藏书，志在续修《四库全书总目提要》。著书多种，以《辛亥以来藏书纪事诗》最享盛名。

不幸而败，灿及参军周发祥信之，为具衣冠，署伪职。灿败，发祥以残卒千人归，大任求幕客，发祥以旭应，一见相契，遂用事，权倾一军。大兵围城，简王、安王皆招降，大任犹豫，时康王偕姚启圣经略闽事，旭欲大任就启圣，诸招降者阻不允。赣州折尔肯遣魏祥来招，祥字善伯，宁都人，负易堂重名。旭忌其才，恐大任为所动，则夺闽约，构祥于大任。大任入其言，怒曰："二王招我，我且未许，折尔肯何人，乃欲以藩臬为饵耶?"命旭收祥，榜掠惨毒，发祥争之不得，竟杀祥。旭日说大任入闽，大任亦以诸招降者前已皆不允，非闽不可就，遂从旭言，降于闽。旭以招降功议叙，当以道员用，给假归里，一门血属死无孑遗，庐舍亦焚毁一空。旭自伤，薙发为僧，号谛灰，住持浙江灵隐寺，雍正三年以募化入闽死。

按此节极足资证发。按世但知姚启圣说降项大任，由此节言，则大任实先纳孙旭之言，而孙旭即为谛晖，尤可补诸家笔书所未及。谛晖作谛灰，义亦长。袁子才《新齐谐记》"石揆、谛晖"一则，言谛晖收恽寿平为徒，及与石揆递主灵隐，事非无稽。惟袁记谛晖再主灵隐，寿至百馀岁，而此言谛晖雍正三年以募化入闽死，未知孰合？或刘录所知，即谛晖与石揆争负气出走时，而传闻已道死于闽耶？

一七八　陈宝箴抚湘开新治

翻吾国史事者，皆知近百年间之兴衰治乱，与湖南人士相关，咸极深切。前此湘军，曾、胡、左、郭之功业学识，世所共晓。后则谭复生、唐佛尘、黄克强、蔡松坡辈，其言动足以左右四十年来之朝野，尤灼然可征。湘军之导源，由于贺耦耕、陶文毅、林文忠，前已详之。然湖南至光绪初年风气尚极闭塞，前记郭筠仙受窘诸节，可以见之。

湖南之焕然濯新，实自陈右铭抚湘始，当时勇于改革，天下靡然从风。右铭先生与江建霞、黄公度、梁任公等入湘，并力启发，一时外论以比于日本变法之萨摩、长门诸藩，可见声势之焻奕。而散原翁于右铭先生之抚湘，其行状中尤以毕力详之，匪唯叙政绩，记识力，其上下四周所荡摩影动者，实与二十年间之思想变故有关，信可录也。《散原文集》中《先君行状》中一节云：

诏授湖南巡抚。府君故官湖南久，习知其利病，而功绩声闻昭赫耳目间，为士民所信爱，尤与其缙绅先生相慕向。平居尝语人曰："昔廉颇思用赵人，吾于湘人犹是也。"府君盖以国势不振极矣，非扫敝政，兴起人材，与天下更始，无以图存。阴念湖南据东南上游，号天下胜兵处，其士人率果敢负气可用；又土地奥衍，煤铁五金之产毕具，营一隅为天下倡，立富强根基，足备非常之变，亦使国家他日有所凭恃，故闻得湖南，窃喜自慰；而湖南人闻巡抚得府君，亦皆喜。

是时湖南旱饥，赤地且千里，朝廷以为忧，趣府君赴任，勿入觐，遂取海道入长沙。盖湖南所被灾州县二十馀，浏阳、醴陵、衡山最巨。府君先传电诸行省大吏，乞互助，旬日达复电，有助金五六十万，府君用是稍得藉手矣。首大赈三县。浏阳伏匪倚灾数倡乱，用县人欧阳君中鹄领赈，得无事。初，府君甫视事，即严禁贩米出境令，亡何，米舟逾千艘聚岳州哗变，且窜出。府君以米禁大系安危，遣某总兵持符亟遮之，诫立诛其首梗令者。由是悉挽而上，人心大定。凡府君所设方计，得次第赈活都百数十万人。

当是时，非府君为巡抚，湖南几大乱。府君承困敝之后，纲纪放弛，吏益杂进，贪虐窃偷之风相煽，而公私储藏既耗竭，万事坏废待理，方不可胜数。府君以谓其要者在董吏治，辟利原，其大者在变士习，开民智，敕军政，公官权。于是察劾府县以下昏墨不职二十馀人，而代以干良者。复劾显僚豪幕最有气势者二人，桃源令贪暴无人理，上其罪至遣戍，群吏懔然，遂改观。既设矿务局，别其目曰官办、商办、官商合办；又设官钱局、铸钱局、铸洋圆局，以朱公昌琳领之。朱公七十馀，负干略，行贾致巨富，以义侠闻四方，老谢客，独勉为府君出。又通电竿接鄂至湘潭，以张君祖同领之。又浚城北河使舟有所泊，且兴高利，仍以朱公领之。而时务学堂、算学堂、湘报馆、南学会、武备学堂、制造公司之属，以次毕设。又设保卫局，附迁善所，以盐法道黄君遵宪领之。又属黄君改设课吏馆，草定章程。又选择赴日本学校生五十人待发。其他蚕桑局、工商局、水利公司、轮舟公司，以及丈勘沅江涨地数十万亩，皆已萌芽发其端。由是规模粗定。

当是时，江君标为学政，徐君仁铸继之，黄君遵宪来任盐法道署按察使，皆以变法开新治为己任。其士绅负才有志意者复慷慨奋发，迭起相应和，风气几大变，外人至引日本萨摩、长门诸藩以相比。湖南之治称天下，而谣诼首祸亦始此。

先是，府君既锐兴庶务，竞自强，类为湘人耳目所未习，不便者遂附令构煽，疑谤渐兴，其士大夫复各挟党挤排，假名义相胜，寻复有周汉事。周汉者，官至道员，宁乡人，积以张揭帖攻泰西教煽乱，为湖广总督落其职，而海内多奖谓忠义，尤为乡人所信重，至是复刊贴布乡县。府君方痛胶州事，大惧，传毁其贴。周汉殴传吏，益横。府君乃排众议下之狱，愀然曰："非此无以全大局，亦无以曲全周汉。"世竟用此争龁龂府君矣。后复以学堂教习与主事康有为有连，愈益造作蜚语，怪幻不可究诘，徒以上意方向用府君，噤不得发。

二十四年八月康梁难作，皇太后训政，弹章遂蜂起。会朝廷所诛四章京，而府君所荐杨锐、刘光第在其列，诏坐府君滥保匪人，遂斥废。既去官，言者中伤周内犹不绝。于是府君所立法次第寝罢，凡累年所腐心焦思，废眠忘餐，艰苦曲折经营缔造者，荡然俱尽，独矿务已取优利，得不废；保卫局仅立数月有奇效，市巷私沿其法，编丁役自卫，然非其初矣。

府君学宗张、朱，兼治永嘉叶氏、姚江王氏说，师友交游多当代贤杰。最服膺曾文正公及沈文肃公，两公以茶厘事交恶，用府君言，得俱解。与郭公嵩焘尤契厚，郭公方言洋务，负海内重谤，独府君推为孤忠闳识，殆无其比。及巡抚湖南，郭公已前卒，遇设施或牴牾，辄自伤曰："郭公在，不至是也。"

散原此节，即以文言，亦极精采。时在戊戌后，故不敢言延梁任公主时务学堂，其实此事所关尤大。欧阳中鹄字节吾，湘之名士，官至广西按察使，予倩之尊人。朱昌琳即朱雨田，前记郭筠仙欲办招商局，衣冠求其协助，即此公也。

一七九　曾沈争厘捐饷项

《【先君】行状》中叙（中略）曾、沈争厘捐事，只一二句，视《瞑庵杂识》所记，固失之太简。然朱记亦甚略，考文正文牍以涉此事者最为愤激。当咸丰之末，文正自皖东征，议〔办〕江西厘金以充东征军饷，复拨江西漕折以充徽、宁两防之饷。逮同治初年，又因各军逃亡过多，奏拨九江洋税三万以清积欠。沈文肃抚赣，乃先后罢之，最后请将江西牙厘悉归本省经收，文正乃不能复忍矣。其力争此事之疏，词气激烈，生平所未有，中有云：

> 臣忝督两江，又绾兵符，凡江西土地所出之财，臣皆得奏明提用。即丁、漕、洋税三者，一一分提济用，亦不为过。何况厘金奏定之款，尤为分内应筹之饷，不得目为协饷，更不得称为隔省代谋。如江西以臣为代谋之客，则何处是臣应筹饷之地！（**中略**）沈葆桢于臣处军饷，论分论情，皆应和衷熟商，元年八九月间臣军疾疫大作，而忠逆大举援救金陵，沈葆桢乃于是时截留漕折银四万，既不函商，又不咨商，实属不近人情。二年浔关洋税一案，关道蔡锦青分拨万五千两解至臣营，沈葆桢乃大怒，严札申饬蔡锦青，并移咨诘问臣处，但有峻厉之词，绝无婉商之语。此次截留厘金，亦并未函商咨商一次。（**中略**）或臣明于责沈葆桢，而暗于自责。臣例可节制江西，或因此而生挟权之咎。臣曾保奏沈葆桢数次，或因此而生市德之咎。然臣阅世已深，素以挟权市德为可羞。即如漕折一案，臣曾函商一次，咨商一次。洋税一案，臣接抚臣峻词诘问之咨，曾经密函婉复。兹特钞呈御览，以明臣不敢有挟权市德之意。自此二案外，臣之公牍私函在江西者极多，其中如有挟权市德措词失当者，请旨饬下沈葆桢多钞数件进呈。

又《复吴竹如[①]书》云：

---

① 吴廷栋，字竹如，安徽霍山人。道光五年拔贡。曾署山东巡抚，刑部侍郎。

户部疏中言湖北每月协我五万，湖南月协二万五千，江西月协三万云云，实则四川、两〔湖〕广三省，四年以来并无协我丝毫之款，江西除厘金亦别无月解之款，去年浔关解到一月洋税万五千金，因沈中丞盛怒已退还矣。不知户部何故疑我得此巨款。弟尝谓用事日久，恐人疑我兵柄过重，利权太广。

此寥寥数行，懑激之心尽吐。大抵谋国重臣，往往最感掣肘者为用财，史例甚多，此其尤著者耳。

一八〇　曾国藩自强策

曾文正公晚年办天津教案，备受无识之谤讪，前已录劼刚日记中语。其实公之心事方针，坦白精粹，如同治九年奏报中有云："今中国轮船甫经修造，尚不尽如洋人兵船之式，洋枪洋炮甫经操练，亦不能及洋人技艺之精，至若召募水军出海操演，此时尚未议及。苟欲捍御外侮，徐图自强，自非内外臣工各有卧薪尝胆之志，持以一二十年之久，未易收效。然因事端艰巨，畏缩不为，俟诸后人，则后人又将托词以俟后人，且永无自强之一日。"此言真可谓明白了当者也。所惜前清昏庸孱乱，绝无一二十年之卧薪尝胆耳。尤可太息者，同、光君臣昏庸孱乱，骄奢淫逸，一二十年之后，自谓海军可以出海，遂欲报仇策效，轻易言战，甲申、甲午两役，斫伤元气，茶靡人心，真误国之尤！而文正之言，愈可信为笃论。

又文正之外交智识，与谋国之忠，于复吴竹庄、李文忠两书，尤可备见。复吴笺云："办理洋务，小事不妨放松，大事之必不可从者，乃可出死力与之苦争。当康熙全盛之时，而天主教已盛行中国，自京师至外省名城，几于无处无天主堂。以今日比之康熙时，则传教一事犹为患之小者，故鄙意不欲过于纠缠，正欲留全力以争持大事耳。"复李笺云："承示驭夷之法，以羁縻为上，诚为至理名言。自宋以来，君子好痛诋和局，而轻言战争，至今清议未改此态。有识者虽知战不可恃，然不敢一意主和，盖恐群情懈弛，无复隐图自强之志。鄙人今岁所以大蒙讥诟而在己亦悔憾者，此也。"观此两笺，可知文正之心事正在于留全力以争持大事，与隐图自强两点。而一翻清末史迹，所见者皆只以全力内争，与隐图自杀，然则文正之论未尝谬，其谬者，乃在清廷上下不知"季孙之忧不在颛臾"也。

一八一　岳飞"痛饮黄龙"本意

文正复文忠笺云，"自宋以来，君子好痛诋和局，而轻言战争"，此盖指南宋韩侂胄柄国后之风尚。其实宋以后之君子议论，皆为党与门户而发，非真言和战也。北宋积憾于辽，于是联金灭辽，自以为复九世之仇，不知辽亡宋亦随之，此等史迹，最可作殷鉴。吾侪读史正似复棋，善弈者须算至七八着之后，方可制胜，睹目前之杀着，震愤失措，必无以应异时之变态。后人复棋，应知前人之失算也。宋人言战者，后世皆歌颂岳武穆，其实几人能真知之？世但盛传武穆有"与诸君痛饮黄龙"语，以为武穆言战必一往无前。不知此为激励将士之词，黄龙府本为契丹所置，辽称黄龙府路，今辽宁开源以北及吉林全境、内蒙古东北境皆属之，武穆战略，何尝真思深入？昔张魏公浚出督，陛辞之日，与高宗约曰："臣当先驱清道，望陛下六龙夙驾，约至汴京作上元。"武穆闻之曰："相公得非睡语乎？"于是魏公憾之终身。夫武穆逆料张浚不能克汴，则自家直捣黄龙，正是对士卒不得不发之壮语。唯从武穆鄙薄魏公之见识测之，武穆战略测算必较优，且甚稳健近情理。必若武穆之知彼，庶可言战矣。

一八二　王船山论岳飞之战守

武穆之能战，以予所观，似尤长于守。《三朝北盟会编》最不满武穆者，朱仙镇战后即班师；而《会编》独称武穆郾城传令回军，军士应时南向，辙乱旗靡，飞望之口呿，叹曰“岂非天乎”云云。世虽不满此纪载，然大捷后回兵，亦容有张极而弛之象，无损于破虏之威名也。唯又记：“岳飞驻镇江府，知泗州刘纲诣行府禀议。纲曰：‘泗在淮河之北，城郭不固，无兵无食，如有缓急，守乎？弃乎？’飞徐曰：‘此是润州，更有何名？’纲曰：‘京口。’飞再问之，曰：‘丹徒。’飞三问之，曰：‘南徐。’飞曰：‘只此是矣。’纲退，大叹服曰：‘岳鹏举果有过人。’”此则极言坚守之意，其用意又极是斩钉截铁。由武穆之知兵观之，愈可证直捣黄龙，适为一时豪语。

王船山之论兹事曰：“岳鹏举郾城之捷，太行义社，两河豪杰，卫相晋汾，皆期日兴兵，以会北讨，秦桧矫诏班师而事不成。然则桧不中沮，率此竞起之众，可以长驱河朔乎？曰：所可望者，鹏举屡胜之兵，及刘锜、韩世忠、二吴之相为犄角耳。”又曰：“弃其所不争，攻其所不可御，东收徐兖，西收关陇，以环拱汴洛而固存之，支之百年，以待兴王之起，不使完颜氏归死于蔡州，以导蒙古之毒，四海犹有冀也。然抑止此而已矣。如曰因朱仙之捷，乘胜渡河，复汉唐区宇，不数年而九宇廓清，见弹而求鸮炙，不亦诞乎？”

船山此两节议论，皆极精到。武穆当时之战略，不知能如船山之所拟否？然充其量，亦不过如是，则固谋国论世之所同。船山生丁明季，志切攘夷，然其论史，力斥童贯借金亡辽之非策，力斥王黼挑狡虏之非策。其言有曰："处于有馀之地，而后可以自立，可以自立，而后可以御人。"有曰："应之不速，而激其忿怒；应之速，而增其狎侮（言宋对女真）。"皆极深切，可为龟鉴，无遗民诡激借杯浇垒之习。衡湘学人，信未可料哉！

一八三　曾国藩之《挺经》

曾文正自言欲著《挺经》，世多知之，此其刚处。自作《墓铭》曰："不信书，信运气，公之言，告万世。"盖晚年受尽谤毁困难，始悟以柔道行之之语，此其柔处。《挺经》之解释，如劼刚之婿吴永《庚子西狩丛谈》中所述李合肥对吴口述故事云：

> 我老师（文正）的秘传心法，有十九条《挺经》，这真是精通造化，守身用世的宝诀，我试讲一条与你听。一家子有老翁，请了贵客，要留他在家午餐，早间就吩咐儿子前往市上备办肴蔬果品，日已过巳，尚未还家。老翁心慌意急，亲至村口看望，见离家不远，儿子挑着菜担，在水塍上与一个京货担子对着，彼此不肯让，就钉住不得过。老翁赶上前婉语曰："老哥，我家中有客，待此具餐，请你往水田里稍避一步，待他过来，你老哥也可以过去，岂不两便么？"其人曰："你教我下水，怎么他下不得呢？"老翁曰："他身子矮小，水田里，恐怕担子浸着湿坏了食物。你老哥身子高长，可以不致于沾水。因为这个理由，所以请你避让的。"其人曰："你这担内，不过是菜蔬果品，就是浸湿，也还可以将就用的。我担中都是京广贵货，万一着水，便

一文不值。这担子身分不同，安能教我让避？”老翁见抵说不过，乃挺身就近曰：“来来，然则如此办理，待我老头儿下了水田，你老哥将货担交付给我，我顶在头上，请你空身从我儿旁边岔过，再将担子奉还，何如？”当即俯身解袜脱履。其人见老翁如此，作意不过，曰：“既老丈如此费事，我就下了水田，让尔担过去。”当即下田避让。他只挺了一挺，一场竞争，就此消解。这便是《挺经》中开宗明义的第一条。

据此，则《挺经》之刚，亦是将欲取之必姑与之之义，虽刚实柔。唯老翁肯具俯身解袜之心，则亦不失挺身负责之刚也。

一八四　曾国藩忍气吞声

吾国史册所纪，重臣鲜能大行其志，不得于君固无论，得君愈专，则谤者愈众，如王荆公、张江陵之类，几于聚天下士大夫争毁之，务令隳其志业为快。盖由无识而热中者众，故任重者必须忍辱，其不得于君，或惛而不察其负谤受辱之由，则为臣者更终无以自全。尝谓吾国所以不能强盛，不能与现代国家絜较，即坐名为士大夫，实际无识挟私者居其八九，轻于诃骂攘夺之故。此劣性不革，国终恐无以活也。

文正之《挺经》，所述老翁愿顶货担之喻，正是满腹牢骚，至刚之道，以至柔之术行之，其吞气忍声，不知几许？考文正不止晚年以主和受厚谤，咸丰七年，在江西军中丁外艰，闻讣奏报后，即奔丧回籍，朝议颇不以为然。左文襄在骆文忠幕中，肆口诋谌，一时哗然和之。其实文正若夺情视事，其受谤必更有甚。文正有鉴于此，故处处善用其刚，以柔全之，用维全局，否则祸福成败固不可知矣。

当时，挟其贵势，深忌汉人，独专威柄者有之；比肩事主，不甘听命者有之；嫉公名誉独盛者有之；赏罚任使之际，不尽如人意，因而觖望者尤有之。故文正于节制江浙四省、节制直鲁豫三省之命，皆属疏力辞，始终不肯拜命。同治四年九月，又有节制楚北之谕，文正疏陈，有云："湖广督臣官文，久历戎行，老成持重，资格在臣之先，名位居臣之右。所有湖北防务及越境剿贼诸军，久经官文派定。乃以臣分居节制之名，纵官文不稍存芥蒂，而骇中外之听闻，滋将士之疑贰，所关实非浅鲜。天下至大，事变方殷，决非一手一足所能维持，伏恳朝廷广收群策，不因用一二人而沮众臣之气。"观此疏，苦心巽语，令人怃然。夫事实上非用此一人，不能收拾此局，而文正乃曰"不因用一二人而沮众臣之气"，此其量与识为何如？其中心苦痛为何如？然即此可知晚清"众臣之气"实皆虚憍昏聩，不足以救中兴之晌，而必覆其宗社也。

一八五　为政在养活细民

开国与亡国之时势皆相似，而气象则迥殊。所谓时势相似者，殷忧多难，险巇万端，纣以甲子亡，周以甲子兴是也。所谓气象迥殊，则颇难言。要而论之，延揽人才唯恐不及，有公诤而无私仇，严于律大官而宽于恤小民，此三者庶几仁厚开基矣。叔末三者适得其反，自不俟言。以予所观，近代贤者有此气象者，唯曾文正公具体而微。尝从文正戚属家获观文正遗象，隆准而目有棱，自是沉挚之才。然其幕府招致贤豪特多，其不自恃不自满可知。其与左、沈皆极不相下，或形于笔舌，而绝无倾轧陷害之私。尤以其开放秦淮灯船一事，深得治要。

予幼读《史记》，初不审曹参不扰狱市之旨。涉历久之，始叹曹相国此举，真是汉家开国规模。狱市者，古人以为下流驵侩，揆其实训，乃如今日恒言，中下层社会游衍拘聚所在者，皆不必以察察为明也。文正兹事与曹参为政暗合。欧阳伯元所述文正逸事，中纪此节云：

> 当时江宁府知府涂朗轩，名宗瀛，为理学名臣。方秦淮画舫恢复旧观也，涂进谒文正，力请出示禁止，谓不尔，恐将滋事。文正笑曰："待我领略其趣味，然后禁止未晚也。"一夕公微服，邀钟山书院山长李小湖至，同泛小舟入秦淮，见画舫蔽河，笙歌盈耳，红楼走马，翠黛敛蛾，帘卷珍珠，梁饰玳瑁，文正顾而乐甚，游至达旦，饮于河干。天明入署，传涂至曰："君言开放秦淮恐滋事端，我昨夕同李小翁游至通宵，但闻歌舞之声，初无滋扰之事，且养活细民不少，似可无庸禁止矣。"涂唯唯而退。

此是何等胸襟，何等见识！盖政治之精意，即在"养活细民"四字。在国家未有养活细民较大之计画，或议而未举时，于可以养活细民之琐俗，正不妨存之。为政者须有轻重缓急之分，凡急其所缓者，适见其不广，不广之病，不止于扰狱市，而扰狱市，乃其尤拙隘者耳。

一八六　曾国藩幕府人才之盛

古人凡当一方面者，无不妙选幕僚，其作用有二：一则如今所谓专家治事；一则罗致有声名气节能力之才人，资其见识以救匡疏失，丰其俸养，勿使去而为患。即论历代开国用人，其意义何莫非如是。文正幕府人材济济，有三圣七贤之目。三圣，谓吴竹如、涂朗轩诸人；七贤，谓邓弥之、莫子偲诸人。故文正诗句有云："幕府山头对碧天，英英群彦满樽前。"李文忠当时有《将进酒》体古风一什，叙述佐幕人物之盛。诗云：

南丰老人应寿昌，说经舌粲莲花香；
往往谈兵惊四座，却行伤足怨迷阳。
吾宗文雅兼武略，浙东争诵小诸葛。
佞佛仍持苏晋斋，凌云未解相如渴。
诗家许浑殊翩翩，苦吟欲度饭颗前。
更有王郎歌砍剑，泻地涌出百斛泉。
满堂豪翰济时彦，得上龙门价不贱。
牡丹时节金带围，定有五色云中见。
短主簿，髯参军，纵横阵笔风运斤。
为公折简访倪迂，添写江楼雅集图。

按文忠此诗，"吾宗"句，指李次青元度。"许浑"句，指许仙屏振祎。"王郎"句，谓王壬秋闿运。诗不甚佳，自非文忠所长。文正幕客，亦当未止此数。三圣七贤，亦有为时诟诮，如李眉生所嘲"此心终不动，只想见中堂"者，实皆不足为病。盖文正延揽罗致之衷，固与古人延贤治国之大计相合。以彼网罗之亟，度量之宽，而才人若钱江、王韬辈，尚未及致之。钱上《兴王策》十四条于太平军，天王用之以取金陵，再用钱谋，以复败江南大营。王上书忠王，献取上海策，李若用之，事未可知。人才处囊，正不易见短长，一旦激使走险，或逼使投敌国，则得失祸福，相去甚远。以范文正之贤，失一张元，而西夏为宋祸数十年，此其彰明较著者。读史至末造，恒见朝士相挤相斥，异己者日尽，势亦日孤，然后知文正广揽人才，信犹得开国气象之遗意矣。

一八七　房山游踪

江关车次，偶携小本《水经注》重读之，觉郦道元所知，详北略南，而今河北、山西境尤详。“圣水”条所指大防岭石穴，即今房山之云水洞。予曾一探其胜，雪窗默记昔游，北望燕云，弥增怊怅。初癸甲间，一日从容叩沧趣老人：“北方游山，以何为最？”老人曰：“唯盘与房耳。”予谨志此言，后六七年，始游房山。今又近二十年，信笔追摹，纬以沧趣诗，不知所述尚吻合否？

房山又作防山，大房、大防、上方，实则一也。《涿鹿记》称，房山为幽燕奥室，《方舆纪要》亦云。《房山志》又称峻而且阔，宛然如室。它书所记大率如此。实皆纪上方山入口处，绝壁重重宛转，若房室之状。向来记房山者，如曹能始、阮旻锡，皆不甚佳。曹云：沿壁至山麓，巉岩两壁，中开一线鸟道，盘旋五里至石梯云云，仅略能言其势，至景物与其曲折，非能详者，以诗状之，则尤难矣。沧趣老人《游上方山至兜率寺示默园宰平》一诗，第三韵以下云：“峰回涧束林翠合，森壁留罅穿天光。折盘开阖路几绝，数武一换山阴阳。岂无飞流与争道，上有栏楯临洸洋。石梯历级三百尽，复磴稍坦云屏张。”石遗师评云：此诗最警句，在“数武一换山阴阳”一韵。此山之特别即在此。古人诗文之言山水者，以能写重沓曲折处见工。柳州游记云：“舟行若穷，忽又无际。”王右丞诗云：“随山将万转，趋途无百里。”又云：“遥爱云木秀，初疑路不同。安知清流转，偶与前山通。”此言港汊之转折也；又云：“分野中峰变，阴晴众壑殊。”此极言终南山之大，而峰峦重叠也。老人此作，“峰回涧束”两联，言既至接引寺入山，侧两边皆峭壁插天，中通一道，宽不数武，洼其半如沟，山泉占之，壁数武一转，如是者两三里，乃上石磴约三百级，铁练界之，旁则飞流争道矣。合柳州、右丞语意，熔铸而成，诚极侔色揣称之巧。予初未睹此诗，曾有《初入房山》五古，中有云："翠岑从天来，远观疑路无。渐穷擘苍苍，松石磐且粗"又云："微径据蜿蜒，众壑皆北趋。回看衔尾舆，若缘九曲珠。一转一绝壁，肃与人间殊。峭碧耸山骨，缛绿敷山肤。千寻竦长戟，两涧刓谲觚。阴阴堕萝春，邈邈馀禽呼。仰睇秋旻色，臆想必日晡"云云。及观老人此诗，始叹末学词费。至云梯庵，为上方门户，阮记云："前登兜率门，两峰壁立，中砌石级，铁锁高垂，凡三转至毗卢顶。"曹记云："石梯仅容半跬，高数百磴，左右絙长百尺，陟者缘之，梯尽处折而东北，可一里，入山门。"两记所述，与今状不甚相远。唯细绎能始所记，似当时未始筑庵。盖上方七十二庵，残毁过泰半，存者亦非其旧，石级今亦不止容半跬，清季所踵修也。沧趣诗所谓"栏楯临洸洋"，即指云梯庵。由梯下瞰，陡落百尺，两崖削碧。导者言，夏雨时，梯半以上皆云，环梯皆悬瀑。老人游上方时，已七十馀，而济胜之具不衰。其《归自上方寄赞虞侍郎》诗，有云："云梯猿引犹能上，阴洞蛇行幸免创。"云梯峭绝，行必猿引，固已信矣。阴洞蛇行，则言游云水洞也。洞不独为房山之胜，实域内殊观。道元注及之，可知魏前已有名。隋唐著录，亦数及之。胡詹记云："吾人篝火深入，行五六日，莫究其源，但见仙鼠昼飞，赪鳞时现。"胡为唐人，初述若此。考石仓记云，前进至十三洞，路尚不穷。然则胡记之游者，必不止历十三洞。今惜洞径荒塞，可游只至九洞。而冥行擿涂，钟乳如玉，仙灵生动之状，犹如石仓所云，三百年间，殊无易辙。曹云："山下有洞如城，僧依洞为窟。

第一洞犹隐隐见影，二洞即黯黑无光，三洞是一小窦，圆可三四尺，深五六尺。入三洞倏高广，燎炬不见顶，旁有一潭。抵九洞无路，有穴如井，雾气蓊塞，履滑衣湿，不易前进，至十三洞路尚不穷云。大抵一曲为一洞，三洞约六七里，洞中之石，玉白镜莹。其境之最者，曰莲华山，片片如青莲瓣；曰龙虎，宛肖其状；曰长眉祖师，俨然道者衣冠；曰石榻，层层笔立；曰石钟鼓，叩作钟鼓声。又其最者，曰须弥山，曰云山，曰万花楼，山之上有重楼焉，以花如灵芝，数万朵；曰仙人桥，跨清溪而渡；曰十八罗汉，为修短欹正各状貌；曰接引幡，从顶倒悬，缥缈若拂。出洞之后，依然天光，迥若隔世。"按所状字字皆纪实。洞中石皆白钟乳结成，故呈佤形异状。最奇者为石幔，燃炬上烛，其窅窊襞积，俨然罗帐，而其袤广数亩，下庇百人，则尤足异。予游以辛酉四月，蛇行蜷曲，扪石壁滑不留手，或有虫豸蠕动，亦了不知惮。九洞之后，果见穴如井，导者言，名"鹞子翻身"。既入则颇肖地室，十八罗汉形状毕肖，高据洞颠。罗汉之后，导者言，尚有路，以昔有游者失足后，遂无继者。余游亦止此，与曹记同。又一人则言路穷，水声潺潺，有溪阻前，不可复进，意其语确也。辰初入洞，加午始出，冥想仙乡，若梦初觉。初欲殚精纪咏，后仅成五言古诗一，殊未自惬。忆沧趣老人《由摘星陀入云水洞》一诗，中有云："乍探洞口怯深黝，作气联臂贤吾朋。俯偻扶服仅得度，手据足抵吾犹能。稍前一罅侧身过，以火照壁龙对腾。穹窿仰视不见顶，列炬十数终凌兢。雪山欲堕塔断卧，鬼佛寻丈疑有凭。咄哉扣石备众响，小语辄作洪声譍"云云，状难状之景，语语以千锤百炼出之，惬心贵当，蔑以复加。最高峰名摘星陀，予游时絙断道坏不果上。

比年以来，南国游踪盛称黄山、雁宕、天台、庐山，其雄奇固夙闻于域中。燕既不为都，世亦不复道东盘、西房之名。盘山昔以松名，比年松尽刬夷，云罩寺亦荒。旧京之西，则太行北陉，重山如万马，绝滹沱以趋雁门，中以房最大，馀亦擅丘壑之美，考幽并山水者，必当首及之。

予上方游既，以骑至云居惣题，所谓石经山者，前记已详。心畬居上方久，其作画笔意，非徒师法马夏，实亦得山居之助。甚欲乞其作《上方诗梦图》，以纪游踪，卒卒未暇。何时复得北行，当写诗以求浣笔也。

一八八　曾国藩陶熔材质之术

文正幕僚之盛，虽耀称一代，而用人之术亦颇可观。李文忠为文正所拔，而共饭稍迟，即遭裁抑，嘲笑同寀，劝诫随之。其于玉成大才，不稍姑息。王湘绮谓合肥初不得志于文正，或良有以。盖合肥后来勋业，文正未必烛照数计之，而"薪尽火传，筑室忝为门生长"之挽词①，亦事后之自夸，非必实录也。唯文忠虽为幕客，却是门生，故抑之就范，半亦师门迪导宜然。至寻常幕僚，则礼貌有加，世所称金眉生、莫子偲诸君，及文正敬礼儒生诸事，皆可见其虚怀。然亦有用权术者，《水窗春呓》②云："辛酉祁门军中，贼氛日逼，势甚急。时李肃毅（鸿章）已回江西寓所，幕府仅一程尚斋，奄奄无生

① "门下士李鸿章"所致挽联原文为："师事近三十年，薪尽火传，筑室忝为门生长；威名震九万里，内安外攘，旷代难逢天下才。"

② 《水窗春呓》，又作《水窗春语》，两卷。上卷为湖南湘潭欧阳兆熊（晓岑）撰；下卷为浙江嘉善金安清（眉生）撰。1911 年刊于《小说月报》，分别题为《春窗梦呓》与《觚哉漫录》。1984 年由谢兴尧校点，中华书局出版。

气，时对予曰：‘死在一堆何如？’众委员亦将行李置舟中，为逃避计。文正一日忽传令曰：‘贼势如此，有欲暂归者，支付三月薪水，事平仍来营，吾不介意。’众闻之感且愧，人心遂固。”此正黄老擒纵之术，文正所甚擅也。

又古来待遇幕僚之术，亦相去殊绝。予最喜标举《清波杂志》所载：“欧阳公为西京留守推官，事钱思公。一日，群游嵩山，取颍阳路归。暮抵龙门，雪作，处石楼望都城次，忽烟霭中有车马渡伊水者。既至，乃思公遣厨传歌妓，且致俾从容胜赏毋遽归之意。思公既贬汉东，王文康公晦叔为代。一日，讶幕客多游，责曰：‘君等自比寇莱公何如？莱公尚坐奢纵取祸。’众不敢对。欧阳公取手板起立曰：‘以某论之，莱公之祸，不在杯酒，在老不知退尔。’四座伟之。是时文康年已高，为之动。”观此节，钱思公之逾格优礼宾僚，古人类此甚多。求之后来，唯有毕秋帆有此豪举，然亦微病太过，偶一为之，无伤也。王文康责幕客多游，度必有挟伎饮酒，故以寇莱公为言。莱公声色特盛，蜡泪成堆，同时已传为口实。故极以虽有勋业，亦不可惑溺为诫，自是正论。然不悟少年豪气，小德出入，乃私人之常事，而治乱政本，皆在于为上者不从大端着想。即如耄而不知休，所贻误于国家者，又何啻什百倍于冶游乎？欧阳文忠手板极言，想见少年之意气纵横，又可见文康率躬非甚正直。若曾文正之持令箭索李眉生于秦淮灯舫中，而教以“勿揭人之虚声，勿夺人衣食”之世故语，有思公之爱士，而特教以知方；近文康之诫言，而不察于细行。若斯之人，其陶熔材质者，抑甚宽而广矣。清季假抚，久无养客之风，号称礼罗人才者，非等于缚而饲之，即疏逖阔绝，文正之事业所以不可及者，殆在是欤？

一八九　士与幕客

幕客之制，由来已久，古称天子有诤臣，大将军有揖客。文帝曰："吾久不见贾生，自以为过之，今不及也。"武帝曰："吾久不闻汲黯之言，又复妄发。"成帝曰："吾久不见班生，今日复闻谠言。"三事相似，贾、汲之流，虽臣实幕也。此风盖起于春秋，盛于战国。七国之时，士可以立谈致卿相，而合纵连横之枢，皆在于说客。幕客与士人之权，至斯已极，及秦起始熸。予尝谓幕客，即士人之得志者，不得志者，即举幡之太学生也。史称范滂等非讦时政，太学生争慕之。申屠蟠曰："昔战国之世，处士横议，列国之王，至为拥彗先驱，卒有坑儒烧书之祸，今之谓矣。"乃远迹梁砀之间。居二年，滂等罹党锢，或死或刑，蟠独免。申屠于盛衰倚伏之迹，盖思之熟矣。吾国教育未普及，故有士之阶级，世所谓读书人者，或有三君、八俊之号，名为党锢；或方读书，而已慕讦议政事，举幡卷堂。治世，仕宦不能尽容，散而为幕为宾客；乱世，则挟策走四方，为张元、钱江之流。其实皆一也。在今日之名称，曰智识阶级，曰名流、学者，以及所谓爱国运动者，皆括而同之。其始皆愤时讦政，其终皆以夺取政权为的。吾人生年至促，所读之史，所睹之迹，当未有能脱此范围者。吾意更数十年，此风当少变矣。若在一宇宙间，一光年内，此等社会现象之起灭，直一刹那事。思及此，每悔叹读书识字真赘疣大患也。

一九〇　林纾译西书之原始

世但知畏庐先生以译《巴黎茶花女遗事》始得名，不知启导之者，魏季渚先生（瀚）也。季渚先生瑰迹耆年，近人所无，时主马江船政局工程处，与畏庐狎。一日，季渚告以法国小说甚佳，欲使译之，畏庐谢不能，再三强，乃曰："须请我游石鼓山乃可。"鼓山者，闽江滨海之大山，昔人所艰于一至者也。季渚慨诺，买舟导游，载王子仁先生并往，强使口授，而林笔译之。译成，林署冷红生，子仁署王晓斋，以初问世，不敢用真姓名。书出而众哗悦，畏庐亦欣欣得趣，其后始更译《黑奴吁天录》矣。事在光绪丙申、丁酉间，高梦旦先生有《闽中新乐府书后》，略及而未详，予盖闻之于季渚先生哲嗣子京云。高书后云：

> 甲午（1894年）之役，我师败于日本，国人纷纷言变法，言救国。时表兄魏季子先生主马江船政局工程处，余馆其家，为课诸子。仲兄子益先生、王子仁先生欧游东归，任职船局，过从甚密。伯兄啸桐先生、林畏庐先生亦时就游宴，往往亘数日夜，或买舟作鼓山方广游，每议论中外事，慨叹不能自已。畏庐先生以为转移风气，莫如蒙养，因就论议所得，发为诗歌，俄顷辄就，季子先生为出资印行，名曰《闽中新乐府》。（畏庐、子仁二兄合译《巴黎茶花女遗事》，亦在是时，署名冷红生及王晓斋。）迄今三十年，散失殆尽，侄女君珈独有一册，珍同拱璧，因为记其本末如此。

《闽中新乐府》，予尚记其版本行数，此书己酉、庚戌尚在北京寓中，其后不知如何佚去。予最记戊戌年，畏庐先生僦居东街老屋前进，一夕三鼓，先生排闼入后厅，大呼先君起，诧语哽咽，声震屋瓦。予惶骇屏气，久之，始知得六君子就义之讯，扼腕流涕，不能自已也。

一九一　林畏庐《闽中新乐府》入木三分

畏庐先生《闽中新乐府》，梦旦丈始以示适之，乃著录于《晨报》，得三四篇，未餍读者之望也。今录其《渴睡汉》、《关上虎》二篇，以实吾札。《渴睡汉》①：

> 渴睡汉，何时醒。王道不外衷人情。九经叙目有柔远，加之礼貌庸何损。纵是国仇仇在心，上下一力敦根本。奈何大老官，一谈外国先冲冠。西人投刺接见晚，儒臣风度求深稳。西人报礼加谩词，又有大量能容之。所得不偿失，易明之理暗如漆。我闻西人外交礼数多，一涉国事争分毫。华人只争身分大，铸铁为墙界中外。挑衅无非在自高，自高不计公家害。我笑富郑公，区区争献纳。若果赵家能自强，汴梁岂受金人踏！须知勾践能复仇，骄吴始取吴王头。奉告理学人，不必区夷夏。苟利我国家，何妨礼貌姑为下。西人谋国事事精，兵制尤堪为法程。国中我自宗王道，参之西法应更好。我徒守旧彼日新，胁我多端气莫伸。群公各有匡时志，不委人为委天意。人为一尽天意来，王师奋迅如风雷。西人虽暴胡为哉？西人虽暴胡为哉！

① 原注：讽外交勿尚意气也。

《关上虎》①：

虎来！虎来！关上人多安有虎，蠹役作威挟官府。小民负贩图营生，截路咆哮闻虎声。虎吃肉，不留骨。官纵虎丁偾绕越，官岂全无恺悌心？当关纵虎妨行人，无如比较急于火。宁我负民勿负我，堂皇飞签责虎丁，有船到关船须停。虎丁得钱实腰橐，诈言船过船无错。既将膏血濡爪牙，私货过关关不哗。有私易行无私滞，小民私纳成常例。丁饱其余始及官，官丁附丽如肺肝。民间罚税重于税，二分归官八归吏。罚款储为比较资，虎丁长饱官不臞。臣思皇帝忧民瘼，不知此辈穷形恶。不行比较弊更深，专行比较丁复虐。只有加税全免厘，厘金统向进口索，庶几虎患无由作。

此二篇，近人著录率未及之，予则以为所言至今犹炯然作鉴。如"一谈外国先冲冠"，则今日暴怒偾举者，固数见之。"投刺接见晚"，则五六年前，傲谩以招巨失者，亦具有之，所谓"挑衅在自高"也。其馀如勾践复仇，在于骄吴，人力能尽，天意始来，则今日哲人之反复丁宁，亦不外此旨。惜去翁作《新乐府》时，国家蹉跎忧患，又四十年矣。至《关上虎》末段，可见彼时畏庐先生已主张免厘加税。年来兵戈遍地，苛政繁多，征敛之殷，政府或有不及察者，诵"虎来"之词，又为爽然。

一九二　晚清中西礼仪不同

《渴睡汉》乐府中云"我闻西人礼数多，一涉国事争分毫"两句：

① 原注：刺税厘厘丁横恣陷人也。

上言外交礼仪衣履酒食舞宴之烦，旦夕握抱，欢若弟昆；下言一遇其国权利益所在，断断不少让也。予意以为东西俗尚所判，即在于国人最重男女礼节之防，而于公私之分，反熟视若无睹。西人则反之。其实公私之分，即是义字，古圣贤所教导甚明，后人渐泯忘其界。唐有不书官纸者，史已称其美德，则公物私用之恶习，相承已久。

海通以来，外交久视为专科，而献媚教谄之逸闻，指不胜屈。滥用官物，犹其馀事。十年前有总长夫人之花粉厕纸由部供亿者，未足奇也。比日更闻有醵赀宴异国之武员，举杯伪〔狂〕饮，受其呵斥，赧颜忸怩，不敢仰看者，其事之奇与辱，又不堪道。究其病，皆在国人但以为出妻女，狂饮、酣舞可以联欢，不知至多得附为昵交，于事无裨也。夷考百年之间邦交嬗变之迹，始则恶而排之，继则畏而媚之，驯成两失。即论中西男女之防，旧日志乘皆以外人履舄交错为奇。忆某笔记载："杭人黄保如司马官直隶，办天津洋务局，初办事，诸事皆顺手。一日美领事招饮，坐无他客，惟黄君一人而已。领事夫人亦同坐。酒半，领事与夫人请移至内室，已而又改设于月台，而领事云有公事，先辞出，夫人留之坐，黄君虑招物议，强辞而去。夫人意颇不悦。自后与领事来往公事，常致龃龉"云云。此说真堪一噱。弊在我国人夙有瓜李之戒，横梗于胸，误以簪裾之酬酢，为帷薄之遮邀。记文芸阁笔记中，亦有类此之事。昔人皆欲以柳下惠自褥，而亟炫西俗之漫浪，抑何可笑。庚子后，始稍开通，厥后则又有矫枉过正者矣。曾劼刚使英、法，在光绪初年，其时风气尚闭，而劼刚特为折衷之声明，先致书于法使馆特派护送之翻译法兰亭，书云：

现有极要之事，须与台端一商者：贵国为秉礼之邦，泰西各处礼仪，大半依据贵国所行，以为榜样。中国遵至圣孔子之教，亦以礼仪为重。然道途太远，风俗亦异，是以彼此仪节，迥然不同。一切细故末节，尽可通融办理，惟宴会一端，尚须商酌。泰西之例，男女同席宴会，凡贵重女宾，坐近主人，贵重男宾，坐近主妇，此大礼通例也。而中国先圣之教，则男女授受不亲，姑姨妹女之子，既嫁而返，兄弟不与同席而坐，不与同器而食。至亲骨肉，其严如此，则外客更可知矣。现在中国与泰西各国通好，将成永久之局，将来国家遣使，亦必常行不断，公使挈眷，事所常有，鄙人此次挈携妻子同行。拟请足下将鄙人之意，婉达于贵国议礼大员之前，中国公使眷属，只可间与西国女宾往来，不必与男宾通拜，尤不肯与男宾通宴。即偶有公使至好朋友，可使妻女出见者，亦不过遥立一揖，不肯行握手之礼。中西和好虽殷，吾辈交情虽笃，然此一端，却是中国"名教攸关"，不必舍中华之礼，从泰西之礼也。各国公使驻于中国北京者，其眷属亦并未与中国官宅往来，可见彼此礼教不同，尽可各行其是。若蒙足下从中委曲商酌，立有一定规矩，则将来中国公使挈眷出洋者，不至视为畏途，实于彼此通好长久之局更有裨益。

劼刚此函，法政府如其议，眷属往来，敬礼有加，而绝不预跳舞诸宴，是亦新旧递嬗中之一段佳话也。

观曾函末数语，可知昔时使节之闺襜，咸视异国为畏途。故洪文卿乃以伎妾自随，然英国固只知为公使夫人也，维多利亚女皇乃与合摄一影。厥后彩云堕落平康，而樊山翁咏之曰："可怜坤媪山河貌，曾与杨枝一例看。"诗人不揣本而好齐其末，类皆如此。

一九三　李晓暾《暾庐类稿》

仲恂出示《暾庐类稿》一册，日记二册。暾庐者，宝庆李晓暾世由，此其毕生著述之仅存者也。予虽未识晓暾，而故友刘蘧六数称之，汪允宗、刘龙慧亦极述其耽深佛学，贯穿文史。今观《类稿》中，如《国粹学报第三周年题词》、《拟设国文专修馆叙》，《与吴江绅士论县志征访事宜书》，皆博淹中间出精语，盖弘通儒释之学人也。诗稿则仅存戊戌至壬子数十首，有与黄季刚、陈佩忍、诸贞长〔壮〕、梁公约倡和诗，皆甚佳，而陪陈散原数诗，如"万变寄孤弦"，如"排闼远山随客入，傲霜丛菊著花才"，甚有弦外味。其《书楼独坐》一律云："举世只图宵梦稳，壮年已悔杜门迟。乾坤何日能相舍，秦汉精魂偶见之。得失一官心冷热，死生万劫佛慈悲。扶栏了了中原影，剩取孤山认故知。"则有见兀奡沉挚之气。君为李忠壮公臣典之孙，又为杨仁山先生高足，以将种学佛，于诗中可觇其气象。居金陵甚久。有《园居即事》四首，小注云："仁山师深柳读书堂，隔墙可见。"又小注云："近居巷名松涛巷。"又有《阁望》五律一首，下小注云："余居金陵评事街政闻报社，院之左右各有阁三层，系洪、杨时遗构，暇辄凭眺其上。"此二诗注，可见先后寓居踪迹，亦可为金陵坊巷增一谈掌故资料也。

一九四　龙脖子之役首功公案

曾军入金陵，龙脖子之役，先登者，官书皆据奏折，以李臣典为第一，即晓暾大父。此事初无异词。光绪间，张南皮、沈涛园始为朱洪章诉冤，张有专折，涛园诗及序皆俊伟沉痛，序中所言：

时威毅所部皆楚将，公以黔军特立，有危险事，公任其冲，以此知名，威毅亦信任之。开龙脖子地道，垂成而陷，四百人无一全者，公仅以身免。二次地道成，威毅集诸将问谁当前锋，莫对。公愤，退而出队，从火焰中跃冲缺口上，贼辟易，以矛援所部，肉薄蚁附而登，诸将从之。城复论功，李公臣典于克城之次日以伤殒，威毅慰公，以李列首，公次之，呈报安庆大营。文正按官秩叙先后，公列第四，故诸将有列封五等，公赏轻车都尉世职，以提督记名而已。公谒威毅，语不平，威毅以靴刀授之曰："奏名易次，吾兄主之，实幕客李鸿裔所为高下也，盍刃之？"公笑而罢。湘潭王闿运成《湘军志》，乖曾氏意，威毅使东湖王定安改订之，亦缘官书未改正公前事。时承平日久，公感髀肉之生，不能无觖望于威毅，因论其书，至抵几而骂。威毅虽优容之，新进排挤几不能自全。公慷慨为余言，余许为文或诗讼之，久之未就。甲午东海事起，南皮张公移节江南，檄余总筹防局，以将才为问，首以公应，南皮亦夙耳其名，令募十营守吴淞，在防各营统归节制。嗣移驻江浙连界之金山卫，修台筑垒，市廛不扰，军民肃然。公久废骤用，又嘎啃宿将，同事者辄訾议牵制之，使不得行其意，未几创发，殁于幕下。

叙次甚生动。涛园为此诗，朱洪章已前殁，故世多称之。近友人徐一士考证此案于《国闻周报》，费数千言，孰为功首，其语孰可信，至今难为平亭。晓暾为忠壮子孙，于此事自极引憾。李审言[①]《书李

① 李详，字审言，愧生，江苏兴化人。光绪贡生。辗转幕府，间亦卖文授徒。通目录、音韵、训诂，尤精选学。擅骈文，能诗。入民国，曾任东南大学教授。有《学制斋文集》、《愧生丛录》等刊世。

忠壮公传后》一文，实徇晓暾之请。审言《〈暾庐类稿〉序》云：

余交晓暾，在光绪壬寅后，馆江宁，与晓暾月必数集，坐中友人，则梁公约，吴温叟，陈宜父，柳翼谋，刘蘧六、龙慧叔侄，堆床盈案皆书也。诸友谈它事，欢笑如沸，余独寻书观之，间出一言相角，皆非世外人语。晓暾时已罢官南清河，犹强留客，持衷袒质钱具馔，余每逃去。再见，则晓暾引愧，余曰适有事须出耳。晓暾有笑癖，见宪台，无故辄笑，怒其嫚，论劾以此。国变，客海上，又与晓暾遇，交益密，一日出《忠壮家传》见视，乞余据官私载籍，以纠侯官沈氏《涛园集》误信朱洪章谰语之诬罔，余为书后一首，晓暾谓足慰忠壮地下。晓暾再起，官吴江，修严夫子墓，创修县志，未竟去官，猝得昏瞀疾，起居失常，未几死。晓暾为人乐易，无町畦，好书如命，谓人皆可友，中有构己者，亦不与校。蚤年举甲科，师石埭杨居士仁山，专修净土。所为诗文，当光绪中叶人士驰骛龚魏，错综儒佛，晓暾左右其际，率不为人后，而气象磼兀自见，喜怒哀乐，物我两忘，则学佛之效也。晓暾没逾十年，其中子昌濂，以晓暾《类稿》属余论定。余无以名之，诗文杂厕，可仿《笠泽丛书》之例，仍名类稿，无失旧观。晓暾已矣，往时诸友廑有一二存者，皆无能张晓暾置之物论之例，兹特综其言行大概，非谓旧故之谊，尽于此而已也。民国己巳六月，扬州兴化李详。

观此序，可见晓暾生平，而一士所谓"助臣典张目而驳沈说者"之《李忠壮家传书后》所由来，遂大显豁。晓暾之《暾庐日记》，更有二则，可补作资料。其一云：

曾文正公手写日记，有记先大父忠壮公事，谨录于此。同治三年六月二十七日记云："至信字营，见李臣典，该镇为克城第一首功,而日内大病,深为可悯也。【七】月初二日巳刻,闻李祥云臣典病故,沅弟伤感之至。盖祥云英勇异常,克复金陵,论功第一也。七月十三日,作《李臣典请恤折》;十八日,作《李臣典请恤折》未毕。"按此记金陵之役,先大父为首功,文正既一再言之,其他官私记载均无异辞。乃近人有谓首功属朱洪章者,李孟符作《春冰室野乘》,益引附失实。余到沪始识孟符,一日问及,据云,闻诸湘人某君。余知某君曾居朱幕,习闻其语,是时咸、同诸将帅次第凋谢,朱最后死,黄金满籝,乃汲汲于身后之名,遍乞人为己表彰。听者不察,流为丹青,徒启后人疑窦。甚矣,笔载之不可不慎也!壬子冬,湘绮先生莅沪,余所编家乘呈阅,先生手批简端云:"朱洪章首功之说,余以未曾闻。"时衡阳夏茧叟在座,谓世由曰:"朱以己未得爵,颇憾萧公孚泗功列己上,初无与令祖争首功之意也。"

又一则云:

阅《屑玉丛谭三集·园居录诗鉴》,平湖张金圻兰脩著《金陵凯歌》十首之一云:"沙场枯骨卧斜曛,京观崇封不世勋。毕竟战功谁第一,应推猿臂李将军(谓李军门臣典)。"按此知金陵首功,属于先忠壮公,当时公私早有定论也。

此二则皆见上卷,其下卷尚有二则,援引曾文正公《大事记》,语意悉同,不具录。予按暾庐之述祖德,理实宜然。但此案孰为先登,良有疑义:一、忠壮破城先殁,国人例归功死者;二、朱洪章以黔将独厕湘军中;三、曾忠襄攻克外城原奏,明述先登九将,朱洪章第一,萧孚泗第七,而李臣典不预;此殆忠襄幕府之初稿,未经杂以私见者;四、沈涛园之诗、张南皮之奏、李孟符之《春冰野乘》,皆非黄金满籝之武官所得求而表彰者。以予所测,朱洪章首功,当时必有极普遍之传说，殆可信也。

一九五　南宋会子与行市

予前记币价物价琐屑，客有谈沪上所谓金融投机，以及通货膨胀诸说者，有叩予曰："兹类事于古有征乎？"予按《容斋三笔》十四云：

> 官会子之行，始于绍兴三十年，钱端礼为户部侍郎，委徽州创样撩造纸十五万[①]，边幅皆不剪裁，初以分给朝士俸，而于市肆要闹处置五场，辇见钱收换，每一千别输钱十，以为吏卒用。商贾入纳，外郡纲运，悉同见钱，无欠数赔偿及脚乘之费，公私便之。既而印造益多，而实钱浸少，至于十而损一，未及十年，不胜其弊。寿皇念其弗便，出内库银二百万两售于市，以钱易楮，焚弃之，仅解一时之急，时乾道三年也。淳熙十二年，迈自婺台还，见临安人揭小帖，以七百五十钱兑一楮，因入对言之，喜其复行。天语云："此事惟卿知，朕以会子之故，几乎十年睡不着。"然是后曩弊又生，且伪造者所在有之，及其败获，又未尝正治其诛，故行用愈轻。迨庆元乙卯，多换六百二十，朝廷以为忧，诏江浙诸道必以七百七十钱买楮币一道。此意固善，而不深思，用钱易纸，非有微利，谁肯为之？因记崇宁四年有旨，在京市元〔户〕市商人交子，凡一千许损至九百五十，外路九百七十得留〔贸〕鬻如法，毋得辄损，愿增价者听。盖有所赢缩，则可通行，此理固易晓也。

今考会子，如今纸币，所见大明宝钞往往边幅不经裁剪，盖仍

---

① 据1994年岳麓书社夏祖尧等《容斋随笔》校点本，作"五十万"。

旧法。所谓“置五场,辇见钱收换”,即今钞票兑现;所谓“欠数赔偿”,疑即折扣及贴水;所谓“脚乘”,即汇费;所谓“临安揭小帖”者,如今悬行情。观其所记官会折阅,如庆元时每千换六百二十,则六二折矣,诸道以七百七十收入,盖加市之一五。今日世界各国厉行通货膨胀政策,是皆纸币之一种必然结果。唯理宗以会子之故,十年睡不着,则亦可见其为民与理财之尽心,庶几可谓勤政爱民矣。

一九六　《闻尘偶记》记内廷事

文芸阁《闻尘偶记》云:“贝勒载澂,恭邸之嫡子也,卒后有外妇所生子,或劝恭邸收养之,恭邸不允。盖宗室定例,非妻妾生子,不能入属籍,即成立,亦别姓觉罗禅氏。况贝勒素不谨,外室甚多,故恭邸之不录,是也。庆邸以罪人子,本不应继近支袭爵,乃先行过继别房,然后转继。其初由恭邸援引时,谬为恭敬,光绪九年以后,事权渐属,遂肆贪婪,又与承恩公桂祥为儿女姻亲,所以固宠者无所不至,召戎致寇,其罪浮于礼亲王世铎云。”

又云:“恭邸退闲时,知庆亲王之贪黩,尝与志伯愚侍郎言:‘辅廷(庆邸字)当日貌为清节,凡有人馈送者,不得已收一二小物,皆别束置之。谓予曰:此皆可厌,勉为情面留之,概不欲用也。予故援引之。今贪劣如此,若国家责以滥保匪人,予实不能辞咎。’及恭邸起用,亦竟与之委蛇而已。”

此二节早揭奕劻之误国,可谓有识。又有云:“乙丑冬间,翁叔平尚书尝语余云:上御毓庆宫,一日忽于马褂上重加马褂,尚书询其故,上曰:‘寒甚。’尚书曰:‘上何不衣狐裘?’上曰:‘无之。’盖上平日便服甚稀，狐裘、羊裘各一，适狐裘裂缝，修治未毕故也。尚书曰：'内库存料甚多，上何不敕制进？'上曰：'且徐图之。'尚书述此时，谓余曰：'世家子弟，冬衣毳温，孰知天家之制，其俭如此。'"此则显言那拉后虐待德宗，可与后之先弑德宗而后死，得一蓄意已久之旁证也。

一九七　文道希记寇连材等事

记寇连材事竟，纕蘅出所藏文道希《闻尘偶记》抄本见示，此是萍乡未刊秘稿。五六年前，从广和居筵上见之，弢庵、樊山两翁、书衡丈并在，共相检阅。今又得手此编，追拾旧闻，殊有黄垆之忆也。道希撰此，适为丙申年，自序为正月，后有小注云："是年二月被劾出都，其有所录，半出追记。"故开卷即记寇连材事。今录其记寇事二节，及评王壬秋一节，记徐桐一节，以与前所捃拾者相发明。文记寇连材事，甲节云："丙申二月十六日，上在颐和园，是日午刻诛太监一人于菜市，闻其罪坐私递封奏，语言悖谬云。后乃知太监名寇连才，昌平州人，其奏乃谏游行，建储，停铁路，练乡兵，又勿听用李鸿章、张荫桓等十条云。"

乙节："又闻寇连才言事折，跪进于太后手。阅之半，震怒。是日内务府大臣工部尚书怀塔布，以祭龙神，路经颐和园，太后召见，承旨交刑部正法。怀塔布为连才跪求稍宽，不允。故此事不由军机处，恭亲王告翁尚书云：'吾等为旷官矣。'"

评王壬秋云："李莼客以就天津书院故，官御史时，于合肥不敢置一词。观其日记，是非亦多颠倒。甚矣，文人托身不可不慎也！然莼客秉性狷狭，故终身要无大失，视舞文无行之王闿运，要远过之。”

记徐桐云：“徐协揆甲子分校乡试，以磨勘去官，日诵《雷祖经》，不数年而复用。及潘文勤癸酉典试，亦以磨勘罢官，徐以《雷祖经》传之，乃急招门生十馀人，斋于佛寺，日写而诵之，不久亦得复任。徐为一时宋学宗师，潘亦汉学坛坫，而所见如此，较之王夷甫之清谈相去犹远，若使神州陆沉，诸公亦不得辞其咎也。”

此三节所言皆可备史料，末段在彼时自甚精卓。又予前所言寇案与文之被谴有连者，盖指那拉氏以怒寇故，旋即发驱文之念，盖其关键：一在于闻文亦与德宗御前宫监有结纳，次则在寇与文等俱为反对建储，又诋李合肥之人，故后同时触类及之，非即谓文与寇有何结托也。

一九八　樊增祥致张之洞密札

樊山[①]入民国，年已六十馀，予于癸丑秋作沪游，以沈爱苍先生之约，觏翁于樊园。及后翁来北都，文酒之会，月必十馀次，少亦五六次，箧中所藏翁诗札最多，虽少长相悬，而踪迹甚数，前尘宛在，记亦不胜记也。日昨忽见戴亮集购藏翁上南皮一笺，盖私人秘札。樊殁后无新刊之集，即刊集，亦断不收私函。然此等书札，乃是人生真面目，其中包含无数史料。亟备录之，加以注解，匪惟记

---

① 樊增祥，字嘉父，号云门，别号樊山，湖北恩施人。光绪进士。由知县历官至江宁布政使护理江督。入民国，任参政院参政，兼清史馆事。擅诗，工词及骈文。有《樊山集》、续集、集补，凡五十七卷。

樊所以特受南皮之知，清季政纪之坏，于兹亦可得旁证。樊笺云：

受业樊增祥谨禀夫子大人钧座：敬禀者，抵京后，三肃禀函，度可次第上达。顷由折弁赍示手谕，欣悉福躬康复，惟脾湿未除，尚望随时节宣，辅以上药，去病犹平贼，要当铲除净尽耳。受业抵京，因有两月耽阁，赁居北半截巷（三迁然后定居），幼樵故居之间壁。事定，甫投文，据部友云，凡告近有底缺者，先以起复引见。近来朝命，均系勿庸坐补原缺，则以知县归起复班候铨，不准呈请仍归原省。此时指捐陕西，便可省却捐离直隶一款，惟指分后，又须昼接，则是两次引觐矣。此月廿四日，吏部验到，两觐均在十月，出都总在仲冬。伏蒙垂念捐项，挚爱逾恒，受业苟有缺乏，亦惟有向函丈呼吁。所幸此次虽多引见一番，却省却捐离一款，受业所携赀用，尽可敷衍出都，惟到陕后，恐定兴中丞以幕府见縻，恳祈函丈贻一纸书，属其予一地方，缺无论肥瘠，但求免首剧，不胜幸甚。受业前过天津，与丰润倾谈两日，渠虽居甥馆，迹近幽囚①。据云，合肥始以津通之故，意不能无望，自函丈节次电信，深相推挹，渠已涣然冰释，至三厂交伊接替，则自云无出山理，且云不婚犹可望合肥援手，今在避亲之列，则合肥之路断矣。又云在甥馆本不与公事，惟函丈三厂事，若有稍近琐屑，不欲径达合肥者，可电致渠处，渠当代达云云。又云，合肥此次得书甚喜，渠在旁云，事事皆可助，惟钱不能助。合肥云，钱亦能助，如部拨山东修河之六十万金，若推延不解，我亦可代催；又如钢轨既出，我少买洋轨，多以轨价付鄂，俾资周转，是亦相助之道也。

---

① 指张佩纶娶李鸿章之女，受李经方辈歧视一事。

受业窥此两人，均已为函丈所用，丰润尤有结托之意，但使时时假以书问，必效臂指无疑。渠又云，密电可不用，缘电报房密迩合肥，若渠致鄂电，密不能缮，必使合肥生疑，此亦实情。在津时，渠云，合肥三日内必复书，渠俟见合肥信后，再作复函，此时想均达签室矣。总之，幼樵识见之明决，议论之透快，其可爱如故，吾师何妨招其游鄂，纵不能久留，暂住亦复甚佳。渠在津窘迫已极，郎舅又不对（小合肥欲手刃之），绝可怜也。

苏鄂对调，由于高密自危，求救于济宁。高密之弟（现已物故）是济宁门生，前此高密在京，亦夤缘以弟子礼见济宁，绝爱怜之。其必调苏藩者，闻博泉前辈述北池语云，军机处得星下书云，醴陵尽闹脾气，此次鄂藩需才，遂有此调。枢意以为寿丈与函丈必不相下，欲使同室操戈，以快渠辈之意，受业与再同早见及此，再同谓祥云："我写信，老人必不听，而最信君言。"祥于五日前已详致寿丈一书，备言夫子艰巨孤立之状，及欲得寿丈共事之心，恳其勿信浮言，彼此匡助。（传说函丈令庄道开湘中富人名单，庄道不肯，湘人以是怨函丈，不审有此事否？）缘湘人近来颇与函丈树敌，寿丈得湘人书，意不能无惑。总之，函丈与寿丈，同一为国为民之心，其本原无少异，所稍歧者，外著之规模耳。此次寿丈到鄂，惟求函丈优加礼貌，倾心委任，如于次公①之在粤，不惟吾党之幸，亦天下之幸矣。祥若早知此事，必不遽行，若使增祥奔走其间，似不无少裨也。

都门近事，江河日下，枢府惟以观剧为乐，酒醴笙簧，月必

---

① 于荫霖，字次棠，吉林伯都讷人。咸丰进士。历官至湖北布政使、巡抚。调桂抚，未任，免。光绪三十年卒。生前与梁鼎芬等交厚。

数数相会。南城士大夫，借一题目，即音尊召客，自枢王以下，相率赴饮，长夜将半，则于筵次入朝。贿赂公行，不知纪极，投金暮夜，亦有等差。近有一人引见来京，馈大圣六百（大圣见面不道谢），相王半之（道谢不见面），洨长二百（见面道谢），北池一百（见面再三道谢），其腰系战裙者，则了不过问矣，时人以为得法。然近来政府仍推相王为政，大圣则左右赞襄之，其馀唯诺而已。高阳与北池缔姻，居然演剧三日，习俗移人，贤者不免，仍今信之。（祥与比邻，不堪其扰。）竹篔昨日谈及，大圣近来于函丈亦不甚为难，常熟虽不合，然渠亦自命清流，夫子负天下重望，渠决不肯显然树敌。户部自子开物故，实为函丈之福，往日挑剔皆此一人之鬼蜮，今则广东报销，无复他虑矣。竹篔又云，凡兵部有所驳斥，函丈初疑洨长为之，实则不然，兵部现由香山当家，渠以治吏部者治兵部，以故事多扞格，由其不在行也。邸病初甚危笃，（七月底已愈，八月初又犯，既而反复多次）传说身如枯木，山东林令来声言无碍，人初以为妄，近日居然大愈，禀赋可谓极厚，亦国家之福也。京师故人，廉生气体颇壮实，再同病甚，头童齿豁矣。黄漱丈不动不变，老辈风流。李莼翁得御史后，牢骚渐平，（欲有所陈，尚未封上，但谈时政，不事搏击）函丈之意，祥已转达，渠甚感幸也。黄楼、百泉，谨饬可喜。玉叔稍不羁，致有盐大使之讼。博泉前辈，想已函告，不复赘陈。然博翁亦有过听者，如云玉叔烟瘾甚大，玉叔实无此癖也。前函久不达，恐有浮沉，此禀与前两函互为详略，想不斥其繁复。来弁索书甚急，灯下草草，恭请福安，伏惟钧鉴。受业增祥谨禀。（如有电谕、手谕，乞径赐祥寓为叩）九月十三日漏三下。

此函内所述诸人表字或隐语，今先就知者释之。幼樵、丰润，皆张佩纶。定兴者，鹿传霖。高密即荣禄，解已见前。济宁者，孙毓汶。醴陵、寿丈，皆指黄子寿彭年。博泉者，刘恩溥。北池者，张子青之万也，时住北池子，故云北池。再同者，黄国瑾彭年之子。大圣亦指孙毓汶。洨长，指许庚身，切许姓。竹篔即许景澄。廉生，王懿荣。漱丈者，黄漱兰体芳。莼翁，李莼客慈铭。黄楼、百泉、玉叔，皆南皮从子。全书可分三节，首叙在津与张篑斋长谈，兼为合肥、南皮居间事。考二张交甚厚，不待樊之为介，唯当时清流名士，多集矢李文忠，篑斋独婿于合肥，度尔时必尤为新旧所嫉，若南皮则宦术甚深，自不避结纳。书中"津通之故"，指当时海军衙门欲修天津至通州铁路，而南皮反对之，奏造京汉，合肥不悦也。三厂事，指湖北纺纱、织布、缫丝等三厂。樊述李伯行欲手刃张篑斋云云，恐过甚其词，然张之就婚，出自文忠夫人意，其家不以为然，此说有因，孟朴《孽海花》所纪，亦传闻有自。

次叙黄彭年调湖北布政使事，考《清史稿·黄辅辰传》附子彭年："十六年调湖北布政使，总督张之洞尤倚重之，然守正不阿，遇库款出入，断断以争，虽忤其意，勿顾也，未几卒。"据此则醴陵性之刚执可见，南皮虽倚任，而不能无忤，宜樊山之急为两家道地也。

复次叙当时朝局枢府惟以观剧为乐，酒醴笙簧，月必数数云云，即旧都俗所谓唱堂会，尔时正皮黄、秦腔两者皆全盛之时，汪大头、余紫云、时小福、十三旦皆当盛年。又贿赂公行云云，考光绪十六年军机大臣为礼亲王世铎、额勒和布、张之万、许庚身、孙毓汶。按樊笺所述，引见者馈金数目，以孙为最多，世铎次之，庚身又次之，之万为殿，额文恭不与焉。（当时朝士有流行之谑，以"额勒和布”，对“腰系战裙”，一时称绝，樊函之腰系战裙，即指额筱山。）今考《清史稿·许庚身传》称：时枢府孙毓汶最被盼遇，庚身以应对敏练，太后亦信仗之。又考《额传》称：额勒和布，木讷寡言，时同列渐揽权纳贿，独廉洁自守，时颇称之。以两段与樊笺印证，可知所言悉为事实。清政自兹益坏，奕劻用事，贿赂乃什百倍之矣。

此外笺中“邸病初甚危笃”数语，此邸指醇邸。按醇贤亲王光绪十六年八月病甚，十一月薨，醇王为德宗之父，故曰国家之福。“再同病甚，头童齿豁”二语，按黄彭年父子并卒于是年，彭年殁于鄂藩任内，国瑾以忧卒。此书作于九月十三日，与前录王可庄一笺，当为同时者。南皮以光绪十五年七月由两广调湖广，莅鄂不久，故锐意结纳。樊山是时正以知县赴陕，不久即出京，以通门籍故，其语甚亲切周密，可见樊之干才，不十年遂直陟监司矣。

一九九　李莼客以搏击得御史

樊函中有“李莼翁得御史后，牢骚渐平，欲有所陈，尚未封上，但谈时政，不事搏击”云云。以樊山与莼客之亲密，此数语宜可信。然莼客得御史后，实不如此。考莼客以户部郎中考御史，资浅不及格，于是黄漱兰、盛伯希代捐俸满，考取后，自期言人所不敢言。一补御史，即参顺天府府尹孙楫“辱詈属员，威逼自裁”。属员者，东路同知郝联徽，为兰皋先生之孙，实有此事。而折交潘文勤查复，文勤徇情面，强取郝氏家人切结了案，莼客因深鄙潘郑庵。樊函殆尚未知莼客劾孙楫时所发。而所谓“但谈时政，不事搏击”八字，即南皮居谏垣时之秘诀也。

二〇〇　宋代避讳之遗俗

《青箱杂记》，太祖庙讳匡引，语讹近香印，故今世卖香印者，不敢斥呼，鸣锣而已。仁宗庙讳徵，语讹蒸，今内廷上下皆呼蒸饼为炊饼，亦此类。按匡胤作匡引，又系吴氏临文之讳。鸣锣卖物，今惟吹饧作人物者为之，此业殆即宋香印之遗。共传吹饧之业，皆处州青田人刘诚意之后，诚意以为子孙计，宜托业微而仅资糊口者，亦孙叔寝丘之意。鸣锣为号，独有此业。宋以前未始无香印，但鸣锣自宋初始，范土为型，吹饧作印，此即当时之香印，未可知也。蒸饼之为炊饼，流俗所传，只有《水浒传》中语，可见元时犹有宋之所遗俗语也。

二〇一　许著《张文襄公年谱初稿》节录

拔可出示无锡许君溯伊所为《张文襄公年谱初稿》[1]数页，属为审校。此数页乃为南皮督两江时一载有馀之大事，起光绪甲午冬，讫丙申春，正中日一役和战纷纭间之最有关系时期。以南皮之声誉，两江总督之地位，其所献替，所左右者，宜若洪巨非常，今观其举措似侧重铺张应付，专力为物质上之角逐者，不知政治思想，苟不更张，人民智识，苟不增进，则一切建设，尽成逐末。四十年间，悬崖转石，前此所恃为富国强兵之要政，及今思之，无量黄金，何莫非掷于虚牝耶？唯缘本原不立，故创造适以资弊。《清史稿》

---

① 许同莘所著《张文襄公年谱》，最早于1946年由上海商务印书馆出版。

南皮传出桐城马通伯先生手笔，传中所云“莅官所至，必有兴作，务宏大，不问费多寡”，不能不谓为纪实也。然南皮所造端诸事，皆极有关系，亦皆近代设备所必不可少者，如有廉挚之性行，与精锐之专家，继续为之数十年，非不能资以兴国。所惜者，当时人才缺乏，一切皆以官僚充任，设一局所，只为候补道增一差使，遂浸成弊薮。（实则此为国家民族缺少教训淬厉之积敝，民德久丧，至今尚尔，庄子所谓“哀莫大于心死”，非可专责于官僚也。候补道亦有办事极切实者，特至光绪间，两江官场积习尤重耳。）今悉录此数页年谱，存其八九，节其一二，录之者，第一，使世知清末失地丧师之后，彼时之重臣所规画为何事；第二，可以溯寻当时规画铁路、电报、船舶制造之经过，与当时练兵筹款之情形。其余如下关趸船、南京马路、苏州日租界、南通纱厂之由来，及南皮处事之短长，亦可推求得之。原稿如下：

《张文襄公年谱初稿》卷五（黄按：此为甲午年，上稿未见。整理者按：下文括号内楷体文字，系原文双行夹注。）

十月十二日，闻旅顺孤危，敌兵分扑金州大连湾，奏陈关内外军事应急之策。奏请以彭楚汉署长江水师提督，陈凤楼留防徐州，调李先义募粤勇六营来江南。筹购船械。（购船，屡议无成。购械，事前后不一，新械运到率在明年，惟湖广任内订购较早，运沪后即分解北洋，并供江防之用。其到两江后订购者，至二十一年二月止，本息合计凡二百八十馀万两，部议责江南筹还，公请五省分摊，以协饷改拨。嗣部议准以借款拨还，而江南盐厘项下认还者犹七八十万两。）十六日，接署两江总督、办理南洋通商事务钦差大臣、两淮盐政、江宁将军各篆务。奏准向淮商劝捐助饷（凡一百万两）。

二十四日，奏请敕冯子材募粤勇十营来江南，办理吴淞沿海等处防务，并调广东副将林保等续募六营归冯子材节制。(敌与英约，不犯上海租界，不入长江。而制造局在租界外，又南汇、川沙、金山卫一带皆可登岸，故调募粤勇为沿海游击之师。冯部仍曰萃军，李先义所部曰广义军，林保曰广保军。嗣又调黄守忠募足三营来江，曰广忠军。)设北上诸军转运局。

十一月敌舰南来。(上月二十四日旅顺陷。)初五日，奉电旨，严饬吴淞各口加意防守，并于白茅沙、任家港、浒浦一带浅水处设防。(派员稽查各炮台，多不如法，饬各将领切实考究操练。)十四日，奉旨，准江南息借商款。(十月十二日公与刘忠诚会奏筹饷事宜，有此一条，部章息借商款，二年半为期，广息借以六年为期，由税务司签字给票，江南参用部章、粤章，凡收价借款二百三十一万两。)电奏南洋吃紧(敌屡有扰长江警信)。募军无械，请以出使大臣许景澄所购枪五千二百枝留南洋应急。奉旨：现前敌各军专待枪到进发，该督辄请截留，实属不顾大局，著传旨申饬。布置川沙、金山一带防务。

十二月初□日，出省阅视海口沿江各炮台。(往返旬余，日期未详，是行带洋弁及出洋学习炮台之员，逐一查阅，亲加指示，凡不如法者，饬速改正。贵州镇总兵丁槐熟谙地营，适统军过金陵，属至江阴指示。提督杨文彪经刘忠诚奏调北上。时调募粤勇皆未到，江南空虚，公以文彪尚知炮台作法，令将镇江各台修改。奏请改派湘军张桂林五营出关。)严禁水陆各营克扣、摊派、携眷、吸烟诸积弊，设通海、维扬、川沙、金山、乍浦各电线。(自通州至扬州，自海州至清江浦，分段赶造，以通军情。金山、乍浦，同时速办。时威海战事方急，敌有攻海州之讯。)令徐州镇道督剿编匪。(福匪倡乱于江苏、河南交界,明年二月获首要各犯,尽法惩治,匪患以平。)岁除奉寄谕:有人奏,息借商款,江南奉行不善,又有户捐、铺捐、房捐名目,骚扰怨咨,命查明指参督饬妥办。(明年四月复奏:江宁绅富捐款至上年十二月止,仅收一万一千馀两,借款一千两,苏州绅商借款三十三万馀两,馀为官款及各官借款,上海亦只一百万馀两。户捐、铺捐,并无此议,房捐未办,如有贪私之员,捐借扰累者,当立予严参。)

光绪二十一年乙未,公五十九岁。正月,禁英商纺纱机进口。(此洋商于口岸机制土货之始。是时纱布利厚,怡和洋行谋在沪设厂,轧花纺纱。上年十二月,总署照会各使,洋商贩运机器,有碍华民生计之物,为税则所不载者,不准进口。道员盛宣怀请公援案禁止。其后马关定约,许日本臣民任便于口岸以机器制造土货,英商利益均沾,藩篱遂撤。)粤军到江南。(分驻江阴南北两岸。以李先义接管炮台。)湖北银元局成,奏请援案归南洋经理,馀利协济鄂省,奉旨允行。(银元分五种:大者重库平七钱二分;次为两开,重三钱六分;又次五开,重一钱四分四厘;又次为十开,重七分二厘;又次为二十开,重三分六厘,出示江皖赣鄂等省一体行用。)布置通海各属防务。(海州之青口、灌河口二处,口门较深,防敌兵闯入,断清江运道。又海门厅为入江北岸首冲,均派兵扼守。办海州、泰州、通州、海门三路民渔盐灶团练,以清内匪。)闻敌兵逼近畿辅,奏请调广东陆路提督张春发率师入卫。奏请借洋款,购军舰,重整海军,用洋将练重兵于徐州,备中原缓急。奉电旨:朕钦奉皇太后懿旨,张之洞向来办事实心,近览迭次电奏,于料敌筹备事宜亦多可采。现在军事方殷，张之洞务当不分畛域，通筹大局，将筹款、购械、选将、筹兵等事设法妥办，俾战守有资，用副朝廷倚任之意。

二月初四日，奏陈割弃台湾之害。（李文忠以正月二十四日奉旨与日本议和，日所要求于朝鲜自主、中国赔款外，割地其尤甚者。南洋以月初得报，屡电论奏，时文忠未就道也。）十四日吴元恺等军溃于石山站，电饬戴罪立功。（吴军旋调甘肃剿匪，事平，率队回鄂。）二十二日，敌舰游弋海州，三日而去，饬地方文武严禁渔船为敌引水。

三月十二日，海州告警。先后派军三十馀营，分布沿海及清江以上运道。十三日，萃军到江南，冯子材即日驰赴海州，公饬诸军悉听节制调遣。（漕标各营亦由漕督饬归节制。）是日令吴淞江之各炮台，洋船有不悬国旗而入长江者阻止之。筹济台湾饷械。（马关定约停战，二十一日，而台湾不在停战之内。二月二十九日，敌陷澎湖。奉旨密筹接济，拨枪一千六百馀枝、弹一千六百馀万，南洋兵轮皆木质，不能赴救。）二十三日，中日和约定议。二十六日，闻和约有割辽东、台湾之款，电奏沥陈其害，请设法补救。

四月初一日，又知有内地通商及口岸制造土货各款，再陈权宜救急之策，并饬诸将速备战守。初十日，闻将以〔于〕十四日换约，会各督抚电奏，请由各国居间切商展期。十四日，和约互换于烟台。十九日，电奏再筹补救。二十一日，台湾民电请代奏留巡抚唐景崧仍理台事，由各国从公剖断。停止江苏各属军兴捐款。停各转运局雇养长车。（俟在途军械运竣，即将各局裁撤。）停办近海各属团练。

五月初二日，台湾民自立为民主之国，推唐景崧为总统。公遵旨停协助台湾饷械。（十三日，景崧率兵千五百人内渡。台湾有驾时斯、美新、福建三船易德旗而出。十七日，景崧至吴淞。二十九日，至江宁，以江南协解之饷银二十万两，台湾另款四万九千八百两，已购未到之洋炮十尊，枪一万一千枝，并易旗之三船，派员缴还，恳公代奏，应否入京陛见。奉旨：着即休致回籍。是时留守台湾者，有总兵刘永福、台湾府知府黎景嵩，苦守三月，饷械俱罄，累电乞救。道员易顺鼎始在山海关参刘督幕府，议和既定，至台湾思有所树立，而大势已去。又自台湾至厦门，电公力言之，皆不能应。嗣闽督派船，接官弁兵丁内渡。）筹练自强军。（日兵以德将教练取胜，公惩前毖后，拟仿德国营制，练马步炮工兵一万人。正月间奏请用洋将练兵于徐州，意在重用汉纳根。至是延访德国将弁，求曾经战阵者，自强军发端于此。）十五日，交卸兼署江宁将军篆务，筹扩充湖北枪炮厂，创建金山卫州等处炮台，并改修吴淞、江阴等处炮台。（此与练自强军合为一议。时江南借洋款一百万镑，以应军需。会军事略定，因电奏请以此款练兵造械。闰五月又专折言之，谓上海制造局军火，若敌舰封口，一切转运立即束手，必于沿江内地设厂，则开战方能济用。嗣部议于江南借款内拨一百万两，附入鄂厂，添造新械，责成每年造成快枪一万八千枝，快炮三百尊，并配足无烟药弹，如造不足数，即将承办之员参处。公以部中核算有误，仅费百万造厂之成本，必不能岁造值二百五十馀万之枪炮药弹，只可各归各省，江南设厂另筹善法。疏入，报闻。）四川民教启衅，法国兵舰入长江，公电致沿江各省尽力保护。（虑沿江散勇勾结为患，电皖、赣、鄂三省尽力保护。萃军素为法人所嫉，并戒勿生事端。）设下关趸船、淮口浮桥，筑马路自江宁城中达于江岸。（金陵非通商口岸，洋商不得设趸船于此，英领事屡以为言，遂自设趸船，许洋商纳租停泊。筑马路，自城中北达江岸十五里，又南接贡院以达通济门，为费五万馀两，提地方及盐务捐款应用，不动正项。）

闰五月，裁勇三十二营。总兵朱洪章卒于金山卫。（洪章，贵州开泰县人，同治三年金陵之役，论功当第一，而名位居次，以萧孚泗为首功。及是公追论前劳，请从优赐恤。）议留北上湘军精锐者。（北上援军陆续撤遣，有裁湘留淮之说。公谓淮军骄悍难驭，湘军尚多朴勇可用之将。如今时势，恐内地不久将有变乱，宜湘淮参用，备缓急，维大局。致电刘忠诚、翁文恭论之。）奏请修备储才。（凡九事：曰练陆军，曰治海军，曰造铁路，曰各省分设枪炮厂，曰广开学堂，曰讲商务，曰讲工政，曰多派游历人员，曰预备巡幸之所。）密陈豫结邻援要策。奉电旨：敕议由京至清江兴办铁路。又以本日约内改造土货一节，关系最重，敕江浙等省筹于出产处先抽厘金，并招商，多设织布、织绸等局，广为制造，筹款购小轮船，专在内河运货，以收利权。

六月，公复奏，仍主先办卢汉铁路之议。（遵旨遴保胜任人员，举前台湾布政使于荫霖、前内阁学士陈宝琛以应。）并请由上海造路通苏州，而达江宁，旁达杭州。询访绅商，令陈招商设局行轮内河办法。请申明中法条约正义，限制教堂于内地置产。（咸丰十年议中法续约，仓卒觅译人不得，以法教士娴华文者充之。教士于华文约本，擅增任法国教士在各省租买田地建造房屋一语。法文约本无此文。此条约上明言以法文为正本,公尝举此以折法领事,其气立沮。是年法使请总署通行各省,凡教堂在内地买产勿庸先报地方官。公奏请申明约章,示以限制。)

七月,电奏补救和约事宜(凡十九条,详见电牍)。协济陕甘枪炮。(陕甘回匪猖獗,甘督电请协济,凡拨解枪四千枝,前后膛各半,车炮二十尊。奏奉电旨,有力顾大局之褒。)续裁勇丁二十五营。设内河轮船总局。(总局设上海,招殷商分路开办。上海至苏州为一路,苏州至镇江为一路,镇江北至清江浦、西至江宁为一路,上海至杭州、湖州为一路,上海至宁波、台州为一路,吴淞至崇明、通州、海门为一路,准载客拖带货船,于上船及到岸时收厘,以行船余利之半,报效充饷。奏奉电旨:崇明宁波路涉外海,可不必办。以洋商小轮行驶外海,定章不准拖带民船、剥〔驳〕船故也。)议设商务局。(分设上海、苏州、江宁三处,就息借商款二百三十一万两。许商民领款开办制造土货各厂,以械器、缫丝为大宗,设于无锡,兼开茧行,俾乡民养蚕省工,蚕利日旺。其余只制洋糖、洋瓷、洋烛、洋火柴、洋酒、水泥、针毡之类,皆设厂上海。每厂领款不得过十万,年息六厘,分十年归还,不入官本,由商自办,商务局但经理将还款转付。是年无锡商人集资请开茧行者四十馀家。而丝厂及洋糖之类,息借之款,户数零星,不愿合股,且须领款外自筹资本,力有未逮,讫无成功。)议复产地抽厘。(就产地并抽厘金一次,经过各卡,不再完纳,限制洋商只准在内地租栈存,不准开行收买。)议复筹办卢汉铁路,并议由干路分支达陕西、山东、江西、广东诸省。(以上三事,皆电请总署代奏。奉旨：张之洞近来电奏辞多繁冗，嗣后如有陈奏，非数百字可尽者，即具折以闻。九月，翁文恭以公三旬中电奏不至，属文芸阁学士传语，务照常电奏，并陈明字数难少之故。）江夏马鞍山煤井轰炸。（工匠多死者，令从优抚恤。）汉阳枪、炮架、弹三厂成。修崇宝沙炮台。金陵狮子山等处炮台成。（狮子山等处以二月兴工，先后奏明有案。嗣部议，狮子山等处在长江门户以内，似可无需添筑。是月接部文，已竣工矣。）

八月，筑上海十六铺至龙华马路。（十六铺在上海县城与租界之间，华商精华所萃。七月，江海关道黄祖络言，法权拓界，日拟租地，皆注意十六铺。公议先筑路以杜其谋。未几，日本人在此勘丈，公闻报立饬兴工，自十六铺桥起至先农坛止，凡九百三十八丈，留馀地建轮船码头。费八万两，借拨出使经费，以所收地租归还。嗣是华商设厂泊船，绰有余地，同时有美商拟办电气街车，亦以筹款自造拒之。）初九日，奉电旨：有人奏湖北铁政局与大冶产铁处相距甚远，以致铁价太昂，且近处并无佳煤，炼铁未能应手，犯此二病，即难收效等语。铁政局经营数年，未见明效，如快枪一项，至今尚未制成，着张之洞通盘筹划，勿蹈前失。二十八日，复奏，铁厂、枪炮厂均已办成，进呈钢铁钢轨，及铁路应用各件式样，以快枪药弹咨送督办军务处查验。（快炮过重，留于江宁。）援北洋江南制造局成案，请添拨湖北枪炮厂经费。（请就户部存沪借款拨银六十万两，或在江南所借瑞记款内拨用，由鄂厂将所造枪炮分四年作价归还。）并以铁厂开炼奏准，经费无着，陈明于江南筹款拨用。（光绪二十年十月，奏准借偿广东武营报效四成，及银元局馀利五十万，而广东此款已协济北洋。及提拨海防用款，因于江南筹防局借拨应用，劝谕淮商增复皖岸，及湘岸平江新引，以复左文襄原议，共缴银三十五万，又报效银十五万，还筹防局借款。）遵旨将铁厂招商承办，截止用款。（时醇贤亲王已薨，翁文恭掌度支，公于发折后，致文恭书，有云：度支艰难，节用为亟，计相苦衷，亦能深喻，特以补牢治牖，用费实多，铁政枪炮诸局，既发其端，不能不竟其绪。今幸已具规模，不能不完此全局，伏望范围曲成，以开风气。）

九月，整顿太湖水师。（水师统领总兵李新燕，捕务废弛，奏请革职，遴将领廉能果敢者接充。）派洋弁测勘宁沪苏杭铁路地势。择定苏州日本租界地段。（日领事议在阊门外一带，而人烟稠密，商情不便，又请在青胥门、盘门间，则地挟难容，坚持数月，择定距城六里之密渡桥至灯草桥一段。公与赵抚院商定，沿河留官地十丈，捕房工务局，依宁波章程，悉由我设，界内道路，由我修筑管理，先就官地填土兴工，以示必收主权。）筹议改折南漕。（与赵抚院往返筹议，民间完本色、折色俱仍其旧，而全行折价解京，岁可省运费八十万两。嗣户部议复：本年冬漕，仍运本色，明年或运或折，由江浙督抚会商具奏。）清查吴淞滩地，变价升科。（上海、宝山两县，先后查出一千馀亩。）

十月，致电总署，请改中日通商约务有碍主权厘税者。调兵船北驻旅顺。（旅顺日兵将退，奉旨将南洋各舰移泊。而南洋各船方在修理，不能如期北上，请先以闽船调防。十一月初一日，日军退出。初六日，福靖船自闽北上，初九日，南洋寰泰、开济两船北行，旋又派镜清、南瑞两船前往。）阅沿江炮台、鱼雷艇。莅考水师学堂。俄将沃嘎克来。(言铁路事,拟直达大连湾,公密奏中俄接路则可,让大连湾必不可。)康祖诒来。(祖诒在京师倡立强学会,朝士集者百数十人,是月十五日来见,旋赴上海,设分会,请公列名。公复电云:群才荟集,不烦我,请除名,捐费必寄。乃助会款五百两,拨公款一千两。)续裁募勇十四营一哨。(刘忠诚所部回防者,遵回防归并之旨,裁十一营。又沪防三营驻制造局,查知多积弊,以冬防期近,未裁,另委营官接统。)

十一月,令江海关道集华洋商化验湖北银元。(湖北银元较鹰无成色为足,而沪商讹言以为过差,抑价行使,因令外国化学家有名者,集众比验,以释群疑,行销渐畅。)议试行轮船于金陵清江一带,奏明创练自强军,选募乡民,责成洋将管带。(先练二千八百人为一军,仿西法分十三营。半年以后,人数倍之,以增至万人为止。一军练成,以华将带之,移洋将以教第二军。一军饷需约四十四万两。二十二年冬,公以洋情日变,洋将不宜带兵,致电刘忠诚,以渐分派安插。)奏陈筹办江浙铁路。(分段筹办,吴淞至上海为一段,上海至苏州为一段,苏州至镇江为一段,镇江至金陵为一段,苏州至杭州为一段。松沪一段,官办以开其端,其馀筹有的款再定办法。)请开办邮政局。十八日,上谕:刘坤一着回两江总督本任,张之洞着回湖广总督本任。又谕:张之洞奏南洋创练新军,责成洋将操练,并金陵、上海兴办铁路各折,照所请行。张之洞既经创办,条理秩然,即交刘坤一赓续成之,以为补牢之计。至邮政一节,业经总署筹议,粗有头绪矣。又谕:湖广地方紧要,铁厂、枪炮厂甫经告成,现当开办铁路、整顿陆军之际,需用甚繁,炼钢轨、制快枪，实为当务之急。银元铸成，能否流通各省，该督回任后均当加意举办，以立富强之本。拟振兴白鹿书院。（黄漱兰通政以九月自开封来，主讲金陵文正书院。公议振兴白鹿，电商赣抚，请延通政主持，得复，已聘他人，不果。是年梁文忠主讲钟山书院，年终，公回任在即，文忠力辞，延屠梅君主讲，亦不果来。）编设炮台专勇。（各台操演渐熟，改定规则，分沿江各台为四路，台设专官，合数台设总台官。论技艺不论官阶，选勇专司测演，不当杂差，不无故更换，随营腾饷，优给薪粮，奏准立案。）江苏盗风日炽，奏请凡斩决情重者，就地正法。延聘两湖、经心书院主讲、分教。（公虽在江南，犹注意湖北两书院，诸生课卷寄江南评阅。）

十二月，严核沪镇两关淮盐总栈督销局公费，节省归公。（江海关岁节省银四万两，镇江关七千两，仪栈三万两，皖岸督销局三万馀两，鄂岸督销局一万三千两，其馀着各关卡分别节减。）创设储才学堂。（分交涉、农政、工艺、商务四门，学生一百二十名，为高等。改金陵同文馆为初等，于英、法文外，添课德文，学生一百二十名，均延西师教之。年需经费六万两，以仪征淮盐总栈、皖岸督销局，节省商捐局用拨给。）创设陆军学堂、铁路学堂。（陆军学堂，分马队、步队、炮队、工程队、台炮各门，学生一百五十人，三年毕业，延德将五人教习。铁路学堂学生九十人，附入陆军学堂，延洋教习三人，两学堂年需经费六万馀两，以江海镇江两关加解经费，及膏捐充用。）复水师学堂原额。（光绪十六年，沈文肃设金陵水师学堂，分驾驶管轮两班，学生一百二十人。十七年裁四十名，公以毕业各生已著成效，奏请规复原额。）以洋弁稽察金陵军械所。（着为定章，除道员总办所务外，派洋弁二人，由总办督率稽查。）移建松江火药库。（库为江南各营炮台火药总汇，旧在城中，逼近民居，奉旨择地移建，为三所，一设于松江城外凤凰山，余分设于镇江、江阴，采西法建造。）戮散勇为匪头目。（北上诸军遣撤南旋，其不法者到处结匪立会。江宁获匪首唐子钧等，在关外结会有据，讯明正法。）议减本年漕费。（漕折定价，向章于公费一千之外。加收五百文，本年钱贵民困，商赵抚院酌减。）浚濉河。（濉河上承黄河支流之减水河、洪河，经灵壁、泗州，而注于洪泽。支流纷歧，泛溢为患，历三四十年。公饬地方官勘定疏浚，需工款十万两，以查抄卫汝贵典产充用，奏明立案。河经徐州者，即以是年兴工，在皖境者公回任后，皖抚以泗州民不愿为辞，檄州停办，公致电言其不可。谓民生所关，存款有馀，机会难得，宜竟全功。）招商设纺纱厂于通州。（在湖广本任时，招商集股订购纱机，及运沪而商股无着，机价九万镑，合运费凡银六十一万馀两。时陆文端[1]方在籍，公属集股承领，文端允而复辞。乃以吴淞滩地变价及湘鄂新增票引指拨机价，并属在籍翰林院修撰张謇集股开办。修撰嫌机贵本重，商款必亏，旋作价五十万两，与盛京堂各认其半，上海、通州各设一厂。设通州者曰大生纱厂，南通州工商实业肇基于此。）复奏钱币不宜招商制造。（刘忠诚于上年奉旨敕招商开铸银元，忠诚以为不可。公到任，绅商请设局举办，公谓圜法宜统于官，不许。至是奏请敕部通行各省，无论金银铜何项钱币，统由官办。不准商人附

---

① 陆润庠，江苏元和人，卒谥文端。

股，更不准商人自铸。）调募各营次第裁竣。（先后裁一百九营，又四百人。在任时调募各营皆裁尽，所裁勇丁，发给恩饷，以轮船分送各原籍，妥为遣散，不留一人。冯提督子材仍准回粤督办钦廉防务。运载兵勇，自官轮外，兼雇招商局轮船。先是光绪十一年向旗昌洋行赎回招商局，以无款可筹，将全局产业抵押，向汇丰银行借款，船牌地契，均易户名，在英领事署注册。是年以商局并无损失，本息一半清还，招商局产业始复本局户名，全为华商所有。）议复裁减制兵。（江、皖、赣三省分别裁减三成，岁省银二十万两。）议限制上海租界。（已议办者，奏开铁路于洋场东北，筑马路于洋场西南。筹议而入奏者，洋人不得于界外筑路，已筑者不得再展，我于其抛筑马路一段以截之，华民以界外之地私卖与洋人者治罪，地方官知而不问者，照溺职例惩处。）

光绪二十二年丙申，公六十岁。正月，筹定苏沪铁路官本，官商合办。（赵抚院虑公行后筑路无成，公意欲开风气，指定瑞记借款二百万两为官本，五年后可于两淮盐务再筹一百万两，余招商股。）定自强军的饷。（裁减制兵省银二十万，芜湖新增米厘十二万，苏沪米厘停拨洋款腾出三十八万，以充新军的饷。公回任后，刘忠诚欲以自强军归湖北督练，而湖北无的饷，遂止。）请加鄂、湘两岸引票，以课厘凑解洋款，并统筹归还之法。（以上三事，同时并举，为江南立富强之基础。）选派学生四十人，分赴英、法、德三国肄业。（仿曾文正督两江时成案，而选已通西文者，期以六年毕业。于瑞记洋款项下拨二十万两，存储备用。）复奏改折南漕办法。（上年有旨饬与江浙两省及漕督会筹具奏，而往返电商意见不一，户部亦虑近畿荒歉，采办价昂。至是交卸在即，单衔具奏。）请于江西兴办内河轮船，仿制洋式瓷器，创办蚕桑学堂。（自吉安至吴城，自吴城至九江，自九江至饶州，分三路行驶小轮船、浅水轮船。仿制瓷器，请免税厘十五年。江西素不产蚕，请于高安县设学堂，讲求种桑育蚕之法。）议定通海棉花布匹百货出境统捐。（行销宁、沪、淮三属棉花。行销宁属匹布，行销通海百货，厘捐按产地统收由商人包认，共二十六万串，较平时减二十分之一，饬司局州县筹议至再，以交卸在即，令地方官来省面商，已定议矣，而商民犹有不慊，为之长叹。）十五日，刘忠诚公行抵江宁。十六日，电商赵抚院速办苏州租界马路、捕房等工程。（是时交涉未决，公议先发以折之，既而交涉中变。二十三年，定租界章程，界内道路桥梁以及巡捕之权均归领事管理，沿河十丈之地，作为悬案。）十七日，交卸篆务，即日启程。是夕至牛渚，有诗。江行登采石矶太白楼。过芜湖，袁忠节[①]张宴于官廨，纵谈竟日。西上登小孤山、石钟山。经庐山下，先约陈太傅同游，太傅不至，游亦辍。至黄州，游九曲亭、寒溪寺，所至皆有诗。二十二日，至田家镇，阅炮台。二十三日，至大冶门铁山。二十五日，至江夏马鞍山，观煤井挂线路。二十【六】日，至汉阳观铁厂。二十八日，过江至武昌。

许君有跋云：

公初署两江，凡一年又四阅月，自筹防迄于善后，其间无

---

① 袁昶，浙江桐庐人。光绪进士。时任徽宁池太广道，驻芜湖。1898 年任总署大臣。义和团运动高潮中被西太后所杀，后昭雪，追谥忠节。

一日休息。始至金陵,未受篆而奏陈军事,筹购军械,及奉旨仍回本任,于两江吏治民生,力谋所以整饬裨补。尝闻张望屺先生言,乙未除夕三鼓,犹在幕府治事。丙申元旦亦在署竟日,今集中载此数日发折几十馀件,其一证也。于商务壹意振兴维持。沪商叶成忠、何端棠声誉素著,御史张仲炘言其运粮济寇,密旨严拿惩办。公疏言:"两人素有身家,且或为各路军营,或为台湾后路粮台,委以采办军米重任,则其平日为人必当为各该军营等所深信,当不致悖谬若此。臣遴委司道大员,三次详查密访,不能得其影财私售之实证。此等违禁济寇重情,既无确据,碍难以辗转流传之词率兴大狱,株累商民,应请毋庸置议。"此事保全甚众,沪商不知也。于官邪吏蠹,则厘剔必严,查复文武大员各参案,皆据事直陈,无所回护。道员刘麒祥总办上海制造局,言路劾其任意挥霍,亏空巨万。是时制造局以整顿军械,故直隶于督办军务王大臣,有旨敕公督饬刘麒祥认真规画,毋庸王大臣督办,并饬查有无亏短。公奉旨,即饬刘麒祥交卸候查,不以有督饬规画之旨,稍存瞻顾。论才以廉朴为先,宜昌镇总兵刘鹤龄,甲午冬奏调来江办理防务,年老矣,以不营私财故而用之,欲激厉诸将,挽回风气。鹤龄既卒,为奏请优恤,称为廉将。乙未冬举行计典,致赵中丞电云:"黄道开张,马道朴素,鄙意拟先尽朴素者。"黄谓上海道黄祖络,马谓江安粮道马祖培也。湖北副将刘恩荣因公亏累,公致谭敬帅电云:"刘副将操守最好,不缺额,不扣饷,因公受累,似可不必参办。"此皆见之奏疏电牍者,本集不能备载,附记于此。

予按许君此谱,是未定初稿,管中窥豹,颇以为似李瀚章之《曾文正公年谱》。盖其心目所景仰者，若甚庞大，落笔遂甚敬谨，取材不得不狭隘。凡旧日官文书所表现者，大人先生往往如是，未可为许君病也。其实南皮之事功，不如文章。意存建树，而力希忠宠，故有创而鲜获。然其真性情，可从诗文字句里勾稽得之，此是书生本色，不宜忽也。以事功言，即如乙未岁南皮第一大事，为力主废约，联法存台，不论其当否，要是一种主张。顾此主张及其动机，非遍考当中日战后各国间关系，及许竹筼、唐薇卿以及合肥等之函电，未易豁然呈显。予前所录南皮幕府中之十四电，庶几一斑。今乃以数言括之，实失于略，南皮毕生如此有关中外之主张，良无几事也。又如南皮以中法谅山之役，慕冯子材名，使之缮备江南军事，其后军纪不饬，南皮亦心病之。又如始营江浙铁路，限制外人内地置产，限制租界，以及裁撤勇丁遣散安插之方法，皆不妨加详。又如康南海设强学会，南皮助款而不列名。又如翁文恭憎南皮文字冗沓，其后又由文芸阁传语，照旧陈奏。又如南皮以用钱过多，函翁求谅。试与后此南皮之痛诋康、梁，又切齿常熟对较，便可见政局勾心斗角之内幕。若能储集材料，如刘伯绳之《蕺山年谱》、焦廷琥之《理〔里〕堂年谱》，多附录杂事，或荟集众说，则不论南皮之真价如何，而光、宣四十年间之史迹，与此老之生平，皆可跃现矣。年谱之种类方式至多，异日必有蔡上翔、钱德洪辈出，以彰荆公、阳明者。是许君此谱，又未尝非佳史料也。

二〇二 《湘绮楼日记》记甲寅入都

偶读《湘绮楼日记》，甲寅重入都门者，三四页间，突梯滑稽数数，展卷犹想见皓发矬身短辫而咍然也。日记自三月九日至四月十五日，间或中断。所记来客姓氏得四十三人。予逐一校之，今存者只五人：熊秉三、郑叔进、夏剑丞、侗厚斋、方叔章，此外有陆孟孚等五人，予不识之。其馀已逝之三十九人，皆曾识面，或挚知师友，风轮弹指，思之感喟。中唯汤济武、饶石顽非考终，袁抱存[1]殁年最少，余皆令名有闻。今年江叔海先生新殁未盈月，叔进近亦以风废，弥足嗟叹。日记中称抱存为陈思，盖项城当国时，世皆以曹植拟之，湘绮又称袁三少爷，凡两见，此或笔误，抱存行二也。

有一节记赵芝山、宋芝栋在北半截胡同开孔社博览会事，良可发笑。记云："回车出宣武门，至北半截胡同，见张设新棚，入一矮屋，而内甚曲邃，见宋伯鲁、赵惟熙，推我主祭。博览而释奠，所未闻也。免冠常服，实为夷礼。既至，当从主人，凡三跪九叩，半时许，奏洋操乐，乃得免出。"此数十字，杂糅矛盾之状毕露。忆民国初元，形色云涌，先有释道阶与孙少侯等，举行释迦文佛降生二千九百若干年纪念大会于法源寺，陈设瑰众。一时朝官命为儒者，哄然效之，争设孔教会之属，或出书画陈览，招邀粉饰，日不暇给，真不知所谓也。

湘绮又记："至崇效寺看《红杏青松》长卷，国初诸人及近年故人均有题记，翁覃溪八十四岁题字，余八十三，欣然继之，字更小于覃溪，亦雅于覃溪也。"此颇自矜诩，湘绮字远不及覃溪，能书小字，工夫亦不逮之，题图更雅，会逢其适耳。相传覃溪每年元旦试笔，于一粒胡麻上，书"天子万年"四字，晚年目力锐减，犹书"天下太平"四字，其书细字，亦差有练习。按《山居新话》云，延祐武神童尝为中瑞司典簿，善写小字，一粒芝麻上，写"天下太平"四字。又《江

---

① 指袁克文。

南野史》载，应用尝于一钱上写《心经》，一粒芝麻上写“国泰民安”四字。《明语林》谓宋景濂能于一黍上作十馀字。是此事自古已有之。国人习于笔札，雕虫之技，固知相习已旧，非必传说之雷同演变也。湘绮晚年字拙朴有致，甚似张叔未，亦以愈细愈佳，予曩以晳子之介，乞得之。学人及耄，书写积多，字皆有味。儿时谒谢枚如先生于十三本梅花书屋，谢已八十四，吾家所藏谢札，其字亦颇似湘绮矣。

二〇三　具刺贺年与名片贺年

近俗岁首，远近知好，率以柬相贻为贺年，此自由于贺正之俗导变而来。予所见清末拜年，止于用大红名片，或用帖子。易民国后，始别具刺，加以文辞，是此风为晚出矣。然细考之，名片实反晚出。《蒿庵闲话》：“寸楮往来，始于崇祯，以严禁请托，于投挟为便。”是小名片不过三百余年间物。而具刺贺年之辞，见于纪载者，如南宋张世南《游宦记闻》载，其家藏有元祐十六君子墨迹，其中有刺云：“观敬贺子允学士尊兄正旦，高邮秦观手状。”此是秦少游元日贺常子允（立）之刺，是古人贺年，不用名片而用刺，尤郑重，与今俗合。世南称：“刺字或书官职，或书郡里，或称姓名，或只称名，既手书之，又称主人字，且有同舍、尊兄之目，风流气味，将之以诚。”信不诬也。名刺与名片之别，非唯古今殊俗，实亦异形。刺本削木为之，《陔馀丛考》：“古人通名本用削木书字，汉时谓之谒，汉末谓之刺，汉以后则虽用纸，而仍相沿曰刺。”按瓯北[①]所指汉后之纸

① 赵翼，号瓯北，清江苏阳湖人。

刺，实近世之柬或帖子，而只刊姓名之小片，则明末始盛。盖古人皆亲书，明清后始刻木印之耳。又见马夷初[①]《跋武林新年杂咏》云："拜年帖子，故家大族辄自尊长下逮孙仍，具于一帖，或云顿首拜，或只曰拜，仍兼投到谒人刺，其简率者，不异寻常也。大凡泛交，止雇人力投刺，名曰飞片。亲长则如躬诣，戚族且须拜影堂。"此记杭俗拜年甚详，大抵南方各省皆然，不止武林已也。改历以来，虽贺柬腾沓，而仪节务从简易，此实世变所策，不但霜髯无欢，即睹童丱嬉春，似亦无旧时乐事矣。

二〇四　江叔海逸闻

长汀江叔海先生（瀚），以经学名海内，其先世宦蜀，因家焉。短身火色，髭须皓然，广鐩酒面，作巴人谈，不知者断不料其为闽人也。清末先生官开归陈许道，于龙门八节滩白傅游址建白亭，征四方人士为诗。予时弱冠，石遗先生介予作一五言古，起云："残花何轩轩，白亭闻新落。"先生极赏之。民国初年入京，就长君翊云养，始得陪文酒。二十年间，春秋佳日，无不觏翊云将车扶杖而至，时人比之岷峨之苏。先生亦自谓蜀为钓游之乡，与蜀人士最稔，赵尧生、宋芸子以逮傅沅叔年丈、邓寿遐辈，莫不掎襟相称道。然先生尤习湘绮及散原、实甫父子，其诗中与陈、易倡和最多。翊云《趋庭随笔》云：

光绪二十四年正月，家父与乔茂萲丈同客长沙，适值召开

① 马叙伦，字夷初，号石屋老人、石翁、寒香。浙江杭州人。学者。中华人民共和国成立后任高等教育部长。

经济特科，茂蓤丈荐刘培村于湘抚陈右铭太年丈，乃以人才与杨叔峤同举，遂罹于八月十三日之难。右铭太年丈虽坐此去职，然初不识培村也。是科所举共二十四人，以寿富伯茀居首，伯茀为竹坡侍郎宝廷之子，死庚子京师之变。其馀如曾广钧重伯、屠寄敬山、易顺鼎实父、俞明震恪士、汪康年穰卿、谢钟英钟英等，皆以文学有声当世，家父亦名列荐牍。同时江苏学政瞿鸿禨子玖亦保家父暨陈三立伯严、孙诒让仲容、丁立钧叔衡、夏震武伯定、汤寿潜蛰仙，邹代钧沅帆等十五人，(是年保举特科，皆咨送总理衙门，唯瞿附片奏。)其事旋罢。二十九年重开经济特科，瞿已为军机大臣，张劬予侍郎以家父及孙葆田佩南、沈曾植子培、陈遹声蓉曙、蒯光典礼卿、章梫一山、秦树声幼衡等十九人应诏。家父虽至京师一行，仍未与试。此次征辟仅三百馀人，本不为多，因光禄寺卿曾广汉保有上海《游戏报》馆主笔李宝嘉伯元，一时群议为滥。然伯元所著小说，如《官场现形记》诸书，盛为今日主张白话文者所推许，是人亦曷可轻耶?

此虽纪朋簪，实亦可供掌故也。先生所著《石翁山房札记》四卷，早行世，中皆考证经史辨析同异之言，湘绮最称之。湘绮甲寅与先生遘于京师，日记中有“江瀚来，又欲做藩台耶? 然老矣”，盖即指开归陈许道护布政使时事，以为嘲戏。晚年居旧京，小车行乐，意气健举，尝谓翊云:“老而不健，则生趣尽，老亦奚为?”故毕其暮岁，无一日不涉酕醄抚弦索以娱其天者。今冬骤患肺炎，遂不起，年七十九。先生以民国十一年讲学于晋祠，筑难老别庄，予有诗奉讯之，中有云:“白亭旧筑应骖靳，顾怪前踪欠揭橥。”以亭林游晋日久，集中不见晋祠诗为疑。后十年，沅叔年丈于藏园置酒赏海棠，先生娓娓为予言晋祠故实。其后南来，遂不常见，昨成挽诗并及之。盖乡前辈留滞故都者，今凋零殆尽矣。先生诗札贻予者至多，皆六十后作，予独爱其蜀中诸诗，特谨严。如《登钻天坡宿洗象池》云：

百道灵泉奔，千仞峭壁立。天门一何高，飞鸟愁振翼。
迤逦攀修条，参差履龟石。拂衣白云散，仰面青霄逼。
曰余爱奇境，未忍吝登陟[1]。落日梵宫栖，尘寰从此隔。

《自夔门入巫峡作》云：

仲夏蜀江恶，犯涨来夔门。滟预正散发，瞿塘堪断魂。
惊涛溅雪飞，怒石作雷喧。棹歌自高唱，轻舟任倾翻。
俯视鼋鼍游，仰看熊罴蹲。松孤觉风高，嶂密使昼昏。
消摇送飞鸟，凄怆闻啼猿。骚骚夕流驶，霭霭朝云屯。
境险景弥异，命微忧无存。凭窗独吟赏，还复倾芳尊。
破浪平生志，请附宗子言。

此皆甚似子美西归时者作。先生诗故擅选体，与湘绮、芸子相似，尔时之风气也。

二〇五　世传太常寺仙蝶

初民蒙昧，其于动植畸形锐状，率加以灵异之名，仙草仙禽，载籍屡见。及今科学既昌，此等诞名，已无容喙之地。顾吾国虽为先进，而闭关三千馀年，初民之态依然，又此类灵名，往往为文人所乐

① 原注：于晦若至此怯其险峻，欲止，余再三怂恿之，乃上。

道，举以为诗赋之藻辞。忆藏园[①]宴集，尝闻沅丈谈及太常仙蝶之异，此固有清卿曹特有之传说，顾未尝整理排次为有统系之载记。去年沅叔成一文，述蝶颠末特详，今具录之：

> 太常寺仙蝶，事迹久著燕京，相传自明嘉靖，至今数百年，神物也。而见诸纪载，则自揆考功之《隙光亭杂识》始。按考功言："太常寺公署垂花门之上，有蛱蝶子三枚，黄质而黑章，须之末有如珠者二，常以夏至来集。每祭方泽，各官斋戒，蝶辄先至其所，祭毕，则翩翩而逝。或以帛及扇承之，呼曰'老道'，便飞而下集，似有知者。见燕子必从而逐之，燕莫之敢抗。秋分即去，不知所之。"及乾隆时，曾御制诗以纪其异。斌良《抱冲斋诗集》注云："乾隆戊申冬，有黄蝶飞于太常寺中，乐工某以帚扑之，顷刻化黄蝶数百，飞绕庭宇。时大宗伯德明管太常寺，事后一日召对，奏之，高庙命取蝶进呈。宗伯虔心致祷，倏有蝶降于寺，因以黄袱藉盘，进呈御览。时值隆冬，忽睹肖翘仙质，上大悦，赐名吉祥仙蝶，并御制五律一首，刊诸寺壁，遍赐诸臣。命送蝶至方泽静室，作香龛供奉。每逢祀坛日，仙蝶辄至。"
>
> 嗣后灵踪时见，来往人家，若阮文达、英煦斋、麟见亭、马秋药、戴文节、许信臣、潘星斋诸人，咸得目睹，播诸诗文，或写为图画。盖流传既久，灿然为春明一掌故矣。余辛亥六月，奉旨派充中央教育会副长，会设于学部广庭，开会之日，忽黄蝶一双穿门而入，飞集议事台上。余坐于唐尚书、于侍郎之前，

① 傅增湘，字沅叔，号藏园。四川江安人。光绪戊戌进士。入民国，曾任北京政府教育总长。

蝶忽临冠上，翩翾飞舞，良久乃去。于侍郎语余曰："此仙蝶也，殆与君有夙缘耶？"以数百人聚议一堂众口喧豗之际，乃鼓翅飞翔，了无惊怖，斯亦奇矣。其幻化之迹，见诸载集，传之人口者，尤不可胜数。兹遍检前人志乘诗文之属，胪举异征，凡得数事。蝶之形状，与常蝶无殊，惟左翅有圆孔四，足有白毫，两目赤如丹砂，须缀二小珠，入夜其光闪烁，其异一也。凡虫豸入冬则蛰，此乃隆冬恒至，不畏风雪，其异二也。呼其名则下集，进以酒则尽饮，其异三也。所至之家，必有瑞征，且能辨别忠邪，如德明祝之则飞集御函，和珅视之则化为朽蜕，具有知识，其异四也。久栖寺署，而时出城郊，或远至数千里外，如麟见亭见之于淮，许信臣见之于豫，许星叔、俞曲园见之于浙，匡鹤泉见之于鲁，徐叔鸿见之于湘，王胜之更见之于日本，度越山海，自在游翔，其异五也。惟考索仙源，传说不一，许信臣以为【明】季两太常卿忠魂所化，吴仲甸以为自嘉靖间始见，栖于大堂匾额内(《养吉斋丛录》)，陈邝斋以为明代忠义之魄所寄，然皆未指其为何氏也。至光绪中叶，冯心兰、冯联棠二太史在京邸为扶鸾之戏，乃言其神为元季江南路洞庭同知佥事叶术及完颜都赤、沙尔哈金帖木耳千户三人，初为太常土地，永乐时随迁入京。李端遇又有明初元臣周继贤之说。夫忠烈之气，历久不渝，精爽所凭，幻兹玮怪，使后世慕其流风，艺林传为佳话，斯足尚矣。若欲矜奇吊诡，乞言鬼神，别构姓氏以实之，则石言神降之流，宜明哲所不屑道。冯、李所言，亦姑存此说，未足为典要也。

宣统初元，官动既改，太常寺废，署址在今大理院中，旧迹渐就销沉。二十年来，故邸名园，亦未重睹凤子翩飞之影，意者庄梦重回，不免令威化鹤归来之感耶。昔延子澄部郎，辑录历来故事诗文，都为一帙，名曰《蝶仙小史汇编》，书凡六卷，刊于光绪己亥，其书博赡可观，于《虫天志》外，别开生面。试取而观之，亦足资逸闻，供谈助，正不必惑于荒怪之谭，转令日下旧闻，第于齐东野语也。乙亥二月春分后，沅叔记于藏园石斋。

沅丈此文寓托深远，异时校补虫荟者，正可取材。比者钟虡已改，烽燧屡惊，若有录东京之梦华，记武林之遗事者，虽于禽鱼草木之微，犹或恋之，矧其事首尾井然，固可永供谈薮者耶？

二〇六　魏瀚为林纾《闽中新乐府》作序

前记《新乐府》，因及魏季渚先生。季渚名瀚，为船政第一期学生，与严几道同赴西洋。事在光绪初年，盖船政之先辈也。在校时，刻苦自厉，家故寒门，尔时朝廷奖向学者月给津贴四金，魏移其半，私延师课国文，以沈文肃公主校，令诸生专力肄英、法文，治各科学，不许多读本国文，惧分其精力也。先生学力冠绝同侪，既留法，考入都龙造船学校，各科皆及格。都龙之校，限制最严，学生多以保送入，以试入者，先生而后，至今无几，法人犹震称之。归国后，历主船政、制造、水师等职。光绪中，船政为法人杜臬尔所把持，非学术资历在杜上者，莫能去之，纠纷滋大。乃自天津移先生来会办船政，杜臬尔慑而谢去。已而与将军崇善忤，大怒，移官粤东，长军备诸校。民国元年，项城礼延来北京，先生已六十馀，问以缮备御侮之方，答以唯有致力于航空设备，为之规画大纲。已而帝制作，先谢去，主矿事，殁年八十馀。先生魁梧奇伟，严正有远识，常与李文忠抗辩，李为之屈。而奖掖后进若不及，执业者至众。晚年修髯洪声膺答，远人皆称佩其才，服其名德，而不善自襮，其名不及几道，而世亦渐昧其名，固由世风重少轻老，抑亦二十年来言军备者不尝用英法学生也。先生与畏庐为挚交，而长外交之高子益，译《茶花女》之王子仁，皆其高足弟子也。先生所为《新乐府序》，今节录如下：

夫行道未有不自近始者。圣人之道，人知其至微至远也，乃欲童子一蹴及，如蒙塾以《大学》、《中庸》课童子之类，于古人小学之理，是否有合，姑勿深辨。但学、庸之理，塾师尚弗能悟，而欲童子熟读而自会之，使空灵之脑气，壅窒眩惑，终身蠢蠢然，眼前日用之理，一无所觉。迨乎内训，而又教之以崇神鬼，信谶纬，庸俗拘忌之事，动息皆足制胁，天下至理，愈膜隔而不相符。复日督坚坐，凝滞其气，必尽磨其棱角，然后名为成材，则华人之训蒙，直戕贼其子弟耳。

欧西东洋之人，下至为兵为捕，人人率知书明理，彼之所教，岂有高于吾圣人之道？正于童骙时，训导必取其浅明易晓者，渐渐引以世事，又渐渐入以国事，鼓其英气，令胸中洞然于天下大势，故视国之仇若己仇，视国之利若己利，国日以强，人亦日以勇。又其法多以歌诀始，歌诀，有韵之文也，读之顺口而易入，以天下之理汇入其中，经父兄指授，愈有神悟，志气日益发越，所益夥矣。学、庸之理虽极诚正，而童子不加鞭棰，几复不能成诵，正以不知其中奥妙，懑懑瞑瞑，口纳心拒，迨鼓荡以科名之荣，始奋然趋之。其奋，为科名奋也。故有至老不知外事，并不知有生人之事者。甚哉，蒙养得失，系国之强弱也！吾友畏庐子，自言为村学究二十六年，生徒至众，执业率以帖括，畏庐子苦口道之，终莫夺其科名之心。畏庐子愤切莫告，一日以白香山讽谕诗课少子，感怀时事，乃编为《新乐府》三十二首。余见而求其稿，将镌板以授家塾。畏庐子笑曰："二十六年村学究，乃欲吟诗为童子启悟之阶，自度吾力未至也。且吾不善为诗，俚词鄙谚，旁收杂罗，谈格调者，将引以为噱，而吾又不乐为诗人也。"余曰："不然。世局危迫，固执者既万不可变，吾辈子弟无罪，不当使其瞶瞶至老。子之诗虽无救于世局，然使吾子弟读之，亦知有人间之事，不死于帖括之手，为功岂不伟乎？且《新乐府》之体，固不妨为俚鄙者也。"既语畏庐子，乃强取而授之梓人。光绪丁酉年十一月，闽县魏瀚序。

此为光绪三〔二〕十二〔三〕年所作，已可觇老辈改革文字，与启发青年爱国心之见地，故节采之，且以见季渚先生学识之一隅也。

二〇七　马夷初记武林新年风俗

风俗由积渐而成，虽琐事皆有所本，承平愈绵久，愈使人忘其意义，浸成俗矣。近岁旧俗荡涤一空，新学者唾弃祖国俗例，唯恐不及，固为荡涤原因之一；而国家多故，丧乱相寻，士皆短后按剑以备急，略无岁时伏腊之娱，亦其一因也。后者自为国难殷亟，民无乐生之心，复何有于洽邻举酒？若前者，则颇有可议。昔之风俗，冬至日献袜履于舅姑，今日但知有圣诞节，不知有冬至，但知有圣诞老人赠儿童玩具之袜，乃至新妇多不愿有舅姑，遑知有献袜乎？即此一端，馀不枚举。吾闻古者亡人家国易，亡其国之风俗难。若国未亡而俗先自丧，所谓见被发于伊川，知百年而为戎，理或不诬，抑何其易也。马夷初所记《武林新年杂咏》云：

时宪书，迎春、小春牛、迎神、接灶、春牛图、青龙马、代图、开门、拜年、拜节钱、烧香、开井、上坟、床公床母、门神、春联、天花、门彩、柏枝、圆炉、松棚柴、欢喜团、善富灯、岁烛、聚宝盆、花元宝、富贵不断头、隔年饭、果子茶、新年酒、暖锅、春盘、猪头肉、年糕、糖糕、元宝糕、春饼、汤团、灯圆、篆笋、八宝菜、柿饼、风菱、过年鞋、年鼓、太平箫、竹喇叭、爆仗、烟火、花筒、流星、塞月明、滴滴金、龙灯、马儿灯、走马灯、纱灯笼、灯谜、面鬼、吹鸡、竹龙、赶鱼儿、风筝、灯鹞、毽子、相思板、哈哈笑、斗牌、升官图、状元筹，此并相沿未改，名或小差，实无大异。至于门簿，则贵家显阀，乃有专司，寻常则门黏一红纸袋，上写流芳而已。拜年帖子，故家大族辄自尊长下逮孙仍，具于一帖，或云顿首拜，或只曰拜，仍兼投到谒人刺。紫姑乐、桂钱、烧菜、开口橘、橘荔、银杏、柏子花、长春花、元宝花、灯棚、行灯、秧歌、大头和尚、灯戏、春球、升仙图、百花图，盖随时代谢，文献无征矣。灯节盒，金团，则偶尔一见，不成风会。红萝卜丝，说书，则不限新年者也。

夷初此节，秩然可征。然如开口橘之俗，吾乡尚有之，谚曰："新年新年，没橘也得钱。"即云贺正后，先以橘相馈遗也。秧歌、大头和尚、升仙图、百花图，予于北方皆常见之，特于杭寡见耳。琐琐摭此，初非低徨旧俗，甘于退伍，乃欲告识者，此红绿喧阗之风味，实由若干年之承平积累而成，一经丧乱，便尔消失。汉俗亡于五胡，汴风尽于金虏，涉念及兹，则可知非旧俗之可思，实承平之不易。知承平之不易，则当知所以慎保承平者，不在于孤注之掷，而在于平日政治之修明。而执政者之临民，与其鞭策以求新，不若使之涵濡安辑，使共知生事之乐。吾国幅员广，情俗殊，若无包举之力，则当知为日本为土耳其之非易，师其意勿泥以法可已。

二〇八　周彦升论朝鲜朋党

闻海门周彦升[①]先生名近三十年，迩始从其文孙孝伯得读《寿恺堂【诗】集》。先生先后游于夏子松、吴武壮、张绍臣、陆文慎、卞诵臣、张筱帆、张文襄、袁慰庭幕，中间亦屡主师山书院、白华书塾、湖北武备学堂、南洋公学讲席。如皋顾锡爵为墓志，称其笃于内行，事亲孝谨，伯叔兄弟，敬爱有加，戚族贫者，岁有赡济，常自困窘，而无吝悔。与人交游，不为矫异，座客或有不合，常偃卧不语，颇有望君为傲惰者。性善饮，数十觥后，则清谈滔滔，锋不可当。然先生之知名天下，则实在吴武壮公幕，与张季直、朱曼君同俦，而先生才藻踔发，又与范肯堂、吴彦复相骖靳。曾为《朝鲜新乐府》，流传于时。《乐府》计十章：《昌德宫》、《长湖村》、《大院君》、《南坛山》、《罪己教》、《陈情表》、《仁川口》、《三军府》、《卖国碑》、《守旧党》，皆有关高丽亡国及中日战事史料。今录《守旧党》一章，及《与沈子培书》一通，以见先生治朝鲜史学之梗概。《守旧党》有序：

> 朝鲜士大夫好立朋党，前明时有东西南北各党，继又有大北、小北、中北党。国朝僖顺王焞时，有宋时烈、尹拯之老论、少论党。近世朝士，又分开化、守旧二党。论朝鲜国势，三十年前，自当以守旧为正，今则外夷环伺，风气大开，非人力所能挽回。一二拘墟之士，不顾国势之阽危，欲闭关谢客，为自守

---

① 周家禄，字彦升，江苏海门人。优贡生。与张謇同佐吴长庆幕，随赴朝鲜。工诗文。遗著有《朝鲜纪事诗》、《寿恺堂诗集》。

计,亦多见其不知量已。《诗》曰:“不愆不忘,率由旧章。”不由先王之法,而猥以守旧为辞,鹜虚名而昧实祸,朝鲜其危矣哉。呜呼,岂独朝鲜也哉!

东西党、老少党,学术分门何不广。开化党、守旧党,朝政分门何扰攘。檀君壤土箕子封,八条教化何雍容。当年遗杖岂堪拄(平壤城内有箕子壤),只今故墓馀高墉(江东县有檀君墓)。读书粗辨周与孔,数典未谙祖及宗。身为老论不讲学,各挟门第夸庸庸。古来党祸出衰世,国事如此谁适从。春秋尊王虽攘楚,战国连衡遂合纵。当今定复返中古,中古何不还轩农。世运变迁岂得已,大道破碎谁能熔。同舟胡越且共济,何况寮寀宜寅恭。如何阋墙不御侮,操戈入室难撄锋。外交未拒英俄法,内乱先构天地蜂(李载先谋乱时私立名号)。朝中朋党为祸始,坐令国势忧蒙茸。九州四海尽波靡,砥柱孰障中流峰。君看守旧几人在,海山冰雪摧寒松。

《与沈子培书》云:

昨劳苦为念。朝鲜国文,据下走在东时所闻,乃前明永乐间国王李裪所创,凡二十八字母,与高明所见不同。当时裪命其臣成三问、申叔舟等编成一书,名曰《训民正音》。癸未、甲申间,在汉阳下都监,向京畿观察使金宏集求其书不得。昨承明问,不能举似,不胜惶悚。朝鲜党祸,由来已久,在东时曾戏草一《党人表》,属稿未竟而内渡。近年彦复索观,遍觅不得,不知阁置何处。大约发端于前明隆庆间国王李昖之世,当时仅有沈义谦、金孝元二党,主沈者为西党,主金者为东党。一变而为禹性传、李发之南北党,南北党兴,而东西之绪绝。南北二党,以北党为盛,北党又分大小二党,李尔瞻等为大北党,柳永庆等小北党，大北最强，郑昌衍承之，又别为中北党，又蔓延为清北、浊北、骨北、肉北诸党。国朝康熙间，国王李焞时，宋时烈为尹宣举撰墓志，论学术不合，宣举子拯贻书绝之。然时烈故东国老儒，研程朱之学，拯所师事者也，时论颇右时烈而抑拯，自是宋、尹之徒分门立论，各不相干，主宋者为老论党，主尹者为少论党。焞之末年，定斯文处分，严敕勿扰，然二党之子孙互相标榜，二百年而未已。今王熙之初年，朝士分开化、守旧二党，洪纯穆、金炳始等为守旧之魁，闵台镐、赵宁夏、李祖渊等，则开化领袖也。开化之中，又分中、日、俄三党。甲申十月，洪英植引日本兵作乱，台镐等皆死，是中日二党相争也。后来交涉愈繁，分党益多，甲申以后，莫知究竟矣。大略如此，敢撮举以备一部之采择。敬承起居不宣。

彦升先生此二文，皆极可备朝鲜史料。其《乐府序》中，有“骛虚名而昧实祸，朝鲜亦危矣哉”，其言沉痛简切，直烛其兼并之机。所论朝鲜政情，门户分立之谿刻争斗，东西党，老少党，尤可为殷鉴。外患日深，而国中又有收复高、台，高掌远蹠之议，先生而在，其感叹奋发，为何如哉！

二〇九　东晋以来之笺纸

前记贺年刺，论名片始于明崇祯间。因忆笺纸之色泽花样变幻不居，亦始于明万历、崇祯之际。缪小山《云自在堪笔记》：“宋元笺简，大半黄白二色，纸偶有他色，决无花纹，赝作则不知矣。”下援明孙燕诒跋一段云：“闻之前辈云，国初以来，凡叙寒暄，沥情怀，皆书于正幅之左次，而无副启，有之，自阳明先生始。即有之，亦不过魁星、麒麟、螭虎已耳，初无雕饰，大约全幅居多。从万历戊子、己丑年来，突书一折柬，上刻小字寸许，有‘礼部题请钦定柬式遵古从俭’云云，亦无所谓雕饰也者。及辛丑、壬寅以来，多新安人贸易于白门，遂名笺简，加以藻绘。始而打蜡，继而揩花，再而五彩。此家欲穷工极妍，他户即争奇竞巧，互相角胜，则花卉鸟兽，又进而山水人物，甚至天文、象纬、服物、彩章，以及鼎彝珍玩，穷极荒唐幽怪，无不搜剔殆尽，以为新奇，月异而岁不同，无非炫耳目以求售。于是车马驰骤之冲要，而汗颜署之曰斋，曰馆，曰轩，布满大市通都矣。噫！文胜而质衰矣，雅鉴而朴散矣。余竹窗蓬户之间，终日所投之刺，所缄之函，无非是物，剪裁根摭，约有四百余纸，鄙俗不文者，删去十之八九，仅存此以验后来之靡丽作何底止。崇祯己巳长至日，孙谋识。”小山此卷笔记，皆论字画题跋，其录此段，不详所从出，殆收藏笺纸者之题识，小山欲记藏笺之沿革首尾，故甄录及之。兑之近著《杶庐笔记》，亦录此为谈笺纸之史料。

予按缪所言宋元笺简大半黄、白二色者，大致不谬，而未详嬗变。盖唐尚彩色小笺，而宋则尚素纸。唐人最尚蜀笺，而蜀笺最尚杂色，李济翁《资暇录》所记，薛涛笺由于松花笺，更为小样，非止松花一色，是也。《延漏录》载，益州十样鸾笺，曰深红，曰浅红，曰杏红，曰明黄，曰深青，曰深绿，曰浅绿，曰铜绿，曰浅云，又有彩霞金粉，言其品色甚详。《天中记》：“唐中国纸未备，故唐人诗多用蛮笺字，高丽岁贡蛮笺，书卷多用为衬。”此言唐时制纸未备，当为实情，至蛮笺当指西蜀出品，而高丽所贡，自是蚕茧纸。盖茧纸入中国甚早，《世说》所言王右军书《兰亭序》者，吾意即是高丽纸。而杂色笺导源六朝，梁江洪有“为传建康咏红笺”诗，《南史》陈后主使宫人擘彩笺，可知此物六朝时尚为宫阙官府珍品。至唐始粲然大备，段成式自制云蓝纸，以赠温飞卿。韦陟以五彩笺为书记，使侍妾主之。李峤《咏纸》诗：“云飞锦绮落，花发缥红披。”杨巨源《酬崔驸马惠笺》诗：“浮碧空从天上得，殷红应自日边来。”皆是唐人尚杂色采笺之证。而庙堂书写，则用硬黄。《潜确类书》：硬黄纸，唐人以黄柏染之，取其辟蠹，其质如浆，光泽莹滑，用以书经。秘阁所藏二王书，皆唐人临仿，纸皆硬黄。今观敦煌所出唐人写经纸，多黄色，度必亦黄柏染者，是亦唐笺著色之旁证。南唐李后主始造澄心堂纸，亦重一时，史称细薄光润，盖白纸也。陶谷家纸名鄱阳白，长三丈至五丈。而东坡喜书麦光纸、布头笺，皆白色。梅尧臣《咏澄心堂纸》：“焙干坚滑如铺玉。”韩维诗：“蜀江玉屑谁复怜。”是则江南之白纸，已夺蜀笺之席矣。朱元章有《硾越竹短截作轴日学书作诗》诗：“越�万杵如金板，安用杭油与池茧。高压巴郡乌丝阑，平欺泽国清华练。”言如金板者，意是淡黄纸。缪所言宋元笺只黄、白二色，殆指此时代而言。然古来笺纸，亦非全无花纹。《太真外传》已有金花笺。李肇《国史补》有云，越之剡藤笞笺，蜀之麻面、屑末、滑石、金花、长麻、鱼子十色笺。《云仙杂记》有雁头笺。是皆与上述松毛笺，及十样鸾笺中之浅云相类，度必亦略有纹理花鸟云物隐隐之状，特不如后来之具体耳。由崇祯至清初不逾百年，笺简已踵事增华，后半段与李笠翁[①]有关。李之《闲情偶寄》卷十“笺简”节，即畅述其制笺之用意。末有云：

> 已经制就者，有韵事笺八种，织锦笺十种。韵事者何？题

① 李渔，字笠鸿，号笠翁，浙江兰溪人。生于明万历三十九年，卒于清康熙年间，著戏剧，小说多种。诗文词杂著编为《一家言全集》，其中《闲情偶寄》尤为士林所传诵。

石、题轴、便面、书卷、剖竹、雪蕉、卷子、册子是也。锦纹十种，则尽仿回文织锦之义，满幅皆锦，止留縠纹缺处，待人作书，书成之后，与织就之回文无异。十种锦纹各别，作书之地，亦不雷同，惨澹经营，事难缕述。海内名贤欲得者，倩人向金陵购之，是集内种种新式，未能悉走寰中，借此一端，以陈大概。售笺之地，即售书之地，凡予生平著作，皆萃于此，有嗜痂之癖，贸此以去，如偕笠翁而归。千里神交，全赖乎此，只今知己遍天下，岂尽谋面之人哉！

下注："金陵承恩寺中，有'芥子园名笺'五字著门者，即其处也。"笠翁此文，其费力求精，与刻意宣扬者，皆合于近代之商业化矣。然笠翁生时，颇不为时人所重，名贤用其笺者不多觏。由康熙迄光绪，笺纸变嬗，收藏家案视名人尺牍，皆可得之。其间差可纪者，怡邸有角花笺一种，特大方雅妙，此笺晚近真者已罕觏，予于民国初年，从德宝斋得数百张，今已散失略尽，前数年徐志摩曾来索，赠以少许，其后挽诗中仍及之。大抵工书亲笔墨者，或自制笺，或不甚措意，随意拉杂皆可，其间相去甚远。以予所见，同治、光绪间，杂色笺又盛行，李莼客、彭刚直作书，皆五色缤纷，然亦只用坊肆所出四时花卉笺。至光绪中叶以后，又盛行小笺、小信袋，唯用红、白二色，花卉外，多钩模碑帖。其时梁节庵之笺简已传于世，民元后，坊间已多仿制，纸亦渐阔。其后有仿唐人写经者，又后印铸局出影印宋椠信纸，则加宽广矣。近数年风气渐熸，南来所见，以西洋笺为夥，过此以往，恐无复人用国中纸墨者。琐屑拾此，亦他年考证文房之史料也。又按孙燕诒所记，谓新安人贸易于白门，李笠翁售笺则于金陵承恩寺，两者皆在南京，是又谈新都故事者所宜摭及。

二一〇　明清间李渔倡著作权

笠翁制笺售书方法，皆极用意，极合近代商战之理。言笺简一节，后有一短跋，则俨然今日之主张版权专利也。跋云："是集中所载诸新式，时人效而行之，惟笺帖之体裁，则令奚奴自制自售，以代笔耕，不许他人翻梓，已经传札布告，诫之于初矣。倘仍有垄断之豪，或照式刊行，或增减一二，或稍变其形，即以他人之功冒为己有，食其利而抹煞其名者，此即中山狼之流亚也。当随所在之官司而控告焉，伏望主持公道。至于倚富恃强，翻刻湖上笠翁之书者，大海以内，不知凡几，我耕彼食，情何以堪，誓当决一死战。布告当事，即以是集为先声。总之，天地生人，各赋以心，即宜各生其智，我未尝塞彼心胸，使之勿生智巧，彼焉能夺吾生计，使不得自食其力哉？"

盖当时无此项法律条例，对于著述制造所有权，为明文之保障，故不得不詈以中山狼，而以决一死战等语为后盾。然律虽无专条，而事实上却可呈控，至于讼之得直与否，则又视有司之意，或援用成案，或竟斥为淫巧无益，乃至于败诉，皆因人而定，羌无把握。史册所载，如《吕氏春秋》悬之国门，能易一字，予以千金，众惮威势，莫之敢易。反之，其无威势者，则向秀一亡，郭象即窃其《庄子解义》。其于器具，亦莫不然，陆羽《茶经》所列风炉、水方、鹾簋、都蓝诸制，唐、宋茶具无不仿行。遂使其他手工制法可秘者，罔不益自慎密，驯至方饵器物造法，什九失传。又有制法稍流于外，而坊肆却自号世家，更相炫鬻，或互诋諆，以混真伪者，比比皆是。此风至今犹未已，常见十步之内，两店同名，标门丑詈，各诩正宗，是皆无专利无版权之结果，使民族自暴其短，贻外人笑。读笠翁此跋，乃叹旧日法律、科学，两皆不昌，必使稍有头脑如李渔者，不得不戟指怒呶，以自保其生计也。

二一一 信州宝井堂故实

《涛园集》有《〈宝井堂记〉成书后寄李氏姊信州》一诗云：

一从癸酉来，长罢中秋节。吾母之生辰，忌日此哀绝。
诸兄方罢试，归领使永诀。诞降大蒙洲，月望事多缺。
每病蜜濒危[①]，惊秋如一辙。生固有自来，事往讵忍说。
信州方婴城，乞援书刺血。千军煮糜饷，万幕惊烛灭。
明月邀相庆，白云望对咽。所托以为命，酒脯酬井渫。
九死而一生，惴惴如临穴。子孙不可忘，寒泉犹凛冽。
后来四十年，外孙摄官阅。奉母秉为政，邦人怀往哲。
宝升额其堂，题铭刻其碣。寓书属为文，钝笔敢少辍。
香花士女欢，旌旆云霄烈。佳序年一逢，痛肠时中结。
国典祀双忠，人情叹百折。蜜臼信绝妙，蓼莪废悲切。
诗以示吾姊，垂老涕应雪。

此诗句句清切有本事。沈文肃公夫人，为林文忠公之女，以中秋生。咸丰初助文肃守广信事，世久有名，诸家笔记多述之。今考《清史稿·沈葆桢传》但称："六年署广信府。杨辅清连陷贵溪、弋阳，将逼广信，葆桢方赴河口筹饷，闻警驰回郡，官吏军民多避走。妻林先刺血书，乞援于浙军总兵饶廷选。会大雨，贼滞兴安，廷选

---

① 原注：每逢中秋，肝痛辄作，或有他惊险事。

先入城。贼至，七战皆捷，解围去。曾国藩上其守城状，诏嘉奖，以道员用。”叙事虽简括，而病在太简，使入司马子长、班孟坚笔底，则断无不全录林夫人乞援书者，以其文其事，在太平天国战争中，在清代妇人集中，皆为第一等可歌可泣之异事也。林夫人《致饶壮勇公廷选乞援血书》原稿云：

将军漳江战绩，啧啧人口，里曲妇孺，莫不知海内有饶公矣，此将军以援师得名于天下者也。此间太守闻吉安失守之信，预备城守，偕廉侍郎往河口筹饷招募，但为势已迫，招募恐无及。纵仓卒得募而返，驱市人而战之，尤所难也。顷吏探报，知昨日贵溪失守，人心皇皇，吏民铺户迁徙一空，署中僮仆纷纷告去。死守之义，不足以责此辈，只得听之，氏则倚剑与井为命而已。太守明早归郡，夫妇二人，受国厚恩，不得藉手以报，徒死负咎，将军闻之，能无心恻乎？

将军以浙军驻玉山，固浙防也。广信为玉山屏蔽，贼得广信，乘胜以抵玉山，孙吴不能为谋，贲育不能为守，衢严一带恐不可问。全广信即所以保玉山，不待智者辨之，浙大吏不能以越境咎将军也。先宫保文忠公奉诏出师，中道赍志，至今以为心痛。今得死此，为厉杀贼，在天之灵，实式凭之。乡间士民，不喻其心，以舆来迎，赴封禁山避贼，指剑与井示之，皆泣而去。太守明晨得饷归后，当再专牍奉迓。得拔队确音，当执爨以犒前部。敢对使百拜，为七邑生灵请命。昔睢阳婴城，许远亦以不朽。太守忠肝铁石，固将军所不吝与同传者也。否则贺兰之师，千秋同恨！惟将军择利而行之。

刺血陈书，愿闻明命。

此书矫健沉挚，从《左传》脱化而来，文似退之笔法，无怪乎涛园先生躬承慈教，而有《左》癖也。宝井堂者，李畬曾先生所建。畬曾为文肃公之外孙，涛园之甥，以光绪辛丑知广信府，奉母重来，故涛园有《寄姊》诗。今考《畏庐琐记》载：

吾乡沈文肃葆桢守广信时，喧传洪、杨之兵大至，文肃取救于外，夫人婴城自守。已而文肃归，敌果围城，夫人自治饘粥犒军，以剑授文肃，曰："贼来，君以剑抵之，吾自入井，免为所辱。"因对井为誓，矢报国家。已而得饶廷选一军，敌退。后四十年，公外孙李畬曾宗言权府篆，迎养夫人，畬曾立誓井堂于署中。大书一联云："距武夷数百里，遥望家山，迎奉板舆来，依旧青灯慈母线；后文肃四十年，来权兹郡，摩挲遗碣在，愧无黄绢外孙词。"外孙二字，用得恰好。

畏庐先生此节正可为涛园诗注脚，并"千军煮糜饷"句，"齑臼信绝妙"句，皆已得解释。唯林记迎养夫人，当作太夫人，否则与上文之夫人涉混。畬曾先生为释堪之尊人，释堪幼尝随宦信州，为予言广信府衙门，相传为周瑜都督府，虽无可稽，而基址弘敞，迥殊他州，二堂尤伟侈，堂甚深，前为石台，悉甃以方丈之石，极宽广，两旁植槐柏榆柳之属，参天蔽日，愈增其邃，自台降阶而左，有井阑以石，是林夫人所倚者。释堪祖母为夫人长女；畬丈既迎养，因为述少时所见状，畬丈刻字于井阑曰"林夫人誓井"，而颜二堂曰"宝井堂"，自为联语，即畏庐所记者。"遥指家山"，林误记为"遥望"，誓井堂，亦误记也。宝井堂畬丈自为记，又乞涛园为之，并刊《守信录》中。《涛园集》中尚有二绝句纪林夫人事，其序云："先母林夫人课瑜庆兄弟读《诗谱》、《小序》，闽塾子弟授《诗》皆用朱注，故坊间无《谱》、《序》单行本，手写全部，命子妇永以为法。"又"佐罢官书课儿读"句下注云："先公在江西巡抚任所，有密折，皆先母手缮拜发，外间无知者。"观此可知文忠课女之功，与文肃成名亦得内助。而林夫人在广信甚得吏民爱戴，书中所云："乡间士民，不喻其心，以舆来迎，赴封禁山避贼，指剑与井示之，皆泣而去。"盖实录也。

二一二　南京承恩寺小考

笠翁售笺处，据自注在承恩寺前。按承恩寺今尚在。《南都察院志》："景泰二年，内官王瑾住宅，奏改为寺，赐额承恩。"《客座赘语》："承恩寺踞旧内之右，最为嚣华之地，游客服贾，蜂屯蚁聚，而佛教之木叉刹竿荡然尽矣。"由此观之，笠翁择地售书售纸，正以其最为嚣华也。然考新刊之《首都志》卷十四："承恩寺，景泰中建，在针功坊。"按针功坊昔名奇望街，今名建康路。而承恩寺则今别为街巷之名，在内桥一带。前者今属第三警察局贡院街分驻所，后者今属第三警察局王府园分驻所，则两者所记必有一误也。芥子园故址则在石观音，与周处读书台为邻，予曾与卢冀野、梁众异乘醉访之。

二一三　问签扶箕故事

前记《商山鸾影》，因念凡问签扶鸾此类事，多脉络井然，迨即而究之，则舀昧惝恍莫可恃。此理虽不能详，意或为心理学上所谓直觉，或为问者扶者二三人间心灵上之交流所引起之作用，而舍人外无所辅丽，则确然可信。昔叶名琛最信扶箕，以战守之术叩于神，卒之身败名裂，为天下笑。盖叶不悟其所祷者，殆即其左右或本身之心理变态，非别有鬼神也。因此悟《左传》"鬼神非人不灵"一语，实深知古今所谓幽灵情伪。由来谈仙说鬼，有于人之闻见以外，别有所谓鬼神者乎？一切唯心所造，造而怖，复信之，可知人类实至智而至愚者矣。

顾近来记问签扶箕之事，有渐成掌故者，有可详名人轶事者，排比事实，亦可资笔麈，固不必以妄诞而并泯之。林暾谷（旭）戊戌八月十三躬遘东市之僇，天下称六君子。是年元旦日蚀，暾谷有《戊戌元日江亭即事》诗云："倚阑云起乱鸦呼，黯黯西山望未无。乍入暗虚催夕景，还连风色落平芜。主忧避殿当元日，臣职操兵见啬夫。如我闲官神所笑，何祥欲问自疑迂。"

此是晚翠轩名作，末二句乃言江亭西偏有观音大士祠，暾谷时以内阁中书甫到衙门，与林诒书丈同往抽得一签也。签诗第一句"长沙谪去古今怜"，第二句"绣被焚香独自眠"，第三句不可复记，第四句起有"巴童蜀道"四字，后三字亦遗忘。《石遗室诗话》记此事，亦未备举其签。《诗话》但谓"相传签诗中有'巴蜀湘闽'等字，含有四章京被祸语意，当时固不觉。而诗中'主忧避殿，臣职操兵'各语，诗谶分明，已见围攻颐和园、孝钦训政、景帝幽处瀛台诸兆"。予按此签解者甚多，皆谓不祥。首句"长沙谪去"，已明言少年向用，终被逐僇；第二句，有解作暾谷夫人沈孟雅终于殉节者。而谶兆之恶，则世所争传，此一事也。

陈子言述徐澹庐云，张啬庵先生未登乡榜时，曾叩祷于北京前门外关帝庙，拈得签语云："曩时败北且图南，精力虽衰尚一堪。若问生前君大数，前三三与后三三。"当时以签语深奥，未解其旨，迨至光绪乙酉科中北闱南元，时恰三十三岁，再加三三为九数，至四十二岁甲午科乃中状元，此前三三之数验；自四十二岁至共和丙寅七十四岁捐馆，恰又三十三年，后三三亦验。又云："吴彦复主政光绪丁酉官刑部，以上书陈时事为长官所抑，愤而弃官，便道诣前门关帝庙求签，有‘雁行一半入祥烟’等句，迨庚戌重游京师，而旧人刘裴村、杨叔峤、林暾谷、康幼博均死于戊戌之难；寿伯茀、仲茀昆季及英山王铁珊，又死于庚子之难，则此签亦验。”此又一事也。

翁文恭庚申年日记中有一节云：“廿七日，晴，磨墨作字，诣老丈处，晚饭后归。老丈为余言，昔文端公在江苏办学政任时，扫一楼奉乩仙，悬笔于上，老丈辄从拜于楼下，一日乩书某次子修赐名敏斋。又一日书年庚八字，一缀一词于下，有‘二十四桥明月夜，明珠一颗掌中擎’之语。越日又书云：‘昨所示八字，乃上海叶令之女，可与修为佳耦，命幕友张某为媒，急往，限某日到，沿途多加纤夫。’文端承命，遣张君急行，至则前一日叶令方与宁波林氏议婚，适膺小恙中止。张君至，述神语，遂委禽焉。于归三年，生一女而没，年二十四，乩书所谓二十四桥者验矣。所生女即余亡妻也。亡妻归我十年，无子女，年三十而卒，镜合无期，珠摧先兆，其命也夫！曩曾闻亡妻言之，不甚悉，今详纪之。”按翁娶于汤，所云文端公者，汤敦甫金钊。此又一事也。

吾国古今说部，荒唐幽怪不可胜诘，区区三事，正如大海之与蹄涔，然删去其不可解者，而录其故实，则亦殊可为异日谈掌故者助。春宵无俚，聊缀而存之。

二一四　大鹤山人《樵风乐府》

谁家笛里返生香，倾国风流解断肠。
头白伤春无限思，不应此树管兴亡。

到地春风不肯闲，南枝吹尽北枝残。

吴宫多少伤心色，占得墙东几尺山。

此大鹤山人赋"小城梅枝"之起二首也，伤心语，罕见如是凄丽。吴小城，在苏州。叔问此作，见《樵风乐府》卷九。第九卷虽云起壬寅讫辛亥，然予考卷末[水龙吟]小序称："昔东坡谓渊明先生《读史述九章》，夷齐、箕子盖有感而云。余考其《蜡日》篇，发端于风雪馀运，终托之章山奇歌，其诗皆当在义熙禅代时作。时先生已五十有六，遂以江滨佚老，遁世自绝，其志可哀也已。何意去此千五百馀年，旧国之感，异代同悲，患难馀生，行年差合。今之视昔，身世共之，而变端之来，心存目替，其怆恍殆有甚焉。"而词中有"落木悲秋，残尊送腊"语，自是分指八月起义、十二月逊位，是辛亥残冬所作也。其后[永遇乐]，题为《春夜梦落梅感忆因题》。又[水龙吟]，题为《人日探梅吴小城有怀关陇旧游》。又其后则[杨柳枝]八首。是必皆壬子春所作，姑附著于辛亥年者。戴亮集为先生之婿，去年以遗墨属题，展卷则人日寻梅之[水龙吟]，及八首[杨柳枝]赋"小城梅枝"者具在，[水龙吟]凡两录，八咏则别写于淡赭笺。予题两绝句归之。按词中之[阳关曲]、[欸乃曲]、[采莲子]、[浪淘沙]、[杨柳枝]、[八拍蛮]六调，皆唐人七言绝句，能歌以侑觞，所谓教坊曲。考郭茂倩《乐府诗集》、王灼《碧鸡漫志》，皆言[杨柳枝]出于古之折杨柳，白乐天、薛能别创新声。而历来词家注释此题，皆咏柳枝本意。叔问此作，殆变格。然《鉴戒录》云：[柳枝歌]，亡隋之曲也，张祜一绝，即[杨柳枝]。今先生此词，声极凄怨，谓为亡清之曲，良是本怀。而《比竹馀音》中，别有[杨柳枝]二十六者，悉咏本题。其第二首后二句云："不见故宫眢井底，银瓶长坠断肠丝。"予意必指珍妃坠井事，已而检视，果为庚子、辛丑间作，证以第五首"长条如带水萦环，难系离愁百二关。羡尔巢林双燕子，秋来暂客尚知还"，乃言西狩未归，兼以唐末黄巢之乱，春燕巢于林木为喻，则前说益信矣。予前记珍妃事，所录“秋深犹咽五更蝉”者，乃第十四首也。（叔问后刊《樵风乐府》，此题删去十一首，存十五首。）人日探梅之[水龙吟]，亦极悲婉，今全录之：

故宫何处斜阳，只今一片销魂土。苍黄望断，虚岩灵气，乱云寒树。对此茫茫，何曾西子，能倾一顾。但水漂花出，无人见也，回阑绕，空怀古。

别有伤心高处，折梅枝，怨春无主。陇头人在，定悲摇落，驿尘犹阻。报答东风，待催羌笛，关山飞度。甚西江旧月，夜深还过，为予清苦。

今年春事苦晚，江梅未动，以废历计之，执笔之辰，适为丙子人日，草堂无相寄之赀，花胜乏堪簪之鬓，抚时感事，欲有所述，而病未能，咫尺灵岩，亦成隔阻，笺先生此词竟，怅然涤砚而已。

二一五　李鸿章致函沈葆桢论台事

合肥李文忠致侯官沈文肃书稿，今存文肃之孙昆三家，凡三纸，纯白笺，合肥自笔，盖言同治十三年台湾番社一案也。原书如下：

幼翁仁兄年大人阁下：连奉七月二十二日、八月二十四日抄件，敬承一一。缘近日无尊处轮船到津，大久保等在京亦无定议，迟迟未复。日来连接总署函，自重阳日大久保始改议彼此两便办法，遂有撤兵回国索贴费二百万金之说，真情毕露。总署力言不可，姑允被害漂民酌量抚恤，彼又追问抚恤确数。十四日忽又翻覆，柳原因请觐不准，亦告辞，与大久保偕行出京。十六日英使威妥玛乃为居间调处，多方恫愒，总署恐大久保之速行决裂也，允以从优给恤银十万两，倭兵退后，所弃房屋器具等件，归之中国，由尊处会查，酌给四十万两。十七日，威使复称倭人欲先给一半，文相未准，而五十万之数已经出口，大约总可定局，似援九年津案赔偿法、俄各国人命共五十万，先后一律。弟初尚拟议，审所害者琉球人非日本人，又津案戕杀领事、教士，情节稍重，碍难比例。今乃以抚恤代兵费，未免稍损国体，渐长寇志。或谓若启兵端，无论胜负，沿海沿江糜费，奚啻数千万？以此区区，收回番地，再留其有馀，陆续筹备海防，忍小忿而图远略，抑亦当事诸公之用心欤？往不可谏，来犹可追，愿我君臣上下，从此卧薪尝胆，力求自强之策；无如总署前书所云，有事即力图补救，事过则仍事恬嬉耳。大久保不日当回，倭兵冬间计可撤退，开山抚番，增官设兵，一切善后，端绪宏大，诸赖长才久驻，擘画经营，俾臻完善，永绝觊觎，感佩曷已。俊侯渥蒙青睐，所部月饷，仰承筹补三关，体恤周挚，益应感激驰驱。惟麾下用费浩繁，饷源竭蹶，何堪增此重累耶。威使致信本国照料购办利器铁船，似又中变，日意格自请仿制，谅由外洋另觅熟手匠头，有把握否？安澜、大雅为飓风所毁，殊出意外，能否捞起修整，亦事机不顺之一端。内山开矿，为兴利创举。执事锐意行之，良可钦企。此事工本甚巨，非雇洋人、购洋器、用洋法，难得兴旺。弟方拟于直属磁州地方筹开铁矿，机器、洋匠约明年可到，未知果有成否？台地百产精英，什倍内地，我公在彼开此风气，善为始基，其功更逾于扫荡倭奴十万矣。手此肃复，顺颂勋祺。年小弟李鸿章顿首。

此书为同治十三年九月二十一日。今按台湾番社一案，始于同治十二年，台湾生番杀害琉球人，其成为中日交涉，则为十三年三月，其一切交涉结束则在是年十一月。文忠与文肃此笺，正在交涉将了未了时也。是年三月奉旨:“沈葆桢带领轮船兵弁,以巡阅为名,前往台湾一带,密为筹办。”故尔时文肃之官衔为办理台湾等处海防大臣。考《清史稿·沈葆桢传》:“十三年日本因商船避风泊台湾,又为生番所戕,藉词调兵觊觎番社地。诏葆桢巡视兼办各国通商事务。日兵已登岸结营,葆桢据理诘之,晓谕番族遵约束,修城筑垒为战备。提督唐定奎亦率淮军至。日人如约撤兵,乃议善后事宜。”是此案之大略也。以予所考,当时日本亦专派使臣来议兹事,即文忠书中之大久保,至柳原已前在京。大久保者,内务卿大久保利通;柳原者,日本使臣柳原前光也。此案最后日本撤兵,中国以四十万两作为购买日本兵营修道造房之用,即文忠书中之抚恤。当时日本要求赔偿兵费四百万两,至少须二百万两,终乃以此定局,不得不谓为文肃严修战备之力。而案定后,言官尚腾谤以为纵敌,见前所录涛园《哀馀皇》诗序中。当时兵备粗陋已极,船政海军,皆甫草创,而国人已侈然责交涉当局以言战,可知历来清议,皆如此也。文忠书中之俊侯,即唐定奎;日意格者,法人,同治六年文肃创办船政,聘日意格为监督。安澜、大雅两运船为飓风毁于澎湖,是八月十九日事,安澜管驾为吕文经,大雅管驾为罗昌智,两船沉没,文肃立派三品衔洋将斯恭塞格、千总陈兆连、艺生魏瀚驰往察看,见奏折。所谓艺生魏瀚者,即季渚先生,其时已学成回国,在船上任职。盖季渚以同治六年出洋,予前记稍后也。文肃性刚毅有威,不少假借,其办理番社一案,及其后抚台与开发台北之功,累牍不能尽,而言路犹诋之;至合肥尤当时诟为亲日卖国者。今观此书,其明识远略为何如者。予尤佩文忠勉文肃“开此风气,善为始基”之言,不愧老成笃论。予尝疑同、光之际,中日方各变法自强,其大臣忠于谋国，亦未必相去甚远。特以国人习于虚骄，清廷弥目淫昏，士大夫工于责人，昧于责己，好为高言，安于偷懒，一二勇于办事稍有远识者，往往不能竟其功，孙过庭所谓失之一毫，差以千里。及其末流，虽痛哭抢攘，曲踊荡决，求为同尽，亦不可得。迄今诵文忠、文肃之遗笺，可为炯鉴者良不在少，又岂止区区讲掌故论史料而已耶？

二一六　吴小城与樵风别墅

大鹤山人所记之吴小城，实在苏州城内孝义坊。考《樵风乐府》卷六，[满江红]小序云："乙巳之秋，诛茅吴小城东，新营所住，激流植援，旷若江村。岁晚凄寒，流离世故，有感老杜《卜居》之作，聊复劳者歌其事云。"又[西子妆慢]赋"吴小城"序云："《越绝书》，城周十二里，高四丈七尺，门三，皆有楼。《吴地记》引《虞览剩记》云，吴小城白门，阖闾所作，秦始皇时，守宫吏烛照燕窟失火，烧宫，而门楼尚存。是知小城，即吴宫之禁门，又谓之旧子城也。历汉、唐、宋，以为郡治。旧有齐云、观风二楼，并在子城上，为郡僚宾宴之所，见之唐贤歌咏独多。明初，惟馀南门，颓垣上置官鼓司更。郡志载，今自乘鱼桥至金姆桥而东，高冈迤逦，是其遗址。城四面旧皆水道，即子城濠，所谓锦帆泾也。其东，尚有故迹，号为濠股。今余之所经构，证以图经，此间乃兼有其胜。五亩之居，刻意林谷，既拥小城，聊当一丘，泾之水又资园挽，可以钓游。不出户庭，而山泽之性以适，岂必登姑苏，望五湖，始足发思古之幽情耶？分题赋此，因并及之。"据此两序，似吴小城风景秀异。

今考乙巳为光绪三十一年，叔问以七试部堂不售，癸卯岁始绝意进取，自镌小印曰“江南退士”。其明年，王佑遐[①]来苏州，王之先垅在桂城东半塘尾之麓，因以半塘自号，盖不忘誓墓意也。叔问尝谓之曰：“去苏州三四里，有半塘彩云桥，是一胜迹，宜君居之，异日必为高人嘉践。”王因之赋[点绛唇]词，见《蜩知集》中。乃半塘于秋间化去，叔问愈增感喟，遂以又明年，买地孝义坊，凡五亩，筑室榜门曰“通德里”，秋初落成，迁入。盖自光绪六年庚辰卜居苏州以来，至兹二十有五年，而先生年适五十矣。从邓尉购嘉木名卉，杂莳庭院，颇擅园林之美。其东高冈迤逦，即词中之吴小城。复作亭于冈之高处，颜曰“吴东亭”，绕以篱，足供凭眺。孙益庵德谦，有贺先生新居文，称：“度地新规，洞天别启，近邻萧寺，旁枕清溪。”其后有跋，中云：“流寓吴中，爱其水木明瑟，风物清嘉，栖迟者二十馀祺〔禩〕。去禩择地孝义坊，经营别墅，迄兹落成，足以栖集胜寄矣。其地则崇冈屹立，曲涧前流。东城，吴之故城也，白香山曾有吴东城桂之咏，今先生将辟其后圃，袭此古芬。”就孙跋观之，所谓吴小城者，山人荜蓝缮创，证以词中之“山送月来，水漂花出，一片吴墟焦土”，可知易荒丘为亭囿，胥赖经营。[杨柳枝]中之梅枝，只是园梅馀植。彊村于此，亦有和作，其[西子妆]小序“叔问卜筑竹格桥南，水木明瑟，遂营五亩。证以《吴郡图经》，跨流而东，陂陀连蜷，为吴小城故墟。怀昔伤高，连情发藻”云云，亦指此。樵风别墅，叔问殁后十年，已易主。所谓吴小城者，所谓锦帆泾者，高冈悉夷，残濠亦堙，别修马路，名锦帆路，比日太炎先生即卜居是间。朝市沧桑，事理之常，予惧后来考

---

① 王鹏运，字幼遐、又霞，号半塘、鹜翁，广西临桂（今桂林）人，祖籍浙江山阴（今绍兴）。王与郑文焯、朱彊村（祖谋）、况夔笙号为清民间四大词家。

证吴门胜迹者湮没靡征，将以两家词中所指，悉目为蕉鹿之幻，故琐琐考录之。

二一七 《庚子秋词》故实

予始得樵风、彊村二家词，实罗瘿同曹时手赠，时在庚戌，瘿薄游吴会乍归也。瘿公初住教场二条胡同，是王半塘故宅，所谓四印斋，庚子朱古微曾来同居之，瘿公因集《瘗鹤铭》题曰："王朱前后词仙之宅。"后迁广州会馆，仍榜此八字于客厅。尚记是冬瘿公絮絮为言至苏州得见文小坡，并书赠小坡一诗于予之团扇。弹指二十馀年，瘿公殁亦岁星一周。今翻《彊村语丛》卷二《西河》小序云："庚戌夏六月，瘿庵薄游吴下，访予城西听枫园，话及京寓，乃半塘翁旧庐。回忆庚子、辛丑间，尝依翁以居。离乱中更，奄逾十稔，疏灯老屋，魂梦与俱，今距翁下世且七暑寒已。向子期邻笛之悲，所为感音而叹也。爰和美成此曲，以摅旧怀。"即纪兹事。按半塘《庚子秋词》，即与古微及刘伯崇、宋芸子所倡和，有写本，石印行世，词多小令，涉及掌故者不多。其可纪者，半塘曾以一书并写诸词寄樵风，其中乃有名言，且可见尔时围城中士大夫之心理，今备录之。王致郑书云：

> 困处危城，已逾两月，如在万丈深阱中，望天末故人，不啻白鹤朱霞，翱翔云表。又尝与古微言，当此时变，我叔问必有数十阕佳词，若杜老天宝、至德间哀时感事之作，开倚声家从来未有之境，但悠悠此生，不识尚能快睹否？不意名章佳问，意外飞来，非性命至契，生死不遗，何以得此。与古微且论且泣下，徘徊展读，纸欲生毛。古微于七月中旬，兵事棘时，移榻来四印

斋，里人刘伯崇殿撰亦同时来下榻，两月来尚未遽作芙蓉城下之游，两公之力也。古微当五六月间，封事再三上，皆与朝论不合，而造膝之言，则尤为侃侃，同人无不为之危，而古微处之泰然。七月三日之役①，不得谓非幸免，人生有命，于此益可深信，人特苦见理不真耳。鄙人尝论天下断无生自入棺之人，亦断无入棺不盖之理，若今年五月以后之事，非生自入棺耶？七月以后之我，非入棺未盖耶？以横今振古未有之奇变，与极人生不忍见不忍问不忍言之事，皆于我躬丁之，亦何不幸置耳目于此时，而不聋以盲也。八月以来，傅相到京，庶几稍有生机；到京已将一月，而所谓生机者，仍在五里雾中。京外臣工，屡请乘舆回銮，乃日去日远，且日促各官去行在。论天下大事，与近日都门残破满眼，即西迁亦未为非策。特外人日以此为要挟，和议恐因之大梗。况此次倡谋首祸诸罪臣，即以国法人心论之，亦万不可活，乃屡请而迄未报允，何七月诸公归元之易，而此辈绝颈之难也？是非不定，赏罚未昭，即在承平，不能为国，况今日耶！郁郁居此，不能奋飞，相见之期，尚未可必，足下谓弟是死过来人，恐未易一再逃死。至于生气，则自五月以来消磨净尽，不唯无以对良友，亦且无以质神明，晚节颓唐，但有自愧，尚何言哉！尚何言哉！中秋以后，与微徼伯崇，每夕拈短调，各赋一两阕，以自陶写，亦以闻闻见见，充积郁塞，不略为发泄，恐将膨胀以死，累君作挽词，而不得死之所以然，故至今未尝辍笔。近稿用遁渚唱酬例，合编一集，已过二百阕；芸子检讨属和，亦将五十阕。天公不绝填词种子，但得事定后始死，此

① 应是光绪庚子七月初四日（1900 年 7 月 29 日）西太后杀许景澄、袁昶事。

集必流传，我公得见其全帙。兹先撮录十馀阕呈政，词下未注明谁某，想我公暗中摸索，必能得其主名，虽伯崇词于公为初交，然鄙人与古微之作，公所素识，坐上孟嘉，固不难得也。

半塘此书，可分数节诠注。其言得叔问新词者，叔问于庚子之变，有[贺新郎]“秋恨”二首、[谒金门]三首，最为沉痛。又[汉宫春]“庚子闰中秋”一首，亦甚悲。戴亮集年谱[①]中，所谓[谒金门]三解，每阕以“行不得”、“留不得”、“归不得”三字发端，沉郁苍凉，如伊州之曲是也。书中所云与古微且读且泣下者，度是此词。古微五六月间封事及造膝之言，则指古微与袁、许等迭奏斥义和团，及召见时古微抗声力谏，那拉氏大怒，问瞋目大声者为谁，以古微班次稍远，后未暇细察，得免诸事。此节古微行状、墓志，及晚近诸家笔记已及之。其言七月三日之役幸免者，则杀袁、许之日也。其论李合肥到京后仍无生机，两宫无意回銮，及首祸诸臣迄未诛戮，可见尔时焦盼之意。祸首久之始正法，回銮则在次年。其寄示《庚子秋词》十数首，叔问答以一词，此词《樵风乐府》不载，《比竹馀音》中，[浣溪沙]题为《楼居秋暝得鹜翁书却寄》：“罢酒西风独倚阑，满城红叶雁声寒。暮云尽处是长安。　故国几人沧海等，新愁无限夕阳山。一回相见一回难”是也。

二一八　郑叔问晚景

瘿公是年游吴，于天童访寄禅上人，于苏州访朱古微、郑叔问。

---

① 戴亮集年谱，应是戴亮集所撰《郑叔问先生年谱》。戴亮集，即戴正诚，字亮吉，为郑文焯(叔问)女婿，除为之编年谱外，尚编有《大鹤山人全集》。

瘿公有词，记当时《国风报》曾载之。遐庵为瘿公刊诗[1]，似未录及。古微[西河]小序中“访城西听枫园”云云，听枫园者，叔问为彊村苏闾所僦之居。《樵风乐府》卷七[蓦山溪]小序云：“吴城小市桥，宋词人吴应之红梅阁故地也，桥东今为吴氏听枫园。水木明瑟，以老枫受名，红叶亭不减旧家春色，且先后并属延陵，于胜地若有前因。彊村翁近僦其园为行寓，翁所著词，声满天地，折红一曲，未得专美于前也。爰托近意，歌以颂之。”而彊村和作，亦有小序，中云“叔问为相阴阳，练时日，可见其投分之厚，为谋之忠”。盖是时陈朧庵（启泰）为江苏巡抚，驻苏州，陈素风雅，延叔问处幕中，故吴门词流接武。鼎革后，风流云散矣。瘿公生平亦以友朋为性命者，以叔问老年多舛，为言于任公先生，以其丧偶厚赙之。叔问有谢书云：

> 别来数更丧乱，感怀雅旧，恍若隔生，音讯阙然，寤思曷极。去腊展诵惠书，猥以悼亡，矜垂甚备，高义仁笃，荷遽相并。重承任公老友厚赙，颁逮三百金，周急救凶，幽明均感，抚臆论报，衔结深铭。只以衰病之馀，少稽陈谢，伏惟恺弟之宥，代剖赤情，幸甚幸甚。兹值亡妻营奠有日，敢以赴告，敬求饬送沽上为感。下走集蓼馀年，遭家多难，比来知死知生，弥憎鲜民之痛。昨承寄示孑民先生函订大学主任金石学教科兼校医，月廪约四百番钱，礼遇诚优且渥。第念故国野遗，落南垂四十年，倦旅北还，既苦应接，且闻京师仆赁薪米之费什倍于南，居大不易；蒿目世变，何意皋比，颓放久甘，敢忝为国学大都讲耶？业医卖画，老而食贫，固其素也。辱附契末，聊贡区区，未尽愿言，但有荒哽。

---

[1] 叶恭绰（遐庵）曾为罗惇曧（掞东、瘿公）身后编印《瘿庵诗存》。

按此书以戊午正月发，是民国七年也。先生即以是年二月捐馆，衰病疲茶，宜其无意北归。瘿公晚亦侘傺，卒年才逾五十，去叔问之殁不过六年，生无寸椽，殡于萧寺，寡妻并命，楹书荡然，文人酷遇，于斯已极。每忆甲子九月，予与宰平视瘿公丧于法源寺，辄觉悲从中来，以较樵风身后，又别菀枯，诚汪容甫所谓"九渊之下，尚有天衢，秋荼之甘，或云如荠"者已。叔问身后，亮集以《冷红簃填词图》乞人题咏，弢庵先生题二绝句云：

流落江南吾小坡，二窗断送卌年过。
故知一切谁真妄，奈此回肠荡气何。

三过吴门一面悭，眼中犹是旧朱颜。
如何入画还相避，背坐拈毫对小鬟。

可想见山人早年风度。曾刚甫题云：

西风久下藤州泪，社作今无竹屋词。
解识二窗微妙旨，樵风一卷亦吾师。

刚甫与瘿公至交，读藤州吹泪之句，弥念吾瘿庵也。

二一九　咸丰初年之勒捐高官

前论吾国公私久不分，故唐、宋以来以清官为美称，实则清乃本分，一清亦殊不足以尽官守也。因此念及吾国官俸至薄，所入实不足以养廉；不足养廉，其势必以官物自养，于是能稍饬廉隅，便以清为美德。又自周、秦至明，封建间废而时作，王侯卿相，皆食邑禄，役齐民，而治事之官月俸乃至少，故同列于朝，其恃俸为食者，皆清门以文儒自进者也。《唐书·阳城传》："拜右谏议大夫，每约二弟：'吾所俸入，尔可度月食米几何，薪菜盐几钱，先具之，馀送酒家，无留也。'"宋彭乘《默客挥犀》："旧制三班奉职，月俸钱七百，驿券肉半斤。祥符中有人为题诗所在驿舍门曰：'三班奉职实堪悲，卑贱孤寒即可知。七百料钱何日富，半斤羊肉几时肥。'朝廷闻之，曰：'如此何以责廉隅？'遂议增月俸。"举此两事，可知官俸之少，自古已然。明、清典章故实，尤昭昭耳目间。予忆儿时翻搢绅，见官俸禄米之数，年不过数石米，辄疑若恃以赡家者，不几索于枯鱼之肆乎？稍长，则知官诚发财，但不恃俸，天下有名实不相符，而相习不以为怪者，此类事是也。惟明明使仕者不能以禄养，故必驱官吏于婪索之途，官稍亨，所入辄富。世称藏富于民，吾国近一二千年历史，实可谓藏富于官，其能津逮农商润泽田舍者，皆所谓士大夫之一阶级也。朝廷心知其然，有事则责官吏以捐输；盗贼心知其然，得志则索财贿于巨室。此风至鼎革后始变，世禄之制既寡，旧家日凋，官俸有恒，视往史为加厚，而以今昔币值物价衡之，则亦未见其为加厚，除非法多得外，月俸最多，亦仅免转徙而已。盖事变至今，国力民力俱尽，无论何者皆儳然不可终日，而昧者犹狃于藏富于官之情势，而欲以微官俸得，视为生财之源，左畀而右夺之，不亦慎乎？所谓盗贼索财贿于巨室者，李闯入京，拷掠诸勋戚大臣是也。所谓朝廷责官吏以捐输者，则咸丰三年东南大乱时有此种事。清崇实所自著之《惕庵年谱》，其中有一节云：

粤逆窜陷安徽、金陵等处，军情紧急。户部因库储告竭，春季不能放俸，副都御史文小云瑞奏令富绅捐助，即可凑成巨款。上命其指出何人，伊称穆鹤舫、潘芝轩、卓海帆、耆介春、陈伟堂五相国，与孙大司农符卿，及实等十八家以应。有旨令所指各家，均于初十日赴户部衙门候旨，有老病不能亲往者，著子弟一人代之。届期实先往，见海帆夫子与鹤舫太老师均亲到，更有崇雨舲中丞，时革职在家，亦先至。商曰："今日之集，必系劝捐，但吾等有富名者不过房产地土，就使全行报效，亦无济于事。大约须各自量力，尽一月之内能呈缴若干现银，方不负此举。"诸老颇以为然。

稍间惠亲王、恭亲王并僧王皆奉命来署，手捧朱谕，令大司农文孔修先生宣读："文瑞所奏之人，皆系受国厚恩，当此时势艰难，谅各情殷报效等因，钦此。"穆相早经罢斥，当即伏地痛哭，诸人随跪于后，亦皆涕洟满面。三位王爷即邀诸老在大堂茶话，户部堂官让实等少年到三库大堂借坐。久之，穆、卓、耆三位共捐四万，潘相捐三千，孙大司农捐五千。陈太史介祺始书一万，而僧王不允，缘其家甫收一银号，知有现银，故勒至四万而后止。实手书一呈，曰："崇实初官侍讲，三代皆蒙国恩，官外任，历年既久，房产颇多，是以豫工例曾报效三万两。上年普通捐输，弟兄二人又呈捐一万两。屡次均蒙恩奖。文副宪指为富绅，原不为虚。无如情愿毁家，而一时不及变产，兹谨就力之所能，三日内先呈出银三千两，请限一月，更措缴九千两，共一万二千两，稍效微忱。"云云。王爷皆以为自系实情，尚爽快，因而别家或多或少，都仿此稿为之，共凑成二十馀万。嗟乎！时势至此，真臣子所不忍言。越月户部将银两收齐，奏闻。奉旨：崇实着赏加詹事衔。

此节颇能写实。所谓春季之俸实至微，故捐二十馀万两已足。专制之朝，家天下，故私财随时可为天子所有，其中自含平日驱官以婪得于民，事急当然追比之之意，此理尤以世受豢养之八旗为宜然，以清代满洲大官，泰半以榨取民财为职。雍、乾两朝所以好纵贪墨，橐盈则籍没，悉以宝物入内府者，亦间接聚敛汉人精英之微意也。考咸丰初年，户部虽称空虚，而宫府尚极充实，不至于亟仰此二十馀万两度日。旧闻此事实缘文瑞有憾于陈簠斋，而文宗则殊怒穆彰阿，故构此局。簠斋之父陈官俊，字伟堂，即惕庵所记五相国之一，伟堂已于道光二十九年卒，故簠斋以子弟应诏，观僧王勒索簠斋至四万金，则此案内容可知。穆彰阿、陈官俊皆宣宗极宠信者，置产亦最沃，文宗即位即褫穆彰阿职，至是复令其献财。然因此案穆彰阿犹得赏五品顶戴，陈簠斋则赏侍讲衔。崇实为崇厚之兄，后殁于盛京将军之任，谥文勤。

二二〇　新闻纸泄漏外交军事案

同治十三年台湾番社一案中，有新闻纸泄漏外交军事案。比日方竞言外交公开，又方争检查报纸，追录此一段故实，未知朝野感想，所异几何也。此案始末大致如下。

最初泄漏台湾番社外交之消息，为香港报纸。沈葆桢奏：

> 再，臣葆桢奉到六月二十日上谕："沈葆桢等另片奏，近阅香港新闻纸，将该大臣等四月十九日奏片刊刻等语。此次紧要事宜，岂容稍有泄漏。前经叠降谕旨，严行训诫，该大臣、将军、督抚等，应如何加意慎重，此次究由何处泄露，即着该大臣、将军、督抚等确切查明，据实具奏"等因。伏读之下，且感且悚。惟于何处泄露，须俟密查，未便张皇，转生枝节。而军机关重，竟至宣布于外，片由臣葆桢主稿，疏忽之咎，实无可辞。合恳天恩将臣葆桢交部议处，以为机事不密者戒。谨此附片沥陈。

奉朱批："沈葆桢着交部议处。"其次继之为上海报纸。而两江总督李宗羲奏：

窃臣于同治十三年七月十四日，承准军机大臣密寄本年七月二十五日奉上谕："本年三月二十九日密寄沈葆桢等谕旨，上海新闻纸内竟行刊刻，究系何人泄漏，着李宗羲严密确查，据实复奏等因，钦此。"臣查向来办理中外交涉事件，凡遇秘密公牍，皆由内署缮办，卷存内署，不敢稍有泄漏。嗣因筹办海防，尤关紧要，当经咨行沿江沿海各衙门，一体慎密办理。本年六月间检核上海《林华书院新报》，载有三月二十九日廷寄一道，及闽省拟购铁甲轮船等事，据刊系由香港《华字日报》中钞来。饬据苏松太道沈秉成查复，香港《华字日报》内有台湾消息一条，已载明由福州寄来字样，即经咨会闽省密查泄漏缘由，严行根究，未准复到。（中略）臣复加查核上海《林华书院新报》、上海《汇报》，一系五月二十三日刊发，一系五月二十八日刊发，均系照钞香港《华字日报》。至香港《华字日报》，则系五月十二日刊刻，并已载明消息来自福州，虽所言未可尽信，而此次泄漏并非由于上海，已无疑义。嗣后办理交涉事宜，自当遵旨格外严密，以昭慎重。

奉谕："着文煜等严行查究，即将泄漏根由确切查明，据实具奏，不准稍涉含混。"旋于十三年十一月辛丑福州将军文煜、闽浙总督李鹤年、福建巡抚王凯泰奏：

窃臣鹤年于同治十三年十月初七日，在泉州府防次，承准军机大臣密寄，（中略）伏查闽省洋务，向由督臣主稿，臣鹤年到任后，凡洋务密件，皆由信函往来，不经书吏之手，遇有要事与臣煜、臣凯泰面商办理。非但新闻纸不能道其只字，即同城司道不经管洋务者，亦未尝得闻其详。惟与外国官员照会，彼此皆知，无所用其机密。此外臣等所奉密谕，及各处钞寄密折、密函，皆系内署封存，秘之又秘，并无一字外播者，此臣等衙门办理洋务密件之实在情形也。及先后接到李宗羲来咨，并沈葆桢钞寄折稿，始知前项密件，有刊入香港新闻纸者，殊深诧异。当即购到阅看，所有三月二十九日谕旨，及四月十九日奏片，均刊在一纸，其同时流播已可概见，若不确究主名，恐此风仍难禁绝。随即派员同知文绍荣前往香港密查，所刊前件毕竟得自何处？传自何人？以期水落石出。旋据该员禀称，"查香港《华字日报》发端于德臣洋行之新闻纸馆，平日京报等件，俱其首录，询诸该馆西人，以为出自主笔之人，续查出主笔陈贤，即陈瑷亭，广东新会县属潮连司人，自幼入天主教，于六月间已到福建，而停留福建何处，当时再三追求，无从得实"等情具禀前来。嗣据该员回省面称，访问陈贤即陈瑷亭，现在台湾府城等语，正在查办间。钦奉此次谕旨，臣等现复密咨广东抚臣并檄台湾道、福州府彻查根究，俟查有陈贤下落，获案讯究泄漏根由，另行具奏。

朱批："该衙门知道。"十二月文煜、李鹤年、王凯泰又奏：

臣鹤年拜折后，随复函催台湾道夏献纶，并檄委候补通判刘晋，即日由泉州东渡，随同严密查办，去后。兹据夏献纶禀称，"访问陈贤有在道员黎兆棠处之说，当经亲往查询。据该道面称，只有陈言即陈霭亭，广东新会县人，已于八月初二日内渡，闻其已回香港等语，贤言、霭瑷语音相同，其即系一人无疑"等情，具禀前来。并据通判刘晋禀同前情。臣伏思此案现已查有主名，只须陈言即霭亭究由何处泄漏，一经提讯，不难水落石出。惟自八月初二日到今已逾数月，难保不回新会原籍，即使仍在香港，按照条约就近由粤照会英国官解送，似亦易获案。事属泄漏密件，关系重大，可否仰恳饬下两广督臣张兆栋密饬设法查拿，务获解讯严办，以示惩儆之处，出自圣裁。

奉谕："军机大臣等：文煜等奏，查明新闻纸刊刻密件之陈言，已往香港，请饬查拿一折，陈言即陈霭亭，系广东新会县人，经文煜等查明于八月间由台湾内渡，已回香港。事关泄漏机密要件，亟应查讯明确，以期水落石出。着张兆栋密饬所属，将陈言即陈霭亭设法查拿解讯，从严惩办。原折着钞给张兆栋阅看。"其后粤督张兆栋曾否缉获陈霭亭，则档无可查。以意揣之，陈在香港，未必就捕也。从上列各折片中，可见当时沪报率转录港报，而港报则以洋行司发行，其访员则又以教会为多，布防托庇殆甚密。可见当时报纸，已存反诋清廷之地步。

若论台湾番社一案，几可谓全未公开，折冲所得，亦未甚丧辱。清廷所以谕沈葆桢者，与闽省欲订购铁甲船，事涉国防；张皇于中外，清廷诚不足惜，其有益于国家本身者几何，亦殊待后人之论定。所叹者，后人方复竞以高论相夸，务诋前者以培后，非昔以诩今，窘朝以张野，则其奴主丹素，益未易言，恐惟有拱手以俟更后之人，递相闵笑而已。

二二一　樵风别墅逸闻

樵风别墅，虽已易人，小城帆泾，并成衢路，而大鹤山人当年诛茅树屋，犹有逸闻，可资谈柄。叔问筑园孝义坊之又明年，戊申之秋，于正厅西北隅辟精室三楹，自制《樵风补筑上梁文》，有叙云："光绪旃蒙大荒落之年，余既于吴小城粗营五亩之居，灌园著书，寂漠人外。越三年，以石芝西堪隙地数弓，复取新规，拓以茆栋，向阳两间，约略连簃之制，聊完覆蒉之谋，乃简良辰，上梁迨吉，仿温子升礼，用作祝文。其词曰：桂丛之幽，聊可佳留。诛茅西益，善𡿨是谋。巢移一枝，书堆两头。蝉翳自薂，计唯周周。既练时日，经始及秋。乃陈三瓦，以应天庥。伐木莺迁，胥宇燕游。补我樵风，拓兹菟裘。蒋诩三径，仲宣一楼。潜显匪地，宏以胜流。清风作诵，永企前修。”

考石芝西堪，是樵风别墅之一簃，今世所传《石芝西堪笔记》，言金石磁器事甚多，是也。文中所谓“约略连簃之制”，盖即指此。西堪相传为连簃制，前后五间，曲房连蜷。至何以取此名，则诗中莫能踪迹，而实为叔问先生生平奇事。光绪七年辛巳，叔问年二十六岁，秋得奇梦，游石芝崦，其以“瘦碧”名集，自号鹤道人，或大鹤山人，皆因梦境而然。并倩顾若波绘《石芝诗梦图》，俞曲园、王壬秋为题。叔问诗未刊，今录其《记梦》并序云：

> 光绪辛巳秋七月十三日癸酉，夜梦游一山，洞西向，榜曰“石芝崦”。山虚水深，乱石林立，石上生如紫藤者，异香发越，坚不可采。屐步里许，闻水声潺潺出丛竹间，容裔滉瀁，一碧溶溶，世罕津逮。时见白鹤横涧东来，迹其所至，有石屋数间，题曰“瘦碧”。摄衣而入，简帙彪列，多不可识，徘徊久之。壁间题“我欲骑云捉明月，谁能跨海挟神山”十四字，是余去年在西湖梦中所得旧句也。尝欲补为，卒卒未果，今复于梦中见之，其觉所接者妄，梦所为者实耶？列御寇曰：神凝者想梦自消，吾勿能勿为梦咒也。翼日瑞其梦而述以诗：
>
> 西崦石生髓玉芝，状如赤箭盘苍螭。
>
> 洞天晻溘现灵宇，上有绿云缭绕之。

我来非因亦非想，丹材素府崒森爽。

天风鼓碎青琅玕，琴筑铿然众山响。

欲踏藓石寻幽蹊，元涽出入无町畦。

忽从老鹤迹所至，曲房呦呦非尘栖。

不知何人题壁去，证我西湖空中句。

瑶风可眺不可扪，宛委龙威开奥寤。

魂营魄兆神乎形，跐离夜吹优昙馨。

古莽早落雨悄悄，坐令合眼游虚庭。

世间万物何善幻，苦说海枯与石烂。

吾道大适无端崖，负山夜走谁得见。

梦境本极迷离，所状尤邃异，二十五年之后，始得营一室，以此颜之，儒酸愿力，亦可哀也。别墅中尚有“齐玉象堪”、“瓶知寮”诸榜。齐玉象者，叔问二十八岁时沈仲复所赠萧齐玉造像榜，旧额新榜也。瓶知寮，则筑园时所创，叔问记此事云：

光绪丙午年二月，余治园于吴小城之故墟，因凿井深二丈许，忽有物铿然，亟令工出之，则一方石，上盖土缶一，微绀色，两耳附口，圆径约三寸强，制甚朴浑，此新穿之井，不知何以有古陶器发见也。按《史记》、《国语》并记季桓子穿井得土缶，其中有羊，以问仲尼。《太平寰宇记》：桓子井深八十八尺，在曲阜县东法集寺。今费县斤治门外，有天宝井铭，宋绍圣四年逢完重立，为之记云：天宝九载赵光乘作铭云：“土缶旧得，石干今脩。”是此井为桓子井，可证。严铁桥《金石跋》以为《山东通志》云鄪城内有季桓子井，即此。赵氏据天宝以前图经，当可信也。今余穿井于园，亦得土缶，而无羵羊之异，因纂铭刻于井干，挈瓶之知，未足多也。

此文虽非穿凿，其所援引，抑亦张大矣。至冷红簃之由来，则光绪癸巳，纳吴趋歌儿张小红，别居庙堂巷龚氏修园，为赋[折红梅]词，而以吴应之红梅相比。《冷红簃填词图》，亦顾若波绘者也。

二二二　清末廉员宴客不易

与彊村、叔问同时为词，有陈伯弢，其密不如朱，爽不如郑，而疏快处近于稼轩，亦楚艳也。伯弢以知县听鼓江南，其遇不如叔问，身后《褒碧斋》一卷诗，则搜辑差完。其《杂记》颇有琐问关涉掌故，中有一则云："岁辛丑，余需次江宁，僦居乌衣巷。一日饮集同人，待俞恪士观察不至，旋以诗来辞云：'寒风吹脚冷如冰，多恐回家要上灯。寄语乌衣贤令尹，腌鱼腊肉不须蒸。　轿夫二对亲兵四，食量如牛最可嫌。轿饭若教收折色，龙洋八角太伤廉。'轿饭，京师谓车饭钱，虽每名只犒一角，然南京宴会如座客有道台五七人，亲兵之外，尚有顶马、伞夫，开销动辄百馀名，跟丁则每名倍之，或竟有需索者，廉员请客固不易也。"

此节虽琐琐，然极见承平风味。车饭钱京师只一角，此辛丑间事，至甲辰以后则皆两吊矣。南京宴会，道员傔从之众，视今日尤侈，唯有海上富豪多保镖者，始类此也。觚庵先生尔时正以道员办将弁学堂于金陵，正伯弢所谓有亲兵、顶马者。俞寓，当是芝麻营三号，今年稚晖先生于《东方杂志》所著回忆一文内及之，此咸可备他年志坊巷故实者之捃撦。伯弢尝谓中国人有三贵征：小辫子、近视眼、怕老婆。又谓中国人有三不和：前后任、大小妻、正副考。语妙意赅，俗污而人人不合作，于此可见。

二二三　赵凤昌与东南互保

樵风庚子秋日诸词中，[谒金门]外，以秋恨之[贺新郎]两首为最沉痛。盖闵乱忧生，伤时感逝，并为一噫者，自易出色。其中有"休洒西风新亭泪，障狂澜，犹有东南壁"二语，自是指刘岘庄东南互保事。予尝疑刘岘庄才非过人，互保必幕府所为。其后闻当时往张南皮处说此事者为沈子培、张季直，而岘庄处为沈涛园，后乃知发动此议斡合两督者，则赵竹君先生（凤昌）[①]也。竹君先生今已登大耋，而神明过人，音吐鸿畅。予以暇日过惜阴堂，叩以当时情事，老人为追数当年情势，历说布置，如见运筹杖策时，诚江介之灵光，山林之白羽。黄任之[②]尝言，此四十年间，东南之局，有大事必与老人有关，而惜其言之不尽用。证以予所知，良皆确论。老人手示所记《庚子拳祸东南互保之纪实》一文云：

> 庚子拳匪之祸，当日中外报章，事后官私奏记，亦已详尽；惟东南互保之议，如何发生，则无人能言之。予既为发议之人，更从事其间，迄于事平，应撮其大要记之。
>
> 自五月初良乡车站拳匪发难，京津响应，各省人心浮动，或信以为义民，或迷其有神术。上海远隔海洋，忽传城内已有拳匪千人飞渡而至，旅沪巨室纷纷迁避内地，有刚首途而被劫

① 赵凤昌，字竹君，号惜阴老人。江苏武进人。曾在两广、湖广总督署任幕客、文案。所居上海南阳路惜阴庐为政客交际场所，赵氏亦曾参与东南互保、清帝退位等重大活动。

② 即黄炎培。

者。其时南北消息顿阻，各省之纷乱已日甚，各国兵舰连樯浦江，即分驶沿江海各口岸保护侨商，英水师提督西摩拟入长江。倘外舰到后，与各地方一有冲突，大局瓦解，立召瓜分之祸。忧思至再，即访何梅生老友商之云："事已如此，若为身家计，亦无地可避，吾辈不能不为较明白之人。岂可一筹莫展，亦坐听糜烂？"其时各省无一建言者。予意欲与西摩商，各国兵舰勿入长江内地，在各省各埠之侨商教士，由各省督抚联合立约，负责保护；上海租界保护，外人任之；华界保护，华官任之；总以租界内无一华兵，租界外无一外兵，力杜冲突，虽各担责任，而仍互相保护，东南各省一律合订中外互保之约。梅生极许可，惟须有任枢纽之人。盛杏生地位最宜，谓即往言之，并云此公必须有外人先与言，更易取信，当约一美国人同去。旋杏生约予往晤，尚虑端、刚用事，已无中枢，今特与外人定此约，何以为继？予谓："此层亦有办法，可由各省督抚派候补道员来沪，随沪道迳与各国驻沪领事订约签字，公不过暂为枢纽，非负责之人，身已凌空，后来自免关系。"即定议由其分电沿江海各督抚，最要在刘、张两督。刘电去未复，予为约沈爱沧赴宁，再为陈说。旋得各省复电派员来沪。盛即拟约八条，予为酌改，并为加汉口租界及各口岸两条，共成十条，并迅定中外会议签约之日。其会议之所，即在新建会审公廨。盛既不在签约之列，对外即不便发言，又虑沪道余联沅向拙于应对，即为定中外会议座次，外人以领袖领事在前，以次各领事；中则以沪道在前，盛以太常寺卿为绅士居次，与余道坐近；再次各省派来道员。先与余约："倘领事有问，难于置答者，即自与盛商后再答之，庶有转圜之地。"议时领袖系美国古纳总领事，果因五月二十五日上谕，饬全国与外人启衅，开口即云："今日各督抚派员与各国订互保之约，倘贵国大皇帝又有旨来杀洋人，遵办否？"此语颇难答。遵办则此约不须订；不遵办，即系逆命，逆命即无外交，焉能订约？余道即转向盛踟躇，盛告余，即答以"今日定约，系奏明办理"。此四字本公牍恒言，古领向亦解之，意谓已荷俞允，即诺诺而两方签约散会。盛回来深服予之先见，预与余道有约，幸渡危境，予亦极称其迅答四字之圆妙。自此互保签约后，西摩及各外舰停止入江，内地免生外衅，不致全国糜烂，难乎收拾，亦云幸矣。予即每日到盛宝源祥宅中，渠定一室为办事处，此室只五人准入，盛及何梅生、顾缉庭、杨彝卿与予五人，负责接收京津各省电报消息，有关系者，勿稍泄漏，共筹应付。此即创议东南互保成立之事实也。馀有可记者，亦分条书之。

(一)东南中外互保订约后，英政府沙侯忽与刘、张两督通电。刘督译文，仅谓如需英可以相助；张督译意，谓需若何相助，均可尽力。同一电文，译意有简复，则刘之译才不如张所用之梁崧生。崧生告我，语气似在窥探两人之旨，意在言外，如两人有何主意，亦必相助。讵两人皆矢忠清室，然亦可见外人因清廷纵拳启衅，而欲绝之矣。

(二)拳匪称外人为大毛子，办外交通西文者为二毛子，均在必杀之列。匪戴端邸为首领，端强执朝权，孝钦亦已难制，不附和者人人惴恐，如互保各省，为所大忌。六月中旬刘督与盛电，奉廷寄约至宁面商，电问何事，坚不预泄，更使人不测。然不得不往，盛即邀予同行，予因病暑却之，心则颇歉。梅生偕去，讵见后，即示廷寄，乃饬停还洋债，即商定置不复奏，可见庙谟之如儿戏也。

（三）各省见五月二十五日拳匪排外之上谕后，颇有附和称拳匪为义民。江苏巡抚系定兴鹿传霖。李秉衡巡视长江适来苏，驻节拙政园，两人在园会商复奏，极赞拳匪义勇。鹿忽接定兴本籍信，自设典业被匪抢劫，始改为剿抚兼施，鹿亦派其婿李子康来沪，向予采访消息。鹿初意京电不通，系盛所阻扣，不知此道电杆久已毁坏，京沪通电，系托西人在水线代递。其疑稍解，即订明沪得京电，应告各督抚者，亦照转苏抚。李秉衡素偏执，不达外情，其时奉调北上，欲巡阅沿江炮台。江督刘虑其贸然与长江外舰开衅，密饬台官预将各炮炮闩取去，杜其逞愤。李还过德州，即毁教堂。七月朔抵都召见，力主战，请先杀内奸，即指顾大局剿拳匪诸臣，张南皮亦在列，初四日即杀许、袁矣。其时联军已进至杨村，饬秉衡统武卫军赴敌，迨抵通州，闻外兵到即溃，秉衡殉之。李自山西知府，南皮抚晋，荐保至封疆，在旧日吏治亦可称廉谨，抚山东时，德藉教案遽占胶岛，即办理错误，此公亦可谓误国之忠臣也。

（四）七月二十一夜，外兵陷京城，天甫明，两宫仓卒出幸，不知所之，大抵西行。全国惶惶，势将纷乱，予姑拟一电致鄂督曰："洋电两宫西幸，有旨饬各督抚力保疆土，援庚申例令庆邸留京与各国会议云。"意欲鄂得此电，可宣布文武官僚、地方士庶，藉以安长江一带人心耳。讵鄂督复电，询电从何来，即确复。电本自拟，殊难置答，即持往来电文商之盛杏生，由彼照发同样之电与各督抚，以示其确有此电。杏生又拘忌，谓旨岂有捏造？予解说捏旨亡国则不可，捏旨救国则何碍？且既称洋电，即西人之电，吾辈得闻，即为传达而已。各督抚凭此电以安各省人心，为益匪细，否则两宫消息杳然，督抚即无地位，何以对人民？始允照发通电。俟其发出，予再复鄂督电云："盛亦得洋电，已通电各省，望即宣布，以安地方而免意外。"其时七月二十二也。旋已确知西幸，庆邸随扈在途，八月初三日两宫传命庆邸折回京，尚逗留保定。迨八月十五果有廷寄，援庚申例饬奕劻与各国开议，且一如所拟之电。此忧患中一快事。予复得京友庆宽信，八月初五日，日将大岛即促其赴保定照料庆邸回京。庆宽曾专使之日，得日宝星，大岛向识之，故于京城纷乱中觅得庆宽，而请与庆邸通消息，使其放心也。

（五）德国因拳匪戕其使臣之愤，德将瓦尔德西为来华外兵共举之联帅，意气颇盛，驻节仪銮殿，德竟主瓜分中国。其时美国总统麦荆来通电各国政府，如主瓜分，美不能允，此议方息。见英之蓝皮政书，不可不知。

（六）七月予接鄂张督电："锡良北上，并非助拳排外；端方在陕，保护外人甚力，近派员护送教士出境，已安抵襄阳，可询教士；湘抚俞廉三并不信拳，教案持平办理；豫抚于荫霖亦不袒拳，可告西人知之"等语。此电想因西报谣传，汉口领事诘问，故亟发电代为声辩，即以转达，谣亦渐息。沪亦闻锡良自湘带兵二千，由京汉铁道北上，过鄂时兵队即截留矣。

（七）拳焰炽时，枢臣惟端王之命是从，附端甚力者刚毅；其庆邸、荣禄、王仁和，虽依阿其间，仍时与沪通电，惟辞气含糊，为两方敷衍之语。

（八）六月予得庆宽信云："今日往谒刚相，论义和团行为甚险。送出门时，其仆竟向我说：'以后勿再来见中堂。'复诣庆邸告之,庆即谓:'汝切勿多言,保汝身命为要。'又告宫中传见义和团之红灯照,试演其术,且获赏。我已送老母往西山避祸,南中当知大局去矣。"意望南中挽救,其时正在进行互保之策。

(九)东南中外互保,事后酬庸,乃赫德与盛同旨加宫保衔。外臣向系另旨,又以汉臣列外臣之次,可知于互保尚有意见。盛得此后,与予相见,即谓予"君未获奖,甚歉",予答以"我本无此想也"。

此文详明深切,曾一见于《人文月刊》,所叙自皆事实。盖其时盛杏生正握交通枢纽,而于李合肥及诸帅宫府皆至谙悉,既发动此议,乃必能见于实行。文中之何梅生为何嗣焜,常州人,曾居张靖达幕府。顾缉庭,为当时招商局总办。杨荫卿,后为芜湖道。所谓宝源祥,乃盛之办公处,其地在上海租界外滩,即今之客利饭店。其文中"予为约沈爱沧赴宁"一节,即涛园先生参同建议之始。老人为予言,是日为六月某日,为星期六,时由沪赴宁必以轮船,星期例停开,涛园方以道员在岘庄幕府,诇其回沪宴集,亟走访之,尚记座客有陈敬馀(季同),以人多不敢言,捉衣令著,纳车次,热甚,汗如洗,默无一语,到盛处,始详言之,即请下船诣南京劝刘。至涛园如何促岘庄,虽不能知,要其在幕府有大功则不妄也。予按《涛园集》有《寿新宁宫保》两绝句,其一云:"平戎仲父忧王室,荐士梁公感旧京。痛定若思茂陵策,故应险绝念平生。"即言东南互保事。后二句,可见尔时岘庄之尚有犹疑,而涛园力劝,故云险绝也。又按陈伯严先生为涛园墓志中亦云:"拳匪乱,东南互保之约成,公首奔走预其议,补淮扬海兵备道,护漕督。"闻亦竹老告彦侯兄弟,叙入行状者。其授淮扬海道,则诗中所谓"荐士梁公感旧京"者,益可征涛园必言之甚力，故岘庄感激而力保之。至季直、子培偕赴汉口，闻拔可言，实主郑苏堪处，为南皮言东南自保。张四先生与惜阴老人至交，是否亦得怂恿之力，未及询之。记前清之季，有《抱冰堂弟子记》一书，其实南皮所自撰，中有一节云："庚子拳乱初起，甫自涞水扰定兴。五月初四日，即电总署请严禁剿捕。嗣后于五月内，叠次电奏，斥为邪教乱民，请保护使馆，力剿各匪，勿召回出使大臣。单衔径电各国外部，及各国来华水师提督，与约保护东南，勿扰东南，勿惊乘舆，并联合各省督抚十馀人，电各国外部。与刘忠诚会同，与沪上各外国领事立约，不得犯长江。圣驾西幸，与各国坚明约束，勿扰襄樊，以通东南贡赋之道。"此是文襄自己表彰处。观其"五月初四日即电"、"单衔径电"等字句，皆处处寓占先机，而与刘忠诚联电立约反列为最后，可知南皮之意，初不以岘庄之议为独创。其间单衔数电，或别出于沈、张辈之建谋，未可知也。世乃以互保事归功刘岘庄，则成功后众人之见，不第不知彼时幕后主持之人，并同时合肥、南皮之表示，亦不暇考矣。因忆一笑话，岘庄殁后，江宁有刘忠诚祠堂，光绪癸卯有江南副主考续昌来谒祠，题一联云："因保半壁地，用妥九庙灵，君子欤，君子也；可托六尺孤，并寄百里命，如其仁，如其仁。"下署"头品顶戴、外务部郎中、江南副主考某敬献"。有改之者，云："本是外务部，来作副考官，头品欤，头品也；因题一副联，擅改四子句，笑杀人，笑杀人。"此虽谐谑，可见满人以互保为大功，心悦诚服歌颂之。孰知此公徒尸其名，当时发踪指示，固仍在南州数名士耶？惜阴老人所记，有一微误者，即杀袁爽秋、许竹筼乃七月初三，而误作初四日。至称李秉衡为误国之忠臣，真可谓名言。国事至此，正坐有无限若干之"误国忠臣"也。

二二四　张之洞鹿传霖力主两宫西幸

惜阴老人所记，于鹿定兴之模棱，特抉发之。合肥逝后，南皮未入枢府前，皆定兴主政，盖有特受西后之知者，则力主西幸之说也。瘿公《跋抱冰堂弟子记》中有一节云：

> 按两宫在太原时，江苏巡抚鹿传霖以勤王师至，力请幸西安，遂降入陕之旨。江督刘坤一联合督抚电奏，言"陕西古称天府，今非雄都，又与新疆、甘肃为邻，新疆近逼强俄，甘肃尤为回薮，内讧外患，在在可虞"。又云："各国曾请退兵回銮，不占土地。正可藉回銮之说，以速其撤兵之议，倘西幸愈远，拂各国之请，阻就款之忱，朝廷徒局偏安，为闭关自守之计，以偏僻凋之秦陇，供万乘百官之粮，久将不给"等语。当时若仍驻太原，联军亦断无逼驾之事，回銮较速，和约亦较易成。乃入陕经年，糜费数千万，至臣工屏次吁请，乃议回銮，虽由孝钦之惧逼，亦传霖启之也。

此节正可与惜阴所言定兴与李秉衡拙政园会议相对照，可见非甚了了，其时鹿年已逾七十矣。岘庄此奏，视互保之识尤伟。盖尔时不主西幸者，李合肥、刘岘庄。而力劝西幸者，鹿定兴、张南皮。及今论之，不第南皮之识去合肥甚远，后者且近于阿附西后意旨。今考《抱冰堂弟子记》云："庚子七月中旬京师危急，闻两宫意将西幸，合肥李相纠合各督抚力阻圣驾，并未先商，已电山东请发折，然后电知。乃急报项城，谓此议大谬，万不可行，鄂断不会衔，如已发，当单衔另奏，乃撤去鄂衔。幸此折到京之日，畿郊已大乱，疏未达而乘舆已行，不然，大局不堪问已。合肥又有联衔疏请驾留山西，勿赴陕，亦驳之。”此是广雅尚在湖广督任内所自襮者，意在表明与那拉氏之亟思入陕，若合符契。当时德宗主留京，而西后则否，前记珍妃节已详之。若使帝后始终不离燕都，则北京受劫不至甚酷，和议条款不至甚苛，惩祸首，奖有功，可以速决，天下之观感，亦必大异。惜乎既昧国君死社稷之义，平日纵群昏以召变，事急则委之先去以为民望，清之亡，抑已晚矣。那拉后不足责，南皮、定兴皆号为重臣，其畏祸偷安，力主播迁，以縻国帑，又何溗沕乃尔？或云，南皮、定兴皆与宫闱通声气，故诸电盖有以窥其微，代为之说。然合肥于西后意旨又何尝不刺探？及临大事变，乃独抒所见，则毕竟老成谋国也。忠诚反对入陕之电，不知出何人手笔。鹿文端以名州县起家，与先王父同官广西，极相得，晚年入枢府，已耄，故不欲主险者，前说亦与年齿有关。鹿与文襄有姻连，故当时南皮、定兴实为一气也。

二二五　陈散原为罗正谊立传

国人旧俗，好诋司外交者。无论国势凌夷，易受挫辱，即无所丧失，而与外人往还，好为先识高论，皆不能免谤伤，其少年勇锐不欲自明者，驯至以身殉之，可哀也。湘人尤倜傥，敢于任事，蒙毁亦最甚，郭筠仙其尤著者。偶阅湘绮丙子日记中有一节云：“樾岑继至，言时事多拂人意，余不欲闻。唯传骂筠仙一联云：‘出乎其类，拔乎其萃，不容于尧舜之世；未能事人，焉能事鬼，何必去父母之邦。’（此集《四书》句）筠仙晚出，负此谤名，湖南人至耻为伍。余云，众好众恶，圣人不能违。”湘绮与筠仙最稔，而不能为之明，犹云“众好众恶，圣人不能违”。甚矣，众人之好恶，足以杀人而误国也！

筠仙之徒有罗正谊者，亦勇于研习外交，且习知缅甸、暹罗国情，于今日盖裒然为通才，而当时争诃之，侘傺憔悴以死，散原老人为之传，斯人亦可纪也。陈传云：

罗正谊，字宇弥，湘潭人。家贫好学，究宋儒性道之诣，语默造次，秩如也。壮游长沙，学益进，侍郎郭嵩焘延课子弟。嵩焘始使海外，还负天下重谤，而意气议论不衰，正谊自是稍习夷事矣。光绪九年，法越难作，兵部尚书彭玉麟遣四品官出诣暹罗，乃以正谊副行。既至，与大猾陈金钟深相结纳。陈，福建人，贾于暹罗，拥资巨万，因执国柄，正谊得备悉泰西形便及政俗法制立国之本。至是奏记玉麟曰："窃以南荒徼外藩服有三，曰越南，曰暹罗，曰缅甸，纵横万六七千里，东南海际，西极孟加拉，北毗粤东，西云南。国朝初迄嘉庆五朝，咸奉正朔，未敢携贰。道光之季，海疆多事，泰西诸国，竞以兵船游弋往来，而缅甸所属之漾贡，阿拉于麻塔班梯泥色领，暹罗所属之槟榔屿、新加坡、长买，越南所属之西贡、柬浦，遂为英、法所侵占。数十年间，三国菁华繁富之壤，荡然已尽。云南者天下奥区，五金之产，甲于九州，夷眈眈相伺，非一日也。猥以三国犬牙遮错，无能绕越，今则控带经营，制其要害，志已得矣。考英吉利入滇铁道图有二，一自漾贡北行，绕甸都折班磨，达云南永昌；一自漾贡迤东行，循迈亮老挝，由江东达云南思茅。法兰西入滇铁道图亦有二，一自河内西行穿老挝、缅甸，经阿瓦，会英道，达云南永昌；一自河内迤北行，遮北圻天洞山，达云南蒙自。咸已定谋成约，五六年间，二国铁道输车，必交萃于滇境，不可不深计却虑，辍其后祸，而为长驾远驭万全之策也。传曰："备豫不虞"；又曰："凡事豫则立，不豫则废。"何以言之？

暹罗诸国之比于西夷，非有慕于彼也，势成孤立，外无大援，苟得托以自保耳。近闻缅君昆弟有隙，英人欲因以废置，缅君怨之，密与法夷通商，冀以牵英，果中国能护翼之，彼未必一意于法也。今之暹君颇称明达，议遣巡视郡侯陈金钟来于中国，通商联好，如其情，面曲导之，非仅羁縻之利而已。谓宜入告国家，如朝鲜近例，亟与通商，兼于暹罗暨南洋群岛，广设领事，置大臣公使一人统之，略如汉、唐校尉都护之制，用以宣布威德，维系睽散，而图未形。盖华民留占缅甸尚只七八万人，而暹罗则孟角国都六七十万，唐哈西郎胡椒党二十余万，铁狄门孟去瑞瑞坤西十余万，大横小横数亦盈万；南洋则英吉利属之，新加坡十四万，槟榔屿十五六万，柔佛十万，麻六甲五六万，婆罗洲二万；荷兰属之葛留巴五六十万，苏门答喇二十余万，西伯利七八万，摩鹿三四万，地门固冰七八千；西班牙属之苏禄六七万，蒲路湾四五千，小吕宋七八万，马乃渡六七千；葡萄牙属之地门的里二三万。统华民三百万有奇，皆寄命荒外，为所陵虐，日夜内向，悬于不宁。光绪元年，侍郎郭嵩焘曾请设立新加坡、旧金山领事。诚能推广增设，保护安抚，使相亲附，不沦异类，数十百年之间，乘机观衅，因事就功，必有收其效者，而固非一时徼幸尝试之计可同语也。玉麟时方主用兵，又以所陈迂缓，寝格其议。比使还，法夷亦遂袭谅山，夺鸡笼，攻毁马江，东南骚然。

正谊以文儒后进，不得与谋，义无所发舒，寻法越事亦解，乃引归，发愤太息，务张泰西之美，而痛中国之所由敝。以为富强自主之术，宜专教育人才，师夷所长，去拘墟之见，除锢蔽之习，不则患未知所底也。每广座宴饮，辄以为言，闻者骇怪，至掩耳却步。正谊愈慷慨陈论，滔滔不绝，以故人相戒远之。正谊滋困无聊，会县令沈锡周欲致度外畸士，沈猛厉为治，有名称，得见正谊，奇其状貌，执手叹曰："勉之，历二十年节钺专阃，当思吾言也。"正谊故尝遭相工云，法当立奇功，位方面。闻锡周言，益喜自负，遂复走番禺，谒总督张之洞计事，之洞悦之。未几，朝廷遣使臣邓承修、周德润等行越南边，按理疆界，正谊与偕抵镇南关，触瘴病卒。将卒，顾侧老兵曰："术者误我。"之洞闻而悲哀，敕府县护送其丧。后一年，始归葬。

论曰：正谊恂恂占毕，被服儒者，及驰观域外，奋其私议，与缝掖相上下，信有不得已者邪？庄周有言："六合之外，存而不论。"正谊之取憎当世，有以哉！然而掘其中情，悱愤不发，厥为志士。负声藩翰之望，飘魂毒淫之峤。语云："死生有命，富贵在天。""术者误我"之言，可为流涕也。

此文叙次简明，其结语尤悲隽有味。所述南洋形势，虽今不足为征，而其志节要不可湮没。乃正谊师法西人之言，闻者皆骇怪却步，则无怪外交之日挫日弛。至勇于任事者，既以谤毁，尤无怪放言高论者日不谋根本之计，而亟亟于为孤注一掷矣。

二二六　周彦升《读史》诗

周彦升有《读史》诗二首，其一云：

魏武当汉季，罪魁功亦首。天下皆汉贼，贼擅杀贼手。
南北三十载，老矣当歌酒。谁知一世雄，难免万世口。
六代篡弑祸，凶残无不有。山阳万户邑，比较一何厚。
两世假仁义，百族效奔走。机深元气薄，惜哉祚不久。

其二云：

紫阳作纲目，乃在南渡时。帝魏帝蜀间，特笔有深思。
以蜀予大宋，苦心无人知。汉家世系表，岁久有参差。
何年中山裔，乃生大耳儿。当时论正统，非魏谁当之。
可怜陈承祚，殁受俗子嗤。君实生北宋，一代车书驰。
通鉴本正史，何用斡旋词。俗眼只尺光，敢求先贤疵。

此二诗，眼光如炬，朱紫不谬。在今日正统之迂说久摧，固不当以奄有中原之曹魏，目为史系之旁枝。而在前清发此议论，诚使腐儒挢舌。至刘备汉裔，亦久有异说。裴松之《三国志注》，已称“先主虽称出自孝景，而世数悠远，昭穆难明，既绍汉祚，不知以何帝为元祖，以立亲庙”。而陈《志》言，涿县陆城亭侯元狩六年失侯。识者久证其误，《汉书》有陆成侯，而无陆城亭侯，陆成侯贞以元鼎五年免，不当作元狩六年。前汉尚无亭侯、乡侯制，陆成为中山之一县，不属于涿。故以陈《志》之误推之，必沿蜀史之讹。蜀已不能自圆其说，玄德枭雄，安知无附会耶？唯曹公邺台策科，专取不忠不义之才，正是奸雄本色，亦是其短处、拙处，似不如先主之深心。先主沉鸷，正不减孟德，观其信任孔明，实不如后主，其临殁“君可自取”之言，正是极端怀疑反言以激之之辞，非真忠厚。使不崩于白帝，则诸葛是否能专征握政，蜀汉能否支持四十馀年，皆疑问也。

二二七　麦潘两粤生

彊村有“寒夜同麦孺博潘弱海”一词，调寄[齐天乐]，起云“黄昏连树拳鸦噤，江寒笛声不起。拥叶惊波，呼风断角，凄别归鸾千里”者，极凄峭之致。孺博、弱海[1]，所谓粤两生，自戊戌以来，负江海盛名。予曩以瘿庵之介识两君，弱庵不过数面，曾欲共游潭柘，不果行，孺博则过从稍多。忆民国元年、二年间，燕都宴饮，多在岳云别业之岳云楼，或畿辅先哲祠后之遥集楼，予与蜕公，盖数陪文酒。一日陈简持（昭常）招饮，凭阑望西山，黯然如将夕，君掀髯语时事久之。与瘿公言，是少年盖可谈者，重感其言。君既逝，予挽以诗云：

疏肩广颡美髭须，平世觥觥见此儒。
党锢早年收郭泰，隐居晚节况王符。
登楼曾共神州叹，览逝真愁海水枯。
莫倚层阑数陈迹，江枫千里正愁予。

即言及此事。今观彊村翁[水龙吟]《挽孺博》云：“峨如千尺崩松，破空雷雨飞无地。京华游侠，山林栖遁，斯人憔悴。”可知蜕庵之志节。弱海以民国四五年间，佐江苏军幕，假兵符趋黔桂，兴义师以讨袁。袁以重金购捕之，乃走香港，匿亚宾律道康南海宅，悲愤呕血死，后蜕公约二三年。狄平子数录两君诗，盖犹其四五十前后作。今岁吷庵录其“寄魏匏公天津”[木兰花慢]，中有云：“途穷我今不恸，且闭门种菜托英雄。万里俱伤久客，百年将近衰翁。”此当是入民国后作。蜕庵、弱庵俱以橐笔为生涯，晚年侘傺，弱庵恢奇有壮志，蜕庵则文章独茂。两君生岭外而滞海上，匏公浙人而客津门，故云“万里俱伤久客”。岳云楼后改张文达（百熙）公祠，近又改为校舍矣。

---

① 麦孺博，名孟华，号蜕庵，广东顺德人。潘弱海，原名之博，又字若海，号弱庵，广东南海人。二人皆康有为弟子。

二二八　记魏匏公

弱庵词中之魏匏公，即山阴魏铁三，振奇人也，不可不记。匏公名有彧，与蜕庵、弱海至相善，博通史籍，无所不览，能为唐中晚诗、宋明文及制艺，尤工倚声，长短调及南北曲皆精善。又工书，法北魏，能以龙藏寺体作小楷，如半黍大，于大小篆籀隶字钟鼎又咸擅之。健谈，好饮酒，于星卜杂技，罔不通晓。至如筝、笛、琵琶、胡琴，以暨昆徽弋黄诸歌曲，皆娴熟如夙授。于武技，通易筋经诸拳法，有神勇名。凡上所述诸艺，匏公皆绰绰游刃有余。

予初识匏公名，在光绪三十四年，尔时平子在《时报》始为《平等阁诗话》，中录匏公《感事》二诗，所谓“羽檄西驰日，戈铤北伐时”云云者也。一日侍先君坐，语及匏公，先君曰：“匏公于吾家为世交，其尊人润亭先生游幕粤西，于汝王父有通谱之雅，吾尝获觇其仪表。铁三则于公车始识之，述先事至相得，今又久不相见矣。”因述匏公轶事数则。其后予与瘿公日相过从，益耳熟匏公名。匏公初名龙常，字纫芝。其父润亭先生，名德潜，避洪、杨乱，游幕粤西。匏公生十馀岁，即以拳术著，最善七节鞭及壁虎功。壁虎功者，能以背游，缘墙壁以上。当时金田乱后，粤西豪客最多，匏公身负异技，二丈高楼，能耸身跃过，于是群奉为首领。一日于市中平人之不平，或诉于润亭先生，大怒，严责之。匏公跪而自投，断一指自食之，誓不与少年游。由是折节读书，以光绪乙酉举于乡。传闻其某次入京会试时，与友人俞某同号，俞窃阅其卷，袭其意作两文售人。主者初定匏公为元，已而购俞文者中式第十二名，而匏公以雷同故，抑置第十三名。副者争曰：“此卷若不抡元，宁使俟下科。”遂落孙山。匏公竟掉头去，绝意于仕进。又不乐家食，游幕四方，曾主谭文毅、鹿文端幕，继为袁项城、岑西林所礼，数电相召，然皆不就。足迹西历甘肃，东穷辽沈，晚乃蛰居津沽。革命后，以鬻书为生。丁巳正月初五日大醉归，自撰碑文，书于黄纸，字三寸见方，且召儿辈属后事。碑曰："其国无清，其人无名。其生庚申，其死丙丁。其籍山阴，其葬天津。后世子孙，曷视此茔。"九月十五日，无疾而逝，年六十八。前半小时，犹与徐芷生、张燕孙等豪谈。及卒，视其日则丁丑也。

匏公轶事可传者甚多。记先君所言，某岁公车附轮北上，一西人侮华佣，匏公怒，直前殴之，一拳而仆，匆遽无计，见江中别有一船方鼓轮行，竟超跃而过，两舟相距六七丈，见者皆咋舌。又闻瘿公言，方项城任总统时，匏公在津与云台同席，偶谈时事，有咨嗟追念者，匏公面云台曰："此须问君家父子耳。"闻者心悸，而匏公任气如故。晚喜与伶人游，一时名优，皆赖其煦掖成名。身后甚贫，亦与麦、潘相似，而长君公孟能克家，则又逾于瘿庵所遭矣。

二二九　民初武人恣意妄为

弱庵之入冯华甫幕，乃为联桂、黔以驱袁，身虽先死，而志则终酬。当时叔问、彊村及麦、潘，皆为词于苏、沪间，尤不乐睹军阀所为。叔问之《石芝西堪札记》，近始流露于外，中有一节云："近闻湖南都督汤芗铭、江苏冯国璋深居简出，胆小于鼷，恨不得铜头铁颏，拥护左右。偶一公出，必乘飞车，且预戒清道，密排兵队，禁断行人，民廛商肆，一例勒令闭户，有妇孺楼居窥觑，辄举枪恫吓之，若时时畏人狙击者。群相诧为天子警跸，无此尊严也。证之列强帝国，亦不闻有是仪制，况都督建高牙，膺厚禄，有事则师干御侮，无事则露冕巡方，非使之猬缩雌伏，徒事餔啜者。其拥兵縻饷，所以卫民，非以威民。乃叱咤自专，妄袭帝制，坐令商旅骇迫，道路以目。设有非常，吾决共剪须变服，乞命于路人而已。”叔问所讥，后虽有验有不验，其言则甚正。

二三〇　郑叔问精于鉴赏瓷器

叔问不第文彩殊异，其鉴赏亦极精，于瓷器尤深。有《说陶》一文，外间不常睹，今全录之，以为收藏家之助览。此文亦见于《石芝西堪札记》中，文曰：

许书训瓷为瓦器，《类篇》以为陶器坚致者。古瓷色初尚青，潘岳赋所谓“倾缥瓷以酌醽”，《释名》：“缥，浅青色。”此瓷字入文辞之始。《隋书·和稠传》，稠博览古图，多识旧物，时中国久绝琉璃之作，匠人无敢厝意，稠以绿瓷为之。其流传于今，见之著录者，王渔洋山人《池北偶谈》记莱阳宋荔裳琬藏汉瓷盏二，中有鱼藻文，云在秦州时，耕夫得之隗嚣故宫中。曹贞吉《珂雪词·咏隗嚣宫瓷杯》云：“色映琉璃，声随哀玉，浅碧嫩黄交射”数语，专赋杯色，是汉瓷之尚青可证。

唐陆天随《咏秘色越器》，有“九秋风露越窑开，秀夺千峰翠色来”之句。又明昆山叶九来《金石录补·集异》云：“唐靳英希志石，于崇祯末出鄚县定子村，碑下有瓦杯三，其色如秋山著雨，作纯碧色，光浮潋滟，杯中各有红点如桃华。”此唐窑之重青器，又一证也。若杜老诗所称大邑白碗，特邛州之一种耳，非时尚者。至五代柴世宗，则以一“雨过天青云破处，这般颜色作将来”明示厂官。迄今柴窑之名品虽不可复得，其物色犹可想见也。

《宛委馀编》载：“宋初，以定州白瓷有芒不堪用，遂命汝州造青窑器，唐、邓、耀州悉有之，而汝为冠。”政和间，京师自置窑烧造，曰官窑，文色亚于汝，今汴梁犹有汝窑，青瓷殆其遗制欤。至南宋时，有邵成章提举，号邵局，于修内司造青器，名曰内窑，模范极精，釉色莹澈，为世所珍，是又宋官窑尚青之证。它如山谷所咏建安茶碗之鹧鸪斑，及底有三七九等数记者，为绝品，近则为海客以重值搜求殆尽焉。

元瓷大率因宋以受名，博古家鲜所考见，俗估每见一器，质苍朴而断文多者，辄称为元窑，惟《宣德鼎彝谱》(**明礼部尚书吕震泰等奉敕编**)中，有仿元朝枢府瓷款式铸连珠法盏炉，又世所名泰定窑者，其器率乏精采，第以底无元号，等诸不足无征云尔。

明初，始有花文画瓷，器口或底，以蔚蓝正书国号纪元，其式出自官样，美妙绝伦。陈其年检讨[满庭芳]词，赋宣德窑青花脂粉箱，殆龙德殿故官严具也，莱阳姜学在所珍阅者。至正统三年，乃以青花白地瓷器为禁品，诏云：“敢仿造官样及货卖馈遗官家者，处以死刑，全家戍边。”十二年，又禁约两京及各行省沿途驿镇军民客商人等，不许私将白地青花瓷器卖与外夷使臣。是知当时此品独贵，求之者众，民间徇利冒死，私造擅市，肆行靡惮，虽严网莫能弭之。迨嘉靖、万历时，复令饶州窑场以五采缋施瓶、罍、槃、洗诸器。所作花鸟人物，工好寡双，粲溢千古，而青瓷乃为减色。

国朝仁庙初服，犹仿明制，多署宣德、成化之款。其后乃创造美人霁红，脱胎粉采，及苹果绿、豇豆红、蒲桃紫、金星蜡茶诸色，因物象形，辟灌精采，珠光宝色，万国咸珍，而黑质采章之品，最为西人所重，不惜钜万高赀，购致一器。据所征述，当官窑烧造之初，敷色雕文，极难合制，经进样瓶，仅有此数，自后巧工不能继美，故希如星凤，匪它器所得拟伦。洎夫雍、乾两朝，名陶佳制，刻意作新。有程国治者，以雕瓷名家，曩见所造一方寸合，而烟云楼阁，动植庶物，惟妙惟肖，信可谓别具匠心，巧艺善化者已。凡斯蒙拾，粗涉原流，虽不贤之识小，庶亦释器之骈枝，治陶之于别墨欤？

叔问收藏金石字画及名瓷极富，壬子后始以次鬻去。今考所藏有唐宫脂盝，先生自为考云："余家藏一器，表里有缥瓷精造，昔在秦中，有估客得之骊山唐故宫。器形圆，类合，作浅青色，无花纹。盖周径五寸馀，底足微射其外。中有三小盏，隅列而黏合，缭以花枝，蝉联嫋娜。制作奇丽，油色晶莹，洵宫闺严器中之美制也。谛审小盏中，的的朗润，似有粉黛余渍，古香泽手，殆为美人之遗。考《唐书·李德裕传》：'敬宗诏浙西供脂盝妆具。'《太平御览》：'多罗，奁器名，本名脂盝。'按《南史·海南诸国传》：'毗骞王遗扶南王食器，形如圆槃，又如瓦坻，名为多罗。'是知脂盝之名义，盖取诸梵语可证。因叹骊宫金碧，千余年荡为寒烟，独此玉台妆抹之遗犹存芗泽，岂惟玉鱼金碗流恨人间哉。"先生于此节外，别附以一跋云："近见沪上博古之家，因海西大腹贾，搜致中国佳瓷瓶尊诸器，岁以重值收购，载出重溟，不可悉数。好事者惧华夏之不竞，葆古物于憖遗，兼蓄并收，粲然大备。顾徇于匢董习尚，炫博矜奇，鲜所考辨。其所谓古瓷者，仅仅以宋钧窑之玛瑙釉、玫瑰斑为至宝，问以定、汝、官、哥，辄蒙然未详所自，并柴窑雨过天青之色，且不获一睹，况等而上之者乎？间尝撰旧闻，证之名贤纪录，不揣寡暗，作《陶说》一篇，虽不贤者之识小，犹贤于无所用心，聊为甄家之别子，释器之技言云尔"云云。此则可为《说陶》一篇动机之说明。昔人侈言文以载道，辄不愿为小文，自吾观之，此文视空谈性理者，有功学术多矣。

二三一　江叔海亲自安排后事

前记叔海先生逸事殊略，昨翊云寄示先生自挽及遗嘱丧制。自挽乃庚午孟春所作，句云："入仕初无系援，官止旬宣，幸全清节；读书不分门户，学兼汉宋，勉附通人。"盖六年前预作者。遗嘱预定丧制云："属纩后，殓以常服薄棺。三日成服（无所谓接三送库）。由门人讣告（世俗孤哀子之称，既属不典，泣血稽颡，尤涉虚伪，抆泪拭泪，亦强为分别，并无取）。不作哀启，不搭丧棚，不制冥器，不焚纸镪，不延僧诵经，不请人题主。两星期出殡，逾月而葬（若有葬地，则不必出殡，两星期即葬）。"亦可谓明事达礼者矣。近见石遗先生挽翁诗，"孤艇下峨岷"句下注云："君足微跛，尊翁官蜀，捐馆后，君始东下。"又言，黎莼斋官东川时，选《续古文辞类纂》，最后一篇，录及叔海先生文，是异时亦可补入《世说》者也。

二三二　张南皮集外书札节录

前谈南皮年谱，以为当勤搜诗文佚著，可以因微见显。比承许君溯伊以南皮集外书札见示数通，中盖有极关史料者，度是广雅后人供编谱之资。予则以为其高谈经世者，固足觇学识所极；而随意短笺，臧否人物，议论朝政，尤可见一时士风政态之真。大抵南皮之谈政治经济，在四川学政之后，前此固纯乎词臣也。南皮当时与篑斋、弢庵为莫逆交，今所录者，盖从丰润家转辑出者较多。篑斋时已为阁学，尝欲约张、陈两公分考史事切于实用者为一书，南皮则拟为《经世文续编》。南皮致篑斋书云："来示四条，皆考今不考古之事。西域、畿辅水利，前人早有专书者也。厘金不须论古者也。（自注：宋之经制钱即有似乎今之厘金，此事只论今日利病，不必究其源流也。）东三省古事甚略，且今昔迥殊者也。（自注：《盛京通志》荒率已极，私家考订必更不易。即使既博且精，不过考明黄龙府在何处，斡难河在何方，何关经济？近日咨访自辽来者，种种怪谬败坏之状，非畴昔所有。盖本朝异于前代，今日又异于全盛时矣。）欲讲求此三事，惟在稽诸近日奏牍，或访之故吏老兵，期于洞悉今日情形而已。至于古今并考之说，乃就成功后贯串旁通言之，若用功下手之时，定应分为两事。（自注：惟地理家援古以释今，注经之名物一类，可举今以证古，此为古今同时并考者，与今日之意皆不合。）"又云："昨夜思之，若欲有所撰述，他体裁皆不宜，拟为《皇朝经世文续编》，止须搜罗五十年来奏疏吏牍，并近日名家文集选择录之。此体有畔岸而无偏倚，得尺则尺，渐次推广，可以求日进之功。惟奏牍须求诸枢曹、史馆、内阁、部署及积年邸报，亦不易耳。然此体有今无古，若以古今通为一书，思之未得其方，望阁下与伯潜兄商度见教。"又云："来示极是。经济之学，读官书尤须读史传。前夕之谈，弟所以亦以考古之说进也。苦〔若〕各为一事，古今兼考自无所妨，惟三人结课，如何考校印证，思之未得其方，望与伯潜兄议之。"按此数札之前有一札，言建先哲祠及松筠庵公祭事。先哲祠创于光绪六年，杨忠愍以嘉靖三十四年十月三十日遇害，都人士岁以此日公祭松筠庵。是考史著书皆在光绪六年之冬，时三公以议俄约事过从甚密，观此三札可见。至南皮与篑斋论时政者，本集所载缺漏殊甚，溯伊从丰润家藏手札巨帙中节出甚多，其尤要者如下。其一云：

得天津发书甚慰。合肥事，以求杰士、汰宵人为第一义，战舰以多为贵，蝨〔蚊〕船既不可恃，铁船不必阻止，勿购废坏者而已。闽广人不可不用，赫德不可不访，大要如此。尊论洞达，朝夕赞画，宏益必多。中国今日人才物力，海防易，海战难，控大连湾旅顺是海战也。战倭易，战俄难，两铁船仅足备倭耳。合北洋三口之税以养水师，沿海屯防，自是胜算，能力赞之否？求开屯之人才而不得，决无此理。初五日集议驳去一条，晦庵先生所谓徒多为人所憎恶而已。

其二云：

时事如此，孰不痛心！乃有倾危细人，竟欲乘机徼利，令人愤恨。某已危言切论，力排其说，不知果能中辍否？可叹可叹！

其三云：

药厘事恪靖专疏言之，不提税但加厘，已下海关、督抚议行，津门当已备知，并未知照威使。此举奇横有趣，中国事向来失之弱懦，此却太横。但积弱之后，稍变局面，亦可令彼族夺气。十日之内威使必至译署饶舌，诸公须撑持得力方妙耳。

其四云：

适间露坐，偶一仰观，彗星已掩四辅，犯北极，指勾陈。第一第二星之间，光气尚长尺馀。鄙人素不信占候，安得天下人尽如鄙人坚持天远人迩之说，力扫术士陋谈乎？台官如晓事，不以此摇惑人心则善矣。（以上光绪七年）

其五云：

阎丹老处昨遣弁持书往，但云有旨须当面传知，未言何事。答书以体病天寒辞，属将中旨录寄，并云如系起用，实难任职，但候至四月间调养稍愈，无论出山与否，必当入京面圣等语。已再派员敦请，二月初十日，边方有回信。总之丹老无病，精力犹强，年才六十五，其心亦未忘君国。所以坚卧不起者，自云因在山东夺情。（自注：决非因黄岩事，丹老自向人屡说之，以为于心无愧，如引疚不说矣。传言妄也。）据所亲及山西众论，皆云不愿作京官，且不愿进京，恐花钱耳。前年腊月卫放晋抚时，或讹传放丹老，闻之绝无逊谢之辞。时在解州，次日即回朝邑候旨。以此观之，心未忘此可见。

其六云：

此间有知县黄缙荣因公降调，查例有得有升阶可以抵销之条，遂援此例上请，竟遭部驳。大冢宰之贤，何乃不能与文法吏争乎？若从此开一准抵之门，岂非爱惜人才之道，亦贤冢宰所乐为也。拟为再接再厉，尊意如何？

其七云：

江南加新引，以兵威塞蜀盐以下峡之路，此是霸道；且亦非霸道，乃乱道也。既许楚抽淮厘，淮本愈重，川私之本愈轻，其能塞乎？

其八云：

潜邸[1]决计四月入觐，渠自有谢疏驿发，当已早见明文。

---

① 潜邸，今山西太原。清阎若璩（太原人）著《潜邸札记》。此处系影射阎敬铭。光绪七年敬铭入觐后，于八年正月任户部尚书（即“大农”）。

渠此疏辞大农而允入京，以愚见臆度之，自是文章波折层次，十召不起，超迁即来，于理欠圆，不能不尔。加以谆命必可拜官，一出真不容易，想朝廷必不肯放之还山也。总必为此老费尽气力，曲折甚多，尤要在马卿一人之力。大农位置自是极好，鄙人因到此闻其愿外不愿内，故初意盼以疆圻耳。

其九云：

新疆郡县定议若何？刘、张两疏甚中事理。药税不宜云怯，必以递减为度。前醴陵有书海外事，某可自请与闻，此岂所能自言者哉？竹筠不来，总由某命应劳苦耳。

其十云：

入台以来，豸冠增气，激厉之道，可得闻乎？丹老想时相过从，能随事开说，化其厌薄洋务之见为佳耳。（以上光绪八年）

其十一云：

大贤读卷，首甲不应无人才。殿撰陈君是何等人，幸以见教。越事朝议若何？闻宝使又留，非无转机也。仲弢首选可喜。

其十二云：

近日诸诗家详加品第，空同一，大复二，青邱三，牧之四，水部五，和清六，若此数家，与仁者联镳而进，则为词坛全璧矣。六如诗笔，老子颓唐，近乎油矣。北雁诗亦不出色，近有一疵。

其十三云：

读蒲州所发大咨，知旌节已近，至为慰仰，何神速乃尔？叹服！叹服！改道一节，尊意以为不便，当仍于王胡驿奉候。

霍州、蒲州两次人回，赍到手书，具悉一一。两公极赏碧川，足征具眼，诚今日晋吏第一长才也。承询各节，体访不得端倪。此次轺车所过，清风肃然，历来未有此六论也。

其十四云：

奉复书，具悉一一。闻黑旗之捷，甚快，日来又有战信否？诚公过慎重，已属滋老力鼓舞之。乐山朴实端方，一洗尘俗，此等旧书陈画，置之琉璃厂中，大非俗目之所悦，而鄙性之所嗜者也。昨日得外县报，忽亡一贤太守，（**自注：阿林亨，潞安守。**）为之顿足悼惜，不能已已。人才本少，俄损其二，（**自注：谓林以病去。**）真不可奈何也！口外大青山以北甚旱，（**自注：去秋至今夏。**）驼马僵毙殆尽，站夫逃散，台站中绝，（**自注：谓赛尔马苏一带。**）此非小事。

其十五云：

此间冬春无雪，以致新年无欢，兼有刑案数件纠缠，毫无佳趣，日来始稍轻快耳。铁矿正是鄙人刻意经营之事，正在筹办。通奉公函，欣幸之甚，敬当奉行，但既责以此事，惟望天不夺吾晋，始可有成耳。洋军火已筹巨款往购，赵任所置，今乌有矣。此间军装局直同儿戏，所存有狼牙棒、月牙铲、三股叉之类，全是戏剧。办军需二十年，糜费千馀万，而其械如此，可恨！可惜！此即陈湜诸人所为也。闻稷门妄谈，窘急之至，详具明斋诗中，其词危苦，若犹不见谅，只有乞莲花池作祠禄耳。

其十六云：

时事愤急不可说！邸报见阁下乞假，宵旰忧劳，假满必宜速出。总之，阁下今日万不可退，退则此局全输矣。国事如此，家事只可宽怀。高谊极钦佩，惟万不可激，枝节愈多，形迹

愈离，以后无从补救矣。此事公私杂糅，是非互见，气宜壮，心宜平，神宜定，方可为也。（以上光绪十年）

此十六笺，首二言李合肥，尔时篑斋尚未婿于李氏。中两笺言阎朝邑，其间有劝篑斋开说文介处，可见已较开通。其论诗家，绝非论诗；必以隐语指同时朝官与党。空同，殆指高阳。其言山西“军装局所存狼牙棒、月牙铲，全是戏剧，办军需二十年，糜费千馀万，而其械如此，可恨！可惜”等语，可见光绪初军备窳弛，官吏侵吞之状。而南皮于此等处，视昔之红灯照却枪、今之大刀队胜敌者，其智识自迥不同也。

二三三　记经莲珊

经莲珊电请收回立大阿哥成命一事，近人笔记言多不详，予从惜阴先生[1]闻其首尾甚悉。经姓望出平阳，《说苑》魏有经侯，云是其裔，未足信也。明代濠有经济，江都有经承辅，是大江以南始有斯族。自莲珊此举，而经氏名于史册矣。惜阴老人言：经莲珊元善，上虞芳洲善人之嗣。芳洲旅沪营商业，创办沪城清节、育婴诸善举。粤寇陷沪城时，避乱妇女亦投入清节堂内，保全名节无虑千数百人，寇亦重其人而不扰。粤寇至浙，过上虞经家村，谓此系经善人乡里，相戒勿入，其能感化如此。载入上海、上虞两县志。

莲珊读书好学，著有《趋庭纪述》。席其先人之业约五万金。

---

① 赵凤昌，字竹君，号惜阴老人。江苏武进人。曾在两广、湖广总督署任幕客、文案。所居上海南阳路惜阴堂为政客交际场所，赵氏亦曾参与东南互保、清帝退位等重大活动。

光绪八九年间，直隶大灾，莲珊即收业，尽携此五万金航海至津，亲赴灾区散放。从此每遇各省水旱，尽力筹赈，奉旨加奖至十一次。旋北洋创议商办电报，派盛杏生督办，莲珊即与苏人谢家福招股三十余万附入，方能着手。莲珊即任上海电局总办。向留心中外政治，痛中国之不振。惜阴于光绪十五年自粤调鄂，过沪识之，曾约至鄂筹办织布局事。甲午同旅沪，大东沟海军一熸，至马关议约，忧国之士群起，康、梁均集海上，老人与莲珊皆时与讨论。莲珊以为宜先办女学堂，即联名呈总理衙门，准之。中国办女学，实自莲珊始。

至戊戌而新旧冲突，宫廷生隙，旋立大阿哥之命下，遽违祖制。莲珊感德宗有志振作，甚不慊于此举。其时盛杏生在京，即电请上言挽回。盛复电，仅一语，云："大厦将倾，非一木能支。"莲珊得此电，以为大局垂危，乃以候选知府衔名，径电总理衙门王大臣。大意言此举有违祖制，中外惶惶，请收回成命。西后震怒。老人述此事云："消息至沪，莲珊速予往电局，谓此事究如何？予告恐有不测。郑陶斋即力劝其姑往澳门暂留。当日即行。旋杏生与何梅生电，谓经事由予袒护，言官并欲劾予，即托梅生询予电复。予言，予已无可参劾矣。旋知都下喧传此事，时御史余诚格即参盛杏生，谓经系盛用之人，应勒令交出。盛急而恐经远遁，故来电恫喝，冀我勿再助经。然经已先去沪。盛被余诚格参后，即上奏'经系臣办事所用之人，康有为乃是余诚格之门生'。深宫至此方知之，即放余广西简缺知府出京矣。盛此奏针锋相对。前复经电，仅作空洞之惊人一语，惹出一场烦恼，关系之际，措词欠酌矣。立储本违祖制，内外廷臣竟无一人敢言，乃待疏远闲员突然电请，莲珊可谓朝阳鸣凤，足传千古。【兼署】江督鹿传霖密派道员洪某来沪，先访何梅生，嘱约予晤谈，一见通问，乃琴西之子。琴西三牌楼案失察罢官后，调粤差遣，病殁于善后局，予曾为料理身后。其子忆及，即称予世叔。言鹿欲予劝莲珊回沪，仅办永远监禁，决无他虑。予即告之云：'我与彼固挚交，渠与在宁山长褚伯约，及属吏法公堂葛范夫，同系亲家，何不托之？此时何有定谳？亦岂有劝一亲友就狱以候不测之诛？一旦有旨严办，鹿亦何能抗？将来史笔书【兼署】两江总督鹿传霖杀经元善，亦殊不值。即指为康党，莲珊著有《趋庭纪述》，刻本载答康之信，责备甚周，足证不能以康党罪之。书在此，可带回宁，望芝帅再思之。'洪去，自此寂然，想已纳予言。芝帅尚是君子人也。因恐由粤督就近拿办，予为函致合肥傅相幕府徐赓陛，劝合肥勿承内降。合肥云：'我决不做刀斧手。'此语真爽快，使人放心。即延为宕案，经则安居澳门炮台，为国际保护。至拳祸事毕，逐大阿哥后，方回沪上也。"老人又言："戊戌以后，立大阿哥以前，西后急欲行废立。己亥，合肥在大学士任，一日法使访询果有此事否？外国视一国君主无端废立，决难承认。午后荣禄往访，传西后意旨，欲探外使口气。合肥即以今晨法使言述之。合肥知都下不可居，谋出外，旋督两粤。同时荣禄密电探江督刘新宁，刘复电有'君臣之义久定，中外之口难防'。李既不能助，刘又有违言，事即难举，不得已而先立大阿哥。乃忽有闲员放言高论，谓违祖制，干怒可知。荣禄只探两人，因湘淮军仅存之硕果，不无顾虑，而先探其意，此外疆吏，盖可置之。荣禄早年为清流弹劾罢职，参者即陈侯官；荣禄在日，虽经屡荐，终未起用。南皮，清流推为党魁，荣向不与通函电，亦在可置之列。传言有电询，非悉当年之情事者也。"按大阿哥即溥儁，道光之曾孙，祖为惇慎亲王，父即端郡王载漪。立后，令崇绮为师傅，徐桐照料弘德殿。其时德宗年廿九，溥儁才十五岁。刘忠诚之电，各家笔记皆作“中外之口宜防”，今玩文义，以作“难防”为是。文末之陈侯官，盖指弢庵先生，然陈籍闽县，此亦一微误也。

二三四 “六更”传说

比见报章有志李六更、郭六更轶事，皆近人也。按昔人言六更者，多以为赵宋故事。相传宋以陈希夷“只怕五更头”之言，命宫中于四更末即转六更，其实非也。蔡絛《铁围山丛谈》云：“汉魏以来，警夜之制不过五更。盖冬夏自酉戌至寅卯，斗杓之建盈缩终不过五辰，故言甲夜至戊夜，或言五更而已。国朝文德殿钟鼓院，于夜漏不尽刻，既未天晓，则但挝六通，而无更点也。故不知者，乃谓禁中有六更。”然姚勉[贺新郎]词云：“月转宫墙曲，六更残钥鱼声亮。”汪水云诗云：“乱点传杀六更。”殆以在五更之后，而挝六通，故名之曰六更耳。惟谈孺木《枣林杂俎》云：“明初南京不打五更，云太祖尝梦人求还地，许之五更头，遂迟其刻。”则明亦有此传说。按《汉官仪》中之中黄门持五夜，是为五更之始。然夜半亦可谓之子夜，盖当丙夜之顷，即午夜也。

二三五 钵集钟会

何平斋丈（刚德）①近捐馆舍，年逾八十，乔木日凋，良滋叹息。

---

① 何刚德，字肖雅，号平斋，福建闽县（今福州）人。光绪丁丑进士。吏部主事，苏州知府。入民国，曾代理江西省长。

比见公渚挽诗，有“潜郎名进士，馋守旧清官”之句，注云：弢老赠联云：“十五科前名进士，二千石里旧清官。”盖纪实也。平斋以户部掌印外简知府，在当日户部司员以廉干名。生平极喜诗钟，字斟句酌，铢两悉称。诗钟始于吾乡，号为折枝之戏，其始十四字行于乡里，而七言绝句击钵张于京僚，所谓榕荫堂钵集者。自道光末已盛，郭远堂先生（柏荫）尤喜之，至光绪末犹然。及宣统初，弢庵先生再起，风气始一变，钟盛于钵，以弢老最工此，号为“钟圣”，其所作上下风味，表里故实，五雀六燕，势均力敌，而又俨为诗中断句，可资吟讽，非南皮、节庵所及，易、樊更无论矣。平斋所作不逮，而鉴别亦极精核追琢。予虽晚出，得陪钵集钟会亦近三十年。犹记某岁灯社，以老杜诗中之“儒衣山鸟怪，地隔望乡台”两句，分嵌第二字至第六字，而衣隔之第三唱最难，予以“微之隔是”对“夹漈衣挨”成一联。灯社钟联，例刊寄内外，平斋方在江西道署，密圈加批，谓“衣隔两字必如此实做，始不畸偏”，取为元卷。玄赏如此，亦文字之缘也。兹次似为灯社之始集，或第二集，刘步溪丈（鸿寿）为福建盐运使，捐三百金制灯。杜诗两句，则舅氏郭春榆先生（曾炘）拈定者。亡何，步溪丈来燕都，竟中风痺，殁于弢老邸。众遂哗言：“地隔望乡台，殆为诗谶。”诗钟灯社两者风气至今未沫，而事迹已如过翼，更十数年，则必成广陵散，后生更瞠目结舌，不知旧人酸寒呫哔之趣矣。旧日诗文之支流，若钵、钟、灯虎，虽玩愒丧志，无裨实用，而颇有情味，视饮博自胜。偶思为钟话，辄恐连卷不能休，因平斋丈之殁，触类记之。平生文字海中之一微澜也。然此波沫，不记即亦不留，曷任感喟。

二三六　明清京师十库

吾国近史中七百年之都会，今日差见完好者，唯北平一城而已。既废京，且不得为陪都，浸假而为边隅，以史册都邑兴亡言，亦自常事，而在兹世人心，乃不能不有今昔之感。考北京之有今日，所糜人力为多，尤以七百年间竭天下之财货辇输库藏，席丰履厚，取精用宏，为蔚成大都之主因。

当时庋藏之富，首视仓库。仓以储谷，观仓场总督及常平仓之沿革可知。库以储物，则罕言其详。以北京言，明、清各有十库。明之十库，在西华门，今称西安门迤北一带曰西十库，即其址也。俗又疑十字不典，作什字，本义则一。十库者，甲字库，贮布匹、颜料。乙字库，贮袢袄、战鞋及军士裘帽。丙字库，贮棉花、丝纩。丁字库，贮铜铁、兽皮、苏木。戊字库，贮军器、胡椒。赃罚库，贮没收官物。广惠库，贮钱钞。广积库，贮硫磺、硝石。广盈库，贮纻丝、纱罗、绫锦、细绢。承运库，贮黄白生绢。此十库之外，尚有司钥库，亦名天财库，贮各衙门管钥，亦贮钱钞。《日下旧闻考》谓："其修庙碑记则云，禁城西北隅有司钥库，而天财库亦属焉，是司钥库乃十库总理，而天财库为附焉者也"云云，是司钥库之下，又有天财库。考《酌中志》载司钥库云："掌印太监一员，管理佥书写字监工可数十员，凡宝源局等处铸出制钱，该部进交本库。"又云："凡乾清宫等门及午门、东华门等钥匙，皆本库监工，于五更三点时自宫中发出，分启各门，其钥即便缴回。其印文曰司钥库印，俗名曰天财库云。"则天财库并非另有一库。《明会典》亦载："天财库，凡正阳等九门并各钞关本折钱，及皇城各门锁钥俱送本库收。"是司钥库即天财库之又一证也。西十库虽属内库，而又隶于各部。乙字库属兵部，戊字库、广积库、广盈库属工部，其甲字库、丙字库、丁字库、广惠库、赃罚库、承运库则属于户部。清初封锁三十馀年，尘埃堆积，库后古木丛茂，居人稀少，鸟巢以万计。康熙曾一幸，命内务府清查档案，籍其菁英入清之十库。至光绪十二年，因兴修三海，以是地换给蚕池口之天主教堂，西人乃于是建新教堂，工程经十阅月始竣。闻当时建堂时，其地下尚有桐油及漆若干窨未动。而此地视蚕池相较大小悬殊，不但赔以数十万两迁移费，并定永与之契约。晚清旗人无识，所办事损利丧权，往往如此，可发一叹。

清之十库，则内库一，户部库三，内务库六，总之得十。地址多因明之旧。梁溪坐观老人《清代野记》有一节云："太和门之左，有明库六，每年钦派满大臣二员，卑司属人等盘查一次。每查一次，即盗一次。觉罗炳半聋，曾随其堂上官往，有一库皆帘幙衣履之属，一珍珠帐幔，宽长可八尺，皆用珍珠穿就，四围则以红绿宝石间之，小者如绿豆，大者竟如龙眼核也，穿线有朽败处，一抖晾，则珠纷落，必一一拾而裹之，记于簿，加印花焉。然所裹皆赝鼎，盖已为匠役等易之矣。更有宫人绣履七八箱，嵌珠如椒，皆万历间物也。更有皮张库，则皆鞹矣。又有药库，内藏毒药甚夥，有不知名者，相戒不敢动。更有金库、银库，则历年报空者。此亦前清具文之一端。"

按此节言而不甚详，所言藏珠帐之库，当是清之六库，所谓药库，则必明之丁字库也。《清代野记》此节后，有"库兵肛门纳银"一节，文殊冗，然所记皆事实。如云，景濂为户尚，点派库兵时，当堂有一人被劫去（掳绑勒索）。如云祁世长署户尚时，库兵偷银置于夹底之水桶，桶底坏而藏银露，皆实有此事。至藏银谷道，则都人士类能道之，非秘闻也。

予所见谈清十库者，以何平斋丈之《春明梦录》为最详，盖皆目击笔之于书者。丈新逝，著述未见剞劂，爰录四节，以为考清十库之谈助。其一云：

京师有十库，而银库居其三，一系紫禁城内库，存款百二十万，备闭城日用，永远不动也。一系内务府银库，专储金玉珠宝，不藏银也。惟户部之银库则专藏银。余在京十九年，奉派随同查库四次，每次藏至多不过一千一百万，少至九百万以上。当时全国之精华，其现银不过此数。余守苏州六年，省有藩司、粮道两库，每年首府均奉派查过一次，且有前后任交代，一年不止查一次者，然两库所藏，不过百万，苏州为财赋之区，而所藏不过如此，甚矣中国之不富也。然当时政不繁，赋不重，虽不大借外债，而国计仍可勉力支持。

其二云：

京师银库，防弊极严。库设管库大臣一员，以户部侍郎兼之，设郎中为司员，下有库书数人，库兵十二人。库书不入库，而入库者只有库兵。外省解饷到库，每万两闻须解费六十两，却非明文，不知库书、库兵如何瓜分。然库兵入选之日，户部门外必先有十数镖客保之去，防被掳勒赎也，库兵之贵如此，似非区区部费所能养其廉，是非出于偷窃不可。库兵之入库门也，虽严冬亦脱去衣裤，内别有衣裤，亦不能穿之出库；出库时，设一板凳，跨之而过，示股间无银也；且两手向上一拍，口叫出来二字，示胁下口内均无银也。然其偷法有出人意表者，则以谷道藏银也，法用猪网油卷圆锭八十两，恰可相容。平时则向东四牌楼一秘密药铺买药服之，谓男子谷道亦有一交骨，服之则骨可松，然油卷巨而银之分量重，塞之于内，只能容半点钟工夫，稍久亦便出。余初疑其说，同人告余曰："汝不查过内库乎？内库兵不曾脱裤，因裤藏皆大元宝也。"余闻之，亦无以难。至冬间偷银，又有抽换茶壶之一法，茶壶出库，必倒开一验，冬天冻冰，银冻在茶内，虽倒开亦不坠也。其馀则重出轻入，天平上亦不能无弊。然无论如何，大数不能过差，查库时须求适合，可见所偷亦有限甚矣。当日库兵之笨，又未尝不叹其可怜也。

其三云：

缎匹库，亦户部三库之一也。名曰缎匹，其实御用缎匹皆藏于内务府之缎库，兹所藏者，特备赏赐之缎匹及官用之粗质布帛耳。库中有楼，楼上积土，不许打扫，土厚时，则加芦席以上，积二百馀年来，不知加席几次，脚踏其上，软如棉，而尘则甚嚣然。查库时，堂官率同司官十馀人分楼查点，每项数千百匹，或以一二十匹为一捆，或以数十匹为一捆，查不胜查，不过抽查一二捆点数而已。有一日余上楼查三线罗列数百捆，捆高充栋，余举其最高者，指一捆令其取下查检，库役缘梯而上，高举布捆倒掷地上，尘土四起，时方盛暑，挥汗如雨，面目为之黧黑，盖库役嫌余苛察，故恶作剧也。溥倬云怨余曰："谁叫汝多事，致上此当。"余曰："要认真，不能不上当。"一笑而散。三库内，又有颜料库，所藏尤杂，凡各种材料皆备，檀香成堆，散布于地，然无人敢检拾者，宣纸多数十年物，积叠如墙。闻其中有蛇穴居，每次查库者，皆不敢过问。年年贡品，用之不竭，日积月累，几不可数计，月要岁会，册籍爽若列眉，其实偷漏抽换，弊窦固无可究诘也。

其四云：

> 京师十库，余均查过。内库户部三库之外，则有内务府六库，六库中银库在弘义阁（太和殿有两厢，东曰体仁阁，西曰弘义阁。因弘字避讳，不设大学士，故人鲜知其名。）库藏最贵者为蓝宝石，约两指大，仅三片，金刚钻大如青果核者两口袋，馀则金玉珠宝璀璨满目而已。磁库内的古磁如宋、元、明所制，排列数十架，色色俱备。若南薰殿茶库所藏字画，尤多可观，历代帝王像，有盘古，有汤武，唐、宋以下则较全，间亦有皇后像，此外如徽、钦二帝及李、杜小像各十馀帧，徽、钦活画蒙尘面目，李白面白而须稀，杜甫面黑而胖，又有吴三桂斗鹌鹑小像，皆特色也。闻又有王右军墨迹及古画甚多，值大雪天寒，不免有分班偷空时刻，惜未能遍观也。它如缎库、皮库，记又有一颜料库，皆视外库为优焉。

此四节虽仅记大凡，而与野记对勘，则已可得十库状况之八九。其后辛亥革命，清宫退居三殿之后，十库均归民国，接此者为内务部及总统府庶务司，故所藏大半入官，究归何氏，不易究诘。然散佚民间，或贱价标售者，亦不在少。予所知仅颜料、纸张一项，至民国十二三年，估客托词持售，犹未尽脱。以历代帝王像而言，明、清宫库所藏者有五六分，今仅馀其二。世人艳称故宫博物院与古物陈列所之庋藏，其实故宫仅为不易取携之馀品，陈列所则仅热河避暑山庄之陈设耳。若圆明园之骤毁，静明、静宜、朗润诸园之久废，合并十库计之，珍奇可喜之物，或灰飞烟灭，或流转丧夺，其量岂可臆测哉！衡以万物聚散之理，盈虚消息之常，固爽然自失。即以吾国民性破坏逾于建设之史例观之，此二千年间，吾民自造之菁英而复自隳之，凌夷至今，又岂偶然耶！

二三七　李后主澄心堂纸

予所记制纸沿革，同曹孙君希文尝叩今日尚有澄心堂纸否？予率然曰："当已亡之矣。"既而思之，洁好之纸，必不易逢，然宋、元之名人墨迹，存天壤者尚不少，其中必有以澄心堂纸书之者，特不能辨别之耳。近读会稽金埴所著《巾箱说》，适得一证，亟录之。《巾箱说》云：

予家有世传李后主澄心堂纸一番（内有经纬），乃曾王父太常府君所珍，世父子弢讳炯公藏之数十年，从不以示人，予未一见也。弟墨香（堂）携之至长安，诸名公卿索观者，日日履满。陈太守（弈禧）香泉不惜百日之功，手书册子十帧与予弟易之去，而题诗于一帧之后曰："南唐澄心纸，一番值百金。当时欧与梅，品题赫艺林。更有黄白麻，用之宣玉音。桑根兼布头，古制不易寻。予族浙东旧，遗縢储夙购。面腴滑泽颜，中含经纬皱。落墨心手融，腻欲贴肌肤。我以书易之，行押劳爬梳。若赏幽深际，应求古雅馀。追慕护机难，胠箧呈琼琚。曾闻一鹭字，满价五十万。兴到昙穰村，群鹅即酬愿。倘得家法传，脱手复何恨。"墨香素工书，虽轻弃先人法物，而从此尽得香泉衣钵。其书署香泉名，香泉几不能辨，尝举以示人曰："得吾书法者，海内十八家，吾儿第一，次则金墨香矣。"

按金苑孙与陈六谦同乡里，故墨香以纸赠陈，以易其笔法。陈官止南康知府，不知何以能以纸进御，度必经南书房翰林之手。据此则乾隆御笔中，必有一幅为澄心堂纸无疑。就金所记测之，高宗下笔时，亦必言为南唐之纸，故宫尚存此帧与否，尚无可考，然清时尚有此纸则断乎不谬也。又按李后主制纸，本名玉屑笺，求匠于蜀，于江南选水，惟六合最宜，即其地制之，藏于澄心堂，故名。澄心堂，即今内桥中兵马司遗址，见《稗史类编》及《五代诗话》。南宋以后不多见，明郎瑛《七修类稿》云："澄心堂纸，陈后山以为肤如卵膜，坚洁如玉，此必见之而言之得如此真也。予尝见一幅，坚白则同，但差厚耳。"是明人犹间有此物。清则舍金苑孙所记外，不闻详之者。晚清缪小山，号为精鉴，而《云自在龛笔记》亦只云："澄心堂纸光润滑腻，故刘原父云：'断水折圭作宫纸。'李伯时作画，好用澄心堂纸，尝见旧时真迹，亦莫能辨。"艺风此言，盖谓李画虽识真，而所用究为澄心堂纸与否，亦漫无依据，不敢资以断定。然则即云澄心堂纸已亡，亦非不合理之论断也。

二三八　曾国藩家书原稿三通

叔章近购得曾文正与其弟忠襄家书三通，盖同治三年夏间所作，以行世本书校之，有一通未辑入，馀二通皆经删改。其一云：

沅弟左右：廿夜接十七夜来信，不忍卒读，心血亏损，如此愈持久，则病愈久愈深。（幸每信字迹到底不懈，每次占六壬皆好。）余意欲奏请李少荃前来金陵会剿，而可者两端，不可者两端。可者，一则渠处炸炮最多而熟，可望速克；一则渠占一半汛地，弟省一半心血。不可者，少荃近日气焰颇大，恐言语意态以无礼加之于弟，愈增肝气，一也；淮勇骚扰骄傲，平日恐欺侮湘勇，克城时恐抢夺不堪，二也。有此二者，故余不愿请来与弟共事。然弟心肝两处之病已深，能早息肩一日，乃可早痊一日，非得一强有力之人前来相助，则此后军事恐有变症，病情亦虑变症也。特此飞商，弟愿请少荃来共事否？少荃之季弟幼荃，气宇极好，拟请之日内至弟营一叙。弟若情愿一人苦挣苦支，不愿外人来搅乱局面，则飞速复函。余不得弟复信，断不轻奏先报。馀俟详复，即问近好。国藩手草。四月廿夜。

按此信《家书》卷九内已删去。其二云：

沅弟左右：十二日接弟劝纪鸿乡试之信（**纪鸿定于六月廿二日回湘乡试，以副弟殷殷期望之意**），字秀劲而有静气，知弟病体大愈，因复一缄，商请少荃来金陵会剿，十四日因接初八寄谕，又去一咨一函商少荃会剿之事，十五日又将余与少荃之一咨一函专戈什哈送至弟处转递，想均到矣。夜来又细思少荃会剿金陵，好处甚多，其不好处不过分占美名而已。后之论者，曰润克鄂省，迪克九江，沅克安庆，少荃克苏州，季高克杭州，金陵一城沅与荃各克其半而已。此亦非甚坏之名也，何必全克而后为美名哉？人又何必占天下之第一美名哉？如弟必不求助于人，迁延日久，肝愈燥，脾愈弱，必成内伤，兄弟二人皆将后悔。不如及今决计，不着痕迹，望弟将余与少泉一咨一函递去，弟亦自加一缄。待弟复信到日，余即会弟衔复奏。少泉将到之时，余亦必赶到金陵会剿，看热闹也。顺问近好。国藩顿首。五月十六日。

按此信删一百零九字，尤妙者“看热闹”三字节去。其三云：

沅弟左右：三日未接弟信，不知弟身体何如，接吾十二暨十四五六日各信，不更加焦灼增疾否？余闻昌岐言，弟精神完足，小恙无碍而放心。闻曾恒德、刘高山言（**十四自金陵归**）弟病势不轻而悬念。见弟信劝科一乡试，字迹奇润，而喜慰。见弟信，言贼米日发一斤四两，而忧灼。春霆过此，其于吾弟感激钦佩，迥异寻常；厚庵于弟亦契合无间言。故余十五日与少泉之一咨一信，惟愿弟之速送，又惟恐弟之竟送；反复无定，为弟所笑，亦必为弟所亮也。今日命纪泽赴金陵省视老弟，余于六月初间亦必往，兄弟已叙。届时少荃若到，余即在彼，不遽回皖；如少荃不到，余即坐轮船速归。总之，弟以保身为主，无论少荃与余会剿与否，于弟威名微减，而弟之才德品望毫无损也。顺问近好。国藩手草。五月十七。

此信共删二十二字。按清与太平天国之争，至甲子春大势早定，金陵之摧，计时以俟而已。然在当时局中之焦急，局外之谤讥，正不知如何腾沸。文正欲令李文忠援其弟，而又虑分功生隙，其心事曲折，此三书和盘托出。吾人与其嘲为天人交战，勿宁佩其谋国之至忠。盖其家庭骨肉之间，私书谆复，其权衡利害，褒贬是非，亦不过如此，则亦不失为得性情之正者，宜左文襄有"自愧不如元辅"之叹也。据后来军事家之论，曾军以无重炮，故久攻不下。今观第一书，文正欲借助淮军，正以其有大炮之故。诸帅忌嫉，湘、淮相轻，亦于第一书备见之。而文忠已逆知忠襄不欲他人攘其功，卒托词炮火不宜于夏，谢不往，非只为忠襄，乃为文正也。第三信言"贼米日发一斤四两"，此殆不确。太平军粮久匮，当时有湘军一面攻城，一面卖食之谣，谓守兵以财货置篮中与城外兵易粮。以理度之，或可信。忠襄此言，殆为其久攻不下自为地也。鲍超部下其时助攻金陵，以饷不足，几为变，幸鲍与曾家昆弟至洽，观第三书亦可见。其实究求此等史料，正不必求疵搜隙，当求文正何以成功之原因，则其量宏而思密，笃于友爱，而力规全局，实为群帅所不及。以如此相媢相毁之积习，居中策运，明察而能忠厚，能竟其功，实不易得也。诸书删改，皆文正自为之。袁海观制军（树勋）曾谈，昔岁从文正金陵督署，常见其将家书底稿躬自删改发钞，已有必传之意。又言，金陵夏热，文正常赤膊著夏布短裾，挽发作韭菜把，日持蒲葵扇，满口湘乡土音与宾客聚谈，间以谐噱。其不修边幅如此，而其虑事治军精细又如此。盖其运思深者，非放浪形骸，不足剂调以怡怿之也。其笃于兄弟，足见其天性至厚，亦是必成大功之一证。又金陵城破，一时谣言曾九帅得金珠无数，识者久辩为妄。而忌功造谤，国人之常，虽同时诸帅不能无疑。不悦沅浦之王湘绮，更于《湘军志》著其微词。然忠襄实非富厚，叔章言，此三笺盖其后裔斥以出售，则其况可想。

二三九　嘉庆间湘赣土客械斗案

湘赣接壤，两省人士相沆瀣，予所识赣籍师友而习于湘者，尤不可胜纪。然百年前二省有大械斗之隙，死者累累。旧闻吴霭林[①]言之，但言衅起于江西优人之饰蓝兔、白龟以嘲两湖籍者，近钩稽笔记，始得其详。此案始于嘉庆二十四年五月，湘潭有江西优人演戏火神祠，俗呼火官殿，演《渭水求贤》，念白至周家八百八十年，顿露土音，土人哗笑之，江西人以为辱。越三日，复演于万寿宫，江西会馆也，土人哄笑如故。又三日，江西商乃设剧诱观者，闭馆门，举械杀数十人，乘墙倾〔糜〕粥以拒救者。县官闻报，至不敢

① 吴宗慈，字霭林，江西南丰人。著《清史稿检校记》、《中华民国宪法史》、《庐山志》，编印《庐山古今游记丛钞》。

径入。县人大怒，时估舟舣湘江，湖南籍者多至数千艘，有东安水手举铁锚撞破馆门，闭者始窜出。于是聚众结四厂，日夜伺津渡寻斗，遇口音少异，辄格杀之。江西人亦滥死无算，死则投诸湘流，埋之郊野。全境汹汹，巡抚调协标兵千驻湘岸始散，遂成奏案，穷治其狱。先发者当坐，而江西人被害者无左证，其会馆中则搜出骨骴凡数十筐。其时巡抚周邦庆原籍江西，密令其乡人乘夜弃人骨湘水中，易以兽骨。县人益愤其左袒，飞书京师，湘潭人周系英为侍郎，入对颇奏其事，有旨诘问。而周子诒桢，先以系英名致书巡抚，语不直江西人，邦庆以系英干预，劾免之。及委员到县，引问馆旁尹生某，证闭门杀人事，恫喝之，生惧不敢质言。探花石承藻方以给事中丁忧家居，往观讼，见生嗫嚅状，叱叹之声闻于县庭，因并坐免。邦庆旋亦罢去，李尧栋继任巡抚，会总督治其事，仅坐诛倡乱者一人，从者流徙十馀人以塞责。然土客犹相雠，江西贩商往往独行不归，惴惴不得意，几五十年。至金田事起后，百业凋残，复就和睦。此案闻湘中有专书纪之，两造案牍俱全，予未之见。此从陈伯弢诸人所纪，笔之以询湘、赣友人，大致不谬。

大抵赣之农工，多操劳役于湘，与土著积不相能，故爆发为此。案虽结，而码头争哄，至今犹时有之。吾国幅员过广，风俗往往殊隔，虽经数千年混一之陶镕，而省界扞格，其小节每不易迁就，故斯案实编社会史者所宜辑而存之也。然亦惟以幅员广历史久之故，一切哄争，旋起旋灭，不足目为大患。使在他洲，将必以为两族间之巨事矣。

二四〇　何平斋谈京通仓之弊

前谈十库，而未及于仓。仓与库相类，而弊更甚，盖钱有数而米量难计也。何平斋有谈京通十七仓者，今节录之：

京通十有七仓。京仓日积月累，米色红朽，名曰老米，六品以下官俸及兵粮皆取给焉。其米色好者则储于通州仓，以备宫中所用及五品以上官俸。京仓米既朽坏，京官领米不能挑剔，只付与米铺打折扣而已。而兵米则不然，每次发兵米时，八旗都统必派员先看仓，此仓米色不对，则换彼仓，若此仓个个不要，则仓监督必当查办。于是请托行贿，百弊丛生，计无所出，只有亏之于米而已。亏之愈甚，竟至有放火自焚者，谓米之潮湿能生火也。仓弊愈甚而讹诈仓官者愈多，仓监督形同傀儡，而从中了事者，则皆仓书也。总之，领米者不能得好米，八旗官吏及参仓弊之被动御史，与夫仓官、仓书，皆得钱也。忆癸巳仓亏案发，奉旨查办，口说官话而从中黑幕，何曾是因公，米数固当查点，然数百仓厂何能遍查，只饰其名曰抽查而已。惟到仓时，看其厂座外潮地一律铺席，与缎匹库楼意同，席上粒米狼戾，结成饼团，几与粪土无异，任人践踏而过，暴殄天物，迄今思之，犹为痛心也。

按朽米，即老米，有专嗜之者。旧都酒肆广和居、泰丰楼、东兴楼等五六家，皆以老米饭著名。广和居闭后，唯东兴楼尚供此制。岁久所储朽米吃尽，后此恐不可复得矣。

二四一　戴醇士去官之故

江翊云记陈仲恕(汉第)言，穆彰阿当国时，索画于戴醇士[①]，戴临吴墨井山水一幅畀之，意殊矜秘。穆彰阿大怒，以其为水墨，不设色也，谓人曰:“戴为某伶画扇尚设色，视我宁不如优人耶?”竟短戴于文宗，斥其行止不检，戴遂以侍郎降三品京堂候补。后虽殉难，得谥“文节”，然请建专祠卒不准，盖穆彰阿指摘其临终诗“撒手白云堆里去，从今不复到人间”二句为怨望也。仲恕此说，不知何所本。缪小山《云自在龛笔记》云:“道光己酉，两广总督徐广缙、巡抚叶名琛以‘广东绅民不许英人入城’入奏，圣心喜悦，赏广缙子爵，名琛男爵，并各戴双眼花翎。戴(时值南斋)时奏对云:‘臣曾督学广东，士习民风颇知一二，该督抚所陈奏，恐多铺张粉饰。’语毕，天颜甚不怿。旋因诏写扇，内有一二帖体字，传旨申饬。逾日复诏南书房翰林写匾额，内监传谕云:‘要写字不错之张锡庚，不要写错字之戴熙。’公知恩眷已衰，遂乞骸骨。奉旨责公讳疾欺饰，降三品京堂，准其致仕。”合此观之，文节之去官，殆以直言与忤权相两事并案之故。穆为宣宗宠臣，而椎鲁騃暗，不知墨笔之尤珍于著色。文节被疑，良出意外。唯穆之谗戴，必在道光末年，翊云所记微误。文宗临朝未久，穆即斥逐，庚申是咸丰十年，穆彰阿以咸丰六年殁，又安得有指摘文节绝命诗之事乎?仲恕所言，末节尤为大误。

---

① 戴熙，字醇士，浙江杭州人。道光进士。官至兵部右侍郎。主讲崇文书院。诗书画并有名于时，画尤见功力。有《习苦斋诗文集》、《习苦斋画絜》。

二四二　赵凤昌所记之冯子材

惜阴老人笔记中，有《纪甲申中法战事冯王关前谅山之捷》一文，冯，谓冯子材；王，谓王孝祺也。老人记此事，中附以己见，云："战胜之理，全在统领得人。其人必德优于才，廉能服众，始堪驾驭部将，保卫士民，功成身退，不致造成一派。如我之南北，邻之长萨，乃祸福倚伏，非谋国所宜。"老成烛照，可谓名论。即以邻邦近变言，其尾大不掉生心害政之理，又何待重臣喋血，始知其弊耶？中法谅山一役，予以吾家与唐薇卿雅故，幼时读其《请缨日记》，心仪黑旗刘永福之功，然亦早知冯子材之名。尚忆少时读黄纸《京报》，见有太子少保、贵州提督冯子材遗折，再三绎诵，此是光绪末年事。冯殁【年】已八十六。告老后又起用，此是第四次出山，光绪三十年，应西林之约，治团练也。惜阴所记，是光绪九年至二十一年事。文曰：

> 中国自道、咸以来，因厉禁鸦片，英人启衅，肆意侵扰海疆，始粤而至浙至苏。庚申，英、法复犯津沽，且毁及圆明园，劫夺宝器，恃其军火精利，我每战辄北。迨光绪六七年间，法人蚕食我越南无忌，该国王阮福时具呈遣使，至粤至京告急，法使亦屡向总署诘问，秉政者悠忽推宕，迁延不决，致酿成中法之战。嗣以淮军宿将潘鼎新任桂抚，督兵镇南关外，屡战失利。光绪十年四月，朝命张南皮署粤督，至十二月边疆警电日至，潘抚溃退入关，且至龙州。先已奏起前广西提督冯子材，其时在钦州本籍，即令募勇十八营，由钦州迅赴镇南关。并饬调粤之淮军统将王孝祺，率所统成八营，自粤省前往，会冯军

合力攻敌，始有十一年二月初八日镇南关之大捷。十三日进拔谅山又大捷，法人受创而退，是为中国与外兵交锋始称战胜之一次也。同时滇边岑军覃修纲在临洮府亦获大胜。法国因此次战败而更换政府，立向我要求停战议和矣。当日奏报，仅可述战胜之迹，不及论战胜之理。战胜之理，全在统领得人。其人必德优于才，廉能服众，始堪驾驭部将，保卫士民，功成身退，不致造成一派。如我之南北，邻之长萨，乃祸福倚伏，非谋国所宜。今横暴日逼，听鼓鼙而思将帅，愿今有人，毋让冯王专美于前。述冯王可记者，以告来兹。

冯少年时为同辈牵累，被拘至廉州府署前，适府教授过见之，谓汝系善良，即向府尊保释之。既达后，冯于两公子孙，报之终身。咸丰三年，已统兵驻镇江，与江宁粤寇相持数年，镇人至今德之。旋升授广西提督，与巡抚徐延旭不合，特折奏劾之。以提督劾巡抚，向未有也。任广西提督最久，土匪李扬才等扰边多年，冯率部三次进剿，至关外及越境以平之。抚循地方，边民越族同深爱戴，均以冯爷爷呼之，表尊而且亲之意。自西提乞病在〔归〕钦州本籍，因越事奏办团练。甲申十二月，忽接粤督南皮遣员赍书，并饷银五万两，书中声明一面奏闻，不及公牍，先此函达，速募勇成军，迅赴桂边。冯谓南皮系巍科名流，乃能识我，越事已急，我允之矣，随即招募部署赴镇南关。潘鼎新自统鼎军五营骚扰地方，商贩裹足，累及驻关各军无从购粮。迨冯军一到，乡民自辇米至冯营。冯优值以给，各军转从冯营得之。商民亦渐集，军心一定。冯军抵关，边民越民并越之教民，见冯爷爷来，均各采法营消息，时时来报，法人深忌之。向战驱越民在前，教民在次，乃易以法兵在前矣。冯以关前形势宽散，防彼马队冲阵，即赶筑长墙一道以扼之，我军越墙而出战。乙酉二月初八日黎明，冯、王两军当先，冯以帕裹首，短衣赤足草履，拉王手曰："福臣（孝祺号），此是我辈报国之地，不得退一步。"凯旋后，至粤省，福臣告我："老冯七旬临阵，奋发如少年，使人钦佩。予亦能自勉，为彼重视，引为同心，真幸事也。"王福臣向隶准军，李合肥平吴时，初到上海之偏裨，张靖达调粤，已简广西右江镇总兵，未到任，人极诚笃，仪表伟然。予就两广中军幕时识之，言于南皮。南皮亦已在可选之列，即商督办粤防彭刚直奏派援越。彭不能免湘淮之见，谓王福臣是看马，意为徒具仪观。迨二月初八日捷电一到，予对南皮言："看马今为战马矣。"略一吐气。

冯尤能廉俭自励，统领月薪八百两，不多取一分。向来统领在各营拨或三十名、五十名额饷充亲兵用，冯从未拨扣，故各营悦服。两子相荣、相华，派管带，均随众衣冠入见，与部下一律。战功开保文职，应候吏部核准，部胥径函所保之员索费，此亦各军常用。冯乃大怒，即特参吏部尚书。以提督劾部臣，更前所未有也。均足见其拙直之性，非人可及。冯常喜写字，有求书者，仅书"天地正气"四字，亦署上下款，足见此老胸中只一团正气。中日甲午之战，南皮由两湖调署南洋，防务日急，复奏调冯募粤勇十营，于次年三月到镇江暂驻，分防海州及宝山狮子林海口。闻欲自带红单船百艘，系粤东内海巡缉之帆船，直捣三岛。此船何能渡越重洋？亦不顾。年逾八旬，壮志益坚，亦足以激励懦夫。乙酉七旬生日，南皮特亲作骈文寿序两篇，一自送，一代粤省文武以荣之。吴清卿中丞为绘临阵小像，帕头易以翎顶，予得刻印一纸，尚存箧中。

按《清史稿·冯子材传》：

光绪改元，赴贵州提督任。七年，还广西。明年，称疾归。越二年，法、越事作，张树声蕲其治团练，遣使往趣驾。比至，子材方短衣赤足，携童叱犊归，启来意，却之。已闻树声贤，诣广州。适张之洞至，礼事之，请总前敌师干，卫粤桂。逾岁，朝命佐广西边外军事。其时苏元春为督办，子材以其新进出己右，恒悒悒。闻谅山警，亟赴镇南关，而法军已焚关退。龙州危棘，子材以关前隘，跨东西两岭，备险奥，乃令筑长墙，率所部扼守，遣王孝祺"勤军"军其后，为犄角。敌声言某日攻关，子材逆料其先期至，乃决先发制敌。潘鼎新止之，群议亦不愿战，子材力争，亲率"勤军"袭文渊。于是三至关外矣，宵薄敌垒，斩虏多。法悉众分三路入，子材语将士曰："法军再入关，何颜见粤民？必死拒之。"士气皆奋。法军攻长墙亟，次黑兵，次教匪，炮声震山谷，枪弹积阵前厚寸许。与诸军痛击，敌稍却。越日，复涌至。子材居中，元春为承，孝祺将右，陈嘉、蒋宗汉将左。子材指麾诸将，使屹立，遇后退者刃之，自开壁持矛大呼，率二子相荣、相华跃出搏战。诸军以子材年七十，奋身陷阵，皆感奋，殊死斗，关外游勇客民亦助战，斩法将数十人，追至关外二十里而还。越二日，克文渊，被赏赉。连复谅城、长庆，禽斩三画五画兵总各一，乘胜规拉木，悉返侵地。越民苦法虐久，闻冯军至，皆来迎，争相犒问，子材招慰安集之。定剿荡北圻策。越人争立团，树冯军帜，愿供粮饵作向导，北宁、河内、海阳、太原竞响。子材亦毅然自任，于是率全军攻郎甲，分兵袭北宁。而罢战诏下，子材愤，请战，不报，乃挈军还。去之日，越人啼泣遮道，子材亦挥涕不能已。入关，至龙州，军民拜迎者三十里。

此段叙次颇有声色，度以冯行状、墓志之类为依据。其叙二月初八日之战，亦特详。然以此与惜阴老人所记对核，则亦有不同者数事。惜阴言，奏起子材者为张文襄，而此言为张靖达。两者相较，自以《清史稿》为长。盖张树声以北宁失守引咎辞总督职，请专治军事，得旨报可，以之洞代，此是十年四月事。靖达虽卸总督任，仍留粤治军，故起用冯子材治团练，正是靖达权限内事。惜阴文内之“先已”，亦正指南皮未到任以前，靖达所为。靖达不久革职留任，旋病卒，以后悉南皮事矣。观《清史稿》中有“礼事之”三字，可知南皮所以笼络名将者甚至，惜阴所谓“巍科名流乃能识我”者，亦正吻合。所微参差者，何人先出奏耳。至惜阴记冯以提督特折参巡抚徐延旭一节，按徐延旭为广西巡抚，在光绪九年。及十年，法军陷北宁，不久遂逮问。而子材初任广西提督，在同治末年。光绪元年至七年，冯皆在贵州提督任，七年仍提督广西，八年即称疾归。自此至十年，皆在钦州本籍。又考徐抚桂时，提督为黄桂兰，与冯无涉。若冯有劾徐事，当在光绪八年。是岁徐以广西布政使督办海防，得专折奏事，冯方在提督任，若有龃龉，必此时。劾徐后，引疾归里，而必非以提督劾巡抚也。徐晓山此时方为南皮、篑斋所疏荐，朝中恃以部署越南防守，冯萃亭一莽夫，即拜疏，乌足以撼之？及甲申北宁、谅江相继大败，徐与唐鄂生（炯）拿问，于是向之力保徐唐之南皮，亦不得不折节以礼罗萃亭，此诚事势之常，而亦可见边患日深，非书生空言所能折冲也。

二四三　王孝祺覃修纲事迹

惜阴所记之王孝祺，淮军宿将也；覃修纲，则岑襄勤部下名将，皆以中法之役得名。孝祺本名得胜，安徽合肥人。初入淮军，以敢战名，从李鸿章规三吴，积勋至守备。又从张树声克常、昭诸城，释平湖围，历迁副将。论克宜、荆、溧、嘉、常功，擢总兵，赐号“壮勇巴图鲁”。从援浙，连下湖州、长兴。是时树声弟树珊攻湖北德安阵亡，坐失主将，贬秩。战败东捻，复故官，西捻平，晋提督，更勇号为“博奇”。旋赴山西防河，大搜马贼，值晋饥，斥家财以济，民德之，贼所窜匿，辄先诇以告，事宁，赐头品秩。光绪六年，树声督两广，奏自随，历署潮州碣石总兵。九年徙右江镇，主钦廉防务。明年，潘鼎新来乞师，领“勤军”赴龙州，而鼎新已遁，乃从冯子材诣镇南关，截溃勇。宵袭文渊，入街心，马踣，亟易骑，率死士绕山后，攀崖上破二垒。俄而法军分路入，直攻关前隘，复自后路仰击，敌稍却。李秉衡集诸将，举前敌主帅，孝祺曰：“今无论湘、粤、淮军，宜亟受冯公节度。”秉衡称善。右路者，西岭也，其部将潘瀛，袒臂裸体冲入敌阵，故伤甚独多。至日暮，孝祺击败之，夺三垒而还。攻谅城，瀛执帜先登，并力克之。复取太原，予世职。孝祺与苏元春齐名，其难能，在肯为人下也。

覃修纲，籍广西西林，隶岑毓英麾下，与马淮骐齐名。征回有功，累迁至参将，赐号“勤勇巴图鲁”。从克云州，晋副将，更勇号曰“隆武”。宣光之役，修纲独扼夏和清波，分兵取嘉喻关，复招越民九千，分顿要隘，缀法军。缅旺，前接山西兴化，后达十州三猛，为敌所据，出不意，袭克之。次年刘永福战失利，军溃退，修纲仍坚持不动，战临洮，斩其二将，夜半时率死士短衣搏击，法人大败，乘胜复各郡县，北圻诸省皆响应。修纲出奇兵直捣越南中部，而奉命罢戍。事宁，赏黄马褂，署川北镇总兵。

以上二人事皆据《清史稿》补惜阴所记。论尔时诸将皆以勇敢善搏得功，而受冯子材七十老翁靴刀陷阵之影响，当不在少。世事日新，战术日异，而不惜死者，究为战争精神之极峰。闻鼙鼓而思将帅，吾人终当歌咏袒臂冲锋之猛士也。

二四四　何平斋记拿办吏部索贿书办

惜阴所记冯子材以吏部胥吏径函所保人员索费，大怒，特参吏部尚书。此事当时颇震动，奉旨拿办吏部书办者，即何平斋也。平斋记此事云：

> 余在吏部曾充司务厅掌印，司务厅，固管全部胥吏也。时广西提督冯子材，以吏部写信索贿奏参，密旨令吏部堂官拿办。日将夕矣，徐荫轩尚书（桐）、许筠庵侍郎（应骙）尚在署未散，乃以“沈锡晋”三字告余曰：“此廷寄饬拿之部吏也。”余曰：“部吏写保索贿，决无真名，在署万难弋获。须得其住址，或可图也。”尚书乃复写出“炭儿胡同”四字。余又曰：“一人不能独行，须满掌印同办方可。”乃同满掌印惠树滋（森，后任浙江运使）同出城，访北城坊官不遇，不得已先回寓晚饭。少顷坊官来寓，告以来历，坊官极力推托。余告之曰：“坊官未有不识部吏者，此廷寄所交拿也，汝其敢抗乎？”坊官曰：“炭儿胡同却有两个姓沈者，但未知那一个是部吏。”余怒其诈，乃厉色与言曰：“汝既知有两个姓沈，则那个是部吏，汝岂有不知！我不能

为汝指实，汝自裁之，若贿放，则罪汝无赦。”临行又告曰：“此钦犯也，须带一稳婆往，若本人脱逃，可带其家属来。”在当时亦不过故作严厉语耳，谁知坊官前往围门搜拿，该吏却在家，潜匿内室不敢出，稳婆入，于床下得之。明日复奏，上乃大悦。盖前数日，户部亦有似此之案，上面谕户部侍郎密拿，侍郎一人到部，下车坐于车凳，拦门口，禁人出入，而遣人入署搜捕，卒以不得主名，致被脱逃。当时都下喧传，遂有“户部堂官，不及吏部司官”之语。余曰：“此亦偶尔事耳，堂官固拙，司官亦未必甚巧也。”

平斋记此事，未详举冯所参为尚书，抑仅劾部吏。以理按之，当必为劾吏部堂官失察，始入奏，旨逮胥吏也。旧日部吏之弊罄竹难书，冯恃老恃功，故敢露章弹之，使稍圆练，则必曲意敷衍矣。

二四五　雅谑与笑柄

吏部胥吏婪索最甚，与户部胥吏、库丁同为京曹膏脂之地。昔人以富、贵、威、武、贫、贱六字，分拟吏、户、礼、兵、刑、工六部，时论佥谓恰当。相传谭文勤（钟麟）辛卯岁以吏部左侍郎兼户部左侍郎，谢恩日，遇翁叔平尚书，戏之曰：“君由吏而户，可谓富且贵焉；薛云阶（允升）由刑而工，可谓贫且贱焉。”文勤应声急答曰：“皆耻也。”其语敏而有味。后此新进，不读书者多，即问此，亦不知出处，则索然矣。

因又忆及客座闻一事，蔡和甫（钧）为上海道时，与长江提督李占椿为亲家。和甫号通洋务，惧人言其不学，发言好用成语。偶闻客谈冯子材战功，谓此老时有马革裹尸之志，蔡意为谀词，因谓李曰:“亲家将来必马革里尸。”李瞠目不知所对,退而叩人:“马格礼斯,在英文作何解?”盖李固莫辩何言,而蔡又误“裹”为“裹(里)”也。

二四六　张南皮轶文二篇

南皮殁已二十馀年,近日其家搜辑遗文,检遗箧,有败楮书百馀字,言胡石查户部刻印之工。其辞曰:“石查户部,承学青箱,博文玉府,书侪能品,画究南宗。東广微能识漆书,戴安道自溲瓦屑,轮扁椎凿,皆见道真。张衡浑仪,自由悬解。琴觞馀事,刀笔多能。铸三十五举于胸中,舞万六百文于肘后。初宗陈赵,已轶文何,近复麾斥旁流,极研太始。白文则摹周玺,朱篆则主秦章,将使籀鼓齐肩,斯碑却步。苕华璀灿,美人赠之以刀;棘刺纤凝,见者请观其削。君入宣和印史,当令万马皆空;我惭皇甫弁言,敢书百名以上。”

按此当是石查作《印谱序》,而未定稿者。又《送王壬秋归湘潭》诗原稿,有小序,本集无之。序曰:“壬甫才调冠时,善谈经济,《哀江南》一赋,海内知名。遍历诸侯,朝贵折节。其始来上计,在咸丰未、申,江海扰攘之时。其重入部〔都〕门,在同治十年,钟虡奠安之后。旧游雨坠,尺波不留。既被礼部驳放,盘桓无遇,浩然思还。盖是时朝野熙然,方谓中兴之业,而壬甫亦将老矣,将道金陵,谒湘乡幕府,溯大江望衡岳而归。水阁宴集,言送将归,四座亲知,或有篇咏。余感虞卿之著书,□马援之慷慨,抚山川之今昔,悲秋气之泬寥,命篇叙意,不知感慨之无涯也。”南皮此诗,有老女句,喻湘绮甚肖。“朝野熙然”三句,甚佳。后湘绮再入蓟门,有《法源饯春序》,词意亦与此颇类。南皮所以删此序之用意,殆亦以“朝野熙然”句，有弦外之音也。

二四七　赵凤昌记五大臣出洋考查事

予以光绪癸卯至北京，其年俄兵占领奉天，次年日、俄开战于东三省。其时革命思想已弥漫，同学中如张榕、顾兆熊，皆尤著者。又明年，日、俄订约于朴资茅斯，而吾国不预。予语同学，谓以堂宇假邻人为斗场，已乃袖手旁观，已极可耻；殴竟，便欲分割我室，而犹恬然勿声；若斯政府，岂遂终不知耻乎？此事迄今已逾三十年，国势之陨，如丸走阪，追溯祸基，正坐当道之茶暗。近闻惜阴先生言，朴资茅斯会议时，中国颇思预闻而不获许，其事曲折，而首发动者仍为先生。先生记兹事云：

> 日、俄战争彼此力竭之时，日挽美国出而言停战议和，日、俄各派专使往就美之朴资茅斯订约。予意战地在我旅大东三省，和约倘涉及我疆域，我应干预。商之张菊生、小圃诸君极以为是，即说之端陶斋、盛杏生，由盛并商吕镜宇诸公，合电枢省，告美国转达日、俄，许中国预闻和议。其时贝子溥伦赴美赛会过沪，拟请派就便至朴。伦亦以此举重要，愿膺此任，惟云：“庆邸向与我不合，恐其疑我在沪谋兼此差，公电待我到东洋后再发。”即届时电枢。乃庆邸复电，云“伦年轻资浅”一语，于其事之应否未及，与伦不合则果然。旋知枢意拟遣端，先电我驻美使臣向美政府言之，竟不允中国预闻。其时已调端赴京，事不容已，即改为派五大臣出洋考查宪政。五大臣临行，合电张季直与予两人，大意“某等学识庸暗，奉派出洋考查宪政，过沪时学商两界万勿有所举动，俟归国后考查有得，再与

诸君快聚”。其意盖在欢送。学界以集会须得同意，约在时报馆楼上会议，赴者二十八人。予与季直诸君在一品香，由狄君楚青往来传达。学界初均不欲欢送，坐中一人向楚青云，可问诸君曾走过桥否？楚青即去言之，立回复诸君已照允欢送矣。迨吴樾炸弹一发，过沪欢送之举自罢。陶斋过沪，即驻“海圻”兵舰，未登岸。约予往晤。予告以欲预闻日、俄和议未成，而改派考查；朝廷于立宪仍为敷衍延宕之计，革命终不能免；可以早回，得南洋一席。归后果得之。端满人，畏革命固然，而能识舆情，因亦顾虑将来，早与汉族联姻。故莅任凡遇革党案，不欲深究，且优待刘申叔，惟负英异之才如吾宗伯先，则猜防甚力。辛亥后，与学界黄韧之、沈信卿两友，追述往时走过桥一语，两君云均在坐闻之。各省有谘议局，人民始能团结，其后立时召集十七省合议，粗定改革之局。盖似以考查为上桥，而各省有会议之形式如已过桥矣。

按此系光绪三十一年乙巳六月至八月间事。文中之张小圃，为张鹤龄；吕镜宇，为吕海寰。吕时已卸外务部尚书，为商约大臣。溥伦行四，道光之孙，近支王公，有嗣立希望，扼于庆亲王奕劻，不得志，久之始得资政院议长也。尔时使美为梁诚，使日为杨枢，使俄为胡维德，庆王有无先电梁诚属向美政府言之，今无可考。《清季外交史料》卷一九〇，外部收胡维德电云：“来电均悉。日、俄直接议和，不容他国干预。现在美国择地开议，我若派员前往，其势亦难搀入，特于支电照会声明宗旨，预占地步。此时俄虽有意，未便再商。”此电是六月十八日发，视五大臣考查宪政之谕旨后四日。电中“其势亦难搀入”一句，自非望望然不敢参加之谓，必先已得梁诚电知，加入无望，故掉文作此语气也。五大臣出洋谕旨，初只为载泽、戴鸿慈、徐世昌、端方四人，绍英系随后加入者。致电自称“学识庸暗，过沪时学商两界万勿有所举动”，其真意却在于求开欢送会，此是吾国官场惯技，度必端陶斋所为。赵、张以“走过桥否”叩学界，其用意甚深，盖谓改革国事者，欲达彼岸必先走过桥，不能厌惮跋涉也。由此论之，岂唯咨议局与十七省会议为过桥，后此种种，其为革命之津梁者，抑已多矣。

二四八　秘魔崖题壁诗

流连山水，揽胜凭高，往往题诗泚墨为识，此风匪唯吾国所尚，即欧美在百年前亦数觏之。近代交通綦便，游屐升降频烦，不以为艰，又岩壁栏楯，率日臻美好，于理不当刓涴，故东西人士游览咸不复命题。返顾我国，则相承不易，往往近郭寺宇或山水最佳处，其墙壁皆涂鸦千百，恶诗怪语，不可究诘，或以刀剪镂抉，杂述同伴年月，此诚敝俗，令人作呕也。唯其到处如是，故间逢旧时贤士名公石隙岩阿，一二墨迹仅留者，弥觉可珍。黔沅山水屡有宋人题字，西域殿舍间见唐代笔踪，今皆不述，述其近者。

今人游旧京，无不到西山，午发西直门，不及未已至。然在五十年前，游翠微八大处者，必一日，香山，必二日，戒坛、潭柘，必五六日，其得之也艰，故讽咏题识亦最盛。八大处中秘魔崖在西山之卢师山，为证果寺旧址。《宸垣识略》称，卢师于隋仁寿中居此，驯二童子曰大青、小青。说固荒诞，然崖于翠微八寺中称最胜，巨石一片，崯岈如鲸呿，对面绝壁，草木秀蔚，春深秋初，苍紫万态，下临绝涧，夏雨初过，奔洪一发，则四山皆响，此在北方不易觏也。宝竹坡罢官后，以西山为家，朝夕攀陟，尤数数就兹崖，题诗壁间几满，多五言古诗，下署“偶斋”二字。予尚抄其一云：

雪后山气清，仲春如深秋。落叶满涧底，冷泉冻仍流。

阴岩覆馀寒，枯苔残雪留。静坐人语绝，悄然忘乐忧。

问君何能然，此心无可求。

状难状之景，甚有味。其旁有翁松禅一诗云：

衮衮中朝彦，何人第一流。苍茫万言疏，悱恻五湖舟。

直谏吾终敬，长贫尔岂愁。何时霜月下，同坐四〔西〕山秋。

按竹坡以光绪八年投劾去官，自此留滞西山，行吟憔悴，至十六年殁。翁文恭于竹坡为前辈，而柄国至光绪廿四年始归田，此诗度是十六年庚寅以前所题，以其词意竹坡尚在也。“苍茫”句，似是指直、晋、豫饥，竹坡应诏陈言，请罪己并责臣工条上救荒四事；其下“直谏”句稍广泛，然亦似指吴柳堂尸谏时，竹坡奏论为穆宗立嗣事；“悱恻”句，则指纳江山船女事，以况鸱夷也。由庚寅后二十年，宣统二年，陈弢庵起用，重游兹崖，题一诗于翁诗侧，云：

山灵不愠我来迟，急雨回风与洗悲。

破刹伤心公主塔，坏墙掩泪偶斋诗。

后生谁识承平事，皓首曾无会合期。

三十年来听琴处，秘魔崖下坐移时①。

按弢老此诗，题为《庚戌七月十九日同嘿园游翠微卢师诸寺》，诗中之“后生”，即指嘿丈也。清流四谏与翁叔平不甚洽，然观翁此诗于竹坡殊致钦挹。弢老诗则开口便沉痛，以下“洗悲”、“伤心”、

---

① 自注云：曾与偶斋听壶公、箦斋琴于此。

"掩泪"、"皓首",备极感怆。盖此时四谏唯弢老仅存,听琴者亦唯壶公尚在。此则并关掌故,不止名士墨缘,故可宝惜。崖石袤广,僧于其腰界以短墙,墙内为洞,祀卢师,墙外突出若台,缭垣半规,杂置数石可坐。此数诗皆书于墙者,盈尺之间,纵横墨沈,凌乱无隙。偶斋题诗四五首,悉就漫漶,十年前纕蘅以浓墨界三诗翘示后人,而无识者浸亦复书其上。予居旧京久,岁必三四至,夏听奔泉,秋眺红叶,每过必谛玩再三。辛未正月三日复游此,因以摄影机照此三诗影以归。别有一诗,中有云:"宗臣昔作江潭放,逐客老蒙宣室召。俱摩坏壁寄千悲,新篇还挟雍门调。可怜朝士并成尘,恶札连翩填石窍"云云。此影片今亦不存。别翠微又五六年,不知壁题无恙否?北国忧危,风轮眩转,此在文字史中,何啻雪地一痕。不意琐琐记之,遂数百言也。

二四九　宝竹坡晚年贫困

竹坡先生之贫特甚。罢官后,徜徉京西诸山间。得诗数百首,春寒如严冬,而著缊袍,面破棉见。松禅诗中之"长贫",盖记实也。直声著天下,身为贵胄,交游遍朝端,而穷饿不顾以死,非徒今人所难能,古亦不多见。闻先生殁时,无以为殓。弢庵哭以诗云:

大梦先醒弃我归,乍闻除夕泪频挥。
隆寒并少青蝇吊,渴葬悬知大鸟飞。
千里诀言遗稿在,一秋失悔报书稀。
黎涡未算平生误,早羡阳狂是镜机。

"渴葬"亦记实。"黎涡"二句,言以壬午纳妓一案,借此求去,尤见竹坡心事。林畏庐、陈石遗皆先生典试闽中门人，记秘魔崖，畏庐亦有题句，惜未抄得。《石遗室诗话》云："后二十馀年，同弢庵、畏庐至秘魔崖，壁间题字尚如新。赋二十八字云：'尚馀二客话山邱，卅载门生亦白头。绝似平山堂下过，龙蛇飞动壁间留。'"用欧、苏事尤精切。此当亦在庚戌、辛亥间事，与前述弢老之游，必稍后矣。

二五〇　袁漱六藏书散出始末

前谈袁海观[①]所语曾文正逸事，因忆海观先生之族人漱六先生实与文正莫逆，又结为姻亲。漱六名芳瑛，道光间名翰林也，工文能翰墨，其生平有一大事，则为藏书，号为近代第一。初，漱六出为松江府知府，时江南遭洪、杨之役，公私赤立，文献扫地，常州、苏州诸故家藏书以次流布于外，漱六锐意收罗，有见必设法得之，莫能与之竞，江南北旧家典册，以及卷葹阁、问字堂之片纸只卷，皆揽有之，以故所藏书甲于一世。近日藏书，世称傅沅叔丈之藏园，然以予所知，尚未逮李木斋先生（盛铎）[②]之精。而木老尚言袁漱六之藏书，其盛为二百年所未有，则其真价可想也。漱六之后人有为章行严记室者，常举其往事以告，而行严又常询于木斋，故所记特详。

据云，袁罢官归里，书载数十船以西，尽移存长沙第中，逮殁，

---

① 袁树勋，字海观，湖南湘阴人。文童出身。清末曾任两广总督。

② 李盛铎，号木斋，江西德化人。光绪进士。翰林院编修、国史馆协修，驻日公使，山西布政使护理巡抚。入民国，曾任农商总长、参议院议长等职。书斋木犀轩，藏书数万册，多珍、善本，后多归北京大学。

未能清厘就绪。其子榆生不喜故书雅记，以五间楼房闭置诸籍，积年不问。光绪初，朱肯夫（逌然）督学湘中，任满离湘前，曾亲莅五间楼房者勘验，则两层自下至栋，皆为书所充塞，非由书丛踏过，莫移一步，以书纵横堆垛，即移亦无从编阅，惟随手翻之辄是宋、元佳椠而已。最可痛者，白蚁累累可见，想其中虫蚀已自不少。肯夫出后，为言于木斋，时木斋随宦在湘（尊君讳明墀，时为湘抚），方以抡扬自许也。肯夫且谓："东南文献菁华，盖在此五间楼中，听其残毁以尽，吾辈之罪也。吾力不及，时亦不许，子其善为谋之。"词类托孤，意极珍重。木斋许往宅中验视，一切如肯夫言，顾安所出其书而理之者？榆生豪迈善饮博，境固不裕，然人以鬻故籍请，必为所挟。客为木斋计，先出重金，请榆生所狎友居间，恣其取用，用罄又复饵之，以是往复积数千金。所狎友稍稍吝之，榆生不乐，友因曰："天下有借无偿，宜难复借。"榆生曰："偿乎？吾焉得办此者？"客曰："君乃无产足以议抵者乎？"曰："尽之矣。"客曰："人言君家书多，吾固未信。"榆生距跃曰："书乃可易钱乎？"客曰："是未可料，始试为之。"明日，客赍书数十册诣木斋所，大抵康、乾间版，无甚佳者，然姑如其价留之，榆生果大喜。木斋求观目录，客携四大本至，以蝇头小字书之，非精本且不录，一望知为藏家老册，非榆生所新编也。木斋指名求书，不得，则运数箱来，令其自理，自是辗转，木斋获袁氏书不少。明年，榆生罄所有数百箱载汉皋竞售，购者麇集，浙江丁氏亦在其列，木斋尽力求之，如量而止。据其所言，亦志在与蠹鱼争胜，取天下之物还与天下共之已尔，前后所得，盖不过原藏十分之一二也。惟中多名家校本，行家决未听其逸去，木斋据此勤加搜讨，版本之学遂乃独步一时，邵次公推服无已，至执弟子礼往请其业。

上皆行严述，而行严亲闻木老语及此。四大本目录，云在叶焕彬手，次公怂恿刻出，尚未成议。朱肯夫后知袁籍未卒剥蚀至尽，老怀颇慰，朱、李二人晤于京师，犹道及互慰云。行严所指剥蚀者，殆言其焚佚泯绝，天壤间不可再见，若论袁氏所藏，则已散尽。以予所闻，最后一宗，为钞本秘籍四大箱，售于易寅村，得价近万，而漱六所网罗者，至斯已毕矣。叶焕彬以民国十六年被戕。木老目录，未知尚存否？吾国号称有史四千年，先民所贻留之建筑不多；所谓文化者，率系于书籍金玉文玩之类，其聚散存佚无恒，而书籍尤甚；牛弘五厄之说，思之怃然。木老年逾八十，睽别已久。忆二十年前，与何啓威、刘蘧六聚谈木老版本之精夥，臆谓宜刊行目录以示世间。岁历电奔，此事业故不宜再缓也。

二五一　李木斋谈清宫廷事

木老早参戎幕，奉使东邦，今犹隐居丁沽，西江仅存之长德也。与文芸阁为同乡世好，故文笔记中，有述木老言两节。其一云："张荫桓之贺英也，亦乞让地之权而后行，盖欲以西藏予英抵借洋债也。李高阳力争之，遂复中风疾。已而借款定，事亦不行。此李木斋前辈为余言。"

其二云："慈安皇太后宫中，一切碎事皆用宫女。及穆宗晏驾后，尤感恸，退朝后，谧然无事，虽年老太监，未有能进一言者。崩逝之时，事出仓猝，天下遏密，出于自然，荣仲华协揆禄是时为内务大臣，亲与殓含，慈禧皇太后谕之云：'尔等详细视殓，勿令人有疑辞。'盖欲推责当时侍疾之宫娥、太监也。协揆唯唯而退。此事甲午冬间，荣仲华亲告李木斋编修（盛铎）于督办军务处，故详记之。"

按此两节，皆颇有关。慈安为那拉后所毒，近人笔记已有言之者，此述那拉后之语荣禄，实际即烦荣作一见证，以欺后世史官，所谓欲盖弥彰。木老所闻语必稍质实，惜清时人执笔记事，只能润泽隐护，见其大概也。所记张樵野使英用意，则颇可商榷。樵野当时意气甚盛，为科甲中人所不喜，故其计画易滋物议。至其计画是否可行，又当别论矣。

二五二 同光间南北派系

前记清流尽于甲申，又详南皮《怀盛伯熙》诗“遗稿曾无奏一篇”句为讽伯熙首攻高阳，既而悔之，自删其奏疏。近闻竹君先生谈，始知伯熙虽首攻恭王与李高阳，一变光绪初年之朝局，而发动者别有其人。先生言：

甲申时，秉政者恭邸与高阳李文正鸿藻。恭邸自庚申和议后，内平发捻、回匪，外与各国驻使周旋坛坫，承文文忠(祥)之后，虽不悉当，尚畏清议。高阳则提挈清流，开一时风气，忌清流者亦因之而起。法越事起之前，合肥丁内艰，夺情回籍，守制百日。朝廷以合肥统北洋淮军，即命向隶淮军之张树声署直督以镇率之。其子霭青，在京专意结纳清流，为乃翁博声誉。此时即奏请丰润帮办北洋军务，忽为言官奏劾，疆臣不得奏调京僚。丰润仍留京，因而怨树声之调为多事。树声甚恐，颇虑其挟恨为难，非排去不安。然丰润恃高阳，又非先去高阳不可。霭青即多方怂恿清流，向盛伯熙再三游说，弹劾枢臣失职。伯熙为动。乃不意并树声亦论列之，此则非霭青所料。自光绪七年秋起，法人谋越日急，恭邸掌枢译，因应失宜，以致决裂，已屡经台谏弹劾，且西后于邸，恩眷已衰。迨十年三月伯熙奏上，两宫即召见伯熙曰："枢臣如此，教我们如何是好？"即下泪曰："然则非更动不可。"伯熙亦泪下。次日恭邸与高阳即出枢，树声亦开两广缺矣。伯熙旋亦悔之。此为同、光清流于朝局盛衰之关键，清流亦自此结局。迨醇邸当国，援引孙毓汶入直，从此贿赂公行，风气日坏，朝政益不堪，旋有甲午之役。前叙霭青与丰润一节，其时南皮知之最稔，谆谆见告，谓年辈晚者，应知当时朝局变更之所自，后来世变之有因也。

按此当是述南皮之言，然此言实朱紫不谬。霭青名华奎。当时清流已分道扬镳，伯熙及王可庄兄弟、黄仲弢皆不慊于篑斋，其事详予前所记，故为霭青所用。顾政局之迁变，其原因皆至繁赜，南皮所言，仅就朋辈知交中龃龉排轧一部分可道者道之而已。若以当时全局形势言，则祁静怡所言为较详[①]，祁云：

同、光时，李文正公鸿藻、文文忠公祥久居枢府。咸丰庚申，恭忠亲王首办各国交涉，其人忠恳公明，维持调护。文正以帝师兼直军机，吴江沈文定桂芬先数年入枢，当时已分南北派。荣文忠禄时方随文文忠左右，与文正定交，即在文忠所。光绪初，常熟又为帝师，时二张（**南皮、丰润**）奔走于高阳，颇攻击吴江（**沈文定**）、仁和（**王文勤**）。王为沈辛亥浙江乡试门生，故援王以厚南派之势。甲申三月事，实起于清流。李文忠丁母忧夺情未起，张靖达（**树声**）署直督，其子华奎小有才略，向附清流，与二张稔，方谋请以丰润帮办北洋军务。外间传闻丰润已首肯，而为南派所慑，于是有致高阳书，中有"某忝值赤

---

① 原文刊《蒴谷亭随笔》，篇名为《同光间之南北派》。

墀，岂疆吏所能乞请，若临以朝命，亦必坚辞”。合肥旋回任，其事乃寝。华奎乃草一疏底，以丰润曾保唐、徐，时法越事起，唐、徐败退，为举非其人，且词连高阳，因王仁东达于盛祭酒昱，祭酒乃更易其词，严劾全枢。正值慈宁不惬恭邸，与醇邸议，而有大处分之下。外传孙济宁预其事，谕旨即出其手，然济宁已先奉命出外查办事件，早出都门矣。常熟同罢，而留书房，亦颇有人言，翁亦知其事也。于时荣文忠引疾不与朝政者十年，甲午秋，由西安将军召入祝嘏留京，补步军统领，旋授尚书，晋大学士；高阳、常熟再入枢廷，乙丙之间，三人俱在督办军务处。东朝与帝，意见已深。常熟昵于帝，每早先至书房，复赴军机处，颇有各事先行商洽之嫌。一日文正入直少早，常熟甫自书房至，文正甚诧。及常熟去，礼邸云：“公始知耶？殆日日如此！”恭邸再出，依违两可，无多建白，常熟实隐持政权。丙申冬，孝钦普陀峪工程，原为醇邸所承修，年久倾渗甚多，乃命徐相（桐）、敬文恪（信）、庆邸、荣文忠两次勘估，又命文正与端王续估。德宗有“时局甫定，库藏不充，力事从俭”之谕，孝钦则意在大加修葺。端附孝钦，文正受命颇为难，卒以最要、次要分别含糊奏复。一日孝钦后入颐和园，登高见妙高峰醇王园寝，遽命将园内数百年一银杏树砍伐，此树高可覆云，亭亭如盖，盖有憾于帝而牵及也。荣文忠自东陵回，晤文正，言：“公何为保留翁某？”盖荣再出，虽未入枢，颇闻机要。先是徐东海桐有疏请召张文襄，亦荣与徐密商而定，意在去翁而引张。张已至沪，翁设法藉宜昌教案使回鄂任。先固有翁出书房开缺回籍之议，即戊戌四月之举动也。恭邸与文正皆不愿骤去旧人，暗为保全，仅撤书房而已。戊戌夏，李、恭相继而逝，常熟遂被放，仁和再入，荣督直。八月政变，荣入军机。庚子，引鹿文端入。次年，欲于张文达、瞿文慎二公引一入枢，后卒用瞿。盖荣与文正交久，颇致倾挹，文正素持南北之见，其甚不得已用南人则当择较善者。荣狃于文正，亦牢不可破，所引之人，皆文正之戚友门生，其源流派别，相信甚深。记文正薨，文忠挽之曰："共济溯同舟，直谅多闻，此后更谁能益我；中流凭砥柱，公忠体国，当今何可少斯人。"款字云："此兰兄挽文文忠联语也，今即用之以挽兰兄。"大致措语如此，可见于文正倾许甚矣。李、翁同在译署，翁引张樵野以挤李；后张复排翁；荣遂乘隙进言孝钦，必罢之而后已。自戊戌后立溥儁为穆宗嗣，徐桐、崇绮为傅，刘忠诚己亥入京，力言废立之不可。刘、荣变善，以危言大义相告，保全不少。常熟癸卯日记闻荣逝，有"报传荣仲华于十四日辰刻长逝，为之於邑。荣吾故人也，原壤登木，圣人不绝，其生平可不论矣"之言，其隐恨于荣深矣。又见张文襄复荣文忠书，有"犹忆在京朝与故协揆李文正公素称雅故，每闻其谈及衷曲，谓平生相知最深、交谊最厚者，远则文文忠，近则执事，谓文忠笃棐忠贞，竭诚尽瘁，执事公忠宏达，直道不阿。深信文正之取友必端，故于台端素深景仰，只以踪迹阔疏，恨未获一瞻颜色。兹读来函，道及文正当日交谊议论，许为兰臭之同，推及屋乌之爱，怀贤感旧，益用怆然，垂爱至深，久深铭刻。方今时事日棘，又非十数年前气象，入告订谟，间从下风，传闻一二，要以上沃圣心，下维全局，正而不迂，通而不杂，钦佩尤不可言"。时为庚子四月二十六日，正拳乱方盛。其时荣知朝局不可恃，乃与素有声望之疆吏联络。张则以戊戌党案有维新之嫌，见恶于孝钦，而极力与中朝明白有力之大僚联络，以藉文正交谊为介合，其言虽不尽由衷，然于文正则皆钦仰甚至也。记此可知当时之局势。

祁名景颐，祁文端寯藻之曾孙，文恪（世长）之孙也。今尚健在，观所述洋洋缅缅，亦庶几与惜阴所记相表里。欲详光绪晚年政治何以愈弄愈坏者，得此可以恍然：官僚之积习，南北之成见，生心害政，不可究诘也。然予所闻，其根本在于那拉后有憾于恭王。西后晚好兴土木，用财无度，每临幸宫苑，恭王从后，睹稍弊旧处，辄曰："这地方该兴修了。"恭王应曰："喏。"退则率靳不办。积久，西后不能平，遂决逐去之。所谓去贤亲佞，以至于亡国败家，皆由于妇人之揽权，与纵欲之败度，有史以来数千年至兹，未能悖此定律，鉴之哉！鉴之哉！

二五三　张之洞之识与量

南皮在同时诸巨公中较有识，然量亦殊隘。陈伯弢《裒碧笔记》称："张文襄镇广州时，林访西观察在其幕府。访西名贺峒，侯官林文忠公长孙也。文襄欲以女妻访西弟，访西白庶母意不可，文襄大惭恨，遂与林疏。后文襄督两江，犹以前事为嫌，访西终不得进用。吾郡易实甫亦文襄所特赏，朝夕进见，靡会不从。后以奉命撰拟文稿中颇用新名词，文襄大怒，戒从官以后易道来谒，毋得通报，其喜怒有如此者。文襄奖新学而喜旧文，又一日见一某君拟件，顿足骂曰：'汝何用日本名词耶？'某曰：'名词亦日本名词也。'遂不欢而散。"

按伯弢所记皆实事，然亦有误。南皮之戒阍人不为实甫通报，殆偶然一次以示惩，非遂不见也。至访西事，予以叩于朗溪年丈（灏深），得报书云：访伯晚年与南皮论事不合则有之，婚事殆传闻之误。

二五四　陈散原致陈伯弢书之诙诡

伯弢谱名盛松，字伯涛，应试名锐，又字伯弢[①]。予近见散原先生致陈书两通，皆书作伯涛者，其词嘲诙俶诡，颇有味，盖随笔狎嘲者，故为录之。其一云：

伯涛仁弟有道：秋尽相别，曾枉惠音，徒以恶劣，新吟未就，恐蒙诮让，遂尔不报。仲冬之月，适有鄙事，言归故山，岁谢雪残，乃憩湘上。重览笺素，失喜狂奔，僮奴惊救，抢攘大扰，弥久得宁，若有契悟。盖伯涛操尚，雅媲容甫，今为贡士，又与之同，当益自负，可喜一也。平居瑟缩，不出里巷，试贡上都，连翩川路，沽酒长安之市，留吟申报之馆，重伯噤声，实甫让美，可喜二也。通隐何生，于君同命，沦显之应，谓托枢管，既言有征，神理不贰，眉目扬扬，俨列榜谱，令君闻之，嫣然齐矧，可喜三也。夫三喜无讹，一春又集，银鱼献盘，海参堆案，吁嗟伯涛，能无感乎？思贤执经，玉池老人，业置一席，皇清钜典，五贡不与，通隐纂之，萧萧弟子，白香足恭，庶可忖度。玉池于君，情悯盎溢，眷眷不倦，爱才之德，邈焉寡俦。所属永久，逶迤在虑，世变如云，千状万态，以机相遇，或可控搏。近

① 陈锐，湖南常德人。光绪举人。官江苏试用县。工诗，与王闿运、易顺鼎齐名，有《褒碧斋集》六卷。

诗六章，聊用相媚，文舟来顾，踊跃候之。初春伏叩，侍奉万福，幸鉴区区，兼以名篇示我。学兄三立顿首。

其二云：

伯涛大弟：昨岁诵手毕，蔚矣其文。颇欲畅衍教法，用证玄论，而木德金神，各自为家，不可思议，故不可凑泊。五祖渡江，占偈云："我打汝就是不打汝。"想砉然以解也。顷还自平江墓庐，璞元传唐君私牍，特书武陵陈伯涛病将不起，属转告二三相知之士，以志诀别。瞠目久视，为之涕下。死生亦大矣，伯涛如果有此，天地山河，人鬼儿女，草露万物，不知省却若干歪缠，若干议论，况列同游，能无痛乎？旋闻转危，又以自壮，谓世间有穷愁之阱，奔波之海，言语文字之障，天生伯涛，当使历尽诸苦，不容堕地三十年，稍稍领取，便许解脱。君亦宜善承天意，行且与吾辈相见，又作计较也。世丈复不第，为之气短，留京还里，何去何从，至以为念。梦湘先咷后笑，然不免为徐娘之风韵矣。恪士白折生平未完一本，鄙人乃殚精三年，字过十万，而一等二等，悬绝如此，岂保和殿上果有写字鬼，能作威福耶？君生计行止，何以自谋，年内可一为湘中之游否？人生集散，即数千年亦如驹隙，愿努力毋忽，眠食保卫，犹其馀事耳。三立修禊之事，几贾清流之祸，怪君名士，独幸逃法网，可恨也。谭仆才高而气傲，好倨侮贤士，与足下大略相类。昨宵诘其去止之故，谭仆泣曰："忠臣不事二君。吾与主谊关休戚，誓不能弃如脱屣，贻笑千秋。"言讫慷慨起舞，发上指，目眦皆裂。噫，可以知其志矣。耻老者既不得进取，颇迁怒于其仆李汉，尝骂曰："本老爷万里相携，途费糜数十金，今汝不能为老爷一解忧思，乃敢累本老爷带汝还故乡耶？"噫，又可以知其志矣！复颂伯涛尊兄名士大人怒安，立白。

此是散原先生五六十年以前手札。其中人名如玉池老人、重伯、实甫、恪士，世所共知。“通隐”度是何庆瀚，猿叟之子也。“思贤”是书院之名，郭筠仙时为山长。“白香”是邓弥之字。“梦湘”是王以慜字。“世丈”即言伯弢之尊人。世传伯弢父子争拔贡，伯弢之太夫人助其儿，阴去其夫橐中笔翦去锋。及入场，草稿毕欲缮，发橐大怒，掷笔而归，大诟曰：“自己丈夫得拔贡，岂不光彩，何事相助他人之丈夫耶?”遐迩称为笑谈。

二五五　陈散原《崝庐记》

右铭先生先以道员需次湖南甚久，故散原幼即从湘中名士游，与伯弢狎比若弟昆，函中之仁弟，非世俗之称及门也。散原第二书中之平江墓庐，即诗集中数见之崝庐，此非读先生之《崝庐记》，不能知其详。记云：

> 西山负江西省治，障江而峙，横亘二三百里，东南接奉新、高安诸山，北尽于彭蠡。其最高峰曰萧坛，下纷罗诸峰，隆伏绵缀，止为青山之原，吾母墓在焉。墓旁筑屋，前后各三楹，杂屋若干楹，施楼其上为游廊，与母墓相望，取青山字相并属之义，名崝庐。初，吾父为湖南巡抚，痛窳败无以为国，方深观三代教育理人之原，颇采泰西富强所已效相表里者，仿行其法。会天子慨然更化，力行新政，吾父图之益自熹，竟用此得罪，免归南昌。因得卜葬其地，明年遂葬吾母，穴左亦预为父圹，光绪二十五年之四月也。吾父既大乐其山水云物，岁时常留崝庐不忍去，益环屋为女墙，杂植梅、竹、桃、杏、菊、牡丹、芍药、

鸡冠、红踯躅之属，又辟小坎种荷，蓄鲦鱼，有鹤二，犬猫各二，驴一。楼轩窗三面当西山，若列屏，若张图画，温穆杳霭，空翠蓊然扑几榻，须眉、帷帐、衣履皆映黛色。庐右为田家老树十馀亏蔽之，入秋叶尽赤，与霄霞落日混茫为一，吾父澹荡哦对其中，忘饥渴焉。呜呼！孰意天重罚其孤，不使吾父得少延日暮之乐，葬母仅岁馀，又几葬吾父于是邪？而崝庐者，盖遂永永为不肖子烦冤茹憾、呼天泣血之所矣。尝登楼迹吾父坐卧凭眺处，耸而向者，山邪？演迤而逝者，陂邪？畴邪？缭而幻者，烟云邪？草树之深以蔚邪？牛之眠者斗者邪？犬之吠，鸡之鸣，鹊鸲群雉之噪而啄，呴而飞邪？然满目凄然，潓听长号而下。已而沉冥以思，今天下祸变既大矣，烈矣，海国兵犹据京师，两宫久蒙尘，九州四万万人皆危蹙莫必其命，益恸彼，转幸吾父之无所睹闻于兹世者也。其在《诗》曰："谁生厉阶，至今为梗。"又曰："莫肯念乱，谁无父母。"曰："凡今之人，胡憯莫惩。"然则不肖子即欲朝歌暮哭，憔悴枯槁，褐衣老死于兹庐，以与吾父母魂魄相依，其可得者？庐后槛阶下植二稚桂，今差与檐齐。二鹤死其一，吾父埋之庐前寻丈许，亲题碣曰"鹤冢"。旁为长沙人陈玉田冢，陈盖从营吾母墓工有劳，病终崝庐云。

按此文庚子作。《散原精舍诗》崝庐之作，歌哭万端，皆特佳。江西乱后，始转徙居庐山，前三年又北居。比闻先生有南归讯，方春花发，杖履相羊，固江表所跂踵也。

二五六　王静庵《颐和园词》

近人为长庆体者，不多觏。樊山自是能手，但用典微伤芜杂，又短于情韵。邓寿遐镕[①]亦喜为之，视樊似又不逮。寿遐前数年殁于旧京，予挽以诗，颈联云："记事解为长庆体，沉忧还遘广明年。"以荃察余斋诗中长篇歌行不少，颇有感时纪事之作也。前于樊者，唯湘绮，后则王静庵。两王长篇，一以《圆明园词》著，一以《颐和园词》著。《颐和园词》刊于《观堂集林》中。六七年前，有边君敷文，字太初，为作注。边君盖旧京吏隐之风雅者，年已六十馀，其注大致不谬，今并王诗录之，而以予所订正者附后。原词及注云：

汉家七叶钟阳九，澒洞风尘昏九有。南国潢池正弄兵，北沽门户仍飞牡。（按自顺治经康熙、雍正、乾隆、嘉庆、道光、咸丰，共历七代，故曰"七叶"。此指洪、杨之乱。"南国"，言洪、杨之乱在南方也。"北沽"，大沽也。门闩曰牡。《汉书·五行志》："成帝元延元年，长安城门牡自亡。"京房《易传》曰："饥而不损兹谓泰，厥灾水，厥咎牡亡。辞曰：关动牡飞，辟为无道〔臣〕为非，厥咎乱臣谋篡。"颜师古注：牡，所以下闭者也，亦以铁为之。此言英法联军进逼大沽，天津失守也。）苍黄万乘向金微，一去宫车不复归。提挈嗣皇绥旧服，万几从此出宫闱。东朝渊塞曾无匹，西宫才略称殊绝。内殿频闻久论思，外家颇惜闲恩泽。（按：英法联军入京，文宗显皇帝北狩热河，驾崩。穆宗毅皇帝嗣位，年甫七龄，载垣、端华、肃顺奉遗诏辅政。时驾在热河未返，文宗妃、穆宗生母那拉后，与文宗弟恭亲王奕䜣谋，诛载垣、端华、肃顺，奉文宗丧及穆宗还京。文宗后孝贞皇太后与那拉后同垂帘听政，称东宫皇太后、西宫皇太后。孝贞性忠厚，大权

---

① 邓镕（或作镕），字寿遐（或作守瑕），号忍堪，又号西刘村人。四川成都人。曾官陆军部。工诗词，有《荃察余斋诗存》。

实在那拉后。此言文宗至热河驾崩不返，穆宗嗣位，而政权出宫闱也。）六王辅政最称贤，诸将专征捷奏先。迅扫欃枪回日月，八荒重睹中兴年。（按“六王”指恭亲王奕䜣，仁宗第六子也。文宗北狩，命恭亲王居守，与英、法议和。载垣等伏诛，恭亲王长军机，为辅政大臣。“诸将”指曾国藩等，时朝廷用端华、肃顺等遗策，用曾氏节制诸军，故得削平洪、杨之乱。“中兴”之“中”，读去声，唐元结作《中兴颂》。此言洪、杨之乱既平，清室中兴也。）联翩方召升朝右，北门独付元臣手。因治楼船凿汉池，别营台沼追文囿。西直门前柳色青，玉泉山下水流清。新锡山名呼万岁，旧疏湖水号昆明。昆明万寿佳山水，中间宫殿排云起。拂水回廊千步深，冠山楼阁三重峙。磴道盘行凌紫烟，上方宝殿仿祈年。更栽火树千花发，不数明珠彻夜悬。（按此言擢用曾、李诸将，曾氏由两江总督移督直隶，故云“北门独付元臣手”。汉武帝欲伐滇南，于长安凿昆明池，以杨仆为楼船将军，于昆明池习水战。那拉后于禁中制轮船以供赏玩，诗意指此，但系光绪年间事。“西直门”为都城之一门。“玉泉山”亦在北京。“万岁”，山名，亦在北京。“昆明湖”，亦在北京，非汉之昆明湖，命名同耳。按皇城西北隅，旧有中、南、北三湖，亦称三海，同治以前仅中、南两海为禁御，而北海为通衢，任车马往来行走，所谓金鳌玉蝀是也。光绪中，议修西苑，乃圈入禁中。光绪十四年，西苑工竣，既而又以西苑在城中，山水之趣不及郊野，于是有重修圆明园之议。后以圆明园荒芜既久，水道阻塞，不如万寿山昆明湖水面广阔，施工较易，乃辍圆明园工，而修万寿山，锡名颐和园。“祈年”，宫名，秦孝公起。“火树”，见唐苏味道诗“火树银花合”，谓放灯及烟火也。那拉后于颐和园中树间装设电灯数万盏，诗意指此，然此皆光绪年间事。）是时朝野多丰豫，年年三月迎鸾驭。长乐森严苦敞神，甘泉爽垲宜清暑。（按“长乐”、“甘泉”，皆汉代宫名。慈禧以宫中不适，每年于三月移驻颐和园避暑。）高秋风日过重阳，佳节坤成启未央。丹陛大陈三部伎，玉卮亲举万年觞。（按“未央”亦汉代宫名，《汉书》：“淮南王等朝未央宫，置酒殿前，上奉玉卮为太上皇寿。”“坤成”，指太后万寿节也。那拉后以十月初十日诞生，每年于是日庆贺。）嗣皇上寿称臣子，本朝家法严无比。问膳曾无赐坐时，同怀罕讲家人礼。（按“嗣皇”指穆宗。皇帝对太后自称臣子，太后御膳，皇帝及皇后等侍立于侧，不赐坐，彻膳，则命帝后等立而食之，即在宫内游幸时，亦常如此。此清代家法，古所无也。）六王小女最承恩，远嫁归来奉紫宸。卧起每偕宁寿主，笑谈差喜缪夫人。（按此指恭亲王女。）尊号珠连十六字，大官加豆依前制。别启琼林贮羡馀，更营玉府搜珍异。（那拉后叠上尊号，后加至十六字，曰：慈禧端佑康颐照豫庄诚寿恭钦献崇熙皇太后。“大官”即太官，掌御膳者。“加豆”，见《礼记》，加膳。《汉书·王莽传》：“复大官之法膳。”王莽请元后勿减膳也。慈禧常膳，食前方丈，皆系珍品，以两桌接长，罗列于前，随其喜食者食之，每食糜费甚巨。慈禧好货，晚年设玉器店于北京，凡司道以下官缺皆可贿买，如玉铭以报效颐和园经费，放四川盐茶道；鲁伯阳夤缘李莲英报效巨款，得上海道。慈禧因遂于大内贮积金银，命太监掌之，殁年，积至三千万。说者谓被内监侵蚀，尚不止此数。慈禧又于园中设珠宝房，命亲信掌之，凡内外所供献者，皆贮于其间。）月殿云阶敞上方，宫中习静夜焚香。但祝时平边塞静，千秋万岁未渠央。（慈禧每于宫中焚香礼斗，祝国内太平。洪、杨乱平后，外势日侵入，中经甲申、甲午两次法日之战，然和议既成，自后遂以为可永享承平矣。庚子之变，慈禧尤冀拳匪足以歼外人，恒于宫中设坛焚香拜祝，殊迷信也。)五十年间天下母，后来无继前无偶。却因清暇话平生，万事何堪重回首。(慈禧每于宫中话丧乱事，时常抑郁，恭亲王女辄宽解之，始悦。)忆昔先皇北狩年，属车常是受恩偏。因看批答亲教写，为制金章特与钤。(文宗北狩，诸事皆与慈禧筹商。时寇乱方殷，批答中外章奏，日不暇给，慈禧知书识字，每有批答，文宗辄命慈禧代书之。慈禧自是熟知吏治，渐参大政矣。)一朝铸鼎降龙驭，后宫髯绝不能去。北渚方深帝子愁，南衙复遘丞卿怒。(按此指文宗薨后，驾留热河，载垣等谋抗慈禧事。)手夷端肃返京师，永念冲人未有知。为简儒臣严豫教，别求名族正宫闱。(按此言诛端、肃也。慈禧选崇绮女为穆宗后，并命杜受田为师傅。)无端白日西南驶，一纪恩勤付流水。甲观曾无世嫡孙，后宫并乏家人子。(按穆宗在位十一年，以痘崩。《汉书·元后传》："甘露三年生成帝于甲观画堂，为世嫡皇孙。""家人子"，《汉书》颜师古注，言采择良家子以入宫，未有职号，但称家人子也。又《汉书·外戚传》："惠帝即位，立帝姊鲁元公主女为皇后，欲其生子，万方终无子，乃阳为有身，取后宫美人子名之，杀其母，立所名子为太子。"诗意当本此，以言穆宗无子也。)提携犹子付黄图，劬苦还如同治初。又见法宫凭玉几，更劳武帐坐珠襦。(按穆宗无子，慈禧乃立文宗弟醇亲王奕𫍽之子载湉，年甫四岁，是为德宗，两宫仍垂帘听政。光绪六年，孝贞皇后崩，慈禧独专政权。)国事中间几翻覆，近年最忆怀来辱。草地间关下泽车，邮亭仓卒芜蒌粥。(按德宗于光绪十五年大婚，慈禧于次年撤帘。其撤帘也，非欲归政也，特欲藉颐养之名，以遂其盘游之志耳。故虽撤帘，而仍专政如故。及甲午之变，德宗思变法自强，以翁同龢之荐，引用康、梁诸臣。而戊戌八月政变之祸起，慈禧幽德宗于瀛台，乃复亲政。己亥冬废立说起，以外人及海外华侨之电争，不果，不得已立端郡王载漪之子为大阿哥，继穆宗后，而德【宗】等于废矣。然慈禧及端王等衔外人弥甚，由是遂有庚子拳匪排外之祸。"怀来"，县名。英、法、俄、德、美、日、意、奥八国联军入京，慈禧挈德宗于七月十九日仓卒出京西走，乘骡车至宣化府怀来县，饥甚，乡民进麦饭，顷刻而尽。《汉书·马援传》："士生一世，但愿衣食裁足，乘下泽车。"《后汉书·光武纪》："仓卒芜蒌亭麦饭，厚意久不报。"此引用其事，以见当日避难之苦也。）上相留都拥大牙，东南诸将翊王家。坐令佳气腾金阙，复道都人望翠华。（两宫既西狩，命庆亲王奕劻留京。方拳乱之殷也，联军攻大沽，清廷大震，诏各省勤王。端王载漪等矫诏令各省迎头痛击外人。两江总督刘坤一、湖广总督张之洞、两广总督李鸿章、山东巡抚袁世凯恐大局不可收拾，不奉诏，联合东南各督抚，与外人结互保条约，东南各省得无恙。八月，命奕劻、李鸿章与各国议和。各国索惩罪魁，乃黜载漪王爵，杀毓贤、刚毅、赵舒翘，褫董福祥职，各国始允与【奕劻】李鸿章开和议于天津〔北京〕。约未成而鸿章卒，以王文韶代之[①]。翌年和约成，各国退兵驻天津。是年十一月，两宫还京，各省派员迎銮，供张弥盛，翠华所莅，闾里逃亡，商民

① 此说不确。李鸿章于订立《辛丑和约》后卒。王文韶代李议约，系与俄谈判交收东三省条约。

罢市。）自古忠良能活国，于今母子仍玉食。宗庙重闻钟鼓声，离宫不改池台色。一自官家静摄频，含饴无异弄诸孙。但看腰脚今犹健，莫道伤心迹已陈。（慈禧回銮，废大阿哥溥儁，德宗得不废。慈禧仍以时驻跸颐和园，帝及隆裕后及诸宫眷常陪从游宴。慈禧欲联络外人，常召见各国驻京公使、参赞夫人，入园游览。时裕庚之女德菱方自外国回，慈禧召其母女姊妹三人入宫，为宫眷充翻译。帝及隆裕宫眷等，皆呼慈禧为老祖宗，慈禧虽年老，镇日游玩不倦。）两宫一日同绵惙，天柱偏先地维折。高武子孙复几人，哀平国统仍三绝。（光绪三十四年九月二十日，德宗崩，慈禧亦病笃，于二十一日崩。先是穆宗之崩也，德宗继立，吴可读自杀，遗疏争为穆宗立嗣，于是慈禧诏俟德宗生子，即承继为穆宗之后。至是德宗无子，乃立德宗弟醇亲王载沣子溥仪承继，兼祧穆宗、德宗，是为宣统帝。《汉书·叙传》班彪《王命论》："哀平短祚，国嗣三绝。"）是时长乐正弥留，茹痛还为社稷谋。已遣伯禽承大统，更扳公旦觐诸侯。（宣统即位，慈禧遗命以其父醇亲王载沣以摄政王监国，故以伯禽、周公旦为比。）别有重臣升御榻，紫枢元老兼黄阁。安世忠勤自始终，本初才气尤腾踔。复数同时奉语言，诸王刘泽号亲贤。独总百官称冢宰，共扶孺子济时艰。（慈禧病笃，张之洞、袁世凯与庆亲王奕劻同受顾命。"安世"，汉张安世，指张之洞。"本初"，汉袁绍字，指袁世凯。"刘泽"，汉琅玡王，吕氏之祸与陈平、周勃共定大计，此指庆亲王。）社稷有灵邦有主，今朝地下告文祖。坐见弥天戢玉棺，独留末命输盟府。原庙丹青俨若神，镜奁遗物尚如新。那知今日新朝主，却是当年顾命臣。（此言民国大总统，实当年顾命臣也。）离宫一闭经三载，绿水青山不曾改。雨洗苍苔石兽闲，风摇朱户铜蠡在。(此言宣统即位三年，而颐和园久闭也。)云韶散乐久无声，甲帐珠帘即渐倾。岂谓先朝营暑殿，翻教今日作尧城。(鼎革后颐和园开放，大总统府移入三海。)宣室遗言犹在耳，山河盟誓期终始。寡妇孤儿要易欺，讴歌讼狱终何是。(按宣统即位，监国罢袁氏。及民军起武昌，乃起袁氏为内阁总理。旋与民军议和，清帝退位，令袁氏组织新内阁，民军乃举袁氏为临时大总统。授受之际，坦然明白，在清帝及隆裕太后不失为尧舜之让，在袁氏确为讴歌讼狱之所归，或易为"讴歌讼狱属虞廷，寡妇孤儿绵赵祀"，亦佳。按此段颇似梅村《圆圆曲》，结语预知三桂之必反者。诗成于民国初元，袁氏称帝，已于此透消息。)深宫母子独凄然，却似滦阳游聿年。昔去曾逢天下养，今来翻受属人怜。虎鼠鱼龙无定态，唐侯已在虞宾位。且语王孙慎勿疏，相期黄发终无艾。定陵松柏郁青青，应为兴亡一拊膺。却忆年年寒食节，朱侯亲上十三陵。

予按静庵此诗，成于民国三年。当时袁氏终必帝制自为，有识者久烛之。静庵惓惓故君，"孤儿寡妇"二句，当然如此月旦。边注所述改窜两句，度是有人惧文字祸，易为谀词，视原句何啻点金成铁邪？"联翩"两句，边注以曾文正公移督直隶释之，似微隔一层。"联翩方召"，当指左文襄入军机，"北门独付元臣手"，当指李文忠，以文正督直甚暂，且在同治初，与修颐和园相去太久也。"上方"句，边注以秦孝公祈年宫释之，误。此盖言颐和园排云殿上层之佛香阁，顶作圆形，其制仿天坛之祈年殿也，诗意甚明。"六王"三句，边注但言恭亲王女数字，失之略。考吴炯斋《清宫词》："求郎不徇馆陶情，汤沐频颁视所生。异数今同长公主，连云甲第峙东城。"注云："荣寿公主为恭忠亲王之女，文宗以其聪慧轶群，屡欲抚为己女。同治初元，奉孝贞皇后、孝钦皇后懿旨，封为固伦公主，恩遇甚渥。额驸志端早卒，子麟光，以先代世职袭公爵，屡求要差，孝钦以其少年，终不予也。"公主府在安定门大佛寺后身，是静庵所咏也。"笑谈"句，边注从略，按此言缪素筠也。《清代野记》云："光绪中叶以后，慈禧忽怡情翰墨，学绘花卉，又学作擘窠大字，常书福、寿等字，以赐嬖幸大臣等。思得一二之代笔妇人，不可得，乃降旨各省督抚觅之。会四川有官眷缪氏者，云南人，夫宦蜀死，子亦孝廉，缪氏工花鸟，能弹琴，小楷亦楚楚，颇合格，乃驿送之京。慈禧召见，面试之，大喜，置诸左右，朝夕不离，并免其跪拜，月俸二百金，又为其子捐内阁中书，缪氏遂为慈禧清客，世所称缪老太太者是也。间亦作应酬笔墨，售于厂肆，予曾见之，颇有风韵。自是之后，遍大臣家，皆有慈禧所赏花卉扇轴等物，皆缪氏手笔也。会慈禧六旬庆寿，先数日，忽问缪曰：'满洲妇人大妆，尔曾见之矣。我未见尔汉人大妆果如何？'缪对曰：'所谓凤冠霞帔是也。'慈禧曰：'庆祝之日，尔须服此，为我陪宾。'缪唯唯，即于是日购冠帔服之，慈禧大笑不可仰，谓如戏剧中之某某也。至寿日，置缪氏于众所属目之地，众满妇人入宫叩祝者皆见之，无不大笑失声者。慈禧是日竟大乐，赏赉无算，而缪氏束缚直立竟日，苦不可胜言矣。满人以汉人为玩具如此，然当时朝中命妇闻之，莫不艳羡，以为圣眷优隆，天恩高厚也。缪氏名素筠，母家姓未详。"静庵盖咏此。"岂谓"二句，边注谓大总统府移入三海。予按"尧城"不当作此解，"尧城"解如尧台。予忆民国三年，有人倡议徙清室于颐和园，又有废十九条说。度静庵此时必闻此言，故谓先朝暑殿今日尧城，又以"山河盟誓期终始"句为讽，再后之"深宫母子"句，皆为隆裕母子鸣也。颐和园民国十一年以前，皆由清室内务府管理，边注以三海释之，大误。静庵咏颐和园，而身自沉于昆明湖，亦是一预谶。更推论至末段以定陵与十三陵相较，不止兴亡之可拊膺。天寿山明陵至今无发冢者，那拉后十馀年已破棺暴骨，虽曰天道不诬，而当时诗人之比兴绾合，已俨及之，其足感喟因果者，可堪覙数。又按中华书局民国十年出版之《清朝野史大观》，曾收此词，似采自谁氏笔记，其首节谓园奢丽，过于建章、阿房，措词殊僿。大抵颐和园视圆明园远逊，那拉后耗二千馀万，只粉饰前山，而后山行宫尚未修复。世人嫉之甚，故谓其穷奢极欲，若在今日，耗帑区区，何足深道。诵静庵词者，应知国中宫苑唯馀此园，在建筑美术上，必勿任其芜圮也。

二五七　张南皮怠慢袁项城

光绪壬寅，项城丁内艰，给假回彰德，假满，不北行而南下汉口，取道南京、上海，遵海返天津，此殆项城最后之经过宁沪也。袁之南行，意义甚富，尤以南皮方署两江总督、南洋大臣，纡道结欢为首务。按壬寅是光绪二十八年。今考徐又铮[①]《与马通伯论南皮书》云："自合肥李公逝后，柱国世臣，资望无逾公，干略无逾项城。公于项城，爵、齿、德俱尊，而辈行又先，项城功名中人，仰公如神。其时公果涵以道气，驭以情真，两美䜣合，共忧国是；项城不愤亲贵之龃龉，尽其材画，戮力中朝，公虽前卒，而武昌之变至今不作可也。讵公与相遇，殊形落寞，项城执礼愈恭，则愈自偃蹇以作老态。

---

① 徐又铮，即徐树铮，安徽萧县人。段祺瑞助手。虽武人，但长于文词。著《视昔轩遗稿》。

壬寅之春，公过保定，项城时权直隶总督，请阅兵，既罢，张宴节府，树铮躬侍陪席，亲见项城率将吏以百数，饬仪肃对，万态竦约，满坐屏息，无敢稍解。而公欹案垂首，若寐若寤，呼吸之际，似蠹蠹然隐齁动矣。盖公去后数月，项城每与僚佐忆之，犹为耿耿也。”

又铮所言，出于目睹，自是事实，而书中之壬寅，则必出误记，或笔误。壬寅是项城访南皮于江南，其明年癸卯夏，南皮始入觐，遵京汉铁路，过保定，下车公宴。其时记在五月或六月，予时居宣南与畏庐先生连巷，不久吴翊庭师（曾祺）来京下榻予家，应考经济特科，亡何，南皮奉命为经济特科阅卷大臣，是其时也。袁、张壬寅南京一谈，世传张假寐，袁拂袖先行。去年徐凌霄弟兄考此事，引及癸卯之《新民丛报》，及李宝嘉之《南亭笔记》，谓事容或有之，又疑《南亭笔记》近于小说家装点，不知此为实事。

近与石师、董卿谈此事颠末甚详。袁当时先至汉口，端午桥督鄂，袁藐之，晤郑苏戡，极口赞南皮在湖北规画之弘大，因言：“当今唯吾与南皮两人，差能担当大事。”《南亭笔记》谓，袁袭魏武帝“使君与操”之言，此语意诚有之，而非对南皮所谈也。南京之行，袁意在结张欢，故谈宴绝洽，宴后，屏退从者，密谈二小时许，而南皮忽隐几入寐，袁悄然竟出，属仆从勿惊动张大帅。清制，总督出入辕门皆鸣炮，袁以现任直隶总督、北洋大臣莅两江，督辕于其行自如仪送之。南皮闻炮，惊寤，急迫至下关，相见各致歉忱，申约后期而别。《南亭笔记》所谓袁在舵楼拱手称再会，与《新民丛报》所云张复邀袁下船再宴，尽欢而别者，盖两失之。至南皮之何以入睡，与翌年保定公宴又铮所睹之若寐若寤者，世人泰半疑南皮偃蹇作态，又铮书中谓项城之耿耿，亦必是事实。顾南皮果何所取义，而以倨傲鲜腆之老态凌折同僚乎？又铮致通伯书中所谓：“一色息之细，不能稍自节束，以笼络雄奇权重之方面吏，徒使其心目中更无可畏可爱可敬之人，生与并世，渐滋其骄谲之萌，致力于拒纳之术，以遗后世忧。当日衮衮诸公，何人足以语此？此亦清室兴废一大关键，而《春秋》责备之义所不容，不独严于公也。”此说殊正，以南皮之谙练，岂见不及此乎？心亦窃疑之。其后屡闻诸老言，南皮不慊于项城，宾筵吟集，偶一吐露则有之，故慢以取嫌，则必不至此。丁未以后，张、袁同入军机，则张极心折袁，一时号为廉、蔺，惜张虽盛推袁，而项城已勘透南皮本领，非如壬寅间之诚意相结矣。此中影响，殆如又铮所言，而仍无以解于客座假寐也。最后，石遗先生始为述其故，盖南皮实以一日作两日者，每日加卯即兴，午饭毕，不加未即寝，弛衣酣睡，入夜复起，终年如是。由是推之，南京、保定两宴，皆必在午未之交，南皮晨起周旋，至是时梏于习惯，颓不能兴矣，斯盖生理之关系，而非心焉轻之之心理关系也。聆此，印以诸说，悉相贯通，特笔记之，以补近人考据所不及，而使人知起居无恒者，其病足以及于政局也。

二五八　张南皮名士性嗜

南皮督鄂日久，有以“起居无节号令不时”，对“面目可憎语言无味”以嘲之者。下联取其浑成，良非实录，上联则佥谓不妄。近人说部，若《孽海花》，若《官场现形记》，皆于南皮昼寝有影射处。记陈伯弢《裒碧日记》称：

> 张文襄用人，成见甚深，凡所甄录，一、门第，二、科甲，三、名士。晚年提倡新学，兼用出洋学生，舍是无可见长矣。名位本高，于幕府宾僚初不注意礼数，坠渊加漆，亦所时有。初移

节来两江，余惴惴焉，未敢进谒，恐其幕府我也。后以粮储胡研荪同年，属撰刘忠诚祭文，获蒙传见，问答颇为投契，如师弟子然。又询以近时所看书，余以诸先正奏议对。文襄曰："奏议仍以汝湖南陶文毅为佳。文毅之文，于规行矩步之中，仍有一种灏气精光，不可磨灭。作文固当如是，做官亦何莫不然。"言时捋须摇头，余自觉醰乎其有味。后文襄还镇武昌，蒯礼卿观察（光典）果来言："宫保欲携君赴鄂。"余婉辞乃止。闻文襄在鄂时，官场以"号令不时起居无节，语言无味面目可憎"十六字，为公赠联，公亦微闻之。一日语人曰："外间谓余号令不时，起居不节，事诚有之。面目可憎，则余亦不自知。至于余之语言，何尝无味？馀人特未尝与余谈耳。"

伯弢此段阳秋，不止皮里，然亦持平，末段南皮自释语，亦天下之公言也。《石遗室文集》卷一《书张广雅相国逸事》云：

公日凌晨兴，披阅文书，有事则迟明。余初见公，约迟明往，堂上燃烛以待。寻常辰巳见客，午而罢，然后食。有事，未而罢。或留客食，食必以酒，酒黄白具，肴果蔬并食，一饭一粥。微醺，进内解衣寝。入夜复兴，阅文书，见客，子而罢。有事，丑而罢，然后食，悉如日中。不解衣寝，或不进内，寒冬坐藤椅睡，夹以火炉，盖分一日若两日也。奏议告教，不假手他人，月脱稿数万言。其要者，往往闭门谢客，终夜不寝，数易稿而后成。书札有发行数百里，追还易数字者。权督两江时，一日舆至旱西门，呼材官询其处，命驻舆，与谈谢安西州门故事，辩证良久乃行。公尝因置酒，问坐客："烧酒始于何时？"余曰："今烧酒殆元人所谓汗酒。"公曰："不然，晋已有之。《陶渊明传》云五十亩种秫，五十亩种稻，稻以造黄酒，秫以造烧酒也。"

余曰："若然，则秫稻必齐，《月令》早言之矣。"公急称秫稻必齐者再，且曰："吾奈何忘之？"又尝阅余《货币论说》，有言金币中参铜者，疑之，急召询。余曰："公创铸中国银币者，银质略刚，造币且须参铜，况金质之柔乎？"因言金币重二钱馀，约参铜十之一。公称善。其虚心类若此。

按此可见南皮性嗜大概。以名士而为达官，既为达官，而仍不脱名士习气，律己简慢，待物宏奖，史传所述至多，近代当以南皮为殿矣。

二五九　袁世凯罢黜始末

南皮与项城同在军机年馀，南皮初不满于项城，及与同列议事，乃甚挹佩，南皮数为人言之，非伪饰也。然项城司外交，握军柄，经营八表，目中已不畏南皮，委蛇而已。戊申九月后，政局一变，此时项城只问何时去位，与南皮不可并论。近见胡瘦唐[①]、江翊云所述，并言项城之去，南皮与有力焉，此自意中事，而皆非袁去真因。瘦唐《国闻备乘》云：

袁世凯忌张之洞誉望出己上，尝语人曰："张中堂是读书有学问人，仆是为国家办事人。"意盖讥其书生迂阔，不达事情也。之洞闻而恶之。太后之病亟也，已属意今上，恐为奕劻所挠，命勘陵工，密召之洞、世续夜半定策，不及世凯。世凯既不与定策功，意颇怏怏。载沣监国之初，推

① 胡思敬，字瘦唐、漱唐，号退庐，艮庐，江西宜丰人。光绪乙未进士。官监察御史。工词，有《驴背集》、《退庐诗集》、《国闻备乘》等。

心以任之洞，之洞与监国密商处置世凯事，累日不决。其子君立（君立为张权字，之洞子也）泄之御史赵炳麟，炳麟曰："是可撼也。"犹恐势孤不胜，复邀陈田两人同日各具一疏参之。疏上，世凯果罢。初，田未具疏时，往谒之洞，极言世凯之奸。之洞曰："袁公知兵习夷情，亦朝廷不可少之人。"田又极言其挟外交自重，误国欺君各款。之洞掀髯笑，谓田曰："松山，持论不可过激。君读史人，岂有枢辅重臣，朝廷肯轻听一言官之辞，遽行易置乎？"田出，大骂之洞袒奸庇恶，与世凯结为一党，而不知其内谋如是之秘也。

翊云《趋庭随笔》云："隆裕以戊戌之事，深恶项城。张南皮命其孙厚璟授意御史赵炳麟弹劾，炳麟逡巡不敢发，于是给事中陈田露章参之，袁遂去位。"

按瘦唐亦名御史，与竺垣、松山至相稔，所记必实，然亦未得其全。以予所闻，德宗既殂，隆裕数有恶梦，以宫闱久不睦，隆裕党西后，阴扼德宗甚至，至是大恐。发德宗平日案替，皆纸条，书"袁世凯凌迟处死，徐世昌、杨士骧斩立决"者，无虑数十，盖帝平居随笔所书者。隆裕扬言，当为德宗雪耻，必杀袁世凯。然宫中又传，德宗实无此手书纸条，所以如是言者，载沣兄弟与隆裕谋，欲夺项城军权、财权以自肥。事虽无可稽，隆裕与载沣言，载沣谋于南皮，则皆以世凯有罪于先帝为词。载沣巽弱，南皮生平未尝有辣手，且亦佩袁材略，佥言不可有刑辟，但当放归田里。商之累日，隆裕终韪之。君立之子道孙授意台谏劾袁，殆即协议之结果，犹南皮曲全之微意。又传，戊申冬，项城不预定策之命，逆知必去，故伪示足疾，阴为之备，尔时朝端沸传将有处分，即杨莲府亦为之危。袁部本多侦探，日夕探诇宫府消息者以百数，已而侦知隆裕、载沣犹豫不敢发，私自喜，乃欲谋出国。一日，宴外部侍郎左右丞，酒次微语，谓“诸君勿疑太后逝而予眷濒衰，宫中固犹相倚畀也。顾予任事久，甚思易地。我国俨然一等国，与世界各国曾无代表国家之大使往来，殊病简陋。予将以此名义往新大陆，请共拟奏折措词”云云。其夕，南皮已闻之，亟电梁诚，使先向美政府剖析欲升高使节而财力不逮之故，得美政府谅解。袁数日后，袖折商摄政，载沣示以梁电，袁嗒然无语。又次日，陈、赵两疏并上矣。此事予闻之久，袁自为谋一节，或小有出入。而袁之去，初非南皮所主动，则绝对如此也。且张与摄政谋去袁，与其谓内谋之秘，毋宁谓其徘徊畏沮，虽云袁之门生军吏布中外，有所惮，然亦可见当轴者弱茶之至。南皮本非猛鸷之才，再入枢垣，其职志亦只在调停，诗中亦自道之。不知隆裕与诸亲贵皆暗而贪，为利而争，何调停之有？此处张自不如袁远甚。隆裕心欲追踵西后，而无才无胆。其去袁，借口为德宗报仇，事实上绝无重翻戊戌一案之意。杨叔峤子上德宗之衣带诏，谓将有追念惊痛之词，乃置不问，其昏庸尤可哀也。

至南皮一派，与项城一派，久相水火，源流至长。大抵光绪初年以来，国人所谓读书人，最嫉言洋务者。既登科第，或为谏官，其所掊击者，首李合肥，稍后袁项城继之，李尚优容，袁则亦甚薄视书呆。读书人既不为袁所用，则其势必折而为使贪使诈。迄宣统元年，八旗浪子与依附南皮之不更事书痴合力去袁，怡然自得。在南皮其始未必不以为袁去则清流进用，将大申其志。一转烛间，亲贵弄权，朝局大坏。观石遗室《张之洞传》称：“醇王载沣摄政监国，专用亲贵，至十部大臣，惟司法、学部属汉人，以母弟载洵、载涛典水陆军。载洵招权作威福，日营宫室，天下侧目。载泽长度支，无所知，惟与之洞争币制，袒庇瑞瀓，以亡其国。之洞力争亲藩典兵，至于椎心呕血，病旬月以薨。遗疏有'守祖宗永不加赋之规，凛古人不戢自焚之戒'各语，天下诵之。"其晚遇极可哀，一木之不能支，昭昭然也。清亡，袁再兴，卒以使贪使诈，骄盈致败，亦悉如书呆所料，一若重证宰相须用读书人之义不谬者。盖文柔者迂暗，武健者不学，其偾事则一。末流矫枉过正，是非淆然，用亦违其才，又重武轻文。客或云："南皮若在今，不过为项城之戈什哈耳。"予闻此说也，唯有苦笑。而南皮与项城虽不相下，固皆犹有承平风度，则予犹能证其非謷言也。

二六〇　袁世凯似桓温

项城与南皮身皆矬，项城亦微明即起治事，晚八九时睡，食量宏而脍精。予见项城于颐年堂时，为民国三年甲寅，面通红，短须纯白矣。项城书字古劲有姿媚，而笔多反而趯上。于当世大政细事，靡不究心，每谈要案，莫不洞其首尾，间稍有惑疑，辄自起检案替某层，则某案本末具焉。其强记精力有过人者，不唯储之夙也。南皮晚颇颓唐，视项城体质亦似稍逊。项城殁时年五十六，南皮殁时年七十三，上溯壬癸两次会晤时，袁年才四十一二，张已六十六七，袁之櫜鞬周旋，张之倦不能支，皆年齿为之，试一按其岁时，则愈信吾前说之必不谬也。相传项城将称帝时，瞿文慎（鸿禨）方在沪，有某君告瞿："袁必反，其书笔笔皆反也。"文慎追思，叹为信然。瞿亦最轻袁，五大臣出洋后，有朗润园官制会议，瞿方为外部，袁以北洋大臣来京预议。各部尚书，袁谓宜改大臣，两人于席每抗辩，卒用袁言。及议决案上奏，瞿在军机处，辄又改之，袁亦无如之何也。前所言丁未后，张、袁同在枢府，一时比之廉、蔺，此亦善颂之词耳。张、袁何足比廉、蔺？张甚似王导，袁则似桓温也。又世传袁世凯家书，言朗润园议官制时，载沣欲枪击世凯。予殊疑之，载沣庸讷，岂能持枪拼命者邪？

二六一　夏午诒词中逸闻

夏午诒[1]年丈，曩于民国初元，曾数同文宴，又数于晳子座间奉手，樊山最称其词，予所见不多。十馀年间，踪迹契阔，但知其夙耽禅悦，晚益精进。近岁诣闽之鼓山涌泉寺访尊宿，有《鼓山受戒记》，归而怛化于沪上而已。比从叔章获睹其未刊词稿，制题仿贺方回例，词亦摩南宋之垒，湘绮之传衣也。从词中得两遗闻，可资讽忆。其一则端陶斋入川之词谶。陶斋奉命入川，午诒随行，次永川，午诒题一词于驿壁，结句为"付驿庭花落，他年此际消魂"。陶斋见之大不乐，不久遂被杀。午诒词中，此题为《驿庭花》，注："永川驿寺题壁，答朱三云石，调寄[高阳台]。"词云：

> 鼓角翻江，旌旗转峡，益州千里云昏。有客哀时，江头自拭啼痕。谁知铁马金戈际，共闲宵，细雨清尊。喜风流词笔，人间玉树还存。　　是非成败须臾事，任黄花压鬓，相对忘言。虎战龙争，几人喋血中原。莫随野老吞声哭，纵眼枯，不尽烦冤。付驿庭花落，他年此际消魂。

以词言，殊悲凉慷慨，而下半阕何以作如是语，殆所谓莫之为而为之，言为心声，或机倪之先露也。陶斋既殂，午诒有[扬州慢]一词，

---

[1] 夏寿田，字午诒，湖南桂阳人。与杨度（晳子）均为王闿运弟子。光绪戊戌科榜眼。翰林院编修。入民国，曾任总统府秘书。工诗词，惜未编集。

题为《西州引》，注“出资州作”则声与泪俱矣。词云：

上将星沉，戟门鼓绝，大旗落日犹明。听寒潮万叠，打一片空城。七十日河山涕泪，霜髯玉节，顿隔平生。剩南鸟绕树，惊回画角残声。　　伏波马革，更休悲蝼蚁长鲸。料鱼复江流，翟塘石转，此恨难平。惆怅江潭种柳，西风外，一碧无情。只羊昙老泪，西州门外还倾。

陶斋功罪自待论定，而以地位言，午诒与陶斋关系言，尔时环境言，则“七十日河山涕泪”，自属实写，盖清亡，首尾不过七十日耳。其后午诒居北京，有[凄凉犯]一词，题为《古槐》，注：“忠敏故宅。”词云：

古槐疏冷门前路，山河暗感离索。几回醉舞，黄花烂漫，半颓巾角。风怀不恶，况人世功名早薄。甚青山不同白发，此恨付冥漠。（公《西山》诗：“白云自谓能霖雨，如此青山不早归。”）　　三峡啼猿急，一夕魂消，驿庭花落。（公奉命入蜀，军次永川，余题壁词有“驿庭花落，他年此际消魂”之语，公见之，黯然不怿。未及一月，资中兵变，公遂及难。）梦归化鹤，忍重见人民城郭。树鸟嘶风，似当日龙媒系著。恨侯嬴不共属镂，负素约。

读此词并注，于前后情事了然。按端陶斋故宅在细瓦厂，有古槐一树，“树鸟”两句，颇有情致。陶斋幕府夥颐，而午诒独有“侯嬴属镂”之语，交情可见。

又其一，则彭刚直轶事。午诒词中有《英雄老》一题，注：“和湘绮师《题郑幼惺分巡醉携红袖看吴钩图》，调寄[采桑子]。”词有序，甚长。序云：

往从湘师船山，颇闻衡阳彭刚直尚书轶事。刚直孤峻自喜，朝廷虽以旧功加礼，久亦忘之，年六十，至不为赐寿。每有建议，恒为枢近抑置，名以本兵巡阅长江，实无一兵。甲辰法越之衅，抗疏请行，自知无以一战，徒欲得当以一死报国，而竟不得战死，郁郁以终。湘师为之志墓，称为“独立不惧之君子”，可哀也已。长沙郑幼惺先生，叔进侍读之先德也，为刚直记室。尝从刚直虎门军中，主战疏稿，其所作也。议战报罢，先生为《醉携红袖看吴钩图》见意，凡以自抒忠愤，亦实为刚直发也。是时两广总督为南皮张文襄，力张和议，与内旨合。刚直但以己意言事，宜其孤立无助也。刚直大功，始自小孤一战，自作铙歌云：“彭郎夺得小姑还。”词中所云“小姑吟罢”者也。微之亦似有指，引《会真记》为隐语，但无以实之，亦不必凿也。幼惺先生初从湘阴左文襄甘凉军间，故有“醉罢葡萄”之句，红蕉、末利，则皆广州所有耳。侍读前辈以题词见示，《湘绮楼词》中未载，故录存之：“小姑吟罢英雄老，再起南征。却恨馀生，凄断琴声杂鼓声。微之也悔从前误，误了莺莺。莫误卿卿，可惜风流顾曲名。书生却有元戎胆，醉罢葡萄。笑对红蕉，末利花前宿酒消。思量冷落吴钩剑，重把灯挑。细取香烧，一卷兵书付小乔。”

午诒原词二首，其一云：

太平无事尚书老，闲杀江东。退省从容，赢得骑驴夕照中。　　粗官毕竟成何事，不是英雄。也解匆匆，只合香山作卧龙。

其二云：

相如未老文君在，负了花枝。愁对金卮，况是江南三月时。　　家亡国破成诗料，一榻轻飏。两鬓霜披，惆怅微之与牧之。

词后午诒尚有短跋云："后词奉调侍读前辈。湘师词有'平生不解，江南才子，家亡国破，都成诗料'。退省庵者，刚直巡江至西湖时居之。湘师为题楹联云：'花草野庭开，居士心闲来放鹤；湖山行处好，圣朝恩重莫骑驴。'"按彭刚直书札，前已掎摭及之，读此词序，可以见刚直晚年祈死之壮志。而《广雅堂诗集》中挽刚直诗，南皮自注言契合刚直，殆有不实不尽者在。以事理揆之，南皮主和者，为迎合西后意，至刚直嘍啃宿将，则貌为优礼，勿忤之，亦大官之惯技也。刚直西湖退省庵联榜，今不知尚存否？湘绮喜为楹联，此联侧重用骑驴两字，仅取工稳，不如午诒所举"平生不解"三句词语之爽辣。夏词不详何时作，其跋称奉调侍读前辈，殆言叔进先生新纳姬侍事。叔进今年已七十一，则此词之作，必在光、宣间矣。

二六二　闽江口仓石澳

乙丑归里，曾游所谓仓石澳者，盖闽江入海处一小岛也。考"澳"，《说文》："隈崖也。"荀悦《申鉴》"若乳之坠于隩也"，注：澳，崖内近水之处。仓石虽以澳名，不限于为水之隈崖，实为一岛。闽江口，号称天险，岛屿棋布，尤以五虎门为最有名。仓石与五虎相距咫尺。予游以十二月初旬，气候温煦如暮春，江轮近澳，已眺及海，一碧际天，唯有顽山小屿，出没绿波间。澳之泊舟处，群蚝万千附石上。既登陆，则沙厚数尺，如白粉屑，断岸赭驳，水痕宛曲，附岩石如画。予弛衣卧沙上，东望海水，西瞻江涛，碧浪黄流，互相映发，五虎石若刀剑守门，群山蜿蜒，及海尽成绝壁，受日炯然有光，诚奇观也。澳之中央有小山，西人结宅其上，道路修饬，树木蓊翠。全澳形如偃月，有山为障，故冬暖夏凉。初无人知之，晚近西人诛茅为避暑地，始闻于城市。以其地小，其经营必有所限，顾亭馆饮馔及海浴之场，则假以时日，必可远逾于予所游者。忆童时游鼓浪屿，与厦门隔一衣带水，曲磴危楼，宴于日本诗人结城蓄堂家。惜儿时事，已不能省记屿之全景。仓石之游，余有诗纪之，非惟不使雪泥之印日就模糊，亦使好为岛游者可省览也。诗云：

北客舟程逢海怒，翠屿嵯峨浴波舞。
夜窗摇梦怯阳侯，未意奇观入新睹。
青天为幕海为奁，沙如层茵石如乳。
断岩鹏嘴未培风，嶅嶅群蠔枕其股。
北临海门才十丈，狞石当关云五虎。
小山完完意萧暇，屹我南方互支拄。
东西江海相后前，中岭飞惊得栋宇。
欲寻草香踵行迹，挟纩弥温日加午。
但从衣带辨苓箸，稍爱沙鸥解眉妩。
舟师告余此仓石，三面贮风状如瓿。
绿波青嶂非人间，绝海天骄来占取。
墟烟始随估客集，每岁凉波戢柔橹。
归人闻言微叹息，故国山川易宾主。
南来皆说杼柚空，北望又愁征战苦。
海壖一角未成田，犹与溟渤为吞吐。
开山若唤小桃源，莫厌秦人作初祖。

今又十年矣，笔札鞅掌，方春无游衍之乐，摭此以资玩忆。

二六三　明清宫室兴作规模

缪小山《云自在龛笔记》，多采自李榕村日记，故述康熙时事特详。有一节云：康熙二十九年，大内发出前明宫殿楼亭门名折子，又宫中所用银两，及金花铺垫，并各宫老媪数目折子，令王大臣等察阅。诸臣等复奏：查得明故宫中每年用金花银共九十六万九千四百馀两，今悉以充饷。又故明光禄寺每年送内所用各项钱粮二十四万馀两，今每年止用三万馀两。明每年木柴二千六百八十六万斤，今止用六七八万斤。明每年用红螺等炭，共一千二百八万馀斤，今止有百馀万斤。各宫床帐、舆轮、花毯等项，明每年共用金二万八千二百馀两，今俱不用。又查故明宫殿楼亭门名，共七百八十六座，今以本朝宫殿数目较之，不及前明十分之三。考故明各宫殿九层，基址墙垣俱用临清砖，木料俱用楠木，今禁内修造房屋，出于断不可已，凡一切基址墙垣俱用寻常砖料，木植皆用松木而已。四十九年谕大学士等曰："明季事迹，卿等所知，往往皆纸上陈言。万历以后，所用太监，有在御前服役者，故朕知之特详。明朝费用甚奢，兴作亦广，一日之费，可抵今一年之用。其宫中脂粉钱四十万两，供应银数百万两。至世祖皇帝登极，始悉除之。紫禁城内，一切工作，俱派民间，今皆现钱雇觅。明季宫女至九千人，内监至十万人，饮食不能遍及，日有饿死者，今则不过四五百人而已。"又谕户部曰："国家钱粮，理当节省，否则必致经费不敷。每年有正额蠲免，有河工费用，必能大加费用，方有裨益。前光禄寺一年用银一百万两，今止用十万两，工部一年用二百万，今止用二三十万，必如此，然后可谓之节省也。"读此，可知明代宫殿规模之弘大。不论康熙所述九千宫女、十万内监之细事骇人听闻，吾人案行南京，觉洪武改创南京之伟大，视永乐规拓北京为尤侈，以南京当时尚有外城，今日所称尧化门，即外郭门之一也。满洲人创造力殊不及汉人，但颇能保守。以北京言，顺治因明城修缮后，诸城门楼垂百年无大坏，可见创始工料之固，然亦由康熙力主节省，如李记所载谕也。自乾隆三十二年修葺永定、广宁二门楼，四十六年修正阳门箭楼城台，四十七年重修内城西北角楼，五十二年修崇文、安定二门楼，五十四年修西直门楼，嘉庆元年修东直门门楼城台，二十四年议修正阳门城楼，道光二十九年修正阳门箭楼，光绪庚子后复修建正阳门两楼，计有清二百馀年中，城垣楼橹之兴修，荦荦大役，不过此数。则其上承明制，基扃固护，可想见矣。又清诸陵，求如昌平长陵坊碑飨殿之宏伟者，殆不多觏，永乐创构，亦可惊人。观康熙谕中言“一切工作俱派民间”，恣其暴力，易此伟观。清不敢厚役汉人，良为明智，而乾隆中改建寿皇殿，竟盗明陵大木，则又其好施小慧，唯袭前人而无力创造之一证也。相传乾隆坏明陵飨殿，取其大木为宫室。一日戏问侍臣：“掘墓何罪？”答：“见骨当斩，不见骨发遣。”帝笑曰：“吾其以江南为配所矣。”遂再幸江南。此虽委巷谰语，然可征当时盗用明材传说之不能掩。按明嘉靖间，景山有殿四：曰寿皇殿、永寿殿、观化殿、观德殿。其中惟寿皇殿，清时屡修建之，但非其旧址。（《清会典事例》载：寿皇殿恭奉列祖列后圣容，旧在景山东北云。按旧寿皇殿前门五间，门内之西为龙王庙，中为寿皇殿，殿五间，殿后为臻禄堂，下为万福阁，左为永康阁。《日下旧闻考》误为康永阁。阁下为聚仙室。清雍正间复于景山建寿皇殿，见《清续宫史·训谕五》乾隆六十年十月二十一日谕。乾隆十四年改建于景山中峰之北，盖以十二年起建，至是告成也。事见

《皇朝文献通考》。殿门外正中及左右，有宝坊各一，石狮二，砖城门三，门内戟门五间，正殿九间，左为衍庆殿三间，右为绵禧殿，东西配殿各五间，碑亭、井亭各二，神厨、神库各五间，殿之东北为集祥阁，西北为兴庆阁，阁后即景山之北墙也。至乾隆二十四年十一月，是殿四角大木错出，柱础沉陷，遂又修缮。据《芜史》载：与御马监相对者，寿皇殿之东门，万历中年始开者也。据此，则明代之寿皇殿似仍偏东，与今之景山东门相近，而雍正年所建之寿皇殿，已非明代旧基。乾隆所改建者，实为雍正年之寿皇殿也。）至民国十八九年间，殿所藏画像，废帝与故宫博物院尚有争执，而寿皇殿复有名于世。试登景山一望，蓟门烟树，彼郁葱葱者，正悉为朱明经始之烈，而自命遗老者，乃临睨而思满清，岂非数典而忘其祖耶？

二六四 故宫真武庙明代旗竿

故宫中明代遗构至夥，而不甚为考古家所注目，实乃可珍者，为神武门内顺贞门南御花园真武庙之两旗竿，此明代遗物也。按旗竿俗多为旗杆，杆虽与竿同音，训木挺，《汉书》“被铠杆”是。旗竿制出佛门，予昔《游西山》诗有云：“乱呼苍柏为驺从，时有霜钟来刹竿。”客或有疑，不知“驺”即训“从”，“刹”即训“竿”，正是一物。“刹”为梵语“瑟刹”之简称，佛寺所立之幡竿也。《释氏要览》：沙门得一法，便建幡告四远。此即旗竿之起原，其后道观亦效之。正如“刹”本旗竿之专名，浸假六朝人呼塔为“刹”，唐人呼寺为“刹”，皆字义之引伸也。故宫真武前旗竿，高过紫禁城数丈，使非景山为障，数里外皆可见之。试从北海白塔东南望，独此两竿杰出黄瓦绿阴间，可见当年庀材之伟大。惜比年已西欹，更数十年不修，恐将折坏矣。清宫所建旗竿，以西苑时应宫者为最修，据光绪年间承修匠人言，时应宫旗竿通体高六丈七尺五寸，则真武庙者当在八丈左右。夹竿为汉白石，宝顶为绿琉璃，灰漆麻布凡七匝，透渍以油，使不透风日。盖历祀数百，而里木犹新，昔人营造之勤挚，亦可书也。

二六五　记罗瘿庵

近读吷庵[①]所为《忍古楼诗话》，述罗瘿庵诗，因录予所为《哭瘿公》三诗，以为瘿死后无传记，予之诗可当罗传读。忆乙丑归里，又点丈亦有是言。顾予知瘿公，良未如晦闻之深，挽诗亦未如刚甫[②]之挚。然偻计自甲子至今年丙子一周间，又点、瘿公、刚甫、晦闻并化为异物，江国雨夕，忆之心痗，不能无述。

予识瘿在宣统末年，同官邮部。予初为诗，瘿心好之。记辛亥革命时，予戏咏其时各省督抚或死或逃或降之轶事，各系一绝句，投之陆咏霓所主之《帝国日报》，别为一笔名，独瘿知耳。后予又为一诗，咏项城杀张振武事，瘿尤称不去口。得交陈简持、梁任公、麦孺博、潘弱海，率瘿之介。时瘿寓广州馆，敷庵、孝觉皆同学，亦居此，辟一院杂莳花木。予不常诣前门东，独为瘿庵兄弟往，如是六七年。中间任公创《庸言》，予与远生间为小评，而瘿任笔记诗文录，今所传谈掌故文字数篇，为中国近百年史料所甄录者，皆瘿于

---

① 夏敬观，字剑丞，号吷庵，江西新建人。光绪举人。署江苏提学使。入民国，曾任浙江省教育厅长。通经史，工诗词。著《忍古楼诗集》、《吷庵词》、《忍古楼词话》及《词调溯源》等。

② 曾习经，字刚甫，广东揭阳人。光绪壬辰进士。户部主事，度支部右丞。有《蛰庵诗存》。

听歌之馀，深夜所草也。瘿宽温敦笃，而有特操，于项城有故，而始终不受其禄，其后尤望望然去之，以是贫病死。病甚久，殁时其夫人病狂易，不知瘿之死，不久亦殁。夫妇既并逝，家遂荡然。盖瘿笃于友生，而其弟兄友朋亦百计赒给之，卒无以救其贫病散佚。天下事可哀可叹，殆无逾于此矣。

瘿公诗一卷，誉虎所刻，卷耑有晦闻一序，语语质实。晦闻诗已刻，而文不多见，录之，不唯存瘿庵，且存晦闻也。序云：

> 甲子元日，瘿庵过余曰："吾度岁之资，今日只馀一金耳，以易铜币百数十枚，实囊中，犹不负听歌钱也。"语未改腊，瘿庵遽于是秋八月逝世。既五年，敷庵检其遗诗，将梓，就余请序。余始得读瘿庵《癸亥除夕》诗，其诗有云："自讳囊空念妇劳。"其言何温厚如是耶？《王风》闵周之诗，"君子阳阳"，曰无所用其心也；"有兔爰爰"，曰君子不乐其生也。瘿庵之为人，若无所用其心者，然亦时有忧生之嗟。顾其所遘艰难，独不使夫妇之道见于衰薄，则"中谷有蓷"之诗，瘿庵之所伤也，读其诗可知已。人伦之废乱，极矣，坏于天下，始于家室，当斯之时，一士之行，往往能申其义，三百诗人，若《谷风》、《北门》是也。呜呼，瘿庵其知之矣。瘿庵驰情鞠部，世有疑而议之者。余尝举以相规，则答余书云："吾欲以无聊疏脱，自暴于时，故借一涂以自托，使世共讪笑之，则无暇批评其馀，非真有所痴恋也。"呜呼，余今序瘿庵诗，敢不揭瘿庵立身之义，并其所怀以告后之读瘿庵诗者，使知瘿庵畜义甚富，过乎其诗。至于闵天下之无诗，则余以之悲瘿庵者，或瘿庵其能知之。余旅京师与瘿庵居最近，过从日数，论诗遂逾十年。其为诗蚤岁学玉溪子，继乃由香山以入剑南，故其造境冲夷，则亦中岁以后，今集

所存少作，盖无几也。瘿庵病中遗属，以诗付曾刚甫选定。今兹之刻，则刚甫垂殁时所定者，盖仅存二百馀首。然余知瘿庵为诗至多，惟其志不求传。其《答客问》诗有云："作书觅句吾不废，聊遣兴耳安用传。"则其馀散佚之诗，或为刚甫所刊落者，必不为瘿庵所惜，虽不存可也。呜呼，瘿庵与世可深，而不求深于世；学书可深，而不求深于书；为诗可深，而不求深于诗；至其驰情鞠部，宜若深矣，然自谓非有所痴恋，则亦未尝求深。其《绝笔》诗尚致叹于嗔痴损道，夫惟其不求深，故万缘之空（绝笔诗语），犹得在未死之日，否则其怀蚤乱矣。乱则无所不至而义失，义失则诗虽存，存其字句声律耳，诗云乎哉！抑瘿庵游不择人，言不迕物，读其诗者随处而可见，盖其度大也。然使瘿庵而不穷，则其志没矣。然虽穷，而无瘿庵之义之怀，则其志亦没矣，诗云乎哉！戊辰正月十二日中夜，黄节序。

晦闻所述甲子元日瘿公语，盖事实。瘿公癸甲间病五六次，癸亥除夕少愈，有一诗云：

吾命偏能重一毛，作诗火急似追逃。
却从病久知儿孝，自讳囊空念妇劳。
世每憎狂聊复纵，出无所诣误成高。
馀生天许闲中乐，那有烦忧更续骚。

晦闻所举即此。其后又病，稍闲，有《病起作》六诗，第五首云：

明朝有米无，此自明朝事。今日且饱食，万事付美睡。
或言陈后山，终竟以寒死。吾尚存破裘，或亦不至此。
有歌必须听，对酒必强醉。百年固可乐，夕死亦适意。
或望子孙贤，此意更无谓。教子尽吾责，非以为自利。
吾责既已尽，亦不复省记。华严百万言，游戏而欢喜。

吾虽未学佛，斯乃佛所赐。纵非极乐土，恐是初禅地。

此诗最佳。忆瘿甲子春在病院，有一札致予，言方读某书，睹一与予同名者，字曰壶舟。予有二绝句答之。亡何，病又大作，入德国医院，卒不起。其最后二绝句，一云：

吞针一钵同罗什，袒背瘢痕似鄂公。

今岁再蒙天所赦，自标新号署蛙翁①。

二云：

平生自诩安心法，每为嗔痴损道功。

今日病中才悟彻，万缘灭尽一心空②。

此为绝笔。尚有自书遗嘱，略言：殓以僧服，讣告中前清官衔皆不书，乞陈散原为书墓碣。遗嘱今不复存，予唯记中有"久矣夫为民国之民矣"一语。瘿公晚入京都，喜从私坊子弟游，其后益自放，奖掖诸伶，若恐不及。殁前壬癸间，以品第色艺与朋辈力争，甚自苦。予尝笑之以为两失，临终亦自忏，故予挽诗有"圆脱信般若"句。挽瘿公诗，予所见以曾刚甫为最，与晦闻序相表里。曾诗三首云：

瓠落名方起，萍浮迹遂陈。廿年为客梦，一代过江人。

下笔乌丝近，登歌白石亲。颇疑忧畏尽，竟与死生邻。

结客遍湖海，逢人只肺肝。后时何所惜，晚况益艰难。

丝竹存微尚，沧桑付达观。裹头馀尺布，事有至辛酸。

寂灭方为乐，难禁一恸情。缘空能澹定，度胜是生平。

骨髓诚何病，琴弦欲废声。唱衣犹待暝，霜露下严更。

---

① 自注云：住医院以来，受注射三百馀针，两臂两腿无完肤矣。

② 自注云：病中楚酷，凡人生痛苦，靡不尽历，惟灭尽思想，则痛苦渐减。今则痛苦渐尽，思想渐起，仍当力破嗔痴耳。

二六六　宋刊《却扫篇》记王氏藏书

前记袁漱六藏书，客因言近有陈登原[①]君辑《古今典籍聚散考》一书，颇详赅，买翻数遍，信具梗概。陈君虽于漱六、木斋未及知之，予未敢病之也。近数年间海上藏书家亦稍有流变，予意后此图书馆之业当日昌，私人庋藏将日替。因忆宋人逸事一则，可以补好谈藏书故实如陈君者。按宋临安府尹家书籍铺刊本《却扫篇》下卷："南都王仲至家藏书最富，其目至四万三千卷，而类书之卷帙浩博者，皆不在其间。其缮写必以鄂州蒲圻县纸为册，以其紧慢厚薄得中也。又别写一本尤精，好以绢素背之，号镇库书。镇库书不能尽有，才五千馀卷。宣和中御前置局求书仲至孙问，以镇库书献。"镇库书，名颇颖而切。凡号收藏家，至少必有若干帙镇库书。蒲圻纸近已不著，惜未就贺履之一叩之也。

二六七　杨乃武案野史征存

废历久不用，而谈掌故者每征考之。以废历言，今年太岁在丙子。更溯六十年前光绪二年之丙子，其时有一大狱，几于举国皆知，则杨乃武一狱是也。判决之时，为丙子四月。今又值其年月，故牵缀及之。诸家笔记中，以《清代野记》为详，其书杨乃武狱一

① 陈登原，浙江余姚人。生前任西北大学教授。著作甚丰。有《中国土地制度》、《中国文化史》、《中国田赋史》、《古今典籍聚散考》等。编史学类考《国史旧闻》。

则云：

浙之上虞县，有土娼葛毕氏者，葛品莲之妻也。艳名噪一时，县令刘某之子昵焉，邑诸生杨乃武亦昵焉。杨固虎而冠者，邑人皆畏之，刘之子更嫉之。杨欲娶毕为妾，毕曰："俟尔今科中式则从尔。"榜发，杨果隽，谓毕曰："今可如愿矣。"毕曰："前言戏之耳。吾有夫在，不能自主也。"杨曰："是何伤？"正言间，刘子至，闻杨语返身去。杨闻有人来亦去。次日而毕夫中毒死矣，报官请验，县令遣典史携仵作往，草草验讫。闻杨有纳妾语，逮杨讯，不承。令怒，详革举人，刑讯，终不服，遂系杨、毕于狱。延至四年之久，每更一官，杨必具辩状，皆不直杨，然又无左证，而刘令子又死福星轮船之难。浙之大吏将以杨定谳抵罪，而坐毕以谋死亲夫矣。会有某国公使在总署宣言："贵国刑狱，不过如杨乃武案含糊了结耳！"恭亲王闻之，立命提全案至京，发刑部严讯。原审之刘令，葛品莲之尸棺，皆提至京。及开棺检验，见尸有白须，且以丝绵包裹，两手指甲皆修洁，既不类窭人子，又非少年，又无毒毙痕迹。讯刘，刘亦无从置对，盖始终未见尸也。于是刘遣戍，杨、毕皆释放，案遂结。此案到京之日，刑部署中观者如堵墙，无插足地。陆确斋比部，江西司司员也，亦往观，据云，毕氏肥白，颇有风致云。毕出后，削发为尼，杨则不知所之。或云：当刘子闻杨语时，即潜以毒置葛品莲茶瓯中，品莲饮之致死。或又曰：刘子常携毒备觇便毒杨者。要之，刘子之死于海，似有天道，杨虽非佳士，此案似非所为。又闻杨每于供词划押时，以屈打成招四字，编为花押书之。吾以为杨必有隐慝，冥冥中特借此以惩之耳。

案《清代野记》此节殊嫌略，盖此案自总督杨昌濬以下褫职者数十人，即如所言，外使在总署谓此案不宜含糊了结，亦可见此中必有较复杂之情节也。近始获得江阴祝善诒所为《馀杭大狱记》，言此案始末最具，今全录之：

杨乃武，馀杭人，有文名而佻諴渔色，性高伉，好持吏议短长。县令刘锡彤，老吏也，颇著墨声，尝以浮收漕粮为杨所控，革任。锡彤故与朝贵通声气，夤缘复任，嗛杨，思中伤之，未发也。有葛品莲者，业豆腐，妻毕氏，有姿首，税居杨之别业。杨为毕讲解小说传奇等书，又拥诸怀教之习字，葛见而疑之，迁居五都之市。毕素放诞，以葛人物萎葬，颇不安于室。锡彤官馀杭久，其子某与门丁、漕书某某皆与毕往来，而毕恋杨英年俊伟，最称情密，某等深嫉之。癸酉，杨捷秋闱，锡彤惧，曲意交欢，赠遗丰隆，杨亦时相过从，往还浸密，自谓前郤尽忘矣。

是年九月，葛暴死。其母俞氏再醮于沈，久闻毕氏所为，意其私蓄必多，声言子死不明，将控诸县。既诇毕实贫，欲中止，有医生陈某、讼师王某，皆诸生，与杨积不相能，教之曰："汝第以子死可疑控县请检，汝媳所欢必将敛赀贿汝求罢，可大得志。"从之。两人复流言于众曰："杨与毕奸情为本夫所见，因使毕毒杀之，以绝后患。"一时互相传语殆遍。锡彤得俞氏状，方欲往验，会署中延生治病，即以此事访之。陈具述人言，且谓："二人有私，举国皆知，今之传言，必非无稽。"锡彤大喜，以为宿怨可报。既思逆伦重罪，未可轻率，又以杨举孝廉，声势方盛，杀之不殊，何以自处。乃令门丁、漕书先行察访，犹虑不足恃，复使其子易服微行，密为刺探。王生以刀笔故，本与门丁、漕书善，而陈生又以医故，得出入牙署，于是诸毒并发，五人言皆同矣。锡彤深信不疑，既检验口鼻有黑沈流出，指为服毒然，竟以砒霜定案，改口鼻黑沈为七窍流血。仵作不肯具状，威逼之，始不敢言。时杨以填亲供由会城归，立捕去，搒楚惨毒，血肉狼藉。杨不胜刑，遂与毕俱诬服，杨论斩，毕凌迟。杨母沈氏历控府司院，为子讼冤，不得直。明年走京师赴都察院陈状奏闻，有旨命巡抚杨昌濬会同臬司蒯贺孙亲提研鞠，执奏如前。

又明年，杨妻再控诸刑部。时左侍郎夏同善浙人，素稔杨冤，密闻于上，改命浙江学政胡侍郎瑞澜会同巡抚复谳，皆以砒霜无过付之人，颇动疑念，遣候补知县顾某亲赴馀杭密访。顾受锡彤金，具以情告锡彤，乃与王生等谋，伪令药铺钱保生承认某月日时杨乃武托言毙鼠，买去信石五钱。保生以人命重大，不敢应。锡彤訹以好语，许以重贿，勉从之。顾归报，以为情罪确凿，会衔复奏。于是铁案如山，杨与毕延颈待决而已。

当是时，浙人官京师者，无不知杨生冤，又案悬两载有馀，同乡书函往复，及京官乡试之自浙来者互相察核，尽得县令父子与门丁、漕书、讼师、医生等朋谋仇陷状。及学政、巡抚奏上，浙人大哗，于是翰林院侍读钟骏声、国子监司业汪鸣銮等二十有八人，合词赴刑部讼杨生冤，复嗾杨母妻再控于提督府，两处同时奏闻。时夏侍郎迁吏部，代者为吾苏翁侍郎同龢，力主驳议。而刑部尚书希要人旨，以为事更数官，案无遁饰，何当为此纠蔓。两公意见不合，相持不下，语颇上闻。翌日翁奏事毕，上问："此案究竟如何？"翁力言事关逆伦，人命至重，应请敕下巡抚，将棺犯人证解京，听候复检，自然水落石出。上韪其言，特旨着杨昌濬派委妥员，将杨乃武、葛毕氏、人证、卷宗解交刑部，途中加意防范，倘有他故，惟该抚是问。其葛品莲棺木着刑部派司员前往馀杭，眼同刘锡彤验明加封，一同解京。时乙亥冬十月也。

明年春三月，人犯至，刑部会审，杨痛哭历诉冤惨，闻者动色，咸谓毕氏毒死本夫，当无疑议，特同谋者非杨乃武耳。夏四月，葛品莲棺木解至，停于地安门外佛寺。先传刘锡彤讯问，指划凿凿，毫无怍色。届期刑部满汉六堂、都察院、大理寺并承审各司员皆至，顺天府二十四属仵作齐到，又有刑部老仵作某，年八十馀，亦以安车征至。各官先验棺上封条，则县府司院印封重叠，复令刘锡彤亲验是否葛品莲真正尸身棺木，先行具状。然后开棺，其尸已朽，仅存白骨一具，老仵作手自检验。惟时观者填塞，万头攒望，寂静无欬。老仵作先取囟门骨一块，映日照看，即报云："此人实系病死，非服毒也。"桑尚书大骇，叱令细检。对曰："某在刑部六十馀年，凡服毒死者，囟门骨必有黑色。似此莹白，何毒之有？"逐节检毕，向馀杭原验仵作叱曰："尔等何所见而指为服毒邪？"答曰："我等原不肯填写尸格，官立意如此，不敢不遵。"曰："是何言！官不明检法，全赖吾辈悉心区别。脱本官别有肺肠，即当力争，充其量不过责革耳。怵于威而迁就之，与啖以利而逢合之，杀人以媚人，罪不容于死。"复顾锡彤而笑曰："昔日仵作受官密旨，俯首听命者，畏官扑责也。今且发官私覆，以图自全，官尚能坐堂皇责之邪？"闻者皆大噱，共视锡彤面色灰败，默不一言。明日三法司会讯，按律定拟：杨乃武不知避嫌，祸非无因，且平日干与外事，业经斥革，应无庸议。葛毕氏查无通奸实迹，释放还家。

刘锡彤误听人言，入人重罪，革职发边远充军。伊子及门丁、漕书察访不实，枷杖发落。钱保生并未刑逼，自认卖砒，恐系挟嫌诬证，已死无从质讯。诸生王某、陈某帮同尸亲沈俞氏酿成巨案，应褫革究办，业已瘐死狱中，勿论。其馀杖责释放有差。奏上，得旨：杨昌濬身为巡抚，于逆伦重案漫不经心，胡瑞澜于朝廷交办重案并不悉心研究，随同复奏，有负委任，均着革职。馀依议。

此案既结，人始知毕氏亦冤也。是役也，自巡抚、学政至司道府县夺职者十有六人，镌级撤任被议者又十馀人，为百年来巨案。封疆大吏操生杀之权，徇庇属吏，习为故常，得此惩创，庶知国法之严，人命之重。然非二三大臣力持其事，乌能使悠悠长夜，获此一瞬天光哉？越十馀日，御史某以锡彤罪重罚轻，再疏参劾，改为长流黑龙江，未几道死，人心于是稍快云。

按祝字吏香，亦同、光时人。所记与前述有大相径庭，如刘锡彤子死于福星船，提全案至京者乃恭亲王，开葛棺时情状，皆与祝记有出入。而葛毕氏之近于为土娼，杨乃武之无罪则同。祝所记老仵作验尸状，较入微，辞宜可信。吾国旧日折狱，专恃仵作之经验谈，其有合于科学论证者有几，自是疑问。抑在昔日社会，其所恃以毒人之药物者，亦止此数种，故仵作见闻，亦较有范围。“凡服毒死者，囟门骨必黑”此两语，正不妨留待今日之法医与学解剖毒药学者之评剖也。光绪丙子刑部尚书为桑春荣，两笔记皆阙。

二六八　张之洞之尊人善治州县

张文襄之尊人名锳，字又甫，道光间官贵州，历任清平、安化、贵筑、威宁、古州诸厅州县，以治行称。所称者：一、廉，二、善听讼，三、治盗，四、义仓，五、兴书院。寻擢兴义府知府，贼攻兴义，以善守城称。其神道碑云："汉、回夙相怨，兴义城西隅有回数千家，多为营弁者。方贼攻兴义时，官绅惧内讧，公召其长慰勉之，回叩头愿效死。公即以西面城守委之，不置他将他兵，回捍拒益力，西壁守遂固。其后数年，兴义复被兵，官绅所为与公相戾，滥杀回，遂为滇回报复攻屠，士民始服公之德化识略焉。"

上所述五可称，与调驭汉、回之道，至今皆可为师法。近日当道方力策吏治，吾意为治之术，不外此数者也。惟世传兴义被围，文襄亦在守城之列，此则謷言。文襄以十三岁自贵州回南皮应试，上距围城时，文襄不过十岁左右，何能任役乎？然此说亦有所本，鹿文端传霖为文襄姊婿，鹿撰《太仆张公墓道碑》云："传霖先尝馆于舅氏，与宫保同学，相亲善，兴义围城中与宫保兄弟同任守陴之役"云云。此则临文自伐之词，至两人年龄较之，守陴乃不可能也。咸丰壬子，文襄乡举第一，年甫十六，犹以红绒结辫。榜发，其家老仆不信，诣榜前谛视，大喜，叹曰："这也罢了！"南皮恒追述之。

二六九　传张之洞为猿猴托生

吾国人好自诩前身由畜生道转来，尤喜称猿猴转世。宋、明诸笔记所载不具举，近代如袁子才，即传前身为点苍山老猿。此殆文

花随人圣庵摭忆

下

黄濬 著

李吉奎 整理

中華書局

二七〇　禅家自省之法

赵明远日以七事自考：一切妄念，稍止息否？一切外缘，稍简省否？一切触境，能不动否？一切语言，能慎密否？一切黑白，咸分别否？梦想之间，不颠倒否？方寸之间，得恬愉否？《宗镜》有十问，以定纪纲：还得了了见性，如昼观色，似文殊等否？还逢缘对境，见色闻声，举足下足，开眼合眼，悉得明宗与道相应否？还览一代时教，及从上祖师言句，闻深不怖，皆得谛了无疑否？还于差别间难，种种征诘，能具四无碍辨，尽决他疑否？还于一切时，一切处，知照无滞，念念圆通，不见一法能为障碍，未曾一刹那中暂令间断否？还于一切顺逆好恶境界现前之时，不为间隔，尽识得破否？还于百法明门心境之内，一一得见微细体性根源起处，不为生死根尘之所惑乱否？还向四威仪中，行住坐卧，钦承祇对，著衣吃饭，执作施为之时，一一辨得真实否？还闻说有佛无佛，有众生无众生，或赞或毁，或是或非，得一心不动否？还闻差别之智，皆能明达，性相俱通，理事无滞，无有一法不鉴其原，乃至千圣出世，得不疑否？又《妙喜禅师语录》，其《与李汉老书》："不识日来随缘放旷，如意自在否？四威仪中，不为尘劳所胜否？寤寐二边，得一如否？于仍旧处，无走作否？于生死心，不相续否？但尽凡情，别无圣解。公既一笑，豁开正眼，消息顿忘。得力不得力，如人饮水，冷暖自知矣。然日用之间，当依黄面老子所言，刳其正性，除其助因，违其现业，此乃了事汉，无方便中真方便，无修证中真修证，无取舍中真取舍也。古德皮肤脱落尽，惟有一真实。又如栴檀，繁柯脱落尽，惟真栴檀在。斯违现业，除助因，刳正性之极致也。公试思之。"

按此皆禅家明心见性之谈，实即儒门三省吾身之旨，此义今人久不谈矣。放观当世，唯力与质相眩逐，相矜尚，虽曰救死，抑其皇皇疲怖，亦足以自病而殗殜也。若不于平旦清明，下一反省，则虽急装捍剑，何预于八识田根本之计哉？唯善知识，乃有四威仪，可惜尘劳人，不会此意。

二七一　罗瘿庵挽沈子培诗

《瘿庵集》中有《沈培老[①]挽诗》云：

先公所荐士，王沈天下名[②]。辛丑初识公，一麾去帝京[③]。
骎寻十六载，易朝如隔生。是时初复辟，畿甸虑构兵。
萧寺谒吾师，苦口劝之行[④]。吾师颇感动，就公计分明。
公言三日酺，只乐吉语听。石火遽相及，玉貌困围城。
萧然美森馆，二老对寒檠[⑤]。明夷本无咎，蒙难亦艰贞。
南归屡撄疾，伏枕望太平。己亥谒起居，论事辨析精。
今秋访精舍，病榻惫送迎。忽闻廛堘谢，使我心骨惊。
公学若巨海，导之穷八溟。公文若元气，引之贯日星。
后进失依归，觉路已晦冥。当为天下恸，宁止哭交情。

此诗颇关掌故。瘿公尊人峄农先生，名家劭，同治乙丑进士，

---

① 沈曾植，字子培，号乙庵，浙江嘉兴人。光绪进士。官刑部主事，安徽提学使。治史地之学，工诗词。有《蒙古源流笺证》、《海日楼诗集》、《海日楼文集》、《海日楼丛札》等。

② 原注：先公以同治庚午顺天乡试分房得公及闽县王可庄卷，诧为奇才。

③ 原注：辛丑识公于灌阳唐尚书座上，公旋出守。

④ 原注：南海先生与公及王病山同寓贤良寺。

⑤ 原注：南海先生避居美国使馆，公就焉。

官翰林院编修，沈子培、王可庄，皆其庚午北闱分房所得士也。峄农先生逝时，瘿公才周晬，故与王、沈之齿辈相悬绝。其言南海与子培一节，则皆民国六年事。是年夏，张少轩以十馀营兵入京，号为调停督军团，实谋复辟。南海入都，外间尚知之，培老偕来，则事至秘。及七月一日后，以培老为学部正大臣，众始略谛，犹有疑海日老人在沪必不来者。瘿公与任公并为万木草堂弟子，而稍毗于梁。当时形势固万无一幸，闻瘿曾痛为南海剖析利害，而培老谓少须数日。乃三日马厂师起，不及旬而定，此时京津情势一幕活剧，至今忆之，历历如昨日事。老耄愚忠，为人所弄，固不必再论。而培老于辛酉秋竟卒于沪渎，去复辟之丁巳，才四年也。瘿公丁巳有《兵后问樊山翁起居》诗，中云："同居石火流丸地，是我槐阴午睡时。举国未成三日酺，长安又了一枰棋。"即咏复辟，与后之挽沈诗，语意相类。大酺三日，疑是培老有此语。

二七二　沈子培论宋诗源流

培老自是一代大师，其史地之学，何减潜研；耽精内典，又非尺木所及；于诗亦力破玄关，不作犹人语。予于癸丑秋，涛园先生挈往樊园钟集，云培老、病山、完巢、雪澄、节庵诸先辈俱在，磬折作礼趋出，见犹未见也。其后十年，培老托人言，欲观予所为诗，不记诸贞长〔壮〕或瘿公，为述此旨。予因寄一诗，并附丛稿。培老览既大喜，特寄一笺，题予集云："有所悟者能入，有所证者能出。欧、苏悟入从韩，证出者不在韩，亦不背韩也，如是而后有宋诗。作者清才窅思，悟处极多，此后皆证分矣。发菩提心，行菩萨行，字字《华严》法界来，岂不快哉！"按其中诱掖语，自逾分，不必言。其论悟证及宋诗源流，极可为后生辟一法门。

凡学佛者，以信解行证为四级，培老所谓悟，即信解，证，即行证。禅门证果最难，以诗喻禅，亦须卓然成一家，庶可谓证，此岂孱笔所敢企及？

至宋诗导源于韩，此说已旧。从其大处言，唐与宋本不当区别。开、天极盛，难乎为继，故中晚取径于秾丽流转。浸寻靡极，宋初西昆，已渐参硬语。至于荆公、欧公，皆从太白、子美、昌黎、柳州直求法髓，不复步趋中晚。眉山崛起，追踵前规，复参禅偈，宗风大畅，沾溉一代。其后哲匠辈出，或毗于刚，或毗于柔，虽态有万殊，而理只代嬗。故与其以朝代为区分，不如谓为文质之相代，寻其源委，一以贯之。译以新词，各求出路而已，非云唐别有唐，宋别有宋也。从其小处言，则所谓时代作风，俨有鸿沟，莫之能越。由斯立论，所谓宋诗源于欧、苏，欧、苏从韩悟入者，如培老所说，亦自是一条线索。夫唯中晚之绮弱不足师，杜、韩之雄腴无以加，不得已，则就其萧疏真率处求得馀地。此种假定，必为欧、苏悟入时之用心。今观昌黎诗中，如《听颖师弹琴》，如《归彭城》，如《嗟哉董生行》，如《南山有高树行》，皆六一诗所从出。如《秋怀》，如《赠刘师服》，如《赠张籍》，如《华山女》，如《读皇甫湜公安园池诗》，如《南溪始泛》，如《游城南》十六首，试读东坡诗，往往似之，即可知东坡得力处。然欧有欧之韵与度，东坡有其气势与机锋，又绝不类韩，故知培老之言信也。至宋诗虽不能以欧、苏概之，然试寻苏门之法乳，则陈、张、秦、晁各有绝诣，即山谷之巨刃摩天，要不能不朝宗于东坡。下逮南渡后之尤、杨、范、陆，前者如晁具茨，后者如姜白石，其气味终如中泠泉之与昊天寺井水，曾无大异。至元遗山、萨都剌、高季迪，则其味不同矣。然则培老有欧、苏而后有宋诗之界说，亦信也。

唯培老所示者，似未完全，欧公所宗有太白，不止于韩，东坡综合太白、柳州，亦不限韩，而韩与一切宋诗又皆从老杜各体变化脱胎而成。此说予意培老复生，必不能易。辛酉培老下世，予亦挽以一诗，起云："元长斋壁柳恽句，千古才人为叹羡。"即言培老相赏予诗。其后有云："独嗟杜韩证分语，造膝无由究动变。"言予意有未餍，而始终暌隔，末由造谭也。我思尊宿，复叹芜疏，证道无期，根尘俱钝，即字句之微，亦不知《华严》十玄门在何许？琐琐诠忆，不觉累纸。若云说诗，则皆肤论，世之作者，必喻谅之。

二七三　黎寿丞补述袁漱六藏书事

寿丞黎君，名门茂学，强记工书，今之虞伯施、欧阳通师也。比遗函于予，述袁漱六藏书数事，见闻精确，亟录以实吾札。其一云："偶见《花随人圣庵摭忆》，言袁漱六先生家藏书事，予里居距袁家崎头湾故宅数十里，惜未尝一登其书楼。唯闻榆生观察殁后，其家自省城归老宅，家有老姨太太（不知为漱翁妾抑为榆生妾）者，宲守书数厨，扃闭唯谨，不许家人窥。年久屋漏，水自厨顶灌入，而不之知，书悉浸透。某年晒书，则皆黏合不能揭，遂尽焚之，可谓浩劫，不知其中有几许孤本也。"

其二云："袁家书经李木斋购去后，其馀归湘潭曾子伦上舍（纪纲）家。迨曾家中落，叶奂彬、王佩初（礼培）、李郁华（瑞奇）又从而选购其精本。今长沙书估手，犹偶见有卧雪庐藏印之书，皆袁家物也。"

其三云："榆翁有诸孙为英文教员者，予一日见其案头有《山中白云词》，戈顺卿（载）通本墨笔批校，小行楷绝精，因从乞之，许举全书赠我，后亦未践斯诺。以此观之，漱翁藏书之富，诚不可思议。其家人不甚爱惜，诚堪浩叹。”

按黎君与袁漱六同里闬，故所述翔细若此。然予又闻叔章言，漱六之书，亦有数箱，为郭葆生（人漳）所有。葆生亦朋辈中最恢奇者，元二年数从宴游，文章浩瀚，意气奋迅，不可一世，未意其俄焉长埋也。所藏书，闻尚封识未动，其得逃毁污，亦已幸矣。又前录散原与伯弢手札，注通隐度是何庆瀚，猿叟之子。顷寿丞为订其误云：“通隐为衡阳何承道，字朴园，其自刊诗稿曰《通隐堂集》，光绪乙酉优贡，官四川定远县知县。若何伯原先生讳庆涵，咸丰时已乡举，与伯弢年辈不相埒。”此则一洗向来之惑，尤足纫也。

二七四　西湖慨叹

东坡诗云：“若把西湖比西子，淡妆浓抹总相宜。”今日西子，不止不淡妆，直全是浓抹；不止浓抹，直大半为裸胸蜷发之欧洲妆。举世所趋，西子弱质，不敢云不宜，然亦难为消受矣。因叹世风正如丸走阪，比年江南道中，相逢谈吐，若不能杂以二三外国语者，几于不得侪于士类。然吾从北高峰下探天竺，过中印庵一逻，丛篁刺天，静碧隽悄，舆夫为予言：“此地最佳，外国人最喜来此。”斯言大有名理：其一，可知舆夫心目中，已品第外国人为鉴赏风物之第一流；其次，可知吾人流汗经营以期邀眄于东西人士者，乃其流连踯躅，初不在乎红楼马路边，而仍在乎荒山丛竹流泉之间。然则苍寒宕野之趣，倘有可废而不可废者在乎？孤山旧有竹楼，白太傅诗：“小书楼下千竿竹，深火炉前一盏灯。此处与谁相伴宿，烧丹道士坐禅僧。”后林和靖结庐此中，尚厌其未邃，有诗云：“山水未深猿鸟少，此生犹拟别移居。直过天竺溪流上，独树为桥小结庐。”逋仙此意，今日湖壖，胡可多得？孤山已成闹市，天竺亦几童山，唯馀一二处蓊蔚耳。后此物质腾达，湖与山皆当顶踵斩新，如日本之日光、箱根然。顾如苟且涂附，以夺自然之美，与夫浅识者但知“弹琵琶学鲜卑语”以相矜炫，则终令人为圣湖戹逆，而愁其偾大事也。

二七五　理安九溪十八涧

名胜之兴废，亦相嬗代。西湖诸山，天竺今固非佳，韬光亦何尝是最胜处？唯理安九溪十八涧尚幽曲。然近读张南皮未刊之中年诗，《使浙将归登舟后得杂诗》二十首，其第十九首云：“寻胜不辞出险去，理安已烬净慈无。秋光正好王程急，孤负西溪万顷芦。”是理安在光绪初时已毁烬，今之修楠高竹，皆四五十年间景物也。九溪十八涧信美，然吾读萧伯玉《南归日录》云：“十八涧两壁夹一天，一似天受其成形，渐小渐狭，渐迂渐缩，俯而就于两壁之约束，天盖在山中矣。山左穷，涧却避而趋于右，已山右穷，涧又忽跳而跃于左。山之左右变，而日之东西亦随与俱变。划焉中断，又忽然无际，足为目诱，多方以误之，则尝地倍赊。目为足导，绝利以趋之，则取境甚廉。始而心与目谋，复与足谋，意所独营，足与目尚未肯退而听也。已而足代为目谋，目代为足谋，相得甚欢，遂求路忘疲，余特往而从之耳。度涧二分之半，倦而憩于理安寺”云云。其状十八涧处，文特婉黠，屡游之馀，觉十八涧尚未称如斯曲折，唯当以状房山入口之绝壁深涧，或相肖耳。广雅入杭病疟，其第四诗云：“盐豉如荼只楚呻，苦思乡味等思莼。真长竟受桓公米，亦是猪肝累主人。”自注：“求北地小米不得，马谷山中丞闻之，惠数斗。”

按此是病后胃弱，思食小米，马必有夙储，故以赠张，在当时自为难得也。

二七六　梁节庵两湖书院联

饮禺生家，因话及梁节庵栖凤宅食鱼斋一联，刘云：梁监督两湖书院时，有一联悬于监督堂，云："燕柳最相思，忆别脩门三十载；楚材必有用，教成君子六千人。"盖两湖先为书院，后改学堂，肄业者先后六千人也。有改此联嘲之云："君子一无成，人来梁上；脩门何所忆，凤去楼空。"下联仍言节庵京寓栖凤楼本事。

二七七　左宗棠西征举借外债

清末外债最勇于提倡者为左文襄，此在近代吾国经济史上，不能不谓为一大转变关键。文襄所主利用外资者，志在以巩边防。盖在同治末年，文正薨后，国中重臣已觉内忧虽戢，外患必滋。所谓外患者，不复如道、咸间之但知懔畏英、法，而已怵惕于东西近邻之交迫。其作此主张者可分两派：左文襄之意，谓宜平定回疆以防俄；李文忠、沈文肃之意，谓宜先巩海防以备日。光绪二年，文襄欲举债以平新疆，时沈、李即各疏反对，以为海军需款方殷，政府财力不能兼顾。文肃一疏，尤详明剀切。文肃对于国债之见解，略云："国债之说，遍行于西洋，而西洋各国，受利受病，相去悬绝，则以举债之故不同，而所举之债亦不同也。夫开矿、造路、挖河，巨费也，而西洋各国不惜称贷以应之者，盖克期集事，课税出焉，本息之外，当有奇赢，所谓以轻利博重利，故英、美等国有国债，而不失为富强。若以国用难支，姑为腾挪之计，后此息无所出，且将借本银以还息银，岁额所入，尽付漏卮。”

其对于新疆之见解，略云：“新疆广袤数万里，戈壁参半，回部皆其土著，根蒂深固，既无尽剿之理，又无乞抚之情，似非一二年间所能就绪。即使事机至顺，逆回弭首，诸城尽复，与俄为邻，互市设防，正重烦朝廷擘画，而非放牛归马之时也。”

又云：“然谓西征可停，则臣等又断断以为不可。何者？我退则敌进，关陇且因而不靖，徒弃祖宗辛苦艰难缔造之地，而列戍防秋，劳费亦正相等。顾臣等窃以为左宗棠此行，不当效霍去病之扫穴犁庭，而当师赵充国之养威负重，将帅无赫赫之功，而国家受万全之福。诚能扼其冲要，坚壁清野，开水利，广屯田，考畜牧，关外多一分之产，关内即省一分之运。”

其诉海防款事，语尤质实，略云：“查海防专款，奉拨瞬将经年，臣葆桢恐分之则为数愈微，咨请各省尽解北洋，冀可藉资集事。而去岁所报解者亦仅江西十万，浙江十万，他省涓滴俱无。”

文肃此折，不外三点：一、言举债应用之生产方面。二、言处置新疆不宜全恃军事，应重建设，尤宜注重陕甘建设。三、则言海防即海军款项之重要与困难而已。文襄抗疏力争，对于文肃国债一点，驳之最力，略云：“至论各国举债攸殊，效有同异之分，尚非探原之论。夫英、美富强，甲于海国，由来已久，兵费借其本国之债，不待求助邻封，自然之理。”

又云：“各国衰亡之征，由其自致，若谓借本国之债者必富且强，借邻封之债者自贻困蹙，而引之为借用各国洋款之戒，非定论也。”

又云：“夫西征以复旧疆为义，非有争夺之心，借千万巨款，济目前急需，可免悬军待饷。”

又云："平心而言，借用洋款，实于中国有益无损。泰西各国兴废存亡，并非因借债与不借债之故。"并举日本之举外债，为有逞志朝鲜之心。西班牙、土耳其之贫弱，与外债无涉。其眼光议论，居然透切弘远。得旨准其借款，文襄遂举外债三次，凡九百七十五万两，始收荡定新疆之功。计此近千万两中，首次为五百万两，事在光绪二年；次为一百七十五万两，事在光绪四年；最后为四百万两，事在光绪七年；皆向汇丰息借。后此中英经济关系之密切，斯亦一因。然左虽戡平回乱，而不能使之长留西北，坐镇经营，生聚建设，故虽复旧疆，而不能谋充实之术。不但新疆非左自镇，即关内陕甘，求如文肃所谓开水利、广屯田、考畜牧者，亦迄无此等事。盖西征战功，当时论者已谓肃州诸役非胜而败，勉力戡僇，仅而获定；其所恃以蒇未竟之功，壮将荼之志者，亦幸而有此数百万外债耳。此议虽苛，未始非事实也。文襄平回，及今不过六十年，所遗勋绩，唯有玉门大道之杨柳，今日亦垂垂尽矣。夫唯西征之不彻底，故千数百万元之财力，殆不异掷于鸣沙戈壁间。于此可见用兵之后，若不知继以政治建设，军力徒于虚耗。所谓"以马上得之，不能以马上治之"，正是此义，可为炯鉴。至文肃、文忠，于明治变法之时即重视日本，汲汲备防，其眼光视文襄之备俄，或更过之。而其始也，各省袖手不为助，清流诃诋文忠，若不容于口。其终也，平日误于颐和园，临事偾于大东沟。二十年间，无量金钱，仓皇虚牝，所换得者为国耻，为骂名，尚不如文襄之犹有毵毵垂柳。吾侪思往，盖不胜愤惘焉。文肃、文忠重视日本，不欲冒昧一掷之初意，既不为时流所谅解，文襄志业亦不克终，卒之清社既屋，陵夷至今，仍无以脱于两邻交迫之局，其颠连抑又加甚。斯盖由晚清政治不良，牝鸡司晨，贪妄狠侈，虽有武备，等于抱薪，始谋不臧，贻祸无极。是知一切根本在于政治，为政之道，在于廉公，而女戎为害，尤足以凋国脉，此又与前之所言，同为炯鉴矣。按文襄西征，光绪初年三次借款外，于同治六年尚有两借款，一为百二十万两，一为二百万两，皆胡光墉在上海经借，谓之洋商借款，由关税担保。至光绪七年之四百万两一款，亦系胡光墉经手，其始英与德竞争，后卒归汇丰承借。

二七八 记曾习经

瘿公既殁，葬于西山秘魔崖前，盖誉虎等所营卜也。葬之日，初夏而有雷雨，北地所罕覯。晦闻、刚甫及予皆预。予诗起云："有雷填临岩，有雹助搯土。吁嗟山之阿，啜泣杂灵雨。"检晦闻诗，亦云："午雷飞雹助凄其，天与愁阴入地知。"①并言此。独刚甫无诗。此时见刚甫颜容瘁槁，不久即下世，及今思之，当为最后一面矣。刚甫、晦闻皆粤人，刚甫辈行较长，思想亦有新旧不同，而有特操则同。揭阳姚君悫（梓芳），予之同学，刚甫之同县也。近为刚甫撰传，略云：

> 光、宣之际，吾国学者论海内诗人，于广东必举曾刚甫。刚甫名习经，号蛰庵，刚甫其字，揭阳棉湖人也。兄弟四人，长撰甫，刚甫次居三，少从撰甫学。光绪戊子，张文襄辟广雅书院，选郡县高材生讲肄其中，刚甫兄弟并与选，同游梁文忠之门。当是时，文忠虽罢官，而直声震天下，诗名尤洋溢岭海间。

---

① 黄节《四月二十五日西山会葬瘿公》原诗云："午雷飞雹助凄其，天与愁阴入地知。封树得缘今日长，山花栽了一春期。诗名被家伤心见，世业成丘达者悲。太息交情只如此，送君临穴最终时。"

刚甫于辞于声，若天性然，既肄广雅，百学靡不窥，而于诗益寝馈不厌，偶有所作，芳馨悱恻，醰醰醉人，文忠惊异焉。己丑，与兄撰甫同领乡荐，逾年偕赴礼部试，登庚寅科进士，旋分户部。居京曹殆廿年，晚始补给事，累迁至度支部右丞。任右丞时，主计重臣倚畀甚至，各行省奏咨到部，或准或驳，动中肯綮，见者知出刚甫手。其他如改铸银币、创办税务学堂诸要政，擘划尤精，盖政声烂然矣。宣统三年，逊清让位。诏书未下前一日，刚甫毅然先引退，有诘之者，刚甫曰："吾行吾心所安而已。"其后买田杨漕，与三数遗民耦耕其间。每乘农隙归省太夫人，旋复北行，往来京津，治田功不辍。田屡不逢岁，则斥其所藏图籍、书画、陶瓦以易米，往往不给，而刚甫啸歌自乐，不尤不怨不歆不畔者十五年。

鼎革之始，神奸张觳，思罗刚甫自重，刚甫不恶而严，巽词自免，而凛然示之以不可辱，大义炳然，可讯万世。以丙寅九月十八日卒于宣南郡馆，年六十，梁任公、叶玉虎二三故旧等，为襄治其丧。其手写诗一册，于是年六十生日手属任公曰："子为我定之。"逾年任公为之序，玉虎为影印，署曰《蛰庵诗存》。其《蛰庵词》刻，见朱彊村《沧海遗音》书中。

刚甫治诗积四十年，未尝间断，仅成一卷，趋公之暇，视诗若性命，然不轻下笔，间或吟咏，厚自掩藏，尚细恶文，非至亲昵，未窥全豹；及遗稿流布，得之者若瑰宝。论者谓其诗境凡三变，晚年所诣，几入陶柳圣处，此论当与天下后世共定之。余交刚甫久，以少不习诗，故亦未及与刚甫细论也。壬子出都，刚甫手写八九月所读书题词十馀首见诒。余读罢，以为学人之诗，与才人之诗，向画鸿沟，不易并久矣。得此则众流一源，学问情性，悉经陶冶，可砭时流无读书之识，而敢于为诗者，盖非此不能见刚甫之学，即不能读刚甫之诗。刚甫叹为知言。

任公与刚甫交最挚，尝题其遗像曰："卓荦之才，而示物以无竞；介特之操，而予人以可亲。其施于政事者，文理密察，而不损其器识之俊伟；其发为文辞者，幽怨悱恻，而愈显其怀抱之清新。既不能手援天下之溺，则归洁其身，年四十四全节以去，六十而返其真。呜呼，此揭阳曾刚甫右丞遗像，有清易代之际第一完人。"其倾倒刚甫至此。读此，亦可识刚甫持躬、制行、治学、从政之大凡矣。

按君悫此传，大致取材于任公先生之刚甫诗序，君悫以古文笔法剪裁之。予意任公序文更真挚，今节录任公序中一段，以见梁、曾交谊。梁序中云：

当其盛年，鞅掌度支，起曹郎，迄卿贰，历二纪馀，综理密微，一部之事皆取办。盖在清之季，谙悉食货掌故，能究极其利病症结者，舍刚父无第二人。及清鼎潜移，则于逊位诏书未下之前一日，毅然致其仕而去。盖稍一濡滞，忽已处于致无可致之地，烛先几以自洁，如彼其明决也。

鼎革之际，神奸张彀，以弄一世才智之士，彼固夙知刚父，则百计思所以縻之，刚父不恶而严，巽词自免，而凛然示之以不可辱。自刚父之在官也，俸入外既一介不取，且常以所俭蓄者周恤姻族，急朋友之难，故去官则无复馀财以自活。刚父泊然安之，斥卖其所藏图籍、画书、陶瓦之属以易米，往往不得宿饱，而斗室高歌，不怨不尤不歆不畔者十五年。呜乎，刚父之所蕴蓄以发而为诗者，其本原略如此。昔太史公之序屈子也，曰:“其志洁,故其称物芳”,“蝉蜕于浊秽,以浮游尘埃之外”。喻此志也,可以读刚父之诗矣。

刚父长余六岁,其举乡试,于余为同年。余计偕京师,日与刚父游,时或就其所居之潮州馆共住,每瀹茗谭艺,达夜分为常。春秋佳日,辄策蹇并辔出郊外,揽翠微潭柘之胜,谓此乐非袯襫子所能晓也。甲午丧师后,各忧伤憔悴,一夕对月,坐碧云寺门之石桥,语国事,相抱恸哭。既而余南归,刚父送以诗曰:“前路残春亦可惜,柳条藤蔓有啼莺。”又曰:“他年独自亲调马,愁见山花故故红。”念乱伤离,恻然若不能为怀也。余亡命十馀年而归,归后屡值世难,不数数相见。刚父虽谢客,顾以余为未汩于世俗也,视之日益亲。去岁六月,刚父六十生日,余造焉,甫就坐,则出一卷相属曰:“手所写诗,子为我定之。”余新病初起,疗于海滨,将以归后卒读,而有所论列,归则刚父病已深,不复能相谭笑矣。

任公与刚甫交,视君宪为深且笃,行文中亦有浓至情味,尤任公所长也。

刚甫所为壬子八九月所读书题诗凡十五首,早著录于《石遗室诗话》,其中可分为三类:第一是说诗妙谛,第二是参禅见地,第三是自述怀抱。如《题〈谢康乐集〉》一首,自注云:“康乐诗,记室赞许,允矣。至其制题简净,正复妙绝今古,倘张天如所谓,出处语默无一近人者耶?柳州五古,刻意陶、谢,兼学康乐制题,如《湘口馆潇湘二水所会》、《登蒲州石矶》、《望江口潭岛深迥》、《斜对香零山》等题,皆极用意,惜此旨自柳州至今无闻焉。不贤识小,正尔惭皇,后有大雅,或哂我南人学问,有牖中窥日而已。”如题《柳河东集》一首,自注云:“柳州五言,大有不安唐古之意。胡应麟举《南硐》一篇，以为六朝妙诣，不知其五言诸篇，多摹大谢也。有唐一代，刻意大谢，柳州一人而已。”如《题〈元次山集〉》一首，自注云：“唐人蹇涩，极于樊宗师，开其先者，次山也。然次山究为雅正，所编《箧中诗》，如沈千运、孟云卿等六七人，咸与次山同声气，盖于唐古中自为一格，非卢玉川、马河南比也。皇甫持正，心仪次山，而以其碎为可惋，不知次山固自成为一种狷介文字也。”如《题〈谭友夏集〉》一首，自注云：“竟陵、公安，世斥伪体。然明自隆、万以降，摹拟剽窃，流弊万端，楚风一扇，变而之诡俊纤巧，文章关世运，盖至是明业亦衰焉。世无巨子，而悍言变法，多见其不知量而已。至小品文字，间亦冷隽可观，又不容概没矣。”皆说诗论文之最精细语，可列为第一类。其《题靖节〈桃花源记〉》一首，自注云：“《桃花源记》，是性境现量，所谓三界唯心，万法唯识也。”其《题〈王右丞集〉》一首，自注云：“予官右丞时，何翙高以诗戏之，曰：‘此真诗人官职也。’自愧文质无底，何敢比辋川？特以夙敦禅悦，于公似有同情，万一他时有会处，则某甲虽不识一字，要须还他堂堂地做个人。”此则禅门见地与述怀者。然予尤爱其《读〈穆天子传〉》一首，自注云：“《我徂黄竹》三章，眷念民瘼，其词甚哀，又继以自数其遇，此祖宗仁厚开基之泽也。穆王此节，便应获没祇宫，虽有徐偃，其不足以摇天下明矣。然于此见当日遨游，实鲜乐趣，非止居乐甚寡也。”此段见解，似前人尚未道过，议论亦甚透彻。任公归国时，刚甫赋诗，有“更生强聒曾无补，楚老相逢泣已迟”云云。其早岁所作极哀艳，至宣统后始变。壬子是民国元年，此时刚甫已辞官杜门，正其从岑嘉州、柳子厚诸家脱化笔致时也。

刚甫殁后一年有馀，予返旧京闲居，追怀旧辈，以周沉观（树模）、吴印丞（昌绶）、张子武（其煌）及刚甫四人为《凉夜追悼》诗，各系一律，其悼刚甫者云："陈（简持）罗（瘿公）潘（弱海）麦（孺博）各山邱，老柳杨漕又陨秋。会葬逢惊颜尔瘦，登楼言在梦成休。普贤行愿终相度，温尉金荃那许俦。谁信生平秋玉志，百篇哀丽为神州。"附识于此，以见文字交期不易得也。

二七九　张之洞毛昶熙主以骑兵制捻

张南皮以同治元年偕陆眉生给谏赴河南，旋入毛文达（昶熙）[①]幕府。眉生本襄毛办理军务者，未几病卒，故毛延揽南皮佐笔札。南皮有代毛奏请抽练三镇马兵一疏，今犹传其全文。此疏有三可珍者：第一，南皮三为人幕，章奏笺启之辞世无传者。近许溯伊为编年谱，其家搜遗箧，仅得四篇，其三皆酬应谢恩之作，独此疏有关当时大局与军事，弥为可宝；第二，此疏《东华录》不载，《清史稿·毛昶熙传》亦不载，毛当时采用此稿及入奏与否，皆不可考；第三，以骑兵制捻，殆为初期流行之主张，南皮此疏可为代表。兹特录之。疏云：

为熟筹制捻长策，拟请抽练三镇马兵，以遏贼冲而完腹地，恭折奏祈圣鉴事。窃维皖捻鸱张，几及十载，豫省全境，半遭荼毒。始则侵轶边垂，继则长驱深入，贼来而不能遏，贼去而不能追，由陈、许而扰及巩、洛，由巩、洛而扰及崤、渑，称此而言，伊于胡底？推原其故，良由豫省东南延袤千里，无有名山大川关梁阸寨之限，贼之边马，动以万计，出巢则驰骤而来，

① 毛昶熙，字旭初，号镜海，河南武陟人。道光进士。以府丞加左副都御史衔，督办河南团练。历官至吏部尚书、总署大臣、兵部尚书。

掠饱则捆载而去。我军皆系徒兵，与贼决战平地，以步当骑，势已不敌，况乎人多奔走，迟速悬殊，但有尾追，断无要击，贼东亦东，贼西亦西，奔命不遑，已非争先制胜之策。即或有时追及，而百舍重趼，喘息不属，勉强徼战，安望成功？此所以贼势日益披猖，而藩篱日益隳坏也。臣愚以为欲制逆捻，当用骑兵。比数年来，亲王僧格林沁转战于豫东之间，所向披靡，固由其勇略过人，亦其所部马队精锐矫捷所致。用骑之利，确有明征，是以臣前此曾有奏请调发东三省马队，及按寨出马、添募马勇之举。而东省马队征戍已多，未奉俞旨；寨马一层，一寨一丁，一丁一骑，于民不无扰累，乌合亦难得力。若召募马勇，类皆犷悍无籍之徒，使其技艺娴熟，散而为盗，更酿隐忧。量为变通，惟有抽练马兵一策。

查豫省满营驻防，额设马甲若干名，抚标及河北、归德、南阳三镇，内有马兵若干名。近来司库艰难，饷不常给，各营枵腹鹑衣，几同乞丐，一应马匹，亡者偷卖倒毙，存者羸病骨立，不堪乘用。有多兵之名，而无一兵之用；有缺饷之苦，而实无非糜饷之人。拟请于各营抽拨马兵若干名，合为一军，配给马匹，加以训练，务使铳箭精熟，驰逐便利，于陈州迤东之太康、鹿邑之间择要屯扎。多设诇探，如亳捻稍有蠢动，则及其聚众装旗大众未合之时，急击勿失，出其不意，可以应时破散。有阑入，则疾趋赴敌，或迮其前，或冲其胁，或断其归途，或要其辎重，进如飘风，退如疾雨，不待深入，即可驱之回窜。迨边围日完，军势益振，更可相机雕剿，先发制人。

惟增兵益饷，今日所难，俟此股精骑成军以后，即可将臣军及西路各营酌裁步勇四千人，便敷此军刍粮之用。兵法有云，十骑可以走百人，百骑可以走千人。似此一挹注之间，费四千人之饷，而可收两万人之用，计无有便于此者矣。如蒙允准，即请饬下僧格林沁，拣派骁果骑将一人前来协同统带，以资教练。伏查豫省防捻之道，东防宋，西防汝，中防陈。汝捻另为一股，距省较远，力亦稍脆；亳捻西窜，必出陈、宋。夏邑、归德一带，既有僧格林沁驻扎，累胜之后，贼气已夺。宋防既密，其势必趋而出于陈。此次西窜，扰及灵阌、淅川、唐、邓诸处之贼，即由陈境突入。陈地无险可扼，不能不以战为守。陈、宋皆固，西路自安。而且疆埸按堵，赋入无亏，既卫民生，兼赡军食，似于中原大局，不无裨益。臣与河南巡抚臣郑元善往返函商，意见相同，谨会同合词具奏。

按捻寇起于咸丰三年，至同治五年九月分为东、西捻。六年十二月，东捻平。七年七月，西捻平。总计前后为十六年。又考，毛昶熙咸丰十年以府丞加左副都御史衔，督办河南团练，自此虽屡迁调升降，皆任剿捻事，至同治五年僧格林沁战死，始调回京。以御捻事迹言，毛之治军，尚在初、中两期，故以骑兵制捻之成绩如何，极可考镜。又按《毛昶熙传》："十一年，疏言捻骑逾等，官军马队过单，皖、豫交界之区皆平原旷野，步队无以制贼死命。今豫境修筑寨堡已有成效，应责令寨长各选壮丁一名、马一匹，投效来营。归、陈两属，约可得马队三四百名。上命推广其意行之。"此即南皮疏内所指"是以臣前此曾有奏请调发东三省马队，及按寨出马、添募马勇之举"之前奏。同治十一年，南皮尚未入旭初幕，然则练马兵之议，固旭初夙昔所主张，其后又以自练之意，属南皮草拟此疏，则事理之必然者也。又考捻寇之平，其得力战具不外民团、寨堡、长墙、马队四者。民团，始于袁甲三；寨堡，则袁与毛创之；长墙，则曾文正创之；马队，则毛旭初虽发此议，然核其实，各军皆有马队，不过扩其额，益充其用耳。在当时负剿捻盛名之僧格林沁，即专用马兵追捻。其蹑捻也，辄数十日不离鞍马，手疲不能举缰索，以布带系肩上驭马。卒以此为捻所知，设伏诱僧，战死。当僧死时，清廷大震，令曾文正督师北征。而文正久之始拜疏，言不能速行之故，其疏中有云："捻匪战马极多，驰骤平原，其锋甚锐。臣不能强步兵以当骑贼，拟派员前赴古北口采买战马千匹，加以训练。"又有云："僧格林沁其统兵追贼，日行七八十里，或百馀里不等，然步队不及马队，驽马不及良马，势必参差不齐。闻僧格林沁于三月驰至汶上，步队后七日始到兖州，马队亦有后三日始到者。行走太速，势不能自带米粮，埋锅造饭。行文州县，令其供支面饭，兵燹困苦之馀，州县力难具数千人之食。又或仓猝得信，家丁逃匿，或两县交界，彼此推诿，将士争先落后，饥饱不均，有连日不得一餐者。其队伍难整在此，其行军神速亦在此。"文正此疏言僧王之长短，实即言马队之利弊也。然以后湘、淮合平两捻，湘之鲍超、刘松山、郭松林，淮之刘铭传、潘鼎新，皆以马队作战制胜。鲍超尹隆河一役，救刘铭传于垂死，刘铭传赣榆之后，与善庆合兵歼任柱，咸用马队力。及西捻最后之役，郭松林、刘铭传共击张总愚，合围之后，两将所恃以游击之马队，数过五六千人。总愚骑马北遁，亦为马队所追及之。故论平捻之战具，马队其巨擘也。毛文达之识力，张文襄之文词，固不可不记。又考同治改元时，毛请谒咸丰梓宫，面陈机要，未许，令以军事密疏入告。毛因上《制捻要策》，其略云：

年来剿捻，未得要领，其误有二：一在专言防堵。颍、徐、归、陈，平原千里，无险可扼，捻数路同发，分而愈多。官军分堵则兵单，合堵则力疏，犹之院无墙垣，徒守门户，不能遏盗也。一在无成算而轻战。贼众数倍于我，马则十倍过之，我无必胜之术，侥幸一战，一旦败溃，贼焰愈张。

至会师捣老巢，实为平贼要策。皖捻虽以张洛行为主，而陈、宋、颍、寿、淮、徐方数百里，无处非贼巢，即无处无贼首，官军即能次第扫除，势难刻期净尽。若绕过小捻，径捣大捻老巢，舍近攻远，而近贼袭我于后，我必不支，此会捣老巢之难遽奏效也。非捻匪与粤匪不同，粤匪蜂屯蚁聚，其势合；窜匪散处各圩，其势分。其出窜也，必须装旗纠合各圩贼目，约期会举，常十馀日始得出。其窜山东者，每会于保安山、龙山；窜汴梁者，会于小奈集、大寺集；窜陈州者，会于南十字河、张倍溜；地皆逼近亳州。亳州者，贼之吭也。计莫若择重臣素有威望者，统步队数万、马队数千，屯军于此。用伍员多方误楚之法，分所部为数起，此归彼出，此出彼归，循环驰突于各捻贼圩之间，使大捻无从勾结，小捻声息不通，惴惴焉日防官兵之至，自不能装旗出窜，四出打粮。俟其饥困，然后以重兵次第围剿，贼无外援则小股胆落，大股易平，招抚兼施，立可解散，不必尽烦兵力矣。

夫防贼于既出之后，何如遏贼于未出之先？剿贼于既聚之馀，何如蹙贼以难聚之势？而又无劳师袭远之危、轻进损威之失，所谓“不战而屈人之兵”者是也。

此疏在元年春，南皮度未入幕，文气亦似非南皮手笔，当为旭初自草者。其称“马则十倍过之”，可见捻方纯以马队取胜，而其后所称“循环驰突”者，亦非骑兵不可也。

尚有一轶闻可附记者。毛文达虽敷陈战略甚详，力言练马兵，而粤、捻合扰颍州，朝命出剿，毛兵仅步卒五千人，绝无马队，其后请西安将军托明阿以西安马队一千赴豫助之。当时交通阻格，办事艰难，言论自言论，事实自事实，于兹可见。今日战术既殊，交通亦便，旧说自不足用。然使骑兵在战略上犹有地位，陈、宋、淮、徐地形犹如畴昔，则毛、张之言或尚有可供参考。并缀之，以助谈军事地理之掌故者。

二八〇　陈弢庵与张篑斋之交情

弢庵先生《沧趣楼诗》六卷，闻已付锓，散原为序，凡三百馀言。先生生平于所为诗，珍吝千万，不惜百遍改窜。初以付散原翁评定，翁为先生及门，而诗境不同，见解亦微异，故签定以为可删者较多。别有二稿为石遗师及梅生评定，则存者众，今不知以何稿剞劂也。沧趣与张绳庵交最深，予已屡详之，其诗亦以为篑斋作为最佳，此殆天下之公论。稿中为篑斋作者，逾十馀题，皆缠绵沉挚，足见生死交情。其《篑斋以小像见寄感题却寄》一首云：

> 十载街西形影随，五年南北尺书迟。
> 梦中相见犹疑瘦，别后何时已有髭。
> 机尽狎沤原自适，声销卖药渐无知。
> 江心忆拜张都像，热泪如潮雨万丝。

此诗"梦中"一联，当时南北最驰诵，而诗中可笺者亦多。首句"十载街西"者，弢老以同治戊辰初至北京，寓丞相胡同路西，与王可庄同居，篑斋则寓北半截胡同朱修伯家，两巷复连，过从最密。"机尽"、"声销"两句，言篑斋当马江未败时，以好直言，又气太盛，谤者蜂集，及丧师谪戍，侘傺忧伤，深自韬抑，又三四年，毁语始稍息也。“江心”句，言洪塘江上小金山之张经祠像。闽江下游，有马头江、马尾江之称；稍上至南台，称台江；自洪山桥上，则称洪塘江。溯江不十里，有小洲，名小金山，上著一寺，寺有塔，客堂供明都御史张经像。考经，闽之侯官人，字廷彝，正德进士，官至右都御史，专讨倭寇，选将练兵，为捣巢计，与赵文华不协，赵劾经糜饷殃民，畏贼失机，诏逮经论死，天下冤之。隆庆初，追论复官，谥襄敏。闽人念经御倭有功，故祀其像。张篑斋中法之役督师马江，未入城即临前敌，以书生未经战事，又使气不洽众口，既败，自请革职，而衔之者众。左文襄查办，心知其枉，仅复奏交部议处。朝贵素恨清流，卒戍军台。时弢老先以丁艰回籍，篑斋绖吏议，始终居马江，至是由马江溯流，经洪塘，又溯至建溪，始遵陆北上，弢老送至小金山始别。以篑斋之身世，与张经之遭际较，将毋相同，故其怆时惜友之语，有特沉痛者，“热泪如潮”，殆必实事。观弢老后有《沪上晤篑斋三宿留别》，其第二绝句云：

却将谈笑洗苍凉，三夜分明梦一场。

记取吴淞灯里别，不须寒雨忆洪塘。

“寒雨洪塘”，即拜张经像时之“雨万丝”也，可见握别时印感之深刻矣。予乙丑回里月馀，岁暮将北归，与舜卿表兄从台江买舟上溯，饮于洪山桥酒楼。薄霰欲作，江声含凄，遂更呼棹，乘流而上，过黄店，访小金山。江水如碧玉，夹岸远山如黛，近山或赭或翠，杂以荔树绿阴，而天寒风怒，江无他舟，萧寥荒迥，四顾紫烟，扬舲中弹，望旗山摩空苍凝，如翠旆起天半。寺绝小而荒，塔尚孤耸，一拜张经像而出。此情此景，及今思之，倍为凄警。昔有诗刊《南游初稿》中，云：

空江唯著一舟闲，舷外千山碧玉环。

香界浮图真涌出，吴儿洲渚漫飞还。

岸容惜别添新暝，沙尾回风作浅寒。

此是黄塘歌唱地，荒残今日眼中看。

晨笺沧趣诗，不觉复忆此游，连缀记之。何日扁舟再泊江浔，当更为诗，一洗离悰也。

二八一　杨乃武案公私资料续辑

前记杨乃武一狱，仅摭私家笔记，证以所传，考其同异而已。旬月以来，询此狱首尾者甚多，爰取官书及翁文恭、李越缦两日记，不限于丙子者，悉钩稽之，以见其全。更若干年，或有视兹为社会史之珍料者。即不然，初暑旱吻，茶馀纵话，或有以愈于文楸枯对也。记兹狱最详为《光绪政要》。今首录之：

《光绪政要》：三年二月，刑部尚书皂保等奏平反重案，按律定拟事：窃臣钦奉谕旨，交审浙江馀杭县民妇葛毕氏毒毙本夫一案，经该抚将人犯卷宗陆续解部，杨乃武之妻詹氏亦自行投到，旋经臣等讯出县官相验草率，奏提葛品莲尸棺及原验之知县刘锡彤等到京，验明葛品莲尸骨，委系无毒，因病身死，当经据实复奏。光绪二年十二月十六日，奉上谕："刑部奏承审要案复验明确一折，浙江馀杭县民人葛品莲尸身系属服毒殒命，现经该部复验，委系无毒，因病身死。所有相验不实之知县刘锡彤着即革职，即著刑部提集案证，讯明有无故勘情弊，及葛品莲何病致死，葛毕氏等因何诬认各节，按律定拟具奏。钦此。"臣部正在审办间，是月二十七日复奉上谕："御史王昕奏，大吏承审要案，任意瞻徇，请予严惩一折，据称浙江馀杭县民人葛品莲身死一案，原审之巡抚杨昌濬、复审之学政胡瑞澜瞻徇枉法，捏造供词，请旨严惩等语。人命重案，承审疆吏及派审大员宜如何悉心研究，以成信谳。各省似此案件甚多，全在听断之员悉心研究，始得实情，岂可意存迁就，草菅人命！此案业经刑部复验原讯供词，半属无凭，究竟因何审办不实之处，著刑部彻底根究，以期水落石出，毋稍含混。杨昌濬、胡瑞澜等应得处分，著俟刑部定案后再降谕旨。钦此。"遵即督饬遴派司员提集全案犯证，悉心研谳。

缘葛品莲籍隶浙江馀杭县，于同治十一年三月，娶喻敬添妻王氏前夫之女毕氏为妻，四月搬入已革癸酉科举人杨乃武家同住。葛品莲在豆腐铺帮伙，时宿店中。其母沈喻氏，即葛喻氏，先因夫故，改适沈体仁，并不同居。七八月间，葛品莲因屡见葛毕氏与杨乃武同坐共食，疑有奸私，潜在门外檐下窃听数夜，仅闻杨乃武教葛毕氏经卷，未经撞获奸情。曾向沈喻氏、喻敬添告述，沈喻氏至葛品莲家，亦见葛毕氏与杨乃武同食，怀疑莫释，每向外人谈论，遂至巷间遍传。适杨乃武欲增房租，沈喻氏等均劝令葛品莲迁居避嫌。十二年闰六月，移住喻敬添表弟王心培间壁居住。王心培留心察看，杨乃武并无来往。八月二十四日，葛品莲因腌菜迟误，将葛毕氏责打，葛毕氏情急，自将头发剪落，欲为尼僧。喻王氏及沈喻氏闻闹踵至，与王心培询悉情由，喻王氏气忿，称系小事，何至如此。沈喻氏当向伊子斥骂，葛品莲被骂，始有为杨乃武前事借此出气之语。十月初七日，葛品莲身发寒热，膝上红肿，葛毕氏因伊夫素有流火疯症，劝其央人替工，不听。初九日早晨，葛品莲由店回家。沈体仁在大桥茶店，见其行走迟慢，有发冷情形。地保王淋在点心店前，见其买食粉团，即时呕吐，面色发青，喻敬添闻素识朱大告说，在学宫字纸炉前，见其呕吐。到家时，王心培之妻在门前站立，见其两手抱肩，畏寒发抖，问系有疾。葛品莲进家门，上楼即睡，时欲呕吐，令葛毕氏盖被两床，向称连日身软发冷，两腿无力，恐系疾发气弱之故，嘱葛毕氏携钱一千文，托喻敬添代买东洋参、桂圆煎汤服食。喻王氏往视，葛品莲卧床寒抖，又复作呕，询悉病状，旋即回家。葛毕氏因葛品莲喉中痰响，忙向查问，口吐白沫，不能言语。葛毕氏情急喊嚷，王心培等趋至，葛毕氏告知情由，央其将葛喻氏、喻王氏等唤来，见葛品莲咽喉起痰，不能开口。延医诊视，料是痧症，用万年青、萝卜子灌救，不效，申时身死。沈喻氏为之易衣，查看尸身，毫无他故，亦谓痧胀致死，亦无疑意。此葛品莲疑奸迁居复染患痧症之原委也。

葛品莲年小体肥，死虽孟冬，南方气暖，至初十日夜间，尸身渐次发变，口鼻内有痰血水流出。葛品莲义母冯许氏扬言："速死可疑。"沈喻氏心惑，又见面色发青，恐系中毒，盘诘葛毕氏，坚称无故。沈喻氏谂知葛毕氏素性轻狂，虑有别情，遂以伊子身死不明，恳求相验，鸣保王淋赴县喊告，嘱代书缮就呈词，于十一日黎明投递。该县刘锡彤接阅后，正拟访查情由，遇生员陈湖，即陈竹山，来署医病，提及葛毕氏曾与杨乃武同居，因不避嫌疑，外人颇多谈论，搬家后夫妻吵闹剪发，今葛品莲暴亡，皆说被葛毕氏谋毒。刘锡彤复加查听，所闻无疑，午刻带领门丁、仵作亲诣尸场相验。彼时尸身胖胀，已有发变情形，上身作淡青黑色，肚腹腋胑起有浮皮，疹疱数个，按之即破，肉色红紫。仵作沈祥辨验不真，因口鼻内有血水流入眼耳，认作七窍流血，十指十趾甲灰黯色，认作青黑色，用银针探入咽喉，作淡青黑色，致将发变颜色误作服毒。尸身软而不僵，称似烟毒。门丁沈彩泉惑于陈竹山之说，谓烟毒多系自行吞服，显有不符，因肚腹青黑起疱，称系砒毒，互相争论。未将银针用皂角水擦试，沈祥不能执定何毒，含糊报称服毒身死。刘锡彤当场讯问尸亲邻右人等，均不知毒从何来。当将葛毕氏带回县署审问，供不知情，加以刑讯。葛毕氏受刑不过，因伊夫尸身验系服毒，难以置辩，遂诬认从前与杨乃武通奸，移居后杨乃武于初五日授与砒毒，谋毙本夫。随传到杨乃武质对，不认。十二日，详请将其举人斥革。十六日，杨乃武堂弟增生杨恭治并妻弟詹善政等，各以杨乃武初五日正在南乡詹家，何由交给砒毒，葛毕氏所供显系虚捏，赴县审诉。批准提犯察夺。葛毕氏畏刑照前供说，杨乃武仍不承认。

刘锡彤详报验讯各情，捏称银针已用皂角水擦洗，青黑不去，亦不准将人犯于二十日解省，经杭州府陈鲁督审，率用刑讯，杨乃武畏刑诬服。因追究砒毒来历，忆及伊由馀杭进省，路经仓前地方，有钱姓爱仁堂药铺，随口供认，"初三日假称毒鼠，买得钱宝生铺内红砒四十文，交给葛毕氏"等语。二十七日，陈鲁饬令刘锡彤回县传讯钱宝生卖砒情由，刘锡彤恐其畏累不认，当恳府署幕友仓前人训导章濬，即章抡香，致函钱宝生，嘱其到案供明，不必害怕。及钱宝生到县，供无其事，且称名唤钱坦，并无宝生名字。刘锡彤给阅章抡香书信，又向开导，誓不拖累，令其退下。适钱宝生之弟钱恺闻伊兄犯案，素谂陈竹山与刘锡彤熟识，央其代达诬报冤情。陈竹山遂偕钱恺进县，甫至门房，探知刘锡彤已在花厅讯供，不便谒见，向沈彩泉索阅杨乃武供单。正值钱宝生退出花厅门外，陈竹山趋问，钱宝生诉说县官强令承认卖砒，陈竹山详述杨乃武供词，并称买砒毒鼠，不知害人，不过枷责罪名，劝其尽可承认。钱宝生依从，随照杨乃武所供出具卖砒等结。刘锡彤恐解拖累，写给无干谕单，未令钱宝生与杨乃武质对，仅将其甘结送府，陈鲁即据县讯甘结定案。

其时葛毕氏随口混供，有八月二十四日杨乃武在房内顽笑，被彼夫撞见、责打，及伊夫死后复经沈喻氏盘问，说出商同杨乃武谋害各情。沈喻氏因葛毕氏供认谋毒伊子，虽知情节不符，急欲为子复仇，即照依混供，致与控县原呈歧异。王心培不知底细，亦随同沈喻氏供说。陈鲁率凭现供叙入详稿，未经照顾该县初详。刘锡彤又因详稿内录取犯供皆称口鼻流血，尸格不符，屡被驳斥，遂尽行涂改“七窍流血”字样。将葛毕氏、杨乃武拟以凌迟、斩决，钱宝生拟以杖责，于十一月初六日详经已故按察使蒯贺荪审解巡抚杨昌濬亲鞫。葛毕氏、杨乃武因供认在先，势难翻异，均各画供。杨昌濬复派候补知县郑锡滜赴县密查。钱宝生先已闻知，商从陈竹山，仍照原结承认。郑锡滜并不访察确实，竟以无冤无滥，会同刘锡彤禀复。杨昌濬遂依陈鲁等原拟罪名勘题。此沈喻氏怀疑控验，沈祥误报服毒，陈鲁、刘锡彤等刑求勒供草率定案，以及陈湖、章濬劝嘱钱宝生出结，委员访查不确之缘由也。

臣部正在核题间，十三年四月，杨乃武自做亲供，以葛毕氏串诬，问官刑逼，并提称有何春芳在葛家顽笑，馀杭县长子刘子翰令阮得索诈等情，嘱胞姊叶杨氏具呈，遣抱王廷南赴都察院衙门呈控，咨解回浙。杨昌濬委原问官复审，添传王淋、沈体仁等到案，皆因囚已伏罪，亦随沈喻氏混供，盘出谋毒报验等情。陈鲁仍照原详拟结。尚未咨部，杨乃武之妻詹氏又以前情，于六七月间赴巡抚臬司衙门具控，归案讯办，杨乃武未能申诉。九月，杨詹氏复遣抱姚士法，赴步军统领衙门续控。奏章谕旨交杨昌濬督同臬司亲提严讯，委湖州府知府锡光等详鞫，杨乃武、葛毕氏均称冤抑，翻异前供，未能讯结。光绪元年四月，给事中王书瑞以复讯重案，意存瞻徇参奏，特旨派胡瑞澜审办，调委宁波府知府边葆诚、嘉兴县知县罗子森、候补知县顾德恒、龚世潼随同研鞫。杨乃武剖诉冤情，坚称八月二十四日委系何春芳与葛毕氏顽笑，被葛品连撞见责打等语。胡瑞澜因讯系虚诬，徒以馀杭县原验葛品莲毒死为凭，未究仵作，未加复验，昼夜煞〔熬〕审，杨乃武、葛毕氏仍复诬认，虽屡经质对，率多迁就成供。追讯有八月二十四日杨乃武未到葛家，及初三日买砒改移初二，并沈喻氏盘诘葛毕氏，仅称杨乃武交给流火药等情，与原题迥不相符；并查无县详所叙沈喻氏报验呈词，一称葛毕氏言语支吾，一称向葛毕氏盘出，听从杨乃武谋毒情由。先后互相歧异，仍未彻底根究，竟依原拟罪名奏结。奉旨交议。复因给事中边宝泉奏称案情未协，又奉谕令臣部详细研求。嗣经查核，现讯情节与原题多有不合，逐层指驳，奏请饬令胡瑞澜再行确审。十二月，浙江绅士江树屏等以复审疑狱迹涉回护，遣抱联名赴都察院呈控，奉旨提交臣部，秉公审讯。旋据胡瑞澜将驳查各节，分晰奏复，声明杨乃武又复翻供，钱宝生已经病故，遽难定谳。此杨乃武家属两次禀控，未能办理，胡瑞澜草率复奏致多疑窦之情形也。

臣等自提到犯证卷宗，先将全根详加综核，因其谋毒本夫虽秘密，总由恋奸情热而起，何以学政讯时，王心培供词坚称未见杨乃武到过葛家？且沈喻氏控县原呈，亦未提及杨乃武一字。钱宝生卖砒既系杨乃武在杭州府供出，自当提到钱宝生与杨乃武质审，何以仅在馀杭县传讯取结，即行开释？葛品莲果系毒发身死，沈喻氏当时即应看出情形，何以事隔两日，始行喊控？案情种种可疑，虚实亟应根究，随提集犯证，逐类详鞫，讯出银针颜色未经擦洗，仵作、门丁互执尸毒，则县官之相验未真。钱宝生出结，系幕友函嘱生员劝诱，即砒毒来历未确。当经奏提葛品莲尸棺到京，复加检验，骨殖黄白，系属病死，并非青黑颜色，委非中毒。取具原验知县、仵作甘结，声称从前相验时尸已发变，致辨认未确，误将青黑起疱认作服毒。讯据尸亲邻右人等，佥称尸身发变，由于天气晴暖。检查学政七月间讯取沈体仁供词，亦有天热之语，是原验官、仵作称因发变错误等情，尚可凭信。复经提犯环质，得悉全案颠末，历历如绘。

臣等诚恐原审各员有怀挟私仇勒索教供情事，讯据杨乃武，坚称伊与知县及役吏人等素无干涉事件，毫无嫌怨。研诘刘锡彤、阮得，供与杨乃武无仇，实系葛毕氏自行诬报，且杨乃武于十一日夜间甫经到案，次日即行详革，如果意在索诈，自必缓办详文，既欲挟案作赃，断不肯未及十日即行解府，审办委无勒诈重情。质之杨乃武，亦称前供既得串诬索诈等情，系因图脱己罪，捏词妄诉，并无其事，实不能指出诈赃确据。传讯杨詹氏，供无异词。并据葛毕氏供，因县官刑求与何人来往谋毒本夫，一时想不出人，遂供将从前同住之杨乃武供出，委非挟嫌陷害，亦非官役教令诬报。并据刘锡彤供称，卖砒之钱宝生，系凭杨乃武所供传讯，如果是伊串嘱，断无名字不符之理。现经钱宝生之母钱姚氏供称，伊子名唤钱坦，向无宝生名字，铺伙杨小桥供亦相同，可为杨乃武畏刑妄供之证。至原题据陈鲁、刘锡彤会详，有沈喻氏向葛毕氏盘出听从杨乃武谋毒情由报验一节。检查沈喻氏控县初呈，并无是语；复恐问官有改造口供情弊，严鞫刘锡彤，供称因沈喻氏在杭州供有是语，率谓该氏原报不实，遂凭现供情节叙入详稿，致与原呈不合，委无捏造供词情事。提质沈喻氏供认府谳时，曾妄供有盘出谋毒报验之语，与刘锡彤所供尚属相符，反复推究，矢口不移。

是此案刘锡彤因误认尸毒而刑逼葛毕氏，因葛毕氏妄供而拘拿杨乃武，因杨乃武妄供而传讯钱宝生，因钱宝生被诱捏结而枉坐葛毕氏、杨乃武死罪，以致陈鲁草率审详，杨昌濬照依起结，胡瑞澜迁就复奏。历次办审不实，皆轻信刘锡彤验报服毒，酿成冤狱，情节显然。先后承审各员尚非故勘故入，原验官、仵作亦无有心捏报情事。至杨乃武与葛毕氏同住逼奸等情，检阅浙江案卷，供吐明晰，似非无因，屡经详审杨乃武、葛毕氏，坚不承认。质讯沈喻氏、喻敬添等，佥称葛品莲仅见杨乃武与葛毕氏不避嫌疑教经同食，料有奸私，并未撞破等语，既无奸私捕获确据，律有不准指奸明文，应毋庸追究，照例勿论。叶杨氏呈内究控沈体仁容留已故逃徒倪锦云即倪八金在家，讯未滋事，何春芳并未与葛毕氏通奸，刘锡彤长子刘海升并无子翰其名，亦未干预公事。饬验杨乃武、葛毕氏刑伤均已平复，确无损伤筋骨情事。陈湖在监病故，业经查监御史验无凌虐情弊。沈喻氏到部后，身上搜出住址名条二纸，讯系虑京中人地生疏，欲找令浙江粮道如山家丁刘澱臣，并馀杭县家丁姜位滏之旧主臣部主事文超资助旅费，委无别情。案无遁饰，应即拟结。

查例载州县承审逆伦罪关凌迟重案，如有失入，业经定罪报解者，按律定拟。又例载检验尸伤有实罪有增减者，以失入人罪论。又断罪失于入者，减三等，并以吏典为首，首领官减吏典一等，囚未决听减一等。又律载承审官草率定案，证据无凭，枉作人罪者，革职。又律载诬告人死罪未决，杖一百流三千里，加徒役三年。又例载地方官长随倚官滋事怂令妄为累及本官罪至流者，与同罪。又例载制书有违者杖一百，又不应为而为之者笞四十，事理重者杖八十各等语。

此案仵作沈详，率将病死发变尸身误报服毒，致入凌迟重罪，殊非寻常疏忽可比，合依检验不实，失入死罪，照例递减四等，拟杖八十，徒二年。已革馀杭县知县刘锡彤，虽讯无挟仇索贿情事，惟始则任听仵作草率相验，继复捏报擦洗银针，涂改尸状，及刑逼葛毕氏等诬服，并嘱令章濬函致钱宝生诱勒具结，罗织成狱，仅依失于死罪未决本律拟结，殊觉轻纵，应请从重发往黑龙江效力赎罪，年逾七十，不准收赎。杭州知府陈鲁，于所属州县相验错误毫无觉察，及解府督审，率凭刑讯供具详定案，复不亲提钱宝生究明砒毒来历，实属草菅人命；宁波府知府边葆诚、嘉兴县知县罗子森、候补知县顾湛恒、龚世潼，经学政委审此案，未能彻底根究，依附原起；候补知县郑锡滜，系巡抚派令密查案情，并不详细访查，率以无冤无滥会同原问官含糊禀复，厥咎惟均，俱应依承审官草率定案证据无凭枉坐人罪例，各拟以革职。巡抚杨昌濬，据详具题，不能查出冤情，京控交审，不能据实平反，意涉瞻徇；学政胡瑞澜，以特旨交审要案，所讯情节既有与原题不符之处，未能究诘致死根由、详加复验，草率奏结，几致二命惨罹重辟，惟均系大员，所有应得处分，恭候钦定。按察司蒯贺荪失入死罪，本干律例，业已病故，湖州府知府锡光等复审此案，尚未拟结，均免置议。刘锡彤门丁沈彩泉，在尸场与仵作争论坚执砒毒，实属任意妄为，合依长随倚官滋事怂令妄为累及本官罪至流者与同罪律，拟杖一百流三千里。沈喻氏因伊子速死可疑，喊求相验，并未指供何人谋毒，与诬告人谋死人命不同，且府谳时妄供盘出谋毒各情，系由痛子情切所致，应与诬告人死罪未决满流加徒律上量减一等，拟杖一百总徒四年。王心培、王林、沈体芒不知底细，辄随同沈喻氏混供，亦属非是，惟到案即将实情供明，当非始终诬证。训导章濬即章抡香系杭州幕友，辄文刘锡彤而同村药铺钱宝生函嘱，亦有不合。葛毕氏提供杨乃武商令谋毒本夫，讯由畏刑所致，惟与杨乃武同居时不避嫌疑，致招物议，众供佥同，虽无奸私实据，究属不守妇道，应与王心培等各依不应重律，拟杖八十。章濬革去训导，杨乃武讯无与葛毕氏通奸确据，但就同食教经而论，亦属不知远嫌，又复诬指何春芳在葛家顽笑，虽因图脱己罪，并非有心陷害，究系狱囚诬指平人，有违定制，律应杖一百，业已革去举人，免其再议。姜信瀍、刘溉臣写给沈喻氏字帖，讯为资助旅费起见，殊属多事，各依不应轻律，拟笞四十。此案情节较重，虽事犯在光绪元年正月二十日恩诏以前，所有应得罪名，均请不准援免，以昭惩戒。陈湖即陈竹山，劝令钱宝生诬认卖砒，本干律议，业经监毙，应与在籍病故钱宝生均毋庸议。沈体芒容留亲戚逃徒倪锦云在家，本有不合，业已拟杖，免其重科，应与讯无为本县长子索诈之阮得，并未在葛家顽笑之何春芳，并未干预公事之刘海升，并未与旧仆书信来往之主事文超，及并无不合之钱姚氏等，亦毋庸议。提到葛品莲尸棺，既经复验明确，尸属并无争论，仍交浙江原解委员知县袁来保等，连仵作沈详、门丁沈彩泉，并原卷仍交浙江巡抚分别定地发配，饬属领回。其馀应收赎之沈喻氏、葛毕氏，并罪应笞杖之王心培、王淋、沈体芒、姜信瀊、刘濈臣等，均由臣部分别折责进取赎银，将全案人证连陈湖尸棺，饬坊递籍保释、埋葬，未到免提省累。所有臣等审明定拟缘由，谨恭折具奏请旨。

疏入，奉上谕："前因给事中王书瑞奏，浙江复讯民人葛品莲身死一案，意存瞻徇，特派胡瑞澜提讯，嗣据该侍耶仍照原拟具奏，经刑部以情节歧异议驳，旋据都察院奏浙绅汪树屏等联名呈控，降旨提交刑部审讯。经刑部提集人证，调取葛品莲尸棺，验明实系因病身死，并非服毒，当将相验不实之知县刘锡彤革审。并据御史王昕奏，承审大员任意瞻徇，复谕令刑部彻底根究。兹据该部审明定拟具奏，此案已革馀杭县知县刘锡彤，因误认尸毒，刑逼葛毕氏、杨乃武妄供因奸谋毙葛品莲，枉坐重罪，荒谬已极，著照所拟从重发往黑龙江效力赎罪，不准收赎。前杭州府知府陈鲁，于所属知县相验错误毫无觉察，并不究明确情，率行具详，实属玩视人命；宁波府知府边葆诚、嘉兴县知县罗子森、候补知县顾湛恒、龚世潼，承审此案，未能详细讯究，草率定案；候补知县郑锡滜，经巡抚派令密查案情，含混禀复，均著照所拟革职。巡抚杨昌濬，据详具题，既不能查出冤情，迨京控复审，又不能据实平反，且于奉旨交胡瑞澜提讯，复以问官并无严刑逼供等词哓哓置辩，意存回护，尤属非是。侍郎胡瑞澜，于特旨交审要案，所讯情节既与原题不符，未能究诘根由、详加复验，率行奏结，殊属大负委任。杨昌濬、胡瑞澜均著即行革职，馀著照所拟完结。人命重案，罪名出入攸关，全在承审各员悉心研鞫，期无枉纵。此次葛品莲身死一案，该巡抚等审办不实，始终回护，几至二命惨罹重辟，殊出情理之外。嗣后各直省督抚等，于审办案件，务当督饬属员悉心研究，期于情真罪当，不得稍涉轻率，用副朝廷明慎用刑至意。钦此。”

《政要》述杨案首尾毕具，不得谓不详矣。然试取翁、李两日记及《东华录》各谕旨、奏折合而阅之，则此案所以成为轩然大波者，良非无故。盖其中有科名门地之争，官民之争，省籍成见之争，内外官之争，尤大者为疆吏枉法欺罔朝廷之问题。试观以下所录各节，则可见居中主持平反者，确为翁叔平，而李莼客之先后反复其词，边宝泉、王昕奏折措词之犀利，丁文诚为外官之愤争，桑白斋[①]之两面不讨好，一时云诡波谲，各方勾心斗角之态可掬。证以前所录《馀杭大狱记》、《清代野记》两者所纪，此案翁之背后，或必有恭邸隐为之助，容可信也。当时杨昌濬、胡瑞澜之论调不知何若，而此案最受伤者，就案内言，刘锡彤心欲阴庇其子，必是一大弱点。就案外言，光绪初年德宗尚孩，王昕谓杨昌濬等藐法欺君，所谓“此端一开，以后更无顾忌，大臣倘有朋比之势，朝廷不无孤立之忧”，其言最动听，其得以平反者，殆在此矣。

---

① 桑春荣，字百斋，又作白斋，顺天宛平人。同治十一年(1872)至光绪五年(1879)任刑部尚书。

《翁文恭日记》:(八月十一日省摄刑部右侍郎之命)十六日到任。

乙亥十月十八日,浙江葛毕氏谋毒本夫一案,经胡学使瑞澜拟结,奉旨交刑部速议。今日御史边宝泉劾奏,案情未确,请提至刑部复鞫。旨以无此政体,仍饬部反复研求,作速核复。

十九日,饭后入署治事。索浙江司原奏不得,怒斥之,仅而得见。细核供招,历历如绘,虽皋陶听之无疑矣。然余意度之,葛品莲聘娶葛毕氏,用洋钱八十元,折送六十元,品莲系豆腐店帮工,乌得有此巨款?此一可疑也。葛品莲脚上患流火,葛毕氏买洋参、桂圆,用制钱一千,付伊母家买药。夫以贫家患皮毛之疾,意用千钱买药,亦属不伦,此二可疑也。且京控称该县之子曾与葛毕氏往来,(再查原控,无此语,但云少爷索钱而已),今结案仅据皂役供本官之子早经回籍,并未取有该县亲供,亦属疏漏。与白斋语,白斋以为此案外枝节也。

廿日,张子腾来,以葛事见示。饭后到署,细阅葛毕氏全案供招,与原揭帖异者四处,今供内情节互异者一条,可疑者二,疏漏者一,皆签出。绍秋皋到署,与商且缓日再上。浙江司林拱枢者,文忠公之第五子也,亦称狱有疑。退访子松,遇吴君仲愚于座。吴君馀杭人也,为杨乃武称冤,不期而遇,亦异矣哉。归检刑例。

廿一日午,绍秋皋来,同到署,与桑老前辈商酌,殊不为然;浙江司林君拱枢、秋审总办余君损皆以为是,辩论久之,仅拟飞咨问数条不符处而已。又与桑公约,廿六日断不能入奏,始缓数日,又催抄杨乃武两次京控原呈。

廿二日，晤朱敏生。敏生于葛毕氏事备知颠末，极称杨乃武之冤，曰："此覆盆矣。"

廿三日，函致荣侍郎，托催提督衙门抄送杨詹氏京控原呈。荣灵以所抄折底原呈见示，则余所载与原呈各条适吻合。然则此次所陈，不免弥缝之迹矣，长官如此，可叹可叹。

廿四日，饭后到署。桑、绍两公皆来，与桑公略言葛毕氏一案办法。

廿六日，饭后入署，与桑公同看秋审处所拟葛毕氏一案奏稿，用余说驳令再审，特措词委婉耳，更定数字。

十二月十八日，浙江司吉君顺来回事，因杨乃武一案提人，绍秋皋欲拉余作主，与桑公龃龉。（**杨乃武案，浙人十八人连名具控，奉旨提交刑部审讯。**）

丙子正月廿三日，有旨擢任农曹。二月初二日，到任。

四月初三日，得见葛毕氏（**前三日解到，杨乃武尚未到**）一案卷宗，因松侄派审此案也。初八日，以袁保恒为刑部左侍郎，潘祖荫为礼部右侍郎，仍兼署刑部右侍郎。

十二月初九日，浙江葛毕氏一案轇轕久矣，至是提知县及葛品莲尸棺，至今日检验，骨白无毒，五城司坊及一干人证皆具结无它说。甚矣，折狱之难，而有司者之不可不审慎也！此案余首驳议，而松侄司审极用力，故识之。

《越缦堂日记》：

光绪元年四月廿五日辛卯，邸钞上谕云（**见《光绪东华录》**）。闻之杭州士夫言，杨乃武者本馀杭诸生，无赖习讼，恶迹众著，尝以小忿杀其妻，托言病死，其妇家莫之何也。葛品莲者，杨之邻人，以磨豆乳为业。毕氏未嫁时，杨与之通，因为葛娶之，恣其淫。及癸酉杨举于乡，因谋杀葛而娶毕为妾。或云，葛病，毕求医于杨，杨以砒霜与之，而伪言神药，毕以饮葛，即毙，毕实不知也。或云，毕喜杨得举人，欲弃葛以从杨，杨为之计杀葛。毕曰："奈事发何？"杨曰："我力能庇若，无惧也。"毕遂从其计，毒杀葛。其详弗敢质，而杨之为匪人，则众口若一。及事露，毕称砒霜为杨所亲购，药肆供证明白。杨亦自承购药是实矣。既谳定，而杨令其妻及姊两次京控，言为人所诬。事下巡抚，巡抚檄调绍兴知府龚嘉儁、湖州知府锡光至省会鞫之。尚未报而长兴王给事书瑞疏上矣，于是浙人皆言杨之冤，实馀杭知县刘锡彤之子某与毕奸，同谋杀葛，锡彤既惧其子当诛，又一县人无不恶杨者，因诱毕诬杨，而劫胁药肆人以证，杨固无行，然与毕则不相识也。其事究不知若何耳。

十月十六日己卯，邸钞上谕："前因给事中王书瑞奏，浙江馀杭县民妇葛毕氏毒毙本夫葛品莲，诬攀已革举人杨乃武，因奸同谋，问官回护原审，请派大员查办，当派胡瑞澜提讯。兹据该侍郎奏称，反复讯究此案，实属杨乃武因奸起意，令葛毕氏将伊夫葛品莲毒毙，供证佥同，案无遁饰，按律定拟，并声明此案原拟罪名查校并无出入等语，著刑部速议具奏。"

十八日辛巳，邸钞上谕："给事中边宝泉奏，重案讯办未协舆情，请提交刑部办理一折。浙江民妇葛毕氏谋毙本夫一案，朝廷为慎重人命，特派胡瑞澜秉公研求，并严谕该侍郎不得回护同官，含混结案。现在既经反复讯究，案无遁饰，已将全案供报奏交刑部，如有弥缝之处，该部不难悉心推究。若外省案件纷纷提交刑部，向亦无此政体，所请著毋庸议。此案仍著刑部详细研求，速行核议具奏，俾成信谳。"

三十日癸巳，邸钞上谕："前因浙江学政胡瑞澜奏，复讯民妇葛毕氏因奸毒毙本夫葛品莲分别定拟一折，当交刑部速议具奏。旋据给事中边宝泉奏，案情未协，请提交刑部办理，亦经谕令该部详讯研求。兹据该部奏抄，察核此案原题情节与现供歧异甚多，请饬再行严讯等语，命案重情，亟须核实研讯，以成信谳。著胡瑞澜按照刑部所指各节，提集犯证，将复讯与原审情节因何歧异之处，逐一研究明确，毋枉毋纵，总期情真交当，一切持平，不得稍涉含糊，意图迁就。并将详细供词，声叙明晰，定拟具奏。"闻主此驳者，全出翁侍郎同龢力，与尚书桑春荣争而得之也。浙人多言杀葛品莲者，实馀杭知县刘锡彤之子某，及其房吏某协谋，而嫁祸于杨乃武，且胁诱药肆人为之证，县之幕友某者为之计画。馀杭士夫言之甚悉，而锡彤者盐山人，大学士宝鋆之乡试同年也，故葛毕氏供及刘某，承审官辄置不问，且以非刑怵之。翁侍郎求得其原供，而此次胡瑞澜所咨送供词亦有及刘某者，侍郎因指刘某何以不一传质为大疑，其馀歧互甚众，定议驳奏。若侍郎者，可谓不负所职矣。

十二月十四日丁丑，邸钞上谕（见《光绪东华录》）。

十八日辛巳，前日闻之馀杭人言，葛品莲之狱，主谋者粮胥何春芳，下手者捕役阮湛之姊桂金，葛毕氏亦不知也。葛毕氏年少而艳，县令刘锡彤之子夙与一佣妇奸，因谋之妇，诱葛毕氏至妇家而私之。何春芳调得其事，因胁葛毕氏而与之狎，屡过其家。一日突遇品莲相诟詈，春芳怒而去。桂金者，已三嫁矣，与春芳积有奸，故为之效力。品莲既死，品莲母及葛毕氏之母，皆再醮失行妇人也，县令子属人居间，与品莲母洋银百八十圆，几息事矣，而品莲母及葛毕氏母皆欲得葛毕氏以居奇，相忿争不可解，品莲母遂告官请究矣。春芳、阮湛及桂金恐事发累己，乃共胁葛毕氏，谓："若夫既以毒毙，群指目汝，复谁诿？惟急引杨乃武为若主谋，授若毒药，若到官矢口不移，则乃武当受重罪。我等力为若营救，可得不死。"葛毕氏信之，如所教。而杨乃武者，素喜为歌谣及谤诗以诋切官吏，官吏恨之，遂以计召乃武对簿，乃武大怒骂。于是锡彤遽引上其事，请革讯。乃武备受酷刑，遂诬伏。谳定，至府。浙士之乡试被摈者，闻新举人中有此事，幸其灾祸，群喜跃乐道。而杭州之士又多出入官署，或为大府及监司幕友行省，万口噂沓如一。于是杭州知府陈鲁，夙喜与士人为难，及复讯不容置一辩。知县拟上，而按察使蒯贺孙、巡抚杨昌濬皆愚而愎，并为一谈，横入重辟，铁案定于上，而黑狱沉于下矣。呜呼！自癸酉十月狱起，传至京师，凡浙之官吏及乡士大夫，盖无一不以杨乃武为宜死也。友人中如谭仲修、陈蓝洲、杨雪渔，皆自杭州入都者，极口詈杨，备诸恶状，虽予亦切齿痛恨，惟恐其漏刑，或不速死也。而岂知事有大谬不然如此者！盖非特折狱之难，而吾人之议论可不慎哉，可不慎哉！学政胡瑞澜者，本以墨卷小楷为生，厚养妻孥，粗具耳目，奉严诏，莅重囚，而首鼠张皇，一视巡抚意旨。承审官宁波府知府边葆诚等，扇其虐焰，惨加非刑，定案之时，杨乃武至两股尽折，其妻詹氏，亦受夹伤肿，惩其去年之京控也。故学政奏疏首曰："犯供狡展，连日熬审，明目直言，略不讳饰。"其时文之不通，亦可知矣。又闻是狱初起时，杨乃武茫然不知，即葛毕氏亦不识药所由来也。比狱急，乃武之姊叶杨氏诉之有行省城隍庙，乞示以卟诗。相传其神明按察使周公新也。卟书一绝云："荷花开处事方明，春叶春花最有情。观我观人观自在，金风先到桂边生。"盖神示以何春芳及桂金姓名也，然则谓天盖高，鬼神其可欺哉！做人时少，做鬼时多。蒯臬使协力上下造成此狱，今年十一月朔，尚随巡抚行香祠庙洋洋如平时，归而遘疾，连夜暴死。彼杨、陈、胡、边诸君，其亦弗之思耳。

光绪二年正月初六日，闻浙江学政胡瑞澜复奏部驳葛毕氏案，请派大员会讯。时尚未奉到提交刑部之旨也。而折内称卖给杨乃武砒霜药肆人钱宝生，业已病故。钱宝生者，卖药于馀杭之仓前镇。闻狱初起时，知县刘锡彤欲得药肆为证，逼钱令认之，钱不肯。知县为好言，且怵以刑，俱不承，知县押其门丁挈以出。俄顷而门丁携钱供状入，言卖毒药于杨氏，盖门丁以利餂之。自后知县复讯，以至府讯、司讯、院讯及学政讯，皆未尝一提钱对质也。既刑部核谳牍，称初讯时杨供买药以十月三日，复讯杨供云以二日，显相差互，而钱为卖药要证，何以仅止本县初审时传讯一次？驳令复实。是此案以钱宝生为最大关键也。今其死也，闻实自缢。盖学政奉驳审之旨，须提钱待质。钱恐到案时，不实言则为乡里所不容，实言无则将被拷被掠，不胜官吏之毒，故急而自裁。其家又不敢以实报，惟县令以验死状制留难，必破家也。呜呼，杨昌濬、胡瑞澜、陈鲁、边葆诚及锡彤父子之罪，真通于天矣！尚有鬼神，恐国法不汝漏也。胡瑞澜奏称："十二月初三日，由嘉兴试毕回省，照刑部奏驳各节，行提本犯及应讯人证，逐加讯究。葛毕氏等供俱无异，本可拟结，而杨乃武因案经再讯，以为必能翻动，顿改前供。查因奸毒毙本夫，事极秘密，旁人无从确见，自应以本犯供词为凭。此案本非他人诬指，而杨乃武图脱重罪，逞其狡狯伎俩，播散浮言，闻者率信为真有冤抑。现在杨乃武刁健更甚，案情重大，人言纷纷，实非愚臣所敢专断，请特简大臣，另行复审”云云。

九月二十六日，复云门书。自昔年馀杭狱起，日尝愤愤，以为法纪不立，人心尽死。馀杭之狱，刑部穷力研诘，苟品莲实以病死，知县刘锡彤壹意周内，酷刑陷人，验尸之隶，卖案之贾，皆已悉吐其实，近虽已提问县令，而力主杀人之巡抚，死党同官之学政，俱尚在位；造意罗织之知府，方待选擢，其杭州无耻之乡绅，不肖之京官，以及奔走招摇承窍乞馀之士人，犹并为一谈，荧惑清议，是狱之能否昭雪，犹不可知。颇闻己巳、庚午间，直隶有夫外出，不告其家人，或控妇杀其夫。时曾文正为总督，太仓钱中丞为臬司，竟磔其妇。越三年，而其夫归，官吏独刺之，不得白。文正之薨，猝以心痛；而钱中丞之卒于河南，则群言其见鬼为厉，生疽落头。然则鬼神亦有不可容欺，而报应亦有未尝不速者。夫膺高爵，靦然居民上，而民之死生祸福，至悬待冥漠不可知之数，以冀万一之得直，则生灵之痛，尚有极耶？

十一月二十六日癸未，作书致紫泉，询葛品莲检验消息。以葛品莲之柩已于十七日递至京，置朝阳门外海会寺，馀杭知县刘锡彤及其门丁六人都待质，闻前日已检验，且门丁已鞠讯录供也。此事关系天下甚大，盖生民之死活，中外之轻重，皆视此为转移。倘检验一不得实，将外吏益其鸱张，县官遂以杜口，而天下之冤民，将不胜其惨死，事更不可为矣。区区补救之心，岂止为一夫一妇乎？得紫泉复，以未得确耗为言。

十二月丁亥朔，阅《洗冤录详义》，卷一附《释骨》一篇，补正沈果堂之作，学者不可不读也。果堂经儒，文皆掇拾诂训而成，自不如目验之核。

初二日，阅《洗冤录详义》。

初三日，得紫泉复。

初十日丙申，闻昨日海会寺开验葛品莲尸，刑部堂官六人、司官八人率仵作二十馀人，司官先验，堂官再验，其尸牙齿及喉结骨皆白色，绝无毒也。仵作皆具结，言实以病死，刘锡彤亦俯首无辞。闻其先两次赴刑部质讯，自恃年老，咆哮万状，至庭诟问官，谓："我乃奉旨来京督同检验，非来就鞫。尔曹乃先录我供辞，何愦愦作司官耶？"其门丁惧罪，直供如何掩饰毒状，如何勾串药证，锡彤直前奋拳殴之。问官叱之，乃自摘其冠掷地，曰："我已拼老命矣，若参革我，处置我可也。"问官诘以所填尸格，何以先曰口鼻流血，后改七窍流血？探喉之银针何以不如法洗涤？皆瞠不答，其强狠至此。昨日乃觳觫无人色，口齿相击有声。此辈豺狼之性，犬羊之智，刀未在颈，尚欲噬人，一闻执缚，摇尾帖耳，言之可为愤绝！若知府陈鲁之未验尸伤，武断坐狱。巡抚杨昌濬之力庇属员，显抗朝旨，至饬提人证，犹敢公言谋害本夫惟当取犯供为凭，而以刑部为多事。学政胡瑞澜之朋比蒙欺，丧心锻炼，奉特旨谳重狱，而不一复检棺尸，惟以酷刑陷人，至被旨问，犹敢坚执。是四人者，原情定罪，实禽兽所不食，有北所不受，皆当肆诸市朝，以谢天下者也！

十六日壬寅，邸钞上谕："刑部奏承审要案复验明确一折，浙江馀杭县民人葛品莲身死一案，该县原验葛品莲尸身系属服毒殒命，现经该部复验，委系无毒，因病身死，所有相验不实之馀杭县知县刘锡彤即行革职。著刑部提集案证，讯明有无故勘情弊及葛品莲何病致死，葛毕氏等因何诬认各节，按律定拟具奏。”

廿七日癸丑，上谕：御史王昕云云。（**王折见《东华录》，本记附录于是年卷末，且加圈。**）

自海会寺复验后，冤诬大白，稍有识者，无不切齿胡、杨，且食其肉。而刑部尚书桑春荣耄而庸鄙，欲见好于外官，又觊杨昌濬之书帕，必欲从轻，比属司官研讯杨乃武、葛毕氏，强其自伏通奸罪。尚书皂保轻而妄，以刘锡彤为大学士宝鋆乡举同年，亦欲右之。时货药者钱宝生之母及佐肆者，皆以质卖砒霜有无羁刑部狱。今验葛品莲实病死，于是司官白皂保，可先释二人，亦不许。适丁宝桢以川督入觐，闻复验得实状，大怒，扬言于朝曰：“葛品莲死已逾三年，毒消则骨白，此不足定虚实也。”于是湖北、湖南人以胡、杨同乡也，合而和之，桑春荣大惧。丁宝桢又面斥桑曰：“此案何可翻？公真愦愦，将来外吏不可为矣。”桑益惧。侍郎袁保恒、绍祺颇持之，不能夺也。王御史此疏，可谓昌言矣。御史荆州人，壬戌翰林。

《光绪东华录》：

元年四月辛卯，谕：“有人奏问官复审重案意存瞻徇请派大员查办一节，据称浙江馀杭县民妇葛毕氏毒毙本夫葛品莲，诬攀举人杨乃武因奸同谋一案，经杨昌濬委员复审，葛毕氏等俱已供出实情，屡用严刑逼令照依原供，该氏仍坚称误信人言，因仇误攀，实与杨乃武无干等语。此案情节极重，既葛毕氏等供出实情，自应彻底根究，以雪冤枉而成信谳。著派胡瑞澜提集全案人证、卷宗，秉公严讯确情，以期水落石出，毋得回护同官，含糊结案，致干咎戾。”

十二月丁丑，谕：“前据给事中边宝泉奏浙江馀杭县民妇葛毕氏毒毙本夫一案，胡瑞澜复讯未协，请解交刑部办理，当以提案解京，事涉纷扰，且恐案内人证往返拖累，是以未准所请，仍责成胡瑞澜悉心严究。兹据都察院奏称，浙江绅士汪树屏等遣抱联名呈控，恳请解交刑部审讯。据呈内所叙各情，必须彻底根究，方足以成信谳而释群疑。所有此案卷宗及要犯案证，即著提交刑部秉公审讯，务得确情，期于无枉无纵。至案内各犯，著杨昌濬派委委员沿途小心押解，毋得稍有疏忽，致干咎戾。”

二年九月甲戌，谕：“刑部奏承审浙江民妇葛毕氏毒毙本夫一案，援案请饬提验一折，著杨昌濬将馀杭县知县刘锡彤即行解任，(闻)门丁沈彩泉暨葛品莲尸棺，并同治六七年间该县验讯陈观发案卷，派员一并押解送部。传令刘锡彤眼同检视，以成信谳。”

十二月壬寅，谕(已见《越缦堂日记》)。

癸丑，王昕奏：“伏读本月十六日上谕(中略)钦此。仰见我皇上钦恤用刑慎重民命之至意。臣愚以为欺罔为人臣之极罪，纪纲乃驭下之大权。我皇上明罚敕法，所以反复求详者，正欲伸大法于天下，垂炯戒于将来，不止为葛毕氏一案雪冤理枉已也。伏查此案奉旨饬交抚臣详核于前，钦派学臣复审于后，宜如何悉心研鞫，以副委任。万不料徇情枉法，罔上行私，颠倒是非，至于此极。现经刑部勘验，葛品莲委系因病身死，则其原定供招证据尽属捏造，不问可知。夫藉一因病身死之人，罗织无辜，锻炼成狱，逼认凌迟重典，在刘锡彤固罪无逭，独不解杨昌濬、胡瑞澜身为大臣，迭奉严旨，何忍朋比而为此也？胡瑞澜承审此案，严审逼供，惟恐翻异，已属乖谬；而其前后复审各折片，复敢狂易负气，刚愎怙终，谓现审与初供虽有歧异，无关罪名出入，并请饬下各省著为律令：是明知此案尽属于虚，饰词狡辩，淆惑圣听，其心尤不可问。而杨昌濬于刑部奉旨行提人证，竟公然斥言应以正犯确供为凭，纷纷提解，徒滋拖累，是直谓刑部不应请提，我皇上不应允准，此其心目中尚复知有朝廷乎？臣揆胡瑞澜、杨昌濬所以敢于为此者，盖以为两宫皇太后垂帘听政，皇上冲龄践阼，大政未及亲裁，所以藐法欺君，肆无忌惮。此其罪名，岂止知〔如〕寻常案情，专就故入、误入、已决、未决比例轻重也？臣惟近年各省京控，从未见一案平反，该督抚明知其冤，犹以怀疑误控奏结。又见钦差办事件，往往化大为小，化小为无，积习瞻徇，牢不可破。惟有四川东乡县一案，该署督臣文格始为回护，继而检举，设非此案在前，未必不始终欺饰。可见朝廷举动，自有风声，转移之机，正在今日。臣亦知此案于奏结时，刑部自有定拟，朝廷必不稍事姑容。惟念案情如此支离，大员如此欺罔，若非将原审大吏究出捏造真情，恐不足以昭明允而示惩儆。且恐此端一开，以后更无顾忌，大臣倘有朋比之势，朝廷不无孤立之忧。臣惟伏愿我皇上赫然震怒，明降谕旨，将胡瑞澜、杨昌濬瞻徇欺罔之罪予以重惩，并饬部臣秉公严讯，按律定拟，不得稍有轻纵，以伸大法于天下，以垂炯戒于将来。庶几大小臣工，知所恐惧，而朝廷之纪纲，为之一振矣。”上谕：“御史王昕奏大吏承审要案任意瞻徇请予严惩一折，据称浙江馀杭县民人葛品莲身死一案原审巡抚杨昌濬、复审之学政胡瑞澜瞻徇枉法，捏造供词，请旨严惩等语。人命重要，承审疆吏及派审大员，宜如何认真研鞫，以成信狱〔谳〕。各省似此案件甚多，全在听断之员悉心研鞫，始得实情，岂可意存迁就，草菅人命！此案业经刑部复验原讯供词，半属无凭，究竟因何审办不实之处，著刑部彻底根究，以期水落石出，毋稍含混。杨昌濬、胡瑞澜等应得处分，俟刑部定案时，再降谕旨。”

李复有眉批，云：

此疏义正词严，必传之作也。御史苏州籍，闻其先本越人，尝任山西学政，此疏或云出其姻亲边给事宝泉手。盖边曾上疏争此案，故不便再言，而以属御史上言。闻两官见疏颇怒，刑部奏请定拟时，枢府以皆受杨昌濬原贿，尚力为之地，据案恳请革留，两宫举此疏为言，竟不许也。

续辑杨案公私资料既竟，复赘数言。此案是非，久成陈迹，自可不论。杨石泉因此案革职，闲居二年，旋左文襄奏保，尚擢新疆巡抚、陕甘总督。胡瑞澜则一蹶不振。胡督浙学极苛刻，士人怨之，已二年馀，官亦至侍郎，竟坐此不起。边任民以劾此案得名，旋外简，官亦至闽浙总督。王昕之奏，出边手说，殆可信。边、王皆北人，杨、胡则两湖人也。予所重有感者，一为前清最重视命案，恪守古人勿杀一不辜之训。此非以政治与司法混为一谈，本来所谓政治法律者，同为人类谋保障，昔人所谓爱民之义，实即自彰政府保障能力之意，故重视之本意，不可厚非。今虽司法独立，然杀人果皆必缉凶必抵命乎？对于命案不重视，反面言之，即间接使杀人者日多，而人类栗然自危，遂有苟且之念，视前代严密仁厚之意义，两不如矣。一为旧日率崇文治，满洲虽异族，而帝后皆通文理，每日寅卯视事，臣下奏折无不亲自阅读，了解其意，故王昕一疏，杨昌濬卒致革职。改步以来，丧乱相寻，所谓宰相须用读书人之训多从抛置，上下皆不求甚解，文词既失其用，士众浸成鄙陪，钩稽但凭口语，决判唯有刀铤。吾所见者，抑已多矣，此亦使人重思章奏之用，文治太平之相与期也。

二八二　曾重伯《纥干山歌》笺释

前记沈培老遗事，并及瘿庵于复辟时诣贤良寺劝康、沈南行。顷见重伯[①]《环天室续刊诗》，末有《纥干山歌》，盖咏张勋复辟事。重伯诗无笺，今录而释之。诗云：

纥干山头冻杀雀，生处何如此间乐。
冰井银床五月秋，肯向华严觅楼阁。
南看犹自波汹涌，北望徒惊雪岷崿。
何事金楼一斛珠，偏献君王万年药。
别殿仙人号丽华，连天姓氏出兵家。
天教艳极还招妒，地为恩殊每自夸。
十二玉书逢内召，三千犀甲拥如花。
新妆竞羡宫衣好，深抱谁知春带赊。
水殿阿姨随水佩，云廊彩伴逐云车。
笙歌未彻霓裳月，浮白犹喧九酝霞。

① 曾广钧，字重伯，号怀远。曾国藩长孙。光绪进士。曾任国史馆协修。以诗闻。

争知事势朝来异，河婺星娥满元会。
红粉初披雉扇开，紫袍已捧鸾舆至。
瑶电俄通四大洲，签名最近重瞳字。
耆旧中原见朔风，园陵东郡还佳气。
喜极鸱夷酒作肠，悲来驼狄铅为泪。
矮婧鬟长辫绿云，倾城争学盘蛇髻。
飞旐依然舞两螭，邮筒仍是镌双鲤。
老子西行去不回，山人南海闻风起。
寺主驾央且等闲，侍郎碧落先除拟。
一经两海旧封疆，入座三貂议宪章。
广召散仙登秘殿，还将十赉宠华阳。
顷刻桃花求圣解，逡巡枣果觅灵香。
只言天上光阴好，流浪人间抵十霜。
谁知天上乌蟾速，更比人间钟漏促。
逡巡造酒酒难香，顷刻开花花不馥。
几处黄旗举未成，几家丹灶烧初熟。
海上星羁献荔龙，陇头雪隔衔芝鹿。
南国当熊隽绿娥，鲛鮹未到珍珠幅。
两殿阿奶老令萱，雁飞尚滞关山曲。
记得春风燕子楼，一群娇鸟河阳谷。
素女为师态万方，红绡结约胸三复。
自矜白日可回中，自信黄河可西出。
日不能中水不西，青琴绛树斗腰肢。
卫贾相争因五可，尹邢互诟为偷窥。
明明如月言犹在，暮暮为云梦更迷。

羽书迫处犨双翠，粉镜抛时杀一围。
朱雀桁头星火急，翔鸾阁上纸鸢飞。
浊泾姊妹参商恶，清渭君臣去住悲。
还君昨夜香罗带，着妾来时黑蝶衣。
珠帘甲帐成焦炬，永巷长门泪如雨。
凤子能怜雾鬓酸，雁臣也识芳心苦。
宝扇迎归驭汽车，罗帷拥入清虚府。
只隔宫墙一道红，凄凉便断仙凡路。
隐隐犹闻长乐钟，依依正对昭阳树。
烟岫浓边指泰陵，平芜尽处明鄠杜。
独立自怜倾国人，凭栏细共馀香语。
寥廓何心逐海鸥，衷情无计瞒婴武。
罗绮从风任作灰，钗钿经乱抛如土。
屡散万金何足惜，长垂双玉谁为主。
绣枕斜欹晓到曛，银缸坐照今非古。
恨海经过仔细思，情天影事从头数。
锦帕题封密密藏，花笺细字层层贮。
海月苍凉照蜃楼，春星华艳排鸾柱。
安息氍毹没翠翘，扶南媚子安钗股。
优婆色鸡曲项笳，答腊都昙细腰鼓。
多谢磨登孔雀裙，蒲桃劝酒胭脂舞。
舞经泪眼损横波，酒入愁肠蹙眉妩。
此错原非铸六州，重来未必无三户。
精卫虽填尚渌波，重华不见空瑶圃。
当时不杀任蛮奴，至今枉恨韩擒虎。

黛谢红零觅赏音，人间只有稽延祖。

按复辟乃张勋与幕客万公雨所排演，从政治上观之，其手段至拙劣。徐州会议各督军签名，沪上遗老雀跃，其一举一动，京津皆知之，以勋有兵故不置喙，然智者早知其必败，特不审如何败法耳。重伯诗"十二玉书"句，即言黄陂以消弭督军团，召勋入京。"争知"四句，即言勋以拥护李仲轩（经羲）内阁，一夕间突易为复辟也。"老子西行"，指仲轩。"山人南海"，则明言康长素。以下六句皆纪分配各部，及自为议政大臣也。"海上龙"，指龙济光。"陇头鹿"，指陆洪涛。言有约而阻隔。其"南国当熊"句，自指冯华甫。下句以地望考之，亦言雁门不响应也。"燕子楼"，自言徐州会议。所谓"红绡结约"，言各督皆有代表签名。其下之"卫贾"、"尹邢"，则言冯、段与张不协。"焦炬"句，言勋南池子宅被毁于炮火。"迎归驭汽车"，"拥入清虚府"，则言荷兰使馆遣一汽车两卫兵迎勋遁入。后四句言清宫与使馆咫尺也。其后节，则纯言勋托庇外人，牢骚希冀而已。当时与后世，对此事必皆论其庸妄，而在尔时发踪奔走之辈，与夫梦想回天倒日之诸遗老，则固以为震古铄今之大举，细针密缕之筹维也。忆是年七月一日，予侵晨得众异电话，告已复辟，君即诣津。予告林季武，同坐小车诣天安门觇动静，仅见禁卫车、武服兵弁来往指挥而已。折而走临清宫，诣弢老家，则老人已退直，茗叙，若为不知者。已而言："今日复辟事，皆张少轩所为。渠出二劝进表，其一冯华甫领衔，其一陆荣廷领衔，云皆款洽，无疑义。"予等默然。老人叩予意，予恭敬答言："事恐不成，行且糜烂。"弢老闻亦默然。其后飞机掷弹乾清宫，予复冒暑往视弢老，则已咨嗟太息，知不可为。吾侪亦深念此老垂耄忠勤，惓惓故主，其心坦然无他，故特慰之。十一日到津，访任公、远伯，知收京犹需作战。逾日登车竟归，次丰台，知正阳门及南池子有战事，三时许始达，望南池子，烟尚矗然也。

复辟之近因，由于府院以对德宣战及宪法诸问题相陵轹，远因，由于蚌埠、徐州盟誓合作。当时李纯在九江演说，曾发其覆，此实后来作史者所宜知。又当两路入北京时，冯焕章即欲围宫扫除，而段香岩不肯，此亦一实事也。予固不欲志廿年间政闻，以释重伯诗故，复饶舌矣。

二八三　曾国藩纳妾谈

相传曾文正在两江时曾纳一姬，其事暂而秘。叔章昔以询重伯，重伯云："诚有之，吾家人皆习知。"当时闻为彭雪琴所劝纳者，欧阳夫人闻之，亟自湘乡来，将至，文正亟遣姬由后门去。黎寿丞则谓重伯生于丙寅，祖庭之事，亦不过闻而知之。予检祝吏香《听月轩杂录》，则所纪与重伯言适相反。祝笔记《彭刚直公逸事》云："咸丰季年，湘乡相国曾侯克安庆，关〔开〕府两江，门丁某为侯纳一妾于军府密室。其事甚秘，幕僚虽知之，无敢言者。公闻，亟入谏曰：'公勋望冠一时，岂可以一妇人而致生平之玷？公方禁将弁奸掳民妇，而公自蹈之，何以服众？且公新督两江，例不应取部民为妾。军中有妇人，则军气不扬。有此数端不便，愿三思之。'侯闻立命遣去。人咸谓公能直言，侯能纳谏，皆不可及。"

然叔章罗证旧闻，坚言重伯所谈之外，尚有旁证，谓此姬实雪琴及幕客主纳，祝记必非。予检咸丰十一年十月初一日曾公日记云："季弟代余买一婢，在座船之旁，因往一看视，体貌颇重厚，特近痴肥。"又同年十月廿四日日记："前季弟买一詹姓女子，初十日在船一见，未有成议。旋韩正国在外访一陈姓女子，湖北人，订纳为余妾，约本日接入公馆。申刻接入，貌尚庄重。中饭后，陈妾入宅行礼。四月十四日记，徐毅甫来。因陈氏妾吐血，不能吃饭，请其诊视。五月初四日记，陈氏妾本日吐血甚多，自午至夜，所吐以数碗计，夜间呻吟不止，病势殊重。初五日记，陈氏妾病日增。初六日记，妾病未少愈。五月廿十三日记，陈氏妾久病不愈，两日内全不吃饭。其父知医理，请之诊视，病已沉笃，据云非药力所能痊。”据此，则祝记之讹，自不俟言。为文正纳姬，乃是韩正国，而雪琴近在行间，或参末议，亦未必有佛然强谏之事。予友李肖聃（犹龙），湘之博闻强识君子也，尤能知湘乡逸事，驰书讯之。肖聃报书述甚详，且云：“陈妾不久遂死，文正命一巡捕经纪其丧，葬之安徽省城某门外十里某山中。自书碑石，日记曾详载之。祝录所云，想系传闻之误。往公孙履初曾语弟云，公之纳妾，纯为癣疾复发，夜间须人搔抑，并非溺于女色。《岁暮杂感》中，有‘笙歌丛里合闲游’之句，长沙袁绪钦亦云公未必有此游。叔章尝云‘待鸾亭畔路三叉’，有人附会言公少时悦一茶肆少女，其事尤不可征。”

读此，则不但吏香所纪必出于传闻，即重伯所闻，亦可更进一解也。

二八四　［长亭怨慢］记昆明湖旧游

热日中读《春浮园偶录》①，盖居湖上所笔者，有云：“两日毒

① 允禧，字谦斋，号紫琼，春浮居士，康熙子，能诗文，有《花间堂诗钞》等。允禧似系《春浮园偶录》作者。

暑，无可回避，因作‘窗含西岭千秋雪’之观，便觉清寒袭人。”语诚妙矣。《起信论》云：当知众生一切境界，皆依众生无明妄心而得住持。伯玉耽禅悦，自知此理。然不知其尚有一则云：“月凉如水，纤翳都尽，古木苍寒，宿鹭千百为群，明如积雪。”此二十二字，文笔既妙，光景特佳。暑夜湖泛，更深时往往遘此绝景，吾人读之，亦如“窗含西岭千秋雪”也。因诵此，可知明末时湖上鹭鸶尚孳生，未如今日到处楼台灯火，更著不得二三水鸟也。然此景当时亦必于南湖深处偶遇之，今日走遍吴越，恐不易办。忆北居时，月必游昆明湖，虽秀丽远逊西子，而在龙王庙以南，棹舟逾桥，水木明瑟，时有栖鹭出林，没于云际，瓮山倒影，葭菼参差，景光宛然，俨在吾目。又盛暑虽不宜午泛，而初夏荷叶田田，最宜艇子，前尘似水，回念犹香。前年四月，江南道中思及此游，又兼有所感，辄和玉田[长亭怨慢]寄意。是夏为精卫先生书扇，见而深爱之。晴窗重展昨稿，兼想湖漘，录之以见旧日选胜之趣，若视春浮之日札，则吾真惭词费矣。词云：

> 记初夏，蘧湖深处。细浪跳鱼，断矶妨路。俊侣红衣，凤箫柔婉为君谱。旧怀如许。偏忆得，兰桡送雨。望里江南，只日暮，差池双羽。　　归去。奈心情减褪，触处便嫌愁旅。垂杨拂浦。怎禁得，几番风絮。梦回托新雁瑶珰，又微恐云罗遮住。伫故苑风裳，自伴凌波轻舞。

二八五　章太炎《新方言》举隅

太炎先生下世，儒先沦坠，叹悼曷极。民国二年，先生始来北京，住东单二条蒙古学会内。予承乏文书干事，几于昕夕侍见。寻被项城幽于钱粮胡同某邸，会其旁舍同居为予乡郑在莪，因得阴从候起居，且间问奇字。逮先生出都，十馀载间，契阔不复见。及去年相遇于苏州车站，朱履小帽，朠白纡徐，意谓当享上寿，未料俄然乘化也。先生为曲园弟子，其造诣文辞，皆在春在堂以上，千世当有定论，固不待自彰于《谢本师》一文。

忆曩年得《新方言》读之，中杂考闽越今音，有新且确者，私意最喜。如："《汉书·律历志》：用铜方尺而圜其外，旁有庣焉。郑氏曰：'庣'，音条桑之条。盖凡中窊之器，可以容物者，皆谓之庣。《方言》云：'锹'，燕之东北、朝鲜洌水之间谓之斛。此田器中窊容物者，谓之庣也。《说文》：'铫'，为温器。《方言》：'盌'谓之铫锐。此食器中窊容物者，谓之庣也。其鐎斗、刁斗诸名，亦皆放其声类，并以中窊容物得名。今'锹'之名，不专用于田器，如炊时运置火炭者，为火锹，其斟药斟羹之小匕，亦谓之锹，实皆'庣'字也。斟药者，汉人谓之'刀圭'，即十分方寸匕之一，'刀'即庣字。'圭'者，《律历志》云：不失圭撮。孟康曰：六十四黍为圭。是也。今斟药斟羹者，多谓之锹，斟羹者或借瓢名，惟江南运河而东，至浙江、福建数处，谓之刀圭，音如条耕。读刀如条，正合庣者，圭读耕者，支佳、耕清同入对转，圭声字多转入耕清，如圭田即顷田，跬步作顷步，烓读如同，从烓之字为耿。《尔雅》注以黾为耿黾，耿黾即《说文》所谓蛙黾也。今音刀圭如条耕，正符其例。或说当为调羹，非也，此为斟羹，非以调羹，人所尽知。"

下有一则云："《说文》：'箸'，饭攲也。今惠潮嘉应之客籍，谓饭攲为箸只，其馀通谓之妻，读若怯。寻《说文》：妻，分支也。今人以箸可分洟羹肉，故谓洟妻，语亦甚古。《易》称作书契者，取诸妻。今箸书之名，即本于箸。篹述之篹，又即馔字，故箸亦取义于妻。

日本饭敲，以一竹上合下分，正象支字之土形。”（按陆容《菽园杂记》，谓舟人讳箸为快，幡布为抹布，梨为圆果，苫为竖笠，然亦合于字训，故为证明之。）此释刀圭为今之庣，即闽音读如条耕，诂义审音，皆绝确。

晚近有所谓药匙者，中画线三，以盛药有分别，正是古人刀圭遗意。铫与镳本一字，《说文》：“铫”，温器也。曹宪《广雅音》云：“铫”，今人多作大吊反。太炎云：今淮南谓小釜为铫子，音正作大吊反。予谓，燕人有温器，埴如薄瓦，謼作薄吊，当作薄铫，决无疑义。其释箸为夬，亦合。其谓箸书之名，即本于箸，此义固普通。簒述之“簒”即馔字，按《尔雅》：篹，取也。字亦借簒为之。《方言》：凡取物而逆谓之簒。郭璞音馔。今南人谓中饱财物者谓之簒钱，音如馔，实有拾取与吞食两义也。

又有一节云：“《方言》：‘一’，蜀也。《广雅》：‘蜀’，弌也。《管子·形势》曰：抱蜀不言，谓抱一也。蜀音市玉切，音小变，则如束。《后汉书·刘焉传》焉遣叜兵五千助之，注：汉代谓蜀为叜。是汉时蜀本音叜，今时北方皆读束，一音之转。福州谓一为蜀。一尺，一丈，一百，一千，则云蜀尺，蜀丈，蜀百，蜀千，音皆如束。苏松嘉兴，一十诸名皆无所改，独谓一十五为蜀五，音亦如束。”“蜀”之为一，居所习知，以协闽音，则敏悟也。

此书间有申叔、季刚所笺，上所援者，不知孰是。此是光绪丁亥日本所刊，有申叔一序，其时章、刘尚未分趋。迨元二间，喧寂亦判，申叔居南池子老爷庙时，予数诣谈，真书痴也。貌白而露睛狼盼，疑当横终。时孙少侯亦露睛，意窃疑二君当以筹安会罹故，幸咸未验，然皆不寿。季刚盛气绝学，笃仰本师，壬申三月遇予谈诗，予举其近作“白日晻晻流水远”两句，以为似中晚唐，君大喜。今刘、黄并逝矣，因忆章先生，并摭书之。太炎先生论文不喜吾乡严几道、林畏庐，而颇许王壬秋，次则马通伯，见所为文。而湘绮甲寅居北京时，独取林译小说尽玩之。人或以此验其等差，然湘绮词气渊婉，与章不同。大抵章湛精训诂，言种族大政，文章浸淫秦汉，而短于韵。世言先生不解山水趣，然则所憾不止不信甲骨文一端也。

二八六　祝吏香记彭刚直轶事

午诒述王湘绮所记彭刚直，皆晚年侘傺状，不复详其初年腾踔奋发。盖国人喜言英雄失意，郁勃倨傲，平人之不平事，刚直亦意匠描写之鹄也。委巷所述彭宫保轶事多矣，率振奇，言过其实。近见江阴祝吏香善诒《听月轩杂录》所记彭事五节，颇可采。祝亦同、光间举人，官中书，著有《从军随笔》、《悔榆斋文集》、《听月轩杂录》等，前所述杨乃武一狱，即其专著，兹皆其杂文。其一，言彭劝曾文正遣姬事，已见前。

其二云：

> 同治癸酉，公巡江至江阴，闻水师哨官某事母无状，召之来而数之，曰："汝私设钱店，与民争利，罪一；吸食洋烟，罪二；违例陆居，罪三。犯此三罪，当按军法，念汝愚懵无知，犹可暂缓汝死。至汝忤逆六旬馀老母，役使若婢，稍不如意，壮声呵斥，即此一端，寸磔不足蔽辜。"命曳出斩之。副将成俞卿奔救，见公盛怒，气慑不敢言。会狼山总兵郑龙标至，叩头力救，良久得解。某自是不敢复忤其母云。

其三云：

> 光绪丙子夏，忽有偷剪辫发一事，又有妖鬼作泰西人装

束，夜入民家为种种怪异，民情惶骇，城乡骚然，昼则巡逻，夜则手燎鸣金，互相防察。六月中，四乡获到不识姓名男子十有三人，解入县署。江阴令沈伟田，湖州人，素懦，不欲树怨于妖党，但禁外狱，并不严讯。天主堂神父肩舆入署关说，令听其言，将悉纵之。民情忿怒，相戒伺妖人出，尽格杀之，毋令一人漏网。是日午刻，公至江阴，泊舟南关外，短褐芒鞋，入剃头店栉发，闻其事，大怒，曰："县令直如此愦愦乎？"遽返舟，立取信矢一枝，命弁驰赴县署提妖人。时十三人者悉已脱械，召至内廨，赐酒食压惊，令慰之曰："尔等毋恐，日晡当分送尔等出城，星夜远扬，勿再为江民所获也。"皆顿首谢。俄弁至，传谕提人。令见信矢，大骇，亟命役押十三人随弁去。民闻信俱至南关外，顷刻数千人。公被旧葛袍缎靴，雨缨凉帽，即码头假民间一桌一椅，坐而问供。十三人姓名籍贯，蜀一，闽三，其九则粤东西也。略致研诘，即行骈戮。百姓欢呼，皆言"彭公除此大害，我辈安枕矣"，哄然而散。

其四云：

湖北忠义军统帅提督刘维桢，部下有谭副将者，与其友游击张某为莫逆交，盟为昆弟。张将赴甘肃军投效，濒行假重赀于谭，并以其妻相托。妻某氏，年雏貌美，张去后，谭与之通，接至家中，与妻妾共处，屡相交谪，人多知之。张至甘肃，数月无所遇，川资且罄，嗒丧而归。抵家，知妻移居谭所，心弗善也，翌日往见谭，且迎妇归。谭忽变色诘责，言："尔以妇质余多金，今不偿金，遽欲归妇耶？"张愤甚，遍诉朋侪，数与理论，谭不听。张控之臬司，批饬江夏令拘讯，谭上下賫缘，案遂冰搁。张再控之大府，大府召刘维桢问状，谭大惧，遍行贿嘱，刘因左袒谭，谓张意图吞债，反噬诬蔑，卒不得直。谭益肆行无忌，日与某氏欢宴，闻者发指。张至是冤忿填膺，无可陈诉，惟怀利刃，思于要路刺杀谭。忽闻彭公巡江至楚，溯流迎之，抗声呼冤，召问之，张伏哭陈状，公许为申理，张拜谢，出至船头，仰而呼曰："天乎，余以不识贤愚，受辱至此，复何面目立于人世哉！幸遇彭公，余冤得申，死瞑目矣。"遂投江死。公至鄂垣，檄召刘与谭至，让谭曰："汝强占朋友之妻，能使历控督抚监司不得直，汝苞苴之术何其神也？今余已悉底里，无庸狡辩。"叱左右驱出斩之。时刘方侍立于旁，震怖失措，伏地不敢仰视。公曰："汝为统领，劣迹多端，余久欲治汝罪，念汝自有节制之人，咫尺间岂无觉察，是以暂止。孰意节制汝者，形同聋瞶，汝便贪纵无忌，颠倒是非，致令张游击含愤而死。似此劣员，岂可留之世上？"因大声曰："将去砍了。"刘惊颜如土，便溺污地，战栗声嘶，口不能言，惟泥首乞命而已。久之，公乃曰："暂以首级寄汝颈，后再有犯，杀无赦。"叱之去。刘登岸时犹觉惊魂惝怳，行不成步云。初谭以带勇故，积赀数巨万，妻无出，复纳一妾，自与张妻通，屡经讼事，积蓄渐空，至被戮时，亲友咸谓张妻以一女子杀二夫、破两家，是不祥人也，当治其罪，趣执之，而是妇早席卷所有，随人远遁，谭妻妾遂不免饥寒矣。

其五云：

公为皖抚时，尝易服四出，刺访民间利弊。一日至东流，忽檄县令，言有巨案，需吏某某司牍，役某某司缉，共七人，开单征召。令亟呼七人，告以故而遣之。七人私喜，途中相语曰："抚军亦知吾侪能，故以大事相属，想非吾侪不能了也。"一人曰："止。此人非易与者，见之各宜谨慎。"既至，公颜色甚和，谓之曰："吾素知若曹有干才，今有大憝，久为民害，非若曹自来不能除，果亲身乎？"皆曰："然。"曰："如有倩人顶替者，当早言，察出不汝贷也。"皆曰："无。"复按名呼之，皆噭声而应。公笑曰："然则大憝已得矣。"遽驱七人出枭其首，具牒送之县。令大骇，及发牒，则七人所犯事历历详载。令亟诣公谢罪，拒不见，旋劾之。盖七人皆贪狡，鱼肉小民，被其祸者不可胜计。七人中漕书某尤豪横，家赀巨万，妻子餍粱肉，袭纨绮，所居闬闳壮丽，制拟王侯，诸子皆援例授丞倅等职，缙绅咸通往来，新任县令必有馈，令皆倚为腹心，声势张甚，莫敢谁何。公于半月前潜踪至，市廛乡井，靡不周历，阴疏七人名，遍访皆同，无一枉者。自是地方吏胥皆惴惴奉公，豪猾敛迹，民以大安。

按祝所记诸事，惟斩谭副将事，最有名于时，诸家笔记，纪之亦众，馀皆寻常传说，且有不近情不合法者。予闻吴董卿[①]谈，其尊人子梅先生同治初元以淮扬道摄江藩，总江南北粮台，故与中兴诸公相稔，尤善刚直。后移官江右，刚直每巡江至赣，偶过谈，辄索蒸豚馒首为饷。南昌故有赌窟，逋毒已久，刚直至，一夕掩捕。将悉绳以法，犯多显吏，中有候补道黎某，左文襄至戚也，公不忍登白简，惧为文襄声名羞，则召之舟次，数其过，令速他去，某叩首无算。子梅先生适访刚直，不意觏之，亟代缓颊，始挥令去。先生归为董卿言。董卿至今犹忆儿时所见刚直状貌，气象伟大，声如洪钟也，然观其曲宥黎某事，则亦非不近人情者。祝所记骈杀十三人，及诛七吏事，案证不全，遽尸诸市，或亦传闻之过欤？

---

① 吴用威，字董卿，号屐斋，浙江仁和（今杭州）人。光绪举人。入民国，曾任北京政府财政部秘书。著有《蒹葭里馆诗》。

二八七　纪王碧栖

碧栖丈[①]曩居旧京时，先住南池子，后又迁北池子，僦屋皆曲房连篨，小有花木，瀹茗谈艺，永夕忘倦。记曾示予和又铮数词，又挽涛园、和诗庐数诗，制作绝妙。后七八年，从拔可见《花影吹笙室图》，丈有三绝句，沉痛隽爽，意笔俱化，讽诵不忍释。前年遗集出，始得见其短序，今并录之。题为《题李稚清女士花影吹笙室填词图》，序云："予十八九岁，与李君佛客游，自村入城，恒主君家。君盛言词，有作必见示，于是亦试纵笔为之，取径不尽求同，而心实相许。君之女公子稚清，髫龄绝慧，亦喜为词。佛客既没，予过视拔可兄弟，稚清出所作请业，吐秀诣微，深契音中言外之旨，尤以石帚、碧山为归，予无以益之也。适孙生翊南，不数载，先后俱殁，一女亦继殒。拔可悲稚清甚，既梓其稿，复属畏庐老人为之图。短世露电中，追念香火前踪，一如梦幻，泚笔记此，不自知涕之何从也。"

诗云：

然脂执卷记垂髫，千劫晴窗影未销。
坐断秋风来往路，是身争免似芭蕉。
阿兄江雁久离群，一世清愁付左芬。
头白还乡无哭处，断坟衰草没斜曛。
并世何由见此才，寸肠回尽便成灰。

---

① 王允晳，字又点，号碧栖，福建长乐人。光绪举人，官安徽婺源知县。工诗词，有《碧栖词》。

唯馀小淑无言在，生死天涯共一哀①。

按拔可为其尊人《双辛夷楼词》跋，末节有云："附《花影吹笙室词》一卷，则为孙氏妹慎溶之遗作，曩者南陵徐积馀观察曾为刻入《小檀栾室闺秀词》中。妹以光绪戊寅生，癸卯卒，年仅二十有六。所填[蝶恋花]一阕，有'飒飒墙蕉，恐是秋来路'之句，当时传诵，称之为李墙蕉。府君嗜倚声，而宣龚未能承学，妹工此，复不永年，良可追痛。校竟谨志卷末，时距府君之殁已二十有六年，妹之即世，亦十有八年矣。庚申九月二十日，宣龚谨记于海上观槿斋。"

观此可见稚清女士之家学。其"墙蕉"一词，调寄[蝶恋花]，词云：

一夕凉飔辞旧暑。飒飒墙蕉，恐是秋来路。转眼薰风时节去，不知燕子归何处。　　抽纸吟商无意绪。短槛疏窗，难写黄昏句。今夜夜深知更苦，阶前叶叶枝枝雨。

此词自非夙慧妙诣不能道，并可知碧栖第一诗之佳处，以适用内典身如芭蕉为双关语也。然"墙蕉"句虽思致秀颖，而予却爱结二语沉厚透纸，是真得漱玉神髓者。盖名句妙造自然，信关偶得，而非必作者锤炼见工力处，前者触机而得，后者思之深也。《碧栖词》与佛客先生之《双辛夷楼词》，为阅词晚近之双流两华，但取路颇不同。

《碧栖词》其娟洁密致处，与其云学碧山，不如云学玉田，其甲午十月[水龙吟]一阕，不用雕饰，尤疏俊有高致。拔可刊丈遗集，序云：

---

① 注云：小淑石门人，年家子林亮奇之妇，曾从予习为倚声者，今亦嫠居久矣，因并及之。

光绪乙酉，余方十龄，从塾师林葱玉先生游。先生独行士也，性介，貌傲岸，触其微睨，有不谓尔者，则夏楚随其后。余钝读，艰于背诵，又好弄，跳踉不止，师故绳之不稍宽。一日向晚，有客至，黑衣裤褶，挟其田间之容，闯然就高座，席未暖，索饧饴饼饵之属不绝口，急若弗及待者。师虽峻，亦不禁匿笑，而心异乎客之所为。客为谁？则吾王丈又点碧栖先生也。丈籍长乐，世居南江之亭头乡，距省五十里许，是秋掇乙科，意甚得，每入城辄诣其舅氏邱宾秋先生。先生吾戚串，馆于吾家者，故丈与吾昵，引之为小友。逾年闽有文酒之会，曰支社，黄子穆、周辛仲、林怡庵、黄欣园、林畏庐、高愧室、卓巴园、方雨亭、陈石遗诸长者实号召之。月三四集，集必吾家之双辛夷楼，先世父、先君子皆与，倡和为乐，丈亦与焉。齿虽末，然周旋坛坫间，与老宿相接，龂龂不稍下。时会城书院林立，凡课艺丈自为之，强使余任其莊书之劳，往往至夜深忘倦。

丈祖讳有树，故夔州太守也。丈席其馀荫，徜徉村居，垂三十年矣。厥后累踬春官，境渐困，悉以其幽忧之疾发之于倚声。初为王碧山，因自署曰碧栖；嗣复出入白石、玉田之间，音响凄惋，直追南宋。潍县张公韵舫，亦能词者，守兴化，耳其名，延为山长，既而选授建瓯教谕。居恒郁郁，复偕雨亭方丈杖策出塞，应奉天将军依克唐阿之招，筹笔之暇，始放手为五七言诗。初喜贡父排奡，山谷奥密。积而久之，复肆力于东阿、嘉州。故意境高远，不可一世，是真能以少许抵人千百者。当丈入北洋海军幕府时，密迩畿辅，人物辐辏，与王幼遐给谏、朱沤尹宗伯辈相过从，接其谈论风采，又目睹戊戌、庚子之变，孤愤溢怀抱，故其所著无一非由衷之言。改革后，南北传食，讫无宁岁。迨宰皖之婺源，则管领山水，意稍有所属，能以吏事入诗，而诗境又一变。归休偃蹇，耽悦禅诵，遂不复作。而其毕生悲欢愉戚跌宕慷慨之志之所蕴结，一寄之于诗与词，而所获仅此。殁二年，公子泳深奉遗稿乞弢庵太傅编定付校刊，惜沪乱转徙，为手民错简稍失次，然大体无损。丈年少时洒落不羁，看花长安，雅有杜书记之癖；中岁遭际，颇似刘龙洲之于辛稼轩；晚而折腰，非其志也。

此言碧丈生平颇曲肖。丈负绝俗之才，而能同尘，晚岁放弃文字，居乡间，逐什一之利以自赡，日唯坐南街茶肆，嘲诙孳孳，今所见诗词皆五十馀岁所作。丈殁年垂七十矣，殁时遘小病，众谓无恙，而自知解脱，晨作一书，致弢庵先生诀别。盖丈以庚申出都，与弢老情谊敦笃，而疏懒无一字，至是忽莊写累纸。弢老晚年常作词，遂亦以词挽之。题为："碧栖临殁，手书见寄，捧读感痛，为赋[水龙吟]一阕哭之。庚午七月二日。"词云：

十年望断来鸿，发函乃出弥留顷。苍凉掩抑，死生之际，一何神定。我欲招魂，海天飞雹，巫阳焉讯。念百回千结，那得情味，盈眶泪，如泉迸。　　石帚清狂无命。恁荒波，日亲蛙黾。颓唐尔许，不应真个，江郎才尽。丛稿谁收，审音刊字，吾犹能任。却自怜老耄，君还舍我，就何人正？

此词后半阕，前五句皆言碧丈晚年之颓废自放也。拔可言丈似刘龙洲，予则谓似张子野，以其老寿工词喜游冶，又碧栖丈先有宠姬，后遣之，甚似子野之晚遇也。癸酉秋予有[琵琶仙]追和丈韵，有云："叹浑似三影清才，奈桃杏飘零老词客。"即用"不如桃李杏，犹须嫁东风"故事。

二八八　叶鞠裳论褙帖

今世言装褙业，不外苏裱、京裱两派，苏裱久有名，京裱则裱匠久居燕京者，亦擅专长。大概苏裱骨肉停匀，京裱格局轩敞，是其大较也。大千为予言，裱工以苏为最，补工以京为最。补工者，言挖补填剔修整之类。大千尝蓄裱匠四，京苏各半，各矜为第一，而不相下，因而各取其最良之技用之，莫能偏废也。按装褙字画言之最详者，莫如张彦远之《法书要录》、《图画见闻志》。大抵裱褙以制糊为第一义，彦远论装背画轴，煮糊必去筋，稀缓得所，搅之不停，自然调熟，入少细研薰陆香末，永去虫而牢固。又云：勿以熟纸背，必皱起。宜用白滑漫薄大幅生纸，纸缝相当，则强急舒养有损，要令参差其缝，气力均平。又云：宜造一大平案，漆板朱界，制其曲直。按今装池家即如此，叶鞠裳[1]谓此法可推之褙帖。叶云："曩见明初文渊阁书籍，外装锦函，皆卍字挖嵌式，五百馀年，毫无损脱，亦无蠹蚀。此其煮糊必有奇秘之法，惜不得其传耳。"此言自是细心领会，然古来秘法失传者无虑千万，煮糊其尤小者耳。又彦远言装池书画之法甚详，惜不言褙帖。叶氏补之，其言曰：

> 今人藏帖，用翦裱，丰碑直行，分条合缝，联缀无痕，世谓之蓑衣裱。四围镶边，多用白纸，或黑或紫或蓝，亦间用虎皮笺，或用五色槟榔笺，或用古藏经笺。背后衬纸，最上用东洋皮纸，其次用粉连纸，劣者用粗黄纸，然浆性漓则易脱，且生虫

---

① 叶昌炽，字鞠裳，长洲(今江苏苏州)人。精金石、版本之学。曾任甘肃学政。有《缘督庐日记》、《藏书记事诗》传世。

蚁，不能经久。或仅垫薄纸一层，每一页接缝处，以纸黏合，循环舒卷，谓之巾折裱。书条横幅，或古碑之逐层横列者，即可整裱，不分条，不割字，接缝处亦不用镶边，此较能耐久，且不损字。小造象及彝器拓本，宜用挖嵌裱，大者一页一通，小者多至三四通，空地可写释文，或随意题识。字之极大者，或用推篷式，或一页一字，或一页二字。擘窠书及石刻图画不能翦裱者，可用方胜折叠之法。诸山题名及唐墓志，或以数十通合装一册，亦可随其大小长短而折叠之。又有用装订书籍之法，线穿成册，工值既省，且便临池。然中间褙字之处必隆然凸起，亦需用挖嵌法，背后再垫纸一层，庶几妥帖平不皱。古人得佳碑喜整装，既免脱落，且不失原碑尺寸，诚为善法，然非铺案挂壁，无从展阅。余谓收藏碑版，须有两本：以正本整装，留原石制度；以副本翦裱，明窗净几，取便摩挲。整装之法亦有二，金题玉躞，所费不赀，或仅用皮纸一层托之，不加杆轴，折叠平匀，外贴藏经纸签，写碑目及年月、书撰人姓氏，以一二十通为一集，或加夹板，或青布函。凡收藏稍富有，此法最宜。拓手之精者固不易，装池更不易。凡碑文左行者，粗工不省，往往仍从右起，行字颠倒，不复成文。《醴泉》、《皇甫》诸碑，尚有旧本可为依据，稀见之碑，分条割字，偶失原序，前后即致舛午。剥泐之处，或仅存半字，或微露残笔，辄割弃如敝屣。分书行草，波磔飞动，或致跳行。或越方格之外，亦多割损，如伐远扬。故余每装一碑，虽丰碑仅存数十字，其无字处亦谆谆戒其留空提行，空格必依原式，凡字口陷内，皱痕不可过求熨帖，若舒之使太平，曳之使太直，古人笔意必尽失，如墨猪矣。此皆非俗工所能知也。

按吾国艺事，久有特征，百年以来，机器勃兴，加以舶来学说，推倒一世，旧学黯然，行与手工业俱尽矣。然手工业之能成名，亦未必不科学，今日言满盘西化者，方出全力唾弃，践踏旧俗，唯恐往日习俗工业不速尽。昔日吴纨蜀绮，民以章身，今则胡俗短后，争用毾衣，而江浙丝业，扫地以毁，此其彰彰者。至其他诸工，随时俗好尚而就凌替者，不可胜数。盖不揣本而齐其末，则蹙地千里，理所固然，文字语言，行亦并尽，他更勿论。不悟不自爱者，纵能碧其瞳隆其准，亦不足救亡。苟能自爱，则旧日习惯职业，亦不必廓除而后始能为国也。裱褙一业，非自舶来，新人物所不道，更数十年，或竟绝迹，然亦未必遂不科学。旧时文学最为畸形发达，故涉于艺文之笔记特多，而其间所述法度规矩，有极合于科学原理者。苟得寸暇，悉为钩稽记录之，异时或未始无裨用处也。

二八九 谈国人之命名

人之命名，意在表德，故姓之与名，义初不应相属，此说亭林已详释之。而近人好以姓名并合，可作一名词，以为颖异可喜。不知"镜新磨"乃是伶名，"完孝思"原改院姓，名与姓本不当有联缀之义也。然古人此例亦多，如宋之何求，后唐之周匝，南宋之黎明，明之高士，不胜枚举。其僧尼名字，及满人之名，尤不在此内。盖丁口日繁，咸取文名，久则自厌，于是非取极习见之成语，即取不常见之奇字，两者意皆在于出奇标胜也。曩年闻客纵谈，谓大地生齿日多，人而命名，不胜其烦，不如以数目编号。语毕自诧为奇论，不知此例八旗已有行之，如七十一，著有《西域闻见录》；七十五，征金川有功;九十,为广西提督;八十六,官至江宁将军;其馀以数目命名者,不计其数。予所言《缙绅录》笔帖式七十三、七十五者若干人,然亦不能通行,以人有性灵学识,不能如机械之但编号码也。大抵古之奇名,非外国人,即属宗室。《吴志·孙休传》:五年春二月戊子,立子𩅦为太子。注引休语,休为四男作名字,太子𩅦(音湾),字𧟰(音迄);次子𩃙(音觥),字𢍰(音礥,礥音元);次子柜(音莽),字昷(音举);次子𡨧(音裒),字㷉(音拥)。是为奇名之始。自后帝系多用奇字为名,宋宗室载在世系表者,其名之奇诞,如𠈌、儓、讣、潹、訔、孖、衎、琭、庁、㝚、鐃、𩃬、𧬰、𧭌、遪、𥸌、𩏂、邅、睐、铆、𢝧、𢙄等字,皆不经见。明代宗室之名,尤多为字书所不载,其例以五行为次,终则复始,故字恒苦不足。

考渔洋《居易录》云:明宗室诸藩生子,例由礼部制名,主者索贿不满意,辄制恶字与之。如崇祯壬午举人朱慈𢙄,衡王府孙也,字火西,诗文有盛名。𢙄字,盖取愁人二字牵合之。据此,则诡诞之字,大抵为制名索贿之流弊。清代宗室虽不多制奇名,但闻人言,凡国丧百日内,宗室近支有入房生子者,子生,追算年月如受胎适在丧期,则命名必加犬旁,暗示其父母有兽欲,如载漪之漪字,即是一例。此说不知可信与否,其尤可笑者,清嘉、道间绵字辈宗室某将军,好鼻烟壶,有三子,长名奕鼻,次名奕烟,三名奕壶,命名之诞,至斯已极。又宝竹坡先生,名长子曰富寿,小名曰一二;次子曰寿福,小名曰二一。此种颠倒回文,亦足嗟异。唯一二、二一之名,出于内典,竹坡固非不读书者耳。琐琐记此,以见命名必以平易通俗为主;务取常语成言,固使儿孙窘于称呼。好为怪诞,使人不识,尤非制名传远之本义也。

二九〇　吴介清记两侍郎褫职事

光绪二十一年十月吏部右侍郎汪鸣銮、户部右侍郎长麟，并以召对妄言褫职。汪、长召对何语，诸家笔记皆莫追详。以文芸阁《闻尘偶记》考之，汪、长二人必帝党，为西后借题所斥者。汪柳门为浙之名士，前记杨乃武案，汪即力主平反。至长麟，字石农，为满人，晚近乃不常覼述之者。比见旧京吴介清君所记，殊可供史料。吴云：

长石农能文善书，与清秋浦总宪锐，均为翻译界出色人物。任右翼总兵时，年仅廿八九岁，短小精干，英爽俊伟，陛见日，奏对称旨，圣眷因之日隆。（时慈禧已撤帘，德宗锐意图新，喜用青年。）甲午事起，失利叠闻，不得已起用恭忠亲王督办军务（在内设督办军务处），特简长随同办事。一日因某事与王争执，抗辩不少屈。退出后，王顾左右云："后生可畏。圣上喜用青年，吾辈暮气深沉，不足任重致远矣。"不意进锐退速，乙未十月竟以离间宫廷，不知大体，与吾乡汪柳门先生鸣銮，同日罢黜。先是和议成，大学士、六部、九卿、翰詹、科道齐集内阁大堂，恭读朱谕，汪读至赔款两万万，与其师高阳相国，均痛哭失声。自是婴心疾，早蓄归计，至是得遂初服。但是日缘何致触上怒，疑莫能明，其后曾有人追述此事经过（似是《时报》驻京记者汪中翰康年），事隔多年，今亦忘之矣。甲午十月，豫抚裕宽入都祝嘏，觊觎蜀督，先谋之李阉，所索奢，未能满其欲。裕故与珍妃母家为近姻，乃辇金献之珍妃，俾伺便言之上前。未及行，为李侦知，憾裕舍己之珍，遂以告孝钦。孝钦果大怒，立召珍亲询之。妃直自承不讳，且曰："上行下效，佛爷不开端，孰敢为此乎？"孝钦怒，杖之百，赖先朝诸妃嫔及大公主（恭邸女）环跪乞恩，乃与瑾妃并降为贵人。翌年十月，长麟罢黜，不数日竟复二妃封位。此在鲁伯阳案之前，外间多不之知，谣传种种，均谓长麟与珍案有关，然宫闱秘密，莫得究竟也。

按吴所言校以史乘及他笔记，似极可置信。就前后情节观之，汪、长必为珍妃被黜进言，以为应复其位，以泯帝后之嫌隙，故触上怒，而此事又不能明言，故以"离间宫廷不知大体"八字，笼统揭布。意其情形，汪柳门有借此求去之隐衷，长石农则年少敢言，自恃八旗子弟。其同遭沦谪不复起，则缘德宗始终抑郁，故帝党一蹶不振也。吴名汝廉，旧官吏部，亦儒雅能记旧闻者，原籍杭州，故与柳门为同乡。

二九一 陈衍记戚继光俞大猷轶事

溽热中，苦忆儿时避暑乌石山颠之乐，居王壮愍公祠，面对岃峭峰，云常幂其首，遥眺四山缺处，江光浮白，景物旷邈。今此景犹浮目中，而三十馀年之年光不能倒流，斑鬓佣书，归乡无日，可胜叹念。

山南下有戚、俞二公祠，盖祀戚南塘、俞虚江者，曾以暑日一游之。比岁外侮日深，邦人好标举南塘御倭功绩，崇功式烈，固可以策励我民。唯倭寇与日本乃为二事，世俗混淆，正须订辩。按中国所称之倭寇，日人亦同此称，其后日人著近代史，改称和寇，倭和一音之转。考日本史，倭寇源于濑户内海，南北朝分裂后，濑户为海贼所据，自海贼大将军村上三郎、左卫门义弘殂后，北畠亲房孙山城守师清代统之，劫掠朝鲜及中国，南朝政府及九州各诸侯利其贡物，阴为之助。其取道有三：一由对马经朝鲜入辽东，二由五岛入直、浙，三由萨摩入闽、广。中国海贼王直为伥。王占日本平户港，自称五峰大船主，有王汝贤、王敖、徐海门、太郎、次郎、四郎等为爪牙，诱导日本之中国西海三十六所海贼，洗劫江浙海岸，此为倭寇之真相。南塘在闽，以杀寇卫疆著，民故祀之。祠堂壁有陈衎记二篇，文笔恢奇，历来谈戚少保者多未摭及之，今特录于此，以餍今日之向慕二公者。明陈衎《戚少保逸事》云：

嘉靖中叶，倭奴入寇内地沿海郡邑，所在钞掠，吾郡独福清尤残破。少保戚公以参戎自浙督义乌兵来援，或请师期，公曰："士卒新集劳苦，未可动。"越三日，乃大张乐，宴僚佐及万户侯等。黄昏，公以更衣入内，于是久不出，但时时传语觞客无间，客愕不知所为。翌日捷书至，公夜中已抵福清，破贼于牛田，斩馘数千矣。盖公计郡中必有为贼伺我者，故出不意尽歼之。兴化城陷，贼方踞城，公率所部往，离城十里团营，缓攻之。岁除微雨漏下，密与所部期曰："先五百人以火器伏东隅，闻鸽铃起，尽登。全军望敌楼火，整队扣门入。不如约者斩。"公独以三壮士自随，怀鸽越女墙入，城上贼方熟睡，逻者过，辄杀之，因服逻者衣，斫东门城守诸贼殆尽。五百人者，闻空中铃声，肉薄登城，火敌楼，开门，全军毕至，无敢后者。倭奴方陈子女酣饮幕中，兵入城，无所觉。其部曲各散处醉卧，惊起溃乱，自相戮。于是斩首虏名王无算，复一城二县，出俄顷间。天明下令，凡为莆人不得已从贼者，皆不问。市肆晏然，如未有攻战者焉。

公在蓟镇时，制师阅武，大会诸郡都护军。日昃龙起，骤雨如注，雷电迸击，一时水深三尺馀，数万骑各纷乱鸟兽散。乃罢操，置酒言宴。将夜，忽正南灯火万数，列如堵墙，而寂无人声。制师骇问，乃公之军也，虽雨，未有令，不敢失伍。制师益大骇，起执公手，速传教撤队。公令出，诸军始按部护鼓旌旗灯火，就水中整队徐徐归。他军先散去者皆惊，制师长揖公曰："周亚夫安足道哉！今日知戚将军矣。"郭海岳者，福清文士也，客公所，偶雨雪寒甚，公取黄貂裘值千金衣之。凡此皆名将所不及也。公名继光，字元敬，官少保，兼后军督府同知。

又《俞都护逸事》云：

都护俞公大猷，自江右召归闽，与戚少保协同御倭。都护一见少保，曰："公必办贼者。然贼溃去，必走海，他日复为闽患。今当以陆战为公功，吾率艨艟待之海上耳。"于是募习水吏士八百人，挟火器，伏列岛中。既而沿海贼悉败衄，果夺船跳海，图次年大举为复仇。都护擐甲逆战，一鼓百馀艘尽为煨烬，擒斩沉溺，不可数计，贼无一人还者。自是六十馀年，虽中国奸民百变诱之，尚骨惊不敢动。

都护在江右时，一日坐衙斋，忽见梁上双客蹲伏，若有所伺。时夜已深，独一童子侍，都护谩不知省，但令童子呼茶。茶至，谩怒，更呼四庖卒跪前，谩诮让，欲杖之，召牙校入。顷牙校六人执杖至，都护益谩怒，四庖卒搏颡请。都护徐徐起指梁上，示诸校曰："可擒贼矣。"梁上客惊，其一自堕下，诸校合力挝杀之。其一犹乘梁拔刀拟得掷都护，都护自举所坐椅飞击之，亦堕地，并就擒。穷问，盖蛮峒酋长所遣为曹刿者也，微都护识量，不测，且为地方忧。

按陈衎，字磐生，与曹能始同时，有《大江集》。祠闻近丹臒一新，记在山边巷，其上即为天王岭。十年以来，城垣洞撤，豹屏闻已与乌峰跬步相接，何时复得青鞋布袜，再揽其胜耶？

二九二　记唐乐器双忽雷

比见七月二十日京沪报载，有安徽某故家以所藏唐乐器质于美国，得价三万，今拟呈求政府赎回，否则此物行入外人之手云云。又闻若渠言，古物保管会曾论及此事。予按此必贵池刘聚卿[①]所藏之双忽雷也。予不识聚卿，而与介弟蘧六友善。民国初元，聚卿已避居沪滨，故闻双忽雷名而未见。今刘氏兄弟已下世，所居北平西堂子胡同屋，曩以居张季直、梁任公者，亦久易主。其后嗣不通音问，双忽雷转徙海外，亦意中事耳。凡览《羯鼓录》者，必艳称唐文宗宫女郑中丞死而复苏得嫁梁厚本事。中丞自言善琵琶，其琵琶在南赵家修理，号大忽雷、小忽雷，是为双忽雷始见纪载之始。后此流传，斑然可考。清初，小者归曲阜孔聘之（尚任），岸堂自记双忽雷云：

> 胡琴本北方马上乐，亦谓之二弦琵琶，盖琵琶所托始也。《南部新书》载：唐韩晋公滉入蜀，伐奇树，坚致如紫石，匠曰：

---

① 刘世珩，字聚卿，又字葱石。以玉海堂、暖红室、唐石簃为刻书室名。安徽贵池人。光绪甲午举人。曾创办测学会。笃好金石、书画、刊刻图书，尤以传奇为最，辑有《玉海堂丛书》、《聚学轩丛书》及《汇刻传奇》等。按据柳和城等著《藏书世家・小校经阁传奇》所记，大、小忽雷由刘氏后人捐给国家文物局，今藏故宫博物院云。

“为胡琴槽，他木不能并。”遂为二胡琴，大曰大忽雷，小曰小忽雷，后献德皇。《乐府杂录》云：文宗朝两忽雷犹在内库，内侍郑中丞特善之，训注之乱，始落民间。康熙辛未，予得自燕市，乃其小者。质理之精，可方良玉，雕镂之巧，疑出鬼工。今八百年矣，频经丧乱，此器徒存，而竟无习之之人。俗艺且然，伤哉，后之欲闻韶乐者。

其后，乾隆间陈云伯（文述）有《小忽雷记》。记曰：

大小忽雷皆唐乐器，韩滉官江淮转运日所进。大忽雷，元代尚存，杨铁厓《谢吕敬夫红牙管歌》序所云，“泰娘善倚歌，以和余大忽雷”是也。小忽雷是唐宫女郑中丞物，准汉建初尺一尺九寸四分，龙首凤臆，蒙腹以皮，柱二双弦，吞入龙口，一珠中含。颔下有篆书“小忽雷”三字，次有“臣滉手制恭献建中辛酉春”正书十一字。两牙轴下面各有字，首咏云：“古塞春风远，空营夜月高。将军多少恨，须是问檀槽。”次咏云：“中丞唐女部，手底旧双弦。内府歌筵罢，凄凉九百年。”皆款署“东塘”。东塘尝为《小忽雷》院本，以中丞为郑注妹，因及甘露之变，并裴晋公平淮蔡事，以中丞为唐宫女官名，以盈盈为中丞字，以白香山集中琵琶商妇楚润娘为中丞教师。词曲之妙，不减《桃花扇》。

其后东武刘燕庭，有自记小忽雷一文，云：

唐小忽雷，逊逻檀槽，龙首蟒皮，面广七分，下篆“小忽雷”文三字。牙轸二，面广四寸，背正书“臣滉手制恭献建中辛酉春”。国朝康熙辛未，岸堂得诸燕市，镌五字绝句于牙轸，别系以传，其题词则竟莽所作也。萝鹤居士谱为《小忽雷》传奇四阕。又二阕曰《大忽雷》传奇，后归长白继莲龛方伯，携至秣陵，余访之，未获睹也。时方伯辄许相赠，旋又移节桂林，盖三年于兹矣。今夏函致赠余，媵以岸堂传奇一册。余属南叔拓其形，装池为帧，并补书原叙一通于帧端，且以诗志之，属同好和焉。时嘉庆庚辰七月中元日也，东武刘喜海燕庭父书于都门嘉荫簃。

此物归于聚卿后，曾属畏庐老人作图，图成，老人为作《枕雷图记》，记云：

北平袁珏生太史，为余文字之契，一日寓书于余，以刘参议葱石所藏唐建中小忽雷，请余为《枕雷图》。参议渊雅通赡，名闻当世，余心折久矣。图成，归之参议。遂集饮于小忽雷阁，因得观所谓小忽雷者，长仅逾尺，骈二轴于左，双弦，拨之锵然发奇声，木质作深紫色，轴上镌曲阜孔君诗。余因询大忽雷所在，则云已属之瑞山张君，张君今年七十有五矣，精于胡乐，能为《秦王破阵》诸曲，顾以病莫至。时庚戌九月九日也。逾两月，再面参议于忽雷阁，则大忽雷亦归参议家，状如常用之琵琶，髹文甚古，二轴轩轾为左右，声洪壮而清越，余惜不能得张君而弹之。参议笑曰："前图无大忽雷，今二雷骈隶吾锦囊中，畏庐当于水边林下，补一须眉苍皓之老翁，远来归雷，足成吾家韵事，可耶？"余诺为更制一图。图成书其后曰（中略）。参议独抱古怀，摩弄二雷，不胜太息，且约明年人日将大集诗流，赋诗纪之，今预更阁名曰双忽雷，属余为纪其颠末如右。宣统二年夏至日，闽县林纾记。

按林记所述，未若聚卿自记之详。聚卿于《枕雷图》中，自记双忽雷云：

年来搜集元以来传奇卅种，汇刻行世。去年缪艺风丈自江宁寄孔东塘、顾天石合谱《小忽雷》传奇钞本,阅卷首桂未谷著《小忽雷记》,乃知东塘得原器而作。今年春,晤太仓陆应庵谈,云华阳卓氏寓京师者,藏有小忽雷,并有谱两本。亟属其踪迹,得见之,龙首凤臆,中含一珠,木理坚致,雕刻精绝,项间镌"小忽雷"三篆书,下刻"臣滉手制恭献建中辛酉春"真书二行十一字,与桂氏所记悉合。所谓谱者,乃刘燕庭味经书屋校钞《小忽雷》传奇也。后有《大忽雷》传奇,二折以后,残阙不完,缪寄本缺字得以互校,不禁狂喜。卷尾附国朝嘉庆时名人为燕庭题小忽雷诸诗词,知此器曾为东武嘉荫簃藏弆,即购获之。溧阳匋斋尚书有叶东卿手拓忽雷墨本,知器已归余,遂以持赠。古物精灵,翕然会合,洵非偶然。此器所以归华阳卓氏,盖燕庭嫁女卓氏,取此媵奁,乃为卓氏所有。海帆相国曾以小忽雷名其斋,其未入刘氏以前,据朱椒堂诗注,旧藏伊小尹处,继莲龛由粤西赠燕庭,然亦未详言也。吴中怿年丈云,潍县陈簠斋太史藏山谷《伏波神祠诗》墨迹卷后,刘文清跋云:"成邸以此卷并小忽雷易其一铜琴。"则此器又曾藏成邸。(中略)椒堂词注,燕庭自记,皆未道及,殊不可解。冬十一月,访大兴张瑞山琴师,与之纵谈古乐,曾言三十年前于京师市上得一古乐器,为大忽雷,似琵琶而止二弦,凿龙其首,螳螂其复,制极古雅,与小忽雷同,牙柱龋龁,左右相向,背施朱漆,上有彩绘,有金缕红纹蹙成双凤。瑞山能弹之,其声清越而哀,与小忽雷亦类。大忽雷,元时犹存,见《铁厓逸编・谢吕敬夫红牙管歌序》中,又有"大雷怒裂龙门石,双丝同心结龙首"等句,形制更可想见。二器并陈,望而能识,且断纹隐隐,与余藏唐雷威雷霄斫琴髹漆绝似,其为唐物益信。瑞山以小忽雷在余所，乐为归之，因倩畏庐老人为作《枕雷图》，名余阁曰“双忽雷”。小忽雷以东塘传奇始著于时，东塘得器制传奇，余刻传奇而得器，且复于无意中更得大忽雷，亦云奇矣。宣统二年，贵池刘世珩葱石。

葱石即聚卿之别字。图成后，题咏坌集，今不具录。予所枨触者，长沙章曼仙华旧曾示予以《题枕雷图》一诗，相与商榷，其时瘿公尚存。曼仙与书衡丈最善，相与文字宴饮，予将南来时，尚聚于东兴楼，其化去距今不过数载。此诗与序，似为加意之作，并附录之，以见鳞爪，不止资谈忽雷之助也。章华《双忽雷行》并序：

唐韩滉使蜀，得逖逻檀，制大小忽雷，以进德皇。文宗朝女官郑中丞特善之，后忤旨缢投沟水。甘露变后，人物俱杳。康熙中，曲阜孔东塘得小忽雷，材坚润如紫玉，上有文曰“建中辛酉臣滉恭献”。东塘作《小忽雷》院本传奇，与《桃花扇》并行，盖幸之也。光绪末，归贵池刘葱石。琴师张瑞山者，藏唐时大忽雷，归矣，葱石复购得之。二雷复见于世，乃建双忽雷阁以志其盛，并写《枕雷图》属题。代异时移，葱石高卧不出，殆与双雷老矣，因作《双忽雷行》。

诗云：

冰弦牙柱紫玉材，葱石示余双忽雷。
建中辛酉臣滉进，谁欤善者中丞郑。
中丞一朝忤圣颜，身随沟水流人间。
曲散霓裳甘露变，雷乃收声人不见。
千年重睹逖逻檀，甲痕犹识纤指弹。
好古神交视莫逆，前有东塘后葱石。
东塘只得小忽雷，大雷羽化如金杯。

还分扇底桃花泪，院本新词谱落梅。

双凤孤鸾无匹偶，茫茫燕市落谁手。

画中白发归雷人，七十琴师瑞山叟。

我闻唐时大雷内库藏，小雷已落崇仁坊。

逆珰贼泚不能坏，南内西官几断肠。

一日龙津神剑合，世上纷纷有哀乐。

贞元时事不堪言，独枕双雷卧高阁。

曼仙早以神采俊奕名，从其《倚山阁集》中，可见其少年风神。然予所见叔宝神清，无如蘧六，君为聚卿弟，广雅之婿。长予不数年，举止都雅，文笔亦清曲，曾为《神州日报》通信，汪允宗所约也，以肺病先聚卿逝，垂十五六年矣。闻公渚言，聚卿生前曾辑《枕雷图题跋》，印为一帙，今不得见。此帙中，又不审有释忽雷之义否？予按《洽闻记》，鳄鱼一名忽雷。此两器腹所蒙皮，予意非蛇而实为鳄，鳄不易得，故当时即以名琵琶。言大小者，犹甲乙之义，非仅指形状之巨细也。忽雷，或谓为欧西鳄鱼母音之译词，入中国后变为强悍之义，观《广异记》欧阳忽雷与雷师斗一节可见。鳄虽为热带动物，然我国固有之。今年六七月，太湖渔人捕得鳄鱼二三尾，以市于上海欧人，诱起研究中国鳄之兴趣。不独潮州恶溪之鳄著于唐时，而取其皮膜蒙乐，尤为意中事也。

二九三　王闿运《湘绮楼记》

湘绮楼闻于海内，楼果安在？世多莫征。予按壬秋先生有《七夕词》十五首，自光绪壬辰至丙午十五年间，每岁七夕，各系一绝句。其第十首云："湘绮新楼望故居，百人无复集缨裾。疏星渡汉年年换，雁过南楼怕远书。”自注云：“辛丑大驾还京，余还山庄暂憩。时门人弟子为起楼山庄，而石牛故宅，已再易主。前时子姓同居过百人，今皆零落。余乃有四子十女，并内外孙男女子妇，亦将五十人也。”第十一首云：“黄绮楼边更作楼，正看初月上帘钩。分头选蒂来瓜使，残暑全消玉簟秋。”自注云：“壬寅独居东洲，改大雪琴矮屋，上更作楼，以通前后三楼，其西楼旧题黄绮，取太子少傅意名之也。衡无好瓜，功儿每岁专使送致，是岁诸女山庄，亦遣使进瓜。”从此两诗中观之，湘绮楼盖有故楼、新楼、黄绮楼之分。近从谭瓶斋获睹湘绮未刊文稿，中有《湘绮楼记》一篇，叙次特详，文亦委婉细密，可资故实，读之可补前诗所未释者。记云：

湘绮楼者，余少时与妇同居之室，僦居无楼，假以名之。后倚长沙定王故台，实面湘津。谢拟曹诗曰：“高文一何绮，小儒安足为。”余好为文，而不喜儒生，绮虽未能，是吾志也。宴居一年，湘军治兵，出参军谋，归读我书。邻园有鹤，夜鸣辄起，徘徊赋诗曰：“鹤唳华池边，气与秋空爽。平生志江海，低羽归尘鞅。”翛然有世外之志。忆弱冠时，梦余所居五楹通楼，前临平田，绿野无际，后游吴城湖楼，恍惚似之，但白波连山，无稻田耳。及避兵武冈，六年还城，家无担储，月供房税，靡菽水之福，有长刀之苦。乃身至广州，求得蛮女，偕妻上湘，借居衡阳，依朋友以资衣食。妾汲妇炊，大治群经，屋壁皆长女篆书，妻妾儿女，夏簟冬炉，每读诵楚词相和。尝寄诗夸示高伯足云：“知君一事苦相羡，新得西施能负薪。”余之逍遥物外，自此始也。

然所居有轩无楼，连房五间，前堂两夹，容膝而已。自甲乙迁居，岁逾一纪，潜虬为戾，承水暴涨，山庄沙掩。余方承修

《湘军志》，携妾城中，妻孕，少子涉波而免。归视沙浸，未易扫除，乃谋城居，迄无安宅。丙子秋，始得陈氏故庐。道光初，湘藩裕泰购赠其书记陈花农者也。余旧与丁果臣、张凤衢、彭笛先游，得识其子小农，恒至其居，似甚宽广。至是小农子鲁詹官蜀乏资，以宅质余，余忆前游，欣然许之。丙子十月，成券入宅，宅殊湫隘，堂后益暗，乃撤屋作楼，始题旧名。方鸠工筑垣，三营将弁快靴行袿者三四十人，指画楼前，若有所疑。余出问之，则对曰："此楼基公家地也，君何侵焉？"询以据，则请验契，以滴水为界，比出滴水方丈，视契良然。余告之曰："吾有所受之也，君等寻前主究之，吾固不吝。"期以三日，而四日不至。楼成，徐询其由，则由前军官居之而自侵公地云。楼之后，俯临荒园，旷望三方，上作重台，目送湘帆。帉女七八岁，日登危栏，踊跃其颠。余后作其哀词云："居子十年，一日千回。昔诃尔去，今望魂来。"记其事也。与余游者，莫不登焉，女士则曾彦，杂家文廷式，楼客之异者也。营弁既妒余作楼，乃收其馀地，作屋数百间，楼便不能空旷。大儿又愳平台之危，乘余出游，拆去重会，又不能见帆。戊子水灾，大改前制，楼虽岿存，亦并新之，为内外二间，无前四周回阑之制。诸女适人，妻妾殂逝，始去兹楼，移居山庄。

年七十，门人张登寿倡议醵金，于山塘作楼，以致庆祝，弟子多闻此言。子妇杨氏兄度敛钱，许铭彝、许拯以为不然。语闻于余，余以为倡议诚非，阻者亦未是也，为师作室，亦弟子之职，因惜费而訾之，与己不能而求助者，庸有愈乎？且此议既闻，而夏巡抚、唐衡州俱有助资，杨、许议废，抑又何说？度幡然更督其工，费四百金，为山中湘绮楼，孤居田边，过者笑之。余不得已，又自作前堂东房，楼乃有寄。然地势迤下，自余室至楼，三下始登，楼顶适与地平，又一奇也。乙巳，风雹吹损窗槛，杨、张皆弃学师倭，不顾湘矣。独余益缮完两楼，城楼更作回廊别室，山楼尽庋九经雕板，岁偶一居，忘楼主人，然有楼未若无楼之绮也。人以楼名，长白郑公子远为之图，而城楼左右尽子妇孙女居室，客不得复上。山楼被风灾时，巡抚特檄委员会县令来勘，即宴于楼，自是客来必宴之。春有桃花、牡丹，夏有荷池，秋有红叶、远桂，冬看松雪，若使科举不废，练军不兴，则学使案试，朝使督抚阅兵，皆过门停骖，吁其盛也。旧楼记有铭，被火失之，续作新楼记，亦未镌录，今特铭两楼缘起，及名楼之意，俾知我者有述焉。丁未中秋，王闿运作于清泉东洲黄绮楼。黄绮者，彭雪琴所作以居我，因官名而名之也。

湘绮此文，不刊本集，盖光绪三十三年所作，去革命十四年，未及剞劂者。文碎，而纡徐为妍，于名以湘绮之义，释之特详。铺夸中时有玩世不恭之意，如称文芸阁为杂家，称杨皙子弃学师倭不顾湘，皆有语妙。文中湘藩裕泰购宅赠其书记陈花农，又述诸人醵金为壬秋筑楼前后，皆可见旧时大官礼遇文士之厚。

二九四　记姚石甫张亨甫交谊

弢老曩为予书数诗挂壁，其一云：

过庭耳熟姚张交，诗稿受寄更三朝。
象贤抱持兵火际，卒就微禄为写雕。
枣梨捆载千里致，归告家祭辞折腰。

我寻棠茇后九载，洄溯风义江天遥。

晚丁颂洞再觏子，尚手一卷珍松寥。

当时题赠事偶尔，世患腾沓来如潮。

溪山胜画孰竟隐，何处干净容僧寮。

穷通脩短等一觋，万劫要恃平生要。

百年可作大父行，故家文物犹票姚。

题为《叔节解元属题张亨甫赠按察公石田画卷》。读此诗者，不得笺将不审其本事。按诗题中之按察公，姚石甫（莹）也，石甫官至广西按察使，故云。姚、张交者，当读叔节先生乞石遗室所为文。石遗先生《书姚石甫张亨甫两先生事》云：

> 桐城姚石甫先生莹，任福建台湾道，坐夷务被诬，逮下刑部狱。建宁张亨甫先生际亮，方客姚所，数千里奔京师营救之。狱十有二日白，以同知发往四川，而张先生病且死矣。张先生故以诗豪于时，生三十馀年，旅食四方，已有诗数千首。时寓杨椒山先生故宅松筠庵，素羸善病，方殷忧气愤，力自急赦，狱解，喜乐，怠与病抗，遂亟。坐姚先生榻前，取生平诗十数巨册，首首使诵之，张先生曰“留”，则姚先生于其上署一“留”字；曰“去”，署“去”字，三日毕，目乃瞑，今所传《思伯子堂集》是也。既殡，姚先生赴于京师知交，为位于松筠庵，素服受吊。遂举张先生柩，护往桐城，为位于家，赴于乡之知交，素服受吊。见者大怪骇，既乃归其丧于建宁，葬焉。姚先生窘于资，遗命长君，卒刊遗诗行世，板归诸其家。后六十馀年，余识姚先生孙永概于京师，述其事使余记之云。

此文与此诗，可相表里。亨甫以诗托石甫，石甫以托其子孟成（濬昌）卒刊行于同治间，由道光至同治，故曰“受寄更三朝”。孟成先生为江西湖口县、安福县，有惠声，以义仓事，议不合，请疾归隐，挂车山中。当时石甫知交托稿者，有龙溪李威《岭云轩笔记》四卷，及亨甫《思伯子堂诗》二十二卷，皆承志悉刊之，故曰“枣梨捆载千里致，归告家祭辞折腰”也。弢庵光绪初为江西学政，而此诗则成于民国，故有“寻棠茇”及“世患万劫”等语。以弢庵、叔节两先生辈行交谊较之，石甫先生可为大父行，故末两句用后山诗意收之。又考曾文正记桐城派一文，石甫为亲炙于姬传先生四人之一，故其孙仲实、叔节自为桐城派之嫡传。然考孟成先生刊张集归隐后，不久又出仕，于光绪二十六年始卒。而叔节为王可庄先生之门弟子。予所见二姚先生，对弢老始终执晚辈礼甚恭。

又按，石甫以兵备道守台湾，时道光二十一年，英兵先后攻鸡笼、大安港，石甫与总兵达洪阿设计迎战，有所斩获。后石甫欲献俘内地，而英兵驻鼓浪屿，台湾船不得达，石甫乃悉杀英俘。及议和，遂以妄杀被劾逮问。其时士论激昂，一时名流几倾全力助石甫，入狱实只六日，即以同知直隶州知州发四川。时世称石甫以能杀当时所谓夷人，为总督怡良所忌，故争为营救，又争歌咏之，事见诸家笔记，其中盖亦有和战之成见存焉。亨甫诗宗盛唐，似明之李空同而未逮，在燕都时，曾读书西山之大照寺，所著《金台残泪记》，皆述燕京梨园事。

予又按，朋友死为位于殡所受吊，及归榇于其乡，皆习见事。移朋友之柩于乡，为位受吊，此则过礼之礼，宜世之骇怪也。古人如公仪仲子之丧，《檀弓》免焉，此为无服之服。《孔丛子》云虢叔死，太颠、闳夭为之制服，皆不过如《丧服传》所云“朋友麻”而已。至《丧服记》所谓：“朋友死，在他邦，袒免，归则已。”已为尽礼。石甫先生所为，于古可不比伦。惟陈沂《畜德录》载，吴文定公宽，有同年贺恩卒于其家，公为殓于中堂，而使其子服丧，以答吊者，或庶几可方拟欤？

二九五 《闽产录异》说荔枝

旧历仲夏，江南始得尝闽荔，以闽荔熟时稍后，而产量少，故比年南国，争称粤荔。其实闽荔旧称最上品，君谟所谱无论，即百年以外，闽荔犹居第一。外曾祖蒹秋先生（柏苍）以博学多能闻于乡，雅通诸艺，于山川形质，物产良楛〔楛〕，旁逮草木鸟兽之微，罔不精究，使在今日，不为地质制造专家，亦当为农林牧艺大师矣。予六岁寄居外家，读书玉尺山房，所闻先生绝学轶事，不可偻记。其著述已刊者，如《乌石山志》、《闽产录异》等，近年渐为人所知，中言荔枝最详，今录之以告世人，且以审研求果蓏园艺者：

> 荔支，种类綦多，树高三四丈，至六七丈，大至合围，岁再出叶。（稚时弃花，顾本年则三次出叶。）与龙眼皆宜斥卤，畏霜雪，忌雾凇。（苍见永定县亦有数株，武夷大王峰有小荔支，名山荔支，似又不必尽宜斥卤。）古谓“荔实周天两岁星”，是二十四年方始结实，其说不然。龙眼用接，荔支用橹。（橹，就树接也。橹枝之橹，以两木相接，故称橹。读鲁，下平声。）橹者，春初择佳种之细枝，就本枝刮去粗皮，捣稻草，抟黄泥束之，泥干即浇，至霜降前后，刮处生根，并泥锯之，特植于圃，谓之囤。（读屯，去声。）再以稻草作绳，捆其本，若遽受霜雪，则皮剥矣。皮剥之方，他日成林，亦歇枝。（呼不结子为歇枝。）囤至三四年，去其花，使不结实，再二三年又去花之半，则成实矣。以大

核为正种，大核最香，亦最甜，细核无渣滓，酥核多带酸。其种类每因水土而变，百步之内，美恶悬殊，非如他果可以依类而传。酥核，漳浦人呼焦核，去其宗根，用火燔过，植之，生子多肉而核如丁香，故曰焦核。泉州之宋家香，蒂实皆香，为上。漳浦之焦核、细核次之。福州兴化之酥核又次之。福清皮粗核大者，呼山荔支，为下。台湾乾隆间移种，近亦不亚内地。各郡产者恒自夸其美，谱之，录之，且多饰辞。酥核之树，杂出大核，有一枝而酥核、大核错生者，花时以青盐或沟泥之咸鹾者压其根，不然则实随落。谚云："荔支爱花不爱子，龙眼爱子不爱花。"言荔支不落花而落实，龙眼不落实而落花也。

荔支、龙眼二木，生伐之可以染缯，（即网也，字书无缯字。）取其入水不烂，出水易干。荔支膏厚，染缯较胜。有虫，以两肩出溺，名溺背，俗以背坚，呼石背。荔未熟则害荔，既熟登树采荔。石背见人，则侧两肩出溺以射之，其沸如汤，采者两手绀紫，经月始退。荔之歉熟有间岁，俗谓荔支、杨梅熟，则五谷荒，故谚曰："山中红，田里空。"不知荔支、杨梅皆熟于旱而歉于雨尔。去腊霜雪多，则今年石背少。园人呼驾为夜燕，荔熟时敲竹嗒嗒作声逐鸟，兼以防盗。若未熟，路人入园窃啖，则夜燕公然群聚矣。

福州以小钱塘为第一，（乃漳浦细核之种。）古乾元寺地也，诸荔净尽，小钱塘始出，往往供七夕瓜果之用。长庆寺明中叶有荔支五百株，明末经兵，今仅百馀株。法堂前后，梁开平间，慧棱禅师手植四株，尚存其一，详《竹间十日话》。《三山志》：荔支州北自长溪、宁德、罗源至连江北境，西自古田、闽清，皆不可种，以其性畏高寒。连江之南虽有植者，其成熟差晚半月。直过北岭，官舍民庐及僧道所居，始大蕃盛。大观庚寅冬，大霜，木皆冻死，经三十年始于旧根复生。淳熙戊戌冬，大雪，亦多枯折。当时霜雪寡薄，温厚之气盛于东南，故闽中所产者，视巴蜀、南海尤为殊绝。苍见道光辛卯正月初四、同治甲子正月十五，俱得雪四五寸，不闻荔支冻枯，但歉产耳。弘治十四年兴化冰结，荔支冻死。荔支畏雾凇，甚于霜雪。《三山志》：大中祥符二年，岁贡干荔支六万颗，煎荔支一百三十瓶，丁香荔支煎三十瓶。崇宁四年，定岁贡圆荔支一十万颗。所云圆荔支，今之元红。《三山志》：生荔支绍兴初始贡，至二十四年因罢贡温州柑，亦令不得供进。（宣和间，以小株结实者，置瓦器中，航海至阙下，移植宣和殿。锡二府宴，锡御辞云："密移造化出闽山，禁御新栽荔子丹。琼液乍凝仙掌露，绛苞初绽水晶丸。酒酣国艳非朱粉，风泛天香转蕙兰。何必红尘飞一骑，芬芳数本座中看。"时余太宰深诗，有"赐比西山药一丸"之句，上称赏之。）顺治、康熙以来，荔支贡由延建抵浦城，以瓦盆架船上，因花时须用青盐，贡船乃满载私盐，州县盐商患之。道光元年，罢贡。

泉州有宋公荔支，极高大，实如陈紫而小，甘美无比。或云陈紫种出宋氏，世传其树旧属王氏，黄巢兵过欲薪之，王氏媪抱树号泣求与树偕死，贼怜之，不伐。宋公名诚，年八十馀，子孙皆仕宦。人多误指其祠为宋璟。其荔支被巢寇下斧，至今尚在，结实千万，一一仍有斧痕。南安有宋荔二树，称文状元、武状元，其形差扁，大次于橘，擘者去绛囊，而瓤不染纸，瓣如瓜，甘芳异常，采接他处，成为常荔，此亦地土使然也。又福州产水晶丸，其实小于诸荔而无核，芳甘异常，近此树枯矣。

馀详蔡襄、陈鼎、徐𤊹《荔支谱》，及郡县各志中。

按先生潜心格物，又躬历全省，足迹所至，必征物产利病，又详其培养制造之法，兼以博学能文，远探原本，故翔实如此也。先生之殁已五十年，此五十年中，里中屡经丧乱，海国负山贫瘠，重困于税徭，荔支之业浸减。所谓宋以来之佳种，凋零斩伐，不知凡几，其使世人但知粤荔者，事理之宜。然闽荔小而甘肥，无酸尾，识者终能辨之。

予生以来，居乡日少，但知乌山之双骖园、涛园皆有荔，而邱宾秋丈家有数株最胜。双骖园属于龚氏，蔼仁先生[①]之"平生最爱说东坡，日啖荔支三百颗；天下几人学杜甫，安得广厦千万间"，集苏杜句为联，豪妙若此，世所传称。而双骖园之荔，又不如蔼老城内环碧轩所植。往日涛园先生亦喜荔支，尝为予言，还乡啖荔西禅寺或涛园，最好黎明风露未晞，就树下摘食之，若能以短梯就树间择佳者，摘蒂急剥，一吸都尽，渣滓俱无，真玉液也。予则谓凡果属菜属，就场圃生食，必皆佳妙，荔支其尤者耳。

二九六　李鸿章联俄出于西太后意

辽左之局，自中日、日俄两役，逐渐造成，此世所共知。后之如何演变，虽未能逆料，前此之造因，则有若干史料，必当保留，以资研索。旧日国人心理，对俄最重视，林文忠将殁前，已有此语，所谓"终为中国患者，其俄罗斯乎"？世多憬然。其后西后藐日而轻战，

---

① 龚易图，字蔼仁，号含真，福建闽侯人。咸丰进士。官青莱登道，广东、湖南布政使。有《乌石山房诗存·文钞》及《龚蔼仁自订年谱》刊世。

战不胜而欲以俄制之，遂启纠缠。当时世但传李文忠主持重，后又传文忠最主联俄，而不知战与联俄，皆翁常熟为之介，其实仍出自西后意。

据祁敬怡所记：清光绪二十年甲午八月二十日，孝钦后召见军机，谕："翁同龢驰赴天津面告李鸿章，此事不能书廷寄，不能发电旨。俄使喀希尼前有三条同保朝鲜之语，今喀使将往天津，李鸿章能设法否？"翁奏对："此事有不可者五，最甚者，俄若索偿，将何畀之？且臣于此等事始未与闻，乞别遣。"后不允，又谕："吾非欲议和，乃欲缓兵。汝既不愿传此语，则径宣旨，责李鸿章何以贻误至此？纵朝廷不治以罪，以后作何收束？退衄者为淮军，李鸿章何能置而不问？"翁赴津见李，传谕慰勉，即严责之。李惶恐引咎，对："缓不济急，寡不敌众，实无可辞。"翁又言："陪都重地，陵寝所在，设有震惊，谁尸其咎？"李对："奉天兵实不足恃，鞭长不及，真无把握。"适接廷寄："闻喀希尼三四日到津，李鸿章如与晤面，可将详细情形告知同龢复奏。前曾有喀使既有前说亦不决绝，今不必顾忌，据实回奏。"李对："喀使以病未来，其国参赞巴维福先来，云俄廷深恶日占朝鲜，中国若守十二年所议之约，俄亦不改前言。第闻中国议论参差，故竟中止。若能遣一专使与商，则中俄之交固，必出为讲话。"又言："喀与其外部侍郎不协，故无权。"翁言："回京必照此复奏，若俄连而英起，奈何？"李言："无虑，必能保俄不占东三省。"此丙申李文忠专使赴俄之由来也。二十二年丙申七月，李随员道员塔克什讷，乃同文馆俄文学生，精俄语，熟悉情形，李遣赍约本由德回，同船有日本王爵某，极费周防，约本储匣，匙随函递。于是中俄之约，承十二年丙戌旧约，继续而成。庚子，于各国公约外，专有俄约。彼时颇棘手，李竟以忧懑病逝，政府派管理外务部大臣大学士王文韶为全权大臣，办理签约。后数年，遂有日俄之战。

观此可知李之联俄，亦翁承后意督促成之。当中日和局定议时，国人集诟于李，几如万镝丛身，尤可叹者，只有诟厉而不闻有办法。盖有一西后于上，虽有十李文忠，其主张亦无所用。至战败则一切条款，乃当然之事。西后之联俄，自云“欲缓兵”，此是其识力庸下处。国不能自强，而欲因人缓祸，其终也，转资敌以机会，而别种无量恶因，以使若干人类肝脑膏地，相雠相斫，又开一局面，何曾真能缓兵哉？尝究当日偾事之原因甚多，而若干书生，本非政治家、外交家，却自命通晓事理，又假以时机，执持政柄，造成清议风气，劫持迫胁，使国家不得不走上绝路，亦是助因之一。桐城吴挚甫先生居文忠幕府久，有《复陈右铭先生书》，述见闻甚详切。书云：

> 开示李相各节，多某未及知，岂敢妄辩？独谓淮军之败，并无戚容，似非其实。某闻平壤之败，李相痛哭流涕，彻夜不寝。此肯堂[①]所亲见，某亲询之者。及旅顺失守，愤不欲生，未闻其无戚容也。倭事初起，廷议欲决一战，李相一意主和，中外判若水火之不相入。当时倭人索六百万，李相允二百万，后增至三百万，而内意不许。及平壤败后，英、俄两使居间，则劝出二千万。其时清议皆谓李相通倭，业已积毁销骨矣。李相面告二使，谓：“大皇帝决计开战，某系领兵大臣，和议非所敢闻，请入都与恭邸议之。”其后，议卒不合。及十月初，某再至天津，

---

① 范当世，名铸，字伯子，号肯堂。江苏南通人。岁贡生。当时在北洋幕府。今人编有《范伯子集》行世。

则旅顺岌岌，各国皆守局外，不复排解，有言和者，则倭人已索五万万矣。以上所言，皆某所亲见。旅顺、威海既失，海军覆没，中国决无能守之理，此时言和，直乞降耳，乃欲以口舌争胜，岂可得哉？去冬已索五万万，今春乃减至二万万，此非李相口舌之功，乃入境被刺，倭恐见讥列强，兼得割地之益，遂得减为此数。至此次和约之不容于清议，则西人已先事知之，不谓吾国士大夫，竟不出外人所料也。

俄人代争辽东，此自别有深意，岂吾国之福？倭之许俄，正其代谋妙策，此亦与吾国无干。若和约未定之先，则彼皆束手旁观，决不肯代出一言，以违公法。倭人不遽入关，并非力有不足。去年内廷深恐倭入沈阳，李相料其决不深入，以其行军全仿西法，辎重在海，不欲远离，后果如其言。

若谓关内防守至严，倭不敢入，殆非笃论也。中国不变法，士大夫自守其虚憍之见，以为清议，虽才力十倍李相，未必能转弱为强。忠于谋国者，将何以自处？李相之欲变法自强，持之数十年，大声疾呼，无人应和，历年奏牍具在，可覆按也。

挚父先生当时与范伯子、于晦若皆尝居合肥幕，故其见闻较确。书中并不为合肥强作左袒语，而处处举若干事实为证，准情酌理，不自讳病痛，所以可贵也。右铭先生责李之理由，前曾掎摭及之：大抵责李得君既专，明知不可战，何不以去就争？故挚父复书有“中外判若水火之不相入”，及“某系领兵大臣和议非所敢闻”等语。盖文忠言不宜战尚可，若力主不战，而以去就争之，是更坐实尔时清流之言，而身家性命皆必不保矣。观常熟所传谕旨，层层责备，层层束缚，使文忠不得不奋然联俄以自明，西后之狠，可畏也。挚甫书极明通，其末言“李相欲变法自强，持之数十年，无人应和”，是乃痛心于西后之言，即前所谓有一西后于上，虽十李文忠亦无所用。盖政治之本，在不贪不骄。女戎之祸，无毒可比，无谓女子之贪狠骄淫，不影响于政治也。凡司政地者，一动念一画策之微，其终也可使若干民族受其永久之祸福。予今记此，以见谋国之不易。有谋国之责，而其实无权者，尤极人世之苦痛，非第摭存史料已也。

二九七　汪衮甫诗

衮甫[①]先生之殁，忽已三秋。光绪甲辰，先生为教习，授史学，予才弱冠，先生二十馀岁，从日本归，短发新剪，束以丝绦，讲论猋起，意气绝盛。革命后，始从陪文宴，自后使欧使日，每归国必相见，情意亦每度加挚。及罢官居旧京，尤数过从。一日访予，以出处相商，为指陈所知，先生亦慨然，翌日以《读史有寄》诗相示。壬申八月，予以事北行数日，犹及会谈，而知其有疾，叹其倜傥奋发之气终甚腾上，恐不能久。其诗沉浸义山，晚弥慨慷，音盖亦稍变矣。故予挽诗有云“越吟伉激知难忍，燕市湛冥岂遂便”之句。记其捐馆后，《大公报·文学周刊》为出专号，述其学诣，并举数诗，而最称魏武《和旭初》一律，此是吊项城之作，典切沉至，集中最上乘，吾亦云然。顾其《思玄堂诗集》中，可供史料者尚多，如《许侍郎哀词》，为挽许竹筼作，如《泰山》四首，为与李柳溪同登山宿后石坞草拟宪法作；《与仲仁追论旧事》，为与张仲仁追论朗润园议官制作，《题广

① 汪荣宝，字衮甫，凤瀛子。江苏吴县人。光绪拔贡。曾留学日本。入民国，曾任驻日本公使等职。有《思玄堂诗集》等著作刊世。其弟汪东，字旭初，留日时加入中国同盟会。

雅诗集》五首，则记南皮逸事；其《百岁恩仇》一首，似指翁、张之隙；《欧洲战事杂感》八首，《尼哥剌第二哀词》三首，则皆详欧洲近代史事；《无题》四首，则咏民国十一年曹、吴之事，并雅切可笺。其《网球》一诗，则甚似宋人《象棋》之诗，（记《宋诗钞》中有此题，是南宋人作。）可详近代角艺之时尚。今录《尼哥剌第二哀词》，及《网球诗》，为学人楷式，以饶于趣味也。《尼哥剌第二哀词》三首：

> 骏烈承三百，宏图揽二洲。虚持禁攻论①，实定合纵谋②。
> 霸业恢横海，危机玩覆舟。一夫能作难，岂在大邦雠。
> 玉帐传书急，金舆警梦回③。税銮无处所，脱屣有馀哀④。
> 剑玺随边月，河山付劫灰⑤。园花无限好，灼灼为谁开⑥。
> 旧梦兼天远，浮生与日亡。百年民恶上，终古厉怜王。
> 龙战氛犹恶，鹃啼恨正长。禅馀行汉朔，那不羡山阳。

《网球诗》：

> 客馆虽褊小，形势颇宏敞。前林郁蓊薆，右野旷泱漭。
> 比邻富隙地，行乐得宽壤。砥逾驰道平，辟拟射圃广。

---

① 原注：海牙万国和平会之建立，帝所倡议。

② 原注：1897年6月，帝会法兰西大总统腓力福尔于克伦斯他特，宣布俄法同盟。

③ 原注：革命难作，帝自莫给勒夫得后书趣回京。车次维舍剌，道梗不得前。时已深夜，帝方寝，从臣入白帝，始知乱亟，乃云："何不早告？今始言之，晚矣。"语见法人克洛特阿耐著《俄罗斯革命纪》。

④ 原注：帝不得入，欲绕道至札尔斯哥耶色罗。中途警报猝至，徘徊婆罗哥耶及特诺间，不知所当适。久之，乃决往不斯哥夫，即于是地，下诏逊位。

⑤ 原注：帝既逊位，革命政府幽之札尔斯哥耶色罗，未几徙置西伯利多波尔斯克，后又移耶喀德邻堡。

⑥ 原注：帝性沉静，车中闻变，始稍惊愤，旋复色霁，语从臣曰："事已至此，夫复何言！苟民欲之，余即去位耳。余且往利伐地亚终老余之园中，孰知余之爱花乎？"

画局弈有罫，周法猎张网。东西俨若序，甲乙书在榜。
冉冉熏风至，瞳瞳朝曦上。俦侣稍已集，宾主各为党。
入门气始振，临敌技愈痒。拱立如有疑，决起忽难象。
暂绝笑语喧，微闻击触响。明月初入怀，大珠犹在掌。
激若奔星流，瞥作飞电晃。一落且及跟，再跃仍过颡。
贾馀数援桴，示暇一掉鞅。斗鸡相随旋，惊鸿自还往。
十决宁知疲，百中竟无爽。弹雀亦何有，掇蝉差可仿。
多谢蓬门子，庶几痀偻丈。楚汉偶决胜，晋齐迭争长。
质旁佐以史，居高立之两。纪录必有程，铨评信无枉。
须臾一军惊，奚啻百城偿。拙手殊纷纭，裹头空扰攘。
十击恒失九，俯拾不遑仰。欲逆目转迷，未挥腕已彊。
艺成贵熟精，道胜资修养。习健验在今，观德闻畴曩。
投壶礼意微，蹴鞠兵谋昉。凭轼倘有会，临风一长想。

此皆使瑞士时所作。哀尼哥刺诗中，“一夫”两句，“百年”两句，皆平情之笃论也。先生早承家学，与弟旭初皆有玮辞琦行，予亲见其在资政院中大声疾呼，力主释放汪精卫、黄复生。民国三四年后，政地将变，先期持节西行，故得免逐流遭谤，然意所不可，断断如也。生平于《法言》至肆力，堂名思玄，殆亦此义，早有《疏证》十三卷行世，既而毁去复作，及上海之战，东方图书馆煨烬，所作稿悉熸，乃更定体例复成书二十卷，今所传《法言义疏》，季刚为之序者是也。集玉溪诗，亦别出心裁，世所莫及。甲子秋直奉战时，先生有集李五言律诗十六首，典丽隐讽，予尚存其稿。闻胡伯平言：“先生有异梦，谓五十六岁当死。”近以询陈任先，云：“闻先生十九岁时，病几殆，梦一红袍人谓之曰：‘子今宜死，以有世德，赐延三纪。’故后三十六年殁。”忆予所闻，当不止是，梦幻習昧，孰得而证之?

二九八　热河密札与所记朝局

文芸阁《闻尘偶记》云:“文宗之幸热河,首倡此议者,僧格林沁也。其奏疏,余于张编修鼎华处曾见抄本,言战既不胜,惟有早避,词甚质直。以事理论之,唐玄宗、德宗屡奔而存,明庄烈一殉而亡,文宗仅幸离宫,较之前代,尤为有得无失,此当美于议避之臣。而后来诛肃顺、端华诸人,乃以此为大罪,以肃顺怙宠专擅,诚非无辜,而罪以避敌之议,则大误矣。”

芸阁此述文宗幸热,发端僧王,自是一极翔实史料。而末节言诛端、肃以避敌为大罪,则仅就官书所布为皮相之谈,抑或有所顾忌,言而不尽也。按端、肃之狱,乃晚清极大政变,那拉氏所以得垂帘训政,迄于同、光二朝,开女祸之奇闻,备覆国之秕政,实以此狱为最大关键。晚清笔记皆惧祸不敢言,近人唯有王伯恭之《蜷庐随笔》中有一则云:“王壬秋年丈闿运,湘中名士,少年时在肃顺幕中,待以国士。其言肃顺之学术经济,迥非时人之伦,军事旁午时,庙谟广运,皆肃顺一人之策,故能成中兴大功。显皇帝上宾,毅帝幼冲,廷臣咸主垂帘之议,肃顺力遵先皇遗训,誓死不从。于是坐以大逆,斩于柴市,而听政之礼始成,殆冤案也。”

此则述所闻于壬秋者,什之八九皆为事实。近来纪端、肃一狱者,皆据《庸庵笔记》,然薛叔耘记中,实隐约露其致罪之由,其称三奸云云,则笔时西后尚当国,不得不尔。其记中:“八月十日,御史董元醇疏言,皇上冲龄,未能亲政,天步方艰,军国事重,暂请皇太后垂帘听决,并派近支亲王一二人辅政,以系人心。三奸不悦,明日上奉皇太后召见赞襄王大臣，命即照董元醇所奏行，三奸勃然抗论，以为不可。退，复以本朝无太后垂帘故事，令军机处拟旨驳还。”

此一段实大胆揭载政争之症结。以后尚载有贾桢、周祖培、沈兆霖、赵光一疏，尤赤裸裸地为太后争政权，疏中有：“为今之计，正宜皇太后敷宫中之德化，操出治之威权，使臣工有所禀承，不居垂帘之虚名，而收听政之实效。”荒谬矛盾，不知所云，盖与董疏皆受内意为之。今即薛记中观之，已可知当时受顾命之怡、郑两王等及新城陈子鹤先生、杜文正公之子翰等为一党，反对太后训政，主张政权归受顾命之王大臣八人。而其他素不满于端、肃及受西后意旨者别为一党，则主去端、肃，而易以恭王奕䜣，使两宫垂帘听政。当时朝士不满端、肃者较多，而惮其才者亦不少，故邀结至于阃外之僧王、胜保。发踪指示，自在西后一人，东后拱手受成而已。（慈安或尚有矜怜退让语，秘不得闻，亦未可知。）以肃顺之才识论之，亦必早知西后之不相容，而有先下手之意，惜怡、郑两王庸才，不能从，故同及于难。薛记所云：“肃顺瞋目叱端华、载垣曰：‘若早从吾言，何至有今日！’”必是实录。又称：“将行刑，肃顺肆口大骂，其悖逆之声，皆为人臣子者所不忍闻。”此必直抉西后淫秽残狠，或咸丰晚年不满那拉氏之言，如徐敬业《讨武后檄》所谓“杀子屠兄弑君酖母”者，故薛氏以“不忍闻”三字概括之。观于西后戊戌、庚子之屠毒，与夫所以虐杀德宗，倾覆清祀者，则肃顺之言为有远识，益凿然可证矣。

从政绩上论之，当咸丰末年，文宗荒淫，国中蜂扰之时，其一切规划，后来赖以中兴者，皆肃顺之功。前王记中所谓“军书旁午中，庙谟广运，皆肃顺一人之力”，自是信史。不但湘绮之言如此，即薛叔耘亦深知之，故于“三奸伏诛”一条外，别纂“肃顺推服楚贤”一条，以见曾、左得用所自，肃顺功绩才识之不可诬。皮里阳秋，叔耘于此诚有史才也。综那拉后当国殆五十年，所遘政变凡二：一、即端、肃等之力拒垂帘，肃顺或尚有进一步之计划，未发而为后所制。一、即戊戌政变，南海、任公等谋废后不成，亦为后所制。此皆政治上有意义之举动，所关甚巨，不成则谥无〔为〕叛逆。观后来杀胜保时，保临刑云：“有一言欲面后。”而监者不许。度当谋诛端、肃之际，后党与胜保必有何条件之勾结，殆可信也。惜端、肃匆匆就戮，当时廷臣噤声不敢言，其门客高伯足、王壬秋虽放浪江湖，亦不敢讼其冤。（闻当时肃顺幕府以伯足为谋主，壬秋实远逊。）唯壬秋后那拉后十年殁，故王伯恭得记其语。

予所知，上海商务印书馆初建涵芬楼时，曾购得咸丰末年关于端、肃事密札十馀通，言当时秘闻最详，诚珍秘之史料，可为吾说佐证。近欲得读之，移书观槿，则云东方图书馆一役，已成煨烬矣。兹就曩日高劳先生所排比者，为复录而再考证之。按涵芬楼购得端、肃遗事密札，实一巨册，皆当时直行在军机者与北京当路之秘密书札，凡十馀通[①]。札中多作隐语，非稔其事者，勿能详焉。中一札，则拉杂不成文，用套格始得阅之，盖枢院通信之秘法，札中述端、肃等抗争垂帘之情状颇详，而奕䜣及胜保等定计以排除端、肃之迹，亦于此可见。择其较有关系者，录之如后。第一，套格密札（寄书不具姓名月日，受书者亦无名号）：

---

① 关于热河密札，除高劳、黄濬之外，研究者尚有多家。中华人民共和国成立后，章士钊曾先后撰《热河密札疏证》、《热河密札疏证补》二文。《近代史资料》总36号刊佚名《热河密札》，该刊总40号刊史文简《热河密札订补》。各该文对密札均有所见，对阅读黄濬此文，可资参考。

玄宰折请明降垂帘旨，或另简亲王一二辅政，发之太早。拟旨痛驳，皆桂翁手笔，递上，折旨俱留。又叫有两时许，老郑等始出，仍未带下，但觉怒甚。次早仍发下。复探知是日见面大争，老杜尤肆挺撞，有“若听信人言，臣不能奉命”语。太后气得手颤。发下后，怡等笑声彻远近。此事不久大变，八人断难免祸，其在回城乎？密之，密之。

第二，寄书者不署姓名，受书为朱修伯（咸丰十一年八月初三日）：

昨日克勤郡王恤典六行，北韦回寓即送到，命弟细查，何供事抄出泄漏。查系裕昭甫所送，弟不能上复，悄告麻老。而北韦已知。查询昭甫，实有此事，竟欲咨回。（北韦谓咨回尚便宜，有许多风闻之谈。）弟代说项，尚未允。四不欲作圆场，请弟先下去，再斟酌。大致弦子亦助北韦者，只好明日听分晓矣。口天等尚未到，渠到时，露面等事，弟可稍让伊去。渠喜在出头，而弟喜在藏身也。麻老、加官之进步（不枚卜而硬定者），皆自为之，且认老师。廉耻道丧至此，夫复何言！至此时捉影捕风，不为不甚。以后必有奇文，我等不可不格外提防。馆上家信发印封一节，恐必须查及，且印封到时，渠坐在对屋，须防看见。再口天等到后，无所不至，藏匿折献等事，亦须提防。我等皆其所忌之人，以后望将印封内通信一事，暂行停止。恐惧以顺变，断不可少。至外间酬应之信，亦望转告同人，慎益加慎，恐都中亦有寄耳目者。此皆弟当境察言观色，审机知变之语，非恒泛也。文课一节，或可附公事印封，或觅便寄，弟当相机行之，决不致误。博翁前有数行，可呈与否，希酌之。此次紧急情形，可告知。以后断续，或见原耳。官灯尚无回京消息(回京须望阁下图他密[①],十日容再作信)。初一后亦尚未叫起。回京或云九月初三,或云十三,廿三,想至迟亦不过廿三。

第三,寄书者笔迹同前,受书者无名号,疑是前人(八月初六):

官灯已跪安,日内回京。灵皋往谒,弟未之前去,恐有风声故也。口天等想今晚必到。文书非紧要者,寄到亦仍不回堂,彼此皆然可也。昭甫本日已咨回,光景甚恶,一切俱〔宜〕断绝矣。至祷至嘱。

第四,守黑道人[②]寄结一庐主人札(八月十三日):

千里草上书,初十日未下。此处叫人上去,要□留看。夸兰达下来说:"西边留阅。"心台冷笑一声。十一日叫,见面说:"写旨。"下来,叫写明发痛驳。夫差拟稿尚平和,麻翁另作,诸君大赞,("是诚何心,尤不可行"等语,原底无之。)遂缮真递上。良久未发下(他事皆发下),并原件亦留。另叫起,耳君怒形于色。上去见面,约二刻许下来,(闻见面语颇负气。)仍未发下,云"留着明日再说"。十二日上去,未叫起,发下早事等〔著〕件。心台等不开视(决意搁车),云"不定是谁来看"。日将中,上不得已将折及拟旨发下照抄,始照常办事,言笑如初。如二四者,可谓浑蛋矣。夫今日之事,必不得已,仍是垂帘,(温公、魏公不能禁止垂帘,诸公竟欲加而上之矣。)可以远祸,可以求安。必欲独揽其权,是诚何心!鄙意如不发下,将此折淹了,诸君之祸尚浅。固请不发,搁车之后,不得已而发下,

---

① "图他密",章士钊文作"为守秘密"。

② 章士钊以为守黑道人、守墨道人乃守愚道人之误。似系朱梦元。

【何以善其后耶！此诸君所不知，旁人知之。不必为伊言，言】[1]亦不见听，徒觉多事耳。昔人云："霍氏之祸，萌于骖乘。"吾谓诸公之祸，肇于搁车矣。高明以为何如？克帅昨于密云发一报（马递），不卜何事。今日已散，尚未发下。此公十五日到，不卜如何措施。在城想见著邸堂，一切自己尽悉，事贵求全，要亦未可冒失耳。

闻西边执不肯下，定要临朝，后来东边转弯，虽未卜其意云何，大约是姑且将就。果如此行，吾不知死所矣。噫！

邸堂前未另禀，乞代呈阅。进城后，须打主意，未可听人舞弄也。

第五，寄书者笔迹同前，受书者为朱修伯（八月十六日）：

回京已定九月廿三。堂谕不必换班，可省一番跋涉。惟此间光景，竟觉大不妥当。深远有郁郁意。加官、麻老甚是得意。通典之甘为作用，尤可笑也。弟公馀以酒浇愁，以牌遣兴，得一日是一日。所幸进城有期。都中一切情形，均尚安静耳。文课以前无间断否？初六至十六近作，又托少鹤寄回敝寓，嘱即录奉矣。蓉老此次已函致之，乞封好饬送，如来纠缠，回复可也。眉生之信，敬求阁下代作与之，如无暇，乞嘱敝西席为之亦可。以后收到弟信，如欲赐答，只望于包封内便附数言，某日收到某日信云云，（弟上去不早，恐有攫去者。）不言其他，较为妥当。弟如有妥确之便，仍可源源觅寄也。另拙作一页，乞与加官、通典同一例者阅之，因有关系，可望藉达宫灯

① 据《近代史资料》总36号所刊佚名《热河密札》，补足《花随人圣庵摭忆》所收第四函缺文。

也。然万望密之。

第六，同前（八月十七日）：

近日班务甚为清闲，每日午正后即可散直。所有本月初六至十六社课，已封交少鹤带舍间，命即呈正。少鹤病甚，弟为说于四不，故得先回，十七早动身也（二十或廿一可到）。家书内另有小函，系弟近作习套语，尚祈投到时，透于与可，因中有关键也。

弟近日公事毕后不出门，不会客，谨言慎行，心胸颇舒乐也。杜蓉老已作一信，在少鹤所带家信内，拆尊函时，可转交之，藉免纠缠也。

第七，樵客致黄螺主人札（九月初一日）：

恭邸今日大早到，适赶上殷奠礼，伏地大恸，声彻殿陛，旁人无不下泪。盖自十七以后，未闻有如此伤心者。祭后，太后召见，恭邸请与内廷偕见，不许。遂独对。约一时许方出。宫灯辈颇有惧心，见恭未尝不肃然改容，连日颇为敛戢。成、沈二公来晤，约略告之。属邸堂随时小心，缘在内不敢晤谈，防耳目也。星翁来，归路未能遽办，今日又有旨催令赶办，（星告密云令，中秋后再办。恭闻之大怒。）是否可以速回，不可定也。闻择吉九月廿三日起行，十月初九日登极，不卜能改早否？廿四放崇文门监督，系用名签，先撤正，后副。两太后旁坐，请皇上居中撤。（凡撤缺皆如此，由本处糊名签以进御，印存太后身边，极慎重。）撤出后，邸堂均各大悦，谓："虽我辈请放，不过如此（恐未必尔），足见列圣默佑"云云。似此，则得人与否，伊等亦未尝不知，看来连日诸务未定，尚有惧心。能常如此，未尝不佳。久则露出本相耳。自十七以后，八位见面，不过二三次，时亦甚暂。今则见面一时许，足见自有主宰。一时不发也好。恭邸未闻有叫回信息，大约三五日再说。

第八，寄书者不署姓名，笔迹同前，受书者亦无名号，疑是前人（初二日）：

再，元圣在此，当为尽心区划，随时保护。如仗庙社之灵，得有转关，当勉为元祐正人。此间先虑内外患二，今释其一，（山东尚不曾有回音，）但连日再面，心招奇妒。弟已与竹翁等言之，能将斧柯得回为上策，否则以早回为宜，如有妙策，不妨密示。

顷得手示，敬知一切，此信仍望呈湖州阅之。今日晤竹兄等，知昨见面，后以夷务为问，邸力保无事，又坚请速归。后来见弦子，催促甚急。弦□来传话，令各兵九月十二日到此，想可改早，并闻先送关防回去。

第九，同前（无月日，然列在前书之后，或系同日所发也）：

再，伯克近来荒谬更甚，去年弟颇怜之，自十七日以后，伊竟自鸣得意，谓冰山为可靠，时时要上堂献媚，无如诸事漆黑，无人不厌之。每次该班，无不闹到□□，椒林大受其害。前日要稽查印封，不准人于方略馆发信，立印封薄，遇该班用若干，随时登记，他人皆不能遵，听其独写而已。其实上堂并未稽查，伊欲以此大功，超擢打拉密。□后告人云："查出私用印封，系革职罪名"云云，非意在子建而何？同人均为不平。太邱到，伊谋恭理不得，连日如狂如痴，恐非所宜耳。折报今日已全行告竣矣。

连日非有公文，不能发印封，堂上亦不送信来，伯克之力也。文堂未能另禀，祈代禀一切。

第十,樵客寄结一庐主人札(九日初五日):

元圣在此,在内见一面,未交谈。今日八人上去代请,有话,令明日请安。大约早晚叫回去。弟恐其遂回,顷去面谒,坐谭一时许,颇有所陈,并自陈不能久待苦衷。渠劝稍安,且俟进城再说云云,相待优厚,可感之至。廿四日掣学政系由堂写签,七八十枝同进,掣下后,由堂掣省分,将签上名字刮去方发下,竟不知所进都是甚等样人。奇绝怪绝,其不放心我辈,亦可谓到十分矣。户左、太仆二缺,并未掣签,竟自留下,未免不恤人言。似此光景,心耳等欲以小利结之,而彼哉竟居之不疑,且有拜门生之说。(出于先儒,麻翁和之。)似此光景,不败不止,殆天夺其魄耶?孟子曰:"无羞恶之心,非人也。无辞让之心,非人也。"其诸君之谓欤?裕昭甫以送王六行被咨回,亦是过热之故,所谓小人枉自为小人,夺竟者可以悟否?元圣日内即回(初七日动身),一切询之自悉。

再,今日胡研生封奏,圣母留中,八公打听不出来,相顾失色。(初六日注,已发下,无要事。)归事内催甚急,元圣日内见面,拟了一套话说,必不能过迟也。可放心。我劝王以风水之说动之,且请先下日期,并将渠等必改之意说明,种种语句,切实之至,以杜奸谋,劝上意主持坚定。王深然之,或可有效。

第十一,守黑道人寄结一庐主人札(九月十六日):

十四晚克翁到此,弟夜去深谈。其人近来颇有阅历,谓伊等罪状未著,未可鬻拳兵谏,致蹈恶名。弟深以为然,以达适辈颇畏其虚声,劝其留虎豹在山,且勿惊他,恐伊等欲削其权,随后事更难办。且是日已下明发,二十三日回京,若一变动,恐内里惊疑,须俟进城,自有道理。连日闻内里传出来信云,自前日明发要下，二圣怒极，"是诚何心"一语。（弟已嘱子建，将此稿密藏。）七先生亦大怒，云"俟进城讲话"，老五太爷喝止之。日来未有所闻，克处亦未敢再去。次翁随到，与同人亦未见面，避嫌疑也。换班已回过，王云为日无多，可不必换。少翁忧伤成疾，数日不能上班，盼缺不到。昨领班代面，已准其先行回京，惟不准后来效尤。看来月底月初先回之说，未必能如愿矣。

第十二，黄笺密札（寄书者无姓名，又无日月，受书者亦不知何人）：

十六午后晕厥，嘱内中缓散，至晚苏转，始定大计。子初三刻见时，传谕清楚，各位请丹亳，谕以不能执笔，著写来述旨，故有承写字样。八位共矢报效，极为和衷，大异以前局面。两印均大行所赐，母后用御赏印（印起），上用同道堂印（印讫），凡应用朱笔者，用此代之。述旨亦均用之，以杜弊端。诸事母后颇有主见，垂帘辅政，盖兼有之。自顾命后，至今十馀日，所行均惬人意。（要缺公拟，其馀掣签，均取旨进止。）考《日知录》四星聚生中兴，看此气象，天道竟有准也。长星主国丧，验矣。七月十二日日中，白气穿贯珥抱，占主乍离，风闻两宫不甚惬洽，所争在礼节细故，似易于调停也。归期有九月廿三之说，俟直督到后，计桥道工程定准，或改早而不致改迟。

十七日以后，贵处公文用"赞襄王大臣"字样，嗣觉没去"军机"字样又不合，廷寄款式遂加三字于赞襄上，两者二而一之。目今贵处为八堂并归西边屋内，（堂餐同桌）其原坐贵堂，更将满友移入。新入军机者，诸事细心熟商，恐不入格故也。诸事维持妥帖，不啻调象伏虎，贵堂均正人，而能同心，清翁确有把握，兼合机权，深足令人钦佩。

连日公事甚忙，缘以前内积有二百馀件，加以日行，万来不及，闻已调筠轩、笙巢、敏生来。前监督之命，谅可收回，当无所谓前嫌矣。鹤翁来，专理丧仪，谅亦有所咨访，然事势大局已定，似不致另生枝节。贵处体统较前略降，以堂上较尊，闻有坐听立回之事，然系偶尔，当不常然，亦系未谙贵处旧式故尔。诸事照旧章，并无人搀入，愚见差使尚属可当，循此不改，且有蒸蒸日上之势。

夫已氏声势大减，诸所钻求，不敢轻诺。六兄来，颇觉隆重，单起请见，谈之许久，同辈亦极尊敬之。已定拿车二百辆，于八月初十日齐备，主位先行陆续回家，以免临时阙乏。行期又闻有九月初三之说，亦尚未确。总之，归志已决，迟早可勿问也。缟素定于大祭后始除，乾清宫安十二日，乃移观德殿。上于移殿后就学，兰翁外闻尚须添派，不知作何名目。此处恭理约四十馀人，大约行在有劳绩者，均已列入，以便并案出保，以省头绪。闱〔闻〕城中人亦颇多，盛哉济济矣。

高劳原按语略云：右列各札，约以黄笺者为最早，殆在咸丰十一年七月之末，或八月之初，距文宗崩仅十馀日也。其时顾命八人，共矢报效，而两宫已不惬洽，孝钦已存垂帘摄政之意矣。札中所述，如“西边留阅”，“西边执不肯下，定要临朝”，“东边转弯”云云，则主张垂帘者，皆孝钦意也。八月十三日守黑道人札，述御史董元醇奏请垂帘，及简辅政后端、肃等抗争情形，与套格密札互有详略，然可想见孝钦蓄谋之深，与两党竞争之烈。札名隐语，就记者考察所得，“玄宰”、“千里草”，当皆指董。“心台”指怡亲王载垣。“老郑”、“耳君”，指郑亲王端华。“宫灯”，指肃顺。“北韦”、“老杜”、“通典”，指礼部右侍郎杜翰。“麻翁”，指太仆寺卿焦祐瀛（时有焦大麻子之称)。“湖州”、“与可”,指大学士文祥。“克帅”,指胜保。“子建”,指曹毓瑛。“奈兰达”,即太监,满洲语也。“七先生”,谓醇亲王奕譞。“老五太爷”,谓惇亲王奕誴。“元圣”,指恭亲王奕䜣。“二八”及“八公”、“达适”,则载垣、端华、景寿、肃顺、穆荫、匡源、杜翰、焦祐瀛等,受顾命之军机大臣也。札凡十二通,验其笔迹,首末各为一人,而其中十通多一人所作。前十一通作者,多阿附后意,而末一通则党八人者也。

予按此十二通中,第十二札黄笺者最重要,以此笺为党于端、肃者所发,端、肃一派之见地与用心,官文书中,已不可复迹,全赖此札得见大略。第四札、第七札、第十一札,俱甚重要,第四札所述尤明豁。寄书者,必是小军机或领班章京,所谓他拉密也。清制,军机领班章京,其官大抵卿贰,故得见亲王。观其得进见恭王,又夜谒胜保,可知作书者之地位。手边惜无当时《缙绅录》,否则或可揣知其人,以其与朱修伯、王少鹤为友,又颇有政识,决非碌碌者。受书之朱脩伯,名学勤,仁和人,咸丰初进士,官至大理寺卿。时粤捻并起,多所建白,曾官军机章京,著有《枢垣日记》。曾文正以“学足论古,才足干时”称之。性嗜学,过目不忘,有读书跋识及文集三十卷。此时正为章京,但系留京,而非赴热河行在办事者,故源源得其同寅密友自热之书也。札中隐语,应详考者当多,如“鹤翁”,即匡源,字鹤泉也。如“桂翁”,即焦祐瀛,字桂樵也。他如“口天”指吴姓,“灵皋”指方姓之类,大抵皆军机章京。札内所述官场竞争升沉琐事,可见宦海情状,内外如一。“叫起”,或单用一叫字,即召见。“跪安”,即将起行,请训。“明发”,即谕旨之明白公布。此种若干术语,更数十年,恐非签注不能读矣。前十一通作者,大抵为谨慎小心之流,不慊于端、肃,而阿承后意,或善观风色,逆策西后必胜者。然观其第五信末，称另有拙作云云，欲因杜翰达于肃顺，则无背面之勾搭也。第十二札黄笺中有："夫己氏声势大减，诸所钻求，不敢轻诺。"此"夫己氏"，度即指西后。按那拉氏于文宗晚年已专权纳贿，故世传文宗以密札赐慈安，属以那拉氏有不法，即以此旨除之，后东后以密旨示西后，面裂之以示惠，西后阳感而阴衔之，即酖死慈安。大抵当时后党诋诃端、肃专擅，而端、肃所闻见西后专恣贪淫之状则亦倍蓰不止，文宗必有所知，故临终托孤八人，同心辅政，其始西后布置未周，自必"声势大减"也。又考恽薇孙《崇陵传信录》中有云："或传咸丰时，大学士肃顺曾密疏请文宗行钩弋故事。故孝钦听政，首除肃顺，而摭拾跋扈罪状，以成其狱。"夫留子去母之辣手，肃顺敢以密陈者，岂非亲见西后专贪之状，忿不可遏，诇知文宗亦心知此人不可信，故敢为造膝之请乎？此节亦可与肃顺"若早从吾言"相参照。肃语或即指此事也。

又按肃顺为人，必极有胆识，而不学无术，远拟季孟，近比江陵。其治事极有魄力，而颇深刻。考《清史稿·肃顺传》称："英法联军犯天津，起前大学士耆英，随钦差大臣桂良、花沙纳往议约，耆英不候旨回京，下狱议罪，拟绞监候。肃顺独具疏请立予正法，文宗虽斥其言过当，仍赐耆英自尽。大学士柏葰典顺天乡试，以纵容家人靳祥舞弊，命肃顺会同刑部鞫讯，谳大辟。文宗念柏葰旧臣，狱情可原，欲宽之，肃顺力争，遂命斩。户部因军兴财匮，行钞，置宝钞处，行大钱，置官钱总局分领其事。又设官号，招商佐出纳，号钱字者四、宇字者五，钞币大钱无信用，以法令强行之，官民交累，徒滋弊窦。肃顺察宝钞处所列宇字五号欠款与官钱总局存档不符，奏请究治，得朦混状，褫司员台斐音等职，与商人并论罪，籍没者数十家。又劾官票所官吏交通，褫关防员外郎景雯等职，籍没官吏亦数十家。大学士祁寯藻、翁心存皆因与意见不合，龃龉不安于位而去，心存且几被重罪。肃顺日益骄横，睥睨一切，而喜延揽名流，朝士如郭嵩焘、尹耕云，及举人王闿运、高心夔辈，皆出入其门，采取言论，密以上陈。于剿匪主用湘军，曾国藩、胡林翼每有陈奏，多得报可，长江上游，以次收复。左宗棠为官文所劾，赖其调护免罪，且破格擢用。文宗之信任，久而益专。"读此可见肃顺治事之猛，识别之精，不避权贵，尤不顾八旗贵胄，故宗室旗人恨之尤甚。其实《史稿》所谓功者，固灼然为功，所谓罪者，又何莫非守法律绳贪懦之善政乎？相传肃顺临刑，为市人以瓦砾泥土掷之，叔耘笔记亦详，世于此方以为可见国人之意。予以《史稿》斠之，肃顺盖尝奏减八旗俸饷，故遘旗民之怒如此。夫以道、咸间朝政之腐败，八旗之阘茸，百事冗滥，自非以猛济宽不可。肃顺以豪健之才，得君过专，横被群昏，号为骄横，盈廷交毁，妖后乘隙寻雠，事之可哀，有过于此者乎？清史馆纂者糜民国厚糈，而腆颜发遗老之论，且为谄附西后恭拟实录之旧习，鄙猥凡下，良不足论。

记高劳君录此事竟，附以数言云："追维当日，虽端、肃诸人所行，未必尽规于正，而其抗争垂帘，要不能目之为罪。以文宗顾命之八人，丧未三月，而同时解职，诛戮者三，放逐者一，宫壸淫威比之吕雉、武曌，殆无以过。而其后之暴戾残杀，荼毒黎元，履霜坚冰，实基于此。奕䜣、胜保以贵戚之卿、专阃之将，不明家国大计，而为一妇人所用，对于端、肃诸人，能无愧乎？"其论则殊平允已。又肃顺亦非不读书之粗才，吾友夏映庵所著《清世说新语·识鉴类》有一条云："肃顺优礼贤士，而又有知人之鉴。王闿运初在肃幕，自荐充报聘俄罗斯使，肃蹙额曰：'那可甘粗使？'"下有注云："肃顺字豫庭，郑亲王端华同母弟，累官至尚书，为文宗所宠信。文宗崩于热河，肃顺与端华等拥立穆宗，专朝政。孝钦后忌之，而实欲垂帘，肃顺等力抗。孝钦乃与恭亲王等密谋，杀肃顺，赐端华自尽。肃顺当时虽骄傲，而好结纳贤士，如陈孚恩、王闿运、高心夔其最著者也。”此纪事，俱得是非之正。而肃顺不允壬秋使俄之语，亦颇有言外味。当时虽皆以使节为粗官，然其不以壬秋为使才，亦自可见。各书肃顺之字皆作雨亭，此作豫庭，殆别有写此二同音者。

此稿草就后，偶与惜阴老人谈及端、肃遗事，老人曰：“吾有所闻，藏之数十年矣。当时李芍农侍郎（文田）最喜搜拾掌故，钩稽秘闻，一日告予：西后先入宫，夏日单衣，方校书卷，文宗见而幸之，有娠，始册封。及晚年厌其专权，文宗最喜肃顺，言无不尽，一日以那拉妃忤旨，又谋于肃顺，肃顺请用钩弋故事，文宗濡需不忍。亡何，又以醉恚漏言，西后闻之，衔肃刻骨，后遂有大狱。芍农盖闻于内廷旧监，谈此戒勿妄泄，此外间所莫知也。”予告以恽薇孙已略有所纪，老人瞿然，谓：“恽所闻不谬。然此等事，断无封奏之理，当以芍农说为是。”今记其说于此，以谂后之史官。

二九九　陶云汀[①]《蜀辅日记》

吾国幅员殊广，人口蕃庶，而国力与人民一切成绩，不能与国度比例相称，此自由于频年多难，凡百耗失，譬如久病贫血，断不能某器官独增能率也。然细究施政之理，当以平均发达为第一义。今号为国人，其能周历全国者有几？省之与县，县之与乡，濒江海之与内地，其荣悴菀枯状态，相去动逾百十年所。于此一切待遇建

① 陶澍，字子霖，号云汀，湖南安化人。嘉庆壬戌进士。历官至两江总督。

设，不力求其平均，则畸偏之为祸，不止文化体力之隳落已也。抑政治以外，社会之沟通，当力求其繁密。游历行旅，调查比较，宜力为倡率。不厌其琐，不厌其旧，不厌其拙，按其俗尚形胜，求其本原，稽其古今利病，衡以当前政要，而后从而改革之。

私意，建国当从一步步做起，一滴滴改去，仓卒剿袭，张皇求胜，必无济也。既言游历行旅，则地图、游记二者必当讲求。今之新学最薄古人，夫制图测量当然新法，昔人游记自为陈言，然观古人之用心，则其结实深挚，恐非今人所能想象。地图，在我国导源甚早，萧何入咸阳，首收图籍，度必有地图著于竹帛。王象之《舆地纪胜》每一州碑目之后，必附以图经若干卷。世初以为疑，后知唐《吴兴图经》，其先为颜鲁公所书，刻于石柱，始知唐时图经皆刻石。今所可考者，最古唯伪齐阜昌之《禹迹图》、《华夷图》，开方记里虽简，而大致不谬。山西稷山县有摹本，在保真观，石横二尺五寸，为方七十一，竖三尺，为方八十一，共方五千七百五十一，每方折地百里，志《禹贡》山川古今州郡山水地名极精。宋吕大防《长安志图》已久佚，近亦新出残石数十片。夫惧纸之易朽，摹制易误，乃刻石以资流布，用心不得谓之不挚，其重视图经，尤显而易见。至游记，古人虽鲜悉如徐霞客之耐劳实践，然可读者亦不少。放翁之《入蜀记》、石湖之《吴船录》等外，陆广微《吴地记》、李冲昭《南岳小录》，皆可辑布，近代则姚石甫有《康辅纪行》，潘芝轩有《沈阳纪程》、《秦辅日记》，董醇有《度陇记》，张诗舲有《骖鸾录》、《粤西笔述》，蒋湘南有《西征述》前后编，林少穆有《滇轺纪程》，其中不乏资料，可以窥见风土情伪之递嬗，山川形势之沿革。即以陶云汀《蜀辅日记》言，虽仅有四卷，其中或出文毅幕府手，或病其考据太繁，然试举一例言之，其卷二七月十二日一节云：

十二日，十五里仙人沟。二十五里尖清桥河。十里观音碥，巨石摩天，不受寸土，原名阎王碥，贾中丞汉复凿之，改今名，宋荔裳为之赋栈道平者也。又有魏敏果象枢诗，同刻石壁。馀诗尚多，舆中望之，不甚了了。十五里，过沙河，小憩茶坪，返里陟五盘岭，羊肠一线，缭绕云端，栏之以石，俯瞰潺流，耳轰目眩，垂堂之戒，令人凛然。良久，始至鸡头关，憩关帝庙，南望汉中，豁然开朗，心目为之一舒。壁刻党崇雅诗，有"回头一转地天宽"之句，逼肖此间情景。鸡头石冠而峭，关所由名也。山中多祀白石土地，有碑言项羽围汉高，樵汲绝，神为负水，晨起有卒见之，立化为白石。汉王之南郑，烧绝栈道，羽已东归，无缘至此。齐东语，殊可笑。

七盘岭，南北高二十里，土色南黄北黑，判然不同。下岭即褒城县，栈水绕其东，而南流入于沔，所谓褒谷口也。北通斜谷，斜口在郿县西南三十里，武侯出五丈原由之。《史记》言褒通沔，斜通渭，皆可以行船漕。今则不然，盖山经开垦，水为沙石所壅矣。又有箕谷，在褒城西北十五里，诸葛攻祁山，使赵云、邓芝据此为疑兵。又有骆谷，在周至县西南三十里，南通洋县，姜维伐魏，围长城所由道也。《通典》曰："汉中去长安，取骆谷路六百五十二里，斜谷路九百三十三里，驿路一千二百二十三里。"所谓驿路，即今宝凤留褒之道也。又有子午谷，在洋县东，魏延请分兵袭魏者也。向禁行旅，以防奸宄窜入。乾隆年间，陕抚毕沅因递送金川军书，改由此道，较旧道可近七八日之程，渐成通衢。

嘉庆初年，教匪姚之富、齐二寡妇、张汉潮、伍金柱、冉学胜等出没其间，豕突狼奔，凡七八年始绝。己未冬，有旨仿明代原杰经理郧阳流民之法，于南山老林中酌加开垦，以栖难民。于是议设总兵于五郎峪，分设小营于子午等谷，又增设县丞、巡检等员，以资弹压。盖终南一山，跨越西安、凤翔、兴安、汉中、商州，南北八百馀里，东西一千七百馀里，分属三十馀厅州县。其实山内设治者，仅止商州所属，及孝义、五郎二厅，孝义迤西千馀里，并无营汛，至是设官驻守，而防辖始密。然山中向无居民，乾隆三十三年以后，湖广、江西流民始潜入山内伐木支棚，种包谷度日。包谷似粱，一名包萎，川湖人谓之玉米，又曰珍珠米。自教匪乱后，焚林斩木，一望荡然。然梯田板屋，鸠民渐集，计数十年后，必尽成熟地，非复曩时陆海矣。

读此，可知文毅下笔时细针密缕，于古今政治沿革，形胜变迁，风俗土宜，皆能扼要论列。卷耑有朱琦一书，盖文毅乞其评判者。书中关于此节云：

其谓梁州贡道浮沔溯褒以出斜口者，殆亦即《水经》桓水注所云，沔历汉川至南郑县，属于褒水，溯褒暨于衙岭之南溪，水枝灌于斜川，届于武功，而北达于渭水也。孙君疑郦氏谓沔渭相通，恐未必是禹迹。不知经文不曰逾于渭，而曰逾于沔入于渭，必当时自潜逾沔之地，有舍舟陆行者。傅氏寅曾有此说，与郦氏上言自西汉溯流，而届于晋寿界，阻漾枝津，南历冈穴，(《汇纂》言冈穴，即郭璞所谓峒山，《括地志》所谓龙山大石穴也，其间自非水道相贯。)迤逦而接汉。沿此入漾，《书》所谓浮潜而逾沔者，正相合。至沔渭之间，则有褒斜可通，故下又云，水枝灌于斜川，而总之曰水陆之相关，川流之所经，复不乖《禹贡》入渭之字，郦氏意盖如是。汉武帝时议褒斜漕事，而褒已不与斜通，必自褒绝水至斜间百馀里，以车转从斜下渭，是乃陵谷迁变，而郦氏则犹追言禹迹也。后代垦辟日滋，近山之地，沙石所壅，故道愈失，非阁下身履其境，固莫由洞悉形势，而并《史记》言褒斜皆可行船漕者，得仿佛其遗踪耳。

此盖就文毅以嘉陵江为《禹贡》汉则为潜之潜，因而申论浮潜逾沔之理，其关于褒斜船漕事，不能不谓为有关地质及考古诸学也。文毅此记，全书大率如是。其摭拾传闻，间或琐碎，大体则博淹以外，兼注重政本。盖时在嘉庆末年，陶云汀与贺耦庚已同时出掌文衡，自后汲引林文忠，以逮于曾、胡，别启风气。臆想其讲求经世之学，或正由于远历山川，目睹利病，慨然揽辔也。今人读昔人书，正不必病其考据繁琐，须知即此琐冗，已非翻数千卷书不办，又非多少能自状其经历踪迹不办，能如是，亦庶几通才矣。况今日科学已昌，果为通才，而又能好学深思，心知其故，则学者经国大业，何莫不由于左图右史，切切实实地以营成之乎？陶记中有极佳史识，如记安邑盐池言："相传池遇南风，则盐利必倍，舜歌'南风之时兮，可以阜吾民之财兮'，或云即指此。"盖舜都蒲坂也。馀如辟金牛说之訾，论黑水之源，皆甚详尽。论涪水、荆州三泉、和尚原诸节，则极关行军要塞。予闻近年岁出新书四千种，其半皆翻刊旧书，其最畅行者，明、清间消闲小品而已。如此类书，正未易为时人理会得。

三〇〇　胡林翼集外隽语

胡文忠有致吴仲昫[①]制军数笺，为文忠全集所未收，其中有极

① 吴振棫，字仲云，或作仲昫，号毅甫、再翁。浙江钱塘人。历官至四川、云贵总督。

精湛语，节录之："求将于已乱之国，是所谓亡羊而补牢；求将于未乱之国，是所谓未雨绸缪。""椎鲁质直，不爱钱，不怕死，庶几得之。至吏治之颓，实兵祸之所由起。""平时有藜藿不采之威，临事有折冲千里之势。""行间诸将能尚廉耻，敦气节，力战制贼，以节其流，则数年内浪费之财，岂尚不足耶?""侄之立志，必使营哨之官尽廉洁，不私一钱。其章程所定薪水，又实足以养其廉，而兼有爱士之能力。"此数节中，予甚爱"平时"、"临事"二语。"平时有藜藿不采之威"，尚容易做得到，"临事折冲千里"，则谈何容易。折冲千里者，谓知远情也。有知己知彼之明，然后真能折冲得下。此二句，兼可为今日谈外交者示一周行。今日之事，知彼固不易，知己恐尤难，思之叹息。末一段"侄之立志"云云，读之想见文忠不唯有操守，且有胸襟。"所定薪水，又实足以养其廉，而兼有爱士之馀〔能〕力"。此三语，其宽厚阔大，闻之犹足鼓舞天下才俊，以成中兴之业。直欲求廉洁者，尤须三复斯言。后此北洋军阀，往往视畀三五百金于僚属，意至不甘，又必设法醵得其薪给，剥夺其待遇，以自称觞演剧。其狭隘无智识，可哂。如斯之流，虽善掊克，皆不旋踵而亡，乃知《史记》言项王印刓不忍予，真不足与成大事也。仲昀制军之孙子脩先生，有《蕉廊脞录》八卷，中有一节云："益阳胡文忠薨于军，罗少村观察祐，从文忠久，哭之恸。将敛，少村以手按文忠胸间，虽微冷，而与肢体异，久之，若翕翕动，力持勿遽敛，犹冀其复苏也。至三日，折弁回。文忠疾亟时，奏请开缺之折，奉朱批湖北巡抚著李续宜暂行署理，接统各军。少村乃附文忠耳，大声读之。文忠平日两目光如电，至是忽大张，若微颔之者，侍者骇走，旋一瞑不复视。少村再拊心间，则方寸寒于冰铁矣。"此殆其下意识未全泯，故有此反应现象，然论真爱国家爱人材如益阳者，今日正恐不易觏矣。

三〇一　胡林翼逸事二则

世但知胡文忠为文毅爱婿，文毅晚督两江时，胡亦在幕，即《蜀辅日记》，恐文忠亦有参撰献处也。文忠到江宁时仍好冶游，秦淮河、钓鱼巷，皆有其踪迹。世传有劝文毅诫告文忠者，文毅曰："润之之才，他日勤劳将十倍于我，后此将无暇晷行乐，此时姑纵之。"此言未知可信否？然文忠后来督师时异常刻苦，在军治经史有常课，仿顾昆山读书法，使人雒诵而听之，日讲《通鉴》二十页、四子书十页，旁征史籍，尤讲求时务。病至废食，犹于风雪中讲肄不少休。每问幕府，辄举经史一义，叩以"吾今日接某人治某事，颇不悖于斯义否"？故所著有《读史兵略》四十六卷。

吾闻叔章述文忠两逸事：其一即为文毅择婿之始。文毅以给事中放川东道，还安化扫墓，由安化入川，道必出益阳。时文忠之父云阁先生（达源）方入京会试，文忠随其大父乡间读书，文毅肩舆小憩，从村塾间邂逅文忠，时甫八龄，即摩顶许为国器，志其姓名而去，后此遂相攸焉。其一为文忠与周荇农逸事。善化周荇农先生（寿昌）以文章名世，相传胡文忠入翰林后，在京常与荇农冶游。一夕方就娼家，坊卒掩至，荇农机警，亟入厨下，易服而立，得免；文忠及他人并絷去，例司坊质讯，不敢吐姓名，坐是颇受辱。释归，即与荇农绝交，谓其临难相弃。后此治军，且不喜用善化籍。曾文正为荇农屡解释于文忠，卒不得大用。此叶奂彬为叔章言者。

三〇二　易实甫创长篇散文诗

汉寿易实甫[①]先生，鼎革后再入都，与予相遘于瘿庵处，后此数年间，过从綦密，游衎之欢，文字之役，不可殚记。当时先生贻予诗札高可数尺，今悉零落矣。年光不能倒流，秋宵无俚，念及言笑，徒增枨触。最不能忘者，初识先生不久，一夕饮于宴宾楼，客只嘉应黄遵楷、泗州杨毓瓒及予三人，先生独挟一粲者，颀而皙，以词为介，曰："此李三姑也。"遂出所制长歌相示，歌甚长，但记言其美非世间所有，有之，唯若子建之《赋洛神》。予虽随声附和，数目三姑而疑之，意谓舍颀皙外，亦中人之姿耳。明晨过瑟君，质所疑，瑟君大笑曰："此易五先生之新嬖也。"发行箧中，出红格纸五，皆端楷细字，则先生自述与三姑邂逅好合，琐屑丽诡，匪夷所思，乃与瑟君抚掌咋舌。此事今已逾廿馀年，瑟君逝亦垂十年，绝世奇文，不知尚存天壤间否？昨检敝笥，见先生甲寅年见贻一笺，云"去年宴宾楼之饮，得君诗足以历劫不磨，谢谢。全篇神光寓合，乍阴乍阳，亦与洛浦神人无以异也。此扇得两宾，洵可珍耳。"始忆当时予有一诗，为先生书折叠扇，其反面瑟君作工笔画，故书中云云。然予此诗，则攒眉苦忆，不能得一字矣。

又有一事可记。女伶孙一清方与金玉兰齐名，遽为袁君房量珠聘去。此本习见之事，先生乃以二诗揭于报端，起二句云："铜台

---

① 易顺鼎，字实甫，晚号哭庵，自署忏绮斋。湖南龙阳人。光绪举人。官至广西右江道、广东钦廉道。以诗名世。著有《丁戊之间行卷》、《摩围阁诗》等 13 种，编为《琴志楼丛书》。

高峙浊漳横，飞去美人天四更。”在先生方自诩用《红线传》中语，绾合无迹，而见者大哗，谓铜台浊漳，是以邺下阿瞒隐诮当道也，几罹不测，赖抱存右之，得免。又忆：一日先生与予及抱存坐流水音松石间，适有命妇冠服趋过，先生闻抱存述其微时事，而翌日即为小诗揭之，亦几以此饱拳。其通脱不羁皆类此。然先生实至惇笃君子，自以少有高才，承家学，早通籍，一时名公巨卿折节论交。及革命，年已五十馀，侘傺不遇，自伤自放。故辛亥后所为诗，皆刻意恢奇奔肆，尽取俗语入诗，托体俳近，大为同辈所议。实则樊易齐名，平心论之，先生真本领真性情，皆在樊山老人之上，千秋识者，必以予为公言也。先生诗，刊者有《四魂集》、《丁戊之间行卷》及《庐山诗》。《四魂集》不及备读，《庐山诗》至瑰壮谨严，《丁戊之间行卷》则至纤丽，其生平才语若九天珠玑，不可悉数。辛亥后作，似未见刊行，其中为伶人作者甚多。然先生于诸伶亦取瑟之意，非有何交昵，而诗中好作奇语、昵语，世遂哗称龙阳才子，主持风月。以予所知，半非信史。至于寄情丝竹，则当时朝士，十九从同，不过不尽如先生之能文大胆耳。先生晚有二诗题为“自赠索诸公和”，予以为字字自然，樊山所不及，今录之。其一云：

井水旗亭遍碧纱，哭庵老去尚风华。
大瓢乞食歌姬院，团扇留书小史家。
梅子有词赋梅子，莲花无貌唱莲花。
醉眠不管佳人笑，锦瑟旁边著画叉。

其二云：

听雨萧然在凤城，哭庵老去太凄清。
杯残炙冷思冥报，漏尽钟鸣恋夜行。

天下已秋悲木落，人间何世着桑生。

他年有物冲牛斗，埋骨空山气不平。

二诗虽凄清，而仍风华，记是癸丑所作，其后所为，未如此二篇之闲适。其为孙一清作，几贾祸之诗，今亦录之，则堆砌对仗，一露樊易体之本色矣。诗亦二律，题为“六月初十日纪事”。其一云：

铜台高峙浊漳横，飞去美人天四更。

筮月有黄奔后羿，占星太白窃梁清。

铢衣迷雾原无质，罗袜凌波岂有声。

鹦鹉乌龙都睡了，步虚谁听董双成。

其二云：

连昌词里念奴娇，化作三红线拂绡。

已感金仙辞汉武，尚劳玉女问燕昭[①]。

燕辞百姓翻归谢[②]，雀筑三分仅锁乔。

独有舞台肠断客，梁尘珠泪一齐飘。

此诗为癸丑抑甲寅作，尚俟考。至其晚岁奔放酣恣之作甚多。六十后有《和樊山穰天韵自述》一首，其手稿尚存予处，今录之，可当先生小传读，亦可作先生创造体格之代表作读也。题为《病榻借樊山先生为余穰天诗韵，自述生平，成长句一篇，呈樊山先生，示由甫六弟，兼谂亲友及海内知我者》，诗云：

嗟我未生时，有仙告我父，谓纯甫舅氏，为明张灵与子后缘方长，父意姑妄言之，姑妄听之。三岁坐母怀中，行万里，五

---

① 原注：唐人游仙诗云：“玉女暗来花下立，手搓裙带问昭王。”去之本日，尚有书讯余也。

② 原注：余戏改唐诗云：“寻常百姓堂前燕，飞入旧时王谢家。”

岁聪颖纯厚，能作韵语，人已呼为圣小儿。六岁陷贼作伪王子，由汉中至应山，半年多在马背上。幸遇僧忠亲王，我书王掌上，王抱我膝上，授应山令送归故里，出险不死真便宜。十五入泮，十八领乡荐，郭公（筠仙）、周公（荇农）、张公（文襄）、左公（文襄）见我所刻行卷，惊为异人，誉为国士，意似非阿私。光绪丙子公车待诏，伏阙上书，首劾封疆大吏李与崇，二次上书又劾部院大臣，蜀中钦使恩与童。春官四试，求一进士不可得，乃以举人捐职，签分刑部学习之郎中。此时南北山川登临游览留题已不少，诗歌以外，又喜考据古籍笺鱼虫。改官河南，官曰试用道，年未三十，忽作厌世之想，若有千悲万感交与胸。手修三省黄河图说，进呈御览，得拜二品顶戴赐，瞥然舍去，径携妻子筑室匡庐五老峰下，三峡涧上，倚楼日听瀑与松。老父不肯远游，乃独迎母入山住半载，母归之后，岂意昊天不吊，竟令女中孔孟，弃我不孝兄弟，归真天上之霞宫。（母降乩，言所居曰紫霞宫。）我有女兄孀居奉佛，殁后降诗数卷，自号真一子，仙去十载，喜与我母天上逢。我居墓庐，朝哭夕哭逾两载，南皮夫子诏我节哀，招我游鄂，劝我不必王裒同。韩人龙〔乱〕作，舆论难定罪与功。倭寇氛亟，朝议始策守与攻。新宁刘公奉诏督师招我同北上，驻师榆关，亦如裴度讨寇淮蔡，统辖愬武与古通。嗟我墨绖从戎，请借一旅前驱，意在战死得殉母，岂料弃韩割台，和议早定，使我不得痛饮趋黄龙。我请只身渡台，往从台北之唐台南之刘两守将，乘一竹筏出入十二银山，惊涛骇浪，连珠九叠，如坐秋千索上，摇曳于长空。台北唐已内渡，台南尚无恙，遗民迎我，守将留我，尚欲上请朝旨，命我观军容。吁嗟乎！名将非施琅，降王似郑理。我求偏师暗袭台北，所请不遂，两求战死皆不死。既不得为忠臣，又不得为孝子。不死空历险与艰，方知世上一死难。既不得死于渝关，复不得死于台湾，又不得归于庐山。七旬老父，迎我于鄂，携我同返里，墓门痛哭，哭声直似海倒山崩然。里居侍父，人天唱和，更有白仙吕祖，以及女仙董何费张辈，时或安车奉父，来往九江汉寿长沙间。至是窃阅父书，始知纯甫舅氏张灵后缘说，回忆山西藩署，有仙谓我前生王子晋张梦晋者，前后吻合，其仙称同秋生，亦知为何仙。刘公还督两江，念我家贫父老，使我居湘筦鹾税，一两年内坐收一两万馀之金钱。平生肮仕暴富，即在此两载。谁知两载以后，旋即散尽，自笑赋命穷薄，讵敢尤苍天。刘公趣我入都，觐见宫中二圣之天颜。特疏荐我谓我贤。我乃前席陈词，痛陈内忧与外患。己亥之冬，方恐摇动圣主圣，庚子之夏，岂期召集联军联。两宫西幸，我亦麻鞋赴行在，目睹秦中，流离凋残情状殊堪怜。刘公张公合奏，令我驻秦督转饷，我仍感慨时事，上万言疏，跪奏宫门前。乘舆还都，我再入都，始简粤西右江道，调任龙州关道，不及数月，遽忤大吏，劾以名士画饼落职，自笑命宫磨蝎，何故与我半世相牵缠。九江哭父，扶榇归葬，一病九死，竟再活，服阕入都诉冤复职，再简滇南蒙自，旋调粤东廉钦缺，已在帝后上宾，贤王摄政，宣统之初年。两任广肇罗道，高雷阳道，共三稔，箧中惟有弭盗安良之策，勖吏谕民之牍千万言。更有巡方问俗，登山临水，抚时感事之作数百篇。欲锄荆棘培芝兰，欲翦鸱枭养凤鸾。乃因戆直，又忤大吏，决计将挂冠。忽遭武昌兵变，全国革命，一旦大海生狂澜。太息二百馀年完全宗社，难保黑水与白山。自怜五十四岁沉沦宦海，尚保绿鬓兼朱颜。

曩在汴阁监试，曾遇日者，谓我寿仅五十有九龄，岂意语语皆验，此独不验，入民国后，已过六十犹偷生。然虽偷生，而从前无病者，此三年内忽乃多病，疢疾暗已积累成。吁嗟乎！造物太无情，彼苍何太忍。既已使我境遇窘，又不使我寿命永。固知再实之木根必伤，跃冶之金诚不祥。然我虽非奇才同豫章，亦复尚有微惠留甘棠。而且一生大类柳下与邹峄，所遇臧纥臧仓皆姓臧。谗谤屡诬西域贾，时宜不合东坡肚。半年额疮不愈，已如星宿之连珠，一旦腹胀奇剧，又似雷门之布鼓。平生第一知己樊山翁，为我手写七八百字诗一通，焚香请命于上帝之深宫。公方夜殿陈词向天虔祷，冀邀天意从。我且法庭起诉，与天争讼，正恐天词穷。

樊山为先生禳天一诗，稿记当时亦以示予，中嘲诮语多于慰藉语，且多短句。先生此作，则千二百字，长句较多，似近人所谓散文诗，殆卢仝体之变本加厉也。先生殁后，予有一诗哭之，有"一生酷类何平叔，九牧终怜盛孝章；未信楹书真失托，故应箧句未全忘"句。夏吷庵近摭以入诗话。今其公子君左才名能世其业，则予之言终中矣。箧中先生诗尚多，记有《午日书感》一诗，颈联云："梦伤骨肉通宵哭，家寄音书对客焚。"沉痛似晚唐韩冬郎、许丁卯笔意，亦可想见尔时怀抱之恶。

三〇三　易实甫作诗之割裂搭截题

实甫先生《六月初十日纪事》，诗中之"铢衣迷雾原无质"句，自用义山之"无质易迷三里雾，不寒长著五铢衣"。然割裂下半句之足，以安于上半句头上，此真搭截题矣。且"五铢衣"不能作"铢衣”，犹“三里雾”，不能作“里雾”也。但求对仗工，不顾文字典实之理解，此等处诚不可为训。而先生晚年此类之作绝多，直是嬉戏，不当以诗论。若论割裂搭截题之巧妙，在文人游戏中，别作一种无理性之解释。相传“士农工商角徵羽”，对“寒热温凉恭俭让”，盖上四下五，九项并作七项，而又各别一字（上联“宫”别作“工”，下联“良”别作“凉”），诚巧作之合。朱彊村先生尝言，唐诗三百首中集句，有云：“云峰古木无人径，风岸危樯独夜舟。”盖取二五言句，截去上三字，遂成七言之佳联，是又切足安头，而有理解者。昔日读书人以文为戏，往往有绝顶妙语。陈伯弢谓：“此中国美术，非欧西博物中学士所能格。”其言嘲而嘘也。

三〇四　福建龙眼

案牍中，偶见有仙游商人请豁桂圆牙税者，因叹荔枝风味，不尝新又近四年矣。童时嬉于高节里丁氏姑家，庭有一树，夏末实累累，唯恐为风飑所败。风飑者，即太平洋夏令之飓风，时袭闽广海岸，荔枝以先熟，多幸免，龙眼则不能免者居多。抑世人唯知桂圆为补品，岂知其风格及其培植所宜耶？前记荔枝，今乃不能独遗龙眼。按蒹秋先生《闽产录异》中述龙眼云：

> 龙眼宜斥卤，树高二丈馀，大合抱，春风后旧叶凋谢，至立夏，旧叶渐尽，新叶俱荣。核入土，十四五年始实，其实无肉，名曰栳。实之最大者，曰榛。锯栳之枝干，留其本，以榛枝之壮旺者接之，谓之接针。藉栳本之力，使榛枝易于畅茂。接针之法，取石枣花卵二枚，一夹于栳本榛枝衔接一处，一束于栳本榛枝接筍之外。石枣卵在土中，形如小枣，既能黏合，又经

久不干，凡接树者必用之。龙眼熟于白露，其味其候，皆次于荔支，故曰荔奴，俗呼圆眼。张岳《惠安志》："大者名龙眼，次名人眼，小名鬼眼，俗不识别，总谓龙眼。"苍按福、兴、泉、漳四郡，龙眼有榛、栳二种，核乌而实大者为榛。榛者，榛子也，言其实大可如榛子也。榛经三接，名曰顶圆，盖愈接愈大，愈接愈圆也。又名实圆。以八月熟，因名桂圆。（**桂圆之装舶者，以黄土和姜黄傅之，外夷并壳煎以为药。福州乌石山下所造泥佛及玩器，烘以谷壳，使结实，装载出洋，其市甚广，外夷以为玩物，兼以煎汤治病。**）出长乐者，大寸许，名长乐丸。泉州英山，即其亚也。栳者，核自生未接之本也，接一枝曰一针，两枝曰两针，花司照针计值，有一本接三针者。龙眼之美者曰榛，闽音榛与针同，故误以接榛为接针。《闽小纪》云："闽会二十里东南隅，多龙眼树，树三接者为顶圆。核之初种，经十五年始实，实甚小，俗呼为胡椒眼。觅善接者，锯木之半去大实之幼枝接之。至四五年，又锯其半，接如前，若此者三数次，其实满溢，倍于常种。若一二接即止者，形小味薄，不足尚也。三接者曰针树，未接者曰野䉡。"苍按，又有红核、仔核，红实稍小，肉亦满溢。兴化所产，名兴化三、兴化四，肉皆薄。南靖有皇帝荔支、皇帝龙眼，或曝或焙，皆可出舶。凡贾人于花时以值压园，谓之喝园，言不计其花实之如何。实时计树出值，谓之樸青。大贾樸青，小贾喝园、喝树。樸龙眼者，利倍于荔支，亦时有倾家。福州兴泉漳六月初，七月半，每有风飑挤击，吐浆不可入焙。龙溪有一蒂两实，一大一小，小者如珠，无核，名抱鸡子，种最贵。

按荔枝、龙眼皆恃佳种，而龙眼出兴化者最众。兴化昔为府名，常与江苏县名混，府废，遂以首县仙游名。先君子昔为仙游金石书院山长，归恒为予道枫亭产荔之美，惜予少而随宦，长而饥驱，未始一探鲤湖名胜，执笔记此，不觉怆然。又按文中“樸”字，实本于《说铃》，意谓包租也。考“樸”字，《集韵》训穙积，无租赁义。《荔支话》作瞨，此字亦不见字书，然宁创勿借也。《荔支话》云：“闽南植荔支、龙眼家多不自采，吴越贾人春即入赀，评树下。吴越人曰断，闽人曰瞨，有瞨花者、瞨孕者、瞨青者。树主与膜客倩惯估乡老为牙人，牙人绕树指示曰：‘某树得干几许，某少差，某较胜。’虽以见时多寡为言，而后日之风雨之肥瘠，牙人皆意得之，他日摘焙，与所估不甚远。估时两家贿牙人，树家嘱多，瞨家嘱少。”

按此树最忌飓风，故蒹秋先生云时有倾家也。顾相传福州产占风草，俗呼风飑草，其叶如竹，一一离披，然岁有风飑，二三月时其叶即横折；无折，则六七月无风飑。瞨荔枝、龙眼、橄榄为生者，每视此为进退，多验。夫动植物诚有能感觉气候者，抑岂能预知于数月之前，说殆不可信也。

三〇五 《蜷庐随笔》记甲午翁同龢主战

甲午中日之役，在研求远东历史者，胥认为近世极大关键。当时我海军死事甚烈者，不少概见。以予所闻，甲午以前，外籍将弁督操甚勤，水手皆体格魁梧，手胼拇壮，行走飞捷，非不可用。使在二三年前从李文忠言更购舰炮，胜负未可知也。不幸妖后淫昏，移海军之款以建颐和园，遂使馀皇尽熸，国运日隳，厉阶之生，思之弥愤！或问：“海军款挪以修园，究有何征？”予按翁文恭丙戌十月二十三日日记有：“庆邸晤朴庵（醇王之别号），深谈时局，嘱其转告吾辈，当谅其苦衷，有'昆明易渤海、万寿山换滦阳'之语。"盖隐指孝钦欲兴作颐和园，不能不挪海军储款也。庆王此言甚明，文恭时为户部尚书，对此尤了如指掌。或即文恭自言，托于庆、醇，亦未可知。其始阎文介为户部，那拉后每索款，辄靳之，卒罢去。文恭继阎，则模棱依违，户部款竭，海军欲增舰购炮，皆无以应矣。书此可见甲午之败，不但常熟孟浪主战须负责任，即此数年中躬掌度支，不能正言抗旨，撙节国用，以备不虞，亦须负责任。徒于日记托讽"昆明换渤海"之语，而不悟己亦有咎也。王伯恭《蜷庐随笔》载："光绪中，合肥建议创办海军，因筹海军经费无虑数千百万。乃朝廷悉以之兴修三海工程，其拨归海军者，仅百分之一耳。翁大司农复奏定，十五年之内不得添置一枪一炮。于是中国之武备可知矣。"按若据此言，文恭之责任尤重。唯所谓无虑数千百万一语，似嫌笼统。颐和园工程前后二千馀万，同时修葺三海费五六百万，户部储款不足，尚大开捐班报效以足之。李文忠对于海军筹款，亦不过令各省协款之类，其厘税所入，固统归户部也。十五年不添购枪炮之奏，则是翁所以窘李者，朝旨似亦未照准，事实则早依翁言停购。予以为中日甲午一战，原因甚多，从世界大势及中日国情论之，不勃发于甲年，亦必忽作于乙岁。唯就甲午年各方情势论之，我国政局中朋党相角抵，首促成之者，自为翁、李之隙。微文恭之极力窘文忠以快意，则那拉后亦不得逞其灭洋之志也。若就本事件言，则不止翁须【负】责任，李亦须负责任。前述之王伯恭，为翁之门生，而又曾在朝鲜，与合肥、项城皆雅故，所述本事件之动机较翔确入微。今录《蜷庐随笔》中记光绪甲申朝鲜政变始末中之第十四节云：

中国人之健忘，有极可笑叹，而贻祸君国，几召灭亡，尤可骇痛。甲申朝鲜之乱，中日定约，同时撤防，以后有必须出师者，彼此知照同时进兵，不得一国背约，私出军队。订约时，朝旨派吴大澂、续昌前往莅盟。乃吴、续二公到汉城后，韩人问其有无全权，答曰："无之。"韩人[①]曰："既无全权，不得与闻。"吴、续二公以此进退维谷，难于复命，乃谋于项城，觅得其稿阅之，遂据以返报。时清卿为帮办北洋大臣，彦甫亦官侍郎，项城方以同知保升知府，吴、续二公德项城，欲与通谱称兄弟，袁不敢承，乃以师礼待二公焉。防军撤后，项城以管带改为通商委员。戊子、己丑之间，项城电告合肥，谓朝鲜已潜降俄罗斯，降表为其逻得，请速派海军提督丁汝昌率战舰往问其罪。合肥忘甲申中日之约，遽电丁提督东渡，而丁方巡海长崎，兵士与日警相争未解，不能奉令即往。事又旋为韩人所闻，国王遣其参判李用俊奉表来京，辩无其事，且谓降表系袁伪造云云。政府久以朝鲜事专责合肥，不更为计，而合肥又以彼中之事偏听项城，以此国王虽有表章，亦置不理。自是韩人与项城遂不相能，复遣李用俊来华，辇金以求撤袁。而合肥复忘光绪八年与朝鲜订约，"互派通商委员，如有不合，彼此知照立即撤回"之条，以项城为所保荐，回护前奏，终不肯易，且疑朝鲜人之不免诡诈也。是役以丁汝昌未率舰队往讨，日本人初无闻知，故能相安无事。至甲午夏，项城电告合肥，以朝鲜新旧两党相争为乱，汉城岌岌，请速派兵往平。合肥仍不记前约，奏派直隶提督叶志超率众赴之。而提督聂士成自请先往详探，闻吾礼闱报罢，属其幕友李谷生入都，请吾同往，以吾曾客朝鲜，与其

① 此处及上句之"韩人"误，应是赴汉城之日本外务卿井上馨。

国士大夫多相识，或可访得其实也。余谓："事本无忌，可以一电安之，不劳动众。"谷生言："行期已定，不可中止。"余谓："既如是，幸毋多带兵卒。吾将归省，不克偕往，君其善为我辞。又吾闻叶军门顷以洪荫之为军师，洪虽北江先生之曾孙，其人兼夸诈阴险之长，吾丙戌春与之同寓勒省旃①上海寓中，相处三月，深悉其底蕴，烦告叶君，未宜倾心待之也。"叶统兵至朝鲜，初无乱事。项城曰："公归，韩人又蠢动矣。请姑驻兵平壤，以坐镇之，俟人心之大定，再班师可也。"项城见洪荫之，极为倾倒，荫之亦不欲遽去，因怂恿叶公暂驻平壤。平壤者，箕子故都，尚有井田，为朝鲜通国胜境，官妓尤多。叶公至，征歌选舞，顾而乐之，将老是乡矣。而日本闻叶提督率兵入其国，大惊，以为轻背前约，是必将夷为郡县也，因议大出师，与中国争。事为合肥所闻，亟奏请撤戍。而是时张季直新状元及第，言于常熟，以日本蕞尔小国，何足以抗天兵？非大创之，不足以示威而免患。常熟韪之，力主战。合肥奏言不可轻开衅端，奉旨切责。余复自天津旋京，往见常熟，力谏主战之非。盖常熟亦我之座主，向承奖借者也。乃常熟不以为然，且笑吾书生胆小。余谓："临事而惧，古有明训，岂可放胆尝试？且器械阵法，百不如人，似未宜率尔从事。"常熟言："合肥治军数十年，屡平大憝。今北洋海陆两军如火如荼，岂不堪一战耶？"余谓："知己知彼者，乃可望百战百胜。今确知己不如彼，安可望胜？"常熟言："吾正欲试其良楛，以为整顿地也。"余见其意不可回，遂亦不复与语，兴辞而出。到津晤吕秋樵，举以告之，秋

① 勒深之，字省旃，江西新建人。事见王伯恭《蜷庐随笔》五十三。

樵笑曰："君一孝廉，而欲与两状元相争，其甾枘也固宜。"

此节所纪，娓娓可征。李之偏听，翁之雪憾，皆误国也。国人恒喜诋所不喜者以卖国之名，国固未尝有人卖，临事喜迁延，喜虚㤭，一误再误，误国之弊，十倍于流俗所谓卖国者，而国人则反瞠目不敢言。嗟夫！颠连危辱之事，岂必悉为他人之侮予哉？

三〇六　海军专款挪用与甲午丧师

翁文恭奏，十五年之内不许海军添置一枪一炮，除《蜷庐笔记》所纪外，其他尚无可考。必欲征之，非向前清军机处检查档案不可，然亦恐无从觅得。盖此等事或面奏，或附片，不必露章拜疏，更不肯存奏稿也。一昨悉心钩考，将同治有海军以来，关于增减饷械之争辩，直至甲午二月止，为次第之追叙，或亦研求史事，务得真相之微意也。

最初请停止制船者，为同治十一年，内阁学士宋晋疏称："制造轮船，糜费多而成功少，请饬暂行停止。"章下左宗棠、沈葆桢、李鸿章等议。沈、李复奏，力称当日船政缔造艰难，揆以列强形势，造舰培才万不可缓，得旨如议。

次则光绪四年，沈葆桢奏定各省协款，每年解南北洋各二百万两，专储为筹办海军之用，期以十年成南洋、北洋、粤洋海军三大队。嗣恐才力分给，均感不敷，请以四百万两尽解北洋，俟北洋成军后，再解南洋。适值晋省告饥，朝议提海军款以济之。沈葆桢以为大戚，贻书李鸿章争之，谓"国际安危所系，葆桢老病不及见，必为我公异日之悔"云云。遂奏请将前项协款，仍分解南北洋，各治一军。（按不久户部已议挪海军款壹百万充颐和园建筑费，意谓暂挪。而自是园工无已时，海军款二千馀万尽成虚耗，南洋调集之款数百万，亦提办朱家山河工。）光绪五年冬，沈葆桢卒于两江总督任所。时值日本夷琉球为冲绳县，交南北洋大臣会议，沈遗疏称："天下事多坏于因循，但纠因循之弊，继之以卤莽，则其祸更烈。日本自台湾归后，君臣上下早作夜思，其意安在？若我海军全无能力，冒昧一试，后悔方长"云云。

复次则光绪十七年四月，户部奏酌拟筹饷办法，议以南北洋购买外洋枪炮、船只、机器暂停两年，即将所省价银，解部充饷。海军右翼总兵刘步蟾屡向提督丁汝昌力陈我军战斗力远逊日本，添船换炮，不容少缓，丁汝昌据以上陈。秋间，李鸿章奏称："北洋畿辅，环带大洋，近年创办海军，防务尤重。北洋现有新旧大小船舰共只二十五艘，奏定海军章程，声明俟库款稍充，仍当续购多只，方能成队，而限于饷力，大愿未偿。本年五月钦奉上谕，方蒙激励之恩，忽有汰除之令，惧非所以慎重海防作兴士气之至意也"等语。然以饷力极绌，仍遵旨照议暂停。最后二十年二月，李鸿章奏称："前据北洋海军提督丁汝昌，以镇、定、经、济、来、威六舰共应添换克鹿卜新式快炮大小二十一尊。当经咨准海军衙门，以目下添购此炮巨款难筹，拟先换镇、定两船快炮十二尊，然亦未果行。"据此前后统观，区区海军船械，最初有人提议停制，而廷旨不准。嗣则已有主张挪款赈灾者，然尚为挹注上之讨论。沈文肃之遗言，最可复玩。

最后，则虽奏请购械，而遵旨暂停矣。其变迁阶段盖如此。而光绪十七年户部奏请南北洋停购枪炮船只两年，此种事实，固赫然至今存于史档者，其时翁文恭正在户部尚书任内，此事自出其主张无疑。当时无所谓预算，独海军有专款，夙为内外侧目。盈于此者，必绌于彼。光绪十四年以后，海军未增一械，先时不许增购船炮之议，即预为移款修园张本。予颇疑此非翁文恭本意，或那拉后授意，文恭不敢不遵，而又适合平日憎厌北洋侈张军备之意，故不惮创此议也。观其对王伯恭言："北洋海陆两军如荼如火"云云，言外大有微词。尔时看法方以为荼火之盛，不必再有增益。抑岂知凡事不能尚意气，观外表，尤不能以国家为孤注，以快恩仇。关于不许添购船炮一点，吴挚甫[①]、范肯堂书中亦常揭出之。吴原书云：

> 东事轩然大波，尚未识如何结局。周公都统诸军之举，径罢为善，周固非都统之材也。近年欧洲各大国无不增兵增饷，增船增炮，独我国以外议宠杂，不许添购船炮。一旦有事，船炮不及倭奴，遂至海军束手，渤海任他人横行，陆军虽集平壤，何能济事？又况军械不足用，士气孤怯。来示谓山海关形单势弱，未必有备，某则未识何术备之。失在疏于平时，及至两军相当，愚亦无可献之策矣。独默计时艰，中夜太息。不知相公七十之年，旁无同心赞画之人，何以支此危局耳！

又有《与陈静潭书》云：

> 闻诸军进据平壤，拟招朝鲜人教练成军，以为前导，朝鲜旧臣亦有愿归驱策者，其措置规划，略如尊旨。但恐倭已全据要害，我军未易得势。且吾海军不如倭，渤海近为倭所专擅，我船不敢支吾，南北运道已绝。目前用兵与往昔不同，专以军械新旧分胜负，国家威势专以所辖海面广狭为强弱。李相制购船炮，访求新式枪弹，而中朝士大夫交口讥弹，连章参奏。

---

① 吴汝纶，字挚甫，安徽桐城人。同治进士。官冀州知府。曾任李鸿章幕府总文案，京师大学堂总教习。所著编为《桐城吴先生全集》，另有日记出版。

> 朝廷深入其说，近数年来，未尝添置一船一炮，以此海军遂无精进之观。倭人二十年来切实讲求西人兵法，兵轮多于我，其统领水师将帅皆深明西学，研究驶船开炮理法，故其水师一出，即能横行渤海。我军不能海战，纵陆军获胜，犹不足恃，况并不能胜哉？

痛言战争必恃科学，先烛其几，挚父先生诚可人哉！此两书所言，在今日为极平凡之常识，而当时能聆者无几人。

尤可痛恨太息者，甲午战争在八月，李文忠于七月间复奏折中有云："查北洋海军可用者，只镇远、定远铁甲船二艘，然质重行缓，吃水过深，不能入海汊内港。次则济远、经远、来远三艘，有水线穹甲，而行驶不速。致远、靖远二船，前定造时号称一点钟行十八海里，近因行用日久，仅及十五六海里。此外各船，愈旧愈缓，海上交战，能否趋避敏活，应以船行之迟速为准，速率快者，胜则易于追逐，败亦便于引避，若迟速悬殊，则利钝立判。西洋各大国讲求船政，以铁甲为主，必以极快船只为副。详考各国刊行海军册籍，内载日本新旧快船可用者共二十一艘，中有九艘自光绪十五年后分年购造，最快者每点钟行二十三海里，次亦二十海里上下。我船订造在先，当时西人船机学尚未精造至此，每点仅行十五至十八里。近年部议停购船械，自光绪十四年后，我军未增一船。丁汝昌及各将领屡求添购新式快船，臣仰体时艰款绌，未敢渎请，臣当躬任其咎。倭人心计谲深，乘我力难添购之际，逐年增置。臣前于《豫筹战备折》内奏称，海上交锋恐非胜算，即因快船不敌而言"等语。又考《甲午战纪》有云："是战胜负之分，决于舰炮之灵钝。未战之先，定远、镇远两舰曾请购配克鹿卜十三快炮十二尊，以备制敌。部议以孝钦六十万寿，急需巨款，力不逮而未果。"夫试读文忠折内，十八海里速率与二十三海里速率相去悬绝，且直言自光绪十四年后我军未增一船，此其于近代战术，言之中的，对于君国，可谓不敢讳欺。胜负之数，当事早已判明，而旁人犹曰“北洋【海陆】两军如荼如火”，闭目摇头。但期战而不期其胜，当时清流，当负误国之责，百喙不得辞矣。

三〇七　张謇劾李鸿章疏

予于季直先生奉袂已久，而殊鲜相从。癸丑，季直先生北来燕都，即寓刘聚卿家，当时雷季兴、刘厚生、孟庸生等方议政局，予亦业报，日与远庸诣之。亡何，任公归。又久之，东四牌楼四条胡同，有旧家池馆名西园者，为闽庖所赁为酒家。会涛园先生南来，一夕约任公、季直两先生宴集，客唯贞壮、剑丞及予，昆三侍沈先生，不记孝若随张先生来否？沈、张交素挚，而瞰谷为涛园爱婿，故与任公相近。记为七月凉夜，各踞胡床，就树阴月色中，谈往事甚动人。涛园遗逸自甘，而梁、张方锐志用世，后此未尝见其会合也。至先生甲午之役劝翁文恭主战，世皆言之。今考《啬翁自订年谱》，光绪二十年甲午四十二岁，其下有一条云：“九月翰林院五十七人合疏请恭亲王秉政，又三十五人合疏劾李鸿章，余独疏劾李，战不备，败和局。”观此，似先生之意，所以自榜者不愿讳为主战，而在于责李“战不备败和局”，故洳之以传后。按此亦是事实，先生劾李一疏甚有名，其大略云：

直隶总督李鸿章，自任北洋大臣以来，凡遇外人侵侮中国之事，无一不坚持和议。天下之人，以是集其诟病，以为李鸿章主和误国。而窃综其前后心迹观之，则二十年来坏和局者，李鸿章一人而已。台湾之事、越南之事，其既往者，姑置不论，请就今日日人构衅朝鲜之事，为我皇上陈之。

方光绪八年春间，李鸿章令丁汝昌、马建忠前往朝鲜，与英美各国立约，许朝鲜为自主之国。朝鲜与东三省唇齿相依，奉中朝正朔，于理于势，可半主而不得自主也，听其自主，既失之矣。推李鸿章之意，不过年老耽逸，视朝鲜如一啮，委诸各国之喙，冀其龂龂相持，而我得袖手偷安于旦夕，其朝鲜关于中国之利害不暇计也。我有自腐之机，敌乃有可乘之隙。盟血未干，日乘韩乱，故广东水师提督吴长庆以六营东援。乱定后，再三以朝鲜政敝民穷兵单地要，函请李鸿章，及早为之修政练兵，兴利备患。李鸿章怪其多事，痛斥其非。当日若非吴长庆尚有三营移防，驻守金州，则今日之事早见于十年以前。而李鸿章则又于十一年将驻韩三营全数撤回，并罢吴长庆所定教练韩兵之事。坚日本必得朝鲜之志，长日本侵掠中国之心，谓非李鸿章，谁执其咎？自来中外论兵，战和相济，西洋各国，惟无一日不存必战之心，故无一人敢败已和之局。李鸿章兼任军务洋务三十年，岂不知之？本年五月间，日衅已见，使李鸿章得袁世凯数十密电以后，援十一年第三条约，诘以派兵何以不先行知照，则日谋可发，不至于战。即得汪凤藻电复之后，其时日兵尚不甚多，布置尚不甚密，使派叶志超、聂士成率一二十营，如吴长庆之径入汉京，挟王还我，易客为主，徐待理论，亦尚不碍于和。

朝鲜敝政，本应中国早为之酌改，日既以此为言，我何妨令袁世凯与议，折日惠韩之计，收我抚字属国之权。李鸿章则始终执其决弃朝鲜之意，而贻日势难中已之口实，卒酿兵端，一败涂地。试问以四朝之元老，筹三省之海防，统胜兵精卒五十营，用财数千万之多，一旦有事，曾无一端立于可战之地，以善可和之局。稍有人心，能无痛哭？故李鸿章之罪，非特败战，并且败和。

先生此疏，当日流沫传诵，相传文忠见之，谓笔意矫健，亦为击节。其中自以“惟无一日不存必战之心，故无一人敢败已和之局”两语，为最精湛，所谓能战而后能和也。先生早参吴武壮幕，于朝鲜事盖有一贯主张，故言之成理。唯及今推论之，文忠于朝鲜必抱不干涉之方针，故事事置之，正恐干涉必至于战，战而不能必胜，无宁不干涉。此意惜不为松禅、啬翁所谅解耳。先生此折，可以加重文忠之责任，而仍无根本解决之方法。即自东学党变起后，日本出兵，究应与之战否，未有明确之判断。事后诟文忠之失著，亦只得一方面之看法也。实则先生在事前为极鲜明之主战论者，亦不必讳。当时朝士目击口述，及诸家笔记，粲然可征。罗瘿庵与先生最相稔，先生居北京为农商总长时，瘿公正在《庸言》撰《中日兵事本末》，其中一段云：“鸿章屡议与日和，而日本索赔款三百万。朝士大哗，以日本蕞尔，敢抗大邦，宜大张挞伐。枢臣翁同龢握大政，修撰张謇，其门生最亲者也，力主战，并力言北洋军之可恃，乃决备战。”先生见之亦无异词。其他前辈，如弢庵先生对当时事，尤痛切详言之，今不具记。

三〇八　记岑盛之

偶见报章载岑西林幕府有陈家炽云云，按此必岑炽之误。桐城陈剑潭先生名澹然，宣统间客京师，予晤之于石遗室，长身斑鬓，亦奇士也。剑潭虽桐城人，其为文章闳肆跌宕，不守方、姚家法，拔戟自成一队。当时即为予述岑盛之奇才，今偶忆及，因检得陈所为岑事略，及岑之戚畹、吾友陈灨一所记岑事，并缀之，以传此奇人。陈剑潭述岑盛之先生事云：

> 先生姓岑氏，浙之馀姚人。尊考讳傳，历宰河南永宁、阌乡诸县，以廉称。先生生于济南，仪表魁梧，音吐宏壮，长身高颧，见者诧为异人，而天秉奇特。同治初，随侍居潼关，捻寇谋入陕，官军林集，纪律荡然。一夕，兵卒数人持枪腾屋上，将入掠，先生急手无弹枪叱之，辄骇去，闻者讶之。幼贫，失学，弱冠精研经史百家学及诗古文辞，见辄成诵。性倜傥，有奇气，语言简重，负干济才，而志洁虑深，独耻荣利，慨然慕林宗、靖节之为人，虽历佐兼圻，不乐以功名显天下，天下高之。同、光间，尊考没阌乡，窭甚，先生方弱冠，继母命以县丞仕陕中，非其志也。尝榷厘汉中，腴甚，任职期月，叹曰："此钱多不法，污孰甚焉？"辄弃去。历城林馥庵先生为秦循吏，有声三辅间，一见惊为伟器，与订忘年交，时先生年甫逾冠也。嗣权长安县丞，抗直与郡守忤，即辞去。新城陈葆珊观察，子鹤尚书公子也，以甘肃宁夏道赴任，一见伟其才，以爱女妻之，其为时推重如此。一时名臣如阎相国敬铭、李布政用清、松制府寿、张布政岳年、陶制府模，辄相推重。张公尝曰："子真国器，奈何郁郁风尘耶？吾当假巨资，为捐知府，然后可为也。"无何张病没，事辄罢，闻者惜之。陶公之任秦藩也，檄令治文案，兼权长安县丞，优礼甚。厥后曾抚部钰以秦臬擢陇藩，坚乞偕行，待以宾友。先生感之，乃舍官之陇上。适陶公自新抚擢陕甘总督，驻兰州，见之狂喜，两府枢密，咸取决焉。

光绪戊戌秋政变，孝钦太后再临朝，擢曾公抚鄂。曾公拟疏言变法，先生叹曰："公言固当，然朝局已更，疏入且得祸，公奈何事此哉？"疏入，孝钦果震怒，祸不测。先生叹曰："曾帅大臣，得祸，则言路将益塞。吾为末吏，虽死犹荣。"毅然上书总督，自承乞代死。子女环泣止之，不可，则泣叩陶公，陶公叹曰："今之古人也。"格其书不上，乃太息止焉。其肝胆如此。己亥，西林岑宫保春煊官陇藩，闻其状，亟礼致幕中。佐岑几十年，名益重而迹益奇。庚子两宫幸山西，岑公誓师入卫，先生极赞之，岑公乃以眷属托先生，两人挥泪而别。未几，岑公以卫驾功擢秦抚，屡电乞佐之。先生复书曰："公能兴礼乐，某当驰驱以报其意。"盖以讽之也。岑公曰："唯命。"先生乃入秦。辛丑，岑公移抚晋，而联军方入固关，晋危甚。先生为画策却之，敌乃退。壬寅，岑公督蜀平巨乱，移督两粤平桂疆，辄任先生总文案，内则室家、外则印旗文电咸属焉，礼谊在师友间，情益笃。倚任之重，近世寡俦，顾未有因其参枢而一肆讥评者。

清季大府幕宾争纳馈，高者亦希荐擢，为进取阶，张制府鸣岐即以岑幕起。

先生处大幕二十年，寮属馈遗未尝一纳，闻者怪之。久之，岑公重其奇节，劳苦功高，屡思荐举，以为己副，先生辄峻却之。客曰："公参帅幕，独却荐，何也？"先生笑曰："达官多骄慢，幕居宾礼，始克谏诤。荐则一属僚耳，尚能行吾志哉？"曰："公既不官，县丞末吏，奈何不并去之也？"先生复笑曰："幕之为职，合则留，不合则去。县丞虽末吏，五斗米尚足赡吾家。吾之不弃原官，犹农之不弃其产也，去此奚为？"其高洁如此。

天性清直，见亲贵贪黩，尝扼腕愤叹，深惧国祚倾移。独见岑公当重寄，嫉恶太严，则切戒以防其过。当岑公之移邮传部尚书也，势骎骎入枢府，先生叹曰："过刚则折，微特不克报国家，且恐为佥壬所中。"濒行，谆谆以"疏不间亲，相机而动"惕之。及岑公入觐，劾亲贵，亲贵嫉之，复出为粤督，先生叹曰："国事不可为，西林尚能赴粤耶？"急致书请退，岑公纳之。既退，而先生亦返姚江，不复与人家国矣。当先生之未归也，锡制府良、李制府经羲、张抚部曾敭重其贤，争礼聘焉。先生笑曰："吾劝西林辞粤督，乃复佐人幕府？"悉却之，其勇退如此。

生平无嗜好，壮年善饮，饮辄狂啸高歌，五十后乃自节。修髯异表，瞻视若神。改革后，抑郁孤怆，须发已尽白矣。久居幕府，不染一尘，又嗜义轻财，喜急人患难，归里后茫无田宅，至无祭室以祀先人。称贷经营，勉葺三楹供先祏，祭则必诚必敬，而因寄孥于其侧。天姿奇敏，读书偶暇，针纫烹调百工之事，靡或弗精，而尤精八法，年届七十犹伏案作楷书，见者诧为殊质。襟怀疏旷，不以著述自矜，所撰诗古文辞及公牍文，多弃去。壬子以还，愤时嫉俗，与世相遗，匿迹江皋，惟读书画托啸歌以自遣。

按此为岑七十初度，剑潭所述以征寿者。时已革命，剑潭尚滞北京，沈南雅出《国学萃编》，数录陈文。

至晚近陈瀻一述岑盛之云：

岑炽，字盛之，浙江馀姚人。诸生，博通群籍，为文典雅可诵，书法亦超绝，粗如烹饪、缝纫，靡不工。家故贫，橐笔糊口于四方，尝远访所亲江右，其人有事于新城。新城，吾邑也，在赣之东，万山重叠，途窄艰于行旅。炽至，人已先日如省垣，大失所望，行则乏资，留无宿粮，进退狼狈。姑以善制衣裳，自荐于其地之缝工，意将稍稍积资而后东返。故乡缝工睹其丰仪俊伟，未之信。已见其手持针剪，作工若素习，异而叩炽身世。炽太息曰："事出意外，情不获已。士之淹倒至此，可谓人厄而天复穷之。"缝工曰："甫相见，识为非常人，果尔，则俗眼不谬。公达人，稍安，毋戚戚。"

其时先伯葆珊（景谟）以甘肃按察使乞病归，将终老家园，新年乘舆拜客，见某宅大门七言春联词句雅切，所书飞舞若襄阳，审非高雅之材莫能为，弥惊异。盖先伯当时与鲁芝友（琪光）并有善翰墨之誉，于乡之亲故恒往还，诸人之字迹皆可辨，是则未经见者。一时名流共睹，叹为不及，终莫得其人，乃询其宅主某，某曰："此名士之作也，宜公见而欢喜赞叹。其人方流落此间，姑以缝纫为活。察其言，观其行，不独文士，亦才士、奇士也。吾已事以师礼，行将归越，公不可不一见。"先伯曰："今日当令庖丁治丰馔以娱嘉宾。"及暮，某偕炽至。炽长身鹤立，雅度雍容。言次畅论经史书画之学，炽所言发而皆中节。终述家世甚详，询以娶否，曰："否。"先伯曰；"此天假之缘也。余季女未字，才德俱优，貌亦端正，偶君可乎？"炽肃容对曰："令嫒生长阀阅之门，我一穷书生，非偶也。"先伯曰："君子固穷之说，子所素守。以如斯才学，他日之名位当出老夫上，奈何以贫为辞？吾言由衷而吐矣。"卒议婚焉。

因纳粟为贰尹，入陕甘总督陶模幕，授长安县县丞。以模介识布政使岑春煊，春煊先世固浙籍，序行辈为同族兄弟，久之，二人交益厚。炽廉洁自好，方正不阿，春煊既擢陕抚，遂以师礼迎炽居署中，百事谘商而后行。自是而晋，而蜀，而两粤，未尝一日离左右。故事，大府幕僚年终考绩，例得请铨叙其官，俗所谓保案者是。春煊每置炽名于疏首，炽往往执笔涂去，怫然不悦曰："非吾所欲，不可强耳。"煊以为谦抑，曰："此何说耶？"炽曰："是亦足矣。"煊知其志莫可夺，遂不复言。炽于煊之举措，适于情合于理无不赞其成，反是，而诤不稍恕。煊平日于诸人之言，言之当否皆不屈，独视炽为良师益友，言听计从，纠弹奕劻等疏俱出炽之手。辛亥鼎沸，煊再起为蜀督，电召炽往，不赴，固请，乃渡轮之汉皋，语煊曰："天下将大乱，是不过微露其苗耳，进退出处公自决。吾老矣，不能相从。"遂归。归后易装为道士，徜徉山林泉石间，吟诗高歌为乐。某岁扶杖登泰山，谒圣曲阜，咨嗟太息曰："大道之不行也久矣。天下大乱不远，吾不忍睹焉。"年七十有几而卒。

予交西林公犹子有常，讯以岑盛之及二陈所纪事，有常方校先生年谱，因得谂先生本名象坤，其订婚在同治十年，剑潭所记御变兵，及灊一所记订婚，乃俱在是年。其年谱乃自订自书者，其同治十年，年二十岁，下有两节，一云：

驻关统领马自明军门德昭，向守西安，颇有功，晚乃犯及老在得之戒，会奉文遣撤，不得欠饷恩饷，八月某日，两营哗溃，掳掠市面，受害不轻。变起，宽甫公闭二门，余与所带张仆在二门外，俄有一溃勇提刀自前厅平台下至院中，余取小手枪立阶上拟之，相去五步之内，其人摇手，声言"寻仇，无他意"。宽甫公开二门，手烟筒出，以好言抚之去。当杀声满城，余心实震惊，及此人来，转无所惧。然拟以手枪，犹是失着。盖余向未习此，机复锈涩，幸而虚拟作势，若按纳不响，将为所乘，不如老人之安闲善语。若张仆，则当时窜伏无影，以是见胆识自为高下也。

据此，则剑潭所云手无弹枪者微误。其二云：

道光、咸丰朝，江右陈子鹤公孚恩两入政府，其兄服耔公晋恩曾任巩秦阶道，帮办陕西团练，流寓长安，在红埠街。服公长子同叔先生景纶刑曹一榜，仲子砚芸先生景绶以通守需次，少子介眉先生景琪读书有声。象坤居筠伯宅，时与有往还。一日，偶至习武园会场游览，入茶座，遇一人，昂藏和蔼，接谈知为南丰旧家赵君惟岐字朗山，需次梁园，不得志，将出关投新疆之嵩武军，与陈府至戚，下榻其寓中。次日象坤至陈【府】访赵，遇葆珊公在座，貌与朗山先生颇相似，而清秀之气殊胜，旁请于介眉先生，知为子鹤公冢嗣，从京来，将游宦兰州，过此暂驻，与赵为嫡亲姑表。公亦询象坤家世名字，敬告之，遂辞出。次日，朗山先生来答看，道公意，赏象坤举止安详，愿收为门婿。象坤惭惶嗫嚅而对曰："请复待严君。"因以情上陈宽甫公，复曰："葆公美意殊可感，惟如此高门，虑非寒素所宜攀。"姑辞之。此际赵已西行，因丐介眉先生婉达。公曰："何言此？吾家姻娅尽多清寒，且尚书公遭抑远戍，尚敢以门第自高？家又中落，所欲字者，备知艰难。吾欲得梁鸿婿，岂计富贵耶？切弗辜吾意。"传命感涕。

此节亦与瀫一所记异。按子鹤先生即以端、肃一案谪戍。至岑谱中所述之赵朗山，予臆谓必即赵芝山（惟熙）之兄弟行。

三〇九 洪迈论史

洪景庐[1]《容斋随笔》中论史甚多，非如后来随笔专事饾饤考据也。偶检数则，以谂知者。其畏无难条云："圣人不畏多难，而畏无难，故曰'惟有道之主能持胜'。使秦不并六国，二世未亡；隋不失天下，服四夷，炀帝不亡。苻坚不平凉、取蜀、灭燕、剪代，则无淝水之役。唐庄宗不灭梁、下蜀，则无嗣源之祸。李景不取闽、并楚，则无淮南之失。"

其论东晋将相云：

西晋南渡，国势至弱。元帝为中兴主，已有雄武不足之讥，馀皆童幼相承，无足称算。然其享国百年，五胡云扰，竟不能窥江汉，苻坚以百万之众，至于送死淝水。然以强臣擅政，鼎命乃移，其于江左之势，固自若也。是固何术哉？尝考之矣；以国事付一相，而不贰其任；以外寄付方伯，而不轻其权。文武二柄既得其道，馀皆概可见矣。百年之间，会稽王昱、道子、元显以宗室，王敦、二桓以逆取，姑置勿言。卞壶、陆元、郗鉴、陆熠、王彪之、坦之，不任事。其真托国者，王导、庾亮、何充、庾冰、蔡谟、殷浩、谢安、刘裕八人而已。方伯之任，莫重于荆、徐，荆州为国西门，刺史常都督七八州事，力雄强，分天下半，自渡江讫于太元，八十馀年，荷阃寄者王敦、陶侃，庾氏之亮、翼，桓氏之温、豁、冲、石民，八人而已。非终于其军，不辄

① 洪迈，字景庐，别号野处，南宋鄱阳人。历官内外。著作多种，以《夷坚志》、《容斋随笔》著称。

易。将士服习于下，敌人畏敬于外，非忽去忽来，兵不适将，将不适兵之比也。顷尝为主上论此，蒙欣然领纳，特时有不同，不能行尔。

其论古人重国体云：

古人为邦，以国体为急，初无大小强弱之异也。其所以自待及以之待人，亦莫不然。故执言修辞，非贤大夫不能尽。楚申舟不假道于宋而聘齐，宋华元止之曰："过我而不假道，鄙我也。鄙我，亡也。杀其使者，必伐我。伐我，亦亡也。"亡一也，乃杀之。及楚子围宋既急，犹曰："城下之盟，有以国毙，不能从也。"郑三卿为盗所杀，馀盗在宋，郑人纳赂以请之，师慧曰："以千乘之相，易淫乐之矇，宋无人焉，故也。"子罕闻之，固请而归其赂。晋韩宣子有环在郑商，谒诸郑伯，子产弗与，曰："大国之求，无礼以斥之，何餍之有？吾且为鄙邑，则失位矣。若大国令，而共无艺，郑，鄙邑也，亦弗为也。"晋合诸侯于平邱，子产争贡赋之次，子大叔咎之，子产曰："国不竞，亦陵，何国之为？"郑驷偃娶于晋，偃卒，郑人舍其子而立其弟，晋人来问，子产对客曰："若寡君之二三臣，其即世者，晋大夫而专制其位，是晋之县鄙也，何国之为？"楚囚郑印堇父，献于秦，郑以货请之，子产曰："不获受楚之功，而取货于郑，不可谓国。秦不其然。若曰'郑国微君之惠，楚师其犹在敝邑之城下'。"弗从。秦人不予。更币，从子产，而后获之。读此数事，知春秋列国各数百年，其必有道矣。

论君子为国云：

传曰："不有君子，其能国乎？"古之为国，言辞抑扬，率以有人无人占轻重。晋以诈取士会于秦，绕朝曰："子无谓秦无人，吾谋适不用也。”楚子反曰：“以区区之宋，犹有不欺人之臣，可以楚而无乎？”宋受郑赂，郑师慧曰：“宋必无人。”鲁盟臧纥之罪，纥曰：“国有人焉。”贾谊论匈奴之嫚侮，曰：“倒悬如此，莫之能解，犹谓国有人乎？”后之人不能及此，然知敌之不可犯，犹曰彼有人焉，未可图也。一士重于九鼎，岂不信然！

按景庐簪笔禁近，当宁（宁，音 zhù）恒读其笔札，故多泛论古今得失，盖冀以感悟讽谏也。后世人主，不喜读书，疏远儒者，又忽略于成败兴亡之由，独断独行，不学无术，而一二侍从文学，亦争为乡愿。诵景庐“君子为国”云云，可胜叹愤。

三一〇　畸人严咸

前记肃顺事，述其延揽时贤。当时肃顺之门客，皆以省籍区分，有所谓湖南六子者，邓弥之、邓保之、王壬秋、李篁仙、黄瀚仙、严六皆也。六子中，王最老寿，严最短促。《清代【笔】记大观》有录自某笔记一段云：

湖南李篁仙名榕，严六皆名咸，溆浦人黄瀚仙，邓弥之，邓保之，王某，为肃门湖南六子。肃败，六子尚在都城。已而李以铸钱事被捕治，馀五人始惧，相率仓皇南旋。严乡居十年，郁郁不得志，忽左文襄念故旧之谊，驰书延之。严得函，大喜，谓家人曰：“我固知此公不能任事。是必彼不了，乃请我相代也。”遂出，则左待之殊平平，未尝谘以重要事，月奉才五十两耳。严殊恚，日作书责左治军无状。一夜，严忽夺更夫所执柝，自宅门直达签押房左卧所，击之不绝声，至左耳边，大声击之。左惊寤，顾见严，诘曰：“君何故来此？且更漏亦军中要事，汝何可乱之？”严曰：“我之言尽矣，汝终不一省。吾知汝终不能用我言，今当久别，故乘夜相见耳。”左曰：“君且归卧，明日即相见，何言久别？”严遂去。次日不见严，迹之，则已悬庭中大树下死矣。

按兹所记，除为肃顺门客外，于严事及死，颇有失实处，不可不纠正。考《湘绮楼文集》中有《严咸传》甚详实，湘绮翁传其死友也。传云：

严咸，字受安，辰州溆浦人也。祖如熤，汉中兵备道，赠布政使，以平苗军功知名，莅官清能，天下称为名臣。父正基，亦方正廉谨，累官至河南布政使，入为通政使，老疾告归，终于家。咸幼失母，大父妾任抚育之。父官广西时，当洪秀全之乱，东南大震，及移官辄在兵中，以故咸留乡里诵读。能自厉学，颖悟绝人，性介猛，有奇志，长瘠多力，面如削瓜，跌踼于乡，乡人交患之。严氏世以礼法敦饬名家，故人人传严氏有跅弛子矣。年十六，工骚赋文词，试《锦鸡赋》，文不加点，词旨遒丽，督学张金镛奇赏之，比之祢衡，三试皆第一，遂入县学。十七，应乡试，经策横恣，尽破程法，考官杨泗孙、钱桂森方求湖外奇材，得之大喜，遽判中式。榜发，同考官疑其违式，议召咸修饬之。咸固不肯，同考官大怒。由是诸生争言咸文无起止，不可句读，溆浦人又言咸行倜张，有心疾，无知不知，尽指为巨怪，莫有称其才者。而咸名愈大著，通湖南府州，闻声嫉之。咸年少，喜读史，下笔千言，湘阴左宗棠独知咸，谓可大成，见其文未尝不称善，咸亦独依宗棠为重，于众论不屑也。

举人既例当复试京师，咸丰九年，咸至京，天子命尚书沈兆霖、大理少卿潘祖荫等四大臣复试天下举人，得咸文，又大惊怪，闱中十馀人传观其文，且曰何人？或有言："今来试者，闻有浙江杨生、湖南严咸，奇士也。"兆霖愤然曰："杨生尔雅士，此不通者必咸也。且姑以三等待之。"祖荫必欲置第一，众哗不可。又言不第一，即四等，众又不可。兆霖者，祖荫举主，祖荫语侵之，取笔欲注第一，众与争卷，强注二等。及祖荫录其文出示人，果咸作也。京朝官由是人人知严咸，严咸遂不会试而归。归二年，学益进，词章沉博雄骜，然不自熹，喜论兵，愿慷慨为烈士。于是左宗棠巡抚浙江矣，疏荐咸，有诏趣往军中。以父老辞谢，而益自奋厉，与人坐言辄起舞，或默默叹息，行坐不依于恒，虽亲戚颇厌恨焉。咸以名卿子孙，未弱冠，以文科倾动朝省，及被荐，特诏敦发。湖南世家贵游子弟，声望下咸远甚，顾咸不能饰车马衣服，无应对酒食玩好之事，独行踽踽，俗人至羞与为伍。乃反用是自标置，至不欲以文学显，冬夏惟一布单衣，磬掉而行。祖父有一日本刀，身恒佩之。居家时，屡起乡兵御寇，辄造其垒，方设食，有流矢射咸中颈，其见疾如此。又常过人家，主人留设饮，中夜治具，侵晓咸起去，遣人要请，咸拔刀向之，已而又还。妇家丰于财，奴童数十人，咸往，则登屋遗矢而去。其言行大率任己意，盖有所郁激佯狂耳。左宗棠既总督闽浙，求能吏事者，参错州郡。咸父卒，葬毕，独骑一骡往从浙军，盛暑大病，行不肯止。至则遽请领一军为椎锋，宗棠辞之，咸已不乐。又求备一卒，效死行阵。宗棠言："徐待所宜。"是时宗棠颇任夏道、李副将，交关公私，咸疾之，欲手斩之。夜入大营，逢传柝者，夺其柝，入巡抚卧内，大呼，一军以为狂。宗棠心异之，所以敦劝者百方。俄而咸发病，不食，头触壁，大呼求死，乃送归。到长沙，语友人曰："吾归，死矣。身不能光益祖父，殁牖下，无名，故求死锋镝，窃附于竹帛耳。天必欲吾归死乎？人死诚亦难，命乎！命乎！莫吾信乎！”言讫泣下。闻者罔测其意，不能对也。归一月，果闭户自经死，人愈以为病狂云。咸死年二十五，所为文赋笺书骚诗歌行五言百馀篇。其学长于方域、河漕、盐法，其文如王符，五言如陆机，隶书如《敬显儁碑》。其交友不过十人，最推向伯常，以为纯孝君子也。伯常名师棣，咸同县人，其年亦得奇疾，死于曾国藩军中。咸与王闿运约同隐九疑，闿运自京师遽归，未至，咸已死。

论曰：君子之论严咸，惜其文学卓绝而不成其业，又以咸祖父名德积累，宜以功名显，至今犹闵其志，盖亦可谓知严生矣。余以生一出，被大谤，论其卓绝，非能有巨害于当世，世俗望风雠嫉之，使咸致卿相，成旂常之勋，千秋万世后，亦与猋风轻尘散陨于天地间而已。且自古论人，但欲其寿，至夭枉才士，必惜其未闻道，而咸遂一瞑不视，以实俗言，使夫众忌者，丛伺环睨而谤之者，以咸死终不能不解散。然则早死与老死，死，等耳，孰与夫以一死谢流俗愉快妒者之心志乎？

此传中言，咸以击柝警左文襄后，辞归一月始闭户自经死，与前所记次日缢于大树下异。据予所闻，湘绮所言确，惟以文成在前清，故不敢云肃顺门客，一切均在“以文科倾动朝省”句中，隐然言其风采震动，为肃顺所礼也。惟湘绮传言咸死年二十五，亦恐有误，予所闻严受安死未逾三十。近见散原先生未刊文稿中，有《畸人传》，首列严咸，死年作二十八，殆得实。散原文甚短，似健紧胜于湘绮，今并录之。陈传云：

严咸，字受庵，溆浦人也。大父如煜，陕西按察使，为时名宦。父正基，官大理寺卿，亦有文学。咸名家子，天才超拔，为文章浩侈，数千言立就。咸丰初，应顺天乡试，副考官潘祖荫得咸卷，惊曰："海内奇才，不可失也。"遂中高选。祖荫终以咸文无破承起讫，非常法，语咸易之。咸拂衣去，祖荫追谢，乃肯与复试云。咸久游京师，被酒狂歌，与屠侩为伍，著木屐，张油纸盖，造请故旧，四方公车所未有也。后东南乱起，左宗棠督浙江军，咸以故人子招置幕府为上客，咸谈兵自熹，则欲为将立奇功。宗棠始壮之，会有短咸者，宗棠莫能决，咸由是怨望，以"左公无能知我耳，俳优畜我"。已发狂疾，夜击柝，挝宗棠寝门而呼。宗棠仰屋叹曰："嗟呼！严生奇士，今乃至此乎？"于是咸遂去，归自经死，年二十八。著书数万言，闳恣窈冥，殚及万物，莫究其趣。咸既死，其友王闿运以文辨名天下，尝持语人曰："孰使我纵肆而无忌者，非咸死之故乎？"

按散原此文亦旧作，度在清末，湘绮尚存，故亦讳言其客肃顺幕事。所传畸人不止受庵一人，其小序亦甚跌宕可喜。序云："夫天有五气，地有五材，人有五性，阴阳不同德，刚柔不同位。故古之治道术者众矣，皆闳才异智，各有所明，莫能相一，非一世也。自学者是其所习，蔽所不见，于是瑰玮倜傥之士往往伏匿，悲夫！孔子曰：'不得中行而与之，必也狂狷乎！'庄周曰：'天之小人，人之君子；人之君子，天之小人。'余于师友闻见之间，盖得数人焉，迹其言行，时虽若不经，要自卓荦不污于流俗，有足观者，次之为《畸人传》。"按昔之所谓畸人，今世呼为神经病。然以予所谓，世之名人奇士，其神经几无不有病者。所谓畸形发达，实即病态也。

三一一　唐代二王当平反

予前为端、肃平反其冤，盖就事论事则尔。成则为刘章，败则为李敬业，古来史册类此之政变，不一而足。以官府之爰书，成史宬之定论，冤抑贤豪，亦不一而足。千载读史者，苟得其情，必当务书其实，不可随声附和也。如王伾、王叔文，其事即当平反。考唐顺宗即位，抱疾不能言，王伾、王叔文以东宫旧人用事，政自己出，即日禁宫市之扰民、五坊小儿之暴闾巷，罢盐铁使之月进，出教坊女伎六百还其家。以德宗十年不下赦令，左降言官，虽有名德才望，不复叙用。即追陆贽、郑馀庆、韩皋、阳城还京师，起姜公辅为刺史。人情大悦，百姓相聚欢呼。又谋夺宦者兵，既以范希朝及其客韩泰总统京西诸城镇行营兵马，中人尚不悟，会诸将以状来辞，始大怒，令其使归告其将，无以兵属人。当是时，此计若成，兵柄归外朝，则定策国老等，必无后此之患。所交党与如陆质、吕温、李景俭、韩煜、刘禹锡、柳宗元，皆一时豪俊知名之士，惟好谋务速，欲尽揽大权，如郑珣瑜、高郢、武元衡稍异己者，皆亟斥徙，以故不旋踵而败。观柳子厚为叔文母《刘夫人墓铭》，极其称诵，谓："叔文坚明直亮，有文武之用，待诏禁中，道合储后。献可替否，有康弼调护之勤；讦谟定命，有扶翼经纬之绩；将明出纳，有弥伦通变之劳。内赞谟画，不废其位，利安之道，将施于人。而夫人终于堂，知道之士，为苍生惜焉。"其语如此，可见一时期许之盛。今日按其所为，亦正如端、肃案治贪墨之无所谓不法。且其号令登庸，皆深得众意，乃一则扼于宦者，一则扼于妖后，皆反蒙恶声。同时辈流，又以党同伐异之见，不为之谅。此诚当亟为追远发伏〔覆〕，同为平反也。又按叔文之事，极似戊戌康、梁政变，其求治太急，与所处地位略相似，唯易宦官为太后耳。康、梁得逸，又生于近代，得昌言其故，观听亦改。自端、肃以溯于二王，年代久远，是非曲直，世亦慵于论列，其幸不幸如此。而其事迹当一矫史册雌黄之谬，则皎然不诬也。

三一二　沈涛园《宝井堂记》

沈文肃公林夫人，生殁皆以中秋，其守广信一事，予前固已著录之矣。独恨录涛园诗，而不及所为《宝井堂记》。涛园先生之逝，今垂二十年，拔可辑刻所为诗二卷，而中有阙佚，则巡抚贵州时所作也。去年曾托纕衡于黔中物色其遗稿，亦杳不可得。至其文稿，生前不必皆存留。然涛园夙有《左》癖，工于文，观其《哀馀皇》及为朱洪章诗之二序，可知持论之谨严。况广信之事，为其先人惠泽伟闻，其必据实直书，可补史料者，益可推见。一昨释戡从旧京箧底搜得其先人畬曾先生所刊《守信录》见贻，则涛园一记赫然具在，所叙述事之前后详切周挚，足以补予前所记者不鲜，亟全录之，此实第一等史料也。记云：

> 瑜庆读先文肃公撰先母《林夫人事略》云："咸丰丙辰八月，贼围广信，余随廉侍郎筹饷河口。郡人闻有贼警，具舆请赴其乡避兵，曰：'急则入封禁山，保无虞也。'夫人笑谢之，曰：'太守为天子守土，义无去理。我之不负太守，犹太守之不负国。'指厅事前井示之曰：'此吾所依以为命者也。'去，又来告曰：'太守已入闽界，去此不远，今往就之耳。'曰：'无欺我，旦日至矣。'如是者日三四，坚却之，泣拜而去。自是城中居户一

空，一吏一役无留者。飞书刺血，乞援于驻玉山之浙江衢州镇饶庄勇公廷选。初六晨，余单骑驰归，得饶公答书，以河涸舟不得下。署中惟二人，形影相对，夫人以剑授余，而自据坐井上，备非常，得以自达。已而大雨，河水骤涨，或报饶公前部至，徒步迎之，相与登陴城守。而贼亦至，连日大战，破其长围，贼氛挫。值中秋节，为夫人初度，具酒脯祭于井，庆更生，酹之曰：'此吾所托命也，不可忘。"此井之所缘起也。《事略》已刊行，不具述。庄勇亦闽人，以乡谊故，公不在郡，夫人作书告急，为邦人请命，庄勇亦用忠义相急难。事后，公与庄勇约为兄弟，庄勇尝装潢此书，张之客坐以示宾客。及殉杭州之难，此书遂没。瑜庆少时，庄勇次子仲馨孝廉曾以抄本相示，谓曾见原书纸尾"某氏百拜"，血痕狼藉。公与夫人终嘿之，不为家人言。孝廉殁京师，今其家及戚属所转写者，多讹字脱句。

甲申三月，瑜庆从陈伯潜阁学按试信州，晤都人士，出示血书抄本，则又与饶氏所存略异，所云庄勇为外王父林文忠公旧部，则意其或然，好事者窜入之，湘中王壬秋孝廉据以入《湘军志》者也。庄勇与文忠虽居同里闬，素昧平生，即公与庄勇，前此亦未谋面。信人思完土之功，将饶氏抄本与信人写本校正同异，呈请巡抚吴县潘公进呈，并请合祠于朝，得旨报可。瑜庆从分校，在郡无多日，又与彼时太守无故，所谓郡署之井者，无从往视。郡被兵时，夫人方怀曾氏姊，恐印污贼手，常怀之。姊以丁巳生，故名怀印。其年，贼又至，戊午，贼三至，终无可乘。瑜庆实以戊午生，寄乳乡间。己未，公乞养，得请，乃挈以归。今年三十有九，距丙辰则四十有一年矣。岁月不居，尝私愿宦辙或一至其地，与邦人考论往事。

甲申至今，又十三年，忆在郡日，同长乐谢枚如舍人游郡西信江书院，郡人郑咨臣先生方以进士知县弃官家居掌教，公曾累疏以学行荐于朝，盖亦当年道义之交而灵光岿然者，为道曩时事甚悉。枚丈方校刊故人《魏子安遗集》，中有林夫人协守信州事一则，语颇恢张不实，瑜庆以为误，枚丈不然之，就询郑公，乃释其疑。今则郑公亦归道山，枚叟老居乡里，瑜庆常侍谈老辈，设或挂漏，不蹈退之巡远子弟之讥耶？欲综前后事实，存之家乘，并以畀之邦人，官事匆匆不果。兹月初三之夜，得李氏大甥畬曾太守信州来书，以宝井堂额，属为文以纪其事，家训且夙心也，讵敢缓诸？畬曾与余齐年，亦以戊午生，本年九月，奉檄权篆广信。李氏姊今年五十有六，公出守时，姊年十五，中途折归，省祖父母，明年归李氏，以故不从之官。相距四十一年，以畬曾迎养到署，循视兹井，怆然于二老昔年事，命畬曾额其堂，以志不忘。瑜庆所不及往观者，姊亦既见之，姊不相从于随宦之日，而追思于就养之日〔时〕，岂公于此邦，魂魄所依，其子女及诸孙行，亦相感于无既乎？畬曾能以母教为惠政，成此宅相，补瑜庆兄弟未副之愿，则去思亦与此堂俱永可也。瑜庆方榷盐正阳关，畬曾以书来告，因为记以贻吾姊，并以质诸邦人。光绪二十二年十一月，第四男、记名简放江苏候补道瑜庆谨记。

按记中言林夫人血书抄本，与王壬秋《湘军志》所载者异，最可注意。当时湘绮此书以己意写成，同时诸人校其讹谬者不知凡几，此盖就文肃公为其夫人行状，及饶廷选家藏血书，以正王氏之误者，自有正确之价值，异时校订《湘军志》者所当知。记中言谢枚如太夫子为魏子安校集，集中有记事一文，此文今亦不易得。子安即从左文襄公幕，后著《花月痕》小说者。涛园此文成于光绪二十二年丙申，时尚未官江西，故有“私愿宦辙或一至其地”之语。及庚子后，涛园始宦江西，先为藩司，后护理巡抚，是否曾再按行广信，抚视兹井，则不可考矣。录沈记竟，散释又出示手卷，盖琴南先生所绘者，卷端有一记，则林先生丙辰所作者，似《畏庐文集》中未刊入，并以实吾《摭忆》。林记云：

吾友李君畬曾既捧檄守广信，则大喜逾望。余信君恬退，而此独改其常度，盖为母沈太夫人喜也。太夫人为沈文肃公女，母镇国夫人林，以刺臂血作书，乞师于饶庄勇，书辞传诵遍天下。亦以公守广信时遇贼，国夫人引剑授文肃公，请遮门御贼，身则据井上，遇贼即下。已而饶军至，危城得完，迨今已逾六十年矣。而君既守文肃之旧治，至则召匠徒，镌其井栏，曰“林夫人誓井”，名其堂曰“宝井堂”。太夫人率其诸孙居是堂而乐之，太守请予为记，未果，丙辰更属补图。呜呼，亦异矣！太夫人捐馆舍久矣，纾感念贤母见待之殷诚，图成怆然而悲，又视太守须髯苍白，癃喘成翁，则遥度当时依依母侧，其懵恸又当何如耶？虽有当日之喜，决不能无今日之悲，人子之恒情也。惟太夫人从宦而居是堂，迨迎养则又居之，前后四十馀年。顾瞻庭树，向之尺而蘖者，抱矣；及肩者，亭亭如盖矣。楹轩栏楯，均国夫人所曾启闭而拊循者，历历踵迹，殆若梦焉。环视诸孙，骈列膝前，而冠带巍然，俯而晨朝，又其爱子也，宁有不回忆文肃公退而休沐时邪？太夫人身为名父之女，又得贤子继武父之旧勋。且信之父老，追颂文肃者，今则尽迁诸太守之身。古今贤媛，福慧双修，至太夫人至矣。此极盛之事，乌可以不纪。然太守舅涛园中丞前已有记，故余文于文肃遗事稍从略焉。丙辰八月望后，闽县林纾记。

按文中称林夫人为国夫人，以当时有镇国夫人之封，且以别于李氏之太夫人。然以涛园文校之，文肃守广信时，夫人实未尝从者，林记词似淆而弱。

三一三　治经当求精义且见实用

治学之中，以考据为最乐，愈琐屑，愈有趣味，此学者所共喻也。予窃谓经书之考据不宜过琐，过琐则大义不彰。西人谓孔子之书，具备宪法之主要条件。所谓孔子之书，意即指六经。夫六经昔日之政治宝典也，而读经者但讲考据字句，支离琐碎，不可究诘。研《易》既杂象纬之谈，诵《诗》尤昧比兴之旨，驯使世人皆以经书艰奥枯晦，无裨实用目之。读书人既什九不通经，不能致用，国乃日弱矣。又昔日之政治家能用世者，史率称其读书但观大略，谓但绎大义所在，不斤斤于章句训诂，壹如日本谓鸟瞰。譬之今事，又如航空测量。言其于书中内外义理，作者身世渊源，皆洞瞭在目，然后能以所得理解施于实用也。比见适之论学近著，有《说儒》一篇，考证新锐，而见解甚大，庶几可为孔学新诂。予则谓，孟子近人辄援其“民为贵”、“诛一夫”等诂，颂为革命家。夷考其实，子舆氏乃为极端之非战论者。盖生当战国，目击列国争夺相斫之惨，故最恶战。曰“民贼”，曰“殃民”，曰“糜烂其民”，曰“大罪”，曰“罪不容于死”，曰“服上刑”，曰“战胜然且不可”，曰“焉用战”，皆深恶痛绝之词。同时阐明以辟止辟之义，即所谓以政治上轨道后之武力，遏绝外侮。其言曰：“国家闲暇，及是时明其政刑，虽大国必畏之矣。”

"省刑罚,薄税敛,深耕易耨,壮者以暇日修其孝弟忠信,入以事其父兄,出以事其长上,可使制梃以挞秦楚之坚甲利兵矣。"陈兰甫谓:"及是时三字,其意甚急。闲暇之日,不易得也,即所谓迨天之未阴雨也。"此言最是。观此段,可见孟子非战后之主张,即劝为国者亟宜明其政刑,而勿失机会。固可想见战国时,国际相吞相噬之切迫,国家不易得闲暇。而从明其政刑一点观之,亦足证明孟子非革命家,而为严格之法治论者。孟子虽旷观历史,以一治一乱推论循环之定律,同时却标出曰"我亦欲正人心息诐行"。其具体政策,当为上修道揆,下谨法守,朝信道,工信度,上兴礼,下勤学之类(按此从《离娄》首章反求得之)。所谓道揆、法守,正是严守法律,同时施行教育,以杜贼民之兴。其正人心之术,东塾曾举亭林之言以释之。亭林与人书曰:"目击世趋,方知治乱之关,必在人心风俗。而所以转移人心,整顿风俗,则教化纪纲为不可阙矣。百年必世,养之而不足;一朝一夕,败之而有馀。"此言纪纲,亦即指法治。盖治丧相礼之儒家,至于孟子已蜕化为法律家、教育家,其所举各政治原理,至今犹卓然不磨,亦不能举隅附会,为隳突破坏之革命论者也。以上所记,非泛论孔孟,乃谓经书应如此读法,始不呆滞艰苦,而得以其精义,见诸实用。

又如《诗经》,昔日学者所谙诵,今则已成古代文学,浸假非专家莫晓其义。然《诗》三百篇,其用意实极明豁,善读者疏瀹其义,则皆寻尺间语。昔儒论《诗》,最平易雅驯,莫如陈季立[①]《读诗拙言》,其言曰:

① 陈第,字季立,号一斋,明福建连江人。曾守边。所居世善堂藏书极富。善诗,精研古音。所著有《毛诗古音考》等书。

《诗》三百篇，牢笼天地，囊括古今，原本物情，讽切治体，总统理性，阐扬道真。廓乎广大，靡不备矣；美乎精微，靡不贯矣。近也实远，浅也实深，辞有尽而意无穷。故“谁适为容”，闺怨之贞志也。“与子偕作”，塞曲之雄心也。“于女信宿”，恋德之悃衷也。“投畀豺虎”，疾恶之峻语也。“乐子无知”，伤时之幽忧也。“携手同行”，招隐之姱节也。“断壶剥枣”，田家之真乐也。“鱼鳖笋蒲”，饯送之清致也。“示我周行”，乞言之虚怀也。“周爰咨诹”，远游之博采也。“实命不犹”，自宽之善经也。“我思古人”，拔俗之卓轨也。后世风流文雅之士，言之能若此之曲乎？“好乐无荒”，恬淡而虑长。“匪我思存”，纷华而不乱。“泌之洋洋”，素位而止足。“在水中沚”，迹近而心遐。“振鹭”，想君子之容也。“白驹”，絷嘉客之马也。后世清隐高遁之士，言之能若此之婉乎？“济济多士”，美得人也。“有严有翼”，修戎政也。“公孙硕肤”，昭劳谦也。“万邦作孚”，广身教也。此盛世之风，綦隆之泰山。“变雅”所咏，尤可绎思。“潝潝訿訿”，百官邪矣。“亶侯多藏”，宠赂彰矣。“妇有长舌”，女谒盛矣。“莫肯夙夜”，庶政隳矣。“为鬼为蜮”，谗夫昌矣。“俾昼作夜”，酒德酗矣。“自有肺肠”，朋党分矣。“民亦劳止”，百姓困矣。此周之衰也，亦汉、唐、宋之所以亡也。后世经纶康济之士，言之能若是之详乎？“反是不思，亦已焉哉”，谋始之箴也。“靡不有初，鲜克有终”，令终之戒也。“孝子不匮，永锡尔类”，行道之征也。“夙夜匪解，以事一人”，策名之则也。“白圭之玷，尚可磨也”，何言之可轻。“民之失德，干糇以愆”，何微之可忽。“秉心塞渊，騋牝三千”，何事之非心。“既作泮宫，淮夷攸服”，何教之非政。“古之人无斁，誉髦斯士”，何化之不可行。“尽瘁以仕，宁莫我有”，何变之不可正。“及尔出王，及尔游衍”，何天之不为人。“噂沓背憎，职竞由人”，何人之不为天。是合内外，贯始终，一天人，道德性命之奥也。后世讲学谈道之士，言之能若此之审乎？故《诗》也者，辞可歌，意可绎，可以平情，可以畜德，孔门所以言《诗》独详也。

此篇所云，今人或病其夸，或病其晦，实则斯为通大义之言，能言文而意迩者也。使治群经者，皆隐括大意若此，其于致用，庶几不遐。

三一四　罗瘿庵论初学书法

关吉符见示瘿庵一札，乃论学书初入门之术，语虽浅近，在今日亦不啻金针。书云：“委评字课，评毕奉缴，乙班最多佳者。惟所临帖太恶劣，少坊间木刻，至有临最犷俗之黄自元者，其屡经翻刻之成亲王帖，亦不足学也。初学笔画宜平直，宜选唐碑中之结构端丽、不尚奇态者数种，定为常习，或一年半年一易，最易进步。平原之不甚露角者可习，诚悬太瘦露骨，非少年所宜也。若误习恶俗体，先入为主，贻误终身，无药可治也。少年书宁放，不必求太敛，疏野处可取，局促最病，或不合法度而神气开展者最佳，引之法度则成矣。如体格已成，俗不可医，为最下矣。临帖格，最宜一寸以外，亦不宜太大，如坊间之三行四行方格善矣。或由会中专刊一格，品评甲乙，较便也。吉符足下。惇曧上。”

按瘿公书学六朝，旁摩魏碑，晚学南海。予所见，以中年之径寸楷书及晚作笔札为最佳，不及乃弟雩庵之工力，而疏朗之韵味则独擅。此札所言，平易近道，后半所论，尤中时人之病。唯帖格尺寸不宜太大之说，予不谓然，当分别论之。临六朝者，不必甚大，仿唐碑者，乃不妨以二三寸格作大字，以极其姿趣。能悬腕作大字者，则作小字无不工，识者当颔予言。

三一五　张荫桓与伶人秦稚芬

瘿公数为予言伶人秦稚芬锐身送张樵野事，瘿公之《鞠部丛谈》及近人《常惺惺斋笔记》皆述之。稚芬者，五九也。癸丑春，予常与瘿公访五九于韩家潭，谈移晷。五九为清德宗所眷唯一之伶，予见之时，德宗殁已四年，国祚亦移。五九谈及景皇帝喜自挝鼓诸事，涕犹荧荧然，不久病狂易，入医院矣。予为散释《题鞠部丛谭校补》诗，有"摘鼓怜孱帝"，即指此。张樵野之生平，则极关政局，为甲午至戊戌间之幕后大人物，祁景颐《𬶍谷亭随笔》所述颇详，今全录之，以存史料。祁云：

> 南海张樵野侍郎（荫桓），起家小吏。同、光时，随其舅氏李山农观察（宗岱）于济南，落寞无聊。时朝邑阎文介公为山东巡抚，励精图治，留意人才，丰采凛然，属吏皆严惮之。一日，有应奏之事，属幕府起稿，凡数易，俱不惬意，公自为之，亦觉未当，因以嘱李山农观察。李归，为张言之。张固工文词，请于李，试为之。稿成，李以呈文介，意不过塞责。文介阅竟，见其叙事明通，悉中肯綮，深为嘉许。盖奏章重在明显简要，上见之，或交军机，或交部，大抵无不准之理，不必文采纷纶也。文介问李："何人属稿？"李以张对，遂令进见。与谈，大洽。文介刚傲不易相处，张乃因势利导，倍加倚重。时各省传

教之士骄纵不守绳检，张承抚台命，遇事操纵得宜，是为侍郎外交之发端。继文介抚东，为宁远丁文诚公，亦激赏之，累保至候补道，分发湖北。汉口华、洋杂处，交涉繁多，颇善处理。旋以军机处存记，特简安徽徽宁池太广道。

光绪甲申，文介入枢府，荐其堪任洋务大臣，乃开缺，以三品卿衔在总理各国事务衙门学习行走。正值法越事起，文介与钱塘许恭慎公同兼总署，朝命与侍郎会同办理定约划界事，外有李文忠公折冲，我以谅山大胜，法乃迁就议和。时侍郎躬操权柄，锐意任事，又恃枢援，意气不免骄矜，为人侧目。当时风尚，京朝九列清班除满蒙外，汉则居恒甲科出身，少则亦由门荫，家阀隆重，罕有杂流羼入。侍郎以外职崛起，至于卿贰，即不露锋芒，亦难久安于位，况机锋四露，遇事任性耶？故被劾四次。给事中孔宪谷参其私致书上海道，次日醇邸承旨，撤总署昆冈、周德润、陈兰彬、周家楣、吴廷芬、张荫桓差使。已而授直隶大顺广道，复以三四品京堂候补，出使美、日、秘，盖李文忠所荐也。

海外使还，超擢侍郎。辛卯冬，钱侍郎应溥赴河南查办事件，命张署其礼部右侍郎。故事，礼吏二部尚侍汉缺，非翰林进士不可，拔贡朝考用部，反能补署，举人亦且不能得。昔年曾忠襄公，以功勋重臣曾署礼尚，起自优贡，人虽未敢明言，然期期以为不合旧制。时高阳李文正方为礼部尚书，尝与其门下一二翰林言之，以张署侍郎为不当。迨侍郎二次入朝，贡献不赀，挥洒巨万，两宫时有供奉，结纳内侍，所用尤巨。吴渔川观察(永)《庚子记事》，谓其于中官不甚理论，殊不尽然。甲午日本事起，曾命偕邵抚部(友濂)往议和，日本忽拒之，谓其位望不足，乃改命文忠。次年丙申，和议成，言者蜂起，劾其与海盐徐尚书（用仪）纳贿辱国。

李文忠留京入总署，翁文恭亦得兼职，凡遇交涉，必使侍郎为处理。文恭尤为推重，其笼络手段，每日函牍交驰，侍郎亦勤勤纳交，款接益密，即《庚子记事》[①]中所言者也。侍郎在朝，资用豪侈，馔食丰美，又好收藏书画，同列无与伦比。李文忠以旧辅再出，眷注甚隆，在总署亦惟侍郎之言是从。常熟有时利用侍郎以排同官，表面无间，心亦不洽。如总署考满章京，侍郎出题阅卷，翁言："樵野阅卷，余收卷点数而已。四十年老于典校，当此一叹。"次日考汉章京，翁言："樵野欲一人专主，余不自量，看六十本。而樵仍复阅，伊加圈颇滥，余笑颔之而已。恭邸托一人，余曰，某已摈之矣，因不觉力斥其妄，不欢而罢。此通校一过，樵既加圈，不能不尽前，大为所苦。"不满之意，溢于言表。

德宗立意维新，孝钦久生疑忌，宵小内竖从而构之，嫌怨日深。侍郎翕热功名，又恃两宫俱有援系，德宗召见时，私有所陈，兼进新学书籍，如康南海之进身，外传翁文恭所保，其实由于侍郎密奏也。戊戌四月，常熟被放，侍郎诣之，告以军机同见，上以胡孚宸参折示之，折仍言得二百六十万，与翁平分，上谕以极力当差。又言：是日军机见东朝，极严责，以为当办，军机大臣廖尚书（寿恒）力求始罢。更传有旨张某拘拿，已而无事。此即《庚子记事》中所记。侍郎被传无事，后有新疆之命，所记小误，盖前事为本月初，侍郎发遣在八月严办康、梁以

① 即《庚子西狩丛谈》。

后也。使侍郎不以他途进，遇德宗召时，剀切陈言外交大事、各国情势，徐图更张，未始不能见功。不使昏愚，妄测正人，激成庚子拳乱，清社以屋，国家亦随之一蹶不振，则侍郎一生官迹，于中国不无关系也。

侍郎丰颐广颡，言论伉爽。乙丙之际，杨文敬公（士骧）官翰林时，与侍郎交密，余时于文敬坐上见之，遇人亦和平实厚，而心计甚工。文章雅饬才赡，与当时名流如盛伯羲祭酒、王文敏公诸公，以时往还。不意于庚子秋，竟遭奇祸于万里外，可谓惨矣。尤奇者，其子仲宅，于民国后，为强有力者以党案钩𫍲之。父子皆不善终，是为可怪。

按祁所记，具见樵野平生。然樵野虽结内援，实阴为帝党。王小航《方家园杂咏》中有云："南海为张荫桓所蔽，坚执扶此抑彼之策，以那拉氏为万不可造就之物。"此可征樵野卓识。又介伊藤博文进觐德宗，欲用为客卿，传亦樵野之谋，《国闻报》曾纪之，可征其谋略。以予所知，康南海之得进于德宗，实樵野所密荐，常熟诇知德宗意，始具折保康。从南海自编年谱中，数见当时康、梁与樵野往来之密。（或疑南海年谱中言常熟者多于樵野，以为南海纯得常熟之力，此实大误。南海来京，主樵野，此事瘿荞、孺博皆言之。常熟负重望，又有知己之感，故数言之。樵野结纳深，而为谋主，故不数言之也。）废八股，亦樵野力赞之。南海有奏请仿欧洲各国制新器、著新书、寻新地之事，折交总署，樵野即属任公，拟稿议定。吾闻当时樵野与康、梁，私人抵掌谈政治，辄昌言无忌，实为致死之由。王伯恭记南海与陈次亮谈，两江曾九帅出缺，可以刘岘庄补一事，谓"康抚掌称善，陈言便可决计，无用游移。两人问答如此，直忘其一为员外而章京（谓陈），一为新进之主事，乃妄人耳"云云，此自不知政客之地位。盖政界中，别有一种位不甚显而言论风采可以动干时政者，不可以皮相也。如南海之与樵野、常熟，又孰能必其不可进而为刘岘庄继曾沅浦之主张耶？樵野之死，乃于庚子夏义和团方炽时，京中突有密电致新疆当局，属阴置张荫桓于死地。相传此电乃西后授意者，南海曾述之①。见于官文书者乃云，有密旨以张荫桓通俄，就地正法，和议成，始昭雪，复原官。

秦五九者，传其祖秦某亦伶人，五十九岁稚芬始生，故以为小名。饰青衣，为樵野所眷，置宅营娶，皆樵野任之。樵野既以康、梁案遣戍新疆，以平日气焰甚高，又在六君子被戮后，亲戚朋友无敢送者，独稚芬送至正定府，故时人称之。其人颀而面微削，唯目美耳，而德宗与樵野皆悦之。五九门徒有唐采芝者，能琵琶。癸丑三月三日，任公先生修禊于三贝子花园，瘿公招采芝来，当筵挡索，予听之亦为移神。其摄影中，趺坐于地者是也。五九、采芝，今皆死矣。樵野之子似于民国初年，以反对项城，为陆朗斋（建章）所罗织。其详俟考。瘿庵《鞠部丛谈》志五九事，上有樊山眉批，所言与予记微有异同，今并节录为参考："秦稚芬小名五九，为张尚书荫桓所奇赏。尚书以戊戌党祸遣戍，稚芬送至张家口，挥涕而别。戊戌后，杜门匿影，不复与人晋接矣。稚芬能羼谈，熟谙宫禁亲贵掌故，余喜与之谈。光绪间名流，无不识稚芬者。其书学孙过庭《书谱》，殊秀逸。熟《通鉴》，常执卷询魏匏公，匏公曰：'吾腹中久无字矣。若询戏曲，可详对也。'吾每过谈，见其笔砚纵横，恒作长幅书，惜当时未索取之。育化会成立，稚芬充文牍主任，后得狂易疾，不能会

① 另一说为庚子夏间京师大乱，朝廷初未顾及荫桓。新疆巡抚饶应祺以荫桓久在总署，素为洋人信任，乃奏请开复，以充。朝廷始重之，诏令斩决。

客矣。”樊山于其上加小评云：“张尚书并不赏识五九，其遣戍新疆也，由燕而晋，而陕，而甘，亦未至张家口也。至谓五九挥涕而别，更无其事。五九乃其子仲宅所眷，晨夕不离，日以三金畀九和兴饭馆，为秦郎膳费。”予按瘿公所记，唯樵野遣戍行程有误，信如樊山言；五九当时乃送至正定也。樊山所言，乃太武断。樵野与瘿同为粤人，五九与樵野事，众所周知，正不能以其子所喜，乃谓其父未尝识之。瘿公作丛谈时，去与予同访五九，约六七年。樊山评此在甲子后，年已八十，容有耄忘，其误抑不足怪矣。

三一六　古寝衣与今睡衣

都市近多著睡衣，或以毛氍巾之浴衣当之，或别以茧绸及毛织物为之，皆仿欧制。按睡衣，古谓之寝衣，《论语》：“必有寝衣，长一身有半。”何晏《集解》以为今之被，引《说文》：“被，寝衣也，长及于膝。”言寝衣之长，仅及身之半。按此说未明彻，被训寝衣，乃指古制，若仅及膝，是短褐矣。故仍以朱注为是。朱注“其半盖以覆足”，意谓寝衣之长，过于一身又半，其长出之半，乃以御冷施于两足者。盖古寝衣，上如衣，下如衾，兼衣被之用。昔长洲蒋敬斋喜讲道学，自制寝衣，长六尺馀，本《论语》一身有半之义。钱梅溪见而告之曰：“古之寝衣，似即衾被，恐泥古太甚。”敬斋愕然，为之下拜。按敬斋固误，梅溪似通古训，而实亦误。古时寝衣之制，今尚存于日本，殆汉时所传入，俨为上衣下被。寝衣训被之说，观于日本而了然。敬斋之误，在于知衣而不知被，长六尺馀之寝衣，何能拖之以行，且以见客？梅溪径以为即今之衾被，不知古别有寝时之衣。此皆古制失传，非学者之过也。国人不著寝衣，而别用有池之被，施以入睡，似汉、晋间已然，观左思诗“衣被皆重池”句可知。至时下睡衣之制，于古似为长襦，或类古之袍，非古之寝衣。然即此可征古人夙有此服，非必以舶来为尊。至其修短盈绌，因时制宜，固不必泥古也。

三一七　画家陈师曾

旧京画史，予所记者，庚子后以姜颖生[①]、林畏庐两先生为巨擘。大雄山民纯学耕烟，苍劲密蔚。补柳翁则师田叔，间学大小米。论工力，姜自在林上，林则译书、作古文，能事多劳，画以人重。予于民国初年始识颖生翁，不久遂闻其下世。畏庐先生则住居连巷，数来谈宴，极口诋姜画粗犷。文人相轻，画家尤甚，无足怪也。民国三四年间，武进陶宝泉画殊有名。至五六年间，陈师曾肆力于画，笔力高古，为一时推重。其人温雅而有特行，友朋星聚，姚茫父、王梦白、陈半丁、齐白石最数往还，而金北楼、周养安、凌植支、颜韵伯、萧谦中、罗复堪、凌宴池次之，汤定之、汪慎生亦偶来。其时萧厔泉与谦中并称二萧，拱北长于细笔，仿宋逼真，梦白写生近新罗，半丁博而精，白石草虫绝代，韵伯规模宋人，胆手壮劲，然皆善师曾。

师曾以癸亥病殁金陵，自后十年间，画家派别分歧，诸子亦风流云散。惟有溥心畬自戒坛归城中，出手惊人，俨然马夏，余越园法度简古而有韵味，馀人未有能出上述诸子之范围也。师曾初居

---

① 姜筠，字颖生，安徽怀宁人。光绪辛卯举人。擅长书画，工写兼至，且精于鉴别。

新华街张棣生家，院有大槐，故自署槐堂。所作山水多肖黄鹤山樵，花卉则视华新罗为干劲，人物则变陈章侯之法而以粗笔出之，竹石亦极简妙。民国六七年间，记有某省水灾，都人士聚议，各出金石书画展览助赈。师曾因读画图，尽绘展览游客往来玩赏之状，几案缥缃外，人物可二十许，眉目衣服各有所肖，某也瘠，某也颀，某也御厚衣，某也短髭俯案，审者一望脱口呼其姓名，莫不拊掌叫绝。又为《妙峰山进香图》，绘同游形状及林壑扰扰之态亦绝妙。此图为任公先生所得。又为《美人弹箜篌图》，美人颀颀，衣绛绡，抱箜篌而弹，笔意雄厚。或观而疑其名。予按师曾所画不谬，箜篌有手箜篌、擘箜篌两种。《旧唐书·音乐志》："竖箜篌，胡乐也，汉灵帝好之，体曲而长，二十有二弦，竖抱于怀，用两手齐奏，俗谓之擘箜篌。"是也。今日本正仓院尚存仿制品。师曾曾留学日本，必睹其形。此画日人亦叹赏之。其诗承伯老家学而自具风格，一变散原精舍面目。忆民国三年冬，予与晦闻、宰平、师曾等祭陈后山于法源寺，师曾诗成，石遗师叹为第一，有赠诗云："诗是吾家事，因君父子传"云云。师曾自日本归，其诗饶有新思想，记有数首五言古，落想甚奇，今不悉记。叶玉虎辑刻其遗诗一卷，前年粗为披览，似箧中所存诗札尚有可辑补者。

师曾又长于刻印，笔画雄杰，平视缶庐。其作画又喜采风，描写唯妙惟肖，所为《北京风俗画册》三十四种，茫父各缀一词，艺林传宝。三十四种者：一旗下仕女，二糖胡芦，三针线箱，四穷拾人，五坤书大鼓，六压轿嬷嬷，七跑旱船，八菊花担，九煤掌包，十磨刀人，十一蜜供担，十二冰车，十三话匣子，十四掏粪夫，十五山背子，十六二弦师，十七丧门鼓，十八赶驴夫，十九火媒掸帚，二十老西儿，二十一泼水夫，二十二算命子，二十三鬻篥手，二十四橐驼，二十五慈航车，二十六喇嘛僧，二十七糕车，二十八人力车，二十九顶力，三十烤番薯，三十一墙有耳，三十二大茶壶，三十三执事夫，三十四打鼓挑子，此皆旧京街头巷尾习见之诸等脚色也。（中须稍诠释者，如压轿嬷嬷，喜事所有。山背子，则背一高可数尺之竹篮子背，内盛物，以走山路者。火媒掸帚，乃以纸煤供人吃水烟，以掸帚为人扫拂者。老西儿，鸟名，最善斗。慈航车，乃收私胞者，额标曰陆地慈航。顶力者，以顶肩承物，俗呼抗肩。墙有耳，师曾言茶馆门外窃听者之名。大茶壶，乃妓寮夫役之魁。打鼓挑子，乃收买什物者。）此三十四册，不记为何人所得，后曾以登某画报。

又前人集词为联，多摘四字八字为偶对，至多十馀字，师曾始专集姜白石词为长短联语数十。记尝一日遇予，举[扬州慢]中“波心荡、冷月无声”，谓可对[琵琶仙]“春渐远、汀洲自绿”否？此联后竟缉成，惊采绝艳，即任公先生后此所举者也。师曾之殁为骤患腹疾，讣至，知者罔不怆然。记尔时追悼在江西会馆，予挽一联云：“道旁踯躅一诗癯，京国十年，赠画忽怜难再得；天上凄凉此秋夕，钟山一老，寄书不忍问何如。”颇诵于人口。时散原先生居南京二条巷。平生所为联语何啻数千，此或赖师曾以传也。

三一八　画家王梦白

丰城王梦白云[①]，年未四十，须长过颔，自号彡道士，与湘之齐白石璜，皆以他业中途学画，而各臻精诣。梦白最工写生，尤善状

---

① 王云，字梦白，号破斋主人、彡道士。江西丰城人。曾任北京美专教授。卒于1938年。印有《王梦白画选集》。

难状之物，如鸦、龟、猪、猴之类，皆著墨不多，而神态逼肖。花卉固纯师新罗，偶作小帧山水，则俨然渐江之隽削也。所居署曰破斋，几阁凌乱，残书秃管，良称其名。画虽驰誉异邦，性乃嗜摴蒱，又使酒嫚骂，于物多忤，坐此贫困不自给，撄病以殁，计年不过五十左右耳。予有挽君诗云：

写生秃颖迅无前，咫尺明膏遂自煎。

兀谩故应违末世，须髯终不预天年。

頳颜苦索新篘酒，吮墨难偿博进钱。

莫向旧京思乐事，姚陈相见定凄然。

字字自谓皆事实，姚谓茫父，陈谓师曾。犹忆一日与君集曾仙舟家，君指壁上师曾画谓予曰："师曾画无懈可击，必欲索瘢疻，唯恨太老到，与齿不相称，所以不永年也。"予然其说。孰知君画天机旁溢，而享寿亦不过与师曾伯仲，甚矣文人臆评之不足为据也。

三一九　为王梦白《十二生肖图》题诗

诗中有建除体、八音体及十二辰肖体，皆游戏狡狯，因难见巧，非学者所尚。然唐后唯陈简斋喜为建除、八音诸体，而朱晦庵亦尝为十二辰肖体，偶亦涉笔，固无伤大雅也。梦白既工写生，一日及门李漪出纸求其绘十二生肖，皆其擅长，顷刻而就。李又乞予题诗，念此体有明晦两种，旧以此诘乩坛，咏孙、袁、黎，所谓"饮河故事君休嗤"云云，是每句隐一生肖，不如仿文公所作，句必嵌一字为狭而难。为题云：

世情偃鼠已满腹，诗稿牛腰却成束。

平生不帝虎狼秦，晚守兔园真碌碌。

龙汉心知劫未终，贾生痛哭原蛇足。

梨园烟散舞马尽，独剩羊车人似玉。

子如猕猴传神通，画课鸡窗伴幽独。

板桥狗肉何可羡，当羡东坡花猪肉。

末二句，别有本事。作此诗时，太岁在己巳，予居旧京，主报社笔事，而李盖能歌能画者。稿久佚，近以检梦白画忆得之，辄附录于此。

三二〇　叶鞠裳论古碑七厄

秋日休假，偶作富春之游。因至桐庐，拾级登桐君山，望江水如碧油，帆樯参差，沙洲隐隐若浮。隔江别有数青嶂负天而起，导者云是大金山，不知其为俗呼，抑志书所详。意欲缚屐一探，而自念断无此暇，诵剑南《桐君小隐》一诗，顿发慨叹。山巅张巡、许远庙之下，有亭翼然，小憩谛视趾间地上，皆断石碎甓，一青石剩镌“仙庐”二字，双钩秀好，作松禅笔法，想是附近林园题榜，圮后辄以填道。因念古来石刻，盛世嵌屋壁，号为墨笔，乱世则零落草莽，何可胜数。又忆去年南都有数报，谬言夫子庙凿地得吴《天发神谶碑》，全不知此碑久毁之故实。盖丧乱久则文献无征，读书之法日异，则有时当毁而谓之宝，已佚而谓之存。至其断烂粉碎，不可收拾者，尤指不胜屈也。更进而论，古来吉金贞石，虽名为寿，而夭者亦多。叶鞠裳《语石》中有一段，论古碑七厄，言之特详，文亦铺叙丽饰，可资讽玩，今并录之：

藏书有五厄，古碑之厄有七，而兵燹不与焉。韩退之诗云：“雨淋日炙野火燎”，又云：“牧童敲火牛砺角”，亦不与焉。

高岸为谷，深谷为陵，地震崩摧，河流漂溺。（汉《华山碑》、唐《顺陵碑》，皆为地震崩裂。《熹平石经》，周大象中自洛窃载还邺，船坏没溺。）祇园片石，误椎化度之碑；（范锷《化度寺铭跋》，高王父讳雍，使关右，历南山佛寺，见断石砌下，视之，乃此碑，称叹以为至宝。寺僧误以为石中有宝，破石求之，不得，弃之寺后。）砥柱洪涛，久没纯陀之碣（谓薛纯陀《砥柱铭》）。此一厄也。

匠石磨砻，耕犁发掘，或断为柱础，（《北海李秀碑》为一教官断为柱础六，四础为王损仲携之汴，两础犹在都中。《汉石经》，隋开皇六年载入长安，置于秘书内省，营造司亦用为柱础。）或支作灶陉，（郃阳魏十三字残碑，康强跋云是夏阳人家支灶物。）或为耕场之䃺碡，（齐鲁间经幢，农民皆断为䃺碡。）或为废寺之甂甋。（元许有壬《兴元阁记》，见《圭塘小稿》，今残碑百馀家尚在和林，寺僧毁为香案。）通衢如砥，填江左之贞珉。（相传六朝刻石，明太祖时皆用以甃治街道，今金陵聚宝门内，石道坦平如砥，云背面皆有字也。）架木为梁，支汉经之残字。（《广川书跋》："《熹平石经》，周大象后破为桥基。"）荒坟蔓草，遍卧蟠螭；废垒长杨，聊资列雉。（吾乡王废基防营，墙基累累，皆旧碑也。）此二厄也。

唐宋题名，摩崖漫刻，后来居上，有如积薪。唐贤名迹，宋人从而磨刻之；宋贤名迹，明人乃更加甚焉。贺方回之题字，惆怅武邱。（虎邱贺方回题名，庚申前尚完好，今为苕上一伧父凿损。）史延福之刻经，模糊伊阙。（龙门如意元年史延福刻《陀罗尼经》，明提学赵岩刻伊阙两大字于上。）邠原揽古，空谭大佛因缘。（邠州大佛寺，吴窓斋中丞为学使时列炬访之，观壁间题名累累，有唐刻一通，为宋人羃刻于上。）岱顶勒崇，莫问从臣姓氏。（唐玄宗《泰山铭》后，附刻从臣姓氏，皆为后游者刻损。）莫不屋中架屋，床上安床。此三厄也。

武人俗吏，目不识丁，鸠工选材，艰于伐石，或去前贤之姓氏，而改窜己名；（余所藏宋元幢，其字迹有绝类唐人者，盖皆属吏媚其府主作功德，俗僧为取旧幢，磨去年月姓名，而改刻之。）或磨背面之文章，而更刊他作。（唐《华岳精享照应碑》，即刊于《天和碑》之阴。《授堂金石跋》曰：《水经注》：樊城西南有《曹仁记水碑》，杜元凯重刻其后，书伐吴之事，古人简便不重烦如此。又渭水内载汉文帝庙一碑，建安中立，汉镇远将军段煨文，给事黄门侍郎张昶书。魏文帝又刻其碑阴二十馀字，又在杜征南之前。然碑阴本无字则可，若如《颜鲁公庙碑》有《碑阴记》，或有故吏题名，亦从而磨刻之，则前贤名迹已失其半矣。）甚或尽铲旧文，别镌新制，改为改作，澌灭无遗。（如《唐书·姜行本传》，高昌之役磨去汉班超《纪功碑》，更刊颂陈国威灵，即《贞观十四年姜行本碑》是也。陆务观《老学庵笔记》云：北都有《魏博节度使田绪遗爱碑》，张宏靖书；《何进滔德政碑》，柳公权书，皆石刻之杰也：政和中，梁左丞子美为尹，皆毁之，以其石刻新颁《五礼新仪》。赵德甫跋《何进滔碑》亦云：政和中大名尹建言磨去旧文，别刻新制，好古者为之叹惜。孙渊如述何梦华之言云：金承安三年，牛头祖书唐相魏文贞庙记，亦磨去唐碑重刻，碑首犹存唐字。《唐深州刺史墓志》，盖明人刻作金牛禅师塔碑趺。元时学宫所刻《至元大德圣旨碑》，大半磨治旧石而更刻之。）此四厄也。

裴李争功，熙丰钩党，李义山云："长绳百尺拽碑倒，粗沙大石相磨治。"苏子由云:"北客若来休问讯,西湖虽好莫题诗。"韩苏之文,毁于谣诼。又若闰朝僭号,讳于纳土之馀。(吴越钱氏诸碑,有建元者,宋初纳土后皆毁去。所毁经幢尤多。)叛镇纪年,削自收京之后。(《悯忠寺宝塔颂》,史思明纪年,皆磨去重刊唐号。)或碎裂全文,或削除违字,后贤考订,聚讼转滋。此五厄也。

津要访求,友朋持赠,轺车往返,以代苞苴。官符视若催科,匠役疲于奔命。一纸之费,可以倾家,千里之遥,不殊转饵。里有名迹,重为闾阎之累。拔本塞原,除之务尽。今昭陵诸碑,无一瓦全。关陇巩洛之交,往往谈虎色变。此六厄也。

夫石刻者,所以留一方之掌故,非镇库之奇珍。海内藏家,敝帚自享,宦游所至,不吝兼金,或装廉吏之舟,亦入估人之橐。夺人所好,迁地弗良,转展贸迁,必至失所,此关中毛茂才所以有勿徙石刻之记。而言者谆谆,听者充耳。《化度寺碑》,宋范氏书楼本已先作俑。毕秋帆中丞自关中携四唐石,归置之灵岩山馆,庚申之劫,与平泉花石同付劫灰。此七厄也。

有此七厄,其幸存天壤者,皆硕果矣,可不宝诸。

按叶氏所举七端,皆深切著明,一字不易。所云"祇园片石,误椎化度之碑"者,乃出解大绅《春雨集》。《化度寺碑》后分三段,仍入范手,置于里第赐书阁下。遭靖康之乱,取藏于井。已而碎其石,又分为数片,不止鞠裳所举之误椎也。"通衢如砥"二句,言金陵聚宝门内石道坦平如砥,背面皆有字云云。按聚宝门即今中华门,清代石道早已翻修柏油路,街石背后究有字否,恐事隔数年,当时司工既不留意,亦未必能追志之,然此却是今日应予证明者也。

岱顶唐玄宗摩崖，予曾履其地，摩挲瞻叹，镵伤确太甚。即经石峪字，亦为水啮椎伤。予登泰山时，秦之《没字碑》信无一字，比闻已有大书其上者，又不止如叶氏所诃也。末节言“毕秋帆自关中携四唐石归，置之灵岩山馆”云云。按此四唐石，一为开元十二年《中大夫守内侍上柱国渤海高福墓志》，一为开元廿四年《京兆府美原县尉张昕墓志》，一为天宝十三年《内侍省内常侍孙志廉墓志》，一为天宝十五年《游击将军守左卫马邑郡尚德府折冲都尉左龙武宿卫上柱国张希古墓志》。嘉庆四年九月，查抄毕沅家，此四石辗转入张叔未手，而鞠裳乃云，与平泉花石同付劫灰，似所闻非确，馀皆翔实淹雅。天下无不坏之物，人身固不如金石之寿，而从悠远之史迹言之，金石非寿，自更了然。诵放翁“山川不为兴亡改，风月应怜感慨非”，辄叹唯此山川风月，乃得寿于金石也。然自阎浮变坏观之，即此山川风月，亦一弹指物，何论于书画器物碑帖镌题之征？思入此际，真当自失。予虽识此理，而未能达观，顾生平所历山水，鲜有留名，唯数山有刻石，非所自为，云水洞最深处有题字，亦聊以记游踪志年月而已。偶因览触，辄为絮聒。幸予虽嗜书，而贫无黑老虎之畜，笔此，以见凡物聚散存亡之同归一瞥而已。

三二一　天发神谶碑之存毁

昨记石刻存毁，因言及“天发神谶碑”事。客或征询此故实。按“天发神谶”，即“天玺纪功”。此碑存毁，可划为三时期。碑立于秣陵南之岩山。《丹阳记》：“山东大道左，有方石长一丈，勒名题赞吴功德，孙皓建。”又一则云：“岩山东有大石碣，长二丈，折为三段，因以名冈。”是此碑即在断石冈，至宋时尚存，亦名为丫头石。《梅宛陵集》卷四十《丫头石》诗下注云："此碑也，在金陵断石冈上，有吴文帝字焉。"诗云：

丫头石虽断，文字未全讹。年算赤乌近，书疑黄象多。

几时经霹雳，异代见干戈。更与千秋看，松煤定费摩。

按梅诗注中吴文帝之"文"字，为大字刻本之讹，孙权谥"大皇帝"也。此可为碑在冈上之第一时期，其断为三，以梅诗推之，当为雷所震击也。《江苏通志·金石门》"天发神谶文"第一跋云："予因游府南天禧寺，寺门之外，有石三段，半埋于土，窃疑以为天玺元年岩山纪吴功德段石冈之碣，因观之，果尔。人多传皇象书，稽之实八百十有五年。字虽损缺，而犹有完者。寺僧不善护持，岁月之久，风雨所暴，必至泯灭，因辇置漕台后圃筹思亭。时辛未元祐六年三月二十六日，转运副使左朝请郎胡宗师题。"张铉《金陵新志》云："今江宁县有段石冈，盖旧立碑处。据《丹阳记》，晋宋时已折为三段。内一石上有转运副使胡宗师刻字，言此石在府南天禧寺门外，半埋于土，因辇置转运司后圃筹思亭，时宋元祐六年，此石历八百十有五年矣。盖又不知何年，自岩山徙至城南也。转运司，今府治，此石在䌷书阁前后，又徙锦绣堂前碑刻中。归附后，改台治，此石欹仆于地，其一段缺坏，盖尝为人凿以他用而不果也。其第二段处，有'襄阳米芾'四字，亦为人磨砺几尽。至治□年，台掾扬益得之廨草中，与教授汤弥□、训导李东、戚光言于中丞召公珪、治书郭公思□，募民升至庙学门内之左。"按此是宋元祐间，此碑已由冈移至天禧寺，又辇至转运司后圃筹思亭，至元英宗至治间，升至庙学门左，此可画为第二时期。由此时直至庚申石毁。其间数百年，有重大审定及发明。如乾隆四十四年秋间，翁覃溪亲到江宁县学尊经阁下，手量三石，校定尺寸字数。如王兰泉

《金石萃编》称，碑断折三段，合之止数尺许，证明《丹阳记》长二丈之妄。又《两汉金石记》，验明一石折为三之无可疑，证明吴山夫此碑非一石所折说之妄，皆极有价值。尤详者，为王兰泉《金石萃编》之跋，今全录之。

第一节云：

右"天玺元年纪功碑"，《吴录》以为华覈文，黄长睿《东观馀论》作皇象书，今在江宁县学尊经阁下。碑殆毁于晋季，石凡三段，形如覆臼，字列三面而虚其一。俗称落星，实为可哂。戚光《集庆续志》云，辞不可读，可识者八十馀字。数其释文，仅七十一字。顾起元《客座赘语》因以俱误，以中书郎在关内侯下，吴郡在九江朱下，未有厘正之者。今考证旧拓，连接三段，实存二百一十六字，又不全十一字，辞意乃贯通可读。按陈寿《吴志》云，天册元年，吴郡言掘地得银长一尺三分，刻上有年月，于是改元天玺。又言临平湖壅塞复开，于湖边得石函，中有小石，青白色，长四寸，广二寸馀，刻上作皇帝字。八月，又言历阳山石文理成字，凡二十，云："楚九州渚，吴九州都，扬州士，作天子，四世治，太平始。"又吴兴阳羡山有空石，长十馀丈，名石室，所在表为大瑞，于是改元天纪。总孙皓在位十六年，凡八改元，言符瑞者累累矣。未几王濬入吴，符瑞之事，果何有哉？此碑书法铦厉奇崛，董广川以为本汉隶，杨东里以为八分，朱竹垞以为在篆隶之间，然总不若谓之篆书之确也。至郭胤伯目以牛鬼蛇神，实为妄诞。学者去古日远，以己之所未喻，指訾古人，不已过乎？然此体学之不成，便堕恶道，又不可不知也。

第二节云：

按孙皓天玺元年，屡有石函、石室诸祥书于本纪、传。碑云“天谶广多”，又云“上天宣命”，则亦是时纪符瑞者。碑断折三段，合之止数尺许。山谦之《丹阳记》云“长二丈”者妄也。张勃《吴录》以为华覈撰文，皇象书。许嵩《建康实录》注：董逌《广川书跋》、黄长睿《东观馀论》，说皆从之。近朱氏彝尊，据《吴志》辨其非覈所作。昶考《国山碑》，以旃蒙协洽之岁（乙未），月此陬訾之舍（十二月）重光大渊献之日（辛亥），受天玉玺于柔兆涒滩（丙申）月正革元，即为天玺元年。而告祭刊石中有国史莹名，意覈虽因微谴免官，犹在左右，遂命以撰文，未可遂定为非覈，且并疑象书也。象字休明，广陵江都人。张怀瓘《书断》云：“象工章草，小篆入能。”或即指此等篆书而言。然《书断》及张彦远《法书要录》并以象为官至侍中，《梁书》及《南史》《皇侃传》并云青州判史，惜《吴志》不为立传，不能定其孰是矣。仁和袁明府枚举此册以赠，因记所疑于简末。

按袁简斋居金陵在乾隆间，袁举所拓本赠王兰泉，故王有此跋，必亦在乾隆末。后此则尊经阁毁，此石亦毁矣。此为第三时期也。惟考此石毁之年月，据《江苏通志稿》“天发神谶碑”下注：“碑断为三，故俗称三段碑。原在江宁县学，嘉庆年毁于火。今存拓本。”仅云嘉庆年，不著月日。

又考叶昌炽《语石》卷十“摹本”一则中称：“孙吴‘天发神谶碑’，旧断为三，在江宁府学尊经阁下。庚申之劫，毁于兵燹。吾吴帖估张某，精于摹勒，以木柿糊纸为质，仿刻一本，鉴古家皆为所炫，然碑文可以乱真；其后元祐胡宗师、崇宁石豫两跋，行书神气全非，并多误舛，不难一览了然，人自不察耳。此碑篆体奇古，郭胤伯诋为牛鬼蛇神，虽非知言，然亦可见画鬼神易，画狗马难也。”叶氏此文所言“庚申之劫”，仅举纪年之干支，亦不言何朝。就《语石》文字中所云“庚申之劫”，皆指咸丰十年庚申，故曰兵燹。但校以诸笔传记，此碑实毁于嘉庆间，鞠裳所云庚申，当是嘉庆四年之庚申，而误以咸丰兵燹之庚申，意或近矣。其实“庚申之劫”四字，根本错误，府学乃毁于嘉庆十年乙丑五月廿八日。同治《上江志》云：“尊经阁毁于火，各书板及吴‘天玺纪功碑’烬焉，总督铁保、藩司康基田重建之，以为尊经书院。”是也。此石据覃溪手量，最高者不过三尺五寸，数千年剥蚀椎拓之馀，字迹漫漶，所馀字不过二百有奇，一经大火炙煅，自成顽烬。府学地当今日之夫子庙，但自嘉庆十年至今，又经一百三十一年，几更兴废，报传三石忽又出土，恐不可能。

碑相传为皇象书，周晖《金陵遗事》又定为苏建，卢熊《跋“国山碑”》亦主苏建说。近见姚茫父《题“国山碑”绝句》第二首，亦援周、卢说，谓《国山碑》与“天发神谶”同出建书。然此说周在浚《天发神谶考》已辩之，孙皓封禅《国山碑》末，有东观令史邱信、中郎将臣苏健名，作“健”，非作“建”也。茫父于“天发神谶”存废亦未详考，仅取旧说天禧寺前云云，亦眼前寻尺之误也。端陶斋所藏“天发神谶碑”拓本最有名，征同时名流赋诗题跋殆遍。然夏吷庵云，于陶斋斋中见拓本已无宛陵诗中所云吴大帝字，是必宋以后残拓矣。

三二二　梁任公作姚茫父五十寿诗

茫父于碑帖金石夙极究心，其所刻《弗堂类稿》中诗乙，皆金石题咏之作，可谓专力殚精，好古不怠。作篆隶真草皆有法度，惜笔势遒紧而不能纵。然细字则谨严有味，愈细愈佳。茫父书本学欧、颜，小字杂以六朝造象风味，故胜。其诗乙一卷中细注如蝇，皆考古读碑所得新义，嗜言金石掌故者所深喜。然其见解间有固执成见，茫父又喜与人争，龂龂不少让，其平生对出土新碑尤深置疑。其《题汉刻齐桓管仲画象墨本》绝句下小注云："凡古肆所售，十七八伪而一二真。大抵书画伪品多出维扬，金石伪品多出青齐，近则洛下诸元志石犹承其风。拙著《艺林虎贲》一一考之，然颇为笃信者抗辨。"此说殊是，而在民国十年左右洛阳出土诸元墓志，亦殊有绝可疑者在。茫父尝以前秦广武将军讳产碑重出，与周印昆争辩甚力，任公有"校碑攘臂"之嘲焉。所居烂缦胡同莲花寺始终不迁。民国十四年五月，茫父五十，任公作诗寿之，诗排奡诙谐，字字绝妙，不止"校碑攘臂"等语，直可当茫父小传读。知茫父者，必然吾言。诗云：

茫父堕地来，未始作老计。斗大王城中，带发领一寺。
廿年掩关忙，百虑随缘肆。疏疏竹几茎，密密花几队。
半秃笔几管，破碎墨几块。挥汗水竹石，呵冻篆分隶。
弄舌昆弋黄，鼓腹椒葱豉。食擘唐画砖，睡抱马和志。
校碑约髯周，攘臂哄真伪。晡饮来跛蹇，诙谑遂鼎沸。
烂漫孺子心，祝荡狂奴态。晓来揽镜诧，五十忽已至。
发如此种种，老矣今伏未。镜中人辗然，那得管许事。
老屋蹋穿空，总有天遮蔽。去年穷不死，定活一百岁①。
芍药正盛开，胡蝶成团戏。豆苗已可摘，玄鲫恰宜鲙。

① 原注：坡诗："嗟我与君皆丙子，四十九年穷不死。"茫父亦以丙子生。

昨日卖画钱，况彀供一醉。相携香满园，大嚼不为泰。

任公此诗，与宰平斟酌久之始定。“唐画砖”、“马和志”，皆茫父所喜物。“髯周”者，印昆。“跛蹇”者，季常。“香满园”，蜀菜馆名。唐画砖同时出土五，茫父得其二，大喜，颜所居曰专墨馆。读任公此诗，茫父风趣跃于纸上。

三二三　姚茫父题王梦白《猴技图》诸诗

梦白、师曾与茫父皆挚交，予前曾录茫父论面具及脸谱，即摘自为陈封可《题梦白所画猴人序》中，今补录前所未摘者如下：

梦白数作《猴技图》，而为余所曾题者，并此而三。忆与师曾合作一纸，经余买得，题二十八字云：“游戏风怀妙不言，相将粉墨弄糊猴。谁知一夜斜街火，留与弗堂补烧痕。”此纸师曾有题，已无馀隙，而适有毁损，余研旧紫锭双钩书所题诗，色不加浓，而补不显白，极为称意。梦白云，此纸写竟，为一浙人所得，其人住下斜街，曾遭回禄，故画为毁损。收破纸者得之，售于小市，余更以重值收得。又一纸，梦白独作者，余赋二诗，五言云：“春来了无事，早随儿童起。呼将竿木人，庭前弄猴子。居然陈百戏，所欲任其使。优孟本寄托，衣冠不足齿。况乃优孟假，跳跃谁汝似。楚人古所笑，由来只如此。”七言云：“嗟尔猴人擅猴技，无端更遇乡道士。为尔丹青加朱紫，肩担背负行且止。猴尔所依尔所恃，两□惨沮神顾諟。如今度支紊无理，京华憔悴人比比。怀才几见徵园绮，何因到尔动食指。可怜道士身亦否，逢人笑骂遭□訾。穷来磨研写素纸，令我观之感无已。饥肠转轴默相视，更无明珠少薏苡。日日仰天长忧杞，景运传说语殊美。今年甲子极可喜，信有河清吾能俟。眼前群儿或老矣，画中之人长不死。”彡道士，梦白别号也。此皆去年事。

按此云去年者，甲子岁也。此是乙丑夏大雨中，茫父所杂写。其年茫父尚有一诗，题云：“梦白画猴，人立而骑羊也。衣彩则师曾所为，余更补面具。师曾约同赋诗，未就先逝。越二年，其子封可检得，仍属梦白乞诗。”诗云：“静江寺里胡孙老，故裔于今当尔雄。假面蒙头真个戏，赚人羊背舞衣红。”小注云：“元末帝幼贬广西静江府，寓大圆寺。道有胡孙献果，群胡孙多至数百，载至所寓寺。长老秋江放之寺后，土人号为胡孙寺。群胡孙自帝北还，复率其类相送。有老胡孙三十六枚，尽日哀鸣，逾数月，皆掷死。见明权衡《庚申外史》。”此注殊可广异闻。

三二四　姚茫父《曲海一勺》

任公诗中“弄舌昆弋黄”，言茫父能昆曲，又能二黄也。予与茫父同官邮部，予才二十，茫父已三十馀。司长同林，字翰卿，旗族，能歌，与茫父谈歌相得，时偕作私坊游。茫父习于诸伶，自同翰卿始也。其实茫父于昆曲寝馈甚深，于曲学尤审，所著《曲海一勺》中，有一节颇似前所举叶鞠裳之论“古碑七厄”一文，亦以骈偶抒论，浏亮清达，今试摘之。如云：

> 由此以言，则情之为物，古今无二，所以诡谲，事为之也。故事以演情，曲以演事，事衷于情，而炳于言。左则为史，右则为曲，自曲以外，诸体之文，言情则一，然而骚赋、五七言、长短句之于情，与有曲之世〔事〕，疏密繁简，不可同日语也。曲之

事密而加繁，情亦随之因而变易，不可究诘。而事所由起，厥数孔多：雅之为琴书，村之为米盐，艳之为裙裾，烜之为冠带，蠢之为牛马，灵之为花鸟；或壮丽而为江山，或喧阗而为钲鼓，或轩昂而为裘马，或穷愁而为韦布；逸则为尘拂，旷则为鞋笠，离则为舟车，合则为酒食；为夫妇之破镜，为母子之断机，为朋友之鸡黍，为羁旅之翰简；武则兵解百石，文则策号万言，旗既万幕，仗亦千骑；先生杖履留春，老子胡床玩月；时节则春饵秋糕，地产则南橘北枳，典重则鼎彝斑然，怪诞则龙虬宛尔。综是殊名，以生多故。赋之为物，陈之为彩，（古曰砌末，今曰彩，亦曰切，切者砌末之省文，又砌之减字也。）情因事以纠纷，事因物而结构。凡言旧事，必识故物，一时之制，百思攸托，一器一道，哲人谨焉。第晚近制作，杂而无征，食货所不及志，方舆所不遑纪，书券则博士阁笔，制题则诗豪罢卷，史既盖阙，曲乃居要。爰有力锥岁华之词（失名南吕[一枝花]《咏皮匠》套词），椽屋闹市之作（元汤菊庄[一枝花]《赠镊者》套词。按镊者，即今之剃发匠也）。院本么末，勾栏前后之场（失名中吕[耍孩儿]《庄家不识勾栏》套词）；穷鬼钱神，田老送迎之态（失名南吕[一枝花]《田老斋》套词）。涤器则传歌陋巷（失名[一枝花]《赠妓名玉马杓》套词有云："临邛涤器，陋巷传来。"按马杓即今语马子，此词双关），蹴踘则艳说齐云。（失名[一枝花]《蹴踘》套词有云："富贵齐云。"又《圆社》套词云："四海齐云会。"按齐云，蹴踘社名）。效讨蚤之檄，月下星前（失名[一枝花]《蚊虫》套词有云："爱黄昏月下星前，怕青宵风吹日炎。"）；续打马之经，花间树底（元周挺斋越调[斗鹌鹑]《双陆》套词有云："四角盘中，三十骑里，多少机关，包藏见识，席上风前，花间树底。”挺斋名德清)。事纪降狮(失名黄钟[醉花阴]《降狮》套词),篇名赌马(失名南吕[一枝花]《下大棋赌马》套词),既诉牛羊之冤(元姚守中中吕[粉蝶儿]《牛诉冤》套词。又失名中吕[哨遍]《羊诉冤》套词),亦论鹰犬之价。(失名中吕[哨遍]《大打国》套词云:“犬从来无价。”)博鱼而色胜六浑(元李文蔚《燕青博鱼》杂剧),选朱而囊珍十粒(元失名《浮沤记》杂剧)。驰逐影楼之队,仵作风流(元石君宝《曲江池》杂剧,[牧羊关]曲有云:“送殡呵,须是仵作风流种。”又宾白中有云“他举着影神楼儿里”云云,可见元人出殡之概。且殡皆曰仵作,今仵作为官衙隶人之一,专充考验骨之役者是也);缤纷扎扮之场,村坊云胜(明李玉《永团圆》传奇,“看会生嫌”剧中叙赛会之胜,既云扎扮故事,又分段铺写,令人神游,如目击其盛。今京师村坊尚有之,每胜时辄举,语曰过会。清六部吏人当权时,户部之会,工部之灯,皆艳传人口。自光绪二十六年以后,不复见已。据吴梅村序《李撰北词广正谱》,谓其中甲申副车以后,绝意仕进。按明亡之年,正当甲申,前甲申为万历十年,后甲申为清康熙四十三年,俱与梅村身世不合,则此甲申必为崇祯末年无疑。以此论之,则李当为明逸民,故仍题明人。惟崇祯三月殉国而李中副车,其事当再考耳)。推班出色,嘲谑于宣和之牌(明李日华《南西厢》传奇,琴红嘲谑出谱、牙牌名甚备);话玉添愁,欷歔于宜官之帖(清吴伟业《秣陵春》传奇,《话玉》出此传奇,予仅得传钞出,今不可复借,前欲寻刊本,亦猝不易得也)。馀或饾饤杂名,情趣双关;摹仿众流,科诨入妙(元曲中集药名题情之词甚多,其集杂剧名、曲名及常言俗语成套词者尤夥,而《鲛绡记》之草相,《红梅记》之算命,《精忠谱》、《桃花扇》之平话，类不胜举，《还魂记》之驱使千文，则又杂集之变也）。风花雪月，点化于人身（元吴昌龄《张天师》杂剧）；莺燕蝶蜂，受录于鬼道（《还魂记·冥判》）。虽言不尽意，而隅可反三。农师之《埤雅》，逊其辗然；茂先之《博物》，例之蔑已。以言乎事则如彼，以言乎物则如此，总事物之象，供著述之材。散而见之谓之情，会而聚之谓之曲，文物风俗，渊薮于此。此曲之能事，所以令人叹赏者也。昔诗家咏史，体亦滋多，或著杂事，或题乐府，或十字弹词，或四言叶韵，非拘于雅言，即复于述赞，等为戏弄，无俟褒弹。若夫曲之为言，自成一家，著一世之真诠，极众生之幻相，既谈笑以饰涕泣，亦婉言而行直道。是故人者，天地之心；曲者，人之心也，喻于尸而见祖，将于曲以知天。记曰：惟至诚能尽性以赞化育。古之作曲也，可谓能尽其性以尽人性，尽人性以尽物性者矣。非至诚，其孰能之？

此可谓虽小题亦以巨刃摩天手出之矣。《曲海一勺》者，茫父意谓曲学如渊海，仅饮一瓢之谓。民国六七年间，有陈万里创一戏剧刊物，茫父徇其请，为作《说戏》一篇，于戏字之起原言之特详，盖好为《说文》经学之考据，犹昔日学者之风矩也。

三二五　随园兴废

前记《天发神谶碑》，袁简斋以拓本寄王兰泉，此自简斋以金陵石刻酬赠朝贵之惯例。然兰泉究心金石，得此馈遗，正资研求，未可厚非。予赁居城西五台山，去小仓山不远，今日随园只馀简斋一墓，儿辈或问："何以荒圮至是？"按《石城山志》："随园旧为隋织造园，既归袁氏，易隋为随。四山环抱，中开异境，楼台皆依山构造，如梯田状，虽屋宇鳞次，而占地无多。四围皆倚峭壁，不设墙墉，入园必循山坡，迤逦而下，因天然形势也。今则平原一片，双湖水仅一泓可辨，以外绝无坡陀处。相传洪寇因粮饷告乏，填平洞壑，资田以供给伪王府之食米。及克复后，复有棚民垦种山谷，其土日壅日高，遂不能按图而考其迹矣。”

据此，则园夷为平地，乃坐兵燹。秣陵古来名迹无虑数千，其荡为寒烟衰草仅存其略者，何啻什九，随园犹得保一抔土，未始非幸。昔闻鹤亭言，在京师厂肆得批本《随园诗话》，不知谁氏所批，中有一则，言幼时随其母至江宁，见袁简斋之夫人于随园。谈次，袁夫人自诋所居荒烟蔓草，与鬼为邻，入市购物至艰，为良人风雅所累。又云：见其姬妾貌皆寝陋，颇讥简斋名士风流，殊不相称。今按简斋有与其妹婿胡书巢书云：“来书谆谆以买妾见委。仆自庚辰后往来吴会，思以兰蕙之新姿，娱桑榆之晚景，横搜苦索，千力万气，可谓竭吾才矣。乃或者将牢太过，而惊鸿已翔；或者急就成章，而悔之折骨。今虽充位之员群雌粥粥，而寸心许可者卒无一人，自指双眸，常呼负负。多疾之医，屡败之将，何劳足下北面而问之哉？平生入金门，登玉堂，为文章，为循吏，求则得之。惟娟娟此豸，不可求思。想坤灵扇牒，别有前缘，不可以气力争也。”

简斋此书必非自谦之语，园居以僻故易胜，姬媵则充下陈而已。简斋殁不久，园即就芜，其幼子又重新之，见《梅溪丛话》。随园本非素封，所得皆鬻文钱，至多亦不过俗所谓秋风一二，岂能长护此亭馆？即无太平军，及今亦必成墟矣。唯简斋生时声名殊舄奕，距随园不半里，有桥名红土桥。《炳烛里谈》称，达官贵人来访袁随园者，至桥屏去旗仗，可见当时之妆点山林大架子也。

三二六　明初南京十六楼

红土桥，即南干道桥。《肇域志》引《南畿志》，有北市楼在南干道桥南，即宋和熙楼基。可见当时西门一带已渐形繁盛。按金陵在宋时，承南唐遗俗，酒楼官妓之制尚存，安远楼、和熙楼之外，尚有佳丽楼、层楼等。至明初，始有南市楼、北市楼等十六楼。南市楼，今南京仍存此地名；北市楼，则甫落成即毁，其幸不幸如此。按《明实录》："洪武二十七年八月庚寅，新建京都酒楼成。先是上以海内太平，思欲与民偕乐，乃命工部作十楼于江东诸门之外，令民设酒肆以接四方宾旅，既又增作五楼。至是皆成，赐百官钞，宴于醉仙楼。"《秦淮广记》："酒楼本十六，其一北市楼，建后被焚，此《实录》止言增建五楼也。"读此，可知昔人诗"花月春风十四楼"、"轻烟澹粉十三楼"者并误。十六楼者，在城内者曰南市、北市，在聚宾门外之西者曰来宾，在聚宝门外之东者曰重译，在瓦屑坝者曰集贤、曰乐民，在西关中街北者曰鹤鸣，在西关中街南者曰醉仙，在西关南街曰轻烟、曰淡粉，在西关北街者曰柳翠、曰梅妍，在石城门外者曰石城、曰讴歌，在清凉门外者曰清江、曰鼓腹。此见《金陵琐事》。《艺林伐山》遗南市、北市，陈鲁南《金陵世纪》遗清江、石城，皆因晏振之诗十四楼之误，而曲为之说也。

酒楼之设，所以徕远人，盛都市。此制古已有之，曹植诗"青楼临大道"，疑即是官建歌楼，与民同乐。《南史·李安人传》：明帝大会新亭楼，劳诸军，主摴蒱官赌，安人五掷皆卢，帝大惊，目安人曰："卿面方如田，封侯相也。"新亭楼，疑亦是酒楼，故可犒军，可以揳蒲。唐时渐多，楼名不悉举，如《酉阳杂俎》所载，长乐坊安国寺红楼，睿宗在藩时舞榭。此亦恐是酒楼，中有妓舞，故曰舞榭。至宋则此制大备，如《东京梦华录》所载集贤楼、莲花楼、丰乐楼、宣德楼之类，三层相高，五楼相向，各有飞桥栏槛是也。此制不限于京城，凡名都大邑多有酒楼，说部《水浒》火烧翠云楼，予颇疑当时大名府必夙有此楼。观范石湖《揽辔录》："过相州市，有秦楼、翠楼、康乐楼、月白风清楼，皆旗亭也。"《陆放翁集》卷十三《对酒》诗自注云："宝钗楼，咸阳旗亭也。芳华楼，在成都合江园。"以此类推可知。明【太】祖既建富乐院，以处教坊，又以十六楼供搢绅承值宴集之用，良有女闾霸齐之遗旨。盖教坊女乐，最易诱集商旅，臻于茂盛。以官力为之，则整齐富丽，便于稽察，而可资征榷。又昔人礼防最严，教坊聚处，则良家有所分别，风俗反不至溃决，下至曾文正之恢复秦淮灯舫，壹皆此意也。

三二七　订《语石》小误

前所举叶鞠裳论"古碑七厄"中，"通衢如砥，填江左之贞珉"二句，注称"明太祖以六朝刻石甃治街道，聚宝门石道背面有字"云云。比阅《白下琐言》，始知叶说盖有所承而微误。当时以此属之今汉西门街。《白下琐言》："石城门至通济门，长街数里，铺石皆方整而厚。洪武间令民输若干，予一监生，谓之监石。今被牛车辗之，多破碎矣。"又袁小修记云："南都街多青石，故老云，皆先朝丰石也。予谓六朝旧地，自多佳石，故老所传，未足征信。"见《珂雪斋集》。观此可审鞠裳说演变之由来。盖昔时著述，或以口说耳闻笔之，而未暇根究，故可信者鲜。说部所纪奇闻怪事，什九皆从《太平御览》脱化而来,是其例也。

三二八　小仓山非仓山

随园在小仓山,故简斋自署曰"小仓山房"。题札咏诗,或径作仓山,删去小字,则误矣。南京本有仓山,今名仓顶。《凤麓小志》:"花盝冈,一名仓山,明骁骑卫屯粮之所也,俗呼仓顶。《金陵琐事》云,仓有一井与江河通,大旱不竭,井中四方,有铁金刚托之,即此是已。"小仓山正别于仓山而言,未容混以为一。又按因山为仓,江南所常见者。古称虎踞之石头城,中即有一仓,谓之仓城是也。仓山侧旧传有阮步兵墓,今不知存否?

三二九　杜茶村《秦淮灯船鼓吹歌》

秦淮近已为铁路横截。南京城内诸水,多以人力凿成,其终也,亦往往为人力所遮断。青溪本三国所凿,一截于南唐,再截于明。运渎吴时凿,而《运渎桥道小志》称,前明堑城,断不复续。杨吴城濠,杨吴所凿,而钟南《淮北区域志》称,北水关所引西来之水已断,土人谓之干河沿。此皆创造新工后之变迁,秦淮何能独逃此例?《板桥杂记》所纪秦淮风景,已成史迹。所谓"长板桥在院墙外数十步,旷远芊绵,水烟凝碧,回光、鹫峰两寺夹之,中山东花园亘其前,秦淮朱雀桁绕其后,洵可娱目赏心,漱涤尘襟。每当夜凉人定,风清月朗,名士倾城,簪花约鬓,携手闲行,凭阑徙倚。忽遇彼姝,言笑宴宴,此吹洞箫,彼度妙曲,万籁皆寂,游鱼出听,洵太平盛事也"。皆等于樊川杜曲。阎浮可坏,此景不可复觏矣。所谓旧院者，即前所记之富乐院，《国初事迹》：“太祖立富乐院于乾道桥，复移武定桥。后以各处将士妓饮生事，尽起妓女赴京入院。”与《板桥杂记》所称“旧院与贡院遥对，仅隔一河，原为才子佳人而设。逢秋风桂子之年，四方应试者毕集，结驷连骑，选色征歌”两相印证，可见富乐院之用意，乃在供士流游衍，使但有六七成风雅，而儒酸便写成十分也。予前曾追论西湖之游艇，与秦淮之灯船，大小喧寂，互为消长。今则划入一新时期，其变化不易臆测，顾昔日之灯船，今日之游船，则必成广陵散，亦无可疑。予于前记秦淮灯船诗，举杜茶村《鼓吹歌》，而未录其词。秋晨复读，觉其中所含掌故不少，因录其全诗。读者慎勿谓饿死之穷措大，苦搜心血，以文词颂歌舞也，其中所包含明末兴亡史迹及社会风尚，良不在少。杜濬[①]《秦淮灯船鼓吹歌》云：

一声著人如梦中，双槌再下耳作聋。三下四下管弦沸，灯船鼓声天上至。居然列坐倚船舷，惊指遥看相诧异。鼓声渐逼船渐近，亦解回环左右戏。急攒冷点槌犹沥，春雷坎坎初惊蛰。吹弹节鼓鼓倔强，中有闲声阑不入。吁嗟此时听鼓止，听鼓鸣，谁能打掏声里情。谁能眼底求精妙，乍许胸中见太平。太平久远知音稀，万历年间闻而知。九州富庶无旌旄，扬州之域尤稀奇。谁致此者帝轩羲，下有江陵张太师。江陵初年致国政，乐事无多庙谟竞。尔时秦淮一条水，伐鼓吹笙犹未盛。江陵死日富强成，圣人宫中奏云门。后来宰相皆福人，普天物力东南倾。豪奢横溢撒向水，此水不须重过秦。王家谢家侈

① 杜濬，字于皇，号西止、茶村老人、半翁，湖北黄冈人。生卒于崇祯、康熙间。副贡。入《清史稿》文苑传。

纨袴,湖海游人斗词赋。广陵女儿绝可怜,新安金帛谁知数。旧都冠盖例无事,朝与花朝暮酒暮。水嬉不待二月半,炫服新装桃叶渡。高楼夹水对排窗,卷起珠帘人面素。腾腾更有鼓音来,灯船到处游船开。烛龙但恨天难夜,赤凤从教昼不回。皇天此时亦可哀,龟年协律生奇材。善和坊接平康巷,弄儿狎客多渠魁。船中百瓮梁溪酒,膳夫心雄选锋手。苏州箫管虎邱腔,太仓弦索昆山口。镇江染红制缨络,廿碗珠灯悬一角。当前置鼓大如筐,黄金钉铰来淮阳。此声一欢众声集,不独火中闻霹雳。风雨丛中百鸟鸣,旌旗队里将军立。熬波煮火火更燃,积响沉舟舟未湿。可怜如此已快意,未到端阳百分一。记我来游丑与辰,其时海内久风尘。石榴花发照溪津,友人置酒我作宾。下船稍迟渡口塞,踏人肩背人怒嗔。灯光鼓吹河沙遍,街尾蟠旋成一串。蔽亏果觉星火覆,演弄早使鱼龙颤。众人汹汹我静赏,初奏此时差可辨。须臾光响相纠结,惟闻森森沉沉直上翻云汉。东船西舫更交加,下视何由睹寸涧。偶然闪倏透水处,如金在镕风掣电。楼楼堂客(白下称内人为堂客)船船妓,近不闻声远察面。呜呼!此时灯船更难动,但坐饱食挥槌调丝按孔相凌乱。侯家别携清商部,那得于中闻唱叹。复有劣鼓与劣吹,就中藏拙谁能见。爆竹声底烟雾浓,暂借香风解沾汗。露零雨下不能退,乐极生悲真可厌。酒醒忽迷此何地,魂销略记伊堪恋。直至明朝日亭午,船松却退人相羡。归来沉眠须竟日,流莺啼破河阳战。此后游人数日稀,清淮十里流花片。记得坐中客,能说王稚登。稚登挝鼓湘兰舞,赏音击节屠长卿。后来好事潘景升,晚节犹数茅止生。绝艺于今谁作主,李小大歌张卯鼓。当时惆怅说于今,忍见于今犹成古。年复年来事可叹，灯船伐鼓鼓不欢。辛壬之际大饥疫，惟见凤陵烽火照见秦淮白骨横青滩。桃叶何须怨寂寞，天子孤立在长安。吾闻是时宰相蒯成侯，黄金至厚封疆雠。公卿济济咸一德，坐令战鼓逼龙楼。甲申三月鼓遂破，断管残丝复谁和。半闲堂里起笙歌，平章舟上称朝贺。试问当时雷海青，阶下池头还几个。新剧惟传《燕子笺》，杀人无暇上游船。行人何必近前听，荼毒鼓中无性命。同时阿谁伎畜尔，惟有黄刘高左五侯耳。君不见，师延靡靡濮上水，未若玉树后庭美。赏音何人丞相颋，相对掀髯复切齿。一拨弦中半壁亡，一棒鼓中万人死。鼓急弦惊曲不长，两年歇绝堕渔阳。有客徒怜桥下水，无人不断渡边肠。及此相看真分外，何许藏舟一舟在。拂尘捍拨光初辉，奋槌扬袖褴褛衣。不灯漫乘夕照出，无伴知从何处归。争新夸异各有故，君看西风桃李枝。西风一枝众称异，东风万树空尔为。入耳悲欢难具说，醉里分明具心热。於戏！汉代金仙唐舞马，此事千年有无者。兴亡不入心手闲，然后声音如雨下。探汤挝鼓蒺藜刺，应有心肝碍胸次。馀音漠漠搅飞絮，灯船灯船过桥去。过桥去，伤鼓声，长歌短歌歌当成。陇西李贺抽身死，举杯相属樊川生。此身流落江南久，曾听当时煞尾声，又听今朝第一声。

此歌一腔悲愤喷薄而出，词采有艳者，有犷者，尽为所掩矣。其言"旧都冠盖例无事，朝与花朝暮酒暮"，此是正面描写废都人士心理之颓靡，耽于宴乐。今亦有旧京冠盖，读之可为炯鉴。"梁溪酒"，"苏州箫管虎邱腔，太仓弦索昆山口"，"镇江红缨络"，"淮阳鼓"，以及王百谷鼓、马湘兰舞，暨屠长卿、潘景升等等，皆掌故也。予按秦淮灯船伐鼓，以及河房宴饮，清初已歇绝，康熙朝禁令尤严，余澹心已有“间一过之，蒿藜满眼，楼馆劫灰，美人尘土”等语。乾隆末，始弛而复盛，然此时已无鼓吹之俗。道光中叶，英兵犯宁，又衰。咸丰间，洪、杨之役后，又极荒凉。有兴废代嬗，昔已如此。

三三〇　吴汝纶记伊藤博文来华

桐城吴先生日记十六卷，是籍亮侪（忠寅）辑刊其师挚父先生遗著，锓板才数年，盖经哲嗣辟疆（闿生）依类抄辑者。辟疆久不相见，亮侪则与茫父、季常同岁化去。此书分类襞织，自见翦裁之功，而不以年月排次，于考证史迹，间亦有未便者。辟疆跋言：“自同治五年丙寅，讫光绪廿九年癸卯正月临逝前六日，阅时三十八年，大率皆备。惟岁月既久，前后未尽一致。虽有排日纪事，而条记所得，不标日月者为多。”似是读书记事日札，而非必如翁叔平、李莼客之以月日为主也。此四十馀万言中，所包材料至多，先就予所考，摘举一二。

予前记张樵野事，言当时日本伊藤博文来华，喧传樵野欲聘为客卿，以佐德宗，因而益促戊戌之变。兹于吴先生日记中，得见伊藤当时之言论，实极有关系。日记卷六“时正类”，戊戌年，不署月日，一节云：“伊藤为中国画策四事：一曰设立大银行，延雇西员襄办，纠集亿万股本，印刷钞票，如遇战事，数百万金赀不难立办；二曰设立士官学堂，仿文明富强之国章程办理；三曰改招募为征兵，充兵有年限，此外洋之法，日本行之已见明效；四曰铁路南北通行，内地均行轮船，则商务运转灵便，利权操之自我。前四事曾言之恭王。又以告张樵野侍郎：今四五年内中国必有大变，政府意主变法，但变亦不可太骤，欲速则不达，徒使天下骚扰不宁而已。”

伊藤所言四事，及今观之，不可谓非忠言荩谋。盖一事即今之中央银行，二事即军官学校，三事即征兵，四事即南北须有贯穿之铁路。此四事至今不能出其范围，不过去伊藤建议时，其设施落后二三十年不等耳。伊藤当时游历我国，目击帝后之争、新旧之争，已逆料必有大变。尔时德宗亲政，故曰政府意主变法，然亦看到教育程度与旧制度、旧势力之复杂不齐，必日见骚扰不宁。此种觇国言论，代谋之公忠，微吴先生记之，殆不可考矣，如此方是日记中第一等史料。随伊藤博文来华者有森泰次郎，宴集于天津之北洋医学堂，挚父先生有诗。

三三一　曾国藩致李鸿章函中论外交要语

挚父先生日记中卷十三“品藻类”，辛丑十月二十六日，阅曾公与李文忠书，摘录其略。此节亦极有精语佳料，盖文忠新薨，挚父先生居文忠幕府，必亲见曾文正公与文忠之密札，因摘钞有函中要语。此种语，度文集中未必有之，今节取其有关外交者如下。

其一节云：“阁下向与敌以下交接，颇近傲慢，一居高位，则宜时时检点。与外国人相交际，尤宜和顺，不可误认简傲为风骨。风骨者，内足自立，外无所求之谓，非傲慢之谓也。”又一节云：“夷务本难措置，然根本不外忠信笃敬四字。笃者，厚也。敬者，慎也。信，止是不说假话耳，然却极难，吾辈当从此一字下手，今日说定之话，明日勿因小利害而变。”又一节云：“为将帅者，虽内怀勾践栖会稽、田单守即墨之志，而外却十分和让。为中国军民者，则但有和让，更无别义。”又一节云：“与洋人交际，孔子忠敬以行蛮貊，勾践卑逊以骄吴人，二义均不可少，形迹总以疏淡为妙。”又一节云：“承示复总理衙门函稿，精到刚大，良为经世不朽之作。其与若类思相要约一节，尤足折远人之心，而作忠正之气。以忠刚慑泰西之魄，而以精思窃制作之术，国耻足兴，于公是望。”按以上五节，皆极有意义，所以诲导文忠者，不可谓不直而切，其言“不可误认简傲为风骨”，“不说假话极难，吾辈当从此著手”，此已鞭辟近里。其言“内怀如勾践、田单，而外却十分和让”，此尤沉痛之极。言“中国军民除和让外无他义”，亦是至理，盖决不能使全国人皆摩拳擦掌，昼夜哗言复仇，或杀一二敌人以自矜也。其末一节可见文正爱国之烈，期望文忠有作为，以雪国耻之意。读此可见文正虽不以外交名，而已得忠信立身与卑逊骄敌之义。真爱国者，不当如是耶？挚父先生所录凡二十节，今举其五。

三三二　湘之畸人周印昆

任公赠茫父诗中，所谓“跛蹇髯周”者，前已释其言。蹇季常、周印昆两君皆有瑰志琦行，今与茫父、任公并下世矣。印昆名大烈，湘潭人，陈师曾之业师。三十以前，居湘潭不出门，及为议员，为关监督，已五十馀。初不闻其为诗，晚得诗一卷，乃近六十所作，五言律诗最佳，语羞雷同，时出新意，七绝亦别有一境，萧疏崛健绝人。晚岁惟往来西山八大处、香山及北戴河间，自乐其乐。文不多见，近见所自为墓碑，附一诗一记，此于古无先例，笔墨简古可喜。碑云：“周大烈，字印昆。少学宋儒学，中遭世乱，欲有所挽救，奔扰十年，无所成，而学亦荒落。六十后，世愈乱，年已衰，乃愤而作诗自吊，且吊其世。病将死，自寻圹地，妻又先卒，葬以待。今精爽已亡，愤心亦竭，录其寻圹诗于碑阴，略状生后所抱惭恧。妻同县袁明瑞，字仲德，自余奔扰于外，未一问家事，事能治，归则胥适余意，故犹得苟存，悲乎，其先亡也。”

附一诗，题云：《于燕城西郊红石山寻圹地》。诗云：

步步皆吾土，行行未觉宽。路寻红石下，山起白槐端[①]。

畚锸随身在，须髯拂世残。了然无剩处，盖后只柴棺。

又附《东四墓村红石山圹地记》，云：

红石山在燕城西郊青龙桥东迤北。（见《日下旧闻考》卷一百。）民国十四年，买山麓地十五亩，筑屋，凿井，种松梧，置守者，以为圹地。距青龙桥二里许，山尾则与桥市相接，能通有无。地则僻而硗瘠，为今日藏骨与守藏者计，或有当耳。圹之背为红石山峰，峰背为金山口，西即金山，明景泰帝陵寝在焉。其先即为明世妃嫔、皇子丛葬之所，《日下旧闻考》详纪其事。圹地地望，似当属之金山。红石山小，又别无系着也，然都人及郊民所著称，乃为山下之东四墓村。余初至，见圹地前田间有破冢，庞然而大，引导者曰：此明皇子冢，尚有其三，亦在近地，村民居其西，故曰东四墓村。”后阅邵阳魏源《海淀杂诗》注：“东四墓，西四墓，正当万寿山后宝藏庵前，（庵今称寺，在圹地西北一里。）皆明代妃嫔葬所。”（见《古微堂集》）然则东四墓，西四墓，对待成名，与村无涉，而村名所以著称，仍本之金山东西墓也。十五年，袁夫人卒，作圹，先葬。今年衰疾日甚，自撰墓碑，及碑阴为记，附勒于后。昨至墓所种柽树（土人呼扦松或刺儿松），守者谓村宜桃，亦可增种。魏源诗注亦云东四墓宜桃，岁供进御，都人多讹董氏墓

---

① 原注：山种刺槐，春间白花。

桃，或东四亩桃。若不即死，当如守者言，令佳果相绕，别成一境也。

下署“周大烈再篆书”，书法亦奇古。印昆诗印行者八卷，至己巳为止。其后尚有一小卷，陈叔通以寄予，属为校定。为题一绝句云：“一老湘潭字有神，能从平澹出艰辛。旧京何恋频回首，只此松间曳杖人。”言印昆晚岁常携一短筇，徜徉于中央公园松柏丛中也。此是壬申所作。甲戌七月，君遂捐馆舍，年已七十馀。时散原先生已北居，与印昆交挚，故予挽诗有云：“平生义宁叟，泪笔料铭幽。”此实湘之畸人也。

三三三　蹇季常其人

季常负一世清名，以民国十九年庚午九月仰药于石虎胡同。是年予北居无憀，闻耗尤感怆。有诗书简林宰平云：

党碑元祐仆为尘，故国秋风鬼录新。

未信高旻真瞀昧，欲焚残笔谢交亲。

安禅词客灵应在，饮药狂夫意最辛。

洒泪寝门非敢哭，写悲聊寄索居人。

言入秋以来，籍亮侪、姚茫父、蹇季常、章曼仙皆谢世，乡前辈如卓巴园、王碧栖亦归道山，故曰“鬼录新”。五句“安禅”言碧栖，六句“仰药”则言季常也。此诗吷庵、观槿皆以为至沉痛，当时下笔所感，殆尚不止此。近见叔通所为季常墓志铭，宰平为墓表，皆至婉而切，足以传季常。叔通所为志，今节取十之八九。志云：

蹇季常既葬之明年，余游北平，周印昆大烈语余曰：“子知季常审，宜有以铭其墓。”余去年春亦游北平，君已病偏废，扶掖而行，丰晬犹曩昔，痛戒酒，意气未尝少衰。余尚幸君能全其生而乐其天也。别数月，君竟以仰药死，实中华民国十九年九月八日，享年五十有四。呜呼！酷已。君生平不为空文高论，务见诸行事。少随父官四川，父殁，以丧归，诸昆于役在外，家事委君区画，整肃以睦。乡里有事，郡守令咸倚君。清光绪庚子、辛丑间，邦人士怵于国势不振，争游学日本，君入早稻田大学，习法政，贻书劝亲故子弟来就学。日本下令取缔留学生，君主学生会，学生汹汹退学归国，君持不可，谓求学将以救国也，毋宁忍辱，于是留者亦渐定。君尝私忧窃叹，民久失教，国谁与立，纵如日本颁布立宪，苟上下相率以伪，其又焉济？有持革命之说者，君曰："是孤注也。不幸失败，则国人当益憬然于失败之由，而知所务矣。"新会梁君启超居日本，有所述作，亦以立宪诏国人。两人者，相见甚欢，契合盖自此始。呜呼！此有以君为主持立宪之健者，宜若为知君矣，而君之先见固如是，是又知君而未能尽也。归国后，游奉天、湖北，皆未能行其志。性介洁，无所干于人。河南巡抚林绍年荐于朝，用七品小京官，分度支部，出为河南财政副监理官。时清廷已以立宪号召天下，贵胄用事，枢臣疆吏率皆贪冒庸暗，袁世凯稍有才，未几放还，家彰德洹上。君心知乱将作，世凯必再起，数往说。退而告人："中于习者深，又好自用，未足以语大计。"

辛亥八月，川鄂发难，全国震动，果起世凯柄政。任君统计局副局长，不就。改建民国，被选众议院议员。梁君自日本归，君默察大势，愈益沮丧，力尼梁君毋预政。国会解散，任肃政使，不就，偕梁君避天津。无何，有洪宪之变，皆如君所逆料。是时群情愤懑，莫敢先发。邵阳蔡锷、贵定戴戡、修文陈国祥同在京师，密计走滇黔，举兵抗帝制。以白梁君，就君咨决。梁君奋臂腾檄，南下西行，君往来津沪策应。世凯病死，兵解，国会再开，君北上。梁君谢政，君亦旋辞议员，盖又知国难不以袁世凯死而遂已也。

自此君常超乎政治之外，然犹时时左右梁君，托于酒，日未晡而饮，饮辄大醉，率以是为常，论者或以君为果于忘世。呜呼！君固以政治为生命者，岂惟不能忘，日隐恫于中，思所藉手，而世莫之用，亦莫之喻，坐视其迁流所极，而无可如何，贫病又从而厄之。天乎，人哉？君纵不死，抑又奚待？呜呼！此君之所以死也！

宰平所为墓表尤详，今亦节录之：

君遵义蹇氏，讳念益，字季常，世于黔为望族，自君祖五世不分爨，而父若兄率游宦滇蜀。君年十五，即总持家政，家中食指以百计，肃然无间言。光绪乙未，黔岁大饥，君佐黎君庶昌筹振务，而实负其全责，事巨细毕举，全活至众，时年十九耳。

庚子义和团之乱，君怵于内忧外患之不可终日，慨然欲有为以见世，赴日本留学，察其国政民俗。居东数年，学业日进，于时交梁君启超，毕生为契友，余亦于其时始识君。光绪丁未，与君先后归国，君以汴抚林绍年荐，入京，得旨授七品小京官，度支部行走。

宣统元年，任河南财政副监理官，贵阳唐君瑞铜任正监理官。唐君于君为世旧，知君最深，其初受命，则请于朝，必得蹇某为佐，卒得请，君不获辞，遂同之官，唐君悉以事听君主持区处。时预备立宪，推行所录新政者，方急于整理各行省岁出入，始设清理财政局，每省派清理财政正副监理官各一员，布政使充局总办，而监理官不隶督抚，直属于度支部，部臣措意筹款，希指者每以多输进为务。君与唐君主编制预算根本清理之策。河南岁入，大者地丁、漕粮、田屋税契、厘金、盐税、杂收入，而地丁漕粮则折银两，准市价收钱。时每银一两折钱千二百文，县官所收，则一两折钱二千四百至三千文，人民额外所纳倍正课，或尚过之。县办公费，及上自长官，下至库吏，供应例给诸费，皆取偿于是，馀归中饱，数百年积弊，无敢问者。君为定规制，经谘议局议决，地丁、漕粮等银两折钱，以近三年平均市价计算，各县即以实收之数缴司库，革除一切规费。而别定县办公费，依地方繁简分五等，实给县官廉俸。庚子赔款摊派各县者悉免，由清理所得款支付。河南全省岁入原六百馀万两，清理后，蠲除各规费，乃得九百馀万两，与其时全省岁出适合，而人民不加负担，县官不见赔累，上下便之。我国财政大病，曰出纳之无法，曰不脱包办旧习。君于河南，盖一举而廓清之。

宣统二年，资政院办预算，河南成绩为全国冠，度支部以河南收入骤增，将提司库剩款二百馀万两内用，唐君力争，留本省充巡警、教育各费，河南新政基础以立。唐君与君皆知有公事，无毫发私见，不急敛巧取为阶进计，独为地方人民培元气。其识解操行，岂今日从政者所能几及其万一哉！

宣统三年，君辞监理官。会武昌革命军起，君在汴，与同志有所筹计。汴抚某急劾君有异志。（中略）既破贼，袁氏以忧死。国会再集，君欲团结各党派，屏私见，共定国是，而党人之相疾相排如故，君奔走卒无济，戚然痛之，乃并辞议员职。五年冬，蔡君锷病逝，君益伤痛，日以醇酒自遣，然忧时望治之念未尝忘也。六年，张勋复辟，举事之日，君与余适在北京汤山温泉，闻变急返。君间道赴天津，余携其密电本及函电返京。既而马厂起义，梁君启超自津赴前敌，君主持有力焉。

民国再光复，政象之混沌无殊往昔，识者忧之。梁君欧行归，厌弃政治，讲学清华学校，君时过从，每语时政，辄相与太息。梁君既殁，君益无可与语，向之有托于酒者，至是因得疾，偏废，非扶掖不能出户庭，后且滴酒不入口，日张目视天下大乱，君至是乃不得不死。死于民国十九年九月八日，饮安眠药。先草遗嘱，处分诸事綦详，并大书“从容谈笑而去”六字置案头。呜呼，君果竟去矣！自非大勇，其孰能是？君盖非厌世者，将有为以见世，不得竟其志乃死。君之死，世实杀之，哀哉！死年五十有四。配杨夫人，仰药殉，后君死十馀日。

季常谒项城，所评“中于习者深，又好自用，未足语大计”，此三语极精。近代要人，鲜能逃此例者。其为任公谋最忠，叔通所谓“力尼梁君勿预政”者，皆事实。使任公先生能皆用其言，著述之能毕其事，当益完且夥也。季常纵酒，实以自逃。任公尝集一词联赠之，上联云：“最有味，是无能，但醉来还醒，醒来还醉。”是缉自朱希真[江城子]、张梅厓[水龙吟]。下联云：“本不住，怎生去，笑归处如客，客处如归。”乃以刘须溪[贺新郎]、紫仲仙[齐天乐]句偶之。匹仗天成，自为上构。任公方养疴，得此联大喜，以为逼肖季常，为跋归之。集词联近日已成风气，任公此制，亦仿自师曾，且见所为小序。季常久客王城，一旦解脱，下联数语，岂亦微见谶兆耶？

三三四　王湘绮《祺祥故事》

前记端、肃事，曾援涵芬楼所藏密札，推论肃豫庭之冤。比得北大吴君相湘[①]书，举及湘绮之《祺祥故事》一文，为前记所漏略者，诚可谓失之眉睫，微吴君言，遂终忘之。湘绮此文作于民国三四年间，曾写一长卷，以贻晳子，今度尚好在。湘绮殁后，其遗文未尝续刊，故易有"捃摭星宿遗羲娥"之愧也。王文实为端、肃一案最有力之史料，乌可不录？王闿运《祺祥故事》云：

恭忠王母，文宗慈母也，全太后以托康慈贵妃，贵妃舍其子而乳文宗，故与王如亲昆弟。即位之日，即命王入军机，恩礼有加，而册贵妃为太贵妃。王心慊焉，频以宜尊号太后为言，上默不应。会太妃疾，王日省视，帝亦省视。一日太妃寝，未觉，上问安至，宫监将告，上摇手令勿惊。妃见床前景，以为恭王，即问曰："汝何尚在此？我所有，尽予汝矣。他性情不易知，勿生嫌疑也。"帝知其误，即呼"额娘"。太妃觉焉，回面一眂，仍向内卧，不言。自此始有猜，而王不知也。又一日，上问安，入，遇恭王自内而出，上问病如何，王跪，泣言已笃，意待封号已瞑。上亶曰："哦！哦！"王至军机，遂传旨令具册礼。所司以礼请，上不肯却奏。已而上尊号，遂愠王，令出军机，入上书房，而减杀太后丧仪，皆称遗诏减损之，自此远王，同诸王

---

① 吴相湘，湖南常德人，北京大学毕业。曾任台湾大学、新加坡南洋大学等校教授。2007 年卒于美国。著《咸丰辛酉政变纪要》、《第二次中日战争史》、《晏阳初传》、《孙逸仙先生传》、《三生有幸》等书。又主编《中国现代史料丛书》、《中国史学丛书》及《中国现代史料丛刊》。

矣。庚申之难，令王留守。至热河，帝疾，独军机诸臣在，王及醇王皆不侍。八月初，王具奏请省视，帝疾笃，以不能坐起，强起倚枕，手批王奏曰："相见徒增伤感，不必来觐。"其猜防如此。故肃顺拟遗诏，亦缘上意，不召王与顾命也。

肃顺本郑王房，以功世为亲王，与袭郑王异母，以才敏得主知，自辅国将军为户部尚书，入军机，专断不让。怡王即世宗弟，亦以宠世王；袭王载垣与袭郑王端华，皆依肃顺为用。初，诏谒陵出都，实辟夷兵，而讳其行，行日之朝，犹有诏言："君死社稷。"独肃顺先具行装，备路赍。自都启行，供张无办，后妃不得食，惟以豆乳充饭，而肃顺有食担，供御酒肉。后御食有膳房，外臣不敢私进，孝贞、孝钦两后不知其由，以此切齿于肃顺。及之热河，循例进膳，孝贞又言："流离羁旅，何用看席?"请蠲之。文宗曰："汝言是也，当以告肃六。"明日诏问云云，肃顺知上旨，则对以"费无几，若骤减，反令外惊疑"。上心喜所对，即诏后曰："肃六云不可。"后益恶肃顺矣。

已而大行，遗诏八臣受顾命如故事。孝贞诏顾命臣，以防雍阁为词，日进章疏，仍由内发。军机拟旨上，后览发以小印为记，小印曰"同道堂"，不知何时人刻汉玉为之。汉玉者，汗玉也，殉葬玉皆假名汉。文宗初晏朝，后至御寝，问侍寝何人，升坐责数之。上既视朝，心念后未还，恐有变，即还寝，则宫监森然侍立，知后升坐，即戒毋报知皇后，潜步入，则后方上坐，侍妃跪前。后见上至，下迎，帝即坐后坐，跪者犹未敢起，后立帝旁。帝阳指跪者问后："此何人也?"后跪奏："自祖宗以来，寝兴有定法。今帝以醉过辰不出朝，外间不知，皆以奴无教。故责问彼，何以多劝上酒?"帝叹曰："此是我过，彼何能劝我?

且宜恕之。"后奉诏,因曰:"此主子宥汝。以后无论何处醉,惟汝是问。"帝惭,即索所佩唯一玉印,解赐后以谢,同道章自此始。今乃以为信,而或说不知,安有传伪云。既而御史高延祜上请垂帘,本后意也,以示顾命臣。肃顺即言:"按旨当立斩。"孝贞心怍焉,即曰:"我辈不用其言足矣,不必深求。"及票拟上,议斩。奏下,独留高折不发,于是军机三日不视事。孝贞问,则以前折未尽下。于是孝贞涕泣,自起检奏予之,拟高摘为披甲奴。越日大临,后见醇王福晋而泣。醇王福晋,孝钦妹也,孝贞亦妹之,故相亲善。诉其事曰:"欺我至此,我家独无人在乎?"福晋言:"七爷在此。"孝贞喜曰:"可令明晨入见。"及明,醇王入直庐前,肃顺问何为,对以召见。肃顺哂曰:"焉有此?"斥令退,王退立外阶。俄宫监来窥直房,旋去。而军机至晏,竟不叫起。叫起者,召见,分班一见为一起,军机则皆同入为头起。此日不召头起,先召醇王。宫监来窥者三,终不见醇王,至三至,乃自语曰:"七爷何不来?"王在外闻之,即应曰:"待久矣。"来监亦曰:"待久矣。"遂引王入,肃顺在内坐,不能阻。王既对,孝贞诉如前,醇王曰:"此非恭王不办。"后即令往召恭王。

醇王受命驰还京,三日与恭王至。军机前辈也,至则递牌,入谒梓宫,因见后。后诉如前,恭王对:"非还京不可。"后曰:"奈外国何?"王奏:"外国无异议。如有难,惟奴才是问。"后即令王传旨回銮,令肃顺护梓宫继发。既之京,即发诏罪状顾命八人俱拿问。怡、郑二王犹在直房,恭王出诏示之,皆相顾无语。王问:"遵旨否?"载垣曰:"焉有不遵?"王即拱之出,则以备车送宗人府。于是遣醇王迎提肃顺,即庐殿旁执诣刑部。肃顺骂曰："坐被人算计，乃以累我！"临刑骂不绝，卒以拦阻垂帘，斩于市，而赐二王死。一时无识者谓之"三凶"。即诏旨亦不知垂帘之当斩也。

先是，改元祺祥，至是改同治。设三御坐，召见听政如常仪，名治肃党，以常酒食往来者当之。而恭之任事，委权督抚，朝政号为清明，颇采外论，擢用贤才，能特达者，不为遥制。然两宫婪索，亲王密迩，时有交接，辄加犒赉，则不足于用。而国制，王贝勒不亲出纳，奉给庄产，皆有典主者，率侵盗以自给。及入枢廷，需索尤繁，王恒忧之。福晋父故总督也，颇习外事，则以提门包为充用常例。王试行之，而财足用，於是府中赇赂公行，珍货猥积，流言颇闻，福晋亦患之，而不能止矣。王既被亲用，每日朝辄立谈移晷，宫监进茗饮，两宫必曰："给六爷茶。"一日召对颇久，王立御案前，举瓯将饮，忽悟此御茶也，仍还置故处，两宫哂焉。盖是日偶忘命茶。而孝钦御前监小安方有宠，多所宣索，王戒以国方艰难，宫中不宜求取。小安不服，曰："所取为何？"王一时不能答，即曰："如瓶器杯盘，照例每月供一份，计存者已不少，何以更索？"小安曰："往后不取矣。"明日进膳，则悉屏御磁，尽用村店粗恶者。孝钦讶问，以六爷责言对。孝钦愠曰："乃约束及我日食耶？"于时蔡御史闻之，疏劾王贪恣。它日诏王曰："有人劾汝。"示以奏。王不谢，固问何人。孝钦言："蔡寿祺。"王失声曰："蔡寿祺非好人。"于是后积前事，遂发怒，罪状恭亲王，有"暧昧不明，难深述"之语。朝论大惊疑，而外国使臣亦询军机事所由，用是得解。复召见，王痛哭谢罪，复直如初。以疑忌排去者八人，军机有前后八仙，与前顾命者为对，皆以目恭王云。

然恭王自是益谨。而安得海以擅出京师，诛于历城。李莲英继用事，烜赫过于小安，而谨饬慎密，竟终事孝钦。恭王亦以功名终，得谥曰贤，不遇祻败。然王大臣纳贿之风，及孝钦颇留意进献，皆自王倡之。五十年来议和主战，终归于服从，亦孝钦之过虑也。恭王、孝钦皆有过人之敏知，而俱为财累。乃至德宗末年，天下惟论财货，及禅让亦以贿成，用兵惟先言饷，至千百万，和款外债，遂至巨兆。举古今不闻之说，公言之而不怍，开辟以来未有之奇，盖又咸、同以来所不料者。以前史论之，战国秦汉之际，庶几肇兹，自非张四维，革浇风，吾乌知其所底哉？

湘绮此文中，叙恭、醇、怡、郑诸王党援消长之由至详，与世所传者大致符合，今不具论。独言请垂帘者，为御史高延祜。按请垂帘者董元醇，具见《清史稿》及诸家笔记，证以密札中之千里草隐语亦相合。湘绮作此文时，薛叔耘《庸庵笔记》早已锓板，叔耘为曾文正幕府，先湘绮卒，湘绮纵未览薛记，而十一年之变，湘绮在京，何以舍董元醇而言高哉？观文中叙述井然，必非误记。而历考诸书，未详高之里籍，唯知此公，盖亦阿附当时朝旨，不但嫉端、肃，且亦恶曾、胡者。咸丰十年二月，罗澹村（遵殿）殉节杭州，有诏褒恤，予谥忠愍，而高摭浮议劾罗，竟罢恤典。及同治元年，曾文正讼于朝，谓罗清忠大节，如复赐恤，可知高之平日议论，与所处地位矣。以意度之，高必先董上折请垂帘，或竟在董后，皆未可知。但以高乃两后最初授意之人，或其奏折措词不如董之冠冕，故不发钞。至湘绮之举高舍董，则似故标此人，以示见闻之切，董外尚有高在耳。

以史例言之，有所特举，必有所故漏。然湘绮此记，皆当日目击耳闻，可信处甚多。今举一例，如言："后曰：'奈外国何？'王奏：

‘外国无异议。如有难，惟奴才是问。’”证以前所录密札中第八札附纸言，“今日晤竹兄等，知昨见面，后以夷务为问，邸力保无事。”涵芬楼所收诸札发表时，湘绮已下世，而暗合如此，可惟见所记之翔实。孝贞暗弱不足道，当时那拉氏最憎外人，亦最惧外人，后此戊戌、庚子诸役，皆厌惧外国干涉心理之反动也。

三三五　曾国藩隐为端肃讼冤

同治八年己巳三月二十四日，曾文正公与幕府长谈，此从文正日记可考得之。所言何语，则吴挚父日记曾详之。文正是日所谈，大概谓天下无真是非。先论林文忠公甚长，后有一节云：“咸丰九年，洋人来换和约，僧忠亲王诱而击沉其船，天下称快。十年，夷人复至，僧邸不守北塘，意欲引夷人陆战，一鼓歼之。及夷人上岸，开花炮一击，我军人马自相践躏，溃败不可收拾，遂至圆明园被焚，车驾北狩，京师不守，几丧天下。某谓僧邸此败，义当杀身以谢天下矣，然至今亦未闻有以九年诱击夷人为非者也。当夷人十年复至时，文宗下十七诏，敕僧邸罢兵，僧邸不听。及事败，谓不守北塘，系为端华、肃顺所制。岂有敢抗天子诏书，而不敢违二三佞人意旨者哉？某此议出，人必虢为谬妄，以是知是非之无定评也。”

文正此段谈话，自是与极亲密幕府信口而谈之真言，其中含有为端、肃讼冤之意。盖文正初不以诱击为然，故不直僧邸所为，谓既闯祸，又不引咎自负责任也。文宗最信肃顺，故十七诏罢兵者，自为肃顺主谋。僧格林沁不听诏而战，败则委过端、肃，此自可鄙。更进一步言之，僧王之主张非，则肃顺之主张是。其时端、肃已遭诛，故呼以“二三佞人”，然其意固右之。不但右之，其言天下无真是非，意即深慨端、肃之冤，虽作如是解可也。

三三六　郭筠仙推崇端肃

郭筠仙亦当日极以端、肃为然之人，以先出都，得免于肃党之目。予前年曾举其与陈子鹤谈“洋务一办便了”之语，以实吾札。今考《玉池老人自叙》，此节表彰陈子鹤甚力，称端、肃等以郑王、怡王、肃相，其不忍斥之之意显于词表，尤易见也。今再全录此节，以与挚父先生日记中文正所谈相印证：

> 建昌陈子鹤尚书有权贵之名，而其留心时局，甄拔人才，实远出诸贤之上。嵩焘之援江西，尚书方忧居，奉命办理团防，同居围城两月有馀，朝夕会议，相待至为优渥。又五年，至京师，常共往来。一日诣尚书，适有客数人在坐谈洋务，一意主战。嵩焘笑曰：“洋务一办便了。必与言战，终无了期。”闻者默然。顷之客散，尚书引予就僻处，告曰：“适言洋务不战易了，一战便不能了，其言至有理，我能会其意。然不可公言之，以招人指摘。”予不能用其言，而心感之。
>
> 嗣见冯鲁川言，在刑部多年，专意办案，不屑回堂，堂官讫无知者。陈公任刑部，有疑案，特召询之，加倚任焉，自觉精神为之一振。及权兵部，李眉生在部，亦加异视，相与诵言其贤，乃悟流俗悠悠之议论，专持一见，不足据也。予自京师乞病归，尚书方验漕天津，闻而大戚，屡书属少留，候回京一见，予不敢从也。甫行两月，而有天津之变，车驾巡幸热河，尚书被诏扈行。逾年大丧，郑王、怡王皆赐自尽，尚书亦遣戍。盖其时郑王、怡王、肃相执朝权，汉员

> 被诏，仅尚书一人，言路据以为党，论劾及之。嵩焘南归稍缓一两月，天津兵溃，嵩焘前言皆验，尚书必邀致之，使并入党祸。尚书机警，能测洋务之必有变，而不能测及圣躬。白香山诗云："祸福茫茫未可期，大都早退似先知。"嵩焘之不与党祸，早退之力也，既以自慰，亦重为尚书悲也。

按筠仙此节之前，即记与僧格林沁力争，谓战必败，僧王不听云云，此与文正所谈相合，亦可见尔时文正、筠仙一派之观察较深切明锐。筠仙所言"不与党祸"云云，殆必非言与陈、匡、焦等同科，而以不预于肃门六子之目为幸。《清代野史大观》中所钞某笔记言肃顺一则云：

> 肃顺秉政时，待各署司官眦睢暴戾，如奴隶若，然惟待旗员则然，待汉员颇极谦恭。尝谓人曰："咱们旗人浑蛋多，懂得什么？汉人是得罪不得的，他那枝笔利害得很。"故其受贿亦只旗人，不受汉人也。汉人有才学者，必罗而致之，或为羽翼，或为心腹，如匡源、陈孚恩、高心夔，皆素所心折者。曾国藩、胡林翼之得握兵柄，亦皆肃顺主之。

又云：

> 肃顺极喜延揽人才，邸中客常满。湖口高碧湄大令会试在京，聘为记室，欲以状头畀之。庚申，高中式。迨殿试，适肃奉命为收卷大臣，虑有优于高者，欲困之，遂下令曰："下午四时不交者撤卷。"乃未晡即有交者，视其名，钟骏声也，通篇七页半，无一补缀。肃不觉大愠，即受而置之靴中，既毕事，亦忘之矣。归邸，脱靴始见之，大骇，即遣骑驰送阅卷处。阅卷大臣以为必肃所注意者，遂以一甲一名进呈御览，而钟竟得大魁矣。及遍觅高卷，乃知亦在撤卷中。盖高作字甚缓，日将没

犹未毕，遂一例被撤，而肃不知也。及朝考，又以出韵置末等，以知县发江苏，补吴县知县，有强项声。肃之爱才多此类。如陈孚恩、匡源、焦祐瀛、董宗汉等，皆肃所举也。而独不喜满人，常谓满人胡涂不通，不能为国家出力，惟知要钱耳。故其待满人不如其待汉人之厚，满人深恶之。

此两节，并可与前记参看。其馀言杀柏葰及其母回女之果报，语皆不经，未可信。独此两节，予意必为信史。以予统观世所诋肃顺，不外暴戾恣睢四字，所云受贿云云，殆亦怨家之词，观肃查办户部事，可决非贪贿之庸奴也。所述高伯足事，即湘绮所嘲为“平生双四等，该死十三元”者。

附：北大吴相湘来函

秋岳先生赐鉴：敬启者，近阅《中央时事周报》尊著论端、肃一狱事，极佩卓见。而将当时人信札附印，尤予人方便。此等信札，张采田先生作《清后妃传稿·慈禧传》中，曾加引用，可见其价值甚大。湘近究心于此数札，觉其中有可商榷者，即第七札樵客致黄螺主人札日期，作九月初一日，首云：“恭邸今日大早到。”今按《同治东华录》咸丰十一年七月己酉，书“恭亲王奕䜣奏请前赴热河叩谒梓宫，允之”。《翁文恭公日记》咸丰辛酉七月廿五日书：“闻恭王昨夕奉召往热河。”己酉为廿三日，翁记与《东华录》合。又翁日记，八月初六日记云：“闻恭王初一日到滦。”是恭王之到木兰，为八月初一日，如依第七札日期作九月初一日，则似与当时事实不符矣。意原札日期仅书“初一”两字，“九月”为高劳君排比此十二札时所加上耶？惜原札不存，无足印证矣。湘以为第七、八、九、十札，日期均在八月，更据第十札所云：“元圣（指恭王）日内即回（初七日动身）。”证以《翁文恭公日记》辛酉八月十二日“闻恭王昨日回京”，尤相合也。鄙意如此，不知先生以为何如？又王壬秋老有《祺祥故事》（世界书局钱基博著《现代中国文学史》页四二），于当时委曲颇多道出，有非官书所能尽者。惟其奏请垂帘之主名，乃为御史高延祜，始终未及官书中所云之董元醇，湘于此颇难解释，以天下皆知官书具载之人，壬老当无不知而误忆其名书作高某之理，然则官书殆非真相耶？以先生之博闻掌故，敢乞明以教我，盼甚盼甚。专此。敬颂大安，伫候回示是幸。后学吴相湘谨上。十一·七。

著者案，吴先生此书，极见好学深思，考证入微，至可佩服。札中月日，非笔误，即后来审定者误加。至对高延祜、董元醇疑问之意见，已详于前。清制，遇有大事，御史言者虽多，但以上谕所举及原折发钞者为准，折留中者，庙堂之上，容或持以争论，而不见邸钞，史官无由据以书之也。

三三七　国家存亡大计

文芸阁《闻尘偶记》云：

文宗之幸热河，首倡此议者，僧格林沁也。其奏疏，余于张编修鼎华处曾见抄本，言战既不胜，惟有早避，词甚质直。以事理论之，唐玄宗、德宗屡奔而存，明庄烈一殉而亡。文宗仅幸离宫，较之前代尤为有得无失，此当归美于议避之臣。而后来诛肃顺、端华诸人，乃以此为大罪，以肃顺怙宠专擅，诚非无辜，而罪以避敌之议，则大误矣。至甲午之役，倭人由辽渐迫，太后恒令顺天府备车二千辆、骡八百头，然始终不行。张孝达制军、李芍农侍郎皆主西狩之议，余亦以为不顾恋京师，则倭人无所挟持。俄王保罗之败法主拿破仑第一，空都城以予之，是良法也。沈子培员外、蒯礼卿检讨则主暂避襄阳，而内城旗人汹惧。尚书孙燮臣师致书李芍农云，勿奏请迁都，若倡迁议，必有奇祸。盖李是时方考历代迁避之得失，欲有所论也，得是函而止。既而寇愈迫，翁尚书亦主迁，孙尚书（毓汶）则主乞和，两人争于传〔养〕心殿。孙之言曰："岂有弃宗庙社稷之理？"翁亦不敢尽其词，然密遣人询李所考历史得失，盖讲帏之间当偶及之。而是时所传上谕"慈圣暂避，朕当亲征"云云，则实无其事。（近时《中东战辑》所载多属讹传，故附订之。）

余乃疏言，此时战既不足恃，和更不宜言，惟有预筹持久以敝敌之法。同时黄仲弢、沈子封数前辈联衔所奏四条，亦兼及迁都之计。夫倭人用兵以来，陆兵固未敢深入，我军虽孱，然密布山海关内外者已二十馀万，倭兵不及五万，纵每战皆捷，何能径入神京？王翦破楚，尚须六十万人。彼节节留守，则前进力单；彼悉索前驱，则后路可断。使朝廷深知兵法，及此时明赏罚，作士力，择将而用之，谋定于内而不摇，虽不出走可也。不然，则空都城而予之，彼必不敢来；即来，亦易于围攻；即不能围攻，而出于和，亦不过咸丰庚申之役，而不敢过于诛索。乃一误再误，终于不可收拾者，将骄而惰，士窳而残，官府疑忌，宁使敌人得志，而不使上得行其志者，其成谋固结，非一朝夕之故也。张荫桓、邵友濂既往求和，战守之心益懈，仍勉励戎行，姑以塞天下之耳目。

先是，翁尚书受密旨往天津，李高阳避不见客，其事甚密。外间籍籍，谓翁以导上主战得严责，故往乞李鸿章定和局。迨张荫桓之行，又得"无不允许"之谕，都中骇惧，以为旦暮将行不测，以讲于敌，人心之危，过于被围，一日之间，讹言叠至，要不悉记。余以为无论祸福，当以人心正天心，故当万马噤声之时，毅然与诸同志约，不挠沮，计生死。

按文芸阁此节，其要语不外"战既不足恃，和更不宜言，惟有预筹持久以敝敌之一法"。此议论自为于和战之外，思一不屈不挠之策，古今人心所同，不独芸阁为然。唯所谓预筹持久之计划如何，则未必有合理之算盘。盖芸阁此时尚是小臣，未能预闻密计，观其末段言"翁尚书以主战得严责，故往乞李鸿章定和局"云云，纯是道听途说，不知内容。常熟此行，乃奉西后旨，责李合肥往联俄，其事已见予前所著录。芸阁未尝知之，亦可见其空怀热愿，而不悟处地之疏逖也。

大抵此等迁都大计，当时必不谋及词臣，与其责朝廷以兵法，不若就史迹敷陈，或较动听。就吾国大势言之，大抵辽朔诸方为天下之首脑，未可轻言委弃，顾亭林有言："唐都关中，以范阳、卢龙斗绝东垂，为契丹、奚、室韦、靺鞨所环伺，于是屯戍重兵，增节镇，终唐之世，河北常为厉阶。其后契丹得幽燕，因以纵暴于石晋；女真得幽燕，因以肆毒于靖康。"其言甚剀切扼要。亭林又云："汉都长安，则置朔方之郡，列障戍于河南，又开河西五郡，以绝羌与匈奴相通之路。唐人筑三受降城，则守在河北，又置安西北庭都护，则西域尽为臣属，故关中可以无患。及至德以后，河陇之地尽没于吐蕃，而泾阳、渭北戎马且充斥焉。然则朔方不守，河西不固，关中亦未可都也。都燕京而弃大宁、弃开平，委东胜于榛芜，视辽左如秦越，是自剪其羽翼而披其股肱也，欲求安全无患，其可得哉！”论尤明通。故与其临事而谋迁，不若择都之始，先勿如亭林所言，“委东胜于榛芜，视辽左如秦越”，及已弃之，则收之已难。又《容斋随笔》[①]有一则云：

国家大策，系于安危存亡。方变故交切，幸而有智者陈至当之谋，其听而行之，当如捧漏瓮以沃焦釜。而愚荒之主，暗于事几，且惑于谀佞孱懦者之言，不旋踵而受其祸败，自古非一也。曹操自将征刘备，田丰劝袁绍袭其后，绍辞以子疾不行；操征乌戎，刘备说刘表袭许，表不能用，后皆为操所灭。唐兵征王世充于洛阳，窦建德自河北来救，太宗屯虎牢以扼之，建德不得进。其臣凌敬请悉兵济河，攻取怀州、河阳，逾太行，入上党，徇汾晋，趣蒲津，蹈无人之境，取胜可以万全，关中骇震，则郑围自解。诸将曰：“凌敬书生，何为知战事？其言岂可用？”建德乃谢敬。其妻曹氏又劝令乘唐国之虚，连营渐进，以取山北，西抄关中，唐必还师自救，郑围不忧不解。建德亦不从，引众合战，身为人擒，国随以灭。唐庄宗既取河北，屯兵朝城，梁之君臣，谋数道大举，令董璋引陕虢泽潞之兵趣太原，霍彦威以汝洛之兵寇镇定，王彦章以禁军攻郓州，段凝以大军当庄宗。庄宗闻之，深以为忧。而段凝不能临机决策，梁主又无断，遂以致亡。石敬瑭以河东叛，耶律德光赴救，败唐兵而围之。废帝问策于群臣，时德光兄赞华，因争国之故亡归在唐，吏部侍郎龙敏请立为契丹主，令天雄、卢龙二镇分兵送之，自幽州趣西楼，朝廷露檄言之，虏必有内顾之虑，然后选

① 原文刊《容斋随笔》续笔卷一“存亡大计”。

募精锐以击之，此解围一策也。帝深以为然，而执政恐其无成，议竟不决，唐遂以亡。皇家靖康之难，金骑犯阙，孤军深入，后无重援，亦有出奇计，乞用师捣燕者，天未悔祸，噬脐弗及，可胜叹息。

此则言当断不断之祸，末段与芸阁所言相仿佛。惜芸阁辈当时不究论祸始，不推论应战或勿战之机宜，而斤斤于迁都之末节，可见清流与李文忠成见太深。而文忠始终不满意清流者，殆亦皆缘翁、张、文、沈诸名士平日大言掣肘，不肯静俟远谋之成。及至事急，所言咸为临渴掘井。夫井泉诚能疗渴，抑岂尝计九仞及泉之时力耶？

三三八　周印昆《颐和园杂题》诗

王静庵《颐和园词》“忆昔先皇北狩年，属车常是受恩偏。因看批答亲教写，为制金章特与钤”四句，自是写文宗晚年宠纵那拉后，使得干预政事，末句似即指同道堂章。然同道堂章，据湘绮所记，是汉玉章，且为孝贞后所有。静庵诗意似言特铸金章赐西后，代书批答时用以钤记者，又与同道堂章不符。按咸丰末年，诏敕下钤小章只有同道堂一事，西后以咸丰六年生穆宗，始恃宠稍稍用事，而朝廷大政，文宗必以谘肃顺，遂启西后与肃顺政权之争。然文宗间使西后代书批答，事理或有之，特制金章，未之前闻。静庵所咏，必有讹误。静庵后自沉于昆明湖，周印昆有《颐和园杂题》十首，颇述西后佚闻，因及于静庵等事。印昆年长于静庵，而所历不同，措词亦异，录之可见时代观感之嬗变。后此若再咏颐和园者，必别有他种感慨也。《夕红楼诗·颐和园杂题》十首：

画手能图独老身，排云坐殿向谁瞋。
严装乍见颜如赭，可是当时叶赫人①。

清漪谁复记庚申，经乱园亭半不真。
衰柳断桥三四处，依稀还在后湖滨②。

南归自辟水边村，一片葭芦占北门。
吴下胜游浑不忘，老来还住惠山园③。

鲸鲵敛甲浪犹平，海署移工正息兵。
独坐石船频戏鸭，何曾一见水边臣④。

龙衣玉珮夜传觞，听擅金龟一曲长。
酒半频呼皮小李，此时犹着老孀装⑤。

玉澜堂外水漫漫，数尺高墙障已难。
几日播迁西去后，有人廊倚畔晴看⑥。

---

① 原注：孝钦皇后改乾隆清漪园为颐和园，建排云殿，犹悬遗像。叶赫，孝钦族名，先为觉罗所灭，禁通婚姻。文宗不顾，卒亡其国。

② 原注：清漪园毁于咸丰庚申。

③ 原注：园北名惠山园，乾隆南巡仿吴中胜处建，已毁。

④ 原注：颐和园为海军军费所建，工程由海军衙门管理，石船在湖边。

⑤ 原注：孝钦于园中起德和园，时演戏，内侍李莲英独擅《钓金龟》。李本皮工，呼皮小李。

⑥ 原注：玉澜堂为德宗居处，戊戌政变后，孝钦至园，禁之堂下东厢，别筑砖墙如狱舍。

重重楼阁得闲天，万水无波在佛前。
坐久略闻人有语，小舟撑出北堤边①。

鱼藻轩前秋已残，投身应为水多澜。
谁从湖中澜多后，更为闲游障木栏②。

九日龙樯御沼开，晴波鸥屿帝师来。
更无黄菊陪佳节，自唤青衣侍玉杯③。

颐园鱼鸟独知春，不奈秋多水又陈。
扶梗乱荷亭下立，最能愁杀外边人④。

按印昆此诗丁卯作，民国十六年也。自民国以来，西苑、颐和园风景皆为辈流诗料，望古遥集，可采之作如林，录此十诗，不过会逢其适耳。

三三九　周印昆《题两石船》诗

颐和园中结构各有所仿，不止惠山园，即石船亦仿自前人。印昆有《题两石船》诗：

蔼蔼茫茫隔柳望，石船同泊两湖旁。

---

① 原注：佛香阁为乾隆供佛地，望见湖中游船。

② 原注：广东革命有北趋之势，清臣王国维谓不可再辱，投轩下死。

③ 原注：重九日，宣统师傅朱益藩乘孝钦御舟，泛湖登山，时宣统已为冯玉祥迫居天津日本租地。

④ 原注：知春亭光绪时建，在昆明湖边。

船中妃子多殊态，惯向微波弄水王①。

按此诗颇有风趣，可见颐和园之石船，乃仿睿王府后湖者，而睿府此制，度是承前明之遗。予曾见明人某笔记论及船厅，文移鞅掌，遂忘为何书，苦忆不得，容另考之。

三四〇　恭亲王之进退关系朝局

湘绮《祺祥故事》后段述恭王几失西后宠信诸节，大致不谬。肃顺虽倾，湘绮传食诸侯，老而愈为上客，宫闱琐讯，必得之南皮、洹阳诸督者，与寻常耳食固不侔也。

恭亲王奕䜣，为同、光间握政柄最久之亲王，其举措进退，有关于清社之运特大，视后此一味贪婪之庆王不同，不可不记。恭王之生平，有两大事、三见黜，俱极有关系。两大事者，一为英法联军之役，怡亲王载垣佯与英法议和，而忽诱执法国公使巴夏礼，与战，战不利，文宗乃召回怡王，而授恭王为钦差便宜行事全权大臣。王初奏激励兵心以维大局，后克勤郡王庆惠奏释巴夏礼，请王入城议和，而联军已焚圆明园，王卒与英法联军议和，而自请议处，此一大事也。又一大事，则为与两后定计杀端华、载垣、肃顺，详已见前。三见黜者，一为同治四年三月，两太后谕责王信任亲戚，内廷召对，时有不检，罢议政王及一切职任，寻以惇亲王奕誴、醇亲王奕譞及通政使王拯、御史孙翼谋、内阁学士殷兆麟、左副都御史潘祖荫、内阁侍读学士王维珍、给事中广诚等奏请任用，广诚语尤切。两太后

① 小注云：清睿亲王山庄后湖、颐和园昆明湖，均有石船，为王妃及孝钦后游地。妃本文宗后，后本文宗妃。

命仍在内廷行走，管理总理各国事务衙门。王入谢，痛哭引咎。两太后复谕，王亲信重臣，相关休戚，期望既厚，责备不得不严，仍在军机大臣上行走。此即湘绮所记蔡寿祺等事。揆其实际，殆西后小弄玄虚，意在褫其议政王一职，以恣所欲为，非真有仇隙也。二为同治十二年正月穆宗亲政，十三年七月上谕，责王召对失仪，降郡王，仍在军机大臣上行走，并夺载澂贝勒。翌日，以两太后命，复亲王世袭及载澂爵。此为穆宗之轻躁妄动，起讫才两日。三为光绪十年中法越南之役，王与军机大臣不欲轻言战，言路交章论劾。太后谕责王等委靡因循，罢军机大臣，停双俸，家居养疾。此次家居十年，至光绪二十年中日之役始再起，至二十四年四月薨于位。综计三黜中，以光绪甲申之出军机，为最有意义。试就前后朝局论之，咸丰末年，怡、郑与恭、醇之争，怡、郑皆铁帽子王，恭、醇则本支之亲王也，疏不间亲，故恭、醇胜。当时自孝贞以暨䜣、譞皆憎载垣、端华，政变作而旋毕，自是权皆归六爷矣，于是有叔嫂之争。四年三月之事，除议政王之衔，以示裁制，此中机括，不问而知为那拉后之以孝贞为傀儡，共削恭王之权以儆之也。至光绪七年孝贞既殁，那拉后独当国，欲为所欲为，必有憾于恭王之犹未尽阿附逢迎者，于是因盛伯羲一疏，而恭王与李高阳等俱降革。

以予所考，甲申三月政地之小沧桑，清流谏官俱为被动，那拉后主持于上，下唯孙毓汶实有默契焉。向非中日一役，事变纠纷，非礼、醇诸王所能晰解，则恭王亦未必再起，可为断言。故以其进退菀枯与时局之大势参照测之，奕䜣在诸王中犹为谨慎明白者。湘绮所论门包等事，或为小疵。予入京时，闻老辈谈礼王世铎秉性庸弱。而近闻放庵先生言，老七爷（即醇王奕譞）实至糊涂，迥不如六爷之稳健。证以恭王甲申黜后，有旨，军机处遇有重要事会同醇亲王商搉行之，而伯羲旋有疏陈，醇亲王不宜预闻机务，留中不报。以理言之，伯羲攻去恭王、高阳，而易以世铎、奕譞，一蟹不如一蟹，郁华阁主其亦有悔心哉？

三四一　吴挚父记同治旨革恭王事

同治十三年七月，穆宗旨革恭王一事，直是滑稽剧，后之载笔者不妨直书也。吴挚父先生日记十三年九月五日记云：

> 见都下某官与某中丞书，言停罢园工之事云：七月十八日，政府亲臣闻大内将于二十日园中演戏，十馀人联衔陈疏，复虑阅之不尽，乃先请召见，不许，再三而后可。疏上，阅未数行，便云："我停工何如，尔等尚何哓舌？"恭邸云："某所奏尚多，不止停工一事，请容臣宣诵。"遂将折中所陈逐条读讲，反复指陈。上大怒曰："此位让尔，何如？"文相伏地一恸，喘急几绝，乃命先行扶出。醇邸继复泣谏。至微行一条，坚问何从传闻，醇邸指实时地，乃怫然语塞，传旨停工。至二十七日，召见醇邸，适赴南苑验炮，复召恭邸，复询微行一事闻自何人，恭邸以臣子载澂对，故迁怒恭邸，并罪载澂也。又某枢言，二十七日原旨中有"跋扈弄权，欺朕年幼，著革去一切差使，降为庶人，交宗人府严行管束"等语。文相接旨，即陈片奏将朱谕缴回，奉旨，复奏请暂搁一日，明日臣等有面奏要件。比入，犯颜力争，故谕中有"加恩改为"字样。逾日复草革醇王谕。不知何人驰愬，忽传旨召见王大臣，不及阁学。时已过午，九卿皆已退直，惟御前及翁傅直，入弘德殿，两宫垂涕于上，皇上长跪于下，谓"十年已来，无恭邸何以有今日，皇上少未更事，昨谕

著即撤销”云云。

挚父此段，予遍证公私纪载，始叹其文赅事确。某官、某中丞，不详何人，当时未免有漏言之嫌，今则但觉其史料之可喜矣。

三四二　同治大兴园工原委

穆宗大兴园工一事，其源流甚长。上所记仅为恭王一人而发，发而即了，仅恭王俄顷之荣辱耳。修园之事，则绵延未已，直至十年后，恭王再出军机，与甲午海军之败，清社所以早亡者，皆缘于修园之一念。此念，以予考之，实动于那拉后，穆宗为后亲子，故知之审而持之坚，曾以后意，明告谏者。寿阳祁敬怡（景颐）《䜩谷亭随笔》中有一节记此事，内容较详，可与挚父日记相参证。祁云：

> 山东游汇东侍郎百川，同治壬戌翰林，由御史给事外放，数迁至顺天府府尹，擢仓场侍郎，同、光间之进阶最速者也。有直声，尤谙习河务。同治末叶，游在御史任，曾疏谏停止圆明园工程。穆宗召见，厉声曰：“汝亦有父母，岂有父母所欲，而故为违抗者？”意盖指孝钦之命也。游称，皇太后政暇颐养，不如就近增饰西苑，以为临幸之地，用帑不巨，易复旧观。穆宗可其请，而未知西苑所在。游复申奏，即南北中三海，近在宫掖。穆宗命具疏以闻，既而曰：“无须也。”即授以御笔，使书之。游战栗曰：“不敢。”穆宗曰：“朕令汝书，勿庸固执。”不得已，就御座前书以上。穆宗又曰：“汝此奏即是证据，嗣后臣工不得复以兴修三海为言。”游惶恐无措，遂下。无何，穆宗升遐，事遂寝。

光绪中，乃复议修此。此乃高阳李符曾先生闻之闽侯陈弢庵太傅。盖陈于某年分校棘闱，游为内监试，亲闻之于侍郎者。同治末年，兵事初定，海宇晏安，有广东奸商李光昭，贿托内务府大臣贵宝、文锡，勾结太监，以报效木植请修复圆明园。孝钦意动，乃交直粤川楚四督查复。李固言鄂粤川三省已购木料，天津又为海道运木所必经。直督李文忠始发其奸谋，谓所定系外洋木料，价仅五万，浮开至三十馀万，且分文未付，洋商控告，轇轕未清。川督吴勤惠疏言，从无巨商在川购木。楚督李勤恪所奏亦同。乃严惩李光昭，而褫贵宝、文锡及司官某某职，谴责有差，园工乃罢。时恭忠亲王尝谏阻，以是出枢廷，罢世袭，并夺其子載澂爵，且将尽革惇、醇两王、文文忠、李文正等职。为两宫所闻，殊不谓然，已革者复爵，未革者寝其议。迨光绪中叶，卒修葺三海，且修颐和园，以海军储款移作园工。大开报效之途，极为冒滥，有墨敕斜封之诮焉。

此段穷原竟委，可见先圆明后颐和皆实为那拉后之倡议也。《清代野记》采某笔记云：

圆明园为前明懿戚徐伟别墅旧址，康熙间名畅春园。世宗在潜邸时，圣祖命于园中辟地筑室，以为世宗读书之所，并赐名圆明。雍正后，遂无复畅春之称矣。园距平则门二十里，列圣避暑巡幸，岁驻跸数月以为常。咸丰庚申，西事孔棘，津门被兵，灵囿曲台付之回祝，文宗在天之灵有隐恫焉。同治初政，满御史有建议修复者，严旨切责。十一年，广东奸民李光照觊觎富贵，具呈内务府请报效木植，重修淀园。穆宗圣孝迈恒，正思两宫听政过劳，无游娱休息之地，因俯从光照请。其实光照一贫子，冀以近幸为护符，得游历川楚江浙诸产木之区，勒索肥己也。幸圣智如神，卒破奸诡，置光照于法，民间获免骚扰。当园工议兴，中外错愕，台谏中惟沈桐甫侍御淮，首上书力争。穆宗震怒，立召见，谕以《大学》养志之义。沈素呐呐，青蒲独对，慑于天威，但连称兴作非时，恐累圣德而已。又有游侍御百川者，袖疏廷诤，谔谔数百言，声震殿瓦。穆宗虽未遽收成命，而戆直犯颜，不加谴责，长杨五柞，卒罢经营焉。

此节大体亦不谬，而游百川外，举及沈淮，可见遇一事出，言者必不止一人，犹前记端、肃一案之董元醇、高延祐之例也。

三四三　传说同治帝欲杀恭王

《【清代】野记》又采一节云：

圆明园起雍正朝，事成于乾隆，闳敞壮丽冠中国。清制，宫中祖制严，兴居有时，饮食服御有常度。帝恒苦之，时巡幸热河，林清变后，则罕幸热河而常驻园，后暨妃嫔皇子悉侍焉。咸丰末年，英法联军入京，内阁中书龚自珍之子龚橙导之毁园。穆宗御极，洪金田事败，张乐行、赖汶光先后毙，内外颂承平，慈禧、穆宗思所以为乐者，于是重建圆明园之说起。时交涉日棘，库无储蓄，谏言不行，恭忠亲王坦然力争之。一日，叩宫门请见，穆宗知为园事也，问曰："亦来为阻建园乎？朕志久决，亦何必拂太后意（**太后谓慈禧**）？且朕居彼，与尔等讨论国是，亦甚善。"恭王叩首言："当今内患虽平，外难日亟，库藏无存蓄。圆明园宪、纯两庙所修，当时财力远过今日。且纯庙谕旨，后世子孙勿得踵事华饰。今建园，简陋，无以备翠华之临幸；复旧，则国币〔帑〕不足。以某之愚，不若少缓便。"穆宗默然良久，卧榻上。王更言："祖制不可失。"历数所以训俭者。

时穆宗好着黑色衣，谓曰："尔熟祖训，于朕事尚有说乎？"王曰："帝此衣，即非祖制也（宫中制色衣无黑色）。"因诫穆宗勿微行，引白龙、余〔豫〕且事释之。穆宗曰："朕此衣同载澂一色，尔乃不诫澂而来谏朕（载澂王之子也）？尔姑退，朕有后命。"旋召大学士文祥入，且坐正殿，曰："朕有旨，勿展视，下与军机公阅，速行之。"文祥知其怒，拆视，则杀王诏也。文祥碰头再三请，终弗怿。文祥退，叩太后宫，泣诉之。太后曰："尔勿言，将诏与予。"杀王之事乃寝。

此节似清亡后时流所着笔，或报章所记者，其中亦颇足参考。穆宗与载澂同冶游，好着黑衣，恭王切责澂，先幽之，澂亦以恶疾先死。诸丑迹屡见近人笔记，疑谙掌故者采缀成之。其言恭王叩宫门，文祥退叩太后宫，穆宗有杀王诏，皆显有误谬。此事当以吴先生日记所记者为准。

三四四　赛金花乃偶然享名之幸运儿

名妓赛金花老死故都，报章竞纪其逸迹。予虽未及见洪文卿侍郎，然犹忆庚子后，赛在京先张艳帜后入刑部事。盖有数前辈退食，日过寒斋，心摹口说其宛转缧绁状。其后民国二年癸丑八月，予南游，下榻涛园先生家。一夕，就酒楼燕饮，朋辈飞笺为召赛寓来，逼视之，粉光黯暗，问年三十馀，实已四十一二，予有一绝句纪之。后六七年，从慕蘧识魏复沤，魏黧面伟岸，尝挟赛徘徊稷园茗坐间，已垂五十之鸠盘荼矣。心念此妪，得樊山为作两诗，得孟朴为作说部，实至幸运。使非亲见暮年憔悴之状，必想像如《西楼记》所写之穆素晖，为神仙中人也。乙丑、丙寅间，予常来南京，至必访孟朴长谈，语及赛，恒相抚掌。其实古来说部稗史所记，若《江南野史》之尹永新，《郡国雅谈》之薛涛，《天宝遗事》之楚莲香，《云溪友议》之李端端，以及崔徽、苏小之伦，何可悉数？当其盛容丰鬋，胡天胡帝，其实未必皆美；即美矣，而白发无情，观河皱面，老死相及，浸假而骷髅卓立，虽有嬖羡，亦复何从着笔咏歌？"伶元曰：其人俱灰灭矣，盛时疲精神，逞嗜欲，宁知终归荒田野草乎？通德掩袖视烛影，以手拥髻，凄然泣下。"千古才人，读书至此，未尝不临文短气，正不暇为美人黄土哀也！

顾吾人出世未能，长生无术，借一二色相以自泽其笔端，亦是恒情。故韩幹为宝应寺画壁，其中什梵天女，悉为王缙妾小小等写真；而晁具茨回忆汴京，只为师师、元奴辈觅得佳句。此诚悲生之有涯，而悟物无真美，乃欲乞灵笔墨，自传所传，尤可太息也！前忆《后彩云曲》中，以李师师况彩云，良非其伦；近忆予绝句中似亦以师师拟之，同为失词。唯赛之身世，穷于比拟，其前半遭际，可谓创格。然使穆宗冶游所幸土娼，若有人以文词张之，岂非俨然一李师师耶？又按皇帝狎妓之例甚多，宋理宗爱幸官妓唐安安，而事不著，于此更可见自师师以至赛金花，皆偶然享名之幸运儿耳。

附：读者函及答

秋岳先生左右：顷读尊著《摭忆》，于王湘绮《祺祥故事》文中，所称疏请垂帘之御史高延祜，未详其里籍。按延祜，浙江萧山人，道光庚子与兄延祉同举京兆试，咸丰三年会魁，官至内阁侍读学士，见新印《萧山县志稿·选举表》。兄延祉，权广西隆安县，死思恩感墟之难，志稿有传。（传末称弟延祜官御史，则非最后之阶。）

《越缦堂日记补》咸丰十一年辛酉十一月十一日，录延祜两疏，一言近年肃顺势焰薰灼，各部公事往往受其钳制，一则讼柏葰、程炳采之冤。时延祜官给事中，越缦于两疏皆有微词，后疏尤致不满。尊著谓此公阿附当时朝旨，与当时目击耳闻者不谋而合，可胜佩服。其疏请垂帘一事，虽王文外未见他书，而此两疏皆对端、肃下石，则其人之党派可知，亦可为湘绮作旁证也。专此，敬颂著安。陈兼庐谨上。十二，九。

兼庐先生左右：辱损书，所以增益之者至详且厚，曷胜企佩。莼老日记补新出，已有之，尚未遑细读，容再检录，或附贡所见，以迟清教，何如？秋岳附复。十二，十一。

三四五　恭亲王出军机之原因

顷见徐梧生(沅)《白醉拣话》，中有一则云：

> 唐宪宗时，崔群尝因面对，论及天宝、开元中事，以为安危在出令，存亡系所任，开元二十年罢贤相张九龄，专任奸相李林甫，理乱自此而分，洵确论也。以同、光朝局而论，亦有与唐事相类者。同治中兴而后，湘乡曾文正、合肥李文忠诸公夹辅于外，而恭忠亲王密运枢机于内，虽外患渐侵，国事犹不至遽坏，枢府得人故也。至光绪甲申三月，恭王屏出军机，而以贪庸之礼王继之，时局日非，遂如江河之日下矣。是年退出军机者为恭王及大学士宝鋆、李鸿藻、尚书景廉、翁同龢，新入军机者为礼王世铎、尚书额勒和布、阎敬铭、张之万、侍郎孙毓汶、许庚身。枢臣全行撤换，为前此所未有。且新枢臣中，惟阎文

介差负清名，其馀非平庸，即贪黩，不孚众望。相传孝钦屡欲兴修离宫，皆为恭王所阻，既蓄意予以罢斥，而醇亲王奕𫍽亦与恭王不洽，授意孙毓汶密先拟旨，遂成此变局。礼王既领枢府，仰承意旨，以海军经费移充颐和园工程。外人知我无备也，越十年遂有东藩之役。识者以为甲午之外侮，先肇于甲申之内讧。仲堪此举，国之亡征，洵不爽矣。

按梧生所记，前半皆诸家笔记所详，与外传无殊。唯其云醇王奕𫍽与恭王不洽，授意孙毓汶一节，则稍探秘要。其后尚有一节论官纪云：迨光绪甲申以后，枢臣孙毓汶狎优纵博，昼夜荒淫，经臣工联名具劾，未闻稍加惩处云云，此亦足补史料。唯梧生以恭邸之出军机为谏阻离宫（按即指颐和园），未免因袭传闻。考光绪十四年二月，有旨将清漪园改名颐和园，量加葺治，以备慈舆临幸。此为颐和园动修之始，亦即阎丹初失宠时。甲申是光绪十年，今以颐和园事传于恭邸、高阳之出军机，而不道盛伯羲、张霭青之一幕，自嫌未尽周详。然那拉氏之去奕䜣，其隐衷正在为所欲为，中间必有若干次之积憾。文芸阁笔记云：

同治朝，大婚之后，慈禧太后面谕军机大臣云："大难既平，吾姊妹辛苦久，（慈禧太后长于慈安太后一岁，然宫中仍呼慈安为姊。）今距归政不远，欲择日遍召大学士、御前大臣、六部九卿，谕以宏济艰难之道，惟养心殿地太迫窄。"言至此，恭亲王遽对曰："着，（着者，是之辞，京话如此。）慈宁宫是太后地方。"太后遂止不语，后亦不遍谕于大臣。盖后意欲御乾清宫，恭邸窥其意，而先为几谏也，其机警如此。

此节却极扼要。芸阁记此正在乙未年，殊大胆，有特识。大概甲申三月之事，起衅在此。甲午以后，恭王再起，屡受挫折，唯诺阿附，亦不如此之謇謇矣。

三四六　恭亲王琐事汇抄

又恭王琐事有可追记者，汇抄于此。文道希《闻尘偶记》："'猛拍阑干思往事，一场春梦不分明'，记甲申退出枢廷〔垣〕之事也。"又云："贝勒载澂，恭邸之嫡子也。卒后，有外妇所生子，或劝恭邸收养之，恭邸不允。盖宗室定例，非妻妾生子不能入属籍，即成立，亦别姓觉罗禅氏。况贝勒不谨，外室甚多，故恭邸之不录是也。庆邸以罪人子，本不应继近支袭爵，乃先行过继别房，然后转继。其初由恭邸援引时，谬为恭谨。光绪九年以后，事权渐属，遂事贪婪，后又与承恩公桂祥为儿女姻亲，所以固宠者，无所不至，召我致寇，其罪浮于礼亲王世铎云。"

何平斋《春明梦录》云："宝师（按指宝鋆）一日将散值时，先往出恭。恭王待之久，及见面，嘲之曰：'往何处撇宝去？'（撇宝二字，京中谑语也。）师曰：'哪里，是出恭。'恭与宝，二字针锋相对也。又一日，恭邸自太庙出，指庙碑下赑屃，谓宝师曰：'汝看这个宝贝。'师号佩蘅，贝佩二字音相似也。师应之曰：'这也是龙生九子之一。'此可谓善戏谑矣。盖当时枢臣见面闲谈，多杂以谑语，意恐一涉正事，转致漏泄机要。殆古人不言温室树意欤。"

又云："清室诸王，以恭邸为最贤明，虽平日有好货之名，然必满员之得优缺，及满员由军机章京外放者馈送，始肯收受，闻其界限极为分明。余尝对宝师称道其人，师曰：'恭邸聪明却不可及，但生于深宫之中，长于阿保之手，民间疾苦究未能周知，事遇疑难时，还是我们几个人代为主持也。'恭邸仪表甚伟，颇有隆准之意。余夙未与周旋，简建昌时，渠适在军机，例应往谒，见面行礼不还，然却送茶，坐炕，甚为客气，叙谈颇久，惟送客不出门耳。闻后来摄政王初入军机时，见客便坐独炕矣。”

又云：“恭邸与宝师同患难，而赞成中兴，后闻同时被黜，交情较厚。宝师薨，诏入祀京师贤良祠，诚异数也。进主之日，余获观盛典，主未入祠时，恭邸即先往看视祭器、祭品，未行礼而遂不见。余怪问满人，则对曰：‘皇子于廷臣不能行跪拜礼。’其来也重交情，其去也重体制，盖两得其道焉。”

又云：“醇王旧邸即德宗诞生之地，例名为潜邸。醇王薨，以其邸改为醇贤王庙，犹世宗潜邸今改为雍和宫也。余时派往查估工程，见其房屋两廊，自晒煤丸，铺满于地，俭德殊不可及。后来亲贵非常骄奢，不数年便覆败，可见祖宗世业守之难而失之易也。”

又云：“孝贞太后出殡之日，余入东华门观礼，前导无甚排场，銮舆卫伞扇之外，只见捧香炉者或十人或二十人为一队，分队前行，中夹以衣架脸盆架，错杂其中，其馀金银锞纸扎等等陆续而至，与寻常民间出大殡者无异，但品制不同耳。须臾见梓宫自景运门出而上杠，与寻常棺椁亦无大异，惟和头作文点式，远望似黄色绣罩。正在趋前审视间，忽闻有一人喝‘站住’一声，谛视之，则恭邸也。而德宗即随之而至，头戴白草笠，穿白袍，青布靴，其时随从及观礼者几千百人，一切缟衣，上下无能区别，惟闻皇上缟素靴用青布，王公亲支稍杀之，馀皆不能用布，以所以示别也。梓宫出城，暂安殡宫，名曰暂安殿，派王公轮班上祭，定期下葬，则谓之曰永远奉安。戊申两宫崩逝，余在苏州，不及见。而德宗因崇陵工程未竟，辛亥后始行奉安。闻当时梓宫由火车行，则往事不堪回首矣。”

按以上七节，皆颇可考见恭王风裁及典章制度。而芸阁所言庆王来历，及平斋所记恭王颇好货云云，醇王俭而后嗣奢，皆为覆国官邪之权舆，尤可与湘绮所记相印证。

三四七　张芍岩《颐和园词》

前录印昆《颐和园杂诗》，谓作者如林。客或责举其大者，予按毗陵张芍岩怀奇亦有《颐和园词》，且有自注。词云：

朱甍天际集凤皇，九成避暑离宫凉。御龙阿母升云上，玉阶琼树凋秋霜。圆明园火颐和起，西控都门五十里。闻说銮舆送内家，惯看禁马驰中使。云栏月榭似南朝，斑扇当楼拥百僚。六曲屏风云母饰，九间殿柱水晶雕。凤亭回护仙霞紫，昆明池馆巢翡翠。年高礼佛爱山庄，（园中有一殿供奉观音大士像，为慈禧礼佛处。）春老役灵移海市。碧水萦洄绕画廊，新荷五月出池塘。中书奉诏趋偏殿，学士承恩出尚方。月满桂花珠露重，龙涎细爇御炉供。玉敕还宫正赐宣，金珰返跸谁陪从。鹰犬年年进九重，度支计画仰司农。（朝邑阎文介公敬铭以大学士长户部八年，爬罗梳剔，遇事撙节，岁得羡馀百馀万，及光绪中叶，几盈千万，文介欲储此款不他用，以待国家正用。自颐和园工程起，内务部经费岁增数百万，每咨取时，文介辄力拒之。慈禧固知部中储有巨款，一意提用，而文介一日在位，必不能遂其志，于是眷文介骤衰。文介知无可为，遂称疾去职。文介去而户部储款数月间立尽，此句盖指其事。）徒闻邓后裁方贡，又见汤官索岁供。殇帝宾天安帝继，三朝耆旧知开济。玉陛临云帝座高，珠帘掩月天颜霁。花烂长秋风递香，绛霄赤凤正当阳。安知少子春秋富，但觉中兴日月长。忧国杜根甘不尽，上书夜半谋归政。宫中衣带泪痕多，殿上缣囊膏血迸。（寇连材以上书请归政，杖毙。）外镇先知举事难，反将密计告中官。内廷宰相亲迎旨，东市英豪痛毁冠。（指杀康广仁、林旭、谭嗣同、杨锐、杨深秀、刘光第六君子。）君王微失慈亲意，奸人乘间窥神器。（指端王载漪谋立其子溥儁。）流毒天骄济北王，养痈计拙关西吏。（指山西巡抚毓贤。）痛哭潢池盗弄兵，豺狼当道白蛇横。赤眉米贼倾畿辅，碧眼胡儿入禁城。（指拳匪之乱与联军入京。）辇毂苍黄深夜走，郊甸饥民不如狗。寝殿空虚战士屯，雄关艰险将军守。（联军入京，分驻颐和园及瀛台等处。时两宫西走，命宋庆守潼关。）从此阿房付劫灰，羌兵炊饭烧花柳。日落虫飞蝙蝠群，台崩草长狐狸薮。荆棘铜驼倒殿门，途穷贺监乞荒村。官家弃国馀双阙，大府勤王望九阍。华阴道远诏西幸，天帝回銮泥首请。（慈禧西幸后，恐回銮后外人责问其罪，不敢返京。奕劻、李鸿章等力请，始于辛丑年回銮。）辇路生禾思故宫，山家献麦悲新饼。（慈禧回銮时，沿途颇有中官出而滋扰，闾巷为空。陕督升允饬禁居民不得迁移，秘令某村妇妪跪道迎銮，献田家风物，慈禧笑受之，谓："余在北京，哪知他们苦况？"敕中使赏赐金帛慰劳。）归车卷幰过天街，不见当年旧馆娃。杨柳枝疏牵别院，梧桐叶落响空阶。城头仿佛鸣笳吹，耿耿星河宵不寐。对镜黄门话昔愁，凭栏白发流孤泪。凉月无情照凤楼，清秋燕子不胜愁。重来传旨征方物，依旧通泉凿御沟。沉吟五十年间事，太平虽〔谁〕定乱虽〔谁〕致。一条祸水出宫墙，十丈妖星流大地。天津桥上望君门，绝世聪明履至尊。何必金珠藏大内，枉将财赋竭中原。（慈禧宫中储窖金银甚富，晚年卖官鬻爵，以品秩崇卑分等差，自道员以上，价或数万不等。）下方疮痏凄蒿目，锐意还教兴土木。春梦绵绵醒绿蕉，秋风瑟瑟吹黄竹。墙头细柳漾宫烟，小侯鸽立拖鱼玉。衣监停传冷翠裘，谏章空积残红烛。双引湖龙天上游，名园云物冷千秋。鹂梭织锦关宫树，蛛网垂丝罥玉钩。秉笔词人诗作史，兵戈逃出乱中死。酿祸传闻亲贵臣，弄权忆得中常侍。宜凛冰渊一片心，防淫无逸意何深。和熹欲法宫中舜，崇俭皇家第一箴。

按此作虽不逮静安远甚，亦有数处掌故可相资证。颐和园兴，而阎丹初去，固可太息。然丹青土木之事，正坐库有羡帑，使妖后生心。传曰“多藏厚亡”，故君子不贵有聚敛之臣，而为政当视其远者大者。

花随人圣庵摭忆补篇

一 《越缦堂日记补》所述端肃故实

《越缦堂日记》，近有补印十三册，莼客日记，至是舍樊山所藏外，悉公于世间。近以补为搜求端、肃故实，略为披阅，其间可供载笔之资者亦有数节。读书如探矿，随处皆有所获，良不诬也。今依序举之如下。

其一："咸丰十年庚申八月初二日癸亥，邸抄：伊勒阿、胜保前往防所请训。闻胜保自河南回见上，即请歼夷自效。前日上疏，复极言夷之不足畏，且痛劾郑王误国罪。会怡王请添遣大臣知兵者办夷务，上乃命胜及伊都统往，而郑王兄弟遂三日不召矣。中外忻忻，谓将有处分也。"

按此节可证郑王非孟浪主战者，《清史稿》所载实不确。又可见当时朝官中，对怡、郑二王之怨妒。

其二："咸丰十年庚申十一月二十二日辛亥，今日□□言，上在木兰，政一出怡、郑二邸及肃顺，行宫有所修乐，皆命肃顺监之。三人皆便冠服，出入无禁，寝宫亦著籍，嫔御弗避。上有宣索，三人辄先意进奉。而抑制宫眷，供应极薄，中宫上食，不过一羹一胾饭一器而已，贵妃以下，月给膳钱五千。虽或传闻过实，然必非无因之言也。"

按此与湘绮《祺祥故事》中所述端、肃得罪两宫之原因若合符节。灭门之祸，起于饮食之微，可为叹息。□□者，越缦记所言人名，旋又涂之，谛玩字迹，证以所记前后交游，必潘绂丕也。

其三："咸丰十一年辛酉八月初四日庚申，当国有议请母后垂帘者，属为检历代贤后临朝故事。余随举汉和熹（和帝后）、顺烈

(顺帝后),晋康献(康帝后),辽睿知(景宗后)、懿仁(兴宗后),宋章献(真宗后)、光献(仁宗后)、宣仁(英宗后)八后,略疏其事迹,其无贤称者,亦附见焉,并为考定论次,并条议上之,其稿别存。”

按此可见那拉后谋垂帘之迫切。文宗甫崩,即发动此议,而讽廷臣条陈之。二三大老学殖已荒,遂以属莼客检举史例。观此适足证蓄谋之久,以此诛端、肃之非其罪也。

其四:“(同年)冬十月丙辰朔,伯寅属代草《新政陈言疏》稿,时已见处分赞襄王大臣诏旨。予以伯寅去年夷警时,尝抗疏请斩怡王等三人,词甚切至,因劝伯寅今日转请宽三人罪,以存国体,伯寅不能从。予论时事,言过烦ళ,觉气不快。”

其下录邸抄,诏数载垣、端华、肃顺罪,解任听勘;景寿、穆荫、匡源、杜翰、焦佑瀛退出军机处,令王大臣、内阁、九卿、翰詹、科道分别议罪,并议皇太后垂帘仪。诏略云:

> 上年海疆不靖,由在事王大臣等筹画乖方所致。载垣等复不能尽心和议,诱获英国使臣,以致失信各国,皇考巡幸热河,圣心万不得已。嗣都城内外安谧如常,皇考屡议回銮,而载垣、端华、肃顺等朋比为奸,以外国情形反复,力排众论。皇考宵旰焦劳,兼口外严寒,以致圣体违和,龙驭上宾。追思载垣等从前蒙蔽之罪,朕与天下臣民所共痛恨者也。朕御极之初,即欲重治其罪,惟念伊等系顾命之臣,故暂行宽免,以观后效。乃八月十二日因董元醇疏请皇太后暂时权理朝政,又请亲王中简派一二人令其辅弼,大臣中简派一二人充朕师傅,皆深洽朕意。虽我朝向无皇太后垂帘之仪,惟以国计民生为念,岂能拘守常例?特诏见载垣等八人面谕,着照所请。而载垣等哓哓置辨,无人臣礼,拟旨时擅自改写颁行。总由朕冲龄,

皇太后不能深悉国事，朕若再事姑容，何以仰对皇考在天之灵？载垣、端华、肃顺着即解任，景寿、穆荫、匡源、杜翰、焦佑瀛着退出军机处，派恭亲王会同大学士、九卿、詹翰、科道会议其罪。皇太后垂帘之仪，一并议奏。

莼客附跋云：

臣慈铭曰：大行末命，懿亲如惠邸之尊属，恭邸之重任，皆不得与聆玉几之言，受付金瓯之托，中外骇惑，谓非圣意。自后行在诸所设施，失礼不经，多违祖法，而一切章奏，皆云军机处赞襄政务王大臣奉旨传钞天下，然先帝固未有载垣等三人入军机之命也。是其乘间攘权，欺蔽耳目，而枢臣穆荫、匡源诸人，阿附朋比之罪皆已不足于诛矣。顾未知其胁制两宫，玩忽嗣子。肃顺以御前大臣，出入无禁，冲人左右，跬步不离，至亲王入对，恐其发露罪状，辄随入监制，使不得言。及董御史疏上，三人纠党忿争，声振殿陛。天子惊怖，至于啼泣，遗溺后衣，而二后每相对涕泗，且忧不保。迨旋跸有期，诸嫔御先行，入辞两宫，两宫泣谓曰："若曹幸自脱，我母子未知命在何所，得还京师相见否？"而醇郡王福晋，慈禧妹也，得时入宫，两宫密嘱之，令醇王草罪状三人诏，即携入，慈安藏之袙服中，无一人知也。前月二十三日，皇上、两宫启行，怡、郑二王及景寿、穆荫诸枢臣从，肃顺及醇邸、陈孚恩、宋晋扈梓宫后发。二十九日至京，三十日遂出醇邸诏草，付恭邸，至枢省收载垣、端华锢之宗人府。吁！三人者被宠先帝，言无不从，小器易盈，不学无术，窃弄威福，驯取大戾。而两宫受其猲制，至于诀别妃侍，潜写诏书，虽正其辜，亦危甚矣。纪纲未改，国威未移，三人者又皆庸驽下资，非巨奸桀黠者比。徒以孤儿寡妇，远处塞外，无九庙百司以壮声灵，无宗臣元老以填官府，而庸竖妄人，遂得侮易之，白龙鱼服，困于豫且。然则京师者，人君之本；社稷者，有国之命。付托在兹，观瞻斯系。据其势则人莫敢争，失所依则患生于忽，可不戒哉，可不惧哉！

莼客于此段后，又附抄数则云：

是日又诏数载垣、端华、肃顺罪状，尽削官爵，命睿亲王仁寿、醇郡王奕䜣逮肃顺至京，皆交宗人府，会同大学士、九卿、翰詹、科道严行议罪。诏略云"前因载垣、端华、肃顺等三人种种跋扈不臣，朕于热河行宫命醇郡王奕䜣缮就谕旨，将载垣等三人解任。兹于本日特旨召见恭亲王及大学士桂良、周祖培、军机大臣户部侍郎文祥，乃载垣等肆言不应召见外臣，擅行拦阻。其肆无忌惮，何所底止？前旨仅予解任，不足蔽辜，着革职拿问"云云。诏醇亲王奕䜣着即来京，是日贾桢、周祖培、沈兆霖、赵光奏请政权操之自上，并请会议皇太后召见臣工礼节，及一切办事章程。胜保奏请皇太后亲理大政，并简近支亲王辅政。诏着王大臣、大学士、六部、九卿、翰詹、科道酌古准今中定拟奏闻。

莼客又按云："慈铭曰：垂帘之事，予曾撰《临朝备考录》一书，采择汉代以来可为法者，而痛论近日之事势有不得不行者于后。属叔子以贻商城，怂恿上之，商城亦心动。嗣董御史疏先上，被诘责，商城遂噤不敢复言。及銮辂还都，恭邸迎谒道次，侦知两宫意。行次朝日坛，阁部诸臣出迎，恭邸风示之，黄县等遂具公疏上，而胜帅疏亦适至云。"

其后初六日辛酉，尚有记邸抄诏载垣、端华自尽，斩肃顺于市等，文不具录，莼客仅加一语云："主原议者，刑书赵光及诸御史也。”原议，指请将三人一律照大逆律，凌迟处死。观此数段，则原原本本，大政潮发动时之状态，曲如绘写，其中心尤在垂帘之争，亦直笔不少讳。莼客于此事，其初亦主垂帘，而刑杀之机一动，则反劝潘伯寅转请宽三人罪，以存国体，可谓书呆，亦可谓不失赤子之心也。末段“慈铭曰”一节，可见当时检考太后临朝史例，乃为周祖培之嘱。而贾、周各疏，悉由恭王示意，恭王又侦知后意，宫府相嗾相使，以成垂帘之局。可见所谓政治之内幕，徇私黑暗，千古皆一丘之貉也！

二　张南皮《读史》诗

南皮《读史》诗：

正本安边有大猷，空谈吏治兔园流。

请看安史蕃回乱，枉费颜元典郡州。

此诗相传为文襄与于次棠中丞不合，作此寄慨，然所言甚有至理。盖政治首贵至公，勿涂饰自欺，法不贵多，贵立而能守。秦用商鞅，法令密如牛毛，而卒以败。此诗所谓“空谈吏治”者，仅讥好谈催科考绩之书生，尚非言徒法不能自行之末世也。其云“正本安边”者，谓政治若不能探本，则境内纵晏安，而边境亦不能宁谧。边事一动，则易成大乱，吾国史迹所垂，每每如此。徐乐云：“天下患在土崩，民多穷困，重之以边境之事，推数循理而求，民宜有不安其处者矣。不安故易动，易动者，土崩之势也。”其言极可与此诗对照，后两句尤沉痛。明皇昧于知人，惑于内嬖，宠任包藏祸心之胡儿，遂成安史之乱，天下涂炭，前此妙选典守郡国之良吏，曾何益哉！由妃戚弄权，禄山典兵，以至关中大乱，土崩一成，盛唐文物尽毁，不过翻覆手间事。诵南皮此诗，可为低徊叹息。

三 《慈禧传信录》所述端肃一案

莼客所记，大致不谬，以其方与周、潘往还，颇知朝局内容也。晚近费行简君，即自署沃丘仲子[①]者，著《慈禧传信录》一书，于此案言之亦自娓娓，但似就官书铺叙首尾，而傅以一二振奇之诏，又未详闻于任何人，以费君所著《当代名人小传》例而观，或访集诸说，而不无可订正者在欤？然文殊保、曹师爷之说，固视杯底粘字示恭王为有根据矣。节录附此，以供留心史迹之参考。《慈禧传信录》云：

> 后内务府旗人，父惠徵，官徽宁池太广道。初以常在侍文宗，既生穆宗，乃立为妃。时洪、杨乱炽，军书旁午，帝有宵旰劳瘁，以后书法端腴，常命其代笔批答章奏，然胥帝口授，后仅司朱而已。迨武汉再失，回、捻交作，帝以焦忧致疾，遂颇倦勤，后窥状渐思盗柄，时于上前道政事。帝浸厌之，尝从容为孝贞后言妃机诈，孝贞素宽和，殊无裁制之术。帝复以告恭亲王奕䜣，䜣对："妃实诞育元子，望上矜全。"帝意少解，后亦敛迹。时其弟桂祥共宗人奕劻居，皆贫困不足自存，赖奕䜣与内务府总管瑞麟恤以资，始得贿阉寺，与后通书问，多劻为属稿，颇泛论时事。自是后益稔外政，而鉴帝前言，务自晦。一日，帝御圆明园，共后妃宴天地一家春。酒半，枢府奏："英法军已

---

① 据《中国近代文学大辞典》（孙文光主编，1995 年黄山书社出版）记，沃丘仲子，原名孙仲约，贵州人；王闿运弟子。或云沃丘仲子为费行简，亦一说也。

陷天津。”帝痛哭起，罢宴。孝贞与诸妃皆泣，后独进曰：“事危急，环泣何益？恭亲王素明决，乞上召筹应付。”帝乃召奕䜣、肃顺共计之，䜣主和，顺主战，哄于御前不能决。顺退而诘䜣曰：“驭夷乃枢臣事，何召王耶？”谓此上命，非所知。未几有寺人泄于顺，顺遂衔后，益扼桂祥使不得预上考。后虽知之，而顺宠方固，毁莫能行，然宫朝之衅，伏于是矣。

胜保者，好誉喜事人也。当文宗初元，尝上疏论阙失，帝嘉其忠，遂擢寺卿，复令出管师干，御回、捻。保女兄文殊保，工诗画，后未入宫时，从之学书。穆宗既诞，帝渐衰病，群知元子必继统，始少有谄事后者，而保尤甚。当其出御英军，桂祥为设饯，酒酣，保拔剑起曰：“苟托宗社之灵，尽歼夷师，吾必旋兵清君侧恶。”意即指肃顺也。祥达于后，后乃刺荷囊为“精忠报国”字赐之保，保再拜受，且矢必有以酬后德。敌军既薄畿甸，文宗乃狩热河以避其锋，䜣、谖留守京师。已而帝疾大渐，召枢臣、内大臣载垣、端华、肃顺等八人，授受遗命辅皇子继位，初无一语及后听政。

穆宗御极，尊崇所生，遂奉后为圣母皇太后，奉孝贞为母后皇太后，上孝贞徽称曰慈安，后曰慈禧，是为两宫。两宫乃召辅政大臣入议诏谕疏章黜陟刑赏事。初肃顺、杜翰、焦佑瀛谓谕旨由大臣拟定，太后但钤印，弗得改易，章疏不呈内览，后持不可。议四日，乃决章疏呈览，谕旨钤印；任用尚侍督抚，枢臣拟名请懿训裁定；其他简放人员，按照京察暨疆臣密考拟具正陪数员，在御前掣签。两宫并许可。信如此，虽不尽符文宗遗命，而垂帘之祸犹可不作。乃以肃顺素暴戾，廷臣衔之刺骨，而奕䜣尤希用事，内外交构，群小袒后，于是废遗诏，罢辅政，以太后当国，奕䜣议政。自是领枢府者必亲王，以迄奕劻秉钧，清室云亡而后已。后不足责，而䜣、谖、周祖培、胜保之流，或希柄用，或快报复，竟悍然背家法、弃君命，以贻祸于来兹，其肉庸足食乎！

肃顺虽暴悍，独敬礼汉人，尝谓蒙满气运已终，后起皆竖子。其幕府颇纳名士，如王闿运、高心夔之流，皆汉族通儒也。于军机处尤昵汉领班章京曹毓瑛，见则呼为曹师爷，北语称军师为师爷，言能为人画策定计，若孔明然。而毓瑛狡黠，知顺未可终恃，则颇与奕䜣通，告密输情，由来已久，顺殊不觉。当文宗病笃时，枢臣会食既，谓寇踪遍天下，益以外患，将何术起衰。顺曰："曷召曹师爷谋？"比毓瑛进，谓："发、洋皆皮肤疾，使主政得人，安攘匪难。设上不讳，则主少国危，诚无以定乱。然恭王素贤明，若效章皇故事，以王摄政，庶可挽回。"顺以曹己所卵翼，乃建议欲以仇己者摄政，大诧，起而厉声斥之。曹惭沮退，遂以札驰告奕䜣。时军机处大臣、章京私函，皆用印封标，日驰若干里，勒驿投递。而章京宜阳吴逢年者，向为毓瑛所轻，至是以状闻于肃顺，顺乃令置簿，稽文书出内。毓瑛知祸作且不测，益走险，遂联行在南书房及枢部各官，以载垣等挟制两宫状，遍达京朝官。大学士周祖培旧与顺同掌刑部，以变通秋审实缓办法，顺属祖培具疏上言，而先以疏稿示幕客王闿运，闿运谓："此十八科滥墨卷，疏上，必贻九列笑。"顺遂呼祖培为"老八股"。凡公赎祖培已签行者，顺则以红抹之如勒帛然，祖培不能堪，然自顾宠衰，无如何也。及得毓瑛书，大喜，遍示同列，谓顺等谋不轨。其门人董元醇方官台谏，即承旨上奏，请太后垂帘，选亲贤夹辅，先白之䜣、谖，佥曰当。疏至行在，载垣等大怒，拟批斥驳。先是后已得文殊保书，谓朝臣商议垂帘，比览董疏并拟批，留中不下。

时和议久定，中外臣工数驰奏恳回銮，胜保更腾疏，率精卒两翼迎驾。奕䜣奏请面陈议和始末，拜折随赴行在，既至，顺等尚阻之，不使入见。䜣谓："岂梓宫前亦不应一哭耶?"端华谓："阻乖于礼，当听之入，而内大臣必与偕。"于是载垣、肃顺共䜣进，两宫及穆宗并缟素立几筵旁，东向，见䜣大泣。䜣亦泣，且告两宫曰："南中将帅数疏吁回銮，外国公使行至京师，设圣驾迟留不发，和局将中变。"后顾垣、顺曰："似此必克日回銮可。"垣、顺唯唯。后随谓："大行皇帝与王为昆弟，龙驭弥留，念王甚殷。今既远来，当承上帝克食。"随有阉人撤几筵羊羹畀䜣，且属之曰："此克食，王当慎捧之，毋忽也。"䜣心动，既顿首谢，遂退。即左庑食，殊无他，嗣指触碗底，则有纸黏其上，亟启之下纳袖中。垣、顺旁立，竟不觉。食竟，再叫上，䜣以碗授原阉，阉抚碗底字已亡，目后示状。后曰："今和约新定，京师居守不可阙人，王宜速返，予与皇帝亦克期回銮。唯时事艰危，王承先帝克食，凡事当思先帝也。"语罢，泪汍澜不自已。䜣复泣劝节哀，始退。行在诸官畏顺威，亦无敢谒䜣者，唯毓瑛以月馀谕旨、章疏号数事由缮一单，密授䜣侍阉而已。䜣归途次，出袖所藏纸视之，则后朱谕述顺等挟制状，谓回銮后当悉诛之，而授䜣为辅政王，赞两宫听政云云。举羹授䜣者，非他阉，即后伏诛山东之安德海也。

䜣既归京师，廷臣会谒于邸第，䜣唯言回銮有期，太后暨上圣躬均安而已，语不及他。先是元醇奏上，浮言朋兴，祖培颇内惧，复以䜣不言垂帘事，益悚然莫之为计。适寿阳祁寯藻亦自保定书告朝士,谓垂帘非本朝家法,元醇议不可行。寯藻文宗时值南书房,荐自滨州杜受田,时赞襄政务八臣中之杜翰,则受田子也。于是朝野啧啧,谓回銮后元醇辈必干严谴。宗室恩承遂以状告䜣,且劝其宣上意示朝臣,䜣曰:"毋庸也。垣、顺等方骄,闻此耗,备当益懈。待其既还,执付狱吏可已,安用大声色为哉?"盖䜣知祖培等弱昧不足与共谋,而垣、顺弗司兵柄,图之亦正易,故益镇静。

未几,果风传行在,顺大喜,扬言众中曰:"今在廷诸臣有公论,吾辈受遗诏,辅冲主,天经地义,宁有他虞!唯元醇以莠言乱政,罪不可逭。乃前拟旨斥驳竟留中不下,今当以去就争之,必得当乃可。"垣等佥称是。翌日召见,请于后,后不许。载垣、端华、肃顺皆曰:"若此则更遗命,革黜臣等而进用元醇可。"语既愤激,声色尤厉。后念密谋已就,当姑示懦,以安顺等心,乃曰:"予非有他意,惟以建言罪人,有乖治道。至垂帘之非祖制,微尔等言,我亦知之。元醇奏不妨斥驳,而上新即位,似不宜遽罪谏官,以遏言路。"垣等始奉命退,拟旨谕诫臣工毋再言垂帘事。顺且数毓瑛曰:"若所行事,我审之稔矣,回銮后再究其是非可耳。"毓瑛阳谢之,而暗以诸人骄蹇状报䜣。䜣遂以后命示步军统领仁寿、统神机营都统德木楚克札布,及前锋护军统领存诚、恒祺等,复为书促胜保迎驾。是日后与垣、华等争元醇奏逾两时许,辨难甚烦,退而孝贞叹曰:"今尚未垂帘,已若此,他日果出听政,繁颐〔赜〕尤甚,吾侪徒苦耳。"后则极言"垣、顺素不臣,使久辅政必谋篡逆,我二人何以对先帝",孝贞默然。俄钦差大臣袁甲三、陕抚瑛棨《恭慰大孝疏》至,中皆有"两宫听政同纂先帝遗烈"语,后告孝贞曰:"观此则封疆将帅亦以是责我辈，不亟谋锄诸奸者，先孤众望。今寇乱方炽，设疆臣再解体，后事尚忍言耶?"孝贞始无异议。然甲三、棨固䜣所授意，适顺等心满志得，得疏亦漫不省览。独杜翰致福山王祖源书，谓:"默考时局，变故正多。翰念先世蒙大行殊恩，敢辞一死。唯他年致唐室金轮之祸，内外诸臣何面目见二祖五宗于地下哉?"是已逆料后来之变，而以书生无周勃、柬之之才，固无策以御吕、武也。(是书后为张之洞所毁。之洞，祖源婿也。)

附录:读者来函

秋岳先生左右:顷得《时事周报》尊论《祺祥故事》考证，至佩卓见。惟湘近得阅《越缦堂日记补》，深觉湘绮所说，高似系董之误。据日记辛酉十月朔所记，董疏上，载垣等强争，以及两宫如何因醇王福晋而草诏情形，与湘绮记颇似是而非。又辛酉十一月十一日记高延祜两疏，因疑湘绮晚年作此文时，误牵扯事实，故尔误记耳。如谓高疏在董之前，则密札(第一札)中有"玄宰折(中略)发之太早"之语足以反证非确。且据《越缦堂日记》，则早在董之前，京中即有人属其收集历代垂帘故事，未及上，因董被驳而作罢，至两宫回京受恭亲王意周祖培等始上之。据《东华录》所载交议垂帘事宜谕旨，其中言贾桢、胜保等，复特及以前之董元醇，如有高疏，当无不及之理。且第七札云:"自十七后，八位不过见面二三次。"此札接述恭邸到后情形，是可知在恭邸赴行在前，八人无有因高疏事而与两宫争论之事也。又十一札云:"七先生亦大怒，云俟进城讲话，老五太爷喝止之。"是醇王只大怒，并未如湘绮所云之驰回京召恭王也。湘意湘绮晚年追忆往事，自不免事实牵扯，而高之二疏固攻肃党者，故湘绮不误书他人，而以高作董矣（越缦堂对高二疏有批评）。又前函言恭邸到热河有“八月初一”，今见吴庆坻《蕉廊脞录》所载密札果然，是前此徒劳考证矣。湘于此次政变，现已辑得若干史料，拟整理后再求教先生，今惟略陈此事愚见。又高、董小史，见于《国朝御史题名录》，并及。专此即请大安。吴相湘手上。十二月廿八日。

作者附复：

相湘先生：赐示慰佩。其时不似董外别有高疏，湘绮作此已逾八十，或误记也，尊见殊是。馀不详复。秋岳附上。

四　曾国藩论为政须尊贤容众

曾文正《答吴竹庄[①]书》云：“阁下昔年短处，在尖语快论，机锋四出，以是招谤取尤。今位望日崇，务须尊贤容众，取长舍短，扬善公庭，规过私室，庶几人服其明而感其宽。”文正此书“尊贤容众”，真是为政南针。夫宽猛相济，郑侨所诏，葛亮所行，二义互成，无须再论。惟猛政之本，在于至公，所谓无瑕可以戮人也。然为政而以戮人为能，则亦不祥之甚，待人愈薄，愈可以激变，故不如宽厚可以开基。文正又有《答丁雨生[②]书》云：“阁下本有综核之名，属员畏

① 吴坤修，字竹庄，江西新建人。捐纳出身。同治七年由安徽按察使，迁布政使，署理巡抚。

② 丁日昌，字雨生、禹生，室名持静斋。广东丰顺人。历官江苏、福建巡抚。近代著名藏书家。

者较多，爱者较少，于考字尤不相宜。以后接见僚属，请专教以善言，不必考以文理，略有师生殷勤气象，使属员乐于亲近，则阁下无孤立无与之叹，而德量益弘矣。”此与上笺可互为发明。晚近读史每叹燎原之忧，覆舟之惧，日夜滋大，而窃国之侯，吞舟之漏，不可胜计。其门一二人才一旦出手，又复是奴非主，党同疑异，以不肖之心待人，法令如牛毛，使人人思苟免。三览文正此笺，觉治乱之源，差以毫厘，谬以千里。

五　尖语快论

文正所谓“尖语快论，机锋四出”者，少年人往往如此。及其渐老，涉世渐深，当然敛戢，其位望日崇者，则尖语快论，尤必日减，此似无须告诫。以予所闻，乡前辈如陈弢庵先生，少日即喜为尖语快论，早年登第，其所抨击，尤锋厉不可一世，及其晚年，恂恂儒默，语若不能出口，此实年龄与位望两使之然。顾尖语快论，亦视所施何地，盖有麻木不仁之辈，非得痛砭不能觉悟者。至外人觇国，尤多尖语，吴挚父日记中有一节云：“山根少将来谈，问吾儿欲专何学，告以将学政治、法律。山根笑曰；‘贵国人喜学宰相之学，满国皆李傅相也。’”此言切而讽，惜乎闻者之不易悟也。半国中之青年，皆攘臂言政治，满国皆思为李傅相，又焉得不乱？嗟乎，今日何人弦佩山根之尖语哉？

六　李莼客论陈孚恩胜保高延祜诸事

《越缦堂日记》中于陈孚恩、胜保、高延祜诸事，俱于笺记本案外，附述已见，足资史料。兹并录之：

初八日癸亥，邸抄：诏吏部尚书陈孚恩、吏部右侍郎黄宗汉俱革职，永不叙用；户部右侍郎刘昆、仓场侍郎成琦、太仆寺少卿德克津太、候补京堂富绩，俱革职。

莼客附识云：

陈冢宰、黄少宰，皆朝列所称铮铮者。冢宰以拔贡为部曹，直军机，受知宣庙，不十年间，由主事致位卿贰。又以摄山东巡抚时，独拒漏规之献，遂益被任遇，赐"清正良臣"匾额，以一品衔长枢密，旋正司寇。尝许以揆席，未几宣庙升遐，受顾命，陈亦感激图报。时定王载诠最用事，屡与之争，力持正议，既势稍诎，遂乞养亲归，天下高之，想望风采矣。及丁巳再入都，枢长穆荫及怡、郑诸王素恶之，沮抑不得见上，御史钱桂森疏荐之，严旨诘责，左迁桂森官，陈乃变计附诸王，阶是得起贰刑部，旋正兵部。会戊午科场事发，陈受旨同诸王鞫问，又迎合载垣等，构成大狱，而其子刑部郎景彦亦连及下狱，不能庇也。去年京师夷警甫定，遂迁冢宰。冢宰故多用科甲，陈得之为仅事，以此旦夕望入相。然陈殊便给，有奔走才，又好名爱士，编修郭嵩焘以知兵入南书房，主事何秋涛以博学入懋勤殿，皆所推荐。虽与三人者[1]比，能狎玩制伏之，三人者，亦颇畏之。当夷事甚急，车驾出狩，内外皇虢，独骑马出入，填抚亦有劳。和议成后，又具疏请还都。至先帝宾天，其得独召者，实三人恐其在京师创异议，固知公卿中才无出其右，特藉以羁縻之，使不得发。而"窃负而逃"之语，引用不经，赞决邪议，以

---

① 指载垣、端华、肃顺。

此为罪，夫复何辞？一生名节，至此尽败，惜哉！

少宰累任封疆，清强敢为，有“黄老虎”之目。而自再任川督，被议入觐，左授卿贰，乃亦依附要人，助猖狂之论，成朋党之势。昔人云，姜之性老而愈辣。若黄者，鄙夫患失，遂反其性，可不戒欤。（许君先疏请究载垣等党与，中旨令指名回奏。许乃首参新城为形迹最著，历述其去年会议之言，及今秋独召办丧仪事，极口痛诋，而下云“伊等保举者如侍郎成琦诸人，踪迹最密者如侍郎刘昆、黄宗汉诸人，外间啧有烦言”云云，而无所指实，盖不过连及之。此诏中所列黄宗汉罪状，乃当事者增入之，非许疏本意也。）

其后又有一节云：

是日发抄胜保所上《政柄下移无以服众疏》，词颇切直。其略云：“皇上嗣位，尚在冲龄，全在辅政得人，同民好恶。怡亲王载垣、郑亲王端华等，以臣仆而代纶音，挟至尊以令天下，实无以付寄托之重，而餍四海之心。在该王等，以承写朱谕为词，居之不疑。先皇帝弥留之际，近支亲王多不在侧，仰窥顾命苦衷，所以未留亲笔朱谕者，未必非以辅政难得其人，以待我皇上自择而任之，以成未竟之志也。

今嗣圣既未亲政，皇太后又不临朝，是政柄尽付该王等数人，而所拟谕旨又非尽出自宸衷，民岩〔言〕可畏，天下难欺。御史董元醇条陈四事，既关系甚重，应准应驳，惟当断自圣裁，广集廷议，以定行止。该王等果如以国事为重，亦当推贤虚己，免蹈危疑，乃径行拟旨驳斥，已开矫窃之端，大失臣民之望。命下之日，中外哗然。自古天无二日，民无二王，礼乐征伐，自天子出。凡统兵将帅，暨各省疆臣，皆受先帝特简，虽当势处万难，无不思竭力图报者，亦以统于所尊，故能一诚不贰。今一旦政柄下移，群疑莫释，道路之人见诏旨，皆曰此非吾君之言也，此非吾母后、圣母之言也，一切发号施令，真伪难分，众情汹汹，咸怀不服。不独天下人心日形解体，且恐外国又将从而生心，所关甚大。

昔周之世，武王崩，成王立，周公相之。本朝摄政王之辅世祖，亦犹周公之相成王，疏不间亲，典策具在。现在近支诸王中，能知大体过于载垣、端华者尚不乏人，一切离间之言，应请毋庸顾虑。又如垂帘听政之制，宋宣仁太后称为女中尧舜，我文皇后当国初时，虽无听政之文，而有垂帘之实，因时制宜，惟期至当。为今之计，非皇太后亲理万几，召对群臣，无以通下情而正国体；非别简近支亲王，佐理庶务，尽力匡弼，不足以振纲纪而顺人心。惟皇上俯纳刍荛，即奉皇太后权宜听政，二圣并崇，而于近支亲王中择贤而任，秉命而行，以待我皇上亲政，宗社幸甚"，云云。

前日发抄黄县等所上《政权上操以振纲纪疏》，支离掩护，不敢正言，而其中引用古来垂帘事，乃取予所贻商城《临朝备考》中，杂举数人，割截数语，前后不相联属，诸公不学，至于如此，可为骇叹！董侍御疏语尤葛藤，以视胜星使此疏，有愧多矣。星使自咸丰初上疏言时事，痛切极言，天下传诵，遂以直谏名。其人固伉激可快也。

其记高延祜一疏云：

十一日乙未，邸抄：给事中高延祐疏言，近年肃顺热焰熏灼，各部公事往往受其钳制。如工部彩绸库一案，承审司员因不敢抗违肃顺之意，辄以希图事后酬谢为词，勒令具供，从重议罪。请饬刑部，嗣后务持平定拟。诏嗣后刑部议罪务将案内证据审讯明确，不得以希图等字深文曲笔，凭虚科罪，致有冤抑。（莼客注云：高君此疏，事为同乡翁惠舫水部事而发。翁，馀姚人，由拔贡为工部都水司郎中，捷给有干才。前年以彩绸库发卖旧料事，水部主稿，请堂官疏言其事，向归崇文门办理，请改归本部自招商人议价。先帝命肃顺核之，遂坐罪下狱谪戍，同官得罪者数人。水部名学涵，已兰从父也。高君以乡谊有旧，故冀为申雪云。）

延祜又疏讼柏葰、程炳采之冤，且言科场例文简浑，请饬部详注。诏从前载垣、端华办理科场一案，未能得情法之平，总由条例原文简浑，故能任意周内，藉逞私忿。着该部将此例文分别情罪详细注明，以免牵混。（莼客又注云：高君此疏首欲翻戊午科场案矣。然此狱虽为载垣等三人逞威之始，而被罪诸人，皆由自取。柏相国之死，朝野多怜之，要不得为无罪。徇私营贿，关节公行，按律诛流，岂云滥枉？特以禁网久弛，上下容隐，贤书猥杂，视为固然。先帝思惩其弊，载垣、端华遂四出踪迹，力穷其事，士人满狱，上相弃市，卿贰庶司，或放或死，事出创见，以为过当。今爰书久定，无可复言，而给谏欲重翻之，其不思为先帝地乎？近日台谏言事蜂起，未知旬月之先，惠文岳岳，皆在何处？乃至权要伏法，朝序清明，而仗马齐鸣，蹀躞不已，岂果天日澄霁，朝阳之凤，一时尽出耶？吾乡官执法者，若给谏及朱海门、钟六英两侍御，言事尤数，朱君最廉谨，所云多兵事吏治云。）高君疏言柏葰未曾受贿，与溥安有间，程炳采事属未成，与李鹤龄有间。且以授同罪而论，程炳采与李旦华、陈景彦等事同一律，乃李旦华等竟得免罪，而程炳采与柏葰未蒙末减。载垣、端华乘间激大行皇帝之怒，特诛与己不合之人，以快其志云云。

按莼客所说，当然以朝旨为是非。然此数跋中，语尚质直，如陈子鹤之负清望，黄宗汉之有吏才，及胜保一折之直捷了当，胜于董元醇之葛藤，高延祜两折之希旨翻案，不足取，皆可见公道尚存。虽私室笔削，犹不肯为推波助澜之辞也。

七　吴汝纶之史论

为政之道，宽猛互成，前已论之矣。夜读挚父先生日记，中有一节云："崔实《政论》：'凡为天下者，自非上德，严之则治，宽之则乱。'温公申之曰：'衰世之君，率多柔懦，凡愚之佐，唯知姑息。'甚哉，柔懦姑息之为害也。何谓柔懦？知贤不用，用贤不专，知奸不去，去奸不决是也。何谓姑息？当杀不杀，当刑不刑是也。乱君性亦暴戾，然无解其柔懦；愚臣亦或立威，然无解于姑息。故乱亡之世，纲纪废坠，四维懈弛，坐是故也。"

按挚父此节，乃读《通鉴》第五十三卷东汉质帝时事，有感而言。所论宽严之用，纯为国家纲纪政治根本而发，与前所举曾文正公书札不同。盖曾札所指者，今所谓政务，而吴论则言其大者远者，政治也。古人于此等处不甚分明，世愈近，则析之愈细。挚父所评殊允，见识亦高。其日记中关于读《通鉴》者若干条，文笔深入显出，不减船山，今再撷举数则。其读《通鉴》五十六卷云："段颎平东羌，不用招降之说，规三岁之费用五十四亿。已而未及两年，费用四十四亿，而羌遂就平，可谓能将。"又云："未叛之先，郡县不相侵克，尚可无事。至于既叛之后，又岂良吏所能为力者？国家有事，至于命将出师，则无取乎仁柔之为，而为将之道，则惟以克捷有功为职。今谓虽克捷有功，君子不与，然则将令天下将帅相率而为招降之说客乎？自班勇死后，东汉之将才绝少，大率狃于不杀之说，日以招降为事，此实兵不能战，将不知兵之故。”读《通鉴》六十一卷云：“光武以庞萌为社稷之臣，曹孟德敕家人依张邈，三人旋皆以反闻。甚哉，知人之难也。”又云：“英雄举动，固不易测，曹公尤好用此术。濮阳之战，曹公为布骑所得，绐以乘黄马走之，乃得释归，是知前言吕布屯濮阳为失计者，诈也。惟兵败身虏，突火而出，仍复自力劳军，促为攻具，此乃百折不回之气。自古成事者，皆有此概。”以上各节，皆极可取鉴。其言知贤不用，用贤不专，知奸不去，去奸不决，必至乱亡，及言成大事要有百折不回之概，尤深切著明。

八　圆明园被焚之记载

圆明园为有清物力所殚萃，文宗尤昕夕临幸，宴游酣深，宠嬖交构。英法联军一役，园先燔，俄而端、肃夷僇，牝鸡司晨。而同、光两朝先后并有修园之议，园者，皆指圆明也。既非巨用不能兴，乃就清漪而改营颐和焉。溯其终始，圆明虽燔，犹为祸水。予居北都卅年，凡三游园址，民国七八年时，犹存残础遗石；十五六年间，则辇移几尽。今清华、燕京两大学，偃蹇邻其故墟，望古者类能言之。又按为《圆明园词》者，莫先于王壬秋。王词，世所共知，自注有二，其一云：“咸丰九年，文宗一日独坐若瞑，见白须老人跪前，上问何人，对曰：‘守园神。’问何所言，云：‘将辞差使耳。’问：‘汝多年无过，何为而去？’对以‘弹压不住，得去为幸。’上曰：‘汝嫌官小耳，可假二品阶。'未一年而乱作矣。"此是例有之神话,不足考。其二云:"夷人入京,遂至宫闱,见陈设巨丽,相戒勿入,云恐以失物索偿也。及夷人出,而贵族穷者,倡率奸民,假夷为名,遂先纵火,夷人还而大掠矣。"

按湘绮此段,在"敌兵未爇雍门荻,牧童已见骊山火"二句之下,笺释明了。是焚掠圆明之祸首,非英法联军,乃为海淀一带之穷旗人。此说大致不谬,考《越缦堂日记》,咸丰庚申八月二十三日甲申记:"闻恭邸逃去,夷人踞海淀。夷人烧圆明园,夜火光达旦烛天。"二十四日乙酉记:"闻夷人仅焚园外官民房。"二十五日丙戌记:"今日丙(内)外各门尽闭,都人思窜者,车徒簦担,拥塞城下不得出,盖城外劫盗四起,只身敝衣,悉被掠夺。又闻有持园中断烂物进城者,铜龙半爪,金兽一镮,俱相传视玩弄,盖禁御已不保矣。呜呼!自圣祖缔营海甸,以园赐世宗为潜邸,至高宗踵而大之,历三朝之久,殚列圣经营,极国家富盛,园囿之美,冠绝古今。乃一旦播迁,委此而去,犬羊深入,遽付焚如。忆去年曾以事三至园,转瞬沧桑,已为摩挲铜狄人矣,可哀也夫!"二十七日戊子记:"闻圆明园为夷人劫掠后,奸民乘之,攘夺馀物,至挽车以运之,上方珍秘,散无孑遗。前日夷人退守,兵稍敢出御,擒获数人,诛之。城中又搜得三人,一怀翡翠碗一枚,上饰以宝石;一挟玉如意一枋,上有字一行为:'子臣永瑆恭进',乃成哲亲王献纯庙者;其一,至挟成皇帝御容一轴,尤可骇叹。"九月六日丙申记:"自昨日西直门外火,讫今不灭,或云黑市灾,或云夷人焚大钟寺,或云烧万寿山宫室。"初七日丁酉记:"昨日夷人烧万寿山宫(即瓮山),即清漪园也(昆明湖在其侧)。连及玉泉山诸寺。又焚圆明园之正大光明殿、勤政殿略尽。夷人张伪示于城内外,言中国屡失信义,故借此泄愤。"观上五段,则知圆明园一役，其始联军仅焚园外官吏房，或为军事上必要之举动。而许多旗人土匪即乘机劫掠，于是联军旋亦入园，终则张贴告示自述理由，所席挟之战利品，犹存伦敦、巴黎可证。惟联军仅取其大者贵重者，馀多仍入匪徒手。至园中数大殿，与万寿山、玉泉山宫殿、寺宇二度被焚，乃在圆明园官舍被焚后十馀日。此节湘绮词不误，而越缦记特详。今游颐和园后山及玉泉山者，犹可按视其烬馀。至导焚圆明园者，相传为龚定庵子橙，又传为李某，盖不能考实。龚孝拱，相传为英使巴夏礼记室也。

九　徐叔鸿《〈圆明园词〉序》

序湘绮词者为长沙徐叔鸿[①]，叙述详晰，可传也。徐序云：

圆明园在京城西，出平则门三十里，畅春园北一里许，世宗皇帝藩邸赐园也。圣祖常游西郊，次于丹棱沜，乐其川原，因明武清侯李伟清华园旧址，筑畅春园。藩邸赐园，故在其旁。雍正三年，乃大营宫殿朝署之规，以避暑听政，前临西山，环以西湖。湖水发源玉泉山，曰瓮山，度宫墙而流入清河，《水经注》所谓"蓟县西湖，绿水澄淡，燕之旧池"者也。东流为洗马沟，东南合高梁之水，故鱼稻饶衍，陂泉交绮。高宗皇帝嗣位，海宇殷阗，八方无事，每岁缔构，专饰园居。大驾南巡，流览湖山风景之胜，图画以归，若海宁安澜园、江宁瞻园、钱塘小有天园、吴县狮子林，皆仿其制，增置园中。列景四十，以四字题匾者，为一胜区，一区之内，斋馆无数。复东拓长春，西辟清

① 徐树钧，字叔衡，号寿鸿，湖南长沙人。此处作叔鸿，似不甚准确。

漪，离宫别馆，月榭风亭，属之西山，所费不计亿万。园地多明权珰别业，或传崇祯末诸阉皆以宝窟宅于兹，乾隆间浚池，发金银数百万。每岁，夏幸园中，冬初还宫，内廷大臣赐第相望，文武侍从并直园林，入直奏对，昕夕往来，络绎道路，历雍、乾、嘉、道百馀年于兹矣。

文宗初，粤寇踞金陵，盗贼蜂起，上初即位，求直言，得胜保、曾国藩、袁甲三三臣。既以赛、程、徐、陆先朝重望相继倾覆，始擢用前言事者，备畀重任。三臣支柱，贼不犯畿，然迭胜迭败，东西数省蹂躏无完土。主上悯苍生之颠沛，慨左右之无人。九年冬，郊宿于斋宫，夜分痛哭，侍臣凄恻。大考翰詹，以宣室前席发题，忧心焦思，伤于祸乱。然后稍自抑解，寄于文酒，以宫中行止有节，尤喜园居，冬至入宫，初正即出。时园中传有四春之宠，皆汉女分居亭馆，所谓杏花春、武陵春、牡丹春、海棠春者也。然上明于料兵，委权阃外，超次用人，薄内称哲，而部院诸臣无所磨厉，颇袭旧敝。晚得肃顺，敢言自任，故委以谋议。

先是，道光二十年，英吉黎夷船至广东香港，求通商不得，又以烧烟起衅，执政议和，予海关税银千八百万，英夷请立约，广督耆英与期十年。届期而徐广缙督两广，夷使至广州，拒不许入，以受封爵，夷酋恨焉，志入广州。咸丰元年，英吉黎、佛朗西、米利坚各国乘粤寇鸱张，中国多故，复以轮船直入大沽口，台王僧格林沁托团练之名，焚其三船，尽击走之。夷人知大皇帝无意于战，特臣民之私愤，乃潜至海岸，买马数千，募群盗为军，半年而成，再犯天津，称西洋马队，闻者恐栗。夷马步登岸，我未陈，而敌骑长驱矣。十年六月十六日，上方园居，闻夷骑至通州，仓卒率后嫔幸热河。道路初无供帐，途出密云，御食豆乳、麦粥而已。十七日，英夷帅叩东便门，或有闭城者，闻炮而开，王公请和，和议将定。十九日，夷人至圆明园宫门，管园大臣文丰当门说止之，夷兵已去。文都统知奸民当起，环问守卫禁兵，一无在者，索马还内，投福海死。奸人乘时纵火，入宫劫掠，夷人从之，各园皆火，三昼不熄，非独我无官守诘问，夷帅亦不能知也。

初，英夷使臣巴夏里已拘刑部。和议成，以礼释囚。于是巴夏里与夷帅各陈兵仗，至礼部，订约五十七条，予以海关税银三千六百万，而夷人抵偿圆明园银二十万。十一年七月，文宗晏驾热河，今上即位，奉两宫皇太后还京，垂帘十载，巨寇削平。而夷人通商江海，往来贸易，设通商王大臣以接夷使，然常言某省士民毁天主教堂，某省不行其教，某省民教挑衅，日以难我，应之不暇，盖岌岌乎华夷杂处。又忽忽十有一年，园居荒虚，鞠为茂草，西山大寺，夷妇深居，予旅京师，恻然不敢过也。

同治十年春，同年王壬父重至辇下，追话旧游，张子雨珊亦以计偕来，约访故宫，因驻守参将廖承恩，许为东道主。四月十日，命仆马同过绣漪桥，寻清漪园遗迹，颓垣断瓦，零乱榛芜，官树苍苍，水鸣呜咽。由辇路登廓如亭，望万寿山，但见牧童樵子往来林莽间。暮从昆明湖归，桥上铜犀卧荆棘中，犀背御铭，朗然可诵。

明日，访守园者，得董监，自言年七十馀，自道光初入侍园中，今秩五品，居福园门旁，导予等从瓦砾中循出，入贤良门而北，指勤政、光明、寿山、太和四殿遗址。至前湖，圆明寝殿五楹，后为奉三无私殿、九州清晏殿，各七楹，壤壁犹立，拾级可寻。董监言:“东为天地一家春,后居也;西为乐安和,诸妃嫔贵人居也;洞天深处,皇子居也。”清辉殿为文宗重建,与五福堂、镂月开云台、朗吟阁,皆不可复识。镂月开云者,即所谓牡丹春也。世宗为皇子,当花时迎圣祖至赐园,而高宗年十二,以皇孙召侍左右,三天子福寿冠前古,集于一堂,高宗后制诗常夸乐之。经其废基,裴回惄焉。东渡湖,为苏堤、长春仙馆、藻园,又北为月地云居、舍卫城、日天琳宇、水木明瑟、廉溪乐处,仅约略指视所在。东北至香雪廊,阶前苇荻萧萧,废池可辨。复渡桥循福海西行,为平湖秋月,水光溶溶,一泻千顷。望蓬岛瑶台,岛上殿宇犹存数楹,惜无方舟,不达。其下流水潺湲,激石成响。董监示余:“此管园大臣文公死所也。”西北至双鹤斋,又西,过窥月桥,登绮吟堂,经采芝径,折而东,仍出双鹤斋,园中残毁几遍,独存此为劫灰之馀,乱草侵阶,窗棂宛在,尤动人禾黍悲尔。双鹤斋西,为溪月松风,翠柏苍藤,沿流覆道,斜日在林,有老宫人驱羊豕下来。东过碧柳书院地,跨池东为金鳌,西为玉蝀,坊楔犹存。又东去,皆败坏难寻,遂不复往。

暮色沉沉,栖鸟乱飞,揖董监出福园门,还于廖宅。廖,澧州人,字枫亭,少从赛尚阿、僧格林沁军,亦能言行间事,感予来游,颇尽宾主之欢。

既夕言归,则礼部放榜日也。雨珊既落第南去,余与壬父每相过从,言念园游,辄惘惘不自得。壬父又曰:“园之盛时,纯皇勒记,必殷殷踵事之戒。然仁宗始罢南幸,宣宗尤忧国贫,秋狝之礼,辍而不举,惟夫张弛之道,宜及嘉、道时补纯皇倦勤之功。而内外大臣,惟务慎节,监司宽厚,牧令昏庸,讳盗容奸,以为安静,八卦妖徒,连兵十载,无生天主,教目滋繁,由游民轻法，刑废不用故也。江淮行宫，既皆斥卖，国之所患，岂在乏财?”又曰：“燕地经安史戎马之迹，爰及辽金，近沙漠之风矣。明太宗以燕王旧居，不务改宅，仍而至今，地利竭矣。又园居单外，非所以驻万乘，废而不居，盖亦时宜。”余曰：“然。前年御史德泰请按户亩鳞次捐输，复修园工，大臣以侈端将启，请旨切责，谪戍，未行，忿悔自死，自此莫敢言园居者。而比年备办大婚费已千万，结彩宫门至十馀万，公奏朝廷动用钱粮。婚以成礼，岂在华饰？若前明户部司官得以谏争，余且建言矣。又余闻慈安太后在文宗时有脱簪之谏，关雎、车舝之贤，中兴之由也。又园林未焚前一岁，妖言传上坐寝殿，见白发老翁，自称园神，请辞而去，上梦中加神二品阶，明日至祠谕祠之，未一稘而园毁，岂前定欤？子能诗者，达于政事，曷以风人之意，备繁霜、云汉之采?”于是壬父为《圆明园词》一篇，而周学士、潘侍郎见之，并叹其伤心感人，笔墨通于情性。余以此诗可传后来，虑夫代远年逝，传闻失实，词中所述罔有征者，乃为文以序之。同治十年立秋日，长沙徐树钧撰。

按叔鸿为寿蘅尚书树铭堂弟，同治元年壬戌恩科举人，由考取内阁中书舍人，历御史、给事中，外放，终于江南盐巡道。字学徐季海，兼工篆隶，精鉴赏，富收藏。圆明园劫后，叔鸿收得右军《鸭头丸帖》真迹，故名其斋曰宝鸭，是为叔鸿与圆明园之又一段因缘。以予揣度，得帖当在作序前。序中所述湘绮言，“燕地成沙漠之风，地利竭矣”云云，正是其常所言者，予前所举“王志”[①]中语，可相发明。周学士是周荇农，潘侍郎是潘伯寅。又按叔鸿此序中，除目睹

① 指王闿运所撰《湘军志》。

足涉之园景外，论清与联军和战原由，皆只抒臆闻，未可谓为信史。尤谬者，文宗以庚申八月初八日幸热河，而序中言为六月十六日；烧园为八月二十三日，序中乃曰六月十九日。叔鸿为同治元年举人，咸丰十年，或未必在都，度闻之湘绮，而纰缪若此，则湘绮《祺祥故事》中讹董元醇为高延祜，抑又不足怪矣。

一〇　徐叔鸿家世

叔鸿于今日名不甚著，似颇为其兄寿蘅尚书所掩。寿蘅于咸丰二年已为兵部侍郎，同治六年，以荐俞曲园谪官，左迁太常寺少卿。其官工部尚书，则在光绪二十五年矣。相传徐家本寒微，其祖国搢，字笏亭，儒雅厚重，为长沙县经承，其时县令为蕲水陈光诏，即秋航状元（沆）之父，有知人鉴，重徐长者，一日问："有子弟读书应试乎？"徐因以幼子一、长孙一所业进。陈览后，令携入见，叹赏曰："皆翰苑才也。"其后言悉验。幼子者，为芸渠先生，名棻，以翰林散馆，改中书，掌岳麓书院；光绪辛卯，重宴鹿鸣，赏三品卿衔，即叔鸿之父。长孙者，即寿蘅。笏亭翁年逾八十，尚齐眉健在，文宗万寿，曾御书匾额赐之。

一一　杨云史《〈檀青引〉序》

叔鸿序湘绮《圆明园词》在同治十年，其后杨云史[①]有《檀青

① 杨圻，字云史，江苏常熟人。崇伊子。云史娶李瀚章之孙女为妇。著《江山万里楼诗钞》行世。

引》，则在光绪二十三年丁酉，亦有序，序亦言圆明园事。云史时年二十一岁，以此得名江东，相传为张冶秋尚书所赏。序云：

蒋檀青，京师人，其先越产也。善弹筝、吹笛，工南北曲，文宗时乐部推第一，长安名士宴宾客，非檀青在坐则不欢。

初，高宗建圆明园于京师西北，园景宏丽。时海宇晏安，府库充牣，高台深池，极游观之乐，岁以首夏幸园，冬初还宫，历仁宗、宣宗以为例。文宗时梨园尤盛，设升平署以贮乐工，内务府掌之。设南府，命乐工教内监之秀颖者习歌舞。当夫棠梨春晚，梧桐秋末，万几之暇，辄召两部奏新曲，檀青发喉，则天颜怿霁，赏赉过诸伶。文宗中叶，粤匪踞金陵，捻匪扰皖豫，英法龃龉，与战不利，东南多事，海内骚然，上抑郁不乐，稍近声色。总管圆明园事务大臣文丰方宠盛，承旨遣人采江浙美女以进，更广治台沼以居之。诸姬皆汉人，殊色，善歌舞。咸丰十年七月，英法联军犯天津，胜保与战败绩，敌长驱入北京。时秋暑犹盛，上方与诸美人避暑福海，荡木兰之舟，歌凉风之曲，闻变于八月八日，仓猝率后妃、皇长子巡幸木兰，诏恭亲王留守京师。奸民李某导联军劫圆明园，珠玉珍宝尽出，三朝御府希世之物不知纪极，掠殆尽，择其尤者以奉英法军。纵火焚宫殿，火三日不熄。诸美人不知所终，文丰北向再拜，投福海，死之，从者郎员数人。

恭亲王既议和于礼部，事定，檀青乃赴行在。明年七月，文宗皇帝崩于避暑山庄行殿，梓宫奉安返京师。尝于暮春入园，帝所居山高水长、朗吟阁、环碧亭、无边风月阁、听莺馆、无尽意轩、丽瞩轩、影湖楼及诸美人院，赭壁参差，不可指辨，惟福海潺潺，鸟啼花落而已，恸哭出，不忍再往。从人游江南、江淮间，乱无所业，檀青抱筝沿门卖曲为活。迄穆宗中叶，湘、淮军克金陵，平捻匪，东南定，再见中兴，而檀青贫，终不得返京师。京师方重靡靡之音，无工昆曲者，于是诸伶中亦无有知檀青姓氏者矣。

朝廷稍稍闻圆明园之毁，祸由李某，下狱穷治，诛之，籍其产以赐文丰家属焉。后三十馀年，而东吴杨云史年二十一，游广陵，宴客平山堂。江山春暮，花絮际天，乃命丝竹，以佐诗酒。坐上遇檀青，知余之自京师来也，清歌一声，弹筝一曲，白发哀吭，泪随声下。问所哀，为余述宫中事甚悉，言："咸丰九年三月某夕，牡丹堂牡丹盛开，月出，上敕诸美人侍夜宴，置酒赏花于镂月开云之台。春寒未解，以紫貂荐地，宝炬千百，珠翠瑟瑟，靓妆如云，召演明皇沉香亭故事数折。花月之下，春光如醉，歌声遏云，不能自已。上顾诸美人，嗟赏，赐伽南牟尼、碧玉带钩各一事，西洋文锦两袭。内官引余跪花阴谢恩，春露滴云鬟，舞衣犹未脱也。由今思之，四十馀年矣，每念先皇恩，如隔世事。"因叹曰："从此以往，无复此乐矣。"言已欷歔。余亦愀然，时光绪乙未四月也。今岁秋，复见之青溪花舫，哀音怆怆，益老矣。尝读少陵逢李龟年诗，于流离之况，寄家国之感，余悲檀青之与龟年同一流落也，乃为传而长歌之。丁酉冬十月识于京师。

按云史此序中微误者，谓联军入北京，文宗闻变始行，实则文宗走热河之计早决，莼客日记中七月二十五日已备言之，八月初八日文宗行，联军入城则在八月二十九日也。檀青是昆曲旦角，初无殊名，殆天所以畀云史为诗料者欤？

一二　绮春园

与圆明园同时被毁者，尚有绮春园。吴䌹斋[①]《清宫词》云：

定昆池沼旧山庄，复道逶迤缭粉墙。

尊养两朝崇圣孝，含晖西爽并沧桑[②]。

按此似在莼客所记第二次纵火之内。园址，予未尝考证。

一三　圆明园焰火彩灯及园内珍物

《清宫词》又有一首云：

寂寞山高与水长，银花火树不成行。

迎春别启新堂宇，燕九年年乐未央[③]。

按圆明园焰火及彩灯，为一代珍闻，清代笔记志此最多，《野记》所甄录者三四节略同，今举其一云："上元夕，西厂舞灯，放烟火最盛。清晨，先于圆明园宫门列烟火数十架，药线徐引，燃成界画栏杆五色，每架将完，中复烧出宝塔楼阁之类，并有笼鸽及喜鹊数

---

① 吴士鉴，字公詧，号䌹斋，庆坻子，浙江钱塘人。曾任翰林院侍读、江西学使等职。

② 原注云：含晖园在圆明园之东，有复道相属。仁宗三女庄敬公主釐降时，赐居于此，公主薨逝，额驸索那木多尔济照例缴进。又以成哲亲王寓园西爽村，均并入绮春园中。道光时，宣宗尊养孝和皇后于绮春园中。文宗初元，亦奉孝静皇后居此，问安视膳，一如道光间礼。盖文宗幼时失母，为孝静所抚育，故即位后，孝静由康慈皇太妃尊为太后也。咸丰庚申之灾，绮春亦同归煨烬矣。

③ 原注：乾隆以后，每岁燕九日，于圆明园山高水长殿内（匾额即以此名）看焰火。庚申园毁。至光绪中叶，兴修三海，筑迎春堂，始循旧例，于堂外放焰火焉。

十，在盒中乘火飞出者。未申之交，驾至西厂。先有八旗驰马诸戏，或一足立鞍镫而驰者，或两足立马背而驰者，或扳马鞍步行而并马驰者，或两人对面驰来，各在马上腾身互换者，或甲腾出，乙在马上戴甲于其首而驰者，曲尽马上之奇。日既夕，则楼前舞灯者三千人列队焉。口唱太平歌，各执彩灯，循环进止，各依其缀兆，一转旋，则三千人排成一'太'字，再转成'平'字，以次作'万岁'字，又以次合成'太平万岁'字，所谓'太平万岁字当中'也。舞罢，则烟火大发，其声如雷霆，火光烛半空，但见千万红鱼，奋迅跳跃于云海内，极天下之奇观也。"

又一节云："圆明园宫门内，正月十五放和盒，例也。即烟火盒子，大架高悬，一盒三层。第一层'天下太平'四大字；二层鸽雀无数群飞，取放生之意；三层小儿四人，击秧歌鼓。唱秧歌，唱'太平天子朝元日，五色云车驾六龙'一首。惟其时观之，朝阳满地，不见灯光矣。后停止。"

又"圆明园所陈珍物"一节，今亦附录之："西直门外，畅春园稍北，为圆明园，其间水木清华，鱼鸟翔泳，景至幽适。道、咸之时，上常驻跸园中，表以虚堂累榭，饰以怪石奇花，古今稀世之珍，充牣其中，莫可指数。有曾入是园者，为言彼经过仅全园三分之一，而所见珍物已几于目炫神迷，舌挢不能下矣。据所见仅玉器一类，有四方玉花瓶一，高十四五寸，色白逾乳，雕刻人物极精细，疑非人工所为。有玉盘一，径二尺许，上连冬松一本，叶绿根白，大与真者无异。有珊瑚树数柯，高等身，粗如儿臂，红润照人眼，光灼灼不可逼视。有碧玉甜瓜一，蒂叶皆具，瓜上有一蚱蜢，苍头碧翅，作摇摇欲跃势，色泽皆天然。外此若玛瑙之碗、水晶之壶、琥珀之杯，质美而镂工，多人间罕见物云。"

按“太平万岁字当中”，本唐王建《宫词》，可知此制甚旧。驰马之戏，与今日欧西马戏同。烟火之技巧，玉器之雕琢，在今日殆悉可作艺术观，惜乎，此种美术，必不能再昌矣。

一四 黄晦木《小友》诗

人生宇宙间，真同白驹之过隙，彭殇一例，夫何俟言。凡人又莫不有生老病死，其速若矢，而在此一瞬内，又辄有少年老年之界限意见，真扰扰若蚊蚋，可哀也。然“陛下好少，而臣已老”，古人已慨乎言之。以言乎今，则思想之径庭，训育之巧拙，体质之同异，又益以在上者之好恶，老与少间，俨若有鸿沟焉。实则每人之德业才智，当视其经验与体力，能否久揩不钝，未可以年龄为进退之准也。梨洲之弟晦木，学者所称鹧鸪先生，有《小友》诗并序，于少年心术致疑太过，予颇病其隘。然少年德养未到者，手亦倍辣，晦木所叹，非无此等人也，其诗则怨悱而忠厚矣。黄诗及序，今并录之，以告驹隙中之作老少短长论者。序云：“今之求友者，不能得耄耋之人而事之，亦必寻斑白者以定交，或十百千万中有一二可信者。若夫少壮之人，与弱冠童子之属，其餔肝吮血，不持寸铁而得当，上观下获，无非陷人杀人之机阱。吾故曰：老而不仁者多矣，未有少而仁者也。然而为日已久，其可从游者，始而闾闬相望，继也晨星落落，今则绝无而仅有矣。如绵延数载，童子皆少壮，少壮尽斑白矣，宁复有十百千万之一二耶？吾能求之孩提之间，以为肺腑心吕乎？子曰‘后生可畏’，先虚心小友之席以待之，预赠以诗。”诗曰：

贫贱荒芜子若孙，传经传道与谁论。

一番乖沴推移过，三代人民酝酿存。

种在田畴仍不匮，学成人我本同根。

伏生何必忧迟暮，老发书仓授及门。

按晦木此题共十二首，以杖为执友，族弟道传为老友，宽甸石印为信友，夏天锡琬琰二砚为石友，陆文虎、万履安为死友，持以易粟之红云端砚、宣铜乳炉为亡友，忠端公所遗铜炉为同心友，酒为畏友，茶为损友，冶鸟木客为益友，所作《忧患学易》、《六书会通》为端友，并上述小友，为十二首七言律，各系以序，唯小友虚无其人。《小友序》中，言“餔肝吮血”、“陷人杀人”云云，疑晦木心目中有所指。其言“老而不仁者多矣，未有少而仁者也”两语，则世路久经深察情伪之言。

一五　李莼客所记琉璃厂殴官案

偶览沈南雅[①]《便佳簃杂钞》，见其中甄录陈剑潭《异伶传》、《彭嫣传》，夏蔚如《厂甸杂诗》，林白水《名砚记》，皆朋辈文字。其中有《火珠考》一文，则予旧应白水之属所为者。摘拾巩锦，具见检翻书报之勤，而多不著作者姓名，岁久恐有贻误，南雅已殁，惜无人悉标举之。南雅亦自撰《琉璃厂竹枝词》，与蔚如所咏，皆宣统末至民国六七年间新春厂甸之盛。腊后旧都书来，海王邨间，喧阗如昔，追抚前尘，龙鸾并逝，可胜叹忆。

又从来谈厂甸故事，皆言书画珍玩方物充牣之美，至多记名优游女侠少贵游之一二轶事而已。清末有在琉璃厂殴官而兴大狱

---

① 沈宗畸，字太侔，号南雅。广州人。光绪甲午举人。以工诗名于世。曾刊《东华琐录》、《便佳簃杂钞》、《宣南梦忆录》等笔记。

者，此亦厂甸之枝闻，旧京之小掌故也。李莼客《越缦堂日记》：

同治元年壬戌正月十三日丙申，是日闻张西园死于刑部狱。张西园者，名其翰，山西人，家富于赀，少无赖，善斗，入赀为坊官，日以樗博狎游为事，出则多从诸不逞少年，人少迕之，辄奋殴，即士夫亦不免。旋以宿妓拒捕，革职论戍，遇赦释回，益横行无顾忌，都市中无敢睚视者。或事发，吏人踪迹之，皆畏其拳捷，又多死党，不敢近，以是无不知有张西园者。复入赀，得郡丞。岁已未，再以宿妓补名捕，乃投胜帅营，窜名军府中。刑部奏请提问，有旨收系，胜帅匿不遣，且抗疏为力辩。司寇再执奏，并劾胜帅。去年始解赴部下狱，又以恩诏得释。

刑部主事吴养原者，总督文镕子，当讯其翰时，叱之跽，其翰衔之。是月之二日，遇于厂甸，即率诸恶少，捽养原，痛击败其面。巡视中城给事中孙楫适至，睹其状，亟督团防兵擒缚，送刑部，而遽偕御史兴奎入奏，言"其翰著名光棍，挟仇殴伤承审官，请饬部严讯究办"。诏："张其翰敢于白昼通衢，纠众殴官，怙恶不悛，目无法纪，交刑部严行审讯，按律从重惩办。同党定四及助殴各犯，令步军统领、顺天府、本城一体严拿，不许一名漏网"云云。刑部诸曹官素畏恶其翰，榜掠楚毒，令首其党恶者姓名，遂捕定四及陆葆德等五六人，皆置狱鞫问，血肉狼藉，辇毂称快。定四，满洲人，工部笔帖式。陆葆德者，巡抚荫谷子，输赀为部曹，胜帅挈置军中，以事逮问革职，儇薄狠鸷，与其翰结为兄弟，亦衔刑部诸曹官，密袖铁槌，思报，未得间。而其翰先发，其翰之死，人以不及弃市为恨。

此辈都邑出没，不过狗鼠之技，非真安世大猾、武阳悍夫，遇威严京兆尹，立杖死车下足矣。即其党与，恣睢倡和，亦不过慊慨酒食之侧，矜耀绔褶之间，非同畜养椎埋，阴聚亡命。然使竟寝不治，则狼子野心，虺蛇变易，不幸一旦有事，小则为行劫之闲子，大则为倡乱之山棚，是亦京国之患也。观其束手就毙，如磔孤雏，平时所羽翼者奔昵〔匿〕不暇，亦可笑矣。

按此事以予所闻，西园豪猾，自罹法网，不足论。胜保专罗致此一流人物，当时朝中清议，已有谓其终不能免者，不久，卒以陕事逮治，伏尸市曹，或亦比匪之过欤？厂甸当时游人杂遝，时时车马梗塞，故西园捽击吴养原甚易。巡警始于光绪末，彼时乃以五城御史或给事中率防兵巡视，可以就地缚人，露章入奏。燕市武健称豪士者最多，非积有夙怨者，御史及刑部殊不根治，此皆论兹事所宜知。光、宣以来，以武犯禁之风既戢，易以妖姬明僮，靡靡招挑，清社墟，而都城亦徙。

一六　古书音译用字互异

近读朱希祖《天禄辟邪考》中云：

《汉书·西域传》云，乌弋山离国，有桃拔、师子。注：孟康曰："桃拔一名符拔，似鹿，长尾，一角者或为天禄，两角者或为辟邪。"《后汉书·章帝纪》：章和元年，月氏国遣使献扶拔、师子。《和帝纪》：章和二年，安息国遣使献狮子、扶拔。《班超传》：月氏贡符拔、师子，注引《续汉书》曰："符拔，形似麟而无角。"前汉称桃拔，后汉称符拔，或作扶拔。孟康三国时人，故云桃拔一名符拔，明桃拔、符拔名虽不同，且有有角、无角之殊，然其种则一也。桃拔来自乌戈山离，符拔来自月氏、安息，桃拔有角，符拔无角。桃拔之一角者，汉别名天禄；两角者，汉别名辟邪，总称曰桃拔。无角者，汉未有别名，盖仍称符拔也。

按汉武帝得天禄、辟邪，故于未央宫建天禄阁。此兽贡自西域，自凿然可征。又考王先谦《【后】汉书补注》，谓《后汉书·德若传》下云，乌弋山离国地方数千里，时改名排特。《西域图考》云，在今波斯国南境，给尔满、法尔斯、古尔斯、丹剌郡四部地。据此，则符拔乃为波斯之兽，符拔、桃拔，俱是译音。予意两者实是一物，有角、无角或是雌雄之别，而非两种。桃与符，当为一音对译之转。古来此例至多，如驺虞，或作驺牙，又作驺吾，又名酋耳。獬廌一作獬豸，又作獬东，又作貏豸，正是此例。以予臆度，其原始皆当为译音。又如《北周【书】·杨忠传》之獜于，《旧唐书·波斯传》之活褥，亦同为译后存音不存义之兽名。

古人于西域输入之物，其翻译恒删去尾音或首音，为制两字之名，至多三字，或译以吾国文义。时代绵远，当时彼邦之产物至今或已绝迹，或易新名，今人据旧译之名，以溯索彼时之真音义，恐已不易踪迹。而史册笔记，展转翻说，形音数易，尤不可究诘。尤著之例，如"胥纰"二字，《史记》谓为瑞兽名，《汉书》则作犀毗。今考《史记·匈奴传》"胥纰"注云：徐广曰："或作犀毗。"《索隐》云：汉书作犀毗，此作胥者，犀胥声相近，或误。张晏曰："鲜卑郭落带，瑞兽名也，东胡好服之。"《战国策》云："赵武灵王赐周绍具带黄金师比。"延笃云："胡革带钩也。"则此带钩亦名师比，则胥、犀与师并相近，而说各异耳。班固《与窦宪笺》云"赐犀比金头带"是也。而王益吾《汉书补注》，《汉书·匈奴传》"犀毗"条云：孟康曰："要中大带也。"张晏曰："鲜卑郭落，瑞兽名也，东胡好服之。"师古曰："犀毗，胡带之钩也。亦曰鲜卑，亦曰师比。总一物也，语有轻重耳。"《【后汉书】补注》云：沈钦韩曰：赵武灵王赐周绍胡服衣冠，具带黄金师比。（鲍彪云：带饰之佩也，犹具剑。）按具当作贝，《淮南子·主术训》，赵武灵王具带鵕鸃而朝，赵国化之。（《佞幸传》：孝惠帝时郎中冠鵕鸃，具带。鸃，盖鸃之讹。）高诱注："以大具饰带胡服。鵕鸃读曰私钍，头二字三音，曰郭落带。"按诱此注当有脱文，云私钍头者，指师比言之。其云郭落带一名鲜卑带，与张晏说合。《东观【汉】记》："诏赐邓遵金刚鲜卑绲带一具。"《魏志》注：《典略》："文帝尝赐刘桢郭落带。"班固《与窦宪笺》云："赐犀比金头带。"又延笃《国策注》云："胡革带钩为师比。"盖赐带必连钩，故徐广曰犀毗，或无一字。先谦曰：《史记》饬作饰，此误。犀毗，《史记》作"胥纰"，"具"疑当作"贝"。又考阮芸台《积古斋钟鼎彝器款识》卷十《丙午神钩解》云：

右"丙午神钩"七字，银丝填文，元所藏器。按造铜器必于丙午日，取干支皆火。元所见带钩，有作"丙午钊君宜官"者，有作"五月丙午造"者，此云"丙午"，亦铸钩之日也。"君高迁"者，颂铸之词。此钩嵌金银丝，作神人鸟喙，抱鱼食象，首作兽面，故曰神钩。考《山海经·大荒南经》云："白水山生白渊，昆吾之师所浴。有人名曰张宏，在海上捕鱼。海中有张宏之国，食鱼，使四鸟。有人焉，鸟喙有翼，方捕鱼于海。"郭注：昆吾，古王者号。《音义》曰：昆吾，山名，溪水内出善金。盖当时取善金作钩，因象其地之神人以为饰也，首作兽面，盖师比形。《史记》："汉文帝遗匈奴黄金胥纰一。"《汉书》作"犀毗"。张晏云："鲜卑郭落带，瑞兽名。"《战国策》："赵武灵王赐周绍黄金师比，以传王子。"延笃云："师比，革带钩也。"班固《与窦宪笺》云："复赐固犀比金头带。"《东观汉记》："邓遵破匈奴，上赐金刚鲜卑绲带一。"然则师比、胥纰、犀毗、鲜卑、犀比，声相近而文互异，其实一也。

综合诸说，胥纰者，或以为瑞兽之名，或以为带饰之佩，或以为胡带之钩，或以为腰中大带，或以为革钩，莫衷一是。其病皆在不得真诠。予按胥纰，本为胡语，虽亦作鲜卑，作犀毗，作师比，作犀比，作私钋，皆同一语之对译。张晏注云："鲜卑郭落带，瑞兽名也。"似其真意。鲜卑郭落为胡语，而瑞兽则其汉译。试检《唐韵正》卷一，鲜字条云：

> 鲜，相然切，古音犀。《汉书·匈奴传》：黄金犀毗一。师古曰：犀毗，带之钩也。亦曰鲜卑，亦谓师比，总一物也，语有轻重耳。《楚辞·大招》：小腰秀颈，非鲜卑只。注：鲜卑，衮带头也。此即古所云犀毗，亦曰鲜卑者也。《尔雅·释畜》疏引魏时西卑献千里马，西卑即鲜卑也。《诗》"有兔斯首"，笺云：斯，白也。今俗语斯白之字作鲜。齐鲁之间声近斯。《尚书大传》：西方者何？鲜方也。《白虎通》：洗者，鲜也。西本音先，今读犀。鲜本音犀，今读仙。洗本音诜，今读先礼反。三字互误。今霹字在五支韵，音斯。《说文》：从雨，鲜声。上声则先礼反。《诗·新台》首章：新台有泚，河水弥弥。燕婉之求，籧篨不鲜。当改入齐韵。

此释最精。鄙意桃拔所以嬗为符拔者，正如胥纰之为犀毗，非从其音译上悟其一贯之流变不可。若以有角、无角为区分，正如释胥纰者，若从带钩兽面上立论，非无发明，恐不易得当耳。

一七　郑叔问跋王湘绮《圆明园词》

杂记圆明园诸事后，得见营造学社出版之《同治重修圆明园史料》一书，所辑甚详备，唯游百川事稍简略耳。辑者为刘君敦桢，据其自注王湘绮、徐叔鸿圆明园诗序一节云："见《湘绮楼日记》咸丰十年四月十一日记事，及程演生先生《圆明园考》，惟姻丈徐绍周先生家藏王氏篆书《圆明园词》及叔鸿先生词序墨迹，以校程书所引，谬讹无虑十数处，容当另文刊正，以传真相。"观此可知徐氏宝存王、徐手迹之郑重，惜未获即睹刘氏所校正者，其中要点何在。而比日亮集告予，大鹤山人有手书《圆明园词》并序，且有跋甚长，亟假得之，细字长数丈，端秀古润，信为叔问先生经心之作。跋虽未毕其词，然其间有足资考证者，有足征词流故事者，亟录其首尾。原跋云：

光绪已丑夏四月，余已计车五上都堂试，不第，道沽上，待船帆海南下。适闻湘潭王翁壬父先余一月至，因约于君晦若、汤君伯述造访之于吴楚公所。相见，即置酒论文，扬榷今古，意气相得甚欢，每慨时事，悲闵之诚，切切满口。时傅相合肥李公督直隶，驻节天津，为壬父三十年前曾文正幕中同舍友也。壬父云："此来与李约三章，不修志，不入幕，不主讲。唯欲贷万金，将卜居于海淀，近先帝旧园，受一廛，朝夕歌哭于其间，于愿足已。"因示以《圆明园词》并叙。余读之，其声挥绰，发言哀断，相与悢悢，辍尊而叹，以为非深于文章，达于政事，通于性情，不能声之；声之，或不能感人，不独先朝轶闻往事有足征也。

自是遂无日不见壬父，见辄说诗及近事，尝食以苦瓜为下酒物。余凡三登轮船，临河而返，惓然不能去也。故壬父贻余五言三篇，有"潮落知人意"之句，其心契如此。旋与之约游吴中，秋以为期，流连浃旬，各以篇咏为别，余先渡海而南。迨中秋后七日，壬父果浮家至苏，寓湖南宾馆，距余居壶园只隔一桥，欢言晨夕，风雨亦相过从。时江夏黄子寿年丈以布政权巡抚，与壬父固闻声相慕者，余为之先容。又壬父老友遵义刘公景韩亦新擢廉吏来苏，于是文酒雅宴，殆无虚日。而壬父方注《墨子》，日课必手录三篇，始应宾客。尝为余言：今泰西之学多原于墨家。盖由南方之墨流传于西洋，又去其《明鬼》、《节用》诸篇不便于其国者，演为彼教一家之言。试诵《墨经》上下，则西学所神其说于光声诸化学者，又明明在也。余因取毕校《道藏》本，证以壬父所注，乃叹其精博过孙、毕远已。遂相从斠诠，尽取《墨子》十五篇，为之章句，且日订数事以相质。壬父极为赏击，谓"假以三月功力，必与子尽得之矣"。十月杪，壬父以天寒岁暮，决然还湘，依依言别。余送至无锡之黄步，扁舟依迟，犹相与日校《墨经》丹黄不去手，今所录吾两人笺注净本犹在案头。后数年，复搜获张皋文先生校订《墨经》及王君树枏《墨子斠诠》，将折衷一是，汇录付锲，以志良友同道之助。卒卒蕲于力，未果也。

每念与壬父别又匆匆十馀年，余旧学荒落，无以自异，近且衰病，世变日亟，幽忧不皇，思如畴昔通书之乐，便难一二。岁已亥之春，壬父再游吴，仅三日留，数见过，不得一面。其道出无锡，邮书来慰问，谓此书即作于十年前送别处也，其情深又如此。昨年壬父知余刻词第三集《比竹馀音》，犹自长沙撰寄一叙，述师友身世之感，且云相交又二十馀年，而时事愈变，吴越海疆不能有歌舞湖山之乐，其志亦可悲已。

自壬父作《圆明园词》至于今，又将四十年，其间园中盛衰之故，余所闻见，可略而言，踵事属辞，殆有更伤于昔游者。园中修复，始于同治之季。方穆宗之亲政也，仰惟两宫圣母，削平大难，光烈中兴，归政之初，宜以天下为养，何惜一园土木之费，以奉游豫？诏估园工，克日兴复。当时廷臣多有直声，虽贤如恭忠亲王、高阳李文正公，俱在政府，日进谠言，而迫于穆宗先意承志之孝，莫之能挽。御史游公百川，至于廷争涕泣，伏御坐旁，默写三海园工至三百馀言，力陈时艰。必不得已，请酌修禁园，犹无大费，上为之动容。未几，以讲官张佩纶，疏劾恭邸惰于晚节，议多模棱，得严旨，革去亲王世袭，降为八分公。近臣皇栗，无复敢言，而郊园大工以兴。正殿三楹甫落成有日矣，穆宗升遐，园工中辍。癸未之春，余以计偕北还，偶从亲旧为西山之游，因纡道重访故宫，剩水残山，荒寒满目。遂划小舟，泛昆明湖，澄淡一碧，游鳞可数。缘堤而南，陟万寿山，旧亭翼然。有夷人先在，方以西法镜光照园之列景，询其从者，则德国之游商也。余顾谓同游曰：方乾隆全盛之时，木兰之狩，四夷朝贡，舞蹈山庄。且以英使拜跽失仪，谕从缅甸诸陪臣后，又以其使归国时多所要请，敕谕以裁抑之。然是岁为罢秋狝，屡诏诫海疆诸臣严饬军旅，可谓思患预防矣。使嘉、道两朝驭远得其道，则建威销萌，诸夷且不敢越雷池一步，何有香港之盟，舟山之失？至咸丰庚申大沽之役，割地索币请和，遂一蹶不复振矣。

初，有奸人龚孝拱者，游海上，以狙诈通于夷，闻圆明园多藏三代鼎彝，龚故嗜金石刻，至庚申京师之变，乃乘夷乱，导之入园，纵火肆掠。后十数年，有见园之珍宝在沪肆者，江南官府以重值购献焉。光绪初元，两宫再垂帘听政，每召见内外大臣，辄泣下不能长语。时俄、法、英、美、德诸大国，日以并吞雄视五洲，宏拓商界，伺我贫弱，虔刘我边疆，天下沓沓，迄无宁岁。江海要盟，以和止战，夷邸之议，自文文忠祥殁后，莫敢当前。而台谏诸臣又喜言战，动斥政府孱弱，每下一议，辄繁征史事，论列前庸，危言耸听，朝士慕其风义，有清流之目焉。

甲申春，以盛祭酒昱疏陈时弊，责备枢臣，慈禧皇太后览之震怒，明日视朝，乃袖出严旨，痛哭以数之，自恭亲王、高阳相李公以次尽被谴谪，而以礼邸、张尚书之万、孙尚书毓汶诸臣继入枢密。时醇邸以尊亲备顾问，创议设海军于北洋，大学士李鸿章实予谋，复于西山海淀辟广场，置制造机器、火药诸厂，规模闳廓，功役千万，岁贷于夷，犹患不足。于是计臣复请广开捐输，而宽于囊格，名曰报效，别申选簿，虽在废黜，亦得因缘旧阶，转出优异，故夕纳赀而朝受命者冠盖相望，道路以目。自壬午法越之役，丰润学士张佩纶以词曹奉使，视师闽疆，鼓山一败，仅以身免，南洋师船，无片甲只轮返者，始逮遣戍。自是谏臣无敢言战，新执政又多老于世事，有鉴前失，惟事耽乐，日以饮酒酬酢，润色太平。宵旰倦勤，每痛念宗祊，时有不豫。

原跋至此中断，后尚加盖二章，一为“鹤道人”，一为“瘦碧”。玩其文气，似叔问信笔书至此，或以腕疲，或以日夕，或以叙述光绪时政局有费斟酌处，暂辍以俟异日，不虞其不能竟也。即此未竟稿中，由王、郑定交，叙至同、光政局，可谓委婉翔切。中如言湘绮提倡墨学，如记游百川御座旁作三百言疏，如记癸未春游园遇德人摄影，各节皆极有关系。与叔问同访湘绮，于晦若外，汤伯述为翁常熟之妻弟。湘绮云欲在海淀营一园，此是兴到语，自是与合肥打秋风之谑。

圆明园照片传于世者，为柏林大学教授布尔希曼所存，吾友滕若渠借以影印行世。予始颇疑叔问所遇德商，或是当日之奥尔茉，既而细考，奥尔茉氏摄影在同治六年至光绪四年之间，叔问以光绪九年游园，且玩其文意，似游清漪园之廓如亭，即今颐和园，故决郑游在后，然亦可见圆明一带苑籞初毁时期，西人来摄影者之多。予意欧洲人士或尚有存留圆明影片者，当不止如若渠所举也。叔问此跋不详年月，以跋中谓"壬秋作词至今垂四十年"句推之，殆在宣统末年。

一八　北京上元灯景

忆壬戌元夕居旧都时，宣南风物犹盛，既夕，方侍家燕，而蛰云自东城促为钵集，且云："樊山、书衡诸丈毕至矣。"饬以诗题，曰："米家灯也。"米家灯是明太仆米仲诏家物，太仆营勺园于海淀之北，有翠葆、榭林、于澨诸胜，尝自绘园景于绢，张以为灯，都人号以米家灯。是岁蛰云方自营小园于二条胡同，云是福康安祠堂旧址，颇饶花木。于时春榆舅父年近七十，而诗思益富，以樊山、闇公喜为七言绝句，故月为一集。客以米灯命题非徒点缀节物，亦以蛰园落成，寓贺蛰云侍奉之乐。尺波电谢，垂二十年，偶因废历春灯期近，属念及之，光景宛如昨日也。

佟严若《上元竹枝词》云："五侯宅第瑞烟凝，楼阁嵯峨漫玉绳。忽厌玻璃光澈夜，千金竞买米家灯。"读之可想见尔时灯夕园林宴饮之盛。考旧都灯事本极华侈，六七年前，尝为芸子草一文，考据清之灯市綦详，今稿佚，案头亦更无《日下旧闻》一类书可供补辑，偶翻沈南雅《便佳簃杂钞》中有《记灯市》一段，似为南雅自作，大致尚不谬。记云：

> 灯市在明代为极盛之地，旧传南北相对俱高楼，楼设氍毹帘幕，为燕饮地，夜则燃灯其上，望之若星衢，今已无是。忆故友为余言，髫年尚见路南楼六楹，岿然无恙，今亦不可问矣。每上元五夕，西马市之东，东四牌楼下，灯棚数架，各店肆均悬五色灯球，如珠琲，如霞标，或间以各色纱灯，由灯市以东，至四牌楼以北，相衔不断。每新月乍升，街尘不起，士女云集，童稚欢呼，店肆鼓吹之声如雷如霆。好事者燃水浇莲、一丈菊各样火花，观者尤夥。九轨之衢，竟夕不能举步，香车宝马，参错其间，愈无出路，而愈进不已，盖举国若狂者几匝旬，亦不亚明代灯市也。此外地安门及东安门外，约略相同。六部皆有灯，惟工部最盛。头门之内，灯彩四环，空其壁以灯填之，假其廊以灯饰之，且灯其门，灯其室，灯其陈设之物，是通一院皆灯世界也。此皆该部吏胥匠役，际海宇承平，民物丰阜，得以馀财，从容设置，以颂太平。上元五夜为一岁之首，故不惜夸多斗靡，成兹盛举。予于光绪乙亥随宦京华，犹及见工部灯，至灯市则闻而知之，亦未及见。庚子以前工部灯，因破损太多，不能再悬，庚子后官署迁易改革，不复昔日城肆旧观。又闻曩年海甸沿街至湖山跸路所经，每岁首灯景亦极盛，惜未及见。今则沧桑再劫，辽鹤重来，城郭人民，都异畴昔，前尘如梦，能不悲哉！

按此文中之灯市，今名灯市口，在东城。自庚子至庚午，此三十馀年间，予皆居北平，其始前门大栅栏诸巨肆，犹有纱灯绘传奇人物，恣众观览，东西城则以正明斋饼铺为盛，甲子以后，市肆物力日趋隳败，索然气尽矣。灯市诚为旧日风俗，沿自唐宋，今已随世变一一衰息。代兴者,电影、跳舞,穷欲疲神,方不限于岁时佳节,而物力之耗掷,小民之望尘却步,无同乐之气象,与昔时灯市孰为短长,正未易论定也。

一九　鲍辛圃《琉璃厂春游诗》

前记张西园厂甸殴官案,因念厂甸可记者尚多,与灯市亦相关连。鲍辛圃钤〔钤〕[①],乾隆时人,有《琉璃厂春游诗》四首云:

车驻雕轮马驻鞭,手拈瓜子步差肩。
排门尽启君平肆,趁赚痴儿问福钱。

丛脞书多卷帙残,几人著眼笑酸寒。
南沙画片香泉字,幅幅装池骨董摊。

料丝羊角灿成行,簇帛堆丝锦绣装。
岁岁灯棚变新式,鳌山结撰到西洋。

像生花草捻泥人,鼓板笙箫小店陈。
风景不殊吴语杂,勾人情绪武丘春。

按第三首,即言厂甸出售之灯,有料丝、羊角、纱锦种种,其构造之鳌山,已参用西洋式。蒋廷锡画、陈奕禧字,今日已较有价格,当时乃幅幅列摊,是又可考见乾隆时厂甸之风尚矣。

---

① 鲍钤,字冠亭、西冈,号辛圃、梦庵居士、待翁,山西应州人。生卒于康乾间。署嘉兴海防同知。有《亚谷丛书》、《稗勺》、《道腴堂诗文集》。

二〇　李若农谏阻重修圆明园

同治重修圆明园一案中，谏阻者甚多，其诤言最力而不著名者，为李若农侍郎文田①，然若农同时又为捐输修园银两三汉官之一，前后异趣，颇可究求。据近年发现之《内务府收捐银两簿》及《收捐圆明园银两门文簿》，所载捐输修园银两汉官员只有三人，一为户部左侍郎宋晋，捐一千两；一为翰林院侍读学士李文田，捐五百两；一为翰林院编修潘祖荫，捐二千两，皆系同治十三年五月初二日收者。自五月十四日起，所收捐输银俱未载捐者姓名，故至八月初七日止，汉官可考者只此三人。而检《越缦堂日记》：

> 同治十三年七月三十日，自出市换银，谒若农师，久谈。夜饭后，出示其六月初七日所上《请停止园工封事》，约三千馀言。以近日彗星见戌亥之交，为天象示警。其前，列今有三大害：一、民穷已极，二、伏莽遍天下，三、国家要害尽为西夷盘踞。中言，焚圆明园之巴夏里等，其人尚存，昔既焚之而不惧，安能禁其后之不复为？常人之家或被盗劫，尤必固其门墙，慎其管钥，未有更出其财物以夸富于盗贼之前者。后言，此皆内务府诸臣及左右宵人荧惑圣听，导皇上以朘削穷民，为其自利之计。《大学》言聚敛之臣不如盗臣，又言小人为国家菑害并至，说者谓菑者天灾，害者人害。今天象已见，人事将兴，彼内

① 李文田，字仲约、畬光，号芍农、若农，斋名泰华楼，广东顺德人。同治己未进士。翰林院编修，入值南书房，江西、直隶学政，典试江苏、浙江，主讲广州应元书院。又任礼部侍郎，掌户部三大粮仓。工书法，精蒙古史，富藏书。

务府诸人，岂知顾天下大局？僭皇上之威，肆行朘削，以固其宠，而益其富，其自为计则得矣。皇上亦思，所掊克者，固皇上之民；所败坏者，固皇上之天下，于皇上何益？使自来为人君者日朘削其民而无他患，则唐、宋、元、明将至今存，大清又何以有天下乎？又言：皇上亦知圆明园之所以兴乎？其时高宗北拓地数万里，俄罗斯、英吉利、日本诸国皆远震天威，屈服隐匿，又物力丰盛，府库山积，所有园工悉取之内帑而民不知，故天下皆乐园之成。今俄罗斯诸夷出没何地乎？国帑所积何在乎？百姓皆乐赴园工乎？圣明在上，此皆不待思而决者矣。闻上阅竟，不置一语。盖圣心亦颇感动，外间传上震怒，裂疏掷地者，妄言也。

若农师去年江西任满时，以太夫人已七十有七，常有小疾，已欲乞养归。因闻朝廷议修园籞，江西僻陋，报罕至，巡抚刘坤一又秘廷寄，不肯告人，师乃入京复命，先以东南事之可危，李光昭之奸猥无行告尚书宝鋆，责其不能匡救。宝曰："君居南斋，亦可言也，何必责军机？"李曰："此来正为此耳，无劳相勉。"遂不欢而散。上疏以后，绝不告所知，有往询者，则曰："已焚稿矣。"见之者，惟逸山与予等一二人耳。

按若农先生为同、光清流，此疏稿为莼客目睹，且录存片段，固绝无置疑馀地。而内务府帐簿，自亦极翔实。以常情测之，若农由江西学政回京，既专为谏园工，何必又捐此区区，以侪于内务府满员之列？夙欲犯颜，且秘其奏稿，又决非因勒派而始悻悻者。后人于此牴牾，或不无疑窦。其实此三汉臣中，宋晋殆为户部左侍郎之地位，不得不尔，或平日与内务府交结较密之故。若潘芝轩、李若农二人，则完全为内廷行走故。潘在弘德殿，李在南书房，皆昕夕得觐穆宗者。园工既为穆宗锐意经始,则簪笔禁近之一二词臣,殆不能邀免。此事至八月已停,故征输未及于外廷,而近臣则必须先捐为之倡。吾意若农先生赣江返棹,方欲伏蒲泣谏,而一履南斋,便遭循例之题捐,度此五百金之输将,其中怀懑怨益逾寻常,疏中"内务府诸人僭皇上之威"云云,殆并指此等事言矣。若农之不留疏稿,与穆宗阅章不置一言,此皆可证其南斋侍从之较亲切。明乎此,则若农先捐五百两与穆宗之不怒,正是一贯之理也。

二一　圆明园之建筑与景致

前记米家灯,近又忆一事。米之勺园告成后,会房山有青石,长三丈,广七尺,色青而润,米以百夫辇致,久始舁至良乡,以事中止于途。乾隆中,有旨移至清漪园,即今颐和园乐寿堂前之大石,名青芝岫者是也。米园中别有一石,后亦移入苑中,赐名青云片。于此可觇清代经营苑囿之殚力。营造学社《重修圆明园史料》中有一段云:

> 清室入关之始,兵事倥偬,初无意于土木。顺治及康熙初季,仅因明南海子之旧,略事修葺,备阅军蒐狩之用。玉泉山旧名澄心园,顺治间与南苑同隶奉宸院,亦离宫之一。《清史稿》载康熙十四年幸玉泉观禾,嗣后遂常幸西郊。迨三藩平定,海内乂安,康熙二十三年、二十八年再度南巡,乐江南湖山之美,就海淀西丹棱沜明武清侯李伟清华园故址,命吴人叶陶筑畅春园,为避喧听政之所。(中略)其后,改澄心为静明,复建香山行宫,与畅春鼎足而三。康熙四十年后,熙春盛暑,大都跸驻诸园。雍正以降,煽为风尚,自新正郊礼毕,移居园官,

至冬至大祀前夕，始还大内。一岁之中，除夏幸热河，园居几逾三分之二。盖视大内仅为举行典礼之所，事毕即行，无所留恋。自康熙至咸丰六帝，崩于宫内者，止乾隆一人而已。故清季苑囿之数，远逾元明两代，皆园居之习有以致之耳。雍正践祚，复有营建圆明园之举，园在畅春北里许挂甲屯，康熙四十八年赐为雍邸私园，镂月开云等即成于康熙末叶。雍正三年，大礼告成，就园而建殿宇、朝署值所，为侍直诸臣治事之地。又浚池引泉，辟田庐，营蔬圃，增构亭榭，斯园规模遂大体略具。降及乾隆，以畅春奉太后，而自居圆明。其时八方无事，物力殷阗，有清一代推为全盛之期，园居土木之工遂无宁岁。乾隆七年，营安佑宫，九年成，御制四十景诗，凡篇中所收建筑无雍正题咏者，疑皆建于此数年内。又以南宋以后，江南园林之胜甲于全国，倪瓒、计成所经营，张南园父子所规划，脍炙人口，迥非一日，故数次南巡，流览名园胜景，图写形制，仿置园中。王氏《圆明园词》所谓"移天缩地在君怀"者是也。其奇峰异石，不能摹效者，则辇致北来，无殊宋徽之营艮岳。而圆明之东，复拓水磨村为长春园。据乾隆三十五年御制诗，预修此园，备六十归政后优游之地。然考澹怀堂、含经堂，实建于乾隆十四年前，《清史稿》且称十六年长春园建成，足证是园创立甚久，预修云云，非由衷之论也。

其后效意大利 Baroc 建筑及水戏、线画诸法，营远瀛观、海晏堂等于长春北部，开中国园庭未有之创举。又于圆明东南，包万春园于内，号称三园，统辖于圆明园总管大臣。同时复扩静明、静宜二园，因瓮山、金海之胜，筑清漪园，谓之三山。清世土木之盛，当以此时为最矣。

我国旧式庭园，叠石造山，矫揉过甚，往往乏自然之美，而亭榭繁密，尤背园林之旨。圆明园之结构，据雷氏诸图所示，亦蹈繁密之弊。顾其间不无可记者，如园中殿宇，除安佑宫、舍卫城与正大光明殿外，鲜用斗拱屋顶形状，仅安佑宫大殿为四柱庑殿，其馀歇山、硬山、挑山，咸作卷棚式，一反宫殿建筑之积习。其平面配置，亦于均衡对称中力求变化，有工字、口字、田字、井字、卐字、偃月、曲尺诸形，及三卷、四卷、五卷诸殿。后者如慎德堂等，为帝后寝宫，内部以门罩、碧纱橱、屏风、间壁自由分划，不拘常套。大内建筑，仅养心殿重户曲室，略似之耳。亭之平面，有四角、六角、八角、十字、流杯、方胜数种。以扒山、叠落各式游廊，与殿宇委曲相通，为园中风景原素之一。桥梁则有圆拱、瓣栱、尖栱与木板桥多式，又或覆以廊屋，若古之阁道。其馀内部装修与坊楔、船只，名目繁夥，不能殚举，要皆争妍斗奇，竭当时智力物力所及，博一人之欢。誉之者目为万园之园，贻书海外，津津乐道，殆非全无所本者也。

刘君此节，博稽絜举无遗，深可嗟赏，故备录之。

《日下旧闻考》称，安澜园原名四宜书屋，乾隆二十七年游海宁陈氏隅园，肖其制于此，二十九年成。又称，乾隆三十九年仿宁波范氏天一阁制度，建文源阁。其三潭印月、雷峰夕照、平湖秋月模拟西湖诸景，不具论。又称：长春园内如园，系仿江宁藩署之瞻园，即明中山王府西园。狮子林，仿苏州黄氏涉园。小有天，仿杭州汪氏园，乾隆二十二年南巡后造。又称：乾隆十六年南巡后，仿无锡东山秦氏寄畅园，于清漪园东北建惠山园。此皆宫苑与各省园林图写仿制之明证。

迩日散释、莼鸥、醇士诸子陪石遗老人游维扬，散释为言扬州之趣园，殆即颐和园内谐趣园所本。此则近百年内事，理或然也。惟《日下旧闻考》所言惠山园在清漪园东北云云，按清漪园后改颐和园，其东北不闻有惠山园，岂即在今颐和园之后山燹馀墙壁中欤？以予游屐所经，知仿惠山建筑者，玉泉山静明园中即有之，所谓竹垆山房，即仿惠山之听松庵，大抵并庵之竹垆遗制亦窃仿之，故命斯名。玉泉山又有妙高台，乃仿金山之妙高台制，在清严寺废址附近。二十年前曾一游之，有一诗中之"规摹杰构思全盛，荡伏寒涛赴下方"二句，即咏此。

二二　惠山听松庵竹垆

客有询惠山听松庵竹垆者，此无锡一小掌故也。

明洪武间，诗僧性海手制竹垆，王舍人孟端绘图，并首唱为诗，和之者皆一时胜流。岁久垆亡，成化中，秦武昌中斋访得之城中杨氏，有《复竹垆记》。嗣复沦落人间，据《竹垞集》，此垆后归成容若，容若复举以赠顾梁汾。容若既逝，梁汾与朱竹垞、周青士为竹垆联句。然又相传梁汾之垆乃仿制者，同时盛冰壑、宋漫堂皆有仿制。其真垆，乾隆中山僧灵源松泉于斗门张氏访得之，按之《武昌记》中规制，无爽毫发，乞姚柏南上舍为赋《再复竹垆诗》。松泉为性泉裔孙，善属文，临摹竹垆诗卷孟端已下诸名迹，王虚舟亟赏之。别有邵文庄温砚垆，铜质，形方而椭，虚中受水，上二穴承砚及盂，篆文为胶西安桂坡制。邗江方西畴士康得之市集，藏之三十馀年，乾隆丙戌，年逾七十，谓垆宜归二泉，乞扬州太守移文锡山，递致听松庵，与竹垆并藏弆焉。王涵斋作歌记之，和者甚夥，此皆乾隆间事。

至孟端所绘图，康熙间顾梁汾得于容若所，复归诸庵。乾隆辛未驻跸惠山寺，汲惠泉，用竹垆煎烹，因和明人题者韵，即书卷中。丁丑、壬午、乙酉皆有高宗留题。四十四年，无锡知县丘涟以锦赙蔫旧，玉签损折，携至署中欲重装，值署西民居失火延烧，失于防护，孟端卷及履庵一卷、吴珵一卷、张松岑补图一卷，均毁于火。四卷既被毁，巡抚杨魁、布政使吴坛自请议处，劾丘涟。命罚银二百两，给寺僧，御笔补写首卷，命皇六子永瑢及宏旰、董诰分画二三四卷，并令补写前人题咏，仍付山寺收弆，复取孟端《溪山渔隐图》偿之，有记事诗。咸丰十年，无锡城陷，垆卷散失。同治二年，秦缃业得御笔图卷于上海，时城复，庵址仅存。明年，即惠山寺地建湘淮昭忠祠。又数载，秦恩延得渔隐卷于洞庭山人家，会黄埠墩僧舍落成，并付住持华冀纶，卷首有乾隆"顿还旧观"四字。今惠山尚有竹垆山房，位于第二泉上，不悉其果为听松庵旧址与否也？

二三　谭组庵跋王湘绮《圆明园词》

寿丞出示谭茶陵《跋湘绮手写〈圆明园词〉册子》二则，有足供考证者，录其全文：

> 余年十七，得读湘绮翁此词，闻有自注，求之不得。徐卡鸿序，意未尽也。及见湘绮翁长沙，乃知就自注演成，因欲求观，则久删弃不可得矣。去岁归沪上，见家弟[1]有钞本，即此册，积想廿馀年，始获见之。己未二月，曹君孟其寄此册来，为晋棠索题，乃知已为晋棠所藏弆，留案头匝月，谨题记还之。

① 即谭泽闿，延闿(组庵)弟，号瓶斋，著名书法家。

辛酉惊蛰前三日。

后又书云：

湘绮翁语余，圆明园毁后，周垣半圮，乡人窃入，盗砖石，伐薪木，无过问者。然品官无敢往游，云禁地也。尔时士大夫迂谨可笑类如此。延闿甲辰至京师，欲尹佩之偕往，咋舌不敢去，纵马独寻，不识路而返。辛亥夏，访陈凤光于清华园，始约同游。仍入自福园门，青垅弥望，如行野田中，访所谓双鹤斋者不可得，盖湖西轩亭亦不在矣。唯极西有楼阁，以白石为之，略如今泰西制，雕镂精美，壁立如故，玲珑一石，挺然孤秀，犹矗榛莽中。按之徐序，知湘绮翁当时未至此境也。黄泽生闻余言，欣然复偕往，是日更往颐和园，泽生问余两游孰佳，应之曰："颐和之游，人人所同。至圆明园，于瓦砾想见亭台，于芦苇想见湖沼，于荆榛想见花树，非曾见《圆明园词》者不知也。"泽生笑谓："吾意云然，吾亦尔耶?"后数日见于晦若，言"李合肥乙未罢镇居京师，与人言及园居时事，凄然伤心，遂往游焉。明日为言者所劾，以擅游禁地下吏议镌级。其时双鹤斋、采芝径长廓〔廊〕独存，盖同治末曾小修葺，旋罢，庚子复被焚毁，遂荡然矣"。于又言："颐和之营，即为规复圆明计，使无甲午一役，已大兴工作矣。尝戏语合肥：'与其沉之威海卫，无宁置此为佳也。'合肥默然。"偶忆旧闻，因并记之。

按组庵先生此跋，即程演生君《圆明园考》中所引者。程考未录全文，而注称附记，不知何据。营造社《重修圆明园史料》，亦仍程考之旧，似皆未尝见原文也。晋棠姓唐，名荣阳，澧州石门人。此册当日湘绮本为长沙曹晋蕃书，其子孙不能守之，乃为唐得。组庵此跋在辛酉，为民国十年，其时尚在上海。跋中留案头匝月，月字疑岁之误，以上文明言己未二月曹孟其寄此册来，后又注明辛酉惊蛰，非匝岁而何？辛亥夏四月，组庵以咨议局议长到京师，五月学部有教育会议，组庵与张季直等皆在，予亲见之。于晦若时是否为学部副大臣，则不暇考矣。程考曾订组庵游踪方向之误，度刘君敦桢所云欲另为刊正，亦是此等处。谭言庚子后被焚毁，今考《重修圆明园史料》称：金勋幼时犹及睹海岳开襟，庚子之役，被土匪拆毁。则是岁破坏谅亦不少。

末段述李文忠游园被议一事，程考称："李文忠光绪丁酉历聘欧洲还朝，谒孝钦后于颐和园，召见赐宴赐戏之馀，公偕幕僚马建忠、曾广铨诸君往游圆明园废园，守园太监奉接极殷，意欲得公赠献，公未理。明日，孝钦来游，守监遂奏李某游园，孝钦未置意。越数日，德宗亦来游园，守监又奏之。德宗归，燕见翁叔平相国，告之。翁与李素不相能，遂摭此劾文忠擅游禁苑不敬，交部议夺职，摘三眼花翎。议上，孝钦殊不谓然，旨下，仅罚俸而已。"程自称闻之公孙李伟侯者。按此事程所记当可信。当光绪中叶，李文忠方被诟为卖国之汉奸，常熟恨李切，遇事龉龁，理有必然。观尔时盈廷昏愦，一二能明白事理者，成见又深中之，及今重思，"与其沉之威海卫，无宁置此为佳"，吾亦云然也。

二四　北京灯火

前摭鲍辛圃《琉璃厂春游诗》，其"料丝羊角灿成行"句所谓羊角风灯者，乃宫中常用之灯，而为南京人在北京手工业之一。羊角灯，大者北人俗称"气死风灯"，言风不能灭烛，直当气死也。今此物几已绝产，北京既不名京，南京业此者亦尽。夏蔚如《旧京琐记》

云:“南京人在北京执工商业者,曰缎庄,凡靴帽之材皆聚于此,初仅三家,所居在打磨厂之三义店。曰扇庄,亦只二家,曰周全盛、曾万聚。曰羊角灯店,惟吴姓者一家,昔日玻璃未盛行,宫中用之以防火患。曰刻字铺与眼镜铺,其工人皆籍金陵,聚处琉璃厂,今犹世其业。又有织工,昔内府设绮华馆,聚南方工人教织于中,江宁织造选送以为教习。又织绒毡者,亦南京人,能以金线夹绒织之,璀灿耀目。昔黄慎之创工艺局曾访得之,惜其工费太巨,不克推广,此艺遂成广陵散矣。今缎、扇、羊灯之业皆废,而一般工人亦于此长子孙,成土著矣。”语皆纪实。按羊角灯制绝笨,宫中所用,外间灯市不尚之。辛圃虽为乾隆时人,然彼时已尚纱制之灯球。与辛圃同时之符幼鲁,钱塘人,查初白之门弟子,其《都城上元竹枝词》云:

凤城不信转东风,花匠能移造化功。
二十四番齐在手,一时催放照春红。

珠结流苏络宝灯,星球佳制出时兴。
游人竞集琉璃厂,巧样争夸见未曾。

桂花香馅裹胡桃,江米如珠井水淘。
见说马家滴粉好,试灯风里卖元宵。

清脆铃声放鸽天,春风流响粉云边。
竹筒截出伶伦手,妙法新传绝可怜。

玉河冰泮水潺潺,金水桥边绿未还。
春到琼华春正好,都人齐唱兔儿山。

星月高高三五明，天街相约上桥行。
就中乐事谁知得，暗里春情独自生。

小瓮琉璃玉不如，碧阑寸寸贮来虚。
儿童擎向阶前过，满市春声唤卖鱼。

风俗相传总不同，诗家争赋竹枝工。
他年谁记都城胜，好谱新翻乐府中。

其第二首即言灯球也；第一首言唐花；第三首言粉制元宵汤圆；第四首言放风筝所悬之哨子；与予前记之鸽哨相像，以竹为之，受风则鸣；第五首言琼岛之兔儿山；第六首言天桥；第七首言卖鱼，以薄玻璃盛红色金鱼，皆旧京风俗。自《日下旧闻考》所记，二百年间，无大更变。今则昔之首善沦为临边，凋瘵崩摧，不知所极，上元灯火，只增忉怛矣。

二五　北京饮馔

旧京呼汤圆为元宵，昔唯灯节常供，今则长年有之。中以果实蜜糖为馅，符诗所谓“桂花【香】馅裹胡桃”者是也。方海槎诗“元宵更糁糖”，此则指纯以白糖为馅者。《周礼》有糁食，谓以米屑和肉煎为饵，正是馅意。海槎此诗，题为《咏都门食物》，作俳谐体，云：

旅食京华久，肴羞亦遍尝。山珍先鹿兔，海物首鲟鳇。
烧鸭寻常荐，燔豚馈送将。鸡如春笋嫩，鱼比面条长。
火鼎膏凝雉，炎垆胛熟羊。煮鸦真琐细，炙雀漫张皇。
压汁虾成卤，调羹蟹去匡。晨凫掌堪擘，夜鸽卵难藏。

驴肆嫌生脯，屠门陋贯肠。蒲抽聊时笋，蓝劈却无瓢。
出瓮怜菘白，堆盘爱韭黄。蔓菁腌作腊，薯蓣熟为粮。
钉小蘑菇掇，珠圆豌豆量。菜名跟斗异，瓜类醋筒详。
萝卜兼称水，芫荽独号香。是人皆食蒜，无品不调姜。
恶汉葱三斗，贫儿荠一筐。炊糜要和合，说饼即家常。
扁食教濡醋，元宵更糁糖。窝窝充粄糒，饽饽佐枨餭。
油馓松盘髻，牛酥莹割肪。卷蒸高饤座，和落细排床。
著手麻花腻，沾牙豆粉凉。碾缠银线短，锅炸玉砖方。
缓火诊羹担，通薪卖腐坊。茶浓和炒面，粥薄饮甜浆。
果有频婆美，仁称巴旦良。蒲桃青掇乳，柿子白留霜。
杏酪醍醐味，楂糕琥珀光。露芽烹茉莉，红唾嚼槟榔。
糖栗充饥腹，酸梅解暑汤。淡菰夸易水，苦酒说良乡。
定许供饕腹，从教慰渴羌。方言多掎摭，故实任评章。
戏作俳谐体，谈资餔醊场。诗成还一笑，匕箸早相忘。

按此诗可考证者虽多，然泰半皆眼前习见物，久居北地者率知之。唯“茶浓和炒面”句，乃指茶汤而言，茶汤以炒面和糖为之，以涫水浇食，如南方之藕粉然，乃蒙古食品，遗于朔方。旧京制此，以鲜鱼口内之天乐园对面某肆为良。饽虽入声，在月韵，然北音读作波波，此则北人读入作平之恒例也。《旧京琐记》中亦有关饮馔者，附摘数节，其一云：“饮食以羊为主，豕佐之，鱼又次焉。八九月间正阳楼之烤羊肉，都人恒重视之，炽炭于盆，以铁丝罩覆之，切肉至薄，蘸醯酱而炙于火，其馨四溢。食肉亦有姿式，一足立地，一足踞小木几，持箸燎肉，傍列酒尊，且炙且啖且饮。常见一人食肉，至三十馀盘，盘各肉四两，饮白酒至二十馀瓶，瓶亦四两，其量可惊也。水鲜，惟大头鱼、黄鱼上市时一食之，蟹亦然。如食某鱼时，则举家以此为食，巨室或至论担，但食此一种，不须他馔，亦不须面或饼。”

其二云：“饭以面为主体，而米佐之。本京人多喜食仓米，亦谓之老米。盖南漕入仓，则一经蒸变，即成红色，如苏州之冬籼然，煮之无稠质，病者为宜。”

其三云：“酒肆之巨者曰饭庄，皆以堂名，如庆寿、同丰之类是也。人家有喜庆事，则筵席、铺陈、戏剧，一切包办，莫不如意。其下者曰园馆楼居，为随意宴集之所，宴毕皆记之账，并可于柜上借钱为游资，亦弗靳也。三节始归所欠，然非至年节，索亦弗急。”

其四云：“南人固嗜饮食，打磨厂之口内有三胜馆者，以吴菜著名，云有苏人吴润生阁读善烹调，恒自执爨，于是所作之肴曰吴菜。余尝试，殊可口，庚子后，遂收歇矣。士大夫好集于半截胡同之广和居，张文襄在京提倡最力，其著名者为蒸山药；曰潘鱼者，制自潘炳年；曰美鱼，创自曾侯；曰吴鱼片，始自吴润生。又有肉市之正阳楼，以善切羊肉名，片薄如纸，无一不完整。蟹亦有名，蟹自胜芳来，先经正阳楼之挑选，始上市，故独佳，然价亦倍常。城内钢〔缸〕瓦市有沙锅居者，专市豚肉，肆中桌椅皆白木，洗涤甚洁，旗下人喜食于此。”

其五云：“月胜斋者，以售酱羊肉出名，能装匣远赍，经数月而味不变。铺在户部街，左右皆官署，此斋独立于中者数十年，竟不以公用征收之，当时官厅犹重民权也。曰二荤馆者，率为平民裹腹之地，其食品不离豚鸡，无烹鲜者。其中佼佼者为煤市街之百景楼，价廉而物美，但客座嘈杂耳。”

方诗所纪土宜品物，为三百年来之习俗，而夏记则近三十年者京僚所闻见，两人虽截然不同，信手掎摭，皆足流涎。夏记作时，广和居尚未歇业，今已闭七八年，相传有二百馀年之账簿，及名贤字画甚多。光、宣以来，饮此肆何啻百回，及今闭目寻思，壁间赵尧生侍御之字幅，几上潘鱼、江豆腐之佳肴，犹宛然浮目而餍口也。

二六 吴愙斋赏识袁项城

袁项城曾见赏于吴清卿先生，予前此摭录王伯恭《蜷庐随笔》，已记及之。春夜过罗仪元家，壁悬清卿画梅、弢庵题诗，盖为其先德稷臣[①]先生作者。吴画题云："光绪乙酉元旦，仿玉几山人法于烟台东海楼，时自朝鲜查案事竣归，阻冻未得北渡也。稷臣仁弟雅鉴，吴大澂。"弢老题二绝句，第一首云："颉颃曾薛使重瀛，好学深思有荐评。同抱冬心谁竟展，返魂香里忆平生。"自注："愙斋会办北洋时，奏保稷臣好学深思云云。"第二首云："当年桀敦伏兵戈，朝贡销沉鸭绿波。君自爱才人负国，可曾鸡酒墓门过。"自注："画为使韩归途作，是与日本定约，韩若有变，两国均遣军援护，须先相闻。及甲午事起，袁某累电请兵往剿，战衅以成。袁固愙兄所称为第一才人者，读此慨然。"按顾起潜《吴愙斋先生年谱》："光绪十一年乙酉，五十一岁，正月初六日，奉到初三日电旨：'李鸿章电称吴大澂等已抵烟台，陆行赴津较迟等语，吴大澂、续昌着俟开冻即行乘轮回津，钦此。'十九日，始由烟台乘轮至津。"此画正是乙酉献岁船阻烟台所作。考愙斋使鲜在甲申冬，年谱中十一月初三日具折奏报启程日期，酌带随员内阁中书潘志俊、分发候补直隶州罗丰禄、拣选知县鲁说、发往直隶差委同知衔汪启四员。观此可知罗于此时尚滞于州县。东渡后，与愙斋谈判者为井上馨，稷臣则与朝鲜

---

① 即罗丰禄。曾入李鸿章幕，任译员。后任驻外使臣。

左相金宏集商洽。年谱中不述及袁事，但于“启程内渡条”注云：“按先生此行，偕袁世凯同归，并赠以联曰：‘凡秀才当以天下为任，求忠臣必于孝子之门。’又跋云：‘慰庭仁弟念母情切，乞假归省，朝鲜士民乃攀留之不暇。余不忍重违其意，偕之内渡。然时事多艰，需才正亟，尤愿慰庭以远大自期，移孝作忠，共图干济，因撰是联赠之。’先生于袁赏识有素，故相勖甚殷”云云。即此测之，“蜷庐”所述袁之得吴赏擢，殆非无因，或其事未必如所纪耳。袁之才调，当时自为第一，吴折保不虚。至后来诸事，另是一问题，非吴所逆睹。弢老以遗老身份，又与愙斋交谊，及平生深恶袁项城诸点上言之，当然如此。此公案，亦不烦更为平亭矣。

二七　吴愙斋尊崇醇王之奏与军机处伪作之折

愙斋生平有一大事，则奏请尊崇醇亲王典礼是也。此在旧史，其扰攘必几等于宋之濮议，今则时代久易，无人谈此类矣。然此事实为政争，非议礼之争。钱基博撰愙斋传中有云；

> 方是时，大澂盛负时誉，颇发抒意气。见孝钦皇后寖〔浸〕骄侈佚乐，颇以醇亲王帝父，为天下归望也，使奄人风人，倡帝以天下养之说。会海军议兴，以王总理海军衙门事。王揣知后意，颇思所以媚之者，于是岁责成各直省大臣筹巨帑，供海军衙门费，犹不足，开海军捐例，所入亡虑数千万，泰半耗宫中以兴筑颐和园。孝钦皇后大悦，而天下顾非王所为。大澂夙与王善，治河有成功〔绩〕，诏实授河东河道总督，赏加头品顶戴，旋锡兵部尚书衔，宠命稠叠。自恃眷倚方隆，具疏请饬议

醇亲王称号礼节，疏中大旨，引高宗御批《通鉴》论治平濮议、嘉靖礼议为据，意醇王名帝父，义当拥号归邸，嫌于预政也。自谓立论遵依祖训，尊称本生，于义当无罪。疏草具，以视河南巡抚倪文蔚，辄怂恿上焉。孝钦后得疏震怒，意尊帝父，即以倾己势也，随发钞元年正月醇亲王"预杜妄论"一奏，严旨斥大澂阚名希宠，不容觊觎。传者谓王奏实大澂疏上，孝钦后以其引高宗御批，无能以折之，不如托王小心寅畏，枢臣承旨代草奏，倒填年月，假说王密陈留中，故能与大澂疏针芥相授。事秘莫能明，然说者不为无因也。

按钱说甚确。愙斋以光绪十五年己丑正月二十四日上尊崇醇王典礼一折，直至二月初二日始有上谕宣示，谓为"豫杜妄论"，当时已喧传出之军机伪作。比日顾君撰谱①，复从故宫博物院文献馆检取旧军处档案中各奏折，折上所批日期，均系初三涂改初二，而醇王之奏廑有钞本，而无原折，皆滋疑窦。顾又以畀吴寄荃（燕绍）共观。吴为愙斋同年友仁杰（望云）先生之侄，甲午通籍，于晚清旧闻所知甚多，乃为长跋，不仅确证王折之伪，即枢臣弄柄底蕴亦昭然若揭。原跋甚长，以有关史料，故全录之：

慨自沈文定薨逝，宝文靖罢斥，恭亲王养疾家居，朝局为之大变。醇亲王以本生父之尊，遥执朝权，创办海军衙门，将海军借款、海关收入移充颐和园工程之用，一般梯荣希宠者流趋之若骛。其管事家人张翼洊历至内阁侍读学士，家赀累巨万万，银潢华胄，与缔婚姻。尔时枢廷领袖为礼亲王，一物不知，惟利是图，无论何人，均可拜门，以千金寿，辄畀荐牍，向当

① 指顾廷龙（起潜）撰《吴愙斋先生年谱》，该年谱于 1934 年出版。

道干谒，刺刺不休。满大学士额勒和布，伴食而已；汉大学士张之万，以书画音乐自娱。其中枢执要者，唯济宁孙毓汶、仁和许庚身马首是瞻。仁和由军机章京出身，深得摭拾人过恐吓索贿之衣钵；济宁性阴险，深阻如崖阱，不可测，能以一二语含沙射人，倾挤清流，诛锄殆尽。其顽钝无耻者率为效用，争以诬陷善类为功。庇其同乡吴树梅，群目之为白面秦桧，不数年骤列卿贰。而耿介名流，驱逐出外。有若甲申中法之役，出通政使吴大澂会办北洋事宜，内阁学士陈宝琛会办南洋事宜，侍讲学士张佩纶会办福建海疆事宜，阳示为国用人，阴纳诸罟擭陷阱之中，而莫之辟。故吴大澂辞北洋会办，则严旨责其饰词不许，盖非迫之名誉扫地不置也。又若赵尔巽为满族中翘楚，出为石阡府，著名瘠苦，且以曾参黔抚史念祖，思借刀杀人也。文硕亦铁中铮铮，授驻藏办事，正以缅约十年期满，英人力求印藏通商之故，卒假擅行密疏于都察院褫职。达赖喇嘛知中朝无人，不足倚赖，遂生联俄之计，而藏事不可问矣。名御史屠仁守以时事孔殷密折封奏，懿旨饬其乖谬，罢御史，下部议，原折掷还。盖援御史朱一新豫防宦寺流弊，降为主事之例也。时适济宁因病休沐，及假满亲事，厉声究问秉笔之宽纵。故事，京曹以资俸升迁，若谪回原衙门行走，则自奉旨日与新进比肩，六鹢退飞，永无翱翔之望，罚亦重矣。于是群叩其术，则曰："若辈好名，死且不惧，何有于一官？惟简放一苦缺知府，密嘱其长官捋撦细故，弹劾罢官，则石沉大海矣。"闻者莫不咋舌。

吴大澂之察核河工也，李鸿藻、倪文蔚方以贻误河工获革职留任之处分，李鹤年、成孚且并戍军台，岂真哀下民昏垫哉？

殆欲假手于绩用弗成，而作羽陵之殛尔。何意河伯效顺，郑工合龙，虽宠以一品头衔，授河督实职（河东河道总督，乾嘉时本道员升阶，吴大澂以广东巡抚授此职亦为明升暗降之证），究非枢臣所乐意。适吴大澂以敕议尊崇醇亲王典礼请，乃乘间得遂其中伤之计矣。夫吴大澂之所以奏此折者，岂取媚而邀宠乎？目击群小弄权，好家山将被纤人撞破，而小人之敢于无忌惮者，以醇亲王柔暗易欺也。又在吉林年久，习闻朝鲜以大院君之故，天有二日，政出多门，内党纷争，外患迭起，若不变计，渐致陆沉。故欲涤瑕荡垢，以清朝班，非从根本解决不可，而又未便讽之去位。不得已，以尊崇典礼奏，盖醇亲王既尊皇帝本生父，自不能屈就臣列，贵而无位，则权奸自失其护符，庶朝政有澄清之望。济宁等知其故，不得不出死力以争之，于是假造一"豫杜妄论"之折，以为抵制。

何以证其假造也？考穆宗宾天，为同治十三年十二月初五日甲戌，距光绪元年正月初八日丙午，不过三十三日，梓宫在殡，醇亲王方为恭办丧仪大臣，哭泣之不暇，安得从容闲豫，考订史册，何者为至当，何者为不当，作此议礼文字，俨然在衰服之中，何又因以为利，尽人能知之，岂醇亲王夙读圣贤书而遽出此？又是时舆论，以穆宗中兴令主，忽以德宗入承文宗大统，虽名为召集宗亲大臣会议，实出孝钦后独裁懿旨，故是月有广成请颁铁牌之奏。迨至惠陵奉安礼成，尚传吴可读之尸谏，深宫方有违言，是年二月即遭孝哲皇后尽节之丧，醇亲王忧谗畏讥而作此疏乎？此可证者一。

自古佥壬奸邪之徒，大率机警灵敏，顷刻间喋喋利口，强辞辩难，占人先着，惟其论议只多眉睫之利，不作远大之图，若能预计至十五年，是必老成悠久之荩谋，曲突徙薪，正不当指为妄论。盖宵小之舞文弄墨，无非躁进巧宦求目前之富贵功名，即醇亲王原奏，所谓“草茅新进之徒，趋六年拜相捷径”也。倘预计十五年之后方可得梯荣希宠之效果，无论古今佥壬，断不若是迂拙。其时两宫垂帘听政，德宗方在襁褓，恭亲王等正色立朝，醇亲王不过闲散差使，并无权力，岂有于十五年前预作帝党之冷曹，以树后党之大敌，此必无之理。既无奸谋之发见，何用豫杜？此可证者二。

又查十五年二月初三日为归政之日，吴大澂折及醇亲王原奏均标初三，谅欲于归政之初，明发此懿旨。不知何故，提前一日发表，故以初三字样，均以浓墨改为初二。懿旨首称本日据吴大澂奏云云，一若吴大澂折为初二日递奏事处者，实则吴大澂折于正月二十四日拜发，以郑工历次拜发及到京日期，当为正月晦或二月朔。且证以军机处奏片二件，内称遵旨往晤醇亲王，是必军机散值后前往商议，则往晤之日必为明发之先一日。由此观之，吴大澂折到京，必非本日，懿旨时日可以倒填，何事不可为耶？且懿旨欲发则竟发矣，无庸醇亲王修改，醇亲王所修改五字，毫无价值。其为假造原奏，是否意见相同，故尔前往商议耶？此可证者三。

又懿旨内引醇亲王原奏“佥壬幸进”等语，下紧接归政伊始，吴大澂果有此奏，是明明指吴大澂为佥壬一流人物，既指为佥壬，何不将吴大澂拿问交刑部治以应得之罪？即或以郑工甫经合龙，不无微劳足录，亦当传旨严行申饬，乃明发上竟无下文，懿旨向主严厉，何以此次独虎头蛇尾？岂色厉内荏，自知“豫杜妄论”一疏，为伪造文书，气馁于中，不敢深究乎？

此可证者四。

如果醇亲王实有此奏，原奏内称“如有以治平、嘉靖等朝之说进者，务目为之奸邪小人，立加屏斥”等语，醇亲王自当将吴大澂专折参劾，以警其馀，可方自圆其说。乃缄默不言，何耶？即醇亲王不愿作此弹章，亦何难讽满汉言官继踵奏劾，当时言路虽仗马寒蝉，究尚有祥麟威凤，何以不闻上崇正之连章？非自问不能理直气壮，即一时言官，若不知个中别有作用耶？此可证者五。

又明发懿旨，嘉许醇亲王至优极渥，较之赐坐杏黄轿尤为隆重，醇亲王自应有感悚下忱恭谢天恩之折，乃现查军机随手档，并无此折，一若“贤王心迹从此可以共白”之语，与醇亲王痛痒不相关者，非专为应付吴大澂而何？此可证者六。

又军机处凡有封奏，无不纪载，即留中不发者，亦有特别注明，或标明某人折片，而不叙其事由，盖当日不发者，事后必有发交之日，对于留中之折，事关机密，尤为注意。今查军机档中，元年正月初八日实无纪载，此可证【者七】也。

高宗《濮议辨》内称，为帝王者苟不违君道，自无有无嗣旁支入继之事，万一有其事，何不称所生曰皇帝本生父，殁则称本生考，立庙于所封之国，无国则于其邸第，为不祧之庙，祀以天下〔子〕之礼。高宗于旁支承统者，早定折衷办法，是醇亲王为皇帝本生父，于事实毫无疑义，则名分自应早定。且高宗于治平、嘉靖之事一再评论，而子称秀王之封，不复置论。盖治平、嘉靖之论既如此，则子称秀王之事自如彼，可不辨而明。吴大澂恭述高宗御批，万无驳斥之理，圣训煌煌，斟酌乎天理人情之至，当即醇亲王原奏所谓“迫其主不得不视为庄论者”

也，吴大澂折内有“至当”、“过当”等语，而醇亲王原奏亦有“至当”之语，何其针锋相对也？且醇亲王原奏，乃根据吴大澂折而申驳议，岂有于十五年前已知吴大澂必上此奏，而作如是语乎？恐卜筮前知，未能如是详明也。且醇亲王称子称秀王之封为至当，则高宗御批之论为不当，隐跃纸上。醇亲王何人，而敢违背圣训乎？此可证者八。

又醇亲王于光绪十四年八月乙巳，以归政有日，请解职务，得懿旨海军署神机营依前管理，归政后奏事勿列衔。是醇亲王之请解职务，与懿旨之奏事勿列衔者，均《濮议辨》“父母重于帝王”之意若合符节，与吴大澂折隐相吻合。至十六年十一月丁亥醇亲王薨，上奉皇太后临邸视殓，上成服持服一年，懿旨定称号曰皇帝本生考，立庙于邸第之后，是本生之尊称，恪遵乎高宗《濮议辨》及御批之训，即与吴大澂折无异。采用其语，而斥为妄论，有是理乎？此可证者九。

故事，凡密奏留中之折，日后发交军机处者无不将原折发下，至今军机处档案内，发现当时原折不一而足，此案只有钞件，视其纸色，与寻常军机钞发之纸色无二。若谓原折仍留之宫中，今日所发现于宫中者，康、雍、乾、嘉诸朝尚皆存在，而此折独未见，且内廷虽有识字之阉人，而不能干预政事，历垂明训，军机章京又无入内钞件之例，则此折究为何人所钞，其为孝钦所手书乎？核按原折笔迹尚可辨认，此事实上之不可能者，何居此折独以钞件闻？况所以宣示中外者，正欲其信而有征，若有原奏焉得不发下？而懿旨明言“原折发钞”，而不言原折发下，是当年宫中本无此原奏，尤显而易见，此可证者十。

综此十证，当年枢臣鬼蜮伎俩无可遁饰，虽九京可作，亦难置喙。推原其故，醇亲王忠厚长者，事事为人愚弄，枢臣利用其易于左右之得以保全其禄位权势，遂不惜颠倒黑白，自蹈于倒填年月、捏造文书之罪，苟患失之，无所不至，正懿旨所谓其患何堪设想，而吴大澂心迹转可共白于千秋。是以倪文蔚怂恿于事前，郭嵩焘、王闿运称扬于事后。而醇亲王陵园犹将此懿旨大书特书于碑石，盖其时仁和已卒，济宁独秉国政，与蔡京之刊《元祐党人碑》用意将毋同？君子小人，势不两立，一薰一莸，十年尚犹有臭，此之谓也。今日者，玉步已改，恩怨胥泯，吴大澂一人之是非，皆成陈迹。所可慨者，国家将亡，必先诪张为幻，弃黄钟而鸣瓦釜，可乃为所欲为矣。元气斫而身亡，枝叶摧而根拔，千古一辙，良可叹也。

吴君此跋可谓大声疾呼，洞见原本矣。郭筠仙于窓斋折发下后，曾有一书致李文忠论之，其书未刊集内。文忠有一书致洪文卿云："清卿大礼之议，发之太早，都中议论多谅其无他。郭筠仙书来且盛称之，洵为清卿第一知己。"议礼本如聚讼，此事尤难是非，稚圭、永叔固无可疑，文忠、文襄人犹原其初意，王阳明有言张生此论千载不易，此老岂曲学阿世者？二月三日诏书初下，中外耸然，清卿处之泰然，方请出境治河，其志虑纯实，非流俗悻悻者可比。此是于晦若拟稿，然必文忠命意可知。至湘绮称扬则掎摭筠仙之议论以入《窓斋六十寿颂》者，不深意，不具录。筠仙集中尚有致文忠一书，略云："前书论吴清卿一疏，自谓有见而多未达其旨。窃以为天下大政，总之枢府，枢府得其人，即万事理；如不得其人，各以所存之志，所处之时与地求自靖焉，可也。"此则不满枢府之甚。大概当时朝士于吴折多不敢置论，即有论议，亦不形于笔墨也。吴寄荃跋首所论朝局，可与前录樊山上南皮笺相证，光绪初政，误于济宁，清议所佥同。

附　吴大澂奏请尊崇醇亲王典礼原折

奏为恭逢皇上亲裁大政，拟请皇太后懿旨，尊崇醇亲王典礼，以昭定制而笃天亲，恭折密陈，仰祈圣鉴事：臣窃维醇亲王公忠体国，以谦卑谨慎自持，创办海军衙门各事宜，均已妥议章程，有功不伐，天下臣民所仰望，在皇太后前，则尽臣下之礼，在皇上则有父子之亲。我朝以孝治天下，当已正名定分为先，凡在臣子为人后者，例得以本身封典，貤封本生父母，此朝廷锡类之恩，所以遂臣子之孝思者至深且厚。属在臣工，皆得推本所生，仰邀封诰，况贵为天子，而于天子所生之父母，必有尊崇之典礼。孟子云："圣人人伦之至。"本人伦以制礼，不外心安理得。皇上之心安，则皇太后之心安，天下臣民之心亦无不安。臣考之前史，见宋英宗诏议濮王典礼，明世宗诏议兴献王典礼，聚讼纷纭，几无定论。恭读高宗纯皇帝御批《通鉴辑览》云："英宗崇奉濮王，事由韩琦等申请，且所议并非加尊帝号，更无嫌疑陵僭之虞，必执为人后者不得复顾私亲以相辨析，既与大记所云不合，使濮王尚在，又将何以处之乎？且以本生之亲改称伯父，固非所安，而不加皇于伯，名亦不正，王珪、司马光之说，并无经传可据，徒以强词争执，自不若欧阳修援引经礼之为得也。"御批《通鉴》又云："嘉靖欲推崇自出，本属人子至情，诸臣必执宋时濮议相待，无论事理不同，且亦无慰尊亲本愿。盖旁支入承大统，于孝宗固为有后之义，然以毛裹至亲，致称叔父，实亦情所不安，诚使集议之初，即定本生名号，加以徽称，使得少申敬礼，则张璁等亦无由伺间陈言，或隐全大义"等语。圣训煌煌，斟酌乎天理人情之至当，实为千古不易之定论。自制礼之圣人出，而天下后世有所遵依，本生父母之名不可改易，即加以尊称，仍别于本生名号，自无过当之嫌。臣受皇太后、皇上知遇之隆，忝跻卿贰，先后十年，虽身列封圻，而心殷恋阙，感恩图报，当与国家休戚相关，朝廷有大典礼，自不容缄默不言。本年二月初三日，恭逢皇太后归政之期，拟请懿旨饬下廷臣会议醇亲王称号礼节，详细奏明出自太后特旨，宣示天下，以遂我皇上孝敬之怀，以塞薄海臣民之望。是否有当，谨恭折密奏。臣不胜惶悚战栗之至，伏乞皇太后、皇上圣鉴，谨奏。

二月初二日钦奉慈禧端佑康颐昭豫庄诚皇太后懿旨：

本日据吴大澂奏请饬议尊崇醇亲王典礼一折，皇帝入嗣文宗显皇帝，寅承大统，醇亲王奕譞谦卑谨慎，翼翼小心，十馀年来，深宫派办事宜，靡不殚极心力，恪恭尽职，每遇优加异数，皆再四涕泣恳辞，前赏杏黄轿，至今不敢乘坐，其秉心忠赤，严畏殊常，非徒深宫知之最深，实天下臣民所共谅。自光绪元年正月初八日，醇亲王即有“豫杜妄论”一奏，内称历代继统之君，推崇本生父母者，以宋孝宗不改子称秀王之封为至当。虑皇帝亲政后，佥壬幸进援引治平、嘉靖之说，肆其奸邪，豫具封章，请俟亲政时宣示天下，俾千秋万岁，勿再更张。其披沥之诚，自古纯臣居心，何以过此？此深宫不能不嘉许感叹，勉从所请者也。兹当归政伊始，吴大澂果有此奏，若不将醇亲王原奏及时宣示，则此后邪说竞进，妄希议礼梯荣，其患何堪设想？用特晓谕，并将醇亲王原奏发钞，俾中外臣民咸知我朝隆轨超越古今，即贤王心事亦从此可以共白，嗣后阚名希宠之徒，更何以用其觊觎乎？将此通谕知之，钦此。（《军机档》、《东华续录》）

附　醇亲王折

奏为披沥愚见，豫杜佥壬妄论，恭折具奏，仰期圣鉴事：臣尝见历代继承大统之君，推崇本生父母者，备载史书，其中有适得至当者焉，宋孝宗之不改称秀王之封是也；有大乱之道焉，宋英宗之濮议、明世宗之议礼是也。张璁、桂萼之传，无足论矣；忠如韩琦，乃与司马光议论抵牾，其故何与？盖非常之事出，立论者势必纷沓扰攘，虽乃心王室，不无其人，而以此为梯荣之具，迫其主以不得不视为庄论者，正复不少。恭维皇清受天之命，列圣相承，十朝一脉，至隆极盛，旷古罕觏。讵穆宗毅皇帝春秋正盛，遽弃臣民，皇太后以宗庙社稷为重，特命皇帝入承大统，复推恩及臣王亲王世袭罔替，渥叨异数，感惧难名，原不须更生过虑。惟思此时垂帘听政，简用贤良，廷议既属执中，邪说自必潜匿，倘将来亲政后，或有草茅新进之徒，趋六年拜相之捷径，以危言故事耸动宸听，不幸稍一夷犹，则朝廷从此多事矣。合无仰恳皇太后，将臣此折留之宫中，俟皇帝亲政时，宣示廷臣世赏之由，及臣寅畏本意，千秋万岁，勿再更张。如有以治平、嘉靖等朝之说进者，务目之为奸邪小人，立加屏斥。果蒙慈命，皇帝敢不钦遵？是不但微臣名节得以保全，而关于君子小人消长之机者，实为至大且要。所有微臣披沥愚见，豫杜佥壬妄论缘由，恭折具奏，伏乞皇太后圣明洞鉴。光绪元年正月初八日。（同上）

附　军机大臣片奏

臣等遵旨往晤醇亲王，将所拟懿旨稿公同商酌，意见均属相同，惟稿内“大圣贤”三字，公酌拟改为“纯臣”二字，“钦重”二字，拟改为“嘉许”二字，谨缮折呈递。伏候命下，钦遵办理，谨奏。（《军

机档》)

二八　高伯足诗哀肃豫庭

与湘绮同为肃党，而有郗嘉宾之目者，唯高心夔伯足[①]。伯足年十七，举咸丰辛亥乡试，计偕入都，宾于肃顺之门。事败，往来门下者皆自异，独伯足有死生之谊。尝为《中兴篇》云：

冲皇受贺朝明堂，国有元老平南疆。
钟山九隧迅雷族，扫穴万马真龙骧。
五年荆湘画地势，一旦扬越通天光。
遂连长围举京观，转策飞将穷飘扬。
假息周星不更贷，长鲸短狐从灭亡。
景风协律开庆典，亚相金印题紫囊。
介弟虬服浸辉映，次列圭璧铭钟㐬。
采薇采薇咏未已，汰遣部曲耕资湘。
别留艨艟置十镇，率然首尾江防峻。
侍郎威略湖海知，霆军转战兵无顿。
七闽督师匡复才，西征宿将宏农俊。
寻常蹑履牙帐间，开府连圻对昌运。
肥淮壮士起中原，一旅平吴竹当刃。
文致太平武定乱，王民执虏同虎奋。

① 高心夔，初名梦汉，字伯足，号陶堂、碧湄、东蠡，江西湖口人。咸丰庚申进士。久居肃顺幕。肃败，南归。后入李鸿章幕。曾两署吴县知县。有诗名，著《陶堂志微录》、《陶堂遗文》。

北塘要盟我所衔，八城白帽犹犯顺。

陧阢应归黄发翁，艰难念自先朝进。

文宗诒谋深且奇，默祷申甫当倾危。

翰林潘卿谏台赵，荐疏但入皆锁颐。

侍臣故有造膝请，首赞大计承畴咨。

口衔两江授楚帅，所为社稷它何知。

乌呼受遣左军桀，倏忽谋逆丞相斯。

君亲无将与众弃，不济则死忠成欺。

国家除恶方务尽，功轻罪重谁敢疑。

谬哉区区掷要领，不睹告庙分封时。

况论成败虽人力，亦喜神明扶正直。

当时曲突岂与宾，此日登坛动高职。

垂殇将士勋业雄，尝胆君臣忧辱极。

范燮陈诚戎马前，葛亮抗表禽蛮役。

吾皇治统茂康宣，紫光剑佩新颜色。

台辅宜宏退让风，法宫日养恭俭德。

凤鸣河清莫虚致，普天率土还耕织。

人生有命佐中兴，明哲兼垂后贤则。

意以中兴将相皆咸丰简拔之人，而肃顺实启沃其间。肃家始籍，伯足有《城西》二首云：

连云列戟羽林郎，苑树依然夕照苍。

一狩北园盛车马，再寻东阁杳冠裳。

滫兰苦污生前佩，炷麝能升死后香。

赫赫爰书铸惇史，天门折翼梦荒唐。

宠冠亲贤料遽衰，致身胡取亟登危。

将军清静归醇酒，公子声华误绣丝。

坊乐入筵天庆节，殿材营第水衡司。

十年风谊亏忠告，江海堙流此泪垂。

近人笔记但录“赫赫”两句，或录“十年”两句，不知“坊乐”两句，正肃顺之专恣逸乐，伯足必有不以为然者。权相偾事，往往坐于骄奢，书生忠告之词，初谓寒酸，久方知验。《中兴篇》中之“侍臣造膝”直至“功轻罪重”数句，写肃豫庭力主用曾、左，戮非其罪，明白如绘，不愧诗史。

二九　梁瀚致胡林翼书

胡文忠当时亦为肃顺所举荐。叔章近得文忠家藏信札绝夥，中有数札，似是肃顺与胡者，或当时肃党在军机大臣之笺候，论政局及各省大势维详，惜隐语太多，予正在细考中。又有梁瀚致文忠一书，则言咸丰末年政局，今全录之：

闰芝仁兄年大人阁下：顷奉冬月二十四日手书，忧国忧民，奋不顾身，忠爱之诚，形于楮墨，读之令人酸鼻。惟时事至此，前所恃以无恐者，天子圣明，乾纲独断，冀望大有振作，渐挽狂澜；今则情形大非昔比，为左右数人所蒙蔽，权渐下移，即枢密亦成赘瘤矣。如外夷一事，初到津门，兵势正强，人心正锐，偏不准剿而议抚，以致僧力不鼓，人心涣散；迨藩篱已去，渐迫都城，有人议和，复不准抚而议剿。彼时若圣心坚定，久坐不摇，亦可维系人心。乃满汉合朝拦阻，痛哭言之，而此一二人者已暗中安排，备驾以待，迨翠华已行，而百官犹梦梦也。

恭邸在京，为保全大局，忍气吞声，勉为和议，虽宗社无恙，而元气大伤，冀望銮舆速返，极力整顿。在京文武百官合词恭请，并行在枢臣当面碰头，又为此数人所阻。又恐圣意不坚，逼枢中立缮明发一道，复寄信在京诸臣，以后不准再渎。此后内外续请者，不下数十纸，均以览之一字了之。现又将行宫所有座落，大加修理，大有久安之势，所需银十馀万，皆派定城中满洲著名诸大家捐输，皆此数人之谋也。所有以前正月戏玩之具，以及优伶人等，无不运赴行在，即此可知大概矣。现在部库支绌万分，而克翁统兵万馀驻扎城外，以保护京师为名，其实于事毫无补益。日前与芝相商榷，为省饷起见，请将胜兵裁撤，或酌减，竟不准行。各省请饷请拨，纷纷告急。大江南北情形尤甚，部中明知决不可靠，而不能不为纸上之谈。且一切由行在一人作主，稍不如意，即被驳回，同事五人，直有若无而已。鄂中捐事，如若再请，当与同事者商之。阁下以宏济之才，居有为之地，正天下安危所系，务望珍重自爱，加意调摄。

弟本庸材，毫无知识，又际此不能建白之时，仗马日食三斗，一鸣即斥，亦只好随人碌碌。且重慈年近九旬，侍养无人，久欲陈情而不果。与其讷讷于朝，作无用之人，何若学莱衣舞，犹可取悦于重闱也。渭青开府中州（**王笑翁已得大银台矣**），实为地方之福，然破坏已甚，整饬亦不易易。承惠之件，得济燃眉，感不可言。匆匆草此，布请台安，兼鸣谢私，惟荃照不尽。年愚弟梁瀚顿首。腊月廿日。

按梁字海楼，号平桥，陕西鄠县人，官至户部左侍郎。此书系咸丰十年十二月作，以书中有“渭青开府中州”一语，渭青者，严树森也，严以十月授河南巡抚。所叙文宗幸热河肃顺专权情事，与各笔记大略相同，唯修理行宫需银十馀万，皆摊派满人，则为各书未详，宜八旗恨肃顺之刺骨也。克翁者，胜保。芝相者，周祖培，字芝台，是年十二月由吏部调户部，正梁为侍郎时也。

三〇　秦东田《宣炉说》

谈宣炉者，莫详于秦旸谷之《宣炉说》。秦名东田，有《梁溪诗钞》。今摘其说云：

> 明宣德间，诏访秦汉以来炉鼎彝器古式，命司礼监会同工部督造，凡千百十件，以供大内暨各官、释、道之用。其质料之美，锻炼之精，皆非民间所能办。其料乃暹罗风磨生矿之洋铜，及日本之红铜，加以倭源之白黑水铅，贺兰国之洋锡，至天方之番硇砂，三佛齐之紫碓，渤泥之紫矿胭脂石，琉球之安澜砂，以及石青、石绿、朱砂、文蛤、古墨、云南白黑棋子等，皆所以助其色泽之用。爰自八炼、十炼，以至十二炼而后成。有棠梨、熟梨、猪肝三色，其式有商夔、龙九子、凤九雏、再蚰、龙耳、冲天耳、三足乳、双鱼耳、釜底天鸡、锦边九凤、穿花飞凤、贴耳、环耳、狮首、象首、豸首、角天鸡、马蹄、镂金、戟耳、桥耳、三足、朝冕、四足、三元、太极，并杂款、井口、兽面、九箍桶子、如意、方式、夔龙、梵书、虎面、百折、冲耳、橘囊、朝官、马蹄、大小台几等。鼎炉铸成，分进陈设乾清宫、坤宁宫，暨各妃、王府、各官府、衍圣公府。其索耳一种，则分赐各神庙祠坛，并学宫。押经、法笺、钵盂三种，则分赐各厂各经寺观，为释道二教用者。以上各种，或大字款，或小字款，或无款，或钟王体，或欧体。

而其正色，则有鋈金、流金、蜡茶、藏金四种。蜡茶以水银浸搽入肉，薰洗为之。藏经，以金烁为泥，数四涂抹，火炙成赤。鋈金、流金，金银丝片嵌减，俱实用赤金白银若干两。其在上半名复祥云，下半名涌祥云。若流金单傅本色，则有蜡茶、藏经本色。又有蜡茶，鋈金最佳。又有蟹壳青、栗壳色、棠梨色、熟梨色、枣红色、朱砂斑、鸡皮皱。其藏经栗壳，更有淡者一种，朱砂斑者，用番朱砂点入，名金带石榴。炉鸡皮色者，迹如鸡皮，拂之实无迹，火气久而成也。或谓炉之旧者，为覆手，必有青绿色，却不尽然。余家索耳宣炉，覆手颇黑。押经炉，有高脚棋二种，谓棠梨子，白果赤，以赤为主。梨色，生者青，熟者肉白皮黄，若煮熟者，又不然，此当以树头霜打熟者为主。熟梨色，嫩黄，猪肝色深紫。三代及秦汉间器，流传世间，岁月浸久，色微黄而润泽者，曰蜡茶色，可知原是古铜器也。藏经黄色极亮，类赤金色。总由质料之美，锻炼之精，故质纯而嫩，晶莹透脱，而无一膜之隔；色娇而雅，鲜洁腻润，而有油然之光，真足为希世宝。

明末国初间，有周文富、汤子祥二家，汤用补法，周则炉身耳底，三什装就，宣庙时本然，二家亦称好手，馀则施家北铸，其伪造宣炉，诚有如《日下旧闻》所云者。而文启美《长物志》、高深甫《遵生八笺》内，历叙鼓铸各家，如元时杭城姜娘子、平江王吉，及明时云间潘铜、胡铜等，种种不一，互有低昂，未能殚述。今时下又有对铜炉。予因今之赏鉴家以耳为目，故特表出，并系以诗。

按秦此说，于炼铜虽详其材料，而不详炼法，唯于辨色颇晰。昔后周制瓷，请世宗定色，世宗援笔题诗云："雨过天青云破处，这般颜色做将来。”此即柴窑雨过天青色之祖。盖古人心目中欲得某色，而不得其名，观宣炉之佳者，亦实难名其色也。比见报章，欧人区别颜色，谓共得七百馀种，则亦难为定名矣。

三一　孙琴西讥病沈幼丹

沈文肃廉公威猛，治两江五年，去暴戡残，闾左以清。尤锐意国防，经营海军，不遗馀力。其遗折大意谓宜以全力缮备，而不可轻于战，前已摭及，识量远到，可谓之政治家，而非止于为封疆良吏也。然同时清流名士讥病文肃者，已所在多有。如孙琴西之挽诗、李越缦之日记，皆颇致微词。相传文肃与琴西之间，盖有蒂嫌。文肃与李文忠，道光丁未会试，皆出孙蕖田（锵鸣）之门。蕖田为琴西弟，文肃督两江，琴西为布政使，颇以世丈自居，衙参之期，率避不至，文肃以为名儒长者，亦敬礼之。文肃深嫉鸦片如仇，一日，传江宁府知府，令限制禁烟，搜罚勿避。琴西闻之，亟肩舆诣制府，言比日为肝气所苦，在署不能治事，医言以阿芙蓉膏解之，文肃亦唯唯。无何，琴西内调太仆寺卿，遂谢官归。中间论事，颇相左矣。琴西《督府沈公挽词》云：

> 汉法文无害，秦风武克刚。如公宜耇皓，蚤誉况龚黄。
> 吏牍牛毛细，僮书马足详。有才方世用，何遽惜沦亡。
> 吴楚犹分辙，刍荛屡献疑。兵因屯驻弱，财以算缗衰。
> 弧矢威终用，花门事可危。未知天下计，轻作管中窥。
> 船官垂七载，肺病辄三秋。重币求奇器，遗章尚铁舟。
> 心真匪石转，事恐与生休。却恨中行说，精微为虏谋。
> 最爱资材美，犹须记览全。岂闻宣政世，不读建隆编。

制节延三镇，通家托二天。镌磨都未尽，生死一潸然。

(公会试出舍弟门下)

汉法牛毛之外，其第二三首皆致微词，“重币”二句，言文肃锐意船政，而收句则言徒为虏谋也。文肃光绪五年卒于位。琴西谓：金陵清凉山麓，旧有一拂先生祠，祀宋监门郑侠。己卯春，有受当道意旨者，请以闽二林公配食。辛巳得《江宁续志》，则所谓当道者亦与末坐，口占云：“一拂清风自渺然，如何簪组集群贤。今年更比去年好，又有团来郎罢前。”意尤有未慊者。琴西尝谓永嘉经制之学开于郑文肃，至文节陈公集其大成，通今知古，最有裨于实用。叶文定公上孝宗札子云：“今日之患，兵以多而弱，财以多而贫。”挽文肃诗第二首颈联，即用此语。

三二 李莼客讥沈幼丹不通无学

文肃治政，以严为主，谓去一豺狼，则鹿豕脱其牙角者不知凡几。又谓，吏治不饬，兵端不息，故于骄兵悍将，贪吏土豪，无所假贷。然其政治思想，则极平等宽仁，在两江任时，有请免仵作、马快两途禁锢一疏，持论甚公而恕，李莼客日记录全疏而痛斥之，可见尔时士大夫思想之锢蔽也。《越缦堂日记》丁丑十一月廿九日，附录两江总督沈葆桢《请免仵作马快两途禁锢疏》：

为仵作、马快两途关系于吏治者甚巨，宜免其禁锢，以养廉耻而励人材事：伏维三代以上，庶人在官者，与士同禄。汉制往往由小吏(李于“小吏”二字加乙，旁批云：仵作、马快，今之隶卒，古之厮养，非吏也，即此已误。)至公卿，故循良称极盛，所学其所用也。自晋人重门弟，浸变风俗，相沿至今。夫芝草无根，醴泉无源，不问其所出，与求才初意，两不相谋。然指倡优为身家不清，彼诚无以自解。若供役公署者，虽风尘奔走，劳瘁不堪，究其所逐日营营者，非国事即民职，固天下之所必不可无者也，乃不待其作奸犯科而先绝之于人类，于求治之意毋乃左乎？况不娴文理者（李于“不娴文理”四字加乙，旁批云：仵作皆相传口授，天下岂有此等人娴文理者？）无以为仵作，不精武艺者无以为马快，屏之于不足齿数之列，而望有出类拔萃之才（李于“出类拔萃”四字加乙，旁批云：四字出何书，指何人乎？岂孔子尝为此两途乎？夫仵作、马快而须出类拔萃之才，则为总督者将何等人乎？）起而应之者乎？命案全视尸伤为准，尸伤一舛，虽皋陶无由得其情。《洗冤录》一书（李批云：天下岂有看《洗冤录》之仵作？）其理极微，又有不尽一一可凭者，须以意会之。在由甲科及幕友入仕者日夕研究，犹惮其难，再以不自爱之仵作颠倒是非，含冤其谁诉乎？有终身不见贼之兵，无终身不见贼之马快，奉票缉捕，其危险与临阵同，若疲软无能，安望其为鹰为鹯，（李于“为鹰为鹯”四字加乙，旁批云：四字不切马快。）阛阓不皆成盗薮乎？说者谓仵作以命案为市，马快以盗案为市，今再予以出身，不啻养虎而傅以翼。夫天下未尝无包揽词讼之生监，不因此而废士之出身。（李于“夫天下”两句加乙，旁批云：此直不成语矣。天下舍生监将以何者为出身？沈君不由生监，何以得为翰林，作总督乎？盖当曰“天下未尝无作奸犯科之书吏，不因此而废吏之出身”，则语无病矣。如其言，何不曰“天下未尝无欺君误国之督抚，不因此而废督抚之升迁”乎？）未尝无骚扰闾阎之弁勇，不因此而废兵之出身。贤不肖各以类分，进其贤者，退其不肖者而已矣。

若并贤者而锢之（**李加乙，并批云：贤不肖岂可指此两途言？禁锢此两途，便为禁锢贤者乎？**）是驱之出于不肖也，又何诛焉。其品甚卑，其才甚劣，而其权则甚重者，不至于惟利是视，无恶不作也几希。现查各直省，有一县全无仵作，命案报验，借诸邻封，遇有应行开验者，则束手无策。马快多不足额，其滥竽充数者（**李于"滥竽"两字加乙。**）非能通晓技艺，遇有巨案，亦束手无策。岂无认真公事之牧，欲破格召募，而相需甚殷，相遇终疏。盖稍有微长者，甚不愿终身自弃，兼使其子孙亦无罪而为圣朝所弃也。合无仰恳天恩，饬部核准，将仵作照刑科书吏一体出身，马快照经制营兵一体出身，俾激发天良，深知自爱，养其廉耻，竭其心力，庶命案、盗案本源易清。倘仍作奸犯科，自有加等惩办之法。在臣愚昧之见，是否有当，伏乞圣鉴。

李于折后又加跋云：

沈君此疏，不知其意何云。或谓其激于浙江馀杭之狱，不冤杀匹夫匹妇，而反黜抚臣、学臣，故归咎于仵作之无人，为刘锡彤鸣冤。盖沈君去年曾奏江苏一上控案，而牵及杨乃武之屡次翻控，其蓄意然也。然君子论人，不以深文，姑取其疏论之。仵作、马快，关系于命案、盗案诚为非细，然或优其工食，或免其子孙禁锢，已足矣。而遽议出身，试思为仵作、马快者，皆贱隶之子，无赖之尤，直倡优伍矣，而俨然入官，与士大夫齿，尚成事体乎？必欲予以出身，则虽先澄其源，仵作取之书吏之子，马快取之弁兵之子，刑律伤格出其家传，击刺追踪为所素习，而州县不轻笞辱之，取效呈能，犹为可冀。否则今之为此两途者，虽日厕之倡优盗贼而不以为羞。如果识文理，娴技勇，又知自爱者，虽令仵作视文进士一甲一名以修撰出身，马快视武进士一甲一名以头等侍卫出身，亦恐无人愿为也。此疏称之者有人，诋之者甚众，其立言非体，拟人不伦，总由文理不通而已。余录存其疏，而旁乙注之。人不可以无学，信哉！

按仵作之职，即今之法医；马快之职，即今之侦缉及警察。当时乃以为贱业，禁锢其子孙。莼客好诋人不通无学，于文肃尤甚。今试观之果孰为无学耶？此疏未闻有俞旨，度部议亦格不果行。

三三　朱曼君《感逝铭》

文肃雅爱才士，盖得林文忠之遗风。朱曼君[1]《感逝铭》中，于文肃则曰："桓桓文肃，搴材自天。曜崇照下，运涸神渊。方皇奏记，劘刘波连。没有馀润，结感如绵。"可见一斑。其实并时诸老曾、左、胡等，莫不礼重文儒、爱拔贤士也。文肃幼时，母林，值夜，每使独趋暗处，已即从之，弗使知，以练其胆。然天资亦特沉毅有识，公时自号希狷子，常谓读旧书自有新获，多贪多也。并见《涛园集》自注。

三四　沈爱苍记沈曾龃龉

文肃与曾文正龃龉，为皖赣税款事，亦不亚于左文襄也。文肃

---

① 朱铭盘，字曼君，江苏泰兴人。光绪举人。曾入吴长庆幕。工诗文。有《桂之华轩文集》、《桂之华轩诗集》。

亦曾为文正幕府,《涛园集》中,有《南堤报功寺祀先文肃公并湘乡曾文正公》一诗,诗云:

台谏论公贼可戡(先公在谏垣,疏请专任曾国藩剿贼),后来幕府尚同参(外简九江府,谒文正公南康营次,畅谈累日,强留办理营务处,是为订交之始)。平反冤狱水难济(都司刘青云诈财酿命,文正以为疑,全案移送安庆,讯鞫半年,竟从原拟,而意终不释),宾客盗言乱用谈(时江西参革之员,多向安庆投效)。建业遣官犹对宇(江南专祠,均在龙蟠里),淮壖私祭亦同龛。毅皇温语褒廉蔺(文正欲提九江关茶厘,先公疏请留供江军,文正疏争,语多负气,上谕均分,并引廉蔺、贾寇为勖),二老当年谢弗堪(同时均有谢表)。

以上皆爱苍先生自注,持论甚平。按此事陈右铭调停之,已见前笔。

三五　朱竹垞析产券

遗嘱析分财产,今所习见,昔人不多觏,名人墨迹尤不易得。竹垞老人[①]析券云:"竹垞老人虽曾通籍,父子止知读书,不治生产,因而家计萧然,但有瘠田荒地八十四亩零。今年已衰迈,会同亲族,拨付桂孙、稻孙两孙分管,办粮收息。至于文恪公祭田,原系公产,下徐荡续置荡七亩并荒地三分,均存老人处,办粮分给管坟

① 朱彝尊,字锡鬯,号竹垞,浙江秀水人。少弃举业,游南北。康熙己未,举博学鸿词,授检讨,纂修《明史》。后充日讲官、起居注,出典江南乡试,入值南书房。于诗古文词外,精经学、金石考订。所著《日下旧闻》、《经义考》名世。

人饭米。孙等须要安贫守分。回忆老人析箸时，田无半亩，屋无寸椽，今存产虽薄，若能俭勤，亦可少供饘粥，勿以祖父无所遗，致生怨尤。倘老人馀年再有所置，另行继析，此炤。康熙四十一年四月日。竹垞老人书。见析徐尚贤、盛鼒宸。”按年谱，桂孙娶于徐，稻孙娶于盛。后载区图分数，共计四十二亩二分，面书桂孙二字，纸墨完好。咸丰辛酉，沈韵初出以示客，张怿斋为赋长歌。

三六 苏元春为李鸿章鸣不平

吴挚父日记中，有苏元春一短札，为李文忠鸣不平者。苏于文忠殁后，曾削职逮治，与王之春、沈荩、赛金花同时入狱，所谓文臣、武将、名士、美人是也。吴日记云：

> 四月二十九日，陈雨樵持示苏子熙军门元春寄罗芸舫大令书，愤切时事，自叙蓄利器，建斗硐，筑台垒，誓边师，重款巨工，悉出私橐，未动公款。又云：肥水自同治初年整军经武，谋勇兼人，及任北洋，抚柔控制，开利权之未逮，夺时务之先声，环海部洲，私相劝戒，从无肇出衅端。纵甲午东海变生，突如其来，显系讹赖，俨同乞丐恶讨，予以残羹，欢然而去，务要推搡，使必做伤倒地，触动群情，而老团头稳作壁上之观，何愁不来求我？盖乞丐者，倭也；群情者，英、法、美也；而老团头，舍俄谁能当之？陷阱已深，强我逆来顺受，凡属血气未干者，得不放声大哭邪？而肥水任丛谤毁，毅然不动，迫受伤立约，明年又使极西，衰老茕躬，风涛饱历，至今谣诼未息，仍思中伤。忠而见谤，信而见疑，今日益信。此无他，自剪羽翼，贻笑外人。以此老之勋业，至今日且名高生忌，觉淮阴去人不远，何

况我辈？

此书恐非子熙亲笔，度幕府必加以润色，而其怏怏处，已形于词，宜其终罹吏议也。然其中语有绝可味者，如以日本为讹赖，以俄国为老团头之类，今日皆仍未相远。读“陷阱已深，逆来顺受”，“忠而见谤，信而见疑”数语，何止为谋国之合肥短气耶？

三七 谢枚如《课馀偶录》

记孙琴西事，尚有谢枚如[①]之《课馀偶录》，中于琴西、文肃芥蒂，亦隐及之。谢录云：

> 瑞安孙琴西衣言方伯官翰林时，与王少鹤、林颖叔以古学相切劘，长于诗，亦长于文。诗先刻，名甚著，文迟久始出，多及时事，指斥当路，然其言甚确，非以好恶为爱憎也。平阳金钱会匪发难，其长子贻穀以团练与贼战，屡胜，而卒死之，有《殡志》载集中，可哀也。丙子予应礼部试，方在闱中，琴西以陛见入京，颖叔以予稿示之，琴西书其前曰：“天资笔力，皆近韩退之；而其票姚夭矫，有意子长；详切浓至，有意孟坚。此才殆非宋以后文家所能囿也，佩服，佩服。光绪二年三月，与颖叔相见都下，出此见示，以行促不及见枚如，附识数语，俟他日更印证之。”夫予与琴西，未通一刺，予治古文，此心所向往，虽颖叔不尽知，何况琴西？乃琴西言之如此，在琴西为玄识，在予则不可谓非知我矣。予涉猎文事有年，朋辈时有赞语，予见

① 谢章铤，字枚如，福建长乐人。同治举人。内阁中书。曾任白鹿洞书院等处山长。门徒如陈宝琛等成名者甚多。有《赌棋山庄词话》、《酒边词》等刊世。

近人刻集,集首多列题词,大抵出于此,予甚厌之。窃谓学问自在根柢,非标榜便增声价,故一概弃之不录。然亦有极不能忘者,聊复别见一二,如琴西是也。丁丑予谒病归籍,过沪上,时温明叔侍郎师在金陵,侍郎为予最初受知,予欲省之于其家,沈文肃公闻之,留住衙斋。予因过琴西,琴西曰:"子为制府来耶?"予曰:"非也。明叔侍郎籍于此,吾来候吾师耳,三日即行。"次日琴西报谒,手致赆金,及其集,谓予曰:"吾极不喜过此。何则?吾绝不晓洋务,而大府力讲洋务,故吾自例见以外,不再至。今日之来,特为君耳。"予笑谢之。归家,复得其来书,盛推许,又多勉励,谓当以千秋自置。予以所学未至,置不作答,于今二十馀年矣。呜乎,其意可感也!

又一则云:

琴西《逊学斋文钞》,前有沅陵吴大廷序。大廷字桐云,亦予己酉同谱,曾官福建都转,与予初不相知。其序前曰:"沨沨乎初月楼之嗣音也。"后又曰:"与沈果堂文相上下。"前后何无定论?且二君文似不相类,以琴西较之,亦非一鼻孔出气,不知桐云何以言之,而琴西又何以受之。其后予过沪渎,忽晤桐云,告予曰:"近读《书经》,思别作解义。"予曰:"古文家读经,与经学家不同,经学家重考据,古文家则论体格。退之《画记》,知者以为出于《顾命》,夫《画记》与《顾命》渺不相涉,毋亦于神理中求之耳。君治古文,知必有悟于语言文字之外耶。"桐云唯唯。过金陵,与沈文肃谈及,文肃曰:"桐云热过人。"予忆在沪时,桐云于文肃有微词,想有所干求未遂也。又后十馀年,卞颂臣制府莅闽,予询桐云近状,制府曰:"桐云热且阔矣。近奉宪稽查制造局,桐云震动以文章,老兵皆识欧苏,弓刀化为礼贽，而桐云之束脩塞门矣。非所谓‘将军不好武，稚子总能文’者乎？”予闻之失笑。盖制府官京师时，素与桐云狎，而亦以文字往来者也。桐云有《小酉腴山馆诗文集》，其文盖亦承梅伯言绪论，而有志于桐城者，但炉鼎粗具，而九转之丹尚未熟耳。

按前节所言“子为制府来耶”，及“大府极讲洋务，故吾自例见外，不再至”，皆明言琴西与文肃不合之故，玩谢语气，似颇右琴西也。后节述吴桐云于文肃有微词，则右文肃矣。

三八　李莼客记越中灯事

今年予颇诠记旧京灯事，客有以吴越灯事见叩者，予告以可览李莼客《萝庵游赏小志》，此书为莼客同治壬戌所铨次者。其记：“辛丑八月，宣宗六旬万寿，越中张灯特盛。时太平日久，海内富乐，越人渐习华侈，与苏杭埒，极力绘日月之光，报功德之盛。城中江桥笔飞坊至东昌坊大街，十里廛肆鳞栉，各出灯样，以工巧相尚，鸾回鹤耸，云实日华。又尽出奇器宝物，青鼎绿彝，玉屏珠帘，以及古书古画、珍禽异兽、瑰草奇花之属，无不护以栏楯，夹道列观。入夜则星火渐繁，笙歌迭起，而各寺庙复结彩台舞榭，标云矗霞，敷金散艳，绛天百仞，繁曜缀空。游人多饰香车宝马，一片光明锦绣中，钗钿咽衢，裆襦薰巷，真谢康乐所谓‘路曜便娟、肆列窈窕’者。至九月英夷陷宁波，犯馀姚，越人仓皇四遁，久而始定。自后丁巳十月，孝和睿皇后为七旬万寿庆节，灯事已减。曩再至庚申六月，文宗三旬万寿，则越中已为贼所扰，烽火危急，不复能举此议矣。”

读此，则可见晚清廿年之间，而盛衰相去已如霄壤。大抵灯事最盛时，其举动略与美术展览相近；其终也，皆以政治不修，寇患忽至，有美而不能审，有乐而不能娱。故吾国诸地盛衰，常如循环，国中无千年未毁之都市，殆未可诿为天道也。

三九　寿山石诸说汇录

予性迂疏，陋于收庋，平生于书画虽似结契，实无心得，不足言矣。于寿山石章，颇有微嗜，以吾外祖家甚爱藏此物，外大父蒹秋先生鉴别尤精，故得窃其绪馀，以资品玩。贫不能蓄，则人事丰啬之常理也。蒹秋先生之言曰：

> 九峰、寿山、芙蓉，称三山。万历八年以前，属怀安县，后省入侯官。其石质纯而润，易攻不泐。志载康熙时采取一空，至嘉庆初，诸坑复产，今录其目击者。
>
> 寿山石以田石为第一品，产于山田，无根而璞，盖地气挟土力所结者，故隆寒不泐。耕者偶得之，有黄白红黑四色，重七八斤，多硬田，雕山水人物，备陈设，软润者不赀矣。道光初新出之都丞坑，地属寿山，具黄白红三色，质之软润次于田石，亦隐隐然现萝卜丝，其挂皮者亦青黑色，略似田石之虾蟆皮，赏鉴家且混真赝。连江黄，产连江，似田黄，色黯质硬，油渍即黝。宦闽者误以都丞坑、连江黄为田石，然田石是璞，不论黄白红黑，皆由外结气，虾蟆皮即璞也，气迫于外，文成于中，故成为萝卜丝。若都丞坑，乃片片云根，劀而断之，至以连江黄伪田黄，则函石知谬矣。
>
> 水坑，产于涧曲坑窦，为第二品，如云如藕，如栗如枣，有内白外斑者，有划然中断者，有文理分明而浅深异色者，因其

色，配作人物山水花卉虫鸟，可玩也。水坑中所得水冻，尤为妙品，不取晶莹，但求其白如凝脂者，黄如油蘸者，即鱼脑冻。次则天蓝冻，即柴窑雨过天青色也，愈淡愈佳。次则牛角冻，色如牛角，而通明过之。牛角冻中，有纹如犀角者，亦有微黄挂皮如定窑之油坠者，或以高山晶浸油伪水冻，然亮而不冻，须玩冻家方知抉择。

产于山洞者曰山坑，为第三品，半山高山之类是已。半山多白色，偶亦似芙蓉，惟芙蓉细腻，半山硬实，不如芙蓉之凝结晃朗耳。高山质坚于半山，多红白相间，有纯红纯白者，有藉糕地而点者，似昌化之星星然，但不作鸡血色，有白而晶莹者，名高山晶。凡高山皆宜油渍，各洞所产，有肉红，有美人红，如薄纱笼肉，有瓜皮红，色如瓜瓤，有牛尾紫，有猪肝紫，有艾绿，有石绿。奇艮，亦山坑，多黄白二色，黄者光彩焕发，似蜜浸老橙，白者似苹婆，杂黄白者似玛瑙，皆坚而易攻，寒而不泐。芙蓉石，如白玉而纯粹，玉不受刀，逊于芙蓉矣。有新旧洞之别，旧者胜，取于将军洞尤美，价亦不赀。皮挂秋叶者，名芙蓉黄，为芙蓉之极品。党洋，亦寿山乡名，所产淡青藕合，极似青田，有淡绿者，呼党洋绿，逊于艾绿。梁叔子所称花石坑，今产绝矣。

其最下者为图书石。随地可拾，市上雕玩器、图章者是也。另有一种名煨乌，以高山、奇艮、党洋之硬者，煨以稻壳，火色正，则纯黑如漆；火色偏，则拖白如汉玉；火色过，则碎矣。石客选其光润有白地者，伪黑田。其馀因像命名，随色取号。各石谱所载多虚词。

上所述，见所著《闽产录异》中。自予坠地，外大父即下世，然四十馀年间，外家中表诸兄弟承祖父说，以辨别取舍，所得犹精栗无伦也。寿山石见于诸家纪载者，最称前后《观石录》。《观石录》为高固斋撰，《后观石录》则毛西河所为，今并节录之，提纲挈领，侔色揣称，间及制术，视近人《寿山石谱》，不可同日语矣。《观石录》云：

出北门六十里，芙蓉峰下有山焉，连亘秀拔，溪环其足。长老云，宋时故有坑，官取造器，居民苦之，辇致巨石塞其坑，乃罢贡。至今春雨时，溪涧中数有流出，或得之于田父手中，磨作印石，温纯深润。谢在杭布政常称之，品艾绿第一，卒叹其未见也。谢殁五十年，吾友陈越山赍粮采石山中，得其神品，始大著。去秋予江左归，好事家伐石于山者凡三月矣，日数十夫，穴山穿涧，摧岸为谷，逵路之间，列肆置侩。于是名流学士，怀瑾握瑜，穷日达旦，讲论辨识，锦囊玉案，横陈斋馆。予往往命驾周览故人之家，心目既荡，嗜好为移，乃忆所见，录为一卷，聊以自娱，且慨兹山焉。**（中叙朋辈得石姓名及石数，不录）**

石有络，有水痕，有沙隔。解石先相其理，次测其络，于是避水痕，凿沙隔以解之，石质润，锯行其间则热，行久热迫而燥则裂。解法水解为上，锯行时，一人提小壶，徐倾灌之。石理不一，相石为难，肤黄中白，肤白中白，肤苍中黄中玄，不可以皮相。石有水坑、山坑，水坑悬绠下凿，质润姿温；山坑发之山蹊，姿暗然，质微坚，往往有沙隐肤里，手摩挲则见。水坑上品明泽如脂，衣缨拂之有痕。潘子和、谢弈，砚工高手，攻石能得理，好事家获石既夥，二人益自矜，以礼延致，不可卒至，或造庐焉，映门一诺，童子负器先驱矣。每解一石，摩肩围绕，心目共注，幸得妙品，传观闺阁，交手喜妒。石初剖，须琉球砺石磋之；既磋，磨以金阊官砖；磨竟，以水浸檞叶纵横揩拭，无有遗痕，然后取麛鞹平置几案，运石鞹上，徐发其光。湛一诣陟庐竹堂看石，方开箧，趣令收却。予讶之，笑曰：“不敢久视，恐相思耳。”

予戊申作此录，录中吾友六人，客三人，方外二人，共十一人，今亡其四。杂见之友人，亦亡其五。嵩山、陟庐、越山之石以贫散，湛一一石归予，为十叟夺去，十叟亦亡，今不知处。木厓石最多，亡后不能守。李某晚为石贾，颇得钱君宠。越人去声与杂见者皆不可问矣。予最后有七枚，今秋毁于火，火后者玄坚如玉，白者多崩碎。丁巳后大开山，役民一二百人，环山二十里邱陇畝亩皆变易处，石舁至大者凿鞍辔，小者为鞞琫，较之宋坑造器，民劳百之。按伐石之始，自陈公。某某之石，人不得见，既没，家无一枚。自戊申迄今一纪，伐凿之祸未息，近五行石妖云。或曰，山以寿名，十年中郡人恒夭折不寿，理或然欤？己未腊夜跋。

毛大可《后观石录》云：

明崇祯末，谢在杭尝称寿山石以艾叶绿为第一，丹砂次之，羊脂、瓜瓤红又次之，顾名不大著。至康熙戊申，闽县陈公子越山，名曰浴，字子槃，故黄门子，忽赍粮采石山中，得妙石最夥，载至京师，售千金。自康亲王恢闽以来，凡将军督府，下至游宦兹土者，争相寻觅，上者置几榻把弄，次者镂刻追琢，与宝石、珊瑚、玳瑁、砗渠、螺蛤、齿贝同嵌什器，遍饰缨緌、鞞琫、鞓带、念珠、牙筒、药管诸物，其最下者，摩符雕印，杂镂人兽瓶盂以为供具，而于是山为之空，近则入山无一石矣。

然后收藏家分别其旧藏者，以田坑为第一，水坑次之，山坑又次之。每得一田坑，辄相传玩，顾视珍惜，虽盛势强力不能夺。石益解，价值益腾，而作伪者纷日出，至于假他山之石以乱真者。

予入闽最晚，私心欲得上品一观，而不得当。是时有估人贩儿，摊门捱巷，争以赝物来炫，概却之去。既久，忽从营丁得二石，既又从通家世友宦兹土而未归者得五石，又既与此间友人赌棋得三石，然尚妍媸之间也。既则友人有贻赠者，有转觅其亲党之旧藏而愿售者，虽稍胜于前，非上品也。又既则有有力者托人觅致，因贸得八石。而许子不弃，则予世通家子也，濒行江西，遣估者私觅闽城之佳者来售，又得九石，连前后陆续所得通计四十九石。大概上者十三，中上十四，中十二，中下十一，偶于谛视之次，共录一笺，以当展玩。

尝见友人高固斋作《观石》一录，流传人间，因谬题之曰《后观石录》。艾叶绿二，平直横径各寸，而卧螭纽，杨玉旋制。杨名璇，闽追师名手。纽绿色，通明而底渐至深碧色，独其住处稍白，则艾背叶矣。骆幼重曰："骤观之，但见两螭环首掉足蜿蜒绿波中。"上半如碧玉，下半如红毛玻璃酒瓶，又如西洋玻璃瓶。羊脂一，高二寸半，径二寸，横一寸，白泽纽，玉质温润，莹洁无类，如搏酥割肪，膏方内凝，而腻已外达。时寓开元寺铁佛殿侧，端阳前四日得此，座中同观者各为拟似，一云："如脱壳之卵。"一云："如新罗出机未就练濯。"一云："如辨明看妇人肌肉，绝去粉泽，而晨光肤色，帖帖床簟。"鸽眼砂一，此旧坑也，高寸半，横径各寸，辟邪纽，通体荔红色，而谛视其中，如白水泸丹砂，水砂分明，粼粼可爱。一云鹁鸽眼，白中有丹砂，铢铢粒粒，透白而出，故名鸽眼砂。蔚蓝天一，蔚蓝天又名青天散彩，高二寸半，横径各一寸半，纽作三狻猊，二蔚蓝色，一白色，各相搏噬，而蓝俯白仰，分明不杂。其石身下方，初露蔚蓝三分许，渐如晚霞蒸郁，稍侵紫焰，而垂以黄云接日之气，直异观也。夏云翳照处，类高邮皮蛋黄色。又一，分寸同前，亦三狻猊纽，而两白一黄，毫厘相判，白如荞粉，黄如豌酱，殊质并弄，狰狞出脱。至其蔚蓝之妙，一若归云乍敛，倒影微薄，而中界以白虹者，造物之入神乃尔。瓜瓤红二，横径一寸三分，而高倍之，蟠螭纽，红沁若西瓜瓤子，流滑融溢，入手欲化。一顶上黄螭，似瓜蒂，小黄近蜜色者，腰下血浸淋沥，渐至流漫，红中有白，白中有红，浅红非黄，深红非赤，谓之瓜瓤红。虾背青一，高二寸六分，横径各一寸二分，狮纽，狮顶立稚狮，黑色，蠕蠕自得，而母狮首承之，唯恐其堕。通体浅墨如虾背，而空明映彻，时有浓淡如米家山水，旧品所称“春雨初足，水田明灭，有小米积墨点苍之形”是也。肉脂一，一名肉红，本羊脂肉，而略翳红影于其间，望之晻罩荧荧，如时世宫妆，预施胭于颊，而尚以胡粉，仿佛旧诗所称“芙蓉脂肉绿云鬟”者，此最上神品也。惜吉光片羽，不满觏耳。纽二螭颠倒卧，一红一白，长径各一寸，横四分，相传狐白裘有胭脂雪名，当类此。炼蜜丹枣一，此旧坑也。百年前流传至今之物，百炼之蜜，渍以丹枣，光色古黯，而神气焕发，以方番珀则增其红，以视缅葫〔茄〕则却其黑。高二寸，径一寸，横七分，圆身彪纽。桃花水一，高一寸五分，横径各七分。石有名桃花片者，浸于定磁盘水中，则水作淡淡红色，是其象也。或曰：“如酿花天，碧落濛濛，红光晻然，宜名桃花天。”旧名所称桃花雨后霁色茏葱，庶几似之，卧貙纽。三合一，首青羱立纽，如碧落蔚蓝青，独两角拳大通明，而色微淡。西羊名羱者，大角大蹄，是羊注蹄处，皆伟然可验也。特石身如羊脂，垂以药黄，恍青羊踏石著黄土中。想金华道上，方平狡狯，故自有此。高二寸八分，横径各一寸。晶玉一，殷于菜玉，而白于蕨粉，然故名透日晶玉，高二寸，径二寸五分，横一寸三分，辟邪纽。白花鹰背二，又名灰白花锦，高二寸半，横径各一寸三分，一葡萄纽，一瓜纽，其纽为杨璿所制，葡萄、瓜俱纯灰色，独取其白色而略渗微红色者为枝叶，其叶中蠹蚀处各带红黄色，浅深相接，如老莲画叶然。且嵌缀玲珑，虽交藤接叶而穹洞四达，直鬼工也。石身如冰裂，灰白花锦，平曼间，亦似有枝叶横披纷拿盘攫之势，白如磁色，灰如旧锦，中紫灰色，且各有血浸纹，如宣和红丝砚，于灰白质中朱缠红格，备极景象。二合一，纽蜜魄色，身玛瑙色，高径各二寸，横五分，金猊纽，通体朗彻，而二色截然。其为玛瑙色者，如樱桃红，如霞红，深浅流漫，焆爚不定，直是妙品。洒墨一，高一寸五分，横径各八分，天青色，而隐以红晕濛濛，然如日隙洒雨，螭虎纽。泥玉一，玉之类建窑白滋泥者，高径各一寸八分，横六分，螭虎纽。杏黄一，如杏之初熟，于黄湛中一面微红，渗渗若晒色然，白泽纽，高二寸，广半之。砚水冻一，高一寸五分，广八分，狮纽，砚池水微黑而冻，似之。藏经纸一，高一寸八分，广一寸，白泽纽，金粟山藏经纸色，入手作木莲冻。桃晕一，蹲狮纽，高一寸半，径一寸，横半之，纽有晕红而身微淡，桃坞夕阳，岩石俱带红色。红粉一，如胭脂之渍粉，又如苋汁沁白糜中，苎萝村旁有红粉石，应如是矣。特西施去后，江枯石烂，不能多得耳。高径各五分，横三分，狐纽。苹婆玉一，当康纽，高二寸半，横径各一寸半，兽肥腯如豕，而光泽可鉴。其通体白色，大类苹果初白时，尚晻青气，而淡红点染，见之指动。笋玉一，俨会稽象牙笋初脱衣时，高一寸半，广寸，螭纽。象玉一，高二寸三分，横一寸半，径同之，立马纽，有象牙纹。蜜蜡一，高径各一寸，横三分，天马纽。秋葵蜜蜡一，高径各一寸，横三分，圆身貄纽，一名枇杷黄。甘黄蜜蜡一，又名渣黄，狮纽，高径各八分横三分。天蔴瓤一，俗名天荔支，廌纽，高一寸四分，径一寸，广五分。玉蒂茄花一，三足能纽，玉色而下以茄花承之，高一寸五分，广一寸。玉柱一，高二寸半，径八分，横五分，圆身卧貜纽，俨端门两旁所称擎天柱者。落花水一，一名浪滚桃花，高二寸，横径各一寸，辟邪纽，石类水色中有红白花片随水上下，一面界白，痕如回波然。或曰此石花之纹，非沙隔也。洗苔水一，与前高广同，亦辟邪纽，本对石也。石类碧水色，而中有苔痕，微间矾石，亦非沙隔。玉镇一，高二寸半，横径各一寸半，方正如镇子，螭虎纽，与前苹婆玉高广相似，似对石。紫白锦一，高二寸，横径各一寸，狐纽，纽白色，而石身紫白相间，类嘉兴锦。蜜杨梅一，蚩吻纽，类蜜蜡色，黄泽可爱，而一面有疹粟，如杨梅粒，渗以来点，高二寸，径一寸半，横八分。个他矾石一，高方，神羊纽，两角明莹如羊角灯片，而面作枯矾色。水墨玉一，苍玉一，皆小方，狮纽。豆青一，小长方，狐纽。枯绿一，又名乾箬绿，小长方狐纽，与豆青同，似对石。豆白一，小方，白泽纽，凡白色而微带葱色曰荳白。朱砂磁壶色一，长方，蚩吻纽。铁色磁壶色一，又作棕色，中方，辟邪纽。磁白一，大方，母子狻猊纽，与象玉高广同，似对石。石膏一，小长圆，螭纽。小晶玉一，高八分，横径各四分，莹彻如晶，狮纽。高固斋所藏物也，偶读予所著《曼殊别志》感之，取以赠，曰："请蓝公漪篆曼殊二字，系之折扇之骨间，日摩挲之。"

西河所记，视固斋为细。固斋以人举，故不具录。西河以石状为主，故备详之。田坑，即田黄，今与黄金同价。予所见有大逾拳，值可二万金者。故宫所陈列者不与焉。然谢在杭以艾绿为第一，予生平未尝见，亦不闻赏鉴家称之。观蒹秋先生所言，可知田坑之可宝，乃历阅年所，以其品近璞之故，得大名非偶然也。田黄以外，石多以油渍，然不得法，质且变。旧京古玩铺不以油，而以手工细拭之。闽中石贵制纽，而外省人不察，以为制纽者必石之有疵，乃为纽掩之，其实殊不尔尔。晚近三十年，田石及芙蓉多以无纽为尚，抑亦矫枉防弊之过也。

民国七八年间，有人自洞中又获一石，重百斤许，剖之深黄，然实山坑，并都丞坑不如，以质颇近栗润，遂解得二百馀石。此物流转南北，冒充田坑，受绐者不少，舜卿表兄言之历历。三年前秣陵市上予亦邂逅之，但不作田黄观，以新坑高山例之，则亦自可爱也。又观高、毛两录所载，康熙之初，大伐山取石时，以至佳者同嵌什器，最下者乃雕为印章。然则今所见宫中珌带、珠筒等，世所指为旧玉嵌饰者，其中必有一部分寿山佳石在。此通明似玉之石，其品质实在田黄上，惜其物已罕，无人能辨之，遂以为古玉，价且远不如田黄矣。

四〇　导淮之议

导淮之议，闻之数十年，近年苏省始实行，其功将蒇。按，左文襄晚年督两江，以导淮为急务，以为淮居四渎之一，本以独趋入海为义，议引淮水仍归云梯关入海，将于清江设复淮局。先疏黄河，宣减泗、沂，兼疏大通口，畅出海之道。就后加浚张福、碎石诸河，引湖水入黄，而修堰盱智信林等三坝，建闸陈家集，操纵湖水，卫盱眙、五河民田。会乞病，代者为曾忠襄，其议遂寝。文襄所主导淮，使由旧黄河入海也。

康熙时，南靖庄亨阳知徐州府，建议淮徐水患病在壅毛城铺而徐州坏，壅天然减水坝而凤、颍、泗坏，壅车逻、昭关等坝而淮阳之上下河皆坏。方今急务，宜开毛城铺以注洪泽湖，则徐州之患息；开天然坝以注高、宝，则上江之患息；开三坝以注兴、盐之泽，则高、宝之患息；开范公堤以注之海，则兴、盐、泰诸州县之患俱息。按范堤，自盐城北接阜宁，南抵海门，亘六百馀里。庄亨阳所主，在黄河未北徙以前，则仍由江入海也。今日导淮垂成，然两说皆自可存。

予意今后水利待兴，尤亟于造路，世无水利不修而国能兴者。治水之难，百倍于筑道，功亦倍之。前二年，予有雨后书怀诗，中有云："时贤惮治水，驰道侈交贯。经邦始沟洫，禹迹谁解案。急功反逐末，终恐遘菑难。"此诚罪言，抑亦江河岁岁为患，昏垫之忧，不能自已者耳。

四一　竹纸制法

竹垞康熙间曾取道吾闽，观造纸。因与查夏重联句五十韵，其中警句如云："信州入建州，篁竹冗于篆。居人取作纸，用稚不用老。遑惜箫笛材，绿坡一例倒。束缚沉清渊，杀青特存稿。五行递相贼，伐性力揉矫。出诸鼎镬中，复受杵臼捣。不辞身糜烂，素质终自保。汲井加汰淘，盈箱费旋搅。层层细帘揭，焰焰活火熇。舍粗乃得精，去湿忽就燥。壁来风舒舒，暴之日杲杲。”皆能写出造纸之次序，诗也而可作手工业之简说观，然犹未尽也。钱唐黄兴三过常山，山中人为道其事，因详摭其始末为之说。又撮其要十二则，曰折梢，曰练丝，曰蒸云，曰浣水，曰渍灰，曰暴日，曰碓雪，曰囊湅，曰样槽，曰纸帘，曰剪水，曰炙槽，赞而系之以诗。黄说云：

造纸之法，取稚竹未枿者，摇折其梢，逾月斫之，渍以石灰，皮骨尽脱，而筋独存，蓬蓬若麻，此纸材也。乃断之为二，束之为包，而又渍之。渍已，纳之釜中，蒸令极热，然后浣之，浣毕暴之。凡暴，必平地数顷如砥，砌以卵石，洒以绿矾，恐其莱也，故暴纸之地不可田，暴已复渍，渍已复蒸，如是者三，则黄者转而白矣。其渍也，必以桐子若黄荆木灰，非是则不白，故二者之价高于菽粟。伺其极白，乃赴水确〔碓〕舂之，计日可三石，则丝者转而粉矣。犹惧其杂也，盛以细布囊，坠之大溪，悬版于囊中而时上下之，则灰汁尽去，粲然如雪，此纸材之成也。

其制，凿石为槽，视纸幅之大小而稍宽焉，织竹为帘，帘又视槽之大小尺寸，皆有度，制极精，惟山中唐氏为之，不授二姓。槽帘既备，乃取纸材授之，渍水其间，和之以胶及木槿汁，取其粘也，然后两人举帘对漉，一左一右，而纸以成。即举而覆之旁石上，积百番，并醡之，以去其水，然后举而炙之。墙之制，垒石垩土，令极光润，虚其中而内火焉。举纸者，以次栉比于墙之背，后者毕则前者干，乃去之而又炙。凡漉与炙，高下疾徐，得之于心而应之于手，终日不破不裂，不偏枯，谓之国工，非是莫能成一纸。水必取于七都之球溪，非是则黯而易败，故迁其地弗良也。至于选材之良楛，辨色之纯驳，鸠工集事，惟老于斯者悉之，不能以言尽也。自折梢至炙毕，凡更七十二手，而始成一纸。

读此可详我国四五百年来制纸之法，竹坨诗，不俟笺矣。按古人尝以海苔为纸，今不传其法。制纸首重槽，故《纸槽谚》云："片纸非容易，措手七十二。"清朱笠亭有《纸槽五十韵》[①]，予未见。百年来斯业日落，后此文字将悉用旁行，纸必舶来。或改用机制，琐琐记此，一转烛间，亦成考古之资矣。

四二 钟表旧闻

欧洲钟表入中国，在明万历二十八年，至康乾间，则宫廷卿从皆有此物。《西清笔记》言：

内府一自鸣钟，下一格，有铜人长四五寸许，屈一足跪前，承以沙盘。鸣钟时，铜人手执管，于盘中划沙，作"天下太平"四字，钟响寂，则书竟矣。昔在闽见一钟，上一格两扉常阖，至交初正时，内有铜人两手启扉，转身，于架上取槌击钟，如数毕，置槌于架，两手阖扉。又有铜人高数尺，如十三四丫头，面粉衣缯，前置洋琴，启铜入钥，则两手起执棰击琴，左右高下，其声抑扬顿挫合节，头容目光皆能运转，助其姿致。鼓毕，则置棰于琴，两手下垂矣。又置飞雀，呼噪逼真。西洋工匠之巧

① 朱炎，字桐川，号笠亭，浙江海盐人，乾隆丙戌进士。曾任知县。主讲金华丽正书院。著作甚多。《笠亭诗集》十二卷，收《纸槽五十韵广信道中作》，见袁行云《清人诗集叙录》第二册。(1994年，北京，文化艺术出版社)

如此。

此是清初意大利等国馈进者，迨词臣笔之于书，必已在百年以后。《西清笔记》又称："诸臣趋值，各佩表于带，以验晷刻。于文襄相国于上晚膳前应交奏片，必置表砚侧，视以起草，虑迟误也。交泰殿大钟，宫中咸以为准。殿三间，东间设刻漏一座，几满，须日运水贮斛，今久不用。西间钟一座，高大如之，蹑梯而上，启钥上弦，一月后再启之，积数十年无少差。声远，直达乾清门外。文襄每闻午正钟，必呼同直曰：'表可上弦矣。'"

此则可见尔时挂表已遍于大官，又可见于敏中之谨密合度也。因忆客言，张香涛巡抚山西时，谢恩折有"经营八表"语。其堂兄子青尚书方在军机，见南皮折微笑，值午届，表咸上弦，子青徐出表曰："我才有一表，不意舍弟竟有八表。"众皆绝倒。文达意谓，巡抚而言经营八表，未免失于夸也。谭瓶斋闻此，谓予："如此则张南皮八表，可对陈簠斋十钟矣。"又按，八表谓八方之外，近见沧趣老人昔年《登泰山》诗有"八表来填膺"句，虽用"八表同昏"意，而但标两字，似嫌不词，岂师少陵之"百万闻深入"耶？

四三　沈白溇诗纪恽南田身世

前摭《庭闻录》，知灵隐高僧谛晖即湖州孙旭削发入山之名，谛晖一作谛灰，并订袁简斋《子不语》所记石揆、谛晖事。按袁记谛晖收恽寿平为徒，而不详寿平出家之故。考寿平之父名日初，字逊庵，为刘念台高足，明亡，随入闽，率兵与清抗，兵败，祝发为僧居灵隐寺。寿平之入灵隐，乃其父所招。恽鹤生《南田翁家传》："逊庵遭变故，南田方十馀龄，随父崎岖闽岭，流落相失。旗帅主陈锦爱其聪颖，欲子之。逊庵既以缁服得免，知子在锦所，其媪酷奉释氏，将挈之过灵隐，因属寺僧善言诱接，指此子慧根极深，惜福薄寿促，宜令出家。即日剃染，留寺中，媪泣之而去。逊庵遂携南田还。南田至孝，事逊庵数十年，卖画以养。"传中先受逊庵嘱之寺僧，即谛晖也。康熙间沈白溇《赠昆陵恽正叔一百韵》云：

昆陵恽正叔，书画今所无。书工羲献法，唐宋兼临摹。
画精熙筌理，花鸟多新图。绝艺高声价，姓名走东吴。
人怀尺幅去，宝贵同璠屿。家贫赖笔研，得钱供朝餔。
游历公卿门，一囊随奚奴。今夏触炎暑，扁舟下姑苏。
云访西庐老[1]，灵光遽凋殂。以此不得意，恸哭投生刍。
索居屡江畔，秋老岁将徂。昨从徐郎座，与我识面初。
丰神见秀澹，白皙微有须。赋诗独敏捷，挥洒华藻敷。
君本古贤人，岂惟弄翰觚。向闻生平迹，奇伟传江湖。
从君叩其略，欲语还蜘蹰。忆年在申酉，变乱生两都。
吾父一缝掖，忠愤郁不舒。跳身浙东走，台顶茅可诛。
维时我八龄，实与仲兄俱。钱塘潮水竭，北马纷腾趋。
仓皇复南窜，岭峤经崎岖。转入瓯闽国，偏安犹一隅。
吾父迫际会，从王曾执殳。皇天必翦灭，事败只须臾。
由兹托方外，岩谷长逃逋。州县义兵起，歃盟遍村墟。
主将辱推戴，揭竿厉耰锄。建宁王阁部，旗帜明火荼。
远迎帝室胄，草草称乘舆。贻书话同乡，要父同谋谟。
小子奉严命，侦察前趑趄。此地尚全盛，兵强富储胥。
窃观王公为，魁杰实丈夫。一见厚款遇，开筵倾玉壶。

① 谓王太常烟客先生。

幕府幸无事，日惟饮醍醐。高会宾朋列，歌舞红氍毹。
中表逢龚生，相留但欢娱。岂知仙霞破，突骑忽长驱。
身居围城里，矢石交体肤。杀声动天地，拒守百日馀。
士卒多勇敢，大将亲援桴。吾父外请救，羽毛急军符。
一朝黄雾塞，对面迷双眸。敌人遂登陴，谁复能枝梧。
短刀夹长戟，格斗血流渠。烈火复四起，烟焰连街衢。
满城百万户，无一存妻孥。我年才十五，被执为囚俘。
羶酪不能咽，饥肠日空虚。彳亍行伍间，乃见侯门姝。
青楼旧相识，怜我千金躯。引入将军帐，馀餐赐盘盂。
后还陈制府，收拔称掌珠。装我紫貂冠，饰我绣罗襦。
出入照路光，蹀躞乘龙驹。自古有养子，乱离迹难拘。
所痛我两兄，荆榛没枯颅。自与吾父别，信音各阔疏。
一纸偶得书，存亡问何如。他日倘相见，会须还故吾。
开缄却远望，不识父焉居。制府旋遇难，万里回丧车。
我从阿母行，道出灵山区。山寺闻神僧，幡幢开给孤。
母施布地金，云堂设伊蒲。众中得吾父，变服已浮屠。
欲认不敢前，形势反多虞。业为制府郎，母威剧于菟。
家将绕四旁，臂弓腰鹿卢。密约得私见，哭罢交持扶。
神僧为设法，乞母凤凰雏。此子年命短，宜作释迦徒。
阿母恋不舍，鸡鸣戒前途。提携便去北，京国高门闾。
谓当袭遗荫，横玉纡青朱。长跪向母告，富贵非吾须。
愿终云水游，佛祖言不诬。宗祊自有主，其立亲贤且。
母意竟感悟，兴辞拜阶除。飘然一身归，奉父寻故庐。
曾传训诫切，幸未蒙簪裾。旨甘且尽养，手自亲中厨。
承欢二十年，奄忽终桑榆。回头念往事，魂梦惨模糊。

余坐听君语，良久为嗟吁。伊昔革命日，纲常委泥涂。
顽民及义士，草泽窃奋呼。忘身弃妻子，举动或近迂。
其心亦艰苦，固与鄙俗殊。君能成父志，涅染而不污，
终焉得聚合，身作返哺乌。建宁小朝廷，效死一城孤。
睢阳与平原，大节无以逾。悠悠千载后，青史恐荒芜。
君也老布衣，高卧今菰芦。世人爱风流，一技徒称誉。
如君父子事，遗轶皆堪书。我为作此诗，庶表忠孝模。

此诗叙次详明，语亦曲挚，不愧诗史，读之觉南田翁秀澹之姿秉，忠孝之家世，俱跃然纸上。证以《清代野记》所纪“寿平父之故人谛晖和尚为灵隐方丈”一语，自与沈诗之“神僧”相符。逊庵与孙旭本为素识，亦近情理。但诸书多不知逊庵同时亦在灵隐为僧耳。

四四　吕晚村《丘震生笔说》

《吕晚村[①]行略》，其子公忠述，末称：“先君博学多材，凡天文、谶纬、乐律、兵法、星卜、算术、灵兰、青乌、丹经、梵志之书，莫不洞晓。工书法，逼颜尚书、米海岳，晚更结密变化。少时能弯五石弧，射辄命中。馀至握槊、投壶、弹琴、拨阮、摹印、斫砚技艺之事，皆精绝，别有神会，然人卒不见其功苦习学也。”读此可见晚村天资之高，博习多能，与石斋不相上下。明季多奇人，于兹益信。晚村有《卖艺文》、《反卖艺文》，皆诙奇可喜。《丘震生笔说》，则谈制笔入微，此虽小文，亦可见晚村之诸艺信咸精绝也。笔说云：“山谷老人

① 吕留良，字用晦，号晚村，浙江石门人。明遗民，后为僧。

曰：'良工为笔，其择毫也，犹郭泰论士然。'毫为兔，次羊，次狸，又次辅之以檾。兔最贵，必杂以羊、狸，辅之以于[檾]，收中材也。然是物也，终日握而不败，卒无损乎择毫之道，则最贵多与？有工焉，聚檾而束缚之，参以羊、狸，渲毦为衣，固俨然毫也。于是乎蛣蛤、蒸獭、猩毛、鼠须、鸡翮之族，则皆得起而吓毫，毫又无如何也，然而其工则贱矣。苕上丘震生，盖精于择毫者，于南国知书善属文之士，无不历历能指其名。庚子季夏，过予，袖尺幅云，欲通于其所能指名者。余谓此方为世所吓，恐未能厚子，且勿去。然丘子既精择毫，又能慕知书善属文者，真无愧为工之有道矣。知天下之不为檾与羊狸者，于丘子又有神合也。书以果其行，且一一致语。"

下条注云：一、绕指柔（妙手脱丸，无形有剑。杀人如麻，何须百炼）；二、游戏自在（长年荡桨，群丁拨棹。有何老子，大悟于楚道）；三、敹珠（阇阇膊膊藜霍肠，磊磊落落生夜光，曾不若一囊坐北堂）；四、姥胎发（西抹东涂，奈何为婆，独不见黄口小儿鼓咙胡）；五、金仆姑（翻身向天仰射云，云中委羽何纷纷）；六、无心散卓（不立文字，指挥如意，天花堕地）；七、鹘落（秋风震翮，草枯眼疾。为君前驱，百不失一）；八、小梯媒（为神智骝，何如望火马，不见黑头公满天下）；九、横行（起赤城，流丹精，破宛陵）；十、醉鹤（飞飞摩苍天，实不持一钱）。按此只是晚村为卖笔丘震生介绍作文字耳，后列十种笔名，每笔系以赞语，其文恢诡如此。中所谓"蛣蛤、蒸獭、猩毛、鼠须、鸡翮之族皆得起而吓毫"，自有恶紫乱朱之寓意，遗老口吻，往往如是。晚村独为清所仇视，亦会逢其适耳。檾，去颖切，音顷。《说文》：枲属。《尔雅翼》："叶似苎而薄，实如大麻子，今人绩为布。"或作苘，《唐本草》作苘。苘麻，一名白麻。笔杂以麻，近唯水笔如此，取其善吸墨，多写字，但书竟不即涤，则麻易折，若软毫则用鸡翮矣。

四五　八指头陀致吴雁舟书

辛亥秋，始从道阶上人识八指头陀[①]，两宴于法源寺。又明日突闻怛化，瘿公督予为挽诗，时散原先生与樊山翁在沪，方以眺啸诸险韵相倡和，因亦次其韵以挽之。初，瘿公庚戌游天童归，为予绳寄禅上人诗，然予于头陀，非夙谂也。彼时数得与杨皙子过从，皙子又数言寄禅风味慧定。中心怆悼，亦不尽由瘿庵言。今二十馀年矣，春夜过叔章寓斋，观所藏湘贤手札，末附头陀一书，致吴雁舟者，云是绝笔，语殊超妙。头陀诗凡前后十八卷，文一卷，未著录此书，良可录存。书云：

> 宝觉居士同参：春申江上一别，草木又七度黄落矣，诵寒山子"山水不移人自老"，弥动苦空无常之感。矧当此刹土变迁，新故交替，满目疮痍，俯时哀世，悲从中来。吃衲曩有"青天欲坠云扶住，碧海将枯泪接流"，"独上高楼一回首，忍将泪眼看中原"等语，不图今日竟写此支那惨象也。良由众生杀业，酿成刀兵，帝释修罗，战斗频闻，吃衲二十年前"孤屿吐寒翠，万山争夕阳"句，又酷似今日竞争时代之小影耳。而"孤屿吐寒翠"，宁非我宝觉生乘愿再来救度末劫，现居士身而说法者？况现值波旬蔑戾，摧残法幢，人天掩泣之秋，忽我公自黔还湘，组织佛学会，演无我无人惟人惟识慈悲救世之旨，正如火焰中灌以甘露，使人顿获清凉，此净名为药伽薄所赞叹者

① 八指头陀，即寄禅，释敬安，俗姓黄。湖南湘潭人。

也。吃衲徒高僧腊，无补缁门，内伤法弱，外忧国危，每一念及，辄欲绝粒，促此报龄。又苦被大众谬推总持佛会，负责有在，死非其时。且恐僧徒无识，为外界激刺，资生既失，铤而走险，依附外人，更起国际宗教交涉，只得忍辱苟延残喘，妄冀能续一线垂危之慧命，用报佛恩。适南岳月宾和尚来甬，出示华简，达豁神襟，禅悦法喜，匪可言喻。遂与联袂北上，觉云海荡胸，鱼龙听梵，不辞燕台峨峨，冰雪载途，但愿佛日重辉，法轮再转，粉身碎骨，俱勿惜也。倚锡肃复，以答故人。湘上早寒，伏维珍卫。祇颂道安。八指老衲敬安和南。阴历八月晦日。

按吴嘉瑞，字雁舟，湘人，笃好佛教，时与叔章、雷道亨创佛教会。寄禅口吃，故自称吃衲，二字殊新颖。

四六　八指头陀

晳子所为诗古文词不多见，《八指头陀诗文集》最后为晳子所刊，有一序，今录之，不第传寄禅，亦兼传晳子之文翰也。序云：

予世居湘潭之姜畬，寄禅师为姜畬黄姓农家子，幼孤贫，为人牧牛，十馀岁时，投山寺出家为僧，然两指供佛，故名八指头陀。师长予将二十岁，予幼时即闻乡有奇僧，具夙慧能为诗，初不识字，以画代书，不知壶字，辄画壶形。其时姜畬铁匠张正旸，及余妹叔姬，皆不学诗而自能诗。邻居三里以内有此三异，乡人传以为奇。而王湘绮先生隐居云湖，相距才十馀里，予辈咸师事之。其地又有老农沈氏，能学陶诗，群呼为沈山人。又有陈梅羹处士，亦居姜畬，博学能诗，不事科举，刻有《陈姜畬集》。一乡之中，诗学大盛，高谈格调，卑视宋明，汉魏三唐，自成风气。

惟师自出家后，远游于外，其先茔在姜畬，偶归拜墓，因来相访，予始识之。闻其自言初学为诗甚苦，其后登岳阳楼，忽若有悟，遂得句云："洞庭波送一僧来。"后游天童山，作《白梅》诗，亦云灵机偶动，率尔而成。然师诗格律谨严，乃由苦吟所得，虽云慧业，亦以工力胜者也。师曾宿予山斋，予出屏纸，强其录诗，十字九误，偶点画不备，窘极大汗，书未及半，言愿作诗以求赦免，予因大笑许之。自后师不再归，予亦出游，湖海流离，十有馀载，中间未曾一见，惟予居日本时，师自浙江天童山寄诗一首而已。民国元年，忽遇之于京师，游谈半日，夜归宿于法源寺。次晨，寺中方丈道阶法师奔告予曰："师于昨夕涅槃矣。"予询病状，乃云无病。道阶者，亦湖南人，妙解经纶，善修佛事，师之弟子也。予偕诣寺视之，遣归葬于天童，并收其平生诗文遗稿以归，待乞湘绮先生为删芜杂，以之付刊。先生暮年耽逸，久未得请，予亦因政变，身为逋客，未暇及此。湘绮先生旋复辞世。更越二载，予得免名捕，复还京邑，始出斯稿，以付手民，然未敢为删定，仅整齐次第之而已。

师诗曾由义宁陈伯严、湘乡王佩初、同县叶焕彬先后为刊十卷，其未刊者八卷，师自定为续集，今为辑合而全刻之，附以杂文，都为十九卷。道阶及予妹婿王君文育、同学喻君味皆、友人方君叔章，为之校字。文育，湘绮先生第四子也。凡校刻经八阅月而始成，距师逝世逾七年矣。世变孔多，劫灰遍地，而此稿犹存。端忠愍辛亥南行，从予借取叔姬诗稿以去，云将钞稿见还，后乃携以入蜀。革命事起，端既被害，稿亦遗亡，副本虽存，然不备矣，予丙辰岁逋亡，出京之日，随身手箧所储，只此故人遗稿，故未散灭，以至于今。执彼例兹，宁非独幸？世间生灭无常，一切等于此物，师何必有此作？予何必无此刊？事与教法无关，而于因缘足述，故详叙之于此。民国八年十二月。湘潭杨度序。

哲子亦耽禅悦，故了然缘法，至今读之，犹如见謦欬之雍容，辩才之条秩也。按寄禅有《自述》一篇，附《诗集》后，似是光绪戊子、己丑间所作，传诵已久，今为印证杨序，并录之。述云：

余俗姓王〔黄〕氏，名读山，出家后，本师赐名敬安，字寄禅，近乃自号八指头陀。先世山谷老人裔孙，宋时由江西迁茶陵，明末由茶陵迁湘潭之石潭，业农。父讳宣杏，母胡氏，尝祷白衣大士，梦兰而生余，时咸丰辛亥十二月初三日也。数岁时，好闻仙佛事，常终日喃喃，若有所吟诵。七岁失母，诸姊皆已嫁，父或他适，则预以余及弟寄食邻家，日昃不返，即啼号踪迹之，里人为之恻然。年十一，始就塾师授《论语》，未终篇，父又殁，零丁孤苦，极厥惨伤。弟以幼依族父，余无所得食，乃为农家牧牛，犹带书读。一日与群儿避雨村中，闻读唐诗，至“少孤为客早”句，潸然泪下。塾师周云帆先生骇问其由，以父殁不能读书对，师甚怜之，曰：“子为我执炊爨洒扫，暇则教子读，可乎？”即下拜。师喜甚，每语人曰：“此子耐苦读，后必有所树立，余老不及见耳。”无何，师以病殁。然余遵师训，不欲废业，闻某豪家欲觅一童伴儿读，即欣然往就。至则使供驱役，自读辄遭呵叱，因悲叹以为屈身原为读书计，既违所愿，岂可为区区衣食，为人奴乎？即辞去，学艺，鞭挞尤甚，绝而复苏者数次。一日见篱间白桃花，忽为风雨摧败，不觉失声大哭，因慨然动出尘想，遂投湘阴法华寺出家，礼东林长老为师，时同治七年，余可成童也。

是冬诣南岳祝圣寺，从贤楷律师受具首，参恒志和尚于岐山，专司苦行诸职，暇则随大众坐禅。越五年，颇有省。时精一首座为维那，间以诗自娱。余讽之曰："出家人不究本分上事，乃有闲功夫学世谛上文字耶？"渠笑曰："汝髫龄精进，他日成佛，未可量。至文字般若三昧，恐今生未能证得。"后有舅氏至巴陵，登岳阳楼，友人分韵赋诗，余独澄神趺坐，下视湖光，一碧万顷，忽得"洞庭波送一僧来"句，归述于郭菊孙先生，谓有神功，且曰："子于诗殆有宿根。"遂力劝为学，授《唐诗三百篇〔首〕》，一目成诵。后精师见余所作，大奇之。然以读书少，用力尤苦，或一字未惬，如负重累，至忘寝食。有一诗至数年始成者。念生死事切，时以禅定为正业，一日静坐参父母未生前语，冥然入定，内忘身心，外遗世界，坐一日如弹指顷，猝闻溪声有悟。嗣后遍游吴越，凡海市秋潮，见未曾有，遇岩谷幽邃，辄啸咏其中，饥渴时饮泉和柏叶下之，喜以《楞严》、《圆觉》杂庄、骚歌之，人目为狂。尝冒雪登天台华顶峰，云海荡胸，振衣长啸，睡虎惊立，咆哮攫前，以慈心视之，虎威亦解。又曾于深山遇一巨蟒，御风行，头大如斗，舌电尺馀，因念佛，亦无怖。旋养疴皋亭山中，中夜闻剥啄声甚急，启关，月明如画，四顾无人，如是者数次。次夕伺叩门声急，开户，见一黑团乱跃，余与群犬穷追，抵山腰，厉声曰："我是个穷和尚，不扰汝，汝何恼我？我岂汝怖！"病寻愈。住四明最久，窥天童、雪窦，穷揽霞屿、月湖之胜，郡中吕文舟、徐酡仙、胡鲁封、易文斋，沈问梅诸君相与唱酬。余口吃，字拙，尝作诗寄李炳甫茂才，有

"花下一壶酒"句，书至壶字，忘其点画，遂画一酒壶于上。酡仙书法名一时，出纸强余为书，笔画误落，左右易位，如倒薤然。每宴会，酡仙悬之中堂，诸客观者，无不绝倒也。余平日于文字障深，禅定力浅，然好善嫉恶，触境而生。尝渡曹娥江，谒孝女庙，叩头流血，同行者曰："奈何以大比丘，而礼女鬼？"余曰："汝不闻波罗提木叉孝顺父母，诸佛圣人皆从孝始？吾观此女，与佛身等，礼拜亦何过焉？"

甲申，法夷犯台湾，官军屡为开花炮所挫，电报至宁波，余方卧病延庆寺，心火内焚，唇舌焦烂，三昼夜不眠，思御炮法不得，出见敌人，欲以徒手奋击死之，为友人所阻。因萌归志，太守宗公源翰赆之，是秋八月返棹长沙。余年三十有四，计行脚已阅十霜矣。越明年，省先茔，宿莽纵横，不可复识，望穷山恸哭。幸村老有存者，指示方能记忆。盖自儿时葬先君来此，倏忽二十馀年，罔极恩深，生不能奉甘旨，死不能导神识。不孝之愆，真百身莫赎也。(下略)

按述即古之自序，今所谓自传也。观头陀所云，零丁间阻，自是伤心畸人，然其实乃一热心肠人，如三昼夜不眠苦思御炮法，及前录致宝觉书，皆可见其热烈爱国。其大声疾呼忠孝，亦是在家僧之说法也。

四七　八指头陀说轮回转世

《寄禅集》有《陈师曾自日本归，遇于金陵，感而有作》一首云：

昔日陈童子，重逢鬓已苍。万千馀里别，十四度重阳。

有口真难说，无言转自伤。人间何限事，历历在沧桑。

头陀与散原翁交谊笃，故言之挚。头陀又有《赠吏部第五郎七截五章》，小序云：

吏部五郎，为长沙上林寺慧舲老宿后身。吏部尊人佑民中丞任鄂臬时，一日于衙斋见老宿忽至，转瞬已渺，正惊讶间，仆妇报少夫人产一男，合掌跏趺，端坐出胎。随函问湘中道俗，则是儿生辰，即老宿寂日。老宿行脚时，曾住峨嵋金顶，有《看佛灯长歌》一首，后为成都草堂寺知客。同治初，别工部祠堂还湘，句云："锦水春风公入蜀，草堂人日我还湘。"杨海琴兵备赠老宿，有"雪天归自大峨来"之语。老宿平日持不杀戒甚严，雪中宿玉池山，曾驱一狐陷冰池死，常语人曰："此狐与我有七世冤结，今又毙其命，当入轮回，与之解释。"老宿与予师东【林】老人为法门莫逆，常指余谓众僧曰："此子骨相不凡，后当大建法幢，惜吾老不及见耳。"庚戌秋余来白下，问吏部，则五郎年已十七，访余于毗卢寺，一见如故。其言简气肃，酷肖老宿，追忆前尘，竟成后会，佛说因缘，谛信不疑，因为五绝句赠之。

按所云五郎，当是陈彦和，名隆恪，亦能诗。至寄禅所云如何，则彼谛信不疑，予亦无能评剖矣。

四八　"精忠报国"实为"尽忠报国"

稗官率传岳鹏举涅背为"精忠报国"四字。按精忠，乃绍兴三年高宗手书"精忠岳飞"字，制旗以赐之。若报国，上乃作尽忠，嘉兴故有岳忠武王祠，《朱梓庐集》（林熙按：秋岳所云之《朱梓庐集》，作者朱休度，字介裴，号梓庐，秀水人，乾隆间进士，官山西广灵、广西灵山知县，有惠政。)《辛未郡西岳祠落成》诗注云：

忠武于孝宗阴有定策功，否则充桧伎俩，盖张邦昌、刘豫之续也。王孙邺侯珂，曾权嘉兴府军事，兼内劝农使，子孙因家焉。《岳氏家谱》王十八世孙元声兄弟有《遗像记》，述宋孝宗于受禅初，铸王像以赐王子霖奉祀。其像铜身金装，朝衣冠，手执圭，圭镌"奉旨"二字，胸镌"尽忠报国"四字，背中镌"绍兴三十三年壬午秋七月，枢密司判乐则生造"十九字，背左右镌"唾手燕云，誓欲复仇而报国；矢心天地，尚令稽首以称藩"二十二字，即王《和戎表》中语也。像侧镌"子霖敬祀，绵绵永传"八字。并赐铜券，券词有"朕不遗终始之大义，负卿尽死之完节"二语。又赐铜册文，有"子四、孙二，照序封官加禄，永享血食，庙貌常新，毋朽朕意"等语。宋元易代间，遭乱畏祸，奉王像券册，并邺侯所铸鼎爵诸器，藏诸暨山中。金陀者，本邺侯书名，后人因以名其居，故《至元志》有金陀坊之治。其实自琳避姓，晦迹于和。迨明万历癸未，元声始举进士，榜姓犹署乐，至其弟和声成进士，乃于乙巳岁疏请复姓，旋于丙午访得像器故物，遂建祠迎祀。明末祠毁，像器皆被盗，近有得一爵送西湖祠者。今祠乃和声六世孙恢复。

按此注首三句最可讨论，言秦桧之意视高宗不过张邦昌、刘豫一流，为暂时傀儡，微岳飞拥立孝宗为太子，则南宋未必能久延也。以桧之求和固相位，未必遂以康王为棋置，而飞与孝宗有关则甚明。《宋史》载，绍兴八年秋召飞赴行在，命诣资善堂见皇太子，飞退而喜曰："社稷得人矣，中兴基业，其在是乎！"可见孝宗与飞之深契。又传载，桧初命何铸鞫之，飞裂裳以背示铸，有"尽忠报国"四大字，深入肤理，此则所纪涅背之词甚明。当时涅青刺字之风盛行，亦非奇事。《三朝北盟会编》载，王彦之士卒，皆刺面作“赤心报国，誓杀金贼”是也。所言背镌二十二字，为《和戎表》语，按此是绍兴九年飞为湖北京西宣抚使时，以得三京河南地肆赦，飞属幕张节夫为谢表，不能谓为“和戎”。节夫，字子亨，河朔人。此表桧读之切齿，然非怒此二十二字，其上文盖有“图苟安而解倒垂，犹之可也；欲长虑而尊中国，岂其然乎”；“身居将阃，功无补于涓埃；口诵诏书，面有惭于师旅。尚作聪明而过虑，徒怀犹豫以致疑；谓无事而请和者谋，恐卑辞而益币者进”等语，皆针对言和之忿词，故桧切齿也。

四九　黄梨洲为丰坊作传

吾国书史陈陈相因，尤以琐闻逸事为甚，自《太平广记》以来，互相贩袭。如钱梅溪《履园丛话》载，吴梅村为东门皮匠书“阑坡楼”匾。以乾隆人述康熙事，且为同乡，宜可信矣。然此实明季丰南禺事，非梅村所为。即此极委琐笑谈，亦辗转讹述，可见古今学人辞必己出之难。丰南禺事，见《南雷文定》，殊可笑。传云：

> 余读《嘉靖实录》，十七年六月，致仕扬州府通判同知丰坊，奏请上兴献皇帝庙号，称宗以配上帝，心鄙其为人。盖坊之父熙，尝以议大礼廷杖，其忍于背父，他又何论？坊有书名，甬上故家多藏其底草相夸示，每黜而不视也。已见坊所著《五经世学》，其穷经诚有过人者。徐时进书其逸事，惜文不雅驯，暇时另为一通，以发噱噱。
>
> 坊更名道生，字南翁，别号南禺外史。五岁时，董侍御问

以所读书，曰：“《〈大学〉序》。”诵至“淳熙五年”，故漏“熙”字。侍御问之，曰：“此大人名也。”由是长老多奇之。当其读书注目而视，瞳子尝度眶外半寸，人有出其左右，不知也。自考功迁谪失职而归，书淫墨癖，无所不知，亦遂目空今古，滑稽玩世，洸洋自恣而已。有方仕者，从坊学其书法，假坊名以行世。坊知之，恨甚，曰：“须抉其眼，始不能作伪耳。”以是语舍中儿，皆曰：“诺。”久之，舍中儿捧一物至，曰：“此方仕之眼睛也，吾等夜俟之荒郊，抉之以来耳。”坊大喜，厚劳之。再日而方仕至，舍中儿告之，故令勿入，“入则吾等欺败矣”。仕曰：“无伤也。”坊见仕，大骇，曰：“闻君遇盗伤眼，今如故，何也？”仕曰：“曩者夜行，盗抉吾眼以去。方闷绝间，丛祠中有鬼哀吾，取新死人眼纳吾眶中。今虽如故，犹苦楚耳。”坊亦信之，置酒，贺其再生。坊欲下乡收债，仆不利其往。农家簸谷有大扇，仆执之以告曰：“乡人闻主至，各家制此以待，使其男妇摇之，主必中寒而死。”坊曰：“谲哉乡人！使吾死而验伤之无从也。需之，以六月往，其奈我何？”每年必召黄冠设醮，以驱蚤虱。客至，则问之曰：“自吾醮后，觉蚤虱减于昔否？”客曰：“尤甚。吾方怪之，岂知公家蚤虱驱而之吾舍乎？”坊乃大喜。当其醮时，黄冠赂侍者，阴捕蚤虱不使近坊，坊确然以为醮之左验。庞侍御求书，馈金三十，坊曰：“吾正需此。”即设醮三坛，一灭倭寇，二灭伪禅伪学，三灭蛇、虎、蚤、虱。闻者无不大笑，而坊匍匐祈请，出于至诚。姜宗伯求墓志，坊撰文并书，将授使者，食所馈粉羹而咽，大呼：“姜某毒我！”趣令毁文返币。其门僧德祐，潜易原文，而以别纸焚之，币亦未尝返也。坊以杜元凯故事，楷书《法华》、《华严》二经，锢之铁函，沉于大海，同行者亦潜易之，竟不知沉者为何物也。尝于谭观察坐间，征异事，坊曰："弘治五年，凤凰集在正阳门楼上，移时而去，脱一羽，长二丈。"观察不信，坊指其童曰："彼亦见之。"童子曰："然。"又尝纳凉僧舍，谓僧曰："我在通州穴巨瓜，置小机其下，侧身入坐，仰面承浆饮之，肤生粟乃出。"僧不信，亦以征之童子。童子年十三四，坊之倅通，相去且三十年矣。

东门皮工王姓者，事坊甚谨，岁时馈遗不绝。坊感其意，问其所欲于偿所往来者，或曰："似欲向公乞一号耳。"坊手书"阑坡"二字以号之，而坡字之土肥头，皮工得此珍甚。有见之者，曰："析之为东门王皮，公盖碁汝耳。"皮工闻之，甚喜，曰："吾于东门犹虮蚤耳，公乃以东门畀我，皮固吾业，道其实耳。"踵门以谢，言状。坊曰："此人安得有此言？可以师我矣。"延之上坐，皮工惶恐而出。闲过闻祠部，天雨，止之宿，坊曰："须吾榻乃可。"祠部即令人移榻，而榻制甚烦，用四小舟载之，安塌方竟，而忽称腹痛，必不可留，仍移榻而返，意怪祠部之求书也。性鄙人口道钱物，侍者故靳之，谓："梅雨须曝藏金。"坊曰："诺。"毕曝而数之。亡一笏，以责侍者。侍者再窃一笏，坊复数之，曰："是矣。"盖但论其奇偶也。时进之所传如此。

余则以坊之怪诞，此犹其小小者尔。其大者，在伪造六经，或托之石经，或托之别传，而訾毁先儒，放言无忌。谓朱子食贫无计，卖书糊口，掠取新说，其价易增。所言子见南子为卫灵公之继室，是侪于宋朝之伦；猎较为夺禽兽，是拟于御门之盗；其卦变图，真牧童之陋戏。又曰：晦翁果生于混沌初辟，真为伏羲受业之师，手授卦变图，亲见伏羲据之以画卦，而演为先天四图，历寿数万馀岁，至宋庆元庚申为始卒也。杨荣纂修《【周易】大全》，以其妻是朱氏，故尽用朱子之说。其于《书经》，则谓其祖庆正统六年官京师，朝鲜使臣妫文卿、日本使臣徐睿入贡，以《尚书》质之。文卿曰："吾先王箕子所传，起《神农政典》，至《洪范》而止。"睿曰："吾先王徐市所传，起《虞书帝典》至《秦誓》而亡。"笑中国官本错误甚多，其中国所无者，令严不敢传，而正其错误一二，故坊之世学一依外国本。文卿言其国《商书》有四十一篇，言其国《周书》有八十二篇，而《周书》第七十八为《孔子之命》，敬王命仲尼为鲁大司寇相鲁而作，其八十二方为《秦誓》，书依年而次。《秦誓》之作，在鲁僖公三十三年，孔子生于襄公二十二年，相去七十六年，焉得以孔子之命先之乎？其伪不待辨。庆果信之，亦取笑于外国矣。坊一官不得志，无所不寄其牢骚，人绐己还以绐人。至于经传，亦复为拊掌之资，其罪大矣。

按中国久以诵经习字为儒，于是古之迂儒塞天地，若丰坊者，不幸而入梨洲之笔，不足传而竟传，徒资抚掌而已。后来全谢山仿南雷例，为《萧山毛检讨别传》，盛诋西河。然西河虽放诞，而学力才思皆绝伦，鲒埼亭亦未足以夺毛甡二百四十馀卷之浩博也。近代人率言文学家多患精神病，若南禺者，殆病之尤深者欤？

五〇　传清代有唐天宝年间之鹿

动物之长寿者，吾国旧称龟、鹿、鹤，近日动物学专家不主是说，但云鲸鱼最长寿而已。昨读画报，载伦敦博物院大龟寿已千岁，硕大无朋，而能龁人，因书其背，以告游客。假令有之，则龟寿有征矣。鹤非常豢之禽，所谓崆峒玄鹤，亦悠谬难信。然以予前志天津北洋总督衙门之鹤，则自李合肥迄今至少在五十年外，动物学者，初未尝以此寿许鹤也。清康熙壬子，于清端成龙官黄州同知，驻歧亭，野人获麑鹿来献，其高如马，角大而斑，其顶间有银圜，重一十七两，镌“天宝二载华清宫”七字。角下坚彻如琼，盖所谓鹿玉，清端以作带环佩之。黄安彭伯常在署亲见，陈雨山[①]为作歌云：

轧荦山前烽火起，帚星下扫长安里。
赤心一夕化豺狼，唐家九庙皆荆杞。
夜雨愁埋剑阁云，春风恨满温泉水。
何来决骤华清鹿，万里中原行不速。
惯随花鸟上阳宫，亲见玉环频赐浴。
弨字深镌大府金，角痕碧沁玲珑玉。
未逐仙人上博台，却遭牧竖充庖肉。
君不见，梨园菊部霓裳舞，弘农唱罢来鼙鼓。
鹦鹉曾闻问上皇，舞马犹知悲故主。
秦家宫阙汉家陵，千年几度生禾黍。
休将遗事吊开元，漠漠寒烟翳平楚。

此事信而有征，鹿之长寿，于兹又可见。予颇疑吾国谓龟、鹤、鹿最寿，乃积若干年之比较与经验之谈，或其最优者，始能久视，而近代生物学乃就普通生理上为平均计算耳。读“赤心一夕化豺狼”句，辄叹人而无良，不如以寿与蹄而啮者也。

---

① 陈大章，字仲夔，号雨山，湖北黄冈人。康熙戊辰进士。入词馆后即乞假归里。交游极广。著《诗经名物集览》、《玉照堂诗钞》。

五一 长乐三高

长乐有三高，皆以文章气节鸣天下，高啸桐(凤岐)、子益(而谦)、梦旦(凤谦)三兄弟，所谓“三高如麟凤”也。啸桐先生试御史第一，竟不用，以与岑云阶善，为奕劻深惎。子益先生任外交最久，梦旦先生去冬殁。梦旦尝自言其家无过六十者，晚病胃甚羸，然竟立志日行若干里以疗胃，得愈，遂登六十，几七十矣。子益尝解《论语》“食不语，寝不言”，谓语乃低声说话，当食人聚，低声恐人见疑；言乃高声说话，当寝高声，妨人睡寐。王子仁《晓斋遗稿》述此说，以为至当。

五二 杜翰致胡林翼密札

叔章前获胡文忠往来函札绝夥，中有一札，不具名，但云“泐于剑影双虹之室”，图章亦同。玩其语气，皆统论全局，而于益阳称为尊兄，初疑其即为肃顺，近详加考证，疑为杜翰。今先录原函，再疏以鄙见。函云：

> 贶生中丞尊兄大人赐览：前月奉手示，以初九日甫泐寸函，而来使又甚偬促，未得作复，殊歉于怀。兹复奉正月廿一日惠缄，展诵其三，觉谋国之忱，溢于楮墨，能如我公者，不必二十三人，但得过半，不患芝兰之室不与俱馨也。所陈举劾各章，一一皆得俞旨，缘来人十三日必行，不及钞奉，若能谕令于接折之次日起行，当可录其全文奉阅也。

漕事折到，此间未必有阻挠者，不过事属更新，虑人骇异。农曹近日以琐屑为能，或者有人挑斥句语，持前此丹笔示之，亦必不至异议。蓼城之贼，其势方张，光〔克〕帅已有不支之势。鹤人求解兵柄而不能，其言以为派出之人请悉归豫军，自愿统三千人力清一路，而此间仍以统帅待之。弟于其离楚之后，随地募勇，即知其未尝甘苦，今日之兵之饷，岂尚有多多益善之理？即与商贤言之，而商贤善善从长，大约不揭人短，皆为盛德。而天上之于鹤人，竟几几以江罗视之，直至今日。鹤人之意，亦在力救蓼城，即受人节制亦所深愿，而犹以六安责之，文不对题，不特昧于事机，亦孤负鹤人自知之明矣。克帅虚憍，是其积习(**最好受降，其病不小，亦骄之一字中之也**)，蓼城之役，则实身任其难，闻卢游击所统多系降人，肆虐于商、光之间，而克帅但以微词劾之。英帅处处取巧，先驻汝南，复移沈邱，盖知汝南无贼，日久必有饬催之信，沈则可以阜阳教匪自固也。我公东下之说，已化烟云，尽力为之，必有大造于楚。

籥帅之在湘南，颇不得于圣人，久之又久，精神自出。其实籥帅有何出人头地处，不过虚心实力四字而已。以我公之才，何止十倍曹丕哉？江南水部，闽省琅琊，以鄙意观之，皆有气而无性者也。来示所谓与役处者，水部为尤甚，然纶扉一席，竟有翕然之思，(**在圣心转不甚属，于此更见世论之浅见。**)然则天下人尚谁可与言乎？浔城之下，当在目前，他日水陆东征，江皖并重，然自此而抚建，则楚兵能尽其长，北岸进兵，不过得皖城而止，求其深入腹地，势不相宜。淝帅不去，皖无睡醒之日；香帅不易，豫无睡著之日。此两人者得天独厚，为之奈何？粤事如籥帅所言，颇协天意，此间无不钦佩，而鄙意独难之。围魏救赵之计,百发百中,而彼更于我求魏,则措置尤难。当篛帅折到之时,无不同声赞叹,但惜寿帅之非其人。鄙人独谓此计不能出其意料,不数日而沪上之信果来矣。沪税为水部所必护,而海运未行,断无用武之理,渠欲于二月十七前来,而沙船不过十九不能出洋,即此一节,已成两困。鄙意相持五七日,而吹散风声,遂谓篛翁之计已行,则来者恃其迅利,或可反顾,反顾而无其事,则海米已行,彼亦未能遽变,且一发不中,则篛翁之计彼益见攻其不备。虚实之际,争在先后,此我公所嗤为奇计者,知不值一哂也。

诸梁被劫以去,安处船中,粤中十二月初十日来报,犹言绅士赴船,皆不得见,时于舱内窥见其容,有意奚落,(此后遂无只字,大约接到寄龙罗之信,知中峰要求之语,不能见允,故禁不许言,而自为来沪之说耳)大约皆鬼所欲言,而大树中峰不敢不下笔者。沪上照会,并有已将诸梁发往远处,诸梁深知理短在彼,哭泣之语,其语气竟与来报相同。此间已改铸将军巡抚印信,而不遽易人,大意欲俟寿帅抵粤。其实寿帅之不能了此,不特中朝士大夫知之,即天语亦谓此人大是福相,当无意外,望之甚殷,而许可者止于如此,其意可知。况其中复有鹅鬼其书,与三鬼同来,此间复函致北口,令其循例行文,所论情理透彻已极,不知此时尚是折冲尊俎时否?高贤公正持重,应变大非所长,馀子碌碌,率皆伯始,益无可言。过承麾下另笺之示,惟有心感心愧,勉冀无负勖诲而已。

江南之事,毫无端倪,和帅方以领饷不足劾粮台,而粮台大员(恐方伯持之过严,有杀身之祸也,奇哉。)遂有内召之旨。此等骄兵,可与成事哉?当日周文忠、向忠武皆好用潮勇,此即潮勇之馀毒，其忽贼忽兵，更无足怪矣。手此草复，拉杂不文，尚祈原鉴。即请勋安不一。弟名心叩。二月十二日泐于剑影双虹室。来示有劳光泰之语，岂其人竟在粤帅幕中乎？能详述示知否？又拜。

按此书当是咸丰八年戊午春间所作，以叶名琛革职一事，在七年十二月也。书中首云“所陈举劾各章，一一皆得俞旨”，则此人地位，至少必是军机大臣。论澧事，谓“持前此丹笔示之，亦必不至有异议”。“丹笔”者，皇上之朱谕，或朱批也，司此者非军机而何？“克帅”者，胜保。“鹤人”者，李孟群。“商贤”者，周祖培，时周方为户部尚书，故与之谈饷事也。“英帅”未详，以下文和春例之，或是英翰。“籥帅”、“籥翁”，皆骆秉章。“江南水部”者，何桂清。“闽省琅琊”者，王懿德。“溷帅”，当是翁同书。“香帅”，则英桂字香岩也。“寿帅”，黄宗汉，字寿臣。“诸梁”，指叶名琛。沉诸梁为叶公也。“大树”、“中峰”，疑指冯桂芬。“和帅”，自指和春。其中“鬼”字，为洋鬼子之省词，故“鹅鬼”，当指俄人。统观全书，颇有指挥若定之概。其论胜保虚憍，骆文忠虚心实力，何桂清、王懿德有气无性，以及翁、英、黄、叶之批评，皆极中窾要。筹画兵略，亦有见地，正是当时中朝为曾、胡奥援之一大人物。而从函中“赐览”二字测之，必非肃顺，而必为肃顺幕中之主谋者。考肃党著名者，无过穆荫、匡源、杜翰、焦祐瀛数人，中尤以杜翰最有才，此书必出其手。

翰字继园，文正公受田次子，咸丰初以工部侍郎在军机大臣上行走，史称其勇于任事，甚被倚任。胡文忠出其兄翻门下，至相得，故与翰结纳，而翰以尊兄称之。读此可知咸、同中用楚贤之线索，又可见尔时运筹者别有人在。文宗色荒，肃顺粗才，不足语乎细针密缕之补苴也。向例，军机大臣与人书，皆用斋名。“剑影双虹”，度是杜斋所榜。杜以咸丰三年入军机，八年九月以降服忧罢直，此书二月所发，则犹在枢垣。杜旋于翌年再入直。综其前后在军机近十年，后坐肃党，部议革职，戍新疆，然终免戍，褫官而已，此并可见其才略非常人所及。

五三　川陕易乱后治

旧称“天下未乱蜀先乱，天下已治蜀后治”，此只史家比较有得之言。其实陕与川，皆为易乱后治之区。予颇疑秦中远受五胡之乱，近蒙回纥之侵，故其文化富庶，皆未易与江表同量齐观。读姜西溟《南齐旌表华孝子小像》诗序，谓“刘裕以义熙十三年秋八月至潼关，命王镇恶大破姚丕军，遂入长安。其年十二月，裕将东还，三秦父老留之不得，以弱子义真都督雍凉秦州军事，留镇之。孝子父豪，戍长安，当以此时。时孝子年八岁，临别谓曰：‘须我还，当为汝上头。’既长安陷，孝子七十不婚冠，有问者，辄号痛弥日。自古篡窃，若王莽、操、懿父子，俱未尝亲弑其故主也，至零陵贼杀，自后禅受之际习以为常，裕之子孙亦尝身罹其毒，而君臣之道苦矣。独孝子终身思父不婚冠，此其所关于人伦甚大。南齐时，同郡有薛天生、刘怀胤兄弟，皆以孝行旌，然予独以孝子之所遇有足感者，故疏其事于像左，且系之以诗”。杨圣遗考云“义熙十四年，沈田子以掩杀王镇恶伏诛，长史王修被谗死，群情解体，夏王勃勃遂进据咸阳，走义真，积人头为京观，号髑髅台。谓从此中原分裂，生灵涂炭于战争。又百馀年，然后合而为一，盖忠孝失而人类几乎灭矣，此西溟之所以致慨”云云，说颇中肯。按西溟《咏史小乐府》云：“曹为舜禹，禅晋天下。天之报曹，假手于马。操分五部，晋为祸招。天之报晋，假手于曹〔刘〕。百年祸机，伏于始。呜乎，晋魏已如此。”此自为昔日封建相居之看法，然魏晋六朝间最乱，川陕间最受荼毒，亦是一事实。又凡值人类天性将泯，残忍日臻时，必有大战踵之，此理殆亦不爽也。

五四 《太后下嫁考》之异同

前录印昆《两石船》诗注，谓“清睿亲王山庄后湖及颐和园均有石船，为王妃及孝钦后游地，妃本太宗后，后本文宗妃”云云。印昆此注，末即言太后下嫁事，直以太后下嫁睿王后，遂为王妃，同居邸中，同游石船，未免近于齐东之野语。太后下嫁之有无，另是一案，即使有之，当为孝庄后事，而事实上乃多尔衮由皇叔父晋而为皇父，姘合必于宫闱，以叔蒸嫂，俗谓之姘，而必不肯降后为妃，别居于外邸也。印昆此注，虽是涉趣，要为呆诠。至太后下嫁一案，近人聚讼纷纭，孟莼孙[①]考以为无，而吴霭林、陈仲骞[②]疑以为有。三君皆吾友也。莼孙久不相见，今年登古稀，闻曾来秣陵，信宿即行，观其考证戴东原盗书一案，老学弥勤，自可叹佩，其辨证太后下嫁，亦极有条理。吴、陈两君所考虽有异同，亦未尝不折服其求证之周密。今试录莼孙原著，而以霭林按语附之，以供学人之研讨。莼孙《太后下嫁考实》原文云：

---

① 孟森，字心史，号莼孙，江苏武进人。早年留学日本。民二国会议员。后任北京大学教授，清史大家。

② 陈任中，字仲骞，江西赣县人，光绪壬寅科举人。入民国，曾任北京政府教育部参事，暂兼代教育部次长。

清世虽不敢言朝廷所讳言之事，然谓清世祖之太后下嫁摄政王，则无南北，无老幼，无男妇，凡爱述故老传说者，无不能言之。求其明文则无有也。清末禁书渐流行，有张煌言《苍水诗集》出版，中有句云："春官昨进新仪注，大礼恭逢太后婚。"此则言之凿凿矣。然远道之传闻，邻敌之口语，未敢据此孤证为论定也。改革以后，教育部首先发旧礼部所积历科殿试策，于抬写皇上处，加抬写摄政王，而摄政王之上，或冠以"皇叔父"字，或冠以"皇父"字，亦不一律，一时轰然，以为"皇父"之称，必是妻世祖之母，而后尊之为父也。然当时既不一律称皇父，则视之与皇叔父等。初入关，摄政王只称"叔父摄政王"。后以赵开心言，叔父乃家属所称，若臣民共称，当作"皇叔父"，诏从之。嗣称"皇父"，先发见者为殿试策，后大库红本皆出人间，顺治四年以后，内外奏疏中亦多称"皇父"。父之为称，古有"尚父"、"仲父"，皆君之所以尊臣，仍不能指为太后下嫁之确据。（**慈〈即吴宗慈霭林——整理者〉按：尚父、仲父之称，与皇父意义绝对不同，此说牵强。**）

若以皇父之称为下嫁之一证，则既令天下易尊称，必非有所顾忌不欲人知之事。诚应如苍水诗，春官进大礼仪注，甚且有覃恩肆赦，以志庆幸。使皇帝由无父而有父，岂不更较大婚及诞生皇子等庆典为郑重乎？故必觅得当时公平之纪载，不参谤毁之成见者，乃可为据。苍水自必有成见；且诗之为物，尤可以兴到挥洒，不负传信之责，与吾辈今日之考订清史不同。今日若不得确据，虽别有私家记述，言与苍水合，犹当辨其有无谤书性质，而后定其去取。况并无一字可据，仅凭口耳相传，直至改革以后，随排满之思潮以俱出者，岂可阑入补史之文耶？（慈按：《实录》且有数次之改撰，然则当时任何纪载，必受直接间接之消毁，孰得留存贻不测之祸，故欲觅公平纪载，在今日数百年后，实不易得也。）

蒋氏《东华录》所据之旧《实录》，所载摄政王事实，为王《录》所无者极多。“皇父”之来历，蒋《录》有之。清主中原，用郊祀大礼，以效汉法，乃始于顺治五年。此两《实录》所同也。是年冬至郊天，奉太祖配，追崇四庙加尊号，覃恩大赦，即加“皇叔父摄政王”为“皇父摄政王”。凡进呈本章旨意，俱书“皇父摄政王”，盖为覃恩事项之首，由报功而来，非由渎伦而来，实符古人尚父、仲父之意。（慈按：报功之典，而谓他人父，似不能自圆其说。）张苍水身在敌国，想因此传闻，兼挟仇意，乃作太后大婚之诗。所起人疑者，尤在清世屡改《实录》。王氏《东华录》于顺治五年冬至郊天恩诏则云：“叔父摄政王治安天下，有大勋劳，宜增加殊礼，以崇功德。及妃世子应得封号，部院诸大臣集议具奏。”以下不载议奏结果。盖王《录》详其改称之前，蒋《录》但举其改称之事，其实一事，而王《录》则讳言“皇父”属实，想系后改《实录》如此。王《录》所讳，不但“皇父”之称，凡摄政王所享隆礼，皆为所削。如初薨之日，尊为“懋德修道广业定功安民立政诚敬义皇帝”，庙号“成宗”；八年正月，以追尊摄政睿亲王为“成宗义皇帝”，妃为“义皇后”，祔太庙。礼成，覃恩赦天下，并载诏文。凡此皆为王《录》所无。则知后改《实录》，乃本其追夺以后之所存者存之，亦非专为皇父字而讳也。又蒋《录》于议摄政王罪状之文，有王《录》所无之语云：“自称‘皇父摄政王’，（慈按：据“自称皇父摄政王”之纪载，然则报功之说全无根据矣。）又亲到皇宫内院。”又云：“凡批票本章，概用‘皇父摄政王’之旨，不用皇上之旨；又悖理入生母于太庙。”其末又云：“罢追封，撤庙享，停其恩赦。”此为后《实录》削除隆礼不见字样之一贯方法。但“亲到皇宫内院”一句最可疑。然虽可疑，只可疑其曾渎乱宫廷，决非如世传之太后大婚，且有大婚典礼之文布告天下等说也。夫渎乱之事，何必即为太后事？虽有可疑，亦未便泰甚其恶。（**慈按：渎乱之事，诚然不必即为太后事，然又何法证明必不为太后事耶？**）

全国口传，惟曰太后下嫁，而文人学士则又多所牵涉，谓太后大婚典礼，当时由礼部撰定，礼部尚书为钱谦益，上表领衔，故高宗见而恨之，深斥谦益。至沈德潜选谦益诗冠《别裁集》之首，亦遭毁禁，而德潜以此得罪于身后。此说也，仍由苍水诗中春官进仪注而来，联想至钱谦益以实之。今考钱谦益之为礼部尚书，乃明弘光朝事。清初部院长官不用汉人，至顺治五年七月，乃设部院长官汉缺，其领衔尚不得由汉尚书。《世祖纪》：五年秋七月丁丑，初设六部汉尚书、都察院左都御史，以陈名夏、谢启光、李若琳、刘馀祐、党崇雅，金之俊为六部尚书，徐启元为左都御史。而谦益之入清受官，据《贰臣传》：“顺治二年五月，豫亲王多铎定江南，谦益迎降，寻至京候用；三年正月，命以礼部侍郎管秘书院事，充修《明史》副总裁；六月，以疾乞假，得旨，驰驿回籍，令巡抚按视其疾痊具奏。”谦益之入朝仅此。（**慈按：此种考据，乃为确实史料，钱谦益上表领衔，自为讆说。**）《东华录》：“顺治三年正月甲戌，以故明礼部尚书钱谦益仍以原官管秘书院学士事，礼部尚书王铎仍以原官管宏文院学士事。”此文与《贰臣传》不合。今北京大学有《世祖实录》底本，则曰顺治三年二月初五日壬午，礼部尚书王铎、礼部右侍郎钱谦益随豫王赴京，除授今职，各上表谢恩，则又与《贰臣传》合。不知《东华录》所据之《实录》本何以两歧。然即使《东华录》为可信，其以某官管某职，原无此官而但有其职，荣以虚衔而已。在三年固未有汉礼部尚书，至五年有是官时，谦益去国久矣。因《东华录》与旧《实录》及《贰臣传》载钱谦益入清之官不符，再考之贰臣《王铎传》："明崇祯十七年三月，擢礼部尚书，未赴，流贼李自成陷京师，明福王朱由崧立于江宁，铎与詹事姜曰广并授东阁大学士，道远未至。大学士马士英入辅政，出史可法督师扬州，嗾其党朱统𫓩劾曰广去之。铎至，遂为次辅。（中略）本朝顺治二年五月，豫亲王多铎克扬州，将渡江，明福王走芜湖，留铎守江宁，同礼部尚书钱谦益等文武数百员出城迎豫亲王，奉表降，寻至京候用。三年正月，命以礼部尚书管宏文院学士，充《明史》副总裁。六月，赐朝服。四年，充殿试读卷官。六年正月，授礼部左侍郎，充《太宗文皇帝实录》副总裁。十月，遇恩诏，加太子太保。八年，晋少保。（中略）九年三月，授铎礼部尚书，而铎先以二月间祭告西岳江渎事竣，乞假归里，卒于家。事闻，赠太保，赐祭葬如例，谥'文安'。"夫铎之入清，其原官为东阁大学士，非礼部尚书矣。如曰原官与谦益同为礼部尚书，此与事实不合。铎以次辅入清，而用礼部尚书管学士，已降其官；谦益以礼部尚书入清，自应亦降一官而得侍郎为衔名。此可证《东华录》之未合者也。谦益未久留而去，后无历官可验；铎则名为礼部尚书，阅三年乃实授侍郎；再阅三年馀，共历六年馀，而始真授礼部尚书。则初到时之受官，可见绝非实官。况尚书汉缺未设，谦益能以礼部领衔奏事，其为虚设，不待辨矣。谦益诗文多触忌讳,乾隆时方大兴文字之狱,禁毁何足为怪？顺治初年之礼部尚书为郎球,太宗时谓之礼部承政,入关后改名,由元年直任至十年五月乃免,具在部院大臣年表,与谦益无涉。

世祖时之尊为皇太后者有二后:太宗元后孝端,太宗庄妃以生世祖而尊为后曰孝庄。孝端崩于顺治六年,年五十一。摄政王薨于顺治七年,年三十九。孝庄后崩于康熙二十六年,年七十五。计其年,孝端长于摄政王十三岁。顺治五年间,摄政王称"皇父"时孝端已五十岁矣。孝庄则少于摄政王者两岁。以可以下嫁论,当属孝庄。孝庄崩后,不合葬昭陵,别营陵于关内,不得葬奉天,是为昭西陵。世以此指为因下嫁之故,不自安于太宗陵地,乃别葬也。《孝庄后传》:"后自于大渐之日,命圣祖以太宗奉安久,不可为我轻动。况心恋汝父子,当于孝陵近地安厝。"此说姑且作为官文书藻饰之辞,不足恃以折服横议。但太宗昭陵,已有孝端合葬;第二后之不合葬者,累代有之。世祖元后废,不必言;继后亦不合葬;先合葬者乃董鄂氏端敬后,后合葬者乃圣祖生母由妃尊为后之孝康后。继后孝惠后别葬,谓之孝东陵。世宗亦惟一后合葬。高宗生母尊为孝圣后者,崩于乾隆四十二年,高宗亦不为合葬,别起泰东陵。仁宗第二后孝和后,又别起昌西陵,不合葬。宣宗则第四后孝静后,别起慕东陵。文宗则第一后未即位以前崩之孝德后合葬。第二后孝贞后,即同治初垂帘之慈安太后,则别起定东陵;穆宗生母由贵妃尊为后之孝钦后,又并葬定东陵,皆不合葬。凡此皆以意择定,何独强孝庄不能以遗言自指葬所？此昭西陵虽清代无他例可援,亦不能定为下嫁之证,况列帝之后皆有此例乎？(**慈按:不合葬之辨甚有理由,但梓宫停**

宫中时日之短促，尊谥迄康熙之世而不用，停厝暂安奉殿三十八年之久，陵工不逾一年即成，种种草率抹煞之情形，其中断非无故。）

由是则太后下嫁之证无有。而旧时所以附会其下嫁者，皆可得其不实之反证。以此欲作一考以辨其讹，然卒未有不下嫁之坚证。迟之又久，乃始得读《朝鲜李朝实录》。私念清初果以太后下嫁之故，尊摄政王为“皇父”，必有颁诏告谕之文；在国内或为后世列帝所隐灭；朝鲜乃属国，朝贡庆贺之使岁必数来，颁诏之使，中朝并无一次不与国内降敕时同遣。不得于中国官书者，必得于彼之《实录》中。著意翻检，设使无此诏，当可信为无此事。既遍检顺治初年《李朝实录》，固无清太后下嫁之诏，而更有确证其无此事者，急录之以为定断，世间浮言可息矣。（**慈按：以《朝鲜实录》无大婚之诏，证明确无下嫁之事，甚有价值，但仍不能无疑问耳。**）《朝鲜仁祖李棕实录》：二十七年己丑，即清世祖顺治六年，二月壬寅，上曰：“清国咨文中，有皇父摄政王之语，此何举措？”金自点曰：“臣问于来使，则答曰：今则去叔字，朝贺之事，与皇帝一体云。”郑太和曰：“敕中虽无此语，似是已为太上矣。”上曰：“然则二帝矣。”以此知朝鲜并无太后下嫁之说。使臣向朝鲜说明“皇父”字义，亦无太后下嫁之言。是当时无是事也。当时无之，而二百数十年尚传其说，此有数故。清初人民皆不餍夷族入主，先有视为无礼教之成见，会摄政王逼肃亲王豪格死于狱，而取其福晋。此为当时议摄政王罪状，所明载奏疏及谕旨者，自是事实。肃王为太宗长子，世祖亲兄，此而可以无礼，则去无礼于太后者几希。天下哗传，明遗老由此而入诗，国人转辗而据以腾谤。

后人好奇，平正之论或久而不谈，新奇神秘不敢公然称道者，反传述之不已，无从辨正。有加辨者，亦以为媚兹一人，不足息好奇之念。今以异代订定史事虚实，则不能不有考实之文耳。

莼孙文止于此。霭林于文后跋云：

余之主张，太后明文下嫁摄政王，无其事也。从其故俗，与摄政王同居共处，乃必有之事。北方民族，如匈奴、鲜卑、东胡，在历史上，关于父死妻其庶母，兄死则妻其嫂，记载甚多，习俗相传，并不为异。在素重婚姻礼法者视之，乃大惊以为怪事耳，此一说也。再以建州女真家法论，清景祖觉昌安因联络王杲（右卫），既以第四子塔克世娶王杲之女，又以长子礼敦之女妻王杲子阿古；又太祖努尔哈赤之于乌喇布占泰，既命弟舒尔哈齐娶布占泰之女弟，又以舒尔哈齐之女妻布占泰，其后布占泰又以其兄满泰之女归太祖。婚姻之事，全不可以汉族礼法相绳，此又一说也。世祖既入主中原，浸染汉族礼教，深以此等故俗为耻，自属意中之事。逮康熙、雍正两朝，汉化愈深，愈觉其事之可耻，故于孝庄饰终之典礼，在在寄其愤恨之情。不然，《东华录》载圣祖固于太皇太后深致其孝敬者，何以于生前致其孝敬，乃于死后不能尽礼？盖生前为家人亲属之爱，不能有所忽，至死后则羞耻之念蕴蓄既深，然仍不能有所发泄，故不愿备饰终之礼，任其停厝殡宫至三十馀年之久，至世宗乃以草率完成其事耳。

以上为霭林之言，亦甚合理。而仲骞所考证者如下。

其一云：

据《清通考》卷一四八《王礼考》，孝庄之崩，为康熙二十六年十二月己巳，而次年元旦为乙亥，则己巳当为二十五日，乃钦天监初择发引日期为二十九，仅停丧五日，即复改期正月十一乙酉，亦仅十七日，可想见当时匆遽简略情形。

其二云：

又按孝端崩于顺治六年四月，越十月，至七年二月尊谥"孝端文皇后"，次日奉移昭陵。慈和皇太后崩于康熙二年二月，同年五月尊谥"孝康章皇后"，次日奉移孝陵。仁宪皇太后崩于康熙五十六年十二月丙戌，越三十六日，至次年正月辛酉，尊谥"孝惠章皇后"，越十二日壬申奉移山陵。凡顺治、康熙两朝，太后崩谥奉移，相距最多者十一月，最少者月馀。惟孝庄崩于康熙二十六年十二月，至次年十月，据卷一零八，虽有"尊谥'孝庄仁宣诚宪恭懿翊天启圣文皇后'恭献册宝"之谕，同时又有"太皇太后升遐未久遽改尊谥，深为不忍，应俟梓宫奉安昌瑞山陵，始称尊谥"一谕。终康熙之世，迄未奉安，则谥号同于未用可知。

其三云：

又按【卷】一四八《王礼考》，孝庄初崩，梓宫停于宫中十六日，二十七年正月乙酉，即移朝阳门外殡宫八十五日。据《东华录》四月七日奉移昌瑞山暂安奉殿，凡三十八年。据【卷】一五零《王礼考》，直至世宗雍正三年二月，始就暂安奉殿兴工，定名昭西陵，陵工不逾一年，即于同年十二月奉安地宫，世宗亦未亲临送葬。

其四云：

又考顺治六年殿试策，称"皇父摄政王"，是科一甲第一名为刘子壮，是年《东华录》四月甲辰，赐刘子壮等三百九十五人进士及第出身。而孝端之崩，即在于次日乙巳，亦颇资考证。

以上为仲骞所辨证。第四节之意，若谓多尔衮甫称皇父，而孝端即以次日殂，致疑于孝庄或睿王之不乐使孝端见大婚者，此则疑案之中，又生疑案矣。予按三君之说，虽有短长，而太后下嫁，如苍水所咏者，则必无明文。比日见《复兴月刊》近人笔记，揭清太后下嫁恩诏一通，细玩其语气词藻，知亦出好事伪托。又传此恩诏已清出，方陈列于历史博物馆，予以询于裘籽原，则知绝无此物。惟曾清出顺治八年二月二十二日追论摄政王罪状诏中，有"叔王背誓，自称为皇父摄政王"，及"又亲到皇宫内院"云云，此即蒋《录》所本，孟文所援者也。此点予颇疑以为多尔衮与孝庄暧昧之一证。盖即如追论罪状诏所云，皇父摄政王为多尔衮所自称，而尊号涣汗，何所不可加，而居为人父不疑。世祖明明有父，而盈廷翕然又睹皇父之称，亦不之疑，宫中亦不闻异说，此中必有为父之实，而后名归之。莼孙尚父、仲父之说，不足以文饰之也。"亲到皇宫内院"六字，是何罪名？此亦是欲盖弥彰。昔人震于君臣之义，以为君者必皆圣神文武，抑岂知宫闱渎乱，正有逾于清门庶姓之所恒闻者，兄终弟及之事，何所据而必以为不可能乎？中冓之丑，本不易传，宫壶深秘，有流言而无确证者多矣，苍水以同时人述同时事，仪注云云，纵是推测，而所闻或有甚于诗者，亦意中事耳，故予终以霭林之跋为近理也。

五五　承平烹饪

予性嗜鱼，前二年春尽日赋[浣溪沙]有云："鲥羹京口阻南烹。"言鲜鲥夏初焦山有之，而不得尝也。今年与前溪饮于焦山华严阁，得尝新鲥，果绝腴，而迄不能成诗。因忆旧传乾隆间，邵闇谷之夫人善烹鲟鳇鱼头，张商言与赵云松半夜买鱼，排闼叫噪，閤谷夫妇已寝，夫人不得已起治庖，鱼熟命酒，东方已明。又法梧门《病中杂忆》云：“吴肺（谷人善制猪肺）赵鱼（味辛善制黄鱼）更汪鸭（杏江善制冬鸭），一冬排日设宾筵。丹徒翅子论山法（鲍雅堂制鱼翅法最精），胜与诗龛糁玉延。（雅堂言，京城白菜和玉延切碎，杂鱼翅煮之，美不可言。）”“莫氏捶鸭比燕窝（青友），松花团子擅谁何（秦小岘、何缓斋家皆擅此）。元杯宋碗周秦鼎，蔬笋香中古趣多（缓斋器具多古制，且无重复）。”此皆可见承平燕衎之乐。谷人猪肺，未知如何。三十年来，治猪肺以弢庵先生庖为最，用水细涤极白，谓为银肺，及自来水管出，而此制顿成平常矣。何缓斋以周秦鼎彝供菜，此恐为器皿仿古式。古铜器绿锈斑然，何能著油汤邪？

五六　户部两案及肃顺翁心存之嫌隙

国人论事，往往先入以论人之成见，所谓忠奸贤佞之主观既定，于是一切是非曲直皆不必问。端、肃辅政无亏，以争垂帘被诛，死本非罪，徒以那拉氏柄国四十馀年，世论遂积非成是，目为叛逆，不但争垂帘一案也。

肃雨亭掌户部时，严办宝钞处司员吏胥，备得其舞弊状，次第严惩，不能不谓为情真罪当，即谀附西后之《清史稿》，亦言肃究得朦混状。乃以穷治过甚，于是清流反目为兴诏狱，相率舍本案不问，专攻肃之跋扈。法意既渝，清议颠倒，数十年不以为非，驯使妖后肆贪于上，蠹胥舞文于下，卒斩其国祀。追案史迹，不得谓非异闻也。

清时六部久为书办窟穴，上下其手。肃顺以咸丰九年为户部尚书，察宝钞处所列宇字五号欠款，与官钱总局存档不符，奏请究治。狱久未具，连系者众，于是书办大恐，乃放火灭迹，十一月廿九日冬至，户部灾，自午至亥始熄。火发于堂后之稿库，延烧大堂、二堂、二门、八旗俸饷处、南北档房、司务厅、秋审处、官票所、陕西、湖广、浙江、山东四司，凡三百馀楹，案档悉毁，于此可见尔时胥吏之骫法恣睢，与畏罪之毒手。事后，群胥播言，谓为天灾。山阳丁颐伯有《纪灾》诗，又有《跋扈将军行》云：

> 水衡操权利，年来困军储。金钱日不足，钞币供急需。
> 小吏恣干没，守藏多染污。勾稽亦有法，清浊终不渝。
> 云何兴诏狱，玉石同焚如。缇骑四方出，逮系相连株。
> 严抄类瓜蔓，密网张秋荼。生者填狴犴，死者嗟无辜。
> 怨声感苍穹，白日精光徂。上帝命祝融，扫荡无孑馀。
> 煌煌大农署，创建亦有初。峁然数百载，一炬成空虚。
> 将军不悔祸，叱咤风云俱。罗织及舆台，沉命兼吏胥。
> 执拘尽付狱，掠治无完肤。先皇好仁慈，命且缓须臾。
> 宰执免对簿，闿泽咸沾濡。古人造请室，刑不上大夫。
> 前年陷宰辅，对簿同囚奴。相距未三载，好还理不诬。
> 地下若相逢，故鬼应揶揄。

此诗可为一时议论之代表，既云“小吏恣干没，守藏多染污”，而又不赞成兴狱。以户部大火，谓为怨声自感苍穹，上帝命祝融为之扫荡，又不以火后穷治纵火胥役为然，此真迂谬腐败之成见，以情乱法，以姑息养痈，以迷信饰嫉妒，国人论事习气，于此毕呈。此案后以肃顺被杀，仅以商人马锡禄抵罪，馀人悉释，盖西后有意一反肃之所为，不复根论案情矣。

诗中所言刑不上大夫，此自是古意，未可厚非，盖所以养廉耻，存政体。古时法律诚亦尊严，所谓王子犯法，庶民同罪者，指其犯法而言，若但涉嫌疑，则自当别论，尤不能以政治上之是非恩怨，借对簿以凌辱之。宝钞处一案，肃顺欲使翁文端心存褫职归案，此中则挟有夙嫌，故为外间不满，若纯以执法言，原亦非意外侜张也。杨子琴《雪桥诗话》云：

> 初，肃顺创议开烟禁收税，翁文端以大学士管理户部争之力，积与之忤。户部设官钱发行钞票，积久生弊，文端择司员司之。肃顺藉除奸商，遂兴大狱。文宗命怡亲王载垣治其事，逮司员下狱，欲坐以赃，而穷治无所得。时文端已予告，肃顺奏请命诣刑部，时大学士柏葰东市之事未久，人皆为之危，文端夷然曰："是欲我为萧望之耶？"文宗眷文端深，不之罪，惟交部议处而已。

此所纪肃、翁嫌隙之由，在于收烟税，颇可注意。今按《翁文恭公日记》中，关于此案者若干节如下：

> 咸丰十年庚申三月朔，户部官票所官吏舞弊，经手大臣审实。有旨诘问该司员，以短号整钞换长号零钞曾否回堂，着七八两年历任户部各堂官明白回奏。初二日，大人具回奏折，五兄下园赍递。初三日午刻，五兄归，知回奏折留中。十一日未初，见再行回奏之谕。十二日，缮回奏折，五兄下园递折。十六日，连日讹言纷起，有谓奏入上震怒，朱批丧心病狂等语，将有不测。大人曰："吾之忠悃，天实鉴之。汝等无为流言所惑。"十九日夜，辛伯来，以折底见示，内有翁某等回奏，与司员等所供不符，请将翁某、杜某均摘去顶戴，归案质讯。二十日午刻，黄寿臣来云，闻诸许师，今日朱批如该王大臣等所请矣。大人衣冠出见客，从容坐语，有顷，见上谕："翁某等于司员兑

换钞票毫无觉察，交部先行议处，无庸再行回奏，亦无庸传讯，等因，钦此。"始知前此传者之妄也，跪读再三，感深出涕。闰三月十一日，失察兑换钞票一案，吏部议以降五级留任。朱笔："候补官革职留任，仍俟定案时，再议失察处分。"五月廿五日，以宇商滥支经费，怡王等复讯，请饬户部各堂官明白回奏。廿七日，寅正下园，谒沈朗亭师。师云："回奏折内详述商人月费不得不加之故，缘先后银价物价迥殊。"与大人折大略相同。廿八日寅初三刻，始递折。辰正三刻，接事折留中。宝、基两侍郎回奏系连名四六文，有"同堂同过"云云。廿九日，上谕："翁某、沈兆霖、宝鋆、基溥分别交吏部、都察院严议。"六月十四日，吏部议失察滥支经费处分，均革职留任，奉旨依议。

以上所记，可见崖略。予又考《清史稿》，则知翁与肃以主张不同，龃龉已久。

翁传云："咸丰二年，议行钞币，心存疏言，军营搭放票钞，诸多窒碍。钞币之法，施行当有次第，此时甫经颁发，并未试用，势难骤用之军营。诏斥为阻挠，即责筹次第施行之法，俾无阻滞。会言官论通州捕役勾结土匪行劫，命刑部侍郎文瑞鞫得实，心存以徇庇革职。"（按翁是时为工部兼管奉天府尹。）又称："八年，拜体仁阁大学士，管理户部，与肃顺同官，不相能，屡乞病，不许。九年，复固请，乃予告，去职。十年，户部迭兴大狱，肃顺主之，多所罗织。怡亲王载垣等会鞫，谓司员忠麟、王遐震，以短号钞兑换长号，曾面启心存。心存回奏，部院事非一二人所能专政，断无立谈数语改旧章之理。载垣等遂请褫顶带，归案讯质。文宗鉴其诬，仅以失察议处，免传讯，议降五级，改候补官，革职留任。复以五宇商号，添支经费。心存驳令议减，未陈奏，司员即列入奏销下，严议革职留任。”综以上两节观之，翁本为反对钞币者，其第一次革职，虽为匪劫，未必非载垣、肃顺之阴为排去；第二次，则原委厘然，盖从前六部满汉尚侍六堂，或尚有管部，实际泰半画黑稿，谓文端与司员勾结舞弊，乃必无之事，肃等于此处自是操切周内，宜公论之不平。唯文端亦自有失察责任，不能言无过失，与宝钞处舞弊、户部失火二案，又各不相涉，更不能以文端几株累之故，而谓肃等不当究治此两案。吾侪今日论事，要在衡平，正不必为之左右袒也。

五七　郭意城其人

前两年杂叙左季高、郭筠仙交谊，引及《瞑庵杂识》，顷始见郭意城[①]为朱香孙签正数条，中关于骆文忠巡抚湖南条，意城签云："此案交湖北主考钱宝青查办，未交总督。所逮问者，王葆生、黄文琛、葆亨，无遣官逮问左宗棠之事。宗棠至襄阳，胡林翼遣亟足尼其行，遂还就林翼，并未与郭嵩焘相遇。左入都在次年二月，其时樊案早结，未尝一字牵涉及左，无辱之足惧也。总督遣所亲赴都构陷，事或有之，密奏则必无其事。"

意城此签，朱为刊于卷末，盖亦深知己之摭拾传闻，远不如郭之灼知也。意城为筠仙之弟，继左文襄入湘幕，历佐张、骆、毛、恽数十年，为湘军内幕极有关系人物，虽保至京堂，实未尝一日为官也。有《云卧山庄诗集》及尺牍，以光绪壬午卒。李文忠复其子庆

---

① 郭崑焘，字仲毅，号意城，晚号樗叟，湖南湘阴人。历佐湘抚，入曾国藩幕，为筹饷办厘金，管理公牍。著有《云卧山庄诗集》等。

藩书云："尊公以杜陵稷契之身，托邺侯神仙之迹，第五之名，既齐骠骑；谢公之教，复见诸郎。楹书已传，世泽方远；回思往昔，同济艰难。数中兴人物之宗，尽平日恩知之旧，更寻翰墨，大半云霄。何期衰朽之材，忝厕名贤之末。今者，问一流则惊其将尽，望九原则怅其谁归；三年不灭之书，俨存怀袖；千载斯人之叹，已邈山河。重触山阳怀旧之哀，兼以子桓自念之感。此则检常侍箧中之句，溟漠徒嗟；拟秣陵重答之书，音徽倘接者也。"为于晦若得意之笔，亦缘李于意城倾倒甚至，故刻意为之。

郭集中《有感》云："君子深于情，每为情所误。情岂能误人，以不知人故。贤者为情感，倾心报知遇。其次以才屈，亦或以势附。才势苟弗逮，转眼如陌路。才薄势相临，忘情遂生妒。若其才势均，旗鼓辄分树。用情昧等差，优游空大度。咄嗟君子心，先事初不悟。"

其二云："处事和为贵，然亦视所宜。巍然事任属，有行系安危。古来干济才，在断以不宜。委曲务徇人，混混齐妍媸。好恶无定见，赏罚或逆施。谓可得人和，岂意使人訾。因人成罣误，转复为人持。刀剑森环列，当者尚未知。徒令天下笑，事偾名亦隳。君子和不同，谅为志士规。"

意城不以诗名，而阅世有得，故能以平淡之词，说切要之理也。

五八　郭筠仙论税务二笺

郭筠仙有二笺，是咸丰十年在僧王幕次所作。时肃顺方为户尚，以理财之法诹于筠仙，因以此报之。居间传书者，未审何人，原笺附致龙皞臣缄中，殆即龙也。第一笺云：

日前传谕，令举目前所宜行者，辄举一端以对。昨闻朗亭少农言，司农公极意经营理财之法，旁求博采，其志甚锐，此诚国家之福。晚来得来示，令补论盐法，鄙人于此能通知其意，而未习其事，附上一议，未必能洞中窾要，要所能行者，亦略具于此矣，为转达是荷。名心叩。

第二笺云：

海商课税，与变通盐法两事，曾为子鹤尚书言其略，僧邸问筹饷之术，亦以此告之。朗亭少农以山西潞盐抽税有成效，欲举以为法。仆谓朝廷设法，当揽其大纲，设卡抽税，既苦苛烦，而盐之出无穷，卡之设有限，亦不足尽盐之利，此各省督抚权宜筹饷之计，非可著为常法者也。鄙意征收场课，先从两淮试行，盖江淮被兵日久，引课已虚，事宜变通，由部奏定章程，择一运司驰往，即可迅速举行。（**创法之始，为求详审，以后恐难补救。**）行之有效，然后推行各省，庶无与阻难者，少农极以谓然。惟少农之意，欲特派大员办理，窃计此等原一运司可了之事，在任得其人而已，不必过计也。（**申夫、杏农足胜此任，惟恐职位未能及之。**）蒙所知者二人，曰升用道黄冕，曰候选运司金安清。金君颇多訾议者，然其才气实足干事，吾知任以理财而已。见小而谨守者，可与治民，不可与治财。意有所见，故附及之，不必有所推荐也，并以达之司农公。枉召不能赴，歉歉。名心叩。

按此两笺以外，度尚有一节略，附第一笺内。所谓海商课税，与变通盐法两事，衡以今日理财术语，即关税、盐税也。当时玉池眼光已注及此两者，但场课当时尚在萌芽耳。申夫姓李，杏农则必尹兆霖。此时筠仙尚未敢造谒肃雨亭，札中有“枉召不能赴”之语，殆肃慕郭名先托沈朗亭致意，或居间人招之。于此尤可见肃之爱才，与认真办事也。

五九　《冰鉴》托名曾国藩著

意城事迹，《清史稿》附筠仙传中。闻叔章言，郭氏弟兄三，叔名仑焘，曾文正最誉之，尝谓“文章属筠仙，若办事则吾许仑焘”。然其行谊，今殊不易考。如文正言，则意城岂甘于腰鼓哉？文正衡人，颇有特长，然间亦有以意测者，不尽吻合。近人乃有以古相书《冰鉴》，傅以文正名，号为遗著，不知此书道光间吴荷屋[①]已为锓板，叔章盖尝藏之。此则末流之失，徒供抚掌而已。

六〇　徐健庵《古不合葬考》与太后下嫁

莼孙前辩太后下嫁，曾举不合葬之例，以为不足疑。今按孝庄以康熙二十五年十二月殁，葬昭西陵，遗命不必合葬，所谓临危语圣祖云“昭陵岁久不可启，我千秋万岁后魂魄恋汝父子”是也。事本无大罅，乃当时廷臣皇皇以末命为疑，而徐健庵[②]又备考古来帝后不合葬之事，著《古不合葬考》一篇，以释众惑，此必承中旨所作，以掩不合葬之故。观健庵之辩，似其中反有可疑者在矣。徐原文

---

① 吴荣光，字伯荣，号荷屋，广东南海人。嘉庆进士。累官至湖南巡抚、署湖广总督。精词章、金石、训诂之学，善书法，富藏书。

② 徐乾学，字原一，号健庵，澹园。江苏昆山人。康熙庚戌进士。官至刑部侍郎。总裁《大清一统志》、《大清会典》、《明史》。有《读礼通考》、《澹园集》。

云：

古之所以不合葬者，宅兆安厝，形体既藏，反虞升祔，迎精气以聚于庙中，祭则铺筵设同几，以形体降而精气升，形体分而精气合也。故古亦无墓祭之礼。《周官》："冢人掌公墓之地，辨其兆域而为之图。先王之葬居中，以昭穆为左右。凡诸侯居左右以前，卿大夫居后，各以其族。""墓大夫掌凡邦墓之域，为之图，令国民族葬，而掌其禁令。"盖葬之有昭穆，子孙之祔葬者皆在兆域之中，则言先王，而后自不得异兆域矣，其同穴否，未可知也。宋咸平中，议改卜李皇后园陵，命使按行陵地，议立陵名。礼官言，周显德末都省集议故事，帝后同陵，谓之合葬，同茔谓之祔葬。汉吕后陵在长陵西百馀步，以同茔兆而无名号。又唐穆宗二后，王氏生恭宗，萧氏生文宗，并祔葬完陵之侧。今园陵鹊台，在永熙陵封地之内，恐不须别建陵号，从之。显德礼官之议，分祔葬、合葬，不知何所本，要可谓达于礼意。汉世皇后，别起陵墓，间同茔域，则不别立陵号，而未有同冢圹者。隋文帝亦与独孤后同墓异穴也。严善思之言，尊者先葬，卑者不得入，以卑动尊，术家所忌。其说虽未见经传，然以昭陵之先后言之，则是皇后之丧在先，幽宫重关，外留栈道以待后日者，有之矣；若攻凿冶锢，启入后丧，诚乖神道矣。且天子以天下为家，魏孝文既不合祔文明太后于云中山陵，始于永固陵北自营寿宫，有终焉瞻望之志，及迁洛阳，乃表瀍西，以为山陵之所，而方山虚宫，号曰万年堂，盖山陵自当从其所迁之都也。宋元丰前，帝后异宫酌献，诸后或以上仙在山陵之前无可祔而别葬，或在山陵已卜之后而从葬，或以神灵既妥而不迁祔，或以典礼未备而改殡，大抵以显德礼官之谕考之，皆是祔而不合，同茔域而不同冢圹也。原《周礼》所以聚族而葬者，国有分土，山川形势有定，在井疆已授，不欲分更，故公叔文子欲葬瑕丘，而蘧伯玉讥之，注言刺其欲害人良田也。后世则以术家选择，论风气聚散，水土浅深，穴道向背，难得佳地，祔于先兆则不须覆案，亦可以省财费省人力，非以分异为不可也。若夫祖宗之精气，则以聚于庙中为合，而不在形体之同冢圹为合，明矣。

此盖极力辩饰，可逆想尔时盈庭耳语之势。当时吴江吴柳塘祖修有《圣德》诗云："百氏秦燔古制更，汉文有道视还轻。欲终丧礼君王圣，无数廷臣上殿争。"盖孝庄大事，圣祖哀慕擗踊、割辫，服布不用帛，欲于宫中行三年丧。群臣集议，以为天子一身为宗庙社稷所托，祭为吉礼，必除服举行，不可以太皇太后故，神灵不歆，且君臣兆庶一体，若皇上持服，宫中臣民即吉，甚不可。帝不允。其后太学生刘枝桂五百馀人，又固请循古制，以日易月，裕王福全、恭王常颖亦以为言，帝不得已始从之。皇帝固欲行三年丧，而无数廷臣故不许，其中亦显有张皇伪饰以间执众口之状。清时文网既密，作伪亦工，微苍水一诗，则其所以饰辩者为何事，千秋恐莫能言之矣。

六一　郑天挺《多尔衮称皇父之臆测》

莼孙于《太后下嫁考》中，谓皇父之称，犹古之仲父、尚父，此说殊未餍众意，蔼林驳之是也。近读北大《国学季刊》，有郑君天挺[①]《多尔

① 郑天挺，字毅生，福建长乐人。北京大学出身。曾参加内阁大库档案整理。先后在北京大学、西南联合大学、南开大学任职任教。明清史权威。

衮称皇父之臆测》一文，甚精审，其说视仲父、尚父之辩护殊长。郑君于篇首即概括大意，谓："清顺治初，多尔衮以亲王摄政称皇父，为往史之所无，举世骇怪，颇多蜚语。尝疑皇父之称，与叔父摄政王、叔王，同为清初亲贵之爵秩，而非伦常之通称，其源盖出于族中旧俗。建国伊始，典制未备，二三功高懿亲，位登极爵，莫可更尽，乃加称谓于封号，用示尊异，未暇计及体制当否。"

此后更疏论当时廷臣谄附多尔衮等原因凡三，以见衮称所自。其考皇父之称尤详，今节其大段如下：

> 考之满文题本，皇父摄政王，满文作（**林熙按：此处有满洲字，今略。**）哈阿安·伊·阿·玛阿·斡阿昂，译言君的父王。满文阿玛阿，汉语为父，此种称谓，施之外人，在汉族伦理观念上，除寄养之外决不可通，而当日略不避忌加之多尔衮者，疑在满洲旧俗尚有呼尊者为父例。《东华录》称太祖丙申（**明万历二十四年**）冬十二月乌喇贝勒布占泰感上再生恩，事如父。又戊申（**明万历三十四年**）秋九月乌喇贝勒布占泰，又遣其臣来请曰："吾数背盟誓，获罪君父，诚为汗颜。若再以亲生之女妻我，抚我如子，吾乃永赖以生矣。"又壬子（**明万历四十年**）冬十二月，布占泰亲率其臣六人乘舟止河中，跽而乞曰："乌喇国，即父皇之国也，幸勿尽焚糗粮。"叩首哀吁不已。又布占泰对曰："此必有人离间，俾吾父子不睦。"《东华录》及《开国方略》诸书，凡记布占泰与太祖对语，均有父子之称，其非泛泛之词可知也。乌喇贝勒布占泰事清太祖如父，遂称之为父，此一例也。《元朝秘史》中亦有称他人为父之例。《秘史》卷二：帖木真说："在前俺的父（**额赤格**）也速该皇帝与客列亦惕种姓的王罕契合，便是父（**额赤格**）一般。他如今在土兀敕河边黑林

住着，我将这袄子与他。”于是帖木真兄弟三个将着那袄子送去，见了王罕，帖木真说：“在前日子你与我父亲（额赤格）契合，便是父亲（额赤格）一般。今在我妻上见公姑的礼物，将来与父亲（额赤格）。”随即将黑貂鼠袄子与了。卷三：于是帖木真、合撒儿、别勒古台三个，前往土剌河的黑林，行脱斡邻勒王罕处去，到了说：“不想被三种篾儿乞惕每将我妻子每掳看要了，皇帝父亲（罕额赤格）怎生般将我妻子救与么道。”王罕为元太祖之父执，而称之为父亲，为皇帝父亲，盖太祖尝事之如父也。满洲与蒙古，同为边外民族，其风俗多有相似处，疑此种称尊敬如父者为父，盖金元以来之旧俗也。郑亲王济尔哈朗，为清太祖弟舒尔哈齐子，而其宠赐间于太祖诸子，史称其幼育于太祖宫中，疑亦事太祖如父，而称之为父者也。皇叔父摄政王，满文作（林熙按：此处有满洲字，今略。）哈阿安·伊·额·缕伊·珂额·阿·玛阿·斡阿昂，译言君的叔父、父王。世人徒疑其后之称皇父为可骇怪，不知在称皇叔父时，早用阿玛（父亲）之称矣。皇父摄政王，既为当时之最高爵秩，多尔衮之称皇父摄政王，复由于左右之希旨阿谀，且其称源于满洲旧俗，故决无其他不可告人之隐晦原因在。其后《实录》所以削之不书者，盖汉化日深，渐觉其事之有嫌僭越不相称耳。然其事见于蒋良骐《东华录》，则在乾隆三十年，尚不深讳。多尔衮除封后，至乾隆三十八年二月初三日，始有诏重葺其茔域；四十三年正月初十日，始复还其爵号；八月二十五入祀盛京贤王祠。以意度之，官书之尽削皇父之事，当亦在其时。四十三年正月，复多尔衮爵号谕中，有“其原传尚有未经详叙者，并交国史馆恭照《实录》所载，敬谨辑录，增补《宗室王公功绩传》，用昭彰阐宗勋至意”之语。既遵之增补，必亦遵之削节。史称《顺治实录》重修于雍正十二年十一月，乾隆四年十二月告成，皇父之讳，当自是始。其尽削官书所载，则在四十三四年也。皇父摄政王之体制仪注，今无完确之文献足据，所可知者，凡朱笔批票本章，皆用“皇父摄政王旨”字样，不用皇帝朱批，一也；皇父虽较皇帝为尊，而其仪注则次于皇帝，内外题奏或仅称皇上，或仅称皇父摄政王，或皇上或皇父摄政王并称，但无列皇父摄政王于皇上之前者，二也；皇父摄政王告群臣，称旨，皇帝告群臣，称敕，三也。又顺治六年赐祭朝鲜国王礼物，皇父与皇帝所赐，亦有差别，其单如次：

皇帝赐祭朝鲜国王礼物：檀香一束，祭帛一匹，银壶二把，银爵三对，白绫六匹，白丝绸二匹，以上绸帛共十五匹；犊一只，羊二只，猪二口，祭筵二十桌，酒二瓶，以上代银二百两。皇父摄政王赐祭礼物：檀香一束，祭帛一匹，银壶二把，银爵三对，白绫六匹，白丝绸二匹，以上绸帛共十五匹；犊一只，羊二只，猪二口，祭筵十五桌，酒二瓶，以上代银一百五十两。

据此可知皇父摄政王之一切体制，均下于皇帝，与太上皇固不同也。

（林熙按：秋岳所引，系根据《国学季刊》。其后郑君于一九四六年，将此文收入《清史探微》一书，文字略有不同。）

郑君此段，说明征引，均具有较佳理由，尤以皇父之体制略亚于皇帝，与太上皇不同一点，足为皇父非即匹配太后之有力说明，不愧勤稽通识，故备录之，以供研究此案者之考镜。予因此悟及苍水诗“大礼恭逢太后婚”一语，恐即因多尔衮晋称皇父大赦而发。

考蒋氏《东华录》（顺治五年）十一月，“奉太祖配天，四祖入庙，遣官祭告天地、太庙、社稷，溯推原本，追崇太祖以上四世高祖泽王为肇祖原皇帝，高祖妣为原皇后；曾祖庆王为兴祖直皇帝，曾祖妣为直皇后；祖昌王为景祖翼皇帝，祖妣为翼皇后；考福王为显祖宣皇帝，妣为宣皇后。聿成大典，敷布多方，备此明禋，预申虔告，馀文同覃恩大赦。加皇叔父摄政王为皇父摄政王，凡进呈本章旨意，俱书皇父摄政王"。观此则恩典之隆，自足震动一世。当时赦书，锋行海澨，遗民文士睹诏书中以叔父为皇父，循文绎义，自以为由叔而为父，是必入其宫而据其妻也。诗人婉而多讽，于是易叔为父之词，曰"恭逢太后婚"。逆臆苍水尔时不必别有所闻，但就此诏书观之，固以为情真喻当，无可疑难矣。况此类事，于中国史册无征，度海内读诏者，必万众驿骚，交相耳语，以为兄终弟及之胡俗，乃公于简策，谓他人父，恬不知耻，此又不必出于遗民嫉视满洲之口，而寻常百姓，亦必佥认过情之尊中必近窃也。

再考清《世祖章皇帝实录》卷四十一，顺治五年十一月辛未，以太祖武皇帝配天，乃追尊四祖考妣帝后尊号。礼成，诸王群臣上表称贺，是日大赦天下，曰："特大赦天下，以慰臣民，应行事宜条列于后。叔父摄政王治安天下，大勋劳，宜增加殊礼，以崇功德，及妃世子应得封号，院部大臣集议具奏，布告遐迩，咸使闻知。"此实录乃经删改者，故无皇父明文，然其末犹云："应得封号，院部大臣集议具奏。"此必有所谓仪注者。

苍水尔时以为既父之矣，而又使大臣集议，是非太后下嫁之仪注而何？故其诗云云，尤不足怪。依此推论，皇父之称，在满洲或不必以为至异，然于例亦罕见。而苍水之咏，在情理中，疑所当疑，亦未必遂为有心之诬词。两者真相，殆均不过如此。至于多尔衮有无渎乱之实，虽无佐证，而霭林所举满人渎婚之事例，亦未可抹杀，视为各不相蒙之悬案可也。

六二　说　椅

“椅”有三解：椅柅，木之弱而垂貌。又椅木，初夏开黄花，似天烛，色红或赭，雌雄异株。此二训今人皆不常用，但知为桌椅而已。桌本作卓，椅本作倚。作椅者亦旧，程子《语录》、朱子《家礼》，即皆作椅。予按岳珂《桯史》，秦桧赐燕，优伶有参军前褒桧功德，一伶以交椅进，参军方拱揖就椅，忽坠其幞头，露巾环，伶指问何环，曰：“二圣环。”伶曰：“尔但坐太师交椅，此环掉在脑后，可耶？”此自为时伶讥桧不思二圣之还，然可见倚宋时已俱作椅，此殆为太师椅之始。《贵耳集》载：今之校椅，古之胡床也，自来只有栲栳样，宰执侍从皆用之。京尹吴渊奉承时相，出意撰制荷叶托首，遂号曰太师样，即后世所称太师椅也。按张端义后于秦桧，此说未足为太师椅之源，然可见其时椅字实已通行。椅之故实名贵者，有文太史椅。椅为文徵明衡山故物，衡山没后，付之门人彭年，后复归衡山曾孙相国震孟。明亡后，此椅归汪苕文琬。苕文殁，苕文子以赠姜仲子。冷秋江有《文太史椅歌》甚长，由衡山、隆池、震孟、尧峰之授受，述之详，而不言椅之形状。以歌中“衡山之孙为相国，坐此谋谟补衮职”两句推测，似亦是太师之交椅也。

六三　清同治帝之死因

晚清诸帝，以穆宗祚最短，童昏沉湎，遘恶疾以终，其十馀年间国事，皆赖其母那拉后将持，帝德无足称也。予旧闻乡先辈某公旦饮酒肆，闻隔座有歌者，醉中漫叫好，俗例所不许也，即有人掀帘责之曰："尔何等人，敢漫叫好，欲寻死耶?"某穴隙视隔座歌者一少年，其旁二客，识一人为王庆祺，知必穆宗也，亟遁去，终清世不复入都，可知帝微行之数矣。近人沃丘仲子费君行简所著《慈禧传信录》，关于穆宗者云：

八岁时，李鸿藻授以《诗经》，日五百字，少读即能背诵，听讲亦领解。唯好弄，课少闲，辄强诸伴读出与嬉戏。初绵愉子奕详、奕询伴读，继则奕䜣子载澂也。详、询皆端谨，帝重之而弗与亲，澂敏捷有口给，独得其欢。然帝性喜怒无定，虽师傅亦惮之，倭仁差严正，而每日值讲仅数刻。其终朝宏德者，仅鸿藻一人，然素宽和，暇唯与帝谈故事，或对弈而已。少长，益不乐后所为，尤恶慈宁诸阉，晨兴谒后，未尝有欢容，比至宁寿，共孝贞语，殊娓娓不少倦，宫中人皆传为异闻。后更内痛，顾无如何也，屡责寯藻、仁、鸿藻等以孝弟导帝，而帝终不亲后。更召日者推帝后命，谓必帝年逾三十，始免冲克，性情当渐变。帝闻，怒究引进日者为何阉，将鞭之，孝贞诫之乃已。帝承仁等教，指洋务为异端，当日之同文、方言馆、船炮制造局，心皆以为无益。尝言志，谓他年必尽杀洋人始快。然后则倚奕䜣、文祥、李鸿章等，颇欲摹欧人富强，益与帝旨左。

此言穆宗与慈禧忤事。至穆宗致病一节，则云：

穆宗虽不学而敏锐，悉朝野情伪，其清文谙达爱仁伊精阿，暇颇拾市井间情状与帝。同治中初，强符珍导之出游。珍，荣安固伦公主夫婿，时亦行走内廷者也。珍胆薄，虑致祸，往往避帝。追载澂入伴读，出少勤，然不过酒肆剧馆，未敢为狎邪游也。倭仁尝遇帝十刹海，爱仁尝遇帝崇效寺，广寿尝遇帝大宛试馆，其他小臣与帝值者，不可胜数也。倭仁每切谏之，广寿嗣值宏德，亦劝帝勿微行，虽纳其言，而事过辄思动。又有阉杜之锡者，状若少女，帝幸之。之锡有姊，固金鱼池娼也，更引帝与之狎，由是溺于色，渐致忘返，两后弗知也。奕谟窥其事，流涕固谏。帝素爱重谟，慨然曰："朕非乐此，第政事裁于母后，吾已将冠，犹同闲散，特假此陶情耳。今闻忠告，既知过矣，与汝约，亲政后，日理万机，非典礼不逾外阃矣。"谟舞蹈称宗社天下幸，此同治十一年正月事也。已而为帝选婚，孝贞属意侍讲崇绮女，后属意将军凤秀女，不能决，令帝自择之。对如孝贞旨，遂立绮女为后，而秀女为妃。是年九月大婚，后阿鲁特氏，后谥孝哲者也，庄静端肃，不苟言笑，帝颇重之。后以帝已所生，立后当已为政，而绮女非已所选中，又睹其亦如帝旨，颇亲孝贞，益怒。孝哲体微丰，趋跄弗便，乃故令奔走以劳苦之，复以其不娴仪节责让之。尤异者，谓帝行亲政，国事繁赜，宜节欲，勿时宿内寝。帝既时外寝，忽忽不乐，群竖则更导为冶游，师保则倭仁、祁寯藻、绵愉已先死，䜣自被谴后，惮帝褊急，务承顺，罔敢匡救。清癯，令医官治之，拟方多温补，服之，热且内蕴，继复染秽疮，遂困顿不起。再令医诊视，不敢指为肾毒，则谬以痘症对，然所进药，皆泻毒清燥者，浃月竟瘳。两宫大喜，诏举庆典，晋内外诸臣秩，赦重囚，崇神祀。帝亦以蒙太后调护，且病中承代阅章疏，宜崇上徽号，令各官敬谨预备，此十三年十一月甲寅事也。乃十二月甲戌，帝遂崩。盖疮毒虽除，而腹痢泻不可止，适以祀神毕进枣糕，帝食逾量，觉胀，起更衣，微蹶，抚之气已绝矣。

予又按，李越缦日记：

同治十三年十二月酉刻，上崩。先是十一月朔，太白贯日，上即以是日痘发，遍体蒸灼。内廷王大臣入问状，请上权停万几，两宫皇太后裁决庶政，上许之。于是御前大臣、军机大臣等列议四事以上：其一，改引见为验放，如初垂帘故事，识者已恶其不祥。未几以痘痂将结，遂先加恩，医官左院判李德立、右院判庄守和，六品杂流官也，皆擢京堂，德立至越六级，以三品卿候补，尤故事所无者。旋遍加恩内廷诸王大臣，至先朝嫔御，皆晋位号。凡所施行，俱如易代登极之典，又于大清门外结壝，焚烧采帛车马，名曰送圣，都人皆窃窃私议，以为颇似大丧祖送也。上旋患痈，项腹皆一，皆脓溃，先十日已屡昏，殆不知人。于是议立皇子，而文宗无他子，宣宗诸王孙皆尚少，无有子者。贝勒载治，宣宗长子隐志郡王之嗣子也，有二子，幼者曰溥侃，生甫八月，召入宫，将立为嗣矣，未及，而上宴驾，乃止，宫廷隔绝，其事莫能详也。上幼颖悟，有成人之度，天性浑厚，自去年亲政，每临大祀，容色甚庄。而弘德殿诸师傅，皆帖括学究，惟知剿录讲章性理肤末之谈，以为启沃。上深厌之，乃不喜读书，狎迎宦竖遂争导以嬉戏游宴。莅政以后，内务府郎中贵宝、文锡与宦官日侍上，劝上兴土木，修园籞。户部侍郎桂清，管内务府，好直言，先斥去之。耽溺男宠，日渐羸瘠，未及再稘，遂以不起，哀哉！

两者皆相发明。而穆宗初受病，乃在男色，此说予早闻之，似尤可征信也。然费、李两记，皆不举王庆祺，王实与载澂辈导穆宗冶游者。比读金息侯[①]《四朝佚闻》云：庆祺既被斥，辄语人云，穆宗亲政后，太后仍多干涉，乃请修园为颐养计，意在禁隔，使勿再干政耳，竟为太后所觉，遂致奇变云云。此说出自庆祺口，虽似妄言，证以沃丘所述，则淫贪专恣之妇，其子固先已嫉之，不待后来德宗戊戌围劫颐和之谋矣。由此可知那拉后之罪恶，实浮于传闻，一手断送满清，汲汲唯恐不及，其生时若遘政变，围劫禁锢，自在意中，其死后发冢辱尸，又岂非天意耶？莼客日记末，斥倭艮峰辈剿袭讲章性理肤末之谈，使穆宗望而生厌，以陷于恶，亦殊为有识。

六四　倭与日本之别

常熟杨子无恙[②]淹雅工诗，游日本归，著《海国丛谈》，中有一则云："长崎梨，其大如瓜，皮粗黄而质细嫩，食之如饮琼浆。东方朔《神异经》：'东方有树，高百丈，敷张自辅，叶长一丈，广六尺，名曰梨，其子径三尺，剖之少瓤，食之为地仙。'或其馀种也。任昉《述异记》：'日本国有金桃，其实一斤。'"无恙自注云："按日本隋时尚无国号，称日出处天子。《新唐书》咸亨元年，遣使贺平高丽，稍习夏音，恶倭名，更号日本。《述异记》乃唐人伪托。"予按谓隋时日本尚无国号，恐未尽然。日本建国颇早，而中国所接触

① 金梁，字息侯，号小肃，浙江余杭人。光绪甲辰进士。著有《四朝佚闻》、《清帝后外传外纪》、《清宫史略》、《满洲秘档》、《黑龙江通志纲要》等。

② 杨无恙，原名元恺，字冠南，号让渔，江苏常熟人。董康赴日本讲学，邀为记室。工诗，著有《无恙吟稿》、《无恙后集》等。

者，乃为北九州一带之倭奴国，及倭面土国。《汉书·地理志》称，乐浪海中，有倭人分为百馀国，以岁时来献。《后汉书》载中元二年倭奴国奉贡朝贺，光武赐以印绶云云。考乾隆四十九年，即日本天明四年，在筑前国掘得汉倭奴国王金印，事已凿然。但日本始终不以北九州之倭人，视为一体，其纪载亦极有系统。日本自称自神武天皇至开化天皇，九代之间，势力仅及近畿，与北九州之倭国无涉。今考《旧唐书·东夷传》，亦谓："或云，日本旧小国，并倭国之地。"已划日本与倭为二，不过以辽东、高丽先通北九州之地理关系，而中国多数皆认倭即日本，或认倭大于日本耳。至隋时日本遣使中国，此乃推古天皇之圣德太子所为事，日本盛称之。据传隋时中日通使，殆近十次，而世但传"日出处天子致书日没处天子无恙"一书，赍此书者，为日人小野妹子。而日人之《善邻国宝记》，乃云原书作"日出处天皇致书日没处天子"，《隋书》改天皇为天子，以从吾国文义，理或然也。炀帝览书不悦，谓鸿胪卿曰："蛮夷书有无礼者，勿复以闻。"然仍使文林郎裴世清等十三人，随小野妹子来〔赴〕日本。炀帝之书云："皇帝问倭皇，使人长吏大礼苏因高等至，具怀。朕钦承宝命，临御区宇，思弘德化，覃被含灵，爱育之情，无隔遐迩。知皇介居海表，抚宁民庶，境内安乐，风俗融和，深气至诚，远修朝贡，丹款之美，朕有嘉焉。稍暄，比如常也。故遣鸿胪寺掌客裴世清，指宣往意，并送物如别。"此书可相发明者有二：一为书内称皇，可证日本来书，原作天皇说之确；一为称倭王，可证中国尔时始终以为倭即日本。苏因高，即小野妹子之译音。又按日籍所载，圣德太子甚恶隋黜天子之号为倭王，而不赏其使，是盖不知中国尔时，初未知倭与日本之别也。

六五　蒜

蒜最健肠杀细菌，北人入夏，庖厨多用蒜，实有至理。相传四十年前，西人入燕京，见市人多饮生水，而肠不病，研求久之，始知食蒜之故，乃求其功用，以制新药，此说不知确否。然国中士大夫率不喜食之。佛家列葱蒜为五荤，忌食之，以为发风火，动旧疾。至于厌其恶味者，又比比皆是。彭孙贻《帝京十二咏·蒜》诗云：

> 蒜本出胡中，遂污诸夏口。南中啖不无，北客餐必有。
> 皇都五侯鲭，此味首盘缶。捣泥或乞醯，擘片先下酒。
> 豪谈触鼻至，凑氛邻坐走。吮箸惊厕筹，残羹疑渤溲。
> 安得万斛泉，鸡舌煎百斗。一涤京伧吻，庶堪同饭馍。

彭本南人，故深恶蒜臭，至于此极。《满清稗史》之《新燕语》中有一则云：

> 清初女子邵飞飞《燕台词》云："炎天斗室臭难闻，烧酒生葱尽日熏。"其恶之斥之，可谓极肖极尽矣。《吟香书屋笔记》云，南人恶食葱蒜，北人好食葱蒜，虽曰风俗，由土性使然也。而葱蒜亦以北产为胜，直隶、甘肃、河南、山西、陕西等省，无论富贵贫贱之家，每饭必具。《瓯北诗钞》有《旅店壁题》诗云："汗浆迸出葱蒜汁，其气臭如牛马粪。"盖亦深疾之也。今都中犹有喜食葱蒜者，故即秀丽女子，偶一吹气，不可向迩，颇有西子不洁之叹。或叩以故，则曰："北地多蝎子，食葱蒜可以辟之。"理或然欤？

按此亦是南人不食蒜者之谈，其言蒜可避蝎，予未之前闻。惟食蒜多在夏日，蝎出亦多在夏，《水曹清暇录》载，《燕台新月令·六月》云："是月也，仪官浴象，象始交，果子干成，槟子香，海茄大于盆，蝎始孕，壁虱臭，桃奴出，闻观果解。"其大书特书蝎孕者，可见北京人之畏蝎，容或以蒜之味烈杀毒，谓可以制之也。

六六　关羽与磨刀雨

国中庶民，佥知关羽为神灵之尊，可谓有井水处，皆称其帝号矣。幼时乡居，习闻五月十三日雨，为关老爷磨刀雨。已而北居，读《燕京岁时记》，云："京师谚曰'大旱不过五月十三。'盖五月十三，乃俗传关壮缪过江会吴之期，是日有雨者，谓之磨刀雨。"此为磨刀雨见于记载者。其后以询各省人士，无不同声云然，又可见此谚流传之广。其实旧历五月为梅雨之期，且晚多雨，不必限十三日，而此日遘雨之比数最多，故民以为侯之肸蚃如膺也。《燕京岁时记》又载："京师谓五月二十三日为分龙兵，盖五月以后，大雨时行，隔辙有雨，故须将龙兵分之。"此则适为五月多雨之一证。分龙兵，名殊颖雅，当与龙忌等类，同可入诗也。

六七　咸丰帝之才略与失德

晚清穆、德二宗，皆以扼于那拉后，国卒以斩。然二帝材皆中下，德宗愿奢而才不足以副之，穆宗更无论矣。洪杨之役，清之成功，自倚曾、胡，汲引曾、胡者，世今知为肃顺，而文宗之识鉴，似未可厚非。予颇以为咸丰初政有逾于嘉庆、道光二朝，但所遘时势较难，所成就亦不易。曩闻咸丰辛亥，徐寿蘅树铭蜀辅还京，召见语过八九刻。壬子大考，徐迁中允，视学山左，谕以"顷报粤寇至长沙，防事如何，及城能守与否，具以对”。其归也，复荷垂询一切，兼问幕客优劣，谨取生平志学才识操守以对，他日当力担重寄翼国家。时左文襄方客骆文忠抚幕也。按召见谈过二句钟，在晚清不多见。徐为湘之名士，而文宗能纡意曲咨，此即其过人处。至刺探军情，留意幕客，事虽可异，必肃顺幕府所供给消息也。金息侯《四朝佚闻》：

曾文正公国藩，以上《陈圣德疏》，为文宗所特知，谕祁寯藻云：“敢言必能负重。”故其后遂倚以平乱。世传掷折加罪云云，皆妄言也。余前言文宗与洪秀全相始终，而天生文正亦与洪相终始，若有意厄之者，亦可异也。咸丰末年，文正密奏统筹平乱及长围江宁之策，文宗别取舆图，于江宁四围画一朱圈，又连江浙皖赣等省，加一大圈，复于鲁豫等省，画一圈，川黔等省，画一圈，陕甘等省，画一圈，然后就全图四边，再勾一大圈，包全国矣。交肃顺密寄文正，肃不能喻上意，请明示，文宗曰：“第封寄，彼必能解之。”文正得图，集亲信密议曰：“江宁之圈，意在长围，不俟言矣。江皖之圈，防外援而绝内窜，亦属要计。鲁、川各圈，意必分贼势。惟全国大圈，不知何意。”遂本此奏复，奉朱批称是，并云：“大圈，指国防也。先平内乱，姑缓之。”文正乃以江宁属国荃，江浙属左、李，鲁豫川陕各加筹调，不数年，遂收全效。而不知此后平捻坚壁清野，实用鲁豫之圈，剿抚回番，实用陕甘之圈，而石达开被擒，实用川黔之圈，一一皆验，亦奇矣哉。内乱收定，文正乃统筹国防，李鸿章任海防，以左宗棠任陆防。而左、李皆急近功，无远志，廿载经营，徒付一掷，此则非文正所及料，而文宗在天之灵不能瞑也。圈图事，文文忠公曾与吾父言之，此图后竟为余所有，上有朱笔"付曾国藩"四小字,必文宗手批。朱笔例应缴进,故仍存在内廷也。

息侯此记,文宗直是天亶,逾于予之理想,顾既重以文文忠之言,又称朱笔与图并落其手,事乃昭昭,不容置疑。以理言之,文宗即位十年,困于军马,常中夜焚祈,愿早平祸乱,则其前后困心衡虑,博求文策,纷定分别以长围制贼之计,亦在情势之中。其时英法等国睨伺方殷,国防之求,亦必煎迫。然云千里廷寄,仅等于鲍春霆祁门之告急,分别画圈,令臣子猜枚射覆,按之情理,终觉不伦。度必为凭轩之顷,指示因地制宜之草图,或别有附钞,共论防御分线之理,令文正条举以对耳。军国庙谟,正不当矜奇炫秘,假令有之,亦是好弄聪明,指此以为文宗之非常谋略,予意转形其小。文宗朱批,国变后,流落外间者不少,如文正统筹全局之疏,文宗即批"试办与朕看"五字,此五字可解为专任,亦可视为不信赖而责令坐言起行之意也。惟文宗才略见地,皆有进于嘉、道,综前数年政令观之,此意或尚未谬。至晚年以乱久未平,恣情声色,圆明四春,木兰秋狝,其蹉跎自放,别启祸基,女祸之惑人,临事之不决,其为失德,抑又彰彰者矣。息侯谓文宗、文正与洪杨相终始,自属先有相厄之成见。言左、李急近功,亦于事实不合。当时纵有此等打算,未必垂为国策,君臣僚友,相与盱衡默契而已。文宗有才固当,而画圈一事,似神而明之。

六八 郑叔问论粮罂

廿馀年来,予所见友朋亭馆几案间,以出土陶器为陈饰者,与日俱增。此昔人所不甚尚者,而今人争宝之,于以见考古之风日炽。及至今日如甲骨文字，如殷墟遗物，其所发见，咸为文献创纪初元，后此言吉金，言陶器，亦必辉发日新，一辟前人未获之域，可为断言。盖今后考古，不当抱丛守缺，专肆力于断简残篇，而当于地下求其物证。乐浪发冢，所得已资日本学界以丰收，国中若日趋畅谧，则穷石窌之封，搜云亭之简，涸河竭泗，越碛绝湘，力求古人所不敢摧陷豁露之事物，亦国家所当提倡也。

忆十五年前，于厂肆见一陶器，腹彭亨而贮土，杂以谷若钱，意其为罂也，或以为殉葬，或以为厌胜，说久不决，因舍去不复置意。比见郑叔问遗著《鹤翁异撰》中有一节，乃予目所睹而足破吾惑者，亟录之。叔问笔记云：

> 明器用陶，盖昉于丧礼有瓮甒，其制由来旧已。近今士大夫家博古搜奇，多尚陶器，如缶瓮瓶罍鼎彝之属，形质坚致，古色盎然，往往得之崩冢颓茔间，有铭刻如籀文不可尽识，或疑为三代之物，为之考辨，则近凿矣。
>
> 光绪丁酉之秋，湖北襄阳钱仲山（名葆青）孝廉，于岘山南村古墓中得一乌铜镜，有隐起文，铭曰："嘉平三年正月丙午日造。"镜钮上有缥瓷碎片粘合。仲山为余言当耕者发土获镜时，有一瓮高尺许，四耳旁附，横置镜背，其色黝碧，中有陈米百馀颗，盖当时与镜并葬，入土岁久，遂黏结钮端。又吴中横山顶一巨冢，出晋太康三年砖甚夥，中一瓦垆，四周作龙文，制甚古朴，今犹藏余石芝西堪，以之植花草不凋。此二器，确是汉晋时冢中物，以有铜镜及博铭纪年，可信也。
>
> 尝考宋洪迈《夷坚志》乙集，记义乌古瓮一事云：金华俞葆光，字如晦，义乌人也。绍兴丙辰正月，命奴江陆耕所居之南前郊园。耕未竟，土中洞然有声，乃辍耕掘地，深二尺，得瓦

缶，广六寸，厚一寸，形模甚古。下覆一瓮，瓮正圆，可容三斗黍，四耳附口，口径四寸。视之，其色苍然；扣之，其声铿然。然发瓮窥之，枵然无有也。洗涤滓垢，置几案间，莫有别其为何代物者。遇客至，则以盛酒。葆光之子良，能文，尝作《古瓮赋》，至今存焉。此近世好古之家所蓄之汉瓶，或疑为军持者无异，皆古之葬时盛水米之器，所谓粮罂是也。《后汉【书】·范冉传》，临终敕其子，有云："敛毕便穿，穿毕便埋，其明堂之奠，干饭寒水饮食之物勿有所下。"是古之葬者，例下水米可证。盛宏之《荆州记》，载张詹墓七世孝廉，刻其碑背曰："白楸之棺，易朽之裳。铜铁不入，瓦器不藏。嗟矣后人，幸勿我伤。"是古之葬者，例用陶器可证。北齐颜黄门《家训·终制》亦云："粮罂明器，故不得营，碑志旒旐，弥在言外。"是粮罂之名，确为古制，葬时载粮之器，又可证。而今之类瓶类瓮之出于土中者，皆古之粮瓮，亦信有征矣。先康成公《三礼图》丧器有瓮甒，注云："瓦器。"《既夕礼》云："瓮三醯醢屑，甒二醴酒，皆加幂覆之。"顾此言丧器所需，未尝谓葬者有之。今北俗，丧者于殡之前夕，家人既奠，各以饮食之物置一瓮中，覆以疏布巾，执以如墓，既入圹，则埋于柩前。此犹古初瓮甒加幂之遗意。虽在富贵之家，器必用瓦，盖存古制也。观于洪容斋记义乌古瓮，漫无所考，诧为异玩，岂粮罂之制，至宋时已为世废，抑物以罕见而珍耶？余家藏凡十数具，形制并同，附口有两耳、四耳者。中有一罂，土实其腹之半，得五铢钱五枚，其汉之所谓瘗钱欤？海宁吴寿旸《黄冈古泉歌》叙云："道光二年，黄冈石佛寺桥农家，于麦陇中得古铁一瓮，中多五铢。"此亦粮罂中有钱之一证。

按叔问以兰锜旧家，流落江国，见闻既博，考证亦工，故所获古物，多自加笺证，以时转鬻，而得善价。时人颇有议其虚造者，然亦无以折之也。如此节所援，自翔博饱满，非俭腹所能办。因叹后此国家，不唯当厉行提倡发掘考古，同时且当奖掖保护博学敏求之通儒，乃能使新物证与旧史册，相为贯穿。如叔问者，惜今日不置之研究院也。嗟夫，旧学艺文，皆已成专家，而犹薄之，新中求旧，岂易言哉！

六九　食黄瓜朋友反目

旧京广和居有潘鱼，世传为潘文勤遗制，实误。创此者，为潘耀如先生炳年，曾官夔州知府，吾乡之前辈也。潘鱼，乃以羊肉汤及酒炖成，法殊简。相传潘宴客于广和居，延新友首座，北都例请座客点菜，友意蔬价必廉，方春而菜单有王瓜，因点一器，食而美之，更再而三。潘变色，友乃〔仍〕弗觉，及席散，计黄瓜一味，值银五六两，潘乃贻书绝交。盖燕京冬春王瓜，价绝昂，潘疑友人知之，而故以相窘也。此事一时哗为笑谈。予按嘉庆间《京都竹枝词》云："黄瓜初见比人参，小小如簪值数金。微物不能增寿命，万钱一食是何心。"可知此物，非时为贵，由来已久。光绪《顺天府志》载，胡瓜即黄瓜，今京师正二月有小黄瓜，细长如指，凡宴贵客，用以示珍也。谢墉《食味新咏》注载："北俗尚食新王瓜，初出急以售之贵人，贵人亦以先尝为豪，不待立夏。其最早出者，虽不佳，可以两条易千钱。"此皆可见昔年王瓜之价值。南呼王瓜，北呼黄瓜，其实一物，讹久不改。鼎革以后，焙制者日腾坌，渐不值钱，使潘后二十年请客，断不至以微物与朋友反目矣。

七〇　洪承畴建满汉分别之策与亡清

辛亥八月革命军起，予为绝句遍咏当时各省督抚，人系一诗，投稿于陆咏沂之《中国日报》。忆其时二十二行省，汉人专圻者不过五六人，馀皆满籍也。其时载泽绾财，洵、涛绾海陆，大权集中于满人，而亡愈速。然清末满洲亲贵大官虽盈朝，而八旗生计已至迫，旗营兵丁尤苦。洪杨一役后，旗兵不堪用，天下所知，而朝中犹设神机营，犹侈言秋操，奉行故事，掩耳盗铃，其愚良不可及。旗兵既奇穷，怪事乃无所不有。光绪六年南苑大操，自八月初都统穆腾阿赴南苑秋操，至十月廿一日回京。时科尔沁亲王伯彦讷谟祜管理神机营，廿六日奏请诛一已革骁骑校，盖蒙王主操政严，士多怨，此人以犯令革，复求见，搜其衣中有小刀，疑欲行刺，杖之垂毙而后诛之。诛之次日，其母及妻子以贫不能生，皆服毒死于伯王之门。李莼客《咏史》云：

> 貙刘五柞设和门，神策由来七校尊。
> 虚说霍光搜挟刃，竟闻胡建劾穿垣。
> 南军日造黄龙舰，东府亲持白虎幡。
> 讲武骊山原故事，银刀组甲早承恩。

纪其事也。事后醇王上闻，奉命管理神机营务佩印钥，以宝文靖鋆并管是营，而伯王坐是撤差，则蒙王并不得辖旗兵矣。其时京营疲茶愈暴露，盛伯熙有诗云：

> 我朝起东方，出震日方旦。较似却特家，文治尤纠缦。
> 岂当有彼我，柯叶九州遍。小哉洪南安，强分满蒙汉。
> 阛阓生齿繁，农猎本业断。计臣折叩馀，一兵钱一串。

饮泣持还家，当差赎弓箭。乞食不宿饱，弊衣那蔽骭。
壮夫犹可说，市门骄女叹。奴才恣挥霍，一筵金大万。
津门德国兵，饷饵八两半。从龙百战馀，幽絷同此难。

可谓垂涕而言。诗中以分别满蒙汉归罪于洪文襄，此即世所传洪氏密策制满之说也。李孟符《春冰室野乘》，似曾论及之，案头无此书，不能记其原文。《清朝野史》有一节，或是尔时孟符、孺博一流议论，略云："当满汉一家之日，洪承畴密室造请，竟建以汉人养旗人不令旗人营生计之策，从此满汉分居，汉人得安其农工商贾之业，二百七十年来，免受其扰，虽出租税以养之，犹有利焉，此则洪承畴之有功汉族，抑若善于补过者也。驯至八旗之人，一物不知，仰恃汉人，犹婴儿之于乳母，民军一起，数月间而亡其族矣，盖彼早亡于洪氏矣。"即伯熙所咎者。而世又传金之俊降清时，与多尔衮约十不从，所谓：男从女不从，生从死不从，阳从阴不从，官从隶不从，老从少不从，儒从而释道不从，娼从优伶不从，仕宦从而婚姻不从，国号从而官号不从，役税从而语言文字不从，多尔衮允之。又定凡旗人不得经营商业之制，谓限满洲实为金文通之功，此说似后来傅会。大抵八旗食禄而不许经营他业，自为逸豫亡身之张本，洪文襄创此议时，不得谓非饮以甘鸩，具有深心也。抑二百馀年间，大官之骄奢淫逸，驻防之暴戾恣睢，亦已甚矣。虽厚其怨，以速之崩，而岁月盖亦甚久，贪坠之习，伤于国脉民性者已深。东南民庶，受驻防旗兵之荼毒，无可告语者，尤不胜枚举。顾清祚所以长于元者，或正赖此十不从之宽大约束，使民安其俗，不必遽铤而走险，故所谓文通之功者，恐实不如文襄之功。又按清自乾隆以后，得有天下，实皆汉人之力，即三藩削平时，力量已竭蹶，词科八股，亟事怀柔，更无改革文字风俗之勇气，此亦满终为汉同化之一因。

今日国内种族之成见，已不复存，记此陈迹，聊为造作特殊阶级自求府怨者之炯鉴而已。

七一　宣南洗象

居旧京日久，初伏浴频，儿辈颇叩宣南洗象故事。此须六七十岁人光绪中叶曾居北京者，方及见之。予入都晚，但见宣武门内迤西之象房桥，云象房在兹，后改为法律学堂、贵胄学堂，其后又改为参议院、众议院。二十年来，即北京人，亦无话洗象者矣。

考北京象房之设，远在永乐、宣德间，当由成祖平安南，以象入贡，始建此，与豹房相埒。明蒋一葵《长安客话》载："象房在宣武门西，城墙北，每岁六月初伏，官校用旗鼓迎象，出宣武门洗濯。"而刘侗《帝京景物略》载："三伏日洗象，锦衣卫官以旗鼓迎象，出顺承门浴响闸，象次第入于河也，则苍山之颓也，额耳昂回，鼻舒纠吸嘘出水面，矫矫有蛟龙之势。象奴挽索据脊，时时出没其髻。观者两岸各万众，面首如鳞次贝编焉。然浴之不能须臾，象奴则调御令起，云浴久则相雌雄，相雌雄则狂。"可见晚明已重视之。今考梅村《题崔青蚓洗象图》诗，有云："京师风俗看洗象，玉河春水涓流洁。赤脚乌蛮缚双帚，六街士女车填咽。"康熙《大兴县志》亦云："六月六日晒銮驾，民间衣物悉曝之。三伏日洗象，銮仪卫以旗鼓迎象，出宣武门浴响闸，象次第入河，如苍山之颓也，额耳轩昂，舒鼻吸嘘水面，矫若蛟龙，象奴挽索据脊，时时出没，观者如堵。浴未须臾，奴辄调御令起，浴久则相雌雄，致狂。是月海淀莲甚盛，就莲而饮者，采莲市者，络绎交错焉。"

此是因袭《景物略》，而稍损益其词。其后吴升东《浴象行》云：

六月望后之四日，天街簇拥行人疾。
争传浴象御河滨，画鼓喧阗箫管集。
金吾肃领佽飞军，宣武门东队队出。
象奴控驭何驯良，屈指约略近五十。
来自六诏万里馀，西南臣服诸邦国。
不次恩从格外加，锦绣为鞯金为饰。
月给俸钱向水衡，九重拜爵同官秩。
早朝立仗著勤劳，车驾前驱赖警跸。
以此宜承眷顾殊，殿最无烦分黜陟。
当兹盛夏苦炎蒸，廑怀暑气或相逼。
有水一泓澄且清，长流不断亦不溢。
薰风时至生縠纹，安澜望去彻底湜。
青柳绿槐千百株，波光掩映琉璃色。
□□差堪于其中，如赐汤沐之世邑。
三两成群逐浪游，深者及肩浅过膝。
巨牙利齿各分张，周身舒卷任鼻息。
偶然喷沫动成珠，仿佛鲛人夜半泣。
勇跃昂首欲长鸣，牝牡追随自俦匹。
聚观若堵骋纵横，夹岸红裙杂遝立。
笑语沸腾辨莫真，罗衣香汗重重湿。
四顾含情最可怜，指点楼头谁第一。

读此，可知后来浸成盛会。戴璐之《藤阴杂记》且云：“洗象诗，名家集中歌行词赋，无美不备，独渔洋竹枝一绝云：‘玉水轻阴夹绿槐，香车笋轿锦成堆。千钱更赁楼窗坐，都为河边洗象来。’可作图画。”

至后此如彭蕴章《松风阁诗·幽州土风吟·洗象》云：

宣武城南尘十丈，挥汗骈肩看洗象。
象奴骑象游玉河，长鼻卷起千层波。
昂头一喷一天雨，儿童拍手笑且舞。
笑且舞，行蹇蹇，日暮归来洗猫犬。

方朔《金台游学草·洗象行》云：

六月三日初伏交，传呼洗象西河坳。
方子乘兴出城去，车马两岸如风翱。
喧嚣寂处人争让，三匹两匹迢递见。
壮哉雄物此大观，立地平山拖一线。
红旗摇曳金鼓鸣，摧颓蹴踏驱之行。
泥深水浅足力重，陡然潮涨东西平。
一蛮奴跨方腾踔，众蛮奴搏浑浆跃。
雨作涛翻十丈飞，何处蛟鼍掀大壑。
前者未起后者趋，水中岸上交欢呼。
金声一震波成焰，化出鏖兵赤壁图。
蛮奴驯象如调马，以钩为随月上下。
蛮奴洗象如浴牛，拳毛湿透归悠游。
最怜得润尤更色，湖石巍峨不断头。

则力求变调，其实亦无甚新语。其见诸笔记者，晚清黄钧宰《金壶浪墨》云："六月十日，与紫垣观洗象于宣武城西，至则游骑纷沓，列车如阵，如蜂房，如文闱号舍。车中人襜帷半掩，只露头面，如牡丹，如绣球。道中食货络绎，百戏如云。喧扰间，忽见数人高与檐齐，冉冉前进，众人左右辟易，有执红棍者前导，则象奴雄踞象背，邱山不动，次第缓步而来。及河，伏其前足，候象奴既下，司事者鸣鼓数通，然后入水，计先后二十有四，游戏征逐，浪沸波腾，钱塘射潮，昆明习战，不是过也。洗毕鸣金登岸，犹以鼻卷水射人。都人知其驯习，畀钱象奴，教以献技，象必斜睨奴，钱数满意，乃俯首昂鼻，呜呜然作觱栗、铜鼓等声，万众哄笑而散。”此与前诸诗可相发明，其云六月十日，与吴升东诗之六月十九日，方朔诗之六月三日，互有不同。度是伏日之迟早，然伏日纵迟，不至如吴诗之望后四日。予意洗象号为初伏，实则须视护城河之水势，宣外城壕，冬春半涸，唯盛夏大雨时行，西山山洪迸发，由高梁河灌入绕城诸河，以入于二闸之通惠河，此则洗象时也。光绪甲申后，安南、缅甸并非我属，贡象久不至，象房馀一老象，时人有南荒遗老之咏，至己亥，此象亦毙，遂永绝响。区区小点缀，亦有六百年以上之史实，且与吾国声威制度之消长相关，暑中辑拾及之，弥为叹息。

七二　京师洗马

又考明沈德符《野获编》称：“六月六日本非令节，但内府皇史宬晒曝列圣实录、列圣御制文集诸大函，每岁故事也；至于时俗，妇女多于是日沐发，谓沐之不垢不腻；至于猫犬之属，亦俾浴于河；京师象只，皆用其日洗于郭外之水滨，一年惟此一度。”此则以洗象属于六月六日，且不止洗象，且及于曝书洗猫犬。按元明旧制，本有六月六日洗马之俗，《燕都游览志》：每岁六月六日，由贵人用仪仗鼓吹导引洗马于德胜桥之湖上，三伏皆然。《北京岁华记》亦称六月十二日，御厩洗马于积水潭，导以红仗，中有数头锦帕覆之，最后独角青牛至，诸马莫能先也。《燕都杂咏》：

古潭连内苑，御马洗清流。夹岸人如蟹，争看独角牛[①]。

此则历代旧闻所采四五百年前之旧话。所谓独角青牛，度是一时畸形异产，必非犀属。至清代殊不闻及伏始洗马也。

七三 “侬”之音义

幼读东坡诗“吴侬生长湖山曲”，心便羡之。后读昌黎《泷吏》诗，“鳄鱼大于船，牙眼怖杀侬”。检《玉篇》：“侬，奴冬切，吴人称我曰侬。”意以为吴人自称，皆必曰侬也。近十年间，两客吴下，试究方言，乃无以“侬”为我者，如《子夜歌》之“郎来就侬嬉，负侬非一事，许侬红粉妆”者，今皆无之。凡言女者，音皆作“侬”，此则为渠侬之别训。按字典，渠侬，他也。《六书故》：“吴人谓人曰侬。”如《寻阳乐》：“鸡亭故侬去，九里新侬还。”《读曲歌》：“冥就他侬宿。”皆谓他人曰“侬”之解，与今之吴人读音正合，可知即此区区一字，变迁亦甚大。太炎谓：“《诗·大雅》笺，‘而’犹女也，音转为乃，为若。”今苏州谓女为“而”，音如耐，浙东谓女为“若”，音如诺，音又转为戎。《大雅》“戎虽小子，缵戎祖考，以佐戎辟”，笺皆训“戎”为女。今江南浙江滨海之地，谓女为“戎”，音为农。然则侬者，本音农，乃戎之转，久训为女矣。昌黎之诗，《玉篇》之训，或犹在后也。又按昌黎此诗中“亦有生还侬”，此“侬”字，即指他人。

---

① 自注云：德胜门内积水潭伏日洗御厩马，末有独角青牛。

七四　汪梅村之际遇及政论

偶于坊肆得《莫郘亭诗钞》一卷，白纸初印，上有细字云："同治丙寅夏五，郘亭诒，新亭父记。"钤有悔翁一章，书内又钤汪士铎印，知为汪梅村[①]所藏。悔翁藏书，南京肆内往往遘之，此为郘亭亲诒，或稍可实。悔翁是近世南京名士中一大怪物，辗转洪、杨窟中，而为曾、胡策划，一怪也。平日所持政论，以大乱之生，由于人口过多，所言子女多者加税等，颇近节育，与欧洲近代之马尔萨斯学说，及嗜杀用术智诸新说颇暗合，二怪也。平生痛詈妇女，主张生女即溺，而畏其妇特甚，三怪也。其著述虽多，而论政论学多见于日记中。今节录其日记中之一二段，以见悔翁对于我国政治与社会病痛之见解：

> 世乱之由，人多（**女人多故人多**），人多则穷，地不足养。商于外则奢靡，苦乐不均（**盗贼之见如此**），有才不遇。遇时者人多亦不足用，靡费更不足用，一味托大而不足用，虽遇时尚不足用（**有累**），流荡人多，好吃懒作，游手好闲，无光棍律，无才而慕富贵，轻武重文，文饰太多，好强不讲礼，信鬼神，信术数，作为无益，一味敷衍为能干，粉饰欺蔽，苟且作伪，巧捷刻薄，刑罚太宽，不核名实，盗贼律宽，人禀赋、嗜好、习染、风俗、性情不同，久治思乱。慈悲，流荡，多言，好吃，懒作，脓包，善

---

① 汪士铎，字振庵，又字梅村，号悔翁。江苏江宁人。道光举人。工诗，治三礼、地理学。著有《悔翁诗抄》、《水经注释文》、《汪梅村先生集》、《汪梅村乙丙日记》、《悔翁笔记》。

气，善哭，扯淡，浮躁，托大，好闹，好赌，好酒，无规矩，不能忍耐，不能持久，取巧敷衍，信鬼神，喜术数，好作无益（此二十二件人不中用也），多生上二十二件不中用人，多生能干刁巧疾滑人。人家多生女子，文恬武嬉，怕出事，姑息养奸乱，事事粉饰遮掩，不肯结实，事事只做目前，不肯经久，用物侈靡。无等威上下之别，故风俗奢靡，事事托大。在官者一味欺蔽，刑名一味宽纵、姑息，上下皆尚取巧偷安，谋利敷衍，赏罚不信，拘于成例，不能破格，不求人材。天不行疫使人死，女子格外多寿。蒙蔽粉饰，人多游手好闲之游荡光棍。人君讲道学，迂阔不适于用。学以一味空疏无讲求实用者，即清谈废务之别调也。上下拘于一定之例，不作出格文章，不易置当道要害之官，不知因时制宜变通尽利，姑息则欲息事而惧多事，生事适以偾事。幼时切忌流言，流语，扯谈，漂白，流教，流荡，奇伶俐，小聪明，流打，照瞎，打岔，活脱，倜傥，闪躲，趋避，闪展腾挪，闪躲，疾滑溜，便给巧佞，逢迎取巧，掩饰弥缝神气人。南京人之弊，回债，扯淡，漂白，脱空，打死老虎，很话，小坏，骂人胆小，调唆，无才刁狡，爱利，小聪明，取巧邀功，流言流语，尖巧刻薄话，闪展腾挪小便宜，滑疾溜。上下互相欺诈，官太巧，重虚文，无赏罚，拔用皆拘成格，无一破格事，不肯循名责实，太无等差，拘守成例太过，看事太易，欺蔽皇上，袒护同官，宽纵恶人，姑息小人，刻薄正人。光棍：青皮（海州），喇子（江宁），苦家（同上），二八降（同上），土棍，匪类，不成常，无二鬼，囚犯。盗贼：红胡子（颍州），幅匪（山东），由匪（曹州），捻匪（徐州），帼匪（四川），贼匪（广西），会匪（福州），痞匪（湖北），斋匪（湖南），担匪（江西），土匪（安徽），教匪（广东）。

长久治安之策：弛溺女之禁，推广溺女之法，施送断胎冷药。（**顿觉眼前生意少，须知世上女人多，世乱之由也。**）家有两女者，倍其赋。崇武科，重力及技，严再嫁之律，犯者斩决。改盐引地段，广清节堂。乡举后不用诗文字，讲求吏治。广女尼寺，立童贞女院。会试试以吏治时务，忌策论气，虚文论理者斩决。非品官不准再取，严其法。生三子者倍其赋，广僧道寺观，惟不塑像。兵皆实额，刺腕为记，虚一名者，军主斩决。科举中参乡举里选之意，循名责实，以待士大夫。严流荡，土匪律斩决。考试去《孟子》，增《通鉴》。军皆有力，长大强健，承平时加以礼貌，比于文童，使略知礼法，则悼逆之心略戢。定三十而娶，二十五而嫁，违者斩决。盗贼不分首从、赃重轻，斩决。严罚信赏，不限资格用人，省空文告谕虚词，黜虚文粉饰，归质实。分士、农、商、武、工、僧六民，游手者为仆隶，不齿于六民。不禁优伶，使人有乐境，而禁娶妓，以端风化。严等威之辨，僭逾斩决。深山大泽，拔其豪以为土官。广文学则人弱，土官不世及，六年一任。道学则人无用（**欲人无用则行之**），猛以济宽，欲人有用，崇史学，君臣不言道学以虚文，崇学校则人向学，士至五十外，始准言道学。人才不足患，患在顽梗，任官忌巧佞便令者，最忌取巧，任官取质朴诚悫者（**不妨拙**）。删六部则例，太繁苛，一切破格，以合损益因革，集思广益，求言。妇人服冷药，生一子后服之，因时因地，因事因人，各制宜，广溺女法。救时不得不变法，不必拘孔孟六经。富家准一女，广商贾，弊不过浮靡而人弱矣。禁《水浒》一切小说。不用则例，不用孔孟，不祀鬼神，不信术数，不崇翰詹，不言道学，不谈晋人玄虚、唐宋禅学、宋元道学，不主一格，不讳富强，不作无益，不取巧佞，不循资格，不用六经。选乡勇，人须长大有力，敏捷矫健，耐久善走，能吃苦，不取巧，去家五百里外，面目无伶俐象，非市井辩给人。破一切例不用，求人才，广探报采访，易置一切官有司，尤急大路贼冲之官，尤急虚心受益。

城府阻于洞壑，机械捷于般倕，明睿炳于水鉴，灵警敏于鬼神，断制决于齐斧，勇敢鸷于雕隼，谋谲诡于良平，武略百于起翦，矫捷奇于猿猱，言辩敏于苏张，巧诈给于汤弘，残忍过于闯献，深刻倍于韩商，威力迈于贲育，为十四德。

以上由世乱说到长治久安之策，其中有极偏执处，极可笑处，然大体上判断不能谓不锐利，议论不能谓不彻底，其中极有合近人脾胃语，可见思想之左倾。所云十四德，正为今日所尚。此皆节自邓文如[①]所刊之悔翁《乙丙日记》。按邓君所得如悔翁手书日记、《乙卯随笔》、《丙辰备遗录》三种，又有遗诗一卷，皆印行。其《乙丙日记》，乃文如手校后加题者。其中可考证洪杨事迹至夥，如云洪杨曾删定《论语》，如洪杨考试诗文题，如悔翁长女曾为杨秀清书记，如破金陵为湖北张子行，贼目皆未至，等等，皆绝好史料。而文如序中，有一段极翔明深切，有关史实，今节举之。邓序有云：

世皆知悔翁专精史学，而不知介洁自持，不矜名，不嗜利，不乐于为人羁縻，不务虚骄之论，唯志切于用世。观此书论事，论兵，论世乱之源，及弭乱之道，兼及当时将相炀蔽欺枉之术，切中时势，实由书史阅历而得。间有稍涉偏激者，则聊书愤慨，非必欲见之施行，或为时所囿，自不能以今日恒解非

---

① 邓之诚，字文如。生前任北京大学教授。其所著《骨董琐记全篇》卷四，载汪士铎事迹多篇，可资参考。

薄之。

然论及西学西法，未尝无择善之意。悔翁尝为魏默深辑《海国图志》，又尝从包慎伯游，魏、包师法亭林，皆具经世之志，故悔翁通晓世务，而渐渍黄老法家之言，主张虽严刻，而终远身于富贵，识力更进一等。其《乙卯随笔》，自谓无宦情，有脾气，难为人下，难循则例，貌及眉目不佳，性有老圃气，知足安分，乐无事如黄老，喜杀，不笃信孔孟，为十不可者，足以概其为人矣。尝疑曾、胡定乱，必有为之谋主者。文正自谓学商鞅耕战之术，文忠则综核名实，皆近法家。及观悔翁所论，尊主权，重名实，峻刑戮，恶理学，及承平拘牵之事，文正自咸丰十年驻军祁门，又悔翁平昔所主张，何其所见之若合符契也。及细绎曾、胡书牍，乃知悔翁实尝为之策划。盖苏浙继陷，偾事者或败或死，失所凭藉，文正拜统筹全局之命，东南始有转机。是时悔翁方客于文忠，从容论列，必有人所不及与知与闻者。观文正书牍(**庚申**)《复汪梅村书》云："来示所举十条，第一、第四条，当于本月内行之。第二条裁官、裁绿营，俟履苏日行之。第五条乃弟近年行军之微旨，第六条亦今世必变之恶俗，唯第三条和夷，或另简派有人。第九条修筑碉卡，事有未遑。第十条疾趋入吴，力实不逮，负阁下殷殷期望之心。"(**《书札》卷六**)又云："所示四事，江淮运米一条，鄙人本有此志，以皖南军事无利，未遑远图。新岁稍得便宜，即当投袂东行，治军淮浦，以副厚期。"(**《书札》卷七**)又《复胡宫保书》云："梅村兄两信，前信只速进苏州一条难行，馀九条皆可行，无一迂腐语，两月内必一一行之。此信不如前信之切当，而满腔热血，喷薄纸上，有此血性男子，而潦倒一生，天下安得不乏才哉？"

(《书札》卷二十二)称其学行,则曰“耿介”,曰“洵积学之士”,曰“梅村境遇可悯,侠烈可敬,学问可畏”,曰“梅公之古藻联翩”(《书札》卷七、卷二十、卷二十二《复胡宫保》),曰“学问淹雅,人品高洁,鄙人所企佩”(《书札》卷二十八《复丁果臣》),倾倒可谓至矣。

又观文忠书牍云:“梅村老人前后三函,均博大精深,胸有千秋,目营八极。当以小幅装成,以资省览。为涤公谋,即不尽为涤公谋。”(《遗集》卷七十三《致书局牙厘局》)又云:“此旷代醇儒也,孤介不可逼视。”(《遗集》卷七十五《复严方伯》)其论悔翁之学曰:“梅村所拟体例,均是。如伐某国、取某邑,凡兵事之无当于兵略者不录,其意良是。所言各条,亦均是。唯渠之舆地之学,极为精博,删繁就简,非梅村自为之,则恐择之不精也。”(《遗集》卷六十三《与蒋文若论刊〈读史兵略〉事例》)又云:“梅村所著极佳,此篇成,必敬授诸君子各一部,精而熟之,可以为帝者师矣。”(《遗集》卷六十四《致牙厘文案粮台诸君》)文忠本悔翁乡举座师,乃尤致敬尽礼,时尊称之曰梅公,曰梅老,或梅村老人,虚己以听,如文忠者,今安得有其人哉!特曾、胡所谓三书,今悔翁文集,已尽删削,不登一字,不悉其所语维何。(《悔翁文集》别有上曾帅书三首,一论兵势,一荐葛蕃,一贺经略四省,皆无所谓十条与四条者。)

予见悔翁辛酉所撰《缘学道斋日录》(东方文化图书馆所藏),有安庆初下时致文正书稿云:“夫兵以常战而强,用以不滥而足,人以博观而知,事以综核而理。闻前敌军台经营伊始,恐有进繁缛鸿阔之规,以营其门户醉饱之私者,愿远烛艰难,慎持于权舆之际,简而赅,朴而不饰,介而易通,阎公之治楚北，致有可采也。”又致文忠书云：“兵事度益艰，南北两岸，除多、鲍二军以外，唯水师及韦军可用。他皆丹铅文士，或又器局褊狭，不能与人共功名，一旦得志，必有尾大不掉之虑。饷源日蹙，言利者不深维民不可下之义，骚扰掊克，以朘其生，诚恐教匪扇之，忧生肘腋，得不偿失，可为寒心。张仲远观察、李香雪都转，通知时变，若延之左右，商度事宜，而丹初、星槎交相赞助，多拔偏裨勇敢之士，广募椎埋亡命、暴虎冯河之徒，以资爪牙，楚其犹有豸乎？”又云：“楚军今日之势，在无战将，非无统领。若推赤心于韦志俊、陈大福以为统带，合之多都护、李成谋，可得四将。邀杨、彭同列并进，以神速行之，以奇军参之，庶其有济；不然，恐蹈江南之覆辙也。阎丹初精明洞察，吴木翁质朴忠厚，李香雪通晓时变，李午山清恪温恭，罗仙舸笃敬和平，终必不负吾师。处士若丁果臣、胡东谷、张廉卿、洪琴西皆忠信明辨，足资询访。他人则如地师罗盘，内层所差不过一线，而引而伸之，遂至秦越，缘其本心，亦岂欲大负吾师，而其性所亲近者忍于负伊，伊遂不得已而负吾师，甚或外愿内黠，巧趋凉热，漫无见解，有同和鼓，虽有秣线之才、斗筲之用，岂足与赞襄大猷哉？”又云：“犬马留恋之意，则愿进瞽言：曰召椎埋亡命之徒，而不重用文人也。曰收召淮北及秦甘边境、湖南苗疆之勇，而不专用长沙、岳州、宝庆也。曰推赤心以待韦志俊等降人，以为将率也。曰召降以术，散其党羽也。曰用人不拘一格，而贪诈使为吾用也。曰兵以奇变制胜，不必专于堂堂正正也。曰所召徕贤才，当使进贤以弼大政，不必徒豢之如豕羊也。曰理财宜勿过朘削脂膏，恐腹内教匪滋事，藉为口实也。曰选士宜以胆力，非来投者皆录用也。曰保举不宜过滥，使豪杰慕功名也。而其大要则有二：曰极密，曰神速。今欲举一事，前数日民间皆知之，而贼益为备，非密也。用兵以静待动，贼知吾此谋，而任以数千人羁绊我军，而专力四掠，我不能救，因以重困，绵延岁月，财殚民瘠，必有土崩之势，教匪乘之，以通于贼，病遂不瘳，可为寒心。张观察仲远、李都转香雪、阎农部丹初，皆赡智宏才，愿下愚论，俾各抒所见，吾师断之以施之政，则士铎虽面侍诲言，亦不是过矣。”（今《悔翁文集》中有《上胡宫保书》，词意与此略同，而言尤切直。）

若悔翁者，丁宁款密，能见其大，可谓忠告善道者矣。又与文忠书自状云：“士铎自度其才不足毗益时事，素性刚躁，不能委蛇曲折，体于人情，故矢不与事权，苟窃薪米以自存活。”又云：“士铎自涉世故，即痛惜人满之患，知天地山川之力，必不能供取给，又贫富相耀扇，其忮者欲攻取，动足致乱。而在官者，方日以习气自矜，文酒相尚，崇虚浮而忘实致，尽蹈西晋干宝之论，此皆卢扁不救之症也。故矫枉过直，好老庄之谈，以谓才不足以济变，力不足以拨乱，又志刚而褊，易婴人怒。区区之志，唯欲苟全性命于末世，然无附郭之田，祭祀饔飧，不得不藉笔墨以自赡。又以为征收朱墨诸侯下客，古人所谓抱关击柝者，与之相近，其职易称，受偿虽微，而每食无馀，差足自了。”（以上致曾、胡函稿，有悔翁手批，概从删削。）悔翁之言如此，足觇其所志，故文忠之薨，文正招之入幕，以编文忠遗书辞，甲子以后始归金陵，然逊谢始终居忠义局而已。殆即文忠所谓“孤介不可逼视”，亦即悔翁之所以能尽言，而曾、胡之所以能受尽言者欤？大功成于曾、胡，乃由自命迂拘拙滞之一书生发其端绪，书生之有益于人国也，岂不重哉！

此为文如序之中段，所录悔翁致曾、胡书，皆外间不易觏者。予按金息侯《四朝佚闻》云：

> 汪梅村士铎，江宁举人，为胡文忠林翼所取士，文忠转事之如师，抚鄂，招入幕，论兵议事，实为之谋主；并为曾文正所重，文正称其学行耿介，可敬可畏。文忠称其旷代醇儒，孤介不可逼视。尤精史地之学，《读史兵略》，即由代编。尝从包慎伯游，为魏默深辑《海国图志》。具经世之志，而喜黄老家言，常远富贵，自谓无宦情，有脾气，难为人下，故矢不与事权，苟窃薪米以自存。其论学谓必通史地而兼词章；论政在尊主权，综名实，峻刑戮；论兵主机密神速，破格用人。生平深恶理学，亦不笃信孔孟，有十不可说。并称洪杨删《论语》，去鬼神祭卜等类，谓功不在圣人下。而洪军聘为军师，则恶其无道，却不就。遂依鄂幕，及文忠殁，文正招之，亦以编文忠遗书辞。后归江宁，仅居忠义局以终，年八十有八。所著有《水经注补图补注》、《通鉴地理考》、《辽金元史地理氏族考》、《仓颉篇》、《急就章补》等数十种，或成或未成，又修上元、江宁县志，及《梅村集》。余曾见日记杂稿数册，以书估索直昂未能留。近见邓文如辑刻《乙丙日记》，为之欣然，如释重负。惟原稿似尚未尽，忆夹缝中往往有细字，詈其继妻，斥为泼妇恶母，盖痛二女之亡，又日受交谪，不屑还唇，故记中有"尔以口，我以笔，其奈我何"云云之语。梅村晚境至艰，又苦目盲，其厄甚矣。论者乃称为儒生老寿之荣，可伤哉！

息侯此节，大致即采邓序，所云日记中夹缝细字詈其继妻云云，予闻吴董卿言亦曾见之。董卿又云，悔翁日记晚清已有印行者，或是《国粹学报》邓秋枚等之力，但不完全。其言儒生老寿之荣云云，是指文如小注。原注云："《湘绮日记》，同治辛未九月二十三日访梅村，喜其健在也。问箘簬枯之说，云俱见《吕氏春秋》。又告予以诸子校本。盖悔翁体弱忧生，故有健在之说。悔翁卒于光绪十五年，年八十八矣，一生遭逢不偶，天以大年报之。先于十一年以经明行修荐，授国子监助教衔，虽不足为悔翁重，且非其本怀，然亦可见儒生老寿之荣矣。"息侯以国子监助教为不足荣，此盖深悯悔翁晚年家庭之酷遇。

予尝与柳翼谋论悔翁事实，翼谋告予，《乙丙日记》为张孟劬痛斥，文见《学术世界》中。张文予未获见，但闻悔翁生平受病之处，已暴露无馀。又悔翁晚年无子，而夫人虐之，极人所不堪。同时诸公愤不能平，乃匿悔翁于涂朗轩江宁府署中。汪夫人侦知之，则取悔翁生平撰著，及所爱书籍于庭，宣言翁果不归，则焚其书。翁闻而大恐，哀吁诸公释之归家，宁受老妻凌虐，不忍稿草付炬。诸公相顾太息，谓翁之苦境，无可拯拔。盖其夫人之智，能察悔翁所溺而挟持之，翁不能割舍一切，宜其毕生受制也。同时温明叔（葆深）亦极惧内，温以侍郎视学闽中，夫人忽逼其称病罢官，温即佯狂紊试规，大吏奏其有心疾，遂归里。左文襄督两江，以温当年分校礼闱，知其为天下奇才，虽荐卷未售，极德温，朔望必诣温宅谒师，温夫人对文襄恒斥其师无状，温、左相对局蹐，惟命是听。温与夫人皆老寿，同日无疾而逝，此视悔翁为稍有福泽矣。龙蟠里国学图书馆近购得悔翁手批孙芝房《刍论》，孙于盐法主就场征税，汪批痛诋盐商，视孙论尤激昂云。《乙丙日记》中错字颇多，凡言湘者多讹作浙，不可解。悔翁遭际虽似冯敬通、刘孝标，而千秋之下，莫不称悔翁之名，而咎其妇之悍，则以笔骂者，终胜以口骂，此又悔翁之终过于温明叔者欤？

七五 《石遗先生年谱》戊戌纪事

石遗先生以七月八夕捐馆舍，予中夜闻耗，悲不自胜。先生侨居苏州，岁归里销夏以为常，今年买舟春申，予诣送，出寄赵尧老一律诗叩质，才十日事，未料忽然一瞑。予有三诗哭师，所谓：

归里岁销夏，北驭秋为期。今年独诣送，逆旅还说诗。
回思冻梨色，神采犹植鳍。

所谓：

老为过江人，还叩鹤市屋。每要车中谈，辄恨驿路促。
坏墙见西山，此景谓不复。岂知造化妒，萎哲嗟更速。

皆杂述近事，"坏墙能见翠微山"，余《重过小秀野草堂》句，先生所屡称者。然终惭不及众异[①]挽先生第二诗中之"死生真细事，吾恐书种断。国危兵又起，一去宜不返"二十字括举而沉痛也。先生学穷天人，生平治《说文》，治古文辞，皆至精，而世但传其说诗。然先生《诗话》，及为朋辈诗序，其至者，海内才人皆敛衽无间言，寝馈至深，而笔妙亦无两。予北面请业逾三十年，所藏北大文科时论《说文》论文数札，筌奥出新，与先生文集中诸解经治小学文字相表里。

先生著撰，世所知十五六种者外，尚有《尚书举要》，为力辟伪古文之作，见解甚博而创。《钟嵘诗品评议》，则七十后论诗之菁华。《音韵学》、《群书举要》、《史汉研究法》各若干卷，皆累年讲席铿铿说经所得。众异挽诗中，所谓"并世不数人，我里见尤罕。谁能治朴学，着眼到文苑。公兼惕园长，每绳左海短"者，事实，亦公

① 即梁鸿志，与黄濬俱为陈衍门下得意弟子。

论也。先生小名尹昌，故字曰叔伊，其以“石遗室”称者，弱冠梦至一处，重楼叠阁，阒其无人，有书数百橱，随手抽数册阅之，书边印石遗某某书，中似是自己著作，时方阅《元遗山集》，因遂自号石遗。后细思此二字与叔伊颇相合，遗、伊国语同音，石、拾同音，叔又训拾，乃号所居为石遗室。先生著述，十之五六皆已刊，生平持论，谓书必须木板，板不须精，而必须身及见之，故所椠各集，皆如所言。诗集至四五续，限于工力，字尤漫漶，唯文集有佳纸初印本，亦不多见。先生长君公荆（名声暨），先先生十馀年下世，文笔能传其家学，在北都常过从。

《石遗年谱》者，公荆剌取先生日记及过庭所闻者纂之，至五十三岁止，北行未暇续。及公荆殁，及门王真又续成至七十五岁止，后此七年尚阙如。世人妄疑谓先生自作，予谛观笔法，皆出公荆，盖合先生诗文集，及萧夫人《戴花平安室笔记》而成，其中纪事自必请命核得其实。传可传之人，以子述父德，良法美意，固犹近代有闻者之自述也。且谱中所叙，皆有根据，无溢词，当时政局轶闻，儒林风尚，随地可见，而戊戌年谱中所叙，尤有关系。盖戊戌为前清新政与名流消长之一大关键，而是岁适先生入南皮幕府，又适与沈子培相遇，在先生个人学术环境上，亦一大关键，今节录是年所纪者。《石遗先生年谱》：

> 戊戌，四十三岁。正月五日，携一仆赴鄂，九日至，主梁节庵丈寓。广雅约次日迟明见，节庵为备饭，备舆，至节署，则仪门以内，庭燎光彻大堂，主人已衣冠候于花厅门内。广雅长不及中人，而广额伟鼻，目三棱有光，髯及腹，行坐揖让，仪观秩然。自黎明坐至日午，勺水不入口，谈不绝声。首询何以名衍，答以先君年五十得衍故。又问何以字叔伊，答以小名尹昌

故。又问《考工记》、《元诗纪事》外，尚有何著作，答以《周礼》，《礼记》、《说文》各辨证，《说文举例》，《尚书举要》，皆未梓。又问在上海馆谷外，更有何岁入，答以授徒卖文。又问："在上海久，所识海内有学问之人必多，鄙人所未知者，能分类举其最优者否?"答以："散体文有直隶新城王树枏、义宁陈三立，骈文有武进屠寄、泰州朱铭盘，考据之学，可信者有瑞安孙诒让、善化皮锡瑞，皆当老帅所已知。(老帅者，当时佥以此称广雅也)此外尚有浙江章炳麟。"广雅闻至此，即大不谓然，曰："梁启超文字宗旨颇谬，然尚文从字顺，章某则并文字亦怪异矣，足下何数及此人?"答云："章某能读书，实过于梁，老帅似未见其《左传》著作。"(后家君入都，闻广雅召章君至，月薪百馀金。而梁节庵与其徒朱强甫，方以忠君宗旨取悦广雅，章君识强甫，乃与昌言革命。强甫诘其先代有仕者，何得出此言。章君言此为强暴所污耳，子孙当干蛊。强甫以告节庵，节庵以告广雅，胁广雅当逐此人，否则上闻。广雅辞章君，赠以五百金，购其《左传》撰稿。节庵复扣留其款，章君狼狈归至沪，至杭觅家君皆不遇，留书而去，故知之详。)

于是横风打断，言他事。忽论及桐城古文，"姚视方何如"? 答以："姚虽言考据、义理、词章三者缺一不可，然方根柢远过于姚，人皆谓姚胜方，衍谓方胜姚，即恽子居亦胜姚，惟佞佛无谓耳。"广雅颇以为然。又谈及苏堪诗，甚为称许，惟言所见不多，答以赵瓯北评元遗山诗，学不甚博，才不甚大，惟以精思健笔戛戛独造，苏堪似之。后遂谈《求是杂志》事，可以弃彼就此，此间亦拟出一杂志，因此言及陈季同之为人，答以季同不修边幅，滥用钱有之，然未尝媚外，薛叔耘忌之，其言不可信也。馀琐屑不能尽记。

广雅服御朴俭，外褂貂皮将秃，炕垫红呢破，稻草见焉。次日家君上七言律二首，是夕广雅招饮，大圆桌白木无漆，罩以旧白布而已。同席者，节庵外，有王雪澄观察（秉恩），华阳人，癸酉举人，熟目录之学；王捍郑主政（仁俊），字干臣，吴县人，甲午（熙按：应作壬辰）进士改庶吉士，散馆改吏部，著作甚富，皆广雅门下士。朱强甫茂才（克柔），嘉兴人。命雪澄腾出纺纱局官屋三进，为家君卸装地。坐间广雅言："中国自大创于日，朝廷厉行新政，然起行必由于坐言，拟稍集留心时务者，研究政学，庶有裨于万一。"次日来答拜。使节庵道达诚意，请本年起，留鄂办理一切新政笔墨，暂任官报局总编纂，鄂中度支不足，月先致薪水百金，勿弃菲薄。诺之，乃函辞沪馆。广雅遂檄雪澄观察为官报局提调，派捍郑、强甫帮同办理笔墨，捍郑薪水七十金，强甫五十金。时节庵为两湖书院山长，调两省高材生分科教授，实具学堂性质，经、史、舆地外，兼有测量、枪操各门功课。又次日，节庵招饮两湖书院，院正座居两小湖中，一名墩子湖，一忘其名。大门内两边长廊抱湖，向北进，学舍、书库在焉。正座一大讲堂，堂上大楼，两旁分教各员室，正座后两长廊抱湖，亦如之。是日识杨惺吾、马季立、邹沅驭、陈善馀、陈仁先诸人。节庵尚能豪饮，以方三寸深二寸小斗，饮尽八九斗，夜深散，仍回节庵寓。节庵精治馔，最嗜鱼翅，家君即用其厨宴节庵，拚酒大醉。其表弟龙伯鸾秀才凤镳，顺德人，刻《知服斋丛书》数十册，雕板颇精，赠家君两部，是日在坐。数日，移居纺纱局，王雪澄观察招饮于织布局。

初，广雅在文昌门外江边创设纺纱、织布、缫丝、制麻四厂，皆雪澄为总办，丝麻二厂未开工，先开纱布局，其办公处设于布局，故纱局屋空也。数日，广雅令拟《开设官报序言》一篇，又撰《时务论说》二篇，广雅甚称许。二月，广雅忽使节庵促入都会试，登第后早来，辞以无意科名，不悦，谓："尚未中年，岂宜过于自废？"不得已遂请假，广雅、节庵、雪澄排日饮饯，有《再至两湖书院视节庵》诗。广雅平日出言极斟酌，偶有未当，已隔数句矣，将前言重提起，谓顷间所说，不是如彼，乃是如此。家君尝谓广雅不但文字有添注涂改，言语亦有添注涂改，然可见其为人不苟矣。独饯家君毕，送出，乃云："此去状元及第，好为文山。"期许之重，不觉其失言矣。

三月，入都，寓烂面胡同莲花寺，大世父以选人至同住，时海内言变法者蜂起，公车集辇毂下，尤人人晁、贾、苏、王矣。康长素、梁卓如外，若宋伯鲁、杨深秀、谭嗣同、唐才常、陈虬、宋恕之伦，遽数不能终。林暾谷先以援例为内阁中书，到衙门，京师强学会兴，日奔走其间，与张铁君等兴闽学会，与王书衡、张菊生等兴通艺学堂。长素寓上斜街，有所谓万木草堂者，梁卓如、麦孺博诸人日夜论议，方上万言书，开保国会。暾谷耸于其说，又日至家君处谈艺，谈国事，家君语以"子向习词章，经济非所长，时局会有变，盍姑少俟"。既下第，强使出都，同游杭州。广雅与湖南巡抚陈右铭宝箴皆欲致之，而中朝方令京外大员荐举人才，翰林学士王锡善荐之，召见，特命与杨锐、刘光第、谭嗣同以四品卿衔充军机章京参与新政，繁然有所更张，十日，而四章京之难作矣。方家君之在都也，朝命广雅入觐，将使入阁，广雅闻召即行，至沪，朝命止其来，则常熟翁叔平师傅同龢沮之，时景皇方亲政，常熟方在枢廷也。家君出都至沪，船上谒广雅，广雅言："还镇亦好，子可速来。"

闰三月，家君以寓沪八年，未同先母至杭州，今将他适，遂同往，有《三至西湖同道安》二律。时琴南、啸桐、郑稚辛诸丈，与暾谷、拔可相继亦至。

六月，大世父往正阳关爱苍丈处，丈早调该关榷盐也。声暨挈眷赴武昌，移居豹头堤，堤在督署旁，屋颇高敞，花厅有花木，外有空园。武昌夏暵本至酷，以临江一带，自汉阳门、平湖门、文昌门至望山门，城皆西向，江水一曲抱城，阳焰自朝至暮，晒成千万斛沸汤，此气熏蒸，至夜未退也。是夏尤甚，家君至畏热，夜张大床空园中，铺竹簟露宿，如是者月馀。武昌城内多小湖，皆种白莲花，一文钱一朵，日中买数十朵插瓶，夜半闻香，则尽开矣。黄鹤楼亦向西，不宜夏，冬又西风凄紧，赖有西日。汉阳晴川阁、龟山皆无足观，桃花夫人庙亦不存，鹦鹉洲遍地竹木厂，惟伯牙琴台高临郎官湖，环以万荷，稍有凉意。有《沈乙庵招游月湖夜话达曙》诗，乙庵丈名曾植，字子培，嘉兴人，嘉道间鼎甫侍郎维𫔎之孙。侍郎曾督学福建，林文忠公则徐、郭远堂中丞柏荫，皆出门下，屡持文衡，广雅父为其分校会试所得士。乙庵丈庚辰进士，刑部郎中，总理衙门章京，博极群书，尤长史地，与顺德李若农侍郎文田、桐庐袁爽秋太常昶论学最相契，工诗，近涩体，苏堪丈亟称之，尝自谓吾诗学深，诗功浅，深者谓阅诗多，浅者谓作诗少也。因丁内艰，广雅聘为两湖书院史学分教，至亦住纱局西院，始相见。乙庵丈谛视家君名刺，曰："吾走琉璃厂，以朱提一流市君《元诗纪事》者，今日始相见。"自是多聚夜谈，至三四鼓，索其旧作，则弃斥不存片楮矣。家君因谓："君耽史地，吾喜考据，其实皆无与己事。诗文却是自己性情语言，且时足以发明哲理。"乙庵丈言：

"吾夙喜张文昌《乐府》、山谷《精华录》,而不轻诋前后七子。"家君进以宛陵,乃借《宛陵集》,亟读之。武昌既酷热,广雅又喜夜谈,每约家君及乙庵、节庵、雪澄、捍郑诸人,集织布局广台上露坐,夜深乃散。集必有酒肴,当时物力尚廉,一席以四饼金为度,广雅不多食荤馔,多食水果,酒黄白俱备,终席食饭一小碗,粥一小碗,或馒头一二。一夜指白酒问坐客:"烧酒始于何时?"家君曰:"今烧酒殆金元人所谓汗酒。"广雅曰:"不然,晋已有之。《陶渊明传》云:五十亩种秫,五十亩种稻,稻以造黄酒,秫以造烧酒也。"家君曰:"若然,则大酋之秫稻必齐,《月令》早言之矣。"广雅称"秫稻必齐"者再,曰:"吾奈何忘之?"其虚己不护前如此。

八月,北京政变,言变法者多获罪。先是,那拉后虽归政景帝,自居颐和园,而用荣禄为北洋大臣,某为步军统领,袁世凯练兵小站,兵权皆在握也。而景帝珍妃、瑾嫔,皆编修文廷式女弟子,珍妃最得宠,既怂恿景帝大考翰詹,预知赋题为"水火金木谷",漏泄于其师,使宿构,考取第一,并代妃兄某捉刀,列高等。既而与那拉后争谐价鬻官,先鬻广州织造于玉铭,又鬻江海关道于鲁伯阳。谕旨下,两江总督刘坤一不识鲁伯阳为何许人,电奏诘问,为那拉后所知,坐内殿召珍妃讯而挞之,而幽之,母子间嫌隙深矣。于是帝党谋矫旨召兵,㩴后于颐和园,召世凯。世凯以告荣禄,那拉后半夜回内廷,严讯景帝,惧而吐实,于是杨锐、谭嗣同、刘光第、林旭、杨深秀、康广仁六人就逮,数日未具狱词,遽斩西市。广仁以康有为弟而诛。深秀以常言得三千杆毛瑟枪围颐和园有馀也。康有为、梁启超逃于英使馆而免。各省惟湖南行新政最认真,得罪最甚,巡抚陈宝箴、学政江标、巡警道黄遵宪皆革职，宝箴子三立与焉。自是启超避地日本，既作《清议报》丑诋那拉后，复作《〔维〕新【民丛】报》，痛诋专制倡言革命。章炳麟《訄书》、《革命军》各印本出，人人皆有革命思想矣。时广雅虽主变法，而所言一切变法，与诸新进者议颇不同，乃著《劝学篇》，由门生侍讲学士黄绍箕进呈之。绍箕字仲弢，号鲜庵，瑞安人，前通政使黄漱兰先生体芳子，庚辰进士，博雅工词赋。

九月，广雅因新政一切停顿，官报亦停，令家君入参幕府。初，广雅以新政既停，乃奏请设《商务报》，改为研究实业，月出三册，实杂志体，广雅自定凡例，自作序，署本年八月，而筹备一切至次年始开办也。初识周彦升明经家禄，与乙庵丈同住节署，剧谈多至夜深，有《哀晚翠》、《忆高昌旧居花木》、《冬夜感怀季新亡弟》诗。新识湖北绅士吴星阶侍御兆泰，为经心书院山长，翰林院编修周少朴树模。

此一大段包涵甚广，述初见南皮一席谈，极有趣，一可见南皮见解，一可见尔时风气。其"秫稻必齐"一事，先生别有文记之，已录于前。与沈子培相见一段，乃采先生《海日楼诗序》，櫽括生平论诗宗旨。其叙时事政局，则公荆据所闻于先生者，直书之，后来可为史料①。其中大世父，乃指先生伯兄木庵先生，名书，字伯初，先生所从学者，长于先生二十馀岁。

予幼而离乡，觏先生乃在举经济特科时。予家于宣南，去畏庐先生居一牛鸣路，而吴翊庭师（曾祺）亦举特科，寓予家，旦夕三数公皆来，就先公与吴师谈，宴饮恒竟日。记石遗先生来，与畏庐先

---

① 按所记间有不准确处。不辨。

生每谈必力争，辄至面红耳赤，断断然，翊庭师捻须微哂而已。至具衣冠登小秀野草堂学为诗，则已稍后。今春相见秣陵，谭及公荆葬事，先生奋然曰："送葬诗多作戚语。吾送大儿葬，乃曰：'此路他年我必由，一棺扛入万松楸。'可谓迎面一棒矣。"言已大笑，初未信奄忽易箦也。先生轶事不可胜记，暑汗中聊掇拾其一二，以实吾札。众异诗中之惕园，为陈庚焕，长乐经学家，以与左海及先生皆姓陈，皆乡之名儒，故咏及之。

七六　说奸细

幽燕烽燧，北望惊心，事势之亟，四五年前已然，强撦至今，不能免于相搏，亦意中事。此后并力制胜，在于当前。委蛇时日，以修战备之功，则究在畴曩。异时饮至论功，当有公言，唯此浩劫，为可嗟闵。

昔元人谕日本书云："和好之外，无馀善焉，战争之外，无馀恶焉。"言简意赅，三复词令之妙，重为忾叹。元师征日时，日本已利用间谍，木宫泰彦《中日交通史》云："当时两国关系虽极险恶，而日本商舶之赴元者仍不绝。日本利用此种商舶，使弘安之役被俘之宋人潜作间谍，往探元之动静，故得知一切情形。竹林院左府记弘安六年七月一日条云，异国之事，近日其闻候今年秋可袭来之由。"读此可知彼邦早惯于勾买无耻，施技刺探，即世人所谓奸细也。按奸细，又可作姦细，沈桒城诗"一朝姦细竟南奔"，此指秦桧。考《宋元通鉴》：翟汝文虽为桧所荐，然性刚不为桧屈，至对案相诟，目桧为金人姦细，是沈诗所援。览此可知吾国与外族战争，恒为姦细败事，今日当先为炯鉴。又按秦桧之为姦细，乃由金派归，挞懒攻楚州，桧与妻王氏自军中趋涟水军，自言杀金监已者，夺舟而来，欲赴行在，遂航海至越州。帝命先见宰执，桧首言“欲天下无事，须是南自南，北自北。”朝士多疑其与何㮚、孙传等同被拘执，而桧独还，又自燕至楚二千八百里，逾河越海，岂无讥诃之者，安得杀监而南？又考《金国南迁录》，亦言秦桧始终言“南自南，北自北”，可见此姦细乃金特以遗宋者，病在高宗赏而用之耳。又《晋书》：“奖群贤忠义之心，抑奸细不逞之计。”此却用奸字。按姦多作姧，因与奸通。《书》：“寇贼奸宄。”注：劫人曰寇，杀人曰贼，在外曰姦，在内曰宄。故奸细作姦细，义较长。

七七　陈石遗庐山游踪

匡庐近为逭暑奥区，自吴霭林庐山两志以来，昔人吟题记述，捃摭殆尽。然面面看山各不同，仁智所见，朝夕所遭，载笔之伦，仍无尽也。石遗文集中，游记甚多，独无庐山游记，而先生于光绪中实尝游庐，今乃于年谱中检得之，其记庐山论瀑布，颇有别解，可补吴志。《石遗先生年谱》：

> 甲辰，四十九岁。六月，同王俶田我臧游南昌，止乙庵丈官斋数日，夏暵，饱啖抚州枕瓜，甘润远出上海种上。乙庵巨木构露台，高出树杪，夜间用纳凉其上，故家君别乙庵丈诗，有“豫章青白桐，离立时往参。露台出其杪，下见江影涵”云云也。将游庐山，丈赠四十饼金为游资，命大官舫送至南康。南康城下为匡庐之麓，前临鄱湖，涧百道迸集，湖湍峻急，小舟不能停泊，非大舫莫至也。南康郡守叶至川，宁波人，同治癸酉举人，宝竹坡侍郎门下士，与家君为同门友。乙丈先驰

书告之，闻家君至，命仆带肩舆出迎，家君方携一小竹床，科头赤膊，卧于鄱阳门下，仆至，愕眙久之，乃述主人云："星子县(南康首邑)人夫只廿四名，知县带往邻封相验，须明日方回，请先到郡署暂住。"遂往，城中空旷，大半无人居，郡署自大门至二门，路约里许，殆南康军旧址也。官斋高爽，叶郡守善饮，治馔甚精，言地方清苦，若连雨十日，则城中米罄，须入乡采买，略谈山中名胜。次日舆夫回，共用十五名，每名一日官价只二百铜钱，饭食在外。先至开先漱玉亭，亭已就圮。开先有二瀑，晴时一瀑干，惟存溜痕；一瀑舟行鄱湖中已见之，瀑广仅二三尺，长仅两三丈，徒以山界江湖间，高而易显耳。太白诗云："海风吹不断，江月照还空。"人称其工，不知此正言其瀑之不甚广，若广至寻丈，则吹之自不断，照之亦不空矣。时时与俶田漱沐濯足其下，未几山雨骤至甚急，则二瀑并下，广狭如一，东坡诗所谓"劈开青玉峡，飞出双白龙"者矣。若譬以银河落九天，则大言而已。至寺坐观许久，雨未止，乘舆至归宗寺，阻雨三日不得出游，日徙倚于山门，想望栗里。雨晴，涧水泙漫，冒险渡涧，至栖贤桥，畅观三峡涧，涧中水石千状万态，坡公兄弟之激赏，有以也。是夜宿栖贤寺，五老峰在寺旁，仰止久之。次日至白鹿洞下山，复宿郡斋。此行有《滕王阁》、《百花洲》、《南昌别乙庵太守》、《归宗寺阻雨两宿》、《雨后重过开先观二瀑布》，《三峡涧》五言四十韵、《至白鹿书院》、《下匡庐》、《宿南康郡斋》、《视叶至川太守兼寄乙庵太守》各诗。而叶郡守又命官舫送至九江湖中，遇风，遇大雨，至湖口停泊，有《雨中登石钟山》诗。石钟山，周遭楼观颇似北固，而山界江湖交流处，岩石玲珑则胜之。

此段写沈子培于南昌署以露台避暑，及由南康取道上山、南康情状、舆夫官价等琐事，他日皆可供掌故。其笺太白诗绝妙，先生最长说诗，如此类正不可悉记。又七十五后，成《要籍解题》一书，闻甫毕经部，凡经学有用之书，皆反复笺解命名，论其长短，诚有裨后学之作。前误记为《群书举要》，附识于此，以告求师门遗著者。

七八　曾国藩赞汪梅村“三可”

曾文正致胡文忠书牍中，称叹汪梅村者，有一手稿，今藏叔章处。此书已收入《书札》卷二十，今观原底，乃是第百五十六号，盖曾致胡书之号码，可见通札之勤。书末云：“梅村境遇可悯，侠烈可敬，学问可畏。其二女事，侍当设法表彰。梅兄前一信欲侍出一恻怛告示，兹将示稿抄呈，其第一条，即旌表忠义，盖仿公初克武昌时立局办法也。其章程求录示，并求将此稿寄梅村兄一阅可用否。”观此，可见曾、胡二公对于梅村建议采纳之速，虚心下士，以成大功。予于此所感者，曾、胡二公身为统帅，削平大难，而对于穷老书生，乃推诚纳善，一至于此。梅村为文忠门下士，于理宜召之挥斥训话，而文忠之扮谦，形于笔墨，形于词色又如此，此皆今人所未尝梦见也。其次，洪杨之役，可谓伏尸百万，流血千里矣，而文正制胜之方，乃曲及于恺切告示、旌表忠义等文字学问迂阔之细事。虽梅村所陈常有关于政治社会之大本，不尽皆此等迂疏琐屑，而终可见军事之求胜，实胥系于政治之大原，而一介穷书生，又未必不能洞其根本，即迂疏琐屑，亦未必无用处，此又非寻常政客予智自雄者所能解耳。

七九　唐佛尘致欧阳节吾书

唐佛尘①致欧阳节吾书，谓"时局如此破坏，虽武乡复生，无可下手处"，此言可见尔时志士忧国之切。其时清政虽不纲，局面犹未全碎，其如此言者，盖已知本实先拔，全局终必糜烂也。佛尘此书又曰：

> 俄人西扼于地中海，改而东趋，其势非尽得新疆及东三省不止。今日本又崛起东方，蚕食朝鲜、琉球、台湾，及我奉天之半，骎骎有席卷燕云之势。推原所以强盛之本，亦非漫然而致者，如俄之彼得罗，身游英、法、荷兰诸国，习其技艺而归，遂开诸武备学堂，化柸榛为礼义，易贫瘠而富强，由是举钦察阿速之邦，积受凌侮于鞑靼者，一旦而雄视五洲。日本一岛国耳，维新以来，力矫其数千年相沿之弊政，一扫而空之，故其地则只中国二十五分之一，其民亦只中国十二分之一，而事事求其精实，人人予以执业，税重而民不怨，事烦而下乐趋，行之二十馀年，遂为东方首发难之国，而愕眙莫敢谁何。此其明效大验可立睹，不待智者而知之矣。前此丁日昌谓"其阴而有谋，固属可虑，其穷而无赖，则更可忧"，老成先见，有如龟卜。

此一段真有如龟卜矣。乃叹国非无人，病在有远识有志量能说老实话者，往往不见容于世。佛尘父子皆殉国，吾昔每过有壬所居，观壁上节吾先生书，未尝不忾叹终朝也。

---

① 唐才常，字伯平，号佛尘，别号洴澼子。湖南浏阳人。后人编有《唐才常集》。

八〇　唐佛尘就义记

《石遗先生年谱》:"庚子,四十五岁。八月,以唐才常之乱,先母挈全家归里,家君后归。唐才常本两湖书院高才生,后归长沙,办《湘学报》,学问优长,笔墨精警。戊戌政变后,实行革命,义和团起,富有票遍长江上下,才常为其首领。潜踪于汉口某处,被获,仅有徒侣十数人,锈涩洋枪数枝而已。械送武昌,严鞫于营务处终日,夜二鼓,斩于水陆街,十一人皆健步就死。才常最后出,则两人挟而拖,殆已服毒就毙矣,体貌甚伟,而头尖甚。"此段所述,足参考者,为十一人健步就死,见闻最确。

佛尘先生就义事,冯自由《开国前革命史》云:

> 二十七日,汉口泉陆巷某剃发匠,侦知同街唐姓形迹可疑,遽向都司陈士恒告变。陈跟踪拿获党人四名,始悉党人有大举动。张之洞闻报,即照会租界各国领事,于二十八日清晨,派兵围搜英租界李顺德堂,及宾顺里自立军机关部与轮船码头等处,先后逮捕唐、林及李炳寰、田邦璿、瞿河清、向联升、王夫曙、傅慈祥、黎科、黄自福、郑葆晟、蔡丞煜、李虎生及日本人甲裴请〔斐靖〕等二十馀人。同时围搜某俄国商店,拟捕其买办容星桥,容乔装工人而逃,戢元丞则避匿刘成禺家,赖姚锡光父子设法得以出。唐等被擒后,司道府县在营务处会讯,唐供辞谓因中国时事日坏,故效日本覆幕举动,以保皇上复权,今既败露,有死而已。馀人群呼速杀。二十八夜二更,乃押至大朝街溜阳湖畔加害,一时延颈就戮者,共十一人。尚有日本甲斐,则移交驻汉口日领事讯办。自是张之洞乃大兴党

狱，湖北杀人殆无虚日。

持与《石遗年谱》较，大致固相合也。

林熙按：秋岳文中的佛尘、节吾、瓣薑，是唐才常、欧阳中鹄的别字、别号。唐才常烈士的事迹，知道的人比较多，可不赘。欧阳中鹄是湖南浏阳人，生平服膺明末清初的卓越思想家王夫之（字而农，号薑斋，一号船山，浏阳人）、黄宗羲（号梨洲，浙江馀姚人）、刘继庄（字献廷，河北大兴人），尤其倾倒于王夫之，因以瓣薑为号。他又精研数学，从事于自然科学的探讨，是一个跳出封建藩篱，要求个性发展的高级知识分子。同治十二年癸酉，中鹄中举人，后来官至广西按察使。唐才常、谭嗣同都是从小时候就跟他读书的。中鹄三个得意门生都被清政府杀了，第一个是谭嗣同，第二个是唐才常，第三个是王孟南。戏剧家欧阳予倩是中鹄之孙，而唐才常又是欧阳予倩的蒙师。唐有壬是唐才常之子，欧阳予倩之妹是唐有壬夫人，唐家与欧阳的关系如是。秋岳说在有壬家中见佛尘上节吾先生书，此家是指有壬在上海旧法租界甘世东路的寓所，有壬于一九三五年十二月廿五日在此屋门前遇刺毙命，时任交通部次长。唐才常有一子唐蟒，一九五五年一月病死香港；又有一子今亦在香港，年七十二矣。

八一　唐佛尘忠义凛然

石遗称佛尘笔墨精警，固无虚誉。佛尘自作《正气会序文》，开端云："四郊多垒，卿士之羞；天下兴亡，匹夫有责。忧宗周之陨，为将及焉；兴四方之瞻，蹙靡聘矣。昔者，鲁连下士，蹈海而摈强秦；

包胥累臣，哭庭而存弱楚。蕞尔小国，尚挺英豪，讵以诸夏之大，人民之众，神明之胄，礼乐之邦，文酣武嬉，蚩蚩无睹，方领矩步，奄奄欲绝，低首腥膻，自甘奴隶，将非江表王气，终于三百年乎？”

此虽随笔为偶文，亦见忠义悱发。按唐《上瓣薑书》，正在中日甲午战后，今再检其书，有云：“今日之事，即能侥幸一胜，亦不过长其虚㤭之气。如人病痨瘠，外虽中干，遇事尚能傲很相竞，迨血枯气绝，始委顿以死。方今中国之世，何以异是，而况并不能一战以幸胜，其究又将如何耶？”

又云：“窃尝静观朝政，秽浊之气，充塞天地，和议诸款，亘古未闻。现在南北纷纷撤散，而倭人添兵不已，朝旨云倭人未必即有他意，殊不可解。台北已失，唐中丞微服内渡，虎头蛇尾，特恐吴中丞之无偶耳，可叹！可恨！现在台事日益危急，虽以刘永福宿将镇之，将奈之何？天下事不问可知，而各督抚中亦无窦融、钱镠其人者，将毋尚在草泽市井间乎？”

此两节，其评尔时局面，曰虚㤭，曰傲很，曰秽浊之气，皆切中情弊。盖政治不改革，幸胜固无用，故其终希望于草泽市井，是其时心中已安排革命之实行。昔日烈士谋国之忠，虑患之周，赴义之勇若此，初不曾为高论也。

八二　梁鼎芬危言怵张之洞

梁节庵上广雅一笺，藏戴亮吉处，凡四纸，笔意飞迅。予久疑为节庵力劝南皮杀唐佛尘者，但佛尘先生就义，为庚子七月廿九日，此书月日草书似作四月，故久未能决。以叩于竹君先生，亦莫能定，欲携以问石遗老人，师歘又下世。今录此函如下，附疏吾见：

鼎芬闲坐江上，忙花院中，竟能手办一大贼，报国愚诚，可以少慰。惟一贼甫获，群贼蜂起，势极汹汹，祸将不测。看此举动，明系合伙同谋，妄思欺夺君权，破裂孔教。鼎芬定计办理此股贼匪，心力坚果，本可不必商量。敬念我公清望冠时，素以天下为己任，杀贼报国，肃清海宇，功有专属，责有专归，此等大事，当语仁公，首先料理。但恐执事顾忌游移，心慈手软，但切隐忧于私室，不能昌论于公庭，徘徊一月，缠绵千语，计尚未定，贼已渡河，此时纵有百部守约书，百处正学报，百间武备学堂，于事已恐无济。今特专诚奉恳，公必能奋然兴起，昌言讨贼，任事刚决，发议正直。鼎芬伏处瓜牛，自闻风鼓舞，心悦诚服。如仍居宽厚之名，为博大之事（如特科荐梁贼启超之事），未能同志，无可属望，鼎芬即还我故山，合天下志士，誓灭此贼，不复告公。祸在眉睫，要办即办，乞公一言，请即定志，明晰示我。若同坐抱冰堂，千怀万语，散时仍无着落，则此日可惜，此贼难办。鼎芬刚肠直性，未能久羁，日内告辞，回山办贼。区区愚诚，上爱吾君，下爱吾友。国危至此，贼势猖獗又至此，真不胜痛愤忧迫之至。皇天后土，实闻此言。谨上尚书足下。鼎芬顿首。四月三十日。

又附笺云："群贼起事，是廿五日，大贼诛除，是廿七日，此事仍是大贼所为。又办旨有'督抚送部引见'字样，督字请公细阅，万万勿以荐特科办法（如荐梁贼启超、蒯匪光典之事），致使天下志士灰心。"

按此笺，必是戊戌后所作，似尚未至庚子拳乱。笺中之四月，非己亥即庚子，己亥湖北无事，故必是庚子四月。大贼必指南海，以有"破裂孔教"字样也。佛尘先生未被逮前，颇运动南皮合作，南皮亦颇为所动，冯自由《开国前革命史》述之甚详，故节庵以危言怵南皮，惧其与佛尘合作，所谓“请即定志，明晰示我”也。故此书虽未必为搜捕佛尘，而实即一事。今考是年三月二十一日，梁任公有一书论罗伯堂、唐琼昌眷属被捕事。以意揣之，湖北或已有逮捕何人，或参革何人之事，而节庵张皇以为己功耳。节庵是时似又新自焦山来，故有“瓜牛”之语，前录节庵荐康长素、蒯礼卿于南皮一笺，所云“康、蒯二子，深相契合，两宾相对，可以释忧”者，今则一指为贼，一詈为匪，前后矛盾，姑不具论，而戊戌朝局一变，纷纷以君权孔教相标榜，号呼载途，罗网踵后，抑亦何可笑耶？

八三　唐才常失败之关键

佛尘先生之失败，固由于与南皮不能合作，而其间尚有一重要关键。孙仲玙（宝瑄）《日益斋日记》①戊戌八月十七日云：“十七日，祖荔轩荫庭谈及汉口之役，相与太息，谓新党即欲举事，宜俟东南腹地土匪遍起，官军不暇兼顾，乃借团练为名，扫除一片土，渐扩充其权力，如是或能保卫一隅，立自主之国，未可知也。今者南部大吏，方与外联和同之约，镇卫长江一带，而土民又无蠢动者，新党竟先为祸首，乱太平之局，故英领事有公文致鄂督云：‘南方有所谓大刀会、哥老会、维新党诸种，皆与北方团匪相仿佛。有为乱者，即速擒捕，敝国决不保护。’”此亦是事实。当时佛尘与狄平子，共任

---

① 该日记已于1983年由上海古籍出版社出版，易名《忘山庐日记》。按查此处所系庚子(1900)自立军起义之事，日记戊戌八月十七日无此项记载(所记乃上谕宣布康有为罪状及六君子被杀事)。该日记庚子年缺印，无考。

长江方面起义，佛尘之字为伯忠，任公书中言忠者，皆指佛尘。平子先生比日老病颓唐，去年一觏于兆丰花园，亦未能谈往事矣。

八四　谭复生谈禅说理论时势

谭复生[①]致欧阳节吾书，去年精卫先生【以】与佛尘致节吾书合装一册，以纪念有壬。复生此书，中间以谈禅说理，似与佛尘之务实者微有不同。中有一节云："大劫将至矣，亦人心制造而成也。西人以在外之机器，制造货物，中国以在心之机器，制造大劫。今之人莫不尚机心，其根皆由于疑忌。乍见一人，其目灼灼然，其口缄，其舌矫矫〔挢挢〕欲鼓，其体能极卑屈，而其擘将欲翔而搏击伺人之间隙而时发焉，吁，可畏也！谈人之恶，则大乐，闻人之善，则厌而怒，以骂人为高节，为奇士，其始渐失其好恶，终则胥天下而无是非，故今之论人者鲜不失真焉。京朝官日以攻击为事，初尚分君子小人之党，旋并君子小人而两攻之。党之中又有党，党之党又自相攻，苟非势力绝大，亦卒不能有党。如火中虾蟹，嚣然以哄，火益烈，水益热，而哄益甚，故知大劫不远矣。"

复生之言，殆有所触而发，而所见固洞垣一方。所谓"其始渐失其好恶，终则胥天下而无是非"，呜呼斯言，可谓泪尽继之以血。顾今日能领此语者，又有几人，则所谓大劫岂非即建于人人之心域耶？又按复生所谓"并君子小人而两攻之"，必指当时清流内哄之事。又复生书谓"绂丞（按即佛尘）上上等根器之再来人，然不道佛学"云云，故佛尘专言政治，不言大劫。

---

① 谭嗣同，字复生，号壮飞，室名莽苍苍斋，湖南浏阳人。

人名索引*

* 本索引列入全卷正文和注释中出现的人名。中国、朝鲜、越南及日本的人名,以汉字拼音字母顺序排列;西方来华人员暨个别西人,据其通用汉译名字,例亦相同。旧时国人往往有字、号、别名、室名,通函或话语中或用代号,本索引仅择其必要者,单独列出,参见本名。

C

E

F

G

H

J

K

M

N

O

P

R

S

T

W

X

再版附言

黄濬《花随人圣庵摭忆》2008 年整理本自出版以来，承蒙读者垂注，坊间已一册难求。此整理本虽然得到读者赞许，但发现仍有需要校正之处。值此再版机会，重行校订付印，并顺以答谢各界读者朋友。

又，根据编辑意见，此次再版，编列本书人名索引，作为附件，缀于全卷之后。因时间匆促，编校未精，容有失误之处。敬希读者批评指正，以期异日新版得以改正，不胜感盼之至。

整理者　二〇一二年十一月